本書為
國家"十五"出版規劃項目
全國高等院校古籍整理研究工作委員會重點項目
北京大學"九八五"人文學術規劃重點項目

本書出版得到國家古籍整理出版專項經費資助

日藏漢籍善本書錄

上册 經部 史部

嚴紹璗 編著

中華書局

本書編著者　（1996年　56歳）

在宮內廳書陵部讀書　（1985年8月）

宮內廳書陵部夜色外景　（2001年11月）

在静嘉堂休息室
(2001 年 11 月)

岐阜縣羽島大須觀音——十四世紀至十六世紀末漢籍國寶儲存地
(2002 年 2 月)

在長崎縣立圖書館讀書

(2002 年 3 月)

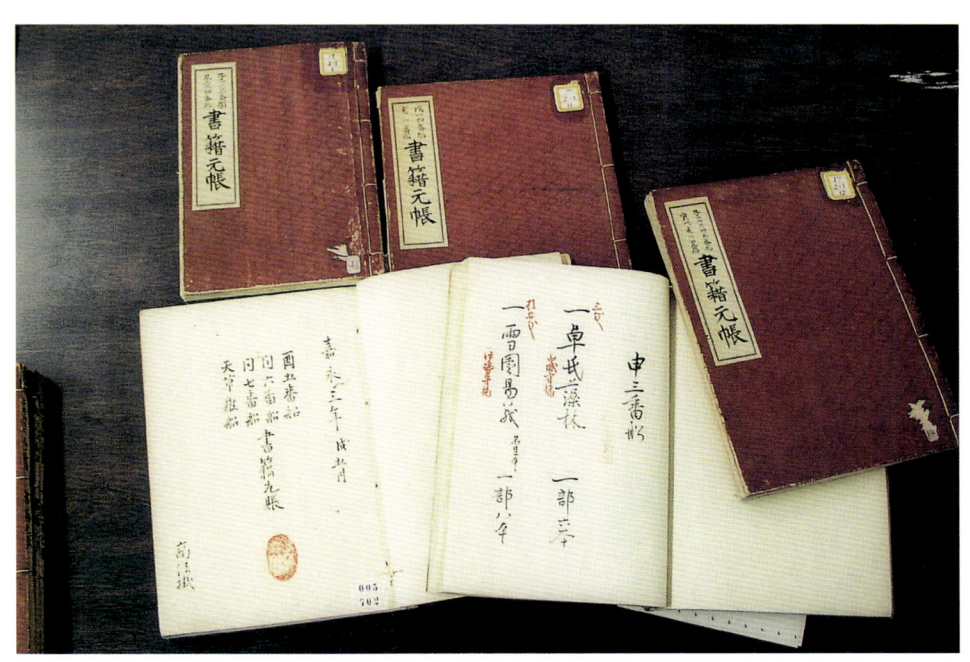

十七世紀至十九世紀前期由長崎港上岸的漢籍登錄冊

(2002 年 3 月)

中世紀日本漢籍儲存和學習地——足利學校
(2001 年 9 月)

在日本慶應大學斯道文庫，本書編著者向本書日文序作者
尾崎康教授請教 (1998 年 9 月)

總　目

序

任繼愈

　　鴉片戰争前，有時代危機感的龔自珍，關心世界大事，記載中日學者訪求佚書的交
往。此後，黃遵憲、楊守敬在日本訪求海外漢籍，曾引起國内學者的關注。前輩學人訪
求海外漢籍，他們的目光着眼於"訪書"，尋訪中土失傳而東土現存的珍本古籍，而没
有從文化交流的大局作進一步系統的探討。看到北京大學嚴紹璗教授的新著書稿《日
藏漢籍善本書録》，心開目明，十分欣喜。

　　作者用力之勤，功力之深，超過前人。他歷時十四年，往返中日兩國十餘回，利用
一切的機會，遍訪日本公私藏書機構，廣泛接觸日方的漢學家。以他在學術上的成就，
博得日本漢學家們的欽重，因而能够接觸到一般讀者難以接觸的善本珍本。有利的外
緣再加上他爲探索文化交流現象的宏願，鍥而不捨的毅力，達到了文獻整理的新天地。

　　中國的文化繼承，有述而不作、以述爲作的傳統。後世學者爲增加當時社會發展
的新内容，有時故意進行篡改，使"六經注我"。越是流行和通行的古籍，其原貌改易
越多。僞經僞史也往往因此而孳生。傳入日本的古籍，得以當時傳入的原貌保存下
來，這對於我們中土學者校勘原著，具有重要的參考價值。同時，也應看到，中土典籍
歷經改易，也屬事出有因，其失真之處，有時乃有意爲之，亦自有其時代的特色與時代
的價值，不能以其有失原貌而輕視其時代的價值。

　　舊的文獻學者，如乾嘉大師們，對古代文獻的整理做過傑出的貢獻。但他們畢竟
是古代的學者，缺乏歷史發展觀，也缺乏現代科學方法的訓練，其缺點是就書論書，没
有站在更高的角度觀察日本的漢文書籍對兩國文化交流的過程中蘊藏着深層的涵義。
嚴紹璗教授編著的《日藏漢籍善本書録》體現了現代學者治學的方法，透過中日漢籍
交流的現象，揭示出文化交流的脈絡。讀此書，不僅廣其見，也能助人開思路。

　　1982年，國務院召開全國古籍整理工作規劃會議，決定編輯具有中國特色的《中華大藏
經》（漢文部分），以山西趙城金藏爲底本，參照另外八種版本校勘，標出各本異同。八種版
本中的《資福藏》，國内已佚，是楊會文由日本購得，現藏中國國家圖書館。在歷代傳世的
《大藏經》中，又增加一個新版本。這是中日文化交流取得良好成績的最新見證。

　　中華古籍流散到海外，有的出於正常渠道的公平交易，這是值得稱道的；有的並不
是由正常渠道，而是由於中國藏書家的不肖子孫貪圖近利而被貶抑價格售出的；也有

一些是被掠奪出境的。就文化遺產本身來説，一切有價值的文化成果（書籍也在内）是人類共同的精神財富，應當爲人類所共享。但是，身爲文化的創造者和所有者，眼望着祖先的遺產流散到天涯海外，自己檢尋反倒要請求别人的允許！嚴紹璗教授在本書中叙述了訪問日本静嘉堂藏書的心情，每個愛國知識分子都會引起同感，心情複雜而沉重。這種沉重的心情只有經歷過多災多難的二十世紀的中國人，才能體會出來的。纂輯於十五世紀的《永樂大典》，是當時最大的一部類書，1900 年八國聯軍佔據北京時遭到毁滅性的破壞。我們光有愛中華民族的熱情還不够，還要有一個足以保護祖國文化遺產的强大的國力，才能保住它。

文化交流的雙方，其水平的高下關係到交流的主要流向。揆諸中外史實，總是文化水平高的一方流向文化水平相對低的一方，文化低的一方往往成爲"接受者"。本書中所記，中日文化交流以隋唐爲最盛，唐代的文化水平明顯地高於同時代的日本。後來歷經宋元明清（初），其勢頭不減。主要原因是當時中國的文化典籍、典章制度、哲學思想等對日本有可資借鑒處。鴉片戰爭後，中國國勢不振，文化水平特别是科學技術方面，在世界文化大國中處於落後地位。中國典籍不再呈現隋唐宋元明清（前期）滚滚東流的勢頭，這時的知識分子反倒赴日本尋求新知識，翻譯新典籍到中國來。

國際交流，有經濟的、文化的、政治的三個方面。經濟效益是内在的推動力。本書中指出，日本江户時期，即我國的明末和清代的前中期，中國出版的新書，有的在兩三年内便在日本流通，主要的動力是經濟利益推動，書商有利可圖。像《太平御覽》在中國是禁止出口的，却也能成套地運到日本。當時的日本政府，曾明令禁止海外貿易，但長崎的書市並未停止。只要有利，商人會主動進行。文化交流可以增進雙方的瞭解和友誼，也能促進經濟交流，而政治交流則是其它交流的保障。有時，雙方都有交流的願望和要求，但政治上出現障礙，也會妨礙經濟和文化的正常交流。古代的絲綢之路，歐亞文化由這裏溝通，對雙方都有利。由於政治原因，戰爭的影響，這條路有時便不通，經濟和文化的交流也無從進行。中日兩國文化交流有千年以上的光輝歷史，有許多引起兩國人民美好回憶的故事。由於近代軍國主義好戰分子發動侵華戰爭，光輝友誼的畫卷一度遭到污損。

當嚴紹璗教授的《日藏漢籍善本書録》出版之際，作爲一個親身經歷第二次世界大戰，又是從中日文化交流的曲折道路上走過來的中國的老一輩的學人，深知戰爭之可恨，和平之可貴。我祝願中日兩國人民、兩國的學術界，一定要以史爲鑒，把中日文化交流推向健康發展的道路，共同迎接二十一世紀。前事不忘，後事之師。我們中日兩國的學人共同努力，造福於全人類，責無旁貸。

1999 年 6 月於北京寓所

序　言

袁行霈

　　西漢劉向撰《別録》,其子劉歆撰《七略》,是爲中國目録學之濫觴。此後,目録學家代不乏人,目録學著作蔚爲大觀,書目的種類也逐漸增加。諸如國家藏書目録、地方文獻目録、私人藏書目録、經史子集等各部之目録,以及禁毀書目、鬻販書目等等,分類愈益細緻。晚清以降,中國學界多有出國訪書者,或近抵扶桑,或遠赴西歐,凡所經眼,撰爲目録,則又出現了一種可以稱之爲域外藏書目録的著作。

　　到日本訪書的學者,如黄遵憲、黎庶昌、楊守敬、羅振玉、張元濟、傅增湘、孫楷第等人,都有許多收獲。他們的著述,如楊守敬的《日本訪書誌》等,向爲學界所推重。然而中日兩國的文化交流源遠流長,中國古籍庋藏於日本各藏書機構和私人之手者不可勝計,若非全面調查詳加著録,仍不能窺見全豹。嚴紹璗教授以其遠見卓識,早在二十年前就着手這項工作,前後赴日凡三十餘次,多方蒐求,訪得一萬餘種文本資料,焚膏繼晷,研精覃思,終於編成《日藏漢籍善本書録》這一煌煌巨著。此中之甘苦,見其自序,讀者從中或可體會一二。

　　《日藏漢籍善本書録》所蒐羅的書籍不僅遠比前人完備,而且著録詳細,有關資料豐富,所下斷語審慎,是一部可以信賴的體大思精之作。關於日藏漢籍善本的目録、版本、流傳等情況,本書提供了許多寶貴的綫索,可以供讀者進一步考察研究。書末五種附録所提供的多方面的知識和信息,對讀者也很有參考價值。

　　日藏漢籍善本的文獻價值,很值得注意。就我比較熟悉的一些集部善本而言,如東京國立博物館藏唐抄本《王勃集》殘卷,神田喜一郎原藏唐抄本《王勃集》殘卷,静嘉堂文庫藏宋刻本《王右丞文集》十卷,静嘉堂文庫藏宋蜀刻本《李太白文集》三十卷,等等,都是從事古籍整理必須利用的重要版本。

　　值得注意的是,這些日藏漢籍善本不僅具有文獻價值,其背後隱然還有千餘年中日友好關係的歷史面影。嚴紹璗教授多年從事中日文化交流史的研究,故能以不盡同於目録學家的眼光,追尋中國文化東傳的軌迹,審視日藏漢籍所負載的文化意義。翻閱此書,仿佛可以看到一千多年間,汪洋之上,大小船舶,裝載着各種中國的書籍運往日本。其中有寫本,有刻本;有卷軸裝、有經摺裝、有蝴蝶裝、有綫裝;有官刻、有家刻、有坊刻。千軸百帙,紛紛總總,乘風破浪,登岸扶桑。這些書籍承載着中華文明,諸如哲人的智慧、史家的學識、科學的發現、技術的巧思、文學家的翰藻、藝術家的才華，一起來到了東瀛，促進了日本文化的發展。而這些善本便是中日兩國和平友好的見證。

然而從日藏漢籍善本這一個側面，也可以看到中日文化交流史上黑暗的一頁。自甲午戰爭以來大約半個世紀間，日本在對中國進行軍事侵略的同時，對中國的古籍大肆掠奪。日藏漢籍中，有許多是日本軍國主義者從中國劫奪而去的，也有許多是他們用各種手段巧取而去的。據嚴紹璗教授統計，僅僅從 1930 年到 1945 年這十五年間，中國文獻典籍被劫往日本的共計 23675 種，2742108 册，另有 209 箱，内裝不知其數。這樣説來，日藏漢籍善本又是日本軍國主義者對中國進行文化掠奪的證據。

嚴紹璗教授從中國古籍善本這一特定的角度，所揭示出來的中日兩國複雜的關係史，已經超出文獻學的範圍，而具有更廣泛的意義。讀者由此書所得到的啓示，也將是多方面的。

嚴紹璗教授與我交往多年，其治學之勤奮，思維之敏捷，學識之淵博，言談之暢快，每令我折服。近二十年來他不止一次談起赴日訪書的經過，往往使我想起自己 1982 年在日本静嘉堂文庫、天理圖書館等多家圖書館看書的情形。如今讀着他的大著，我當時曾經有過的種種感慨重新涌上心頭。中日兩國學者有責任以史爲鑒，共同推進兩國關係在和平友好的道路上向前發展。

嚴紹璗教授的大著即將問世，囑我撰序。遂不揣譾陋，聊書數語，以表達尊敬與祝賀之意。

2005 年 8 月 12 日

序

尾崎康

（日本慶應義塾大學　名譽教授）

　　古代的日本經歷了很長的一段没有文字的時代，大約在公元三世紀左右，才有了漢籍的傳入。據《古事記》等日本史書的記載，據説是百濟的王仁，把《論語》和《千字文》帶入了日本。其後，日本便開始了與中國的魏、南朝的交通。公元 608 年，日本派遣了"遣隋使"，公元 630 年起，更有了"遣唐使"。這些被派往中國的使節，爲了在日本建立起自己的政治制度和社會機構，他們活用了在當地所見聞的知識，與此同時，也就把漢籍帶回了日本，並積極地學習此類先進的文化。

　　就當時的海上運輸而言，運送典籍要冒很大的風險，因此，出使中國的使團帶回的漢籍，數量並不很多，然而，却多是具有很高學術性的著作。日本人對輸入的漢籍，抱着極大的尊重，並給予了充分的細心加以保管。

　　當時的宮廷中，設立了"校書殿"，這是一個對傳入的漢籍忠實地進行摹寫的機構。因此，日本至今仍然保存着唐鈔本、以及在奈良·平安時代摹寫唐鈔本的古鈔本——此種摹寫的唐鈔本，我們稱之爲"唐鈔本系鈔本"。日本古代摹寫漢籍的傳統，在中世的鐮倉時代和室町時代得以繼續發展。因而，即使有的唐鈔本本身已經失傳，但是，它的内容，却仍然可以準確地流傳於後世。

　　在日本的"唐鈔本系鈔本"中，其中已知有許多確是在中國已經失逸而僅存於日本的所謂"佚存書"。例如有名的有《文館詞林》、《群書治要》等。日本摹寫的這些"古鈔本"，其内容大抵都是精確的。唐代與唐代之前的典籍，在流傳中有了不少的訛誤，如果能把日本的這些"唐鈔本系鈔本"作爲校勘的文本，那麼，在校勘學上的價值，則是十分重大的。

　　在平安時代的中期，經由宋代的商人而將"宋刊本"傳入了日本。當時，這些中國商人，應日本方面掌握政權的藤原氏一族的道長、賴長等人的請求，而與之進行書籍貿易，這其中便有北宋本的《太平御覽》。《太平御覽》一書，在宋代原本是被禁止出口的，却被商人們走私到了日本。現今《太平御覽》的北宋刊本已經不存，而日本却尚存南宋刊本兩種，其中，一種存兩部，一種存三部。其後，經由日宋間的貿易和日本入宋求法僧的活動,多種類多數量的"宋刊本"傳入了日本,像宋刊本《大藏經》,當時有福州的"東禪寺版"、"開元寺版"和湖州的"思溪版",都已傳入日本,現今保存在日本的尚有十餘部之多。

　　如此豐富的漢籍,由大江氏、菅原氏、清原氏等博士家,以及鎌倉時代以京都和鎌倉的五山僧侶爲中心的學者們,認真閱讀,精心研究。由於漢文(古典中國語文)與日本語文在文法上的差異,一般的日本人是不可能閱讀漢籍的,於是,學者們創造了獨特的訓讀方式——此種訓讀方式,甚至延續到了現在,從而構成爲"日本漢學史"的重大的特徵。

　　日本的古鈔本、流傳於世的宋元本,以及以宋元版爲翻刻對象的日本中世時代出版的"五山版"與其後的"活字版",由於在訓點,以及與它本的校合中,記錄了大量的引用文字,從而提供了貴重的漢學資料。例如,就《史記》而言,原《史記正義》的佚文,就在這些引用文字中被大量地採錄了。

　　在室町時代,幕府與地方大名都向元明派出貿易船。到了江户時代,幕府大將軍雖然採取了"鎖國政策",但是,却在與中國甚近的日本最西端的長崎,繼續同中國進行商業貿易。所以,中國元明清的刊本,仍然十分興隆地作爲在長崎的貿易物品,成爲幕府直接經營的事業。明清版中有不少是印刷精美的初印本,它們入境之後,大部分都是由江户幕府的紅葉山文庫保管的。

　　正是這樣,日本自古以來輸入了大量的中國典籍,並且一直精心地保護着。當然,日本也有戰亂,也有天災火事,並且因此而損失了許多典籍。然而所幸特別大規模的破壞,則是很少發生的,而且,由於日本的知識分子,對中國的文化,一直是無比的尊重,並有志於從中學習一切有價值的養分,他們對於傳入的漢籍,則是高度的關心,愛護備至。因此,這些貴重的典籍,經歷了如此久遠的歷史,而得以基本保全,並且在學術上一直爲日本的知識分子所活學活用。

　　中國北京大學嚴紹璗教授,把傳存於日本的漢籍善本,進行了準確而詳盡的"書錄",它直接且具體地證明了我在上面所講述的日本對漢籍接受的歷史。本《書錄》以具有很高的學術性的資料,從一個方面闡明了日中文化交流的歷史,它在一個基本的又是特殊的領域中,把日本文化史介紹給了中國,並且有助於釋疑中國文化史上的未知的部分。

　　嚴紹璗教授長期以來對日本所藏的漢籍,進行了調查研究,他多次訪問日本,尋找在日本的寺社、宮廷、圖書館、大學、各文庫與私人手中的漢籍,實地勘查,並且不斷地發表調查研究的報告。我一直以極大的關心,注視着他的這一工作的進展,並且對此懷抱着深深的敬意。現在,嚴紹璗教授經過長期的努力,以扎實的書志調查爲基礎,即將公刊他的大著《日藏漢籍善本書錄》,我感到由衷的欣喜。

　　在日中文化交流的悠久和豐富的歷史中,我們迎來了二十世紀的終結。這個世紀的前半葉,日本的軍國主義(對中國人民)反復地製造着令人痛心的事件,我們好不容易回到了和平友好的關係之中,在本世紀即將結束之際,嚴紹璗教授這一對於日本與中國的文化史研究都具有基本價值的著作得以誕生,我想,這是特別值得我們慶喜的。

　　　　　　　　　　　　　　　　　　　　1998 年 9 月於日本　東京

自　序

嚴紹璗

　　《日藏漢籍善本書録》歷經二十年的調查整理和研究編纂,終於呈現在讀者的面前了。

　　中國古代豐富的文獻典籍,是中華民族悠久而燦爛的文化的主要載體之一。自有甲骨文字以來,中國的文獻典籍便綿亘數千年而不曾中斷。秦漢以來,先是由於人種的遷徙,以後更有了文化流通的多種渠道,使中國的古文獻典籍得以在日本列島流傳。它一方面向日本民族傳達了中國的文化,一方面又爲日本民族創造自己的民族文化提供了有意義的材料,其時間之恒久,規模之宏大,構成了東亞文化史上壯麗的人文景觀。

　　從中國文獻典籍東傳的歷史來考察,自西元前四世紀左右起中國大陸便陸續有居住民向日本列島遷徙。自此以後,漢籍便作爲大陸文化的載體,與人種的遷徙一起進入了亞洲最東部的這個島國。據西元八世紀成書的日本最早期的書面文獻《古事記》和《日本書紀》的記載,大約在西元五世紀,當時的百濟人王仁携帶《論語》與《千字文》等,經由朝鮮半島到達日本,並成爲應神天皇的太子菟道稚郎子的老師,由此而開始了有記載的中國文獻典籍向日本的傳播。這位王仁先生,古日文用"真名"(此即指與"假名"相對的用漢字作爲記音的文字符號——編著者)寫作"和邇",日本口語讀若"wani",無疑是一位中國籍朝鮮半島人,或者是一位祖籍中國的朝鮮半島人。當然,從日本平城宮遺址出土的木簡與西元五世紀前的日本原居住民(Proto - Japanese)的生存狀態考察,事實上漢籍的東傳,一定是要比這兩部文獻的到達還要早得多。

　　此後,在至十九世紀中期之前的漫長的歷史年代裏,日本民族更通過政府使節,宗教僧侶,和以留學生爲主幹的知識人,貿易商人,乃至平民百姓,他們或則橫渡東海大洋,或則經由朝鮮半島,船運車載,手提背負,歷盡艱辛,築起了漢籍東傳的橋樑。九世紀末,日本人藤原佐世以當時日本中央官廳和皇宮内天皇讀書處的藏書爲對象,編撰了《本朝見在書目録》,著録中國文獻典籍凡一千五百六十八種。我國《隋書·經籍志》著録典籍三千一百二十七種,《唐書·經籍志》著録典籍三千零六十種。若與《本朝見在書目録》相比較,那麼,在九世紀後期,《隋志》著録的百分之五十左右,《舊唐志》著録的百分之五十一左右,此即相當於當時中國國内所存的文獻典籍的一半已經傳入日本貴族社會了。在當時的文明狀態中,一個國家庋藏有另一個國家文獻典籍的百分之五十,這在世界文化史上,實在是令人感到驚羨的! 至十九世紀初,據來往於大陸與日本長崎之間從事書籍貿易的中國商人的估計,漢籍總量的百分之七十或八十在當時已經輸入日本列島①。

一千五百年來,日本在接受漢籍的規模方面,以及在文獻典籍的保存方面,在我國漢籍向域外傳播的歷史上,無疑具有最重要的意義。它既構成了中國文獻學的一個特殊的系統,創造了中日文化互動的豐富而生動的場面,對日本古代文化多種樣式的發生與發展,造就日本民族本身的"話語權力系統",並進而共同創造東亞輝煌的古代文明,起着作爲"中間媒體"的無可替代的催化作用。古代東亞地區以這種文化關係爲紐帶,造就了中日兩國睦鄰相處,和平友好的國際環境。

中國學術界留意於文獻典籍的東傳,大約始於北宋時代。宋太平興國八年(西元983年),日本僧人奝然抵中國,向宋太宗獻贈日本保存的中國佚亡書籍鄭玄撰著的《孝經註》一卷及越王貞的《孝經新義》一卷。此事着實使大宋朝廷深感震驚。所以,歐陽修便在《日本刀歌》②中說:"傳聞其國居大島,土壤沃饒風俗好。其先徐福詐秦民,採藥淹留丱童老。百工五種與之居,至今器玩皆精巧。徐福行時書未焚,佚書百篇今尚存。"這或許是第一首中國人詠唱漢籍傳日的歌詩。但是,直到十八世紀之前,中國國內對日本所搜藏的漢籍,雖然也有零星片段的消息,但罕有知其真正價值者。

十八世紀初,日本伊予西條侯儒臣山井鼎,曾利用日本中世紀時代的漢學中心足利學校所藏的古本《周易注疏》、《尚書正義》、《禮記正義》、《毛詩正義》、《論語》、《孟子》等,撰爲《七經孟子考文》。此書不久即傳入中國,被採編入《四庫全書》之中。雖然當時還沒有人知道關於此書的確切的來龍去脈,但《四庫總目提要》還是高度評價此書爲"足釋千古之疑"。十八世紀後期,西元1781年(清乾隆四十六年,日本天明元年),德川幕府之親藩尾張藩主家的大納言宗睦,有感於十七世紀初幕府第一代大將軍德川家康曾經刊印唐人魏徵《群書治要》而未能流佈,故而重校再版梓行。1796年尾張藩主家得知此書在中國國內失逸已經數百年,便以五部送達長崎,轉送中華。清人鮑廷博於嘉慶七年(1802年)編纂《知不足齋叢書》,在《孝經鄭注》的《跋》中,鮑氏重

①　本段事實記錄見日本《古事記》卷中"應神天皇"、《日本書紀》卷十一"應神天皇",《本朝見在書目錄》、《得泰船筆錄》卷三。

事實考證參見嚴紹璗《漢籍在日本的流佈研究》第一章(江蘇古籍出版社刊),嚴紹璗、源了圓主編《中日文化關係史大系思想卷》(浙江人民出版社刊,日文版見日本大修館出版社刊本),嚴紹璗《日本手抄室生寺本〈本朝見在書目錄〉考略》(《古籍整理與研究》總第一期,上海古籍出版社)。

②　關於此首《日本刀歌》的作者,學術界尚有不少的分歧。一說歐陽文忠公,一說司馬文正公,一說他人等等。此處僅依歐陽修《居士外集》卷七錄出,不作它論。

提《群書治要》，並曰："其書久佚，僅見日本天明刻本。"鮑氏所見之"天明刻本"，即爲尾張藩主家刻本。1799——1813 年（清嘉慶四年——嘉慶十八年，日本寬政十一年——文化十年），日人林述齋，將中國國内失逸而傳承於日本的漢籍十七種，專輯爲《佚存叢書》。如是，我國學術界人士開始注目於東傳之漢籍。今《定盦文集補編》中有龔自珍撰《與番舶求日本佚書》一文，亦見當時我國知識界對日本藏漢籍的知識和迫切的冀求了。

但是在近代以前，中國學術界始終没有把流傳於日本的漢籍作爲"學術"來加以考察。到十九世紀末，此種茫然的狀況便有了很大的改觀。

從文獻學的領域來説，黄遵憲與楊守敬兩位是最早把"東傳漢籍"引入這一學術範疇的令人尊敬的學者。黄遵憲在他著名的《日本國志》中著録了他當時在日本所見的漢籍；楊守敬更有意在日本查訪漢籍，彙成專著《日本訪書志》。由他們而開始了中國學者對傳入日本的漢籍的目録學的、版本學的、校勘學的諸學科的研究。繼後有繆荃孫的《日遊彙編》、羅振玉的《扶桑兩月記》、賀綸夔的《鈍齋東遊日記》，更有董康的《書舶庸譚》、盛宣懷的《愚齋東遊日記》、傅增湘的《藏園群書經眼録》，乃至孫楷第、王古魯專訪東京等地的漢籍小説等。中國學術界於是始知内閣文庫、静嘉堂文庫、東洋文庫、尊經閣文庫等日本大宗漢籍藏書處，並震驚於日本收藏中國文獻典籍之巨富。

前輩諸先生開創的這一域外漢籍追踪調查事業，功勞至鉅。它拓展了我國人文學術研究的視野，從文獻學的層面展示了中國文化深遠的世界性歷史意義，並爲後輩的繼續研究，積累了相應的資料和提示了入門的途徑。但是，從文化史學的立場上考察，前輩諸先生在著録日本藏漢籍的時候，由於學術條件的限制，也還存在着一些不如人意的弱點，有些弱點是帶有根本性質的不足。第一，前輩諸先生還未能把中國文獻典籍在漫長的歷史時代中的域外傳播作爲"文化現象"來加以考察和研究，因此也始終未能揭示以文獻典籍東傳作爲中間媒體而存在於中日文化之間的許多複雜的文化現象及其本質特徵。當然，更未能從東亞文化的相互關係中來闡明漢籍東傳的世界性的歷史意義。第二，前輩諸先生對日藏漢籍的著録，大都只是隨手所得，經眼所録，其中如楊守敬於日本訪書一百二十五種，盛宣懷在日本購書二百六十六種，傅增湘訪日藏漢籍一百七十二種，其餘各位皆在百種以下。始終未能對日本藏漢籍作一個總體的有計劃的調查、追踪與評估。處在當時的條件之下，是不能苛求於他們的。但是，作爲對一門學術史的回顧，也不能不指出這樣重大的學術疏漏。同時，我們還要指出的是，上述所有的從事於日本藏漢籍著録的前輩，他們都是在二十世紀三十年代之前對日本進行的調查，距今已有半世紀以上之遥。其間，中日兩國都已發生了重大的變化。例如，他們都未能目睹日本軍國主義者對中華民族文獻典籍空前的大掃蕩，更未能目睹戰後日本對漢籍的新的分割、保存與運用等，此外，與此相關的文化學理論在二十世紀下半葉也已日臻發展。因此,對日本藏漢籍進行具有總體性意義的學術調研,並把它作爲中日文化關係與政治關係的有機的組合,在此基礎上,進一步闡明東亞文化的内在機制與中國文化的世界歷史性意義,已成爲當代學術向中國學者提出的刻不容緩的重大課題。

我本人在先師魏建功教授、楊晦教授、鄧廣銘教授等的教導下,長期從事於"日本中國學(漢學)"的學習和研究。1974 年秋冬,承蒙日本國立京都大學人文科學研究所的邀請,經周恩來總理批示,我和我的同事們首次訪問了日本,有機會第一次看到留存於彼國的數量衆多的漢籍,激奮和惆悵融合成難以名狀的心情,於是便開始萌生了要查明日本藏漢籍諸種狀況的念頭。十年之後即 1985 年,我擔任了日本京都大學人文科學研究所日本學部客座教授。學術理念的提升,使我對漢籍的域外傳播所内具的文化學意義有了新的認識,於是便把我試圖較爲全面地查考日本藏漢籍的設想開始付之實施。

我從文化史和現實的文化運作中愈益清醒地意識到,古往今來一切有價值的人文學術,無論是理論闡發或文本解析,幾乎在所有的層面上,都必須是也必定是以原典的實證材料作爲研究的基礎的。人文學術中的真正的"文化巨人",他們無一例外都是從"原典的實證"中站立起來的。一個稱之爲"學者"的文化人,如果一生中都從未曾做過關於相關研究材料的發掘、整理與驗證的工作,全憑接受各種時世的信號而空口説白話,那麽,儘管有時候他也可能迎合某些群體的興奮點"紅極而紫",也可能依靠當代愈來愈發達的媒體的無知和賣點而名揚天上地下,但他的所謂學術,在真實性和科學性諸方面上便大可懷疑了,而且命定日後一定會成爲文化垃圾,眼看着它們便無壽而終了。對像我這樣一個從事東亞文化與文學關係研究的人來説,如果真的要闡明東亞文化的事實,並且從中獲得具有科學意義的理性認識,若離開了像對"日藏漢籍"這樣的基本資料的發掘和研究,在相當的意義上或許可以説,這便是無根之木、無源之水,日後也難逃萬劫不復成爲文化垃圾的命運。正是基於這樣的認識和積累在心中的對人文學術的追求與悲哀,我便把對"日藏漢籍"的追蹤和調研作爲自己學術的基礎。雖然從 1989 年下半年起我從北京大學古文獻研究所轉入了北京大學比較文學研究所,這件事情在我總體的時間分佈中看起來好像變得有些"業餘"了,但在自己的學術觀念中,却愈來愈確立了它的基礎性的地位。

隨着我個人學術的推進,我似乎還明白了一個道理,就域外漢籍文獻而言,它們的世界性的歷史價值和意義,固然有其作爲"文物"的價值,發現一本國内失傳的典籍,猶如從國外以千萬重金買回一尊鼎那樣,讓人贊嘆不絶、驚羨不已。但是,域外漢籍最根本性的價值和意義,我以爲還在於它參與了接受國、接受民族、接受區域的文明的創造。它們作爲中華文化的載體,參與異民族文明創造的歷史軌迹和世界性價值,也只有在雙邊文化與多邊文化關係互動的研究中，才能得到真正的闡述；也只有在這樣的學術闡述中，作爲文獻典籍的學術的生命，才能得到真正的展現。因此我在日本藏漢籍的調查與整理中，十分留意考察文本傳遞的"文化語境"（Cultural Context），儘量把握漢籍在日本列島流佈的學術圖譜，注意日本相關文獻中關於此本典籍的歷史的、文化的等多形態的記載，收集由漢籍傳入而相應在日本國內產生的"文化變異"以及由此出現的"和刊本"和"日人寫本"等物化標記，儘量摘記文本上留存的各種手識文，甚至中國商船輸入時的賣出價與日本書商收購時的買入價等等。所有這些努力，都是爲了描述一部漢籍進入日本列島而形成的文化氛圍，由此而提示東傳漢籍在日本列島文明進程中的地位和作用。我的這樣的做法，與傳統的"目錄學"的著錄就很不一樣了，顯得十分的"另類"。然而，這正是我從事"日藏漢籍"的學術理念的表達。我以二十年的時間和精力，追蹤調研"日藏漢籍"，並把它們整理成可以運用的體系，首先是爲我自己的學術研究奠定不移的基石。承蒙中華書局的好意，貢獻於讀者諸君的面前。讀者諸君如果能够理解本書編著者這種力圖把自己關於"跨文化研究"的學術理念與傳統的"目錄學"研究結合起來的運作方式，並進而能够擴展學術視野，推進"跨學科"融通，進而能對自己的學術有所提示，這就是我的奢望了。我正是在這樣的理念中，開始我的"日本藏漢籍善本"的調查和研究的。

"日藏漢籍"的追蹤和調研，確是一項十分困難的事業。因爲這是一個中國人在異國獨立進行的一個學術項目。從事這項工作，一是需要對日本自古至今的文化史包括它的文獻史以及中國文獻學史有一個總體的把握，對中日文化關係史需要有比較深入的理解。二是需要在日本有相當長的停留時期，一年兩年恐怕難以見效。三是需要熟悉日本近百個漢籍收藏機構，這其中有皇家的、公家的（中央的與地方的）、私人的（財團的與個人的）、學校的（國立的、公立的與私立的）、宗教的（佛教各宗的與神道教各派的）等，此事雖然充滿樂趣却極爲煩難。四是需要有足够的經費——在日本的許多藏書處觀覽藏書，包括"國寶"在內，確實都是"無料"（免費）的，但是，複印、製作膠片、收集相關的參考資料，往來於各地的交通與住宿費用等等，皆所需不菲。憑我個人的條件與能力，要具備這樣四個基本條件，當然是十分的不容易。但是，當一個人有了一種明確的理念與目標之後，往往會有連自己都難以釋然的精力去面對困難。

我的這個工作，獲得了我的學術領導和很多朋友的理解與支援，也得到了日本學術界許多先輩和朋友的關照。我將在《後記》中深表道謝。

十數年間我在日本對漢籍追訪的經歷，留在了個人學術史上許多甘苦的回憶。例如，我曾歷經多種煩難，在日本國立京都大學名譽教授島田虔次的提示下，經貝冢茂樹教授的介紹，由狹間直樹教授陪同，在羽田明教授主持下，終於在大阪武田科學振興財團的"杏雨書屋"中親眼目睹了從我國流轉於日本近百年的《說文解字》唐人寫本"木部"六葉。這是近代以來我國學者四處尋覓而不得的"國寶"啊！激動之情真是難以自控，雖然年紀不小了，走在路上卻也覺得特別的輕鬆。我即刻把這一成果報告了我國著名的語言文字學家——我的老師周祖謨教授，他在得到我的進一步的驗證之後，便把這一發現寫入了他正在主編的《中國大百科全書》的《語言文字卷》了。這對於我來説，無疑是對自己勞碌辛苦的最大的安慰了。但是，十數年間，也有許多的苦澀曾經動搖過自己的學術的信念，記得在東京的"御茶之水圖書館"調查時，幾經周折，約定了觀書的日子。每一册善本從庫房中出來，都需要我個人承擔保險，一天大約在五千日圓之譜；中午不能停息，意味着不能吃飯。每天從上午九點鐘到下午五點鐘，坐在四面被人看視而僅有兩個人容量的玻璃書屋中，不吃午飯，也没有水喝，只有在洗手間中有自來水。我看一天的書，低一天的頭。下午五點整把文獻歸還，走出大樓的玄關，没入熙熙攘攘的人群之中，在火車站上，迎着夕陽，等待呼嘯而來的列車，真是感到身心的疲乏。踏在細石鋪墊的小路上，想到自己這樣一次一次地躑躅海外，面對茫茫的漢籍，何時了結！心情便變得沮喪起來。但到了晚上，拿出一天的記録，整理一天的所得，心情又豁然開朗，覺得付出竟是如此值得！第二天東方日出，陽光燦爛，不容細想，又踏上了觀書之道。

　　二十年的時間匆匆過去，從日本的北海道到冲繩群島，從太平洋之畔到日本海沿岸，我三十餘回進出日本，追蹤日本所藏漢籍善本的蹤迹，已經獲得了一萬餘種文本的資料（包括明代與明代之前的寫本與刻本、活字本等。一種文本可能有數種或數十種相關的資料）。此數約占日本藏漢籍善本總數的百分之八十以上。我以《四庫》的編撰體系，編著成眼前的這部《日藏漢籍善本書録》。

　　二十世紀下半葉以來，我國人文學界不知道從何時何地何人肇始，常常會冒出理論研究鄙薄文獻研究，特別蔑視原典性實證研究的所謂"學術潮流"，常常會有一些中國文化底子很空洞而外文又識不得幾個的先生，以"學術權威"和"理論大師"的架勢，呼唤着一幫無知小兒，雲山霧罩般地搶佔學術主流鋒面，他們昨日裏高聲推銷"歐美論説的普世主義"，今日間又高舉"發現東方"的大旗，爲電視報紙製造出一個個滑稽有趣的版面。我作爲一個人文學者，數十年間在不得已而觀看這些學術鬧劇的時候，除了欣賞他們的演技之外，於學術則深不以爲然，並且更加督導自己應該以加倍的努力，從事於文獻典籍的調研，致力於顯彰"原典實證"的文化價值，以確保我國人文學術的尊嚴。二十年間，正是在這樣的文獻典籍追蹤調研的基礎上，我先後完成了《中日古代文學關係史稿》、《日本中國學史》、《漢籍在日本流佈的研究》、《中國文化在日本》、《中國與東北亞文化交流志》和《比較文學視野中的日本文化》等研究著作，並與日本文學會會長中西進教授共同主編了《中日文化交流史大系·文學卷》，與日本思想學會會長源了圓教授共同主編了《中日文化交流史大系·思想卷》等。1994 年 11 月 7

日，日本明仁天皇會見了從事日本文化研究的五位外國學者。我作爲中國的人文學家有機會側身其間，並與天皇陛下就中日（日中）文化的研究交談了看法，其間，當我講到漢籍文化對日本文化，例如對《古事記》和《萬葉集》的影響和作用時，天皇陛下點頭稱是。1998 年 11 月 9 日，我因爲參加《中華文化志》中的《中國與東北亞文化交流志》的撰寫，與十數位同行一起，受到我國國家主席江澤民先生的特別親切的接見。江澤民主席説："你們爲人民寫了好書，黨和人民感謝你們！"

假如這些著作在國內外學術界的相關層面上產生了積極的影響，在特定的學術領域中建立起了中國學者與國際學術對話的通道，那麼，這無疑首先來自於我的"原典實證"的學術觀念和長時間從事《日藏漢籍善本書録》所獲得的成果。

現在，《日藏漢籍善本書録》即將公刊，我對承擔本書編輯出版的中華書局要表示深深的敬意。中華書局作爲一家名聞世界出版業的具有悠久歷史和學術信譽的出版社，以二十年的時間，一直支援一項個人從事的學術項目，一直耐心地等待它的成功，表現了高瞻的學術眼光和各位編輯的豐厚的學術修養。1985 年中華書局的魏連科先生、陳抗先生等聽到我正在開始做"日本藏漢籍"的調查時，便提出可以在中華書局立項，並很快得到中華書局學術與行政領導人李侃先生、鄧經元先生和傅璇琮先生的認定。二十年間中華書局滄海桑田，高層領導幾經變遷，歷史編輯室主任也從魏連科先生相繼傳位謝方先生、張忱石先生、李解民先生、直到現在執政的馮寶志先生，他們每一位都對本書稿的進程給予了充分的關心，提供了全力的支援，對我數次推遲成稿，給予了十分寬容的理解。我要特別感謝本書稿的責任編輯崔文印編審，近二十年間他一直追蹤本書稿的進行，無論編著者在國內還是在國外，他始終與我保持着熱綫的聯繫，從書名、版頁行格到内容的著録，他與編著者再三推敲，他用書信、電話與面談的方式，十數年間留下了無數的辛勞的痕迹。他對我提供的這近四百萬字的書稿，逐字扒梳，校其訛誤，補其缺漏。有時候因爲發現了文稿中的不可思議的錯字（有些是電腦轉換中的錯訛），他把我找去，拍桌教訓，怒不可遏。在本書三校清樣校審之後，他又以數月時間通讀全稿，核實引文，檢出錯訛。這種忠誠學術的拳拳之心，使我極爲感動。

兩年前，當我從中華書局接過二校清樣時，看到二十年間積累的塗滿斑點的文稿已經面清目秀，不由得回憶起從五十年代至"文革"時任中華書局總經理和總編輯，同時兼任國務院古籍整理出版規劃小組秘書長的金燦然先生的講話。燦然先生説：編輯工作好比是藝術設計師，比如一個人蓬頭垢面進來，經過一番整理梳洗，當他展現於公衆面前時，已經是容光煥發、神采奕奕。一部稿子送進編輯室，經過編輯的精心梳理，幾校過後，原先稿子上的錯訛謬亂、斑斑點點，已一掃而光，展現在公衆面前的則是屬於我們民族的乃至是屬於整個世界的一種精神財富。金燦然先生用這一生動的比喻所表現的對編輯這一職業的真誠的崇高評價，一直深印在我的心中，當本《書録》得以與讀者見面的時候,我便是懷着這樣的心情感謝中華書局的各位的。

當本《書録》進行到一半的時候,我國當代最著名的書法家、我國中央文史館館長啓功老,欣然爲本書稿題書了名簽"日藏漢籍善本書録"。啓功先生的題簽有"竪式"和"横式"兩條,説是爲了將來出書時封面設計的方便。四十多年前我入北京大學之時,啓功老曾在"中國文化史"課上爲我們授課,先生雖然學識載五車,待人却平易關切如父輩。就像這次先生書寫了兩式名簽那樣,毫無名家的擺派,却處處爲他人着想一樣,指點着後輩的爲人之道。

當本《書録》完成初稿之時,我國著名的哲學史家、中國國家圖書館館長任老繼愈先生,應編著者之請,欣然爲本書作《序》。我在大學期間,任老曾經多次爲我們授課。先生知識的豐富、學理的深邃和談吐的幽默,啓示了當時我們還很年輕和幼稚的心扉。近二十餘年來,在許多文化學術活動中,多次與任老會面,總是驚羨先生思想的博識和敏鋭。1996 年 6 月,任老與我同在上海參加中國和日本聯合舉行的"東方文化會議",便中我把正在進行的《日藏漢籍善本書録》的編著情況告訴了任老,深得先生的鼓勵,並答應成稿之後爲之撰《序》。現在,先生的《序》文已經撰定,語多獎掖,我把它看成是前輩學者對後輩的殷殷期望。我想,我們這一代人在新時代的條件中,理應不辜負前輩的囑托。

當本《書録》幾經校合,即將正式付梓的前夕,我特別邀請我的老師袁行霈教授爲本書作一《序》文。上世紀五十年代末葉我進北京大學讀書時,聽林庚先生講授"中國文學史"中的"魏晋南北朝時代",袁先生當時作爲林先生的助教,與我們親切相處。他每周必到我們宿舍一次。儘管當時的袁先生還極爲年輕,在那樣一個高呼口號的時代中,袁先生在談吐中却處處透露出儒雅的修養,透露出他對於文學的深厚的"美"的感悟,在隨意的交談中釋我疑難,啓我心智,給我們以極深的印象。四十餘年來在時代的風雨中,我們作爲師生,共同走過了漫長的道路,無論環境作何種變化,先生始終樂觀向上,而待人接物,則謙謙君子也。十數年來,袁先生作爲"中國文學史"論壇的壇主,他對於中國文化的真誠的執著之情,令我神往;他又身居我國中央文史館的領導、國家立法機關常務委員的要職而没有絲毫的架子,也令我感動。記得爲了撰寫和拍攝《中華文明》中的《中國文化在日本》這部片子,他數次給我電話,言辭懇切使我只能從命。當上世紀八十年代《日藏漢籍善本書録》開始啓動不久,袁先生即給我無私的幫助,他將自己在東京大學任教時親手鈔録的日藏唐人寫本《王勃集》上的手識文提供給我,並給予諸多的鼓勵。所以當本書稿付梓之時,我是一定要請袁先生作一《序》文的,除了表示對先生的敬意,更要表達的是學代薪火相承之意。

日本當代漢籍研究的權威學者尾崎康教授也爲本《書録》撰寫了《序》。尾崎康教授一生致力於漢籍版本的研究,著作宏富。他沉埋於漢籍之中,皓首窮經。在當今的日本學術界，於"漢籍版本"這一研究而言，恐無有出先生之右者了。作爲一位日本學者，他對於"漢文化"學術的執着，令我肅然起敬。先生一直以極大的關心，注視着我關於"日藏漢籍"調研工作的進展，始終給予了十分有力和親切的支援。尾崎康先生爲本《書録》所撰寫的《序》文，生動地體現了中日兩國的學者在新的歷史條件下的理解與合作。先生在《序》文中對軍國主義表示的譴責，和對未來東亞和平的祈求，更令我作爲一個中國學者所深深地感動的。

最後，我要説的是，當本書稿正在編著中時，1987年教育部全國高校古籍整理與研究工作委員會確認它爲"重點項目"。1990年我國國務院制定"國家古籍整理與出版十年重點規劃"，本書被列爲"重點"之一。1995年國家新聞出版署又把它確定爲"九五出版規劃重點項目"，從而使本書稿的公刊，獲得了強有力的國家行政保障。1998年北京大學爲執行國家最高領導人關於要把北京大學辦成"世界第一流大學"的要求而制定執行"985學術發展規劃"，本書稿被列爲"發展規劃"的重點項目"國際中國學（漢學）研究"中的"文獻編"。所有這些認定，不僅是對我個人的學術的支援，更顯現出了我國文化事業的領導機構和大學教育的學術研究對於新文化事業的高度的責任感和在學術上的充分的前瞻性。作爲《日藏漢籍善本書録》的編著者，我謹向上述所有的機構和相應的規劃表示深深的敬意。

近二十年的寒窗辛苦，在中國和日本兩國學術界朋友們的誠意之中，終於結成了果實。可以告慰於我的親人和朋友的是，我們中國學者，在二十一世紀的最初的年代裏，終於把近兩千年來流傳於日本列島的我國浩如煙海的漢籍文獻，作了一次力所能及的梳理，大致把握了漢籍東傳日本列島的脈絡和軌迹，掌握了漢籍善本在當今日本的流佈和收藏。誠如日本著名的文獻學家大庭修教授所説，"這本來是應該由我們日本人做的事，現在却由中國學者完成了。"我感謝懷抱這樣的公正之心所作的評價。從事於中國的、日本的和世界的文化史研究的學者們，假如本書稿的著録，能够確實爲他們提供學術所需要的文本綫索，建立起認識中國文化和東亞文化的歷史的悠久性和豐厚性的視窗，並由此而加深對經由文獻典籍而實現的文化的傳遞能够溝通不同民族的心靈聯繫的信念，從而更加努力地去創造東亞新世紀的文明，那麽，這便是本書稿的編著者所能感受到的最大慰藉了。

1999年7月仲夏之日撰於北京西郊北京大學燕北園跬步齋
2002年3月初春之日修正於日本東京都品川户越一丁目住宅
2005年4月仲春之日定稿於北京西郊北京大學藍旗營跬步齋

凡　例

一,本《書録》的著録,是以自上古以來傳入日本列島而現今仍然保存於彼地各藏書機構(包括個人蒐儲)之我國明代與明代之前的各種寫本與刊本爲對象。考慮到保存典籍文獻的價值,本書還著録了若干留存在日本的中國清人的手稿本,如清人劉履芬撰手稿原本《鷗夢詞》一卷等。但清人著作的刊印本,因爲存量浩瀚,本《書録》就不再著録了。同時,本書還著録了若干清代名人的手寫本,如吴枚庵手寫宋人王質《雲韜堂紹陶録》二卷等。又如王國維有手寫宋人王安石撰《半山老人歌曲》一卷等,有説者以爲王國維爲民國初年之人,不應列入本《書録》中,然考王氏生平,畢竟是清朝過來之人,且文本珍貴,如是者故也在著録之列。各種文本中凡有名家手識文者,則儘量著録在案,如静嘉堂藏舊刊本《宋詞》十九種。每一種上皆有陸先敖或毛季斧等手識文,便亦確認爲本書著録的對象。當然,關於諸"名人"的認定,因爲學界並無統一標準,故只能依據本書編著者的學識修養而定了。

二,本《書録》在"附録"的相關部分中亦著録了若干在我國失傳或罕見之日人寫本漢籍和刊印本漢籍,尤重與唐宋元明時代相當者,如奈良時代(701年—794年)、平安時代(794年—1185年)的寫本,鐮倉時代(1192年—1330年)、南北朝時代(1331年—1392年)和室町時代(1393年—1573年)的寫本和刊印本等。其中有些已經被確認爲"日本國寶"或"日本重要文化財"者,如日本六條天皇仁安二年三年(1167年—1168年)丹波氏家所鈔寫的唐人楊上善奉敕撰注的《黄帝内經太素》(殘本)二十三卷,世無傳本。本《書録》斟酌其價值,亦單列條目,爲之記録。

三,本《書録》著録内容,分爲"正題"、"按語"、"附録"三部分。

"正題"著録本書的名稱、卷數、著者、版本,以及本典籍現今所在的日本藏書處等。

"按語"在文中用"按"表示,將書款版式、序跋題記、刻工、印璽以及相關的文獻論述等記録於此。

"附録"的主要内容分爲三個部分。第一是儘可能將日本古文獻,包括相關的古《目録》或古文學作品或歷史著作等中的與本書著録本相關的材料,收録並記載於此。第二是提供本書著録本傳入日本列島的各種文獻綫索,其中包括政府使臣往來、學者僧侣訪書求學、商業貿易等有關"書物"的原始資料。第三是記録了本書著録本的日本古刊本,包括手寫本、刻印本和活字本等,時間上起自奈良時代,下迄江户時代(1603年—1867年)的末年。

本書作者長期從事"東亞文化關係研究"和"比較文學研究",十分重視文本的整理與解讀作爲學問基礎的價值。在日本藏漢籍的調查與整理中,十分留意考察文本傳遞的歷史軌迹與文化後果,並力圖把這樣的學術理念與傳統的"目録學"研究結合起來,擴展學術視野,推進"跨學科"融通。本書"附録"的内容,力圖體現作者這樣的學術思路和學術努力。本書編著者相信這部分内容,將對相關的研究者在學術上會有所提示。

四,本《書録》的著録,凡元代之前(含元代)的寫本和刊本,皆以一個藏書機構的收藏作爲著録的單位,例如,宋人祝穆所編《新編古今事文類聚》,有元泰定三年(1326年)武溪書院刊本。日本有内閣文庫、静嘉堂文庫、大東急記念文庫、東京大學東洋文化研究所、京都大學人文科學研究所東洋學文獻中心和御茶之水圖書館等藏書機構收藏此刊本。本書便分别以上述六個藏書機構作爲著録的單位,分别列出。明代的寫本和刊本,皆以著録本作爲著録的對象,若干個藏書機構收藏同一刊本的,只作爲一個著録單位著録,例如,唐人劉知幾撰《史通》二十卷,有明刊本一種,宮内廳書陵部、内閣文庫、尊經閣文庫和築波大學附屬圖書館皆有收藏,本書便作爲一個著録單位著録了,不再分列。凡本《書録》編著者没有能力考辨明白的刊本或寫本,若有兩個以上的機構收藏,仍然單獨列出,不作綜合。

五,每一條目的著録,視材料的多寡而有異。有的著録三項皆備;有的著録或有第一項和第二項;有的或有第一項和第三項;抑或僅有第一項。

六,本書著録體例基本上依據《四庫》編目,分類爲"經部"、"史部"、"子部"、"集部"而不收叢書。編輯中對"四部"的編目略有添增。如在《四庫》的"集部"中增加"話本小說類",使其獨立爲"類",而原本的"别集類"和"總集類",只分卷而不分目,本書編著者考慮到此兩"類"中文本浩瀚,所以又分"總集"爲七子目而另列"文選類"一類;分"别集類"爲五子目,如此則著録較爲明晰而更便於閱讀查檢。

在具體著録時,依據編著者對文本內容的認知,也有變通之處。若《四庫》把元人周德清撰《中原音韻》列入《集部·詞曲類》,本書編纂時考慮再三,則把此書列入《經部·小學類·韻書》中。凡依照此例變通者,不再每事說明了。

七,本《書録》輯録的各項材料,原則上遵循原貌,不做考辨。如《廣韻》諸本有唐人孫愐《序》,各本有題署"陳州司馬"者,有題署"陳州司法"者,本書依本而録,不做考訂。惟在著録内閣文庫藏元至正二十六年南山書院刊本時,摘録了楊守敬《日本訪書志》卷三關於"司馬"與"司法"的辨證,以提示讀者。

著録本中難免有同書異名者,或同名異書者。中國文獻在流傳中,特别是在向日本的傳遞中,或爲避筆禍,或爲書賈銷售,書名同而著者變異,或著者同而書名變異。凡此諸種,皆留待於方家。又若著録本上的名家手識文,皆照原文抄録。原文個别字有誤的,則略做改正,不再一一注明,原文文意不順者,則不做更動。即使有知識性的訛誤,例如静嘉堂文庫藏手寫本《後村居士集》有盧文弨手識文,稱"後村官直龍圖閣直學士",顯係誤傳,然亦不改,以存其真。

本書著録中若遇到有混淆視聽思考者,亦有編著者所加的說明或辨異,記録在案,以資將來的研究。若"子部·雜家類·隋唐兩宋之部"著録宋人葉夢得撰《蒙齋筆談》二卷,爲避免誤會,則録入《四庫總目提要》卷一二一《巖下放言》釋文曰:"明商維濬《稗海》中别有《蒙齋筆談》二卷,題曰湘山鄭景望撰,其文全與此同,但删去數十條耳……然則爲《蒙齋筆談》剽此書而作……"讀者可資參考。

又著録明人李贄撰張萱訂《疑耀》七卷,則在【按】中説明"此書實爲張萱撰,書賈僞題李贄,見張萱《疑耀新序》,王士禛《古夫于亭雜録》卷七及屈大均《廣東新語》卷十一",以提示讀者。

八，本書著録中的異體字，若"寶"與"寶"、"葉"與"頁"、"龜"與"亀"、"寓"與"厲"、"鶯"與"鸎"、"刊"與"栞"、"迹"與"跡"等，則求其統一。然若已固定爲習慣者，則尊重其習俗，若"時"與"旹"爲異體同義，然宋人有學者稱爲"趙與旹"者；"野"與"埜"爲異體同義，然元人有刻版者稱爲"鄭子埜"、清人顧秀野書齋稱爲"秀埜堂"者；"草"與"艸"爲異體同義，然國内有傳世藏書處曰"歙州一隅艸堂"、"西畇艸堂"者，日人亦有藏書處曰"讀杜艸堂"者，諸如此類則照録不改。

九，本書徵引日本文獻，其書名一律依照原文標出，如《持渡書改目録寫》、《持渡書物覺書》、《唐船持渡書籍目録》、《享保四亥年書物改簿》等等，不做漢譯。其目的是避免讀者依漢譯名查找原典無處適從，以確保讀者與原典核實的準確性。

本《書録》在"附録"中編入的參與十七世紀到十九世紀（日本江户時代）中日間書物貿易的中國商船的資料，其船舶名稱採用的是日本文獻依照其假名"五十音圖"的"い（以）、ろ（吕）、は（波）"編號，如"以字號"、"吕字號"、"波字號"等等，它們並非是中國商船的原名稱，而是日人依照其漢文名稱當時代日語音讀所作的編排程式。

書中著録的日人讀書識文，係歷代日本藏書家和讀者所作，歷經各代，文體不一。有用漢文者（包括用準漢文者），有用日文者（包括用侯文者）。凡屬日文古文者，當已譯出，其餘則照原文録出。我國學者理當能識得其大意，然不能以中國古漢語語法責之。

著録文字中有"辻"（つじ）、"匁"（もんめ）、"惣"（そう）、"込"（こみ）等，皆爲日本文字中的漢字，著録中依照原形標示，以存其真。

十，本《書録》著録歐洲傳教士的漢文著作時，他們的姓名依據各文本的題名。如御茶之水圖書館所藏明代刊本《坤輿圖説》二卷，題署"西洋南懷仁撰"；同是御茶之水圖書館所藏明代刊本《幾何原本》（殘本）四卷，題署則寫"歐幾里得（EUKLEIDES）撰"、"明西洋利馬寶（RICEI MATTEO）譯"、"徐光啓筆受"。各本表述不一，本《書録》依照原本著録。

十一，本《書録》編撰之時，曾參考日本歷代書目與藏書家目，至爲有益。然由外國人編撰中國漢籍書目，畢竟文化相異，故失誤難免。如把《揮麈録》寫成《揮塵録》，把"羅椅"寫成"羅綺"，把"揚雄"寫成"楊雄"，把"龔士卨"寫成"龔士萬"，"馮應京"與"馮複京"相混，"洎"與"泊"不分，"齋"與"齊"不辨，比比皆是，不一而足。此種訛誤，凡編撰者識得之處，皆已改正，文中不再一一注明了。

十二，爲適應我國人文學界的學術習慣，收藏大宗漢籍的原内閣文庫雖然已經併入"日本國家公文書館"，本書著録時，依然使用"内閣文庫"之名。同樣，原德富蘇峰成簣堂舊藏在歸入"御茶之水圖書館"之後，又轉入了"婦人之友圖書館"。本書遵循古習，仍然著録爲"御茶之水圖書館"。

十三，本《書録》是編著者近二十餘年來在日本國調查千餘年流傳於彼方之漢籍的記録稿，但編著者無意以一人之力爲日本全國目前所藏的漢籍編輯全國性的"藏書總目"或"善本總目"，請使用本《書録》的讀者務必明察本書編著的這一基本性質。

十四，本書《附録》有五。《附録》之一，係本書著録各本的現今收藏處，作表列出，是爲了供讀者實地查訪時好作參考；《附録》之二，概述中國文獻典籍自古以來東傳日本列島之軌迹，目的是爲使用本書的讀者提供一個總體的文化背景；《附録》之三，記録的則是近代日本軍國主義者對中華民族典籍空前的大掃蕩，這是漢籍東傳歷史中最黑暗的一頁；《附録》之四，則將凡本書編撰中參考過的中外人士的著作與書目，一併列出，對各位深致謝忱，並便於讀者查考。《附録》之五，則爲本書編著時在日本各書庫訪察之筆記，有記載書庫歷史之淵藪者，有記載與藏書相關之軼事者，有記載編著者遇事而感者，今一併收録於此，以便於讀者查考相關的資料。

　　十五，爲讀者檢閱之方便，本書後附有馮寶志先生編"書名索引"。

書影圖譜

宋刊本《周易注疏》（陸子遹手識文本）　日本國寶
足利學校遺蹟圖書館藏本
據 1998 年 7 月編著者訪問足利學校遺蹟圖書館時所獲贈之書影

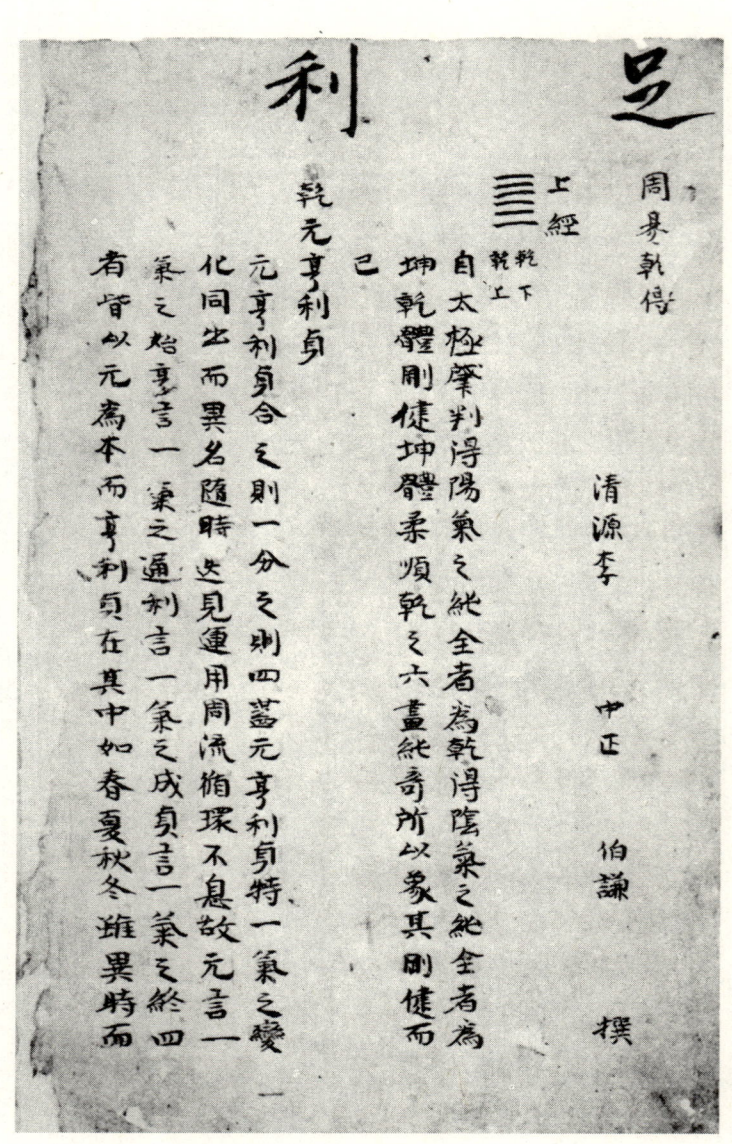

日本室町時代寫本《周易傳》　日本重要文化財
足利學校遺蹟圖書館藏本
據 1998 年 7 月編著者訪問足利學校遺蹟圖書館時所獲贈之書影

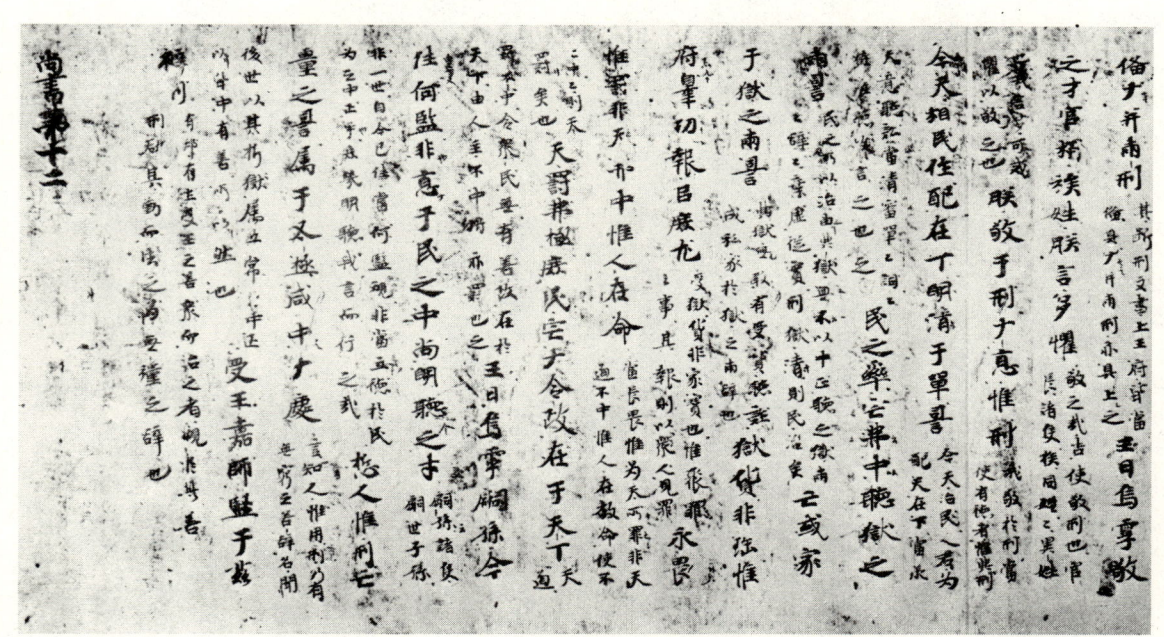

唐人寫本《古文尚書》（殘本）　日本國寶
東洋文庫藏本
據 1985 年 8 月編著者訪問東洋文庫時委託拍攝之書影

唐人寫本《古文尚書》（殘卷）　日本國寶
東京國立博物館藏本
據昭和五十一年（1976年）大阪美術館刊《唐鈔本》之書影

唐人寫本《古文尚書》（殘本）　皇家御物
宮內廳書陵部藏本
據 1985 年 8 月編著者訪問宮內廳書陵部時委託拍攝之書影

金刊本《尚書注疏》　日本重要美術財
天理圖書館藏本
據 1989 年 11 月天理圖書館金子和正先生贈編著者《善本寫真集·宋版》

唐人寫本《毛詩》（殘卷）　日本國寶（1）
東洋文庫藏本
據 1985 年 8 月編著者訪問東洋文庫時委託拍攝之書影

唐人寫本《毛詩》（殘卷）　日本國寶（2）
東洋文庫藏本
據 1985 年 8 月編著者訪問東洋文庫時委託拍攝之書影

唐人寫本《毛詩正義》（殘卷）　日本重要文化財
東京國立博物館藏本
據昭和五十一年（1976 年）大阪美術館刊《唐鈔本》之書影

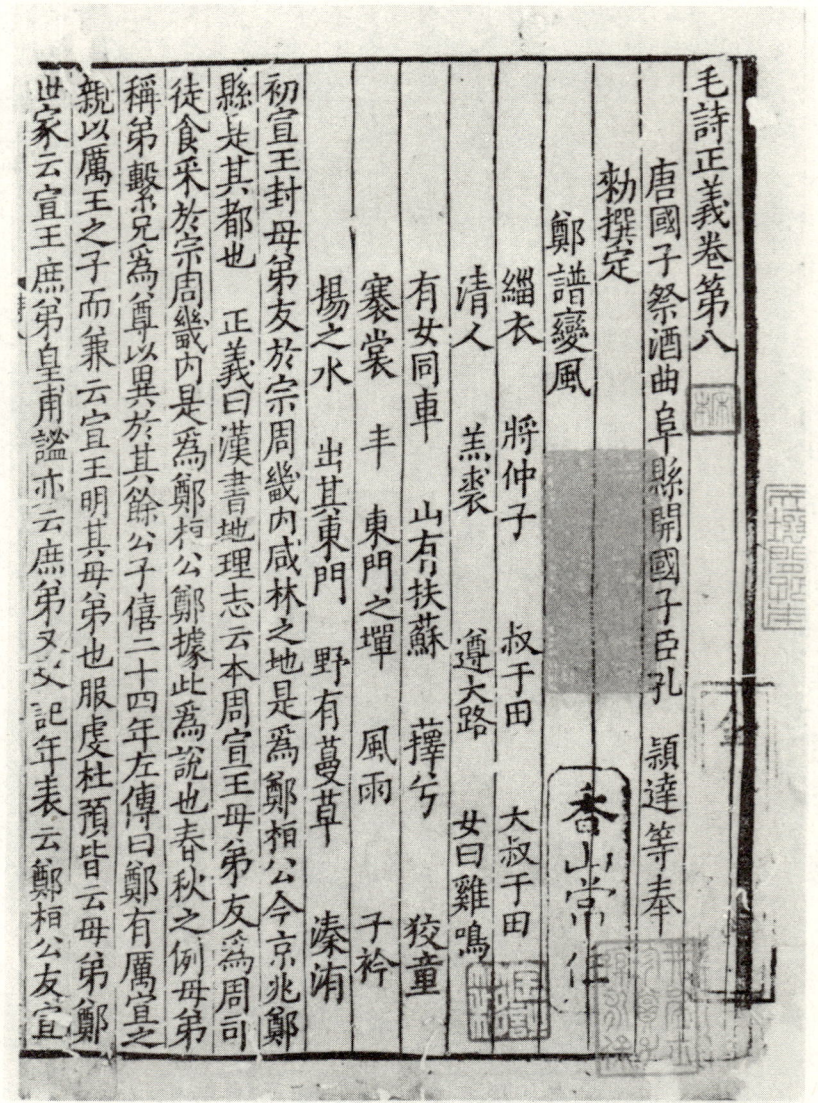

宋紹興九年單疏刊本《毛詩正義》（殘卷）　日本國寶（1）
武田科學振興財團杏雨書屋藏本
據 1985 年 9 月杏雨書屋主人羽田明先生贈編著者《新修恭仁山莊善本書影》

宋紹興九年單疏刊本《毛詩正義》（殘卷） 日本國寶（2）

武田科學振興財團杏雨書屋藏本

據 1985 年 9 月杏雨書屋主人羽田明先生贈編著者《新修恭仁山莊善本書影》

宋建安劉叔剛一經堂刊本《毛詩注疏》 日本重要文化財
足利學校遺蹟圖書館藏本
據 1998 年 7 月編著者訪問足利學校遺蹟圖書館時所獲贈之書影

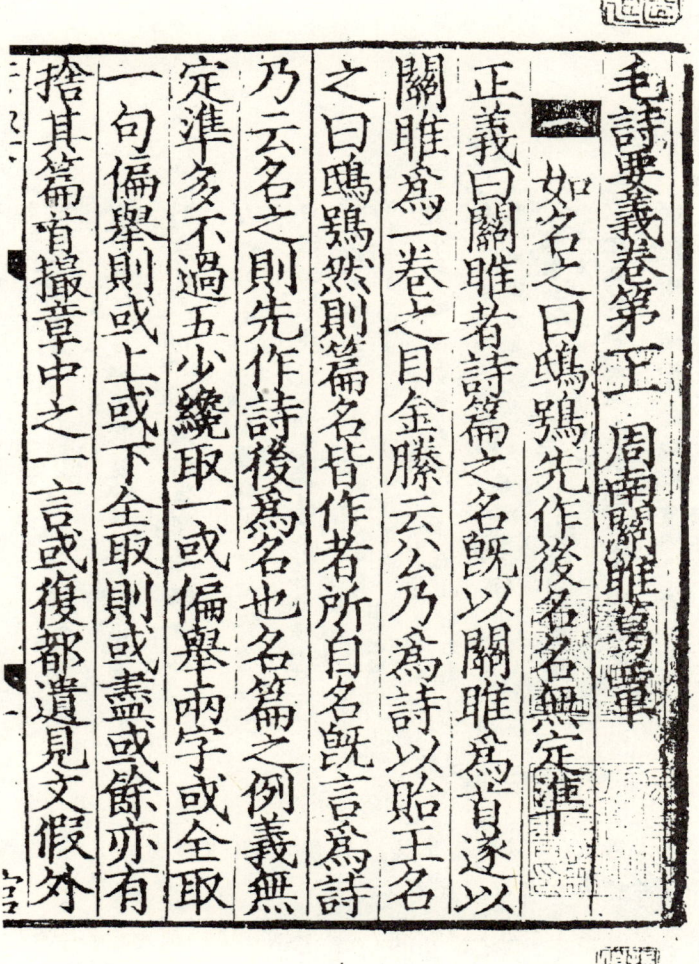

南宋刊本《毛詩要義》

天理圖書館藏本

據 1989 年 11 月天理圖書館金子和正先生贈編著者《善本寫真集·宋版》

唐人寫本《春秋經傳集解》（殘卷）　日本國寶
藤井齊成會有鄰館藏本
據昭和五十一年（1976年）大阪美術館刊《唐鈔本》之書影

春秋經傳集解昭七第廿六　杜氏　盡卅二年

經廿有七年春公如齊　昭公至自齊

居于鄆夏四月吳殺其君僚　楚殺其大夫

郡宛　秋

士鞅宗樂祁犁衛北宮喜曹人

邾人滕人會于扈冬十月曹伯

午卒　邾快來奔

公如齊公至自齊居于鄆

傳廿七年春公如齊公至自齊居于

鄆言在外也

吳子欲因楚

喪而伐之

使延州來季子聘于上國

燭庸帥師圍潛

遂聘于晉以觀諸侯

楚莠尹然工尹麛帥師救

潛　左司馬沈尹戌帥都

日本平安時代寫本《春秋經傳集解》（殘本）　日本國寶

滋賀縣石山寺藏本

據 1994 年 11 月編著者訪問石山寺時所購平成四年（1993 年）刊《石山寺·寶物篇》

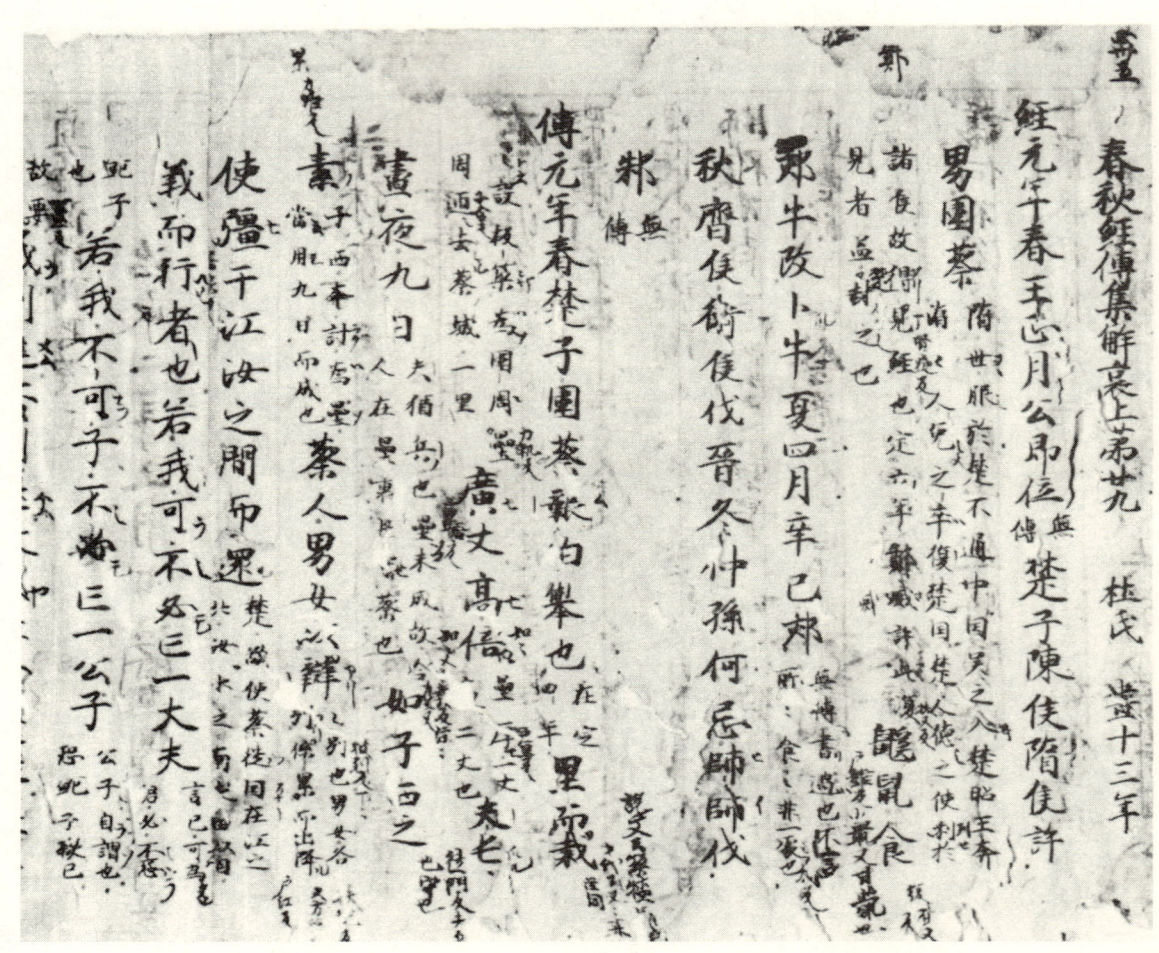

日本平安時代寫本《春秋經傳集解》（殘卷）　日本重要文化財
武田科學振興財團杏雨書屋藏本
據 1985 年 9 月杏雨書屋主人羽田明先生贈編著者《新修恭仁山莊善本書影》

宋刊本《尚書正義》 日本重要文化財
足利學校遺蹟圖書館藏本
據 1998 年 7 月編著者訪問足利學校遺蹟圖書館時所獲贈之書影

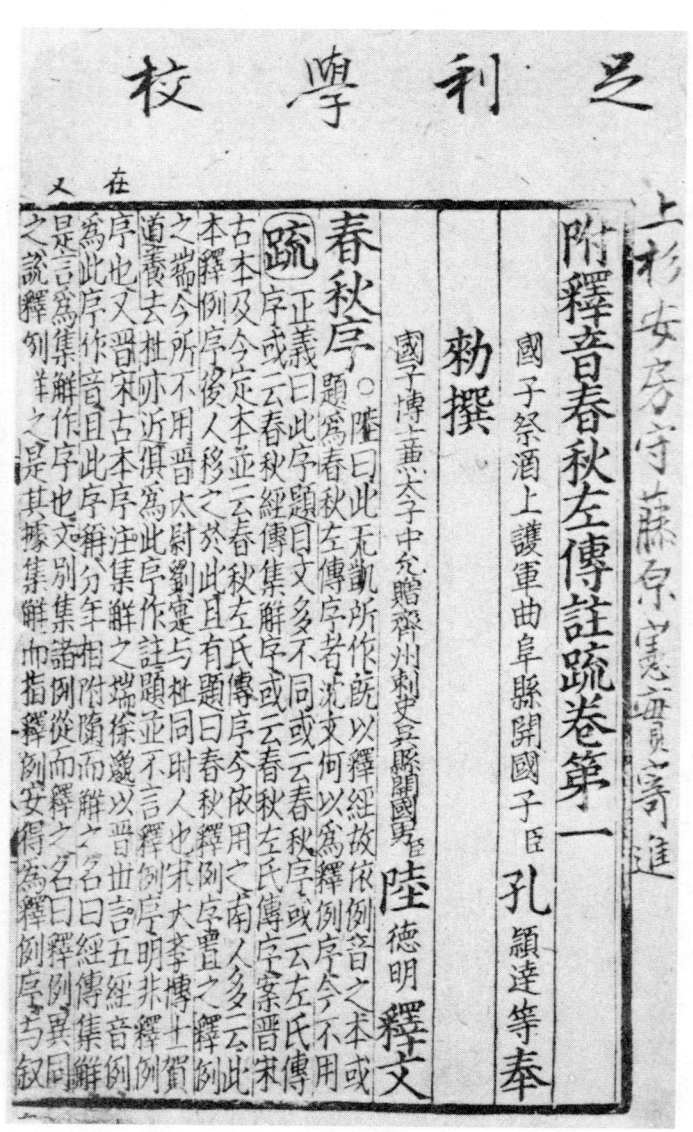

宋刊本《附釋音春秋左氏傳注疏》　日本重要文化財
足利學校遺蹟圖書館藏本
據 1998 年 7 月編著者訪問足利學校遺蹟圖書館時所獲贈之書影

南宋慶元年間刊本《經典釋文・春秋左氏音義》　日本重要文化財
尊經閣文庫藏本
據 1992 年 12 月編著者訪問尊經閣文庫時委託拍攝之書影

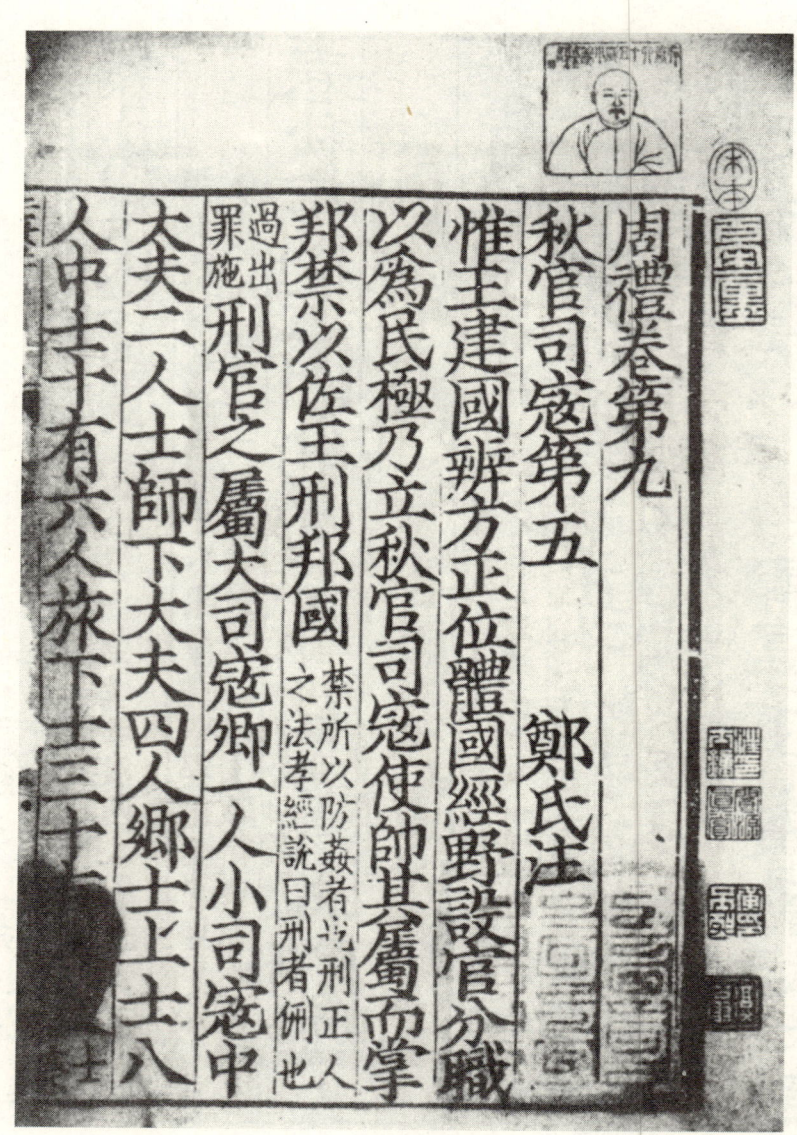

宋蜀大字刊本《鄭氏注周禮》 日本重要文化財
静嘉堂文庫藏本
據 1985 年 10 月静嘉堂文庫長米山寅太郎先生贈編著者《静嘉堂宋本書影》

唐人寫本《禮記正義》（殘卷）　日本重要文化財
東洋文庫藏本
據 1985 年 8 月編著者訪問東洋文庫時委託拍攝之書影

禮記正義卷第一

國子祭酒上護軍曲阜縣開國子臣孔穎達等奉

勅撰

夫禮者經天地理人倫本其所起在天地未分之前故禮
運云夫禮必本於大一是天地未分之前已有禮也禮者
理也其用以治則與天地俱興故昭二十六年左傳稱晏
子云禮之可以為國也久矣與天地並但于時質略物生
則自然而有尊卑若羊羔跪乳鴻鴈飛有行列豈由教之
者哉是三才既判尊卑自然而有但天地初分之後即應
有君臣治國但年代綿邈無文以言案易緯通卦驗云天
皇之先與乾曜合元君有五期輔有三名注云君之用事
五行王亦有五期輔有三名公卿大夫也又云遂皇始出
擇據矩注云遂皇謂遂人在伏羲前始王天下也矩法也

宋紹熙年間刊本《禮記正義》 日本國寶
足利學校遺蹟圖書館藏本
據 1998 年 7 月編著者訪問足利學校遺蹟圖書館時所獲贈之書影

唐人寫本《禮記子本疏義》卷第五十九　日本國寶
早稻田大學附屬圖書館藏本
據 1974 年 11 月編著者訪問早稻田大學時所獲贈之書影

唐人寫本《論語》（殘卷） 日本重要文化財
書道博物館藏本
據昭和五十一年（1976 年）大阪美術館刊《唐鈔本》之書影

日本室町時代寫本《論語義疏》　日本重要文化財
足利學校遺蹟圖書館藏本
據 1998 年 7 月編著者訪問足利學校遺蹟圖書館時所獲贈之書影

唐人寫本（草書）《孝經》（相傳爲賀知章親筆）　皇家御物
宮內廳書陵部藏本
據 1985 年 8 月編著者訪問宮內廳書陵部時委託拍攝之書影

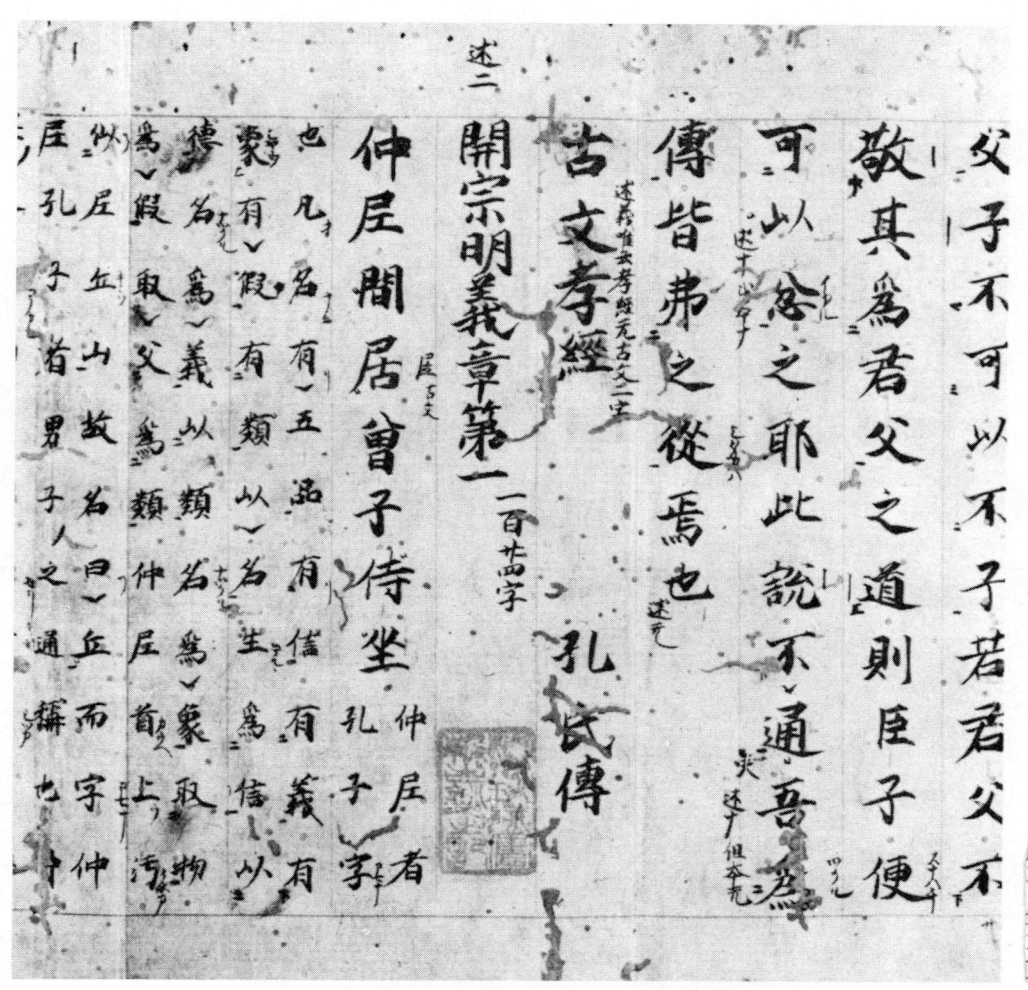

日本四條天皇仁治二年清原教隆校點本《古文孝經》　日本重要文化財
武田科學振興財團杏雨書屋藏本
據 1985 年 9 月杏雨書屋主人羽田明先生贈編著者《新修恭仁山莊善本書影》

唐人寫本《説文解字》（殘卷）　日本國寶（1）
武田科學振興財團杏雨書屋藏本
據 1985 年 9 月杏雨書屋主人羽田明先生贈編著者《新修恭仁山莊善本書影》

唐人寫本《說文解字》（殘卷）　日本國寶（2）
武田科學振興財團杏雨書屋藏本
據 1985 年 9 月杏雨書屋主人羽田明先生贈編著者《新修恭仁山莊善本書影》

唐人寫本《說文解字》（殘卷）曾國藩等題識　　日本國寶（3）
武田科學振興財團杏雨書屋藏本
據 1985 年 9 月杏雨書屋主人羽田明先生贈編著者《新修恭仁山莊善本書影》

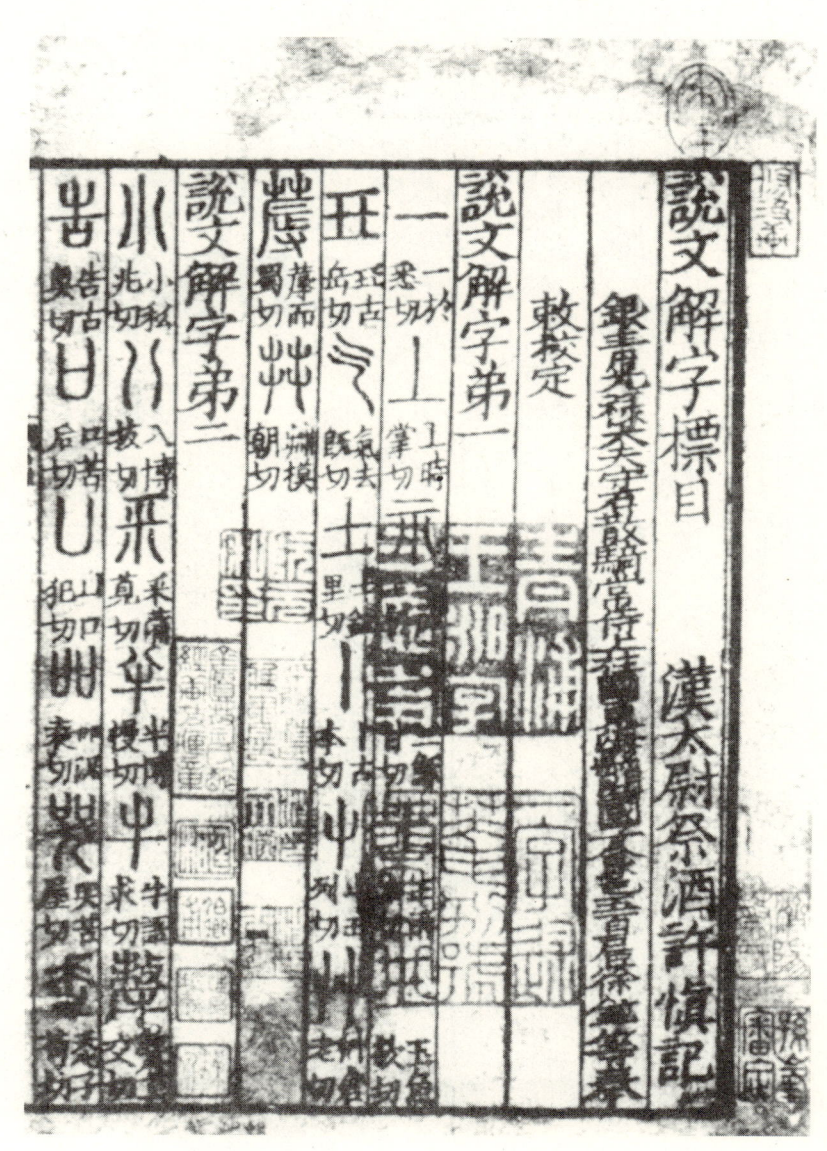

南宋初年刊本《說文解字》 日本重要文化財
靜嘉堂文庫藏本
據 1985 年 10 月靜嘉堂文庫長米山寅太郎先生贈編著者《靜嘉堂宋本書影》

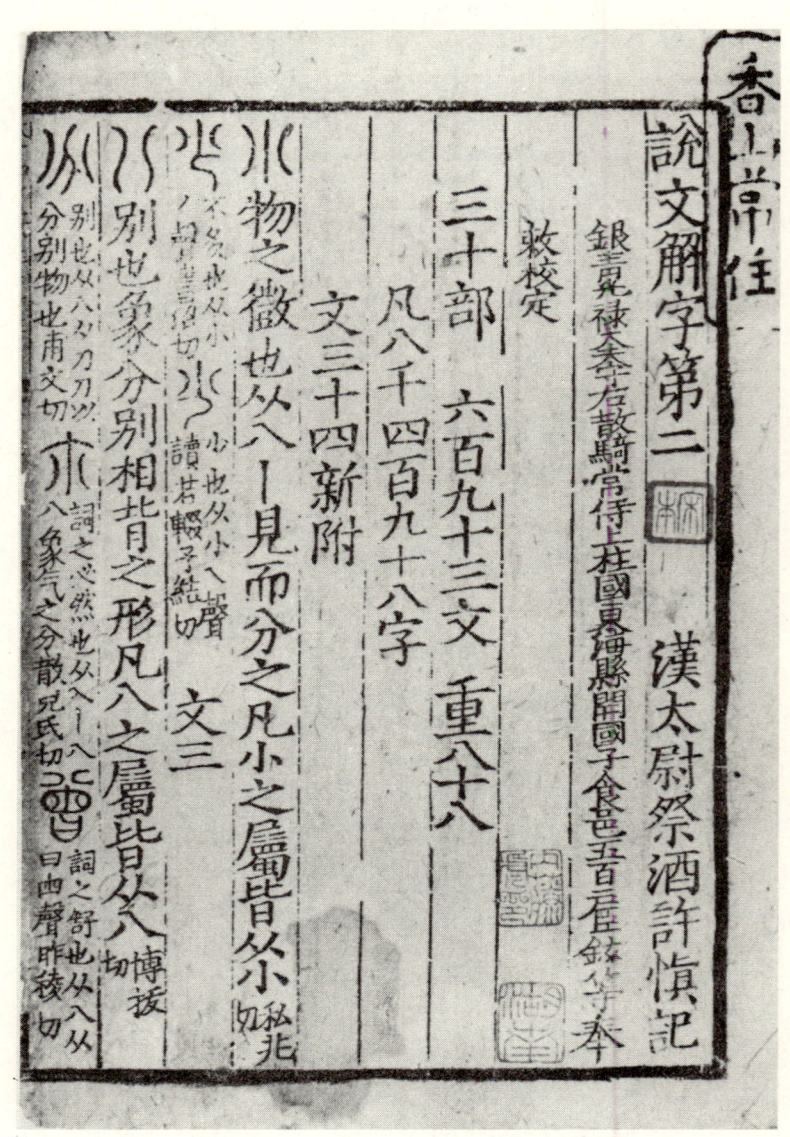

北宋刊南宋補刊本《説文解字》

武田科學振興財團杏雨書屋藏本

據 1985 年 9 月杏雨書屋主人羽田明先生贈編著者《新修恭仙山莊善本書影》

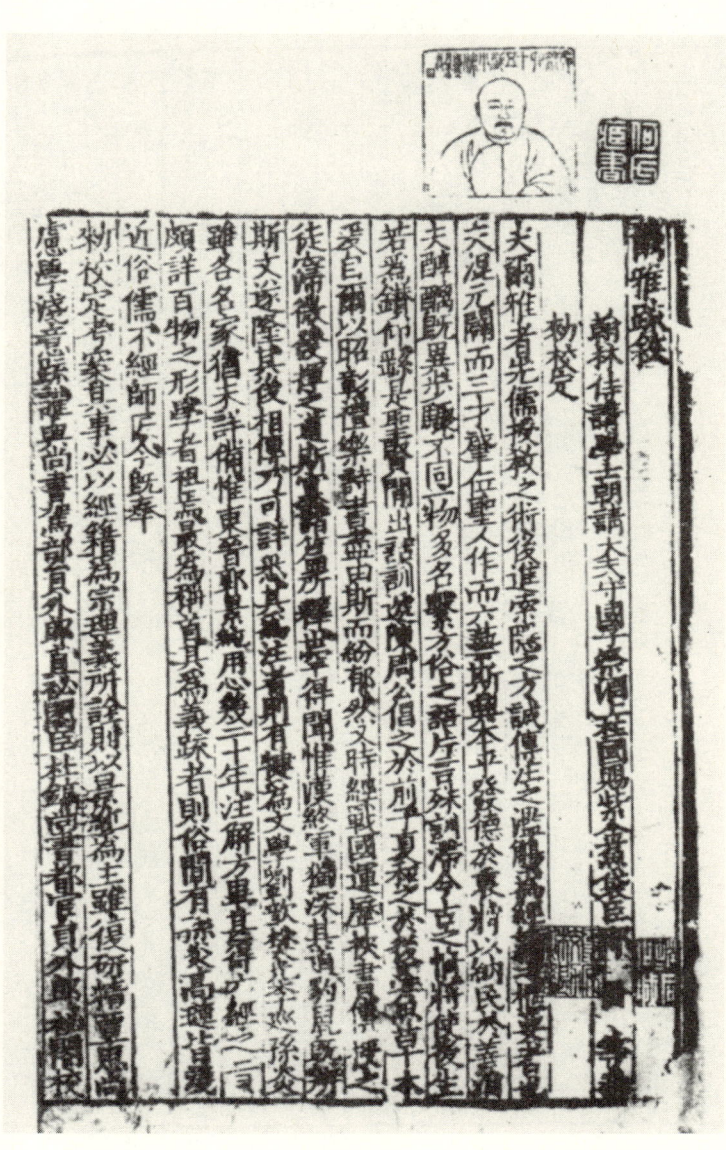

南宋初年浙中覆北宋刊本《爾雅》（單疏本）　日本重要文化財
静嘉堂文庫藏本
據 1985 年 10 月静嘉堂文庫長米山寅太郎先生贈編著者《静嘉堂宋本書影》

宋刊本《廣韻》（殘卷）　日本重要文化財

名古屋大須觀音藏本

據 1990 年 1 月編著者訪問名古屋大須觀音時岡部快晃（俊光）法師所贈之書影

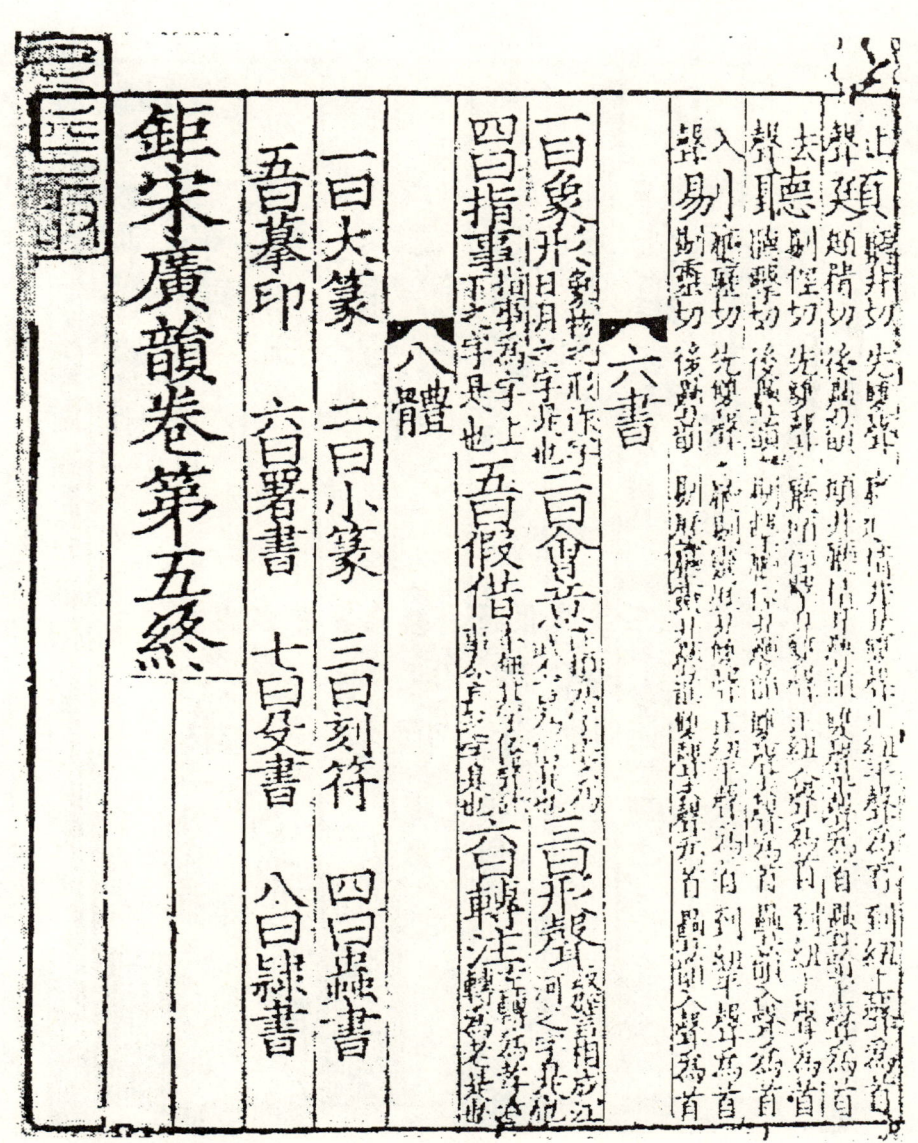

南宋黃三八郎刊本《鉅宋廣韻》 日本重要文化財
國立公文書館第一部（內閣文庫）藏本
據 1985 年 8 月編著者訪問公文書館第一部時委託拍攝之書影

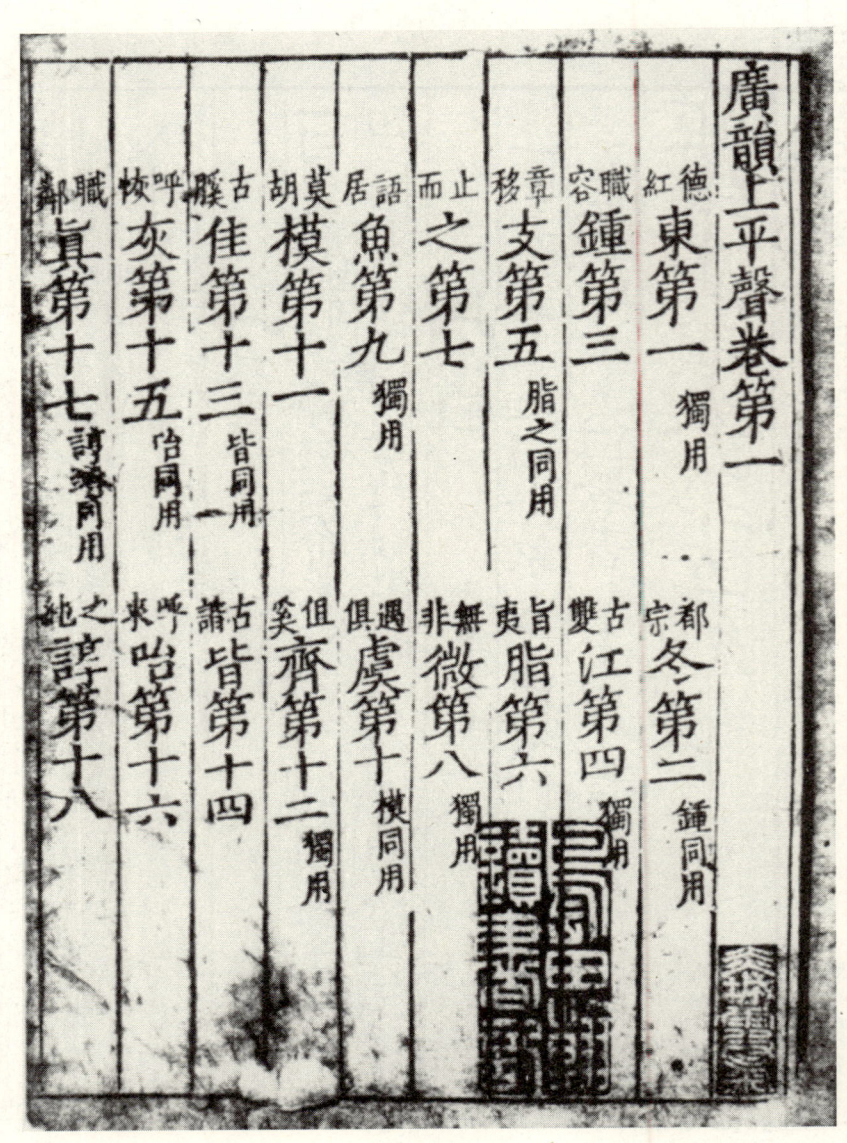

南宋孝宗年間刊本《廣韻》　日本重要文化財
静嘉堂文庫藏本
據 1985 年 10 月静嘉堂文庫長米山寅太郎先生贈編著者《静嘉堂宋本書影》

唐人寫本《玉篇》（殘卷）　日本國寶
早稻田大學圖書館藏本
據 1974 年 11 月編著者訪問早稻田大學時校方所贈之書影

唐人寫本《玉篇》（殘卷）　日本國寶
滋賀縣石山寺藏本
據 1994 年 11 月編著者訪問石山寺時所購平成四年（1993 年）刊《石山寺·寶物篇》

唐人寫本《玉篇》（殘卷）　日本重要文化財
京都大福光寺藏本
據昭和五十一年（1976 年）大阪美術館刊《唐鈔本》之書影

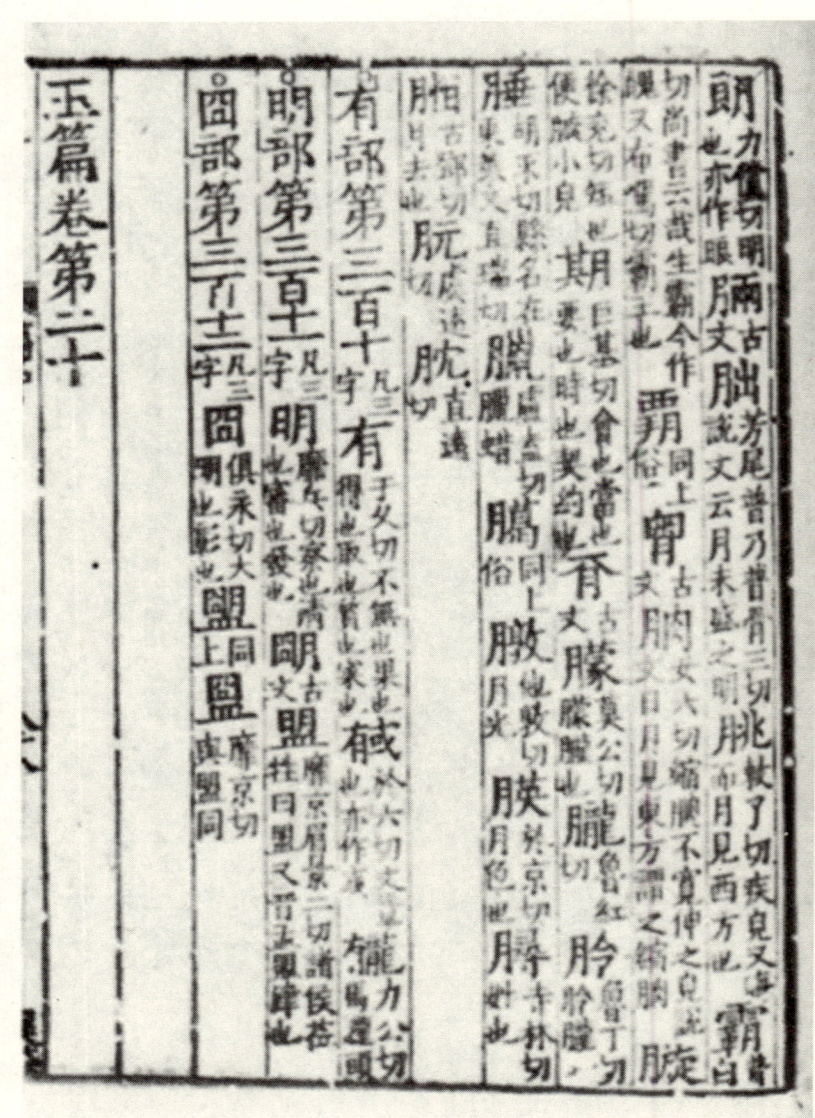

宋刊本《玉篇》（殘卷）　日本重要文化財
名古屋大須觀音藏本
據 1990 年 1 月編著者訪問名古屋大須觀音時岡部快晃（俊光）法師所贈之書影

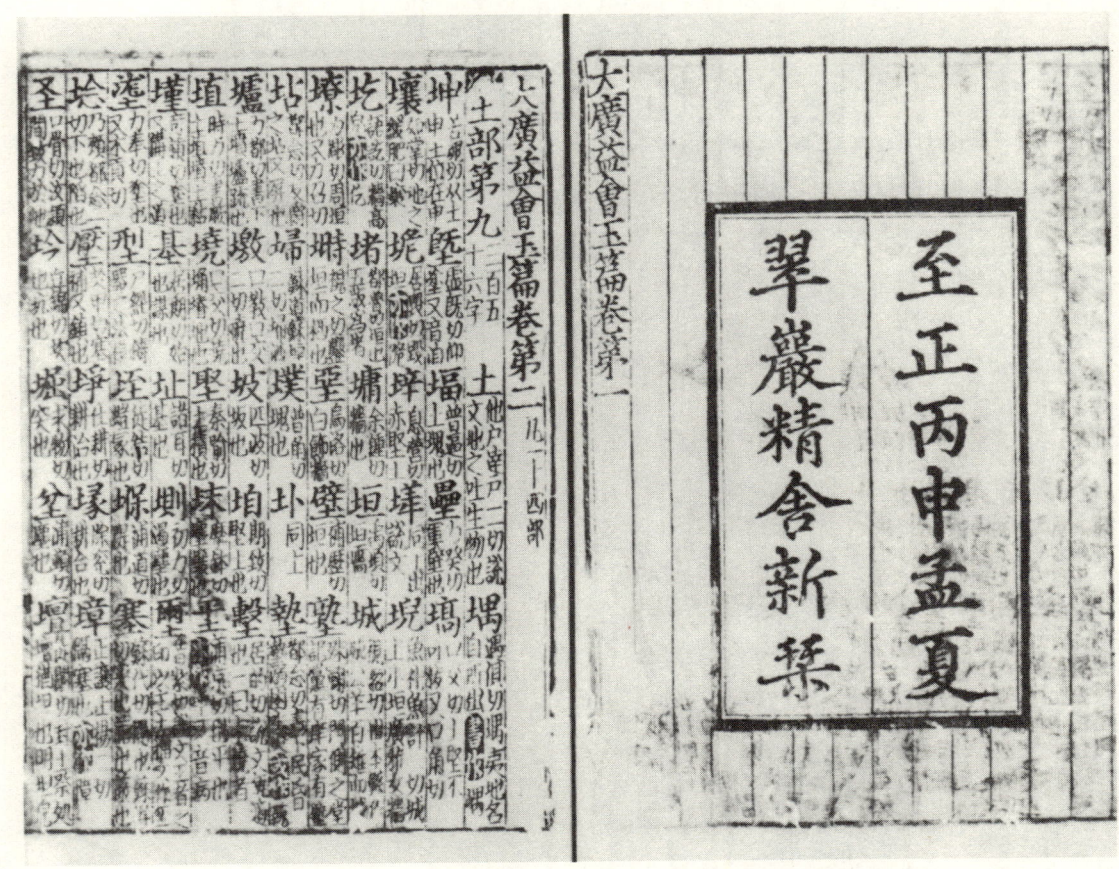

元至正十六年刊本《玉篇》

武田科學振興財團杏雨書屋藏本

據 1985 年 9 月杏雨書屋主人羽田明先生贈編著者《新修恭仁山莊善本書影》

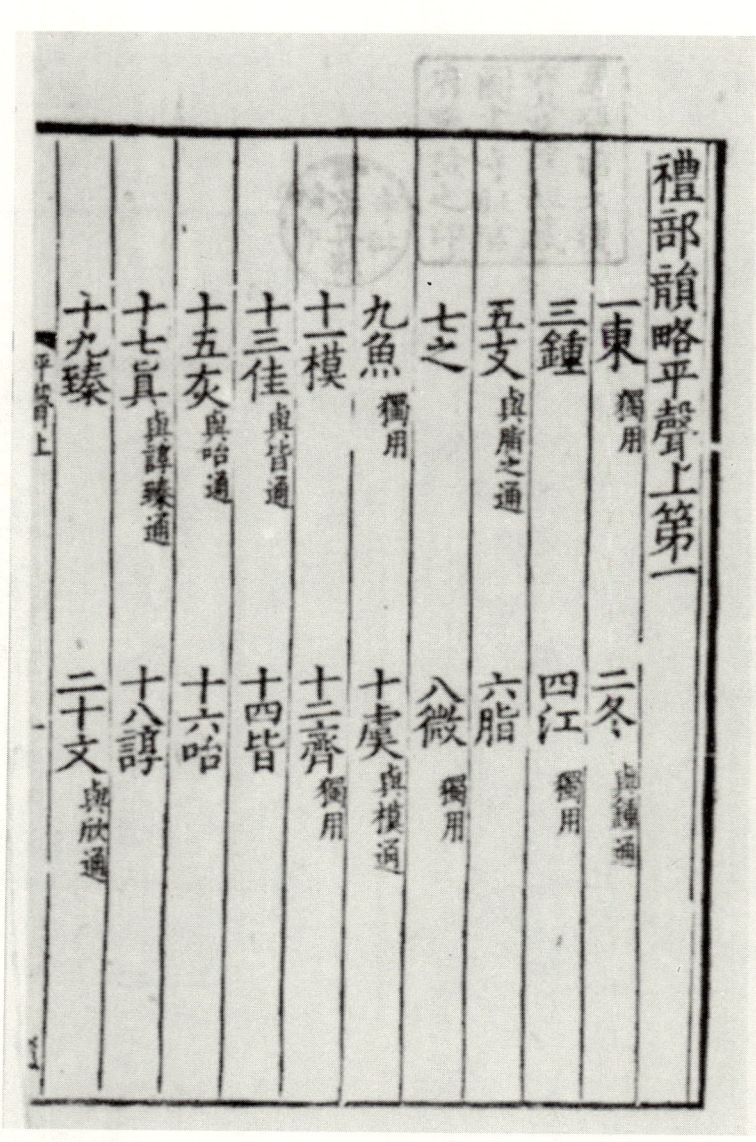

宋刊本《禮部韻略》（殘卷） 日本重要文化財
名古屋大須觀音藏本
據 1990 年 1 月編著者訪問名古屋大須觀音時岡部快晃（俊光）法師所贈之書影

唐人寫本《經典釋文》（殘本）　日本重要文化財
奈良縣興福寺藏本
據昭和五十一年（1976年）大阪美術館刊《唐鈔本》之書影

北宋刊本《史記集解》（殘卷）　日本國寶
武田科學振興財團杏雨書屋藏本
據 1985 年 9 月杏雨書屋主人羽田明先生贈編著者《新修恭仁山莊善本書影》

日本奈良時代寫本《史記》（殘本）　日本國寶
滋賀縣石山寺藏本
據 1994 年 11 月編著者訪問石山寺時所購平成四年（1993 年）刊《石山寺·寶物篇》

唐人寫本《史記集解》（殘卷）　日本重要文化財
東京國立博物館藏本
據昭和五十一年（1976 年）大阪美術館刊《唐鈔本》之書影

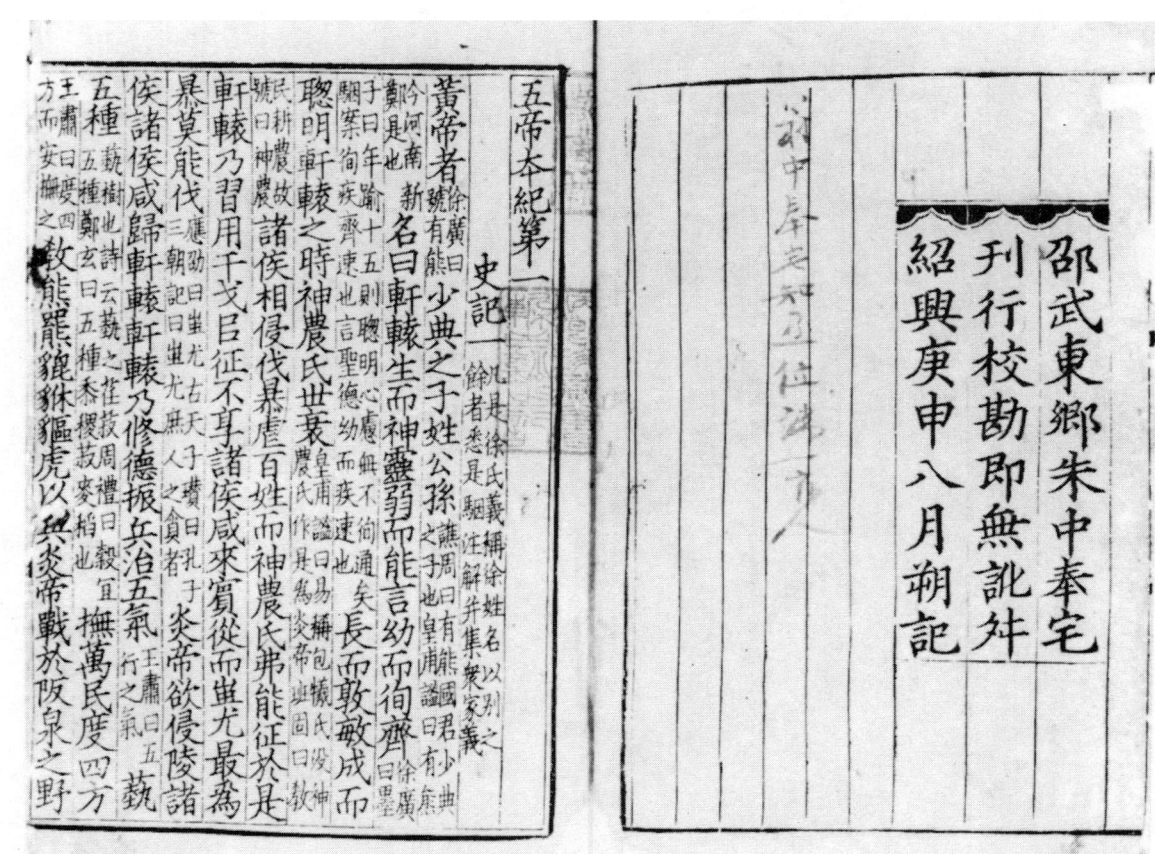

宋紹興十年刊本《史記集解》
武田科學振興財團杏雨書屋藏本
據 1985 年 9 月杏雨書屋主人羽田明先生贈編著者《新修恭仁山莊善本書影》

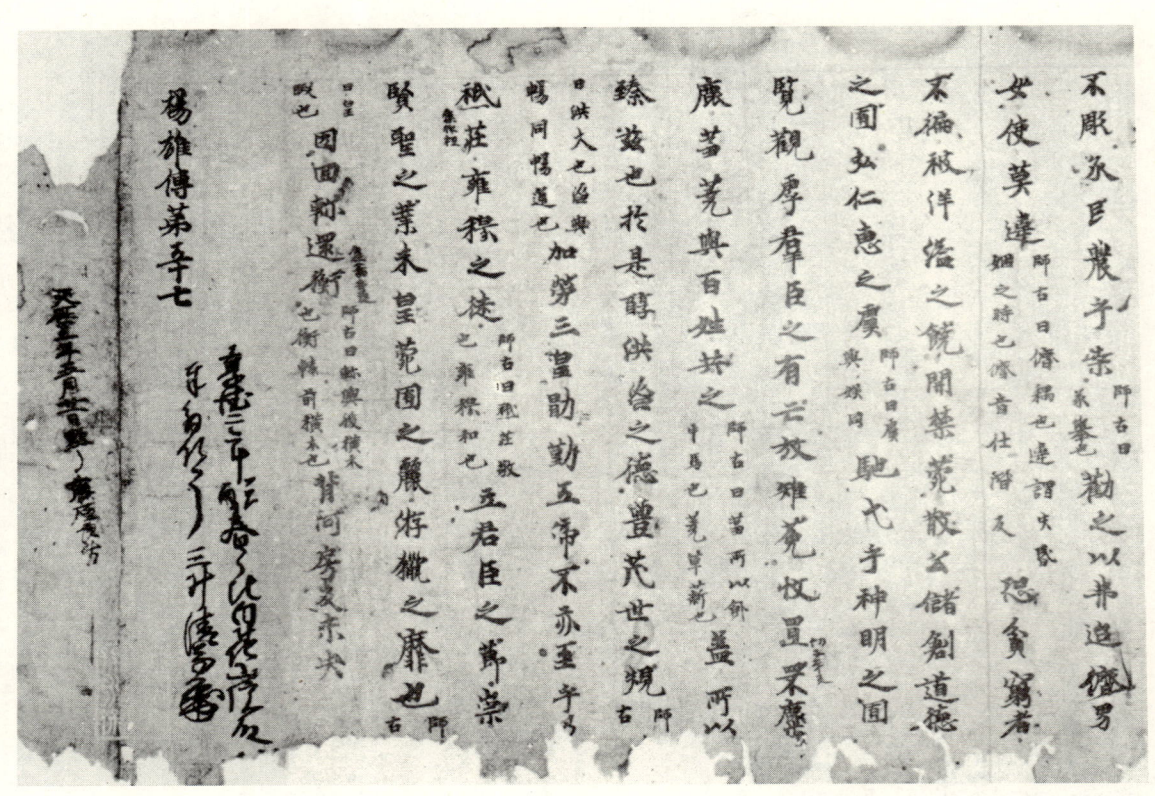

唐人寫本《漢書》（殘卷）　日本國寶
兵庫縣蘆屋市上野淳一藏本
據昭和五十一年（1976年）大阪美術館刊《唐鈔本》之書影

日本奈良時代寫本《漢書·食貨志》（殘卷）　日本國寶
名古屋大須觀音藏本
據 1990 年 1 月編著者訪問名古屋大須觀音時岡部快晃（俊光）法師所贈之書影

高帝紀第一上　班固　漢書一

正議大夫行祕書少監琅邪縣開國子顏師古注

高祖

沛豐邑中陽里人也

姓劉氏

母媼

南宋刊本《漢書》　日本國寶
國立歷史民族博物館藏本
據昭和五十一年(1976年)日本文化廳監修每日新聞社刊《重要文化財》之書影

宋湖北庾司刊本《漢書》　日本重要文化財

静嘉堂文庫藏本

據 1985 年 10 月静嘉堂文庫長米山寅太郎先生贈編著者《静嘉堂宋本書影》

日本奈良時代寫本《漢書》（殘本）　日本國寶
滋賀縣石山寺藏本
據 1994 年 11 月編著者訪問石山寺時所購平成四年（1993 年）刊《石山寺・寶物篇》

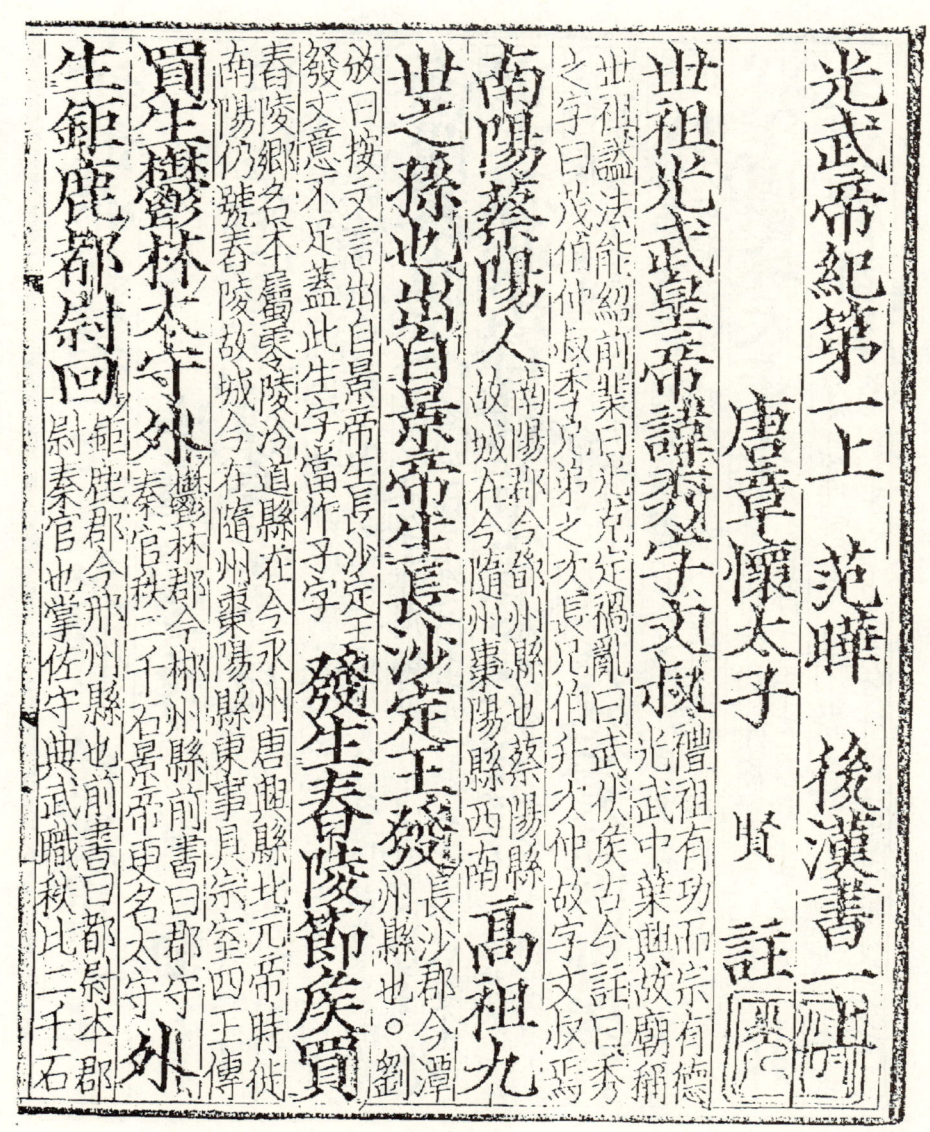

南宋刊本《後漢書》　日本國寶
國立歷史民族博物館藏本
據昭和五十一年（1976 年）日本文化廳監修每日新聞社刊《重要文化財》之書影

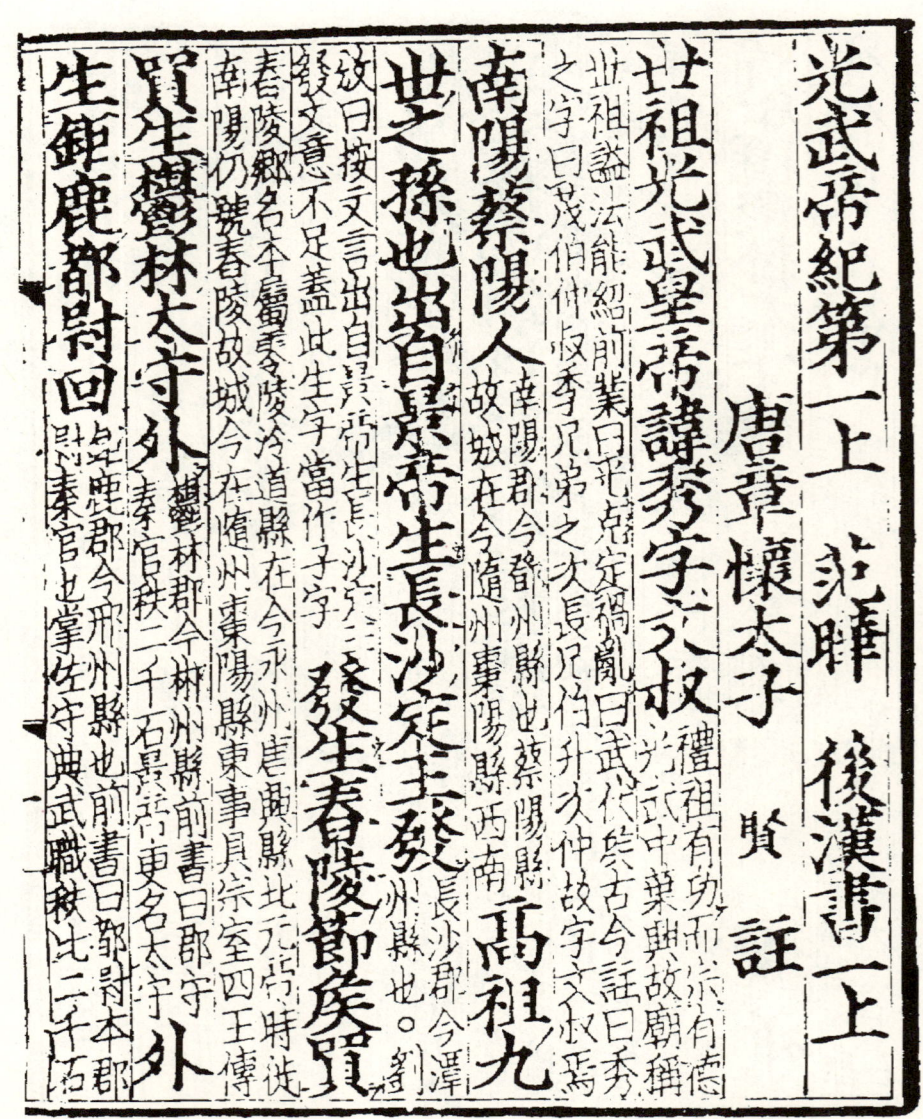

南宋光宗年間刊本《後漢書》
天理圖書館藏本
據 1989 年 11 月天理圖書館金子和正先生贈編著者《善本寫真集·宋版》

孫破虜討逆傳第一　吳書　國志四十六

孫堅字文臺吳郡富春人蓋孫武之後也
吳書曰堅世仕吳家子富春葬於城東冢上數有光怪雲氣五
色上屬於天曼延數里衆皆往觀視堅冢父老相謂曰是非凡氣孫
氏其興矣及母懷姙堅夢腸出繞吳昌門寤而懼之以告鄰母
鄰母曰安知非吉徵也堅生容貌不凡性闊達好奇節
少為縣吏年十七與父共載船至錢唐會海賊胡玉等從匏里上
掠取賈人財物方於岸上分之行旅皆住不敢進堅謂父曰此
賊可擊請討之父曰非爾所圖也堅行操刀上岸以手東西指麾
若分部人兵以羅遮賊狀賊望見以為官兵捕之即委財物散走
堅追斬得一級以還父大驚由是顯聞府召署假尉會稽妖賊許
昌起於句章自稱陽明皇帝
靈帝紀曰昌以其父為越王也
與其子韶扇動諸縣衆以萬數堅以郡司馬募召精勇得千餘人
興州郡合討破之是歲熹平元年也刺史臧旻列上功狀詔書除
堅臨渎丞數歲徙盱眙丞又徙下邳丞
江表傳曰堅歷佐三縣所在有稱民親附鄉里知舊好事少
年往來者常數百人堅撫待養有若子弟焉
中平元年黃巾賊帥張角起於魏郡託有神靈遣八使以善道敎
化天下而潛相連結自稱黃天泰平三月甲子三十六萬一旦俱
發天下響應燔燒郡縣殺害長吏
獻帝春秋曰角稱天公將軍角弟寶稱地公將軍寶弟梁稱人
公將軍
漢遣車騎將軍皇甫嵩中郎將朱儁將兵計擊之儁表請堅為佐
軍司馬鄉里少年隨在下邳者皆願從堅又募諸商旅及淮泗精
兵合千許人與偽并力奮擊所向無前
吳書曰堅乘勝深入於西華失利堅被創墮馬臥草中軍衆分
散不知堅所在堅所騎驄馬馳還營拊地呼鳴將士隨馬於草

南宋初年浙中覆北宋刊本《三國志·吳書》　日本重要文化財
静嘉堂文庫藏本
據 1985 年 10 月静嘉堂文庫長米山寅太郎先生贈編著者《静嘉堂宋本書影》

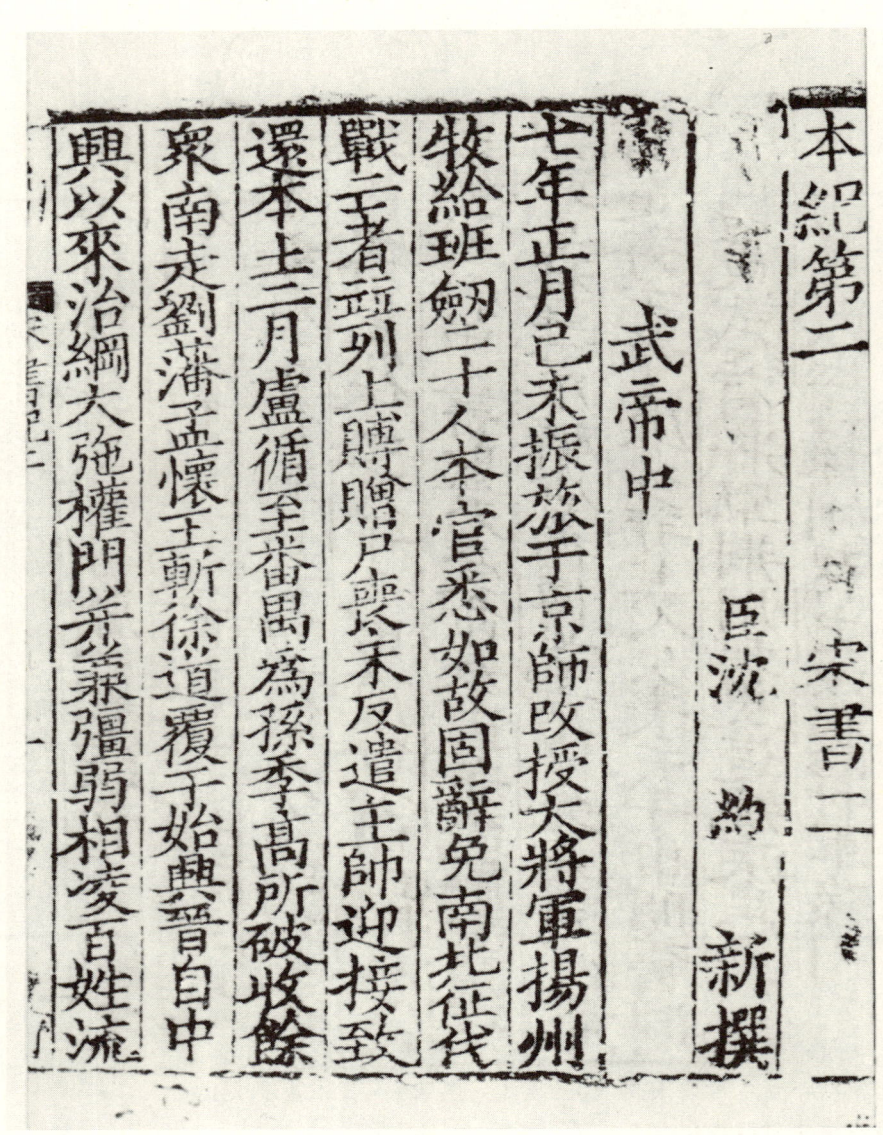

宋紹興年間刊元明遞修本《眉山版七史》

武田科學振興財團杏雨書屋藏本

據 1985 年 9 月杏雨書屋主人羽田明先生贈編著者《新修恭仁山莊善本書影》

唐人寫本《周書》（殘卷）　日本重要文化財
奈良縣大神神社藏本
據昭和五十一年（1976 年）大阪美術館刊《唐鈔本》之書影

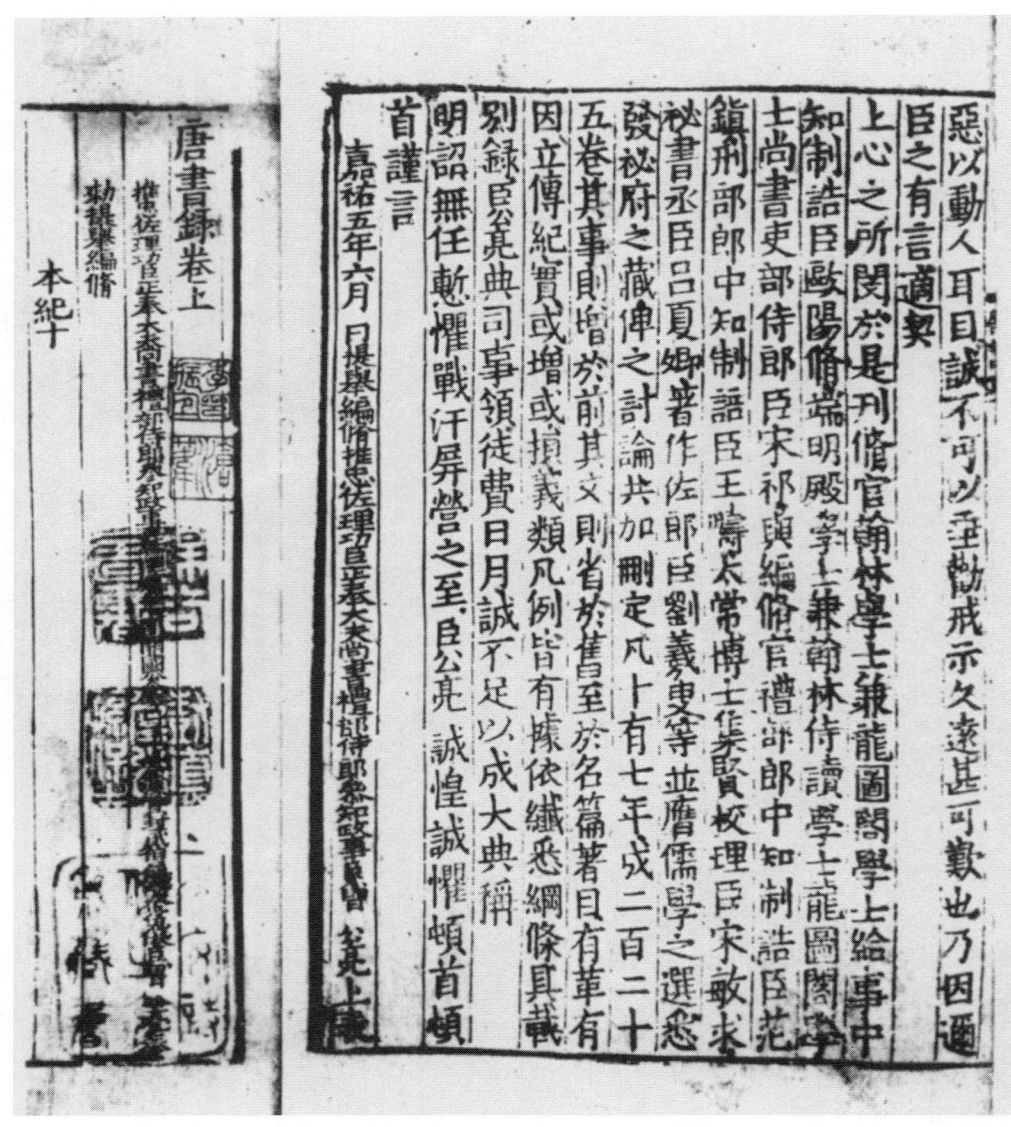

宋嘉祐年間刊本《唐書》　日本重要文化財
静嘉堂文庫藏本
據 1985 年 10 月静嘉堂文庫長米山寅太郎先生贈編著者《静嘉堂宋本書影》

通典卷第四十七　禮七　歷代公等七　吉六

天子宗廟　后妃廟　皇太子及皇子宗廟

南宋高宗年間覆北宋仁宗年間刊本《通典》　日本重要文化財

天理圖書館藏本

據 1989 年 11 月天理圖書館金子和正先生贈編著者《善本寫真集·宋版》

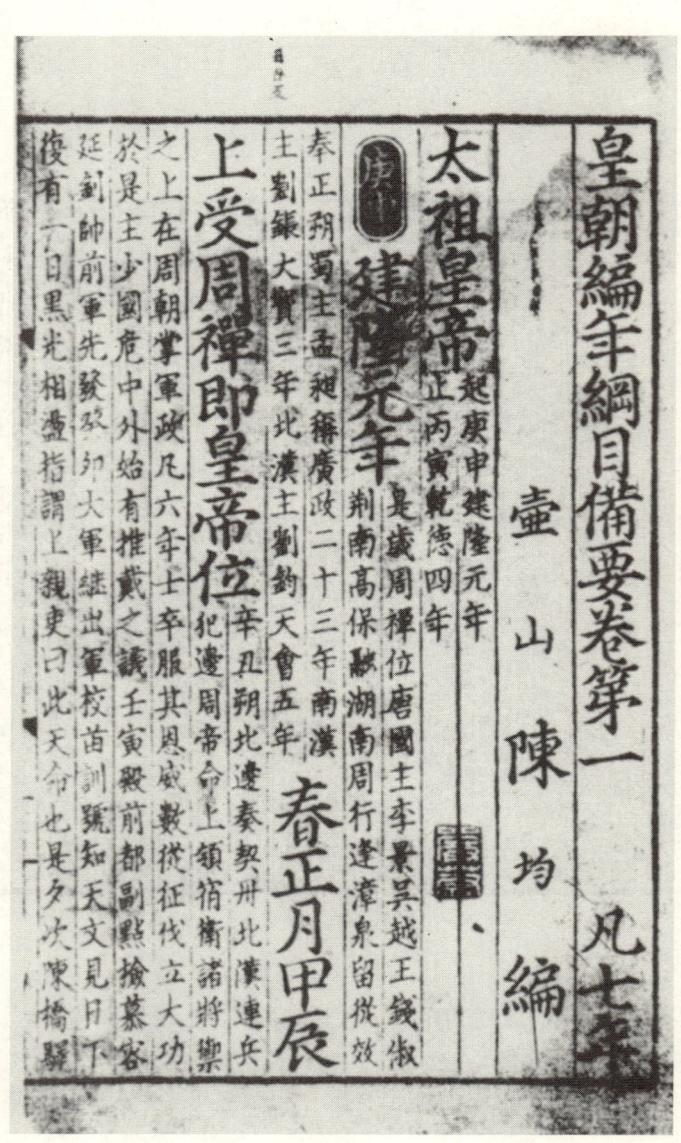

宋紹定年間刊本《皇朝編年綱目備要》　日本重要文化財
静嘉堂文庫藏本
據 1985 年 10 月静嘉堂文庫長米山寅太郎先生贈編著者《静嘉堂宋本書影》

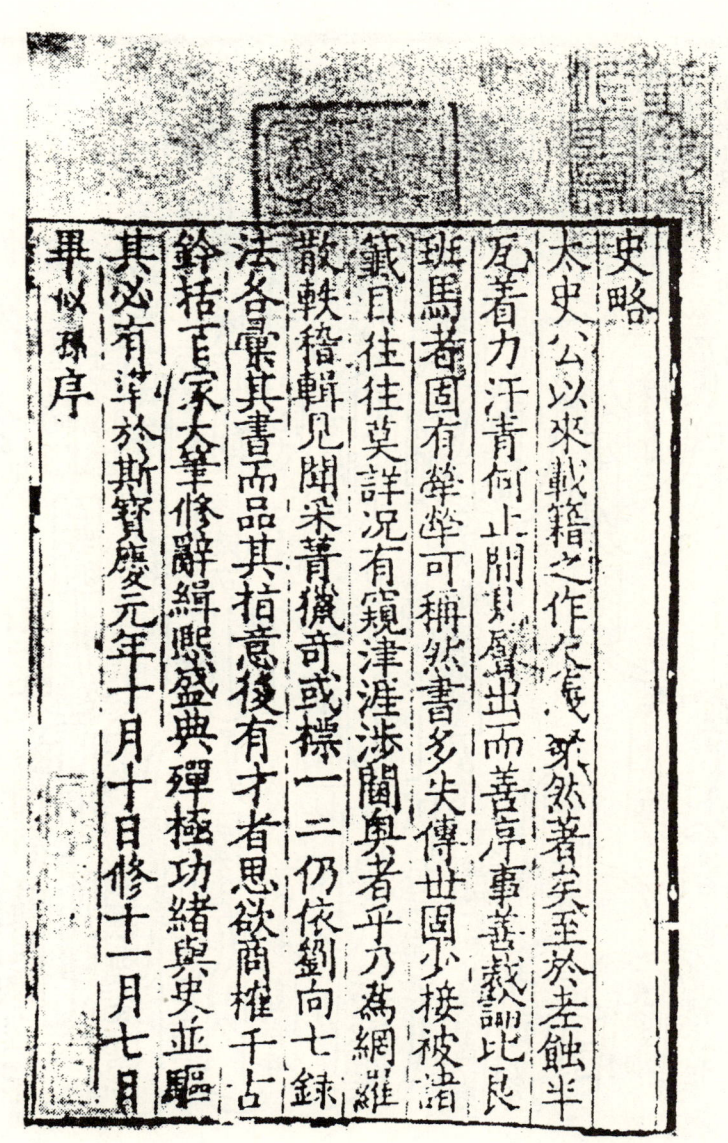

南宋寶慶年間刊本《史略》　日本重要文化財
國立公文書館第一部（內閣文庫）藏本
據 1985 年 8 月編著者訪問公文書館第一部時委託拍攝之書影

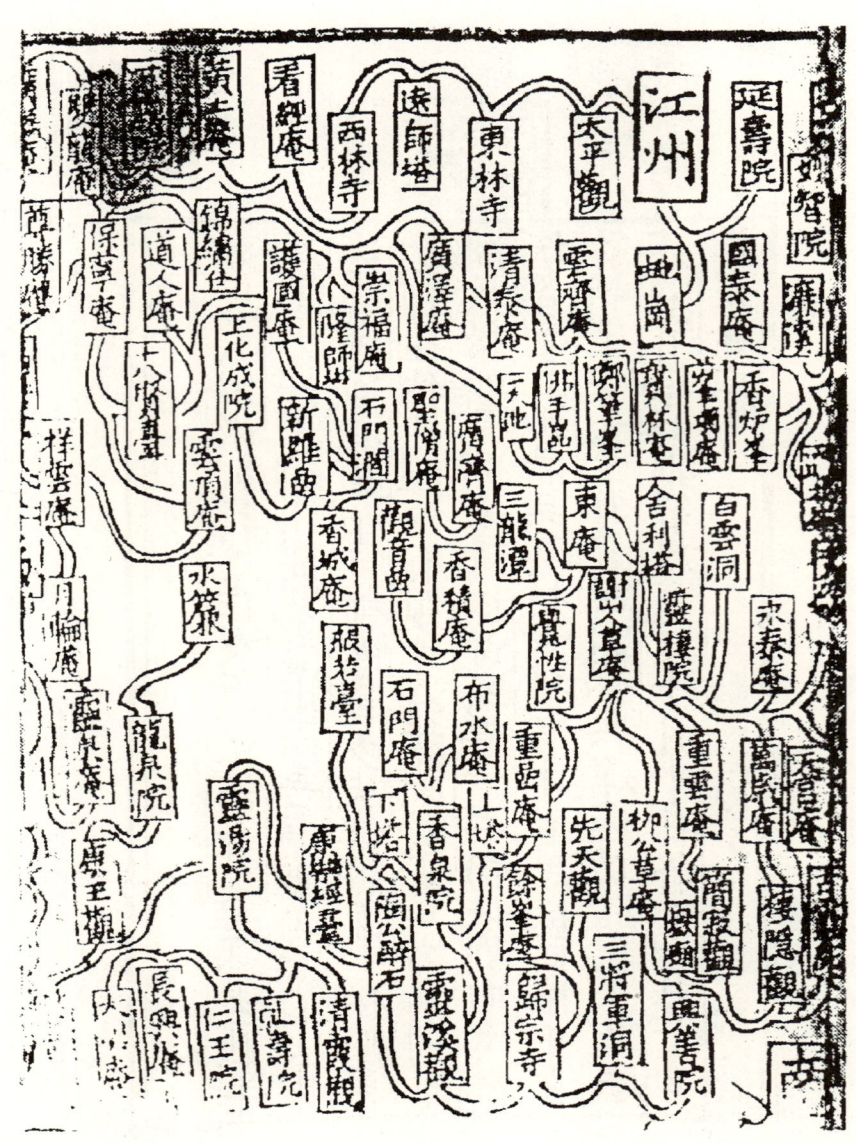

南宋刊本《廬山記》　日本重要文化財
國立公文書館第一部(內閣文庫)藏本
據 1985 年 8 月編著者訪問公文書館第一部時委託拍攝之書影

廬山記卷第一

尚書屯田員外郎嘉禾陳舜俞令舉撰

捴叙山水篇第一

案太史公曰余南登廬山觀禹九江前漢郊祀

志云乱封中武帝浮江自尋陽出樅楊過彭蠡

禮其名山大川桑欽水經云廬江出三天子都北

過彭蠡縣輝惠遠廬山略記曰山在江州尋陽

南彭濱宫亭北對九江九江之南江爲小江山去

江三十餘里右挾鼓蠡右傍通川引三江之流而

宋刊本《廬山記》(卷一、卷四、卷五爲日本室町時期人寫補)　日本重要美術財
御茶之水圖書館藏本
據 1992 年 11 月編著者於御茶之水圖書館閱讀時所獲之書影

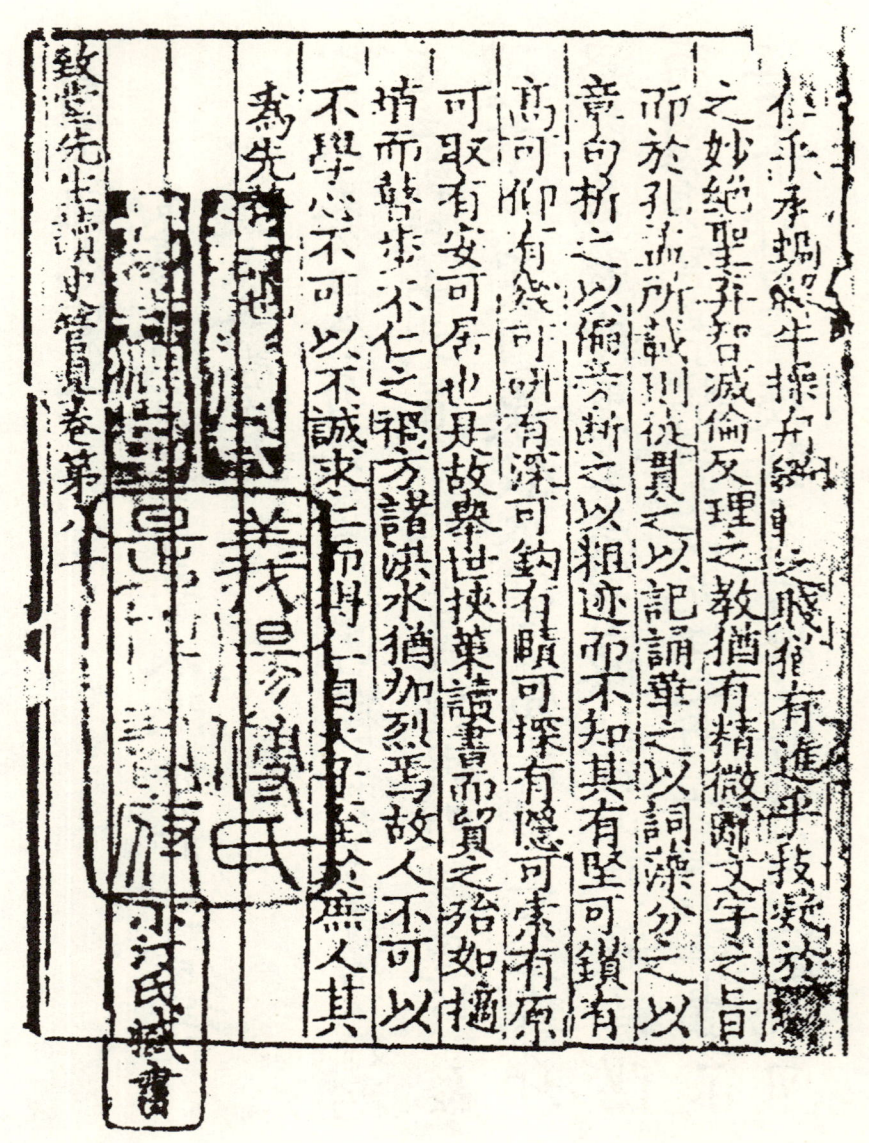

宋淳熙年間刊本《致堂先生讀史管見》 日本重要文化財
東京都小汀利得藏本
據昭和五十一年（1976 年）日本文化廳監修每日新聞社刊《重要文化財》之書影

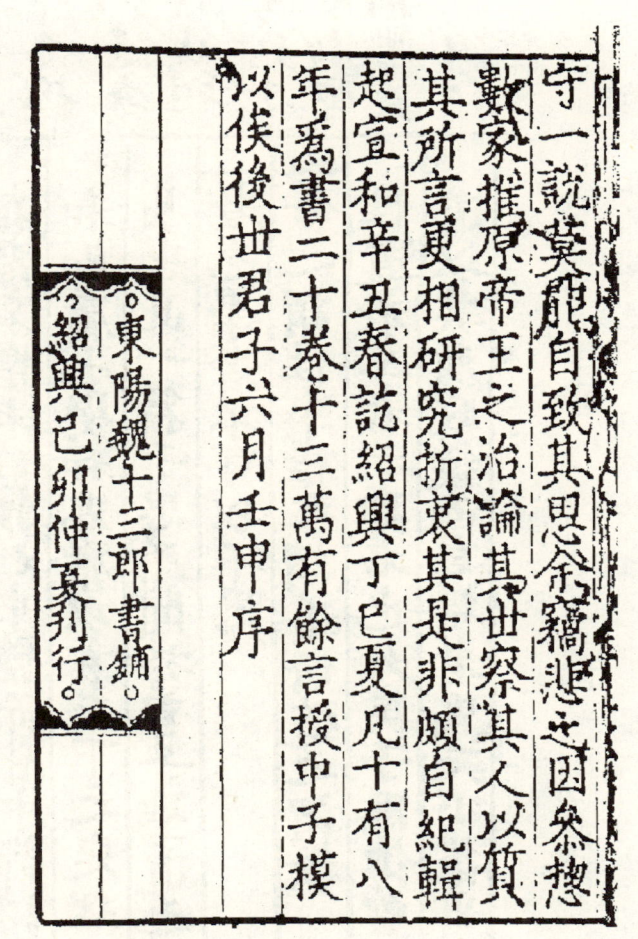

宋紹興年間東陽魏十三郎書鋪刊本《新雕石林先生尚書傳》(殘卷)　日本重要文化財
靜岡縣清見寺藏本
據昭和五十一年(1976年)日本文化廳監修每日新聞社刊《重要文化財》之書影

中庸説卷第一

無垢先生范陽張　九成

中庸説

喜怒哀樂未發謂之中發而皆中節謂之和

即庸也變和為庸以言天下之定理不可

易也此一篇子思所聞於曾子聖道之㔶粹

者也學者不可以不思

天命之謂性率性之謂道脩道之謂教

性道教三者之難名也父矣子思傳曾子之

道以其所感侵而自得者為天下後世別白

南宋刊本《中庸説》　日本重要文化財
京都市東福寺藏本
據 1995 年 2 月編著者訪問東福寺時所獲之書影

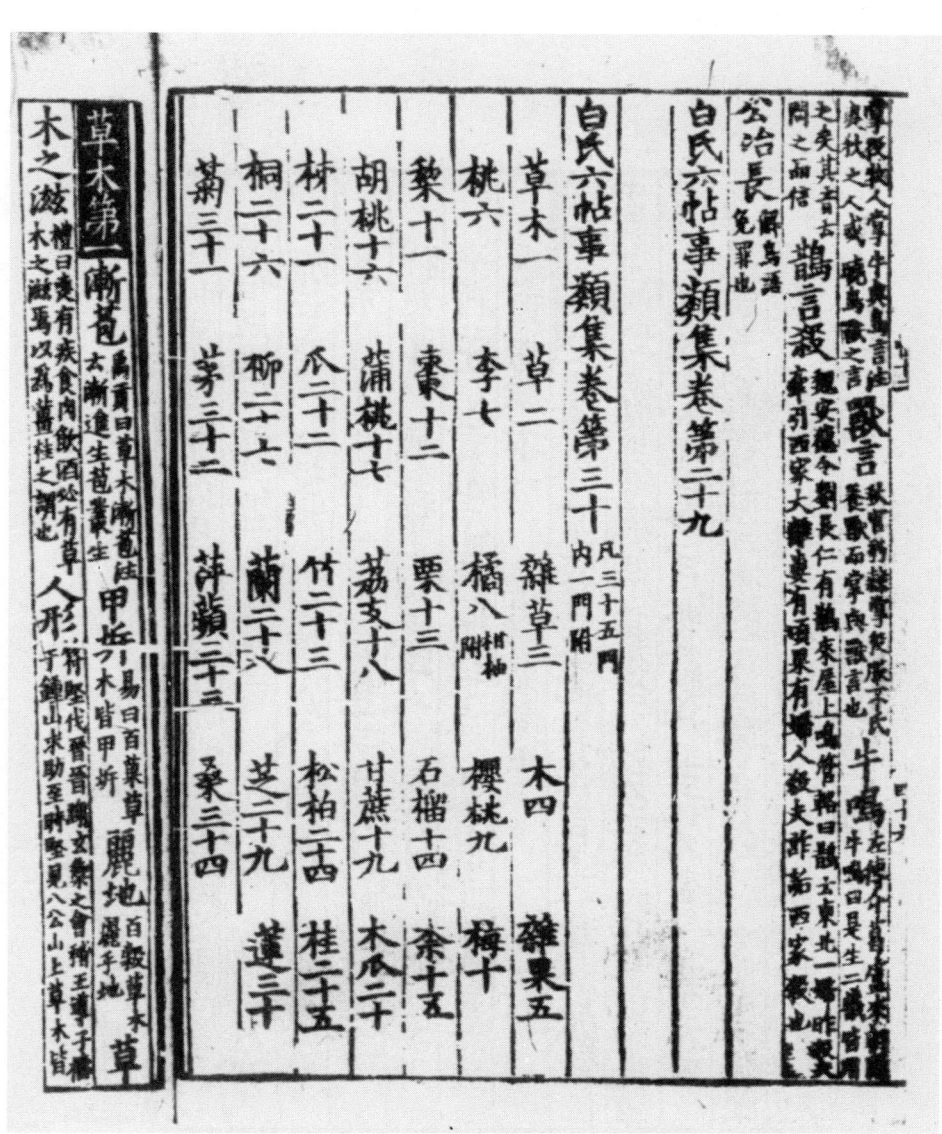

北宋刊本《白氏六帖事類集》　日本重要文化財
靜嘉堂文庫藏本
據 1985 年 10 月靜嘉堂文庫長米山寅太郎先生贈編著者《靜嘉堂宋本書影》

白氏六帖事類集卷第卅二 内二門附

戶口版圖一　招戶口二　本土三
　遷徙四　移貫五
流亡六　征役七　役使不均八
　賦稅九　重斂十
關市之征十一　九賦十二　山澤租稅十三　田稅十四　雜稅十五
稅舟車十六　輕賦稅十七　復除十八　輸稅十九　均輸二十
平糴二十一　貢獻二十二　關貢二十三　訖貝賦二十四　夘貢二十五
率車夷貢賦二十六　出財助國二七

戶口版圖第一

周禮司民掌登萬民之數自生齒已上皆書於版辨其國中都鄙郊野異甘男女歲登下其死生及三年大比以萬人之數詔司寇司寇及孟冬祀司人之日獻其數於王拜而受之登于天府周官生齒之徒漢儒應邵之訓以代抵大宰以官府之八政以總邦國之比要比要比要住云七比更閱天下民數及册物今以八月案比是也比其數以周知

南宋紹興年間刊本《白氏六帖事類集》　日本重要美術財
天理圖書館藏本
據1989年11月天理圖書館金子和正先生贈編著者《善本寫真集・宋版》

白氏六帖事類集卷第二　凡九十一　內四十三門

山第一　嵩山第二　華山第三　泰山第四　恒山第五

衡山第六　終南山第七　石第八　嵵嶮山第九　廬山第十

太行山十一　荊山十二　鍾山十三　北邙山十四　天台山十五

首陽山十六　燕然山十七　羅浮山十八　九疑山十九　交廣諸山二十

川澤二十一　虞衡二十二　原隰二十三　丘二十四　陵二十五

阪二十六　穴二十七　溪二十八　澗二十九　壑三十

谷三十一　洞三十二　水三十三　陘三十四　溝洫三十五

漕三十六　堰埭三十七　津渡三十八　海三十九　河四十

江四十一　淮四十二　濟四十三　漢四十四　湖四十五

陂四十六　洛四十七　渭四十八　池四十九　昆明池五十

溫湯五十一　濤五十二　泉五十三　汴五十四　浦五十五

珠五十六　玉五十七　璧五十八　金五十九　銅六十

縑六十一　貨財六十二　錦六十三　綺六十四　織績六十五

錢六十六　絹六十七　綠六十八　帛六十九　練七十

絹七十一　綺七十二　羅七十三　帛七十四　綾七十五

絺綌七十六　麻七十七　穀七十八

山岳　天作高山　結而為山岳……

南宋紹興年間刊嘉定年間補修本《白氏六帖事類集》　日本重要文化財
天理圖書館藏本
據 1989 年 11 月天理圖書館金子和正先生贈編著者《善本寫真集·宋版》

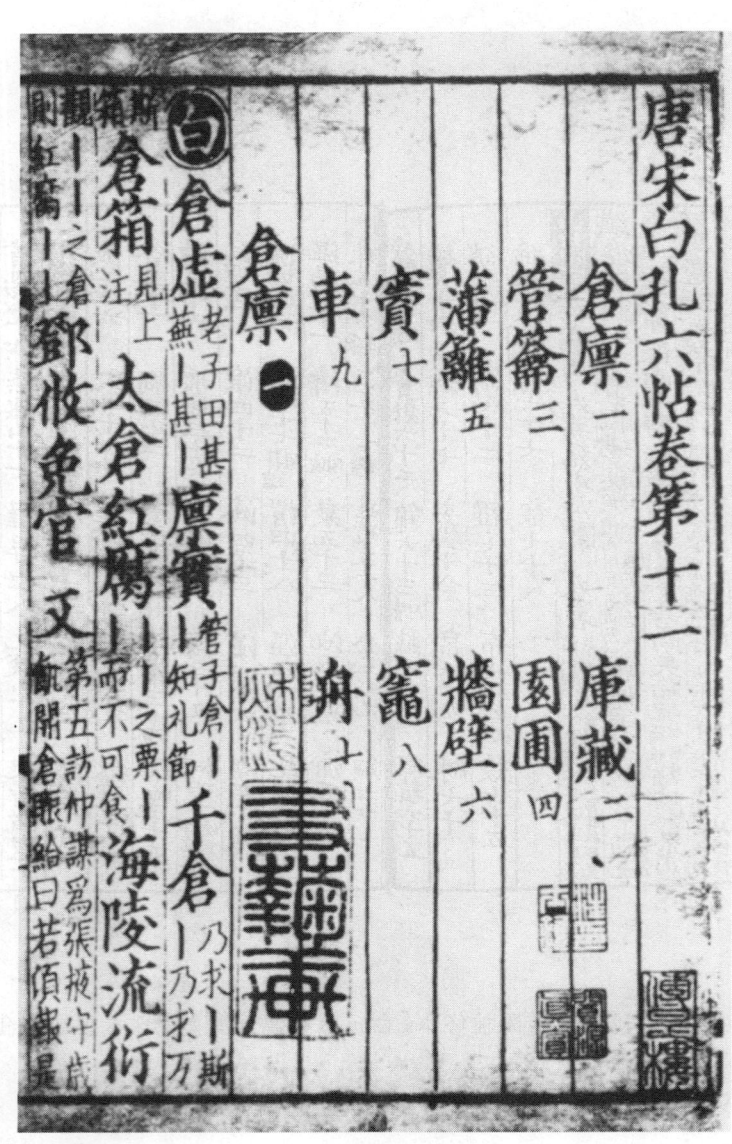

南宋刊本《唐宋白孔六帖》

静嘉堂文庫藏本

據 1985 年 10 月静嘉堂文庫長米山寅太郎先生贈編著者《静嘉堂宋本書影》

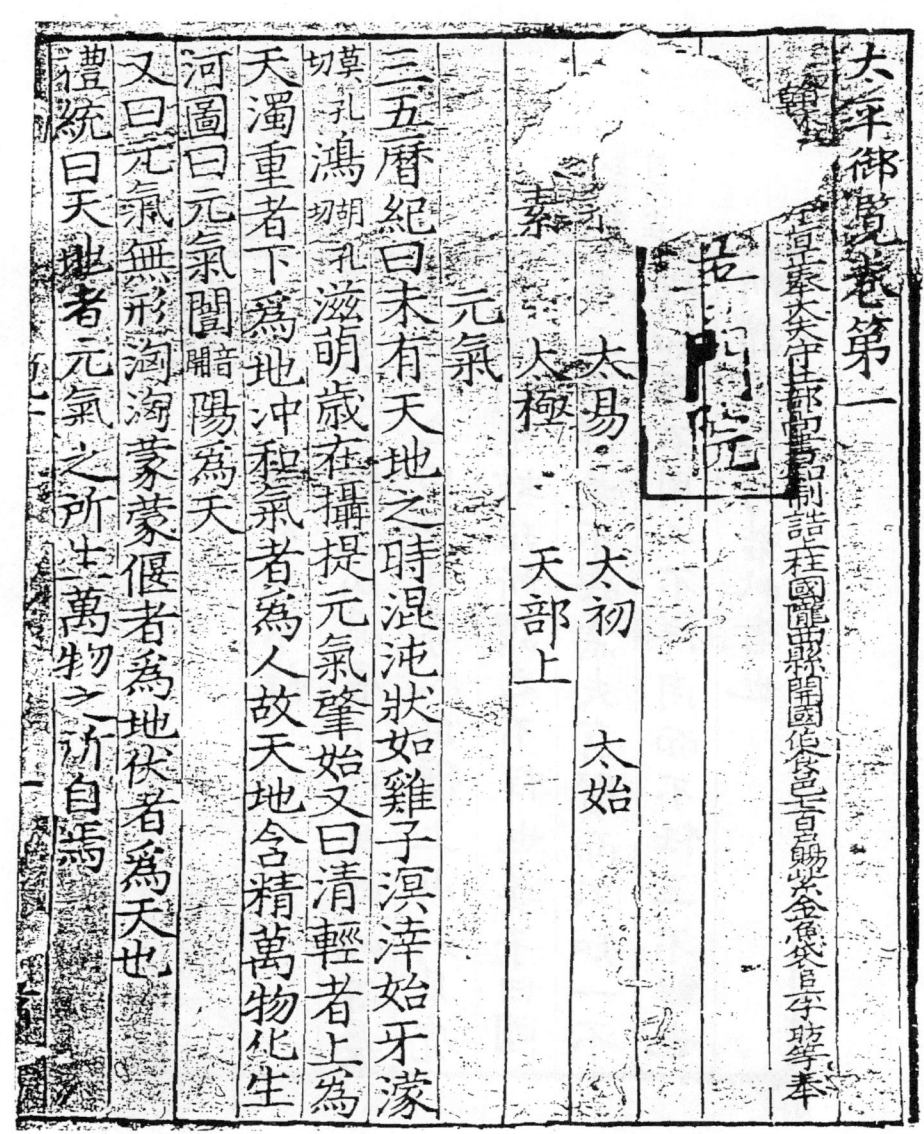

宋慶元年間刊本《太平御覽》 日本國寶
京都市東福寺藏本
據 1995 年 2 月編著者訪問東福寺時所獲之書影

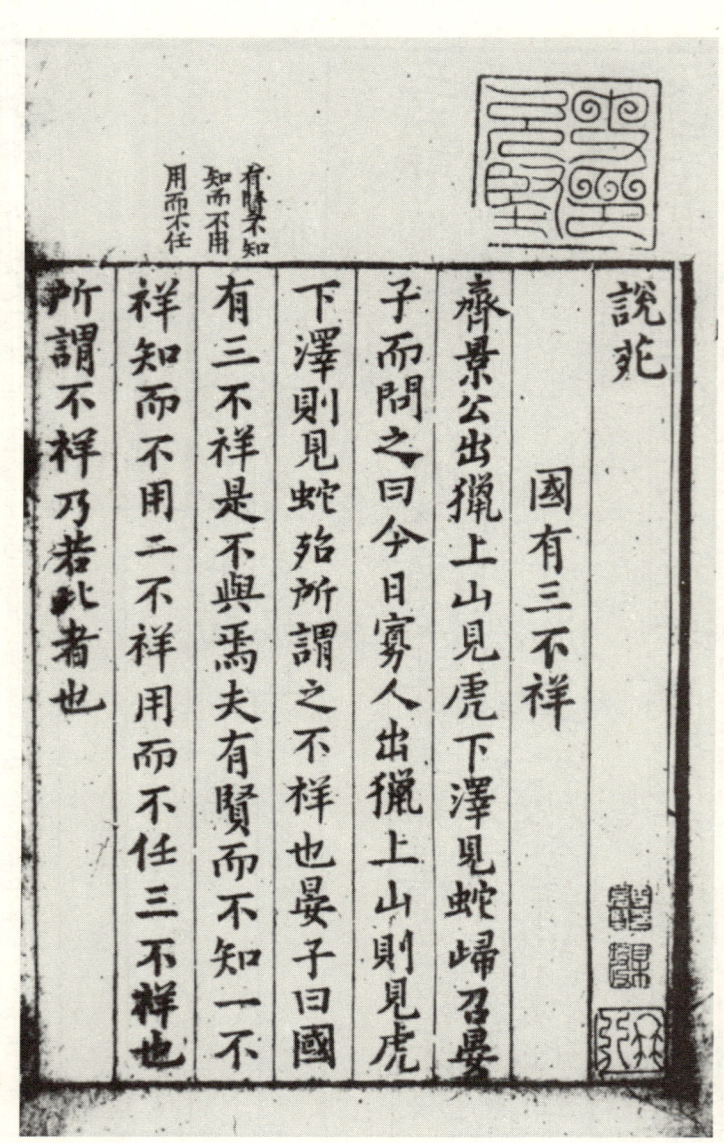

宋嘉定年間刊本《歷代故事》　日本重要文化財
静嘉堂文庫藏本
據 1985 年 10 月静嘉堂文庫長米山寅太郎先生贈編著者《静嘉堂宋本書影》

重廣會史目錄

卷第一
君不嚴而治　　君無為而治
天下平治　治道清淨　臣不嚴而治
以文為治　王道　治道清淨　王霸

卷第二
王者受命　受命之符
立大子　中興之主
敎大子

卷第三
守成
正家而天下定　遷都　徙民
振恤下民　求民瘼　視民如子　養民
低歸其主

卷第四
五運　文質
失斷　天子無戲言　撥乱反正　獨断
廣聰明　不能廣聰明

宋嘉定年間刊本《重廣會史》　日本重要文化財
尊經閣文庫藏本
據 1992 年 12 月編著者訪問尊經閣文庫時委託拍攝之書影

唐人寫本《世説新書》（殘卷）　日本國寶
京都小川廣已藏本
據昭和五十一年（1976年）日本文化廳監修每日新聞社刊《重要文化財》之書影

桓玄欲以謝太傅宅為營謝混曰

邵伯之仁猶惠及甘棠　辟詩木傳曰昔周道之隆

邵伯在朝有司請召民邵伯曰以一身勞百姓非吾先君文王之志也方暍憩於棠樹之下而聽訟為百姓大悅詩人見邵伯所住息之樹尤而歌之曰莆茇甘棠勿翦勿伐邵伯所芟

丈靜之德更不保五畝之宅

玄慙而止．

捷悟第十一

楊德祖為魏武主簿時作相國門

始構榱桷魏武自出看使人題門作

活字便去．楊見即令壞之既竟曰　丈士傳曰楊

門中活闊字王嫌門大也　脩字德祖知

農人太尉子也火有才學思幹早知石魏

武為藎相辟為主簿脩嘗白事知必有反

覆教猿為荅戢紙以次係之而行．勒守者

曰向白事必有教出相友覆若紫此第連

唐人寫本《世說新書》(殘卷)　日本國寶

京都國立博物館藏本

據昭和五十一年(1976年)日本文化廳監修每日新聞社刊《重要文化財》之書影

夙慧第十二
賓客詣陳太丘宿太使元方季方
炊客與太丘論議二人進火俱委而
竊聽炊忘著箄落釜中丘問之炊
何留元方季方長跪曰大人與客語
乃俱竊聽炊忘著箄令皆成糜太
丘曰爾頗有所識不對曰歸記之
二子長跪俱說更相易奪言無遺
失太丘曰如此但糜自可何必飯也
何晏年七歲明慧若神魏武奇愛
之以晏在宮內曰欲以為子晏乃

唐人寫本《世說新書》（殘卷）　日本國寶
兵庫縣小西新右衛門藏本
據昭和五十一年（1976 年）日本文化廳監修每日新聞社刊《重要文化財》之書影

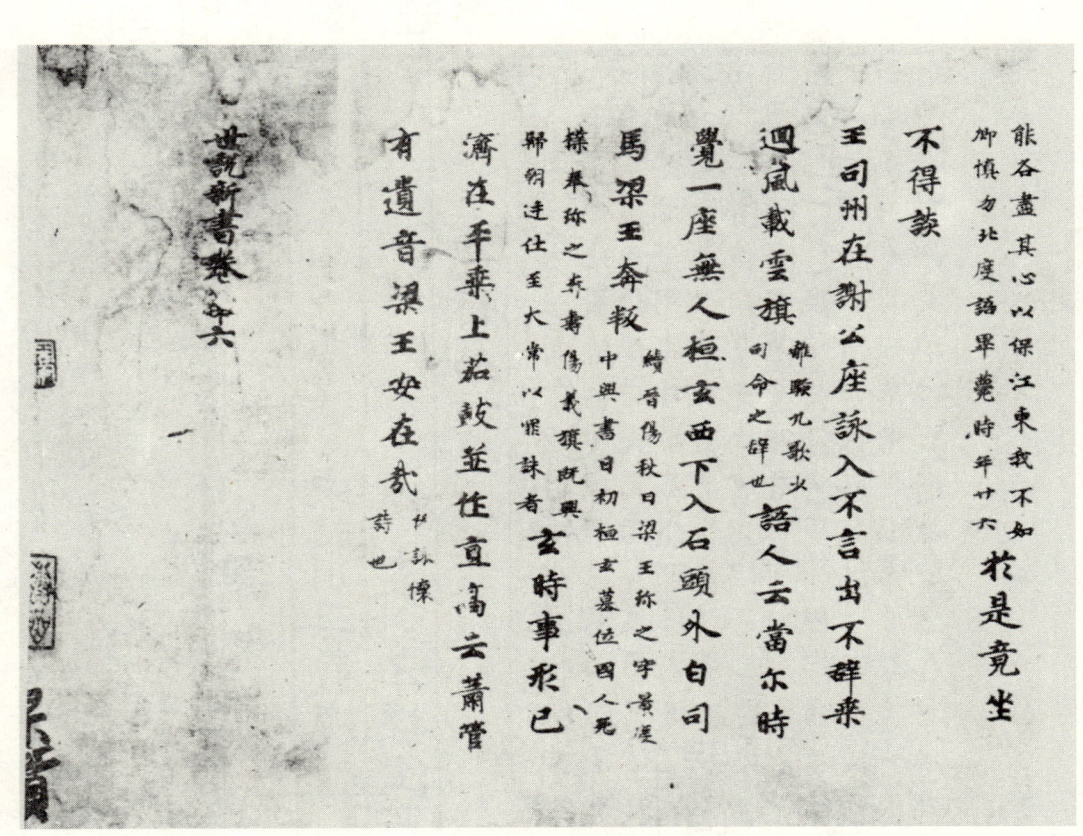

唐人寫本《世説新書》（殘卷）　日本國寶
東京國立博物館藏本
據昭和五十一年（1976 年）日本文化廳監修每日新聞社刊《重要文化財》之書影

南宋刊本《世説新語》　日本重要文化財
尊經閣文庫藏本
據 1992 年 12 月編著者訪問尊經閣文庫時委託拍攝之書影

日本室町時代（1393—1573 年）刊本《唐才子傳》
武田科學振興財團杏雨書屋藏本
據 1985 年 9 月杏雨書屋主人羽田明先生贈編著者《新修恭仁山莊善本書影》

姓解序

天生蒸民受之以姓姓者所以別登
倫也或因生以賜之或錫土而命之
命或紹世官眇覬前倫率由斯義厥後氏族
至衆人皆著書譜系志願遂有數本靡不廣
引流派窮極枝葉善則善矣而卷帙浩博尤
難傳寫冊府仍存於副本儒家殆絕於斯文
手以沿波或見憑於撰德幾成閣筆蓋不類
於生知縣是自散羣書纂為姓解且以歷代
功臣名士布在方冊者次第書之啓迪華源
俾張世曹其餘踪族異望一皆削去使開卷
易見不假乎吹律同宗自選無飾於斷章爰
實勝壺襄屢更桂魄欲一槩註釋未免雷同將
四聲拘收又屬疑混必不得已輒取篇旁類
之但使便於檢尋固無憝於簡易其言姓者
馭不覽焉

大宋景祐二年

上祀圓丘後五日自序

姓解卷第一　　凡三卷一百七十門
　　　　　　　二千五百六十八氏

鴈門邵思纂

北宋刊本《姓解》　日本重要文化財

國會圖書館藏本

據 1995 年 3 月編著者訪問國會圖書館時委託拍攝之書影

賓退錄卷第九　大梁趙與旹

詩誕彌厥月誕大也朱文公則以爲發語之辭
出俗誤以誕訓生遂有降誕慶誕之語前輩
辨者多矣曹曰誕膺天命誕亦大也范畢贊
光武乃有光武誕命之語尤不可曉殤帝紀
云誕育百餘日亦誤
冠恂自潁川太守從汝南又入爲執金吾會潁
川盜起光武將親征隗囂欲復使出守潁川
從駕至郡盜賊悉降遂已百姓遮道曰願從

南宋刊本《賓退錄》　日本重要文化財
尊經閣文庫藏本
據1992年12月編著者訪問尊經閣文庫時委託拍攝之書影

搜神祕覽目録

臨安府
太廟前尹家書籍鋪刊行

搜神祕覽上

楊文公

吳待問子之里人也少孤貧賤因遊京師謁楊
文公億文公喜而館之時公門下客如鄭戩件
簡黃鑑及子叔祖郇公皆未第與公之羣從趙
官待關者不下一二十人衆以吳之貧凡所供
濁皆文公所與多以賤事役焉文公知之伺吳
之出至賓館問之曰吳秀才何在衆對以出矣
公曰無乃爾輩役之乎此人於相法未嘗不重

南宋光宗年間刊本《搜神秘覽》 日本重要文化財
天理圖書館藏本
據 1989 年 11 月天理圖書館金子和正先生贈編著者《善本寫真集·宋版》

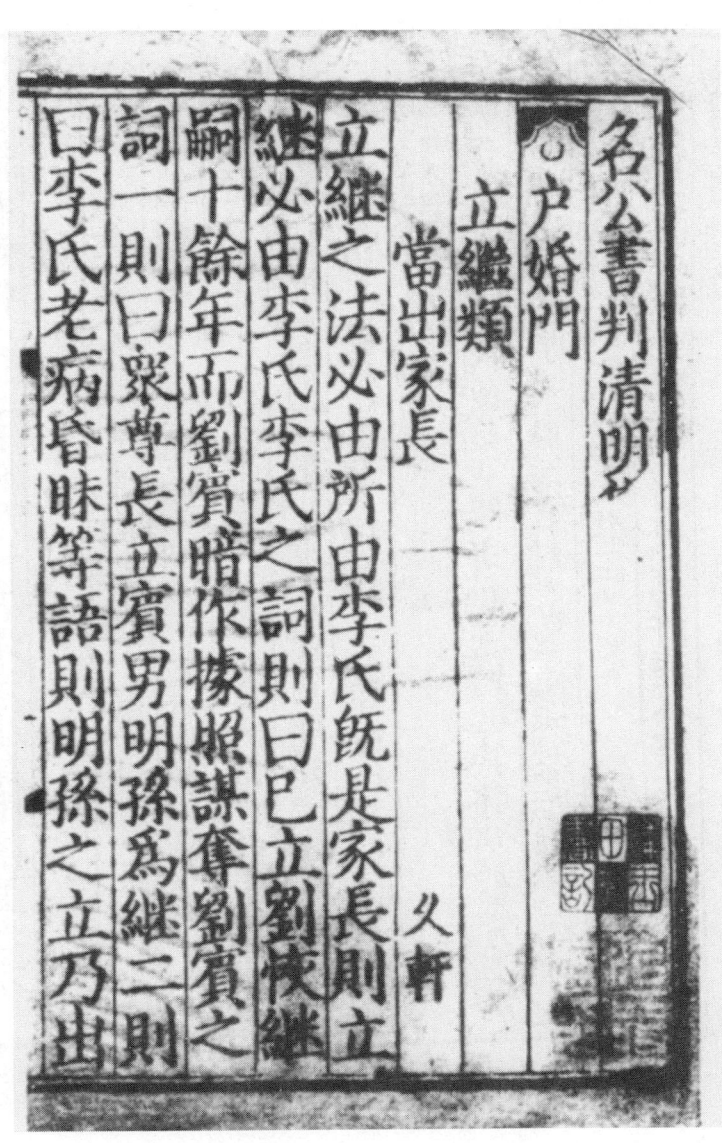

南宋年間刊本《名公書判清明集》 日本重要文化財
静嘉堂文庫藏本
據 1985 年 10 月静嘉堂文庫長米山寅太郎先生贈編著者《静嘉堂宋本書影》

仲景傷寒論傷寒二三日心中悸而煩者小建中陽主之方

桂心三兩　甘草炙二兩

生薑三兩　大棗十二枚擘

膠飴一外　芍藥六兩

右六味切以水七外先煮五味取三外去滓內飴更上微火

鎖令解溫服一外日三服如嘔家不可服建中湯以甜故也

忌海藻菘菜生葱千金翼同出第三卷中　張仲景傷寒論第

陽主之此工小建中湯非也此方但治心中悸而煩

病源傷寒三日少陽受病少陽者膽之經也其脉循於脅上於

頭耳故得病三日當為脅熱而耳聾也三陽經絡始相傳病未入

於藏故皆可汗而解出第七卷中

仲景傷寒論療太陽病三日發其汗病不解蒸蒸發熱者屬胃

調胃承氣湯方

南宋刊本《外臺秘要方》　日本重要文化財

静嘉堂文庫藏本

據1985年10月静嘉堂文庫長米山寅太郎先生贈編著者書影

唐人寫本《南華真經》（殘卷）　日本重要文化財

書道博物館藏本

據昭和五十一年（1976 年）大阪美術館刊《唐鈔本》之書影

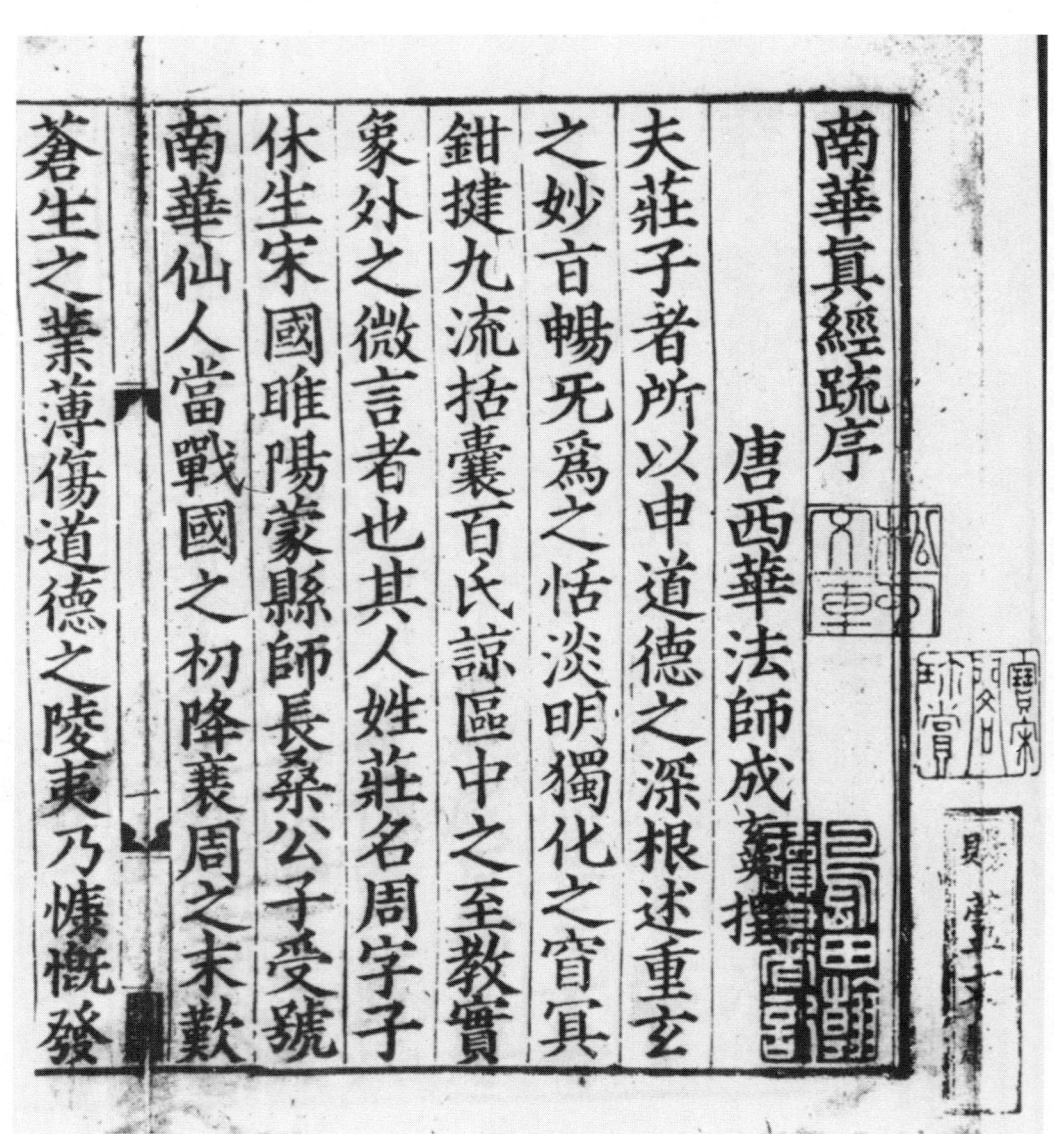

南宋中期大字刊本《南華真經注疏》　日本重要文化財
静嘉堂文庫藏本
據 1985 年 10 月静嘉堂文庫長米山寅太郎先生贈編著者《静嘉堂宋本書影》

南宋理宗寶慶三年刊本《經典釋文·莊子音義》
天理圖書館藏本
據 1989 年 11 月天理圖書館金子和正先生贈編著者《善本寫真集·宋版》

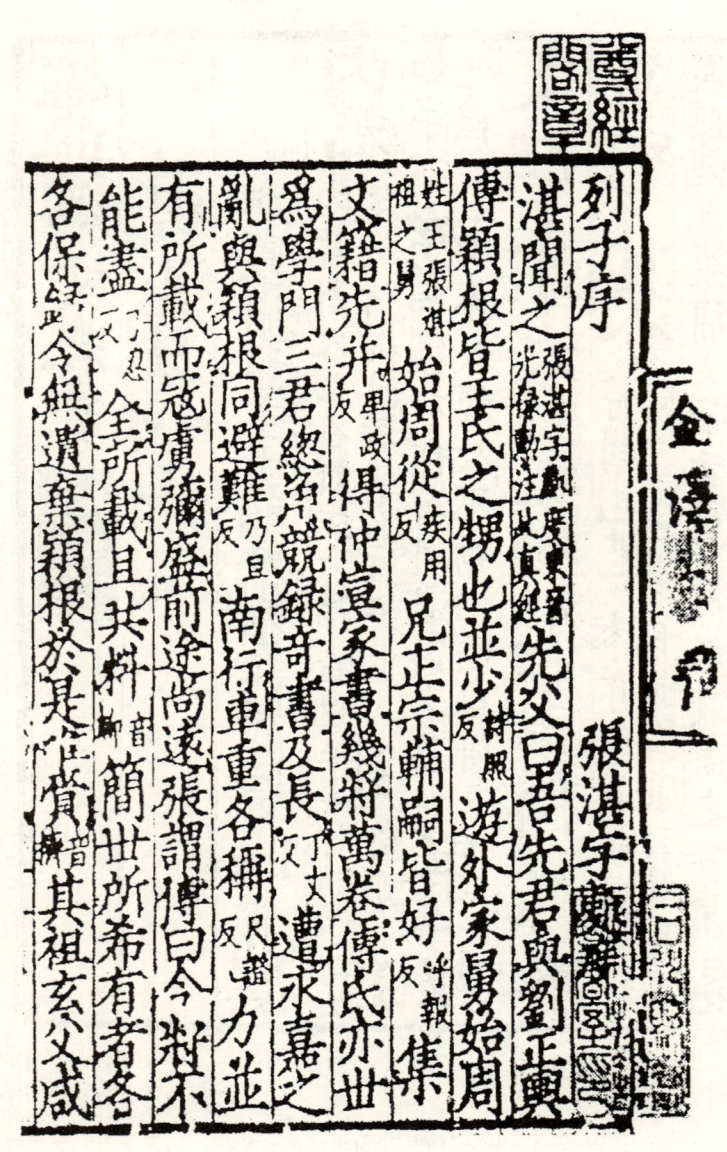

南宋刊本《冲虚至德真經》　日本重要文化財
尊經閣文庫藏本
據 1992 年 12 月編著者訪問尊經閣文庫時委託拍攝之書影

聖宋千家名賢表啓翰墨大全卷之六

賀表

賀表

元旦 月旦附

事偶

文祖 書舜典月正元日舜格于┃┃

神宗 書大馮謨正月朔○旦受命于┃┃

設葦 晉禮志歲旦常┃┃炎桃梗磔之門以禳惡氣

獻椒 晉劉臻妻元旦┃┃花頌

椒頌 同上

栢酒 趙王賚酒詩┃

習射 制者王

聖容映之永壽於萬 ○周硬信正旦蒙

日羡此靄萃菜采羹獻

雞於宮又百寺

隤銘至叉 盧延遜新歲朝賀詩元 ○月令孟春之月天子乃

正旦辟惡酒 日燕脂邑朝天┃┃香

祈穀 以元日┃┃于上帝

樺燭

老皆朝于庠元日┃

┃上功習鄉上齒

亞憲

記者

南宋刊本《聖宋千家名賢表啓翰墨大全》

天理圖書館藏本

據 1989 年 11 月天理圖書館金子和正先生贈編著者《善本寫真集·宋版》

唐人寫本《碣石調幽蘭》卷第五　日本國寶

東京國立博物館藏本

據昭和五十一年（1976年）大阪美術館刊《唐鈔本》之書影

衆經目錄卷第一　并序

隋仁壽年翻經沙門及學士等撰

佛法東行年代已遠梵經西至流布漸多舊
來正典並由翻出近遭亂世頗失原起前寫
後譯貿文不同一經數本增減亦異致使凡
义得容妄造或採要事更立別名或輙搆
餘辭仍取真号或論作經稱跡為論目大小
交雜是非混流濫不歸因循未定將恐陵
遲聖說動壞信心義闕紹隆理乖付屬
皇帝深崇三寶洞明五乘降　勑所司請
典菩寺大德與翻經沙門及學士等披檢法
藏詳定經錄隨類區辯總為五分單本第一
重翻第二別生第三賢聖集傳第四疑偽第
五別生疑偽不須抄寫已外三分入藏見錄
至如法寶集之流淨住子之類還同略抄例
入別生自餘高僧傳等詞恭文夫體非淳正
事雖可尋義無在錄又勘古目猶有關本昔
海内未平諸處遺落今天下既壹請訪取
所願仁壽長延法門具足群生有幸方益無
窮合成五卷顯之於左

都合二千一百九部　　五千五十八卷

單本　更無別翻者　合三百七十部
一千七百八十六卷

右第一卷

重翻　翻者是不一經或有二重六重翻者　合二百七十七部
五百八十三卷

賢聖集傳　翻譯有原撰　合四十一部
一百六十四卷

右第二卷

巳前二卷三分合六百八十八部

宋刊本《衆經目録》　日本重要美術財
天理圖書館藏本
據 1989 年 11 月天理圖書館金子和正先生贈編著者《善本寫真集·宋版》

唐人寫本(細字)《妙法蓮華經》　日本國寶
東京國立博物館藏本
據昭和五十一年(1976年)日本文化廳監修每日新聞社刊《重要文化財》之書影

唐人寫本《釋摩訶衍論》　日本國寶

滋賀縣石山寺藏本

據 1994 年 11 月編著者訪問石山寺時所購平成四年(1993 年)刊《石山寺・寶物篇》

金剛般若波羅蜜經　　　　寶塔

姚秦三藏法師鳩摩羅什奉　詔譯

法會因由分第一

如是我聞一時佛在舍衛國祇樹
給孤獨園與大比丘眾千二百五
十人俱介時世尊食時著衣持鉢
入舍衛大城乞食於其城中次第
乞已還至本處飯食訖收衣鉢洗
足已敷座而坐

善現起請分第二

唐人寫本《金剛般若波羅蜜經》　日本國寶
京都龍光院藏本
據昭和五十一年(1976年)日本文化廳監修每日新聞社刊《重要文化財》之書影

金剛般若波羅蜜經
如是我聞一時佛在舍衛
國祇樹給孤獨園與大比
丘眾千二百五十人俱爾
時世尊食時著衣持鉢入
舍衛大城乞食於其城中
次第乞已還至本處飯食
訖收衣鉢洗足已敷座而
坐
時長老須菩提在大眾中
即從座起偏袒右肩右膝
著地合掌恭敬而白佛言
希有世尊如來善護念諸
菩薩善付囑諸菩薩世尊
善男子善女人發阿耨多
羅三藐三菩提心應云何

唐人寫本《金剛般若波羅蜜經》 日本國寶
京都智積院藏本
據昭和五十一年(1976年)日本文化廳監修每日新聞社刊《重要文化財》之書影

大樓炭経卷第三

七寶辟蘭楯刀分樹木周币圍繞垣高十万
里廣六万里四方有四門門高十万里廣六
万里一一門邊各有三百阿湏輪心其宮殿亦
以七寶作七重辟蘭七重流水染端中有青
金復次七重辟蘭楯刀分樹木周币圍繞有青
紅黃白樹生華葉實上有種種飛鳥甚
好相和而鳴抄多尸利阿湏輪城中有大
樹名為晝過度高十二万里周币亦十二不
里根深二万里莖圍四万里常有華實抄多
尸利阿湏輪身高二万八千里四千里者有
高二万里者有高万六千里者有高二千里有
高八千里有七聲者長六聲者五聲者四聲
者三聲者二聲者眾小者長聲抄多尸利阿
阿湏輪宮有四品常待鼠持之何蕚為四一
者不可壞鼠二者堅住鼠三者持鼠四者上
鼠是為四品鼠主持水在上如浮雲矣

咸亨四年書寫張玄慶為父乔國公敬造一切經

唐人寫本《大樓炭經》　日本國寶
京都市知恩院藏本
據昭和五十一年(1976年)日本文化廳監修每日新聞社刊《重要文化財》之書影

唐人寫本《菩薩處胎經》 日本國寶
京都市知恩院藏本
據昭和五十一年(1976年)日本文化廳監修每日新聞社刊《重要文化財》之書影

明州阿育王山如來舍利寶塔
靈鰻傳并序
寶塔靈鰻二傳皆
國朝開寶中僧紹嵩寧之所述
核蟲塞□形耶又應編
或螺蛤□
以此白□得度者即現此身而為
說法令觀靈鰻也護寶塔利群
生若兜率蜂王鏡諸天而談啟
致靈山龍女破五障而趣菩提
交光於星宿海中示映於帝網
珠內是知菩薩不必手擎如意
身挂花鬘然後始謂之化隨所
應現護寶塔耳贊寧輒搜既往
顯神化之無方安識將來在
聖朝之獨久後之徵驗引而伸
之時
炎宋開寶五年歲在寶況周顥旦
此校一十三條係
堂頭交割貴得久
無偷墮矣

北宋太祖開寶五年刊本《明州阿育王山如來舍利寶塔傳并護塔靈鰻菩薩傳》
天理圖書館藏本
據 1989 年 11 月天理圖書館金子和正先生贈編著者《善本寫真集·宋版》

宋刊本《一切如來心秘密全身舍利寶篋印陀羅尼經》

天理圖書館藏本

據 1989 年 11 月天理圖書館金子和正先生贈編著者《善本寫真集·宋版》

宋紹定年間刊本《蘭盆疏鈔餘義》
御茶之水圖書館藏本
據 1992 年 11 月編著者於御茶之水圖書館閱讀時所獲之書影

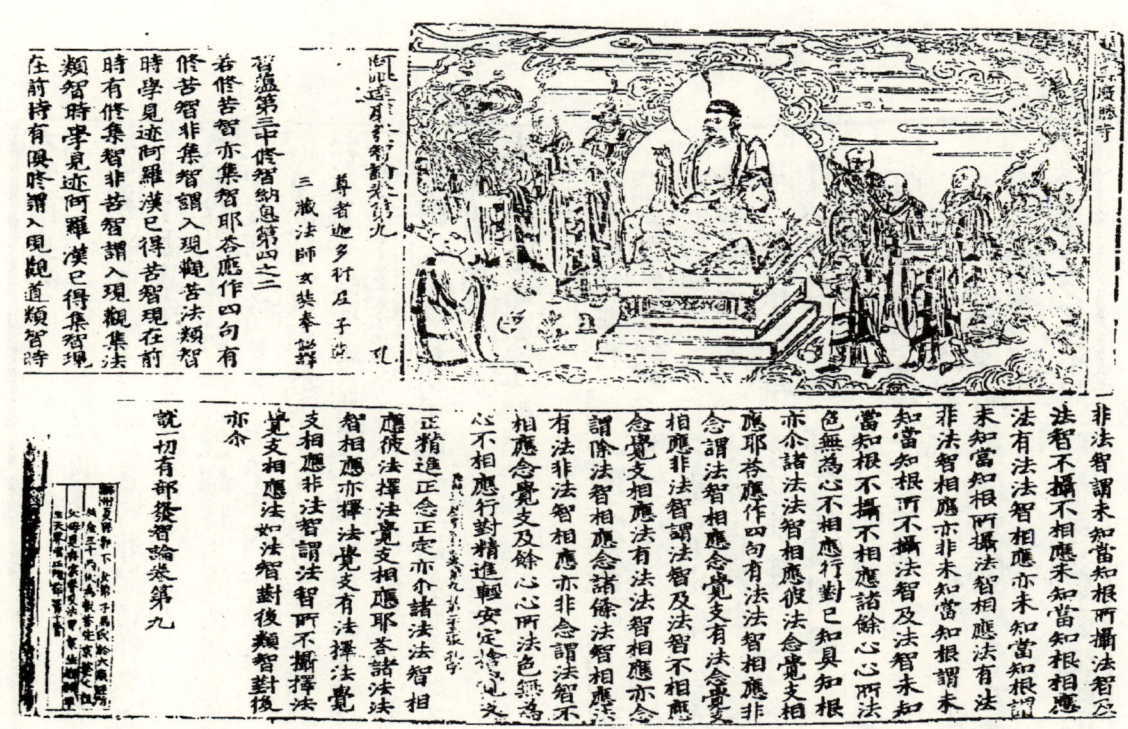

金正隆二年刊本《阿毗達磨發智論》卷第九

天理圖書館藏本

據 1989 年 11 月天理圖書館金子和先生贈編著者《善本寫真集·宋版》

宋刊本《大宋僧史略》（殘卷）　日本重要文化財
名古屋大須觀音藏本
據 1990 年 1 月編著者訪問名古屋大須觀音時岡部快晃（俊光）法師所贈之書影

唐人寫本《六祖惠能傳》　日本國寶

滋賀縣延曆寺藏本

據昭和五十一年（1976 年）日本文化廳監修每日新聞社刊《重要文化財》之書影

大唐西域記卷第二　　轉

三藏法師　玄奘奉　詔譯

大惣持寺沙門　辯機　撰

三國

濫波國　邘揭羅曷國　健馱羅國

詳夫天竺之稱異議紛糾舊云身毒或曰賢

豆今從正音宜云印度印度之人隨地稱國

殊方異俗遙舉惣名語其所美謂之印度印

度者唐言月月有多名斯其一稱言諸群生

輪迴不息無明長夜莫有司晨其猶白日既

隱宵燭斯繼雖有星光之照豈如朗月之明

苟緣斯致因而譬月良以其土聖賢繼軌導

宋刊本《大唐西域記》

國會圖書館藏本

據 1995 年 3 月編著者訪問國會圖書館時委託拍攝之書影

香也者解穢流芬令人樂聞也原其周人尚
臭氣合西域重香佛出猶朝遠同符契美經
中長者請佛宿夜登樓手秉香爐以遠信
明日食時佛即來至故知香為信心之使也大
遺教經立比丘欲食先燒香唄讚之天經中蜂呼
宗門周顒德條貫三无于一造著于律令也

僧史略卷中

日本鐮倉時代寫本《僧史略》（殘卷）
名古屋大須觀音藏本
據 1990 年 1 月編著者訪問名古屋大須觀音時岡部快晃（俊光）法師所贈之書影

夏侯氏之郎州刺史絢之姨先為臨說以大安先子過裕為大理卿之說云云

武德中以卻水便者藉長為邑州刺史長將家口赴任

渡嘉陵江中流風起舩沒男女六十餘人一時溺死唯之

一妻常讀法花經舩中水入妻彩載經函擢與俱沒妻

獨不沒隨波汎濫頃之舅岸邊經楊州嫁為人婦而渝

舊信峯說云見花妻自言特臨因使至江上舩人說云

如此

河東董雄少誠信任道蔬含數十年貞觀中為大理

丞十四年春坐為連李仙僮事繫御史臺于時上以為當

大怒使治書侍御史韋懍等鞫問甚急防禁嚴察禁者

十數人文理烝李敬玄司直王忻並連此事與雄同屋閇

唐人寫本《冥報記》　日本國寶
京都高山寺藏本
據昭和五十一年（1976 年）大阪美術館刊《唐鈔本》之書影

128

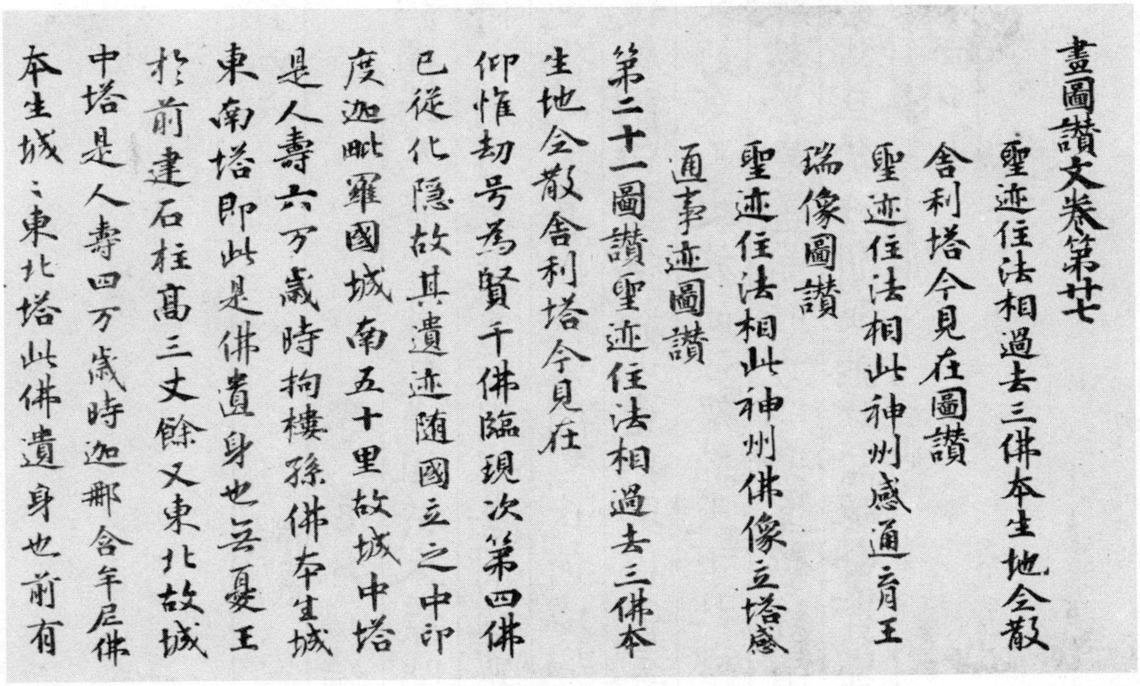

畫圖讚文卷第廿七

聖迹住法相過去三佛本生地全散

舍利塔今見在圖讚

聖迹住法相此神州感通育王

瑞像圖讚

聖迹住法相此神州佛像立塔感

通事迹圖讚

第二十一圖讚聖迹住法相過去三佛本

生地全散舍利塔今見在

仰惟劫号為賢千佛臨現次第四佛

巳従化隱故其遺迹隨國立之中印

度迦毗羅國城南五十里故城中塔

是人壽六万歲時拘樓孫佛本生城

東南塔即此是佛遺身也苦憂王

於前建石柱高三丈餘又東北故城

中塔是人壽四万歲時迦那含牟尼佛

本生城二東北塔此佛遺身也前有

唐人寫本《畫圖讚文》（殘卷）　日本重要文化財

白鶴美術館藏本

據昭和五十一年（1976年）大阪美術館刊《唐鈔本》之書影

樂善録卷九

李昌齡 編

王處訥獨臻星曆之妙依漢祖於太原開國爲
尚書博士判司天監舊與周祖善周祖舉兵向
闕物色得之大喜因從容問劉氏何以如是享
祚短促處訥曰其得數本速以即位後專後雛
殺久又好夷人之族所以怨結天下社稷不久
周祖蹴然歎息蓋是時方以兵圍蘇逢吉劉銖
二人第待旦學戰聞處訥此語命貸其達

宋紹定年間刊本《樂善録》 日本重要文化財
東洋文庫藏本
據 1985 年 8 月編著者訪問東洋文庫時委託拍攝之書影

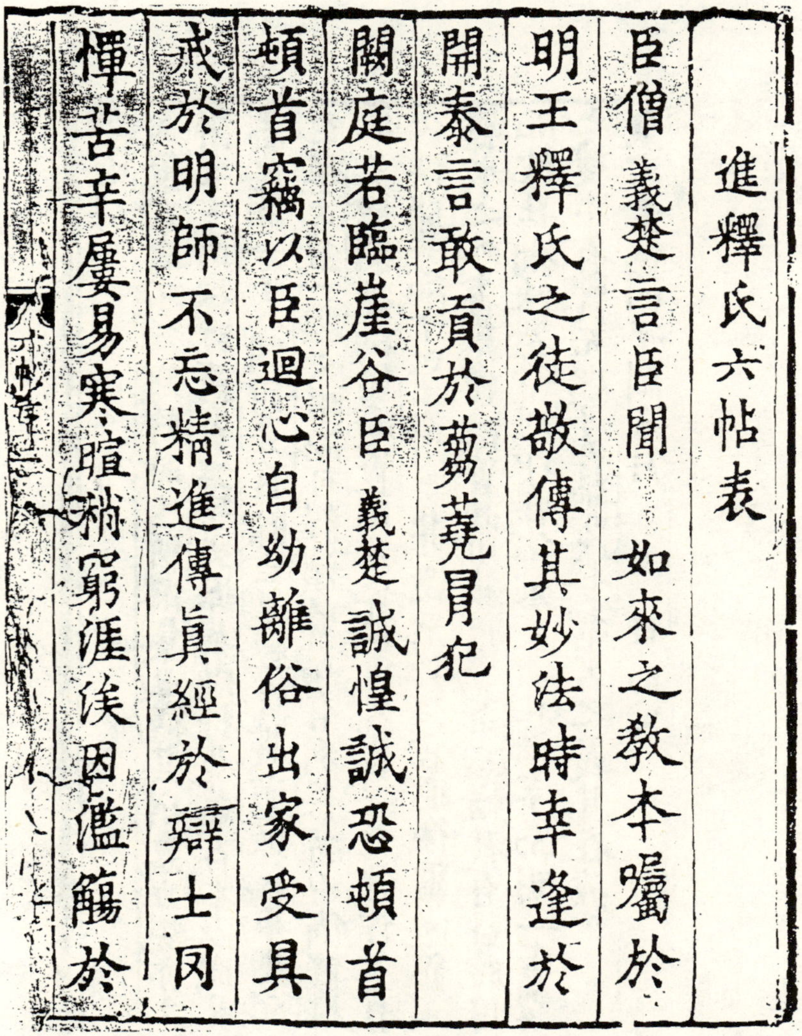

進釋氏六帖表

臣僧 義楚言臣聞 如來之教本囑於

明王釋氏之徒敬傳其妙法時幸逢於

開泰言敢貢於菊蕘冒犯

闕庭若臨崖谷臣 義楚 誠惶誠恐頓首

頓首竊以臣迴心自幼離俗出家受具

戒於明師不忘精進傳真經於舜士冈

懼苦辛屢易寒暄稍窮涯俟因濫觴於

南宋刊本《義楚六帖》 日本重要文化財
京都市東福寺藏本
據 1995 年 2 月編著者訪問東福寺時所獲之書影

131

宋熙寧年間刊本《新雕中字雙金》 日本重要文化財
名古屋大須觀音藏本
據 1990 年 1 月編著者訪問名古屋大須觀音時岡部快晃（俊光）法師所贈之書影

唐人寫本《卜筮書》（殘卷）　日本重要文化財
神奈川縣金澤文庫藏本
據昭和五十一年（1976 年）大阪美術館刊《唐鈔本》之書影

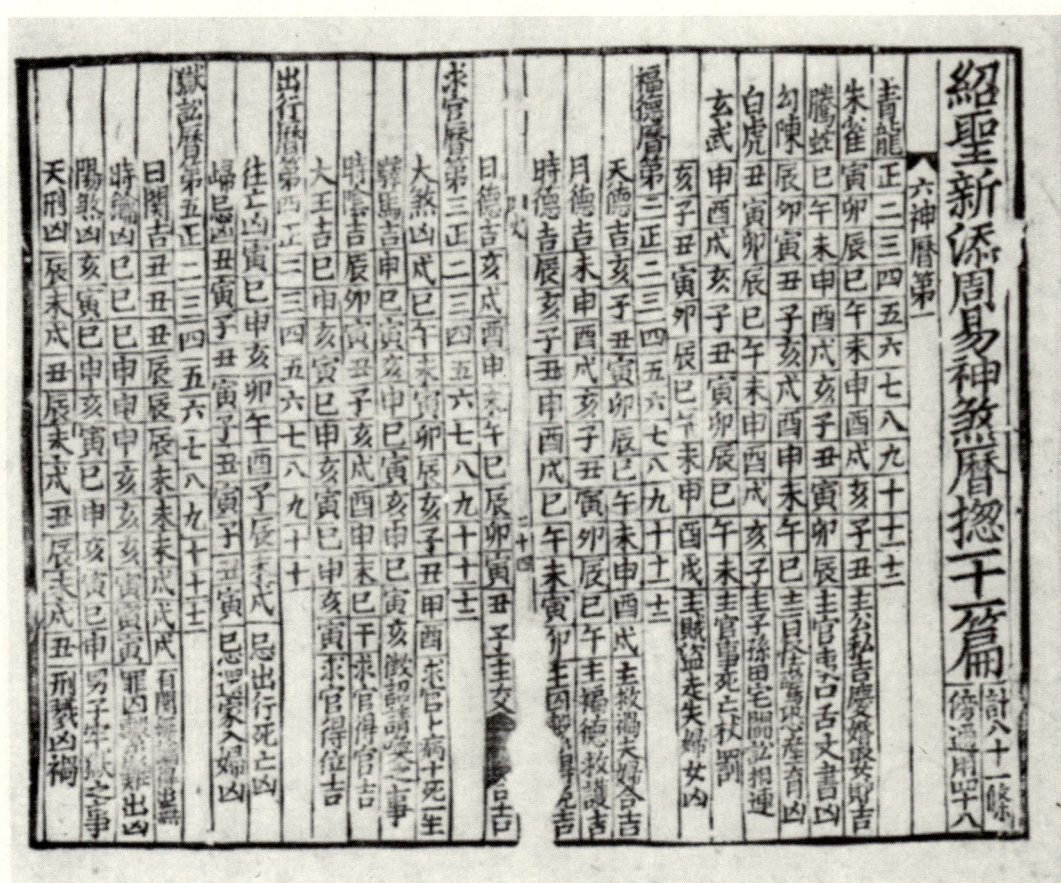

宋刊本《紹聖新添周易神煞曆》(又名《火珠林》)(殘卷)　日本重要文化財
名古屋大須觀音藏本
據 1990 年 1 月編著者訪問名古屋大須觀音時岡部快晃(俊光)法師所贈之書影

日本聖武天皇天平年間（729—748 年）寫本《琱玉集》（殘卷）　日本國寶
名古屋大須觀音藏本
據 1990 年 1 月編著者訪問名古屋大須觀音時岡部快晃（俊光）法師所贈之書影

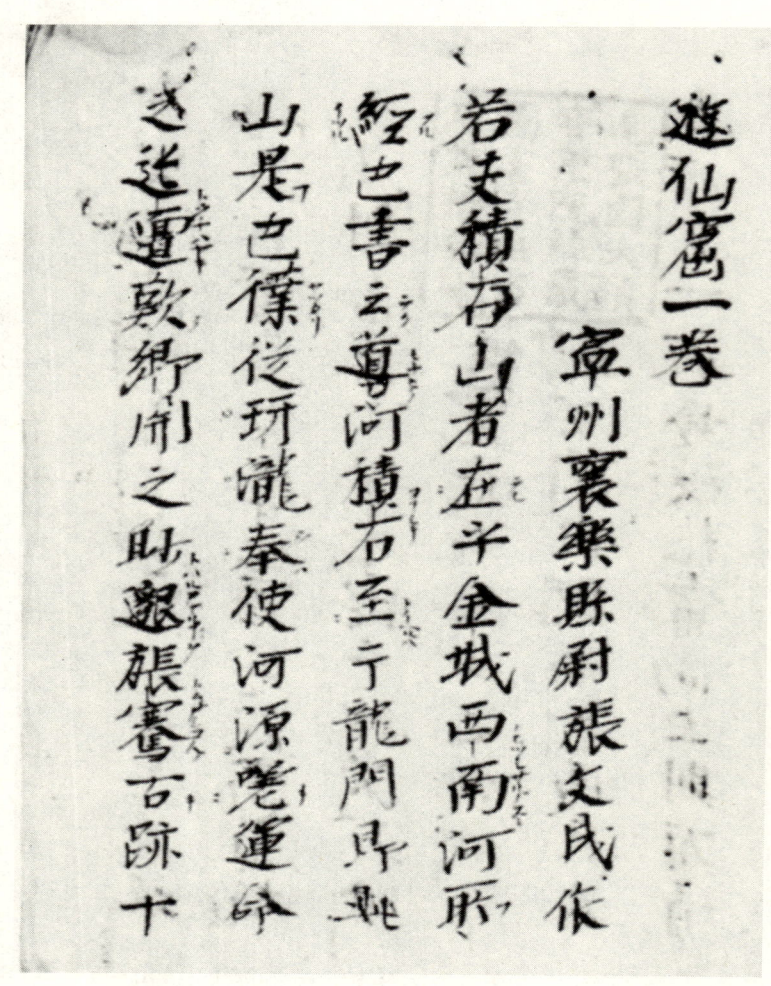

日本戰國時代北朝後光嚴天皇文和年間(1352—1355 年)寫本《遊仙窟》
名古屋大須觀音藏本
據 1990 年 1 月編著者訪問名古屋大須觀音時岡部快晃(俊光)法師所贈之書影

唐人寫本《文選》(殘卷)　日本重要文化財
兵庫縣上野淳一藏本
據昭和五十一年(1976年)大阪美術館刊《唐鈔本》之書影

唐人寫本《五臣注文選》(殘卷)　日本重要文化財(1)
天理圖書館藏本
據 1989 年 11 月天理圖書館金子和正先生贈編著者善本書影

西過流沙歸長一生遺跡在東方宴
室冥開燈歡盛勒四山松栢齊
七言宿西臺江寺別南閒詩一首
　　　　　陳羽
曾寄中天第一峯新辭石室与嚴松
歸舟獨宿寒江上夜動前遂靈外鐘
五言宿妙喜寺贈遠公一首
　　　　　陳羽
空學西天容宴歡生意長夏高雲動
愁近煙潦周半生實復孤燈磵上方故
離夕字想何法聲心
五言秋夜南閒寺江尚院翫月一首
　　　　　陳羽
圓月吐青蕭殺天寧覽興元与空寧森
响無端露空草衣微竹凍寒故持官
瀟意長此共林露
五言登郡北佛龕一首
　　　　　李嘉佑
石辟江城後護興院整登古龕千楹

唐人寫本《五臣注文選》(殘卷)　日本重要文化財(2)
天理圖書館藏本
據 1989 年 11 月天理圖書館金子和正先生贈編著者善本書影

宋紹興年間刊本《文選》 日本國寶
足利學校遺蹟圖書館藏本
據 1998 年 7 月編著者訪問足利學校遺蹟圖書館時所獲贈之書影

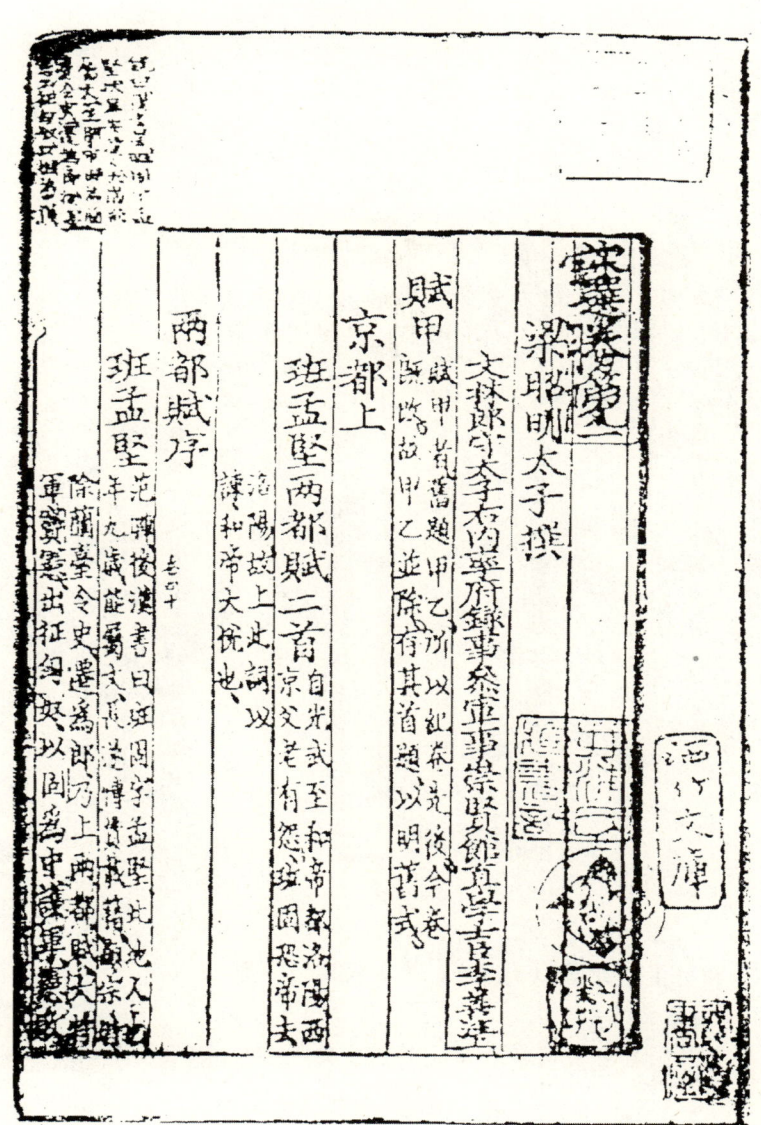

宋明州刊本《文選》
御茶之水圖書館藏本
據 1992 年 11 月編著者於御茶之水圖書館閱讀時所獲之書影

唐人寫本《翰林學士詩集》（殘卷）　日本國寶
名古屋大須觀音藏本
據 1990 年 1 月編著者訪問名古屋大須觀音時岡部快晃（俊光）法師所贈之書影

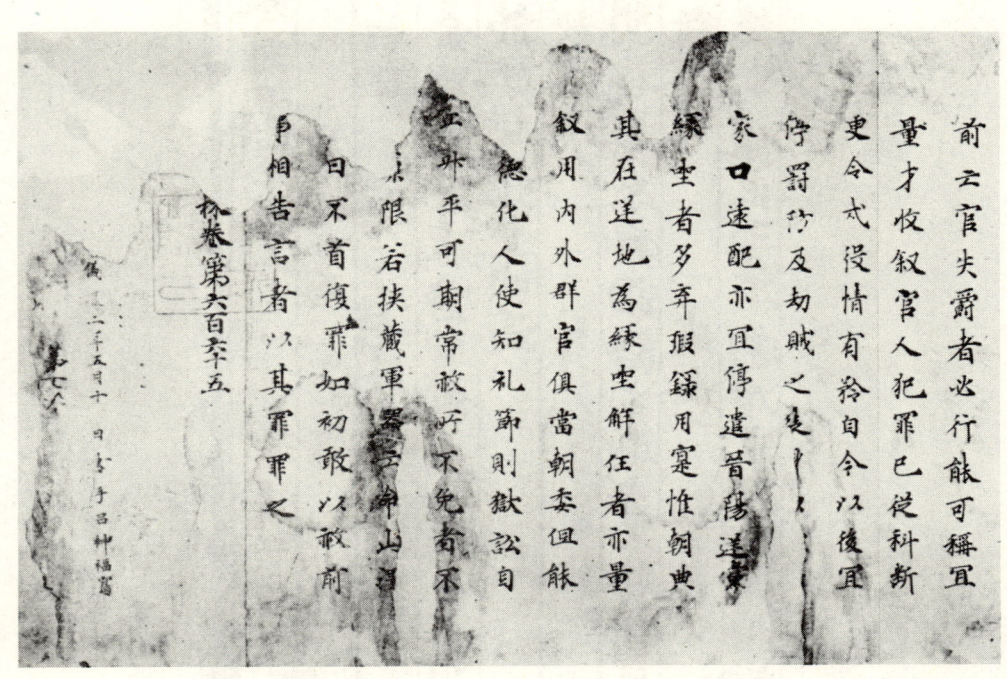

唐人寫本《文館詞林》（殘卷）　日本國寶
和歌山縣正智院藏本
據昭和五十一年（1976 年）大阪美術館刊《唐鈔本》之書影

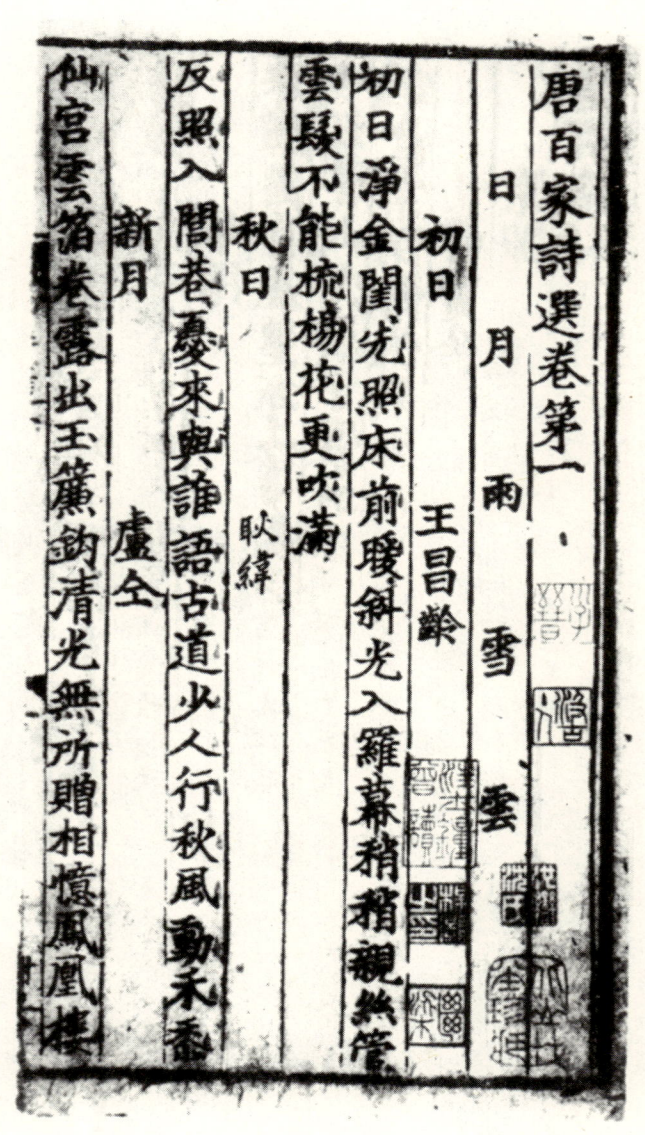

南宋初年刊本《唐百家詩選》　日本重要文化財
静嘉堂文庫藏本
據 1985 年 10 月静嘉堂文庫長米山寅太郎先生贈編著者《静嘉堂宋本書影》

唐人寫本《趙志集》

天理圖書館藏本

據 1989 年 11 月天理圖書館金子和正先生贈編著者善本書影

唐人寫本《王勃集》（殘卷）　日本國寶（1）
東京國立博物館藏本
據昭和五十一年（1976年）大阪美術館刊《唐鈔本》之書影

唐人寫本《王勃集》（殘卷）　日本國寶（2）
東京國立博物館藏本
據昭和五十一年（1976 年）大阪美術館刊《唐鈔本》之書影

唐人寫本《王勃集》（殘卷）　日本國寶
兵庫縣廬屋市上野精一藏本
據昭和五十一年（1976 年）大阪美術館刊《唐鈔本》之書影

南宋小字刊本《王右丞文集》 日本重要文化財
静嘉堂文庫藏本
據 1985 年 10 月静嘉堂文庫長米山寅太郎先生贈編著者《静嘉堂宋本書影》

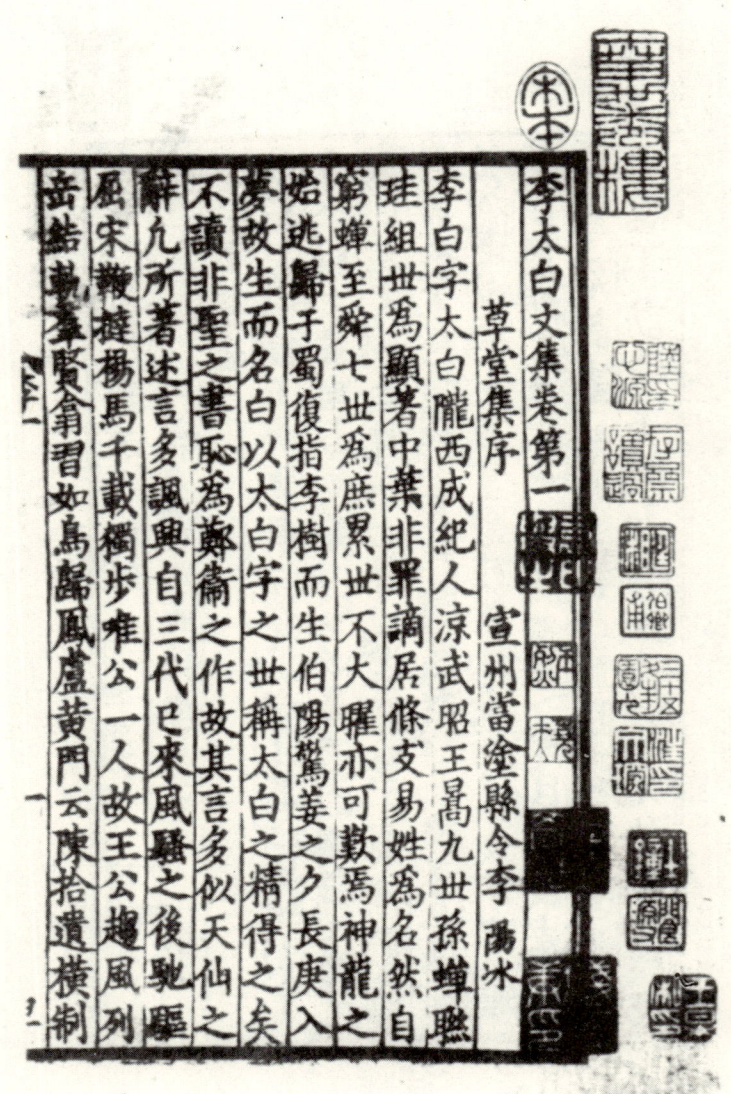

北宋蜀刊本《李太白集》 日本重要文化財
静嘉堂文庫藏本
據 1985 年 10 月静嘉堂文庫長米山寅太郎先生贈編著者《静嘉堂宋本書影》

劉夢得文集卷第三十

碑　釋門銘記讚附

　　曹溪第六祖碑　佛衣銘

　　唐興寺儼公碑　第一祖新塔記

　　衷州廣禪師碑　夔州移鐵像記

　　華藏世界圖讚　成都新修福成寺記

大唐曹溪第六祖大鑒禪師第二碑

公諡曰大鑒寶廣州牧馬總以踈間錄是可其

元和十一年某月日詔書追褒曹溪第六祖能

奏尚道以尊名同歸善善不隔異教一字之褒

劉夢得文集卷第二十九

刻石紀功垂千萬祀

之址算卑穆徼幽顯同理舊松新栢亦象橋梓

有子雅齒行號執禮歸窆萬里洛水之陽循邙

之間珪組熙熙如彼晨葩日中而蕤有妻名家

雕陰白馬暨干邠谷雖榮三鎮不荷百祿縞紈

南宋初年刊本《劉夢得文集》　日本國寶

天理圖書館藏本

據 1989 年 11 月天理圖書館金子和正先生贈編著者《善本寫真集·宋版》

古詩三十八首

顏跖

顏回飲瓢水腌巷卧曲肱盗跖猒人肝九
州恣橫行曲仁而短命跖壽死兔兵愚夫
仰天呼禍福豈足憑跖身一腐鼠死朽化
無形萬世尚遭戮筆誅甚其刀刑思其生所
得豺犬飽臭腥顏子聖人徒生知自誠明
惟其生之樂豈減跖所榮死也至今在光
輝〔輝光一作如日星譬如埋金玉不耗精與英

居士集卷第一　歐陽文忠公集一

南宋寧宗年間刊本《歐陽文忠公集》　日本國寶(1)
天理圖書館藏本
據1989年11月天理圖書館金子和正先生贈編著者《善本寫真集·宋版》

152

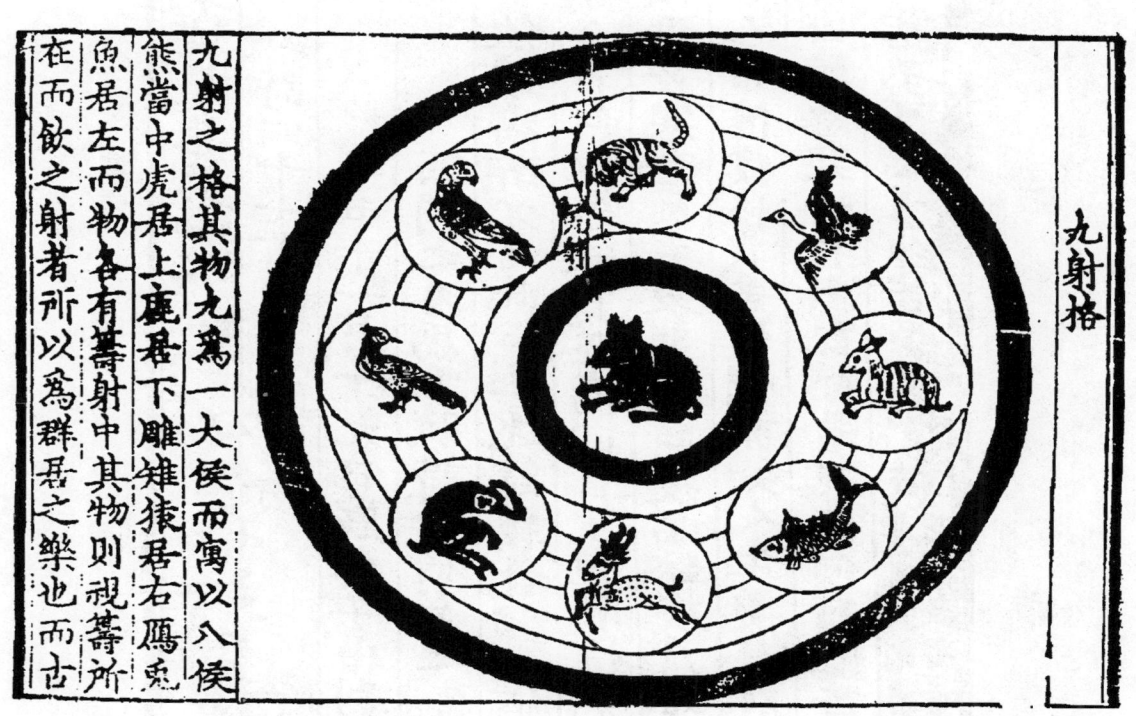

南宋寧宗年間刊本《歐陽文忠公集》 日本國寶(2)

天理圖書館藏本

據 1989 年 11 月天理圖書館金子和正先生贈編著者《善本寫真集·宋版》

南宋刊本《東坡集》　日本重要文化財
國立公文書館第一部（內閣文庫）藏本
據 1985 年 8 月編著者訪問公文書館第一部時委託拍攝之書影

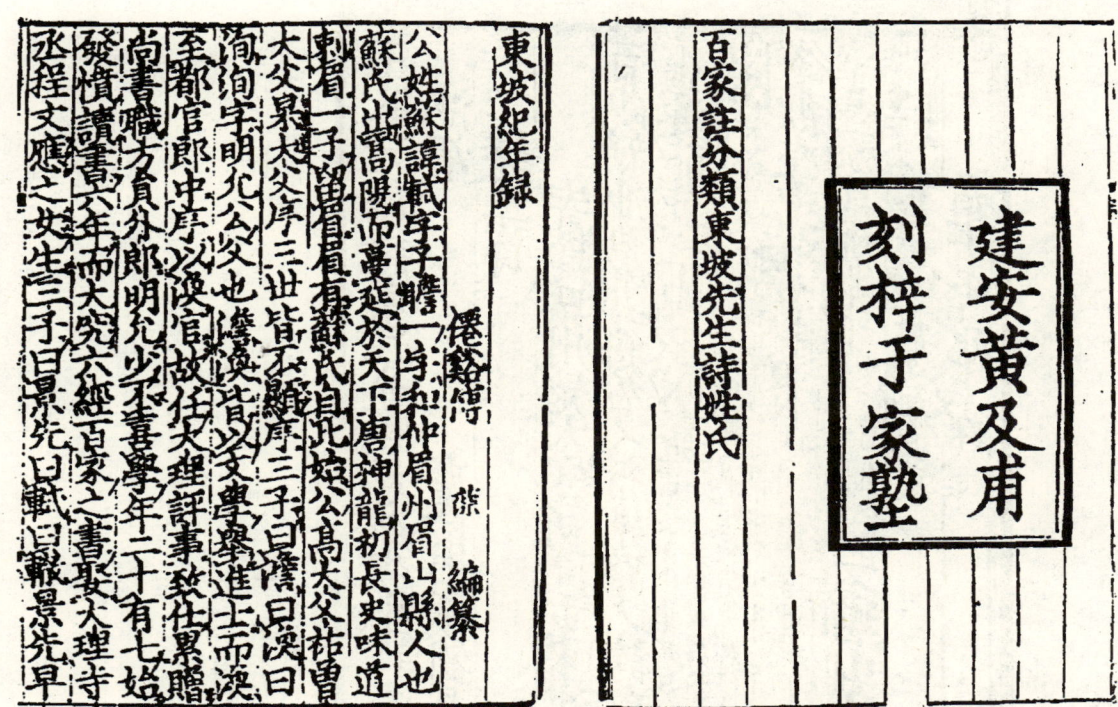

南宋建安刊本《王狀元集百家注分類東坡先生詩》
天理圖書館藏本
據 1989 年 11 月天理圖書館金子和正先生贈編著者《善本寫真集·宋版》

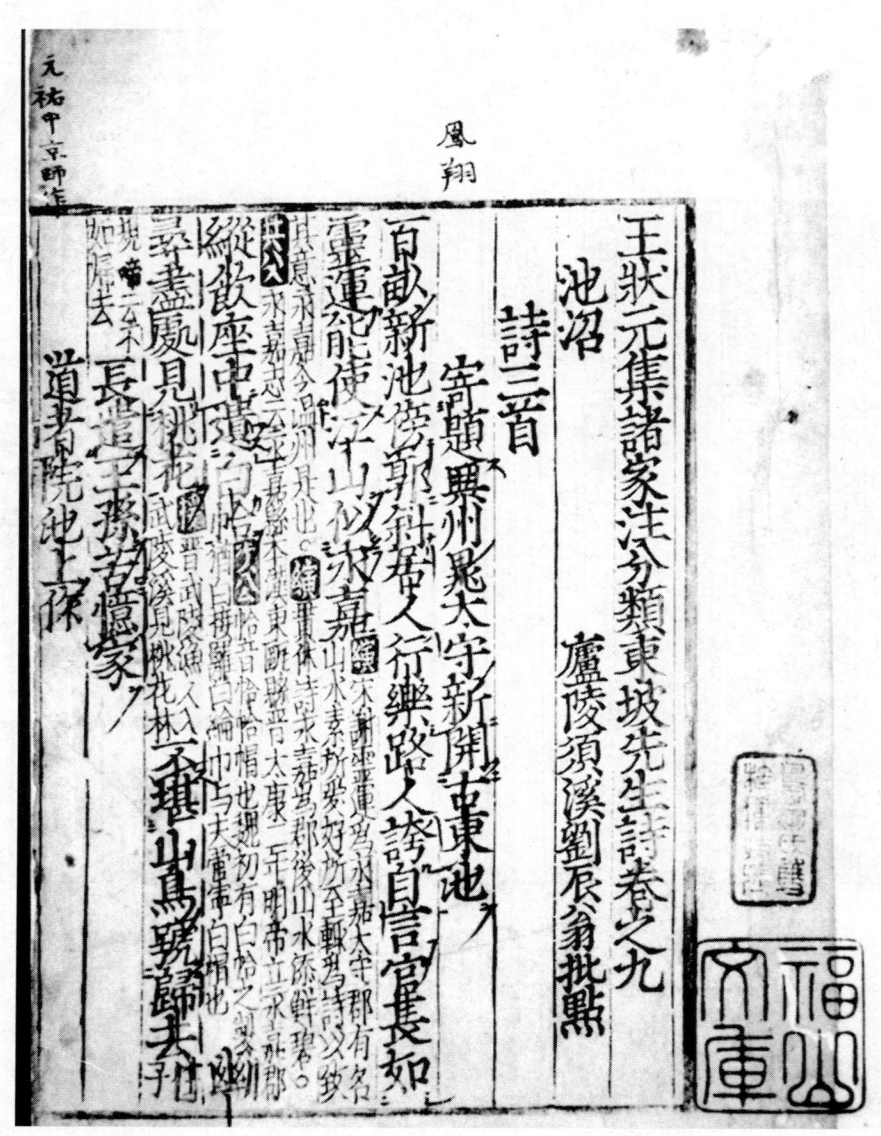

宋刊十四行本中補宋刊十一行本《王狀元集諸家注分類東坡先生詩》(1)
東北大學附屬圖書館藏本
1992 年 8 月編著者自攝於日本東北大學附屬圖書館

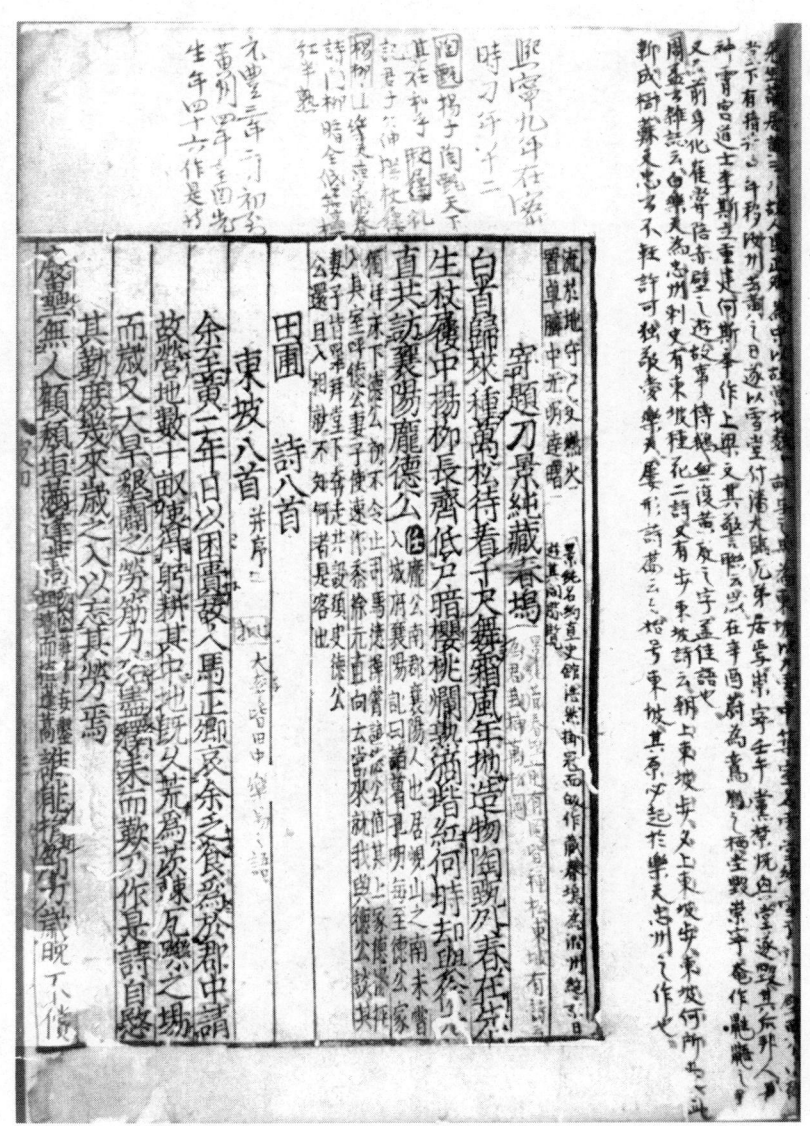

宋刊十四行本《王狀元集諸家注分類東坡先生詩》(2)
東北大學附屬圖書館藏本
1992 年 8 月編著者自攝於日本東北大學附屬圖書館

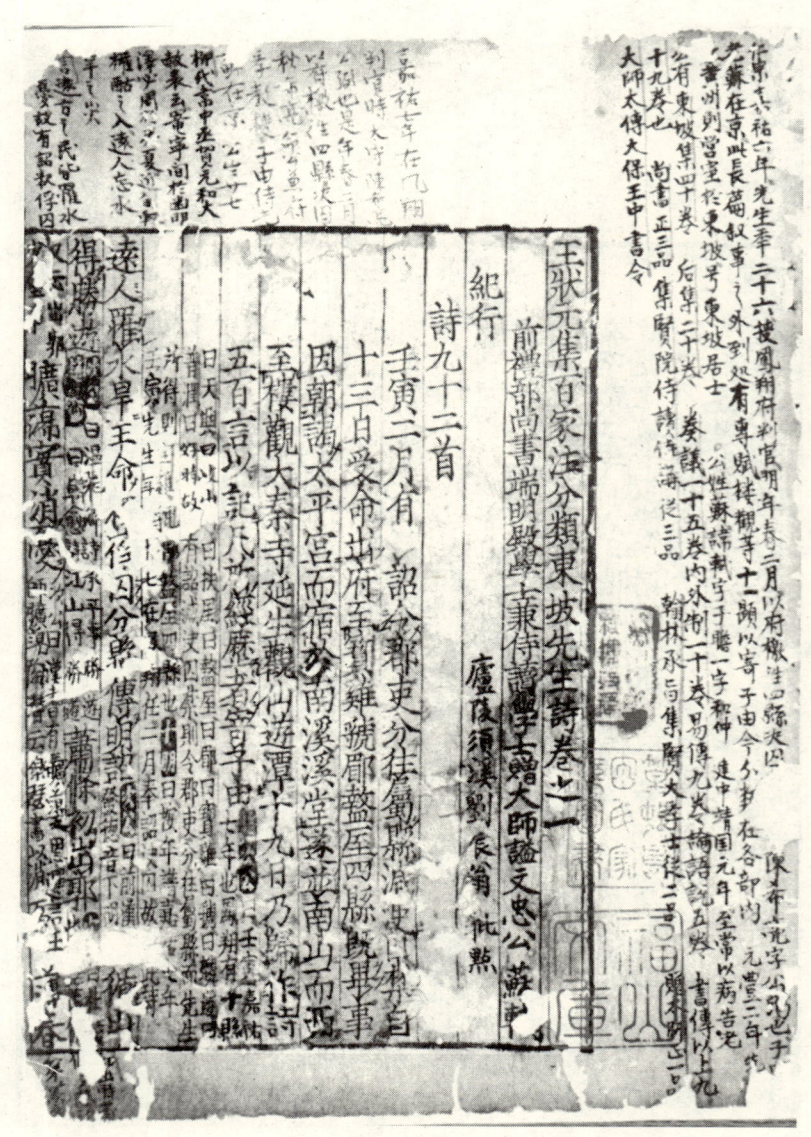

宋刊十四行本《王狀元集百家注分類東坡先生詩》
東北大學附屬圖書館藏本
1992 年 8 月編著者自攝於日本東北大學附屬圖書館

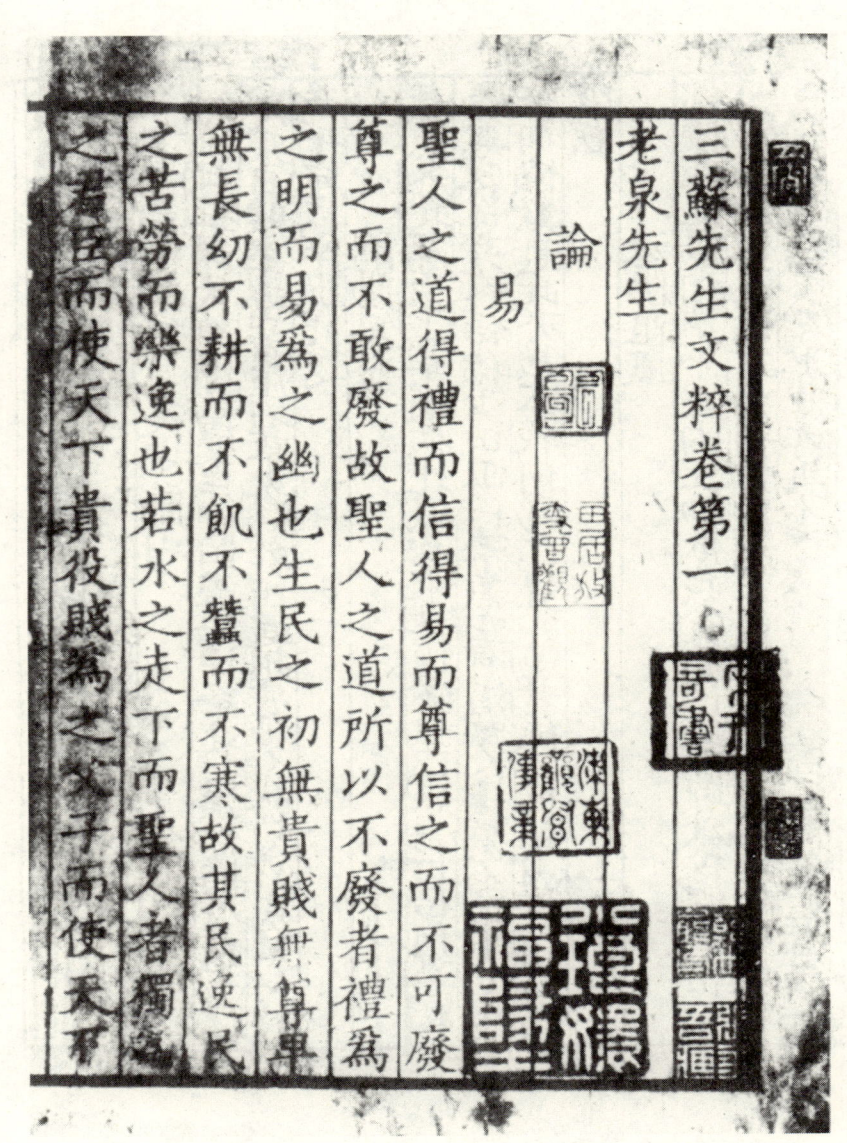

南宋中期大字刊本《三蘇先生文粹》 日本重要文化財
静嘉堂文庫藏本
據 1985 年 10 月静嘉堂文庫長米山寅太郎先生贈編著者《静嘉堂宋本書影》

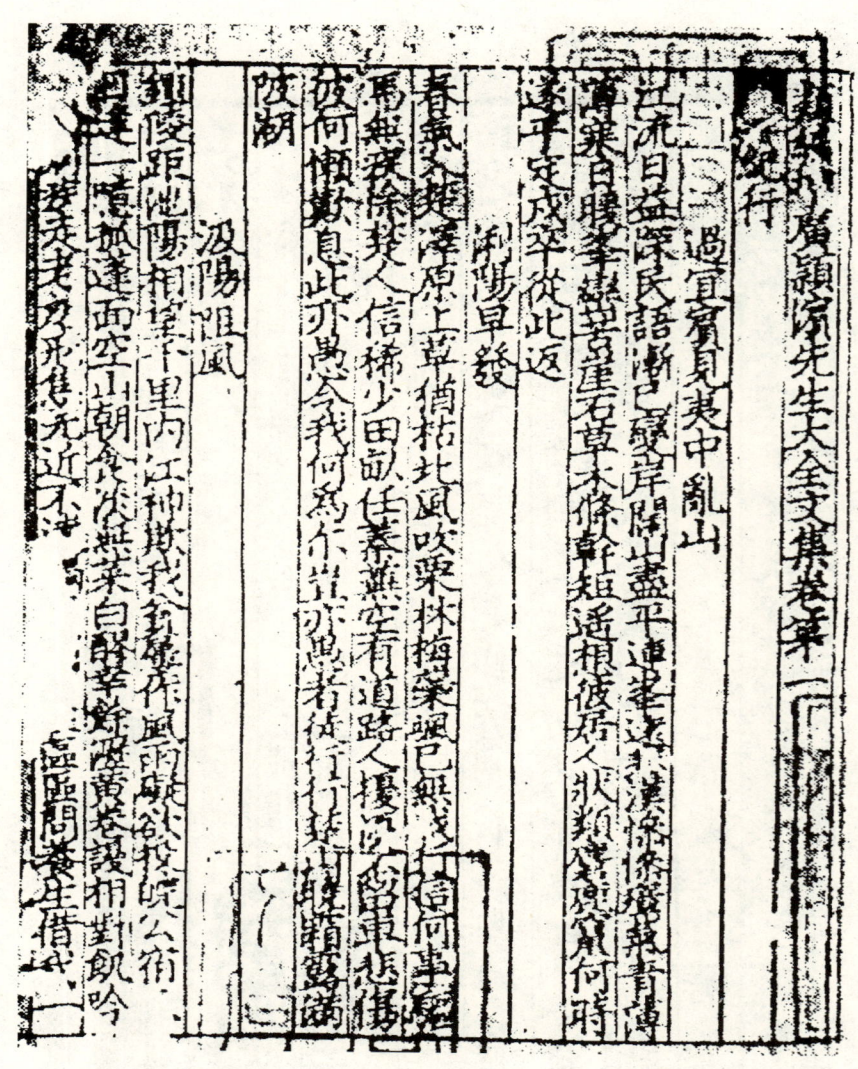

南宋刊本《類編增廣潁濱先生大全文集》　日本重要文化財
國立公文書館第一部（內部文庫）藏本
據 1985 年 8 月編著者訪問公文書館第一部時委託拍攝之書影

西

豫章先生文集卷第五

古詩

西禪寺常住

次韻荅曹子方雜言輔

醻池寺湯餅一齋盂曲肱懶著書騎馬
天津看逝水滿船風月憶江湖徃時盡
醉冷卿酒侍兒琵琶春風手竹間一夜
鳥聲春明朝醉起雪塞門當年聞說冷
卿客黃須鄴下曹將軍挽弓拓石八不好

南宋刊本《豫章先生文集》　日本重要文化財
國立公文書館第一部（內閣文庫）藏本
據 1985 年 8 月編著者訪問公文書館第一部時委託拍攝之書影

梅蕊爭先公不嗔　知公家有似梅人何時各得

自由去相逐揚州作好春

折得寒香不路歧小窠斜日兩三枝羅幃翠幕

深調護巳被遊蜂聖得知

次韻中玉水仙花二首

借水開花自一奇水沉爲骨玉爲肌暗香巳壓

醲釀倒只比寒梅無好枝

淤泥解作白蓮藕糞壞能開黃玉花可惜國香

天不管隨綠流落小民家　時開民間一事如此

吳君送水仙花并二大本

玉宸毀乞與官梅定等差

折送南園采玉花井移香本到寒家何時持上

劉邦直送早梅水仙花三首

篛船緘縢比風嗔霜落千林憔悴人欲問江南

近消息喜君貽我一枝春

探請東皇第一機水邊風日笑橫枝鴛鴦浮弄

嬋娟影白鷺窺魚凝不知

得水能仙天與奇寒香寂寞動水肌仙風道骨

南宋孝宗年間刊本《豫章黃先生文集》　日本重要文化財

天理圖書館藏本

據 1989 年 11 月天理圖書館金子和正先生贈編著者《善本寫真集·宋版》

南宋刊本《淮海閒居文集》　日本重要文化財
國立公文書館第一部（內閣文庫）藏本
據 1985 年 8 月編著者訪問公文書館第一部時委託拍攝之書影

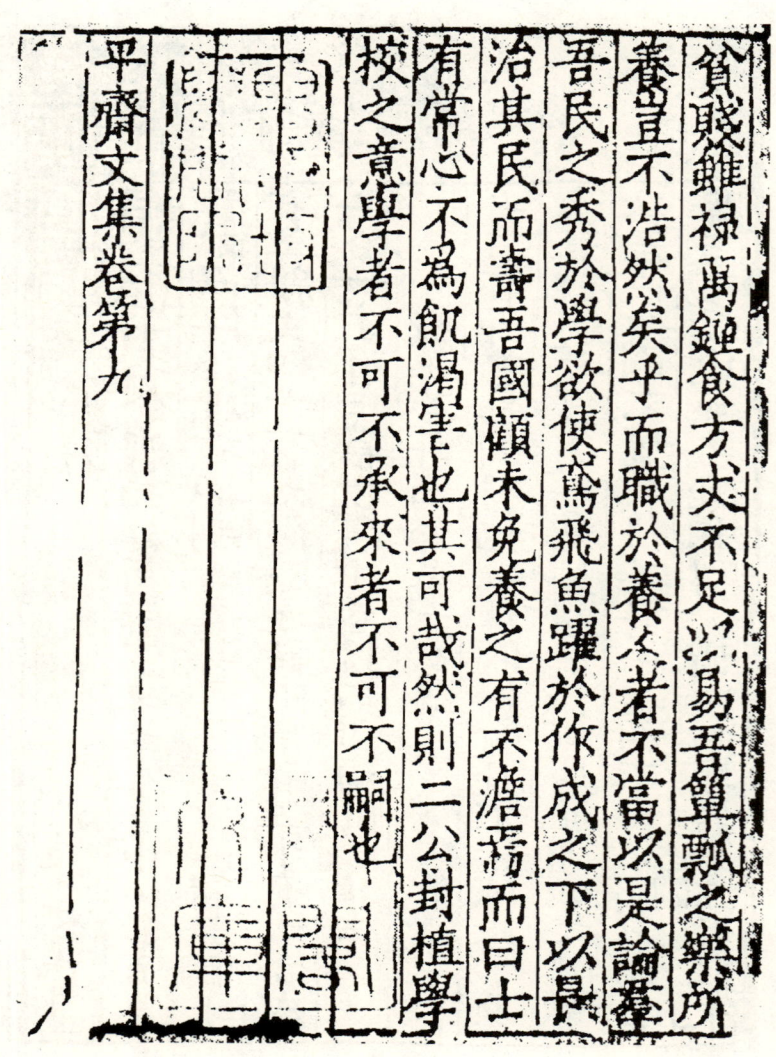

南宋刊本《平齋文集》 日本重要文化財
國立公文書館第一部（內閣文庫）藏本
據 1985 年 8 月編著者訪問公文書館第一部時委託拍攝之書影

誠齋集卷第九十五

盧陵楊 万里 廷秀

解

天問天對解引

子讀柳文每病於天對之難讀杜少陵曰
讀書難字過然則前輩之讀書亦有病於
難字者耶病於難前輩與予同之初病於
難而終則易焉子豈前輩之敢望哉因取
離騷天問及二家舊注釋文而酌以子之
意以庸之焉以易其難云

宋端平年間刊本《誠齋集》 皇家御物
官內廳書陵部藏本
據 1985 年 8 月編著者訪問官內廳書陵部時委託拍攝之書影

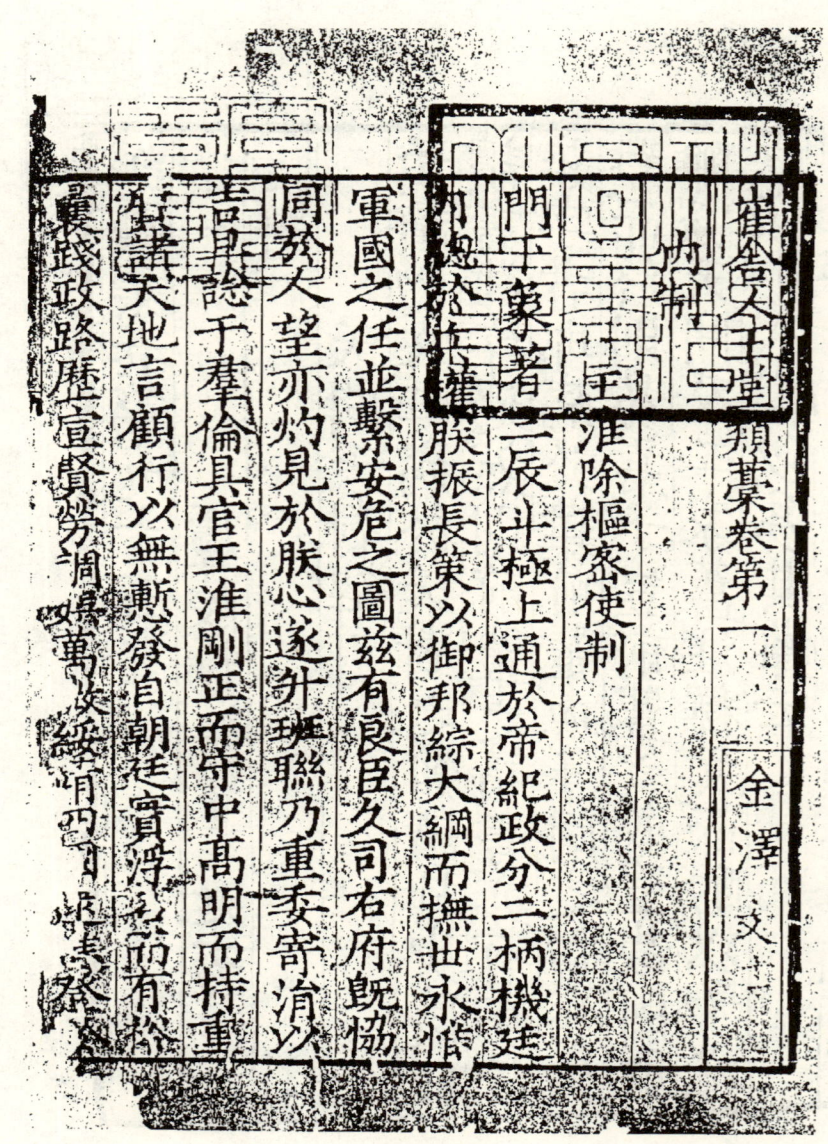

宋理宗年間浙中刊本《崔舍人玉堂類稿》 皇家御物
宮內廳書陵部藏本
據 1985 年 8 月編著者訪問宮內廳書陵部時委託拍攝之書影

宋刊初印本《北澗詩帖》　日本重要美術財
御茶之水圖書館藏本
據 1992 年 11 月編著者於御茶之水圖書館閱讀時所獲之書影

梅亭先生四六標準卷之一

言時政

上史丞相 嘉定丙子

索長安之米擬就辟書伏光範之門尚十賓謂特
有惓惓之意未政蔡而言輒以萬分寫之四六
儀圖愛助此周人待山甫之情會羽矢敷施亦虞舜
舉皋陶之意他無求者公幸聽之籥惟國家間暇
之時當思文武長久之術況外夷之雲擾貴內治
之日嚴詎云行李之通可緩包桑之應國虛難動
民困易搖豈宜待諜國之數公知譚用兵之兩字然

南宋刊本《梅亭先生四六標準》 日本重要文化財
國立公文書館第一部(內閣文庫)藏本
據 1985 年 8 月編著者訪問公文書館第一部時委託拍攝之書影

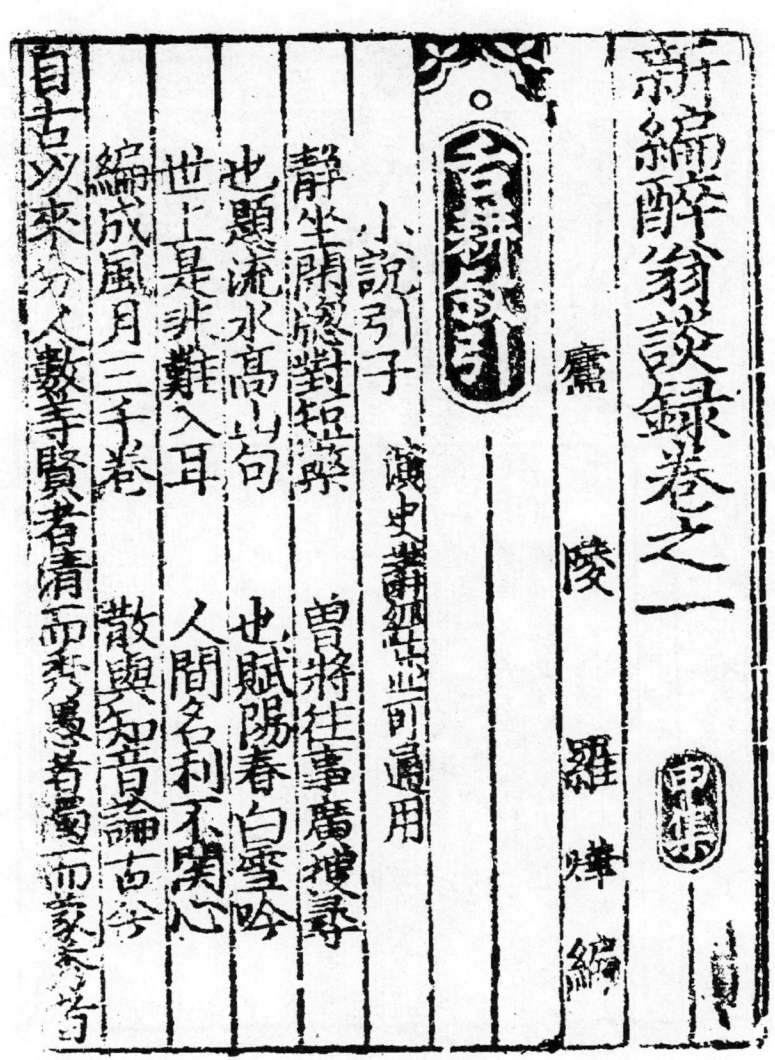

宋末元初刊本《新編醉翁談錄》 日本重要文化財

天理圖書館藏本

據 1989 年 11 月天理圖書館金子和正先生贈編著者《善本寫真集・宋版》

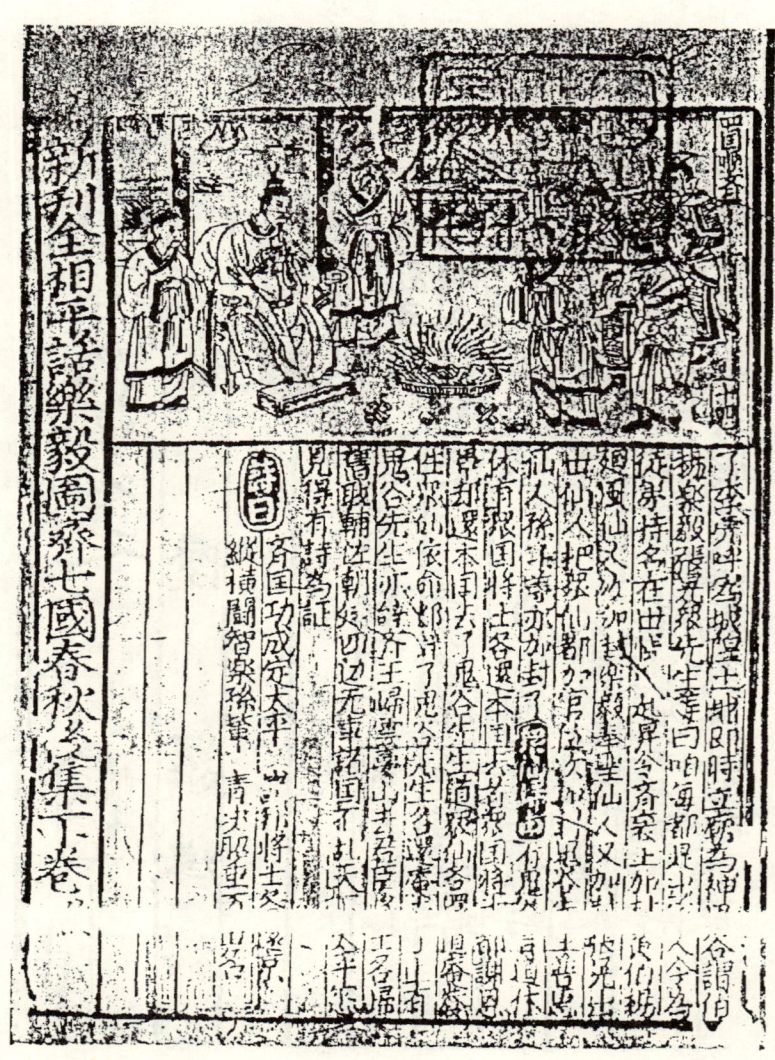

元至治建安虞氏刊本《新刊全相平話樂毅圖齊七國春秋後集》　日本重要文化財
國立公文書館第一部（內閣文庫）藏本
據 1985 年 8 月編著者訪問公文書館第一部時委託拍攝之書影

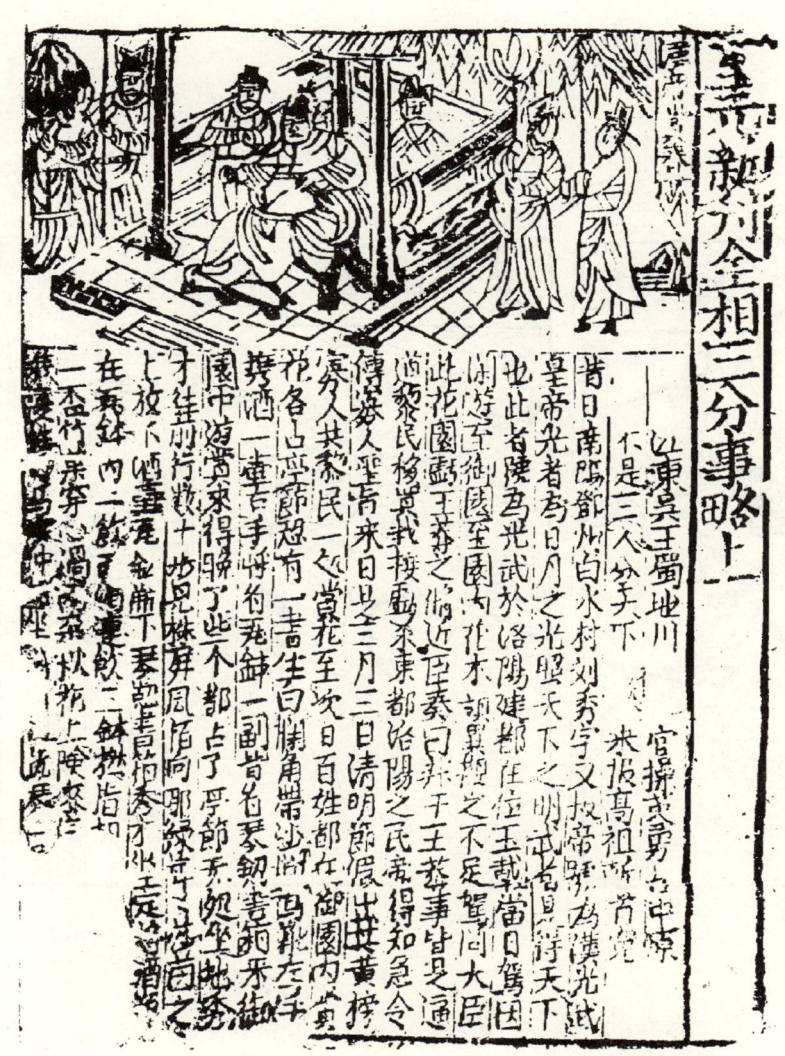

元刊本《至元新刊全相三分事略》
天理圖書館藏本
據 1989 年 11 月天理圖書館金子和正先生贈編著者《善本寫真集·宋版》

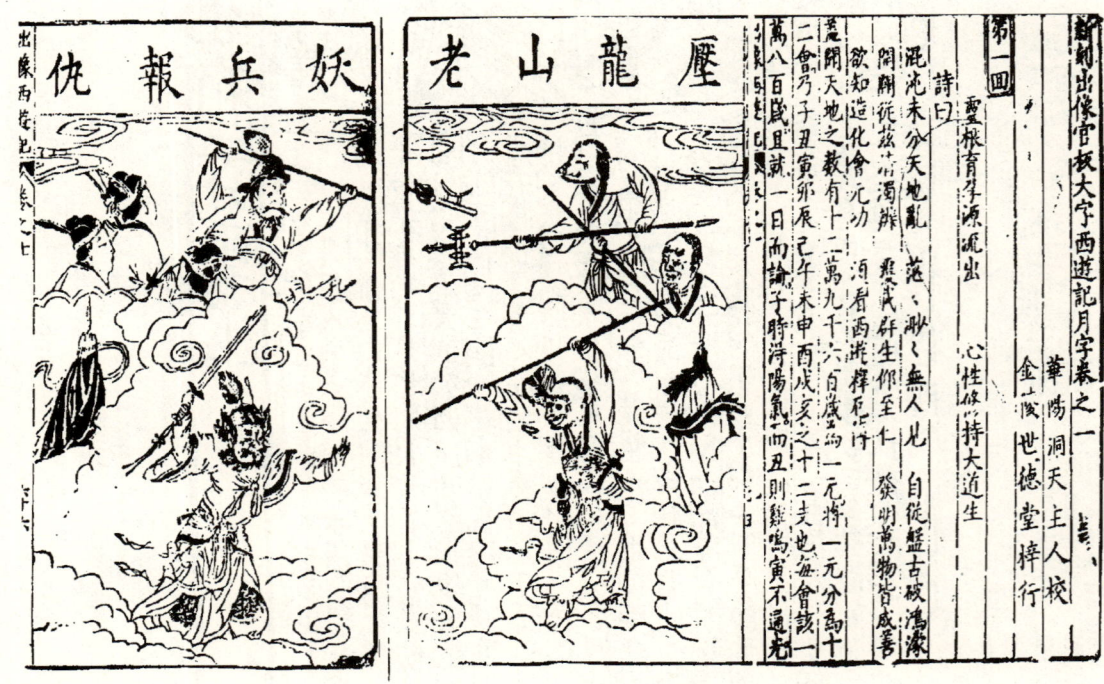

明刊本《新刻出像官板大字西遊記》
天理圖書館藏本
據 1989 年 11 月天理圖書館金子和正先生贈編著者《善本寫真集·中國古版通俗小説集》

日藏漢籍善本書録

經　部

（一）易　類

京氏易傳三卷

　　（漢）京房撰　　（吴）陸績注　　（明）毛晋校

　　明毛氏汲古閣刊本　共一册

　　東北大學附屬圖書館狩野文庫藏本

　　【附録】九世紀藤原佐世《本朝見在書目録》中“易家”類著録《周易》十卷，題署“漢魏郡太守京房章句”。

周易鄭康成注一卷

　　（漢）鄭玄撰　　（宋）王應麟輯

　　元刊本（元刊《玉海》附十三種之零本）

　　東京大學東洋文化研究所藏本

　　【附録】七世紀初604年，日本推古朝聖德太子制定《十七條憲法》，曾引用《周易》文。

　　元正天皇養老二年（718年）制定《養老令》，仿中國唐代國子監、太學和四門學把儒家經典分爲“正經”與“旁經”的規制，定大學課程爲“大經”、“中經”和“小經”。其中《周易》被定爲“小經”。

　　九世紀日本著名的學者菅原道真（845—903年）在《菅家文草》卷一中有《仲秋釋奠聽講周易賦鳴鶴在陰》一首，詩曰：“暗知鳴鶴驚秋氣，一叫先穿數片雲。縱使清聲千萬和，不用十翼豈高聞。”這是日本古文學中關於朝廷《周易》講筵的最早記載。

　　九世紀藤原佐世《本朝見在書目録》著録《周易》十卷，題署“後漢鄭玄注”。

　　藤原賴長《臺記》“康治二年（1143年）十月”至“十二月”，在其“所讀書目”中記載有《周易》十卷、《周易正義》二卷。在“天養元年（1144年）十二月”的“所讀書目”中又有《周易》卷第一、《周易》一部十卷（抄）、《周易》一部十卷（正義）、《周易正義》一部十四卷、《周易釋文》一卷、《周易》三卷、《易會釋》九卷、《周易》一卷。在久安二年（1146年）的“所讀書目”中又有《周易會釋》十一卷。

　　藤原賴長《宇槐記抄》“仁平元年（1151年）九月二十四日”條記當日藤原氏向中國宋代商人劉文冲出示“求書目録”，其中有《周易疏》、《群臣講易疏義》、《大玄經》、《大儀》、《小□集》、《周易異義》、《周易發揮》、《周易副象》、《周易新注本義》、《周易大衍》、《周易玄圖》、《周易大行論》、《周易義决》、《周易外傳》凡“易類”十四種。

　　十二世紀藤原通憲有《通憲入道藏書目録》，其“第一櫃”著録《周易》一部十卷（九卷，欠卷十）、同《注疏經》一部十卷、《周易副象》二卷（上下）、《周易集注》二卷（四、五）、《易通統卦驗玄圖》一卷、《周易略例》二卷（一卷注、一卷疏，蟲損）、《周易音義》一卷。

　　四條天皇仁治二年（1241年）日本東福寺開山聖一國師圓爾辯圓自中國歸，携回漢籍内外文獻數千卷。1353年東福寺第二十八世大道一以據聖一國師藏書編纂成《普門院經論章疏語録儒書等目録》，其“調部”著録《周易》二卷、

《周易音義》一卷、《易總説》二册、《易集解》八册。其"陽部"著録《纂圖互注周易》一册。其"果部"著録《周易》二册。

光格天皇寬政七年（1795 年）京都林伊兵衛刊《鄭氏周易》三卷，附《鄭氏周易爻辰圖》。此本由日人木村孔恭（巽齋）校。前有明和四年（1767 年）田中鳴門"跋文"並明和九年（1772 年）伊藤長堅（蘭嵎）的"弁言"。

周易鄭康成注一卷

（漢）鄭玄撰　（宋）王應麟輯

明萬曆年間（1573—1620 年）刊本（明萬曆補刊《玉海》附刻十三種之零本）

東京大學東洋文化研究所藏本

周易三卷　周易略例一卷

（魏）王弼　（晋）韓康伯注　《略例》（魏）王弼撰　（宋）邢昺注

明刊本（明刊《三經晋注》零本）　共三册

內閣文庫藏本　原林大學頭家等舊藏

【附録】九世紀末藤原佐世編撰《本朝見在書目録》，其第一"易家"類著録當時日本中央各機構蒐儲有關《易》典籍如次：

《周易》十卷，魏尚書郎王弼注；《六十四卦》六卷，韓康伯注；《繫辭》以下三卷，王弼，又撰《易略例》一卷。

《周易》十二卷，東晋秘書郎張播集廿二家解。

《周易》八卷，陸善經注。

《周易》三卷，冷泉院。

《周易副象》二卷，萬叔撰注。

《周易六十四卦卷贊》一卷、《周易講疏》十卷，陳諮議參軍張譏議撰。

《周易講疏》十二卷，國子祭酒何晏撰。

《周易異義》十卷，弘農劉遵字修禮撰。

《周易通義》十卷、《周易正義》十四卷，唐國子祭酒孔穎達撰。

《周易私記》十四卷，無名先生撰。

《周易私記》一卷，古豐師撰。

《周易論》二卷，晋馮翊太守阮渾撰，冷泉院。

《周易流演》一卷。

《周易義記》九卷，茄氏撰。

《周易新論》十卷，蜀郡博士正議大夫武威陰弘道撰。

《周易略例》一卷，武守節注。

《周易許氏扶抃》一卷，徐珮、孔時解。

《周易略例》一卷，唐邢璋注。

《周易通問》一卷，韋元晨。

《周易問難》一卷。

《周易譔論》一卷，冷泉院。

《周易搜藏決》一卷，冷泉院。

《周易譯名》十二卷，冷泉院。

《周易音》一卷，徐仙氏撰。

《周易判卦略例》一卷，冷泉院。

《周易贊》一卷。

《周易精微賦》一卷，劉遵撰。

《周易集音》一卷，冷泉院。

王弼、韓康伯注《周易》，和寫本與和刊甚多，其主要如次：

一、王弼、韓康成注《周易》日人寫本：

《周易》王弼注古寫本（殘本）卷一至卷六，凡六卷六帖，其中卷二、卷六爲日本室町時期（1393—1573 年）補寫。折本裝，各 29cm×16.4cm。此本已被指定爲"日本重要文化財"。今藏於東京田中穰處。

後小松天皇（北朝）永德四年（1384 年）八行寫本。此本今存卷七至卷十一。外題《周易》，內題"周易繫辭上（下）"（第一册），"周易説卦纂圖互注周易略例"（第二册）。紙葉有墨界，約八行十六字。卷中有"乎古止"點並施朱墨訓點。有"御本"印記。此本今藏於蓬左文庫。

後花園天皇永享九年（1437 年）據宋刊轉寫本《周易》，每半葉有界七行，各册袋綴裝，共五册。卷第二尾題下，書"足利學校常住，易學之徒置之"。卷第十尾題前，書"足利學校常住，易學之徒寄進。"此本已被指定爲日本"重要文化財"。今藏於足利學校遺蹟圖書館。

後陽成天皇慶長年間（1596—1614 年）八行

藍格寫本。卷中有"御本"印記。

二、王弼·韓康成注《周易》和刊本：

後陽成天皇慶長十年（1605年）活字刊本。每半葉七行，行十七字。

明正天皇寬永年間（1624—1644年）刊本。中野市右衛門刊印，題署"魏王弼、晋韓康伯注"，然卷十題"魏王弼撰、宋邢昺注"。

桃園天皇寬延四年（1751年）京都風月莊左衛門等刊本。此本題署與"寬永本"同。其後有寶曆九年（1759年）五月京都丸屋市兵衛、今村八兵衛等重印本。

桃園天皇寶曆八年（1758年）江户須原屋伊八郎、前川六左衛門、須原屋茂兵衛等刊本。題署《周易王注》十卷。

周易略例一卷

（魏）王弼撰　（宋）邢昺注　（明）范欽校

明嘉靖四年（1525年）范氏天一閣刊本（范氏奇書之一）

東京大學東洋文化研究所藏本

關氏易傳一卷

（後魏）關朗撰　（唐）趙蕤注

明毛氏汲古閣刊本

東北大學附屬圖書館狩野文庫　大阪大學文學部懷德堂文庫藏本

【按】東北大學藏本，凡二冊。

大阪大學藏本，凡一冊。

易傳十卷　易解附錄一卷

（唐）李鼎祚撰　《附錄》（漢）鄭玄撰

明萬曆年間（1573—1620年）刊本　共十冊

尊經閣文庫藏本　原江户時代加賀藩主前田綱紀等舊藏

【按】每半葉有界九行、行十八字。白口，左右雙邊。版心無刊工姓名。

【附錄】仁孝天皇文政六年（1823年）下總窪木竹窗用木活字刊印《易傳》（李氏易傳）。

易傳十卷　易解附錄一卷

（唐）李鼎祚撰　（明）沈士龍　胡震亨校　《附錄》（漢）鄭玄撰　（明）胡震亨補

明萬曆年間（1573—1620年）刊本（明萬曆刊《祕册彙函》之零本）　共五冊

內閣文庫藏本　原林大學頭家等舊藏

【按】每半葉有界八行，行十八字。白口，左右雙邊。

卷中有江户時代著名漢學家林鵞峰校識文。

周易舉正三卷

（唐）郭京撰　（明）范欽校

明嘉靖四年（1525年）范氏天一閣刊本（范氏奇書之一）　共一冊

東京大學東洋文化研究所　千葉縣立中央圖書館藏本

【按】千葉縣立中央圖書館藏本，卷中有"蒼海"印記，原係市原蒼海文庫舊藏。

【附錄】江户時代有日人服部元雅《周易舉正》三卷手寫本一種。此本原係服部南郭家服部文庫舊藏，今存早稻田大學圖書館。

周易舉正三卷

（唐）郭京撰　（明）毛晉校

明毛氏汲古閣刊本　共一冊

東北大學附屬圖書館狩野文庫藏本

周易注疏十三卷

（魏）王弼（晋）韓康伯注　（唐）孔穎達等疏

南宋初期刊本　陸子遹手識本　日本國寶　共十三冊

足利學校遺蹟圖書館藏本　原陸游、陸子遹等舊藏

【按】每半葉有界八行，行十六字至二十一字不等。注文雙行，行十八、十九字不等。白口，左右雙邊。版心題"易注疏幾"，下方記刊工姓名，如丁珪、毛昌、王彌、丁璋、朱明、李秀、孫冲、徐亮、李棠、徐茂、高昄、李碩、張祥、梁文、

許明、陳明、梁齊、顧忠等。

卷中避宋諱，缺畫至宋高宗"構"字。由此推爲南宋初期刊本。

每册末有宋端平年間（1234—1236年）陸放翁之子陸子遹手識文，短長不一，分録如次：

第一册末題"七月二十一日，陸子遹　三山東窗傳標"。

第二册末題"端平改元冬十二月廿三日，陸子遹　三山寫易東窗標閲"。

第三册末題"廿四日，子遹　標閲于三山寫易東窗"。

第四册末題"甲午歲末冬五日，子遹　東窗標閲"。

第五册末題"甲午十二月癸巳，子遹　三山東窗閲標"。

第六册末題"端平甲午歲除日，三山東窗子遹標閲"。

第七册末題"乙未天基節，三山東窗子遹標閲"。

第八册末題"乙未開歲五日，子遹　三山東窗標閲"。

第九册末題"端平乙未正月六日，陸子遹閲且標於三山之東窗"。

第十册末題"乙未八日，子遹　標於三山東窗"。

第十一册末題"乙未正月八日，子遹　三山東窗標閲"。

第十二册末題"乙未立春，子遹　三山東窗標閲"。

第十三册末題"端平二年正月十日，鏡陽嗣隱陸子遹，遵先君手標，以朱點傳之，時大雪始晴，謹記"。

每册卷首上欄有墨筆橫書"足利學校公用"。第一卷末第七行界内，有"上杉右京亮藤原憲忠寄進"墨書十一字，並有花押。

又第十三卷末係有界十行。第四行墨書"永禄庚申六月七日　平氏政朝□"。自第七行至第十行有德川家康家臣三要墨書："□化大隅産九華叟，周易傳授之徒百人，百日講席十有

六度，行年六十一書之。加朱墨點。三要"。

森立之《經籍訪古志》卷一著録本書，並曰：

"字體行楷，筆力遒勁。句讀及段落批點皆用朱筆，其塗抹文字則用雌黄，亦具見謹嚴。玫陸子遹乃放翁第六子，'先君'指放翁也。近藤守重云：'三山'在山陰縣鏡湖中，放翁中年卜居地。'東窗'，翁詩中數見，所謂'東偏得山多'者是也。蓋此本以宋槧經宋人手校，最可貴重者矣。"

江户時代日人山井鼎據此本而著《七經孟子玫文》中《周易玫文》，清人阮元又據此《玫文》而校《十三經注疏》中《周易正義》。《周易注疏》、《周易正義》、《周易兼義》，則異名而同書也。

《四庫》著録本係十卷。《唐志》作"十八卷"，而《書録解題》曰"十三卷"，恰與此本相合。

此本於1955年（昭和三十年）六月被日本"文化財審議委員會"確認爲"日本國寶"。

【附録】九世紀藤原佐世《本朝見在書目録》著録《周易正義》十四卷，題署"唐國子祭酒孔穎達撰"。

又，十二世紀藤原通憲《通憲入道藏書目録》著録有《周易注疏》。

日本現存《周易注疏》古寫本主要如次：

後奈良天皇天文年間（1532—1555年）有惠洪手寫《周易注疏》十三卷本。今卷十以下缺。每半葉八行，行十九字。

正親町天皇弘治（1555—1558年）永禄（1558—1570年）年間，有寫本《周易注疏》十三卷行世。行款同天文本。卷中避宋諱，凡"殷、匡、恒、胤、敬、貞"等字皆缺畫。傍有朱點，古色斑然。

日本現存《周易正義》古寫本主要如次：

鐮倉時代（1192—1330年）十四卷單疏本。此本原藏金澤文庫，後外流出歸彰考館文庫收藏，現存卷五至卷九，凡五卷。

室町時代（1393—1573年）十行寫本。此本每半葉十行，行二十字。有界。首有《周易正義序》。卷中有訓點。

室町時代十三行寫本。此本每半葉十三行，行約二十三字。無界。略有旁注。

室町時代九行寫本。此本每半葉九行，行二十字。有界。卷中用朱墨兩筆加點。

後小松天皇應永年間（1394—1428年）寫本。每半葉九行，行二十一字。首載《周易正義序》。"經文"大書，"正義"小字雙行。

後奈良天皇——正親町天皇弘治年間（1555—1558年）寫本。每半葉八行，行二十一字。餘體式與應永年間寫本同。《序》及卷一以據他本補鈔。

正親町天皇永祿年間（1558—1570年）寫本。每半葉十二行，行二十字。"正義"大書，與"經文"同。

正親町天皇元龜年間（1570—1573年）至天平年間（1573—1592年）寫本。每半葉十三行，行二十字。此本亦"正義"與"經文"同，大書。

正親町天皇元龜年間至天平年間寫本。每半葉十七行，行二十五字。卷首有長孫無忌等《五經正義表》，後有孔穎達《正義序》，後有正文。"正義"亦大書。

正親町天皇天正十年（1582年）寫本。每半葉十一行，行二十字。卷末有"大明王氏月軒謹書　天正十年壬午孟冬吉月吉日在武州川越郡抄書也"。此"王氏月軒"，係明人入於日本者。另有《類要圖注本草》及《膏肓腧穴法》，亦爲王月軒在日所手寫。

周易兼義九卷　略例一卷　音義一卷

（魏）王弼（晋）韓康伯注　（唐）孔穎達等疏　陸德明音義

元刊明前期修本　共十册

静嘉堂文庫藏本　原陸心源皕宋樓等舊藏

【按】每半葉有界十行，行十八字至二十字不等。注文雙行，行二十四字。版心白口或細黑口。左右雙邊（18.4×12.4cm）。有刻工姓名，如安卿、王榮、英玉（王英玉），伯壽（陳伯壽），壽甫、仁甫、君錫、君美、古月、文仲、德遠、德山、德成、德誠、德甫、提甫、善慶、智夫、天易、

以清等。

卷首有《周易兼義序》，題署"國子祭酒上護軍曲阜縣開國子臣孔穎達奉敕撰定"。

卷中有"閩楊浚雪滄冠悔堂藏本"、"歸安陸樹聲叔桐父印"等印記。

此本有誤傳爲宋刊者。

【附錄】藤原佐世《本朝見在書目録》中"易家"云：

"《周易》十卷。魏尚書郎王弼注六十四卦六卷，韓康伯注繫辭以下三卷。王弼又撰《易略例》一卷。"

是集卷數與日本現存最古目録著作記載相合。唯森立之《經籍訪古志》卷一記昌平坂學問所舊藏南宋刊巾箱本《周易》九卷、《周易略例》一卷，今未見。

又據江戶時代《漢籍發賣投標記録》記載，《周易注疏》一部，標價爲三十六匁四分、三十九匁、四十三匁不等。

仁孝天皇天保十四年（1843年）《會所書籍見帳》記載《周易注疏》價與此同。

周易兼義九卷　略例一卷　音義一卷

（魏）王弼（晋）韓康伯注　（唐）孔穎達等疏　陸德明音義

元刊明修本　共八册

静嘉堂文庫藏本　原陸心源守先閣等舊藏

【按】每半葉十行，行十八字至二十字不等。注文小字雙行，行二十四字左右。黑口或白口，左右雙邊（18.8cm×12.3cm）。版心記大小字數，并記刻工姓名，元版刻工如王英玉、英玉、王榮、應祥、陳伯壽、伯壽、君錫、君美、國祐、德甫、德誠、德山、德成、文仲、仁甫、古月、以清、廣祥、善慶、天易、智夫、余中、壽甫等。明補版刻工如江三、佛員、余伯安、吳八、劉立等。

前有《周易正義序》，題書"國子祭酒上護軍曲阜縣開國子臣孔穎達奉敕撰定"。

卷中有"歸安陸樹聲叔桐父印"等印記。

周易兼義〔周易注疏〕九卷　略例一卷　音義一卷

　　（魏）王弼（晋）韓康伯注　　（唐）孔穎達等疏《略例》（魏）王弼撰　（宋）邢昺注　《音義》（唐）陸德明撰

　　明嘉靖年間（1522—1566 年）李元陽刊本

　　内閣文庫藏本　東京大學總合圖書館藏本

　　【按】内閣文庫藏本。原係林氏大學頭家等舊藏，共四册。東京大學總合圖書館藏本，原係渡邊信青洲文庫等舊藏，共八册。

周易兼義〔周易注疏〕九卷

　　（魏）王弼（晋）韓康伯注　　（唐）孔穎達等疏

　　明崇禎年間（1628—1644 年）毛氏汲古閣刊本

　　東京大學總合圖書館　東北大學附屬圖書館　早稻田大學圖書館　國學院大學梧蔭文庫　關西大學綜合圖書館内藤文庫　龍谷大學大宮圖書館　二松學舍大學附屬圖書館　酒田市立光丘文庫藏本

　　【按】每半葉有界九行，行二十一字。白口，四周單邊（19.5cm×12.6cm）。

　　東京大學總合圖書館藏本，原係市村瓚次郎買入本覺廬文庫舊藏，共四册。

　　東北大學附屬圖書館藏本，共六册。

　　早稻田大學圖書館藏本，原係服部南郭家服部文庫等舊藏。此本今缺卷一，實存八卷，共七册。

　　國學院大學藏本，封面題署“周易注疏”，共六册。

　　關西大學藏本，原係伊藤長胤、内藤湖南等舊藏。

　　龍谷大學大宮圖書館藏本，共八册。

　　二松學舍大學附屬圖書館藏本，共四册。

　　酒田市立光丘文庫藏本，原係本間光彌等舊藏。

周易新講義十卷

　　（宋）龔原撰

　　宋紹興年間（1131—1162 年）刊本　日本重要文化財　共三册

　　内閣文庫藏本　原興學亭　昌平坂學問所淺草文庫等舊藏

　　【按】每半葉有界十一行，行二十二字。注文小字雙行，行二十六字。白口，單黑魚尾。版心著録“易（幾）”。左右雙邊（16cm×10.5cm）。

　　卷首有龔原《進周易新講義自序》。每卷首有“周易新講義卷第（幾）”。全卷避宋諱，凡“玄、弦、鉉、敬、驚、警、弘、殷、筐、恒、貞”等字皆缺筆。

　　卷一前與卷六前有“興學亭印”篆字朱文印。封葉及全卷末有“昌平坂學問所”墨印並“文化乙丑”朱印。此外，尚有“淺草文庫”，“大學校圖書之印”、“書籍館印”、“日本政府圖書”等朱印。

　　森立之《經籍訪古志》卷一著録是書，稱此本“字畫遒勁，墨色妍好，北宋槧中尤佳者也。”又曰“卷首有興學亭篆字朱印，狩谷望之云宋時物。上杉氏所藏宋槧本《史記》亦有此印記。”

　　此書於元代時在國内佚失，宋刊本則流傳於日本。此本於日本文化二年（1805 年）入藏昌平坂學問所。大學頭（校長）林述齋據此本翻刻並編入《佚存叢書》中，由此而再傳入中國。

　　此本已被日本“文化財審議委員會”確認爲“日本重要文化財”。

蘇氏易解八卷

　　（宋）蘇軾撰　　（明）陳所藴等校

　　明萬曆二十二年（1594 年）陳氏冰玉堂刊本　共八册

　　内閣文庫藏本　原豐後佐伯藩主毛利高標等舊藏

　　【按】每半葉八行，行十七字。注文雙行，行同正文。白口，左右雙邊。版口有“冰玉堂”三字。

此本係仁孝天皇文政年間（1818—1829 年）由出雲守毛利高翰獻贈幕府。明治初期經太政官文庫而歸内閣文庫。

卷中有"佐伯侯毛利高標字培松藏書畫之印"等印記。

【附録】仁孝天皇文政十二年（1829 年）下總溼木氏（竹窗）息耕堂用木活字刊印《蘇氏易解》，此本據"冰玉堂本"翻刊。

蘇氏易解八卷

（宋）蘇軾撰　（明）陳所藴　陳道亨　劉日昇等校

明南京吏部刊本　共四册

蓬左文庫　京都大學附屬圖書館藏本

【按】是集前有明萬曆二十二年（1594 年）潁川陳氏《序》。

蓬左文庫藏本，係明正天皇寬永十年（1684 年）從中國購入，原係江户時代尾張藩主家等舊藏。卷中有"尾陽内庫"等印記。

周易八卷　附王輔嗣論易一卷

（宋）蘇軾傳　《論易》（魏）王弼撰

明朱墨套印刊本　共八册

蓬左文庫藏本

【按】每半葉八行，行十八字。白口，四周單邊。

卷中有朱批，並有"尾陽文庫"等印記。

是集係明正天皇寬永五年（1628 年）購入。

東坡先生易傳九卷

（宋）蘇軾撰

明萬曆年間（1573—1620 年）金陵焦竑刊本共六册

東京大學總合圖書館藏本　原江户時代紀州德川家南葵文庫等舊藏

【按】前有明萬曆二十五年（1597 年）《序》。

蘇氏易傳九卷

（宋）蘇軾撰　（明）毛晋校

明汲古閣刊本　共四册

愛知大學簡齋文庫　大阪大學文學部懷德堂文庫藏本

【按】愛知大學簡齋文庫藏本，原係小倉正恒等舊藏。凡四册。

大阪大學文學部懷德堂藏本，原係大阪懷德堂等舊藏，共二册。

周易傳義十卷

（宋）程頤傳　朱熹本義　董楷傳義

元延祐元年（1314 年）翠巖精舍刊本　共五册

宫内廳書陵部藏本　原昌平坂學問所等舊藏

【按】每半葉有界十一行，行二十一字。注文雙行，行二十五字。細黑口，雙黑魚尾，版心著録"周易傳義（幾）（或周易幾、周易傳幾等）"。四周雙邊（19.8cm × 12.5cm）。每裏葉左上欄外有耳格，著録卦名。

首題"程朱二先生周易上經傳義卷之一，伊川先生程頤傳，晦庵先生朱熹本義"。

前有程頤《序》，題署"有宋元符二年己卯正月庚申"。次有朱子集録《易圖》。

《易圖》後有"延祐甲寅孟冬翠巖精舍新刊"木記。

卷首有"嚴璠"朱印。每册首有"昌平坂學問所"、"淺草文庫"、"書籍館印"、"日本政府圖書"、"帝室圖書之章"等印記。

森立之《經籍訪古志》卷一、傅增湘《藏園羣書經眼録》卷一皆著録此本。

【附録】據《商舶載來書目》記載，中御門天皇正德二年（1712 年），中國商船"江字號"載《易經傳義》一部十二本抵日本，正德四年（1714 年）又運入一部十二本。

明正天皇寬永二年（1625 年），京都中嶋久兵衛刊《周易傳義》二十四卷，（宋）程頤傳，朱熹本義。此本係活字排印。每半葉十一行，行二十一字。卷中有"寬永二年南吕下旬　二條觀音町中嶋久兵衛開之"刊記。

明正天皇寬永四年（1627 年），由日人文之訓點本《周易經傳》二十四卷刊行，題"（宋）程頤傳　朱熹本義"。

後光明天皇慶安元年（1647 年），京都八尾助之丞刊印《周易傳義》二十四卷、《首》一卷。題"（宋）程頤傳　朱熹本義"，此本由日本僧人玄昌點。

後光明天皇慶安二年（1648 年）中野道伴刊《周易傳義》二十四卷。題"（宋）程頤傳　朱熹本義"。

後光明天皇慶安四年（1650 年）京都林甚右衛門刊《周易集注》二十四卷，題"（宋）程頤傳　朱熹本義"。

靈元天皇寬文三年（1663 年），京都野田莊右衛門刊《易經集注》二十卷。題"（宋）程頤傳　朱熹本義"。

東山天皇元祿七年（1694 年）京都野田莊右衛門刊《周易》二十卷。《首》一卷。此本題簽"經易集注"，題"（宋）程頤傳　朱熹本義"。

中御門天皇享保九年（1724 年）京都今村八兵衛刊《易經集注》二十四卷，著者題名與寬文三年本同。

周易傳義十卷

（宋）程頤傳　朱熹本義　董楷傳義

元刊本　王大圻手識本　共六冊

天理圖書館藏本　原寶宋閣　王大圻等舊藏

【按】每半葉有界十一行，行二十一字。注文雙行，行二十五字，四周雙邊（19.9cm×12.4cm）。版心細黑口，雙黑魚尾。

前有元符二年己卯（1100 年）正月庚申程頤《序》，並朱子集錄《易圖》。

內題"程朱二先生周易上經傳義卷之一（——四）"，"程朱二先生周易下經傳義卷之五（——八）"、"程朱二先生周易繫辭傳義卷之九"、"程朱二先生周易繫辭傳義卷之十"。

版心署"周易傳義（或易傳、周易）"、"卷幾"，下有葉數。

卷中有二十葉係後人補寫。

第一冊有王大圻手識文，其文曰：

　　"光緒丙午歲夏，自金陵書肆購得寶宋閣善本之一。冰銕王大圻。"

卷中有"結式盧藏書印"、"翰墨奇緣"、"寶宋閣"、"王定安印"並"銕陵王氏寶宋閣所藏之印"等印記。

周易傳義十卷　首一卷

（宋）程頤傳　朱熹本義　董楷傳義

明司禮監刊本

內閣文庫　御茶之水圖書館藏本

【按】每半葉八行，行十四字。注文雙行，行十七字。黑口，四周雙邊。

內閣文庫藏本，原係昌平坂學問所舊藏，共十冊。

御茶之水圖書館藏本，原係德富蘇峰舊藏，共六冊。

上述二藏本，封頁皆題"周易"。

周易（傳義）二十四卷

（宋）程頤　朱熹傳義

明縉雲樊獻科重訂刊本　共四冊

關西大學綜合圖書館內藤文庫藏本　原內藤湖南舊藏

【按】每半葉有界九行，行十七字。白口，左右雙邊（19.7cm×13.4cm）。

此本原題《周易·程朱傳義》。前有元符二年（1099 年）程頤《周易程子傳序》等。卷末刻"巡按福建監察御史開州吉澄校刊，縉雲樊獻科重訂"。

【附錄】靈光天皇寬文四年（1664 年）京都野田莊右衛門刊印宋人程頤傳、朱熹本義《周易》二十四卷。此本由日人松永昌易首書。

周易（傳義）二十四卷

（宋）程頤　朱熹傳義　（明）汪應魁句讀

明崇禎年間（1628—1644 年）海陽汪應魁貽經堂刊本，共十二冊。

東京大學總合圖書館藏本　原市村瓚次郎
覺廬文庫等舊藏

周易本義十二卷

（宋）朱熹撰
明仿宋咸淳元年（1265 年）刊本　共二册
靜嘉堂文庫藏本　原陸心源十萬卷樓舊藏
【按】每半葉六行，行十五字。小字雙行，白
口，左右雙邊。

前有《易圖》，題曰"朱熹集録"。後有《五贊
筮儀》，題曰"朱熹系述"。

是集係《周易》上下經二卷、十翼自爲十卷。
卷前有咸淳乙丑（1265 年）立秋日吴革《序》。

每卷後有"敷原後學劉棐校正"一行。

卷中有"歸安陸樹聲叔桐父印"等印記。

【附録】據《商舶載來書目》記載，東山天皇元
禄八年（1695 年），中國商船"江字號"載《易經
本義》一部二本抵日本。

靈元天皇寬文四年（1664 年）日人刊印《周
易本義》並《本義序例》。此本由日人林鵞峰
點。

靈元天皇延寶二年（1674 年）柳原喜兵衛、
勝村治右衛門刊印《周易本義》。

東山天皇元禄年間（1688—1704 年）昌平坂
學問所刊印《周易本義》八卷，此本係林家改正
點本。

光格天皇寬政元年（1789 年）京都秋田屋平
左衛門、須原屋茂兵衛、大阪河内屋喜兵衛刊
《周義本義》二十四卷。此本題署"宋·朱熹撰
山崎嘉（闇齋）點"。

光格天皇寬政八年（1796 年）重印《周易本
義》。

周易本義（殘本）四卷

（宋）朱熹撰
明鄭氏新興堂刊本　共二册
小如舟屋藏本

【按】每半葉十一行，行二十三字。小字雙
行。白口，四周雙邊。

前有成化己丑（1469 年）洪常《周易序》，並
有《周易朱子圖説》。

《目録》後有"鄭氏新興堂校正刊行"木記。

每葉上欄有墨書"校籤"二字。

是書今存卷一至卷四，卷四《序卦傳》以下全
闕。

周易本義二十四卷

（宋）朱熹撰
明嘉靖年間（1522—1566 年）刊本
東京大學東洋文化研究所藏本
【附録】孝明天皇慶應三年（1867 年），浪華
書肆豐田屋卯左衛門等刊《易經集注》二十四
卷、《卷首》四卷。

易經本義四卷　附易圖一卷

（宋）朱熹撰
明刊本
東京大學東洋文化研究所藏本
【附録】靈元天皇延寶二年（1674 年），京都
勝村治衛門刊《易經本義》四卷、《序例》一卷。
此本由日人林春齋點。

靈元天皇延寶三年（1675 年），壽文堂又刊
《易經本義》四卷、《本義序例》一卷。此本由日
人山崎嘉（闇齋）加點。其後，此本有光格天皇
寬政元年（1789 年），大阪河内屋喜兵衛等再
刊印本。

江户時代有日人服部元立依據《五經集注》
手寫《易圖》一卷。此本原係服部南郭家服部
文庫舊藏，今存早稻田大學圖書館。

（重鋟朱子）易學啓蒙四卷

（宋）朱熹撰　　（明）余懋衡編
明刊本　共四册
内閣文庫藏本　原昌平坂學問所等舊藏
【附録】《倭板書籍攷》卷二著録"《易學啓蒙》
一卷四篇"，并曰："此爲朱子五十七歲時所作。
朱子精於易道，讀是書便如得玉"云云。

後西天皇明曆二年（1656 年）京都村上平樂

寺刊印朱熹《易學啓蒙》四卷。其後,此本有靈元天皇延寶二年(1674年)重印本、靈元天皇延寶五年(1677年)重印本。

靈元天皇寬文九年(1669年)刊印《鼇頭評注易學啓蒙》四卷。

桃園天皇寶曆二年(1752年)中野宗左衛門刊印《易學啓蒙》四卷。

光格天皇文化十四年(1817年)養賢堂刊《易學啓蒙》四卷,此本由日人大槻清準校。

孝明天皇安政三年(1856年)大阪河内屋和助氏刊《易學啓蒙》四卷。

晦庵先生校正周易繫辭精義二卷

(宋)呂祖謙編

元至正九年(1349年)刊本　共二冊

尊經閣文庫藏本　原江户時代加賀藩主前田綱紀等舊藏

【按】每半葉有界十一行,行二十一字。注文小字雙行,行二十六字。綫黑口、雙黑魚尾,版心著録"易(或易系、或系)上(或下),(葉數)"。左右雙邊(19.3cm×12.3cm)。

卷首題"晦庵先生校正周易繫辭精義卷上(低五格)東萊呂祖謙編"。尾題"晦庵先生校正周易繫辭下終。"

易學啓蒙通釋二卷　附圖一卷

(宋)胡方平撰

元至元二十九年(1292年)熊禾刊本　共二冊

尊經閣文庫藏本　原江户時代加賀藩主前田綱紀等舊藏

【按】每半葉有界十行,行二十一字。注文低一格,中字單行,行二十字。小注低二格,小字雙行,行十九字。細黑口,雙黑魚尾。版心著録"卷上(下)(葉數)"。左右雙邊(19.8cm×12.2cm)。

首有跋文二則,題署"至元壬辰季夏朔雲莊侈人劉涇楫之謹跋"及"壬辰仲夏望日後學武夷熊禾跋"。

劉涇跋文叙此書刊印經緯甚詳,其文曰:

"嘗記兒時從家庭授《易》,聞之先君子云,昔晦庵先生之講學於雲谷也,我先文簡雲莊兄弟與西山蔡先生父子遊從最久,講論《四書》之餘,必及於《易》……舊藏雲莊所抄諸經師説數鉅帙,兵燼之餘,其存者蓋千百之什一耳。一日,約无咎詹君、退齋熊君訪雲谷遺跡,適值新安胡君庭芳來訪,出《易啓蒙通釋》一編見示,謂其父玉齋平生精力盡在此書……時熊君以易學授兒輩,謂是誠讀《易》者不可闕之書。因言庭芳再入閩,汲汲焉父書無傳是懼,且欲以見屬,仰惟一時師友游從之盛,重念先世問學淵源之舊,輒爲刊真書室。"

本文卷首題"易學啓蒙卷上(低八格)新安後學胡方平通釋(低三格)本圖書第一"。

此本有日本室町時代的朱點,並有墨筆訓點。

【附録】十六世紀初後柏原天皇時代,清源宣賢親筆書寫《易學啓蒙通釋》,每半葉有界十行。此本作爲京都大學《清原家家學書》之一種,已被指定爲"日本重要文化財"。今藏於京都大學附屬圖書館。

室町時代(1393—1573年)寫本《易學啓蒙通釋》二卷,題署"宋朱熹撰　宋胡方平通釋"。此本綫裝,每半葉有界七行至十二行。封面左上肩墨書"易書",下隔四字雙行"本義啓蒙"(考變　筮義),内題"周易啓蒙"(第一、二冊),"考變占"(第三冊),"筮儀"(第四冊)。卷中有"御本"印記。此本原係江户時代幕府大將軍德川家康所有,今藏於蓬左文庫。

室町時代(1393—1573年)有《易學啓蒙(通釋)》二卷寫本一種。題署"宋胡方平通釋"。此本原係中世時代爲足利學校所有,今藏足利學校遺迹圖書館。

《官板書籍解題略》上卷著録《易學啓蒙通釋》二卷,其識文曰:

"(宋)胡方平撰。方平字師魯,婺源人氏。方平之學出董夢程,夢程之學得自黄幹,幹係朱文公之婿,故方平及其子一桂,篤守朱子之説。"

《昌平坂御官書目》亦載《易學啓蒙通釋》。

光格天皇享和二年(1802 年),有官刊《易學啓蒙通釋》二卷,附圖一卷。此本由孝明天皇弘化三年(1846 年)補刊。

易學啓蒙通釋二卷　啓蒙通釋附圖一卷

(宋)胡方平撰

元致和元年(1328 年)環溪書院覆至元刊本共二册

東京都立中央圖書館藏本　原伊藤介夫舊藏

【按】每半葉有界十行,行二十一字。注文低一格,中字單行二十字。小注低二格,小字雙行,行十九字。細黑口,雙黑魚尾,版心著録"卷上(或下,或易下等)"。左右雙邊(19.8cm×12.2cm)。

此本版式一應與元至元二十九年本相同,唯劉涇"跋文"末,原題"至元壬辰季夏朔雲莊後人劉涇楫之謹跋",此本作"致和戊辰季夏朔環溪書院重刊謹跋"。

卷中有"礪山宋氏世家"、"有不爲齋"等印記。

周易程朱先生傳義附録二十卷　程子上下篇義一卷　朱子易圖説一卷　周易五贊一卷　筮儀一卷

(宋)董楷纂集

元至正二年(1342 年)桃溪居敬書堂刊本共八册

静嘉堂文庫藏本　原周松靄　陸心源皕宋樓等舊藏

【按】每半葉有界十二行,行二十二字。注文小字雙行,行同正文。細黑口,雙黑魚尾。版心著録"易上(下)經(或易繫　易説卦等)幾(葉數)"。注文中的"傳"、"本義"以大字墨圍白文爲標識,"程氏附録"、"朱子附録"以大字墨圍爲標識。四周雙邊(19.8cm×12.5cm)。

間有左右雙邊或四周單邊相混雜。

首目一册,卷首有董楷《自序》,題署"咸淳丙寅(1266 年)後學天台董楷謹序"。次有《自識》一則,題署"是歲良月謹識","周易程氏朱氏説凡例"。次有"朱子易圖説"題署"後學天台董楷纂集",次有"易傳序",有宋元符二年(1099 年)己卯正月庚申河南程頤正叔《序》,次有"程子易綱領"、次有"朱子易綱領"。末有"易圖終"陰刻尾題。

卷中"凡例"之後,原有的"刊記"磨損而以別紙修補。考之西尾市岩瀬文庫藏本,此"刊記"可以判明爲"至正壬午桃溪居敬書堂刊行"。

本文卷首第一行頂格題"周易上經程朱先生傳義附録卷之一",第二行低九格署"後學天台董楷纂集"(此編者題署,卷二以下無)。卷末附"程子上下篇義"、"朱子周易五贊"、"朱子筮儀"。

此本卷三缺首葉,第一册有朱筆句點。卷中有"松靄藏書"朱文方印,"吳騫讀過"白文方印,並有"明德堂印"、"沈彦章印"、"吳郎"、"松靄"、"周昌苢"及"昌苢兮"、"臣陸樹聲"、"歸安陸樹聲叔桐父印"等藏書印。

周易程朱先生傳義附録二十卷　程子上下篇義一卷　朱子易圖説一卷　周易五贊一卷　筮儀一卷

(宋)董楷纂集

元至正二年(1342 年)桃溪居敬書堂刊本

至正九年(1349 年)竹坪書堂刊本補配　共九册

西尾市立圖書館岩瀬文庫藏本　原五山僧侣心華等舊藏

【按】此本首目及卷一係元至正二年(1342 年)桃溪居敬書堂刊本,首目《周易程氏説凡例》,後有刊印木記"至正壬午桃溪居敬書堂刊行"十二字。卷二以下用至正九年(1349 年)竹坪書堂刊本補配。

卷一的第十六葉,卷二末裏葉等缺葉。此本諸卷末有十四世紀日本五山儒僧心華的朱墨筆識語。心華(名元棣)是日本中世時代"五山易學"極重要的人物。茲錄其識語如次：

(卷三末)"點染權輿諸永和丙辰十二月,今茲丁巳正月十七日也,自乾坤以至履凡十卦六十六紙畢矣。蓋九仞之一簣者也矣。東濃釋元棣誌焉。"

(卷四末)"永和丁未年(1377年,"永和"凡四年,祇有"丁巳年",沒有"丁未年"。——編著者)二月初吉,第四卷點染畢矣。元棣誌。"

(卷七末)"右且點且講,永和丁巳(1377年)三月十七日,第七卷畢矣。元棣誌。"(有印文"元棣"、"定慧")

(卷十一末)"永和三年冬十月二日,且點且講畢矣。"(有印文二枚,同卷七末)

(卷十二末)"丁巳冬十一月十八日點勘畢矣。"(有印文二枚,同前)

(卷十三末)"永和丁巳冬十二月二十又一日,且點且講畢矣。"(有印文二枚,同前)

(卷十五末)"永和四年(1378年)戊午春二月九日,上下兩經且點且講畢。元棣誌。"(有印文二枚,同前)

(繫辭上末)"康曆改元(1379年)秋八月二十又七日,上繫點畢。譬之堀井,可謂九仞幾乎泉者乎！鷲陰定慧精舍之僧元棣誌焉。"(有印文二枚,同前)

(繫辭下末)"康曆初元菊節前一日,下繫點畢矣。率如病夫,或養痾,或應接,或講習,或禪誦。苟其餘暇,則必及焉,可謂勤矣。定慧主僧元棣誌。"(有印文二枚,同前)

(說卦末)"康曆初元秋九月二十又三日,說卦點畢矣。定慧元棣誌之。"(有印文二枚,同前)

(周易說卦程朱二先生傳義附錄末)"康曆初元九月二十又三日,說卦點畢矣。定慧元棣誌之。"(有印文二枚,同前)

(雜卦末)"康曆改元九月二十又三日,序雜兩卦點畢矣。鷲陰定慧精舍主者元棣誌焉。"(有印文二枚,同前)

(卷末)"右程朱氏《周易傳義》附錄並邵堯夫先天後天圖等,其學幽邃宏闊,人難得而彷彿之,王孔注疏望於此書,乃毫芒之於泰山；螢照之於太明,未足以擬□中國點訓焉,講焉者未之有也。病夫勉爲□法印重公,且點且講,今茲畢矣。竊謂本朝之權輿,末流之濫觴也。夫或有所脫誤,當待再講以改正之,不到於期,慎勿布露,爲人所誚,逞逞闕疑,以俟來賢□□。康曆初元九月廿四日定慧元棣誌。"(有印文二枚,同前)

此本每冊首尾又有"善慧軒"卵形墨印,每冊封面又有"瓢庵"墨寫署名。"瓢庵"乃十五世紀東福寺名僧鼓叔守仙之號,"善慧軒"即東福寺內院名,則此本後又歸鼓叔守仙所收藏。

周易程朱先生傳義附錄二十卷　程子上下篇義一卷　朱子易圖說一卷　周易五贊一卷　筮儀一卷

(宋)董楷纂集

元至正九年(1349年)竹坪書堂刊本　共十冊

尊經閣文庫藏本　原江戶時代加賀藩主前田綱紀等舊藏

【按】此本係覆刊元至正二年(1342年)桃溪居敬書堂本,故行款版式皆與居敬堂本同。每半葉有界十二行,行二十二字。注文雙行,小字行同正文。版心細黑口,雙黑魚尾。四周雙邊(20cm×12.6cm)。

首目一冊,前有董楷《自序》,次有《周易程氏說凡例》。此《凡例》後有刊印木牌記。樣式如次：

```
至正己丑廬陵
竹坪書堂新刊
```

第一冊外題記《周易程朱氏說或曰周易傳義附錄》。每冊目錄皆有此題,此係前田松雲墨書。卷中《易圖》第十葉及卷五第十四葉係補寫。卷一至卷三,卷八至卷十五,及《周易五贊》等中有日本室町時代(1393—1573年)人朱點並朱筆訓點。

傅增湘《藏園羣書經眼録》卷一著録此本。

周易程朱先生傳義附録(殘本)十五卷

(宋)董楷纂集

元至正九年(1349年)竹坪書堂刊本　共七冊

内閣文庫藏本

【按】此本與尊經閣文庫藏本係同一刊本,版式行款皆同。

此本今存上下經十五卷,並首目一卷。卷首《易傳序》缺。卷中有室町時代(1393—1573年)人朱筆句點和訓點,間有墨筆題識。

誠齋先生易傳二十卷

(宋)楊萬里撰

明嘉靖二十一年(1542年)尹耕開州刊本

蓬左文庫　尊經閣文庫藏本

【按】每半葉九行,行二十四字。四周單邊。

蓬左文庫藏本,共八冊。

尊經閣文庫藏本,原係江户時代加賀藩主前田綱紀等舊藏,共五冊。

【附録】江户時代有《誠齋先生易傳》二十卷手寫本,此本係據明嘉靖本摹寫。

誠齋先生易傳二十卷

(宋)楊萬里撰

明嘉靖年間(1522—1566年)覆宋刻本　共八冊

静嘉堂文庫藏本　原陸心源十萬卷樓舊藏

【按】每半葉九行,行二十四字。白口,四周單邊。

前有淳熙戊申(1188年)八月楊萬里《自序》,臣僚《請抄録易傳狀》,楊長孺《申送易傳狀》,並嘉靖四十二年(1563年)張時徹《序》。後有嘉泰甲子(1204年)四月誠齋《後序》。

此本出自宋刻。《奏狀》、《申狀》皆有提行處。每卷題名上有官銜。

卷中有"歸安陸樹聲叔桐父印"等印記。

楊氏易傳二十卷

(宋)楊簡撰

明萬曆二十三年(1595年)劉日升　陳道亨同校刊本　共四冊

蓬左文庫　尊經閣文庫藏本

【按】每半葉十行,行二十一字。白口,四周雙邊。

蓬左文庫藏本,係明正天皇寬永四年(1627年)從中國購入。原係江户時代尾張藩主家等舊藏,卷中有"尾陽内庫"印記。

尊經閣文庫藏本,原係江户時代加賀藩主前田綱紀等舊藏。

【附録】江户時代有《楊氏易傳》手寫本二十卷行世。此本係日人佐藤一齋手校。

楊氏易傳二十卷

(宋)楊簡撰

明刊本　共四冊

廣島大學文學部藏本

(安定先生)周易口義十五卷

(宋)倪天隱撰

明刊本　共七冊

静嘉堂文庫藏本　原陸心源等舊藏

【按】是書分《經》上下十卷,《繫辭》上下二卷,《説卦》、《序卦》、《雜卦》三卷,凡十五卷,係倪天隱述其師胡瑗之説。

前有倪天隱《自序》。

陸心源《儀顧堂題跋》卷一著録此本,題署"十二卷",則《説卦》、《序卦》、《雜卦》三卷未合計在内。陸氏"跋文"曰:

"(前略)《提要》云,天隱始末未詳。葉祖洽作《陳襄行狀》,稱襄有二妹,一適進士倪天隱,殆即其人。董棻《嚴陵集》,載其桐廬縣令題名碑記一篇,意其嘗官睦州也。愚按,天隱字茅岡,桐廬人。學者稱爲千乘先生。治平熙寧中,曾爲合肥學官,嘗作《草堂吟》,晚年主桐廬講席,弟子千人。見彭汝礪

《鄱陽集》、黄宗羲《宋元學案》所述。《周易口義》，晁氏《郡齋讀書志》祇載上下經傳，而《繫辭》、《説卦》不載。《宋史·藝文志》既有《易傳》又有《口義》，不知即一書也。"

易學辨惑一卷

（宋）邵伯温撰
文瀾閣傳寫本　共一册
静嘉堂文庫藏本　原陸心源十萬卷樓舊藏

易變體義十二卷

（宋）都絜撰
文瀾閣傳寫本　共三册
静嘉堂文庫藏本　原陸心源十萬卷樓舊藏

厚齋易學五十卷　附録二卷

（宋）馮椅撰
文瀾閣傳寫本　共十二册
静嘉堂文庫藏本　原陸心源十萬卷樓舊藏

周易總義二十卷

（宋）易袚撰
文瀾閣傳寫本　共四册
静嘉堂文庫藏本　原陸心源十萬卷樓舊藏

周易詳解十六卷

（宋）李杞撰
文瀾閣傳寫本　共六册
静嘉堂文庫藏本　原陸心源十萬卷樓舊藏

易象義十六卷

（宋）丁易東撰
文瀾閣傳寫本　共四册
静嘉堂文庫藏本　原陸心源十萬卷樓舊藏

讀易詳説十卷

（宋）李光撰
文瀾閣傳寫本　共四册
静嘉堂文庫藏本　原陸心源十萬卷樓舊藏

周易集説不分卷　附易圖纂要一卷　俞石澗易外別傳一卷

（元）俞琰集説
元至正八年至十六年（1348—1356 年）存存齋刊本　共八册
静嘉堂文庫藏本　原汪士鐘、陸心源皕宋樓等舊藏

【按】每半葉有界十二行，行二十一字。注文低一格單行大字。綫黑口，單黑魚尾。版心著録"上經（或下經，象傳上，説卦等）（葉數）"。左右雙邊（18.3cm×13cm）。注文引用人名，以陰刻爲標識。下象鼻處，間或有"存存齋助"、"存存齋刻"字樣。

是書分《上經》、《下經》、《象傳上》、《象傳下》、《爻傳》、《象辭》、《文言》、《繫辭上》、《繫辭下》、《説卦》、《序卦》、《雜卦》諸篇。其中《上經》、《象辭》、《文言》係寫補。

首有元泰定元年（1324 年）十月甲子金華黄溍《周易集説題辭》，次有元貞丙申（1296 年）五月六日林屋山人俞琰玉吾叟《周易集説序》（自序）。第八册《周易集説雜卦》之末，有《俞石澗周易集説後序》，題署"皇慶癸丑（1313 年）四月十四日石澗俞琰玉吾叟誌"。《周易傳説別傳》之後，又有《自跋》二則，題"林屋洞天石澗真逸俞琰玉吾叟書"。卷末有俞琰之子俞仲温之《跋文》，題"至正八年（1348 年）歲在戊子七月望日男仲温百拜謹書于篇末"。卷首内題"周易上經（低十格）林屋山人俞琰集説"。尾題"俞石澗周易集説上經卷終"。後有"刊語跋文"曰：

"嗣男仲温校正，命兒楨繕寫，謹鋟梓于家之讀易樓。至正八年歲在戊子十二月廿五日謹誌。"

又"俞石澗周易集説下經卷終"後，又有"刊語跋文"曰：

"嗣男仲温點校，孫楨木繕寫，鋟梓于家之讀易樓。至正九年歲在己丑十一月朔旦誌。"

又"周易俞氏集説象傳下卷終"後,亦有"刊語跋文"曰:

　　　"嗣男仲温校正,命兒槙植繕寫,謹鋟梓于家之讀易樓。至正十年歲在庚寅八月旦謹誌。"

《易外別傳》尾題次行有刊記文字。其文曰:

　　　"先君子之所著而附於《周易集説》之後者也。先君子嘗遇隱者,以先天圖指示邵子環中之極玄,故是書所著,發明邵子之學爲多。近刊《陰符經解》,兒槙請以是稿繕寫,同鋟諸梓,併《沁園春解》三書共爲一帙,將與四方高士共之,因請總名之曰《玄學正宗》云。至正丙申(1356年)春正月,男仲温百拜謹誌。"

卷中"自序"後,有摹方印三。一曰"俞琰玉吾",一曰"石澗",皆陽文;一曰"林屋山人",爲雙鉤陽文。另有"汪士鐘曾讀書"、"歸安陸樹聲所見金石書畫記"、"歸安陸樹聲叔桐父印"等印記。

此本書法工秀,體兼歐趙,爲元刊本中之極精美者。

陸心源《儀顧堂續跋》卷一著録此本,并曰:"《四庫》著録作四十卷,又不知何人所分析矣。"

周易本義啓蒙翼傳三卷　　外篇一卷

(元)胡一桂撰

元皇慶年間(1312—1313年)刊本

內閣文庫藏本

【按】每半葉有界十一行,行二十一字。傳文低一格,大字單行,注文小字雙行。細黑口,雙黑魚尾。版心著録"翼傳(或翼,傳)上篇(或上、中、下、外)(葉數)"。四周雙邊(19cm×12.2cm)。

首有撰者《自序》,題曰"皇慶癸丑歲(1313年)一陽來復之日新安後學胡一桂庭芳父序"。本文首又題"周易本義啓蒙翼傳上篇(低七格)新安前鄉貢進士胡一桂學"。卷末外篇尾題之前,有"男思紹校正"五字。

全書三卷分上、中、下三篇,並外篇一卷。

內閣文庫藏此同一刊本兩部。

一部原係東福寺的塔頭寶勝院、昌平坂學問所等舊藏。卷中有"寶勝院"、"昌平坂學問所"、"文政戊寅"、"淺草文庫"、"大學藏書"、"書籍館印"等印記。卷初眉上有朱筆識語曰:"此書八冊,安永丙申(1776年)春買得之。河內茂八。每卷有'寶勝院之印'者,乃前人之藏書記。"卷中常有朱筆圈點,眉上時見朱墨批識,多有"寬齋按"識語。共八冊。森立之《經籍訪古志》卷一著録之《周易本義啓蒙翼傳》三卷,即此本。

另一部亦係昌平坂學問所舊藏,然今本文三卷全佚失,惟僅存《外篇》一卷一冊,卷中有朱點朱引。

【附録】《官板書籍解題略》卷上著録胡一桂另一《易》著,曰"《易本義附録纂疏》十五卷",其識文曰:"(元)胡一桂撰。一桂字庭芳,號雙湖,婺源人。景定甲子領鄉薦,試禮部及第,教授鄉里以終。是編以朱子《本義》爲宗,附其《文集》、《語録》中之易説,又纂諸儒易説中之合《本義》者,纂疏成編"云云。

光格天皇文化十一年(1814年),有官板刊印《周易本義附録纂注》十五卷。其後,此本有孝明天皇嘉永五年(1852年)重印本。

直音傍訓周易句解十卷

(元)朱祖義撰

元泰定三年(1326年)敏德書堂刊本　共一冊

內閣文庫藏本　原昌平坂學問所等舊藏

【按】每半葉有界十二行,行二十二字或二十三字。注文小字雙行。注文末音注的標字皆爲白文。綫黑口,雙黑魚尾。版心著録"易(幾),(葉數)"。左右雙邊(16.5cm×10cm)。

卷末尾題後隔一行,有刊行木記曰:"敏德書堂新刊泰定丙寅菊月印行"。在"泰定丙寅"傍,有墨書小字"至于日本文禄三年甲午(1594年)二百六十九年也"。

卷中"貞"、"桓"等字有闕筆。

有"玄昌"、"昌平坂學問所"、"文化己巳"、"淺草文庫"等印記。

森立之《經籍訪古志》卷一著錄昌平學藏元刊本《直音傍訓周易句解》十卷，即此本。

【附錄】《倭板書籍攷》卷二著錄"《周易句解》十卷"，并注曰："盧陵人朱祖義所著也，由小出永庵訓點。"

日本靈元天皇寬文十一年（1671 年），吉野屋惣兵衞刊《直音傍訓周易句解》十卷，此本全仿元泰定刊本，由日人小出立庭點、新井登祐校。

桃園天皇寶曆九年（1759 年）大阪野田莊右衞門刊《直音傍訓周易句解》十卷。此本係寬文本之覆刊。其後，此本有淺野彌兵衞重印本。

易纂言十二卷

（元）吳澄撰

明萬曆年間（1573—1620 年）刊本　共七冊

尊經閣文庫藏本　原江戶時代加賀藩主前田綱紀等舊藏

【按】每半葉十行，行二十字。小字雙行，行同正文。白口，左右雙邊。

【附錄】十七世紀後期至十八世紀初期有日本儒學古文辭學派魁首荻生雙松（祖徠）手寫元人吳澄《易纂言》十二卷一種。此本并附江戶時代著名學者太田南畝手書《徂徠先生真蹟易纂言跋》。此本今存早稻田大學圖書館。

光格天皇安永八年（1779 年），有手寫本《易纂言》十一卷行世。此書題"（元）吳澄撰"，由日人市川匡標注。

易纂言十卷

（元）吳澄撰

明刊本　共二冊

靜嘉堂文庫藏本　原陸心源十萬卷樓舊藏

易纂言外翼八卷

（元）吳澄撰

文淵閣傳寫本，共二冊

靜嘉堂文庫藏本　原陸心源十萬卷樓舊藏

周易原旨六卷　易原奧義一卷

（元）保八述

舊寫本　陸心源手識本

靜嘉堂文庫藏本　原吳兔牀拜經樓等舊藏

【按】是書有任士林《序》，並牟巘《跋》。《跋》文後署"丙午明年春熟食日，年八十有一"。

《周易原旨》於每爻之後，以"君子體而用之"句居首，以明每爻之用，故又名《易體用》。

《易原奧義》先列"先天"、"中天"、"後天"三圖，次《易源心法》。

卷中有陸心源手識，其文曰：

"按牟陵陽卒于至大四年，年八十五。此題'年八十一'，當爲至大元年。惟上題'丙午'，則爲大德十年。丙午之明年則丁未也，當爲大德十一年。年八十一，與《陵陽集牟應復序》合。其不記年者，自比陶靖節也。"

陸心源《儀顧堂續跋》卷一著錄此本曰：

"《易原奧義》一卷，《周易原旨》六卷，題洛陽後學保八述。……前有任士林序，見《松鄉集》卷四。牟巘序，《陵陽先生集》失收。其前半似保八自序，恐非巘作。故朱竹垞《經義考》祇摘數行，想所見本已然。又缺名序，前半語氣似方回，後半似自序。《千頃堂書目》稱有方回序，惜已與自序羼亂，無善本正之。陵陽卒于至大四年，序題丙午，爲大德十年。則保八蓋大德時人也。"

卷中有"拜經樓吳氏藏書印"、"吳兔牀書籍印"、"孝琳"等藏書印記。

周易本義通釋十二卷　附雲峰文集易義一卷

（元）胡炳文撰

明嘉靖年間（1522—1566 年）刊本　共十二

册

　　靜嘉堂文庫藏本　　原陸心源十萬卷樓舊藏

　　【按】每半葉十一行，行二十四字。黑口，四周雙邊。

　　【附録】《官板書籍解題略》卷上著録"《周易本義通釋》十二卷"，其識文曰："（元）胡炳文撰。炳文字仲虎，號雲峰，一桂之子。嘗爲信州道一書院山長，再任蘭溪學正。是書據朱子之《本義》，折中而採諸家之易解，有所發明。初名《精義》，後删其繁冗，改名《通釋》。"

　　《昌平坂官板書目》亦著録此書。

　　中御門天皇享保二年（1717年），有官刊本《周易本義通釋》十卷行世。同年，東都出雲寺萬次郎亦刊《周易本義通釋》十卷。

　　孝明天皇嘉永五年（1852年），又刊《周易本義通釋》，此本係二卷。

周易經傳集程朱解附録纂注（周易會通）十四卷附録二卷

　　（元）董真卿撰

　　元後至元二年（1336年）翠巖精舍刊本　共十六册

　　東洋文庫藏本　　原岩崎久彌等舊藏

　　【按】每半葉有界十一行，行十九字，注文小字雙行，行二十二字。注文中的"經"、"集"、"解"、"附録"、"纂注"、"集解"等的標識，皆用大字黑圍。版心細黑口，雙黑魚尾，著録"易會通（頁數）"。四周雙邊（20cm×12.5cm）。

　　第一册首有《周易會通總目》，下有"後學鄱陽董真卿編集"。末有"至元二年丙子翠巖精舍新刊"十二字雙邊木記。

　　本書《自序》署"天曆初元蒼龍戊辰天開之月陽復後十日庚辰後學鄱陽董真卿季真父自序于審安書室"。此《自序》後有董真卿之子董僎所記刊書《跋》文。《跋》文比《序》文每行低三字。文曰：

　　　　"《周易》經傳自漢諸儒以來，紛紜不一。欲速好經者，則混殽而莫分；嗜古復初者，則離析而難讀。家君授受之際，頗欲更定編

集，以程子、朱子《易傳》、《本義》合爲一書而不能决。乃筮之，遇'師'之'坤'。於是，尊經以統傳，而不失於古；訂傳以附經，而且便於今。集程朱傳義之全，采諸家注釋之要。僎幸供檢閲參校之職，久已成書，不敢私於一己，負笈閩關，謀繡諸梓，庶幾家傳而人誦之。時元統二年歲在甲戌九月朔旦男僎百拜謹記。"

　　《跋文》後有《周易會通凡例》、《周易會通引用諸書羣賢姓氏》、《周易經傳歷代因革》等。

　　卷十第四十二葉以下缺佚。文中常見朱文朱引。

周易經傳集程朱解附録纂注（周易會通）十四卷附録二卷

　　（元）董真卿撰

　　明洪武二十一年（1388年）覆元後至元二年（1336年）翠巖精舍刊本　共十六册

　　國會圖書館藏本

　　【按】每半葉十一行，行十九字。注文小字雙行，行二十二字。四周雙邊（20.3cm×12.5cm）。版心細黑口，雙黑魚尾。版心著録"易會通（或"易"、或"易會"等）（葉數）"。下象鼻下偶見刻工名，如文、達、伍七、范雙、壽山、余壽□、求□等。卷五以下裹葉左上欄外間有耳格，記卦名、篇名等。

　　卷首頂格題《周易會通總目》。第二行上空六字，題"後學鄱陽董真卿編集"。次列目，目如次：

自序	凡例
程子門人姓氏	朱子門人姓氏
引用羣賢姓氏	周易經傳歷代因革
程子易傳序	程子傳序
朱子古易後傳	朱子易學啓蒙序
程子說易綱領	朱子說易綱領
朱子易本義圖	雙湖胡先生本義附圖

　　《目録》後有編纂者自撰之《周易經傳集程朱解附録纂注序》。序末署"兹當大衍用數之年是爲天曆初元蒼龍戊辰天開之月陽復後十日

庚辰後學郡陽董真卿季真父自序於審安書室"。

《自序》後有董真卿之子董僎所記刊書跋文。跋文比序文每行低三字。

正文中題目,與卷首目録尚有些許不一致之處。如正文《易程子傳序》,《目録》作《程子易傳序》。正文《朱子易圖附録纂注》,《目録》作《朱子易本義圖》。正文《雙湖胡先生易圖》,《目録》作《雙湖胡先生本義附圖》等。

卷中"解"、"集"、"附録"、"纂注"、"集解"等的標識,皆墨圍大字單行。首同二册,補寫葉甚多,全書朱筆圈點。

此本日本國立國會圖書館定爲"元刊本",然此本首頁"周易會通總目"的末葉空欄五行用別紙補粘,考之日本阿部隆一《中國訪書志》著録原北平圖書館同本藏本,則此處有"洪武戊辰年建安務本堂重刊"十二字雙邊木記。此本乃元翠嚴精舍本的覆刊本。

周易集傳八卷

(元)龍仁夫撰
明影寫元刊本　共二册
静嘉堂文庫藏本　原周松靄等舊藏

【按】每半葉八行,行十七字。注文雙行。每卷末有"男陽壽校刊"五字。

卷中有"周春"白文方印,"松靄"朱文方印,"松靄著書"朱文方印,"著書齋"白文長方印。

周易爻變易蘊四卷

(元)陳應潤撰
舊鈔影寫元刊本　共四册
静嘉堂文庫藏本　原汪啓淑等舊藏

【按】前有至正丙戌(1346年)黃溍《序》,并陳應潤《自序》。

首有《圖説》一篇。

卷中有"新安汪氏"朱文方印,"啓淑信印"白文方印。

陸心源《儀顧堂續跋》卷一著録此本,并曰:

"首有《圖説》。其言謂周子《太極圖》雜

以老子之學,不容不改;邵子以丹經之學撰《先天圖》,易八卦之位,不能不正。説《易》者不知爻變之法,故作《爻變圖》。《先天圖》以已生未生之卦爲順逆,使數往知來之説不明,故作《逆順圖》。悍然與周邵爲難。宋元説《易》者所罕見也。《提要》不言有《圖説》,未知與此同否。"

周易本義附録集注十一卷　首一卷　周易五贊一卷

(元)張清子編撰
元張氏刊本　共七册
宮内廳書陵部藏本　原五山禪僧寶英　昌平坂學問所等舊藏

【按】每半葉有界十一行,行二十二字至二十五字不等。注文低二格,小字雙行,行二十六至二十八字不等。小黑口,雙黑魚尾。版心著録"易(幾)(葉數)"。左右雙邊(20.5cm×12cm)。卷中注文"本義"、"附録"、"集注"等皆以大字墨圍白文爲標識,"晦庵曰"、"張子清曰"等人名,皆以小字白文爲標識。

首有張清子《自序》,文曰:

"予晚年頗知喜《易》,而未造其閫奥,近嘗思之,僭以朱子《本義》所傳卦爻、彖、象、文言之説,師友問答講明之旨,合而鋟之于梓,且參考古今諸儒議論,而以己説附於後,庶學者易於觀覽(下略)。大德癸卯冬至,建安後學中溪張清子謹誌。"

《序》後有《周易本義附録集注姓氏》。

本文首題"周易上經卷第一",次行題"晦庵朱熹集傳",第三行題"建安後學中溪張清子編"。

卷一至卷三末尾有"建安後學張公塗點校"一行。

卷四至卷六末尾有"建安後學張公霖點校"一行。

卷七至卷八末尾有"建安後學張公楚點校"一行。

卷九末尾有"建安後學張公襲點校"一行。

卷十一末尾有"建安後學張熙孫點校"一行。
惟卷十末尾無校署。

各卷刊記不一。

卷一及卷八末,有"張氏月洲書院新刊"一行。

卷三及卷九末,有"張氏可軒書院新刊"一行。

卷七末則有"張山長宅中溪書院新刊"一行。

是書每册中皆有後土御門天皇文明年間(1469 — 1487 年)僧寶英朱筆題識,并有"寶英"印記。其"識文"曰:

（第一册）"文明壬寅之夏,朱句畢功焉。"（第二册同此）

（第三册）"文十四寅相月　日,朱句畢功。"

（第四册）"文十四寅之秋,句讀畢功。"

（第五册）"文明壬寅之秋,句逗畢功。"

（第六册）"〇文明倉龍在攝提榆月維秋九幾望也。此書已前共六册,句讀一筆而畢功焉。予年逾知命,髮已雪而眼也眵昏矣。雖前途卜休咎,其幾乎！然慎其終始,是書之所深誠也。逅日爲朋輩讀焉以終篇,因兹識旃。"

（第七册）"予嘗寓於京之慧峰,以儕類所誘者而就菩提乾翁之徒其名曰春者,適學於此。于時年財（纔）二十又二而已。夫孔聖尚晚學之,矧於今之世乎,或言其太早也。予今也踰於四旬又五,眆际張氏是書,其間多難理會應話柄,然視舊學所荒莫者,亦鮮弗能以無一二所授之益焉耳。吁,戊申八月竭五　寶英。"

卷中有"寶英"、"昌平坂學問所"、"文化乙丑"、"淺草文庫"、"大學藏書"、"書籍館印"、"日本政府圖書"等印記。

是書《四庫》未收,朱彝尊《經義考》注"未見"。遍檢諸家書目,唯陸心源氏"皕宋樓"(今靜嘉堂文庫)有影寫元刊本。此本係元代張氏刊本初印本,尤可珍祕。

周易本義附録集注十一卷　首一卷

（元）張清子撰

元張氏刊本後印本　共四册

御茶之水圖書館藏本　原寶勝院　養安院德富蘇峰成簣堂等舊藏

【按】每半葉十一行,行二十一字至二十五字不等。小字雙行,行二十七字至二十九字不等。黑口,左右雙邊(20.4cm × 12.4cm)。

首有元大德癸卯(1303 年)冬至張清子《自序》,次《周易本義附録集注姓氏》。

本文首行題"周易上經卷第一",次行低四格題"朱子本義附録",第三行低六格題"建安後學中溪張清子纂集"。卷中"本義"、"附録"、"集注"各依順次記叙。

卷七末有刊記"張山長宅中溪書院新刊"一行,其餘卷末皆無刊記。

又卷十一末尾有"建安後學張熙孫點校"一行,其餘卷末皆無校署。此卷末又有羅振玉觀書識語。

卷中有"寶勝院"、"養安院藏書"、"得翁"、"蘇峰審定"等印記。

此本附有德富蘇峰購入此書之附件三種。一爲大正四年(1915 年)六月二十五日墨書長條一幅,叙述是年六月十日於東京吉田書店購得元板《周易附録集注》之經緯,言明本書"於中土已佚失"。二爲大正四年七月二日,吉田書店吉田吉五郎所開具之購書"領受書"(發票),記明收取"金貳拾圓也"。付《元板周易附録集注》一部,并貼印紙(所得税)叁錢。三爲抄録《皕宋樓藏書志》卷三事涉此書之條文。

此本分裝四册,封面分別題有"元"、"亨"、"利"、"貞"四字。書外套有德富蘇峰墨筆題辭:"是書海内有一無二祕籍也,後人須寶惜云爾。大正四年七月初二。"

周易本義附録集注十一卷

（元）張清子撰

周松靄影寫元刊本　共四册

静嘉堂文庫藏本　原周松靄　陳蘭隣等舊藏

【按】據陸心源《儀顧堂題跋》卷一著錄此本，其文曰：

> "《周易》十一卷，題曰'建安後學中溪張清子纂集'。卷末題曰'建安後學張□（此據元刊本當爲"熙"字——編著者）孫點校'。海甯周松靄照元板所影寫也。每半葉十一行，每行二十六字。小字雙行。案清子字希獻，號中溪，福建建安人。見董真卿《周易會通》、俞炎《讀易舉要》，其書以朱子《本義》爲主，以《晦庵師友問答》、《易學啓蒙》及黃勉齋（原文舉六十一人氏名，此處略）諸家之説爲《附録》，卜子夏（原文亦舉六十一人氏名，此處略）之説，而參以己説爲《集注》，其中引徐進齋、邱行可之説爲最多。董真卿稱有大德癸未（陸心源自案：大德無癸未，蓋誤）自序，今不存。各家書目罕見著錄，朱竹垞《經義考》注未見，阮文達亦未進呈，蓋罕覯之祕笈也。余得之周季貺太守，太守得之陳蘭隣後人。蓋蘭隣于嘉慶中官浙江，得之松靄後人者也。"

卷中有"松靄"、"松靄藏書"、"周春"、"季貺"、"汪濤之印"、"友山氏"等印記。

易精蘊大義十二卷

（元）解蒙撰
文瀾閣傳寫本　共四冊
静嘉堂文庫藏本　原陸心源十萬卷樓舊藏

讀易考原一卷

（元）蕭漢中撰
文瀾閣傳寫本　共一冊
静嘉堂文庫藏本　原陸心源十萬卷樓舊藏

周易參同契注解三卷

（元）陳致虛注解
明成化十九年（1483年）刊本　共二冊
御茶之水圖書館藏本　原德富蘇峰成簣堂

文庫舊藏

【按】每半葉有界十行，行二十字。黑口，四周雙邊。

卷首有明正統六年（1441年）豫章吳大節《序》。卷末有"成化十九年七月二十九日"（次行被削去）。

大易圖五種

舊寫本　共二十二冊
静嘉堂文庫藏本　原陸心源十萬卷樓等舊藏

【按】此本細目如次：
一、易數鈎隱圖三卷　附遺論九事
　（宋）劉牧撰
　明人影寫宋刊本
二、大易象數鈎深圖三卷
　（元）張理撰
　明人影寫《道藏》刊本
三、易象圖説內篇三卷　外篇三卷
　（元）張理撰
　明人影寫《道藏》刊本
四、周易圖説三卷
　（元）錢義方撰
　文瀾閣傳寫元至正本
五、玄元十子圖一卷
　（元）長與材撰
　明人影寫本

【附録】據《商舶載來書目》記載，中御門天皇享保十年（1725年），中國商船"江字號"載運《大易圖》之一種《易數鈎隱圖》一部三本抵日本。

大易象數鈎深圖三卷

（元）張理撰
明刊本　共三冊
蓬左文庫藏本

【按】此本係明正天皇寬永四年（1627年）從中國購入，原係江戶時代尾張藩主家等舊藏。卷中有"尾陽內庫"印記。

周易旁注會通九卷

（明）朱升旁注　姚文蔚會通

明刊本

内閣文庫　尊經閣文庫藏本

【按】每半葉有界八行，行十八字。白口，左右雙邊。

内閣文庫藏本，原係豐後佐伯藩主毛利高標舊藏。此本係仁孝天皇文政年間（1818—1829年）由出雲守毛利高翰獻贈幕府，明治初期經太政官文庫而歸内閣文庫。卷中有"佐伯侯毛利高標字培松藏書畫印"印記，共四册。

尊經閣文庫藏本，原係江户時代加賀藩主前田綱紀等舊藏，共十三册。

（周會魁校正）易經大全二十卷　首一卷

（明）胡廣等奉敕撰　周士顯校正

明萬曆三十三年（1605年）書林余氏刊本

蓬左文庫　大東急記念文庫　廣島大學文學部藏本

【按】每半葉有界大字六行，行十六字。中字十一行，行二十字。小字雙行，行二十一字。黑口，四周雙邊。

蓬左文庫藏本，共十二册。

大東急記念文庫藏本，原係猪飼敬手識本，今闕卷一、卷二、卷三、卷六共四卷，存十六卷。共九册。

廣島大學文學部藏本，共十册。

【附録】據《商舶載來書目》記載，東山天皇元禄十年（1697年），中國商船"江字號"載《易經大全會解》一部二册抵日本。

（周會魁校正）易經大全二十卷　首一卷

（明）胡廣等奉敕撰　周士顯校正

明清白堂刊本

東京大學東洋文化研究所大木文庫藏本

【按】東大東洋文化研究所大木文庫藏此同一刊本兩部，皆爲殘本。一部今闕卷三、卷十六；一部今闕卷十二、卷十三、卷十四。

周易傳義大全二十四卷　首一卷　附易經彙徵二十四卷

（明）胡廣等奉敕撰　陳仁錫校　《彙徵》（明）劉庚撰

明刊本　共十六册

關西大學附屬圖書館泊園文庫藏本

【按】此本原係藤澤東畡、藤澤南陽、藤澤黃鵠、藤澤黃坡三世四代"泊園書院"舊藏。

【附録】據《商舶載來書目》記載，日本中御門天皇正德二年（1712年），中國商船"老字號"載《周易傳義》一部抵日本。

後光明天皇慶安五年（1652年）京都村上平樂寺刊印《周易傳義大全》二十四卷，附《上下篇義》、《易五贊》、《筮儀》、《易説綱領》、《周易朱子圖説》。此本由日人鵜飼信之（石齋）點。

江户時代初期，另有和刊本《周會魁校正易經大全》二十四卷《首》一卷，題"（明）胡廣等奉敕撰、周士顯校正"。此本由日本江户時代儒學巨擘林道春（羅山）加點。

此外，吉文字屋莊右衛門亦曾刊《周會魁校正易經大全》二十四卷。

周易傳義大全二十四卷

（明）胡廣等奉敕撰

明嘉靖年間（1522—1566年）刊本　共二十二册

御茶之水圖書館藏本　原德富蘇峰成簣堂舊藏

【按】每半葉有界十行，行二十二字。注文雙行。四周雙邊。

此本文中有句點。

周易傳義大全二十四卷　附周易朱子圖説　易五贊　筮儀　易説綱領

（明）胡廣等奉敕撰

明經廠刊本　共十二册

福井市立圖書館藏

【按】此本卷中有"越國文庫"朱文方印，並有

"圖書寮"朱文長方印。

周易傳義大全二十四卷　首一卷

(明)胡廣等奉敕撰　陳仁錫校

明刊本　共十四册

愛知大學簡齋文庫藏本　原小倉正恒等舊藏

(陳太史校正)易經大全二十卷　首一卷

(明)胡廣等奉敕撰　陳仁錫校

明刊本　共十二册

静嘉堂文庫藏本　原中村敬宇等舊藏

周易傳義大全(殘本)十三卷

(明)胡廣等奉敕撰

明刊本

東京大學東洋文化研究所大木文庫藏本
原大木幹一等舊藏

【按】是書全二十四卷,並《首》一卷。此本今
存卷首並卷一至卷十三。

(蔡虚齋先生)易經蒙引二十四卷

(明)蔡清撰　葛寅亮校

明建陽敦古齋刊本

内閣文庫　尊經閣文庫　廣島市立淺野圖
書館藏本

【按】内閣文庫藏此同一刊本兩部。一部卷
中有"江雲渭樹"印記,原係林羅山舊藏,共十
二册。一部共十四册。

尊經閣文庫藏本,原係江户時代加賀藩主前
田綱紀等舊藏,共十四册。

廣島市立圖書館藏本,共十二册。

【附録】據《商舶載來書目》記載,櫻町天皇延
享三年(1746 年),中國商船"江字號"載《易蒙
引》一部一帙抵日本。

《倭板書籍考》卷二著録"《易經蒙引》二十四
卷",并曰"此書係蔡虚齋考程《傳》朱《義》而
作"。

後光明天皇承應元年(1652 年),堤六左衛

門刊《易經蒙引》二十四卷。此本係據明嘉靖
年間建陽坊刊本翻刊。

靈元天皇寬文九年(1669 年),京都野田莊
右衛門刊《易經蒙引》二十四卷。

易經蒙引十二卷

(明)蔡清撰　敖鯤校

明刊本　共十二册

内閣文庫　東北大學附屬圖書館　静嘉堂
文庫藏本

【按】内閣文庫藏此同一刊本兩部。一部原
係紅葉山文庫舊藏,一部原係昌平坂學問所舊
藏,皆共十二册。

東北大學附屬圖書館藏本,原係狩野亨吉等
舊藏,共十二册。

静嘉堂文庫藏本,原係陸心源十萬卷樓舊
藏,共十四册。

(補訂需齋舊讀)易經蒙引初藁一卷

(明)蔡清撰

明正德嘉靖年間(1506—1566 年)同安林希
元校刊本　共一册

東京大學總合圖書館藏本　原渡邊信青州
文庫等舊藏

讀易餘言五卷

(明)崔銑撰

明刊本　共二册

静嘉堂文庫藏本　原陸心源十萬卷樓舊藏

易大象説一卷

(明)崔銑撰

明嘉靖二十九年(1550 年)吳郡袁褧刊本
共一册

京都大學附屬圖書館藏本

易闡四卷

(明)顧胤撰

明刊本

內閣文庫藏本

【按】內閣文庫藏此同一刊本兩部。一部原係林羅山舊藏,卷中有"江雲渭樹"印記。共三冊。一部共五冊。

易徵十五卷

(明)周鷗撰　何棟如等校

明崇禎年間(1628—1644 年)刊本　共八冊

內閣文庫藏本　原豐後佐伯藩主毛利高標等舊藏

【按】前有明崇禎乙亥(1635 年)《序》。

此本係仁孝天皇文政年間(1818—1829 年)由出雲守毛利高翰獻贈幕府。明治初期經太政官文庫而歸內閣文庫。

卷中有"佐伯侯毛利高標字培松藏書畫印"印記。

易學本原啓蒙意見四卷

(明)韓建撰

明刊本　朱竹垞手識本　共十冊

靜嘉堂文庫藏本　原朱竹垞　陸心源十萬卷樓舊藏

【按】此本卷末有朱竹垞隸書手識,其文曰:

　　"右韓建《圖解》四卷,發明《河圖》《洛書》爲最詳。《藝文志》未載,流傳絕少。當更于書目中考之。竹垞老人識。"

卷中有"朱彝尊"白文方印,"竹垞"朱文方印等。

易學本原啓蒙意見四卷

(明)韓邦奇撰

明正德年間(1506—1521 年)刊本　共七冊

尊經閣文庫藏本　原江戶時代加賀藩主前田綱紀等舊藏

易學本原啓蒙意見(殘本)三卷

(明)韓邦奇撰

明刊本　共三冊

內閣文庫藏本　原豐後佐伯藩主毛利高標

等舊藏

【按】此本卷四、卷五闕佚。

此本係仁孝天皇文政年間(1818—1829 年)由出雲守毛利高翰獻贈幕府。明治初期經太政官文庫而歸內閣文庫。卷中有"佐伯侯毛利高標字培松藏書畫之印"等印記。

【附錄】日本東山天皇元禄十年(1697 年),井上忠兵衞刊《啓蒙意見》五卷,室田義方點。此本即翻印韓邦奇撰《易學本原啓蒙意見》。

易學疏四卷

(明)韓邦奇撰

明崇禎年間(1628—1644 年)刊本　共三冊

尊經閣文庫藏本　原江戶時代加賀藩主前田綱紀等舊藏

周易贊義六卷

(明)馬理撰

明嘉靖年間(1522—1566 年)刊本　共六冊

內閣文庫藏本　原豐後佐伯藩主毛利高標舊藏

【按】每半葉有界十一行,行二十二字。白口,左右雙邊。

前有嘉靖三十四年(1555 年)《序》。

此本係仁孝天皇文政年間(1818—1829 年)由出雲守毛利高翰獻贈幕府。明治初期經太政官文庫而歸內閣文庫。卷中有"佐伯侯毛利高標字培松藏書畫印"印記。

易經存疑十二卷

(明)林希元撰

明刊本　共六冊

靜嘉堂文庫藏本

【按】前有林希元《自序》。

首數葉係寫補。

(增訂)易經存疑的藁十二卷

(明)林希元撰

明刊本　共六冊

靜嘉堂文庫藏本　原陸心源十萬卷樓舊藏

(新刊)理學心傳章句講意大小題旨易經聖朝正達二十卷

(明)王家棟撰　晏璋編
明嘉靖四十四年(1565年)王氏誠意齋刊本
共八册
内閣文庫藏本　原林氏大學頭家舊藏

讀易鈔十四卷

(明)鍾化明撰
明萬曆年間(1573—1620年)刊本　共十二册
内閣文庫藏本　原紅葉山文庫等舊藏
【按】是書後有明萬曆十九年(1591年)《跋》。

三圖説一卷　圖説問一卷

(明)張綸撰
明隆慶年間(1567—1572年)刊本　共一册
内閣文庫藏本　原林氏大學頭家等舊藏
【按】卷首有明隆慶六年(1572年)《序》。
【附録】據《書籍元帳》記載，日本仁孝天皇天保十二年(1841年)，中國商人鄭行舶載《周易圖説》十部抵日本，價十匁。

易象解二卷　首一卷

(明)劉濂撰
明嘉靖年間(1522—1566年)刊本　共二册
御茶之水圖書館藏本　原德富蘇峰成簀堂文庫等舊藏
【按】卷中有朱筆校正。外帙係德富蘇峰手題文。

周易象旨決録七卷

(明)熊過撰
明嘉靖年間(1522—1566年)刊本　共八册
尊經閣文庫藏本　原江户時代加賀藩主前田綱紀等舊藏

【按】每半葉有界十行，行二十字。白口，四周雙邊。

易象鈎解四卷

(明)陳士元撰
明嘉靖年間(1522—1566年)刊本
東京大學東洋文化研究所藏本
【按】每半葉有界十行，行十九字。白口，左右雙邊。
卷首有明嘉靖三十年(1551年)《序》。

易象鈎解四卷

(明)陳士元撰
明嘉靖年間(1522—1566年)刊本　共一册
靜嘉堂文庫藏本　原陸心源十萬卷樓舊藏

易象彙解二卷

(明)陳士元撰
明萬曆年間(1573—1620年)刊本
東京大學東洋文化研究所藏本

淮海易談四卷

(明)孫應鰲撰
明隆慶年間(1567—1572年)刊本　共四册
内閣文庫藏本　原紅葉山文庫等舊藏
【按】每半葉有界十行，行二十字。白口，四周雙邊。
卷首有明隆慶二年(1568年)《序》。
【附録】據《商舶載來書目》記載，日本中御門天皇正德二年(1712年)，中國商船"和字號"載《淮海易談》一部四本抵日本。

讀易韻考七卷

(明)張獻翼撰
明萬曆年間(1573—1620年)刊本　共四册
尊經閣文庫藏本　原江户時代加賀藩主前田綱紀等舊藏

(新刊)易經詳解十卷

　　(明)徐元氣撰
　　明萬曆年間(1573—1620年)刊本　共十册
　　内閣文庫藏本　原紅葉山文庫等舊藏

(今文)周易演義(易經演義)十二卷　首一卷

　　(明)徐師曾撰
　　明隆慶年間(1567—1572年)刊本　共六册
　　内閣文庫藏本
　　【按】每半葉有界十一行,行二十二字。白口,左右雙邊。
　　内閣文庫藏此刊本兩部。一部原係紅葉山文庫舊藏。一部原係林氏大學頭家舊藏。

周易古今文全書(周易全書)二十一卷

　　(明)楊時喬纂次
　　明萬曆年間(1573—1620年)刊本
　　内閣文庫　蓬左文庫　尊經閣文庫　静嘉堂文庫　東北大學附屬圖書館　早稻田大學圖書館　廣島市立淺野圖書館藏本
　　【按】每半葉有界七行,行二十一字。注文雙行,行同正文。白口,左右雙邊。
　　前有明萬曆二十年(1592年)《序》。
　　此本細目如次:
　　《周易古文》二卷;《周易今文》九卷;
　　《論例》二卷;《易學啓蒙》五卷;
　　《易考》二卷;《龜卜考》一卷。
　　内閣文庫藏此同一刊本兩部。一部原係林氏大學頭家舊藏,共二十册。一部原係紅葉山文庫舊藏,共二十一册。
　　蓬左文庫藏本,今闕《龜卜考》一卷,共二十册。
　　尊經閣文庫藏本,原係江户時代加賀藩主前田綱紀等舊藏,共四十册。
　　静嘉堂文庫藏本,共二十一册。
　　東北大學附屬圖書館藏本,《易考》與《龜卜考》合爲二卷,凡三十二册。
　　早稻田大學圖書館藏本,共八册。

廣島市立淺野圖書館藏本,僅存《易學啓蒙》五卷與《易考》二卷,共十册。
　　【附録】據《商舶載來書目》記載,日本桃園天皇寶曆十三年(1763年),中國商船"老字號"載運《周易古今文全書》一部八帙抵日本。

周易全書龜卜考一卷

　　(明)楊時喬撰　楊任中輯　楊我中　楊聞中同校
　　明末刊本　共一册
　　東京大學總合圖書館藏本　原江户時代紀州德川家南葵文庫等舊藏
　　【按】此本係據明萬曆年間(1573—1620年)應天王其玉刊本重刊。爲《周易古今文全書》之零本。卷中有日人三齋直幸的批注文。

(新鋟相國蛟門沈先生發刻經筵會講)易經意評林(禮部蘭嵎朱先生校閲三十名家彙纂易經大講指南車　即易經講意評林)十卷

　　(明)邵芝南　沈一貫　李廷機等會講　郭偉校正
　　明萬曆二十九年(1601年)書林静觀室詹聖澤刊本　共六册
　　蓬左文庫藏本
　　【按】此本係明正天皇寬永十二年(1635年)購置。
　　卷中有"御本"印記。

(新刻)皇明十大家萃正翔翺易經集注(不分卷)

　　(明)錢養廉撰
　　明刊本　共四册
　　尊經閣文庫藏本　原江户時代加賀藩主前田綱紀等舊藏

(新刻古桐國曹氏五聞人)易經絶韋貫珠録講六卷

　　(明)曹學賜撰
　　明萬曆年間(1573—1620年)刊本　共六册

尊經閣文庫藏本　原江户時代加賀藩主前田綱紀等舊藏

(新刊)易經就正(殘本)十卷

(明)胡宥撰　蘇蘭等編

明刊本　共五册

内閣文庫藏本　原豐後佐伯藩主毛利高標舊藏

【按】每半葉有界十行,行二十二字。白口,四周單邊。

是書全本凡十二卷,此本今闕卷九、卷十,凡存十卷。

此本係仁孝天皇文政年間(1818—1829年)由出雲守毛利高翰獻贈幕府。明治初期經太政官文庫而歸内閣文庫。

卷中有"佐伯侯毛利高標字培松藏書畫之印"等印記。

周易象義四卷

(明)唐鶴徵撰

明純白齋刊本　共四册

内閣文庫藏本　原紅葉山文庫等舊藏

【按】每半葉有界十行,行二十一字。白口,四周雙邊。

【附録】《書籍元帳》記載,日本仁孝天皇天保十二年(1841年),中國商人劉念國曾分兩次分別將《周易象義》共四套運入日本,價式拾勾。其中一部歸昌平坂學問所。

讀易私記十卷

(明)黃光昇撰

明崇禎年間(1628—1644年)刊本　共十册

尊經閣文庫藏本　原江户時代加賀藩主前田綱紀等舊藏

文所易説五卷

(明)馮時可撰

明萬曆十五年(1587年)刊本

東京大學東洋文化研究所藏本

【按】每半葉有界九行,行十八字。白口,左右雙邊。

易象管窺十五卷

(明)黃正憲撰　黃承鼎編

明刊本

内閣文庫藏本

【按】每半葉有界十行,行十九字。白口,左右雙邊。

内閣文庫藏此同一刊本兩部。一部原係紅葉山文庫舊藏,共五册。一部今闕卷十五,共四册。

【附録】《商舶載來書目》記載,後櫻町天皇明和二年(1765年),中國商舶"江字號"載《易象管窺》一部一帙抵日本。

生生篇九卷

(明)蘇濬撰

明萬曆三十四年(1606年)刊本　共三册

内閣文庫藏本　原紅葉山文庫等舊藏

【按】每半葉有界九行,行二十字。白口,左右雙邊。

(新刻丁丑會魁紫溪蘇先生心傳)周易兒説八卷

(明)蘇濬撰

明萬曆年間(1573—1620年)刊本　共八册

尊經閣文庫藏本　原江户時代加賀藩主前田綱紀等舊藏

易意參疑首編二卷　外編十卷

(明)孫從龍撰

明萬曆五年(1577年)杭郡書林翁時化刊本

東京大學東洋文化研究所藏本

【按】每半葉有界十二行,行二十五字。白口,四周單邊。無魚尾。

(新刻來瞿唐先生)易注十六卷

(明)來知德撰

明萬曆二十六年(1598年)刊本　共十二册

無窮會天淵文庫藏本

周易集注(易經集注)十六卷　易注雜説一卷　易學六十四卦啓蒙一卷

(明)來知德撰　黃汝亨等校

明萬曆三十八年(1610年)張氏刊本

内閣文庫　尊經閣文庫　大阪府立圖書館藏本

【按】每半葉有界九行,行二十字。白口,四周單邊。

内閣文庫藏本,原係豐後佐伯藩主毛利高標舊藏。仁孝天皇文政年間(1818—1829年)由出雲守毛利高翰獻贈幕府。明治初期經太政官文庫而歸内閣文庫。卷中有"佐伯侯毛利高標字培松藏書畫印"等印記。共十册。

尊經閣文庫藏本,原係江户時代加賀藩主前田綱紀等舊藏,今闕《易注雜説》一卷及《易學六十四卦啓蒙》一卷。共九册。

大阪府立圖書館藏本,原係大鹽中齋等舊藏,有"洗心洞圖書記"之印。共十六册。

【附録】據《商舶載來書目》記載,東山天皇元禄八年(1695年),中國商船"江字號"載《易經來注》一部十二本抵日本。

(新刻)來瞿唐先生易注十五卷　首一卷　末一卷

(明)來知德撰

明萬曆年間(1573—1620年)永川凌氏刊本　共十二册

京都大學人文科學研究所東洋學文獻中心藏本

周易來注(周易集注)十五卷

(明)來知德撰

明崇禎年間(1628—1644年)刊本　共六册

静嘉堂文庫藏本　原陸心源守先閣舊藏

易經傳注二十八卷　同圖説目録易經封序通例傳注二卷

(明)李資乾撰

明萬曆年間(1573—1620年)刊本　共二十八册

尊經閣文庫藏本　原江户時代加賀藩主前田綱紀等舊藏

玩易微言摘鈔六卷

(明)楊廷筠撰

明天啓年間(1621—1627年)刊本　共六册

宫内廳書陵部藏本

【按】卷首有天啓癸亥(1623年)任大冶《序》。

卷中有"松儔竹伴"印記,每册有"祕閣圖書之章"印記。

問易商七卷

(明)胡允聘撰

明崇禎年間(1628—1644年)刊本　共六册

尊經閣文庫藏本　原江户時代加賀藩主前田綱紀等舊藏

讀易述(洗心齋讀易述)十七卷

(明)潘士藻撰

明萬曆年間(1573—1620年)潘氏刊本

尊經閣文庫　静嘉堂文庫　東京大學總合圖書館藏本

【按】每半葉有界九行,行二十字。白口,四周單邊。

尊經閣文庫藏本,原係江户時代加賀藩主前田綱紀等舊藏,共十二册。

静嘉堂文庫藏本,原係陸心源守先閣舊藏。卷中有"歸安陸樹聲叔桐父印"等印記。共六册。

東京大學總合圖書館藏本,原係江户時代紀州德川家南葵文庫等舊藏,共十二册。

周易像象管見四卷　繫辭説卦雜卦傳五卷

(明)錢一本撰

明萬曆年間(1573—1620年)刊本　共五册

尊經閣文庫　静嘉堂文庫藏本

【按】每半葉有界九行,行十九字。白口,四周單邊。

前有明萬曆甲寅(1614年)鄒元標《序》,並明萬曆甲辰(1604年)錢一本《自序》。

尊經閣文庫藏本,原係江户時代加賀藩主前田綱紀等舊藏。

静嘉堂文庫藏本,原係陸心源十萬卷樓舊藏。卷中有"鎦鉞鑑藏"朱文方印,"大明貴池鎦氏藏書"白文長方印,"陳元鍾字孝受"白文方印,"會山樓"白文長方印,"鹿原林氏藏書"朱文長方印等。

周易象抄四卷　附録二卷

(明)錢一本撰

明萬曆四十四年(1616年)刊本　共四册

東北大學附屬圖書館藏本

【按】每半葉有界十行,行二十一字。白口,四周單邊。

(新刻)易經七進士講意四卷

(明)李廷機撰

明萬曆年間(1573—1620年)刊本　共六册

尊經閣文庫藏本　原江户時代加賀藩主前田綱紀等舊藏

周易纂注四卷

(明)李廷機撰

明崇禎年間(1628—1644年)刊本　共三册

內閣文庫藏本

【附録】據《商舶載來書目》記載,日本東山天皇元禄十年(1697年),中國商船"老字號"載《周易纂注》一部四本抵日本。

(新鐫)李九我衍明易旨一卷

(明)李廷機撰

明刊本　共五册

尊經閣文庫藏本　原江户時代加賀藩主前田綱紀等舊藏

易筌六卷　附論一卷

(明)焦竑撰

明萬曆四十年(1612年)刊本　共四册

內閣文庫藏本　原林氏大學頭家等舊藏

【按】每半葉有界九行,行十九字。白口,四周單邊。

易會八卷

(明)鄒德溥撰

明萬曆四十一年(1613年)刊本　共四册

東北大學附屬圖書館藏本

【按】每半葉有界八行,行二十字。白口,四周單邊。

周易正解二十卷

(明)郝敬撰

明萬曆四十七年(1619年)京山郝氏家刻本　共八册

東北大學附屬圖書館藏本

【按】每半葉有界十行,行二十一字。白口,四周單邊。

(鼎鐫睡菴湯太史)易經脈六卷　首一卷

(明)湯賓尹撰　陶望齡校

明刊本　共六册

內閣文庫藏本　原豐後佐伯藩主毛利高標等舊藏

【按】此本係仁孝天皇文政年間(1818—1829年)由出雲守毛利高翰獻贈幕府。明治初期經太政官文庫而歸內閣文庫。

卷中有"佐伯侯毛利高標字培松藏書畫之印"等印記。

周易可説七卷　總論一卷

(明)曹學佺撰

明崇禎十三年(1640 年)刊本　共七册

内閣文庫藏本　原豐後佐伯藩主毛利高標等舊藏

【按】每半葉有界十一行,行二十四字。花口,四周單邊。

此本係仁孝天皇文政年間(1818—1829 年)由出雲守毛利高翰獻贈幕府。明治初期經太政官文庫而歸内閣文庫。

卷中有"佐伯侯毛利高標字培松藏書畫之印"等印記。

易經通論十一卷

(明)曹學佺撰

明崇禎年間(1628—1644 年)刊本　共二册

尊經閣文庫藏本　原江户時代加賀藩主前田綱紀等舊藏

易經澹窩因指八卷

(明)張汝霖撰　史繼辰等校

明萬曆年間(1573—1620 年)還樸堂刊本共八册

内閣文庫藏本　原豐後佐伯藩主毛利高標等舊藏

【按】此本係仁孝天皇文政年間(1818—1829年)由出雲守毛利高翰獻贈幕府。明治初期經太政官文庫而歸内閣文庫。

卷中有"佐伯侯毛利高標字培松藏書畫之印"等印記。

【附錄】據《商舶載來書目》記載,東山天皇元禄七年(1694 年),中國商舶"江字號"載運《易經澹窩因指》一部六本抵日本。

同年《元禄七年大意書控》著錄是書,并曰:

"右書係《易經》講義,以《繫辭》以下每章首句之三五字爲題目,申説全篇大旨。張汝霖著,萬曆刊本。"

易經澹窩因指八卷

(明)張汝霖撰　史繼辰校

明萬曆三十年(1602 年)平陵史繼辰校刊本共八册

蓬左文庫藏本　原江户時代尾張藩主家等舊藏

【按】每半葉有界九行,行二十字。白口,四周雙邊。

此本係明正天皇寬永四年(1627 年)從中國購入。卷中有"尾陽内庫"印記。

周易宗義十二卷

(明)程汝繼撰

明萬曆三十七年(1609 年)自刊本　共十二册

内閣文庫藏本　原豐後佐伯藩主毛利高標等舊藏

【按】每半葉有界十行,行二十二字。白口,左右雙邊。單魚尾。

此本係仁孝天皇文政年間(1818—1829 年)由出雲守毛利高翰獻贈幕府。明治初期經太政官文庫而歸内閣文庫。卷中有"佐伯侯毛利高標字培松藏書畫之印"等印記。

【附錄】據《商舶載來書目》記載,日本東山天皇元禄六年(1693 年),中國商船"老字號"載《周易宗義》一部十二本抵日本。

周易會通十二卷

(明)汪邦柱　江栯編纂

明萬曆年間(1573—1620 年)休寧梅田江氏刊本

内閣文庫　静嘉堂文庫藏本

【按】每半葉有界十行,行二十五字。白口,四周單邊。單魚尾。

内閣文庫藏此同一刊本三部。一部原係紅葉山文庫舊藏,共六册。一部原係林大學頭家舊藏,共十册。一部亦六册。

静嘉堂文庫藏本,原係中村敬宇等舊藏,共

十二册

【附錄】據《外船齋來書目》記載，日本光格天皇寬政六年（1794 年），由中國輸入《周易會通》二部。

（鼎鍥李先生）易經火傳新講七卷

（明）李京撰　鄭希僑錄
明萬曆二十五年（1597 年）書林熊體忠刊本　共四册
蓬左文庫藏本　原江户時代尾張藩主家等舊藏

【按】每半葉有界十二行，行三十字。注文雙行，行同正文。白口，四周單邊。

此本係明正天皇寬永十年（1633 年）從中國購入。卷中有“尾陽内庫”印記。

重訂易經疑問八卷

（明）姚舜牧撰
明萬曆年間（1573—1620 年）烏程姚氏乙藜閣刊本
東京大學東洋文化研究所藏本

【按】每半葉有界十行，行二十字。白口，四周單邊。

卷首有明萬曆三十八年（1610 年）《序》。

重訂易經疑問十二卷

（明）姚舜牧撰
明刊本　共六册
内閣文庫藏本　原豐後佐伯藩主毛利高標等舊藏

【按】卷首有明萬曆三十八年（1610 年）《序》。

此本係仁孝天皇文政年間（1818—1829 年）由出雲守毛利高翰獻贈幕府。明治初期，經太政官文庫而歸内閣文庫。

卷中有“佐伯侯毛利高標字培松藏書畫之印”等印記。

（刻）陳眉公先生六經選注易經二卷

（明）陳繼儒撰
明書林余象斗刊本　共二册
京都大學附屬圖書館藏本

（湯睡菴先生鑒定）易經翼注四卷　周易朱子圖説一卷

（明）丘兆麟校定
明崇禎五年（1632 年）西崑館刊本　共三册
内閣文庫藏本　原豐後佐伯藩主毛利高標等舊藏

【按】每半葉有界十行，行十六字不等。注文雙行，行二十三字。白口，左右單邊。

此本係仁孝天皇文政年間（1818—1829 年）由出雲守毛利高翰獻贈幕府。明治初期，經太政官文庫而歸内閣文庫。

卷中有“左伯侯毛利高標字培松藏書畫之印”等印記。

周易似言十卷

（明）周光德撰
明刊本　共十册
宫内廳書陵部藏本

易學管見四卷

（明）洪啓初撰
明萬曆年間（1573—1620 年）刊本　共六册
内閣文庫　尊經閣文庫藏本

【按】每半葉有界九行，行二十一字或二十二字不等。白口，左右雙邊。

卷首有明萬曆四十五年（1617 年）《序》。
内閣文庫藏本，原係紅葉山文庫等舊藏。
尊經閣文庫藏本，原係江户時代加賀藩主前田綱紀等舊藏。

（新鍥繆當時先生）周易九鼎十六卷　卷首一卷

（明）繆昌期撰
明崇禎年間（1628—1644 年）長庚館刊本

蓬左文庫　尊經閣文庫藏本

【按】蓬左文庫藏本,此本原係江户時代尾張藩主家等舊藏。卷中有"尾陽内庫"印記,共八册。

尊經閣文庫藏本,原係江户時代加賀藩主前田綱紀等舊藏,,今闕卷首一卷,共六册。

【附録】《舶來書籍大意書》曾記載《周易九鼎》一部一套,并注曰"明之繆昌期纂要"。

《商舶載來書目》又載,日本桃園天皇寶曆四年(1754 年),中國商船"志字號"載《周易九鼎》一部一帙抵日本。

(石鏡山房)周易説統十二卷

(明)張振淵撰

明萬曆年間(1573—1620 年)石鏡山房刊本

内閣文庫　尊經閣文庫　東北大學附屬圖書館藏本

【按】每半葉有界十行,行二十五字。白口,四周單邊。

卷首有明萬曆四十三年(1615 年)《序》。

内閣文庫藏本,原係紅葉山文庫舊藏,共十册。

尊經閣文庫藏本,原係江户時代加賀藩主前田綱紀等舊藏,亦十册。

東北大學附屬圖書館藏本,共十二册。

【附録】據《商舶載來書目》記載,日本中御門天皇享保八年(1723 年),中國商船"志字號"載《周易説統》兩部抵日本。

(石鏡山房)周易説統十二卷

(明)張振淵撰

明刊本　共六册

内閣文庫藏本

(石鏡山房增訂)周易説統二十五卷

(明)張振淵撰　張戀忠補

明天啓年間(1621—1627 年)石鏡山房重刊本

内閣文庫　静嘉堂文庫　東京都立圖書館

河田文庫藏本

【按】每半葉有界九行,行二十二字。白口,四周單邊。版心下有"石鏡山房"四字。

前有明天啓七年(1627 年)《序》。

内閣文庫藏本,原係林大學頭家舊藏。共十四册。

東京都立圖書館藏本,原係河田迪齋三代舊藏,共十二册。

静嘉堂文庫藏本,原係陸心源守先閣舊藏。共二十四册。

(新刻方會魁)周易初談講意六卷

(明)方應祥撰

明萬曆十年(1582 年)余氏雙峯堂刊本　共三册

東北大學附屬圖書館藏本

(新刻方會魁)周易初談講意六卷

(明)方應祥撰

明萬曆四十六年(1618 年)余應孔刊本　共三册

内閣文庫藏本

(新刊會魁孟旋方先生精著)易經旨便四卷　首一卷

(明)方應祥撰

明三臺館刊本　共二册

内閣文庫藏本

(鎸方孟旋先生輯訂)羲經狐白解八卷

(明)方應祥輯訂　趙鳴陽校閲

明潭陽余氏三臺館刊本　共六册

蓬左文庫藏本

【按】卷首有明天啓二年(1622 年)西安方氏《序》。

羲經易簡録八卷　繫辭十篇　書十卷　圖一卷

(明)陳仁錫撰

明萬曆年間(1573—1620 年)神默齋刊本

共五册

蓬左文庫藏本　原江戶時代尾張藩主家等
舊藏

【按】每半葉有界十行，行二十四字。白口，
四周單邊。單魚尾。

前有明萬曆四十三年（1615 年）吳郡陳氏
《序》。

卷中有"尾陽内庫"印記。係明正天皇寬永
九年（1632 年）購置。

兒易内儀六卷　兒易外儀十五卷

（明）倪元璐撰
明崇禎年間（1628—1644 年）刊本
内閣文庫　尊經閣文庫藏本

【按】每半葉有界八行，行二十字。白口，四
周單邊。

前有明崇禎十四年（1641 年）《序》。

内閣文庫藏本，原係紅葉山文庫舊藏，共三
册。

尊經閣文庫藏本，原江戶時代加賀藩主前田
綱紀等舊藏，共四册。

古周易訂詁十六卷

（明）何楷撰
明崇禎年間（1628—1644 年）刊本
内閣文庫　尊經閣文庫　蓬左文庫　静嘉
堂文庫藏本

【按】每半葉有界九行，行二十字。白口，四
周單邊。

前有明崇禎六年（1633 年）閩漳何氏《序》。

内閣文庫藏本，原係木村兼葭堂舊藏，共十
册。

尊經閣文庫藏本，原係江户時代加賀藩主前
田綱紀等舊藏，共八册。

蓬左文庫藏本，共六册。

静嘉堂文庫藏本，原係陸心源十萬卷樓舊
藏。卷中有補寫，共五册。

【附錄】據《辰壹番唐船持渡商賣書物目録並
大意書》記載，桃園天皇寶曆十年（1760 年）中

國"辰壹號"商舶，載運《古周易訂詁》一部一套
十本抵日本。其識文曰"明何玄子撰。卷中有
朱點少許，有蟲食處，脱葉二張"。

又據《商舶載來書目》記載，桃園天皇寶曆十
二年（1762 年）中國商舶"古字號"又載運《古
周易訂詁》一部一帙抵日本。

易學圖解六卷

（明）沈壽昌撰
明天啓年間（1621—1627 年）刊本　共二册
東北大學附屬圖書館藏本

【按】每半葉有界九行，行十九字。白口，四
周單邊。

前有明天啓六年（1626 年）《序》。

雪園易義四卷　首一卷

（明）李奇玉撰
明刊本　共十册
東北大學附屬圖書館藏本

易經注疏大全合纂六十四卷　繫辭四卷　周易朱子圖説一卷　首二卷

（明）張溥編
明崇禎年間（1628—1644 年）刊本　共二十
四册
内閣文庫藏本

【按】每半葉有界八行，行十八字。注文雙
行，低一格，行十七字。白口，左右雙邊。

前有明崇禎七年（1634 年）《序》。

（新刻）易經嬭嬛四卷　首一卷

（明）張溥撰　李光祚校
明刊本
内閣文庫藏本

【按】内閣文庫藏此同一刊本兩部。一部原
係昌平坂學問所舊藏，共一册。一部今闕《首》
一卷，共二册。

(硃訂)瀛洲渡周易八卷

(明)張溥撰
明崇禎年間(1628—1644年)刊本　共三册
尊經閣文庫藏本　原江户時代加賀藩主前田綱紀等舊藏

周易翼簡捷解十六卷　首一卷　末一卷　散論拾遺一覽一卷

(明)陳際泰撰　周光德輯
明崇禎四年(1631年)刊本
東京大學東洋文化研究所藏本
【按】每半葉有界十行,行二十四字。四周單邊。

易象正十六卷

(明)黃道周撰
明末刊本
宮内廳書陵部　静嘉堂文庫藏本
【按】每半葉有界九行,行十八字。白口,四周雙邊。
宮内廳書陵部藏本,卷首有"余剡"印記。每册首有"伊人"、"秘閣圖書之章"等印記,共六册。
静嘉堂文庫藏本,原係中村敬宇等舊藏,共九册。
【附録】據《商舶載來書目》記載,日本東山天皇元禄七年(1694年),中國商船"志字號"載《周易象正》一部四本抵日本。
《書籍元帳》又載仁孝天皇天保十二年(1841年),輸入《周易象正》一部,價拾伍匁。

周易禪解十卷

(明)釋智旭撰
明正德年間(1506—1521年)刊本　共九册
尊經閣文庫藏本　原江户時代加賀藩主前田綱紀等舊藏
【附録】中御門天皇享保十三年(1728年)京都白玉房梅村三郎兵衛刊《周易禪解》十卷。

周易禪解十卷

(明)釋智旭撰
明崇禎年間(1628—1644年)刊本　共三册
京都大學文學部中國語言文學哲學研究室藏本
【按】每半葉有界九行,行二十字。白口,四周單邊。
前有明崇禎十三年(1643年)《序》。

易蔡五卷

(明)蔡鼎撰
明天啓年間(1621—1627年)刊本　共十四册
尊經閣文庫藏本　原江户時代加賀藩主前田綱紀等舊藏

易蔡五卷

(明)蔡鼎撰
明崇禎年間(1628—1644年)刊本　共八册
内閣文庫藏本　原昌平坂學問所等舊藏
【按】每半葉有界八行,行十九字。注文雙行,行三十二字。白口,四周單邊。
前有明崇禎十七年(1644年)《序》。

易經衷旨説統大全合纂四卷　首一卷

(明)汪士魁撰　吳峻業　吳弘基補
明刊本　共三册
内閣文庫藏本
【附録】據《商舶載來書目》記載,日本東山天皇元禄十年(1697年),中國商船"江字號"載運《易闡衷旨大全合纂》一部四本抵日本。

(新刻)易經衷旨原本四卷　首一卷

(明)汪士魁撰　熊志學校
明刊本　共三册
内閣文庫藏本

(再定)易林表旨定本四卷

(明)汪士魁撰
明刊本
東京大學東洋文化研究所大木文庫藏本

周易圖三卷

不著撰人
明方册大字刊本　共三册
蓬左文庫藏本　原江户時代尾張藩主家等
舊藏
【按】此本係日本明正天皇寬永七年(1630
年)購入。
卷中有"尾陽内庫"印記。

易經潛解十二卷

(明)李光縉撰
明刊本　共十册
尊經閣文庫藏本　原江户時代加賀藩主前
田綱紀等舊藏

(新刻)鄭太史精著易經解六卷

(明)鄭之玄撰　陳仁錫校
明刊本　共三册
内閣文庫藏本

周易本義删補便蒙解注四卷　圖説一卷

(明)郭青螺撰
明楊發吾刊本　共三册
内閣文庫藏本

(鍥)棲霞明止齋易經疑聚十卷

(明)楊稚實撰
明天啓六年(1626年)温陵楊氏洪州刊本
共五册
蓬左文庫藏本　原江户時代尾張藩主家等
舊藏
【按】此本係日本明正天皇寬永十三年(1636
年)購入。

卷中有"尾陽内庫"印記。

鏗鏘齋易郵七卷

(明)朱篁撰
明刊本　共五册
内閣文庫藏本　原紅葉山文庫等舊藏
【附録】據《商舶載來書目》記載,日本東山天
皇元禄十四年(1701年),中國商船"江字號"
載《易郵》一部五本抵日本。

易學義林十卷

(明)顏鯨撰
明王時敏刊本
内閣文庫　尊經閣文庫　大洲市立圖書館
藏本
【按】内閣文庫藏本,原係紅葉山文庫舊藏,
共六册。
尊經閣文庫藏本,原係江户時代加賀藩主前
田綱紀等舊藏,共十册。
大洲市立圖書館藏本,僅存卷九殘一卷,共
一册。
【附録】據《商舶載來書目》記載,日本東山天
皇元禄十四年(1701年),中國商船"江字號"
載《易學義林》一部六本抵日本。

易説醒四卷

(明)洪守美撰
明刊本　共三册
尊經閣文庫藏本　原江户時代加賀藩主前
田綱紀等舊藏

周易辨録四卷

(明)楊爵撰
明隆慶二年(1568年)刊本　共四册
京都大學文學部中國語學文學哲學研究室
御茶之水圖書館藏本
【按】卷首有明隆慶二年秋八月東郡夢山楊
巍《序》。

讀易觀通八卷

　　(明)魏琦勳撰
　　明崇禎年間(1628—1644年)刊本　共八册
　　尊經閣文庫藏本　原江户時代加賀藩主前田綱紀等舊藏

(新刊)易經正蒙十二卷

　　(明)史于光撰
　　明嘉靖年間(1522—1566年)刊本　共六册
　　尊經閣文庫藏本

(京傳李會魁)易經尊朱約言十卷

　　(明)李之藻撰
　　明萬曆年間(1573—1620年)刊本　共十册
　　尊經閣文庫藏本　原江户時代加賀藩主前田綱紀等舊藏

易學宗傳八卷　附補遺　易學宗傳附錄

　　(明)項皋謨撰
　　明天啓年間(1621—1627年)刊本　共十二册
　　尊經閣文庫藏本　原江户時代加賀藩主前田綱紀等舊藏

(果育齋)讀易鏡六卷

　　(明)沈爾嘉撰
　　明刊本　共六册
　　東北大學附屬圖書館狩野文庫藏本　原係狩野亨吉等舊藏

桂林點易丹十六卷　易解諸儒姓氏考一卷

　　(明)顧懋樊撰
　　明崇禎二年(1629年)刊本　共五册
　　内閣文庫藏本　原紅葉山文庫等舊藏

易疏五卷　首一卷

　　(明)黃端伯撰
　　明刊本　共二册

　　内閣文庫藏本　原林氏大學頭等舊藏
　　【附錄】據《商舶載來書目》記載,日本東山天皇元祿十三年(1700年),中國商船"江字號"載《易疏》一部四本抵日本。

(日北居)周易獨坐談五卷

　　(明)洪化昭撰
　　明萬曆四十八年(1620年)刊本　共二册
　　内閣文庫藏本　原紅葉山文庫等舊藏

(續韋齋)易義虛裁八卷　圖説一卷

　　(明)涂宗濬撰
　　明萬曆四十二年(1614年)刊本　共八册
　　内閣文庫藏本　原紅葉山文庫等舊藏

周易傳義補疑十二卷

　　(明)姜寶注
　　明萬曆十五年(1587年)刊本　共六册
　　内閣文庫藏本　原紅葉山文庫等舊藏

易象大旨八卷

　　(明)薛甲撰
　　明嘉靖年間(1522—1566年)刊本　共四册
　　宮内廳書陵部藏本　原豐後佐伯藩主毛利高標等舊藏
　　【按】卷首有明嘉靖甲寅(1554年)何遷《序》、並嘉靖癸丑(1553年)薛甲《序》。後有嘉靖乙卯(1555年)任有齡《跋》。
　　是書原係毛利高標藏本,仁孝天皇文政年間(1818—1830年),由出雲守毛利高翰獻於幕府。明治初期經太政官文庫而歸内閣文庫。明治二十四年(1891年)移入宮内省圖書寮(即今宮内廳書陵部)。
　　卷首有"賴古堂家藏"、"璜川吳氏收藏圖書"、"佐伯侯毛利高標字培松藏書畫之印"等印記。
　　每册首又有"祕閣圖書之章"印記。
　　【附錄】據《商舶載來書目》記載,日本後櫻町天皇明和二年(1765年),中國商船"江字號"

載《易象大旨》一部一帙抵日本。

(新刊松莊蔡先生)易經聚正(殘本)八卷

(明)蔡元偉編　張袞校　李培訂
明隆慶三年(1569年)功崇堂刊本　共三册
內閣文庫藏本　原昌平坂學問所等舊藏
【按】是書全十卷,此本今闕卷一、卷二。
【附録】日本孝明天皇安政六年(1859年)有
日人寫本《易經聚正》十卷流行于世。

周易詮三卷

(明)吳中立撰
明藍印刊本　共四册
內閣文庫藏本

(新刻翰林九石黃先生家傳)周易初進説解六卷

(明)黃國鼎撰
明萬曆二十七年(1599年)三台館刊本　共三册
內閣文庫藏本

周易時論合編圖象幾表八卷　周易時論合編十五卷

(明)方孔炤撰
明崇禎年間(1628—1644年)刊本　共十四册

尊經閣文庫藏本　原江户時代加賀藩主前田綱紀等舊藏

易説(不分卷)

(明)嚴毃撰
明崇禎十五年(1642年)刊本
東京大學東洋文化研究所藏本

(鄭孔肩先生家傳纂序)周易説約本義四卷　首一卷

(明)鄭壽昌　鄭鉉撰
明末刊本　共三册
內閣文庫藏本

説易十二卷

(明)喬中和撰
明崇禎年間(1628—1644年)刊本,共五册
大阪大學文學部懷德堂文庫藏本　原大阪懷德堂舊藏

易象鈔四卷

(明)胡居仁撰
明刊本　共三册
静嘉堂文庫藏本　原陸心源十萬卷樓舊藏

（二）書　類

古文尚書（殘卷）三卷

（漢）孔安國傳

初唐人寫本　日本國寶　卷子本一卷

東洋文庫藏本

【按】全卷長 1138cm，卷縱 26.7cm。紙背爲十世紀初日本平安時代之日人高辻長成所撰《元祕抄》之寫文。

此本係《隸古定本尚書》之殘卷，是書全本凡十三卷。今存卷第三、卷第五、卷第十二，凡三卷。

卷中每篇首行題"尚書（篇名）第幾"，下空四、五字題"夏書"（或"商書"、"周書"），下空三、四字題"孔氏傳"。

今存三卷凡十四篇，篇目如次：

卷第三夏書　禹貢篇（首尾闕）

卷第五商書

　　盤庚上第九（首闕）、盤庚中第十、盤庚下第十一、説命上第十二、説命中第十三、説命下第十四、高宗肜日第十五、西伯戡黎第十六、微子第十七（末數行闕）

卷第十二周書

　　畢命第二十六（首闕）、君牙第二十七、冏命第二十八、吕刑第二十九

此卷爲日本今存《隸古定本尚書》中最古寫本之一種。卷中不諱唐太宗之"民"字，當爲初唐寫得。此與後世刊本相比校，則可是正之處甚多。

卷中有朱筆"乎古止點"，係日本古代博士家讀時所施。

此卷於 1951 年（昭和二十六年）6 月被日本"文化財審議委員會"確認爲"日本國寶"。

【附録】公元 604 年，日本推古朝聖德太子制定《十七條憲法》，其中引用《古文尚書》文多處。

元正天皇養老二年（718 年），制定《養老令》，仿唐代國子監、太學和四門學把儒家經典分爲"正經"與"旁經"的規制，定大學課程爲"大經"、"中經"和"小經"。其中定《尚書》爲"小經"。

九世紀末藤原佐世編撰《本朝見在書目録》，其第二"尚書家"類著録當時日本中央各機構蒐儲有關《尚書》典籍如次：

《古文尚書》十三卷，漢臨淮太守孔安國注。

《古文尚書》十卷，陸善經注。

《今文尚書》十卷，王肅注。

《尚書大傳》三卷，鄭玄注。或本伏生注。

《尚書鴻（洪）範五行傳論》十二卷，漢光禄大夫劉向撰。

《尚書百釋》三卷，梁國子助教巢猗撰。

《尚書義疏》二卷。

《尚書疏抄》七卷。

《尚書述議》廿卷，隋國子助教劉炫撰。

《尚書正義》廿卷，唐國子祭酒孔穎達撰。

《尚書義疏》十卷，費甝撰。

《尚書發題義》一卷。

《尚書音》一卷，徐仙氏撰。

《尚書私記音》一卷。

藤原賴長《臺記》"康治二年（1143 年）十月"至"十二月"在其"所讀書目"中記載有《尚書》二卷。在"天養元年（1144 年）十二月"的"所讀書目"中又有《尚書》十一卷。在"久安三年（1147 年）七月十六日"記事中有"爲奉獻方案"而列舉的書目中，又有《尚書》一種。

藤原賴長《宇槐記抄》"仁平元年（1151 年）九月二十四日"條記當日藤原氏向中國宋代商人劉文冲出示"求書目録"，其中有《尚書疏》、《尚書義疏》（劉輝）、《尚書講義》、《尚書今解》、《尚書述義》、《尚書新釋》、《尚書要略》、《尚書注釋》、《尚書注釋問》、《尚書百問》、《洪範五行

傳》、《尚書書緯》、《尚書中候》，凡"書類"十三種。

四條天皇仁治二年（1241年）日本東福寺開山聖一國師圓爾辯圓自中國歸，携回漢籍内外文獻數千卷。1353年東福寺第二十八世大道一以據聖一國師藏書編纂成《普門院經論章疏語録儒書等目録》，其"陽部"著録《尚書》一册。

日本今存《古文尚書》古寫本與古刊本甚多，主要如次：

一、古寫本：

十二世紀寫本《尚書》"孔安國傳"殘本九卷，止於《無逸》第十七。卷中有高倉天皇嘉應元年（1169年）清原氏手識文曰："嘉應元年六月七日午，赶加假字了，于時極暑如燒，汗類勃（渤）背而已。宮圍令清原，判。"又有安德天皇養和二年（1182年）手識文曰："養和二年孟夏十六日，授訖於良別駕之時，反覆了。判。"

十三世紀初期中原家寫本《古文尚書》。今存殘本一卷（即卷第十一）。卷中有十三世紀初至十四世紀初"識文"多處，爲研討中原家學問之貴重資料，擇其主要如次：

後堀河天皇貞應三年（1224年）識文：

　"貞應三年四月廿三日，見合家祕本付勘考並假名等了。少外記兼大舍人權助中原師弘。"

四條天皇文曆二年（1235年）識文：

　"文曆二年七月十六日，以累家奥説一部十三弖，奉授大宮納言尊圓家了。正五位下行良醞中原朝師弘。"

後宇多天皇弘安五年（1282年）識文：

　"弘安五年九月十八日，以累祖之祕説一部十三卷，授愚息師國早。助教中原師種"。

伏見天皇正應元年（1288年）識文：

　"正應元年八月十三日，以傳受之祕説，授申前左衛門佐顯家訖。兵庫頭兼助教中原師種。"

後醍醐天皇元亨三年（1323年）識文：

　"元亨三年十一月廿一日，以祕本書寫之。移點早馳愚筆了。重校了。長賴。"

此本爲卷子本，縱31.8cm，全卷769.6cm，已被確認爲日本"重要文化財"。今藏於天理圖書館。

十三世紀中期清原家寫本《古文尚書》。卷子本，凡十三卷。縱28.2cm，各卷長度不一，若卷十三則全長412.4cm。各卷卷末有龜山天皇文永年間（1264—1275年）與伏見天皇正應年間（1288—1293年）清原教有的加點記事。卷十三末有花園天皇正和三年（1314年）清原長隆手書跋文，叙述此本抄録經緯，其祖本推溯平安時代。卷子本，縱卷中朱筆斷句，墨筆標傍訓傍音等。此本已被確認爲"日本重要文化財"。今藏於伊勢市伊勢神宮。

後醍醐天皇元德二年（1330年）中原康隆《尚書》寫本，今存卷第六，凡一卷。此本係中原康隆爲將《尚書》傳於其子而繕寫的古本。卷子本，縱31.2cm，全卷長888.8cm。此本已被確認爲日本"重要文化財"。今藏於東洋文庫。

室町時代（1393—1573年）《古文尚書》十三卷手寫本一種。舊題"漢孔安國傳"。此本原係足利學校舊藏，今存足利學校遺蹟圖書館。

十五世紀初期寫本《尚書》"孔安國傳"殘本三卷（即卷四、卷五、卷六）。卷四首葉首行題"尚書卷第四"，次行題"湯誓第一　商書　孔氏傳"。卷末有"清原秀賢以家本寫書之"墨書一行。經文每行約十六字或十七字不等，傳注雙行。卷中朱筆"乎古止點"，墨筆旁訓旁音。

後柏原天皇永正十一年（1514年）清原宣賢寫本。此本每半葉七行，行十四字左右。小字雙行。四周單邊。紙本綫裝，縱28cm。此本之卷第五今藏於國會圖書館。此本之卷第六、卷第九，今藏于大谷大學圖書館。大谷大學藏本卷第六之卷末有手書跋文曰："永正十一年三月二日，以唐本書寫之加朱墨訖。少納言清原朝臣（花押）。"卷第九之末亦有手書跋文曰："永正十一年五月十六日，以唐本遂寫功加朱墨訖。少納言清原朝臣（花押）。"

十七世紀初期寫本《古文尚書》"孔安國傳"

十三卷。是本係後陽成天皇慶長八年(1602年)林信勝手寫。卷中有林鵞峰手識文。此本今藏內閣文庫。

十七世紀上半期寫本《古文尚書》十三卷。每半葉八行,行十四字。每卷後記"經若干字","注若干字"。卷中有清光緒三十一年(1905年)中國俞曲園手識文,錄之如下:

"《尚書》自經衛包妄改,而漢時隸古寫定之本不可復見。往年承長岡子爵以仿宋刻本寄贈,蓋即足利本,阮文達作校勘記所據宋本者也。今島田君又以宮內大臣青山子爵所藏鈔本見示,乃從沙門素慶刻本傳鈔。其原出於宋呂大防刻本,又足利之先河矣。島田歸國當言於青山公,影寫刊刻以行於世,庶古文真跡不墜於地。大清光緒三十一年十有二月曲園俞樾記,時年八十五。"

十九世紀初期寫本《古文尚書》十三卷。是本係仁孝天皇文政二年(1819年)近藤守重據足利學校所藏古本影寫。

二、古刊本:

1.後陽成天皇慶長年間(1596—1615年)刊《尚書孔氏傳》十三卷。黑口,七行本,活字版。

2.後陽成天皇慶長年間(1596—1615年)刊《尚書孔氏傳》十三卷。黑口,八行本,活字版。

3.後陽成天皇慶長年間(1596—1615年)刊《尚書孔氏傳》十三卷。黑口,九行本,活字版。

4.桃園天皇寬延四年(1751年),皇都丸屋市兵衛刊《尚書》十三卷,孔安國傳。

5.桃園天皇寬延四年(1751年),京都風月莊左衛門刊《古文尚書》十三卷,孔安國傳。此本由日人賀島矩直點。

6.後桃園天皇安永五年(1776年)刊《古文尚書正文》二卷。此本由日人片山世璠點。

7.光格天皇天明三年(1783年)江戶前川六左衛門等刊《古文尚書標注》十三卷。此本由日人宇野鼎(東山)標注。

8.光格天皇天明八年(1788年)皇都書林田中市兵衛刊《尚書》十三卷,孔安國傳。此本由日人清原宣條校。

9.光格天皇文化八年(1811年),尾州片野東四郎刊《尚書》二卷。此本由日人冢田虎句讀。

10.仁孝天皇文政八年(1825年),皇都勝村治右衛門等刊《古文尚書正文》二卷。此本由日人片山世璠點,越通明、藤煥章校。

古文尚書(殘卷)一卷

(漢)孔安國傳

初唐人寫本　日本國寶　卷子本一卷

東京國立博物館藏本　原神田喜一郎等舊藏

【按】此卷長328cm,卷縱26cm,紙背爲十世紀初日本平安時代之《元祕抄》(高辻長成撰)寫本。

此卷係《隸古定本古文尚書》之殘卷,全十三卷,今存卷第六。全卷共存七葉,並附《跋文》一葉。每葉約二十一行,注文雙行。卷首缺首題二行,實存"周書"的"泰誓上第一"、"泰誓中第二"、"泰誓下第三"、"牧誓第四"與"武成第五"(末行至"癸亥陳于商郊侍天休命自河")。

卷中不避唐太宗諱。全文用隸古字,係唐玄宗改定用字前寫定。從筆跡考定,此殘卷與東洋文庫藏《古文尚書》唐寫本殘卷中的卷第五、卷第十二當爲同本、紙背抄錄《元祕抄》亦爲同筆跡。

卷中有朱墨訓點。另有附加補紙一葉,係甲寅(1914年)六月羅振玉《跋文》及大正四年(1915年)內藤虎次郎《跋文》。

此殘卷可訂正現行本《尚書》謬誤處甚多,並對研究日本平安時代(794—1185)博士家學問、漢文訓讀法及儒學流傳史等,甚具價值。

此卷已被日本"文化財審議委員會"確認爲"日本國寶"。

尚書正義二十卷

(漢)孔安國傳　(唐)孔穎達等奉敕撰

宋孝宗年間(1163—1189年)刊本　日本國寶　共八冊

足利學校遺蹟圖書館藏本

【按】每半葉有界八行，行十六字至二十二字不等。小字雙行，行十七字或十八字。白口，單黑魚尾。版心著錄"尚（幾）（葉數）"。卷中之"疏"，單行大字墨圍陰刻。左右雙邊（21.4cm×15.7cm）。版心下方記刻工姓名，如王琇、洪乘、丁之才、丁章、才堅、方堅、毛昌、王圭、王政、王寶、朱明、吳益、宋通、李忠、李昌、徐文、張昇、陳浩、顧祐、嚴賀、錢宗、曹鼎、洪乘、沈茂、金祖、馬松、梁文、陸選等凡八十八人。

前有宋端拱元年（988 年）三月孔維等《序》，列銜凡八人。次爲唐永徽四年（653 年）一月二十四日太尉揚州都督上柱國趙國公臣（長孫）無忌等《上五經正義表》。次爲國子祭酒上護軍曲阜縣開國子孔穎達《奉敕撰尚書正義序》。

卷中避宋諱至宋高宗"構"字。

卷一及卷十有元人修補處。

是書卷首題"尚書正義卷第一"，下題"國子祭酒上護軍曲阜縣開國子臣孔穎達等奉敕撰"。自卷二以下，則題"尚書注疏卷第幾"。

卷末有三山黃唐識文，其文曰：

"六經疏義自京監蜀本皆省正文及注，又篇章散亂，覽者病焉。本司舊刊《易》、《書》、《周禮》正經注疏萃見一書，便於披繹，它經獨闕。紹興辛亥仲冬，唐備員司庾，遂取《毛詩》《禮記》疏義如前三經編彙，精加雠正，用鋟諸木，庶廣前人之所未備。乃若《春秋》一經，顧力未暇，姑以貽同志云。壬子秋八月，三山黃唐謹識。"

此本卷首部分天頭處，有墨書"此書不許出學校闑外　憲實（花押）"。卷三第一葉天頭處，又有同筆跡墨書"足利學校公用"。

卷一首葉第三行及卷二十末葉倒第二行，皆有墨書"上杉安房守藤原憲實寄進（并花押）存"。

卷中每冊有"松竹清風"朱印。

森立之《經籍訪古志》卷一著錄此本。

是書於 1955 年（昭和三十年）6 月被日本"文化財審議委員會"確認爲"日本國寶"。

【附錄】九世紀藤原佐世《本朝見在書目錄》著錄"《尚書正義》廿卷，唐國子祭酒孔穎達撰"。則九世紀《尚書正義》已流傳於日本。

四條天皇仁治二年（1241 年）日本東福寺開山聖一國師圓爾辯圓自中國歸，携回漢籍內外文獻數千卷。1353 年東福寺第二十八世大道一以據聖一國師藏書編纂成《普門院經論章疏語錄儒書等目錄》，其"雲部"著錄《尚書正義》一冊。

十四世紀初期，有日人寫本《尚書正義》二十卷行世至今。此本以宋刊八行本爲底本，又以明萬曆年間南監本補寫。全本薄墨書寫，朱墨二色施點。

室町時代（1393—1573 年）有《尚書正義》二十卷手寫本一種。此本原係中世時代爲足利學校所有，今存卷第一凡一卷，爲足利學校遺蹟圖書館藏本。

又，孝明天皇弘化四年（1847 年），熊本藩主刊印《尚書正義》二十卷。此本則覆刊足利學校舊藏宋越刊八行本。

尚書正義二十卷

（唐）孔穎達等奉敕撰

宋光宗年間（1190—1194 年）單疏刊本　共十七冊

宮內廳書陵部藏本　原金澤文庫等舊藏

【按】每半葉有界十五行，行二十四字。白口，左右雙邊（23.2cm×16.7cm）。魚尾下標"書幾"。版心下方記刻工姓名，如王政、施章、黃鍾、王紳、吳珪、王正、黃暉等。

前有宋端拱元年（988 年）三月孔維等《序》，列銜凡八人。次爲唐永徽四年（653 年）二月二十四日太尉揚州都督上柱國趙國公臣（長孫）無忌等《上五經正義表》。次爲國子祭酒上護軍曲阜縣開國子孔穎達《奉敕撰尚書正義序》。

《目錄》連正文，《目》低四字，篇目頂格。書

名題"尚書正義卷第幾",次行題"國子祭酒上
護軍曲阜縣開國子臣孔穎達等奉敕撰"。每卷
後統計字數。

卷中避宋諱,凡遇"玄、敬、徵、驚、弘、殷、胤、
烱、貞、讓、慎"等字皆闕筆。

全書共五百八葉,卷二及卷六各有一葉係後
人寫補。

此本係由日本入宋僧圓種於十四世紀初期
從中國携歸。卷中有圓種手識文如次:

卷三末:"嘉元二年(1304年)暮春廿五
朝　鉤句讀了　圓種(朱書)。"

卷四末:"嘉元元年(1303年)歲次癸卯
十月廿一日　加朱點了　圓種(朱書)。"

卷六末:"嘉元二年甲辰卯月廿二日拭
老眼粗加羅點了　佛子圓種流年六旬。"

據近藤正齋《書籍考》,圓種"乃係作金澤稱
名寺《改鑄鐘銘》之入宋僧"。《鐘銘》作於後二
條天皇正安三年(1301年),此本手識文所署
"嘉元元年"即此後二年(1303年)。書歸於金
澤文庫。今卷二、卷四、卷十、卷十四、卷十六
末,皆有"金澤文庫"墨色楷書長方印記。

此本於十六世紀從金澤文庫外流出散佚。
卷一歸户塚買人伊勢屋源七之所,餘存鎌倉圓
覺寺歸源庵。今第一册及第十五册之副葉,有
"歸源"墨印。

光格天皇寬政八年(1796年),德川幕府醫
官多紀丹波(元簡)得其零本,獻於將軍德川家
齊處,併察訪餘卷所在。光格天皇享和三年
(1803年),由大學頭林述齋建言,此本爲楓山
官文庫(紅葉山文庫)所收藏。明治初年,歸內
閣文庫所藏,今每册首有"祕閣圖書之章"印
記。

明治天皇二十四年(1891年)三月,此本由
內閣文庫移交宮內省圖書寮(即今宮內廳書陵
部),保藏至今。

此本係現存唯一的《尚書正義》宋刊單疏本,
字劃端雅,鎸刻精絶,紙墨俱古,與今杏雨書屋
藏宋刊《毛詩正義》單疏本,俱海內外孤本。

森立之《經籍訪古志》卷一著錄此本,斷其爲

"北宋刊本"。楊守敬《日本訪書志》卷一亦著
錄此書,稱爲"北宋刊本","或云此亦南宋初刻
本"。董康《書舶庸譚》卷三稱其爲"宋刊本"。

尚書注疏(殘本)二卷

(漢)孔安國傳　(唐)孔穎達等疏
金刊本　日本重要美術財　共二册
天理市圖書館藏本　原傅增湘等舊藏
【按】每半葉有界十三行,行約二十七字。小
字雙行,行三十五字至三十七字不等。白口。
雙黑魚尾。版心有卷數。左右雙邊(22.1cm×
14.4cm)。

是書全本凡二十卷,今存卷十八、卷二十,凡
二卷。卷十八爲粘葉裝,卷二十爲線裝。

卷十八首題"尚書注疏卷第十八",換行低四
字題署"周官第二十二",再空二字題署"周書"
(再空七字署)"孔氏傳",第三行上空四字署
"國子祭酒上護軍曲阜縣開國子臣孔穎達奉
敕撰正義"。卷二十首題"尚書注疏卷第二
十",換行低三字,署銜名同前,第三行署"文侯
之命第三十"(隔三格)"周書"(隔三格)"孔氏
傳"。

卷中有"平岡藏書之記"等印記。

卷十八有傅增湘以此書贈平岡武夫"識語"
八行,其文曰:

"平岡武夫君久治《尚書》,嘗就余問業,
自憸頹考廢學,無以益之,因取舊校金本《書
疏》,屬其移錄一通。余適藏有殘本一卷,君
更欲假觀,愛翫至不忍去手。余以嗜之篤
也,遂輟以贈焉。世變方殷,未知所屆。雙
鑑樓中所儲古刻名鈔殆數萬卷,安知此後終
爲吾有?此戔戔殘卷,使得流傳海外,且付
諸少年好學之人,爲我愛護而永存之,又寧
非幸歟!授書之日,爰誌數語於此,庶異時
知是書流轉之緒云。戊寅正月十八日,傅增
湘書於長春室。"

此"識語"後,有"傅增湘"印記。

此本已被日本"文化財審議委員會"確認爲
"日本重要美術財"。

【附録】據《書籍元帳》記載,日本孝明天皇嘉永二年(1849 年),從中國輸入《尚書注疏》一部,價拾匁。

日本後桃園天皇安永六年(1777 年),京都市兵衛、風月莊左衛門外二軒等刊印《尚書注疏》二十卷。

又,後櫻町天皇明和五年(1768 年),京都林權兵衛等刊印《尚書音義》二卷。題"(唐)陸德明撰"。

尚書注疏二十卷

(漢)孔安國傳　(唐)陸德明音義　孔穎達等疏

明嘉靖年間(1522—1566 年)李元陽刊本共五册

內閣文庫　關西大學綜合圖書館內藤文庫藏本

【按】每半葉有界九行,行二十一字。小字雙行,行同正文。白口,四周單邊(20cm × 12.8cm)。

內閣文庫藏本,原係林氏大學頭家等舊藏。

關西大學內藤文庫藏本,卷中有"愚門之印"等印記,原係內藤湖南等舊藏。

尚書注疏二十卷

(漢)孔安國注　(唐)孔穎達疏

明覆宋八行大字本　共二十册

靜嘉堂文庫藏本　原陸心源皕宋樓舊藏

【按】每半葉有界八行,行十八字。注文雙行,行二十五字。白口,四周雙邊。

前有孔穎達《奉敕撰尚書正義序》。

傅增湘《藏園羣書經眼錄》卷一著錄此本,并曰:

> "此與抱經樓藏本同。余別見《周易兼義》兩部亦同此行格,左欄外下方有'永樂元年刊'小字一行,則此本亦爲永樂刊無疑矣。"

尚書注疏(殘本)十六卷

(漢)孔安國傳　(唐)孔穎達疏

明萬曆十五年(1587 年)重校刊本

東京大學東洋文化研究所大木文庫藏本

【按】每半葉有界九行,行二十一字。白口、左右雙邊。

是本全二十卷,今闕卷十七至卷二十,係明時北京國子監刊《十三經注疏》本之零本。

【附録】後桃園天皇安永六年(1777 年)翻刻明北監本《尚書注疏》二十卷,此本由日人芥川元澄點。

尚書注疏二十卷

(漢)孔安國傳　(唐)孔穎達等疏

明崇禎五年(1631 年)古虞毛氏汲古閣刊本

米澤市立圖書館　京都大學人文科學研究所東洋學文獻中心　東北大學附屬圖書館　早稻田大學圖書館　國學院大學梧蔭文庫　龍谷大學大宮圖書館　酒田市立光丘文庫藏本

【按】每半葉有界九行,行二十一字。小字雙行。

米澤市立圖書館藏本,共十册。

東北大學藏本,今闕卷七至卷十,存十六卷,共八册。

京都大學人文研藏本,共一册。

早稻田大學圖書館藏本,原係服部南郭家服部文庫等舊藏,共八册。

國學院大學梧蔭文庫藏本,原係井上毅舊藏。共十册。

龍谷大學大宮圖書館藏本,共十二册。

酒田市立光丘文庫藏本,原係本間光彌舊藏。共十册。

(附釋音)尚書注疏二十卷

舊題(漢)孔安國傳　(唐)孔穎達疏　陸德明音義

宋刊至明正德十二年(1517 年)遞修本　共

十二册

静嘉堂文庫藏本　原陸心源等舊藏

【按】每半葉有界十行,行十七字。注文小字雙行,行二十三字。白口,或細黑口。雙黑魚尾,或三黑魚尾。左右雙邊。版心著録"書疏(或疏)(幾)(葉數)"。上象鼻處記大小字數,下象鼻處有刻工姓名,如古月、國祐、子明、壽甫(蔡壽甫)、德遠、伯壽、余安卿、英玉、王榮、葛二、應祥、住郎、仲高、和甫、德甫、德成、德山、德元、文仲、茂卿、天易、以清等。明代補版刻工有劉立、劉克、王才、才二、元善等。

修補葉版心切去紀年,以別紙補綴。封面係水玉花紋紙,金鑲玉裝。

卷中有"歸安陸樹聲叔桐父印"等印記。

(附釋音)尚書注疏二十卷

舊題(漢)孔安國傳　(唐)陸德明音義　孔穎達等疏

宋刊至明正德十二年(1517年)遞修本

小如舟屋文庫藏本

【按】每半葉有界十行,行十七字。小字雙行。白口,左右雙邊。版心記大小字數,并有葉標"正德十二年補刊"。此本與静嘉堂文庫藏本係同一刊本。

首册副葉有"識語",其文曰:

"《附釋音尚書正義》二十卷,南宋建安劉叔剛宅鋟梓。《九經三傳沿革例》所謂建本有音釋注疏是也。版口有草書雙行'大若干'、'小若干'字數記號,旁有耳印,表明篇目。審係原刻,凡遇'匡、允、恒、貞、慎、惇'等字,皆缺筆。乃慶元以後所刊。"

日本山井鼎目爲明正德本。

此"識語"後,有"廷機私印"印記。

卷中有"珍掌"、"松陵仲氏所藏"、"適菴"、"沈凌之印"等印記。

(附釋音)尚書注疏二十卷

舊題(漢)孔安國傳　(唐)孔穎達疏　陸德明音義

宋刊至明正德十二年(1517年)遞修本　沈嚴手識本　共四册

京都大學附屬圖書館谷村文庫藏本

【按】此本與静嘉堂文庫藏本係同一刊本,版式行款皆同。修補葉版心有"正德十二年補刊"字樣。

此本有沈嚴手識文多處,兹録如次:

卷五(朱筆):"甲午十月晴牎讀過　沈嚴記。"

卷六(朱筆):"十月己卯,夜讀一過。適秦丈龍光自武林至,同校數條。　嚴記。"

卷十五(朱筆):"甲午十月十五日,是夜月蝕。　嚴燈下記。"

卷廿(墨筆):"《尚書》自朱蔡訂傳,與二孔違反者十不翅七八,兩句讀亦殊不同。此從古本點定,仍依孔氏。蓋先河後海之義也。其間譌字極多,未能盡正,俟得善本再校。十月十八日　嚴謹録義門師原跋。"

(附釋音)尚書注疏二十卷

舊題(漢)孔安國傳　(唐)孔穎達疏　陸德明音義

宋刊至明正德十二年(1517年)遞修本　共八册

天理圖書館藏本

【按】此本原刊與静嘉堂文庫藏本係同一刊本,版式行款皆同。修補葉版心有"正德十二年補刊"字樣。

卷六第二十五葉係後人手鈔配補。卷中有朱點朱引,經文旁有墨筆訓點,眉上有墨筆與藍筆校字識語。

卷中有"本田家藏"、"漢委奴國王"等印記。

纂圖互注尚書十三卷

舊題(漢)孔安國傳　(唐)陸德明音義

宋紹熙年間(1190—1194年)建安宗氏刊本

日本重要文化財　共四册

京都市藏本　原聖一國師、富岡鐵齋等舊藏

【按】每半葉有界十一行,行二十字,注文小字雙行,行二十五字。緣黑口,三黑魚尾,版心著録"書(幾)(葉數)"。上象鼻處刻字數。左欄外上有耳格,著録篇名、幾卷等。左右雙邊(18cm×11.7cm)。

首有《尚書序》,《序》末題"纂圖互注尚書序"。次有自唐虞夏殷系譜以下至諸儒傳授圖二十一種,題"尚書舉要圖"。圖末尾題墨圍白文"尚書圖終"。

本文卷首題"纂圖互注尚書卷第一",第二行題"堯典第一空二格題"虞書",下有雙行文字"陸德明音義"。第三行低七格有"孔氏傳"。卷二以下也有篇名,撰者名在第二行,間或在第三行。

卷中避宋諱,凡"匡、恒、貞、徵、勗、桓、慎、惇、敦"等字皆缺筆。文中有朱墨校點,欄外常見有墨筆訓點。

"尚書序"尾題之後,印刊有"宗氏家藏"篆文方形木記,"新又新"盧形木記,"桂室"爵形木記。

卷中有"普門院"、"普門寺"、"岡本藏書"、"岡本藏書記"、"閻魔庵圖書部"、"鐵齋"等印記。此本係1241年(南宋淳祐二年、日本仁治二年)日本東福寺開山聖一國師圓爾辯圓自中國歸,携回漢籍内外文獻數千卷之一種。1353年,東福寺第二十八世住持大道一以據聖一國師藏書編纂成《普門院經論章疏語録儒書等目録》,著録《纂圖互注尚書》一册,即指此本。其後轉入岡本氏手,又歸富岡鐵齋。今卷一中有鐵齋識文一紙,文曰"東福寺什物捺之方丈□製皆木印,古樸可愛,鐵齋記"。富岡鐵齋歿後,此本捐贈京都市。

此本字畫馴雅,撫印清麗。已被日本"文化財審議委員會"確認爲"日本重要文化財"。

東坡先生書傳二十卷

(宋)蘇軾撰

明萬曆年間(1522—1566年)刊本　共四册

東京大學總合圖書館藏本　原江户時代紀州德川家南葵文庫等舊藏

東坡書傳二十卷

(宋)蘇軾撰

明凌氏朱墨套印刊本　共八册

内閣文庫藏本　原林氏大學頭等舊藏

【按】每半葉有界九行,行十九字。白口,四周單邊。

尚書全解四十卷

(宋)林之奇撰

明刊本　共二十一册

蓬左文庫藏本

【附録】據《商舶載來書目》記載,中御門天皇享保十年(1725年),中國商船"志字號"載《尚書全解》一部一帙抵日本。

江户時代有日人三亥信一《三山拙齋林先生尚書全解》四十卷手寫本一種,此本原係足利藩學求道館收藏,今存足利學校遺蹟圖書館。現缺卷三十七至卷四十,實存三十六卷,共十册。

尚書金氏注(殘本)六卷

(宋)金履祥撰

明嘉靖三十七年(1558年)寫本　共四册

静嘉堂文庫藏本　原張月霄等舊藏

【按】是書全本凡十二卷,此本今存卷七至卷十二,共六卷。

卷末有"嘉靖戊午仲冬録完"八字。

卷中有"張月霄印"朱文方印、"愛日精廬藏書"朱文方印、"泰峯"朱文方印、"祕册"朱文小長方印等。

尚書金氏注十二卷

(宋)金履祥撰

舊寫本　共六册

静嘉堂文庫藏本　原秦文恭　周星詒等舊藏

【按】卷中有"秦氏圖書"朱文方印、"蘭鄰"朱文方印、"蕙堂印樹峰"白文小方印、"閩中韜庵傅氏珍藏"朱文長方印、"祥符周氏瑞石堂圖書"白文方印、"周星詒印"白文小方印、"星詒印信"白文方印等。

（新雕）石林先生尚書傳（殘本）四卷

（宋）葉夢得撰

宋紹興乙卯（1159 年）東陽魏十三郎書舖刊本　日本重要文化財　共一冊

靜岡清見寺藏本

【按】每半葉有界十四行，行二十一字。傳文低一格大字單行。白口（間有綫黑口），雙黑魚尾。版心著録"書（幾）（葉數）"。四周單邊（17.3cm×11.7cm）。

卷中避宋諱，凡"敬、儆、驚、警、殷、匡、恒、貞、徵、構"等字皆缺筆。

經文中有朱點及墨筆訓點，係日本室町時期（1393—1573 年）讀者所施。

是書全本凡二十卷。此本今存卷一至卷四。卷首有紹興年間《石林尚書傳序》，係葉夢得自撰。叙述本書撰述的旨趣與形成的經緯，文曰：

"自世尚經術，博士業《書》者十常三四，然第守一說，莫能自致其思。余竊悲之。因參惣數家，推原帝王之治，論其世，察其人，以質其所言，更相研究，折衷其是非，頗自紀輯。起宣和辛丑春，訖紹興丁巳夏，凡一有八年，爲書二十卷十三萬餘言，授中子模以俟後世君子。六月壬申序。"

此序文後隔一行，有"東陽魏十三郎書舖紹興己卯仲夏刊行"雙行刊印木記。

正文卷首題"新雕石林先生尚書傳卷第一"，卷三首題"尚書傳卷第三"。

卷中有"清見藏本"、"清見寺常住"、"慶福院"等印記。

（新雕）石林先生尚書傳（殘本）十六卷

（宋）葉夢得撰

宋紹興乙卯（1159 年）東陽魏十三郎書舖刊本　日本重要文化財　共五冊

大東急記念文庫藏本

【按】此本接續靜岡清見寺藏本，自卷五至卷二十。此兩本原爲一本，明治初年從清見寺內流出，經稻田福堂等庋藏而歸於大東急記念文庫。

正文卷五、卷八、卷十、卷十六、卷十七、卷二十之首，皆題"尚書傳卷第（幾）"。卷六、卷七、卷十一至卷十五、卷十八、卷十九之首，皆題"石林先生尚書傳卷第（幾）"。卷九首葉缺。卷十末葉版心中有刊印記"乙卯廿九年四月十八日"。

卷中有"清見寺常住"，"慶福院"、"江風山月莊"、"福堂"等印記。

是書不見於元以後諸家目録，《四庫》亦未著録。清見寺藏本與大東急記念文庫藏本，皆被日本"文化財審議委員會"確認爲"日本重要文化財"。

書集傳六卷　首一卷

（宋）朱熹訂定　蔡沈集傳

元劉氏南澗書堂刊本　共一冊

內閣文庫藏本　原昌平坂學問所等舊藏

【按】每半葉有界十一行，行二十四字。注文小字雙行。細黑口，雙黑魚尾。版心著録"書（幾）"或"書傳（幾）"。四周雙邊（20.3cm×12.5cm）。

前有《書序》，題"晦庵先生訂定，門人蔡沈集傳"，每半葉十一行、行二十一字。次有慶元己未（1199 年）武夷蔡沈《序》，每半葉十一行，行十八字。次有朱文公親帖（行草）。次有臣抗《識語》，低頭瘦字八行。

卷端題"書卷第一，晦菴先生訂定，門人蔡沈集傳"。

蔡沈所撰《序》後，有"劉氏南澗書堂新刊"雙邊木記。

卷中有"義俊"、"願蓮社"、"仰譽"等印記。

森立之《經籍訪古志》卷一曾著録此書。

【附録】據《書籍元帳》記載，孝明天皇嘉永三年（1850 年），中國商船曾運入《書經集傳》一部八本,價四匁。

《倭板書籍考》卷一著録《書經集傳》十卷"。并日:"此書係宋之蔡沈仲默作也。蔡沈,朱子之弟子也,受朱子之旨而作此注也。"

日本靈元天皇寬文四年(1663年),野田莊右衛門刊行《書經集傳》六卷。

櫻町天皇享保元年(1741年)江户須原屋茂兵衛、大阪河内屋喜兵衛外十軒刊《書經集傳》六卷。

光格天皇享和元年(1801年),今村八兵衛再刊《書經》六卷,題簽作《新刻頭書·書經集注》,係(宋)蔡沈集傳本。

孝明天皇嘉永五年(1852年)昌平坂學問所官刊《書經集傳》六卷,《首》一卷,並附録元人鄒季友撰《書集音釋》六卷。

孝明天皇嘉永六年(1853年),京都出雲寺文次郎等刊《書經集傳》六卷。此本由日人中沼之舜校。

孝明天皇慶應二年(1866年),大阪秋田屋太右衛門、河内屋茂兵衛刊《書經集傳》六卷。此本係日人鈴木溫校、松永昌易首書。

又,日本江户時代末期,另有官板《書集傳》六卷并《卷首》一卷,流行于世。此本係日人杉原直養校。

書(集傳)六卷

(宋)蔡沈撰
明末金陵鄭思鳴奎壁齋刊本　共四册
東京大學總合圖書館　早稻田大學圖書館藏本

書傳六卷

(宋)蔡沈集傳
明司禮監刊本　共六册
宮内廳書陵部藏本
【按】此本前有明正統十二年(1447年)五月初二日明英宗《聖旨》,其文如次:

"司禮監欽奉聖旨:五經四書經注,書坊本字有差訛。敕司禮監將《易》程朱傳義,

《書》蔡沈集傳、朱熹集傳,《春秋》胡安國傳,《禮記》陳澔集説,《四書》朱熹集注,都謄寫的本,重新刊印,便於觀覽。欽此。正統十二年五月初二日。"

次有蔡沈《書集傳序》,次《書圖》,次朱子《説書綱領》,次蔡沈《書序》。

每册首有"祕閣圖書之章"印記。

書經六卷

(宋)蔡沈集傳　(明)樊獻科重訂
明嘉靖年間(1522—1566年)開州吉澄刊本
共六册
東京大學總合圖書館藏本

書經六卷

(宋)蔡沈集傳
明福建建寧府刊本　共二册
東京大學東洋文化研究所大木文庫　關西大學綜合圖書館内藤文庫藏本
【按】每半葉有界九行,行十七字。白口,左右雙邊(19.5cm×13.5cm)。

首有嘉定二年(1209年)蔡沈"書經集傳序"。卷末刻有"巡按福建監察御史開州吉澄校刊,縉雲樊獻科重訂"、"福建建寧府知府曲梁楊一鶚重刊"。

東京大學藏本,原係大木幹一舊藏。
關西大學藏本,原係内藤湖南舊藏。

書經集注六卷

(宋)蔡沈集注
明萬曆年間(1573—1620年)刊本
内閣文庫　靜嘉堂文庫藏本
【按】内閣文庫藏本,共三册。
靜嘉堂文庫藏本,共二册。
【附録】後光明天皇慶安二年(1649年)京都林甚右衛門刊行《書經集注》十卷。此本題署"宋蔡沈集傳"。

靈元天皇寬文三年(1663年)京都野田莊右衛門等刊行《書經集注》十卷,此本題署"宋蔡

沈集傳"。

中御門天皇享保九年(1724年)京都今村八兵衛刊《書經集注》十卷。此本題署"宋蔡沈集傳"。

又,江戶時代另有《書經集注》六卷本、四卷本兩種,刊行流布于世。皆題署"宋蔡沈集注"。

書(集傳)六卷

(宋)蔡沈集傳

明八行大字刊本　共七册

京都府立綜合資料館藏本　原左大寺觀智院等舊藏

【按】每半葉有界八行,行十四字。小字雙行。黑口、版心著錄"書傳卷(幾)(葉數)"。四周雙邊(22.5cm×15.5cm)。

首有宋嘉定己巳(1209年)三月既望蔡沈"自序"。外題左肩墨書"書序一(——六)"。內題"書卷之一(——六)"。

卷中有"左大寺觀智院"、"宏寶"等印記。

書集傳音釋六卷　附尚書纂圖一卷

(宋)蔡沈集傳　(元)鄒季友音釋

元至正十一年(1351年)德星書堂刊本　共五册

內閣文庫藏本　原蟹養齋　昌平坂學問所等舊藏

【按】每半葉有界十二行,行二十一字。注文小字雙行。小黑口,雙黑魚尾。版心著錄"書(幾)"或"書傳卷(幾)"。四周雙邊(20.5cm×13.3cm)。

首有《書蔡氏傳重刊明本凡例》。《凡例》後有"至正辛卯孟夏,德星書堂重刊"雙邊刊印木記。次有《朱子說書綱領》(尾題"先儒說書綱領")。次有《尚書纂圖》(尾題、版心作"書圖")。次有嘉定己巳(1209年)蔡沈《書集傳序》。

本文卷首題"書卷第一",第二行低四格署"蔡氏集傳",隔五格題"鄱陽鄒季友音釋",第

三行低一格題"虞書"。

卷中有日本室町時代(1393—1573年)人朱點朱引,並有黃筆抹消之處。眉上有日本江戶時代人疏的朱筆校注。卷首《纂圖》的尾題下,有室町時代人的筆蹟,署"净長舍人"。

卷中有"蟹氏藏書"、"昌平坂學問所"、"享和辛酉"等印記。

【附錄】日本孝明天皇嘉永四年(1851年)官刊《書集傳音釋》六卷。其後,此本有出雲寺萬次郎等重印本。此本由日人杉原直養校。

書集傳音釋(殘本)五卷

(宋)蔡沈集傳　(元)鄒季友音釋　元刊本　共五册

宮內廳書陵部藏本

【按】每半葉有界十二行,行二十二字或二十三字不等。注文雙行。行二十四字。細黑口,雙黑魚尾。版心著錄"書傳(幾)(葉數)"。四周雙邊(18.5cm×12.5cm)。

是書全本凡六卷,此本今缺卷第三。

卷中經文有日本室町時代(1393—1573年)人的墨筆訓點,卷一首葉有朱筆訓點。各册末有"松齋"墨署。每卷首有"洛東伍條上行教寺"墨印、"水竹埶處"朱印。

卷六末有"文蔚侍者施入和本尚書替之,松齋"兩行十四字識語。

書集傳音釋(佚失)附尚書纂圖一卷

不著撰人

元刊本　共一册

內閣文庫藏本　原毛利高標　昌平坂學問所舊藏

【按】此本僅存《尚書纂圖》一卷,爲元刊本《書集傳音釋》的附錄,起自唐虞夏商周譜系圖,末題"尚書纂圖畢"。

細黑口,雙黑魚尾,版心著錄"書圖(葉數)",四周雙邊(20.5cm×12.4cm)。

此本係仁孝天皇文政年間(1818—1829年)由出雲守毛利高翰獻贈幕府。明治初期經太

政官文庫而歸内閣文庫。

卷中有"佐伯侯毛利高標字培松藏書畫之印"、"昌平坂學問所"等印記。

書集傳音釋六卷　首一卷

（宋）蔡沈集傳　（元）鄒季友音釋
明司禮監刊本　共九册
御茶之水圖書館藏本　原德富蘇峰成簣堂等舊藏

【按】每半葉有界八行，行十四字。黑口，四周雙邊。

卷中刻印句讀。卷一末有明治四十三年（1911 年）德富蘇峰手識文。帙内亦有手記文。

書（殘本）四卷　并音釋

（宋）蔡沈集傳　（元）鄒季友音釋
明刊本
東京大學東洋文化研究所大木文庫藏本

【按】是書全本凡六卷并《首》一卷。此本今存卷第四至卷第六，并《首》一卷。

書蔡氏傳纂疏（書集傳纂疏　尚書纂疏）六卷

（宋）朱子訂定　蔡沈集傳　（元）陳櫟纂疏
元泰定四年（1327 年）梅溪書院刊本　共六册
内閣文庫藏本　原近江西大路藩主市橋長昭等舊藏

【按】每半葉有界十一行，行二十一字。注文雙行。小黑口，雙黑魚尾，版心著錄書疏（幾）（葉數）。四周雙邊（20cm×12.5cm）。"纂疏"以墨圍爲標誌。

首有宋嘉定己巳（1209 年）蔡沈"序"（每半葉九行，行十八字），次有元泰定四年（1327 年）正月陳櫟"序"（每半葉十行，行十八字。每行上空一字），次有"讀尚書綱領"（每半葉十一行，行二十三字），次有"書蔡氏傳纂疏凡例"（每半葉八行，行二十二字）。後有王氏廣心"跋"。

"蔡序"後有"泰定丁卯陽月，梅溪書院新刊"雙行刊印木記。

首册封面題"經二"，換行題"泰定丁卯鋟"，換行題"書集傳纂疏　卷一"。右下端題"黃雪園審定元本"。

此本原係仁正寺藩主（孝明天皇文久三年即1863 年改稱"近江西大路藩"，自稱"下總守"、"黃雪山人"——編著者）市橋長昭舊藏。卷末有市橋長昭手識文，文曰：

"余得此書於洛陽（即指京都）敬業坊書肆王久家（此王久者，約指近江屋久兵衛——編著者），鋟版乃係于元英宗泰定四年。滿清納蘭成德容若之所彙刻《宋元經解》（此約指《通志堂經解》——編著者）中既收此書，而孤行者不多在焉。亦宜愛重云。壬戌嘉平月初吉　黃雪山人記。"

光格天皇文化五年（1808 年）市橋長昭舉其所藏之宋元舊刊本三十種與明本數種獻諸文廟，此本爲其中之一。卷末貼附市橋長昭撰《獻書跋文》一篇，《跋》由市河米庵書寫。文曰：

"長昭夙從事斯文，經十餘年圖籍漸多，意方今藏書家不乏於世，而其所儲大抵屬輓近刻書，至宋元槧蓋或罕有焉。長昭獨積年募求，乃今至累數十種，此非獨在我之爲難，而即在西土，亦或不易，則長昭之苦心可知矣。然而物聚必散，是理數也。其能保無散委於百年之後乎；孰若舉而獻之於廟學，獲借聖德以永其傳，則長昭之素願也。虔以宋元槧三十種爲獻，是其一也。

文化五年二月　下總守市橋長昭謹誌（河三亥書）。

自《周易》至《山谷集》十四種一函，自《淮海集》至《國朝名臣事略》十六種一函。右二函文化五年戊辰五月市橋下總守寄藏。"

卷中有"仁正侯長昭黃雪書屋鑒藏圖書之印"、"昌平坂學問所"、"淺草文庫"等印記。

森立之《經籍訪古志》卷一著錄昌平學藏元

刊本《書集傳纂疏》六卷,即爲此本。

【附録】《昌平坂御官板書目》著録"(元)陳櫟撰《書集傳纂疏》,共六册"。《官板書籍解題略》卷上亦著録《尚書集傳纂疏》六卷,并曰:"是編疏通蔡傳之意,纂輯諸家之説,以《纂疏》名之"云云。

日本光格天皇文化八年(1811 年),江户出雲寺萬次郎刊《書集傳纂疏》六卷。

同年,昌平坂學問所亦刊《書集傳纂疏》六卷《首》一卷。

書蔡氏傳纂疏(書集傳纂疏　尚書纂疏)六卷

(宋)朱子訂定　蔡沈集傳　(元)陳櫟纂疏

元泰定四年(1327 年)梅溪書院刊本　共六册

静嘉堂文庫藏本　原毛晋　張蓉鏡夫婦方若衡　錢大昕　陸心源䜌宋樓等舊藏

【按】此本與內閣文庫藏本係同一刊本,版式行款皆同。"凡例"後有清順治進士王廣心手識文兩行,文曰:"丙午(1666 年)初秋,展讀一過,庭間早桂始開,芬香襲人,對此古編,殊自喜也。王廣心識。"後有"農山"白文方印。

卷中有朱筆句點圈點並校字。有"汲古閣"、"汲古主人"、"毛晋"、"子晋書印"、"汲古得修綆"、"繁花塢"、"在處有神物護持"、"元本"、"張氏圖籍"、"勤襄公五女"、"若衡"、"方氏若衡曾觀"、"小琅嬛福地秘笈"、"巧士司馬"、"竹汀"、"錢竹汀"、"錢氏竹汀"及"大昕"、"張蓉鏡印"、"芙初女士姚畹真印"、"吉金樂石"、"寶鏙"、"祕帙"、"閩楊凌雪滄冠悔堂藏本"、"武熊侯"、"長楣"、"臣陸樹聲"、"歸安陸樹聲叔桐父印"、"得書須愛護"等印記。

直隸總督桐城方維甸,謚"勤襄"。"若衡"係方氏第五女公子。女士喜嗜《尚書》,亦書林韻事也。

陸心源《儀顧堂續跋》卷一著録此本,稱此本爲"初刊本","足訂今通行本集傳之譌"。

書古文訓十六卷

(宋)薛季宣撰

明刊本　共八册

廣島大學文學部藏本

書蔡氏傳旁通六卷

(元)陳師凱撰　朱萬初校正

元至正五年(1345 年)余氏勤有堂刊本　共四册

內閣文庫藏本　原近江西大路藩主市橋長昭　昌平坂學問所等舊藏

【按】每半葉有界十三行,蔡氏傳文,單行大字,行二十二字。陳注低一格單行中字,行二十四字。小黑口,雙黑魚尾。版心著録"書旁通卷(幾)(葉數)"。四周雙邊(19.2cm × 12.4cm)。

首有元至治元年(1321 年)陳師凱《書蔡氏傳旁通序》。後有《蔡傳旁通引用書目》、《蔡傳旁通隱字審音》等。本文卷首題"書蔡氏傳旁通卷之一上",第二行與第三行,分別低七格題署"後學東匯澤陳師凱譔"與"後學豫章朱萬初校正"。

此本卷六下本文末與尾題之間,有刊印木記曰"至正乙酉歲四月,余氏勤有堂印行"。

卷中有朱筆句點圈點。

此本原係仁正寺藩主(孝明天皇文久三年即1863 年改稱"近江西大路藩",自稱"下總守"、"黄雪山人"——編著者)市橋長昭舊藏。光格天皇文化五年(1808 年)市橋長昭舉其所藏之宋元舊刊本三十種與明本數種獻諸文廟,此本爲其中之一。卷末貼附市橋長昭撰《獻書跋文》一篇。《跋》由市河米庵書寫。其文與本書著録之《書蔡氏傳纂疏》六卷所録跋文同,兹不録。

卷中有"仁正侯長昭黄雪書屋鑒藏圖書之印"、"昌平坂學問所"、"淺草文庫"等印記。

森立之《經籍訪古志》卷一著録元刊本《書蔡傳旁通》六卷,即爲此本。

【附錄】日本後光明天皇正保四年（1647 年）京都林甚右衛門刊《書蔡氏傳旁通》十卷。

靈元天皇寬文五年（1665 年），京都上村次郎右衛門刊《書蔡氏傳旁通》十卷。

上述兩刊本，皆據元至正五年余氏勤有堂刊本翻刊。

書集傳輯錄纂注六卷

（宋）朱子訂定　蔡氏集傳　（元）董鼎輯錄纂注

元至正十四年（1354 年）劉廷佐翠巖精舍刊本　共六冊

靜嘉堂文庫藏本　原陸心源皕宋樓等舊藏

【按】每半葉有界十一行，行二十字。注文雙行，行二十四字或二十五字。小黑口，雙黑魚尾。版心著錄“書傳卷（幾）（葉數）”。文中凡“輯錄”、“纂注”、“某氏曰”等，皆以墨圍爲標識，裏葉左上欄外有耳格記篇名。四周雙邊（19.6cm×12.5cm）。

首有宋嘉定己巳（1209 年）蔡沈“書集傳序”，次有元至大戊申（1308 年）董鼎“書集傳輯錄纂注序”。序後有“朱子說書綱領”、“書蔡氏傳輯錄纂注凡例”、“書蔡氏傳輯錄引用諸書”、“書蔡氏傳引用諸家姓氏”等。“綱領”之末，有刊印雙邊木記曰“□□甲午孟夏，翠巖精舍新刊”兩行十二字，然開首二字被削去。“引用諸家姓氏”後，有“建安後學余安定編校”一行。

正文卷首題“書卷第一”，次行低二格署“朱子訂定，蔡氏集傳”。第三行低八格署“後學鄱陽董鼎輯錄纂注”，第四行低一格題“虞書”。

卷中有“臣陸樹聲”、“歸安陸樹聲叔桐父印”等印記。

陸心源《儀顧堂續跋》卷一著錄此本，稱此本“經文多與宋本《書集傳》及唐石經合。通志堂刊本……不若此本之完善也。鼎書成于至大戊申，至延祐戊申而余仁仲刊于勤有堂。常熟瞿氏恬裕齋今有其書。至至正甲午而劉廷佐刊于翠巖精舍。皆建寧府麻沙坊本也。”

【附錄】《官板書籍解題略》卷上著錄“《尚書輯錄纂注》六卷”，《昌平坂御官板書目》亦著錄此書。

日本光格天皇文化十一年（1813 年），昌平學官板刊印《書傳輯錄纂疏》六卷。

尚書通考十卷

（元）黃鎮成撰

元至正年間（1341—1368 年）刊本　共四冊

內閣文庫藏本　原近江西大路藩主市橋長昭　昌平坂學問所舊藏

【按】每半葉有界十二行，行二十字至二十四字。注文小字雙行。細黑口，雙黑魚尾。版心著錄“書考（幾）卷（葉數）”。左右雙邊（19.2cm×12.4cm）。

首有元至正丁亥（1347 年）建安雷建子樞父的“序”（行書七行），次有元天曆三年（1330 年）黃鎮成“尚書通考叙意”，次有“尚書通考目錄”。

本文卷首題“尚書通考卷之一”，次行低五格署“昭武存齋黃鎮成元鎮父編輯”，第三行低二格題“諸儒家法傳授之圖”。

此本原係仁正寺藩主（孝明天皇文久三年即 1863 年改稱“近江西大路藩”，自稱“下總守”、“黃雪山人”——編著者）市橋長昭舊藏。光格天皇文化五年（1808 年）市橋長昭舉其所藏之宋元舊刊本三十種與明本數種獻諸文廟，此本爲其中之一。卷末貼附市橋長昭撰《獻書跋文》一篇，《跋》由市河米庵書寫。該文與本書著錄之《書蔡氏傳纂疏》六卷所錄跋文同，兹不錄。

卷中有“仁正侯長昭黃雪書屋鑒藏圖書之印”、“昌平坂學問所”、“淺草文庫”等印記。

森立之《經籍訪古志》卷一著錄昌平學藏元槧本《尚書通考》十卷，即爲此本。

【附錄】《倭板書籍考》著錄“《尚書通考》十卷”，并曰：“係元之名儒黃鎮成作。鎮成，隱者也，有文名。諡文貞先生。”

日本後光明天皇正保五年（1648 年），京都林甚右衛門刊《尚書通考》十卷。

日本靈元天皇寬文五年(1665年)，京都上村次郎右衛門刊印《尚書通考》十卷。

又，日本江户時代中期，另有和刊本《尚書通考》十卷流布于世，不記刊者。

讀書管見二卷

(元)王充耘撰

明初刊本　共二册

静嘉堂文庫藏本　原黄虞稷千頃堂　陸心源十萬卷樓等舊藏

【按】每半葉有界十行，行十七字。

卷首有無名氏《序》，後有梅鷟《跋》。并有吳槎客、唐翰題"手識文"。

無名氏在《序》中叙述此書編纂經緯甚詳。其文曰：

"耕野王先生，用《書經》登二甲進士，授承務郎同知永新州事。棄官養母，著書授徒，益潛心是經。易簀之際，書其卷端曰，凡爲吾徒，須人録一編，以的本付吾兒。未幾而元綱板蕩，藏書遭焚。是編賴先生從子光薦置複壁中僅免。乃加補葺，付先生之子吉……"

陸心源《儀顧堂題跋》卷一著録此本。

卷中有"鷦安校勘祕籍"朱文方印，"千頃堂圖書"白文方印，"拜經樓"白文方印等。

【附録】日本江户時代，有寫本《王耕野先生讀書管見》二卷流行于世。此本卷末題"後學成德校訂"。

書傳通釋六卷

(宋)蔡沈集傳　(明)彭勗通釋　董鏞音點

明宣德年間(1426－1435年)刊本　共七册

尊經閣文庫藏本　原江户時代加賀藩主前田綱紀等舊藏

書經删正十卷

(宋)蔡沈集注　(明)袁黄删正

明刊本　共四册

尊經閣文庫藏本　原江户時代加賀藩主前田綱紀等舊藏

書傳大全十卷　書説綱領一卷　圖一卷

(明)胡廣等奉敕撰

明天順八年(1464年)書林王氏敬善堂刊本共六册

東京大學總合圖書館藏本　原渡邊信清青洲文庫等舊藏

書經大全十卷　首一卷

(明)胡廣等奉敕撰

明吳郡顧氏詩瘦閣刊本

東京大學東洋文化研究所大木文庫藏本

【附録】據《商舶載來書目》記載，日本桃園天皇寶曆十年(1760年)中國商船"志字號"載《尚書大全》一部一帙抵日本。

又據《書籍元帳》記載，仁孝天皇弘化二年(1845年)，日本商人安田屋吉太郎從中國購得《尚書大全》一部二套，價二拾伍匁。據同年《漢籍發賣投標記載》，《尚書大全》價爲二拾伍匁、十伍匁九分、十伍匁。

又《倭板書籍考》著録"《書經大全》十卷首一卷"。

日本後光明天皇承應二年(1653年)，京吉文字屋庄右衛門刊《書經大全》十卷并《首》一卷。

(申學士校正古本官板)書經大全十卷　首一卷

(明)胡廣等奉敕撰　申時行校正

明萬曆年間(1573－1620年)閩芝城建邑余氏刊本

蓬左文庫　東京大學東洋文化研究所大木文庫　小濱市立圖書館藏本

【按】蓬左文庫藏本，卷中有"御本"印記。共五册。

小濱市立圖書館藏本，僅存殘本卷一。共一册。

【附録】日本後光明天皇承應二年(1653

年），梅天刊京都吉文字屋庄右衛門印本《申學士校正官板書經大全》十卷、《卷首》一卷、《凡例》一卷、《書説綱領》一卷、《圖》一卷。此本係由日本江户時代儒學巨擘林道春（羅山）批點。

書經大全十卷　首尾各一卷

（明）胡廣等奉敕撰　申時行校正
明刊本　共十册
静嘉堂文庫　大垣市立圖書館藏本
【按】大垣市立圖書館藏本，今闕卷第三。

（申學士校正古本官板）書經大全十卷

題（宋）蔡沈集傳　（明）申時行校正
明刊本　共十册
京都府立綜合資料館藏本
【按】此本外題左肩墨書“書經大全”，内題“申學士校正古本官板書經大全卷之一（——十）”。首有宋蔡沈嘉定己巳（1209 年）三月既望《自序》。版心著録“書經大全　虞（夏　商　周）書一（——十）卷　（葉數）”。四周雙邊（23.5cm×13.5cm）。
卷中有“三角氏圖書記”等藏書印。
《申學士校正古本官板書經大全》十卷，各本皆作“明胡廣奉敕撰”，唯此本題署“宋蔡沈集傳”，且卷首刻録蔡沈宋嘉定己巳（1209 年）三月既望《自序》。此謹存疑。

書傳會通六卷

（明）劉三吾等撰
明洪武年間（1368—1398 年）味經堂刊本
内閣文庫　東京大學東洋文化研究所　尊經閣文庫　静嘉堂文庫藏本
【按】每半葉有界九行，行十八字。白口，左右雙邊。
《四庫全書總目·經部·書類二》著録“《書傳會選》六卷，明翰林學士劉三吾等奉敕撰”。日本各藏書機構收儲劉三吾是書，皆題署《書傳會通》。此僅存疑。
内閣文庫藏本，原係紅葉山文庫舊藏。共十

二册。
東京大學藏本，今闕卷第五，存五卷。
尊經閣文庫藏本，原係江户時代加賀藩主前田綱紀等舊藏，共六册。
静嘉堂文庫藏本，原係陸心源十萬卷樓舊藏，共六册。

書帷别記四卷

（明）王樵撰
明萬曆年間（1573—1620 年）王啓疆刊本
共四册
尊經閣文庫藏本　原江户時代加賀藩主前田綱紀等舊藏
【按】每半葉有界十一行，行二十二字。白口，四周單邊。

尚書日記十六卷

（明）王樵撰
明萬曆年間（1573—1620 年）刊本　共十六册
内閣文庫　静嘉堂文庫藏本
【按】卷首有明萬曆二十三年（1595 年）《序》。
内閣文庫藏本，原係豐後佐伯藩主毛利高標等舊藏。此本係仁孝天皇文政年間（1818—1829 年）由出雲守毛利高翰獻贈幕府。明治初期經太政官文庫而歸内閣文庫。卷中有“佐伯侯毛利高標字培松藏書畫之印”等印記，共十六册。
静嘉堂藏本，原係陸心源十萬卷樓等舊藏。共八册。
【附録】據《商舶載來書目》記載，東山天皇元禄七年（1694 年）中國商船“志字號”載《尚書日記》一部六本抵日本。
光格天皇天明六年（1786 年），《寅十番船持渡書改目録寫》記當年輸入《尚書日記》二套十六本，“係明人王樵著、蔡立身校。古本，脱紙七張”。

書經講義會編十二卷

(明)申時行撰

明萬曆二十五年(1597年)刊本

尊經閣文庫　大倉文化財團　東京都立日比谷圖書館藏本

【按】每半葉有界十行,行二十二字。白口,四周單邊。

尊經閣文庫藏本,原係江戶時代加賀藩主前田綱紀等舊藏,共十二册。

大倉文化財團藏本,朱筆批點。卷中有"名山閣"、"清痴居"、"洗心洞"等印記。共八册。

東京都立日比谷圖書館藏本,原係田中慶太郎(救堂)舊藏,共八册。

【附錄】《舶來書籍大意書》著錄萬曆二十五年刊《書經講義會編》一部十本,并曰"明申時行爲侍講而作,由其甥李漸卿等加衷輯合"云云。

據《商舶載來書目》記載,中御門天皇享保八年(1723年),中國商船"志字號",載《書經講義會編》一部一帙抵日本。該船于桃園天皇寶曆四年(1754年),再次運載《書經講義會編》抵日本。

《倭板書籍考》記載"《書經講義會編》十二卷",曰"大明申時行所作。由伊藤元吉弟子林源太郎之後净宗寺真祐點并改誤"。

書經講義會編十二卷

(明)申時行撰

明刊後印本　共十二册

宫内廳書陵部藏本

(新鍥)書經講義會編十二卷

(明)申時行撰

明萬曆二十六年(1598年)序刊本　共八册

東京都立日比谷圖書館藏本　原諸橋轍次等舊藏

【附錄】日本靈元天皇延寶二年(1674年)大坂前川善兵衛據明萬曆二十六年徐銓刊本覆刊《新鍥書經講義會編》十二卷。

光格天皇寬政五年(1793年)大阪浪華書肆河内屋喜兵衛刊印《新鍥書經講義合編》十二卷。

(鍥彙附百名公帷中綮論)書經講義會編十二卷

(明)申時行撰

明萬曆年間(1573—1620年)王氏三衢書林刊本　共八册

尊經閣文庫　東京大學東洋文化研究所大木文庫藏本

【按】每半葉有界十二行,行二十四字。白口,四周單邊。

(申文定公)書經講義會編六卷　首一卷

(明)申時行撰

明刊本　共三册

内閣文庫　早稻田大學圖書館藏本

尚書會解六卷

(明)張治具撰

明萬曆年間(1573—1620年)刊本　共六册

内閣文庫　尊經閣文庫　京都大學文學部中國語學哲學文學研究室藏本

【按】每半葉有界十一行,行二十二字。黑口,四周雙邊。

【附錄】據《寅二番南京船書籍名目》記載,光格天皇寬政六年(1794年)該船載《尚書會解》一部抵日本。

尚書辨解十卷

(明)郝敬撰

明萬曆四十三年(1615年)刊本　共三册

尊經閣文庫藏本　原江戶時代加賀藩主前田綱紀等舊藏

【按】每半葉有界十行,行二十一字。白口,四周單邊。

【附錄】日本光格天皇文化六年(1809年)齊政館刊《郝敬撰尚書解》八卷,日人三浦源藏校。

尚書要旨三十六卷

（明）王肯堂撰

明萬曆年間（1573—1620年）刊本　共十二冊

尊經閣文庫藏本　原江户時代加賀藩主前田綱紀等舊藏

【按】每半葉有界十行，行二十四字。白口，四周單邊。

（學古堂）尚書雅言六卷

（明）盧廷選撰　鄭贊訂

明萬曆年間（1573—1620年）刊本　共六冊

蓬左文庫藏本　原江户時代尾張藩主家等舊藏

【按】每半葉有界九行，行二十二字。白口，左右單邊。

卷首有明萬曆四十年（1612年）湯顯祖《序》。

此本係日本明正天皇寬永七年（1630年）從中國購入。

卷中有“尾陽内庫”印記。

（盧先生纂輯）尚書雅言十一卷

（明）盧廷選撰

明刊本　共四冊

尊經閣文庫藏本　原江户時代加賀藩主前田綱紀等舊藏

書傳會衷（書傳折衷）十卷

（明）曹學佺撰

明刊本　共四冊

内閣文庫藏本　原豐後佐伯藩主毛利高標等舊藏

【按】每半葉有界十行，行十九字。白口，左右雙邊。

此本係仁孝天皇文政年間（1818—1829年）由出雲守毛利高翰獻贈幕府。明治初期經太

政官文庫而歸内閣文庫。卷中有“左伯侯毛利高標字培松藏書畫之印”等印記。

尚書傳翼十卷

（明）陸鍵撰

明刊本

東京大學東洋文化研究所藏本

【按】每半葉有界十一行，行二十三字。白口，四周單邊。

書經彙解四十六卷

（明）秦繼宗撰

明刊本　共十二冊

内閣文庫藏本　原紅葉山文庫等舊藏

【附録】據《商舶載來書目》記載，東山天皇元禄十四年（1701年）中國商船“志字號”載《書經彙解》一部十本抵日本。

尚書宗印六卷

（明）汪漸磐撰

明天啓年間（1621—1627年）魏氏仁實堂刊本　共四冊

内閣文庫藏本

【按】每半葉有界九行，行二十二字。白口，左右單邊。

（新刻汪會魁）書經删潤要言二卷

（明）汪漸磐撰　陳萬言校

明刊本　共二冊

内閣文庫藏本

書經注疏大全合纂五十九卷　首一卷

（明）張溥撰

明崇禎年間（1628—1644年）刊本

内閣文庫　尊經閣文庫藏本

【按】此本前有明崇禎九年（1636年）《序》。

内閣文庫藏本，共十二冊。

尊經閣文庫藏本，原係江户時代加賀藩主前田綱紀等舊藏，共十四冊。

書經提要四卷

(明)章陬撰

明人寫本　共一册

大倉文化財團藏本

【按】此本封面有"吳玉墀家藏軍機處"木記。

卷首有明天順四年(1460年)《跋》。

卷中有"翰林院"、"吳城"、"璜川吳氏"、"教經堂錢氏"、"篤生"等印記。

(刻夏先生)書經六卷

(明)夏允彝撰

明刊本　共四册

内閣文庫藏本

(夏彝仲先生)書經聽月十一卷

(明)夏允彝撰

明刊本　共四册

尊經閣文庫藏本　原江户時代加賀藩主前田綱紀等舊藏

讀書管見六卷

(明)劉□撰

明人寫本　共一册

宫内廳書陵部藏本

【按】此本卷首有嘉靖庚戌(1550年)劉□《自序》。

《四庫全書總目》卷十二"經部·書類"著錄元人王充耕撰《讀書管見》二卷,未著錄是書。

尚書副墨六卷

(明)楊肇芳撰　楊胤奇補

明崇禎年間(1628—1644年)集虛齋刊本共十册

内閣文庫　尊經閣文庫舊藏

【按】每半葉有界九行,行二十四字。白口,四周單邊。

卷首有明崇禎四年(1631年)《序》。

内閣文庫藏本,原係昌平坂學問所舊藏。

尊經閣文庫藏本。原係江户時代加賀藩主前田綱紀等舊藏。

尚書説統三十卷

(明)張雲鸞撰

明崇禎年間(1628—1644年)刊本　共八册

内閣文庫藏本　原豐後佐伯藩主毛利高標等舊藏

【按】每半葉有界十行,行二十四字。白口,四周單邊。

卷首有崇禎元年(1628年)《序》。

此本係仁孝天皇文政年間(1818—1829年)由出雲守毛利高翰獻贈幕府。明治初期經太政官文庫而歸内閣文庫。

卷中有"佐伯侯毛利高標字培松藏書畫之印"等印記。

【附錄】《舶來書籍大意書》著錄"《尚書説統》一套八本",并曰:"此本係崇禎元年刊本。明張羽臣等編輯,取漢疏、《大全》、慶曆講義、程墨房稿及諸家之論,爲《尚書》家備一大統。分標經文,先章旨,次節旨,次句解,次字解,又于其中分附辨、附參、附異、附餘,考事證語,條理井然。"

書經傳注十二卷

(明)李資乾撰

明天啓年間(1621—1627年)刊本　共十二册

尊經閣文庫藏本　原江户時代加賀藩主前田綱紀等舊藏

尚書葦籥五十八卷

(明)潘士遴撰

明崇禎年間(1628—1644年)刊本

内閣文庫　尊經閣文庫藏本

【按】此本卷首有明崇禎七年(1634年)《序》。

内閣文庫藏此同一刊本兩部。一部原係林氏大學頭家舊藏,共二十册。一部原係紅葉山文庫等舊藏,共十六冊。

尊經閣文庫藏本,原係江戶時代加賀藩主前田綱紀等舊藏,共十六冊。

(楊維斗先生輯著)書經宙合十一卷

(明)楊廷樞撰

明刊本　共四冊

内閣文庫藏本

(新刻鄧翰林訂正張先生)書經舉業節解五卷

(明)張崇仁輯著　鄧宗齡訂正

明建邑書林鄭世豪刊本　共三冊

蓬左文庫藏本

【按】卷首有明萬曆十五年(1587年)公安袁宗道《序》。

尚書疑問五卷

(明)史記事撰

明萬曆年間(1573—1620年)刊本　共四冊

尊經閣文庫藏本　原江戶時代加賀藩主前田綱紀等舊藏

新編書義卓躍六卷

(明)陳雅言撰

明人影寫明正統年間(1436—1449年)汝州王氏刊本　共四冊

蓬左文庫藏本　原江戶時代尾張藩主家等舊藏

【按】此寫本朱欄十行。

此本係日本明正天皇寬永六年(1629年)從中國購入。

卷中有"尾陽内庫"印記。

尚書集解十卷

(明)孫繼有撰

明萬曆年間(1573—1620年)刊本　共十冊

尊經閣文庫藏本　原江戶時代加賀藩主前田綱紀等舊藏

(新鋟林會魁)書經逢源集注六卷

(明)林銘鼎撰　胡應臺校正　姚士同參閱　胡一鳴參

明萬曆年間(1573—1620年)熊成冶刊本　共四冊

龍谷大學大宮圖書館藏本　原寫字臺文庫等舊藏

(新刻虞會魁)尚書便讀標旨書經六卷

(明)虞德隆撰

明刊本　共二冊

内閣文庫藏本

書經便蒙講意二卷

(明)夏長庚校

明萬曆三十九年(1611年)熊冲宇刊本　共二冊

内閣文庫藏本

【附録】據《商舶載來書目》記載,日本東山天皇元禄七年(1694年),中國商船"志字號"載《書經便蒙講意》一部四本抵日本。

(新刊莆進士林二泉先生家傳)書經精説十二卷

(明)林澄源撰

明隆慶四年(1570年)熊氏種德堂刊本　共三冊

内閣文庫藏本　原昌平坂學問所舊藏

(新刻胡會魁纂輯)書經講意冠玉八卷

(明)胡承詔撰

明萬曆年間(1573—1620年)刊本　共八冊

尊經閣文庫藏本　原江戶時代加賀藩主前田綱紀等舊藏

(張太史纂著)書經主意金丹六卷　首一卷

(明)張鼎撰　周文翀參校

明版築居朱藍套印刊本

内閣文庫　龍谷大學大宮圖書館藏本

【按】内閣文庫藏本,原係豐後佐伯藩主毛利高標等舊藏。此本係仁孝天皇文政年間(1818—1829年)由出雲守毛利高翰獻贈幕府。明治初期經太政官文庫而歸内閣文庫。卷中有"佐伯侯毛利高標字培松藏書畫之印"等印記。共二册。

龍谷大學大宮圖書館藏本,原係寫字臺文庫舊藏,共六册。

書經嬭嬛集注六卷

(明)李青撰
明刊本　共四册
内閣文庫藏本　原昌平坂學問所等舊藏

(重刻)書經嬭嬛集注六卷

(明)李青撰
明刊本　共四册
内閣文庫藏本

書經大全疑問要解十二卷

(明)劉伸撰　翁思慎等校
明刊本　共四册
内閣文庫藏本　原昌平坂學問所等舊藏

尚書纂注(尚書約注)六卷

(明)袁黄撰
明刊本　共三册
内閣文庫藏本

(新鐫)尚書便覽五卷

(明)莊奇顯撰
明萬曆四十七年(1619年)刊本　共二册
内閣文庫藏本　原豐後佐伯藩主毛利高標等舊藏
【按】此本係仁孝天皇文政年間(1818—1829年)由出雲守毛利高翰獻贈幕府。明治初期經太政官文庫而歸内閣文庫。
卷中有"佐伯侯毛利高標字培松藏書畫之印"等印記。

傍注尚書二卷

不著撰人姓氏
明官刊本　共二册
宮内廳書陵部藏本
【按】此本卷首有孔安國《序》。
卷面藍綾裝潢,紙墨精善。

(新刻金陵原板)書經開心正解六卷　首一卷

(明)胡素酹撰
明萬曆年間(1573—1620年)熊成治刊本
共二册
内閣文庫藏本

尚書辯解十卷

不著撰人
明萬曆乙卯(1615年)孟冬京山郝氏刊本
共三册
京都府立綜合資料館藏本

(新鍥吳先生精傳)書經萬世法程注十卷　尾一卷

(明)吳亮撰
明余彰德刊本　共十册
内閣文庫藏本　原林氏大學頭家等舊藏

洪範明義二卷　首尾各一卷

(明)黄道周撰
明崇禎十六年(1643年)刊本　共二册
内閣文庫藏本
【按】每半葉有界九行,行十八字。注文雙行。白口,左右雙邊。
内閣文庫藏此同一刊本兩部。一部原係昌平坂學問所舊藏,一部原係紅葉山文庫舊藏。

洪範淺解十一卷

(明)程宗舜撰
明嘉靖年間(1522—1566年)朱靖刊本　共四册

蓬左文庫藏本　原江戶時代尾張藩主家舊藏

【按】前有明嘉靖二十九年（1550 年）華容程氏《序》。

此本係日本明正天皇寬永六年（1629 年）尾張藩主家從中國購入。

卷中有"尾陽內庫"印記。

洪範淺解（不著卷數）

（明）程宗舜撰

明人寫本　共八冊

尊經閣文庫藏本　原江戶時代加賀藩主前田綱紀等舊藏

虞書箋二卷

（明）茅瑞徵撰

明崇禎年間（1628—1644 年）刊本　共一冊

內閣文庫　東洋文庫藏本

【按】每半葉有界九行，行二十字。白口，四周單邊。

卷首有明崇禎五年（1632 年）《序》。

內閣文庫藏本，原係紅葉山文庫舊藏。

東洋文庫藏本，原係藤田豐八舊藏。

禹貢彙疏十二卷　圖經二卷　附神禹別錄一卷

（明）茅瑞徵撰

明崇禎年間（1628—1644 年）刊本

內閣文庫　京都大學人文科學研究所東洋學文獻中心藏本

【按】每半葉有界九行，行二十字，注文雙行。白口，四周單邊。

內閣文庫藏此同一刊本兩部。一部原係林氏大學頭家舊藏，一部原係紅葉山文庫舊藏。兩部皆六冊。

京都大學人文研藏本，共十六冊。

禹貢彙疏十二卷　附神禹別錄一卷

（明）茅瑞徵撰

明崇禎五年（1632 年）歸安第瑞徵刊本　共九冊

東京大學總合圖書館藏本

禹貢古今合注五卷　圖一卷

（明）夏允彝撰　李開鄴校

明崇禎年間（1628—1644 年）刊本

內閣文庫　尊經閣文庫藏本

【按】每半葉有界九行，行十九字。注文雙行。白口，左右雙邊。

內閣文庫藏本，原係紅葉山文庫舊藏。共三冊。

尊經閣文庫藏本，原係江戶時代加賀藩主前田綱紀等舊藏，共六冊。

禹貢解一卷

（明）何櫄撰

明崇禎年間（1628—1644 年）刊本　共一冊

內閣文庫藏本

【按】此本卷首有明崇禎四年（1631 年）《序》。

內閣文庫藏此同一刊本兩部。一部原係紅葉山文庫舊藏，一部原係木村兼葭堂藏本。

夏書禹貢廣覽三卷　禹貢總圖一卷

（明）許胥臣撰

明崇禎年間（1628—1644 年）刊本　共三冊

東京大學總合圖書館藏本

【按】前有明崇禎六年（1633 年）《序》。

卷中有讀者批注文字。

（三）詩　類

毛詩鄭箋（殘本）一卷

（漢）鄭玄箋

唐寫本　日本國寶　卷子本一卷

東洋文庫藏本　原京都洛西鳴瀧常樂院等舊藏

【按】卷子全長286cm，縱27.2cm，每行墨書無界十三字至十五字不等。箋注雙行，行十九字至二十一字不等。

《漢書·藝文志》有"《毛詩》二十九卷"，并"《毛詩故訓傳》三十卷。"此卷即係《故訓傳》殘卷。此本今存卷第六殘卷。卷首第一行題"□訓傳第十"，下隔二字題"毛詩國風"，下隔一字題"鄭氏箋"。

此卷存"唐風"八篇：

《蟋蟀》三章，章八句；

《山有樞》三章，章八句；

《揚之水》三章，二章章六句，一章章四句；

《椒聊》二章，章六句；

《綢繆》三章，章六句；

《杕杜》二章，章九句；

《羔裘》二章，章四句；

《鴇羽》三章，章七句。

卷中有朱筆"乎古止點"及反切，偶有假名批點，此係日本平安時代（794—1185年）博士家所爲。

紙背爲《兩部儀軌》手鈔斷簡，其終末有手識文曰："治安元年十二月五日命午正時無□獨奉讀《兩部儀軌》"云云。此"治安"係後一條天皇年號，其"元年"即1021年。

卷中有"洛西鳴瀧常樂院"朱印。

此卷於1952年（昭和二十七年）3月被日本"文化財審議委員會"確認爲"日本國寶"。

【附録】公元604年，日本推古朝聖德太子制定《十七條憲法》，曾多處引用《詩經》。由此推考，《詩經》傳入日本，甚爲古遠。

元正天皇養老二年（718年）制定《養老令》，仿中國唐代國子監、太學和四門學把儒家經典分爲"正經"與"旁經"的規制，定大學課程爲"大經"、"中經"和"小經"。其中，《毛詩》定爲"中經"。

公元751年日本第一部書面文學集《懷風藻》第三十八首爲大學博士田邊史百校所作《春苑應詔》一首，此詩有句曰："唐鳳翔臺下，周魚躍水濱。"詩中"周魚躍水濱"之典則源自《詩經·大雅·文王之什》。其原詩曰："王在靈沼，於牣魚躍。"後《史記·周本紀》又記曰："武王渡河，中流，白魚躍入王舟中"云云。又《懷風藻》第九十五首爲兵部卿兼左右京大夫藤原朝臣萬里所作《遇神納言墟》二首之一。此詩結句曰："普天皆帝國，吾歸遂焉如。"詩中"普天皆帝國"之論，則源自《詩經·小雅·北山》。其原文曰："溥天之下，莫非王土；率土之濱，莫非王臣。"這是關於《詩經》最早浸入日本古代文學的記載。

九世紀末藤原佐世編撰《本朝見在書目録》，其第三"詩"類著録當時日本中央各機構蒐儲有關《毛詩》典籍如次：

《毛詩》廿卷　漢河間太傅（守）毛萇傳　鄭氏箋；

《釋注毛詩》廿卷；

《周詩》十卷　陸善經注；

《毛詩譜序》一卷　鄭玄撰　太叔求撰；

《毛詩序略議》一卷；

《毛詩周南邵（召）南篇决》一卷；

《毛詩義疏》十四卷　《問答》一卷；

《毛詩義疏》二卷；

《毛詩草木魚蟲疏》二卷　晉陸機撰；

《毛詩正義》四十卷　孔穎達撰；

《毛詩述議》卅卷　劉炫撰；

《毛詩不忘記》六卷；

《毛詩私記》十卷；

《毛詩音義》一卷　徐仙氏撰。

藤原賴長《臺記》在久安元年（1145 年）的"所讀書目"中記"《毛詩》十七卷，各三遍并合五十一卷"。該目又記"《毛詩》十三卷，各三遍并合三十九卷"。在久安三年（1147 年）的"所讀書目"中記"《毛詩》六卷，三遍并合十八卷"。

藤原賴長《宇槐記抄》"仁平元年（1151 年）九月二十四日"條記當日藤原氏向中國宋代商人劉文冲出示"求書目錄"，其中有：《釋注毛詩》，《毛詩詩義》，《毛詩音辯》，《毛詩義疏》，《詩學問答》，《詩學異同詳》，《詩學表隱》，《詩學述義》，《詩學會道》，《詩學自得》，《詩學釋義》，《詩學纂義》，《詩學律》。凡"詩類"共十三種。

十二世紀藤原通憲有《通憲入道藏書目錄》，其"第二櫃"著錄《釋注毛詩》四卷、《毛詩音義》三卷、《詩義音辯》五貼（摺本）。其"第百四櫃"著錄《毛詩》上帙十卷、《毛詩》下帙十卷。

四條天皇仁治二年（1241 年）日本東福寺開山聖一國師圓爾辯圓自中國歸，携回漢籍内外文獻數千卷。1353 年東福寺第二十八世大道一以據聖一國師藏書編纂成《普門院經論章疏語錄儒書等目錄》，其"陽部"著錄《毛詩》二册。其"雲部"著錄《毛詩句解》二册。

一、今存日人《毛詩鄭箋》古寫本數種：

平安時代（794—1185 年）《毛詩鄭箋》殘卷一卷，存"周南關雎故（詁）訓傳第一"的全十一篇及"召南鵲巢詁訓傳第二"的前九篇。卷子本，縱 26.5cm，全卷長 754.5cm。此本被指定爲"日本國寶"。今藏於大阪大念佛寺。

鎌倉時代（1192—1330 年）《毛詩鄭箋》殘卷一卷，存"大雅"中《凫鷖》至於《韓奕》。卷中有朱筆"乎古止"點，并有墨書訓點。卷子本，縱 30.3cm，全卷長 683.6cm。此本已被指定爲"日本重要文化財"。今藏於兵庫縣上野淳一處。

室町時代（1393—1573 年）有《毛詩》二十卷手寫本一種。題著"漢毛亨傳、鄭玄箋"。此本原係中世時代足利學校所有，今藏於足利學校遺蹟圖書館。

室町時代末期有《毛詩》二十卷手寫本一種，題署"漢毛亨傳、鄭玄箋"。此本亦係中世時代爲足利學校所有，今存卷第十一、卷第十二、卷第十七至于卷第二十，凡六卷，爲足利學校遺蹟圖書館藏本。

十六世紀初期清原宣賢寫本。此本繕寫於後柏原天皇永正九年至永正十年（1512—1513 年）間。卷中有如"永正九年七月廿日終書寫之功加朱墨訖　少納言清原朝臣以證本令校合了"等手識。每半葉八行。此本作爲京都大學《清原家家學書》之一種，已被指定爲"日本重要文化財"。今藏於京都大學附屬圖書館。

十六世紀中期七行寫本。此本有"乎古止"點。卷中有"御本"印記，并有後奈良天皇天文四年（1535 年）清原宣賢"識語"。此本今藏於蓬左文庫。

室町時代（1393—1573 年）日人有《毛詩》二十卷手寫本一種。此本原係寫字臺文庫舊藏，今存龍谷大學大宮圖書館。

十七世紀江戶時代初期，有舟橋相賢寫本《毛詩》二十卷。此本今藏於國會圖書館。

二、《毛詩鄭箋》主要和刊本如次：

十六世紀中期刊本，每半葉六行，行十六字。卷一首葉題"毛詩卷第一周南關雎詁訓傳第一毛詩國風　鄭氏箋"。卷中有朱筆訓點。

後陽成天皇慶長年間（1596—1615 年）活字刊本。每半葉八行，行十七字。卷一首葉題"毛詩卷第一　周南關雎詁訓傳第一　毛詩國風　鄭氏箋"。

十七世紀中期本能寺刊本。此本係清原家《毛詩》講義本。每半葉十六行，行二十三字左右，凡二十卷。卷末有"於洛陽本能寺前町開板"木記。

桃園天皇延享四年（1747 年）江戶淺倉久兵衛等刊本。此本係由日人井上通熙（蘭臺）校。

桃園天皇寬延二年（1749 年）皇都風月莊左

衛門、丸屋市兵衛等刊本。此本題《毛詩鄭箋古注》。

　　光格天皇天明六年（1786年），江户前川六左衛門、京都今村八兵衛刊《毛詩鄭箋標注》（詩經古注標注）二十卷。題"（漢）毛亨傳　鄭玄箋　（明）金蟠訂"，由日人宇野成之（東山）標注。

　　光格天皇亨和元年（1801年），璟堵室等刊《毛詩》二十卷，題"鄭玄箋"。此本係由日人家田虎（大峰）訓注。

　　光格天皇享和二年（1802年），京都風月莊左衛門、田中市兵衛等刊《毛詩》二十卷，《詩譜序》一卷。題"毛亨傳　鄭玄箋"。此本係據前清原家本校。

　　孝明天皇嘉永六年（1853年）北野學堂木活字刊本《毛詩》二十卷。題"（漢）鄭玄箋"。

毛詩（鄭箋）二十卷

　　（漢）鄭玄箋
　　明刊本　共四册
　　龍谷大學大宮圖書館藏本　原寫字臺文庫等舊藏

　　【附録】日本江户時代《舶來書籍大意書》記録《毛詩鄭箋》明萬曆二十二年（1594年）刊本一部。

　　據《商舶載來書目》記載，桃園天皇寶曆四年（1754年）中國商船載來《毛詩鄭箋》一部一套。

　　又據仁孝天皇天保十五年（1844年）《漢籍發賣投標記録》記載，其價分別爲十二匁三分，十三匁九分，十六匁九分一厘。

（刻）毛詩草木鳥獸蟲魚疏二卷

　　（晋）陸機撰　（明）姚士麟等校
　　明刊本　共二册
　　神户大學附屬圖書館文學部分館藏本
　　【附録】藤原佐世《本朝見在書目録》著録"《毛詩草木鳥獸蟲魚疏》二卷"，題"晋陸機撰"。則是書於九世紀已傳入日本。

　　藤原賴長《宇槐記抄》"仁平元年（1151年）九月二十四日"條記當日藤原氏向中國宋代商人劉文冲出示"求書目録"，其中有《詩學物性門類草木魚蟲疏》、《草木魚蟲□》，凡"詩類·草木魚蟲疏"共二種。

　　又據《商舶載來書目》記載，日本光格天皇享和元年（1801年）中國商船"滿字號"載"毛詩草木疏"一部抵日本。

　　日本東山天皇元禄十一年（1698年），大阪毛利田庄太郎古本屋清左衛門刊印《毛詩草木鳥獸蟲魚疏》二卷。此本由日人松下見林（慶攝）點讀。

　　又，江户時代中期，松平秀雲曾手鈔《毛詩草木鳥獸蟲魚疏》二卷一册，傳世至今。

　　江户時代尚有《毛詩草木鳥獸蟲魚疏》二卷寫本一種，紙面縱27cm。今藏于國會圖書館。

毛詩草木鳥獸蟲魚疏廣要二卷

　　（晋）陸機撰　（明）毛晋參
　　明崇禎年間（1628—1644年）古虞毛氏汲古閣刊本
　　内閣文庫　尊經閣文庫　東京大學文學部漢籍中心　神户大學附屬圖書館文學部分館藏本

　　【按】每半葉有界九行，行十九字。注文小字雙行，白口，無魚尾，左右雙邊（19.2cm×13.3cm）。

　　此本卷首有明崇禎十二年（1639年）《序》。

　　内閣文庫藏本，原係昌平坂學問所舊藏。共六册。

　　尊經閣文庫藏本，原係江户時代加賀藩主前田綱紀等舊藏，共四册。

　　東京大學文學部漢籍中心藏本，共六册。

　　神户大學附屬圖書館文學部分館藏本，共四册。

　　【附録】江户時代有《毛詩草木鳥獸蟲魚疏廣要》二卷寫本兩種。皆題署"吳陸機撰　明毛晋補"。今皆藏於國會圖書館。

毛詩草木鳥獸蟲魚疏廣要四卷

（晋）陸機撰　　（明）毛晋參
明崇禎年間（1628—1644 年）毛氏汲古閣刊本
東京大學東洋文化研究所藏本

毛詩正義（殘本）一卷

（唐）孔穎達等奉勅撰
唐寫本　日本重要文化財　共四紙
京都市藏本

【按】此本係《毛詩正義》單疏本之殘卷，今存卷第六，凡四殘葉。内容乃秦風"秦車鄰詁訓傳第十一"之中，從《小戎》末尾的"言念君子，載寢載興，厭厭良人，秩秩德音"之疏至"蒹葭"首部之疏，並"遡游從之，宛在水中坻"疏的一部分及其後片斷的疏文。四紙内容並不完全連續，然接近《毛詩正義》原本的面貌。

第一紙縱横 27.5cm × 50.4cm，第二紙縱横 27.4cm × 25.8cm，第 三 紙 縱 横 27.4cm × 25.4cm，第四紙縱横 25.5cm × 24.5cm。卷中缺寫"民"字，乃唐太宗之後寫本。

此本已被日本"文化財審議委員會"確認爲"日本重要文化財"。

【附錄】九世紀藤原佐世《本朝見在書目錄》著錄《毛詩正義》四十卷。題署"孔穎達撰"。

四條天皇仁治二年（1241 年）日本東福寺開山聖一國師圓而辯圓自中國歸，携回漢籍内外文獻數千卷。1353 年東福寺第二十八世大道一以據聖一國師藏書編纂成《普門院經論章疏語錄儒書等目錄》，其"果部"著錄《毛詩注疏》七册。

毛詩正義（殘本）一卷

（唐）孔穎達等奉勅撰
唐寫本　日本重要文化財　卷子本一卷
東京國立博物館藏本

【按】此本係《毛詩正義》單疏本之殘卷，今存卷第十八大雅"蕩之什詁訓傳第二十五"中"韓奕"末尾二句及"江漢"一首。

卷子縱 29.4cm，全卷長 240.5cm。卷中書法起收筆皆爲正楷，接近唐代中期風格。

避唐太宗名諱，文中改"民"爲"人"。全卷行款格式不一。《韓奕》一首，行文一行到底，行三十字至三十五字不等。《江漢》一首，版面分上下兩段。詩本文大字，行八字左右，排列皆在上段。詩本文後，小字釋音，行九字至十字不等。下段乃疏文小字，行十四字至十五字不等。卷子背面爲日本《神歌抄》文。

此本已被日本"文化財審議委員會"確認爲"日本重要文化財"。

毛詩正義（殘本）三十三卷

（唐）孔穎達等奉敕撰
宋紹興九年（1139 年）單疏刊本　日本國寶
共十七册
武田科學振興財團杏雨書屋藏本　原金澤文庫　竹添光鴻　内藤湖南等舊藏

【按】每半葉有界十五行，行二十二字至三十二字不等，其中以二十五字或二十六字居多。"正義"與經文字數相同。白口，單黑魚尾。版心上方著錄"詩（幾）"，下方記葉數，并記刻工姓名，可以判讀者二十餘人，如王永、阮于、顧淵、黄中、時明、徐政、徐高、徐茂、徐杲、章楷、宋求、孫勉、孫免、張清、張謹、陳哲、陳迎、陳明仲、陳錫、毛諫、毛諒、余集、余永、余俊、駱升、駱寶、婁敬等。

此書全本凡四十卷，此本今卷一至卷七缺佚。存卷八以下凡三十三卷。其中又闕卷十的第二十一葉、卷十五的第三十二葉以下（約二葉）、卷三十二的第三十五葉、卷三十七的第四葉及第五葉。卷八首題"毛詩正義卷第八"，次行低二格署"唐國子祭酒曲阜縣開國子臣孔穎達等奉"，轉第三行低二格"勅撰定"，第四行低三格題"鄭譜變風"。經文頂格，"正義"空一格連屬，此乃唐代古體。每卷尾題下或末後記字數，如卷第四十末後記"計二萬一千三百五十一字"。

宋太宗端拱元年（988年）命校《五經正義》。《毛詩正義》刊成於淳化三年（992年）。其後，宋高宗紹興九年（1139年）又覆刊淳化本，此本即是。此本卷第四十後，列原淳化本之勘官名銜，即有勘官秦奭、胡令問、解貞吉、解損四人，都勘官孔維一人，詳勘官孫俊、元貞、尹文化、牛韶、畢道昇五人等。後有淳化三年壬辰四月李沆、賈黃中、張齊賢、李昉四人上表列銜。此悉與《玉海》所記相符。

李沆等上表列銜後空五行，則有"紹興九年九月十五日紹興府雕造"刻版一行，後列銜如次：

校對官右迪功郎監潭州南嶽廟韓　彰

校對官右迪功郎監潭州南嶽廟穆　淮

管幹雕造官右文林郎紹興府觀察推官曾掞

管幹雕造官右承直郎紹興府觀察判官白彥良

此本每卷卷首或卷末，有"金澤文庫"墨印，并有"香山常住"及"井井居士珍賞子孫永保"等印記。

此本係中世紀金澤文庫外流出漢籍之一種。島田翰《古文舊書考》卷二言此本係"古澤介堂氏從周防古刹所獲，後歸於井上伯爵，故遂爲吾師有"云云。此處所謂"周防古刹"，即日本後小松天皇應永年間（1394—1427年）大内盛見於周防國吉敷郡上宇野所建之香山國清寺。卷中有"香山常住"印記，即係該寺之舊藏。

此本於大正十三年（1924年）歸於内藤湖南。今書箱蓋内面有"甲子（大正十三年）六月購，炳卿"即是。卷中并有内藤湖南鈐印之"天壤間孤本"、"寶詩籇"、"炳卿珍藏舊槧古鈔之記"、"宋本"等印記。内藤湖南有《恭仁山莊四寶詩》贊曰：

"白首名場甘伏雌，保殘守缺慕經師。

收來天壤間孤本，宋槧珍篇單疏詩。"

傅增湘《藏園羣書經眼録》卷一著録此本。其"釋文"曰：

"此書不見於《訪古》、《訪書》二志，惟

《古文舊書考》載之。避宋諱至完字止。原獲于周防古刹，旋歸井上伯爵，最後歸竹添光鴻，轉入恭仁山莊文庫，世間孤帙，流傳有緒，可寶也。聞方籌印行之策，以繼《尚書》之後。……倘薈萃羣經，得有力者精印流傳，足慰海内外學人之望。區區微願，何日能償，聊志于此，以當息壤。此書内藤虎博士客座所觀，略誌其大要。旋導入庫中，恣意披尋，迫暮乃出，舊鈔古刻，目不暇給……"

此本係現存唯一的《毛詩正義》宋刊單疏本，與今宮内廳書陵部所藏宋刊《尚書正義》單疏本，俱海内外孤本。

此本於1934年（昭和九年）1月已被日本"文化財審議委員會"確認爲"日本國寶"。

毛詩注疏二十卷

（漢）鄭玄箋　（唐）陸德明音義　孔穎達等疏

明嘉靖年間（1522—1566年）李元陽刊本

内閣文庫　京都大學人文科學研究所東洋學文獻中心藏本

【按】每半葉有界九行，行二十一字。小字雙行，行同正文。白口，四周單邊。

此本係李元陽刊《十三經注疏》之零本。

内閣文庫藏本，原係林氏大學頭家等舊藏，共九册。

京都大學人文研藏本，共二十册。

毛詩注疏二十卷

（漢）毛亨傳　鄭玄箋　（唐）陸德明音義、孔穎達等疏

明崇禎年間（1628—1644年）古虞毛氏汲古閣刊本

東京大學總合圖書館　國學院大學梧蔭文庫　米澤市立圖書館　關西大學綜合圖書館　内藤文庫　早稻田大學圖書館　龍谷大學大宮圖書館藏本

【按】每半葉有界九行，行二十一字。小字雙

行,行同正文。白口,四周單邊（20.2cm×12.6cm）。

前有明崇禎十二年（1639年）《序》。

此本係明毛氏汲古閣刊《十三經注疏》之零本。

東京大學總合圖書館藏此同一刊本兩部。一部共二十册;一部原係江户時代紀州德川家南葵文庫等舊藏。此本今存卷第二,凡一卷共一册。

國學院大學藏本,原係井上毅等舊藏,共二十册。

米澤市立圖書館藏本,原係米澤藩家等舊藏,共三十册。

早稻田大學圖書館藏此同一刊本兩部。一部原係服部南郭家服部文庫等舊藏,共二十九册。一部今缺卷一之一、二,共二十册。

關西大學藏本,原係内藤湖南等舊藏。

龍谷大學大宫圖書館藏本,共三十册。

毛詩注疏十八卷

（漢）鄭玄箋　（唐）孔穎達等疏
明末刊本　共十七册
東北大學附屬圖書館藏本

毛詩注疏十卷

（漢）鄭玄箋　（唐）孔穎達等疏
明末汲古閣刊本　共十二册
東京都立日比谷圖書館藏本　原諸喬轍次等舊藏

附釋音毛詩注疏二十卷

（漢）鄭玄箋　（唐）孔穎達等疏
宋建安劉叔剛一經堂刊本　日本重要文化財　共三十册
足利學校遺蹟圖書館藏本　原上杉憲實舊藏

【按】每半葉有界十行,行十八字。小字雙行,行二十三字,綫黑口,雙黑魚尾。版心著錄"詩疏（幾）（葉數）"。注文末以○相隔,附"釋音","正義",首標圓圈大字"疏"字。裏葉左上欄外有耳格,刻詩名,上象鼻處,間或有字數。左右雙邊（19.1cm×12.5cm）。

首有《毛詩正義序》,次有《詩譜序》。本文卷首題"附釋音毛詩注疏卷第一（圓圈"一之一"）"。次行低三格署"唐國子祭酒上護軍曲阜縣開國子孔穎達奉",轉第三行"敕撰",第四行題"周南關雎詁訓傳第一（以下小字雙行釋音）。

卷中《序》後,刊有篆文木記"劉氏文府"（方形）、"叔剛"（鐘形）、"桂軒"（鼎形）、"式經堂"（方形）。

文中避宋諱,凡"玄、炫、驚、弘、殷、慇、匡、筐、恒、貞、楨、徵、禎、讓、勖、桓、媾、購、溝、講、惇、慎、敦"等皆缺筆。

卷一之五第十葉、卷二之二第十一葉、卷四之一第十九葉皆爲後人補寫。卷四補寫葉右欄外有"享保癸卯年冬十月十日夜武夷根遜志補焉"的識語。

首册首有"此書不許出學校閫外　憲實（花押）"墨書,"序"首及每册末皆有"上杉安房守藤原憲實寄進"墨書,此本係上杉憲實捐贈本。每册首又有"足利學校公用",末又有"足利學校之公用也"墨書,卷中有"松竹清風"印記。

此本已被日本"文化財審議委員會"確認爲日本"重要文化財"。

【附錄】九世紀藤原佐世《本朝見在書目錄》著錄《釋注毛詩》廿卷,不署撰者。

十二世紀藤原通憲《通憲入道藏書目錄》著錄《釋注毛詩》四卷,並《毛詩音義》三卷。

今存十四世紀日本寫本《附釋音毛詩注疏》二十卷。每半葉十行,行二十字或二十一字。小字雙行,行三十二字或三十三字不等。卷端首行題"附釋音毛詩注疏卷之一　周南關雎詁訓傳　孔穎達疏"。此本雖曰"注疏",然僅有"疏文"而無"注文"。卷中有朱筆訓點。欄外常有《玉篇》、《經典釋文》等文字。

附釋音毛詩注疏二十卷

（漢）毛亨傳　鄭玄箋　（唐）孔穎達等疏　陸德明釋音

元覆宋劉叔（宿）剛一經堂刊本（明正德年間遞修本）　共三十册

静嘉堂文庫藏本　原馮玉堂　陸心源等舊藏

【按】每半葉有界十行，行十八字。小字雙行，行二十三字。白口（明代補葉間有細黑口）。魚尾單黑、雙黑、三黑不定。有耳格記篇名。版心有刻工姓名，如時中、七才、子興、子明、國右、國祐、王君粹等。明代補刻葉有如王四、王猪、明景福、余伯安、劉立、吳八、汗操、周同、佛員、余富、畫福等。

卷一之二第五、六葉，卷三之二第十五至十八葉，卷十六之二第三、四葉及卷十八之五第十四、十五葉，皆後人補寫。

卷中有"馮玉堂"、"笏齋"等印記。

毛詩本義十六卷

（宋）歐陽修撰

明刊本　共八册

静嘉堂文庫藏本　原陸心源十萬卷樓舊藏

【按】每半葉有界十行，行二十字。

【附録】日本江户時代，彦根藩主曾用木活字刊印《毛詩本義》十五卷，題署"（宋）歐陽修撰"。

另有江户時代日人寫本一種，題《詩本義》十五卷《詩譜補亡》一卷，署"宋歐陽修撰"。紙面縱 27cm，綫裝本。今藏於國會圖書館。

江户時代又有日人寫本一種，題《詩本義》十五卷《詩譜補亡》一卷，署"宋歐陽修撰"。今藏於早稻田大學圖書館。

潁濱先生詩集傳十九卷

（宋）蘇轍撰

明刊本　共八册

宫内廳書陵部藏本

【附録】江户時代有日人《潁濱先生詩集傳》十九卷手寫本一種。此本原係江户時代紀州德川家南葵文庫等舊藏。今存東京大學總合圖書館。

潁濱先生詩集傳十九卷

（宋）蘇轍撰

明刊本　共四册

内閣文庫藏本　原林氏大學頭家等舊藏

吕氏家塾讀詩記三十二卷

（宋）吕祖謙撰

宋尤袤刊本　共九册

宫内廳書陵部藏本　原桂宫文庫等舊藏

【按】每半葉有界十二行，行二十二字。小字雙行，注文低一格單行。白口，雙黑魚尾。版心著録"詩記卷（幾·或詩幾、記幾）（葉數）"。上象鼻處記大小字數，下象鼻處有刻工姓名，如蔣輝、李忠刀、陳㐄、卜一等。四周雙邊（16cm × 11.6cm）。

首有宋淳熙壬寅（1182 年）九月己卯新安朱熹《吕氏家塾讀詩記序》。後有淳熙壬寅重陽後一日錫山尤袤《跋》，言其刻刊之初衷，其文曰：

"（前略）後世求詩人之意於千百載之下，異論紛紜，莫知折衷。東萊吕伯恭病之，因取諸儒之説，擇其善者，萃爲一書，間或斷以己意，於是學者始知所歸一。今東州士子，家寶其書，而編帙既多，傳寫易誤，建寧所刻，益又脱遺，其友丘澣宗卿，惜其傳之未廣，始鋟木於江西漕臺（後略）。"

卷中避宋諱，凡遇"玄、殷、筐、恒、貞、楨、樹、桓、媾、慎"等字皆闕筆。

卷首有"華竹秀而野"印記，卷一、卷二、卷十一首及卷三十二尾，有"鈞"字印記。卷中有日本室町時代（1393—1573 年）以來的朱筆圈點，並有朱墨訓點。

【附録】十三世紀中期公元 1241 年日本名僧辯圓圓爾（聖一國師）自中國回歸日本，曾携帶

《吕氏詩紀》五册。1353 年東福寺第二十八世大道一以據聖一國師藏書編纂成《普門院經論章疏語録儒書等目録》，其“陽部”著録《吕氏詩記》五册，即係此本。此乃爲《吕氏詩紀》東傳日本之始。

又據《商舶載來書目》記載，桃園天皇寶曆五年（1755 年），中國商船“利字號”曾載《吕氏讀詩紀》二部抵日本。

日本明正天皇寛永元年（1624 年）京都山形屋喜兵衛刊印《吕氏家塾讀詩記》三十二卷。同年十一月，又有京都植村藤右衛門刊行《吕氏家塾讀詩記》三十二卷。

東山天皇元禄九年（1696 年）再刊《吕氏家塾讀詩記》三十二卷。

東山天皇寶永元年（1704 年）京師書坊風月堂莊左衛門刊印《吕氏家塾讀詩記》三十二卷。此本於光格天皇文化九年（1812 年）由大阪森本直助等重印。

吕氏家塾讀詩記三十二卷

（宋）吕祖謙撰

宋刊本　共六册

宫内廳書陵部藏本　原昌平坂學問所等舊藏

【按】每半葉有界十二行，行二十二字。小字雙行。注文低一格單行。白口，雙黑魚尾。版心著録“記（幾）、（葉數）”。左右雙邊（18.4cm×12.2cm）。

此本首尾破損，間有缺葉。卷二十七的第二葉、第三葉缺，却誤綴入卷十六的第十八——二十二葉。卷六、卷八、卷十七、卷二十一、卷二十三、卷二十四、卷二十五、卷三十一中皆有後人補寫。

首有“吕氏家塾讀詩記目録”（尾題“讀詩記目録”）。本文卷首題“吕氏家塾讀詩記卷第一”，次行低三格題“綱領”。

卷中避宋諱，凡“玄、鉉、弦、朗、敬、弘、殷、慇、匡、筐、桓、禎、貞、楨、頏、徵、懲、樹、讓、桓、完、構、媾、靚、溝、慎”等字，或缺筆，或不缺筆。

此本原屬江户時代仁正侯市橋長昭。光格天皇文化五年（1808 年），市橋長昭寄藏文廟。卷末附葉有《寄藏文廟宋元刻書跋》手識文，其曰：

“長昭夙從事斯文，經十餘年，圖籍漸多，意方今藏書家不乏於世，而其所儲大抵屬晚近刻書，至宋元槧蓋罕有焉。長昭獨積年募求，乃今至累數十種，此非獨在我之爲艱，而即在西土亦或不易，則長昭之苦心可知矣。然而物聚必散，是理數也，其能保無散委於百年之後乎？孰若舉而獻之於廟學，獲藉聖德以永其傳，則長昭之素願也。虔以宋元槧三十種爲獻，是其一也。文化五年二月，下總守市橋長昭謹誌，河三亥書

自《周易》至《山谷集》十四種一函，自《淮海集》至《國朝名臣事略》十六種一函。右二函，文化五年戊辰五月市橋下總守寄藏。”

明治二十四年（1891 年）此本由内閣文庫移送宫内省圖書寮（即今宫内廳書陵部）。

卷中有“仁正侯長昭黄雪書屋鑒藏圖書之印”，“普門院”等印記。第一册首又有“艮岳院”，“德之所膺”、“昌平坂學問所”、“淺草文庫”、“日本政府圖書”等印記。

森立之《經籍訪古志》卷一著録此書。

吕氏家塾讀詩記三十二卷

（宋）吕祖謙撰

明嘉靖年間（1522—1566 年）仿宋刊本　共八册

静嘉堂文庫藏本　原陸心源十萬卷樓等舊藏

【按】每半葉十四行，行十九字。經頂格，注低一格，注中有注，旁行而字略小，不作雙行。各家姓氏以黑質白章别之。

前有宋淳熙壬寅（1182 年）朱熹《序》，明嘉靖辛卯（1531 年）陸釴《序》，並《諸家姓氏引用書目》。

宋諱有闕筆，蓋從宋本翻雕者。

陸心源《儀顧堂續跋》卷一著録此本,并曰:

"(前略,此本)較萬曆癸卯刻卷一《禮記》'天子五年一巡狩'之前多一條。卷二十七'王之職有闕能'下多千餘字。卷二十八'自彼成康,奄有四方'下多十四字。詳盧抱經《羣書校補》。書雖嘉靖刻,流傳甚罕。書賈往往割去陸序,以充宋本。世亦有受其欺者。"

吕氏家塾讀詩記三十二卷

(宋)吕祖謙撰

明萬曆年間(1573—1620年)陳龍光刊本

宫内廳書陵部　内閣文庫　東洋文庫　尊經閣文庫　静嘉堂文庫藏本

【按】每半葉十行,行二十字。白口,左右雙邊。是書源出嘉靖刊本,而改其行款,變其字體,易旁行小注爲雙行注。

前有宋淳熙壬寅(1182年)朱熹《序》,明萬曆癸丑(1613年)顧起元《序》,明嘉靖辛卯(1531年)陸釴《序》。

宫内廳書陵部藏本,共八册。

内閣文庫藏本,原係紅葉山文庫等舊藏。共十册。

東洋文庫藏此同一刊本兩部。一部共十四册;一部原係藤田豐八等舊藏,共十册。

尊經閣文庫藏本,原係江户時代加賀藩主前田綱紀等舊藏,共十六册。

静嘉堂文庫藏本,原係陸心源十萬卷樓舊藏。共六册。陸心源《儀顧堂續跋》卷一著録此本,并有識文曰:

"(前略)其書亦源出嘉靖刻而改其行款,變其字體,易旁行小注爲雙行注,嘉靖本之後印者。卷二十七缺廿九、三十兩葉,當此本三十六、七葉之間,故三十五葉末留黑釘一行,三十六、三十七兩葉空其張數,俾閲者有迹可求,尚無明人羼亂惡習。卷一詩樂奪一條,卷二十八奪數十字,皆抄手佚脱,校勘不精,尚非大謬。惟卷二十七所缺千餘字,當嘉靖本之兩葉又四行,實不止兩葉也。因何奪落,令人不可思索。盧抱經以爲止脱兩葉,蓋未覆勘原書耳。據顧起元序,明時南國子監、四川皆有刻本,歲久夷漫。今所見惟嘉靖本與此本耳。"

【附録】《舶來書籍大意書》著録明萬曆四十一年刊《吕氏家塾讀詩記》,言其"每篇先述大旨,於每章下專以毛氏訓詁爲宗,考其注疏,編纂其言,剪輯諸家之説而解明之"。

日本明正天皇寬永元年(1624年),京師書坊風月堂莊左衛門刊《吕氏家塾讀詩記》三十二卷。此本係據明萬曆癸丑顧起元序刊本翻刊。

東山天皇元禄九年(1696年)京都山形屋善兵衛據明萬曆年間陳龍光等刊本覆刊《吕氏家塾讀詩記》三十二卷。

詩集傳二十卷

(宋)朱熹集傳

宋嘉定紹定年間(1208—1233年)刊本　共六册

静嘉堂文庫藏本　原袁廷檮　陳仲魚、陸心源皕宋樓等舊藏

【按】每半葉有界七行,行十五字。注文雙行。白口,單黑魚尾。版心著録"詩卷第(幾)(葉數)"。左右雙邊(18.8cm×13.4cm)。上象鼻記大小字數,下象鼻有刻工姓名,如賈真、吴炎、賈端仁、張元彧、王煒、何彬、黄埜、馬良、蔡友、蔡明、鄭恭、游澋、劉霽、蔡仁等。

首有朱熹《自序》。本文卷首題"詩卷第一",同行隔五格,署"朱熹集傳"。次行低一格題"國風一"。

卷中避宋諱,凡遇"玄、畜、殷、筐、恒、貞、禎、楨、徵、樹、桓、覯、慎、敦"等字皆缺筆。蓋寧宗、理宗間刊本。

卷十二第二十二葉至卷十七末,皆係後人寫補。

卷中注音皆用反切,與今通行八卷本直音者不同。

陸心源《儀顧堂續跋》卷一著録《宋槧詩集

傳》即此本。其"跋文"曰：

　　"（前略）是書本爲袁廷檮所藏，後歸海寧陳仲魚孝廉。陳據朱氏鑑《詩傳遺說叙》，定爲後山刊本。凡經文勝俗本處，仲魚有跋載所著綴文中。惟《商頌》'降予卿士'，已作'降于'；《小雅》'家伯維宰'雖不誤，'冢宰'實作'爲宰'。與仲魚言不符，恐仲魚當時即據提要所舉作跋，未嘗逐一覆檢耳。此本經文、注文反切證以元版胡一桂附録纂疏、羅復音釋，無一不合。'降于'之'于'不作'予'，'爲宰'之'爲'不作'維'，亦同。則此二字之訛，宋本已然，不始于俗本也。"

　　傅增湘《藏園羣書經眼録》卷一著録此本。

　　卷中有"袁廷檮"、"袁廷檮印"、"袁又愷藏書"、"五硯主人"、"歸安陸樹聲所見金石書畫記"及"歸安陸樹聲叔桐父印"等印記

　　【附録】《倭板書籍考》卷二著録"《詩經集傳》十五卷"，并曰"此係朱文公四十八歲時所著書，以正《毛詩》之誤"。

　　日本靈元天皇寬文三年（1663年），京都野田庄右衛門刊印《詩經集注》十五卷。

　　孝明天皇嘉永五年（1852年）官板刊行《詩集傳》二十卷、《詩傳綱領》一卷、《詩序辨說》一卷。

　　又，江户時代另有兩種《詩經集傳》刊本，皆係十五卷本，不著刊者姓名。

詩集傳音釋二十卷　首一卷

　　（元）羅復撰
　　明初刊本　共六册
　　静嘉堂文庫藏本　陸心源十萬卷樓等舊藏
　　【按】此本行款，皆與宋刊十四行十五字《詩集傳》本同。
　　前有朱熹《序》、《詩傳綱領》、《詩序辨說》。《綱領》前有《詩圖》十八葉，圖下多引朱熹之說。
　　此本體例，先列《集傳》，後附《音釋》，以墨圈隔之。凡反切不改，直音亦不改，皆注"與集同"，注文亦無删削。唯所附《音釋》，不著作者

姓氏。

　　陸心源《儀顧堂續跋》卷二著録"明初本詩集傳音釋"即此本。然題署"詩三十卷"，則屬誤刊，今此本實凡二十卷，陸氏"跋文"曰：

　　"（前略）所附音釋，不著作者姓氏。案，元羅復，字中行，廬陵人。著有《詩集傳音釋》二十卷。見《千頃堂書目》，當即此書。《綱領》前有《詩圖》十八頁，與宋刊《纂圖互注毛詩》又不同。圖下多引朱子說，必亦羅復所作。《四庫》未收，阮文達亦未進呈，誠經部罕覯之祕笈也。"

詩集傳音釋二十卷　首一卷

　　（宋）朱熹集傳　（元）羅復音釋
　　明官刊本　共六册
　　御茶之水圖書館藏本　原德富蘇峰等舊藏
　　【按】每半葉八行，行十四字。
　　前有朱熹《詩傳序》，《序》後有日本天皇寬永四年（1627年）"識語"。

詩集傳二十卷　詩圖一卷　詩序辨說一卷

　　（宋）朱熹集傳
　　明正統年間（1436—1449年）司禮監刊本
　　内閣文閣　静嘉堂文庫　御茶之水圖書館藏本
　　【按】每半葉八行，行十四字。小字雙行。黑口，四周雙邊。
　　内閣文庫藏本，原係昌平坂學問所舊藏。是本並附日人淺見安正撰《書正統監本詩書集傳》一卷。共十六册。
　　静嘉堂文庫藏本，另有《詩傳綱領》一卷。卷中並有無名氏手識文曰：

　　"朱子《集傳》二十卷，與《毛傳》同。明監本併爲八卷，遂相沿襲，幾不知有二十卷之舊。此本尚是明神宗以前舊刊，是可寶也。甲戌仲秋廿八日記。"

　　是本共六册。
　　御茶之水圖書館藏此刊本兩部，皆係德富蘇峰舊藏。一部全卷施以訓點，朱熹《序》末有

"至寬永丙寅年(1627 年)四百三年乎"手識文一行。另一部則係薄黄色紙封面,原裝大本。兩部皆凡六册。

【附録】日本東山天皇元禄十年(1697 年),有寫本《詩集傳》二十卷,係據明正統年間司禮監刊本摹寫,流傳至今。

詩經集注八卷

(宋)朱熹集注

明萬曆年間(1573—1620 年)建邑集義堂刊本　共四册

蓬左文庫藏本　原德川幕府家舊藏

【按】每半葉有界九行,行十七字。注文雙行,四周雙邊。

此本外題"詩經集傳",内題"詩經"。綫裝本,封面係茶色薄紙。全本縱 25cm,横 14.5cm。本文首題"詩經卷之一",下空七格,署"朱熹集注"。第八卷末有刊印雙行木牌"建邑書林集義堂江夏仁宇梓"十二字。卷中有"御本"印記,原係德川家康采集本,後歸尾張藩主家。

【附録】日本靈元天皇寬文四年(1664 年),野田庄右衛門刊印《詩經(集傳)》八卷,題署"(宋)朱熹集傳",由日人松永昌易(寸雲)校訓並注。

此本以後多次刊印,流傳至今尚有:

東山天皇元禄六年(1693 年)野田庄右衛門再印本;

中御門天皇享保九年(1724 年)今村八兵衛重刊本;

光格天皇寬政三年(1791 年)今村八兵衛再印本。

孝明天皇慶應元年(1865 年)大阪秋田屋太右衛門、河内屋佐助外二軒刊印本,此本題簽《再刻頭書詩經集注》;同年大阪須原屋茂兵衛、象牙屋治郎兵衛外五軒刊印本。

又,孝明天皇嘉永五年(1852 年),江户播磨屋勝五郎刊《詩集傳》八卷。此本由日人中西忠藏校。

又,孝明天皇慶應元年(1865 年),大阪河内屋喜兵衛刊《詩經集傳》八卷。此本由日人鈴木温校。

此外,京都出雲寺松柏堂曾刊《詩經集注》八卷。

詩經(集傳)八卷

(宋)朱熹集傳

明江右潯陽萬氏蓮峯書屋朱墨套印刊本共四册

京都大學人文科學研究所村本文庫藏本

詩經八卷

(宋)朱熹集傳

明吉澄校刊本　共三册

關西大學綜合圖書館内藤文庫藏本　原内藤湖南等舊藏

【按】每半葉有界九行,行十七字。白口,左右雙邊(19.7cm × 13.6cm)。

此本原題《詩經　朱熹集傳》。首有宋淳熙四年(1177 年)朱熹《詩經集傳序》。卷末刻"巡按福建監察御史開州吉澄校刊縉雲樊獻科重訂"等。

詩經(集傳)八卷

(宋)朱熹集傳

明崇禎十四年(1641 年)毛氏汲古閣刊本共六册

京都大學人文科學研究所東洋學文獻中心藏本

詩集傳(音釋)(殘)一卷

(宋)朱熹撰　(元)許謙音釋

元至正十二年(1352 年)宗文精舍刊本　共一册

足利學校遺蹟圖書館藏本

【按】每半葉有界十二行,行二十三字。小字雙行。細黑口,雙黑魚尾,版心著録"詩傳(幾)、(葉數)"。四周雙邊(19.3cm × 12.4cm)。

是書全本凡十卷，今僅存卷首及卷一，餘皆佚。封面白色，外題"詩傳綱領一"。首有《詩圖》，缺首葉，版心及尾皆題"詩圖"。次題"詩傳綱領"（隔七格）署"朱子"。次有《詩序》。換行低二格題"朱子辨説"。本文卷首題"詩卷第一"，隔九格題"朱子集傳"。卷末題"詩之一"。

首《詩圖》之末與尾題之間，有雙邊木記載"刊語"，文曰：

"《書傳》舊有鄒氏音釋，《詩傳》獨闕。讀者不無遺憾。本堂今以許益之《詩名物鈔》內音義纂釋爲之，仍間以何伯善音釋附焉。俾二書經傳俱有音釋，仍各纂圖于前，以備參考，正句讀，明事義，以便讀誦。大字刻梓，開卷瞭然，比之衆本皆善，收書君子，幸垂藻鑒。至正壬辰仲秋，宗文精舍謹識。"

《詩序》末及卷末有"足利學校如道寄進"，"如道寄進"的贈送識語。卷首以及《詩圖》中及卷末的上眉，皆有墨筆横書"學校常住足利學校"、"足利學校"、"野州足利庄學校常住也"。

封頁內側有"永正丁丑秋九月日修復焉，藝陽之之好老人"二行修補識語。此"之好"者，乃足利學校第五世庠主東井也。

卷末又有足利學校第九世庠主三要的"敬復齋"爵形墨印。全卷有室町時代末期與江户時代初期讀者的朱筆句點。

詩集傳音釋十卷

（宋）朱子集傳　　（元）許謙音釋

元至正年間（1341—1368年）刊本　共四冊
宮內廳書陵部藏本　原昌本坂學問所舊藏

【按】每半葉有界十三行，行二十三字。注文音釋雙行，行同正文。線黑口，雙黑魚尾。版心著録"詩（幾）（葉數）"。四周雙邊（21.3cm×13.5cm）。

此本無首目，本文卷首題"詩卷第一"次行低三格署"朱子集傳"，隔五格署"東陽　許謙音釋"。第三行低一格題"國風一"。卷中破損甚多，卷十一末二葉係補寫，也有後印補入者。

此本係明治二十四年（1891年）由內閣文庫移送宮內省圖書寮（即今宮內廳書陵部）。

卷中有"昌平坂學問所"、"文政乙酉"、"淺草文庫"、"大學校圖書之印"、"日本政府圖書"等印記。

森立之《經籍訪古志》卷一著録此本，謂"不記梓行年月，考字體恐是至正間刊本"。

詩集傳附録纂疏二十卷　附韓魯齊三家詩考六卷

（宋）朱熹集傳　　（元）胡一桂附録纂疏　《附録》（宋）王應麟撰

元泰定四年（1327年）翠巖精舍刊本　共八冊

静嘉堂文庫藏本　原計光炘　陸心源皕宋樓等舊藏

【按】每半葉有界十一行，行二十字。小字雙行，行二十四字或二十五字不等。細黑口，雙黑魚尾。版心著録"詩傳（幾）（葉數）"。"附録"、"纂疏"皆大字墨圖陰刻。四周雙邊（19.8cm×12.7cm）。

首目一冊，有《朱子詩傳纂集大成序》，題"泰定第四禩彊圉單閼（1327年）歲長至穀旦乙丑後學從仕郎邵武路總管府經歷致仕旴江揭祐民從年父書於建東陽翠巖劉氏家塾。"次有《詩傳附録姓氏》、《詩傳纂疏姓氏》、《十五國都地理之圖》、《語録輯要》、《詩傳綱領》等。題署"朱子集傳"次行低七格署"新安後學胡一桂附録纂疏"。

《語録輯要》後隔二行，有"泰定丁卯仲冬，翠巖精舍新刊"十二字篆文雙行木記。

第二冊首列淳熙四年（1177年）丁酉冬十月朱熹《詩集傳序》。次有《詩篇目録》。後有刊語木記，文曰：

"文場取士，《詩》以朱子集傳爲主，明經也。新安胡氏編入《附録纂疏》，羽翼朱傳也。增以浚儀王內翰《韓魯齊三家詩考》，求無遺也。今以《詩考》，謹鋟諸梓，附於集傳之後，合而行之。學詩之士，潛心披玩，蚩英

詳於場屋間者,當自此得之。時泰定丁卯日
長至後學建安劉君佐謹識。"

本文卷首題"詩卷第一",次行低三格署"朱
子集傳",次行低六格署"新安後學胡一桂附錄
纂疏",次行低一格題"國風一"。

卷中有"曦伯所藏"、"冷音閣"、"計光炘印"、
"曦伯"、"秀水計光炘曦伯氏"、"計曦伯家珍
藏"、"啓淑信印"以及"匏如珍藏書籍私記"、
"古舸襄城計光曦伯之章"、"守黌齋藏書"、"臣
陸樹聲"、"歸安陸樹聲叔桐父印"等印記。

韓魯齊三家詩考六卷

(宋)王應麟撰
元泰定年間(1324—1327年)刊本　共一冊
靜嘉堂文庫藏本　原陸心源皕宋樓等舊藏
【按】每半葉有界十一行,行二十二字。注文
小字雙行。細黑口,雙黑魚尾。版心著錄"詩
考(幾)、(葉數)"。四周雙邊(19.2cm ×
12.6cm)。

此本係《詩集傳附錄纂疏》附錄之零本。

首有元延祐甲寅(1314年)胡一桂《序》,次
有《三家詩傳授圖》一葉,次有《韓魯齊三家詩
考目錄》。本文卷首題"詩考卷之一",次行題
"韓詩"。

是本卷目如次:
卷一　韓詩;　　卷二　魯詩;
卷三　齊詩;　　卷四　逸詩;
卷五　詩異字異義;　卷六　補遺。

陸心源《儀顧堂跋》卷一著錄此本。

【附錄】江户時代有《詩考》寫本一卷,題署
"宋王應麟撰"。此本係青山延于繕寫,紙本縱
28cm。此本今藏於國會圖書館。

三家詩考六卷　詩地理考六卷

(宋)王應麟撰
明刊本　共一冊
東北大學附屬圖書館狩野文庫藏本　原狩
野亨吉等舊藏

詩地理考六卷

(宋)王應麟撰　　(明)毛晉校
明虞山毛氏汲古閣刊本
東京大學東洋文化研究所藏本

詩(集)傳通釋二十卷　附詩傳綱領一卷

(宋)朱子集傳　　(元)劉瑾通釋
元至正壬辰(1352年)日新堂刊本　共十二
冊
尊經閣文庫藏本　原江户時代加賀藩主前
田綱紀等舊藏
【按】每半葉有界十二行,行二十一字或二十
二字不等。傳文低一格,中字單行二十二字,
通釋低一格,小字雙行二十二字。粗黑口,雙
黑魚尾,版心著錄"詩釋(幾)(葉數)"。文中
"愚按"或引用書名、姓名,皆用墨圍陰刻。四
周雙邊(19.8cm×13cm)。

首有朱熹《詩集傳序》,次有《詩傳通釋外綱
領》,《詩傳綱領》等。本文卷首題"詩卷第一"
次行低五格署"朱子集傳",次行低十格署"後
學安成劉瑾通釋",次行低一格題"國風一"。

卷一末尾題前有雙行刊印木記"至正壬辰仲
春,日新書堂刻梓"。然《外綱領》末缺葉,卷十
五的第二葉係補寫。卷中有朱筆圈引點,卷中
有室町時代(1393—1573年)的朱筆訓點等。

傅增湘《藏園羣書經眼錄》卷一著錄此本。

【附錄】《官版書籍解題略》卷上著錄"《詩傳
通釋》二十卷",題"(元)劉瑾撰",并曰:"其學
問之淵源,蓋出於朱子,故是書之大意在於發
明《集傳》"云云。

《昌平坂御書目》亦著錄此書

日本仁孝天皇文政十三年(1830年)官版刊
印《詩集傳通釋》二十卷。此書於孝明天皇嘉
永三年(1850年)由出雲寺萬次郎重刊。

詩(集)傳通釋二十卷　附詩傳綱領一卷

(宋)朱子集傳　　(元)劉瑾通釋
元至正壬辰(1352年)日新堂刊本　共八冊

静嘉堂文庫藏本　原周星詒瑞瓜堂　陸心源皕宋樓等舊藏

【按】此本行款格式與尊經閣文庫所藏元至正十二年日新堂刊本同。卷一末缺葉，故無刊記。

首册副葉有周季既（星詒）手識文，間有磨損不可辨者，其文曰：

“《詩傳通釋》二十卷，詒丙寅購之福州藏書家。生平于經學蒙昧無識，願習緒論于先生長者，偏好古義，厭薄宋元，收蓄諸本，憑爲所彙。此帙前後無序跋，審別紙墨堅緻精好，定是元槧元印，因收之以爲校勘經文之用，然莫知爲何年所刻也。今年得張氏《藏書志》，有元至正刊附《詩傳綱領》本，云卷一後有‘至正壬辰仲春，日新堂梓□印□’。此本卷一尾失其一葉，又逸《綱領》，意當與張所記同爲一本也。”

卷二十尾題下又有清同治六年（1867 年）周星詒手識文一行。其文曰：“周季既星詒讀丁卯冬末。”

陸心源《儀顧堂續跋》卷二著錄此本，并曰：

“（前略）其書以朱子《集傳》爲主，而採諸經及《毛傳》、《鄭箋》、《史記》、《漢書》、《列女傳、》、《說文》、《廣韻》、陸機《草木疏》、郭璞《爾雅注》、陸德明《釋文》、《本草注》、《埤雅》、歐陽子、程子、張子、吕東萊、陳少南、嚴氏、輔氏、吕與叔、吕和叔……數十家之說以釋之。《詩小序》次每篇之後，‘辨說’次序之後（下叙行款格式，略之）。經文無譌字，反切不改直音，朱子說無删削，多與宋刊《集傳》同，足以正俗本之譌。瑾，江西安福縣人。安福爲漢安成縣境。自署安成者，古縣名也。顧亭林《日知錄》謂‘明永樂時，纂《詩經大全》，胡廣等全襲瑾書，但改“愚案”二字爲安成劉氏曰’。今勘之果然。惟此書《小序》次于每篇之後，《大全》則統冠全書耳。考訂非宋人所長，瑾書雖名《通釋》，而于朱子所未詳者，如‘居居究究，鈎援臨衝’之類，未能證佐一字。按語多淺陋疏舛，不僅陳氏

《毛詩稽古篇》所駁已也。其所採集，取之東萊《讀詩記》、嚴氏《詩緝》，輔廣《童子問》者居多，未必代山自造。《吉安府志》稱瑾肆力治詩，考正諸國世次、作者時世，察其源流，辨其音韵，審詩樂之合，窮删定之由，能發朱子之蘊云云，不免鄉曲私譽，未足爲信。惟瑾鄉里小儒，見聞寡陋，無足深責。廣奉命纂修，將垂爲一代之典，公然行竊以冒賞，吾爲世之竊高位者羞之。”

此本卷中有“星詒印信”、“祥符周氏瑞瓜堂圖書”、“瑞瓜堂印”、“星詒”、“季既”、“周千秋”、“曼嘉”、“汝南”、“臣陸樹聲”、“歸安陸樹聲叔桐父印”等印記。

森立之《經籍訪古志》卷一著錄原昌平坂學問所舊藏元至正刊本《詩集傳通釋》二十卷，行款與日新堂本皆同。

（李適仲黄實夫）毛詩集解四十二卷　首一卷

（宋）李樗　黄櫄講義　吕祖謙釋音
明刊本　共二十一册
蓬左文庫藏本

慈湖詩傳二十卷

（宋）楊簡撰
文瀾閣傳抄本　共四册
静嘉堂文庫藏本　原陸心源十萬卷樓舊藏

魯詩世學三十二卷

（宋）豐稷正音　（明）豐熙正説　豐道生考補
明人寫本　共十册
尊經閣文庫藏本　原江户時代加賀藩主前田綱紀等舊藏

詩童子問二十卷　首二卷

（宋）輔廣撰
元至正甲申（1344 年）崇化余氏勤有堂刊本
宮内廳書陵部藏本　原林氏大學頭家等舊藏

【按】每半葉十一行,行二十一字。注文雙行。小黑口,雙黑魚尾。版心著録"詩傳卷(幾),(葉數)"。注文中"童子問"皆墨圍陰刻,以與"集傳"相區別。裏葉左上欄外有耳格,記章名。四周雙邊(20.9cm×12.4cm)。

首有至正癸未秋(1343 年)會稽胡一中《序》,叙此書刊行經緯甚詳,其文曰:

> "曩於檇李,聞士夫藏是書如至寶,傳是書如秘術,殊有負著述之本意。今閱建陽書市,至余君志安勤有堂,訪得是書而鋟諸梓,載文公傳於上而附《童子問》於下,粲然明白。作而喜曰,昔私於家傳者今公於天下後世矣,學者抑何幸焉。"

胡序之後,有朱熹《詩集傳序》,《十五國風地理之圖》,《詩傳童子問協韻考異(南康胡述伯量傳,門人輔廣輯録)》,《朱氏詩傳綱領》,《朱子詩傳童子問師友粹言》等,後有題署"咸淳七年辛未七月旦日　嗣孫之望謹識"的《跋》。《跋文》裏葉有雙行刊印木記曰"崇化余志安,刻於勤有堂"。木記左傍,另刻一行曰"至正甲申上元印"。

本文卷首題"詩卷第一",次行低五格署"朱子集傳",次行低九格署"門人輔廣學",次行低一格署"國風一"。

今缺卷二,殘存十九卷,共十册。卷首胡一中《序》及《師友粹言》,《協韻考異》,《詩傳綱領》,并卷一本文,皆係鈔補。《詩序》末及卷四、卷七、卷十、卷十六、卷十八、卷二十諸卷末,有"文安四星中春十又五日　奉持慶伯"或"文安四星中春十五日　奉持慶伯"或"文安四年式月十五日　奉持慶伯"諸手書墨蹟(文安四年係 1447 年)。卷中有"昌平坂學問所"、"述齋衡新收記"、"林氏藏書"、"淺草文庫"、"書籍館印"、"大學藏書"、"文化丁丑"及"日本政府圖書"等印記。

【附録】《官版書籍解題略》卷上著録"《詩童子問》十卷",并曰:"輔廣字漢卿,曾從吕祖謙游,後從朱子講學。是編之大旨,則以《詩經》之《集傳》爲羽翼,述平日聞於朱子之説。又採

《尚書》、《周禮》、《論語》等'詩説',并加注釋。且録諸儒之辨説,以明讀《詩》之法"云云。

《昌平坂御官板書目》亦著録是書。

日本仁孝天皇文化十二年(1829 年)昌平坂學問所刊印《詩童子問》八卷《首》一卷《末》一卷。

詩童子問二十卷　首二卷

(宋)輔廣撰

元至正甲申(1344 年)崇化余氏勤有堂刊本　共十册

尊經閣文庫藏本　原江户時代加賀藩主前田綱紀等舊藏

【按】此本與宫内廳書陵部所藏本爲同一刊本,行款格式皆同。

今缺卷十八至卷二十,殘十七卷,共十册。此本經文中有室町時代(1393—1573)後期所施朱筆訓點,注文中有朱筆句點。首尾的内葉上有"付与　玄碩九易叟",後有"宗藝"二字朱印文。第二册即"詩序"之末,有"十一月十三冬至之日點了"的朱筆識語。

詩童子問十卷

(宋)輔廣撰

明毛氏汲古閣刊本　共四册

静嘉堂文庫藏本

詩緝(殘本)三十三卷

(宋)嚴粲撰

元余氏刊本　共十五册

宫内廳書陵部藏本　原佐伯藩主毛利高標等舊藏

【按】每半葉十行,行二十四字或二十三字。注文小字雙行,行同正文。小黑口,雙黑魚尾。版心著録"詩緝卷(幾)(葉數)"。裏葉左上欄外有耳格,記詩名。四周雙邊(19.3cm×12.4cm)。

前有林希逸《嚴氏詩緝序》,次有《蒙齋袁先生手帖》,次有淳祐戊申(1248 年)夏五月嚴粲

《自序》，其文曰：

"二兒初爲《周南》、《召南》，受《東萊議》，誦之不能習。余爲緝諸家說，句析其訓，章括其旨，使之瞭然易見。既而友朋訓其子若弟者，競傳寫之。困于筆札，胥命鋟之木，此書便童習耳。詩之興，幾千年於此矣，古今性情一也。人能會孟氏說詩之法，涵泳三百篇之性情，則悠然見詩人言外之趣。毛鄭以下，且束之高閣，此書覆瓿可也。"

又有《詩緝條例》，其文曰：

"集諸家之說爲《詩緝》，舊說已善者，不必求異；有所未安，乃參以己說。要在以意逆志，優而柔之，以求吟詠之情性而已。字訓句義，插注經文之下，以著所從，乃錯綜新舊說，以爲章指，順經文而點掇之，使詩人紆餘涵泳之趣，一見可了，以便家之童習耳。"

又有《清濁音圖》，次有《十五國風》，次有《地理圖》，次有《毛詩綱目》等。

《地理圖》後，有"余氏棨于家塾"一行。《毛詩綱目》後，有"勤有書堂梓刻"一行。卷末又有"余志安刊于家塾"一行。

是書全本凡三十六卷，今闕卷十九、卷二十六、卷二十七，凡三卷，實存三十三卷。

此本原係豐後佐伯藩主毛利高標等舊藏。仁孝天皇文政年間（1818—1830年）由出雲守毛利高翰獻於德川幕府。明治初期經太政官文庫而歸內閣文庫。明治二十四年（1891年）移入宮內省圖書寮（即今宮內廳書陵部）。

卷首有"佐伯侯毛利高標字培松藏書畫之章"印記。卷一、卷六、卷十二、卷二十四、卷二十九諸卷卷首，有"弱水三萬里"印記。又，每冊首有"祕閣圖書之章"、"帝室圖書之章"等印記。

詩緝三十六卷

（宋）嚴粲撰
明味經堂刊本　共十二冊
静嘉堂文庫　大倉文化財團藏本

【按】每半葉九行，行十八字。白口，左右雙邊。

前有林希逸《嚴氏詩緝序》，并宋淳祐戊申（1248年）嚴粲《自序》。

静嘉堂文庫藏本，原係陸心源十萬卷樓舊藏。卷中有"歸安陸樹聲叔桐父印"等印記。

大倉文化財團藏本，卷中有"繹經堂"，"會稽章氏"等印記。

【附錄】日本仁孝天皇天保十五年（1844年），姬路仁壽館刊《詩緝》三十六卷。此本係據明味經堂本覆刊。弘化二年（1845年）由大阪河內屋喜兵衛等印製。

詩緝三十六卷

（宋）嚴粲撰
明刊本　共三十冊
尊經閣文庫藏本　原江戶時代加賀藩主前田綱紀等舊藏

毛詩要義二十卷

（宋）魏了翁撰
宋淳祐十二年（1252年）魏克愚徽州郡齋刊本　錢天樹　莫友芝手識本　日本重要文化財　共三十二冊
天理市圖書館藏本　原曹棟亭等舊藏

【按】每半葉有界九行，行十八字。白口，雙黑魚尾。左右雙邊，（20cm×14cm）。版心題"毛詩要義一上（——廿下）"，並記刻工姓名，如宇、成、王、熊、子文、子全、子仁、伯才、成有、仁甫、葉朋、葉友、季升、丁輝、蔡智、士心、江才、江元、劉文、思中、游成、游京、文茂、文民、元吉、范伯才、劉子文等。

卷初有《毛詩要義目錄》及《毛詩譜序要義》。本文卷首題"毛詩要義卷第一上周南關雎葛覃"。

卷中避宋諱，然諱字缺畫並不十分嚴格，"絃、弘、匡、筐、恒、禎、貞、吉、桓、完、構、觀、慎、惇、敦"等字，常見缺筆，止於光宗。

第一册内有錢天樹及莫友芝手識文,分記于次。

錢天樹"識文"曰:

"宋魏鶴山先生於理宗嘉熙元年丁酉以權工部侍郎忤時相,謫靖州,取九經注疏,删繁去蕪,爲《要義》百六十三卷,《宋史·藝文志》分載其書。當時陳、晁兩家,著録頗稱浩博,亦不及載,則知此書已不可多見矣。《欽定四庫全書》只載《周易》、《儀禮》,尚是全帙;《尚書》、《春秋》皆非完本。近揚州阮氏,復得《尚書》三卷,即《四庫》所缺之卷,又《禮記》卅一卷,首缺《曲禮》上下兩卷,其餘四經,竟無從咨訪矣。壬辰仲春,遂江聲不惜重值,購得宋槧《毛詩要義》,首尾完整,觸手如新,爲曹棟亭舊藏本。首列《目録》,次《譜序》,又次《詩要義》二十卷。其一、二、五、六、十二至十七等卷分上下子目,四卷及十八、十九卷分上中下子目,其餘均作一卷總子目,並序計三十八卷。展讀之下,古香可掬,真希世之祕笈也。其體裁與《周易》等相同。有與疏本連文,而《要義》取一、二則者,列其次目于眉上,不復分裂原文,隸標目之尤爲簡當,傳箋遺辭博奧,孔氏因劉炫等書爲《正義》,於地理名物,靡不旁搜曲引,以資考核。故其疏,較他經爲密。鶴山復擷其要領,以經及傳箋爲綱,以《正義》爲目,有條不紊,易於記誦,洵治經者不可少之書。鶴山所輯,尚是當時善本,必與今通行之本大有不同,異日再爲細校一過,始無遺憾。郡城金氏藏有宋槧《禮記》首兩卷,即阮氏所缺之帙,當訪求之。從此,《易》、《書》、《詩》、二《禮》五經,皆成完書,真大快事也。遂江席豐履厚而不以他好縈心,惟古人祕笈搜訪,不遺餘力,是可尚已。今擬將付梨棗,公諸同好,使數百年古籍晦而復顯,其有功於藝林,豈淺鮮哉!因爲識此。錢天樹。"

此識文後,又有莫友芝手識文,其文曰:

"魏鶴山先生《毛詩要義》三十八卷,爲文淵閣著録所未及。道光間儀徵相國採進遺書,亦未之見。上海郁泰峰氏乃蒐獲曹棟亭舊弆宋槧于嘉興士家,海内更無第二本,遂卓爲宜稼堂數十宋槧之冠。友芝同治乙丑五月來滬上,珍重假讀,心神開曠,百慮盡消,斷推此游第一快事。友芝夙有詳校《毛詩疏》,于乾嘉諸老所舉中外舊本異同一一甄録,唯未及《要義》本。他日再必爲滬游,必挾以來更乞假細校一通,乃不虛此眼福也。　獨山莫友芝。"

兩"識文"後,皆有印記。

卷中另有"棟亭曹氏藏書"、"長白敷槎氏董齋昌齡圖書印"、"桐鄉沈炳垣手讀書記"、"合肥李氏望雲艸堂珍藏金石圖書之章"、"小畫禪室"、"程印伯奮"等印記。終册之末,有"道光丁未自春徂秋桐鄉沈炳垣手讀一過"墨書兩行。

此本於1966年(昭和四十一年)已被日本"文化財審議委員會"確認爲日本"重要文化財"。

(新刊直音傍訓纂集)東萊毛詩句解二十卷

(宋)李公凱撰

宋坊刊本　朱彝尊手識本　共六册

静嘉堂文庫藏本　原朱彝尊等舊藏

【按】每半葉十三行,行二十二字至二十四字不等。小字雙行,行二十四字至二十七字不等。線黑口,雙黑魚尾。版心著録"詩(幾)(葉數)"。左右雙邊(18.3cm×11.8cm)。

首有《毛詩句解綱目》。此《綱目》所列之目止於卷十五,然本文分爲二十卷。分卷次第,卷五以下"綱目"與本文間有出入。本文卷首題"新刊直音傍訓纂集東萊毛詩句解卷之一",次行低七格署"宜春　李公凱　仲容"。卷三尾題以下(卷四始)無"新刊"二字。

前有朱竹垞老人七十二歲時手識文,其文曰:

"《毛詩句解》二十卷,宜春李公凱仲容撰。宋自淳熙而後,説詩者率遵朱子之傳,去序言經。仲容獨取呂氏之書,檃括以淑後

進,其亦異乎剿説雷同者矣。是編購之吴興
書估舟中。原序失去,稽諸《袁州府志》,竟
没而不書,無從攷其官閥門世,惜矣。竹垞
老人書於新憪齋中,時年七十有二。"

文後有"彝尊私印"白文方印,"竹宅"朱文方
印。卷中有"吴興陳經印信"、"陳經之印"、"辛
夷"、"綏之"、"朱彝尊印"、"彝尊私印"、"竹
垞"、"一日三秋"、"一硯梨華雨"、"臣陸樹聲"、
"歸安陸樹聲所見金石書畫記"、"歸安陸樹聲
叔桐父印"等印記。

陸心源《儀顧堂題跋》卷一著録此本,并曰:

"《新刊直音旁訓纂集東萊毛詩句解》十
五卷,題曰宜春李公凱仲容。宋季坊刊本。
(中略)宋諱有缺有不缺,宋季坊刊往往如
此。公凱事蹟無考,據題名知爲江西宜春
人,字仲容而已。其書以《東萊讀書記》爲
宗,隱括其意,顯易其辭。字之難者,各爲直
音,人名、語助及字義之隱奥者,則訓于傍,
故曰'直音傍訓句解'也。雖爲鄉塾啓迪幼
學之書,而不逐時風,尊尚小序,其亦異乎依
草附木者矣。前有竹垞老人七十二歲手跋,
與《曝書亭集》所刊小有不同。有'彝尊私
印'四字白文方印,'竹垞'二字朱文方印,
'陳經之印'四字白文方印。蓋即竹垞所藏,
後歸吾鄉陳抱之者。恐世間無第二本矣。
仲容所著,尚有《周易句解》十卷,《柯山尚書
句解》三卷,今皆不傳。"

詩經疏義(詩傳義詳釋發明　詩傳會通)二十卷

(元)朱公遷疏義　王原夫輯録　何積中增
釋

明正統年間(1436—1449年)刊本　共八册
静嘉堂文庫藏本　原馬笏齋　陸心源皕宋
樓等舊藏

【按】前有朱熹《集傳序》,并元至正丁亥
(1347年)八月朱公遷《自序》。

是書題曰《詩經疏義》,又題曰《詩傳義詳釋
發明》,版心又標《詩傳會通》。

卷中有"白鹽馬氏笏齋珍藏之印"朱文方印。

詩演義十五卷

(元)梁寅撰
文瀾閣傳抄本　共八册
静嘉堂文庫藏本　原陸心源十萬卷樓舊
藏

詩續緒十八卷

(元)劉玉汝撰
文瀾閣傳抄本　共六册
静嘉堂文庫藏本　原陸心源十萬卷樓舊
藏

詩義集説四卷

(明)孫鼎撰
明人寫本　共六册
静嘉堂文庫藏本　原抱經堂等舊藏
【按】是本係從明正統十二年(1447年)原刻
本影寫,惜其序文已佚。
卷中分"總論"、"章旨"、"節旨"各類,展帙釐
然,頗屬精備。
卷中有"抱經堂印"朱文方印、"曾在上海郁
泰峰家"朱文長方印等。

詩傳大全二十卷　首不分卷

(明)胡廣等奉敕撰
明吴郡顧氏詩瘦閣刊本
東京大學東洋文化研究所藏本
【按】每半葉八行,行二十一字。
【附録】據《商舶載來書目》記載,後櫻町天皇
明和四年(1766年)中國商船"志字號"載《詩
傳大全》二帙抵日本。
另據《書籍元帳》記載,仁孝天皇弘化二年
(1845年),日本又從中國輸入《詩經大全》二
套,價二十五匁。
《漢籍發賣投標記録》記弘化二年(1845年)
《詩經大全》投標價格分別爲十六匁、十六匁五
分、二十伍匁。
又《倭板書籍考》卷二著録"《詩經大全》二十

卷《首》一卷",并曰:"和本分二册。首卷載
《序》、《朱子辨説》、《大全凡例》、《大序》、《小
序》、《圖説》、《大全綱領》等。"

詩傳大全二十卷　圖一卷

(明)胡廣等奉敕撰
明刊本　共十六册
東京大學東洋文化研究所　静嘉堂文庫藏
本

詩經大全二十卷　首一卷

(明)胡廣等奉敕撰
明嘉靖元年(1522年)福建劉輝刊本　共十
册
龍谷大學大宮圖書館藏本　原寫字臺文庫
舊藏
【附録】日本江户時代京都吉文字屋莊右衛
門刊印《申學士校正詩經大全》二十卷《首》二
卷。卷首題署"明胡廣等奉敕撰"。

(葉太史參補古今大方)詩經大全十五卷　首一卷

(明)胡廣等奉敕撰　葉向高輯　張以誠校
明萬曆三十三年(1605年)建安書林余氏刊
本
東京大學總合圖書館　東北大學附屬圖書
館狩野文庫　廣島大學文學部　早稻田大學
圖書館　大垣市立圖書館藏本
【按】東京大學總合圖書館藏本,卷中有讀者
批注,共十册。
東北大學狩野文庫藏本,原係狩野亨吉等舊
藏。此本今闕首一卷,共十三册。
廣島大學文學部藏本,共十册。
早稻田大學圖書館藏本,共八册。
大垣市立圖書館藏本,共十六册。

(葉太史參補古今大方)詩經大全十五卷　首一卷

(明)胡廣等奉敕撰　葉向高參補

明清白堂刊本
東京大學東洋文化研究所大木文庫藏本

(葉太史參補古今大方)詩經大全(殘本)十四卷　首一卷

(明)胡廣等奉敕撰　葉向高輯　張以誠校
明刊本　共十二册
早稻田大學圖書館藏本　原中村進午家中
村進午文庫等舊藏
【按】是書全本凡十五卷。此本今缺卷第一,
實存十四卷。

詩經大全(殘本)首一卷

(明)胡廣等奉敕撰
明萬曆年間(1573—1620年)刊本　共一册
小濱市立圖書館　御茶之水圖書館藏本
【按】每半葉無界十一行,行二十字。白口,
四周雙邊。上欄有音注。
小濱市立圖書館藏本,原十五卷,今惟存
《首》一卷。共一册。
御茶之水圖書館藏本,原係天海大僧正、德
富蘇峰等舊藏。今存卷八、卷九、卷十、卷十一
凡四卷。有"天海藏"墨色印記。藍色紙封面,
係明代殘存。共二册。

詩説解頤正釋三十卷　總論二卷　辨字八卷

(明)季本輯抄　馬棫校正
明嘉靖庚申年(1560年)胡宗憲刊本
内閣文庫　静嘉堂文庫藏本
【按】每半葉十行,行二十一字。白口,左右
雙邊。
前有明嘉靖庚申(1560年)胡宗憲《序》,并
嘉靖丁巳(1557年)季本《自序》。
内閣文庫藏此同一刊本兩部。一部原係紅
葉山文庫舊藏,一部原係木村兼葭堂舊藏。
静嘉堂文庫藏本,原係陸心源十萬卷樓舊
藏。卷中有後人補寫。又有"帶經堂陸氏藏書
印"朱文長方印。共八册。
【附録】據《商舶載來書目》記載,日本桃園天

皇寶曆十三年(1763年)中國商船"志字號"載《詩說解頤》一部一帙抵日本。

毛詩鄭箋纂疏二十卷　首一卷

(明)屠本畯撰

明萬曆二十二年(1594年)玄鑒室刊本　共七册

內閣文庫藏本　原昌平坂學問所等舊藏

【按】每半葉十行,行二十字。小字雙行,行同正文。白口,左右雙邊。

六家詩名物疏五十五卷　提要三卷

(明)馮應京撰

明萬曆三十三年(1605年)刊本

內閣文庫　國會圖書館　尊經閣文庫　愛知大學簡齋文庫　東京大學總合圖書館　龍谷大學大宮圖書館藏本

【按】每半葉九行,行十九字。白口,四周單邊。

內閣文庫藏本,原係紅葉山文庫舊藏。共二十册。

國會圖書館藏本,原裝十册,今合爲五册。

尊經閣文庫藏本,原係江戶時代加賀藩主前田綱紀等舊藏,共十二册。

愛知大學簡齋文庫藏本,原係小倉正恒等舊藏。此本今闕《提要》三卷,共十册。

東京大學總合圖書館藏本,共九册

龍谷大學大宮圖書館藏本,共八册

【附錄】據《商舶載來書目》記載,日本桃園天皇寶曆四年(1754年)中國商船"利字號"載《六家詩名物疏》一部一帙抵日本。

六家詩名物疏五十四卷　提要三卷

(明)馮應京撰

明刊本　共八册

靜嘉堂文庫藏本　原陸心源十萬卷樓舊藏

(新刻顧隣初太史硃批)詩經金丹八卷　首一卷

(明)顧起元撰　潘曉輯

明版築居十行刊本　共四册

內閣文庫藏本

詩經類考三十卷

(明)沈萬鈳撰　沈萬銘等校

明崇禎年間(1628—1644年)華亭陳氏刊本

內閣文庫　尊經閣文庫　蓬左文庫　東京大學東洋文化研究所　關西大學泊園文庫藏本

【按】內閣文庫藏本,原係林大學頭家舊藏。今闕卷一至卷四,卷十七至卷二十五,并卷二十六下,凡十三卷又半,僅存十六卷又半,共十册。

尊經閣文庫藏本,原係江戶時代加賀藩主前田綱紀等舊藏,共二十册。

蓬左文庫藏本,係明正天皇寬永五年(1628年)從中國購入,原係江戶時代尾張藩主家等舊藏。卷中有"尾陽內庫"印記,今闕《序》。共二十册。

東京大學藏本,皆十四册。

關西大學藏本,原係藤澤東畡、藤澤南陽、藤澤黄鵠、藤澤黄坡三世四代泊園書院舊藏,共十四册。

【附錄】據《商舶載來書目》記載,日本中御門天皇享保十一年(1726年)中國商船"老字號"載《詩經類考》兩套抵日本。

毛詩微言二十卷　首一卷

(明)唐汝諤撰

明末刊本　共十册

內閣文庫藏本　原林氏大學頭家等舊藏

【附錄】據《商舶載來書目》記載,日本後櫻町天皇明和二年(1765年)中國商船"滿字號"載《毛詩微言》一部一帙抵日本。

(新鐫)詩經微言合參八卷

(明)唐汝諤撰　張以誠參定

明無界十行刊本　共四册

蓬左文庫藏本

詩經鍾評四卷

（明）鍾惺評
明泰昌元年（1620 年）刊本　共三冊
內閣文庫藏本　原昌平坂學問所等舊藏
【按】每半葉八行，行十七字。白口，四周單邊。

鍾伯敬先生評點詩經（不分卷）

（明）鍾惺評
明刊本　共二冊
內閣文庫藏本　原紅葉山文庫等舊藏
【附錄】據《商舶載來書目》記載，日本東山天皇寶永四年（1707 年）中國商船"老字號"載《鍾伯敬批點詩經》一部二本抵日本。

古名儒毛詩解十六種十九卷

（明）鍾惺編
明刊本　共十冊
內閣文庫藏本　原紅葉山文庫等舊藏
【按】是書目次如下：
第一冊　（周）卜商《小序》一卷
　　　　（周）端木賜《新刻詩傳》一卷
第二冊　（漢）鄭玄《新刻詩譜》一卷
　　　　（漢）申培《新刻詩說》一卷
　　　　（宋）朱熹《新刻詩傳綱領》一卷
第三冊　（宋）黃震《新刻讀詩一得》一卷
　　　　（宋）朱得之《新刻印古詩語》一卷
第四冊　（宋）王應麟《新刻玉海紀詩》一卷
　　　　（宋）王應麟《新刻困學紀詩》一卷
第五冊　（宋）王應麟《新刻詩考》一卷
第六冊　（宋）王應麟《新刻詩地理考》一卷（上）
第七冊　（宋）王應麟《新刻詩地理考》一卷（下）
第八冊　（宋）章如愚《新刻山堂詩考》一卷
　　　　（宋）馬端臨《新刻文獻詩考》二卷
第九冊　（明）胡纘宗《新刻胡氏詩識》三卷
第十冊　（明）薛瑄《新刻讀詩錄》一卷

（明）鍾惺《新刻逸詩》一卷

詩經備考二十四卷　首一卷

（明）鍾惺　韋調鼎撰
明崇禎十四年（1641 年）刊本
內閣文庫　蓬左文庫　尊經閣文庫藏本
【按】每半葉十行，行十九字。白口，四周單邊。
前有南豐湯來賀《序》。
內閣文庫藏此同一刊本三部。一部共十冊。一部原係紅葉山文庫舊藏，共十冊。一部原係林氏大學頭家等舊藏，共八冊。
蓬左文庫藏本，共八冊。
尊經閣文庫藏本原係江戶時代加賀藩主前田綱紀等舊藏，此本今缺《首》一卷，共八冊。

詩經纂注（詩經約注）八卷

（明）鍾惺撰
明刊本　共三冊
內閣文庫藏本

（新刻）讀詩錄一卷　附（新刻）逸詩一卷

（明）薛瑄撰　《附》（明）鍾惺撰
明刊本　共一冊
內閣文庫藏本　原木村兼葭堂等舊藏

詩通四卷

（明）陸化熙撰
明萬曆年間（1573—1620 年）童憶泉刊本
共二冊
內閣文庫藏本
【按】每半葉十行，行二十二字。白口，四周單邊。

詩傳闡二十三卷

（明）鄒忠胤撰
明崇禎八年（1635 年）刊本　共十冊
內閣文庫藏本　原豐後佐伯藩主毛利高標等舊藏

【按】每半葉九行,行二十字。白口,四周單邊。

此本係仁孝天皇文政年間(1818—1829 年)由出雲守毛利高翰獻贈幕府。明治初期經太政官文庫而歸內閣文庫。

卷中有"佐伯侯毛利高標字培松藏書畫之印"等印記。

(鼎鐫鄒臣虎增補魏仲雪先生)詩經脉講意八卷 首一卷

(明)魏浣初撰　鄒之麟　余應虬補

明刊本　共五冊

內閣文庫藏本

【按】每半葉十行,行二十四字。白口,四周單邊。

(鼎鐫仲初魏先生)詩經脉八卷　首一卷

(明)魏浣初撰

明萬曆四十五年(1617 年)刊本　共五冊

內閣文庫藏本　原豐後佐伯藩主毛利高標等舊藏

【按】此本係仁孝天皇文政年間(1818—1829年)由出雲守毛利高翰獻贈幕府。明治初期經太政官文庫而歸內閣文庫。

卷中有"佐伯侯毛利高標字培松藏書畫之印"等印記。

毛詩鳥獸草木攷二十卷

(明)吳雨撰　徐𤊹編

明萬曆三十四年(1606 年)刊本

宮內廳書陵部　內閣文庫　尊經閣文庫藏本

【按】每半葉九行,行十八字。白口,左右雙邊。

宮內廳書陵部藏本,附《天文考》,共八冊。

內閣文庫藏此同一刊本三部。一部共五冊;一部原係紅葉山文庫舊藏,共四冊;一部原林氏大學頭家舊藏,共四冊。

尊經閣文庫藏本,原係江戶時代加賀藩主前田綱紀等舊藏,共六冊。

(新鍥)詩經心鉢八卷

(明)方應龍撰

明萬曆年間(1573—1620 年)刊本

內閣文庫　尊經閣文庫藏本

【按】每半葉十行,行二十五字。白口,四周單邊。

內閣文庫藏本,共四冊。

尊經閣文庫藏本,原係江戶時代加賀藩主前田綱紀等舊藏,共六冊。

(鍥)詩經辯俗晤言八卷

(明)徐奮鵬撰　張以誠校

明建邑書林余彰德刊本　共六冊

蓬左文庫　東京大學東洋文化研究所藏本

詩經世本古義二十八卷　首一卷　末一卷

(明)何楷撰　何燾注

明崇禎十四年(1641 年)刊本

宮內廳書陵部　內閣文庫　蓬左文庫　尊經閣文庫　東京都立圖書館諸橋文庫　米澤市立圖書館　廣島市立淺野圖書館　酒田市立光丘文庫藏本

【按】每半葉九行,行二十字。小字雙行,行同正文。白口,四周單邊。首有范景文《序》等。

宮內廳書陵部藏本,共十四冊。

內閣文庫藏本,原係紅葉山文庫舊藏,今闕《末》一卷,共二十五冊。

蓬左文庫藏本,共十六冊。

米澤市圖書館藏本,原係米澤藩主家舊藏,共十六冊。

尊經閣文庫藏本,原係江戶時代加賀藩主前田綱紀等舊藏。此本今闕《首》《末》二卷,共十二冊。

東京都立圖書館諸橋文庫藏本,原係諸橋轍次舊藏,共三十冊。

廣島市立圖書館藏本,共三十二冊。

酒田市立光丘文庫藏本,共三十一册。

【附録】光格天皇寬政十年(1798 年)會津藩刊印《詩經世本古義》二十八卷,并《首》一卷、《尾》一卷。此本覆刊明崇禎年間本。

詩經考十八卷

(明)黃文焕撰　黃景昉等校
明崇禎年間(1628—1644 年)刊本
內閣文庫　尊經閣文庫　東京大學總合圖書館藏本

【按】每半葉十一行,行二十六字。白口,四周單邊。

內閣文庫藏此同一刊本三部。一部共十册;一部原係林氏大學頭家舊藏,共八册;一部原係紅葉山文庫舊藏,共四册。

尊經閣文庫藏本,原係江戶時代加賀藩主前田綱紀等舊藏,共十七册。

東京大學總合圖書館藏本,原係江戶時代紀州德川家南葵文庫等舊藏,共十八册。

(新鐫黃維章先生)詩經嬝嬛集注八卷

(明)黃文焕撰
明刊本　共四册
內閣文庫藏本

【附録】據《商舶載來書目》記載,日本桃園天皇寶曆四年(1754 年)中國商船"志字號"載《詩經嬝嬛》一部一帙抵日本。

詩經胡傳十二卷

(明)胡紹曾撰
明崇禎年間(1628—1644 年)刊本　共八册
尊經閣文庫藏本　原係江戶時代加賀藩主前田綱紀等舊藏

聖門傳詩嫡冢十六卷　附申公詩說一卷

(明)凌濛初撰　《詩說》(漢)申培撰
明崇禎年間(1628—1644 年)金閶安少雲刊本
內閣文庫　蓬左文庫　尊經閣文庫藏本

【按】每半葉十行,行二十字。白口,四周單邊。

前有明崇禎四年(1631 年)吳興凌氏《序》。

內閣文庫藏此同一刊本兩部。一部原係林氏大學頭家舊藏,共七册。一部原係紅葉山文庫舊藏,共四册。

蓬左文庫藏本,係明正天皇寬永十一年(1634 年)從中國購入,原係江戶時代尾張藩主家等舊藏。卷中有"尾陽內庫"印記。共八册。

尊經閣文庫藏本,原係江戶時代加賀藩主前田綱紀等舊藏,共七册。

聖門兩弟子言詩翼(不分卷)

(明)凌濛初撰
明萬曆年間(1573—1620 年)刊本　共四册
尊經閣文庫藏本　原係江戶時代加賀藩主前田綱紀等舊藏

(新刊吳航心法)詩經經論十卷

(明)闕名撰
明安正堂刊本　共五册
大阪府立圖書館藏本

(新刻)詩經聽月十二卷

(明)楊廷麟撰
明刊本　共八册
尊經閣文庫藏本　原係江戶時代加賀藩主前田綱紀等舊藏

(硃訂)詩經揆一宗旨八卷　首一卷

(明)楊廷麟撰　朱長祚補
明末朱墨套印刊本　共四册
內閣文庫藏本

詩經副墨八卷

(明)陳組綬撰
明刊本　共十册
尊經閣文庫藏本　原係江戶時代加賀藩主

前田綱紀等舊藏

多識編七卷

（明）林兆珂撰

明刊本

內閣文庫　蓬左文庫　尊經閣文庫藏本

【按】每半葉八行，行二十字。

內閣文庫藏本，原係紅葉山文庫舊藏，共六冊。

蓬左文庫藏本，係明正天皇寬永四年（1627年）從中國購入，原係江戶時代尾張藩主家等舊藏。卷內有“尾陽內庫”印記。共三冊。

尊經閣文庫藏本，原係江戶時代加賀藩主前田綱紀等舊藏，共六冊。

詩志二十六卷

（明）范王孫撰

明末刊本　共十二冊

內閣文庫　尊經閣文庫藏本

【按】每半葉九行，行二十二字。白口，四周單邊。

內閣文庫藏本，原係豐後佐伯藩主毛利高標等舊藏。此本係仁孝天皇文政年間（1818—1829年）由出雲守毛利高翰獻贈幕府。明治初期經太政官文庫而歸內閣文庫。卷中有“左伯侯毛利高標字培松藏書畫之印”等印記。

尊經閣文庫藏本，原係江戶時代加賀藩主前田綱紀等舊藏。

（新刻陳先生心傳辯疑訓解）詩經文林妙達二十卷

（明）陳紳撰　蔡慎徽編

明萬曆五年（1577年）建邑書林克勤齋余彰德刊本　共八冊

蓬左文庫藏本　原係江戶時代尾張藩主家等舊藏

【按】是書係明正天皇寬永九年（1632年）從中國購入，卷中有“尾陽內庫”印記。

毛詩古音攷四卷　讀詩拙言一卷

（明）陳第撰

明萬曆三十四年（1606年）刊本　共二冊

京都大學人文科學研究所東洋學文獻中心神戶大學附屬圖書館教養學部分館藏本

【按】是書前有明萬曆三十四年（1606年）陳第《自序》。

京都大學人文研藏本，並附《屈宋古音義》三卷（萬曆四十一年〈1613年〉自序刊本）、《伏羲圖贊》二卷（萬曆三十七年〈1609年〉跋刊本）。

【附錄】據《商舶載來書目》記載，日本東山天皇元祿七年（1694年）中國商船“志字號”載《詩經古音考》一部四本抵日本。

日本江戶時代，有手寫本《毛詩古音考》四卷，并《讀詩拙言》一卷行於世。

詩樂圖譜十八卷　圖一卷

（明）衛良相等撰

明嘉靖十五年（1536年）國子監刊本　共六冊

內閣文庫藏本　原紅葉山文庫等舊藏

【附錄】據《商舶載來書目》記載，日本光格天皇寬政五年（1793年）中國商船“志字號”載《詩樂圖譜》兩帙抵日本。

（新刻翰林六進士參定劉先生）詩經博約說鈔十二卷

（明）劉前撰　敖崇化評校

明萬曆二十二年（1594年）書林鄭豪刊本共四冊

蓬左文庫藏本　原江戶時代尾張藩主家等舊藏

【按】是書係明正天皇寬永十一年（1634年）從中國購入，卷中有“尾陽內庫”印記。

詩經傳說取裁（殘本）十一卷

（明）張能鱗撰

明末刊本　共十一冊

内閣文庫藏本　原昌平坂學問所等舊藏

【按】是書全本凡十二卷，此本今闕卷一。

（新鍥縉雲江先生）詩經闡蒙衍義集注八卷

（明）江環撰

明萬曆二十三年（1595年）詹氏靜觀室刊本
共六册

内閣文庫藏本　原林氏大學頭家等舊藏

【附録】據《齎來書目》記載，日本中御門天皇
享保二十年（1735年）十一月，中國廣東船主
黄瑞周、楊叔祖等運載《詩經衍義》十部抵日
本。

（重訂縉雲江先生）詩經闡蒙衍義集注八卷

（明）江環撰

明刊本　共五册

内閣文庫藏本

（重鍥江縉雲江先生）詩經衍義集注八卷

（明）江環撰

明刊本　共四册

尊經閣文庫藏本　原江户時代加賀藩主前
田綱紀等舊藏

（新刻）詩經鐸振八卷

（明）江環撰

明萬曆四十四年（1616年）詹氏靜觀室刊本
共三册

内閣文庫藏本

（新鐫唐葉二翰林彙編詳訓精講新意備題標圖）詩經會達天機妙發二十卷

（明）唐文獻　葉向高撰

明萬曆年間（1573—1620年）刊本　共二十
册

尊經閣文庫藏本　原江户時代加賀藩主前
田綱紀等舊藏

（新刻十元魁述訂國朝五百名家）詩經文林正達二十卷

（明）唐文獻等撰

明萬曆年間（1573—1620年）刊本　共十册

尊經閣文庫藏本　原江户時代加賀藩主前
田綱紀等舊藏

（新刻翰林貢傳舉業全旨日講意）詩經發微集注八卷

（明）王應選撰　張利忠編

明刊本　共六册

内閣文庫藏本

（明朝張柱國發刻駱會魁家傳葩經講意）金石節奏四卷

（明）駱廷煒　駱日升撰

明萬曆二十五年（1597年）劉氏安正堂刊本
共三册

内閣文庫藏本　原林羅山等舊藏

【按】卷中有“江雲渭樹”等印記。

（鼎鐫臺晉駱先生輯著）詩經正覺十一卷

（明）駱日升撰

明刊本　共六册

尊經閣文庫藏本　原江户時代加賀藩主前
田綱紀等舊藏

詩經古注十卷

（明）李鼎　王思任編撰

明刊本　共十册

内閣文庫藏本　原昌平坂學問所等舊藏

毛詩蒙引二十卷　首一卷

（明）陳子龍撰

明刊本　共十册

尊經閣文庫藏本　原江户時代加賀藩主前
田綱紀等舊藏

【附録】《倭版書籍考》卷二著録“《毛詩蒙引》

二十一卷”，并曰“和訓係出山脅道圓之手”。

　　日本靈元天皇寬文十二年（1672 年）村上平樂寺刊印《毛詩蒙引》二十卷，并《首》一卷。此本後有河内屋茂兵衛覆印本。

（新刻）詩經八進士釋疑講意八卷

　　（明）張本編　唐順之講意
　　明萬曆年間（1573—1620 年）刊本　共四册
　　内閣文庫藏本　原林氏大學頭家等舊藏

詩經翼注八卷

　　（明）鄒之麟撰
　　明崇禎五年（1632 年）刊本　共五册
　　尊經閣文庫藏本　原江户時代加賀藩主前田綱紀等舊藏
　　【附録】據《齎來書目》記載，日本中御門天皇享保二十年（1735 年）十一月，中國廣東船主黄瑞周、楊叔祖運載《詩經翼注》五部抵日本。

詩經慧燈　國風字畫辨疑一卷　詩經物考一卷　詩經翼注八卷

　　（明）鄒之麟撰
　　明崇禎五年（1632 年）刊本　共五册
　　蓬左文庫藏本　原江户時代尾張藩主家等舊藏
　　【按】是書《辨疑》一卷及《物考》一卷，係朱墨套印。
　　卷中有“尾陽内庫”印記。

（新鐫鄒臣虎先生）詩經翼注講意四卷

　　（明）鄒之麟撰
　　明末刊本　共四册
　　内閣文庫藏本

（新刻黄石齋先生）詩經琅玕十卷　首一卷

　　（明）黄道周撰
　　明刊本　共四册
　　内閣文庫藏本

（新刻金陵原板）詩經開心正解七卷　首一卷

　　（明）邵芝南撰
　　明熊氏種德堂刊本　共二册
　　内閣文庫藏本

詩經説約二十八卷

　　（明）顧夢麟撰　楊彝校
　　明崇禎十五年（1642 年）太倉顧氏織簾居刊本
　　内閣文庫　尊經閣文庫藏本
　　【按】每半葉九行，行二十五字。小字雙行，行二十四字。白口，四周雙邊。
　　内閣文庫藏本，原係紅葉山文庫舊藏，共二十六册。
　　尊經閣文庫藏本，原係江户時代加賀藩主前田綱紀等舊藏，共十五册。
　　【附録】據《商舶載來書目》記載，日本中御門天皇正德元年（1711 年）中國商船“志字號”載《詩經説約》一部十六本抵日本。
　　又，《倭板書籍考》卷二著録“《詩經説約》二十八卷”，并曰“此書係崇禎年間顧夢麟所作也”。
　　日本靈元天皇寬文九年（1669 年）一月吉野屋權兵衛刊印《詩經説約》二十八卷，題“顧夢麟撰，楊彝校”。此本係翻刊明崇禎太倉顧氏織簾居本。同年十月有京都出雲寺泉掾重印本。同年十月還有京都河南儀兵衛重印本。

（纂序）詩經説約集注八卷　詩經八卷

　　（明）顧夢麟撰　劉日珩校　《詩經》（宋）朱熹集傳
　　明刊本　共四册
　　早稻田大學圖書館藏本　原服部南郭家服部文庫等舊藏
　　【按】卷中有日本江户時代服部元喬批寫的文字。

(新刻大小馮先生手授)詩經(詩經狐白)八卷

　　(明)馮元颺　馮元飆撰
　　明余氏躍劍山房刊本　共五册
　　內閣文庫藏本　原林氏大學頭家等舊藏

朱氏訓蒙詩門三十六卷

　　(明)朱日濬撰
　　明刊本　共三十二册
　　內閣文庫藏本　原昌平坂學問所等舊藏

鑑湖詩説四卷

　　(明)陳元亮撰
　　明刊本
　　內閣文庫　尊經閣文庫藏本
　　【按】內閣文庫藏此同一刊本三部。一部共
三册,一部原係林氏大學頭家舊藏,共四册,一
部原係紅葉山文庫舊藏,共三册。
　　尊經閣文庫藏本,原係江户時代加賀藩主前
田綱紀等舊藏,共四册。

詩經世業(殘本)十卷

　　(明)瞿汝説撰
　　明詹聖謨刊本　共五册
　　內閣文庫藏本
　　【按】是書全本凡十一卷,此本今闕卷第七。

(新刻七進士)詩經折衷講意四卷

　　(明)鄒泉輯
　　明刊本　共四册
　　尊經閣文庫藏本　原係江户時代加賀藩主
前田綱紀等舊藏

(陸先生)詩筌四卷

　　(明)陸燧撰
　　明刊本　共三册
　　尊經閣文庫藏本　原係江户時代加賀藩主
前田綱紀等舊藏

(重訂)詩經疑問十二卷

　　(明)姚舜牧撰
　　明刊本　共六册
　　宮內廳書陵部　静嘉堂文庫藏本
　　【附録】據《商舶載來書目》記載,日本中御門
天皇正德元年(1711 年)中國商船"志字號"載
《詩經疑問》一部六本抵日本。

詩經質疑十二卷

　　(明)曹學佺撰
　　明刊本　共十二册
　　宮內廳書陵部藏本

(新刻禮部訂正)詩經正式講意合注篇十一卷

　　(明)方從哲等撰
　　明萬曆年間(1573—1620 年)刊本　共六册
　　尊經閣文庫藏本　原係江户時代加賀藩主
前田綱紀等舊藏

詩經全備講意三十卷

　　(明)郝孔昭撰
　　明隆慶五年(1571 年)刊本　共二十册
　　宮內廳書陵部藏本

詩經傳注三十八卷

　　(明)李資乾撰
　　明崇禎年間(1628—1644 年)刊本　共三十
八册
　　尊經閣文庫藏本　原係江户時代加賀藩主
前田綱紀等舊藏

(新刻李愚公先生家傳)詩經演辯真十三卷

　　(明)李惹愚輯
　　明刊本　共八册
　　尊經閣文庫藏本　原江户時代加賀藩主前
田綱紀等舊藏
　　【附録】據《商舶載來書目》記載,日本東山天
皇元禄八年(1695 年)中國商船"志字號"載

《詩經演辯真》一部三本抵日本。

詩經通解二十五卷

(明)黃佐撰　張如鏡等校

明嘉靖四十年(1561年)刊本　共八冊

內閣文庫藏本　原豐後佐伯藩主毛利高標等舊藏

【按】此本係仁孝天皇文政年間(1818—1829年)由出雲守毛利高翰獻贈幕府。明治初期經太政官文庫而歸內閣文庫。

卷中有"佐伯侯毛利高標字培松藏書畫之印"等印記。

【附錄】據《商舶載來書目》記載,日本東山天皇元祿七年(1694年)中國商船"志字號"載《詩經通解》一部四本抵日本。

又據《齎來書目》記載,日本中御門天皇享保二十年(1735年)十一月,中國廣東船主黃瑞周、楊叔祖載運《詩經通解》一部抵日本。

詩經宗義八卷

(明)張瑞撰

明隆慶三年(1569年)刊本　共五冊

內閣文庫藏本　原豐後佐伯藩主毛利高標等舊藏

【按】此本係仁孝天皇文政年間(1818—1829年)由出雲守毛利高翰獻於幕府。明治初期經太政官文庫而歸內閣文庫。

卷中有"佐伯侯毛利高標字培松藏書畫之印"等印記。

詩經集注刪補四卷

(明)楊壽隆編

明末刊本　共四冊

內閣文庫藏本　原林氏大學頭家等舊藏

韓詩外傳十卷

(漢)韓嬰撰

明嘉靖年間(1522—1566年)歷下薛氏芙蓉泉書屋刊本

內閣文庫　靜嘉堂文庫　京都大學人文科學研究所東洋學文獻中心藏本

【按】每半葉九行,行十八字。白口,左右雙邊。

前有嘉靖十八年(1539年)無名氏《序》,楊祐《序》,薛來《序》等。

內閣文庫藏本,原係紅葉山文庫舊藏,共二冊。

靜嘉堂文庫藏本,原係陸心源十萬卷樓舊藏。共二冊。

京都大學人文研藏本,共六冊。

楊守敬《日本訪書志》卷一著錄明嘉靖年間沈辨之刊本《詩外傳》十卷。謂其"每半葉九行,行十七字,大如錢。左右雙邊"。又"首行題'詩外傳卷第一',次行題'韓嬰'二字",而"卷首錢惟善《序》。《序》後有'吳都沈辨之野竹齋校彫'篆書木記"。此本今未見。

【附錄】據《商舶載來書目》記載,日本光格天皇天明三年(1783年)中國商船"加字號"載《韓詩外傳》一部一帙抵日本。

《寅拾番船持渡書改目錄寫》記光格天皇天明六年(1786年)由中國商船輸入古本《詩外傳》一部六本(無闕葉)。

《書籍元帳》記仁孝天皇天保十二年(1841年),日本又從中國輸入《韓詩外傳》一部一套,價五匁。

日本桃園天皇寶曆九年(1759年)攝陽淺野彌兵衛刊印《韓詩外傳》十卷。此本由日本島山宗成(宇內)校點。木活字本。後有勝村治右衛門覆印本。

韓詩外傳十卷

(漢)韓嬰撰

明萬曆年間(1573—1620年)刊本　共三冊

尊經閣文庫藏本

（四）禮　類

（周禮之屬）

周禮（鄭氏注）十二卷

（漢）鄭玄注

宋建安刊巾箱本　狩谷掖齋　近藤正齋手
識本　日本重要文化財　共二册

足利學校遺蹟圖書館藏本　原正宗寺等舊
藏

【按】每半葉有界九行，行十五字至十七字不
等。小字雙行，行十八字。細黑口，雙黑魚尾。
烏絲欄，左右單邊，間或有雙邊（9cm×6cm）。
此本係釋音重言重意本，被釋字用圓圈，並用
圓圈白文大字標“重言”，附“重言重意”。左上
欄外有耳格，刻寫小題。

卷首原序缺佚，卷一的第一行敗損。卷二首
題“周禮卷第二”，次行題“天官冢宰下　周禮
　鄭氏注”。尾題“周禮卷第二”。卷中避宋
諱，凡“匡、恒、貞、桓、慎”等皆缺筆，光宗以下
皆不諱。

卷末有日本光格天皇文化十三年（1816 年）
狩谷掖齋、近藤正齋的手識文。狩谷文曰：

“宋槧《附音重言周禮》十二卷，其卷數
與《隋書·經籍志》及唐開（成）石經、宋岳珂
本同。《唐書·藝文志》云玄注十三卷恐非。
馬融所注又爲十二卷。後王肅、干寶、伊說
之注，傅玄、陳邵之論評，皆仿此卷數。如今
行注疏本永懷堂注本，妄意分析，終令舊時
之面目不可復見矣。是本較之今行諸本，訛
謬皆當從而改正。余恐日久爲敗朽，作筐以
護之。文化丙子七月七日湯島狩谷望之。”

近藤文曰：

“萬秀山正宗寺，在常州久慈郡增井村。
夢窗弟子月山所開基也。其寺所藏，有古本
數種，如《左傳正義》單本，其一也。此《周

禮》意是本係正宗寺所藏，後轉致之野庠者
也。予所見昌平黌有宋板《周禮》，御庫有元
板、韓板《周禮》，狩谷氏有岳珂本。狩谷氏
將作《周禮考文》，予借之庠主，以使對校之，
聊登記其所自來云。文化丙子秋九月，御
書物奉行近藤守重識。”（有印文二枚）

各册首有“萬秀山正宗寺公用、下野州足利
莊學校之常住，文安六年己巳（1449 年）六月
晦洛陽僧砭愚置之”的横書，並有“正宗寺書
院”等印記。

森立之《經籍訪古志》卷一著錄足利學校藏
宋槧巾箱本《周禮鄭氏注》十二卷，即爲此本。

此本被日本“文化財審議委員會”確認爲日
本“重要文化財”。

【附錄】日本元正天皇養老二年（718 年）制
定《養老令》，仿中國唐代國子監、太學和四門
學把儒家經典分爲“正經”和“旁經”的規制，定
大學課程爲“大經”、“中經”和“小經”。其中定
《周禮》爲“中經”。

公元 751 年（中國唐玄宗天寶十年、日本孝
謙天皇天平勝寶三年）日本完成第一部書面文
學集《懷風藻》的編纂，其《序》中有“徵茂才，定
五禮，興百度，憲章法則，規模弘遠”之說。此
句中的“五禮”之論，則來自《周禮·大宗伯》中
“吉禮（祭祀）、凶禮（喪葬）、賓禮（賓客）、軍禮
（軍旅）、嘉禮（冠婚）”的規制。這是關於《周
禮》最早浸入日本古代文學的記載。

九世末紀藤原佐世編撰《本朝見在書目錄》
其第四“禮家”類著錄當時日本中央各機構蒐
儲有關《周禮》典籍如次：

《周官禮》十二卷　鄭玄注；

《周禮義疏》十四卷；

《周官禮抄》二卷；

《周禮義疏》六卷　冷然院；

《周官禮義疏》四十卷　沈重撰；

《周官禮義疏》十卷；

《周官禮義疏》十九卷；

《周官禮義疏》九卷；

《周禮疏》五十卷　（唐）賈公彦撰；

《周禮音》一卷；

《周禮圖》十五卷；

《周禮圖》十卷；

《周禮圖》十卷　鄭玄　阮諶等撰。

藤原賴長《臺記》久安二年（1146 年）的"所讀書目"中有《周禮》十卷。在久安三年（1147年）的"所讀書目"中又有《周禮》二卷、《周禮》三卷（合疏）、《周禮疏》十三卷。在久安四年（1148 年）的"所讀書目"中又《周禮》三卷、《周禮疏》十九卷。

十二世紀滕原通憲有《通憲入道藏書目録》，其"第百五十五櫃"著録《周禮疏》一帙十卷。

四條天皇仁治二年（1241 年）日本東福寺開山聖一國師圓爾辯圓自中國歸，携回漢籍内外文獻數千卷。1353 年東福寺第二十八世大道一以據聖一國師藏書編纂成《普門院經論章疏語録儒書等目録》，其"果部"著録《周禮》三册。

《倭板書籍考》卷二著録《周禮》百文六篇，并云"儒士愚齋周哲始加訓點，有羅山跋"。

日本明正天皇寬永九年（1632 年）刊《周禮》六卷（此本與《儀禮》十七卷合刊），由日人周哲（愚齋）點，林羅山校，書林松氏刊本。其後此本有明正天皇寬永十三年（1636 年）、靈元天皇寬文九年（1669 年）等重印本。

桃園天皇寬延二年（1749 年）正月江户前川六左衛門等刊《周禮》四十三卷。此本題署"漢鄭玄注，明金蟠、葛鼐校"。

光格天皇文化六年（1809 年）十月丹霞樓刊《周禮》正文三卷。此本由日人重點保光（東成）點。

江户時代尚有掛川德造書院刻《周禮》十二卷。此本由日人松崎明復審定。

周禮（殘本）二卷

（漢）鄭玄注

宋蜀大字刊本　黃丕烈手識本　日本重要文化財　共二册

静嘉堂文庫藏本　原黃丕烈　汪士鐘　陸心源皕宋樓等舊藏

【按】每半葉有界八行，行十六字。注文小字雙行，行二十一字或二十二字。白口，版心著録"周禮（幾）（葉數）"。上象鼻處記大小字數，下象鼻處有刻工姓名，如王廳、子言、子林、程換、換、老廳、張、單、袁、正、眉、楊、泉、南、丙、介、梁、元、庚、隆等。左右雙邊（23.8cm × 16cm）。

此本今存卷九、卷十"秋官"二卷。卷首題"周禮卷第九"，次行題"秋官司寇第五"，下隔三格，署"鄭氏注"。卷九第四葉補寫。此本係《周禮》單注，不附釋文。《百宋一廛賦》所謂"周禮一官"即此本。

卷中避宋諱，凡"玄、縣、殷、敬、桓、徵、讓、貞、構、慎"等字缺筆。

卷中有"黃丕烈印"、"復翁"、"士禮居藏"、"百宋一廛"、"汪士鐘印"、"閬源真賞"、"宋本"、"存齋四十五歲小像戊寅二月某石并刊"、"臣陸樹聲"、"歸安陸樹聲叔桐父印"等印記。此外，尚有判讀不明的蒙古文官印一處。

卷末有黃丕烈嘉慶十九年（1814 年）及翌年（1815 年）的手識文二通。嘉慶十九年"識文"曰：

"倚樹吟軒楊氏，余幼時讀書處也。其主人延名師課諸子。有伯子才而夭。余就讀時，與仲氏偕時同筆硯，情意殊投合也。其家有殘宋蜀大字本《周禮·秋官》二册。蓋書友詭稱樣本，持十金去以取全書，久而未至，亦遂置之。余稍長，喜講求古書，從偕時乞得，登諸《百宋一廛賦》中。偕時亦不以余爲豪奪也。客歲，偕時病殁，年纔五十有四，從此失一良友，甚可傷也。余今春耳目之力漸衰，偶有小恙，即畏風惡寒，久

不至外堂。日於樓下西厢静坐養疴,檢點
羣書,偶及此書,因記囊事如此。人往風
微,覯此贈物,益增傷感,而此殘鱗片甲,猶
見蜀本規模,勝似後來諸宋刻。余所見有
纂圖互注本、有點校京本,有余氏萬卷堂
本,有殘岳本。幸叨良友之贈,物以人重,
人又以物重也。甲戌閏二月一日,復齋黄
丕烈識,時積雪盈庭,春寒透骨,窗外又飄
飄未止也,奈何奈何。"
又嘉慶二十年(1815 年)"識文"曰:
"余年來家事日增,精神日減,校書一事
久廢。然由博反約,尚喜手校經籍。此《周
禮》蜀本殘帙,向未校出,今秋新收殘岳本
《地》《春》二官,手校於嘉靖本上。因復校此
《秋官》以儷之,《周禮》善本六官有半矣。豈
不幸哉。乙亥冬孟二十有五日　復翁。"
陸心源《儀顧堂續跋》卷二著録此本,其"跋
文"曰:
"(前略)當爲宋孝宗時蜀中刊本,《百宋
一廛賦》所謂《周禮》一官者也。《周禮》單注
不附釋文者,今以嘉靖覆宋八行十七字本爲
最善。阮氏謂勝于余仁仲、岳倦翁本。此本
又足訂嘉靖本之誤(下舉十數例校勘得失,
略),此皆勝嘉靖本處。若監、閩、毛《正義》
諸刊,則更有霄壤之別。惜乎僅存二卷,未
聞有全本耳。黄氏校刊《周禮》,所據即此二
卷,阮文達未見原本,僅據臧庸堂校本採入
校勘記。庸堂所見,亦即此二卷,恐世無第
二本矣。
(中略,此本)蓋元代官書,入國朝,爲蘇
州倚樹吟軒楊偕時所藏,復歸黄氏百宋一
廛。嘉慶甲戌,蕘圃孝廉書得書緣起于後。
乙亥,孝廉校于嘉靖本上,又跋于後。蕘圃
身前,其書已歸汪閬源,故有汪士鐘印。汪
氏之書,道光末散出,其精品多歸楊至堂河
帥,其奇零有歸上海郁氏者。余從上海郁氏
得之。"
董康《書舶庸譚》卷六、傅增湘《藏園羣書經
眼録》卷一等著録此本。傅氏謂"此本字體古

勁,近柳誠懸"。
此本已被日本"文化財審議委員會"確認爲
"日本重要文化財"。

周禮(殘本)三卷

(漢)鄭玄注　(唐)陸德明釋文
宋建安刊本　共一册
静嘉堂文庫藏本　原陸心源皕宋樓等舊藏
【按】每半葉有界十二行,行二十三字。注文
小字雙行。細黑口,雙黑魚尾。版心著録"周
禮(幾)(葉數)"。上象鼻處記大小字數。左上
欄外有耳格,標記篇名。左右雙邊(13.9cm×
9cm)。
此本係附音重言重意互注本,全十二卷,今
存卷七、卷八、卷九。本文卷首題"周禮卷第
七",次行題"夏官司馬第四",隔六格題"周
禮",再隔三格署"鄭氏注"。卷七第十三葉、第
十四葉缺佚。
卷中避宋諱,凡"匡、恒、慎、敦"等字缺筆。
陸心源《儀顧堂續跋》卷二著録此本。其"跋
文"曰:
"《周禮》十二卷,次行篇名在上,下題
'周禮鄭氏注',宋槧巾箱本。(行款格式略)
經文大字,注小字。次陸氏釋文,次重言重
意,次互注。所附釋文以白質黑章別之,但
採音切而無義訓,與閩刊稍別。字體工整,
與婺本點校重意重言互注《尚書》相仿,慎字
敦字皆缺末筆,當爲寧宗時婺州刊本。大致
與宋刊纂圖本、明嘉靖覆宋本同……余先得
纂圖互注本、嘉靖覆宋本,後得蜀大字殘本,
今又得此本,《周禮》一經善本爲不少矣。"
陸跋謂此本十二卷,然不知何時剩此殘本。
傅增湘《藏園羣書經眼録》卷一著録此本,然
傅氏記此書殘存卷七、卷八共二卷,而實查其
卷數,尚還有卷九,合計共三卷。

纂圖互注周禮十二卷　附圖説篇目一卷

(漢)鄭玄注
宋建安坊刊本　共十二册

静嘉堂文庫藏本　原陸心源皕宋樓等舊藏

【按】每半葉有界十二行，行二十一字。注文小字雙行，行二十五字或二十六字。細黑口，雙黑魚尾。版心著録"禮（幾）（葉數）"。左上欄外有耳格，標記篇名、卷次與葉數。下象鼻處有刻工姓名，如仔夫、朱明、王刊、仁、成、堅、思等。左右雙邊（18.4cm×11.7cm）。

首有《周禮經圖》，圖尾題"周禮圖説終"。收録自《王國經緯涂軌圖》以下至《傳授圖》凡三十九圖。次有"周禮篇目"。本文卷首題"纂圖互注周禮卷第一"，次行題"天官冢宰第一"並"周禮　鄭氏注"。卷十一的尾題曰"互注周禮卷第十一"，無"纂圖"二字。

卷中"經文"大字，"注文"小字。次"釋文"，次"重意重言"，次"互注"。注文中以"陸德明音義"五字别於"鄭注"，又常在"釋文"所出之字下，加小圈以别之。

文中避宋諱，凡"匡、筐、恒、貞、徵、樹、桓、慎、惇、敦"等字皆缺筆。

陸心源《儀顧堂續跋》卷二著録此本。其"跋文"曰：

"（前略）黃蕘圃校刊《周禮》，以董氏集古堂本、余氏萬卷堂本及此本互校。今觀此本與董本大略多同……董氏、余氏皆當時坊賈，此亦坊刊，與董、余兩本無所軒輊也。"

卷中有"古爽鳩氏"、"易安齋"、"怡静"、"怡心印"、"陸煜"、"小西館圖書之印"、"五芝亭"、"壹經博卉"、"臣陸樹聲"、"歸安陸樹聲叔桐父印"等印記。

【附録】九世紀藤原佐世《本朝見在書目録》著録《周禮圖》十卷。題署"鄭玄、阮諶等撰"。

周禮注十二卷

（漢）鄭玄注
明覆宋刊本　共六册
静嘉堂文庫藏本　原陸心源等舊藏

周禮鄭注十二卷

（漢）鄭玄注

明嘉靖年間（1522—1566年）徐氏刊本　共十二册

無窮會天淵文庫藏本　原加藤天淵等舊藏

【按】每半葉有界八行，行十七字。小字雙行，行同正文。白口，四周雙邊。

周禮鄭氏注十二卷　附一卷

（漢）鄭玄注
明仿宋岳珂刊本　共十二册
無窮會天淵文庫藏本　原加藤天淵等舊藏

【按】每半葉有界八行，行十七字或十八字。小字雙行，行同正文。

《附》一卷即《釋音》一卷。

卷八末有"相臺岳氏刻梓荊谿家塾"木記。

周禮鄭注六卷

（漢）鄭玄注　　（明）陳鳳梧編
明嘉靖年間（1522—1566年）刊本　共八册
無窮會天淵文庫藏本　原加藤天淵等舊藏

【按】每半葉有界十行，行二十字。小字雙行，行同正文。白口，四周單邊。

前有明嘉靖六年（1527年）陳鳳梧《序》。

周禮十二卷

（漢）鄭玄注
明萬曆十六年（1588年）刊本　共六册
大阪府立圖書館藏本

周禮二十卷

（漢）鄭玄注　　（明）闕名標點
明朱墨套印刊本
東京大學東洋文化研究所大木文庫藏本
原大木幹一等舊藏

周禮疏（殘本）二卷

（漢）鄭玄注　　（唐）賈公彦疏　陸德明釋文
宋浙東茶鹽司刊本　共一册
無窮會天淵文庫藏本　原加藤天淵等舊藏

【按】每半葉有界八行，行十五字左右。注文

雙行，行二十二字左右。白口，左右雙邊
（30.5cm×20cm）。封面係新補藍色紙。

是書全本凡五十卷，此本今存卷四十七第十
七至三十三葉、卷四十八首十二葉及第十四、
十五、二十一葉。凡二卷殘葉。編排次序有
亂，卷四十七綴於卷四十八之後。

此本可謂注疏合刊本之權輿，兩浙東路茶鹽
司校刊，即越刊八行本之一。

【附録】江户時代清原業賢手寫唐賈公彦撰
《周禮疏》，此本爲單疏本。作爲京都大學《清
原家家學書》之一種，此本已被確認爲“日本重
要文化財”。今藏於京都大學附屬圖書館。

周禮注疏四十二卷

（漢）鄭玄注　（唐）陸德明音義　賈公彦疏
宋刊明印本
東北大學附屬圖書館藏本

【附録】《舶來書籍大意書》著録《周禮注疏》
日本桃園天皇寬延二年（1749年）和刻《周
禮注疏》三種：

　　京都植村藤右衛門刊印本；

　　京都大和屋伊兵衛等刊印本；

　　江户前川六左衛門等刊印本。

周禮注疏四十二卷

（漢）鄭玄注　（唐）陸德明音義　賈公彦疏
明嘉靖年間（1522—1566年）福建李元陽刊
本
宮内廳書陵部　廣島大學文學部藏本

【按】每半葉有界九行，行二十一字。白口，
四周單邊。

此本係明代閩刊《十三經注疏》之零本。

宮内廳書陵部藏本，今存卷一至卷二十六，
卷二十七以下皆佚。每册有“昌平坂學問所”、
“淺草文庫”、“書籍館印”、“司籍局記”、“日本
政府圖書”等印記。共十册。

廣島大學藏本，共七册。

周禮注疏四十二卷

（漢）鄭玄注　（唐）陸德明音義　賈公彦疏
（明）聞人詮校
明嘉靖年間（1522—1566年）常州知府應檟
刊本
尊經閣文庫　大倉文化財團　無窮會天淵
文庫藏本

【按】每半葉有界九行，行十八字。白口，左
右雙邊。版心下記刻工姓名。

此本題“提督直隸學政監察御史餘姚聞人詮
校正　直隸常州府知府遂昌應　檟刊行”。

尊經閣文庫藏本，原係江户時代加賀藩主前
田綱紀等舊藏，共十九册。

大倉文化財團藏本，共二十册。

無窮會藏本，原係加藤天淵等舊藏，共四十
册。

周禮注疏四十二卷

（漢）鄭玄注　（唐）陸德明音義　賈公彦疏
明萬曆二十一年（1593年）國子監刊本
東京大學東洋文化研究所　關西大學綜合
圖書館内藤文庫藏本

【按】每半葉九行，行二十一字。小字雙行。
白口，左右雙邊（20.3cm×12.6cm）。

周禮注疏四十二卷

（漢）鄭玄注　（唐）陸德明音義　賈公彦疏
明崇禎元年（1628年）毛氏汲古閣刊本
東京大學總合圖書館　東北大學附屬圖書
館　國學院大學梧蔭文庫　廣島大學附屬圖
書館斯波文庫　佛教大學平中文庫　酒田市
立光丘文庫　無窮會天淵文庫藏本

【按】每半葉有界九行，行二十一字。白口，
左右雙邊。

此本係毛氏汲古閣刊《十三經注疏》之零本

東京大學總合圖書館藏此同一刊本三部。
一部原係江户時代紀州德川家南葵文庫舊藏，
此本卷中有後人寫補，共二十册。一部今存卷

第一、卷第二,凡二卷,共一冊。一部今存卷第十、卷第十一,凡二卷,共一冊。

東北大學附屬圖書館藏本,原係狩野亨吉等舊藏,共二十冊。

國學院大學梧蔭文庫藏本,原係井上毅等舊藏,共二十冊。

廣島大學附屬圖書館藏本,原係斯波六郎舊藏,共二十冊。

佛教大學平中文庫藏本,原係平中苓次等舊藏,共二十冊。

酒田市立光丘文庫藏本,原係本間光彌等舊藏,共二十冊。

無窮會天淵文庫藏本,原係加藤天淵等舊藏,共二十冊。

周禮注疏十八卷　首一卷

(漢)鄭玄注　(唐)陸德明音義　賈公彥疏 (明)張采編校

明刊本　共六冊

關西大學綜合圖書館泊園文庫　無窮會天淵文庫藏本

【按】每半葉有界八行,行十八字。小字雙行,行同正文。白口,左右雙邊。

關西大學綜合圖書館泊園文庫藏本,原係江户時代藤澤東畡、藤澤南陽、藤澤黃鵠、藤澤黃坡三世四代"泊園書院"舊藏。

無窮會天淵文庫藏本,原係加藤天淵等舊藏。

周禮注疏(殘本)十七卷

(漢)鄭玄注　(唐)陸德明音義　賈公彥疏 (明)葉培恕定　王志長輯

明崇禎十二年(1639年)刊本　共十八冊

東北大學附屬圖書館教養學部分館　龍谷大學大宮圖書館　酒田市立光丘文庫藏本

【按】東北大學附屬圖書館藏本,今存十七卷。共十八冊。

龍谷大學大宮圖書館藏本,共二十四冊。

酒田市立光丘文庫藏本,原係田中萬春等舊藏。共二十一冊。

周禮注疏二十六卷

(漢)鄭玄注　(唐)陸德明音義　賈公彥疏

明刊本　共十冊

宮内廳書陵部藏本

附釋音周禮注疏四十二卷

(漢)鄭玄注　(唐)賈公彥疏　陸德明釋文

元刊明遞修本　共二十冊

内閣文庫藏本

【按】每半葉有界十行,行十七字。小字雙行,行二十三字。白口,雙黑魚尾。版心著録"禮(幾)(葉數)"。上象鼻處記大小字數,下象鼻處有刻工姓名,如安卿、以青、王英玉、王榮、應祥、君善、君錫、君美、古月國祐、子明、壽甫、住郎、智夫、伸高、天易、天錫、德元、德遠、德山、文仲、和甫等。左上欄外有耳格記篇目。左右雙邊,間有單邊(19.1cm×12.6cm)。

卷三十三末葉的版心有"泰定四年"的刊印紀年,下有刻工名王英玉。

卷中修補葉皆大多爲明正德年間(1506—1521年)刻刊。補刊葉有白口、小黑口、粗黑口數種,並有刻工姓名,如一生、榮郎、王進富、王良富、王仲友、王榮、王保元、王才、王二、王四、華福、基郎、弓三、堯三、元善、吳珠、吳盛、吳一、吳八、吳景春、江榮、江達、江毛、江長深、江元富、江四、江貫、江元壽、江盛、黃文、黃世隆、才二、細二、蔡仁、蔡順、三字、士英、施永興、施肥、謝元林、謝元慶、朱鑑、周元進、周甫、周甫元、周士名、周同、周二、周三、尚旦、詹蓬暎、曾堅、張祐、陳德禄、陳珪、程亨、黨員、范樸、范元升、范元福、范元昇、文昭、文旻、熊山、熊元貴、熊文、余文、余郎、余堅、余成廣、余天禮、余富、余天進、余環、余添進、楊旦、楊旺、楊俊、楊四、葉士大、葉明、葉再友、葉起、葉二、葉伯起、葉妥、葉焉、陸榮、陸基郎、陸起青、陸四、劉長寶、劉昇、劉立、劉京、劉三等。

此本封面係新補茶色紙,全書 24.5cm ×

16.5cm。

附釋音周禮注疏四十二卷

(漢)鄭玄注　　(唐)賈公彦疏　　陸德明釋文
元刊明遞修本　　共二十二册
静嘉堂文庫藏本

【按】此本行款版式與内閣文庫所藏元刊明修本《附釋音周禮注疏》本同。

封面係淡褐色水玉紋樣紙,金鑲玉裝。全書28.8cm×17.0cm。

卷中有"歸安陸樹聲叔桐父印"等印記。

附釋音周禮注疏四十二卷

(漢)鄭玄注　　(唐)賈公彦疏　　陸德明釋文
元刊明遞修本
東京大學藏本

【按】東京大學藏此同一刊本兩部,行款版式與内閣文庫秘藏元刊明修本《附釋音周禮注疏》本同。

一部存總合圖書館,原係江户時代紀州德川家、小中村清矩等舊藏。封面係後補鏢色紙。26.6cm×15.3cm。卷中有多處補寫,并有江户時代朱點朱引及朱墨訓點,并有"東淵文庫"、"南葵文庫"等藏書印記,共十四册。

一部存東洋文化研究所,原係江户時代豐後佐伯藩主毛利高標等舊藏。封面係後補茶色紙。28.0cm×18.2cm。此本元刻葉數甚少,卷十的第十四葉係墨筆補寫。經文中有江户時代初期的藍色句點與朱筆訓點。卷中有"佐伯侯毛利高標字培松藏書畫之印"、"昌平坂學問所"等印記,共十六册。

禮經會元四卷

(宋)葉時撰
元至正年間(1341—1368年)刊本　　共四册
静嘉堂文庫藏本　　原陸心源十萬卷樓等舊藏

【按】每半葉有界十一行,行二十四字。黑口,雙黑色尾。版心著録"禮經會元第(幾)卷

(葉數)"。上象鼻多數記字數,左右雙邊(20.2cm×13.7cm)。

首有江浙行中書右丞潘元明《序》,題署"至正乙巳中稔日榮禄大夫江浙行省右丞兼同知行樞密院事"。次有"至正二十六年歲丙午正月甲辰後學臨海陳基"的《序》。次有葉時裔孫葉廣居的《竹垫先生傳》,題署"至正二十五年八月吉日六世孫將仕郎江浙等處儒學副提舉"。次有《禮經會元目録》。本文卷首題"禮經會元第一卷",次行低一格,小字署"宋龍圖閣學士光禄大夫贈開府儀同三司南陽郡開國公食邑二千一百户食實封一百户諡文康葉時著"。

禮經會元四卷

(宋)葉時撰
元至正年間(1341—1368年)刊本　　共四册
御茶之水圖書館藏本　　原德富蘇峰成簣堂等舊藏

【按】此本與静嘉堂文庫藏本係同一刊本,版式行款皆同。封面係室町時代(1393—1573年)鏢色古紙,書題簽《周禮會元(幾)》。

首册封面内葉有德富蘇峰手識數語,文曰:"是書元槧最精而最保存原板之狀態者也,須十襲珍重也。明治四十一年八月初二　際于暴涼而瞥見記之　蘇峰道人。"

卷中有"慶福院"、"德富猪印"、"蘇峰審定"、"天下之公寶須愛護"及"蘇峰"等藏書印。

此書原藏豆州某寺,明治四十一年(1909年)由德富蘇峰收藏。

禮經會元四卷

(宋)葉時撰
元至正年間(1341—1368年)刊明修本　　共四册
蓬左文庫藏本

【按】每半葉有界十一行,行二十四字。黑口,左右雙邊。

前有元至正二十五年(1365年)潘元明

《序》,元至正二十六年(1366年)陳基《序》。後有元至正二十五年(1365年)葉廣居《跋》。

此本明代有修補。

禮經會元四卷

(宋)葉時撰

明刊本

東京大學東洋文化研究所藏本

太平經國之書十一卷

(宋)鄭伯謙撰

明嘉靖十五年(1536年)山西布政司刊本

共二冊

東洋文庫　静嘉堂文庫藏本

【按】每半葉有界十行,行二十二字。小字雙行,行同正文。白口,左右雙邊。

前有《自序》,并明嘉靖丙申(1536年)高叔嗣《序》。

東洋文庫藏本,原係三菱財團岩崎氏家舊藏。

静嘉堂文庫藏本,原係陸心源十萬卷樓舊藏。

太平經國之書十一卷　首一卷

(宋)鄭伯謙撰　(明)陳曉校

明嘉靖二十七年(1548年)仁和芮氏刊本

東京大學東洋文化研究所大木文庫藏本

(校正詳增音訓)周禮句解十二卷

(宋)朱申撰

明初刊本　共四冊

静嘉堂文庫藏本　原馬笏齋　陸心源十萬卷樓等舊藏

【按】此本卷中有"古鹽馬氏笏齋珍藏之印"朱文二方印、"漢唐齋"白文長方印等。

周禮句解十二卷

(宋)朱申撰

明刊本

内閣文庫　尊經閣文庫　東京大學文學部漢籍中心藏本

【按】每半葉有界八行,行十二字。注文小字雙行。白口,雙魚尾。四周雙邊(21.1cm × 13.2cm)。版心記字數。

【按】内閣文庫藏本,原係紅葉山文庫舊藏,共四冊。

尊經閣文庫藏本,原係江户時代加賀藩主前田綱紀等舊藏,共六冊。

東京大學漢籍中心藏本,卷中有明時補修葉,共四冊。

周禮復古編(周禮集説合刊)一卷

(宋)俞廷椿撰

明刊本　共一冊

静嘉堂文庫藏本

周官總義三十卷

(宋)易祓撰

文瀾閣傳抄本　共六冊

静嘉堂文庫藏本　原陸心源十萬卷樓舊藏

周禮集説十二卷

(元)陳友仁編

明成化年間(1465—1487年)刊本

内閣文庫　尊經閣文庫　静嘉堂文庫　陽明文庫藏本

【按】每半葉有界十二行,行二十五字。黑口,四周雙邊。

前有元至正戊子(1348年)陳友仁《自序》,後有明成化甲午(1474年)張瑄《跋》。

此本卷一至卷十一題曰"《周禮集説》,吳興後學前溪陳友仁君復編",卷十二題曰"《周禮復古編》,臨川俞庭椿壽翁編"。首爲《凡例》,次爲《綱領》。卷目如次:

卷一　天官總論;

卷二　卷三　天官集説;

卷四　卷五　春官集説;

卷六　卷七　夏官集説;

卷八　卷九　秋官集説；

卷十　卷十一　考工記集説；

卷十二　復古編。

内閣文庫藏本,原係高野山釋迦院舊藏,共十三册。

尊經閣文庫藏本,原係江户時代加賀藩主前田綱紀等舊藏,共十册。

靜嘉堂文庫藏本,原係馬笏齋舊藏,今闕卷八、卷九《秋官集説》。共十册。

陽明文庫藏本,原係江户時代近衛家凞等舊藏。共十二册。

周禮補亡六卷

(元)丘葵注　(明)顧可久編

明李緝重刊張心校正本　共六册

内閣文庫　關西大學綜合圖書館泊園文庫藏本

【按】每半葉有界十行,行二十三字。白口,四周單邊。

前有元泰定甲子(1324 年)丘葵《序》。

此本題署"清源釣磯丘葵吉甫學","無錫後學顧可久編次","餘姚後學李緝重刊","餘姚後學張心校正"。

關西大學綜合圖書館泊園文庫藏本,原係江户時代藤澤東畡、藤澤南陽、藤澤黄鵠、藤澤黄坡三世四代"泊園書院"舊藏。

周官集傳十六卷

(元)毛應龍撰

文瀾閣傳抄本　共四册

靜嘉堂文庫藏本　原陸心源十萬卷樓舊藏

周禮集注七卷

(明)何喬新輯

明弘治九年(1496 年)刊本　共六册

無窮會天淵文庫藏本　原加藤天淵等舊藏

周禮集注七卷

(明)何喬新輯

明正德十三年(1518 年)安正堂刊嘉靖年間(1522—1566 年)修補本

内閣文庫　尊經閣文庫藏本

【按】每半葉有界十行,行二十字。黑口,四周雙邊。

内閣文庫藏本,原係紅葉山文庫舊藏,共四册。

尊經閣文庫藏本,原係江户時代加賀藩主前田綱紀等舊藏,共十册。

周禮訓雋二十卷

(明)陳深撰

明萬曆年間(1573—1620 年)刊本

蓬左文庫　廣島市立淺野圖書館　陽明文庫藏本

【按】每半葉有界九行,行十八字。白口,四周單邊。

前有明萬曆十七年(1589 年)陳氏《序》。并有《凡例》。

蓬左文庫藏本,共八册。

廣島市立淺野圖書館藏本,共八册。

陽明文庫藏本,原係江户時代近衛家凞等舊藏。共十册。

周禮訓雋十八卷　首一卷

(明)陳深撰

明末刊本　共六册

大阪天滿宮御文庫藏本　原松田正助等舊藏

續定周禮全經集注十五卷

(明)王圻撰

明萬曆年間(1573—1620 年)刊本　共十四册

尊經閣文庫藏本　原江户時代加賀藩主前田綱紀等舊藏

【按】每半葉有界九行,行二十字。白口,左右雙邊。

周禮全經集釋十二卷　附錄二卷

（明）柯尚遷纂集

明嘉靖四年（1525年）刊本　共十二冊

無窮會天淵文庫藏本　原加藤天淵等舊藏

周禮全經集釋（周禮全經釋原）十四卷

（明）柯尚遷纂集

明隆慶年間（1567—1572年）刊本　共十二冊

静嘉堂文庫　尊經閣文庫藏本

【按】每半葉有界十行，行二十字。白口，四周單邊。

前有明隆慶戊辰（1568年）王樵《序》。

此本係《周禮通論》十三卷，《周禮傳叙論》一卷。

静嘉堂文庫藏本，原係陸心源十萬卷樓舊藏。

尊經閣文庫藏本，原係江户時代加賀藩主前田綱紀等舊藏。

王氏周禮傳十卷　圖説二卷　翼傳二卷

（明）王應電撰

明嘉靖年間（1522—1566年）刊本　共六冊

静嘉堂文庫藏本　原陸心源十萬卷樓舊藏

【按】每半葉有界七行，行二十二字。白口，四周單邊。

前有明嘉靖戊午（1558年）王應電《自序》，楊豫孫《序》，嘉靖三十七年（1558年）羅洪先《序》，嘉靖癸亥（1563年）英鳳瑞《序》等。

王氏周禮傳十卷　翼傳二卷　圖説二卷

（明）王應電撰

明嘉靖四十二年（1563年）廬陵胡焕刊本　共十四冊

東京大學文學部漢籍中心藏本

【按】此本版式分上下兩段，四周單邊。上段縱爲3.2cm，幅寬爲13.9cm；下段縱爲19.9cm，幅寬爲13.9cm。每半葉（上段無界，下段有界）七行，行二十二字。白口，無魚尾。版心記刻工姓名，如宋泰、蕭真、劉禾、徐述，羅忠、存守等。

周禮傳五卷　圖説二卷　翼傳二卷

（明）王應電撰

明刊本

内閣文庫　尊經閣文庫藏本

【按】内閣文庫藏本，原係豐後佐伯藩主毛利高標等舊藏，此本係仁孝天皇文政年間（1818—1829年）由出雲守毛利高翰獻贈幕府。明治初期經太政官文庫而歸内閣文庫。卷中有"佐伯侯毛利高標字培松藏書畫之印"等印記，共十三冊。

尊經閣文庫藏本，原係江户時代加賀藩主前田綱紀等舊藏，共十册。

周禮説十四卷

（明）徐即登撰　徐縉芳等訂

明刊本　共十册

尊經閣文庫　關西大學綜合圖書館泊園文庫　陽明文庫藏本

【按】尊經閣文庫藏本，原係江户時代加賀藩主前田綱紀等舊藏。

關西大學綜合圖書館泊園文庫藏本，原係江户時代藤澤東畡、藤澤南陽、藤澤黃鵠、藤澤黃坡三世四代"泊園書院"舊藏。

陽明文庫藏本，原係江户時代近衞家熙等舊藏，共十册。

周禮完解十二卷

（明）郝敬撰

明刊本　共八册

東北大學附屬圖書館教養學部分館藏本

周禮合解十八卷

（明）張采撰

明刊本　共六册

内閣文庫　無窮會天淵文庫藏本

【按】此本附《周禮奇字》、《治周禮名儒姓氏》、《考工記奇字》、《冬官考證》等。

無窮會天淵文庫藏本，原係加藤天淵等舊藏。

周禮注疏合解十八卷　首一卷

(明)張采編撰

明刊本　共五册

静嘉堂文庫藏本　原中村敬宇等舊藏

周禮古本訂注五卷　考工記一卷

(明)郭良翰撰

明刊本　共三册

内閣文庫藏本　原紅葉山文庫等舊藏

古周禮釋評六卷

(明)孫攀輯　梅鼎祈校

明萬曆三十一年(1603 年)玄白堂刊本

東京大學東洋文化研究所藏本

【按】每半葉有界十行，行二十字。小字雙行，行同正文。白口，四周單邊。

重校古周禮六卷

(明)陳仁錫編注　艾南英校

明刊本

内閣文庫　足利學校遺蹟圖書館　愛知大學附屬圖書館簡齋文庫　陽明文庫藏本

【按】每半葉有界十行，行二十二字。小字雙行，行同正文。白口，四周單邊。

前有徐常吉《序》等。

内閣文庫藏本，原係紅葉山文庫舊藏，共三册。

足利學校遺蹟圖書館藏本，有江户時代初期識文，共四册。

愛知大學附屬圖書館簡齋文庫藏本，原係小倉正恒等舊藏，共三册。

陽明文庫藏本，原係江户時代近衛家熙等舊藏，共三册。

注釋古周禮五卷　考工記一卷

(明)郎兆玉注　郎壁金糾譌

明天啓六年(1626 年)郎氏堂策檻刊本

東京大學東洋文化研究所　早稻田大學總合圖書館　茨城大學附屬圖書館菅文庫藏本

【按】每半葉有界九行，行二十字。白口，四周單邊。

東京大學東洋文化研究所藏本，共一册。

早稻田大學圖書館藏本，原係服部南郭家服部文庫舊藏，共六册。

茨城大學附屬圖書館菅文庫藏本。原係江户時代水户史學家菅政友等舊藏，共一册。

周禮注疏删翼三十卷

(明)王志長編

明崇禎年間(1628—1644 年)刊本　共十二册

尊經閣文庫　東北大學附屬圖書館　陽明文庫藏本

【按】每半葉有界八行，行十九字。小字雙行，行十八字至二十字不等。白口，左右雙邊。

前有崇禎十二年(1639 年)《序》。

尊經閣文庫藏本，原係江户時代加賀藩主前田綱紀等舊藏，共十二册。

東北大學附屬圖書館藏本，共十二册。

陽明文庫藏本，原係江户時代近衛家熙等舊藏，共十六册。

【附錄】據《商舶載來書目》記載，日本中御門天皇正德三年(1713 年)中國商船"志字號"載《周禮注疏删翼》一部抵日本。

《齎來書目》記載，正德四年(1714 年)中國南京船(船主費元齡)載《周禮注疏删翼》一部抵日本。

《書籍元帳》記錄，孝明天皇嘉永三年(1850 年)輸入《周禮注疏删翼》一部，價七匁。

(新鐫)周禮旁訓六卷

(明)楊九經撰

明萬曆庚子（1600年）鄭雲竹刊本　共二冊
茨城大學附屬圖書館菅文庫藏本

【按】前有明萬曆庚子（1600年）鄭維嶽《序》。内封上方題"萬曆庚子吉旦"，左下方題"鄭雲竹鼎梓"。

卷末有蓮形刊印木記，文曰"萬曆己亥年孟冬月書林鄭氏雲竹繡梓"。

此本原係江户時代水户史學家菅政友等舊藏。

資治周禮集傳五卷

（明）曹津輯
明萬曆十二年（1584年）刊本　共四冊
無窮會天淵文庫藏本　原加藤天淵等舊藏

周禮句解六卷

（明）夏允彝等撰
明刊本　共四冊
尊經閣文庫藏本　原係江户時代加賀藩主前田綱紀等舊藏

考工記圖解（鬳齋考工記解）二卷

（宋）林希逸撰　（明）張鼎思圖　屠本畯注
明萬曆二十六年（1598年）刊本　共二冊
内閣文庫藏本　原紅葉山文庫等舊藏

【附錄】光格天皇文化元年（1804年）有日人信彝寫本《鬳齋考工記解》二卷附《釋音》一卷。此本今藏於國會圖書館。

考工記述注二卷　首一卷　圖一卷

（明）林兆珂撰
明萬曆年間（1573—1620年）刊本
内閣文庫　尊經閣文庫藏本

【按】每半葉有界八行，行二十字。白口，四周單邊。

前有明萬曆三十一年（1603年）《序》。

内閣文庫藏本，原係紅葉山文庫舊藏，共二冊。

尊經閣文庫藏本，原係江户時代加賀藩主前田綱紀等舊藏，共六冊。

批點考工記二卷

（明）郭正域批點
明萬曆年間（1573—1620年）吳興閔齊伋朱墨套印刊本　共二冊
熊本大學附屬圖書館落合文庫　大倉文化財團藏本

【按】每半葉有界八行，行十八字。白口，左右雙邊。

前有明萬曆四十四年（1616年）閔齊伋《序》。

此本係閔氏刊《三經評注》之一種。

熊本大學附屬圖書館落合文庫藏本，原係落合爲誠等舊藏。

【附錄】江户時代有日人寫本《考工記》二卷，題署"明郭正域批點"。此本今藏於國會圖書館。

考工記輯注二卷

（明）陳與郊輯注
明刊本　共二冊
東洋文庫　東京大學東洋文化研究所藏本

【按】東洋文庫藏本，原係藤田豐八舊藏。

考工記通二卷

（明）徐昭慶撰　梅鼎祚校
明刊本　共二冊
内閣文庫　早稻田大學圖書館藏本

【按】内閣文庫藏本，原係紅葉山文庫等舊藏。

早稻田大學圖書館藏本，原係服部南郭家服部文庫舊藏。

（儀禮之屬）

儀禮（殘本）九卷

（漢）鄭玄注

宋刊本　共二册

東洋文庫藏本

【按】每半葉有界十行，行二十字。左右雙邊（19.9cm×13.3cm）。

是書全本凡十七卷，此本今存卷第一至卷第九，凡九卷。

【附録】日本元正天皇養老二年（718 年）制定《養老令》，仿中國唐代國子監，太學和四門學分儒家經典爲“正經”和“旁經”的規制，定大學課程爲“大經”、“中經”和“小經”。其中《儀禮》被定爲“中經”。

九世紀末藤原佐世編撰《本朝見在書目録》其第四“禮家”類著録當時日本中央各機構蒐儲有關《儀禮》典籍如下：

《儀禮》十七卷　鄭玄注；

《儀禮疏》五十卷　唐賈公彥撰。

藤原賴長《臺記》在“久安元年”（1145 年）的“所讀書目”中，有《儀禮》八卷、《儀禮疏》三十卷。“久安二年”（1146 年）的“所讀書目”中有《儀禮》六卷、《儀禮疏》三十卷。

又據《商舶載來書目》記載，光格天皇寬政十年（1798 年）中國商船“幾字號”載《儀禮鄭注句讀》一部抵日本。

《外船齎來書目》又載，寬政十二年（1800 年）中國商船“申三番”載《儀禮鄭注句讀》九部抵日本。

又，《倭板書籍考》卷二著録《儀禮》白文十七卷，並云“儒士愚齋周哲始加訓點，有羅山跋”。

明正天皇寬永九年（1632 年）京都山田三郎兵衛刊印《儀禮》十七卷，日本江户時代儒學巨擘林道春（羅山）校，周哲（愚齋）點。此本與《周禮》合刊。寬永十三年（1636 年）印本。

靈元天皇寬文九年（1669 年）刊行《儀禮》十二卷。此本有日本江户時代儒學巨擘林羅山訓點。

後櫻町天皇寶曆十三年（1763 年）四月京都山田三良兵衛、山本平左衛門刊《儀禮》十七卷。日人河野子龍（恕齋）點。其後此本有光格天皇寬政八年（1796 年）河内屋喜兵衛重印本。

儀禮十七卷

（漢）鄭玄注　（明）陳鳳梧校

明正德年間（1506—1521 年）刊本　共四册

内閣文庫藏本　原紅葉山文庫等舊藏

【按】每半葉有界十行，行二十字。黑口，四周單邊。

前有明正德辛巳（1521 年）陳鳳梧《序》。

森立之《經籍訪古志》卷一著録原求古樓藏明正德辛巳陳鳳梧刊本《儀禮鄭氏注》十七卷，言“此本比校之今注疏本，極有異同，蓋絕佳之本也”。

儀禮十七卷

（漢）鄭玄注

明嘉靖年間（1522—1566 年）吳郡徐氏刊本　共八册

東京大學東洋文化研究所　京都大學人文科學研究所東洋學文獻中心藏本

【按】每半葉有界八行，行十七字。白口，四周雙邊。

儀禮十七卷

（漢）鄭玄注

明崇禎十二年（1639 年）永懷堂刊本　共八册

京都大學文學部中國語學哲學文學研究室藏本

儀禮十七卷

（明）鄭玄注

明覆宋刊本　共六册

静嘉堂文庫藏本　原陸心源十萬卷樓舊藏

儀禮注疏十七卷

（漢）鄭玄注　（唐）賈公彥疏　（明）汪文盛　高濲　傅汝舟編校

明汪文盛等刊本　共八册

静嘉堂文庫藏本　原陸心源十萬卷樓舊藏

【按】每半葉有界十行，行二十字。白口，四周單邊。

每卷首題"漢鄭玄注　唐賈公彥疏　明汪文盛　高濲　傅汝舟編校"。

森立之《經籍訪古志》卷一著錄原寶素堂藏明刊《儀禮注疏》十七卷，即係同刊本。

【附錄】據《書籍元帳》記載，仁孝天皇弘化二年（1845年）日本從中國輸入《儀禮注疏》二十部。依同年《漢籍發賣投標記錄》，此書投標價爲十一匁、十二匁三分、十三匁。

又平安時代（794—1185年）寫本《儀禮疏》殘本二卷。每半葉七行，行二十字左右。宋諱闕筆。此本係《儀禮》單疏本，今存卷十五"燕禮"、卷十六"大射禮"。卷十五末有手識文，其文曰："安元二年十一月廿一日戌時，以摺本比校之次，加首付了　助教中原師直。"卷十六末有手識文，其文曰："卧病床粗馳一覽了　掃部頭。"

"安元二年"即公元1176年。此寫本恐以北宋單疏本爲其祖本。

儀禮注疏十七卷

（漢）鄭玄注　（唐）陸德明釋文　賈公彥疏　（明）陳鳳梧校

明嘉靖年間（1522—1566年）陳鳳梧刊本共九册

內閣文庫　東京大學東洋文化研究所藏本

儀禮注疏十七卷

（漢）鄭玄注　（唐）陸德明釋文　賈公彥疏　（明）聞人詮校

明常州府知府應檟刊本

內閣文庫　蓬左文庫　尊經閣文庫　天理圖書館　東京大學東洋文化研究所　京都大學文學部中國語學哲學文學研究室藏本

【按】每半葉有界九行，行十八字。小字雙行，行同正文。白口，四周雙邊。版心記"儀禮卷一（——十七）"，下記葉數。

卷中刊記題"直隸常州府知府遂昌應檟刊行"。

內閣文庫藏本，原係林氏大學頭家舊藏，共六册。

蓬左文庫藏本，共十册。

尊經閣文庫藏本，原係江户時代加賀藩主前田綱紀等舊藏，共十四册。

天理圖書館藏本，卷中有無名氏識文，其文曰："明聞人銓刊初印，癸亥十月重裝書衣。此書紙精墨好，可謂絕品，惜缺三卷。越二載，復配得之。印工尤勝，居然完璧。書此以誌幸也。"共十六册。

東京大學藏本，共十六册。

京都大學藏本，共十六册。

儀禮注疏十七卷

（漢）鄭玄注　（唐）陸德明釋文　賈公彥疏

明嘉靖年間（1522—1566年）李元陽刊本

內閣文庫　京都大學文學部中國語學哲學文學研究室　東京都立圖書館諸橋文庫　關西大學綜合圖書館內藤文庫藏本

【按】每半葉有界九行，行二十一字。小字雙行。白口，四周單邊（20.3cm×12.8cm）。

內閣文庫藏本，原係紅葉山文庫舊藏，今闕卷十六、卷十七，共十一册。

京都大學藏本，共九册。

東京都立圖書館藏本，原係諸橋轍次舊藏，共十二册。

儀禮注疏十七卷

（漢）鄭玄注　（唐）陸德明釋文　賈公彥疏

明崇禎九年（1636年）毛氏汲古閣刊本

東京大學總合圖書館　京都大學文學部鈴

木文庫　東北大學附屬圖書館　早稻田大學圖書館　國學院大學附屬圖書館梧蔭文庫　愛知大學附屬圖書館霞山文庫　龍谷大學大宮圖書館　酒田市立圖書館光丘文庫藏本

【按】每半葉有界九行，行二十一字。注文低一格，雙行二十字左右。

東京大學總合圖書館藏本，原係江戶時代紀州德川家南葵文庫等舊藏。此本卷中有讀者日文批注，共十四冊。

京都大學文學部藏本，原係鈴木虎雄等舊藏。共十四冊。

東北大學藏本，共十四冊。

早稻田大學圖書館藏本，原係服部南郭家服部文庫舊藏，共十五冊。

國學院大學附屬圖書館藏本，原係井上毅等舊藏。共十四冊。

愛知大學附屬圖書館藏本，原係東亞同文會等舊藏。共十冊。

龍谷大學大宮圖書館藏本，共十八冊。

酒田市立圖書館藏本，原係本間光彌等舊藏。共十四冊。

儀禮經傳通解二十三卷　儀禮集傳集注十四卷附儀禮經傳通解續二十九卷

(宋)朱熹撰　《通解續》(宋)黃榦撰　楊復重訂

宋嘉定十年(1217年)南康道院刊(續)宋嘉定十六年(1223年)南康道院刊元明遞修本共八十五冊

東京大學東洋文化研究所藏本　原傅增湘等舊藏

【按】每半葉有界七行，行十五字。注文小字雙行，細黑口，雙黑魚尾。版心著錄“儀禮卷(幾，或續幾)(葉數)”。元修葉版心係細黑口或白口，明修葉版心爲粗黑口，間有白口。上象鼻處記大小字數，下象鼻處有刻工姓名。宋元明三代刻工，分錄如下：

宋代刻工如王文、王圭、王啓、王全、翁遂、翁定、葛文、弓万、龔友、共友、金有、虞全、虞丙、

虞庠、虞辛、虞生、阮才、阮明、胡杲、胡圭、胡桂、吳元、吳輔、高謙、蔡廷、蔡祥、子信、邵德昭、肖浩、肖昊、章信、錢弼、陳永、陳昌、陳有、陳生、陳全、陳金、陳元、陳新、陳申、陳正、沈允、馬忠、范宗海、范生、范仁、范淮、范金、范圭、彭達、游忠、尤忠、余千、楊明、葉正、李成、李正、劉立、劉申、劉生、劉斌、劉才、劉元、劉永、劉明等。

元修葉刊工如因三秀、于辛、袁仲珍、袁珍、袁仲、袁忠、王榮、王夫、王細孫、王付、應重三秀、應三秀、應子華、何九萬、何建、何宗十七、何宗十四、季辛一、建安虞吉父、弓華、均佐、虞成父、虞萬全、惠新、惠榮、圭之、胡明之、胡文宗、胡興、胡昶、胡慶、胡宗、吳仁、黃允中、黃宥、洪阿來、蔡中、蔡秀、齐明、子晟、秀發、徐泳、徐良、徐文、徐立、章文郁、章文一、章演、章明遠、章亞明、章霖、蔣蚕、蔣七、蕭焕杰、新吳蕭杰、蕭漢賢、辛文、盛久、孫再、單吕、仲琇、張三、陳日、陳日裕、陳琇、陳慶、陳仁、陳明二、陳文玉、杜良臣、滕太初、滕慶、任亮、范寅、范堅、潘用、潘祐、繆珍、方景明、彭杰、茅化尨、务陳秀、毛輝、毛文、俞榮、熊子、友山、余才、楊春、楊十三、李興、李盛、李峛、劉炤、劉森、劉桂、娄正、蘆垚等。

明修葉鈔寫者刊工姓名如監生秦淳、監生戴彝、監生鄧志昂、監生孫欽、監生留成、監生廖賓、監生廖志、監生陳浚等。

首有嘉定癸未孟秋上澣四明張慮識的“跋”(版心題“跋”)。次有“儀禮經傳目録”、“儀禮集傳集注目録”。次有朱熹“乞修三禮劄子”。次低二格有嘉定丁丑八月甲子日朱在《後記》。《通解續》首有“目録”，次有二行雙邊木記曰“喪祭二禮元本未有目録，今集爲一卷庶易檢閱耳”。次有元元統二年(1334年)六月日刊補年紀，並有校勘、督校者銜名。

卷十六“喪服圖”之首，有“儀禮喪服圖式目録”，圖式之末，有宋嘉定辛巳七月日門(人)三山楊復的《序》。

本文卷首題“儀禮經傳通解卷第一”，次行題

"上冠禮第一"，低三格題"家禮一之上"。《通解續》本文首題"儀禮經傳通解續卷第一"。

卷中避宋諱，凡"玄、朗、殷、匡、筐、恒、貞、禎、徵、樹、讓、桓、慎、惇、敦"皆缺筆。

卷中有缺葉，葉碼如次：

卷五第十五、十六葉，卷七第三十二葉，卷八第三十八葉，卷二十一第二十七葉，卷二十三第十六葉，卷三十五第二十六葉，卷三十六第一葉。

（續）卷一第十一、三十六、五十、五十一、五十八、一五三葉，卷二第三十五、五十九葉，卷三第三十葉，卷六第七十一葉，卷七第一葉，卷十一第三十二、三十六葉，卷十四第十六、十七葉，卷十五第四十八葉，卷十六第一〇七、一四一葉，卷十九第六十一、六十八葉，卷二十第十三、二十三葉，卷二十四第五十九、八十六葉，卷二十五第十三、三〇五、三一〇葉，卷二十七第一四六葉，卷二十八第一一七葉，卷二十九第二十八葉。

此外尚有若干葉補寫，卷中葉碼常有誤綴。

卷中有"任柏川萬卷樓書畫之印"、"雙鑑樓"、"雙鑑樓藏書記"、"江安傅沅叔考藏善本"、"沅叔"、"藏園祕籍"、"增湘私印"、"傅增湘讀書"、"傅沅叔大書記"、"沅叔審定"、"雙鑑樓主人"、"龍龕精舍"等藏書印記。

此本原係傅增湘等舊藏。傅氏《藏園羣書經眼錄》卷一著錄宋刊七行本《儀禮經傳通解》三十七卷續二十九卷，並據《序》推定爲嘉定十年丁丑南康道院刊本。傅氏著錄本或即此本，然不知何時歸於了日本東京大學。

【附錄】日本江戶時代由中國輸入《儀禮經傳通解》數量甚多。

《舶來書籍大意書》著錄嘉定十六年刊本《儀禮經傳通解》。

《商舶載來書目》記載，桃園天皇寶曆十三年（1762 年），中國商船"志字號"載朱子《儀禮經傳通解》一部抵日本。

又據《寅拾番船持渡書改目錄寫》記載，光格天皇天明六年（1786 年）由中國輸入古本《儀禮經傳通解》一部。

據《商舶載來書目》記載光格天皇寬政十年（1798 年）由中國商船"智字號"載《儀禮經傳通解》一部抵日本。

據《外船齎來書目》，光格天皇寬政十二年（1800 年）由中國商船"申一番"載《儀禮經傳通解》兩部、"申二番"載三十五部、"申三番"載十六部、"申四番"載九部、"申五番"載五部，計凡五十七部抵日本。

仁孝天皇天保十四年（1843 年）再由中國輸入一部，據同年《漢籍發賣投標記錄》記載，投標價爲三十二匁四分、四十五匁、六十五匁。

據《書籍元帳》記載，孝明天皇嘉永四年（1851 年）與嘉永六年（1853 年），分別由中國輸入《儀禮經傳通解》一部，定價均爲十八匁。

據《漢籍發賣投標記錄》，記載孝明天皇安政七年（1860 年）由中國輸入《儀禮經傳通解》一部，投標價爲十匁五分、三十二匁。

又，《倭板書籍考》卷二著錄"《儀禮經傳通解》三十七卷"，并曰"此本係朱文公所作。集'家禮'、'鄉禮'、'學禮'、'邦國禮'、'王朝禮'而成書。其中'王朝禮'十四卷，題《儀禮集傳集注》"云云。

日本後西天皇寬文二年（1662 年）五倫書屋刊印《儀禮經傳通解》三十七卷。

靈元天皇寬文九年（1669 年）京都山本平左衛門刊印《儀禮經傳通解》三十七卷（自卷二十四起，係《儀禮集傳集注》）。其後，此本有光格天皇寬政八年（1796 年）浪華河內屋喜兵衛重印本。

光格天皇天明二年（1782 年）京都山本平左衛門林權兵衛刊印《儀禮經傳通解續》二十九卷（新發田藩藏版）。

又，後櫻町天皇明和八年（1771 年）有中村蕃政手寫本《儀禮經傳通解續》二十九卷流傳於世。

儀禮經傳通解續（祭禮殘本）十三卷

（宋）楊復撰

宋刊元修本　共十五册

静嘉堂文庫藏本　原天籟閣　明人項元汴
陸心源皕宋樓等舊藏

【按】每半葉有界七行，行十五字。注文小字
雙行。左右雙邊(18.5cm×13.8cm)。白口，雙
黑魚尾。版心著録“祭禮卷(幾)日(月……封)
幾(葉數)”。上象鼻記大小字數，下象鼻有刻
工姓名(包括元修葉)如允中、大榮、吉父、余
才、蕭漢杰、蕭大榮、袁仲珍、袁仲、漢興、漢杰、
蕭杰等。

首有宋紹定辛卯(1231年)七月望日三山楊
復《儀禮經傳通解續序》(自序)，叙述此書編纂
經緯曰：

　　“南康學宫舊有家鄉邦國王朝禮及張侯
處續刊喪禮，又取祭禮稿本併刊而存之，以
待後之學者。故四方朋友皆有祭禮稿本，未
有取其書而修定之者。顧復何人敢任其職？
伏自惟念齒髮浸衰，曩日幸有所聞，不可不
及時傳述。竊不自揆，遂據稿本，參以所聞，
稍加更定，以續成其書。”

楊《序》之後，有門人鄭逢辰《序》，次有《逢辰
進祭禮二十帙儀禮圖十四帙表》，次有《淳祐六
年(1246年)十一月中書省劄附淳祐七年四月
十三日贈復文林郎勅》，次有《儀禮經傳通解續
卷祭禮目録》等。

是書全十四卷，此本今缺卷三(存首五葉)。
卷一及卷十四亦有殘損。卷中避宋諱，凡“玄、
弦、恒、貞、讓、桓、敦”等，常見缺筆。

每卷有“天籟閣”朱文長印，“項墨林鑑賞章”
白文長印，並“墨林祕玩”、“昌”、“南陽講習堂”
等藏書印。

陸心源《儀顧堂續跋》卷二著録此本。

儀禮圖十七卷　旁通圖一卷

(宋)楊復撰

宋刊明嘉靖年間補修本　共九册

内閣文庫藏本　原昌平坂學問所等舊藏

【按】每半葉十行，行二十字或二十一字。白
口，左右雙邊。補刊版心上方有校正者姓名，

下方記刻工姓名。

前有《晦庵朱文公乞修三禮奏劄》，次有紹定
戊子(1228年)楊復《自序》，《序》後有陳普
《序》(每行上空一格，行書)，《陳序》後有《目
録》。

森立之《經籍訪古志》卷一著録此本。

【附録】據《商舶載來書目》記載，中御門天皇
享保十年(1725年)，中國商船“幾字號”載《儀
禮圖》一部抵日本。

《書籍元帳》又記載仁孝天皇天保十二年
(1841年)由中國輸入《儀禮圖》一部。定價二
十五匁。

又，《官板書籍解題略》卷上著録“《儀禮圖》
十七卷，附《旁通圖》一卷”，并注曰“據《自序》
稱，是書成於紹定元年戊子，録十七篇經文，節
取舊文，疏通其意，以圖詳解儀節陳設之方位，
凡二百有五；又分宫廟門、冕弁門、牲鼎禮器
門，作圖二十有五。後附《儀禮旁通圖》”云云。

《昌平坂御官板書目》亦著録是書。

日本光格天皇寬政十一年(1799年)有昌平
坂學問所官刊本《儀禮圖》十七卷并《旁通圖》
一卷。

同年，江户書林順原屋茂兵衛、長谷川庄左
衛門等刊《儀禮圖》十七卷，享和元年(1801
年)印。

江户時代又有日人依據朝鮮刻本手寫宋人
楊復《儀禮圖》十七卷一種。此本原係紀州德
川家南葵文庫舊藏，今存東京大學總合圖書
館。

儀禮圖十七卷　旁通圖一卷

(宋)楊復撰　(明)吕柟校

明刊本　共二册

静嘉堂文庫藏本　原陸心源十萬卷樓舊藏

【按】每半葉十行，行二十字。白口，四周單
邊。

前有明嘉靖丙申(1536年)吕柟《序》，次有
賈公彦《序》，次有宋紹定戊子(1228年)楊復
《自序》，次有陳普《序》，並童承叙《後序》。

儀禮圖解十八卷

（宋）楊復撰　（明）呂柟校
明刊本　共八册
静嘉堂文庫藏本　原吴樹英　郁泰峰等舊藏
【按】卷中有"琴江黄氏藏書"白文印、"松江吴氏樹英珍藏記"白文方印、"宛平王氏家藏"白文方印、"慕齋鑒藏"朱文圓印、"曾在上海郁泰峰家"朱文長方印等。

儀禮逸經傳二卷

（元）吴澄撰
元刊本　共一册
静嘉堂文庫藏本　原陸心源十萬卷樓舊藏
【按】前有元至正十四年（1354年）七月李俊民《序》。

儀禮集説十七卷

（元）敖繼公撰
元大德年間（1297—1307年）刊本　共十六册
静嘉堂文庫藏本　原陸心源皕宋樓等舊藏
【按】每半葉有界十二行，行十八字。注文低一格單行大字。左右雙邊（22.2cm×16.5cm）。細黑口，單黑魚尾。版心著録"儀禮卷（幾）（葉數）"。上象鼻記大小字數，下象鼻處有刻工姓名，如系元、王榮、王興、汪惠、共之、齊明、徐冰、孫仁、舒關俚、茅文、尤爾等。

首有敖繼公自撰《儀禮集説序》，題署"大德辛丑（1301年）孟秋望日長樂敖繼公謹序"。卷末又有敖繼公《自跋》，題署"大德辛丑仲秋望日長樂敖繼公書"。本文卷首題"儀禮卷第一"。次行低八格，署"敖繼公集説"，第三行題"士冠禮第一"。

卷中"經文"皆頂格，"注文"低一格。除卷一及卷十一外，每卷後皆有"正誤"。此乃辨析所采用之諸家注（除鄭注賈疏之外，所采以朱子之説爲多，此外尚有馬季長、陳用之、李微之諸注）。卷八第一〇一葉、一〇二葉係補寫。

卷中有"田耕堂藏"、"泰峰"、"曾在上海郁泰峰家"、"臣陸樹聲"、"歸安陸樹聲叔桐父印"等印記。

陸心源《儀顧堂續跋》卷二著録此本。其"識文"曰：

"（前略）所採諸家注，鄭注賈疏而外，朱子之説爲多。此外惟馬季長、陳用之，李微之數條而已。每卷後有正誤數條，言所以去取之意，如後世校勘記之類。惟卷一、卷十一獨無，與通志堂刻同似。以無所校正而然，非缺也。何義門不察，疑爲缺而欲訪求，誤矣。卷十一末'大功二''小功二'句下，通志堂本空四字，此本損破，四字以白紙補之。則通志堂所刊即以此爲祖本矣。顧亭林《日知録》舉監本脱誤各條，此本皆不脱，則所據猶宋時善本也。"

經禮補逸九卷　附録一卷

（元）汪克寬撰
明弘治年間（1488—1505年）刊本　共二册
静嘉堂文庫藏本
【按】每半葉十三行，行二十七字。白口，左右雙邊。
前有明洪武二年（1369年）八月曾魯《序》，并明弘治六年（1493年）程敏政《序》。後有弘治十年（1497年）程敏政《跋》。

儀禮節解十七卷

（明）郝敬撰
明萬曆年間（1573—1620年）刊本　共八册
尊經閣文庫藏本　原江户時代加賀藩主前田綱紀等舊藏

儀禮經集注十七卷　附樂經集注二卷

（明）張鳳翔撰
明堂邑張氏刊本　共八册
蓬左文庫藏本　原德川光友瑞龍院等舊藏
【按】是本前有傅以漸《序》。

（禮記之屬）

禮記（殘）十九卷

（漢）鄭玄注　　（唐）陸德明釋文

宋建安刊本　共十九册

國會圖書館藏本

【按】每半葉有界九行,行十七字。注文小字雙行,行十八字。四周雙邊(9.1cm×6.1cm)。細黑口,雙黑魚尾。版心著録"己（幾）（葉數)"。左上欄外有耳格,刻列篇名。注文中"音注"以墨圈圍之,"重言"則大字墨圈陰刻。

本文卷首題"禮記卷第一",次題"曲禮上第一"。第三行低一格有"陸曰"小字雙行注,第四行低二格題"禮記　鄭氏注"。

卷中避宋諱,凡"匡、筐、恒、貞、禎、偵、徵、桓、慎、惇、敦"字皆缺筆。

是書全本凡二十卷,此本今缺卷十五。全書蠹蝕破損較嚴重。

【附録】公元604年,日本推古朝聖德太子制定《十七條憲法》,其第一條文中有"以和爲貴",則取自《禮記·儒行篇》。

日本元正天皇養老二年(718年)制定《養老令》,仿中國唐代國子監、太學和四門學把儒家經典分爲"正經"與"旁經"的規制,定大學課程爲"大經"、"中經"和"小經"。其中《禮記》被定爲"大經"。

九世紀日本著名的學者菅原道真(845—903年)在《菅家文草》卷五中有《仲秋釋奠聽講〈禮記〉同賦養衰老》一首,詩曰:"秋風瑟瑟養皤皤,欲落年花氣力多。若不相逢開禮道,何因鮎被蕩恩波。"這是日本古文學中關於朝廷《禮記》講筵的早期記載。

九世紀末藤原佐世編撰《本朝見在書目録》,其第四"禮家"類著録當時日本中央各機構蒐儲有關《禮記》典籍如次:

《禮記》廿卷,漢九江太守戴聖撰,鄭玄注。

《禮記》廿卷,魏衞(將)軍王肅注。

《禮記抄》一卷,鄭氏注。

《禮記子本義疏》百卷,梁國子助教皇侃撰。

《禮記正議(義)》七十卷,孔穎達撰。

《御刪定禮記月令》一卷,冷然院録之一卷第一卷。

《月令圖贊》一卷,何楚之撰。

《禮記音》二卷,徐友撰。

《明堂月令論》一卷。

《喪服九族圖》一卷。

《古今喪服要記》一卷,冷然院。

《喪服譜》一卷。

《喪服經》一卷。

《喪服要略》一卷,冷然院。

十二世紀藤原通憲《通憲入道藏書目録》"第二櫃"著録《禮記》二帙(上下,上帙欠二卷)。四條天皇仁治二年(1241年)日本東福寺開山聖一國師圓爾辯圓自中國歸,携回漢籍内外文獻數千卷。1353年東福寺第二十八世大道一以據聖一國師藏書編纂成《普門院經論章疏語録儒書等目録》,其"果部"著録《禮記》五册。

據《書籍元帳》記載,仁孝天皇弘化四年(1847年),中國商船"午二番"輸入《禮記鄭注》兩部,各二套函。一部售價拾八夕。"午三番"商船輸入《禮記鄭注》一部,售價拾三夕。同年八月,"午四番"船又輸入《禮記鄭注》一部,售價拾八夕。至孝明天皇嘉永元年(1849年),中國商船"申四番"又輸入《禮記鄭注》一部,售價拾八夕。

室町時代(1393—1573年)有《禮記》二十卷手寫本一種,題署《漢鄭玄注》此本原係中世時代爲足利學校所有,今藏於足利學校遺蹟圖書館。

後柏原天皇永正年間(1504—1521年)清原宣賢手寫本《禮記鄭注》殘本十九卷,惟缺卷一。此本以唐本書寫之,以累代祕本加朱點。所謂"累代祕本"則指起自崇德天皇保延年間(1135—1141年),止於後二條天皇德治年間(1306—1308年)的歷代《禮記》的寫本。此本今爲"御物",藏於宮内廳書陵部。

後陽成天皇慶長年間(1596—1615年)有活字版《禮記注》二十卷刊行,此本每半葉八行。行十七字。

後陽成天皇慶長年間(1596—1615年)及後水尾天皇元和年間(1615—1623年),足利學校用銅活字刊印《禮記注》二十卷。每半葉八行,行十八字。

明正天皇寬永五年(1628年)安田刊《禮記》不分卷,由日人藤原惺窩點。

後光明天皇慶安五年(1652年)崑山館道可處士刊本《禮記》四卷。日人藤原蕭校編。

靈元天皇延寶七年(1679年)刊行《禮記》(改正音注禮記)。

桃園天皇寬延二年(1749年)京都風月莊左衛門刊印《禮記》二十卷。日人賀島矩直點。

桃園天皇寶曆九年(1759年)風月莊左衛門再刊《禮記》二十卷。

光格天皇寬政十年(1798年)青藜館刊印《禮記》正文五卷。日人葛山壽、萩原萬世點,石川嶽、蜂屋維德校。

光格天皇文化八年(1811年)弘前稽古館刊印《禮記》二卷,木活字版。

仁孝天皇天保十二年(1841年)勝村治右衛門刊《校定音訓禮記》四卷。日人佐藤坦點。

禮記二十卷

(漢)鄭玄注

明嘉靖年間(1522—1566年)刊本

尊經閣文庫　京都大學人文科學研究所東洋學文獻中心　静嘉堂文庫藏本

【按】每半葉有界八行,行十七字。小字雙行,行同正文。白口,四周雙邊。

尊經閣文庫藏本,原係江戶時代加賀藩主前田綱紀等舊藏,共十册。

京都大學藏本,共十六册。

静嘉堂藏本,原係陸心源十萬卷樓等舊藏。卷中有"纖簾後裔"白文方印、"穀成"朱文方印、"豫州珍藏"朱文方印等,共十册。

纂圖互注禮記二十卷　禮記舉要圖一卷

(漢)鄭玄注　　(唐)陸德明釋文

宋建安刊本　共十六册

静嘉堂文庫藏本　原胡惠墉　陸心源皕宋樓等舊藏

【按】每半葉有界十一行,行二十一字(《舉要圖》行約二十五字左右)。注文小字雙行,行二十五字左右。左右雙邊(17.8cm × 11.7cm)。細黑口,雙黑魚尾。版心著錄"記(幾)(葉數)"。左上欄外有耳格,記篇名、卷數、葉數。注文中先鄭注,次陸氏釋文。無鄭注時,以"陸曰"分別之。釋文下有"重言"、"重意"、"互注",皆墨圍陰刻。

首跨兩行題"禮記篇目",次有《禮記舉要圖》。此圖中第五、六葉係據他本補寫。本文卷首題"纂圖互注禮記第一",次行題"曲禮上第一",第三行題"禮記",下有"陸曰"小字雙行注,注後低三格署"鄭氏注"。

卷中避宋諱,凡"玄、狼、殷、匡、筐、恒、禎、貞、偵、徵、樹、讓、頊、桓、完、溝、慎、敦"等皆缺筆。

卷中有"當湖小重山館胡氏篠江珍藏","篠江"、"胡惠浮印"、"曹氏仲邕"、"蒼茛子"、"文和"、"泰霞齋書"、"歸安陸樹聲所見金石書畫記"、"歸安陸樹聲叔桐父印"等藏書印記。

此本字畫明晰,雕鐫精善,於南宋麻沙本中屬精美之刊。

陸心源《儀顧堂續跋》卷三著錄此本,其識文曰:

"雕刻甚精,字兼歐柳。所據乃當時善本,與唐石經十行本《正義》大略多同,如《緇衣》章義瘝惡不作章善瘝惡之類是也。所引《釋文》有與葉林宗影抄本同者,如舊扶死反不作扶允,呼困反不作呼困是也。余所見所藏宋刊《禮記》,不下四、五本,此本當在十行本《正義》之上,與撫州公庫本相伯仲。所據《釋文》在通志堂刊之上,亦與葉林宗影宋本相伯仲。阮文達作校勘記,亦未得見此本也。"

傅增湘《藏園羣書經眼録》卷一著録此本,稱爲"建本之最良者"。

【附録】四條天皇仁治二年(1241年)日本東福寺開山聖一國師圓爾辯圓自中國歸,携回漢籍内外文獻數千卷。1353年東福寺第二十八世大道一以據聖一國師藏書編纂成《普門院經論章疏語録儒書等目録》,其"陽部"著録《纂圖互注禮記》三册。

禮記喪服小記子本疏義(殘本)一卷

(陳)鄭灼撰

唐寫本　日本國寶　卷子本一卷

早稻田大學圖書館藏本　原日本光明皇后田中光顯等舊藏

【按】此本係《禮記》"喪服小記"第十五的疏義,卷首的首題及經疏數行缺佚,尾題明記"喪服小記子本疏義第五十九"。

卷子本,縱28.7cm,全卷長642cm。每行約三十餘字。卷中先録《禮記》正經與注語,下列疏義。正經施朱線,注語施朱點,以示經注與疏義之區別。

九世紀藤原佐世於《本朝見在書目録》中,著録《禮記子本義疏》百卷,署"(梁)國子助教皇侃撰"。此處題"義疏",與此本尾題"疏義",意義大約相同。

藤原賴長《宇槐記抄》"仁平元年(1151年)九月二十四日"條記當日藤原氏向中國宋代商人出示"求書目録",其中有《禮記子本疏問答》一種。

十二世紀藤原通憲《通憲入道藏書目録》"第二櫃"著録《禮記子本疏》兩帙,并注曰:"一帙欠第八卷,二帙欠第四卷。"此處《禮記子本疏》與《禮記子本義疏》,當爲同一種著作無疑。惟世人不明"子本"究竟謂何義。日本明治時代島田翰《古文舊書考》卷一云:"子本,猶如經注也。"島田氏將此書殘本公諸於世,學界才得以明白,所謂"皇侃撰者",實爲皇侃弟子鄭灼取其師書,更薈輯衆説而加以案語。今此本中有

"灼案"、"灼謂"、"灼又疑"等即是。所以,"子本"之謂,實是六朝人説經體之一種——取其師説,加以衍義,狀如母子關係。

羅振玉氏考訂本卷,此卷中不避陳、隋、唐諸帝名諱,應爲六朝人寫本,甚而又推考爲鄭灼手筆,然由字體風格並紙質而論,實爲唐代寫本。

卷末尾題之上,有"内家私印"朱色方印。此乃八世紀光明皇后所用之印,則此本傳入日本,時代極爲古遠。明治時代歸田中光顯伯爵收藏,明治三十八年(1905年)由田中氏惠贈早稻田大學。

此本已被日本"文化財審議委員會"確認爲"日本國寶"。

禮記釋文四卷

(唐)陸德明撰

宋淳熙四年(1177年)刊宋嘉泰二年(1202年)至淳祐八年(1248年)遞修本　共四册

東京大學東洋文化研究所藏本　原傅增湘等舊藏

【按】每半葉有界十行,行十六字左右。注文小字雙行,行二十字至二十五字。白口,雙黑魚尾。版心著録"記(幾)(葉數)"。上象鼻處有大小字數,下象鼻處有刻工姓名。此本宋刊宋修。中縫中屢見修補紀年,兹録如下:

原刊刻工姓名有周忠、定、孔等。

(嘉泰)"壬戌刊"(1202年)刻工姓名有吳忠、元等。

(開禧)"乙丑刊"(1205年)刻工姓名有思明、高安國、嚴思敬、施贊等。

(嘉定)"壬申"(1212年)刻工姓名有朱生、伯言、卓明等。

(淳祐)"戊申刊"(1248年)刻工姓名有周鼎等。

此外,修補葉中縫尚見有(嘉定)"甲申"(1224年)、(紹定)"辛卯刊"(1231年)及(淳祐"壬寅刊"(1242年)等刊印紀年,然破損較多,無法識得刻工姓名。

首題"禮記釋文",次行低一格署"唐國子博士兼太子中允贈齊州刺史吳縣開國男陸德明撰"。卷尾題"禮記釋文",題後小字雙行記經文字數及注文字數。卷中有缺葉,如首五葉,第六十一葉至六十八葉等,皆以影鈔補之。

卷中避宋諱,凡"玄、敬、警、殷、匡、胤、恒、貞、禎、桓、慎"等字皆缺筆。

此本依版式字樣與刻工姓名推考,大約係撫州公使庫刊刻。

卷末有曹元忠手書題跋二葉半,題署"太歲重光作噩正月辛未晦元忠錫福堂書"。

卷中有"龍龕精舍"、"雙鑑樓"、"雙鑑樓考藏宋本"、"傅沅叔藏書記"等藏書印記。

禮記正義七十卷

(漢)鄭玄注　　(唐)孔穎達疏

宋紹熙三年(1192年)兩浙東路茶鹽司刊本

日本室町時代(1393—1573年)萬壽寺僧一華補寫本　日本國寶　共三十五冊

足利學校遺蹟圖書館藏本　原上杉憲實等舊藏

【按】每半葉有界八行,行十六字至十九字。注文小字雙行、行二十二字左右。白口,單黑魚尾。版心著錄"禮記義(幾)(葉數)"。左右雙邊(21.3cm×15.9cm)。補刊的上象鼻處記大小字數(修刊全在宋代,補版葉數較少)。下象鼻處有刻工姓名,如王恭、王佐、王允、王宗、王茂、王椿、王祐、王祐、王壽、翁祥、翁祐、應俊、魏奇、葛昌、葛異、許詠、許富、許貴、許才、姜仲、金昇、金彥、阮祐、嚴信、吳志、吳宗、吳寶、高政、高彥、施俊、施彌、朱周、朱彌、周泉、周彥、徐仁、徐宥、徐進、徐通、蔣仲、蔣信、宋瑜、宋琳、宋春、張樞、張暉、趙通、陳又、陳文、陳顯、陳真、丁拱、鄭彬、鄭復、陶彥、童志、馬春、馬松、馬祐、馬昇、方伯祐、方堅、包端、濮宣、毛俊、毛端、余政、楊昌、李用、李良、李憲、李光祖、李師正、李信、李涓、李仁、李倚、李俊、李忠、陸訓、劉昭等。補刊葉刻工姓名有如王渙、王禧、求裕、許忠、賈祚、顧永、顧澄、高文、

高異、朱渙、朱春、邵亨、蔣榮、章東、徐珣、徐珙、孫春、張昇、張謙、張榮、沈珍、馬祖、毛祖、余敬、楊潤、李成等。

首有孔穎達《禮記正義序》。本文卷首題"禮記正義卷第一",次行低二格署"國子祭酒上護軍曲阜縣開國子臣孔穎達等奉",轉行低三格署"敕撰"。

卷末有紹熙三年三山黃唐刊行"跋文"。文曰:

"六經疏義自京監蜀本皆省正文及注,又篇章散亂,覽者病焉。本司舊刊《易》、《書》、《周禮》正經注疏萃見一書,便於披繹,它經獨闕。紹熙辛亥仲冬,唐備員司庚,遂取《毛詩》、《禮記》疏義如前三經編彙,精加雠正,用鋟諸木,庶廣前人之所未備。乃若《春秋》一經,顧力未暇,姑以貽同志云。壬子秋八月三山黃唐謹識。"

次隔二行有銜名八人如下:

進士傅伯庸

進士陳克己

應賢良方正直言極諫科莊冶

修職郎紹興府會稽縣主簿高似孫

修職郎監紹興府三江錢清曹娥鹽場管押袋鹽李日嚴

迪功郎充紹興府府學教授陳自強

文林郎前台州州學教授張澤

從事郎兩浙東路安撫司幹辦公事留駿

次隔一行,又有銜名三人如下:

宣教郎兩浙東路提舉常平司幹辦公事李深

通直郎兩浙東路提舉茶鹽司幹辦公事王汾

朝請郎提舉兩浙東路常平茶鹽公事黃唐

卷中避宋諱,凡"玄、眩、縣、弦、鉉、敬、驚、警、弘、殷、匡、筐、鏡、竟、胤、恒、貞、徵、偵、禎、禎、樹、讓、頊、勗、桓、完、構、購、溝、搆、慎、惇、敦"等字皆缺筆。

此本卷二十六的末葉缺佚。卷三十三至卷四十(共四冊),卷四十七的末葉係日本室町時代(1393—1573年)補寫。

日本光格天皇寬政九年(1797年)新樂定編

錄《足利學校藏書目錄》引近藤正齋關於此本八卷補寫諸事的考定文曰：

> "《禮記正義》七十卷，《藏書目錄》中第一卷封面内側，題誌郊特牲、内則、玉藻三編缺欠，本經自八至九，《正義》自三十三至四十。此乃上杉憲實手書也。押'松竹清風'篆印。（上杉氏）贈送之時，此四本實缺。補本四册，乃鈔本也。首題'紫府豐後僧一華學士於武州勝沼，以印本令書寫贈送，一次校合畢'。補本係據世間南宋所刻附釋音本。一華乃豐後萬壽寺僧，文明永禄間（1469—1570年）人。當時因世無《正義》本，故以附釋音本補之。"

每册首有"足利學校之公用也"、"足利學校公用"墨筆橫書。第一册首有"此書不許出學校闌外"墨筆橫書，署名"憲實"，並有花押。每册尾墨筆題署"上杉憲實寄進"，並有花押。

卷中有日本室町時代（1393—1573年）的墨筆訓點，並有江户時代的朱墨校字。

森立之《經籍訪古志》卷一著錄足利學校藏宋紹熙壬子刊《禮記注疏》六十三卷，實即此本。

此本於1955年（昭和三十年）2月被日本"文化財審議委員會"確認爲"日本國寶"。

【附錄】十二世紀藤原通憲《通憲入道藏書目錄》著錄《禮記正義》如次：

"第四櫃"著錄：

《禮記正義》第一帙，欠一、九、十，見七卷。

《禮記正義》第二帙，十卷。

同三帙欠第三，見九卷。

同四帙十卷。

同七帙欠第七，見九卷。

《禮記正義》一卷格後抄第十五。

"第百五十五櫃"著錄：

《禮記正義》一帙十卷。

禮記正義（殘本）一卷

（漢）鄭玄注　　（唐）孔穎達疏

唐人寫本　　日本重要文化財　　卷子本一卷

東洋文庫藏本　　原狩谷掖齋等舊藏

【按】《禮記正義》全本凡七十卷，此本今存卷五"曲禮"上下，惜首尾皆缺佚。卷子本，縱28.1cm，全卷長873cm。每行二十五字至三十四、五字不等。"注"、"正義"與本經之間空一字。全部單行書寫。

此卷首尾皆缺。起自"曲禮上第一逮事父母諱王父母'言在者案論語云'"，迄於"曲禮下第二去國三世'正義曰……今得仕新國者'"。全卷十七葉紙，先後相繼。牙軸，無點。

此本是以《正義》爲主的單疏本，若與南宋紹熙年間（1190—1194年）刊印的《禮記正義》相較，則字句多異，大約更接近《正義》原本面貌。

此卷字體較古，書法亦屬初唐風格。黃褐色麻紙，有淡墨行界。卷背抄錄《賢聖略問答》卷一，其末尾書"寬弘五年四月二日於龍川南院書寫畢沙門如慶本"。則知繕寫於公元1008年。《賢聖略問答》注釋興福寺仲算《大乘法苑義林章》二十七"賢聖章"，亦爲稀覯之本。由此推斷，此卷在十世紀已傳入日本。

此寫本江户時代爲狩谷掖齋所藏，後歸岩崎男爵所有。

此本已被日本"文化財審議委員會"確認爲"日本重要文化財"。

【附錄】九世紀藤原佐世《本朝見在書目錄》著錄《禮記正議（義）》七十卷。題署"孔穎達撰"。

十二世紀藤原通憲《通憲入道藏書目錄》著錄《禮記正義》二帙。

禮記正義（殘本）八卷

（唐）孔穎達等奉勅撰

宋紹興（1131—1162年）乾道（1165—1173年）年間刊本　　日本重要文化財　　共二册

甲斐身延山久遠寺藏本　　原金澤文庫舊藏

【按】每半葉有界十五行，行二十六字。疏文單行大字。白口，單黑魚尾。版心著錄"禮（幾）（葉數）"。下象鼻處記刻工姓名，然因版心大多磨損，字蹟難辨，僅識得如屠友等極個別名。左右雙邊(23cm×15.6cm)。

是書全本凡七十卷，今僅存卷六三至卷七十。書面題簽係日本室町時代(1393—1573年)墨書"禮記正義"。又用小字題寫"自六十三至六十六，(自六十七至七十畢)"。本文卷首題"禮記正義卷第六十三"，次行低三格署"唐國子祭酒上護軍曲阜縣開國子臣孔穎達等奉"，第三行低三格題"勅撰"。

卷七十尾題後，空二行列銜名如次：

祕閣寫　御書臣王文懿　臣孟佑　書
將仕郎守澤州陽城縣主簿臣劉文蔚　校
將仕郎守開封府陽武縣主簿臣董拙　校
將仕郎守鄆州司法參軍臣隋億　校
文林郎守光州固始縣令臣軒轅節　校
文林郎守坊州軍事判官臣王用和　校
承奉郎守殿中丞臣胡迪　校
將仕郎守蒙州司戶參軍臣袁柄　再校
文林郎守福州福清縣令臣步藻　再校
文林郎守戎州樊道縣令臣李坦　再校
將仕郎守大理評事臣孫奭　再校
登仕郎守大理寺丞臣田畋　再校
承奉郎守大理寺丞武騎尉臣王曉　再校
徵事郎守殿中丞臣紀自成　再校
朝奉郎守國子博士崇文院檢討兼祕閣校理上騎都尉賜緋魚袋臣杜鎬

推誠同德佐理功臣銀青光禄大夫行尚書吏部侍郎兼祕書監修國史判國子監上柱國隴西郡開國侯食邑一千二百戶臣李至
　　　淳化五年五月　日
朝散大夫右諫議大夫參知政事柱國東平縣開國男食邑三百戶賜紫金魚袋臣呂端　等進
正奉大夫給事中參知政事上柱國天水縣開國男食邑三百戶賜紫金魚袋臣趙昌言
朝請大夫給事中參知政事上柱國武功縣開國男食邑三百戶賜紫金魚袋臣蘇易簡
推忠協謀佐理功臣光禄大夫吏部尚書同中書門下平章事上柱國東平郡開國公食邑二千三百戶食實封六百戶臣呂蒙正

據《玉海》記載，"端拱元年三月，司業孔維等奉勅校勘孔穎達《五經正義》百八十卷，詔國子監鏤版行之"，並記"《禮記》則胡迪等五人校勘，紀自成等七人再校，李至等詳定，淳化五年五月以獻"。此則記事與此本上列銜名相比較，略有出入之處。

卷中避宋諱，凡"玄、弦、敬、殷、匡、竟、讓"等字皆缺筆。此本不避南宋"慎、敦"等廟諱，故有誤以爲北宋刊者，實則係紹興至乾道年間北宋監本的再刊本。《禮記正義》宋刊單疏本國內僅存原劉氏嘉業堂所藏之卷三與卷四凡零本二卷，此本今雖僅存八卷，然作爲《禮記》單疏本，與東洋文庫藏平安時代寫本卷五殘本，共爲天壤間孤寶。

卷六十五之末與卷六十六之首，有"金澤文庫"印，爲金澤文庫外流出漢籍之一種。各冊首有"身延文庫"墨印。

此本已被日本"文化財審議委員會"確認爲"日本重要文化財"。

【附録】藤原賴長《臺記》在"康治二年(1143年)十月"的"所讀書目"中記《禮記正義》廿卷。在"天養元年"(1144年)的"所讀書目"中記《禮記正義》五十卷。"久安元年"(1145年)的"所讀書目"中有《禮記正義》三十一卷。

藤原賴長《宇槐記抄》"仁平元年(1151年)九月二十四日"條記當日藤原氏向中國宋代商人出示"求書目録"，其中有《禮記正義》(賈公彦)一種。

十二世紀藤原通憲《通憲入道藏書目録》"第四櫃"著録《禮記正義》第一帙(欠一、九、十，見七卷——見即現存之意，下同)、《禮記正義》第二帙(十卷)、同三帙(欠第三，見九卷)、同四帙(十卷)同七帙(欠第七，見九卷)。

禮記正義(殘)一卷

(漢)鄭玄注　(唐)孔穎達疏
宋紹熙三年(1192年)兩浙東路茶鹽司刊元修本　共一冊
東京大學東洋文化研究所藏本
【按】此本行款格式，與日本足利學校遺蹟圖書館藏宋兩浙東路茶鹽司刊本相同,唯僅存卷六十三,凡一卷。全書縱 27.8cm,橫 20cm。內有入元之後的補修葉,中縫見元人刻工熊道瓊之名。封面係新補,藍色絹紙。

此本大約係民國初年由清內府大庫中流出之零本。

禮記正義(殘)一卷

(漢)鄭玄注　(唐)孔穎達疏

宋紹熙三年(1192 年)兩浙東路茶鹽司刊元明修本　共一冊

京都大學附屬圖書館谷村文庫藏本

【按】此本行款格式,與日本足利學校遺蹟圖書館藏宋兩浙東路茶鹽司刊本相同,唯僅存卷六十四。全書縱 32.5cm,橫 20cm。卷中有元人修補,修補葉版心見元人刻工姓名俞榮、茅文厖、茅化等。本版木板於入明之後移存南京國子監,卷中間有明代修補。封面係新補,藍色絹紙。

此本大約係民國初年由清內府大庫中流出之零本。

禮記注疏六十三卷

(漢)鄭玄注　(唐)陸德明音義　孔穎達疏

明嘉靖年間(1522—1566 年)福建刊本　共十八冊

廣島大學文學部　關西大學綜合圖書館內藤文庫藏本

【按】每半葉有界九行,行二十一字。注文小字雙行,行同正文。白口,四周單邊(20.4cm×12.8cm)。

原題"禮記注疏"並"漢鄭氏注　唐孔穎達疏"。

關西大學藏本,卷中有"愚門之印"等印記,原係內藤湖南等舊藏。

禮記注疏(殘本)五卷

(漢)鄭玄注　(唐)陸德明音義　孔穎達疏

明萬曆十六年(1588 年)國子監刊本

東京大學東洋文化研究所藏本

【按】此本係監本《十三經注疏》之零本,今存卷十一至卷十三、卷六十、卷六十一,凡五卷。

禮記注疏六十三卷

(漢)鄭玄注　(唐)孔穎達疏　陸德明釋文

明崇禎十二年(1639 年)毛氏汲古閣刊本

東京大學總合圖書館　東北大學附屬圖書館　早稻田大學圖書館　國學院大學梧蔭文庫　龍谷大學大宮圖書館　廣島大學附屬圖書館斯波文庫　無窮會天淵文庫藏本

【按】每半葉有界九行,行二十一字。注文小字雙行。白口,左右雙邊。此本係毛氏汲古閣刊《十三經注疏》之一種。

東京大學總合圖書館藏此同一刊本兩部,皆原係江戶時代紀州德川家南葵文庫等舊藏。一部卷中有讀者批語,又有明治戊戌(1898 年)八月島田翰手識文,又有明治己亥(1899 年)四月島田鈞一手識文,共三十冊。一部今存卷第五十二、卷第五十三、卷第五十八、卷第六十,凡存四卷,共二冊。

東北大學藏本,卷一至卷二十一全缺,今存凡四十二卷,共二十冊。

早稻田大學圖書館藏此同一刊本兩部,皆原係服部南郭家服部文庫舊藏。一部共三十三冊;一部共十冊。

國學院大學藏本,原係井上毅等舊藏,卷一至卷二十,卷四十三至卷六十三皆缺佚,今存卷二十一至卷四十二,共二十二卷。

龍谷大學大宮圖書館藏本,共三十二冊。

廣島大學圖書館藏本,原係斯波六郎舊藏,共二十冊。

無窮會天淵文庫藏本,原係加藤天淵等舊藏,共十八冊。

(附釋音)禮記注疏六十三卷

(漢)鄭玄注　(唐)孔穎達等疏　陸德明釋音

元刊明遞修本　共三十四冊

静嘉堂文庫藏本　原陸心源等舊藏

【按】每半葉有界十行,行十七字。注文雙行,行二十三字。左右雙邊或四周雙邊(19.2cm×12.6cm)。白口,或粗黑口。雙黑魚尾,記大小字數,有耳格記篇名。版心有刻工姓名,如伯壽、仲明、以善、國祐、子明、曾九等。明代補刊葉有刻工姓名,如王才、王二、吳一、吳三、吳八、吳珠、周元進、周士名、周順長、葉景興、葉文祐、陳文昭、江長保、蔡福貴、黃世隆、江三、黃蘭、興一、細二、周二、周同、周甫、尚旦、象二、仲干、文旻、蘭三、陸三、陸壽、陳欽、佛員、余進、余富、劉立、劉京、劉深等。明修版下有書寫者名,如葉廷芳謄、葉廷芳抄、王世珍謄等。

首有《禮記正義序》,題“國子祭酒上護軍曲阜縣開國子臣孔穎達等奉敕撰”。後有《禮記正義》(解題)。

卷中有“歸安陸樹聲叔桐父印”等印記。

(校正詳增音訓)禮記句解十六卷

(宋)朱申撰

元刊巾箱本　共七冊

内閣文庫藏本　原豐後佐伯藩主毛利高標等舊藏

【按】每半葉有界十一行,行二十三字。細黑口,雙黑魚尾。版心著録“已(幾)(葉數)”。裏葉左上欄外有耳格記篇名。左右雙邊。

卷首題“校正詳增音訓禮記句解卷之一”,次行低八格署“魯齊　朱　申　周翰”,第三行題“曲禮上第一”。

此本係仁孝天皇文政年間(1818—1829年)由出雲守毛利高翰獻贈幕府。明治初期經太政官文庫而歸内閣文庫。

卷中有“佐伯侯毛利高標字培松藏書畫之印”、“秘閣圖書之印”等藏書印。

禮記訓解十卷

(宋)熊禾撰　(明)陳子龍校

明刊本　共四冊

静嘉堂文庫藏本　原中村敬宇等舊藏

禮記纂言三十六卷

(元)吳澄撰

元元統二年(1334年)刊本　共三十二冊

静嘉堂文庫藏本　原毛晋　季振宜　陸心源皕宋樓等舊藏

【按】每半葉有界十行,行二十二字。注文低一格,單行大字,音注小字雙行。細黑口,雙黑魚尾。版心著録篇名,卷數與葉數。左右雙邊(23.9cm×17.3cm)。

首題“小戴記篇目”,次行低七格署“臨川吳澄幼清叙次”。題署後有《自序》,末有雙行小字注記,文字如次:

“右文正公晝年序次小戴記之正文而書其後如此。今載其語于纂言之首,庶者有所考云。”

本文卷首題“禮”,次行低一格題“小戴記”,同行隔九格再署“臨川吳文正公纂言”,第三行低二格題“吳禮第一”。每卷末題“右記(篇名)幾節”。卷末低四格有門人吳尚《跋文》。文曰:

“尚積年侍臨川先生講下,嘗聞先生曰,吾於《禮記纂言》,凡數易藁,蓋亦多所發明,而《月令》、《檀弓》尤爲精密。……研精覃思,證之以經,裁之以理,自謂可無悖戾。至若於經無據,於理不合者,則闕之,不敢以臆説貽侮聖言之戒。藁成,尚數請以鋟諸梓。得命,遂與先生之甥周濂集同門諸友暨好義之士,相與成之。先生手自點校。未及畢而先生捐館矣。餘篇先生之孫當對問考訂,始至順癸酉之春,畢於元統甲戌之夏。因書之成,遂志歲月而所聞師説并記於後云。”

卷中有“汲古閣”、“虞山毛氏汲古閣考藏”、“字子晋”、“毛晋字子晋一名鳳苞字子九”、“汲古主人”、“毛晋私印”、“汲古閣圖書記”、“海虞毛表奏叔圖書記”、“東吳毛表圖書”、“汲古後人”、“中吳毛奏叔收藏書畫印”、“毛奏叔讀書記”等汲古閣毛晋、毛表父子藏書印記。此外,卷中還有"季振宜藏書"、"御史之章"、"季振宜印"、"滄葦"、"讀未見書樓"、"松陵范文安禮堂收藏圖章"、"一經後人范文安珍藏"、"静嶻祕玩"、"歸安陸樹聲叔桐父印"、"歸安陸樹聲藏書之記"等藏書印。

禮記纂言三十六卷

(元)吳澄撰
明寧國知府胡汝登刊本　共八册
蓬左文庫藏本

【按】每半葉有界十行,行二十四字。注文小字雙行,行同正文。黑口,四周雙邊。

首有明正德十五年(1520年)餘姚王守仁《序》。

(新刊京本)禮記纂言三十六卷

(元)吳澄撰
明崇禎年間(1628—1644年)刊本
內閣文庫　尊經閣文庫　東京大學東洋文化研究所　大谷大學附屬圖書館　静嘉堂文庫藏本

【按】每半葉有界十三行,行二十五字左右。白口,四周單邊。

首有明正德庚辰(1520年)王守仁《序》,次有明崇禎己巳(1629年)唐顯悦《序》,次有張養《序》、王象晋《序》並遲大成《跋》、王績燦《跋》等。

內閣文庫藏本,原係楓山文庫舊藏,共十二册。

尊經閣文庫藏本,原係江户時代加賀藩主前田綱紀等舊藏,共十二册。

大谷大學藏本,共二十册。

静嘉堂文庫藏本,原係陸心源守先閣等舊藏。共十册。

禮記集説三十卷

(元)陳澔撰
明福建建寧府知府楊一鶚刊本
龍谷大學大宮圖書館　關西大學綜合圖書

館內藤文庫藏本

【按】每半葉有界九行,行十七字。白口,左右雙邊(20cm×13.5cm)。版心有刻工姓名。

前有陳澔《禮記集説序》(自序)。卷末刻"巡按福建監察御史開州吉澄校刊縉雲樊獻科重訂"、"福建□□(建寧)府知府曲梁楊一鄂重□(刊)"凡三十五字。

《四庫全書總目·經部·禮類三》著錄:"《雲莊禮記集説》十卷。通行本。元陳澔撰……雲莊其號也。是書成於至治壬戌。朱彝尊《經義考》作三十卷。今本十卷。"則編纂《四庫》時,國內已罕見三十卷本了。

關西大學綜合圖書館藏本,原係内藤湖南等舊藏,共六册。

龍谷大學大宮圖書館藏本,原係田中慶太郎(救堂)舊藏,共八册。

【附錄】《倭板書籍考》卷二著錄《禮記集説》三十卷四十九篇。其釋文曰:

"漢之戴聖作《小戴記》四十九篇。宋末南康人陳澔作《禮記集説》。陳澔之父,饒雙峯之弟子也,通《禮記》。雙峰者,黄勉齋之弟子也。勉齋者,朱子之弟子也。《大學》《中庸》亦係四十九篇之内。今依朱子章句,而爲《集説》。篇名有注,序文亦陳澔所作。"

後光明天皇慶安三年(1650年)京都林甚右衛門刊行《禮記集注》三十卷,題"元陳澔撰"。

後光明天皇慶安五年(1652年)刊訂《禮記集説》二十卷,題"元陳澔撰",日人藤原惺窩校。

靈西天皇寬文三年(1663年)京都野田庄右衛門刊《禮記集説》三十卷。此本首書"禮記集注",題"元陳澔撰"。日人松永昌易首書。此本寬文四年(1664年)印。其後,中御門天皇享保九年(1724年)今村八衛門等有重印本。

光格天皇享和二年(1802年)昌平坂學問所刊印《禮記陳氏集説補正》三十八卷。

(雲莊)禮記集説三十卷

(元)陳澔注

明成化年間(1465—1487 年)刊本　共十册

静嘉堂文庫藏本　原陸心源十萬卷樓等舊藏

【按】此本有明成化壬寅(1482 年)程廷珙《序》,並《自序》、《凡例》等。

禮記集説三十卷

(元)陳澔撰

明刊本　共十册

静嘉堂文庫藏本　原陸心源守先閣等舊藏

禮記集説三十卷

(元)陳澔集説

明嘉靖十六年(1537 年)崇正書院刊本　共十册

内閣文庫藏本　原林氏大學頭家舊藏

禮記集説十六卷

(元)陳澔撰　(明)汪應魁校

明貽經堂刊本

東北大學附屬圖書館　無窮會天淵文庫藏本

【按】每半葉有界九行,行十八字。注文小字雙行,行同正文。白口,四周雙邊。

此本有明崇禎四年(1631 年)《序》。

東北大學藏本,共七册。

無窮會天淵文庫藏本,原係加藤天淵舊藏。共六册。

禮記(集説)三十卷

(元)陳澔撰

明嘉靖三十一年(1552 年)刊本　共二册

東京都立日比谷圖書館藏本　原諸橋轍次等舊藏

【按】每半葉有界九行,行十七字。小字雙行,行同正文,左右雙邊。

禮記集説十六卷

(元)陳澔撰

元天曆元年(1328 年)建安鄭明德宅刊本　共四册

宫内廳書陵部藏本

【按】每半葉有界十一行,行二十一字。注文小字雙行。細黑口,雙黑魚尾。版心著錄"禮記集説(幾)(或禮記幾卷、禮記幾)、(葉數)"。四周雙邊(20.1cm×12.4cm)。

首有元至治壬戌(1322 年)良月既望陳澔撰《禮記集説序》(自序),次《禮記集説凡例》。本文卷首題"禮記卷第一",次行低八格署"後學東匯澤陳澔集説",第三行低二格題"曲禮第一",下有小字雙行注。卷一尾題後内葉,有雙行刊印木記曰:

"天曆戊辰建安　鄭明德新宅刊"。

卷中有日本室町時代(1393—1573 年)朱點朱引,并有朱墨二筆引錄"陸德明釋文"、"鄭注"、"疏"、"春秋傳"、"春秋説"、"國語"等。

《御書籍來歷志》著錄此本。

卷中有"秘閣圖書之章"等印記。

禮記集説十六卷

(元)陳澔撰

元天曆元年(1328 年)建安鄭明德宅刊本　共六册

内閣文庫藏本　原昌平坂學問所舊藏

【按】此本書行款式與宫内廳書陵部所藏元天曆元年(1328 年)建安鄭明德宅刊本相同,係同一刊本。

卷中有日本室町時代與江戶時代的訓點校注,在欄外或用零紙書錄。其中以朱筆校錄"鄭氏"、"鄭注"、"全經云"、"注疏云"、"正義云"、"説文"等;以藍筆校錄"字彙"、"愚案"、"正義云"、"湛子曰"、"大全"、"金華應子曰"、"字佺"、"學佺按"、"蛟按"等;以墨筆校錄"唐孔穎達疏云"、"鄭注"、"全經云"、"疏云"等。由此可探知十五——十九世紀禪林《禮記》講學之概貌。

卷中有"天保丁酉"、"昌平坂學問所"、"淺草文庫"、"大學藏書"等藏書印記。

禮記集説十六卷

（元）陳澔撰

元天曆元年（1328 年）建安鄭明德宅刊本
共五册

足利學校遺蹟圖書館藏本　原京都建仁寺
大龍庵僧人一牛等舊藏

【按】此本書行款式與宮内廳書陵部所藏元
天曆元年（1328 年）建安鄭明德宅刊本相同，
係同一刊本。

此本原係足利學校第二世庠主天矣時代求
學僧一牛進贈本。

卷中第二卷末有識文曰：“能化肥後之産天
矣　延德二年（1490 年）五月廿二日　建仁寺
大龍庵一牛藏主寄之。”

第五卷末有識文曰：“能化肥後之産天矣
延德二年壬午五月廿二日賀州之産洛建仁寺
之僧一牛寄之。”

第九卷末與第十三卷末，識文與此相同。

第十六卷末有識文曰：“能化天矣御代，洛之
建仁寺大龍庵一牛藏主寄置長門之西燕誌
之。”

卷十二前二十葉及卷十四首葉缺佚。

每册首有墨筆橫書“下野州足利莊學校常住
也”十一字。

禮記（集説）十六卷

（元）陳澔集説

明正統十二年（1447 年）司禮監刊本

御茶之水圖書館　大倉文化財團藏本

【按】每半葉有界八行，行十四字。注文小字
雙行，行十八字左右。黑口，四周雙邊。

此本係明司禮監刊六經之一種。封面僅題
“禮記”。

御茶之水圖書館藏此同一刊本兩部，皆係德
富蘇峰舊藏。一部原裝，共十六册。一部有補
葉，共八册。

大倉文化財團藏本，卷中有句讀圈點，並有
“瑞雲僊館”印記，共八册。

禮記集説十卷

（元）陳澔集注

明新賢堂刊本　共八册

東北大學附屬圖書館狩野文庫藏本　原狩
野亨吉等舊藏

【按】每半葉有界九行，行十八字。小字雙
行，行同正文。白口，四周雙邊。

《四庫提要》云：“是書成於至治壬戌。朱彝
尊《經義考》作三十卷。今本十卷，坊買所合併
也。”

禮記集説大全三十卷

（明）胡廣等奉勅撰

明初刊本　共三十二册

静嘉堂文庫藏本

【附録】《倭板書籍考》卷二著録《禮記大全》
三十卷，並注曰：“第一卷中載序、凡例、總論。”

後光明天皇應承二年（1653 年）京都吉文字
屋庄右衛門刊行《禮記集説大全》三十卷。此
本由儒巨擘林羅山（道春）訓點。

禮記集説大全（殘本）二十六卷

（明）胡廣等奉勅撰

明嘉靖三十九年（1560 年）安正堂刊本　共
七册

國會圖書館藏本

【按】每半葉有界十一行，行二十字。小字雙
行，行同正文。白口，四周單邊。

是書全本凡三十卷，此本今存卷一至卷十，
卷十五至卷三十。

禮記集説大全三十卷　首一卷

（明）胡廣等奉勅撰

明刊本　共二十册

大垣市立圖書館藏本

禮記集説大全三十卷

（明）胡廣等奉勅撰

明刊本

東京大學總合圖書館　愛知大學附屬圖書館簡齋文庫藏本

【按】東京大學總合圖書館藏本,原係廣東籌賑日災總會寄贈本,共十二册。

愛知大學附屬圖書館簡齋文庫藏本,原係小倉正恒等舊藏,共十四册。

(張翰林校正)禮記大全三十卷

(明)胡廣等奉勅撰　張瑞圖　沈正宗同校

明萬曆年間(1573—1620年)長州文氏清白堂刊本　共十八册

東京大學東洋文化研究所大木文庫　東北大學附屬圖書館　早稻田大學圖書館藏本

【按】東京大學東洋文化研究所大木文庫藏本,原係大木幹一等舊藏。

東北大學附屬圖書館藏本,原係狩野亨吉等舊藏。

早稻田大學圖書館藏本,原係中村進午家中村進午文庫等舊藏。

禮記輯覽八卷

(明)徐養相撰

明隆慶年間(1567—1572年)刊本　共八册

尊經閣文庫藏本　原係江户時代加賀藩主前田綱紀等舊藏

【按】每半葉有界十一行,行二十五字。黑口,四周雙邊。

禮記日録三十卷　圖解一卷

(明)黄乾行撰

明嘉靖年間(1522—1566年)十一行刊本

内閣文庫　蓬左文庫　國會圖書館藏本

【按】内閣文庫存此刊本兩部,一部原係昌平坂學問所舊藏,首有明嘉靖三十四年(1555年)的《序》。一部原係楓山官庫所舊藏,附《春秋日録》一卷。兩部各十二册。

蓬左文庫藏本,卷中第三十一卷至第四十九卷缺佚,第十八卷鈔補。共十一册。

國會圖書館藏本,共二十五册。

禮記會解新裁三十六卷

(明)童維巖撰

明武林童氏家刊本　共八册

蓬左文庫藏本

(新刻月林丘先生家傳)禮記摘訓十卷

(明)丘橓撰　王懋德等校

明萬曆三十七年(1609年)錢塘金學曾重刊本

内閣文庫　蓬左文庫　尊經閣文庫藏本

【按】首有明萬曆三十七年(1609年)的《序》。

内閣文庫藏本,原係昌平坂學問所舊藏,共三册。

蓬左文庫藏本,原係瑞龍院(德川光友)舊藏,共五册。

尊經閣文庫藏本,原係江户時代加賀藩主前田綱紀等舊藏,共五册。

禮記敬業八卷

(明)楊鼎熙撰

明刊本

内閣文庫　蓬左文庫　大阪府立圖書館　國會圖書館藏本

【按】每半葉有界十行,行二十字。小字雙行。白口,左右雙邊。

内閣文庫藏此同一刊本兩部,一部原係昌平坂學問所舊藏,共四册;一部原係紅葉山文庫舊藏,共五册。

蓬左文庫藏本,共四册。

大阪府立圖書館藏本,共八册。

國會圖書館藏本,共四册。

禮記疏意參新二十三卷

(明)秦繼宗集　《參新》(明)陳郊輯

明刊本　共八册

内閣文庫　關西大學綜合圖書館内藤文庫

藏本

【按】此本每半葉分上下兩段,上段十九行,
行二十字,匡高 10.1cm。下段十行,行十八字
或十九字,匡高 11.7cm。白口,四周單邊。横
11.7cm。

上段首題"增補禮記參新　閩中陳郊壯明輯
周之夔章甫參　余應科夷較　鄭羽儀鴻伯
訂"。下段首題"禮記疏意　趙田袁黄了凡删
定　黄岡秦繼宗集"。有陳郊《疏意參新叙》並
明萬曆二十八年(1600 年)《禮記疏意序》。

內閣文庫藏本,原係林氏大學頭家舊藏。

關西大學藏本,原係内藤湖南舊藏。

禮記疏意二十三卷

(明)秦繼宗撰

明刊本　共六册

內閣文庫藏本　原紅葉山文庫等舊藏

禮記疏意二十三卷

(明)秦繼宗撰

明萬曆二十八年(1600 年)刊本　共四册

御茶之水圖書館藏本　原脇坂安元　德富
蘇峰成簣堂文庫舊藏

禮記疏意二十三卷

(明)秦繼宗撰

明崇禎年間(1628—1644 年)刊本　共四册

尊經閣文庫藏本　原係江户時代加賀藩主
前田綱紀等舊藏。

(增補)禮記參新二十三卷

(明)陳郊撰

明刊本　共五册

內閣文庫藏本

禮記指南二十卷

(明)閣士選撰

明萬曆二十六年(1598 年)詹氏易齋刊本
共六册

內閣文庫藏本　原高野山釋迦文殊院等舊
藏

(新刻毛先生家學的傳)禮記會通集注七卷

(明)毛調元撰

明萬曆三十三年(1605 年)楊閩齋刊本　共
三册

內閣文庫藏本　原高野山釋迦文殊院等舊
藏

(重刻删補)禮記會通七卷

(明)毛調元撰

明刊本　共四册

尊經閣文庫藏本　原係江户時代加賀藩主
前田綱紀等舊藏

(重訂)禮記疑問十三卷

(明)姚舜牧撰

明萬曆四十六年(1618 年)序刊本　共六册

內閣文庫藏本　原林氏大學頭家舊藏

禮記新義三十卷

(明)湯三才命意　湯道衡撰述

明湯氏家刊本　共四册

內閣文庫　蓬左文庫藏本

禮記纂注三十卷　禮記新義三十卷

(元)陳澔集説　(明)徐師曾集注　湯道衡
編　《新義》(明)湯三才撰　湯道衡編

明萬曆四十五年(1618 年)序刊本　共八册

福井市立圖書館藏本

【按】卷中有"明新館圖書記"朱文方印,"越
國文庫"朱文方印,"圖書寮"朱文長方印。

禮記纂注(禮記約注)三十卷

(明)湯道衡撰

明刊本　共六册

內閣文庫藏本

禮記纂注(禮記約注)三十卷

(明)湯道衡撰　吳廷沆校
明刊本　共八册
內閣文庫藏本　原豐後佐伯藩主毛利高標
等舊藏
【按】此本係仁孝天皇文政年間(1818—1829
年)由出雲守毛利高翰獻贈幕府。明治初期經
太政官文庫而歸內閣文庫。
卷中有"佐伯侯毛利高標字培松藏書畫之
印"等印記。

禮記删繁定注十卷

(明)何薦可撰
明天啓年間(1621—1627年)刊本　共六册
静嘉堂文庫藏本

(新刊)禮記正蒙講意三十八卷

(明)陳櫟撰
明嘉靖十六年(1537年)序刊本　共七册
內閣文庫藏本　原豐後佐伯藩主毛利高標
等舊藏
【按】此本係仁孝天皇文政年間(1818—1829
年)由出雲守毛利高翰獻贈幕府。明治初期經
太政官文庫而歸內閣文庫。
卷中有"佐伯侯毛利高標字培松藏書畫之
印"等印記。

(龔宗師發刊)禮記集注十卷

(明)陳榮選撰
明萬曆二十一年(1593年)序刊本　共十册
內閣文庫藏本　原林氏大學頭家舊藏

禮記訂補二十二卷

(明)鄧庭曾撰
明刊本　共十册
內閣文庫藏本　原豐後佐伯藩主毛利高標
等舊藏
【按】此本係仁孝天皇文政年間(1818—1829

年)由出雲守毛利高翰獻贈幕府。明治初期經
太政官文庫而歸內閣文庫。卷中有"佐伯侯毛
利高標字培松藏書畫之印"等印記。

(新刻揭萬年先生校正)禮記便蒙删補二十六卷

(明)揭重熙校
明刊本　共四册
內閣文庫藏本

禮記摘注五卷

(明)李上林撰　李伯龍等訂　李之楨等重
訂
明萬曆二十五年(1597年)王弘誨序白紙九
行刊本
蓬左文庫　東京大學東洋文化研究所藏本

禮記覺言八卷

(明)葉遇春撰　黃伯善等校
明嘉靖年間(1522—1566年)刊本　共四册
東京都立日比谷圖書館藏本　原岡千仞等
舊藏

儒行集傳二卷

(明)黃道周撰
明崇禎年間(1628—1644年)刊本
內閣文庫藏本
【按】每半葉有界九行,行二十字。白口,四
周單邊。
內閣文庫藏此刊本兩部。一部原昌平坂學
問所舊藏,共一册;一部原紅葉山文庫舊藏,有
修補,共二册。

坊記集傳二卷　春秋問業一卷

(明)黃道周撰
明崇禎十七年(1644年)刊本　共二册
內閣文庫藏本
【按】內閣文庫藏此同一刊本兩部。一部原
係林氏大學頭家舊藏;一部原係紅葉山文庫舊
藏。

表記集傳二卷

(明)黄道周撰

明崇禎年間(1628—1644年)刊本　共二册

內閣文庫藏本

【按】內閣文庫藏此同一刊本兩部。一部原係林氏大學頭家舊藏;一部原係紅葉山文庫舊藏。

緇衣集傳四卷

(明)黄道周撰

明崇禎年間(1628—1644年)刊本　共二册

內閣文庫藏本

【按】內閣文庫藏此同一刊本兩部。一部原係林氏大學頭家舊藏;一部原係紅葉山文庫舊藏。

曲禮全經附傳十二卷　附録三卷

(明)柯尚遷撰

明萬曆年間(1573—1620年)林應訓刊本

宮內廳書陵部　內閣文庫　尊經閣文庫

米澤市立圖書館　神習文庫藏本

【按】每半葉有界十行,行二十字。白口,四周單邊(19cm×13.6cm)。

首有明萬曆五年(1577年)南京吏部尚書趙錦《序》,次明隆慶五年(1571年)柯尚遷《自序》,次同年六月喬可《序》,次"凡例",次"總目"。

本文卷首題"曲禮全經附傳集之一",後署"南京吏部尚書趙錦參定","後學柯尚遷類成集釋","南京巡按監察御史林應訓校梓"。

附録三卷,係《樂本辯證》、《書學通軌》、《數學通軌》。

宮內廳書陵部藏本,封面撰者題"趙錦",共三十册。

內閣文庫藏此同一刊本兩部。一部原係高野山釋迦文殊院舊藏,附録三卷缺佚,共八册;一部原係林氏大學頭家舊藏,共七册。

尊經閣文庫藏本,原係江戶時代加賀藩主前田綱紀等舊藏,共七册。

米澤市立圖書館藏本,每册有"米澤藏書"印記,共八册。附録中《書學通軌》與《數學通軌》合爲一卷。

神習文庫藏本,封面題署"曲禮全經附傳集十二卷外集二卷數學通軌一卷"。

【附録】《倭板書籍考》著録《曲禮大全》十五卷,並注曰"此乃大明隆慶中柯尚遷所作也"。

靈元天皇寬文十二年(1672年)京都野田庄右衛門刊《曲禮全經附傳》十五卷。

檀弓二卷

(宋)謝枋得評

明萬曆四十四年(1616年)吳興閔齊伋校刊朱墨套印本

內閣文庫　大倉文化財團　熊本大學附屬圖書館落合文庫藏本

【按】內閣文庫藏本,原係林氏大學頭家舊藏。共一册。

大倉文化財團藏本,卷中有"韓奇彪"、"炳文"等印記,共二册。

熊本大學附屬圖書館藏本,原係落合爲誠等舊藏,共一册。

【附録】櫻町天皇延享四年(1747年)堀內忠助、澁川清右衛門,依明萬曆四十四年本翻刊《檀弓》二卷。此即"稱觥堂刊本"。其後,有鹿田靜七等曾重印本。

檀弓輯注二卷

(明)陳與郊撰

明萬曆三十二年(1604年)刊本　共二册

東洋文庫藏本　原藤田豐八等舊藏

【按】每半葉有界九行,行十九字至二十一字不等。小字雙行,行同正文。白口,左右雙邊。

首有明萬曆二十二年(1594年)《序》。

檀弓述注二卷

(明)林兆珂撰

明萬曆年間(1573—1620年)刊本　共二册

内閣文庫藏本　原野間三竹　豐後佐伯藩主毛利高標等舊藏

【按】每半葉有界八行,行二十字左右。白口,四周單邊。

首有明萬曆三十五年(1607年)《序》。

此本係仁孝天皇文政年間(1818—1829年)由出雲守毛利高翰獻贈幕府。明治初期經太政官文庫而歸内閣文庫。

卷中有"佐伯侯毛利高標字培松藏書畫之印"等印記。

檀弓通二卷　考工通二卷

(明)徐昭慶撰　梅鼎祚校

明萬曆年間(1573—1620年)刊本　共四册

東京大學東洋文化研究所藏本

【按】每半葉有界九行,行十七字。白口,四周單邊。

首有明萬曆三十八年(1610年)《序》。

檀弓通二卷

(明)徐昭慶撰　梅鼎祚校

明萬曆年間(1573—1620年)刊本　共二册

内閣文庫藏本　原紅葉山文庫舊藏

每半葉有界九行,行十七字左右。白口,四周單邊。

首有明萬曆三十八年(1610年)《序》。

此本係"檀弓通考工通合刻四卷"本的零本。

月令通考十六卷

(明)盧翰撰

明萬曆年間(1573—1620年)刊本　共十六册

尊經閣文庫藏本　原江户時代加賀藩主前田綱紀等舊藏

月令廣義二十四卷　附二卷

(明)馮應京纂輯　戴肩吾補釋

明萬曆三十年(1602年)麟瑞堂刊本　共十四册

東北大學附屬圖書館刊本

月令廣義二十四卷　圖一卷

(明)馮應京編　戴任補釋

明萬曆年間(1573—1620年)秣陵陳邦泰校定刊本

尊經閣文庫　關西大學綜合圖書館泊園文庫藏本

【按】尊經閣文庫藏此同一刊本兩部。皆原係江户時代加賀藩主前田綱紀等舊藏。一部共八册,一部共十二册。

關西大學綜合圖書館泊園文庫藏本,原係江户時代藤澤東畡、藤澤南陽、藤澤黃鵠、藤澤黃坡三世四代"泊園書院"舊藏,共十册。

大戴禮記十三卷

(漢)戴德撰

明覆宋刊本　共四册

静嘉堂文庫藏本　原梁上佐　陸心源十萬卷樓等舊藏

【按】前有宋淳熙乙未(1175年)韓元吉《序》。卷中有"梁上佐印"白文方印等。

此本梁上佐氏推斷爲宋刊,其手識文曰:

"宋刻本傳者絶少。此吾家九山公以四金從京師琉璃廠得之。蓋希世之珍也。乙卯春重裝竟,聊志數言,以昭後人,使知永保云。上佐。"

從紙質及墨印推考,此本實爲明人仿宋刊本。

【附錄】《官板書籍解題略》上著錄《大戴禮記》十三卷。其釋文曰:

"《隋書‧經籍志》記《大戴禮記》十三卷,漢信都王太傅戴德撰。《崇文總目》云十卷三十五篇。《中興書目》云此乃今存之數,原四十篇。《晁氏讀書志》云始自三十九篇。其中四十三、四十四、四十五、六十一凡四篇逸,而又有二篇七十四。其餘各篇也與諸子書之目相異。周時始有盧辨(辯)注,是書正文與注相合,然而亦有訛誤。《永樂大典》各韻之下,散見二十六篇。今引各本,摭拾古籍中之戴記,參互校訂,并附案語。"

據《外船持渡書目》(寅拾番船)記載,光格天皇天明六年(1786 年)輸入《大戴禮記》一部,並標明"古本,無脱紙"。

東山天皇元禄六年(1693 年)雁金屋庄兵衛、伊丹屋太郎右衛門刊《大戴禮記》十三卷。此本由日人淺見安正(絅齋)點。其後,中御門天皇正德六年(1716 年)京都書坊風月堂莊左衛門及萬屋喜兵衛等曾重印此本。

光格天皇文化十四年(1817 年)官板刊印《大戴禮記》十三卷。

此外,《昌平坂御官板書目》及《官板書目解題略》上,皆著錄清人孔廣森《大戴禮記補注》十三卷。

光格天皇文化三年(1806 年)昌平坂學問所刊印此書。其後,文政六年(1823 年)堀野屋儀助等有重印本。

大戴禮記十三卷

(漢)戴德撰

明萬曆年間(1573—1620 年)刊本　共三冊
尊經閣文庫藏本

【按】每半葉有界九行,行二十字左右。白口,左右雙邊。

大戴禮記一卷

(明)郭子祥　黃國琦鑒定
明刊本　共一冊
米澤市立圖書館藏本

夏小正解一卷

(漢)戴德撰　(明)楊慎考訂　曹學佺删略
明刊本　共一冊
內閣文庫藏本　原昌平坂學問所舊藏

【按】每半葉有界九行,行十九字。白口,四周雙邊。

(諸禮總義之屬)

三禮考注六十四卷

(元)吳澄考定　(明)羅倫等校
明成化年間(1465—1487 年)長樂謝士元刊本　共十冊
內閣文庫　静嘉堂文庫　東京大學東洋文化研究所　東京都立日比谷圖書館藏本

【按】每半葉有界十一行,行二十四字。黑口,四周雙邊。

前有成化九年(1473 年)羅倫《序》。

卷首題"元翰林學士吳澄考定","翰林修撰吉豐羅倫校正","建昌知府長樂謝士元重校刊行"三行。

內閣文庫藏此同一刊本兩部。一部原係昌平坂學問所舊藏,一部原係紅葉山文庫舊藏。

静嘉堂文庫藏本,原係陸心源十萬卷樓等舊藏。

東京都立日比谷圖書館藏本,原係田中慶太郎(救堂)藏本,共十冊。

三禮考注十卷

(元)吳澄撰　(明)焦竑校
明萬曆年間(1573—1620 年)閩縣董應舉刊本
內閣文庫　蓬左文庫　東京大學總合圖書館　京都大學　大阪府立圖書館　陽明文庫藏本

【按】前有萬曆三十八年(1610 年)何棟如《序》。

內閣文庫藏本,原係高野山釋迦院舊藏,共

十二册。

蓬左文庫藏本,共六册。

東京大學總合圖書館藏本。原係市村瓚次郎購入本覺廬文庫舊藏,共十册。

京都大學藏此同一刊本兩部。一部存人文科學研究所東洋文獻中心;一部存文學部中國語學哲學文學研究室。兩部各皆十册。

大阪府立圖書館藏本,共十册。

陽明文庫藏本,原係江户時代近衛家熙等舊藏,共六册。

三禮纂注(殘本)四十七卷

(明)貢汝成輯

明刊本　共四十册

內閣文庫藏本　原昌平坂學問所等舊藏

【按】是書全本凡四十九卷。今闕卷十七、卷十八。

三禮編繹二十六卷

(明)鄧元錫撰

明萬曆三十三年(1605年)浙江布政司刊本　共十二册

內閣文庫　蓬左文庫藏本

【按】每半葉有界十行,行二十一字。

前有萬曆三十三年(1605年)饒景曜《序》,並萬曆元年(1573年)鄧元錫《自序》。

內閣文庫藏本,原係紅葉山文庫舊藏。

蓬左文庫藏本,原係明正天皇寬永六年(1629年)從中國購入。卷中有"尾陽內庫"印記。

二禮經傳測六十八卷

(明)湛若水撰

明嘉靖年間(1522—1566年)刊本　共十册

內閣文庫　尊經閣文庫藏本

【按】前有明嘉靖四年(1525年)《序》。

內閣文庫藏本,原係林氏大學頭家舊藏。

尊經閣文庫藏本。原係江户時代加賀藩主前田綱紀等舊藏。

二禮集解十二卷

(明)李黼撰

明嘉靖十六年(1537年)常州府刊本　共十二册

內閣文庫　東京都立日比谷圖書館藏本

【按】內閣文庫藏本,原係紅葉山文庫等舊藏,共十二册。

東京都立日比谷圖書館藏本,原係岡千仞等舊藏,共六册。

(新刊)禮經搜義二十九卷

(明)余心純撰

明刊本

內閣文庫　尊經閣文庫藏本

【按】此本有明萬曆二十七年(1599年)《序》。

內閣文庫藏本,原係豐後佐伯藩主毛利高標等舊藏,此本係仁孝天皇文政年間(1818—1829年)由出雲守毛利高翰獻贈幕府。明治初期經太政官文庫而歸內閣文庫。卷中有"佐伯侯毛利高標字培松藏書畫之印"等印記。共十六册。

尊經閣文庫藏本,原係江户時代加賀藩主前田綱紀等舊藏,共八册。

讀禮疑圖六卷

(明)季本編

明嘉靖年間(1522—1566年)刊本　共六册

尊經閣文庫藏本　原江户時代加賀藩主前田綱紀等舊藏

【按】每半葉有界十行,行二十一字。白口,左右雙邊。

讀禮疑圖六卷

(明)季本撰

明刊本　共一册

內閣文庫藏本　原紅葉山文庫等舊藏

（雜禮之屬）

禮書一百五十卷

（宋）陳祥道撰

宋慶元年間（1195—1200 年）刊元至正七年（1347 年）福州路儒學修補至明遞修本　共十冊

静嘉堂文庫藏本　原袁又愷　嚴蔚　季振宜　陸心源皕宋樓等舊藏

【按】每半葉有界十三行，行二十一字或二十二字。注文小字雙行，行二十七字至三十字。白口（明修補葉有細黑口），雙黑魚尾。版心著錄“禮書（幾）卷（或禮幾）”。上象鼻處記大小字數，下象鼻處有刻工姓名，如伯起、范順、許宗厚、吳丑、卞玉、貝、周、仁、希、德、甲、天、厚、石等。左右雙邊（21.8cm×16cm）。

首有雍虞集《重刻禮樂書序》，次有元至正七年龍集丁亥（1347 年）八月三日余載《序》，次有福州路儒學校勘督工人銜名，次有《進禮書表》，次有左宣義郎太常博士陳祥道《禮書序》（自序），次有建中靖國元年（1101 年）正月二十七日“尚書禮部牒”，次有《禮書目錄》。本文卷首題“禮書卷第一”。次行低二格列子目，接屬本文。

此本因入元明後遞修，卷中避廟諱形式不一，就宋諱而言，凡“玄、弦、敬、匡、筐、懲、溝”等字皆缺筆。於“桓”字處注“淵聖御名”，宋孝宗“眘、慎”字以下不缺筆。

此本原南宋慶元年間刊，元至元年間福州路儒學以慶元版重印時，修補缺葉，入明後板木移入南監。

首目中“福州路儒學校勘督工人銜名”之後，有慶元年間陳岐與林子冲兩“跋”，此乃《樂書》之文，混入其中。此外，在建中靖國元年“牒”後，又雜輯入《樂書序》一葉。此外，卷一百二十九的首二葉，卷一百三十九的第三、第四葉，卷一百四十七的第七、第八葉，卷一百四十八的第七葉皆缺佚。

封面係茶色紙後補。卷中有“嚴蔚豹人”、“嚴蔚”、“二酉齋藏書”、“五硯樓”、“結廬東山下”、“季振宜藏書”、“東吳席氏珍藏圖書”、“袁氏又愷”、“廷檮之印”、“五硯樓袁氏收藏金石圖書印”、“歸安陸樹聲叔桐父印”、“臣陸樹聲”等藏書印記。

【附錄】四條天皇仁治二年（1241 年）日本東福寺開山聖一國師圓爾辯圓自中國歸，携回漢籍内外文獻數千卷。1353 年東福寺第二十八世大道一以據聖一國師藏書編纂成《普門院經論章疏語錄儒書等目錄》，其“果部”著錄《禮書》三冊。

又據《商舶載來書目》記載，日本桃園天皇寶曆四年（1754 年）中國商船“禮字號”載《禮書》一部抵日本。

又據《漢籍發賣投標記錄》，孝明天皇安政六年（1859 年），《禮書》投標價分別爲二十匁九分、二十二匁、三十六匁九分。

江户時代後期，有《陳氏禮書》一百五十卷寫本，分裝二十册。

後桃園天皇安永年間（1772—1780 年），日人溝口直養（浩軒）編輯《禮書抄略》二十四卷。此本由新發田藩刊印，有安永八年（779 年）《序》。

禮書一百五十卷

（宋）陳祥道撰

宋慶元年間（1195—1200 年）刊元至正七年（1347 年）福州路儒學修補至明遞修本　共三十二册

大倉文化財團藏本　原程恩澤　董康等舊藏

【按】此本與静嘉堂文庫藏本係同一刊本，版式行款皆同。首缺至正年間序文，并卷十五的末二葉，卷二十四的首二葉，卷二十九的末二葉，卷三十八的首二葉，卷四十八的首二葉，卷五十八第三、第四葉，卷六十二的首二葉，卷六十八的第三葉,卷七十六的第二、第四葉,卷一百三的末葉,卷一百二十九的第一、第二、第五葉,卷一百三十九的第三、第四葉,卷一百四十七的第七、第八葉,卷一百四十八的第七葉皆缺佚。

封面係絹織新補,金鑲玉裝。首冊前副葉有"道光九年二月十四日,賜南書房翰林程恩澤"十八字識文。卷中有"賜書"、"氏程恩澤藏"、"竹景盦"、"譚錫慶學書宋板書籍印"等藏書印記。

禮書一百五十卷

(宋)陳祥道撰

宋慶元年間(1195 — 1200 年)刊元至正七年(1347 年)福州路儒學修補至明遞修本　共二十冊

東京大學東洋文化研究所藏本　原傅增湘等舊藏

【按】此本與靜嘉堂文庫藏本係同一刊本,版式行款皆同。惟此本卷一至卷七係補寫,然序跋仍係原刊,卷八以下缺葉甚少。封面藍色絹織新補。

卷中有"雙鑑樓藏書記"、"傅增湘印"、"沅叔"、"雙鑑樓考藏宋本"、"傅增湘讀書"、"沅叔金石文字"、"雙鑑樓主人"、"增湘私印"、"藏園"等藏書印記。

禮書(殘本)九卷

(宋)陳祥道撰

宋慶元年間(1195 — 1200 年)刊元至正七年(1347 年)福州路儒學修補至明遞修本　共二冊

東京大學總合圖書館藏本　原渡邊青洲文庫等舊藏

【按】此本與靜嘉堂文庫藏本係同一刊本。版式行款皆同。

是書全本凡一百五十卷。此本今存卷第六十六至卷第七十四,凡九卷。

禮書(殘本)十七卷

(宋)陳祥道撰

宋慶元年間(1195 — 1200 年)刊元明遞修本　共三冊

東洋文庫藏本

【按】此本版式字樣,與宋慶元年間(1195 — 1200 年)刊元至正七年(1347 年)福州路儒學修補入明後遞修本相同。惟全書一百五十卷,今存卷八至卷二十四,凡十七卷。封面係丹色古紙後補,縱 25.8cm,橫 19cm。

禮書(殘本)九卷

(宋)陳祥道撰

宋慶元年間(1195 — 1200 年)刊元明遞修本　共二冊

東京大學總和圖書館藏本

【按】此本版式字樣,與宋慶元年間(1195 — 1200 年)刊元至正七年(1347 年)福州路儒學修補入明後遞修本相同。原本一百五十卷,今僅存卷六十六至卷七十四,凡九卷。封面係金箔臙脂色紙後裝,縱 25.9cm,橫 19cm。

禮書一百五十卷

(宋)陳祥道撰　(明)張溥校

明崇禎年間(1628—1644 年)婁東張溥刊本

宮內廳書陵部　內閣文庫　東京大學總合圖書館　關西大學泊園文庫　滋賀大學附屬圖書館　靜嘉堂文庫　廣島市立淺野圖書館陽明文庫藏本

【按】宮內廳書陵部藏本,共十六冊。

內閣文庫藏此同一刊本兩部。一部原係林氏大學頭家舊藏,共十六冊;一部原係紅葉山文庫舊藏,共十冊。

東京大學總合圖書館藏本,卷中有後人寫補,共二十冊。

關西大學綜合圖書館泊園文庫藏本,原係江戶時代藤澤東畡、藤澤南陽、藤澤黃鵠、藤澤黃坡三世四代"泊園書院"舊藏,共三十二冊。

滋賀大學附屬圖書館藏本,共三十二冊。

静嘉堂文庫藏本,原係陸心源守先閣等舊藏。共十二冊。

廣島市立淺野圖書館藏本,共十六冊。

陽明文庫藏本,原係江户時代近衛家熙等舊藏,共十四冊

禮樂合編三十卷　首一卷

(明)黄廣纂輯

明崇禎年間(1628—1644年)刊本

宫内廳書陵部　内閣文庫　尊經閣文庫
東京大學東洋文化研究所藏本

【按】每半葉九行,行二十一字。

原題"錫山日齋黄廣無蛙父纂述","未齋華琪芳芳侯父參閲"。

前有王秉鑑《序》,明崇禎六年(1633年)李清《序》,鄭鄤《序》,崇禎六年(1633年),華琪芳《序》,同年張溥《序》,馬世奇《序》,崇禎六年(1633年)吴履中《序》,同年黄襄《序》,同年黄廣《自序》。

宫内廳書陵部藏本,共十六冊。

内閣文庫藏此同一刊本三部。一部原係林氏大學頭家舊藏,闕《首》一卷,共十六冊;一部全本,共六十二冊;一部原係紅葉山文庫舊藏,闕《首》一卷,共十六冊。

尊經閣文庫藏本,原係江户時代加賀藩主前田綱紀等舊藏,共十六冊。

東京大學東洋文化研究所藏本,今存卷第一至卷第四。

【附録】日本江户時代《舶來書籍大意書》著録明崇禎六年刊本《禮樂合編》三十卷。

另據《商舶載來書目》記載,桃園天皇寶曆四年(1754年),中國商船"禮字號"載《禮樂合編》一部抵日本。

文公家禮集注(殘本)二卷

(宋)楊復　劉垓孫集注

宋末元初建安刊本　共三冊
東京大學東洋文化研究所藏本　原毛晋等

舊藏

【按】每半葉有界七行,行十四字。注文小字雙行,行二十一字。附注低小字略二格改行。細黑口,雙黑魚尾。版心著録"禮(幾)(葉數)"。中縫或下象鼻處,常記大小字數。左右雙邊(17.5cm×11cm)。

此書全本凡十卷,此本今存卷三、卷四,凡二卷。本文卷首題"文公家禮卷第三",次行低五格署"門人楊復　劉垓孫集注"。卷四尾題"卷終",係墨圍陰刻。卷中"某曰"、"附注"之標字,亦皆白文陰刻。

有"子晋之印"、"子晋"、"毛晋私印"、"汲古主人"、"毛扆之印"、"斧季"等藏書印記。

傅增湘《藏園羣書經眼録》卷一著録"《文公家禮集注》十卷,存三卷",并題署"乙丑十一月朔維古山房送閲"。所録行款版式與此本一致,尤可注目者,傅氏閲讀之本"鈐有'毛晋之印'、'子晋'、'毛扆之印'、'斧季'、'汲古主人'各朱文印",亦與此本相同,殆一本歟? 然注明"存三卷",而此本今存二卷,豈非東傳中遺失一卷歟?

【附録】四條天皇仁治二年(1241年)日本東福寺開山聖一國師圓爾辯圓自中國歸,携回漢籍内外文獻數千卷。1353年東福寺第二十八世大道一以據聖一國師藏書編纂成《普門院經論章疏語録儒書等目録》,其"雲部"著録《文公家禮》一冊。

又據《書籍元帳》記載,仁孝天皇天保十二年(1841年),由中國輸入《朱子家禮》五部。定價各三夕。

又,靈元天皇寬文年間(1661—1673年)大阪河内屋刊印《朱文公家禮》五卷。

東山天皇元禄十年(1697年)又刊印《家禮》五卷。此本有日人淺見安正《跋》。

文公家禮儀節八卷

(明)丘濬輯

明成化年間(1465—1487年)刊本　共四冊
京都大學文學部鈴木文庫藏本　原鈴木虎

雄等舊藏

【按】每半葉有界八行，行十六字。黑口，四周雙邊。

前有成化甲午（1474年）瓊山邱濬《序》，次《引用書目》，次《文公家禮序》。

卷中有《刊記》，其曰：

　　“《家禮儀節》初刻于廣城，多誤字。後至京師，重校改正，然未有句讀也。竊恐窮鄉下邑初學之士卒遇有事，其或讀之不能以句，乃命學者正其句讀。適福建僉憲古岡余君諒及事來朝，謂此書于世有益，持歸付建陽書肆，俾其翻刻以廣其傳云。成化庚子秋八月吉日謹識。”

【附録】《倭板書籍考》卷二著録《文公家禮儀節》八卷，并注曰：“大明成化中，邱文莊以《朱子家禮》爲本，加以儀節考證雜録，而儒家之禮法成章詳也。”

日本後西天皇萬治二年（1659年）種秀堂刊印《文公家禮儀節》八卷。

文公家禮儀節八卷

（明）丘濬輯　楊廷筠校

明萬曆年間（1573 — 1620年）刊本　共四册

内閣文庫藏本　原昌平坂學問所等舊藏

【按】每半葉有界八行，行十六字。小字雙行，行同正文。黑口，四周雙邊。

前有明萬曆三十六年（1608年）《序》。

文公家禮儀節八卷

（明）楊慎輯

明天啓崇禎年間（1621 — 1644年）刊本　共四册

内閣文庫藏本　原林羅山等舊藏

【按】每半葉有界九行，行十八字。

前有明嘉靖九年（1530年）楊慎《序》，並明成化甲午（1474年）丘濬《序》。

此本原題“宋新安朱熹編　明成都楊慎輯”。楊慎《序》曰：

　　“不佞自甲申議禮獲戾，謫居滇中。己

丑之外難，奉旨滇還守制，讀禮之次，詳爲較定是書耳。”

卷中有“江雲渭樹”印記等。

（重訂）文公家禮儀節八卷

（明）陳仁錫輯

明刊本　共四册

内閣文庫藏本

（重鐫徽郡官版翁太史補選）文公家禮八卷

（宋）朱熹撰　（明）翁春編　郭子章校

明萬曆年間（1573 — 1620年）刊本　共四册

静嘉堂文庫藏本

（重刻申閣老校正）朱文公家禮正衡八卷

（明）周應期編　彭濱校

明萬曆二十七年（1599年）刊本　共二册

内閣文庫藏本　原紅葉山文庫等舊藏

【按】每半葉有界九行，行二十字。小字雙行，行同正文。白口，上有眉欄。四周雙邊。

家禮正衡八卷

（明）周應期編

明崇禎十年（1637年）刊本　共二册

内閣文庫藏本　原昌平坂學問所等舊藏

家禮集説五卷

（明）馮善編　吳勉學校

明萬曆年間（1573 — 1620年）刊本　共一册

内閣文庫藏本　原昌平坂學問所等舊藏

【按】每半葉有界八行，行十八字。白口，四周雙邊。

前有萬曆十七年（1589年）《序》。

晦庵先生家禮集説十二卷

（明）馮善編

明葉氏作德堂刊本　共二册

内閣文庫藏本　原紅葉山文庫等舊藏

【附録】内閣文庫藏原昌平黌寫本（仁孝天皇

文政六年〈1823 年〉《新刻文公家禮集説》十二卷,題"馮善編"、"胡文焕校"。

(重刻申閣老校正)朱文公家禮八卷

(宋)朱熹撰　(明)彭濱校

明萬曆年間(1573 — 1620 年)刊本　共二册

内閣文庫藏本　原昌平坂學問所等舊藏

(新刻)朱文公先生考正家禮通行八卷

(明)羅萬化編

明萬曆元年(1573 年)鄭氏宗文堂刊本　共四册

内閣文庫藏本

居家便用家禮易簡一卷

(明)李廷機編

明萬曆三十三年(1605 年)李碧峰刊本　共一册

大阪天滿宫御文庫藏本　原河内屋正助等舊藏

釋服二卷

(清)宋綿初撰

撰著者手稿本　共二册

京都大學文學部中國語學哲學文學研究室藏本　原清人王先謙舊藏

（五）春　秋　類

（左傳之屬）

春秋經傳集解（殘本）一卷

（晉）杜預注

唐人寫本　日本國寶　卷子本一卷

藤井齊成會有鄰館藏本　原楊守敬　內藤
湖南等舊藏

【按】此卷係黃麻紙七幅，共 146 行。經傳每
行約十五字。注文雙行，行十九字至二十二字
不等。卷子全長 390cm，縱 27.9cm。

此卷係《春秋左傳集解》卷二（桓公）之殘本。
闕經傳元年及經傳二年首部。卷二經文自"官
之失德，寵賂章也"起，以下至"傳"二年。末尾
闕。

經傳三年係三十行，四年係十行，五年係四
十三行。六年存五行，經六年"九日丁卯，子同
生"注以下至"傳"十五年首部闕。十五年自
"使其婿雍糺殺之"以下存十一行。十六年存
十一行，訖於"夏，伐鄭。秋七月，公至自伐
鄭"。

卷背書《雙林善慧大士小錄并心王論》，有朱
筆"承曆二年七月七日，遍照院僧以棲霞寺唐
摺本書寫"，此係公元 1078 年高野山僧以宋本
摹寫。

卷子本末，有清人楊守敬手識文曰：

　　"北齊人書《左氏傳》，共七紙一百四十
六行。惺吾記。"

楊氏斷此卷爲六朝寫本，然以此卷與其他磨
合相較，則可確認其爲唐人寫本。

此卷日本明治初年，收藏於柏木政矩（探古）
處。楊守敬赴日，驚爲古鈔，重價購之以歸。
其後由合肥人氏李國松收藏。大正末年，又被
內藤湖南從中國携往日本，歸藤井氏所有，保
存於有鄰館。

此卷於 1952 年（昭和二十七年）3 月被日本
"文化財審議委員會"確認爲"日本國寶"。

【附錄】九世紀末藤原佐世編撰《本朝見在書
目錄》，其第六"春秋家"類著錄當時日本中央
各機構蒐儲有關《春秋》典籍如次：

《注春秋序》一卷；

《春秋釋例》十五卷　杜預注；

《春秋述議》卅卷　劉炫撰；

《春秋發題》二卷；

《春秋正義》卅卷　孔穎達撰；

《春秋刊例》五卷；

《春秋不盡義》一卷　蘇德撰；

《春秋策》三卷；

《春秋正名》一卷；

《春秋斷獄事》十卷；

《春秋三傳》卅卷　陸善經注；

《三體春秋》十卷；

《闈外春秋》三卷　冷然院本十卷；

《春秋集傳》廿卷　炎氏注；

《春秋弁疑》十卷　陸涼纂注；

《春秋纂例》十卷　陸涼注；

《春秋十二公證議》一卷　邢濤撰。

《本朝見在書目錄》中《春秋家》類著錄《左氏
傳》典籍如下：

《春秋左氏傳解誼》卅卷　漢九江太守服虔
注；

《春秋左氏傳集解》卅卷　晉杜預注；

《春秋左氏傳注略記》一卷；

《左氏膏肓》十卷　何休撰；

《春秋左氏音》三卷　徐邈撰；

《左氏傳文句疏》一卷。

十二世紀藤原通憲有《通憲入道藏書目錄》，
其"第九十八櫃"著錄《春秋辨議》一部十卷、

《春秋文苑》五卷,又有《左氏膏肓》一部五卷,并注曰:"欠六、七、八,又二、三。"其"第百四櫃"著録《左傳》上帙十卷、同中帙六卷、同下帙八卷。

日本今存十世紀至十八世紀時代寫本多種,其主要如次:

《春秋經傳集解》(殘本)一卷,十世紀寫本。此卷係卷二十六之殘本,原係二卷,後人合爲一卷。卷背係《四分戒本》。卷子全長996cm,縱27.9cm。1953年(昭和二十八年)3月,此卷已被指定爲"日本國寶"。今藏於滋賀縣大津市石山寺。

《春秋經傳集解》(殘本)一卷,十世紀寫本。此卷係卷二十九之殘本。卷背係《不動明王立印儀軌修法次第》。卷子全長664cm,縱28.5cm。1953年(昭和二十八年)11月,此卷已被指定爲"日本國寶"。今藏於滋賀縣大津市石山寺。

《春秋經傳集解》(殘本)一卷,十二世紀前半葉寫本。此卷係《集解》之卷十。内題"春秋經傳集解宣上第十",尾題"春秋卷第十"。卷中有墨書反切、傍注、乎古止點等。卷背有崇德天皇保延五年(1139年)清原賴業十八歲受庭訓時手識:

點了	賴業
保延五年五月十八日　受庭訓了	賴業

清原賴業爲高倉天皇侍讀。

1952年(昭和二十七年)3月,此卷已被指定爲"日本國寶"。今藏於東洋文庫。

《春秋經傳集解》(殘本)五卷,十一世紀後半葉寫本。此五卷分裱爲卷子本四卷。其中卷子本第一卷,係《春秋》卷第十三,卷子本第二卷,係《春秋》卷第六、卷第廿九,卷子本第三卷,係《春秋》卷第十九、卷第十三,卷子本第四卷,係《春秋》卷第十六、卷第廿九。此本已被指定爲"日本重要文化財"。今藏於武田科學振興財團杏雨書屋。

《春秋經傳集解》三十卷,十三世紀清原家相

傳寫本。是本係鎌倉時代(1192—1330年)中期日本名家大儒所摹寫。卷中識語甚多,如卷一手識文曰:

　"建長八年(1256年)正月廿四日,以家祕説奉授越州大守尊閣了。前參河守清原在判。"

　"建保三年(1215年)四月廿二日,授祕説於末子仲光了。散班仲隆以累代祕本寫點了。此書勘知舊史闕文,讀改後者脱漏、祕訓多存,故實非一,以諸家講傳家學,此書過他書之故也。仔細在口決而已。清原仲光。"

　"文永第五歲(1268年)夷則十七日,以家祕説奉授越州次郎尊閤畢。音博士清原(花押)"

　"一覽畢,于時應永丁亥(1407年)仲夏下旬候。相之鎌倉縣山内醉醒軒主怡。(朱筆)"

是本硃墨燦爛,點校甚精,其源出六朝舊籍。舊藏金澤文庫,每卷尾皆有"金澤文庫"印記。後水尾天皇慶長年間(1596—1615年),德川家康命收諸幕府,遂儲于楓山官庫。此書係金澤文庫外流出漢籍之一,現爲宮中"御物"。

鎌倉(1192—1330年)南北朝時代(1331—1392年)《春秋經傳集解》(殘本)一卷。此本係當年猿投神社等學僧繕寫。每行約十四字左右,釋文雙行小字,行同經文,有時亦不等。此本題署"唐國子博士吳縣開國男吳德明釋文",則把"陸"誤寫爲"吳",實乃大誤,然通卷字跡清晰,墨色燦爛,已被指定爲"日本重要文化財"。此本今藏於愛知縣猿投神社,爲"猿投神社漢籍"十五種寫本之一種。

龜山天皇文永年間(1264—1274年)北條篤時等手寫《春秋經傳集解》三十卷。此本由清原教隆彙集明經博士清原氏家累世研究講授《春秋經傳集解》之成果而加以訓點、校合、音義和訓説。此爲考察日本平安時代(794—1185年)以來經書講學狀況的無與類比的資料。此本今存金澤文庫。

十六世紀初期寫本《春秋經傳集解》(殘本)一卷,此本係柏原天皇永正年間(1504—1521年)清原宣賢手寫。今存"桓公第二十一卷"。卷末有宣賢手識文"以唐本書寫之",視本中"桓"字闕末畫,則從宋本傳寫者。

《春秋經傳集解》三十卷,日本桃園天皇寶曆六年(1756年)本居宣長親筆寫本。此本共一千零四十八頁,分裝十五册。每頁八行左右。每册末有"識文"如次:

第一册末云:"右書入改點等,皆是景山先生所是正也。予以其自筆本寫之云爾。本居榮貞。"

第二册與第三册末文同,云:"右書入改點等,景山先生所是正也。本居榮貞。"

第四册末云:"右書入改點等,皆是景山先生所考正而予以其自筆本寫之云爾。寶曆三年癸酉(1753年)十月卅日,本居榮貞記。"

第五册末云:"右書入改點等,皆是景山先生所考正也。予以其自筆本寫之云爾。寶曆四年甲戌(1754年)正月六日,本居榮貞記。"

第六册末云:"右書入改點等,我景山屈先生所是正也。予以其(自)筆本寫之云爾。寶曆四年(1754年)閏二月十三日,此一策畢。本居榮貞。"

第七册末云:"右標注改點等,我景山屈先生所考加也。予以其自筆本寫焉云爾。寶曆四年甲戌(1754年)五月二日,畢此一策矣。門生本居榮貞。"

第八册末云:"右標注音點等,皆景山屈先生所考正也。即以先生自筆本寫之。寶曆五年乙亥(1755年)二月八日,此一册畢。後學本居榮貞謹識。"

第九册末云:"右鼇頭旁注訓點等,皆是景山先生所是正也。予以其自筆本改正之云爾。寶曆五年乙亥(1755年)四月八日,本居春菴清宣長謹書。"

第十册末云:"右訓點句解旁注等,皆是景山屈先生所考正也。以其自筆本寫之矣。寶曆五年乙亥(1755年)六月朔日,清春菴本居宣長謹識。"

第十一册末云:"右句讀訓點旁注鼇頭,是景山先生所考校也。以其自筆本瀉(寫)之畢。寶曆五年乙亥(1755年)九月四日,清舜庵宣長謹書。"

第十二册末云:"右鼇頭旁注訓點者,景山先生所集識考正也。予今以其家藏自筆之本書寫之。寶曆五年(1755年)十一月五日,畢此一策矣。舜庵清宣長謹書。"

第十三册末云:"右訓點句讀旁注鼇頭者,景山屈先生所校正也。以其自筆本書附之云爾。寶曆六年(1756年)二月三日畢此一策。清舜庵本居宣長謹書。"

第十四册末云:"右國讀訓點句讀旁注,皆是景山屈先生所校正也。予以其家藏自筆本附之,雖一字半點不加臆矣,謹寫云。寶曆六年丙子(1756年)四月二日,本居宣長書。"

第十五册末云:"右《春秋左氏傳》全十五本,訓點旁注國讀句讀,是景山屈先生所校正也。予以其自書之本寫之,全部正畢矣。嘗寶曆六年丙子(1756年)六月二日,伊勢飯高春庵本居宣長謹書于平安寓居。"

此本卷中有"鈴屋之印"。今藏於本居宣長紀念館。

《春秋經傳集解》三十卷,十八世紀中期寫本。此本係伊藤弘美於光格天皇天明年間(1781—1788年)從其祖父江户時代大儒伊藤東涯藏本鈔出。卷中有明正天皇寬永八年(1631年)堀杏庵《跋》,并有伊藤弘美手識文:"右杜預《左傳集解》三十卷,自天明七年丁未六月十七日,就東涯先生之原本始業至臘月四日卒功。"

《春秋左氏傳集解》三十卷,江户時代寫本。題署"晉杜預撰　鈴木善教點"。此本今藏於國會圖書館。

春秋經傳集解三十卷

(晉)杜預撰

宋紹興年間(1131—1162年)刊宋代遞修本

共十六册

陽明文庫藏本　原江户時代近衛家熙等舊藏

【按】每半葉有界十行，行十六字至十九字不等。注文小字雙行，行二十五字或二十六字。白口，單黑魚尾，左右雙邊(20.7cm×13.9cm)。版心著錄"春秋(幾)(葉數)"，并有刻工姓名。版心磨損較多，今可辨認者如裘舉、金文、裘與、惠珉、惠中、惠道、吳佐、項思中、黃康、周旻、周旼、徐浩、徐友、徐益、卓允、卓顯、陳榮、陳宗、陳彦、沈源、沈澄、沈忻、沈汴、沈彬、杜俊、湯榮、李懋、陸靖、陸榮、郎春、劉智等。中縫中又屢見修補紀年及校者姓名，如"乾道辛卯重換"、"直學葛熙靖監修"、"直學王錫校正重換"等。

此本卷一、卷二原刊逸失，今由日本南北朝(1331—1392年)刊本配補。宋刊從卷三起，正文卷首題"春秋經傳集解莊公第三"。第二行低七格署"杜氏"，下隔二格署"盡三十二年"。各卷卷末題"春秋卷第幾"，尾題下有經文與注文字數。封面係日本室町時代(1393—1573年)縹色紙，室町時代筆迹"左傳(幾)之(幾)"。

卷中避宋諱，凡"玄、弦、敬、驚、警、儆、弘、泓、殷、匡、筐、竟、恒、貞、徵、樹、豎、讓、桓、完、構、覯"等字皆缺筆。修補葉有避"慎"字諱。

卷末有宋淳熙丙午(1186年)江陰郡守趙不違"修刻跋文"，文曰：

> "(前略)是書更歲浸久，點畫漫欠，中間雖稍葺治，旋復磨滅。不違到官之明年，郡事稍暇，迺屬僚友與夫里居之彦，互相參考，分帙校讎，重鋟諸梓。自春徂秋，始以迄事告。斯亦難矣。後之人苟知其難不待其□壞而亟修之，□□□縱□□炳然常新，有補於窮經學古之士，亦爲政之首務云。時歲在淳熙丙午重陽，郡守趙不違書。"

卷九的第十九葉、第二十葉，卷十四的第六葉，卷二十的第十九葉，卷三十的第十六葉皆爲室町時代(1393—1573年)日人所鈔補。卷中有"陽明藏"、"近衛家"等藏書印記。

春秋經傳集解三十卷　附春秋名號歸一圖二卷

(晋)杜預撰　(唐)陸德明釋文　《名號歸一圖》(五代)馮繼先撰

宋淳熙三年(1176年)閩山阮仲猷種德堂刊本　共十五册

宮內廳書陵部藏本　原純武堂等舊藏

【按】每半葉有界十行，行十八字。注文小字雙行，行二十二字。白口，雙黑魚尾。版心著錄"左(幾)(葉數)"。注文末以○爲標誌附釋文。左右雙邊(15.1cm×10.4cm)。

卷首有杜預《春秋序》，直下小字雙行注文。第二行低三格，署"唐國子博士兼太子中允贈齊州刺史"，換行仍低三格，題署"吳縣開國男陸德明釋文附"。次有《春秋經傳集解後序》，次《春秋諸國地理圖》，次《三皇五帝世系》，次周及各國世系二十四表圖，次《春秋名號歸一圖》卷上下，次《春秋始終》，次《春秋傳授次序》(此篇尾題《春秋圖説終》)，次《諸侯興廢》，次《春秋總例》。以上爲第一册。

本文卷首題"春秋經傳集解隱公第一"(此本卷五以下皆無"公"字，然卷二十九例外)題下及第二行、第三行皆低一格附釋文注，小字雙行。第四行低八格署"杜氏"，又隔兩格署"盡十一年"。

卷三十尾題後，有淳熙柔兆涒灘(丙申)阮仲猷種德堂刊行木記，"刊語"曰：

> "謹依監本寫作大字，附以釋文，三復校正刊行，如履通衢，了亡室("窒"之誤字)礙處，誠可嘉矣。兼列圖表於卷首，迹夫唐虞三代之本末源流，雖千歲之久，豁然如一日矣，其明經之指南歟？以是衍傳，願垂清鑑。淳熙柔兆涒灘中夏初吉閩山阮仲猷種德堂刊。"

卷中避宋諱，凡"警、弘、殷、匡、筐、恒、貞、徵、頊、桓、構、媾、覯、慎"等字皆缺筆，不避宋光宗以下字諱。

卷三第二十四葉、卷八第二十二葉、卷十六第十二葉、卷二十二第十四葉、卷二十九第三葉皆後人寫補。卷十第十内半葉缺失。卷中間有朱筆點。

每册首有"祕閣圖書之印"，卷九首又有"純武堂"印記。

春秋經傳集解（殘本）十六卷

（晋）杜預撰　　（唐）陸德明釋文

宋淳熙三年（1176年）閩山阮仲猷種德堂刊本　日本重要文化財　共十六册

日本文化廳藏本　原莫友芝　小汀利得等舊藏

【按】此本與宫内廳書陵部藏本係同一刊本。今存卷十五至卷三十，共十六卷。

卷首部分皆缺佚，然種德堂"刊記"存，"春秋經傳集解後序"置於卷末，故亦存。此本卷面清朗，卷中間有朱筆點注。

有"莫友芝圖書印"、"莫繩孫印"、"瑞南"、"子孫永寶"、"小汀文庫"等藏書印記。

此本已被日本"文化財審議委員會"確認爲"日本重要文化財"。

春秋經傳集解三十卷

（晋）杜預撰

宋孝宗年間（1163—1189年）刊元明遞修本　共十六册

静嘉堂文庫藏本　原陸心源皕宋樓等舊藏

【按】每半葉有界八行，行十五字至十七字不等，以十六字居多。注文小字雙行，行十七字至二十六字不等。此本宋刻原葉所剩不多，大部分爲宋元明修補葉。原版及宋修版爲白口，單黑魚尾。元明修版爲綫黑口，雙黑魚尾。版心著録"春秋（幾）"或"春（幾）"。下有葉數。宋元修版上象鼻處有大小字數，原版無此記録。原版及宋元修版有刻工姓名，明修版不記刻工姓名，有"重刊"字樣。左右雙邊（22cm×17.2cm）。

原版刻工姓名有王榮、王珍、朱實、阮于、吳震、雇淵、黄宇、朱琰、徐正、徐杲、章楷、章樹、張由、陳明、陳明仲、陳文、丁圭、潘俊、包正、毛

陳、毛諒、余永、余集、李昇、李昱、李碩、林俊等。

宋修版刻工姓名有王恭、王璡、應拱、夏乂、吳益、吳亮、吳椿、高異、周成、徐文、章明、章宥、宋琚、沈定、陳壽、丁之才、余敏、姚臻、吕信、蘆開三、占慶等。

元修版刻工姓名有允德裕、袁子寧、王元享、王德明、應秀、何九萬、何益、可引、吉甫、弓華、許彦明、許成、倪平山、雇恭佛、高山甫、江惠、亢文、齊明、子成、施仲、士元、朱大成、朱元、朱長二、周鼎、周東山、徐良、蔣七、楚慶一、孫斌、張成、趙良、趙海、陳琇、陳彦昭、陳子成、沈子英、鄭埜、屠明道、匋中、匋端、任子敬、潘茂、繆謙、茅山、毛文、熊道瓊、余求、楊子明、楊仁、楊十三、楊青之、楊明、楊景仁、羊子明、葉禾、陸永、良恭、蘆顯等。

首有杜預《序》，然首葉缺，卷末《後序》也缺失。本文卷首題"春秋經傳集解隱第一"。第二行低四格署"杜氏"，後空二格，署"盡十一年"。每卷尾題"春秋卷第幾"，或在題下以雙行小字標記經傳數字。

原版及宋修版避宋諱，凡"玄、弦、懸、縣、敬、儆、警、弘、殷、匡、筐、恒、貞、徵、懲、樹、讓、項、桓、完、瑗、媾、溝、慎"等字皆缺筆。由此推考，卷中不避宋光宗"惇"字以下諱，則原刻及宋修不晚於宋孝宗年間。

又陸心源《儀顧堂集》卷十六著録此本，并曰："阮氏撰《校勘記》，見宋本《春秋左傳集解》凡四，未見蜀大字本。此本雖有缺葉，首尾完具，真希世祕笈也。"陸氏推定此本刻於蜀地。傅增湘《藏園羣書經眼録》卷一著録此本，并曰："此本刻工草率，多次修補。然字畫古勁，有顏平原法，陸氏定爲蜀本，今以《周禮》互證，要不誣也"。然據原刊本刻工推考，皆係宋紹興——乾道年間杭州地區工匠，又依宋修刊葉刻工推考，則多係宋淳熙——嘉定年間杭州地區工匠，故此本刻刊於南宋臨安府無疑。

卷中有"詩雅之印"、"廷吹氏"、"周氏藏書之印"、"歸安陸樹聲叔桐父印"、"臣陸樹聲"等印

記。

春秋經傳集解三十卷　　經傳識異一卷

（晋）杜預撰

宋嘉定九年（1216年）興國軍學刊本　共十五册

宫内廳書陵部藏本　原祝枝山　金澤文庫豐後佐伯藩主毛利高標等舊藏

【按】每半葉有界八行，行十七字。注文小字雙行，行數同正文。白口，雙黑魚尾。版心著録"左氏（幾）（葉數）"。上象鼻處記大小字數，下象鼻處有刻工姓名。左右雙邊（21.8cm×14.8cm）。

原版刻工姓名可辨者有王純、胡桂、高儵、張正、陳正、陳金、鄧壽、潘金、余份、劉全等。

首有杜預《春秋左傳序》。卷末有《春秋經傳集解後序》。本文卷首題《春秋經傳集解隱公第一》。第二行低六格署"杜氏"，後題"盡十一年"。

卷中避宋諱，凡遇"玄、匡、貞、楨、徵、讓、佶、桓、完、瑗、慎、惇、敦"等字皆闕筆。

卷末有《經傳識異》四葉。葉後有"經凡一十九萬八千三百四十八言"一行，并"注凡一十四萬六千七百八十八言"兩行。并有校勘官列銜：

從事郎興國軍判官沈　景淵
迪功郎興國軍軍學教授聞人　模
朝奉郎通判興國軍兼管内勸農營田事鄭　緝
宣教郎前權發遣興國軍兼管内勸農營田事趙　師夏
奉議郎權發遣興國軍兼管内勸農營田事葉　凱

卷後并有嘉定九年（1216年）聞人模《刊記》，其文曰：

"本學五經舊板，乃僉樞鄭公仲熊分教之日所刊，實紹興壬申歲也。歷時浸久，字畫漫滅，且缺《春秋》一經。嘉定甲戌夏，有鄭緝來貳郡，嘗商略及此，但爲費浩瀚，未易遽

就。越明年，司直趙公師夏易符是邦，模因有請，慨然領略，即相與捐金出粟。模亦撙節廩土之餘，督工鋟木，書將成，奏院。葉公凱下車觀此，且惜五經舊板之不稱。模於是併請於守貳，復得工費，更帥主學糧幕掾沈景淵同計，置而更新之。酒按監本及參諸路本，而校勘其一二舛誤，併攷諸家字說而訂正其偏旁點畫，粗得大概，庶或有補於觀者云。嘉定丙子年正月望日　聞人模敬書。"

卷中文公十七年以前經文，皆有日人讀漢籍古法"乎古止點"，宣公年間部分經文也有此點。卷三、卷四、卷二十、卷二十一、卷二十六、卷二十七、卷二十八，係日本後陽成天皇慶長年間（1596－1615年）由日人鈔補。

此本原係明人祝枝山等舊藏，後入日本金澤文庫，又歸豐後佐伯藩主毛利高標。爲日本中世紀時代金澤文庫外流出漢籍之一種。日本仁孝天皇文政年間（1818－1830年）由出雲守毛利高翰獻贈德川幕府，藏楓山官庫。明治初期經太政官文庫而歸内閣文庫。明治二十四年（1891年）移宫内省圖書寮（即今宫内廳書陵部）。

卷中首有"井口氏圖書"、"佐伯侯毛利高標字培松藏書畫之印"印記。卷尾有"文炳珍藏子孫永保"印記。每册首有"淡海鶅鶒氏之後"、"祕閣圖書之章"印記。第二册首有"牀頭一壺酒能更幾回暝"及"建芳馨兮廡門"印記。又除上述補寫七卷外，各卷有"金澤文庫"印記，並"枝山"、"允明"二印記。

森立之《經籍訪古志》卷二、楊守敬《日本訪書志》卷一及董康《書舶庸譚》卷六，皆著録此宋興國軍學刊本。楊氏稱曰：

"（此）蓋即毛居正《六經正誤》所稱興國本。余以《正誤》所引十三條對校，一一相合。又以山井鼎《考文》照之，則彼所稱足利宋本者，亦無一不合。而山井鼎不言是興國本者，以所見本無末題識數葉耳。按岳氏《九經三傳沿革例》稱興國本爲于氏所刊。此本並無于氏之名。又稱于氏本每數葉後

附釋音，此本無釋音。又稱于氏本有圈點句讀併點注文，此本無句讀。則非于氏無疑。蓋興國舊板，始於紹興。鄭仲熊只有五經，聞人重刊《左傳》，並修他板，亦只五經。至于氏始增刻九經，其五經經注文字，雖仍舊本，而增刻釋文句讀。故同爲興國本而實非一本也。岳氏既稱前輩以興國于氏本爲最善，而又議于氏經注有遺脱。余嘗通校此本，則經注並無遺脱。或于氏重刊此書，失于檢照而有遺脱耶？且嘗以岳本互勘，皆此本爲勝。不特岳本，凡阮氏校勘記所載宋本，亦均不及之，然則今世所存宋本《左傳》，無有善於此者。余在日本，曾勸星使黎公刻之，以費不足而止。竊羨聞人以校官慫恿當事者，既刻此書又修五經板。余亦校官，携此書歸來數年，口焦脣乾，卒無應之者。古今人不相及，讀聞人跋，彌滋愧已。"

楊氏此言，評之中肯，拳拳之心，亦溢於言表，惟"釋文"中所言"携此書歸來數年"，不知所指何物。此本既然已"藏楓山官庫"，楊氏又何以能携此書歸返中國？存疑。其後，傅增湘氏日本訪書，於帝室圖書寮復見此本，著録於《藏園羣書經眼録》卷二，稱此本"版闊字大"、"古勁疏樸"云云。

【附録】日本古代刻刊《春秋經傳集解》甚多，今存刊本中主要者如次：

十四世紀中期覆刻宋興國軍學刊本。此本每半葉八行，注文雙行，經傳文與注文行皆十七字。此本係中國元代刻工俞良甫在日本京都嵯峨所刻刊。

十六世紀末葉刊本。此本係活字刊本，每半葉八行，行十七字。四周雙邊，黑口。版心題"左氏（卷數）"，下記葉數。足利學校遺蹟圖書館藏此本，有墨書識語曰："奥之會津人宗祥藏主入杏壇稱津梁不幸逝矣，遺此本作當庠什物。慶長十七年壬子閏十月　廿七日　庠主寒松叟誌焉"。此處"慶長十七年"係後陽成天皇年號，即公元1612年，此書刊年當不晚于此。

明正天皇寬永八年（1631年）刊本。

櫻町天皇元文二年（1737年）刊本。

桃園天皇寶曆五年（1755年）京師中江久四郎刊本。此本由日人那波師曾點。

後桃園天皇安永六年（1777年）京都越後屋清太郎、中江久四郎刊本。此本由日人那波師曾校讀。其後有光格天皇天明七年（1787年）重印本。

光格天皇寬政十二年（1800年）大阪米田清右衞門刊本。

光格天皇文化三年（1806年）刊本。

光格天皇文化八年（1811年）江户前川六左衞門等刊本。此本由日人秦滄浪校。

仁孝天皇文政六年（1823年）江都須原茂兵衞等刊本。

孝明天皇嘉永三年（1850年）秋田屋太右衞門刊本。此本由日人秦鼎編，秦壽、村瀨誨輔校。同年有大阪象牙屋治郎兵衞重印本。

孝明天皇嘉永七年（1854年）須静堂刊本。

孝明天皇安政三年（1856年）仙臺菅原屋安兵衞刊本。

春秋經傳集解（殘本）十五卷

（晋）杜預撰

宋嘉定九年（1216年）興國軍學刊本　共十五册

静嘉堂文庫藏本　原毛晋　汪士鐘　陸心源丽宋樓等舊藏

【按】此本與宮内廳書陵部所藏之宋興國軍學本爲同一刊本。是書全本凡三十卷，今存如下卷册：

宣上（第十卷）；襄二（第十五卷）；

襄三（第十六卷）；襄四（第十七卷）；

襄五（第十八卷）；襄六（第十九卷）；

昭元（第廿卷）；昭四（第廿三卷）；

昭五（第廿四卷）；昭六（第廿五卷）；

昭七（第廿六卷）；定上（第廿七卷）；

定下（第廿八卷）；哀上（第廿九卷）；

哀下（第卅卷）。總凡十五卷。

卷三十末有《春秋經傳集解後序》及經注字數，然原書所列官銜及聞人模《跋文》皆缺失。

卷中有"汲古主人"、"宋本"、"毛氏子晉"、"毛晉之印"、"汪士鐘印"、"三十五峰園主人"、"歸安陸樹聲藏書之記"等印記。

傅增湘《藏園羣書經眼録》卷一著録此本，并謂"此書陸心源氏定爲大字建本，以余觀之，即興國軍學刻本，與帝室圖書寮本同，間有異者，則爲補刊版"。

春秋經傳集解(殘本)十五卷

(晋)杜預注

宋相臺岳氏荊谿家塾刊本　共八册

静嘉堂文庫藏本　原沈士林　汪士鐘　黄丕烈　陸心源酈宋樓等舊藏

【按】每半葉有界八行，行十七字。注文雙行，行十七字。綫黑口，雙黑魚尾。四周雙邊(20.6cm×13cm)。左欄外有耳，記"某幾年"。版心著録"秋(幾)(葉數)"，上象鼻處記大小字數，下象鼻處記刻工姓名，如子明、子成、天祐、允忠、王圭、朱子成、供昌等。

本文卷首題"春秋經傳集解襄公三第十六"。第二行低三格署"杜氏"，隔六格署"盡二十二年"。

卷中避宋諱，凡遇"匡、恒、徵、讓、桓、慎"等字皆闕筆，亦間或有個別處不闕筆。

是書全本凡三十卷，今存卷十六至卷三十，其中卷十九至卷二十二、卷二十七及卷二十八以明覆岳氏刊本配補。

卷中經注文有句讀號，此在宋刊中罕見。

現存十五卷中，卷十七、卷二十四、卷二十五、卷二十九各卷末有篆文橢圓刻刊木記：

> 相臺岳氏刻
> 梓荊谿家塾

卷中有"汪士鐘"、"汪士鐘印"、"閬源真賞"、"平陽汪氏藏書印"、"憲奎"、"秋浦"、"沈士林"、"沈士林氏"、"滄浪漁隱"、"東止陽子孫"、"吳氏之章"、"歸安陸樹聲叔桐父印"等印記。

傅增湘《藏園羣書經眼録》卷一著録此書，稱此本"鈐有明人印數方，又汪士鐘諸印。黄丕烈舊藏。書眉上有舊人評注，審其筆勢，當是元人"。又稱"此書寫刻俱精。余嘗見嘉定徐氏所藏殘本，與此正同，每卷後有岳氏家塾木記，各式不同，亦楮墨明麗"。

春秋經傳集解(殘本)二十卷

(晋)杜預集解

宋刊本　共二十册

京都大學附屬圖書館藏本

【按】是書全本凡三十卷，今闕卷第一至卷第十，存卷第十一至卷第三十。其中卷第十一至卷第十四、卷第二十二凡五卷，係日人清原氏寫補。

春秋經傳集解三十卷

(晋)杜預撰　(唐)陸德明釋文

南宋建安刊巾箱本　共十五册

國立國會圖書館藏本　原近江西大路藩主市橋長昭　昌平坂學問所等舊藏

【按】每半葉有界九行，行十七字。注文小字雙行，行十八字。線黑口，雙黑魚尾。四周雙邊(9.1cm×6.1cm)。版心著録"秋(幾)(葉數)"。左上欄外有耳格，記"某幾年"。杜注末以○相區隔列音義注。其後，間有"重言"，單行大字墨圍陰刻。

首有杜預《春秋序》，并由陸德明音義附注。卷末有《春秋經傳集解後序》。本文卷首題"春秋經傳集解隱第一"。第二行至第四行各低一格，小字雙行載陸德明釋文。第四行"釋文"下署"杜氏"，後隔四格題"盡十一年"。卷二以下的題署，或在第二行，或在第三行、第四行，低六格始。

卷中避宋諱，凡"玄、弦、縣、匡、筐、恒、禎、桓、構、慎"等字皆缺筆。全卷有日人"乎古止"點(前半部多明經點，後半部多紀傳式點)，眉上間有音義訓注。

此本原係仁正寺藩主(孝明天皇文久三年即

1863 年改稱"近江西大路藩主",自稱"下總守"、"黃雪山人"——編著者)市橋長昭舊藏。

光格天皇文化五年(1808 年)市橋長昭舉其所藏之宋元舊刊本三十種與明本數種獻諸文廟,此本爲其中之一。卷末貼附市橋長昭撰《獻書跋文》一篇。《跋》由市河米庵書寫:

"長昭夙從事斯文,經十餘年,圖籍漸多,意方今藏書家不乏於世,而其所儲大抵屬晚近刻書,至宋元槧蓋或罕有焉。長昭獨積年募求,乃今至累數十種。此非獨在我之爲難,而即在西土亦或不易,則長昭之苦心可知矣。然而物聚必散,是理數也,其能保無散委於百年之後乎? 孰若舉而獻之廟學,獲藉聖德以永其傳,則長昭之素願也。虔以宋元槧三十種爲獻,是其一也。

文化五年二月下總守市橋長昭謹誌

河三亥書

自《周易》至《山谷集》十四種一函,自《淮海集》至《國朝名臣事略》十六種一函。

右二函,文化五年戊辰五月市橋下總守寄藏。"

卷中有"仁正侯長昭黃雪書屋鑒藏圖書之印"、"昌平坂學問所"等藏書印記。

春秋經傳集解三十卷

(晋)杜預注　(唐)陸德明音義
明嘉靖年間(1522—1566 年)覆宋岳珂刊本
宮內廳書陵部　內閣文庫　静嘉堂文庫
大東急記念文庫　東京大學總合圖書館藏本
【按】每半葉八行,行十七字。黑口,四周雙邊。烏絲外標題。

前有杜預《序》。

卷中注後附釋音。每卷記經、注各若干字。

宮內廳書陵部藏本,共三十冊。

內閣文庫藏本,原係昌平坂學問所舊藏,共十五冊。

静嘉堂文庫藏本,原係陸心源十萬卷樓舊藏。共十二冊。

大東急記念文庫藏本,原係中國徐燉、日本

近江西大路藩主市橋長昭舊藏,共十五冊。

東京大學總合圖書館藏本,原係江户時代紀州德川家南葵文庫等舊藏。此本卷中有明治三十二年(1899 年)島田翰手識文,共十五冊。

春秋左氏經傳集解三十卷　首一卷　春秋名號歸一圖二卷

(晋)杜預注　(唐)陸德明音義　(明)周光鎬　郭子章校　《歸一圖》(五代)馮繼先撰
明萬曆年間(1573—1620 年)刊本　共八冊
神宮文庫　静嘉堂文庫藏本
【按】每半葉九行,行二十字。白口,左右雙邊。版心下方記字數,并間有刻工姓名。

首有《春秋左氏經傳集解序》,次有《校補左傳杜注凡例》、《春秋列國東坡圖説》、《東坡指掌春秋列國圖》、《諸侯興廢》、《春秋總例》、《春秋提要》等。

神宮文庫藏本,原係水口藩主加藤明友舊藏。卷中有靈元天皇天和二年(1682 年)江州城主加藤明友獻書識語。每冊首有"神宮教院"印記。卷末又有"宇治文殿"印記。

静嘉堂文庫藏本,原係陸心源十萬卷樓舊藏。

春秋左氏經傳集解三十卷

(晋)杜預注　(唐)陸德明音義
明萬曆八年(1580 年)親仁堂刊本　共十五冊
內閣文庫藏本　原紅葉山文庫等舊藏

春秋左氏經傳集解三十卷

(晋)杜預注　(唐)陸德明音義
明崇禎年間(1628—1644 年)刊本　共十二冊
尊經閣文庫藏本　原係江户時代加賀藩主前田綱紀等舊藏

附釋音春秋左傳注疏六十卷

(晋)杜預注　(唐)孔穎達等疏　陸德明釋

文

宋建安劉叔剛一經堂刊本　日本重要文化財　共二十五册

足利學校遺蹟圖書館藏本　原藤原憲實等舊藏

【按】每半葉有界十行,行十七字。注疏文小字雙行,行約二十三字。細黑口,雙黑魚尾。左右雙邊(19.2cm×12.4cm)。版心著錄"秋充(幾)(葉數)"。上象鼻處偶有記大小字數。其中卷二十一的第十五葉至第十八葉,第二十三葉的上象鼻處,刻有一"文"字。卷三十五的第十二葉至第十四葉、第十九葉至第二十二葉、第二十五葉的上象鼻處,刻有一"先"字。卷三十六的第一葉、第二葉和第四葉的上象鼻處,刻有一"目"字。此處的"文"、"先"、"目"等字不知是否爲刻工名字。左上欄外有耳格,記"某幾(或幾年)"。注文後以"○"爲標識作音釋。音釋後"疏"字爲一大字,下置疏文。

首有《春秋正義序》。《序》後有刊本木記曰:
"劉氏文府叔剛桂軒式經堂"。

"木記"後有鼎形印記"桂軒"、"藏書",爵形印記"建安劉叔剛父鋟梓"、"敬齋",琴形印記"高山流水"。

本文卷首題"附釋音春秋左傳注疏卷第一"。第二行至第四行各低二格署"國子祭酒上護軍曲阜縣開國子臣孔穎達等奉勅撰　國子博士兼太子中允贈齊州刺史吳縣開國男臣陸德明釋文"。卷二以下各在題後次行低三格或四格署"杜氏",再隔四至五格,署"孔穎達疏"。

卷中避宋諱至"慎、敦、郭"等字,但缺筆並不十分嚴格。

每卷首有"足利學校用公",或"足利學校之公用也"的橫書墨蹟。卷一首有"此書不許出學校闉外　憲實(花押)"卷一、卷三、卷二十四、卷三十六與卷五十九之首及各册末,皆有"上杉安房守藤原憲實寄進"墨書。各册末在"藤原憲實"名下有花押。每卷首又有"松竹清風"印記。

森立之《經籍訪古志》卷二著錄此本。

此本已被日本"文化財審議委員會"確認爲"日本重要文化財"。

附釋音春秋左傳注疏六十卷

(晋)杜預注　(唐)孔穎達等疏　陸德明釋文

元覆宋劉叔剛刊本　共三十四册

静嘉堂文庫藏本　原陸心源皕宋樓等舊藏

【按】每半葉有界十行,行十七字。注疏文小字雙行,行二十三字左右。白口,雙黑魚尾。左右雙邊(18.7cm×12.7cm)。版心著錄"秋充(幾)(葉數)"。左上欄外有耳格。記"某公幾年"。上象鼻處記大小字數,下象鼻處有刻工姓名。姓名可辨者如古月、安卿、以清、以德、英玉、王榮、國祐、朱文、壽甫、德遠、德成、善卿、文粲、鐵葦、余中、君美、仁甫、君善、國右、善慶、仲高、德甫等。

此本係明修配補,遞修至明正德年間。修補葉並不很多,然版心修補紀年皆被切下而以别紙補綴。尚可見刻工姓名如王毛孫、楊尚旦、尚旦、吳三、榮郎、吳六耳、文昭、李豪、黄仲、黄富、黄蘭、劉京、江達、周同等。原刻本的疏文標識皆作一⑲大字,明代修配葉的"疏"皆墨圍陰文。

卷首有《春秋正義序》。此《序》後有"中書門下牒"一葉補寫。本文卷首題"附釋音春秋左傳注疏卷第一"。第二行至第四行低一格署"國子祭酒上護軍曲阜縣開國子臣孔穎達等奉勅撰　國子博士兼太子中允贈齊州刺史吳縣開國男臣陸德明釋文"。卷二以下撰者名在題後第二行,低三格署"杜氏",再隔六格署"孔穎達疏"。

卷中有"歸安陸樹聲叔桐父印"等印記。

附釋音春秋左傳注疏(殘本)四十九卷

(晋)杜預注　(唐)孔穎達等疏　陸德明釋文

元覆宋劉叔剛刊本　共十三册

京都大學人文科學研究所東洋學文獻中心

藏本

【按】每半葉有界十行,行十七字。注疏文小字雙行,行二十三字左右。版心原刻本爲白口、明修刻葉白口、黑口皆有。原刻本爲左右雙邊(18.7cm×12.7cm),明修刻葉雙邊或單邊。

此本與静嘉堂文庫藏本爲同一刊本。全本凡六十卷,今缺卷一至卷十一,存卷十二至卷六十,凡四十九卷。原刻版面已較模糊,明修補甚多。修補葉中縫見有"正德年"、"正德六年"、"正德十二年"、"正德十六年"等字樣。無修補紀年的中縫,間或有"懷陳校"、"侯吉劉校"、"林重校"等校者名錄。版心有明代修補刻工姓名,如正德年有楊尚旦、余富等。正德六年有黄富、江洪等。正德十二年有吳三、江達、吳六耳、黄仲、周同、余富、楊尚旦、季豪、劉立等。無修補紀年葉有王毛孫、德閏、黄蘭、劉京、黄道林、黄永進、吳生、江達、江四、江田、蔡順、謝元慶、詹弟、詹蓬逊、曾堅、陳郎、范元福、熊山、陸基郎,張尾郎、葉再友、余添進、葉馬、詹蓬頭等。

春秋左傳注疏六十卷

(晋)杜預注　(唐)陸德明釋文　孔穎達等疏

明嘉靖年間(1522—1566年)福建李元陽校刊本

小如舟屋文庫　東京都立圖書館諸橋文庫關西大學綜合圖書館内藤文庫藏本

【按】每半葉九行,行二十一字。傳注正義低一格。注單行,疏雙行。白口,四周雙邊(20.1cm×12.6cm)。

此本係李元陽校刊《十三經注疏》之零本。

小如舟屋文庫藏本,卷中有"山村氏藏書"印記。共二十四册。

東京都立圖書館藏本,原係諸橋轍次舊藏,共十册。

關西大學内藤文庫藏此同一刊本兩部,一部外題"左傳",一部卷中有"愚門之印"藏書印。

春秋左傳注疏六十卷

(晋)杜預注　(唐)陸德明釋文　孔穎達等疏

明萬曆十九年(1591年)至二十年(1592年)國子監刊本

京都大學附屬圖書館　東北大學附屬圖書館教養學部分館　東洋大學附屬圖書館哲學堂文庫　香川縣豐濱町立圖書館藏本

【按】每半葉九行,行二十一字。小字雙行,行同正文。白口,左右雙邊。

此本係明萬曆年間國子監刊《十三經注疏》之零本。

京都大學附屬圖書館藏本,共三十二册。

東北大學附屬圖書館藏本,共三十册。

東洋大學附屬圖書館藏本,原係井上圓了舊藏,共二十册。

豐濱町立圖書館藏本,原係藤村氏舊藏,今闕卷一至卷九,實存五十一卷。

【附錄】《倭板書籍考》卷二著錄"《春秋左傳注疏》六十卷",并曰"是書本名《左傳正義》。今倭本有六十一卷。此本係由萬曆年間校刊之《十三經》中採出"云云。

春秋左傳注疏六十卷

(晋)杜預注　(唐)陸德明音義　孔穎達等疏

明崇禎年間(1628—1644年)毛氏汲古閣刊本

國立國會圖書館　東洋文庫　東京大學總合圖書館　東北大學附屬圖書館　教養學部分館　國學院大學梧蔭文庫　龍谷大學大宫圖書館　米澤市立圖書館　酒田市立光丘文庫藏本

【按】每半葉有界九行,行二十一字。小字雙行,低一格,行二十字左右。花口。

此本係明崇禎年間古虞毛氏汲古閣刊《十三經注疏》之零本。

國立國會圖書館藏本,共三十册。

東洋文庫藏本，原係三菱財團岩崎氏家等舊藏，共三十冊。

東京大學總合圖書館藏此同一刊本兩部，皆原係江户時代紀州德川家南葵文庫等舊藏。一部爲全本，共二十冊。一部今存卷第五十三至卷第六十，凡八卷，共四冊。

東北大學藏本，今闕卷三、卷四、卷二十五、卷二十六。共十六冊。

國學院大學梧蔭文庫藏本，原係井上毅等舊藏，共三十冊。

龍谷大學大宮圖書館藏本，共三十二冊。

米澤市立圖書館藏本，原係江户時代米澤藩家等舊藏，共三十冊。

酒田市立光丘文庫藏本，原係本間光彌舊藏，共三十冊。

春秋左傳注疏（殘本）九卷

（晋）杜預注　（唐）陸德明音義　孔穎達等疏

明刊本

東京大學東洋文化研究所大木文庫藏本

原大木幹一等舊藏

【按】是本今存卷三十一、卷三十二、卷三十五、卷三十六、卷三十九、卷四十、卷四十二、卷四十三、卷四十四。

春秋左傳注疏六十卷

（晋）杜預注　（唐）陸德明釋文　孔穎達等疏

明刊本　共四十冊

東北大學附屬圖書館藏本

春秋左傳注疏六十卷

（晋）杜預注　（唐）陸德明釋文　孔穎達等疏

明刊本　共二十四冊

東北大學附屬圖書館藏本

春秋左氏音義五卷

（唐）陸德明撰

宋嘉定年間（1208—1224年）興國軍學刊本

日本重要文化財　共四冊

尊經閣文庫舊藏　原金澤文庫舊藏

【按】每半葉有界八行，行十七字。注文小字雙行。白口，雙黑魚尾。左右雙邊（22cm×14.6cm）。版心著錄"秋音（幾）（葉數）"。上象鼻處記大小字數，下象鼻處有刻工姓名，如王純、龔定、龔正甫、元亨、胡文顯、吳全、吳富、吳申、江子才、高才、黄子口、蕭子元、詹彦才、陳安、丁可、范仁、余份、游（？）亨、李仁、劉元、劉初、劉永之等。

《左氏釋文》原係六卷。此本卷五、卷六合爲第五卷。卷首題"春秋左氏音義一"。換行低二格小字署"唐國子博士兼太子中允贈齊州刺史吳縣開國男陸德明撰"。

卷中避宋諱，凡"玄、弘、泓、匡、筐、恒、禎、貞、楨、徵、讓、頊、桓、完、構、媾、覯、遘、慎、敦"等字皆缺筆。

各冊首尾有"金澤文庫"墨印。係日本中世紀金澤文庫外流出漢籍之一種。

此本不見他傳，或謂天壤間孤本。1944年（昭和十九年）金澤文庫古典保存會曾影印卷一與卷二。

此本已被日本"文化財審議委員會"確認爲"日本重要文化財"。

【附錄】後櫻町天皇明和六年（1769年），有藝藩寫本《春秋左氏傳例音義》。此書係日人鳳岡公子輯，今田恪、關維直、比德建、梅之清、坂井貞校。前有摘芳館主人《序》。其中分《春秋左氏例傳》與《春秋左氏傳音義》兩部分。此本今藏廣島市立淺野圖書館。

（音注全文）春秋括例始末左傳句讀直解七十卷

（宋）林堯叟句解

元建安刊本　共二十四冊

静嘉堂文庫藏本　原竹添井井等舊藏

【按】卷一、卷二每半葉有界十一行,行二十一字。卷三至卷七十(除卷二十二、卷二十七外)每半葉有界十二行,行二十二字。卷二十二、卷二十七每半葉有界十二行,行二十三字。細黑口,雙黑魚尾。左右雙邊或四周單邊(約15.5cm × 10.5cm/16.2cm × 10.3cm)。版心著録"左(幾)(葉數)"。上象鼻處或下象鼻處記大小字數。左欄外上側有耳格,記"某公某年"。

此本缺首目。本文卷首題"音注全文春秋括例始末左傳句讀直解卷之一"。換行低十格署"梅溪　林堯叟　唐翁"。尾題名稱各不相同,如卷十四作"音注全文春秋括例左傳句解",卷二十四作"音點春秋左傳詳節句解",卷五十八作"春秋經傳句解"。

卷中仍避宋諱,凡"匡、筐、恒、貞、桓、構、慎"等字,間有缺筆。

文中"括例"、"始末"等標識皆陰文。

卷中有"島田翰讀書記"、"松方文庫"、"瑞禾"、"周榮"、"忠訓"、"董主"等印記。

【附録】《倭板書籍考》卷二著録"《左傳句讀直解》七十卷",題"林唐翁堯叟注"。

日本後西天皇寬文元年(1661年)京都村上次郎右衛門刊《音注全文春秋括例始末左傳句讀直解》七十卷。此本由日本松永昌易點。

光格天皇寬政五年(1793年)大阪志多森善兵衛等刊印《音注全文春秋括例始末左傳句讀直解》七十卷。此本由日人奧田元繼校點。

(音注全文)春秋括例始末左傳句讀直解七十卷首一卷

(宋)林堯叟撰
明刊本　共十六册
静嘉堂文庫藏本　原陸心源䚹宋樓等舊藏

春秋經左氏傳句解七十卷

(宋)林堯叟句解
元建安刊本　共七册
內閣文庫藏本　原紅葉山文庫等舊藏

【按】每半葉有界十四行,行二十四字。注文小字雙行。小黑口,雙黑魚尾。左右雙邊(18.9cm × 12.3cm)。版心著録"左(幾)(葉數)"。

首有《春秋左氏傳括例始末句解綱目》。本文卷首題"春秋經傳句解卷之一"。換行低三格題"魯隱公一",後隔八格,署"林堯叟注"。卷中"經"、"傳"及注文中的標字,皆墨圍陰刻。

春秋左傳(春秋左傳杜林合注)五十卷

(晋)杜預注　(宋)林堯叟注　(唐)陸德明音義　(明)鍾惺評　杜麟徵　王道焜校
明刊本
內閣文庫　東北大學附屬圖書館藏本

【按】每半葉九行,行二十字。小字雙行。四周單邊。

內閣文庫藏本,原係林氏大學頭家舊藏。今僅存卷一、卷二,共二卷,共一册。

東北大學藏本,共十六册。

【附録】據《商舶載來書目》記載,日本中御門天皇正德元年(1711年)中國商船"志字號"載《春秋左傳杜林合注》一部一帙抵日本。

光格天皇天明六年(1786年)《寅拾番船持渡書改目録寫》記載,是年由中國輸入《春秋左傳杜林合注》二帙,係明鍾伯敬等評點本,且無闕葉。

《外船齎來書目》又記光格天皇寬政十二年(1800年)從中國輸入《春秋左傳杜林合注》二帙。

此外,據《商舶載來書目》記載:

東山天皇寶永七年(1710年)中國商船"曾字號"載《增訂春秋左傳杜林詳解》一部抵日本。

光格天皇天明二年(1782年)中國商船"志字號"載《春秋左傳杜林匯參》二帙抵日本。

光格天皇寬政三年(1791年)中國商船"志字號"載《春秋左傳杜林統箋》二帙抵日本。

春秋左傳杜林合注五十卷

（晋）杜預注　（宋）林堯叟附注　（唐）陸德明音義　（明）閔夢德　閔光德編

明潭城楊閩齋刊本

内閣文庫　東京大學東洋文化研究所　東北大學附屬圖書館狩野文庫　廣島大學附屬圖書館斯波文庫　佛教大學附屬圖書館平中文庫　大阪女子大學附屬圖書館藏本

【按】每半葉十行，行二十字。白口，左右雙邊。

内閣文庫藏本，共二十册。

東北大學附屬圖書館藏本，原係狩野亨吉等舊藏，共十一册。

廣島大學附屬圖書館藏本，原係斯波六郎舊藏，共十二册。

佛教大學附屬圖書館藏本，原係平中苓次等舊藏，共十册。

大阪女子大學藏本，共十四册。

春秋左傳杜林合注五十卷　首一卷

（晋）杜預注　（宋）林堯叟附注　（唐）陸德明音義　（明）閔夢德　閔光德編

明刊本

宮内廳書陵部　内閣文庫　龍谷大學大宮圖書館藏本

【按】宮内廳書陵部藏本，共十二册。

内閣文庫藏本，原係紅葉山文庫舊藏，共十八册。

龍谷大學大宮圖書館藏本，原係寫字臺文庫等舊藏，共十六册。

春秋左傳三十卷

（晋）杜預注　（宋）林堯叟附注

明刊本　共十册

大谷大學悠然樓藏本　原大西行禮等舊藏

春秋左傳三十卷

（晋）杜預注　（明）鍾惺評

明毛氏汲古閣刊本　共十二册

内閣文庫藏本　原昌平坂學問所等舊藏

（吕東萊先生）左氏博議二十五卷

（宋）吕祖謙撰　（明）陶珽編　劉肇慶訂

明擁萬堂刊本

内閣文庫　蓬左文庫　東北大學附屬圖書館狩野文庫藏本

【按】每半葉九行，行二十字。白口，四周單邊。

内閣文庫藏此同一刊本兩部，皆共二册，一部原係紅葉山文庫舊藏。

蓬左文庫藏本，共三册。

東北大學附屬圖書館藏本，原係狩野亨吉等舊藏，共四册。

【附録】日本東山天皇元禄十三年（1700年）大雅堂刊印《吕東萊先生左氏博議》十二卷。

光格天皇寬政十一年（1799年）有鄰館刊印《東萊博議》四卷。此本由日人伊藤東涯（長胤）訓點。

此外，櫻町天皇寬保三年（1743年）有日人藤原有貞手寫本《新刊詳增補注東萊先生左氏博議》二十五卷。

（吕東萊先生）左氏博議六卷

（宋）吕祖謙撰　（明）陶珽編　劉肇慶校

明刊本　共六册

陽明文庫藏本　原江户時代近衛家熙等舊藏

（精選東萊先生）左氏博議句解八卷

（宋）吕祖謙撰

明正德九年（1514年）集義書堂刊本　共一册

内閣文庫藏本　原林羅山等舊藏

【按】此本卷中有“江雲渭樹”印記。

（新鍥評釋吕東萊先生）左氏博議六卷

（宋）吕祖謙撰　（明）唐文獻校　李廷機評

明萬曆二十一年(1593年)余紹崺刊本　共四冊

龍谷大學大宮圖書館藏本　原寫字臺文庫等舊藏

(東萊呂先生)左氏博議句解四卷

(明)瞿景淳撰

明隆慶年間(1567—1572年)刊本　共四冊

静嘉堂文庫藏本　原中村敬宇等舊藏

春秋左傳詳節句解三十五卷

(宋)朱申注釋　(明)顧梧芳校

明正德年間(1506—1521年)刊本　共八冊

內閣文庫　東京大學東洋文化研究所　廣島市立淺野圖書館藏本

【按】此本卷前有明正德八年(1513年)王鏊《序》。外題《句解》,注題《左傳句解》。

內閣文庫藏本,原係林羅山舊藏,卷中有"江雲渭樹"等印記。共八冊。

廣島市立淺野圖書館藏本,共十二冊。

春秋左傳詳節句解三十五卷

(宋)朱申撰

明萬曆十年(1582年)刊本

尊經閣文庫　無窮會天淵文庫藏本

【按】每半葉有界十行,行二十一字。白口,四周單邊。

尊經閣文庫藏本,原係江戶時代加賀藩主前田綱紀等舊藏,共八冊。

無窮會藏本,原係加藤天淵等舊藏,共六冊。

春秋左傳詳節句解三十五卷

(宋)朱申注

明萬曆四十年(1613年)刊本　共五冊

米澤市立圖書館　御茶之水圖書館藏本

【按】米澤市立圖書館藏本,原係江戶時代米澤藩等舊藏。

御茶之水圖書館藏本,原係中島尚翼(士鳳)、德富蘇峰成簣堂文庫舊藏。各冊首有"奉

橘堂"朱文印記。

(重訂批點)春秋左傳詳節句解三十五卷

(宋)朱申撰　(明)余元長校

明崇禎年間(1628—1644年)刊本　共六冊

內閣文庫藏本

(音點)春秋左傳十六卷

(宋)朱申撰

明弘治十五年(1502年)溧水陳理徽州府學刊本

東京大學總合圖書館藏本　原江戶時代紀州德川家南葵文庫等舊藏

【按】東京大學總合圖書館藏此同一刊本兩部,皆原係德川家南葵文庫等舊藏。一部卷中有日本明治時代著名的文獻學家島田翰1894年(明治二十七年)十六歲時的手識文。其文曰:"明治廿有七年夏王六月四日午前二時三十分讀了。時夜色沉沉,四顧無人。生年十有六歲,島田邦翰手記識語。"共六冊。一部卷中有讀者批注,共十二冊。

(名公注釋)左傳評林三十卷

(晋)杜預注釋　(宋)朱申續注　(明)歐陽東鳳批評　李茂識編次

明刊本　共三十冊

尊經閣文庫藏本　原係江戶時代加賀藩主前田綱紀等舊藏

春秋左氏傳續説十二卷

(宋)呂祖謙撰

文瀾閣傳鈔本　共四冊

静嘉堂文庫藏本　原陸心源十萬卷樓舊藏

春秋左氏傳補注十卷

(元)趙汸撰

元商山義塾刊本明弘治年間(1488—1505年)修補本　共一冊

蓬左文庫　静嘉堂文庫藏本

【按】每半葉有界十二行，行二十四字。小字雙行，行同正文。細黑口，（間有白口）。左右雙邊（16.6cm×12.7cm）。版心記大小字數，并有刻工姓名，如趙、文、走、水、永等。

此本係元末至正年間海寧商山義塾刊本，爲元刊《趙汸春秋三種》之二。明弘治六年（1493年）由黃倫修補。

此本編排體例係出經文一句，而補注於下。以陳止齋《春秋章旨》爲宗，兼采孔穎達、劉敞、葉夢得諸家之説附益之。

静嘉堂文庫藏本，原係陸心源皕宋樓舊藏。卷中有"歸安陸樹聲叔桐父印"等印記。

【附録】《官板書籍解題略》卷上著録"《春秋左氏傳補注》十卷"，并有識文曰"趙汸從黃澤受《易象》《春秋》之學。遵黃澤之説，《春秋》以左氏爲主，注以杜氏爲宗。是書補杜解，而使《左傳》中聖人之言，灼然可見"云云。

《昌平坂御官板書目》亦著録是書。

光格天皇享和元年（1801年）官版刊行《春秋左氏傳補注》十卷，由東都出雲寺萬次郎發兑。此本享和三年（1803年）再印。

同年，江户尚友堂岡村庄助刊行元人趙汸撰《春秋左氏傳補注》十卷。

春秋左傳節文十五卷

（明）汪道昆撰

明萬曆年間（1573—1620年）刊本　共五册

內閣文庫　東京大學東洋文化研究所大木文庫藏本

【按】每半葉有界九行，行十八字。白口，左右雙邊。

內閣文庫藏本，原係林氏大學頭家舊藏。

東京大學藏本，原係大木幹一舊藏。

【附録】據《商舶載來書目》記載，東山天皇元禄七年（1694年），中國商船"志字號"載《春秋左傳節文》一部抵日本。

春秋左傳屬事二十卷　古字奇字音釋一卷　春秋左傳注解辨誤二卷

（明）傅遜撰

明萬曆十三年（1585年）日殖齋刊本

京都大學文學部狩野文庫　早稻大學圖書館藏本

【按】每半葉有界十行，行二十字。白口，左右雙邊。

前有萬曆十三年（1585年）《序》。

京都大學文學部狩野文庫藏本，原係狩野直喜等舊藏，共十册。

早稻田大學圖書館藏本，今存《春秋左傳注解辨誤》二卷，共二册。

【附録】據《商舶載來書目》記載，光格天皇寬政十年（1798年），中國商船"志字號"載《春秋左傳屬事》一部抵日本。

日本桃園天皇寶曆十二年（1762年）温故堂刊印《春秋左傳屬事》二十卷。

後櫻町天皇——後桃園天皇明和年間（1764—1771年），又刊《春秋左傳屬事》二十卷，首尾各一卷。

春秋左傳屬事二十卷　古字奇字音釋一卷

（明）傅遜撰

明萬曆年間（1573—1620年）日殖齋刊本　共十册

內閣文庫藏本

【按】每半葉有界十行，行二十字。白口，左右雙邊。

前有明萬曆十三年（1585年）《序》。

是本係明萬曆十三年刊，萬曆十七年（1589年）重修本。

內閣文庫藏此同一刊本兩部。一部原係林氏大學頭家舊藏；一部原係紅葉山文庫舊藏，今闕《古字奇字音釋》一卷。

春秋左傳注解辨誤二卷　音釋一卷　補遺一卷古器圖一卷

（明）傅遜撰

明萬曆十三年（1585年）日殖齋刊本　共二冊

內閣文庫藏本

【按】每半葉有界八行，行十八字。白口，左右雙邊。

前有明萬曆十一年（1583年）《序》。

內閣文庫藏此同一刊本兩部。一部係全本；一部原係林氏大學頭家舊藏，今闕《音釋》一卷。

【附錄】日本桃園天皇延享三年（1748年）皇都中江久四郎刊《春秋左傳注解辨誤》二卷、《補遺》一卷、《古器圖》一卷。

同年，江户前川六左衛門刊《春秋左傳注解辨誤》附《古器圖》共二卷。

光格天皇寬政六年（1794年）大阪河內屋喜兵衛刊印《春秋左傳注解辨誤》二卷、《補遺》一卷、《古器圖》一卷。

左傳鈔評十二卷

（明）穆文熙撰

明萬曆年間（1573—1620年）劉懷恕刊本

內閣文庫　尊經閣文庫藏本

【按】每半葉有界九行，行二十字。小字雙行，行同正文。白口，四周單邊。

前有明萬曆十年（1582年）《序》。

內閣文庫藏本，原係昌平坂學問所舊藏，共六冊。

尊經閣文庫藏本，原係江户時代加賀藩主前田綱紀等舊藏，共十二冊。

左傳鈔評十二卷

（明）穆文熙撰

明刊本　共六冊

內閣文庫藏本

春秋左傳評苑三十卷

（晉）杜預經解　（宋）朱申傳釋　（明）穆文熙編纂

明刊本　共十冊

內閣文庫　尊經閣文庫藏本

左氏詳節一卷

（明）許孚遠編

明萬曆年間（1573—1620年）刊本　共八冊

龍谷大學大宮圖書館藏本　原寫字臺文庫等舊藏

【按】前有明萬曆十年（1582年）《序》。

左粹類纂十二卷

（明）施仁編集　孫應鰲批點

明萬曆十一年（1583年）巡按直隸監察御史任養心刊本　共八冊

蓬左文庫藏本

【按】此本係日本明正天皇寬永六年（1629年）從中國購入。卷中有“尾陽內庫”印記等。

春秋左傳分類旁注評選十四卷　首一卷

（明）龔而安撰

明萬曆三十六年（1608年）刊本　共三冊

內閣文庫藏本　原林氏大學頭家等舊藏

春秋左傳釋義評苑二十卷　首五卷

（明）王錫爵輯著

明萬曆年間（1573—1620年）嘉賓堂刊本

蓬左文庫　尊經閣文庫藏本

【按】每半葉有界十行，行十九字。小字雙行，行同正文。白口，四周單邊。

前有明萬曆十八年（1590年）瑤泉申時行《序》。

《首》五卷細目如次：

《春秋左傳總評》一卷；

《春秋列國東坡圖說》一卷；

《春秋左傳世系譜》一卷；

《春秋左傳地名配古籍》一卷；

《春秋左傳名號異稱便覽》一卷。

蓬左文庫藏本，共二十冊。

尊經閣文庫藏本，原係江户時代加賀藩主前田綱紀等舊藏，共二十二冊。

【附録】《商舶載來書目》記載，日本桃園天皇寶曆九年(1759年)，中國商船"志字號"載《春秋左傳評苑》一部抵日本。

春秋左傳釋義評苑二十卷　首一卷

(明)王錫爵編

明萬曆年間(1573—1620年)金陵周竹潭刊本　共二十冊

早稻田大學圖書館藏本

左紀十一卷

(明)錢應奎輯并撰

明萬曆三年(1575年)華起龍刊本　共十二冊

東京大學總合圖書館藏本　原市村瓚次郎購入本覺廬文庫等舊藏

左腴二卷(與《國腴》二卷合為四卷)

(明)王納諫撰

明萬曆三十九年(1611年)刊本　共三冊

內閣文庫藏本　原林羅山等舊藏

【按】是本前有萬曆三十九年(1611年)《序》。卷中有"江雲渭樹"印記等。

春秋左傳類解二十卷　地譜世系一卷

(明)劉績撰

明嘉靖七年(1528年)崇藩寶賢堂刊本　共十冊

東京大學總合圖書館藏本

春秋左傳釋附二十七卷

(明)黄洪憲撰　黄承玄增定

明萬曆二十七年(1599年)碧山黄氏安平署刊本　共五冊

內閣文庫　蓬左文庫藏本

【按】每半葉有界十行，行十九字。小字雙行，行同正文。白口，左右雙邊。

內閣文庫藏本，原係豐後佐伯藩主毛利高標舊藏。此本係仁孝天皇文政年間(1818—1829年)由出雲守毛利高翰獻贈幕府。明治初期經太政官文庫而歸內閣文庫，卷中有"佐伯侯毛利高標字培松藏書書之印"等印記。

蓬左文庫藏本，原係德川家康舊藏，卷中有"御本"印記。

春秋左傳綱目定注三十一卷

(明)李廷機定注

明萬曆元年(1573年)刊本　共十五冊

陽明文庫藏本　原江户時代近衛家熙等舊藏

春秋左傳綱目定注三十卷

(明)李廷機定注

明崇禎五年(1632年)楊素卿刊本

內閣文庫　尊經閣文庫　静嘉堂文庫　龍谷大學大宮圖書館藏本

【按】每半葉有界十行，行二十二字。小字雙行，行同大字。白口，四周雙邊。

內閣文庫藏本，共八冊。

尊經閣文庫藏本原係江户時代加賀藩主前田綱紀等舊藏，共十二冊。

静嘉堂文庫藏本，共八冊。

龍谷大學大宮圖書館藏本，原係寫字臺文庫舊藏，共十冊。

(新鍥翰林李九我先生)春秋左傳評林選要三卷　首一卷

(明)李廷機撰

明萬曆年間(1573—1620年)鄭以厚刊本　共三冊

內閣文庫藏本　原林氏大學頭家等舊藏

【按】每半葉十行，行二十四字。小字雙行，行同正文。白口，四周雙邊。

（重鍥增補湯會元選輯百家評林）左傳狐白四卷

（明）湯賓尹撰　林世選編

明自新齋刊本　共四冊

内閣文庫藏本

【按】每半葉十行，行二十字。小字雙行，行同正文。白口，四周單邊。

内閣文庫藏此同一刊本共兩部，一部原係林氏大學頭家舊藏。

【附錄】據《商舶載來書目》記載，日本中御門天皇享保五年（1720年），中國商船"志字號"載《春秋左傳狐白句解》一部抵日本。

（新鍥湯會元選輯百家評林）左傳秩型四卷　附國語秩型四卷

（明）湯賓尹撰　林世選編

明萬曆二十四年（1596年）刊本　共四冊

内閣文庫藏本　原江户時代林羅山等舊藏

【按】是書卷中有"江雲渭樹"印記。

（重鍥增補湯會元選輯百家評林）左傳狐白四卷

（明）湯賓尹撰　林世選增補　李廷機重校

明萬曆年間（1573—1620年）建陽余泰垣自新齋刊本　共二冊

東京大學總合圖書館　龍谷大學大宮圖書館藏本

（新刻大魁堂詳注）春秋左傳選玉狐白評林精要錄四卷　首一卷

（明）張以誠撰　孫宗椎校

明萬曆年間（1573—1620年）建興書軒刊本共二冊

龍谷大學大宮圖書館藏本　原寫字臺文庫等舊藏

左傳文苑八卷

（明）張鼐評選　陳繼儒注釋　鍾惺參閱

明末葉朱墨套印刊本

蓬左文庫　尊經閣文庫藏本

【按】每半葉有界九行，行二十二字。白口，四周單邊。

蓬左文庫藏本，共四冊。

尊經閣文庫藏本，原係江户時代加賀藩主前田綱紀等舊藏，共八冊。

（新刻張賓王刪補）左傳神駒六卷

（明）張榜刪補　錢謙益評注

明刊本　共三冊

尊經閣文庫藏本　原江户時代加賀藩主前田綱紀等舊藏

（梅太史訂選）左傳神駒八卷

（明）梅之焕編　孫宗椎校

明萬曆三十五年（1607年）劉龍田刊本　共四冊

龍谷大學大宮圖書館藏本　原寫字臺文庫等舊藏

春秋左翼四十三卷

（明）王震撰

明萬曆三十一年（1603年）刊本

國立國會圖書館　内閣文庫　尊經閣文庫東京大學東洋文化研究所藏本

【按】每半葉有界九行，行十九字。白口，左右雙邊。

國會圖書館藏本，共十八冊（合爲九冊）。

内閣文庫藏本，前有《首》一卷。此本原係林羅山舊藏，卷中有"江雲渭樹"印記等。共八冊。

尊經閣文庫藏本，原係江户時代加賀藩主前田綱紀等舊藏，共十冊。

東京大學藏本，附《帝王封國世係考引》一卷、《國號考異》一卷、《年表》一卷、《王朝世係圖引》一卷、《名號歸一圖引》一卷、《名號考異》一卷。

【附錄】據《商舶載來書目》記載，中御門天皇正德元年（1711年），中國商船"志字號"載《春秋左翼》一部抵日本。

春秋左傳三十卷　首一卷

（明）戴文光標釋　張我城參定

明天啓五年（1625年）戴文光必有齋刊本
共六册

東京大學總合圖書館藏本　原江戶時代紀
州德川家南葵文庫舊藏

春秋左傳十五卷

（晋）杜預注　（明）関齊伋等編　孫鑛評

明萬曆四十四年（1616年）朱墨套印刊本

内閣文庫　尊經閣文庫　静嘉堂文庫　御
茶之水圖書館藏本

【按】每半葉九行，行十九字。白口，四周單
邊。

每册末有"萬曆丙辰夏吳興関齊華関齊伋関
象泰分次經傳"木記。

内閣文庫藏此同一刊本三部。一部原係紅
葉山文庫舊藏，共十二册；一部原係昌平坂學
問所舊藏，共八册；一部共十二册。

尊經閣文庫藏本，原係江戶時代加賀藩主前
田綱紀等舊藏，共十二册。

静嘉堂文庫藏本，原係島田篁邨舊藏，共十
二册。

御茶之水圖書館藏本，原係德富蘇峰等舊
藏。第一册末有大正二年（1912年）蘇峰手識
文。共十二册。

（合諸名家評注）左傳文定十二卷

（晋）杜預注　（宋）林堯叟附注　（明）孫鑛
評選　鍾惺校

明刊本

内閣文庫　尊經閣文庫　静嘉堂文庫藏本

【按】每半葉九行，行二十字。白口，四周單
邊。

内閣文庫藏本，共十二册。

尊經閣文庫藏本，原係江戶時代加賀藩主前
田綱紀等舊藏，共十二册。

静嘉堂文庫藏本，原係中村敬宇等舊藏。此
本今缺卷三，共二册。

春秋左傳評林測義三十卷　首一卷

（明）凌稚隆撰

明萬曆四年（1576年）刊本

内閣文庫藏本

【按】内閣文庫藏此同一刊本兩部。一部原
係林羅山舊藏，卷中有"江雲渭樹"印記等，共
八册；一部今闕卷一、卷二，實存二十八卷，共
十三册。

春秋左傳注評測義七十卷　首七卷

（明）凌稚隆撰

明萬曆十六年（1588年）刊本

國會圖書館　尊經閣文庫　無窮會天淵文
庫　静嘉堂文庫　東京大學藏本

【按】每半葉有界十行，行二十字。小字雙
行，行同正文。白口，單魚尾　左右雙邊。

版心有寫工姓名，如豫章吉郡郭祖、豫章南
邑艾香；又記刻工姓名，如陶文、徐禎、陶昂、信
一、郭一、徐軒等。

國會圖書館藏本，共十二册。

尊經閣文庫藏本，原係江戶時代加賀藩主前
田綱紀等舊藏，共十二册。

無窮會天淵文庫藏本，原係加藤天淵等舊
藏。共十二册。

静嘉堂文庫藏此同一刊本兩部。其中一部
原係陸心源守先閣舊藏，共二十册。

東京大學藏此同一刊本兩部。一部今存東
洋文化研究所；一部今存文學部漢籍中心，共
二十册。

【附錄】據《商舶載來書目》記載，中御門天皇
享保六年（1721年），中國商船"志字號"載《春
秋左傳注評測義》一部抵日本。

左記十二卷

（明）章大吉撰　俞維燕注

明崇禎年間（1628—1644年）刊本

東京大學東洋文化研究所藏本

【按】每半葉十行,行二十字。白口,四周單邊。

前有崇禎五年(1632年)《序》。

春秋左傳標釋三十卷　首一卷

(明)戴文光撰

明天啓五年(1625年)必有齋刊本　共十冊

内閣文庫藏本　原昌平坂學問所等舊藏

左傳鍾評三十卷

(明)鍾惺評點　張暘光校

明刊本　共五冊(合三冊)

國立國會圖書館藏本

沈氏左燈六卷

(明)沈長卿撰

明天啓年間(1621—1627年)刊本　共六冊

内閣文庫　國立國會圖書館藏本

【按】每半葉有界八行,行十八字。白口,四周單邊。

卷首有明天啓六年(1626年)《序》。

(新刻王翰林精採)左閫人玉珩編四卷

(明)韓孫愛編

明陳德宗刊本　共四冊

内閣文庫　龍谷大學大宮圖書館藏本

(新刻楊會元)左傳彙奇十六卷

(明)楊守勤撰　李鵬元編

明刊本　共八冊

内閣文庫藏本

(新刻顧會元精選)左傳奇珍纂注評苑二十四卷

(明)顧起元評注　葉向高參注　李廷機校閱　李鵬元選輯

明克勤齋余祥我刊本　共六冊

龍谷大學大宮圖書館藏本　原寫字臺文庫舊藏

(新刻李太史釋注)左傳三注旁訓評林七卷　首一卷

(明)趙志皋撰　李廷機注　葉向高評

明詹聖澤刊本　共七冊

龍谷大學大宮圖書館藏本　原寫字臺文庫舊藏

左傳纂目一卷　附左傳諸國興廢説一卷

(明)吳翶編

明刊本　共一冊

内閣文庫藏本

左概增刪十二卷

(明)戴文光標釋

明天啓五年(1625年)古吳戴氏必有齋刊本

東京大學東洋文化研究所藏本

左傳選(不分卷)

(明)闕名選

明上谷書院刊本　共二冊

内閣文庫藏本

左傳摘腴(不分卷)

(明)闕名輯

明人寫本　共二冊

内閣文庫藏本　原林氏大學頭家等舊藏

春秋左傳王朝世次圖(不分卷)

不署著者名

明刊本　共一冊

内閣文庫藏本

（公羊傳之屬）

（監本附音）春秋公羊注疏二十八卷

　　（漢）何休學　　（唐）陸德明釋文　徐彦疏
　　金刊明遞修本　　共十一册
　　静嘉堂文庫藏本　原陸心源皕宋樓等舊藏

【按】每半葉有界十行,行十六字至十八字不等。注疏小字雙行,行約二十二字。版心原刻葉爲白口,明修補葉爲黑口。匡郭爲左右雙邊或四周單邊(19.3cm×12.5cm)。版心著録"公羊(幾)(葉數)"。左上欄外有耳格,記"某幾年"。

此本原刻漫漶之處甚多,然補修葉不多。補修葉中縫皆剜去紀年,又以別紙補綴。原版刻工姓名可辨者如善慶、君錫、古月、仁甫、王英玉、茂卿、德遠、以清、以德、君善、君美、余中、壽甫、德甫、應祥、文粲、天易、王榮、伯壽等。

首有《監本附音春秋公羊注疏序》(次行題署"漢司空掾任城何休序")。此《序》後有宋景德《中書門下牒》,此牒係手寫補鈔。

本文卷首題"監本附音春秋公羊注疏隱公卷第一",下接小字雙行"起元年盡元年"。次行題"春秋公羊經傳解詁隱公第一"。

卷中有"歸安陸樹聲叔桐父印"等印記。

此本封面係茶色水玉紋樣紙,後人補裝。

【附録】九世紀末藤原佐世編撰《本朝見在書目録》,其第六《春秋家》類著録當時日本中央各機構蒐儲有關《公羊傳》典籍如次:

《春秋公羊集詁》十二卷　漢諫議大夫　何休;

《春秋公羊傳》十二卷　嚴彭祖注;

《春秋公羊傳》十卷　王氏注;

《春秋公羊傳解徽》十二卷;

《駁何氏漢議》九卷　鄭玄撰;

《春秋漢議》十卷　何休撰;

《公羊音》一卷;

《春秋公羊文義集解》一卷。

十二世紀藤原通憲有《通憲入道藏書目録》,

其"第九十八櫃"著録《公羊傳》一部十二卷。

室町時代(1393—1573 年)末期有日人寫本《春秋公羊傳》三十卷一種。此本係《公羊傳》之單疏全本。原爲金澤文庫舊藏,後歸德川幕府大將軍德川家康所有。後由德川家康賜贈其子尾張藩主家,爲"駿河御讓本"。今存蓬左文庫。

靈元天皇寬文七年(1667 年)京都荒川宗長刊行《公羊傳》十二卷。此本題"漢何休學",由江戶時代儒學巨擘林信勝(羅山)刻點。

靈元天皇寬文八年(1668 年)京都植村藤右衛門刊行《公羊傳》十二卷。此本題"漢何休學",由江戶時代著名儒學者林恕(鵝峰)訓點。

（監本附音）春秋公羊注疏二十八卷

　　（漢）何休學　　（唐）陸德明音義　闕名疏
　　金刊明遞修本　　共十四册
　　京都大學人文科學研究所東洋學文獻中心藏本

【按】每半葉有界十行,行十六字至十八字不等。此本與静嘉堂文庫藏本係同一刊本,版式行款相同。惟此本明代修補葉較多,版心屢見明代刊工姓名,如王良富、王進富、江盛、蓬頭、東珪、江達、吳珠、葉起、張尾郎、陸基郎、曾堅、陳珪、陸紀青等。

此本與静嘉堂藏本編次略異,首有宋景德二年(1005 年)六月《中書門下牒》。末署"工部侍郎參知政事　馮,兵部侍郎參知政事　王,兵部侍郎平章事　寇,吏部侍郎平章事　畢"。

此《牒》後有《監本附音春秋公羊注疏序》。

卷中天頭地邊處,間有朱墨書寫的識文。

此本或定爲宋刊本,然依版式及刻工推考係金大定年間(1161—1189 年)刊,明正德至隆慶年間遞修本。

（監本附音）春秋公羊注疏二十八卷

　　（漢）何休學　　（唐）徐彦疏　陸德明釋文

金刊明遞修本　共八册

東京大學東洋文化研究所藏本　原豐後佐伯藩主毛利高標　昌平坂學問所舊藏

【按】此本與静嘉堂文庫、京都大學人文研藏本爲同一刊本，即金刊十行注疏本，明遞修本，故版式行款皆同。

卷中有江户時代人朱筆點，并間有校勘。有"佐伯侯毛利高標字培松藏書畫之印"、"昌平坂學問所"、"大學藏書"等印記。

森立之《經籍訪古志》卷二著錄求古樓藏元刊本《春秋公羊傳注疏》二十八卷，今不知所在。然其釋文曰："昌平學所藏亦與此同種，但較此本補刊轉多。"或即指此東京大學藏本。

(監本附音)春秋公羊注疏二十八卷

(漢)何休學　闕名疏

明嘉靖年間(1522—1566年)李元陽刊本

慶應義塾大學附屬圖書館　關西大學綜合圖書館内藤文庫藏本

【按】每半葉有界九行，行二十一字。注疏雙行，行同正文。白口，四周單邊(19.9cm×12.6cm)。

此本題署"春秋公羊注疏　漢何休學□□□疏　明御史李元陽　提學僉事江以達校刊"。有宋景德二年(1005年)中書門下牒，係李元陽刊《十三經注疏》之零本。

慶應義塾大學藏本，原清原博士家等舊藏，共十册。各册卷首有"天師名經儒"、"清原氏"、"宣幸印"、"故新井由三郎遺書寄贈之印"等藏書印記。

關西大學藏此同一刊本兩部，皆原係内藤湖南舊藏。封面題"公羊傳"，卷中有"愚門之印"等藏書印。

(監本附音)春秋公羊傳注疏二十八卷

(漢)何休解詁　(唐)徐彦疏

明崇禎年間(1628—1644年)汲古閣刊本

東京大學總合圖書館　早稻田大學圖書館

龍谷大學大宫圖書館　酒田市立光丘文庫

藏本

【按】東京大學總合圖書館藏本，原係森林太郎鷗外文庫等舊藏，共十二册。

早稻田大學圖書館藏本，原係服部南郭家服部文庫舊藏，共七册。

龍谷大學大宫圖書館藏本，共十二册。

酒田市立光丘文庫藏本，原係本間光彌等舊藏，共十册。

春秋繁露十七卷

(漢)董仲舒撰

明正德十一年(1516年)華堅蘭雪堂活字刊本　共四册

静嘉堂文庫藏本　原黄丕烈　陸心源皕宋樓等舊藏

【按】每半葉有界七行，行十三字。版心上有"蘭雪堂"三字，下有刻工姓名，間或有"活字印行"四字。篇名、題名、書名皆大字，餘皆雙行。

卷首有慶曆七年(1047年)樓郁《序》，後有程大昌《書後》，并淳熙乙未(1175年)闕名《跋》。

傅增湘《藏園羣書經眼録》卷一著錄此本，並曰："黄丕烈士禮居藏書，有跋。又有愛日精廬藏印。陸心源以《漢魏叢書》本校過，稱其佳處多與《大典》本合，而字句更有勝於《大典》本者，意其出於岳珂嘉禾郡齋本也。"

【附錄】據《商舶載來書目》記載，光格天皇天明三年(1783年)，中國商船"志字號"載《春秋繁露》一部抵日本。

又據《寅拾番船持渡書改目錄寫》記載，天明六年(1786年)春從中國輸入《春秋繁露》一部。古本，無脱紙。

董子春秋繁露十七卷　附録一卷

(漢)董仲舒撰　(明)王道焜校

明天啓五年(1625年)錢塘王氏刊本

京都大學人文科學研究所東洋學文獻中心松本文庫　東北大學附屬圖書館狩野文庫藏本

【按】每半葉有界九行,行十八字。白口,四周單邊。

京都大學人文研藏本,共二册。

東北大學狩野文庫藏本,共四册。

春秋繁露十七卷

(漢)董仲舒撰　　(明)孫鑛評

明天啓年間(1621—1627年)花齋刊本

內閣文庫　尊經閣文庫藏本

【按】每半葉有界九行,行二十字。白口,四周單邊。

內閣文庫藏此同一刊本兩部。一部原係紅葉山文庫舊藏,共二册;一部原係昌平坂學問所舊藏,共五册。

尊經閣文庫藏本,原係江户時代加賀藩主前田綱紀等舊藏,共二册。

春秋繁露十七卷

(漢)董仲舒撰　　(明)鍾惺評

明刊本　共五册

早稻田大學圖書館藏本　原中村進午家中村進午文庫舊藏

諸大名家合訂春秋繁露注釋大全十七卷

(漢)董仲舒撰　　(明)孫鑛評　沈鼎新評訂

明粵東半偈菴刊本　共四册

內閣文庫　蓬左文庫　早稻田大學圖書館藏本

【按】內閣文庫藏本,原係紅葉山文庫舊藏,共四册。

蓬左文庫藏本,係明正天皇寬永十三年(1636年)從中國購入。卷中有"尾陽內庫"印記,共四册。

早稻田大學圖書館藏本,原係下村正太郎家下村文庫舊藏,諸卷合訂爲一本,共一册。

(穀梁傳之屬)

(監本附音)春秋穀梁傳注疏二十卷

(晋)范甯集解　　(唐)陸德明釋義　楊士勛疏

元刊本　共十册

京都大學人文科學研究所東洋學文獻中心藏本

【按】每半葉有界十行,行十七字。小字雙行,行二十三字。白口。雙黑魚尾。左右雙邊(18.8cm×12.8cm)。版心著錄"谷疏(幾)(葉數)"。左上欄外有耳格,記"某(或某公)幾年"。上象鼻處記大小字數,下象鼻處有刻工姓名,如丘文、安卿、應祥、以德、以卿、仁甫、吳王、正卿、敬中、善卿、禔甫、仲高、善慶、天易、德遠、伯壽、余中、茂卿等。

首有《監本附音春秋穀梁傳注疏序》。第二行、第三行各低一格,署"國子四門助教楊士勛撰　國子博士兼太子中允贈齊州刺史吳縣開國男陸德明釋文"。本文卷首題"監本附音春秋穀梁注疏隱公卷第一",下有雙行小字"起元年盡三年"。次行低三格署"范甯集解",後隔三格,署"楊士勛疏"。第三行題"春秋穀梁傳隱公第一"。

卷九末葉係明人修補,版心細黑口。

此本或定爲宋刊本,然依版式、刻工等推考,乃係元代刊本。

【附錄】九世紀末藤原佐世編撰《本朝見在書目錄》,其第六《春秋家》類著錄當時日本中央各機構蒐儲有關《穀梁傳》典籍如次:

《春秋穀梁傳》十一卷　范寧集解

《春秋穀梁傳疏》十三卷　唐門博士　楊士勛撰

十二世紀藤原通憲有《通憲入道藏書目錄》,其"第九十八櫃"著錄《穀梁傳私記》上下。

靈元天皇寬文八年(1668年)京都荒川宗長刊行《穀梁傳》十二卷。此本題"晋范寧集解、明王道焜、日本林勝信(羅山)點"。

(監本附音)春秋穀梁傳注疏二十卷

(晋)范甯集解　(唐)陸德明釋義　楊士勛疏

元刊明遞修本　共八册

静嘉堂文庫藏本　原文選樓等舊藏

【按】此本與京都大學人文研藏本係元代同一刊本,然此本至明代遞修較多。版心切去修補紀年,又以別紙襯補,然中縫間有"李紅書"三字,此乃明正德年間版刻書家之名。

卷十六有"文選樓"藏書印記。

春秋穀梁傳注疏二十卷

(晋)范甯集解　(唐)楊士勛疏

明嘉靖年間(1522—1566年)福建李元陽刊本　共六册

廣島大學文學部　慶應義塾大學附屬圖書館藏本

【按】每半葉有界九行,行二十一字。注疏小字雙行。白口。版心上魚尾下題"穀梁疏幾",下記葉數。

每葉記刻工姓名。

慶應義塾大學藏本,原係清原氏家本。每册卷首有"天師名經儒"、"清原氏"、"宣幸印"、"故新井由三郎遺書寄贈之印"等印記。

春秋穀梁傳注疏二十卷

(晋)范甯集解　(唐)楊士勛疏

明萬曆二十一年(1593年)北京國子監刊本共四册

內閣文庫　京都大學文學部狩野文庫藏本

【按】每半葉有界九行,行二十一字。小字雙行。白口,四周單邊。

此本係明北京國子監刊《十三經注疏》之零本。

內閣文庫藏本,原係林氏大學頭家舊藏。

京都大學文學部狩野文庫藏本,原係狩野直喜等舊藏。

春秋穀梁傳注疏二十卷

(晋)范甯集解　(唐)陸德明音義　楊士勛疏

明崇禎年間(1628—1644年)虞山毛氏汲古閣刊本　共五册

大阪大學文學部懷德堂文庫　早稻田大學圖書館　龍谷大學大宮圖書館藏本

【按】大阪大學文學部藏本,原係江户時代大阪懷德堂舊藏。

早稻田大學圖書館藏本,原係服部南郭家服部文庫舊藏。

龍谷大學大宮圖書館藏本,共八册。

春秋穀梁傳注疏二十卷

(晋)范甯集解　(唐)陸德明音義　(明)金蟠校訂

明刊本

東京大學東洋文化研究所大木文庫藏本

春秋穀梁傳十二卷

(明)張獻翼校

明刊本　共四册

静嘉堂文庫藏本

（春秋雜傳合傳之屬）

春秋胡傳三十卷　首一卷

(宋)胡安國撰　林堯叟音注

明成化年間(1465—1487年)張閩嶽刊本共六册

龍谷大學大宮圖書館藏本　原寫字臺文庫

等舊藏

【按】前有明成化十八年(1482年)《序》。

【附録】據《商舶載來書目》記載,日本中御門天皇享保八年(1723年)中國商船"志字號"載《春秋胡傳》一部一帙抵日本。

據《齎來書目》記載,享保二十年(1735年)中國廣東船主黃瑞周、楊叔祖携《春秋胡傳》一部抵日本。

《倭板書籍考》卷二著録《春秋傳》三十七卷,并有識文曰:"(宋)胡文定公所作。文定公奉南宋高宗之詔而作也。歷時三十年,奏上此書,文定公參會二程子,并得程子門人謝上蔡之啓發而成名儒。"

後光明天皇承應二年(1653年)京都林甚右衛門刊行《春秋集傳》三十七卷,内題"春秋集注",并題署"宋　胡安國撰"。

日本靈元天皇寬文三年(1663年)京都野田庄右衛門刊印《春秋集注》三十七卷,題曰"(宋)胡安國撰"。

靈元天皇寬文九年(1669年)野田花右衛門又刊印《春秋胡氏傳集解》三十卷,此本題"(宋)胡安國撰　林堯叟音注",并由日人松永昌易訓點。

中御門天皇享保九年(1724年)京都今村八兵衛又刊《春秋集傳》三十七卷,題署"(宋)胡安國撰"。

春秋胡傳三十卷　首一卷

(宋)胡安國撰　林堯叟音注

明嘉靖二十八年(1549年)新興鄭氏刊本

東京大學東洋文化研究所大木文庫藏本

春秋胡傳三十卷　首一卷

(宋)胡安國撰　林堯叟音注

明萬曆三十三年(1605年)建邑張閩嶽新賢堂重刊本　共四册

國會圖書館　内閣文庫　東京大學東洋文化研究所大木文庫　神户大學附屬圖書館教養學部分館藏本

【按】每半葉有界九行,行十八字。小字雙行,行同正文。白口,四周單邊。

内閣文庫藏本,原係紅葉山文庫舊藏。

春秋胡傳三十卷

(宋)胡安國撰　林堯叟音注

明刊本　共八册

内閣文庫藏本　原昌平坂學問所等舊藏

春秋胡傳三十卷

(宋)胡安國撰　林堯叟音注

明刊本　共五册

内閣文庫藏本

春秋(胡傳)三十卷

(宋)胡安國撰　林堯叟音注

明刊本

東京大學東洋文化研究所藏本

春秋胡傳(殘本)六卷

(宋)胡安國撰　林堯叟音注

明刊本　共一册

酒田市立光丘文庫藏本

【按】是書全本凡三十卷。此本今存卷第一至卷第六,實存凡六卷。

春秋胡氏傳纂疏(春秋胡氏傳附録纂疏)三十卷序目一卷

(元)汪克寬纂疏

元至正八年(1348年)建安刊本　共三十二册

宮内廳書陵部藏本　原唐寅　汪啓淑　昌平坂學問所等舊藏

【按】每半葉有界十一行,行二十一字。胡傳傳文低一格,單行。疏文小字雙行。黑口,雙黑魚尾。四周雙邊(19cm×12cm)。版心著録"春秋彸(幾)(葉數)"。裏葉左上側欄外,偶有耳格。

此本首目爲一册。首有元至元再元之四年

歲在戊寅（1338 年）春三月一日新安汪澤民《序》。次有《先儒格言》、《春秋胡氏傳附錄纂疏凡例》。然後低二格，有"至正六年倉龍丙戌（1346 年）二月甲寅後學新安汪克寬謹書于富川任氏書塾"的《自跋》。《跋》後有《春秋胡氏傳附錄纂疏引用諸儒姓氏書目》。次有"至正元年辛巳（1341 年）七月十有八日雍虞集"撰《春秋胡氏傳附錄纂疏序》。次有《進表》，次有《胡氏春秋總論》。

本文卷首題"春秋胡氏傳纂疏卷第一"。換行低十格，署"新安　汪克寬　學"。卷八以下題"春秋卷第幾（或卷之幾）"，換行低二格署"胡氏傳"，後隔四格署"新安汪克寬學"。

汪氏在《自跋》中叙述了本書編纂經緯。其文曰：

"（前略）愚嘗佩服過庭之訓，自幼誦言。至治壬戌從先師可堂吳先生受業於浮梁之學宮，朝夕玩繹，若有得焉。顧每自病護見寡聞，而於類例之始終，證據之本末，莫能融貫而勞通之。乃元統甲戌教導郡齋，講劇之暇，因閱諸家傳注，采摭精語，疏於其下。日積月羨，會崒成編。（中略）至元丁丑，嘗求訂定於宗公叔志先生，以爲足以羽翼乎經傳，畀之序引。明年，值鬱攸之變，煨燼漫不復存。越三年辛巳，搜輯舊聞，往正是於邵庵虞先生，頗加獎勵，并題卷端。"

卷中《諸儒姓氏書目》眉上有"崇禎十年六月初七日起"朱筆識語，又"春秋胡氏傳序"眉上有"嘉靖十年六月初三日起"墨筆識語。文中間有朱筆句點圈點等。

卷中有"唐寅私印"、"新安汪氏"、"啓淑信印"、"孫愛"、"錢孺飴讀書記"、"昌平坂學問所"、"大學藏書"、"淺草文庫"、"書籍館印"等印記。

森立之《經籍訪古志》卷二著錄元刊本《春秋胡氏傳附錄纂疏》三十卷，不記藏書處所，但云卷中有"唐寅私印"，則即係此本。

春秋胡氏傳纂疏（春秋胡氏傳附錄纂疏）三十卷首一卷

（元）汪克寬纂疏

元至正八年（1348 年）日新堂刊本　共三十二冊

宮内廳書陵部藏本　原德山藩毛利氏等舊藏

【按】每半葉有界十一行，行二十一字。胡傳傳文低一格，單行。疏文小字雙行。黑口，雙黑魚尾。四周雙邊（19cm×12cm）。版心著錄"春秋充（幾）（葉數）"。裏葉左上側欄外，偶有耳格。

此本首目爲一冊。首有新安汪澤民《序》，次《春秋胡氏傳錄纂疏引用諸儒姓氏書目》，次虞集序，次《先儒格言》，次《春秋胡氏傳錄纂疏凡例》，次汪克寬《自跋》，次"至正八年歲在戊子（1348 年）正月人日門人紫陽吳國英"所撰之《序》，次進表，次《胡氏春秋總論》。

吳國英《序》中，叙本書刊行經緯甚詳。其文曰：

"國英曩從環谷先生受讀《春秋》於郡齋。先生手編《胡氏纂疏》……國英宦游四方，越十五年，始睹同志鈔謄善本，而建安劉君叔簡將鋟諸梓以廣其傳。"

此本原係江戶時代德山藩三代主毛利元次廣收"天下秘籍"之一。東山天皇寶永三年（1706 年）《御書物目錄》著錄此本。明治二十九年（1896 年）男爵毛利元功獻贈宮内省圖書寮（即今宮内廳書陵部）。

卷中有"德藩藏書"、"明治二十九年改濟德山毛利家藏書"等印記。

春秋胡氏傳纂疏（春秋胡氏傳附錄纂疏）三十卷首一卷

（元）汪克寬纂疏

元至正八年（1348 年）日新堂刊本　共二十五冊

尊經閣文庫藏本　原朝鮮朴氏家舊藏

【按】每半葉有界十一行,行二十一字。此本與宮內廳書陵部所藏日新堂刊本爲同一本,故版式行款皆同,然卷首無新安汪澤民序。首目一冊編排次序爲虞集《序》,《凡例》、《自跋》、《刊記》、《先儒格言》、吳國英《序》、《姓氏書目》、《胡氏傳序》、《進表》、《總論》。

卷十三至卷十六,係後人用寫本配補。卷四的第二十五葉至第二十八葉,卷六的第七葉,卷十的末葉及卷二十六的首葉,亦係後人寫補。

卷中有“朴氏鑒宗”印記,卷末有“珊原”,“珊原朴氏”等墨筆題署,則此本從朝鮮傳入。

傅增湘《藏園羣書經眼録》卷一著録此本。

春秋胡氏傳纂疏三十卷

(元)汪克寬撰

元至正年間(1341—1368 年)刊本　共十五冊

京都府立綜合資料館藏本

【按】每半葉有界十一行,行二十一字。小字雙行,四周雙邊。版心題“春秋充一(——三十)”。

外題左肩墨書“春秋一(——三十)”。內題卷一、卷八至卷三十爲“春秋卷第一(第八——第三十)”,卷二至卷七爲“春秋胡氏傳疏卷二(——七)”。

卷首有至元戊寅(1338 年)汪澤民《序》,并《引用諸儒姓氏書目》,至正元年(1341 年)雍虞集《序》,并《凡例》、《先儒格言》、《春秋胡氏傳序》、《胡氏春秋總論》等。

《凡例》末,補寫刻刊木記如次:

```
建安劉叔簡
栞于日新堂
```

卷第一之第一葉係補寫,全卷損傷多處。

卷中有“緣山慧照院常住物”、“大御學都可佐文庫”印記。

春秋胡氏傳纂疏三十卷

(元)汪克寬纂疏

明影寫元至正年間(1341—1368 年)刊本共十三冊

靜嘉堂文庫藏本

【按】前有至元再元四年(1338 年)三月汪澤民《序》、至正元年(1341 年)七月雍虞集《序》,至正八年(1348 年)正月吳國英《跋》,并《先儒格言》、《春秋胡氏傳附録纂疏凡例》、《春秋胡氏傳附録纂疏引用諸儒姓氏書目》等。

春秋胡傳翼三十卷

(明)錢時俊撰

明萬曆年間(1573—1620 年)刊本

內閣文庫　蓬左文庫　東京大學總合圖書館藏本

【按】每半葉十行,行二十一字。白口,四周單邊。

前有明萬曆三十九年(1611 年)金學曹《序》,并同年錢謙益《序》等。

內閣文庫藏本,原係林氏大學頭家舊藏,共十四冊。

蓬左文庫藏本,共十六冊。

東京大學總合圖書館藏本,原係江戶時代紀州德川家南葵文庫等舊藏,共十五冊。

春秋集傳纂例十卷

(唐)陸淳撰

明嘉靖年間(1522—1566 年)仿宋刊本　共四冊

靜嘉堂文庫藏本　原平湖縣儒學等舊藏

【按】每半葉十二行,行二十二字。白口,四周雙邊。

前有陸淳《自序》。

此本每卷有目連屬篇目。字體與嘉靖年間吳中所刻《唐文粹》、《藝文類聚》同例。

每冊有“福安縣印”朱文方印,“平湖縣儒學記”朱文長印等。

春秋集傳微旨三卷

(唐)陸淳撰

明人寫本　共三冊

靜嘉堂文庫藏本　原呂無黨等舊藏

【按】每半葉十行,行二十字。

前有陸淳《自序》,連屬篇目。

是本係據宋刊本影寫。

卷中有"吾研齋"、"木石鹿豕□□"、"呂氏藏書"等印記。

潁濱先生春秋集解十二卷

(宋)蘇轍撰　(明)董可威等校

明刊本

內閣文庫　京都大學文學部中國語學哲學文學研究室藏本

【按】內閣文庫藏本,原係林氏大學頭家舊藏。共四冊。

京都大學文學部藏本,共五冊。

春秋辨疑十卷

(宋)蕭楚撰　周自得校正

元刊本　共二冊

靜嘉堂文庫藏本　原陸心源皕宋樓等舊藏

【按】每半葉有界十四行,行二十三字。注文雙行,行同正文。細黑口,雙黑魚尾。左右雙邊(18.3cm×11.8cm)。

此本題"三楚隱士子荆蕭楚著","臨江後學性善周自得校正"。前有《春秋辨疑序》、《春秋辨疑綱目》等。卷中有少量寫補。

卷中有"平陽汪氏藏書印"、"曾藏汪閬源家"、"憲奎"、"秋浦"、"郁松年印"、"泰峰"、"泰峰審定"、"前身應是王介父"、"三品風憲一品天良"、"嶺南東道兵備使者"、"存齋讀過"、"存齋四十五歲小像戊寅二月某石并刊"、"書淫"、"陸心源印"、"湖州陸氏所藏"、"陸氏伯子"、"臣陸樹聲"等印記。

《四庫全書》所收《春秋辨疑》四卷,從《永樂大典》輯出。此本則係其原本。

春秋集傳(殘本)十九卷

(宋)張洽集傳

舊鈔影寫元刊本　張鑑手識文本　共八冊

靜嘉堂文庫藏本

【按】每半葉十一行,行二十字。

卷中"經文"頂格,"集傳"低一格,"自爲之說"又低一格。經文以《左傳》爲宗,而注《公羊傳》、《穀梁傳》異文於其下。

前有宋端平二年(1235年)七月朝奉郎直秘閣主管建康府崇禧觀賜緋魚袋張洽《進狀》,後有《綱領》。

《進狀》後有刊行木記兩行:

"延祐甲寅李教授捐俸
補刊於臨江路學"

卷末又有刊行木記五行:

"路學所刊《集傳》無《綱領》,庭堅延祐甲寅承命校正。遂以此請李廣文并刻,方爲全書。諸費皆廣文自爲規劃,不申支、不題助,故事成而人不知。第《集注沿革》未刊,庭堅繼今圖之,百拜再識。"

卷中有張鑑清道光十四年(1834年)手識文,其文曰:

"秀水朱彝尊《經義考》:宋張洽氏《春秋集傳》二十六卷、《春秋歷代地理沿革表》二十七卷目錄二卷,併佚。又《春秋集注》十一卷、《綱領》一卷,存。今《四庫》書內,祇有洽《集注》及《綱領》一卷。此本《集傳》二十六卷,內缺卷第十八、十九、二十、二十三、二十四、二十五、二十六,共七卷。唯外附《綱領》一卷,則與《集注》同。疑當日《集傳》、《集注》本爲一書,自後人專尚《集注》,遂以《綱領》附之以行。書既久佚,竟無從是正。洽字元德,清江人,爲朱子門人。嘉定初成進士,歷官著作佐郎,卒諡文憲……此書在元時,亦止兩刊。此刻字書端謹,篇次詳慎,其爲在後校正補刊之本無疑。道光甲午　烏程張鑑跋"

陸心源《儀顧堂續跋》卷三記叙此本之源流

曰：

　　"嘉慶中，吾鄉嚴久能先生從杭州汪氏得元槧本，缺卷十八（至卷）二十，卷二十三至卷二十六，共七卷。自爲之跋，又屬（囑）盧抱經爲之跋。後爲何夢華以《十三經注疏》易去。久能手錄一部，又爲之跋。見《悔庵文存》，即阮文達錄以進呈者也。此本乃張秋水從嚴氏元本傳錄者，秋水有手跋，見《皕宋樓藏書志》。"

春秋講義四卷

（宋）戴溪撰
文瀾閣傳抄本　共四册
静嘉堂文庫藏本　原陸心源十萬卷樓舊藏

春秋尊王發微十二卷

（宋）孫復撰
舊鈔影寫宋紹興年間（1131—1162 年）刊本
吳騫手識文本　共二册
静嘉堂文庫藏本　原錢曾等舊藏
【按】每半葉十四行，行二十二字。
　　卷中爲避宋諱而有改字處，如"徵"、"貞"等皆作"正"等。
　　後有宋紹興辛未（1151 年）郡陽魏安行《跋》。
　　附錄有《范文正公薦狀》、《歐陽文忠公撰墓志銘》等。
　　卷中有清乾隆四十四年（1764 年）吳騫手識文。其文曰：
　　　　"予收得舊鈔本《春秋尊王發微》，書體頗端楷。玩其圖記，蓋虞山錢遵王先生舊本，嘗載諸《讀書敏求記》，殆即此本。述古堂之書，後盡歸於季滄葦侍御。滄葦既歿，又復散去。此雖崑山片玉，猶足以想見當時之盛也。因取通志堂本，手校而藏之。乾隆己亥秋日，免牀騫。"
　　卷中有"虞山錢遵王藏書"、"季振宜印"。"滄葦"、"免牀手校"等印記。

春秋集義五十卷　綱領三卷

（宋）李明復撰
文瀾閣傳抄本　共十册
静嘉堂文庫藏本　原陸心源十萬卷樓舊藏

春秋讞二十二卷

（宋）葉夢得撰
文瀾閣傳抄本　共八册
静嘉堂文庫藏本　原陸心源十萬卷樓舊藏

春秋經解十二卷　附春秋例要一卷

（宋）崔子方撰
文瀾閣傳抄本　共三册
静嘉堂文庫藏本　原陸心源十萬卷樓舊藏

春秋説三十卷

（宋）洪咨夔撰
文瀾閣傳抄本　共四册
静嘉堂文庫藏本　原陸心源十萬卷樓舊藏

春秋名號歸一圖二卷

（蜀）馮繼先撰
明刊本　共一册
静嘉堂文庫藏本
【附錄】《官板書籍解題略》卷上著錄《春秋名號歸一圖》二卷，其識文曰："是書列周、魯、齊、晋、楚、鄭、衛、秦、宋、陳、蔡、曹、吳、邾、杞、莒、滕、薛、許等國人物名氏，一人一條，凡百六十篇。"
　　《昌平坂御官板書目》亦著錄此書。
　　日本光格天皇享和元年（1801 年）昌平坂學問所刊印《春秋名號歸一圖》二卷，并附《春秋年表》一卷。此本由日人成嶋錦江校訂。
　　此外有尾張藩明倫堂木活字印本。

春秋諸傳會通二十四卷

（元）李廉撰
元至正十一年（1351 年）崇川書府刊本　共

十五册

宮內廳書陵部藏本　原昌平坂學問所等舊藏

【按】每半葉有界十二行,行二十二字。注文低一格,小字雙行,行二十一字。細黑口,雙黑魚尾。左右雙邊(20.3cm×13.2cm)。版心著錄"春秋通(幾)(葉數)"。

卷首有《春秋諸傳會通序》,尾題"至正九年(1349年)乙丑七月朔後學廬陵李廉謹書"。次有李廉輯《讀春秋綱領》與《春秋諸傳凡例》。次有杜預、何休、范甯、胡安國、樓鑰等人的《春秋諸傳》的《序》。本文卷首題"春秋諸傳會通卷之一",下隔四格,署"廬陵進士李廉輯"。

卷中注文,凡引"左氏"、"公羊"、"穀梁"、"胡傳"皆大字陰文。各傳的"注"、"疏",皆小字陰文。李廉自說在此之下低三格以白文標識"按"字區別。其餘諸家之說列置於"附錄"之下。

《自序》中有關於本書刊行之經緯。其文曰:
"(春秋諸傳會通)藏之家塾以備遺忘,訓弟子耳,非敢與學者道也。邇年頗有傳寫者,弗克禁,而豐城揭恭迺取而刻之梓。亟欲止之則已成功矣。書來求序,拒之弗可,且念其力之勤而費之重也。姑識於卷端與我同志尚加訂正。"
此《自序》後,有雙邊刊行木記:

> 至正辛卯臘月
> 崇川書府重刊

卷二十四尾題之前,又有兩刊行木記:
"南谿精舍";
"至正辛卯仲冬　虞氏明復齋"。

各卷有"昌平坂學問所"、"淺草文庫"、"書籍館印"、"日本政府圖書"、"大學校圖書之印"、"文政癸未"等藏書印記。

【附錄】日本靈元天皇寬文七年(1667年)有日人手寫本《春秋諸傳會通》二十四卷一種。此本係據元至正十一年刊本鈔寫。

春秋諸傳會通二十四卷

(元)李廉撰

元至正十一年(1351年)崇川書府刊本　共十六册

静嘉堂文庫藏本　原汪士鐘　陸心源皕宋樓等舊藏

【按】此本與宮內廳書陵部藏本係同一刊本。版式行款皆同。卷一的第十二葉缺佚,卷二十四的末葉在本文之後,破損數行,故刊記磨滅。卷中有朱筆句點傍線等。卷首部分《凡例》在《綱領》之前。

有"堯峰山人讀過"、"汪士鐘印"、"閬源真賞"、"歸安陸樹聲叔桐父印"等印記。

春秋諸傳會通二十四卷

(元)李廉撰

元至正十一年(1351年)崇川書府刊本　共十二册

龍谷大學附屬圖書館藏本　原寫字臺文庫等舊藏

【按】此本與宮內廳書陵部藏本係同一刊本。版式行款皆同。卷十九的首五葉、第十九葉至第二十三葉,卷二十一的第十三葉、第十四葉,第二十七葉至第三十一葉,皆係後人補寫。卷中破損處較多。卷首部分"凡例"在"綱領"之前。

有"東禪院"、"寫字臺之藏書"等印記。

春秋諸傳會通(殘本)十二卷

(元)李廉撰

元至正十一年(1351年)崇川書府刊本　共七册

静嘉堂文庫藏本　原陸心源等舊藏

【按】此本與該文庫藏二十四卷全本係同一刊本。此本今存首十二卷。卷首部分由杜預至樓鑰的"諸傳序"置於"自序"之後,"綱領"之前。

卷中有"吳江淩氏藏書"、"淩淇字麗生一字礑生”、“月河居士”、“歸安陸樹聲叔桐父印”、“臣陸樹聲”等印記。

　　封面係茶色紙，後人補裝（26.8cm×17.2cm）。

春秋諸傳會通（殘本）十卷

　　（元）李廉撰

　　元至正十一年（1351年）崇川書府刊本　共六冊

　　武田科學振興財團杏雨書屋藏本　原內藤湖南等舊藏

　　【按】此本與宮內廳書陵部所藏二十四卷全本係同一刊本。版式行款皆同。此本今存卷第一至卷第六，卷第十一至卷第十四。第四冊末又存卷之八數葉，然卷第八大部分失佚。卷首部分，《凡例》在《綱領》之前。此《凡例》及《自序》，皆係後人修補影寫。

　　卷中有朱筆點引，卷一至卷三欄外眉上有墨筆批識。

　　卷中有“元本”、“炳卿珍藏舊槧古鈔之記”等印記。

春秋諸傳會通（殘本）二卷

　　（元）李廉撰

　　元至正十一年（1351年）崇川書府刊本　共一冊

　　慶應義塾大學附屬研究所斯道文庫藏本

　　【按】此本與宮內廳書陵部所藏二十四卷全本係同一刊本，版式行款皆同。此本今存卷一與卷二。卷首部分，《凡例》在《綱領》之前，《自序》的首葉破損，第二葉缺佚。

春秋屬辭十五卷

　　（元）趙汸撰

　　元至正二十四年（1364年）商山義塾刊明洪武元年（1368年）修補本　共四冊

　　大倉文化財團藏本

　　【按】每半葉有界十三行。注文低二格，單行大字。小注雙行，行二十七字。細黑口，雙黑魚尾。左右雙邊（16.7cm×12.8cm）。版心著録“春秋屬辭卷（幾）（葉數）”。下象鼻處記大小字數（偶而也有在上象鼻處），並有刻工姓名，如永、月、文、左、水、同等。

　　卷首有《春秋屬辭序》，題署“前史官金華宋濂謹序”。次有新安趙汸撰《春秋屬辭序》，並《春秋屬辭目録》。其後低三格，有撰者“自跋”，題署“歙諸生趙汸子常私識於東山精舍”。

　　卷末有明洪武元年（1368年）五月朔日諸生程性、與商山諸生汪文兩《跋文》。本文卷首題“春秋屬辭卷之一”。後隔九格，署“新安趙汸學”。卷十五尾題之後有校正者名銜三行曰：

　　“金居敬覆校　學生倪尚誼校對

　　　前鄉貢進士池州路儒學學正朱升校正”。

　　卷末汪文《跋文》之後，又有刊修文字二行曰：“海寧趙月卿刊　胡仲永重脩。”

　　程性與汪文《跋文》，記叙本書刊刻顛末較爲詳細，兹録如次。

　　程性文曰：

　　“右《春秋屬辭》一十五卷，序目跋尾共該板三百二十三片。《左氏傳補注》十卷，共該板一百片。《春秋師説》三卷、附録二卷，共該板六十九片。總計板四百九十二片。初商山義塾奉命以是書刻梓，自庚子迄癸卯，會計禀膳賦輸之餘，謄本鳩工刻板一百一十片，皆直學黃權視工。甲辰春，縣主簿張君桌復奉命勾考續工，而《屬辭》一書告成。（中略）紙墨之費，則有星谿程君道、江君光大、同邑程君仁及子宗，先後所助，可漸模印。其《集傳》一十五卷，又謀陸續梓行，以備一家之言云。新刻書多舛謬，讎校不時，故刊補之工亦不一而足，因修補注誤字，謹書此以志歲月。洪武元年五月朔日諸生程性謹書。”

　　汪文《跋文》曰：

　　“海寧商山義塾承總制官和陽王公命，以趙子常先生《春秋集傳屬辭》等書能發聖經不傳之祕，本塾刻梓以廣其傳。自庚子迄癸卯,會計廩膳賦輸之餘,膳本鳩工。甲辰春,縣主簿張君桌復奉命勾考出入而督其竣事。於是,《春秋屬辭》十有五卷與序目俱完,可模印。乃若總制公尊經敬學之意,宜與是書俱傳云。商山諸生汪文拜手謹識。"

春秋屬辭十五卷

(元)趙汸撰

元至正二十四年(1364 年)商山義塾刊明洪武元年(1368 年)修補本　共二冊

靜嘉堂文庫藏本

【按】此本與大倉文化財團藏本係同一刊本,版式行款皆同,然卷末無商山諸生汪文《跋文》。卷中有朱筆句點。

此本係元刊趙汸《春秋四種》之一。

卷中有"歸安陸樹聲叔桐父印"、"臣陸樹聲"等印記。

春秋屬辭十五卷

(元)趙汸撰

元至正二十四年(1364 年)商山義塾刊明弘治六年(1493 年)黃倫修補本　共四冊

蓬左文庫藏本

【按】此本原刻與大倉文化財團藏本係同一刊本,版式行款皆同,然卷末無商山汪文《跋文》。卷末程性《跋文》之後,有《重完春秋屬辭諸書題辭》,題署"弘治癸丑陽月朔旦後學太平黃倫謹題"。

春秋師說三卷　附錄(殘本)一卷

(元)趙汸撰

元至正二十五年(1365 年)商山義塾刊明洪武元年(1368 年)修補本　共一冊

靜嘉堂文庫藏本　原陸心源皕宋樓等舊藏

【按】每半葉有界十三行,行二十七字。細黑口,雙黑魚尾。左右雙邊(16.5cm × 12.7cm)。版心著錄"春秋師說卷上(或中、下)(葉數)"。下象鼻處記大小字數,并有刻工名如月、永、肖等。

卷首有《春秋師說題辭》,題署"歲至正戊子八月幾望門人新安趙汸敬題卷端"。次有《目錄》。本文卷首題"春秋師說卷上",後隔十格署"新安趙汸編"。

卷末原有《附錄》二卷,此本今存卷上,係趙汸編《黃澤思古吟》十章,並吳氏澂爲黃澤所撰寫的《六經辨釋補注易學濫觴春秋指要序》。

春秋師說三卷　附錄二卷

(元)趙汸撰

元至正二十五年(1365 年)商山義塾刊明弘治六年(1493 年)黃倫修補本　共一冊

蓬左文庫藏本

【按】此本原刊與靜嘉堂文庫藏本係同一刊本,版式行款皆同。

卷末有商山諸生汪文並程性二人《跋文》。此"跋文"之後,有《重完春秋屬辭諸書題辭》,題署"弘治癸丑陽月朔旦後學太平黃倫謹題"。

《附錄》二卷。卷上同靜嘉堂文庫藏本,卷下收趙汸編《黃楚望先生行狀》,並有無署名長篇《跋文》一篇。

春秋師說三卷　附錄二卷

(元)趙汸撰

元至正二十五年(1365 年)商山義塾刊本明弘治六年(1493 年)黃倫修補本　共一冊

慶應義塾大學附屬研究所斯道文庫藏本
原盛宣懷　小汀利得等舊藏

【按】此本原刊與靜嘉堂文庫藏本係同一刊本,版式行款皆同。

卷首有明弘治癸丑(1493 年)太平黃倫《重完春秋屬辭諸書題辭》。卷末有明洪武元年(1368 年)程性《跋文》。

卷中有"笃藏書"、"愚齋審定善本"、"愚齋圖書館藏"、"小汀藏書"等印記。

春秋集傳十五卷

(元)趙汸撰　(明)夏鏜校

明嘉靖年間(1522—1566 年)刊本　共四冊

内閣文庫藏本　原林羅山等舊藏

【按】是本有明嘉靖十一年（1532 年）《跋》。卷中有“江雲渭樹”印記。

春秋集傳十五卷

（元）趙汸撰
明刊藍印本　共四册
静嘉堂文庫藏本

【按】是本有趙汸《自序》，并明嘉靖乙卯（1555 年）金日鋪“題識”。

春秋金鎖匙

（元）趙汸撰
元至正四年（1344 年）日新堂刊本　共二册
酒田市立光丘文庫藏本

春秋旁訓四卷

（元）李恕撰
明刊本
東京大學東洋文化研究所藏本

春秋纂言十二卷　總例五卷

（元）吳澄撰
明人寫本　共十册
静嘉堂文庫藏本　原陸心源十萬卷樓舊藏

春秋纂言十二卷　總例七卷

（元）吳澄撰
明刊本　共十册
静嘉堂文庫藏本　原張萬等舊藏

【按】此本以春秋魯國一公爲一卷，凡十二卷。

卷首不題書名與卷數，每卷末記“春秋纂卷幾”。

《總例》七卷，卷一“天道”、卷二“人紀”、卷三“嘉禮”、卷四“賓禮”、卷五“軍禮”、卷六“凶禮”、卷七“吉禮”。

每册首有“張萬之印”白文方印。

春秋諸國統記六卷

（元）齊履謙撰
古寫本　黄丕烈手識本　共一册
静嘉堂文庫藏本　原朱卧庵　宋蔚如等舊藏

【按】前有吳澄《序》，又有元延祐四年（1317年）齊履謙《自序》，又有元延祐丁巳年（1317年）弟思恭《序》等。

卷中有清嘉慶二年（1797 年）黄丕烈手識文。其文曰：

“宋元經學大旨空疏，故《通志堂經解》家無其書。九月十三日，肩輿往東城，道由醋坊橋，崇善堂書友邀余觀書，見此册，有朱卧庵、宋蔚如、吳梅庵三家圖書。卧庵及蔚如皆收藏家，梅庵亦好聚書人，而久客楚中，妻子亦隨去，家中書籍轉寄友朋處。近時往往流落在外，余見之必購歸。故此書未必合我意，反以收藏人重之，無怪乎人之樂有名也。書此以博一笑。嘉慶丁巳秋季望前一日　書於……”

春秋魯十二公年譜（不分卷）

不著撰人姓名
全祖望手寫并手識文本　共一册
静嘉堂文庫藏本　原丁秋水等舊藏

【按】此本係清人全祖望（謝山）從《永樂大典》中鈔出，不分卷，凡一百四十八葉。

卷中有全祖望清乾隆元年（1736 年）手識文，其文曰：

“《春秋魯十二公年譜》，不知何人所纂，予於《永樂大典》中鈔得之。大略以杜當陽《長術》與南宋程氏公説所用《大衍曆法》，推定《春秋》甲子爲主，兩家之説不同，今彙爲一册，得以參考，而見其得失，有功於經學之書也。予讀‘二十一史’，於《歷志》中作《月朔考》者，況《春秋》之甲子耶！鈔成，别寄一本予江都馬四徵士曰璐，因爲之志其首。乾隆丙辰陽月鮚埼亭長全祖望。”

春秋集傳大全三十七卷　首一卷

(明)胡廣等奉敕撰

明初刊本　共十册

蓬左文庫藏本　原江户幕府第一代大將軍德川家康等藏本

【按】每半葉十一行,行二十二字。小字雙行。黑口,四周雙邊。

是書前有《大全序論》一卷,《諸國興廢説》一卷,《東坡指掌春秋列國圖》一卷,《春秋二十國年表》一卷。

卷中有"御本"印記,原藏德川家康駿河台。

【附錄】《倭板書籍考》卷二著錄《春秋大全》三十七卷,《首》一卷。

日本後西天皇承應三年刊印《春秋集傳大全》三十七卷,并《首》一卷。此本由日人林道春(羅山)訓點。

江户時代又有和刻本兩種:

一爲京吉文字屋庄右衛門刊印《春秋集傳大全》三十七卷,并《首》一卷。

一爲羅浮山人訓點之《春秋集傳大全》三十七卷,并《首》一卷。

春秋集傳大全三十七卷　首一卷

(明)胡廣等奉敕撰

明隆慶三年(1569年)鄭氏宗文書堂刊本共十一册

東京大學總合圖書館藏本　原渡邊信青州文庫等舊藏

【按】此本卷第十八、卷第十九,凡二卷係後人寫補。

春秋集傳大全三十七卷　首一卷

(明)胡廣等奉敕撰　劉孔敬校正

明清白堂刊本　共二十册

東京大學東洋文化研究所大木文庫　大垣市立圖書館藏本

春秋集傳大全三十七卷　首一卷

(明)胡廣等奉敕撰

明刊本

大倉文化財團　静嘉堂文庫藏本

【按】大倉文化財團藏本,卷中有"焦氏"、"弱侯讀書記"、"瑟窟堂"、"畿輔譚氏"、"王懿榮"、"翰林供奉"、"正文齋"等印記。共三十八册。

静嘉堂文庫藏本,原係陸心源守先閣等舊藏。共十八册。

春秋集傳大全三十七卷

(明)胡廣等奉敕撰

明刊本　共三十册

尊經閣文庫藏本　原江户時代加賀藩主前田綱紀等舊藏

春秋集傳大全三十七卷　序論一卷　諸國興廢説一卷　東坡列國圖説一卷　春秋二十國年表一卷

(明)胡廣等奉敕撰　虞大復校

明萬曆三十三年(1606年)建安書林余氏刊本

東京大學總合圖書館　御茶之水圖書館藏本

【按】東京大學總合圖書館藏本,原係岡千仞家岡千文庫等舊藏,此本卷中有後人寫補,共十八册。

御茶之水圖書館藏本,原係祥雲寺舊藏,後歸德富蘇峰成簣堂文庫所有。此本今缺《序論》一卷、《諸國興廢説》一卷、《東坡列國圖説》一卷、《春秋二十四國年表》,共十六册。

春秋集傳大全三十七卷　首一卷

(明)胡廣等奉敕撰

明刊本　共十四册

愛知大學簡齋文庫藏本　原小倉正恒等舊藏

春秋集傳大全三十七卷　首一卷

（明）胡廣等奉敕撰　虞大復校

明刊本

東京大學東洋文化研究所大木文庫藏本

春秋春王正月考一卷　附辨疑一卷

（明）張以寧撰

明初刊本　共一册

静嘉堂文庫藏本　原陸心源十萬卷樓舊藏

【按】前有明洪武三年（1370 年）張以寧《自序》。

【附録】日本東山天皇元禄十年（1697 年）江户翠簾屋右衛門刊印《春秋春王正月考》一卷，并《辨疑》一卷。同年，大阪吉文字屋市兵衛以此板再印。

春秋春王正月考一卷　附辨疑一卷

（明）張以寧撰

明宣德年間（1426—1435 年）刊本　共一册

東北大學附屬圖書館藏本

【按】此本卷首有明洪武三年（1370 年）張以寧《自序》。後有明宣德元年（1426 年）《跋》。

春秋輯傳十三卷　春秋宗旨　春秋凡例二卷

（明）王樵撰

明萬曆年間（1573—1620 年）刊本　共十五册

尊經閣文庫藏本　原江户時代加賀藩主前田綱紀等舊藏

【按】每半葉有界十行，行二十一字。白口，左右雙邊。

【附録】據《商舶載來書目》記載，日本東山天皇元禄七年（1694 年）中國商船“志字號”載《春秋輯傳》一部十五册抵日本。

春秋貫玉四卷

（明）顏鯨撰

明萬曆年間（1573—1620 年）刊本

尊經閣文庫　龍谷大學大宮圖書館藏本

【按】每半葉有界八行，行十七字。小字雙行，行同正文。白口，四周雙邊。

前有明萬曆三十三年（1605 年）《序》

尊經閣文庫藏本，原係江户時代加賀藩主前田綱紀等舊藏，共十二册。

龍谷大學大宮圖書館藏本，原係寫字臺文庫等舊藏，共五册。

春秋事義全考十六卷

（明）姜寶撰

明萬曆十三年（1585 年）刊本

内閣文庫　尊經閣文庫　静嘉堂文庫藏本

【按】每半葉有界十行，行二十二字。白口，四周雙邊。

内閣文庫藏此同一刊本兩部。一部原係昌平坂學問所舊藏，共十五册；一部原係豐後佐伯藩主毛利高標等舊藏，有後人修補。此本係仁孝天皇文政年間（1818—1829 年）由出雲守毛利高翰獻贈幕府。明治初期經太政官文庫而歸内閣文庫。卷中有“佐伯侯毛利高標字培松藏書書之印”等印記。共八册。

尊經閣文庫藏本，原係江户時代加賀藩主前田綱紀等舊藏，共八册。

静嘉堂文庫藏本，共十二册。

【附録】據《商舶載來書目》記載，日本東山天皇元禄七年（1694 年）中國商船“志字號”載《春秋事義全考》一部八册抵日本。

春秋歸義三十二卷　春秋提要備考十卷

（明）賀仲軾撰

明崇禎年間（1628—1644 年）刊本　共十八册

尊經閣文庫藏本　原係江户時代加賀藩主前田綱紀等舊藏

（新鋟李閣老評注）左胡纂要四卷　首一卷

（明）李廷機撰

明萬曆三十六年（1608 年）劉蓮臺刊本　共

四册

龍谷大學大宮文庫藏本　原寫字臺文庫舊藏

(松鱗軒新鍥)春秋愍渡十五卷　首一卷

(明)耿汝忞編

明天啓四年(1624年)松鱗軒刊本　共八册

龍谷大學大宮文庫藏本　原寫字臺文庫舊藏

春秋辯義三十卷

(明)卓爾康撰

明崇禎年間(1628—1644年)刊本　共十六册

尊經閣文庫　静嘉堂文庫藏本

【按】每半葉有界九行,行十九字。白口,四周單邊。

静嘉堂文庫藏本,原係陸心源十萬卷樓等舊藏。

尊經閣文庫藏本,原係江户時代加賀藩主前田綱紀等舊藏

桂林春秋義二十六卷

(明)顧懋樊撰

明崇禎年間(1628—1644年)顧氏刊本　共八册

國立國會圖書館　蓬左文庫藏本

【按】每半葉有界九行,行十七字。小字雙行,行十六字。白口,四周單邊。

卷首有崇禎十二年(1639年)顧懋樊《自序》。

【附錄】據《商舶載來書目》記載,日本東山天皇元禄十三年(1700年)中國商船"志字號"載《春秋義》一部三册抵日本。

權書止觀十二卷

(明)潘曾緒撰　鍾應曉等校

明萬曆年間(1573—1620年)吳興潘氏刊本　共三册

蓬左文庫藏本

【按】每半葉有界八行,行二十五字。小字雙行,行同正文。白口,四周單邊。

卷首有明萬曆三十九年(1611年)張師繹《序》。

此本係明正天皇寬永十六年(1639年)從中國購入。卷中有"尾陽内庫"印記。

春秋質疑十二卷

(明)魏時應撰　田居中訂　朱洧熊校

明萬曆年間(1573—1620年)刊本

内閣文庫　蓬左文庫　尊經閣文庫藏本

【按】每半葉有界八行,行二十二字。小字雙行,行同正文。白口,四周單邊。

前有明萬曆二十八年(1600年)柯挺《序》。

内閣文庫藏此同一刊本兩部。一部原係昌平坂學問所舊藏,共十册;一部原係紅葉山文庫舊藏,共十二册。

蓬左文庫藏本,係明正天皇寬永七年(1630年)從中國購入。卷中有"尾陽内庫"印記。共十册。

尊經閣文庫藏本,原係江户時代加賀藩主前田綱紀等舊藏,共十册。

春秋直解十五卷

(明)郝敬撰

明刊本　共三册

尊經閣文庫藏本　原係江户時代加賀藩主前田綱紀等舊藏

【附錄】據《寅拾番船持渡書改目録寫》記載,光格天皇天明六年(1786年),日本從中國輸入《春秋直解》一部一帙八本。此本係"古本",無闕葉。

又據《書籍元帳》記載,日本仁孝天皇弘化三年(1846年)又輸入《春秋直解》三帙。

又據同文獻記載,孝明天皇嘉永二年(1849年),又輸入《春秋直解》一部八本。價十匁。

(鋟彙附百名公叢譚)春秋講義會編三十卷

(明)王錫爵撰

明刊本　共十二冊

尊經閣文庫藏本　原係江戶時代加賀藩主前田綱紀等舊藏

(刻周先生口授)一變契旨(春秋一變集注)三十卷

(明)周召臣撰　周應明校擬

明萬曆年間(1573—1620 年)書林鄭雲齋刊本

內閣文庫　蓬左文庫　尊經閣文庫藏本

【按】內閣文庫藏本,共四冊。

蓬左文庫藏本,并附《春秋胡傳諸國興廢説》一卷,(宋)林堯叟音注《括例始末》。此本原係德川光友瑞龍院舊藏,共三冊。

尊經閣文庫藏本,原係江戶時代加賀藩主前田綱紀等舊藏,共六冊。

春秋傳彙十二卷　首一卷

(明)董漢策撰

明末刊本　共十二冊

內閣文庫藏本　原豐後佐伯藩主毛利高標等舊藏

【按】此本係仁孝天皇文政年間(1818—1829年)由出雲守毛利高翰獻贈幕府。明治初期經太政官文庫而歸內閣文庫。卷中有"佐伯侯毛利高標字培松藏書畫之印"等印記。

【附錄】據《商舶載來書目》記載,日本東山天皇元禄六年(1693 年)中國商船"志字號"載《春秋傳彙》一部十二冊抵日本。

(新刻名公)春秋至義合併全集十二卷

(明)王衡撰　張喬校集

明萬曆三十年(1602 年)建邑書林余氏萃慶堂刊本　共四冊

蓬左文庫藏本

春秋衡庫三十卷　附錄三卷　春秋備錄一卷

(明)馮夢龍撰　張我城參

明天啓年間(1621 — 1627 年)刊本

內閣文庫　蓬左文庫　尊經閣文庫　東京大學　龍谷大學大宮圖書館藏本

【按】每半葉有界十行,行二十字。白口,四周單邊。

卷首有明天啓五年(1625 年)李長庚《序》。

內閣文庫藏此刊本兩部。一部共十冊;一部原係紅葉山文庫舊藏,共十二冊。

蓬左文庫藏本,係明正天皇寬永十一年(1634 年)從中國購入。卷中有"尾陽內庫"印記。共十冊。

尊經閣文庫藏本,原係江戶時代加賀藩主前田綱紀等舊藏,共八冊。

東京大學藏此同一刊本兩部。一部今存總合圖書館,原係渡邊信青洲文庫等舊藏,此本今缺卷第十一至卷第十九、卷第二十一至卷第二十四,實存凡十七卷,共十二冊。一部今存東洋文化研究所。

龍谷大學大宮圖書館藏本,原係寫字臺文庫等舊藏,共八冊。

【附錄】據《商舶載來書目》記載,日本中御門天皇正德二年(1712 年)中國商船"志字號"載《春秋衡庫》一部十二冊抵日本。

春秋定旨參新三十卷

(明)馮夢龍撰

明刊本　共四冊

內閣文庫藏本　原林氏大學頭家等舊藏

春秋大全三十卷

(明)馮夢龍撰

明天啓年間(1621—1627 年)刊本　共七冊

龍谷大學大宮圖書館藏本　原寫字臺文庫等舊藏

(刻真傳安福諸名家)麟經秘旨梅林臆見(春秋梅林臆見)十二卷

(明)鄒德溥撰　彭世禄等訂
明天台館刊本
內閣文庫　蓬左文庫　龍谷大學大宮圖書館藏本
【按】內閣文庫藏本,原係林氏大學頭家舊藏,共四冊。
蓬左文庫藏本,係明正天皇寬永十六年(1639年)從中國購入。卷中有"尾陽內庫"印記,共四冊。
龍谷大學大宮圖書館藏本,原係寫字臺文庫等舊藏,共十冊。

(新鍥鄒翰林)麟經真傳疑問十二卷

(明)鄒德溥撰　沈演等校
明刊本　共四冊
內閣文庫藏本

麟經指月十二卷

(明)馮夢龍撰
明泰昌元年(1620年)刊本　共八冊
尊經閣文庫藏本　原江戶時代加賀藩主前田綱紀等舊藏
【按】每半葉有界十行,行三十字。小字雙行,行同正文。白口,左右雙邊。
【附錄】《元禄七年大意書控》著錄"《麟經指月》十二卷"。此本由中國輸入,一部四冊。《大意書控》并曰"此書專爲舉業家編撰之《春秋》解義,故不載經之全文,只錄命題,或舉一、二文句。其解義則以《胡傳》爲主"云云。

麟旨明微十二卷

(明)吳希哲撰　張我城參訂
明崇禎年間(1628—1644年)刊本　共六冊
東京大學總合文庫藏本

麟經新旨三十卷

(明)劉侗撰
明崇禎八年(1635年)三臺館刊本
內閣文庫　尊經閣文庫藏本
【按】內閣文庫藏此同一刊本兩部。一部原係林氏大學頭家舊藏,共十四冊;一部共六冊。
尊經閣文庫藏本,原係江戶時代加賀藩主前田綱紀等舊藏,共十冊。

麟旨定十二卷

(明)陳于鼎撰
明崇禎四年(1631年)刊本
內閣文庫　尊經閣文庫藏本
【按】每半葉有界九行,行二十八字。小字雙行,行同正文。白口,四周單邊。
內閣文庫藏本,原係昌平坂學問所舊藏,共六冊。
尊經閣文庫藏本,原係江戶時代加賀藩主前田綱紀等舊藏,共十二冊。

(新刻)麟經統一編十二卷

(明)張杞撰　張趙烷等校
明萬曆年間(1573—1620年)西吳張氏刊本　共十二冊
內閣文庫　蓬左文庫藏本
【按】每半葉有界九行,行二十一字。白口,四周單邊。
前有明萬曆三十三年(1605年)張杞《自序》。
內閣文庫藏本,原係紅葉山文庫舊藏。
蓬左文庫藏本,係明正天皇寬永七年(1630年)從中國購入。卷中有"尾陽內庫"印記。

春秋實錄十二卷

(明)鄧來鸞撰
明崇禎年間(1628—1644年)刊本　共三冊
宮內廳書陵部　尊經閣文庫藏本

春秋四傳三十八卷

闕名輯　（明）吉澄校

明巡按福建監察御史吉澄刊本

宮內廳書陵部　內閣文庫　東京大學東洋文化研究所藏本

【按】每半葉有界九行，行十七字。小字雙行，行同正文。白口，左右雙邊。

前載胡安國、杜預、何休、范寧凡四《序》。經文之下分注《左氏》、《公羊》、《穀梁》三傳，低一格別標《胡傳》。卷中間附音注。

卷末有木記，其文曰：

"巡按福建監察御史吉澄校刊"。

宮內廳書陵部藏本，共二十册。

內閣文庫藏本，原係明戴金舊藏，共十册。

東京大學東洋文化研究所藏本，共十册。

【附録】據《商舶載來書目》記載，日本中御門天皇享保八年（1723 年），中國商船"志字號"載《春秋四傳》一部抵日本。

日本靈元天皇寬文四年（1664 年）刊《春秋四傳》三十八卷，中御門天皇享保九年（1724 年）由今村八兵衛等印行。

春秋四傳三十八卷

闕名輯　（明）吉澄校

明樊獻科重修刊本　共十册

內閣文庫藏本　原紅葉山文庫等舊藏

【按】此本行款格式，與吉澄校刊本皆同。

春秋四傳三十八卷

（明）鍾惺評　鍾天墀等校

明刊本　共十册

早稻田大學圖書館藏本　原服部南郭家服部文庫舊藏

春秋四傳通辭十二卷　首一卷

（明）陳士芳撰

明奏星堂刊本　共六册

內閣文庫　龍谷大學大宮圖書館藏本

【按】每半葉有界九行，行二十字。小字雙行，行同正文。白口，四周單邊。

內閣文庫藏本，原係林氏大學頭家等舊藏，共六册。

龍谷大學大宮圖書館藏本，原係寫字臺文庫等舊藏，共四册。

春秋四傳合抄四十卷

（明）林繼燫等編撰

明崇禎十三年（1640 年）刊本　共十册

內閣文庫藏本　原昌平坂學問所等舊藏

春秋四傳辯疑（不分卷）

（明）陳肇曾撰

明崇禎年間（1628 — 1644 年）刊本　共二册

尊經閣文庫藏本　原江户時代加賀藩主前田綱紀等舊藏

春秋四家十二卷　附董劉春秋雜論一卷

（明）宋存標評輯

明崇禎十二年（1639 年）松江宋氏君子堂刊本

尊經閣文庫　廣島大學文學部藏本

【按】每半葉有界九行，行二十字。小字雙行，行同正文。白口，四周單邊。

尊經閣文庫藏本，原係江户時代加賀藩主前田綱紀等舊藏，共四册。

廣島大學藏本，共六册。

【附録】據《商舶載來書目》記載，東山天皇元禄七年（1694 年）中國商船"志字號"載《春秋四家傳》一部七册抵日本。同年《元禄七年大意書控》著録"《春秋四家傳》十三卷，華亭宋存標子建輯"。

春秋四家五傳平文四十一卷　附提要二卷　春秋名號歸一圖二卷　春秋二十國年表一卷　首二卷

（明）張岐然編撰　《提要》（明）虞宗瑶撰　《名號歸一圖》（後蜀）馮繼先撰　《年表》闕名

撰

　　明崇禎年間(1628 — 1644 年)君山堂刊本

　　內閣文庫　米澤市圖書館藏本

　　【按】每半葉有界九行,行十九字。小字雙行,行同正文。白口,四周單邊。

　　內閣文庫藏本,共三十二冊。

　　米澤市圖書館藏本,共三十冊。

春秋翼附二十卷

　　(明)黃正憲撰　黃承鼎編

　　明刊本　共十冊

　　內閣文庫藏本　原紅葉山文庫等舊藏

春秋要解十二卷

　　(明)嚴自完撰

　　明萬曆四十四年(1616 年)刊本　共四冊

　　內閣文庫藏本　原林氏大學頭家等舊藏

春秋正傳三十七卷

　　(明)湛若水撰

　　明嘉靖年間(1522 — 1566 年)刊本　共十二冊

　　尊經閣文庫藏本　原江戶時代加賀藩主前田綱紀等舊藏

涇野先生春秋説志五卷

　　(明)呂枏撰

　　明嘉靖年間(1522 — 1566 年)刊本　共二冊

　　尊經閣文庫藏本　原江戶時代加賀藩主前田綱紀等舊藏

春秋孔義十二卷

　　(明)高攀龍撰

　　明崇禎年間(1628 — 1644 年)刊本　共二冊

　　靜嘉堂文庫藏本　原陸心源十萬卷樓舊藏

(新鐫翰林三狀元會選)左胡玉壺冰四卷

　　(明)焦竑　翁正春　朱之蕃撰

　　明萬曆年間(1573 — 1620 年)刊本　共四冊

　　尊經閣文庫藏本　原江戶時代加賀藩主前田綱紀等舊藏

春秋國華十七卷

　　(明)嚴訥撰

　　明萬曆年間(1573 — 1620 年)木活字刊本　共三冊

　　內閣文庫藏本　原豐後佐伯藩主毛利高標等舊藏

　　【按】每半葉有界九行,行十八字。白口,四周雙邊。

　　此本係仁孝天皇文政年間(1818—1829 年)由出雲守毛利高翰獻贈幕府。明治初期經太政官文庫而歸內閣文庫。

　　卷中有"佐伯侯毛利高標字培松藏書畫之印"等印記。

春秋纂注(春秋約注)四卷

　　(明)王衡撰

　　明刊本　共三冊

　　內閣文庫藏本

春秋直旨四卷　首一卷

　　(明)吳繼善撰

　　明刊本　共二冊

　　內閣文庫藏本　原林氏大學頭家等舊藏

春秋私考三十六卷

　　(明)季本撰

　　明嘉靖年間(1522 — 1566 年)刊本　共十二冊

　　內閣文庫藏本　原紅葉山文庫等舊藏

　　【按】每半葉有界十行,行二十二字。小字雙行,行同正文。白口,左右雙邊。

　　卷末有明嘉靖三十六年(1557 年)《跋》。

(新刻魏狀元手著)春秋意説十二卷

　　(明)魏藻德撰

　　明刊本　共六冊

内閣文庫藏本

春秋録疑十六卷

(明)趙恆撰　趙日新　趙日崇編
明萬曆年間(1573 — 1620 年)刊本　共七册
内閣文庫　東京大學東洋文化研究所藏本

春秋羅纂十二卷

(明)馮伯禮撰
明刊本　共六册
内閣文庫藏本　原紅葉山文庫等舊藏

春秋細義十二卷

(明)周聖瑞撰
明崇禎年間(1628 — 1644 年)刊本　共四册
内閣文庫藏本

春秋全意十二卷

(明)翁大立撰
明嘉靖年間(1522 — 1566 年)刊本　共六册
尊經閣文庫藏本　原江户時代加賀藩主前

田綱紀等舊藏

春秋總論一卷　春秋例義大略一卷

(明)曹學佺撰
明刊本　共一册
内閣文庫藏本　原木村兼葭堂等藏本

(新刻)麟經寶定十二卷　(新刻)春秋諸國興廢説一卷

(明)來集之撰　林時對校集　《興廢説》來集之訂
明崇禎十三年(1640 年)書林朱氏萩苑堂刊本　共三册
蓬左文庫藏本

武春秋必讀九卷

(明)李材撰
明刊本　共五册
尊經閣文庫藏本　原係江户時代加賀藩主前田綱紀等舊藏

（六）孝　經　類

孝經注（御注孝經）一卷

（唐）玄宗李隆基注

宋天聖明道年間（1023—1033年）刊本　共一册

宮内廳書陵部藏本　原狩谷望之求是樓等舊藏

【按】每半葉十五行，行二十四字左右。注文雙行，行三十二字左右。卷頭序文每行二十三字、二十四字或二十五字。白口，左右雙邊（20.8cm×15cm）。

卷首題《孝經序》，次行上空四字題《御製序》。《序》後上空四字題"開宗明義章第一"。卷末隔一行題"御注孝經一卷"，後又間一行題《孝經音略》（共附四行）。

卷中避宋諱，凡遇"敬、匡、胤、恒、竟、炫、通"七字者皆闕筆。

此本原係狩谷望之舊藏。仁孝天皇文政九年（1826年）狩谷望之據此本翻刊行世。後歸木村正辭所藏。明治四十年（1907年）木村氏獻納宮内省圖書寮（即今宮内廳書陵部）。

卷首有"修竹蔭"、"狩谷望之"、"掖齋"等印記，卷末又有"狩谷望之審定宋本"、"湯谷狩谷氏求古樓圖書記"等印記。

森立之《經籍訪古志》卷二、傅增湘《藏園群書經眼録》卷一皆著録此書。傅氏并曰："卷中敬、匡、胤、恒、竟、炫、通皆爲字不成。按'通'字爲明肅皇太后父諱，天聖元年明肅稱制，命天下避其父諱，至明道二年詔不避。是此爲天聖明道間刊本矣。"

【附録】九世紀日本著名的學者菅原道真（845—903年）在《菅家文草》卷二中有《八月釋奠　廳講〈孝經〉賦秋學禮》一首，詩曰：

"過庭無父感秋時，
三百三千更問誰？

暮景蕭蕭雲斷處，
一行寒雁是吾師。"

又有《相國東廊　講〈孝經〉畢　各分一句得忠順弗失而事其上》一首。詩曰：

"士出寒閨忠順成，
樵夫不嘆負薪行。
雲龍闕下趨資父，
槐棘門前跪時光……"

這是日本古文學中關于朝廷《孝經》講筵的早期記載。

九世紀末藤原佐世編撰《本朝見在書目録》。其第七"孝經家"類著録當時日本中央各機構蒐儲有關《孝經》典籍如次：

《孝經》一卷　孔安國注，梁末已逸，今疑非古文；

《孝經》一卷　鄭玄注；

《孝經》一卷　蘇□注；

《孝經》一卷　謝萬集解；

《孝經》一卷　唐玄宗皇帝注；

《孝經集議》二卷　苟茂祖撰；

《越王孝經》廿卷　希古等撰；

《新撰孝經疏拾遺》一卷；

《孝經疏》三卷　皇侃撰；

《孝經述議》五卷　劉炫撰；

《孝經去惑》一卷　劉炫撰；

《孝經私記》二卷　周弘正撰；

《孝經正義》二卷；

《孝經抄》一卷　孔穎達撰；

《孝經玄》一卷；

《孝經策》二卷；

《孝經疏》三卷　元行冲撰；

《女孝經》一卷　班婕好撰；

《酒孝經》一卷；

《武孝經》一卷。

《三代實録》記載"陽成帝始讀《孝經》，佐世爲都講"。此即依"唐玄宗皇帝注《孝經》爲講本"。藤原佐世據此於寬平年間(889—897年)編撰成《古今集注孝經》。

四條天皇仁治二年(1241年)日僧圓爾辯圓自中國帶回内外典,據以所編之《普門院經論章疏語録儒書等目録》著録是書。

日本現藏《孝經》的日人寫本與和刊本甚多,記録於次:

一、《古文孝經》日人寫本主要如次:

後鳥羽天皇建久六年(1195年)寫本。首題"古文孝經序　孔安國"。此本屬清原家家學本系統,今藏於愛知縣猿投神社。此本已被確認爲"日本重要文化財"。

四條天皇仁治二年(1241年)寫本。此本係清原教隆教授鎌倉將軍藤原賴經時手寫。今藏於武田科學振興財團杏雨書屋(舊藏於鶴岡等覺院、教王護國寺等)。此本已被確認爲"日本重要文化財"。

後宇多天皇建治三年(1277年)寫本。内題"(建治三年)九月日　金王麿之加點"。今藏於京都市三千院。此本已被確認爲"日本重要文化財"。

鎌倉時代(1393—1573年)後期寫本。此本缺卷首,有墨筆訓點返點。今藏於兵庫縣上野淳一處。此本已被確認爲"日本重要文化財"。

北朝後光嚴天皇延文元年(1356年)寫本。今藏於京都大學附屬圖書館,爲該館所藏"清原家家學本"三十一種之一。此本已被確認爲"日本重要文化財"。

後花園天皇文安三年(1446年)僧人聰快寫本。文中有訓點返點。今藏於天理圖書館。此本已被確認爲"日本重要文化財"。

此外,已被確認爲"日本重要文化財"的《孝經》日人寫本,尚有三種:

《孝經直解》(封面題"古文孝經")。室町時代寫本。今藏於足利學校遺蹟圖書館。

《孝經述義》(殘本)卷第一、卷第四。卷第一封面内側題"明應六年(1497年)六月日清原宣賢贈"。此本著者署"河間劉炫撰",係世上唯一存本。今藏於京都大學附屬圖書館。

《孝經抄》,後奈良天皇大永八年(1528年)寫本。清原家家學書。今藏於京都大學附屬圖書館。

二、《古文孝經》和刊本主要如次:

後陽成天皇至後水尾天皇慶長年間(1596—1615年)敕版刊印本。

靈元天皇貞享五年(1688年)京都西村七郎兵衛、大阪森田莊太郎刊印本。此本有東山天皇元禄七年(1694年)油屋與兵衛、田中莊兵衛重印本、大阪吉文字屋市兵衛重印本及桃園天皇寶曆年間(1751—1763年)江户吉文字屋次郎兵衛重印本。

中御門天皇享保六年(1721年)京都清原氏刊本。

後櫻町天皇明和七年(1770年)刊本。此本署日人松平襲校。

光格天皇天明元年(1781年)京都田中市兵衛刊本。題署日人清原宣條校。此本有嵩山房小林新兵衛重印本,京都伏見家重印本及孝明天皇嘉永二年(1849年)重印本。

光格天皇天明二年(1782年)嵩山房小林新兵衛刊本。題署日人太宰純(春臺)音。此本有光格天皇寬政二年(1790年)小林新兵衛重印本。

光格天皇寬政十一年(1799年)木活字刊本。

光格天皇寬政十二年(1800年)山本氏刊本。題日人山本龍校。此本有光格天皇文化十一年(1814年)山本氏重印本。

光格天皇文化六年(1809年)學古堂刊本。題署日人朝川鼎(善庵)考,關達、齋藤尚校。此本有文化六年(1811年)小林新兵衛重印本。

仁孝天皇天保六年(1835年)刊本。題署山田文静校。

三、日本現存《孝經御注》和刊本主要如次:

東山天皇寶永三年(1706年)中村氏詩林堂刊本。題署"唐御製八分孝經本　唐玄宗注"。

此本有櫻町天皇寬延元年（1748 年）西村源
六、中野宗左衛門重印本。

　　光格天皇寬政十二年（1800 年）屋代弘賢模
刻三條西實隆手書開元初注本。題署"唐玄宗
注　三條西公點"。此本有屋代弘賢《跋文》。
其文曰：

　　　　"（前略）夫《孝經》用玄宗注，始自貞觀，
以距于今凡九百有餘年矣。弘賢嘗疑，謂古
書之存於我邦者居多，而特不見玄宗注《孝
經》古鈔本。近偶得而讀之，其成在開元十
年，而石臺之經奏於天寶之初，其間相距二
十餘歲。試取石臺之本校注之，《正義》謂舊
注者咸合，而石臺之改竄，昭然明矣。《注疏
序》天寶二年注成頒行天下者，蓋似不知有
舊注也，而此卷闕《疏》爲恨。雖然，今之《正
義》多存元疏之舊，何以知之？《正義序》曰
'剪截元疏'，若《感應章》'長幼順，故上下
治'下疏，與注不合。及見此本，乃知字句用
元疏而不改作也。吁嗟，微此卷，則何據明
之乎，可謂奇矣。元（行沖）氏《序》往佚于
彼，今存于此，亦復奇矣，其可不刻而傳哉。
寬政十二年五月九日　源弘賢識。"

　　同年（1800 年）京都河南儀兵衛堺屋伊兵衛
刊印《御注孝經》一卷。

　　光格天皇文化三年（1806 年）刊印《御注孝
經》摺本一帖，由日人吉田直躬書寫。

　　文化五年（1808 年）京都河野信成刊印《御
注孝經》一卷，此本由日人菅原爲德校。

　　仁孝天皇文政九年（1826 年）狩谷望之覆刻
北宋天聖明道年間刊本，卷末有狩谷氏《跋》，
其文曰（前略叙北宋避諱之例，從略——編著
者）：

　　　　"天平寶宇元年四月辛巳詔曰：'古者治
民安國，必以孝理，百行之本，莫先於茲。宜
令天下家藏《孝經》一本，精勤誦習，倍加發
□。'若曰哲王之訓，以孝爲基，夫子之言窮
性盡理即知。一卷《孝經》十八篇章，六籍之
根源，百王之模範也。《御注孝經》舊無刻
本，近時源輪池弘賢摹刻消遙院內府真蹟

本，卷首有元行沖《序》，注文與天寶石臺本
不同。按《唐會要》'開元十年六月，上注《孝
經》頒下及國子學'，'天寶二年五月，上重
注，又頒天下'，則知逍遥內府本爲開元御
注。是本西土失傳，足稱最奇。然天寶四載
九月，以重注本刻石於大學，則今日授業，理
宜用天寶重定本，而世猶未有刻本，蒙竊憾
焉。嚮有依開元本增益改竄，以天寶本刻於
京師者，不知校書之法亦甚矣。所幸篋衍中
有北宋天聖明道間刻本，精意摹彫以公世。
夫家不可一日而無教，人不可頃刻而忘孝，
則伏冀家藏日誦，欽遵天平寶宇詔天下之聖
意，庶革必固，恭奉貞觀立御注之明制云爾。
文政九年十一月長至日，市井之臣狩谷望之
昧死敬識。"

　　孝明天皇弘化三年（1846 年）又刊印《孝經
御注》一卷，此本由日僧一桂點。

孝經注疏九卷

　　（唐）玄宗注　（宋）邢昺疏
　　明嘉靖年間（1522 — 1566 年）李元陽刊本
　　共一冊
　　　　內閣文庫藏本　原林氏大學頭家等舊藏
　　【按】每半葉有界九行，行二十一字。小字雙
行。白口，四周單邊。無魚尾，版心下記刻工
姓名。

　　此本係嘉靖年間李元陽刊《十三經注疏》之
零本。

　　【附錄】日本光格天皇寬政二年（1790 年）京
都唐本屋吉左衛門玉樹堂刊印《孝經注疏》九
卷。此本有唐本屋重印本、光格天皇享和元年
（1801 年）吉村吉左衛門重印本及大阪米田清
右衛門重印本。

孝經注疏九卷

　　（唐）玄宗注　（宋）邢昺疏
　　明崇禎二年（1629 年）毛氏汲古閣刊本
　　東京大學總合圖書館　國學院大學梧蔭文
庫　龍谷大學大宮圖書館　東京都立圖書館

諸橋文庫藏本

　【按】每半葉有界九行,行二十一字。小字雙行,低一格,行二十字左右。

　此本係崇禎年間毛氏汲古閣刊《十三經注疏》之零種。

　東京大學總合圖書館藏此同一刊本三部。一部原係渡邊信清洲文庫舊藏,共一册。另兩部皆各一册。

　國學院大學藏本,原係井上毅等舊藏,共一册。

　龍谷大學大宮圖書館藏本,共二册。

　東京都立圖書館藏本,原係諸橋轍次等舊藏,共二册。

孝經集注

（宋）朱熹集注　　（明）江旭奇編次

明刊本　共一册

内閣文庫藏本　原林氏大學頭家等舊藏

　【附録】據《齋來書目》記載,中御門天皇享保二十年(1735 年),由寧波船載《孝經集注》五十四部輸入日本。

孝經集傳四卷

（明）黄道周撰

明崇禎十六年(1643 年)刊本　共二册

内閣文庫藏本　原紅葉山文庫等舊藏

　【按】每半葉九行,行十八字。小字雙行,行同正文。白口,左右雙邊。

　【附録】日本靈元天皇寛文九年(1669 年)京都唐本屋宇兵衛刊印《孝經集傳》四卷。

孝經廣十四卷

（明）朱鴻編撰

明萬曆年間(1573—1620 年)刊本　共四册

蓬左文庫藏本

　【按】前有明萬曆十四年(1586 年)袁福徵《序》。

　此本係據閩建陽游英刊本及朱鴻刊本等合刊。其子目如次:

《孝經問對》一卷;

《孝經今文直解》一卷;

《孝經》一卷;

《孝經文公所定古文》一卷;

《孝經大義》一卷;

《孝經集義》一卷;

《孝經會通》一卷;

《五等孝傳贊》一卷;

《孝經質疑》一卷;

《家塾孝經》一卷;

《孝經臆説》一卷;

《五經孝語》一卷;

《四書孝語》一卷;

《曾子孝實附録》一卷。

此本係後水尾天皇元和年間(1615 — 1624 年)購入。卷中有“尾陽内庫”印記。

孝經叢書（殘本）五卷

（明）朱鴻編　馮子京校

明萬曆年間(1573—1620 年)刊本　共三册

内閣文庫藏本　原紅葉山文庫等舊藏

　【按】每半葉九行,行十八字。白口,四周單邊。

　前有明萬曆十四年(1586 年)《序》。

　是書全十四種,凡十四卷。今存五種,凡五卷。存目如次:

《家塾孝經集解》一卷　（明）朱鴻撰;

《五經孝語》一卷　（明）朱鴻撰;

《四書孝語》一卷　（明）朱鴻撰;

《孝經質疑》一卷　（明）朱鴻撰;

《孝經臆説》一卷　（明）朱鴻撰。

孝經總輯

（明）朱鴻編校

明萬曆年間(1573—1620 年)刊本　共十册

尊經閣文庫藏本　原江户時代加賀藩主前田綱紀等舊藏

孝經翼一卷　附理氣解一卷　忠經注解一卷

（明）江旭奇編
明崇禎六年（1633年）刊本　共二冊
內閣文庫藏本　原紅葉山文庫等舊藏

孝經翼四卷

（明）陳仁錫編　馮夢龍校
明崇禎年間（1628—1644年）刊本　共四冊
尊經閣文庫藏本　原江戶時代加賀藩主前田綱紀等舊藏

孝經詳注一卷　附忠經詳注一卷　小學詳注六卷

（明）陳仁錫撰　劉肇慶校　《忠經詳注》（唐）海鵬撰并注（題漢·馬融撰　鄭玄注）《小學詳注》（宋）朱熹撰（明）陳仁錫詳注　李光祚校
明崇禎八年（1635年）官印刊本　《附·忠經詳注》明宣德年間（1426—1435年）會稽韓陽原刊　共二冊
蓬左文庫藏本

孝經詳注一卷　附忠經詳注一卷　五經孝語一卷　四書孝語一卷

（明）陳仁錫等編校
明刊本　共一冊
內閣文庫藏本　原紅葉山文庫等舊藏

孝經大全十集

（明）江元祚編輯
明崇禎年間（1628 — 1644年）刊本
宮內廳書陵部　東京大學　關西大學泊園文庫　大阪府立圖書館　米澤市立圖書館藏本

【按】每半葉有界八行，行十八字。小字雙行，行同正文。白口，四周單邊。

前有《崇禎聖諭》，次明崇禎癸酉（1633年）葛寅亮《序》，次江元祚《跋》，次《古今羽翼孝經姓氏》，次《孝經大全參閱姓氏》。

全書十集，每集子目如次：

甲集：
《孝經考》一卷；
《宗傳圖考》一卷　（明）江元祚撰；
《全孝圖說》一卷；
《傳始末》一卷；
《全經綱目》一卷；
《孝字釋》一卷；
《全孝心法》一卷；
《誦經威儀》一卷；

乙集：
《孝經今文直解》一卷　（漢）劉向定；
《進石臺孝經表》一卷　（唐）齊古撰；
《石臺孝經》一卷　（唐）玄宗注；

丙集：
《朱文公較定古文》一卷　（宋）朱申句解；
《朱文公刊誤》一卷　（元）董鼎注　附《刊誤大旨》（明）朱鴻撰；
《孝經正義》一卷　（宋）邢昺疏；

丁集：
《吳文正公校定今古文孝經》一卷　（元）吳澄校定；
《吳文正公刊誤》；
《吳文正公校定今文孝經記》　張恒撰。

戊集：
《家塾孝經》一卷　（明）朱鴻集解；
《孝經解意》一卷　（明）孫本撰；
《古文直解》一卷　（明）朱鴻撰；
《孝經邇言》一卷　（明）虞淳熙撰；
《孝經彙注》三卷　（明）江元祚輯。

己集：
《孝經會通》一卷　（明）沈淮叙次；
《孝經疏鈔》一卷　（明）梅鼎和撰；
《四書孝義》一卷　（明）朱鴻彙輯。

庚集：
《五經孝語》一卷　（明）朱鴻彙輯；
《曾子孝實》一卷　（明）江元祚刪注；
《孝經彙目》一卷　（明）江元祚述。

辛集：

《孝經集靈》上下卷　（明）虞淳熙述　孫

　　本撰；

《孝經集靈·附集》。

壬集：

《孝經釋疑》　（明）孫本撰；

《孝經質疑》　（明）朱鴻撰；

《從今孝經說》　（明）虞淳熙撰；

《古文孝經說》　（明）孫本撰；

《古孝經大旨》　（明）孫本撰。

癸集：

《孝經集文》一卷　（明）江元祚彙輯；

《五等孝傳贊》一卷　（晋）陶潛撰；

《御注孝經臺賦》一卷；

《孝經論》一卷　（宋）楊簡撰；

《孝經集義序》一卷　（宋）真德秀撰；

《寫古文孝經跋》一卷　（宋）真德秀撰；

《紀孝章解》一卷　（宋）真德秀撰；

《庶人章解》一卷　（宋）真德秀撰；

《孝經注疏序》一卷　（宋）孫奭擬撰；

《孝經管見》一卷　（元）釣滄子撰；

《管見後說》一卷　（元）釣滄子撰；

《孝經問對》一卷　陳曉撰；

《孝經大義序》一卷　（元）熊禾撰；

《孝經集善序》一卷　（明）宋濂撰；

《教孝誠俗》一卷　（明）方孝孺撰；

《孝經集說序》一卷　（明）王偉撰；

《孝經叙錄》一卷　（明）歸有光撰；

《孝經集義序》一卷　余時英撰；

《孝經集義後序》一卷　趙鐙撰；

《孝經別傳》一卷　李築撰；

《孝經總序》一卷　張瀚撰；

《孝經會通序》一卷　（明）沈淮撰；

《孝經會通後序》一卷　陳師撰；

《進孝經疏義奏疏》一卷。

　　宮内廳書陵部藏本，每册首有“沂馮家藏”，“別字引則”、“祕閣圖書之章”諸印記，共四册。

　　東京大學藏此同一刊本兩部。一部原係江户時代紀州德川家南葵文庫舊藏，今存總合圖書館，共六册。一部今存東洋文化研究所。

　　關西大學泊園文庫藏本，原係木村巽齋等舊藏，原係江户時代藤澤東畡、藤澤南陽、藤澤黃鵠、藤澤黃坡三世四代“泊園書院”舊藏。後歸木村巽齋等所有，共十册。

　　大阪府立圖書館藏本，共六册。

　　米澤市圖書館藏本，共四册。

　　【附錄】江户時代《孝經大全》刊本。此本卷中有句點和返點。

　　據光格天皇天明六年（1786 年）《寅拾番船持渡書改目錄寫》記載，該船携《孝經大全》一部輸入日本。入境記錄曰“古本，無脱紙”。

（七）群經總義類

三經批評

(明)閔齊伋編

明萬曆四十四年(1616年)朱墨套印刊本
共四册

内閣文庫藏本　原紅葉山文庫等舊藏

【按】每半葉有界八行,行十八字。白口,左右雙邊。

是集三經卷目如次:

《檀弓》一卷;

《孟子》二卷;

《考工記》二卷。

【附録】日本桃園天皇延享四年(1747年)堀内忠助、澁川清右衛門刊印《合刻檀弓孟子》三卷,并《序首》一卷。

三經嬹嬟

撰人未詳

明刊本　共二十册

尊經閣文庫藏本　原江户時代加賀藩主前田綱紀等舊藏

五經白文

明萬曆二十四年(1596年)刊本　共十册

國立國會圖書館藏本

【按】此本目録如次:

第一册　《周易》不分卷;

第二册　《書經》不分卷;

第三至五册　《詩經》不分卷;

第六至九册　《禮記》不分卷;

第十册　《春秋》不分卷。

有李登"跋文"。

【附録】九世紀末藤原佐世撰著《本朝見在書目録》,其第八"論語家"類。著録當時日本中央各機構蒐儲的《五經》典籍如下:

《五經異義》十卷　後漢太尉祭酒許慎撰;

《五經析義》卅卷　邯鄲綽撰;

《五經拘(鈎)沉》十卷;

《五經發題》一卷;

《五經問答》八卷。

十二世紀藤原通憲有《通憲入道藏書目録》,其"第十櫃"著録《五經異義》一部,并注曰:"見三卷,欠七個卷。"

日本現存關於《五經》和刊本甚多,主要如次:

後光明天皇寬永五年(1628年)容膝亭刊《五經》,由日人藤原惺窩點。此本有後光明天皇慶安五年(1652年)崑山館道可處士重印本及東山天皇元禄十四年(1701年)大野木市兵衛重印本。

後櫻町天皇明和七年(1770年)梅村三郎兵衛刊《五經》,此本題日人(山崎)闇齋點,實際由雲川弘毅點。此本有後桃園天皇安永二年(1773年)梅村三郎兵衛重印本。其後又有勝村治右衛門重印本及光格天皇文化二年(1805年)京都梶川太郎兵衛重印本。

後西天皇明曆二年(1656年)山形屋刊《五經正文》。此本有後桃園天皇安永八年(1779年)松梅軒河南四郎兵衛重印本。

靈元天皇寬文五年(1665年)刊《五經正文》。此本有桃園天皇寶曆九年(1758年)京都長村半兵衛重印本及耆屋喜助重印本。

中御門天皇寬保元年(1741年)刊《五經正文》,由日人伊藤長胤(東涯)點。此本有光格天皇文化十四年(1817年)植村治郎兵衛重印本及岡田羣玉堂重印本。

光格天皇文化九年(1812年)松皇軒刊《校正五經正文》,由日人神野世猷校。

後西天皇明曆三年(1657年)刊《新版五經》,由日人林信勝(道春)點。此本有後西天皇寬文元年（1661 年）重印本及靈元天皇寬文十三年（1674 年）重印本。

靈元天皇貞享元年（1685 年）勝村文德堂刊《改正訓點五經》。此本有後桃園天皇安永二年（1773 年）勝村治右衛門、須原屋茂兵衛重印本。

中御門天皇享保八年（1723 年）刊《新點五經》。此本有仁孝天皇天保十二年（1841 年）和泉屋善兵衛重印本。

東山天皇元禄十四年（1701 年）茨木多左衛門刊《新點五經白文》，由日人貝原篤信（益軒）點，竹田定直（春庵）校。

靈元天皇寬文十一年（1671 年）京都積德堂刊《音注釋義五經白文》，由日人宇都宮三近點。

中御門天皇享保二年（1717 年）北村四郎兵衛刊《頭書圖解五經》，由日人後藤世鈞（芝山）點。此本後改題爲《改正音訓五經》，光格天皇天明四年（1783 年）有重印本。其後又改題爲《後藤點五經》，光格天皇天明七年（1787 年）補刊重印，此後有光格天皇文化十年（1813 年）二刻本，仁孝天皇文政十三年（1829 年）三刻本，天保十四年（1843 年）四刻本，孝明天皇弘化三年（1846 年）由山内五郎兵衛修補，安政三年（1856 年）五刻本，文久三年（1863 年）六刻本。

後櫻町天皇明和五年（1768 年）澁川清右衛門刊《新刻改點五經》，由日人誘善閑點。

光格天皇文化五年（1808 年）養賢堂刊《訂正五經》，由日人田邊匡敕校。

光格天皇文化八年（1811 年）河内屋太助刊《保定點訓五經》，由日人角有則校。其後有近江屋平助等重印本。

光格天皇文化九年（1812 年）京都勝村治右衛門刊《改正訓點五經》，由日人林信勝（道春）點。此本有仁孝天皇弘化年間（1844—1847 年）白玉房・文德堂重印本，嘉永元年（1848 年）重印本及慶應三年（1867 年）重印本。

光格天皇文化十年（1813 年）須原屋茂兵衛刊《音訓五經》，由日人佐藤坦校。此本有仁孝天皇天保十一年（1840 年）重印本。

仁孝天皇天保十一年（1840 年）京都吉野屋仁兵衛刊《音注五經》，由日人林羅山點，荒井公廉校。此本天保十四年（1843 年）由京都俵屋清兵衛等重印，改題爲《音訓校正五經》。

光格天皇寬政十二年（1800 年）官刊《五經白文》。此本有光格天皇享和元年（1801 年）長谷川莊兵衛、須原屋茂兵衛等重印本。江戸時代《五經白文》刊本，另有弘前藩稽古館本，致道館重印本。

孝明天皇慶應三年（1867 年）富山藩廣德館刊《校正五經》，由日人杏立點。

孝明天皇慶應四年（1868 年）刊《五經句讀》，由日人東條詰（方庵）點。

（校刻）五經四書正文

明萬曆年間（1573—1620 年）上元李杜刊本
共十七册
蓬左文庫藏本
【按】每半葉有界八行，行十五字。白口，四周雙邊。
是集目録如次：
《大學》一卷；《石經大學》一卷；
《中庸》一卷；《論語》二卷；
《孟子》二卷；《詩經》三卷；
《書經》二卷；《周易》二卷；
《春秋》二卷；《禮記》七卷。
卷前有明萬曆二十四年（1596 年）楊起元《序》。

五經全文訓解三十二卷

（宋）熊禾撰　　（明）陳子龍校
明崇禎年間（1628—1644 年）刊本
内閣文庫　尊經閣文庫　静嘉堂文庫　陽明文庫藏本
【按】是集經文卷目如次：
《易經訓解》四卷；

《書經訓解》六卷；

《詩經訓解》八卷；

《禮記訓解》十卷；

《春秋訓解》四卷。

内閣文庫藏此同一刊本兩部。一部原係昌平坂學問所舊藏,一部原係高野山釋迦文院藏本。兩部皆共十册。

尊經閣文庫藏本,原江户時代加賀藩主前田綱紀等舊藏,共二十册。

静嘉堂文庫藏本,原係中村敬宇舊藏。共六册。

陽明文庫藏本,原係江户時代近衛家熙等舊藏。共十二册。

五經集注一百六卷

(宋)朱熹等撰

明刊本　八十册

宫内廳書陵部藏本

【附録】據《外船齎來書目》記載,日本中御門天皇享保四年(1719年)中國南京船主沈補齋載《五經集注》六套(有關本)抵日本。

又據《商舶載來書目》記載,日本中御門天皇享保十一年(1726年)中國商船"古字號"載《五經集注》一部二十六册抵日本。

日本現存《五經集注》和刊本甚多,主要如次:

後光明天皇慶安年間(1648—1651年)京都林甚右衛門刊《五經集注》一百十三卷(《易經集注》二十卷首一卷,《書經集注》十卷,《詩經集注》十五卷,《禮記集説》三十卷,《春秋集注》三十七卷)

靈元天皇寬文三年(1663年)京都野田莊右衛門刊《五經集注》一百十三卷。此本有中御門天皇享保九年(1724年)京都今村八兵衛重印本。

靈元天皇寬文四年(1664年)京都野田莊右衛門刊《五經集注》一百六卷(《周易傳義》二十四卷首一卷,《書經集傳》六卷,《詩經集傳》八卷,《春秋集注》三十七卷,《禮記集説》三十

卷)。此本由日人松永昌易(寸雲子)點注。其後,光格天皇寬政三年(1791年),對此本修補,題"鈴木温校",由河内屋卯助等重印。孝明天皇慶應年間(1865—1868年)又有重印本。

東山天皇元禄六年(1693年)刊印《五經集注》。

(玉堂袖珍)五經集注(殘本)

(宋)朱熹等撰

明萬曆年間(1573—1620年)刊本　共十六册

足利學校遺蹟圖書館藏本

【按】此本今存《書經》十卷;《禮記集説》原凡十卷,今缺卷第二、卷第四、實存八卷(殘本);《春秋胡傳》三十卷;缺《易經》,《詩經》存斷簡。

五經集注一百六卷

(宋)朱熹等撰　(明)毛晋訂正

明崇禎十四年(1641年)汲古閣刊本　共二十四册

龍谷大學大宫圖書館藏本　原寫字臺文庫等舊藏

五經(集注)

(宋)朱熹等撰

明張闓岳刊本

香川縣豐濱町立圖書館藤村文庫藏本

【按】是集經注目次如下:

《新刻官板周易本傳》四卷　《首》一卷;

《書經集注》六卷;

《詩經集注》八卷;

《春秋胡傳》三十卷　附林堯叟《音注括例始末》、《春秋胡傳諸國興廢説》、《春秋正經音訓》、《春秋提要》;

《禮記集注》十卷。

(鑴疊山先生家傳)五經類纂珍抄四卷

(宋)謝枋得類集　(明)茅坤纂注

明刊本　共二册

尊經閣文庫藏本　原江户時代加賀藩主前田綱紀等舊藏

五經旁訓十九卷

(元)李恕撰　(明)鄭汝璧校

明萬曆年間(1573—1620 年)山東布政司刊本

内閣文庫　静嘉堂文庫　廣島市立淺野圖書館藏本

【按】每半葉有界七行,行二十字。小字雙行,行四十字左右。白口,四周單邊。

前有明萬曆二十三年(1595 年)巡撫山東都御史鄭汝璧《序引》。

是集卷目如次:

《易經旁訓》三卷;

《書經旁訓》二卷;

《詩經旁訓》四卷;

《禮記旁訓》六卷;

《春秋旁訓》四卷。

内閣文庫藏本,原係昌平坂學問所等舊藏。共六册。

静嘉堂文庫藏本,原係中村敬宇等舊藏。共六册。

廣島市藏本,共十册。

【附録】《舶來書籍大意書》著録《五經旁訓》,係明萬曆二十二年刊本。

又據《商舶載來書目》記載,中御門天皇正德元年(1711 年)中國商船"古字號"載《五經旁訓》一部十二本抵日本。

又據《書籍元帳》記載,仁孝天皇弘化四年(1847 年)載《五經旁訓》一套抵日本。定價十匁。

五經旁訓十九卷

(元)李恕撰　(明)鄭汝璧校

明萬曆年間(1573—1620 年)吴門舒濂溪刊本

尊經閣文庫　愛知大學霞山文庫藏本

【按】尊經閣文庫藏本,原係江户時代加賀藩主前田綱紀等舊藏,共八册。

愛知大學藏本,原係東亞同文會、霞山會館圖書室等舊藏,共七册。

五經旁訓十九卷

(元)李恕撰　(明)鄭如璧校

明末刊本　共十二册

内閣文庫藏本　原高野山釋迦文院舊藏

【按】每半葉有界七行,行二十字。小字雙行,行四十字左右。白口,四周單邊。

五經旁訓十九卷

(元)李恕撰　(明)鄭汝璧校

明刊本

東京大學東洋文化研究所大木文庫藏本

五經傍訓十九卷

(□)佚名撰　(明)田疇等校

明刊本　共八册

内閣文庫藏本

【按】此本不著撰人名氏。卷前有明萬曆二十三年(1595 年)巡撫山東都御史鄭汝璧《序》及列銜。卷目與山東布政司刊本同。

每册首有"祕閣圖書之章"印記。

五經旁訓定本十九卷

(元)李恕撰　(明)陳仁錫定本

明崇禎三年(1630 年)虎丘禮宗書院刊本共十二册

京都大學附屬圖書館藏本

【按】是集卷目如次:

《易經旁訓》三卷;

《詩經旁訓》四卷;

《書經旁訓》二卷;

《春秋旁訓》四卷;

《禮記旁訓》六卷。

五經大全一百十三卷

（明）胡廣等奉敕撰

明永樂年間（1404—1424年）官刊本　共七十册

宮內廳書陵部藏本

【按】每半葉有界十行，行二十二字。注文雙行，行同正文。黑口，四周雙邊。

【附錄】據《商舶載來書目》記載，日本中御門天皇寶永六年（1709年）中國商船“古字號”載《五經大全》一部八十册抵日本。

又據《外船齎來書目》記載，中御門天皇享保四年（1719年）中國南京船主沈補齋載《五經大全》一部抵日本。

又據《書籍元帳》記載，光格天皇文化元年（1804年），從中國輸入《五經大全》八套。

後光明天皇承應二年（1853年）京都吉文字屋莊右衛門刊印《官板五經大全》一百二十七卷。此本題署“明胡廣等奉勅編”，由日本江戶時代儒學巨擘林信勝（道春）點。其後，有京都吉田四良右衛門重印本。

五經大全一百二十四卷

（明）胡廣等奉敕編

明成化七年（1471年）刊本　《春秋》明隆慶三年（1569年）刊本　共五十六册

內閣文庫藏本　原林羅山等舊藏

【按】此集各經卷次如下：

《周易傳義大全》二十四卷　《首》一卷；

《書傳大全》十卷　《首》一卷；

《詩經大全》二十卷《首》一卷；

《禮記集説大全》三十卷；

《春秋集傳大全》三十七卷。

此集係林羅山手校本。卷中有“江雲渭樹”印記。

五經大全一百十六卷

（明）胡廣等奉敕編

明萬曆三十三年（1605年）福建書林余氏刊本

宮內廳書陵部　內閣文庫　尊經閣文庫　東京大學總合圖書館　京都大學文學部中國語學文學哲學研究室鈴木文庫　八戶市立圖書館　出雲大社日隅宮御文庫　古義堂文庫　慶應義塾大學附屬圖書館　廣島市立淺野圖書館　御茶之水圖書館藏本

【按】經文大字，每半葉有界七行，行十六字。主注文低一格，每半葉十一行，行十九字。諸注文低一格，小字雙行，行十九字。四周雙邊，上層設空欄。

《易經大全》卷尾，有刻刊牌子如次：

> 萬曆乙巳仲春
> 書林余氏仝梓

此集各經卷目如次：

《周會魁校正易經大全》二十卷　《首》一卷；

《申學士校正古本官板書經大全》十卷　《首》一卷；

《葉太史參補古今大方詩經大全》十五卷　《首》一卷；

《張翰林校正禮記大全》三十卷；

《春秋集傳大全》三十七卷　《首》一卷。

宮內廳書陵部藏本，卷中略有闕葉，共三十四册。

內閣文庫藏此同一刊本兩部。一部原係昌平坂學問所舊藏，共五十四册；一部原係紅葉山文庫舊藏，共一百八册。

尊經閣文庫藏本，原江戶時代加賀藩主前田綱紀等舊藏，共七十九册。

東京大學總合圖書館藏此同一刊本兩部。一部原係渡邊信青洲文庫舊藏，共六十一册。一部原係江戶時代紀州德川家南葵文庫舊藏。此本今缺《春秋集傳大全》三十七卷，又《易經大全》、《禮記大全》卷中皆有缺葉，共四十八册。

京都大學藏本，原係鈴木虎雄舊藏。共六

十册。

　　八户市立圖書館藏此同一刊本兩部。一部原係八户南部家舊藏,共七十册;一部原係大仲間書物舊藏,共四十六册。

　　出雲大社日隅宫御文庫藏本,今闕《書經大全》十卷,《禮記大全》闕卷五、卷六及卷十三至卷十七。

　　古義堂藏本,原係江户時代古學派魁首伊藤仁齋、伊藤東涯舊藏,共七十册。

　　廣島市藏本,闕《詩經大全》,今存九十七卷,共五十册。

　　御茶之水圖書館藏本,原係德富蘇峰成簣堂等舊藏。此本補版甚多。《詩經》卷末有日本孝明天皇安政年間(1854—1859 年)池内奉時(陶所)朱文跋語。第一册末有日本靈元天皇貞享二年(1685 年)尚友齋先生之墨書。《詩經》帙内又有大正年間(1911—1924 年)德富蘇峰墨書手記。共七十一册。

大方五經大全

　　(明)胡廣等奉敕編

　　明萬曆年間(1573—1620 年)刊本　共五十五册

　　足利學校遺蹟圖書館藏本

　　【按】此集各經卷目如次:

　　《周會魁校正易經大全》二十卷　(明)周士顯校　(第一册至第十一册);

　　《申學士校正古本官板書經大全》十卷《首》一卷　(明)申時行校　(第十二册至第十七册);

　　《葉太史參補古今大方詩經大全》十三卷《首》三卷　(明)葉向高編　張以誠校(第十八册至第二十七册);

　　《張翰林校正禮記大全》三十卷　《序》一卷　(明)張瑞圖　沈正宗校　(第二十八册至第四十一册);

　　《春秋集傳大全》三十七卷　(明)虞大復校(第四十二册至第五十五册)。

五經大全

　　(明)胡廣等奉敕編

　　明萬曆年間(1573—1620 年)長洲文氏清白堂刊本

　　東京大學東洋文化研究所藏本

五經大全

　　(明)胡廣等奉敕編

　　明刊本　共五十四册

　　愛知大學簡齋文庫藏本　原小倉正恒等舊藏

五經大全

　　(明)胡廣等奉敕編

　　明末樹駿堂刊本　共四十四册

　　大阪天滿宫御文庫藏本

　　【按】是集各經卷目如次:

　　《陳太史校正易經大全》二十卷　《首》一卷;

　　《申學士校正古本官板書經大全》十卷《首》一卷;

　　《葉太史參補古今大方詩經大全》十五卷《首》一卷;

　　《張翰林校正禮記大全》三十卷;

　　《春秋集傳大全》三十七卷　《首》一卷(是本卷三、卷五係鈔補)。

五經纂注二十卷

　　(明)李廷機等編撰

　　明刊本

　　内閣文庫藏本

　　【按】是集卷目如次:

　　《易經纂注》四卷;

　　《書經纂注》四卷;

　　《詩經纂注》四卷;

　　《禮記纂注》四卷;

　　《春秋纂注》四卷。

　　内閣文庫藏此同一刊本兩部。一部原係高

野山釋迦文院藏本,共十冊;一部原係紅葉山文庫藏本,共六冊。

五經纂注

(明)夏璋編撰

明崇禎二年(1629年)刊本　共十二冊

尊經閣文庫藏本　原江户時代加賀藩主前田綱紀等舊藏

【按】每半葉有界十行,行二十字。白口,左右雙邊。

五經注疏大全合纂

(明)張溥纂

明崇禎年間(1628—1644年)吳門寶翰樓刊本　共六十冊

愛知大學簡齋文庫藏本　原小倉正恒等舊藏

(明監本)宋元人注五經

封面題署明英宗編撰

明正統年間(1436—1449年)刊本　共三十冊

尊經閣文庫藏本　原江户時代加賀藩主前田綱紀等舊藏

【附錄】據日本光格天皇文化四年(1807年)《大意書》記載,是年從中國輸入《監本五經》五套,由長崎入港。

五經圖六卷

(明)章達　盧謙等編撰

明萬曆四十二年(1614年)刊本

内閣文庫　蓬左文庫　神習文庫　大阪府立圖書館藏本

【按】每半葉有界十五行,行二十七字。白口,四周單邊。

前有明萬曆四十二年(1614年)《序》。

内閣文庫藏本,原係紅葉山文庫舊藏,共一冊。

蓬左文庫藏本,共一冊。

神習文庫藏本,共一帖。

五經疏義統宗十九卷

(明)陳仁錫編撰　劉肇慶校

明刊本

内閣文庫藏本

【按】是集卷目如次:

《易經》三卷;《書經》二卷;

《詩經》三卷;《禮經》二卷;

《周禮》二卷;《春秋》二卷。

内閣文庫藏此同一刊本兩部。一部共八冊;一部原係昌平坂學問所舊藏,共十冊。

五經繹十六卷

(明)鄧元錫撰　左宗郢編

明萬曆年間(1573—1620年)刊本

内閣文庫　宮内廳書陵部　尊經閣文庫藏本

【按】每半葉有界九行,行十九字。白口,四周單邊。

前有明萬曆丁未(1607年)鄧元錫《序》。

是集卷目如次:

《易經繹》五卷;《圖》一卷;

《書經繹》二卷;

《詩經繹》三卷;

《三禮繹》四卷;

《春秋通》一卷。

内閣文庫藏此同一刊本兩部。一部今闕《三禮繹》四卷、《春秋通》一卷,原係豐後佐伯藩主毛利高標舊藏,此本係仁孝天皇文政年間(1818—1829年)由出雲守毛利高翰獻贈幕府。明治初期經太政官文庫而歸内閣文庫。卷中有"佐伯侯毛利高標字培松藏書畫之印"等印記,共九冊;一部今闕《書經繹》二卷、《春秋通》一卷,原係木村兼葭堂舊藏,共六冊。

宮内廳書陵部藏本,原係江户時代德山藩主毛利元次廣收"天下秘籍"之一。東山天皇寶永三年(1706年)《御書物目錄》著錄此本。明治二十九年(1896年)男爵毛利元功獻贈宮

內省圖書寮（即今宮內廳書陵部）。卷中有
"德藩藏書"印記,共八冊。

尊經閣文庫藏本,原係江户時代加賀藩主
前田綱紀等舊藏,共八冊。

【附録】據《商舶載來書目》記載,東山天皇
元禄七年（1694 年）中國商船"古字號"載《五
經緯》一部八冊抵日本。

五經蠡測六卷

（明）蔣悌生撰
明刊本　共一冊
古義堂文庫藏本　原江户時代儒學古義學
派魁首伊藤仁齋　伊藤東涯家族舊藏
【按】卷前有明洪武三年（1370 年）《序》。

（涇野先生）五經説二十一卷

（明）呂柟撰
明嘉靖年間（1522—1566 年）刊本　共十冊
静嘉堂文庫藏本

五經讀（不分卷）

（明）陳際泰撰
明崇禎年間（1628—1644 年）刊本
東京大學東洋文化研究所藏本
【按】每半葉有界九行,行十八字。白口,左
右雙邊。
【附録】據《商舶載來書目》記載,日本東山
天皇元禄七年（1694 年）中國商船"古字號"載
《五經讀》一部四冊抵日本。

五經心義

（明）王崇慶撰
明萬曆年間（1573—1620 年）刊本　共五冊
尊經閣文庫藏本　原江户時代加賀藩主前
田綱紀等舊藏

（項仲昭先生纂注）五經奇英五卷

（明）項煜撰
明刊本　共五冊

內閣文庫藏本

（蓁斐堂）五經彙纂

（明）馮廷章編撰
明刊本　共八冊
內閣文庫藏本　原紅葉山文庫等舊藏

五經人物考（不分卷）

（明）闕名撰
明末紅格寫本　共三十八冊
大倉文化財團藏本
【按】此書以《五經》所載人物,援引諸書,排
比彙纂。引書止於明萬曆年間中期。
卷中有墨書"半晦園娜嬛妙境藏書"。

五經制典九十七卷

（明）江應魁撰
明崇禎年間（1628—1644 年）刊本　共三十
二冊
宮內廳書陵部藏本

五經困學九十二卷

（明）曹學佺編
明崇禎年間（1628—1644 年）刊本
內閣文庫　尊經閣文庫　古義堂文庫藏本
【按】此本卷目如次:
《周易可説》七卷;
《易經通論》十二卷;
《書傳會衷》十卷;
《詩經剖疑》二十四卷;
《春秋傳刪》十卷;
《春秋義略》二卷;
《禮記明訓》二十七卷。
前有明崇禎十三年（1640 年）《序》。
內閣文庫藏本,原係紅葉山文庫舊藏,今闕
《易經通論》十二卷及《春秋義略》二卷。共三
十六冊。
尊經閣文庫藏本,原係江户時代加賀藩主
前田綱紀等舊藏,共三十六冊。

古義堂文庫藏本,原係江户時代儒學古義學派魁首伊藤仁齋、伊藤東涯家族舊藏。書函有中御門天皇享保十七年(1732 年)伊藤東涯題簽,并記各經名稱及卷數。共二十四册。

五經總類四十卷

(明)張雲鸞編撰
明崇禎年間(1628—1644 年)刊本
内閣文庫藏本

【按】前有明崇禎五年(1632 年)《序》。
内閣文庫藏此同一刊本兩部。一部原係高野山釋迦文院舊藏,共十六册;一部原係豐後佐伯藩主毛利高標舊藏,此本係仁孝天皇文政年間(1818—1829 年)由出雲守毛利高翰獻贈幕府。明治初期經太政官文庫而歸内閣文庫。卷中有“佐伯侯毛利高標字培松藏書畫之印”等印記,共十册。

(嘯閣增訂)五經類語八卷

(明)施宗誼撰
明刊本　共四册
尊經閣文庫藏本　原江户時代加賀藩主前田綱紀等舊藏

四書五經講宗九卷

(明)顔茂猷撰
明刊本　共二册
宮内廳書陵部藏本

【按】是書卷中有“友千古娱永日世子孫藏玉室”、“祕閣圖書之章”兩印記。

(合刻摘訂)四書五經疑義二十卷

(明)姚舜牧撰
明天啓年間(1621—1627 年)刊本　共八册
尊經閣文庫藏本　原江户時代加賀藩主前田綱紀等舊藏

四書五經明音八卷

(明)王覺撰

明嘉靖年間(1522—1566 年)刊本　共七册
内閣文庫藏本　原紅葉山文庫等舊藏

【按】每半葉有界八行,行十七字。白口,左右雙邊。
前有明嘉靖三十二年(1553 年)《序》。

授經圖(殘本)八卷

(宋)章俊卿撰　　(明)朱睦㮮增定
明萬曆二年(1574 年)汴上朱氏刊本
東京大學東洋文化研究所大木文庫藏本

【按】此書全二十卷,此本今存卷一至卷八。
《四庫全書總目》卷八十五著錄《授經圖》二十卷云“舊無刊版,惟黃虞稷家有寫本。康熙中,虞稷乃同錢塘龔翔麟校而刻之”。此乃採編《四庫》時未見此本也。

六經篆文

(明)陳鳳梧輯
明刊本　共十册
尊經閣文庫藏本　原江户時代加賀藩主前田綱紀等舊藏

【按】每半葉有界九行,行十三字。黑口,左右雙邊。
是集經文卷目如次:
《周易》十卷;《周禮》七卷;
《尚書》四卷;《儀禮》二十卷;
《毛詩》四卷;《春秋》十二卷。

六經雅言圖辨八卷

題(宋)鄭厚　鄭樵家藏
明人影寫宋刊本　共八册
静嘉堂文庫藏本　原吳騫拜經樓　陸心源十萬卷樓等舊藏

【按】《儀顧堂題跋》卷一著錄此本,并曰:
“莆陽二鄭先生《六經雅言圖辨》六卷,明人影寫宋刊本。吳兔牀拜經樓舊藏,盧抱經、杭堇甫皆用朱筆校過者也。明《文淵閣書目》、焦氏《經籍志》、《千頃堂書目》皆著于錄,惟不著二鄭之名。此本亦同。次二行題曰：'甲科府教許一鶚家藏'，'甲科府教方澄孫校正'。核其文，即《四庫》所收之鄭樵《六經奧論》也。《提要》摘其天文辨，稱夾漈先生論詩，引晦菴詩説；論書，引文公語録。證其不出樵手，如老吏斷獄，不可易矣。而未定爲何人所著。吳兔牀《愚谷文存》謂《六經奧論》之名，必後人妄題，是矣。又據《道園學古録》稱，夾漈著述五十餘種，疑即在五十餘種之中。不知夾漈著述不止五十餘種，見《宋史·藝文志》。《夾漈遺稿》及《八閩通志》並無此書之名也。兔牀誤矣。《文淵閣書目》有《六經圖辨》，無《六經奧論》，至董氏《元賞齋書目》，始有《六經奧論》。可見成化以前無此名，必黎溫刊板所妄改耳。蓋淺人見書題'莆陽二鄭'而不著其名，但知莆田之有鄭樵，不知有鄭厚，故妄題之。不知二鄭非一鄭也。明人書帕本大抵如是。所謂刻書而書亡者也。其撰人當從弘治《興化府志》，作鄭厚與弟樵同撰者爲近。

厚字景韋，樵之從兄也。四歲讀書，能默記。八歲通解經旨，與樵倡爲物理之學。宇文虚中遺之書曰：士弊于俗學久矣，安知亦有淵源深渺不爲俗學所漬如二君者乎！紹興五年成進士，調泉州觀察推官。趙鼎知泉州，事無巨細，悉以屬之。言者希檜旨，劾以詆事趙鼎，謗議朝政，遂罷歸。少時嘗著《藝圃折衷》，論多過激。紹興十三年，駕部員外郎王恭摘書中詆孟子語，言于朝。詔令建州毁板。已傳播者焚之。檜死，起昭信軍節度推官，改知湘潭縣。卒于官，年六十一。著有《通鑑□□》四十卷，見《宋史·藝文志》。弘治《興化府志》，陳壽祺《福建通志》所引林光朝撰《墓志》及《建炎以來繫年要録》，竊謂此書即《藝甫折衷》之焚餘，後人又有所附益耳。《折衷》今不可見，必辨論經傳而折其衷者。板雖毁，書雖焚，如元祐黨人文字，豈能禁其不傳？惟無弛禁明文，不敢公然刊行，故易其名曰《六

經雅言圖辨》。'折衷'與'辨'，其義一也。又恐獨題鄭厚之名，形迹易露，樵以進書得官，與厚以著書獲咎相反，故以夾漈之説雜之。曰'莆陽二鄭'者，樵與厚齊名故也。曰'家藏'者，其意若曰流傳自昔，知其姓不知其名耳。不然古來刊書，有題編次，有題校正者，未聞有題爲家藏者也。……"

六經圖六卷

（宋）楊甲撰　毛邦翰補

明萬曆年間（1573—1620年）新都吳氏覆宋乾道年間（1165—1173年）撫州陳森刊本　共六册

静嘉堂文庫　東京大學總合圖書館　早稻田大學圖書館　陽明文庫藏本

【按】静嘉堂文庫藏本，原係陸心源十萬卷樓舊藏。《儀顧堂題跋》卷一著録此本，並考訂撰者曰：

"甲字嗣清，四川遂寧人。乾道二年對策，言恢復之志不堅者二事。上覽對不悦，置第五，賜文林郎。清議推之，有聲西州。初試邑，有部使者，頗以繡衣自驕，怒其不降意，誣劾以罪。趙衛公爲白于當路，劾牘竟不下。隱居靈泉山，著有《棣華小稿》。見岳珂《桯史》及《四川通志》。《宋元詩會小傳》顧起元序以爲布衣者，誤也。弟輔，《宋史》有傳。

毛邦翰，衢州江山人。紹興二十七年進士。乾道初，官撫州州學教授，終于轉運判官，見《浙江通志》。"

東京大學總合圖書館藏本，原係江户時代紀州德川家南葵文庫舊藏。

早稻田大學圖書館藏本，係後印本，共六册。

陽明文庫藏本，原係江户時代近衛家熙等舊藏。

六經圖説（六經圖）六卷

（明）吳壽飛編　吳繼仕考校

明熙春樓刊本

廣島市立淺野圖書館藏本

【按】卷前有苗昌言《序文》。外題《六經圖説》,内題《六經圖》。

廣島市藏此同一刊本共兩部。一部共六册,一部共三册。

六經三注粹抄六卷

(明)許順義編撰

明萬曆二十九年(1601年)萃慶堂刊本　共六册

内閣文庫藏本　原紅葉山文庫等舊藏

【按】每半葉有界十一行,行二十八字。白口,四周雙邊。

是集經注卷目如次:

《易經三注粹抄》一卷;

《書經三注粹抄》一卷;

《詩經三注粹抄》一卷;

《周禮三注粹抄》一卷;

《禮記三注粹抄》一卷;

《春秋三注粹抄》一卷。

(新鎸)舉子六經纂要(不分卷)

(明)顔茂猷撰

明潭陽魏斌臣刊本

蓬左文庫　尊經閣文庫藏本

【按】蓬左文庫藏本,係日本明正天皇寬永十二年(1635年)購入。卷中有“尾陽内庫”印記。共四册。

尊經閣文庫藏本,原係江户時代加賀藩主前田綱紀等舊藏,共二册。

(新鎸)六經句解四書正印十卷

(明)黄道周　黄東厓編

明刊本　共五册

内閣文庫　尊經閣文庫藏本

(刻陳眉公先生)六經選注十二卷

(明)陳繼儒撰　張鼐校

明萬曆四十七年(1619年)余象斗刊本

内閣文庫　廣島市立淺野圖書館藏本

【按】卷首有陳繼儒《序》。外題《六經龍驤》,板心題《六經》。

内閣文庫藏本,原係高野山釋迦文院等舊藏。共六册。

廣島市藏本,共十册。

六經始末源流

(明)吴繼仕撰

明崇禎元年(1628年)刊本　共一册

内閣文庫藏本　原紅葉山文庫等舊藏

片璧六經集注

(明)闕名輯

明刊本　共三十二册

尊經閣文庫藏本　原江户時代加賀藩主前田綱紀等舊藏

七經圖七卷

(明)吴繼仕編

明萬曆年間(1573—1620年)刊本

宫内廳書陵部　内閣文庫　尊經閣文庫京都府立綜合資料館　陽明文庫藏本

【按】每半葉有界十六行,行三十二字。白口,四周單邊。

卷首有明萬曆歲次乙卯(1615年)五月五日吴繼仕《自序》,萬曆乙卯夏日焦竑《序》。

版心分别題“周易(尚書·毛詩·禮記·周禮·春秋·儀禮)”,并記葉數。

《七經圖》目如次:

《大易象數鉤沉圖》、《尚書軌範撮要圖》、《禮記制度示掌圖》、《周禮文物大全圖》、《春秋筆削發微圖》、《儀禮會通圖》。

宫内廳書陵部藏本,共七册。

内閣文庫藏本,原係紅葉山文庫舊藏,共八册。

尊經閣文庫藏本,原係江户時代加賀藩主前田綱紀等舊藏,共八册。

京都府立綜合資料館藏本,卷中有"京都學校藏書之印"等印記,共七册。

陽明文庫藏本,原係江户時代近衛家熙等舊藏。共七册。

七經思問三卷

（明）詹萊撰

明刊本　共六册

尊經閣文庫藏本　原江户時代加賀藩主前田綱紀等舊藏

七經疑問七十二卷

（明）姚舜牧撰

明萬曆年間（1573—1620年）刊本　共三十六册

静嘉堂文庫藏本　原陸心源守先閣舊藏

宋婺州本九經四百九十三葉

宋婺州刊本　共十四册

静嘉堂文庫藏本　原清怡賢親王樂善堂潘文勤等舊藏

【按】每半葉有界二十行,行二十七字。眉間有音切。版心有"易"、"書"、"詩"、"禮"、"孝"、"論"、"左"等字,并有刻工姓名及字數。

此集今存經文如次:

《周易》二十一葉;

《尚書》二十六葉（前有孔安國《序》）;

《毛詩》四十七葉;

《周禮》五十五葉;

《孝經》三葉（前有唐明皇《序》）;

《論語》十六葉（前有何晏《序》）;

《孟子》三十四葉（前有《孟子題辭》）;

《禮記》九十三葉;

《春秋左傳》一百九十八葉。

卷中有"樂善堂覽書畫記"白文長印,"怡府世寶"朱文方印。

此本原藏清怡賢親王樂善堂。同治年間初爲潘文勤所得。光緒十年（1884年）潘文勤以此書與陸心源交換陸氏家藏之古兕觥,遂歸

麗宋樓,其後,則東渡藏於静嘉堂文庫。

陸心源《儀顧堂題跋》卷一著録"宋婺州本五經正文",無"九經正文"。該《跋文》所言"每頁四十行,每行二十七字","不分卷",而"證以《建康志》,定爲婺本",皆與此本相合,然不知爲何題署"五經正文",存疑。

【附録】十二世紀藤原通憲有《通憲入道藏書目録》,其"第廿七櫃"著録《九經要略》一卷。

九部經解一百六十八卷

（明）郝敬編撰

明萬曆年間（1573—1620年）郝千秋千石刊本

國立國會圖書館　内閣文庫　京都大學附屬圖書館　築波大學附屬圖書館　愛知大學附屬圖書館簡齋文庫　大谷大學中央圖書館京都府立綜合資料館藏本

【按】每半葉有界十行,行二十一字。黑口,四周單邊。版心題各經名,并題卷數、葉數。

卷前有萬曆四十七年歲次己未（1619年）孟夏郝敬《自叙》。

是集各經解名稱如次:

《周易正解》二十卷　《首》一卷;

《尚書辨解》十卷《别解》一卷（有刊記"時萬曆乙卯孟冬　京山郝氏刊刻"）;

《毛詩原解》三十六卷　《首》一卷（有刊記"時萬曆丙辰季春　京山郝氏刊刻"）;

《周禮完解》十二卷　（有刊記"時萬曆丁巳季秋　京山郝氏刊刻"）;

《儀禮節解》十七卷　《首》一卷;

《禮記通解》二十二卷（有刊記"時萬曆丙辰季冬　京山郝氏刊刻"）;

《春秋直解》十五卷;

《論語詳解》二十卷　《首》一卷（有刊記"時萬曆戊午仲夏　京山郝氏刊刻"）;

《孟子説解》十四卷　《首》一卷。

國會圖書館藏本,共八十五册。

内閣文庫藏此同一刊本兩部。一部今闕

《毛詩原解》及《論語詳解》,共七十六冊;一部原係近江西大路藩主毛利元標舊藏,今闕《春秋直解》十五卷,並《論語詳解》係補寫,共六十六冊。

京都大學藏本,《禮記通解》題《禮記直解》。共五十冊。

築波大學附屬圖書館藏本,《周禮完解》卷一首與卷三,係昭和年間(1926—1989年)初期寫補;《論語詳解》二十卷全部係昭和年間初期依據明萬曆戊午(1618年)刊本寫補;《孟子說解》卷七、卷十三、卷十四中亦有昭和年間初期的寫補葉。各經卷內皆有"內邸藏書"陰文印記,共一百六十四冊。

愛知大學藏本,共六十四冊。

大谷大學藏本,共六十冊。

京都府立綜合資料館藏本,卷中有"學習院印"、"京都學校藏書之印"等印記,共五十四冊。

【附錄】據《商舶載來書目》記載,日本東山天皇元祿十年(1697年),中國商船"加字號"載《郝京山九經解》二十套抵日本。

又據《書籍元帳》記載,日本仁孝天皇天保十二年(1841年)由中國輸入《郝氏九經解》二十套。定價三百五十目。

日本江戶時代有《九部經解》寫本一種。

此本係據明萬曆年間(1573—1620年)刊本手寫,共九十五冊。原係江戶時代紀州德川家南葵文庫舊藏,今存東京大學總合圖書館。

九經考異

(明)周應賓撰

明萬曆年間(1573—1620年)刊本　共四冊
內閣文庫藏本　原木村兼葭堂等舊藏

【按】每半葉有界九行,行十九字。白口,四周單邊。

是集卷目如次:

《大學》一卷;《中庸》一卷;

《古本大學》一卷;《孟子》一卷;

《論語》一卷;《周易》一卷;

《詩經》二卷;《禮記》二卷;

《春秋》一卷;《尚書》一卷。

(明本排字)九經直音二卷　附直音補音

不著撰人

元至元二十四年(1287年)梅隱書堂刊本
共二冊

靜嘉堂文庫藏本　原陸心源皕宋樓舊藏

【按】每半葉十四行,行二十二字。

是書不著撰人,但有引"宋真宗"處,不稱"宋",而稱"御製",則為宋人所著可知。

卷末題"歲次丁亥梅隱書堂新刊"

是書二卷,分《前集》一卷,《後集》一卷。《前集》首《孝經》,次《論語》,次《孟子》,次《毛詩》,次《尚書》。《後集》首《禮記》,次《周禮》,次《春秋左傳》。另有《補遺》一葉。

(明本排字)九經直音二卷

不著撰人

元至正十七年(1357年)建安日新堂刊本
共二冊

內閣文庫藏本　原市橋長昭　昌平坂學問所等舊藏

【按】每半葉有界十五行,行二十二字。注文小字雙行。細黑口,單黑魚尾。左右雙邊(18.3cm×11.8cm)。版心著錄"直音前(或後)(葉數)"。

本文卷首題"明本排字九經直音",後隔四格,墨圍陰文"前集",次行低二格題"孝經"。卷末後集尾題之前有刊印木記:"至正丁酉"、"日新書堂"、"繡梓"(皆鐘形)。

此"木記"左傍,有1802年(享和二年)近江西大路藩主市橋長昭手題識語。其文曰:

"元至正丁酉,我朝後村上帝正平十二年,北朝後光嚴帝延文二年,距今四百十六年。享和壬戌十月(印記)。"

日本光格天皇文化五年(1808年)二月,仁正寺藩主(孝明天皇文久三年即1863年改稱"近江西大路藩",自稱"下總守"、"黃雪山人"——編著者)市橋長昭舉其所藏之宋元舊刊本三十種與明本數種獻諸文廟,此本爲其中之一。卷末貼附市橋長昭撰《獻書跋文》一篇,《跋》由市河米庵書寫。其文如次:

《寄藏文廟宋元刻書跋》

"長昭夙從事斯文,經十餘年,圖籍漸多,意方今藏書家不乏於世,而其所儲大抵屬輓近刻書。至宋元槧蓋或罕有焉。長昭獨積年募求,乃今至累數十種。此非獨在我之爲難,而即在西土亦或不易,則長昭之苦心可知矣。然而物聚必散,是理數也,其能保無散委於百年之後乎? 孰若舉而獻之廟學,獲藉聖德以永其傳,則長昭之素願也。庋以宋元槧三十種爲獻,是其一也。

文化五年二月下總守市橋長昭謹誌河三亥書

自《周易》至《山谷集》十四種一函,自《淮海集》至《國朝名臣事略》十六種一函。右二函,文化五年戊辰五月市橋下總守寄藏。"

封面有"青松"(清原國賢號)墨署,及"國賢"朱印。

卷中有"天師明經儒"、"仁正侯長昭黃雪書屋鑒藏圖書之印"、"昌平坂學問所"等印記。

森立之《經籍訪古志》卷二著錄此本。

(宋刊)十三經注疏三百六十六卷

宋刊本　共二百册(三十匣)

靜嘉堂文庫藏本　原陸心源皕宋樓等舊藏

【按】各經卷目如次:

一、《周易兼義》十卷"、《音義》一卷,共八册(一匣);題"魏王弼注,唐國子祭酒上護軍曲阜縣開國子臣孔穎達奉敕撰正義";前有孔穎達《序》。

二、《附釋音尚書注疏》二十卷,共十二册(二匣);題"漢孔氏安國傳,唐國子祭酒上護軍曲阜縣開國子臣孔穎達奉敕撰";前有孔穎達《序》,孔安國《序》。

三、《附釋音毛詩注疏》七十卷　共三十册

(四匣);題"漢鄭氏箋,唐國子祭酒上護軍曲阜縣開國子臣孔穎達奉敕撰";前有《毛詩正義序》、《詩譜序》。

四、《附釋音周禮注疏》四十二卷　共二十二册(三匣);題"漢鄭氏注,唐朝散大夫太學博士宏文館學士臣賈公彥等奉敕撰,國子博士兼太子中允贈齊州刺史開國男臣陸德明釋文";前有賈公彥《序》。

五、《儀禮圖》十七卷、《旁通圖》一卷,共十八册(三匣);題"宋楊復撰";前有宋紹定戊子(1228年)楊復《自序》,并陳普《序》。

六、《附釋音禮記注疏》六十三卷　共三十四册(五匣);題"漢鄭氏注,唐國子祭酒上護軍曲阜縣開國子臣孔穎達等奉敕撰,國子博士兼太子中允贈濟州刺史吳縣開國男臣陸德明釋文";前有《禮記正義序》、孔穎達《序》。

七、《附釋音春秋左傳注疏》六十卷,共三十四册(五匣);題"晋杜氏注,唐國子祭酒上護軍曲阜縣開國子臣孔穎達疏,國子博士兼太子中允贈齊州刺史吳縣開國男臣陸德明釋文";前有杜預《序》、孔穎達《序》,及宋景德二年(1005年)《中書門下牒》。

八、《監本附音春秋公羊注疏》二十八卷,共十二册(二匣);(漢)何休學,(唐)徐彥疏;前有何休《序》,并宋景德二年(1005年)《中書門下牒》。

九、《監本附音春秋穀梁注疏》二十卷,共八册(一匣);題"晋范甯集解,唐國子四明助教楊士勛疏,國子博士兼太子中允贈齊州刺史吳縣開國男陸德明釋文";前有范甯《序》。

十、《論語注疏解經》二十卷　共六册(一匣);題"魏何晏集解,宋翰林侍講學士朝請大夫守國子祭酒上柱國賜紫金魚袋臣邢昺等奉敕校定";前有邢昺《序》。

十一、《孟子注疏解經》十四卷,　共八册(一匣);題"漢趙氏注,宋朝散大夫尚書兵部郎中充龍圖閣待制知通進銀臺司兼門下封駁事判國子監上護軍賜紫金魚袋臣孫奭疏";前有孫奭《序》。

十二、《孝經正義》九卷,此本係明宣德年間覆宋刊本、配補本,共二册(一匣);題"唐玄宗皇帝御注,翰林侍講學士朝請大夫守國子祭酒上柱國賜紫金魚袋臣邢昺等奉敕校定注疏,成都府學主鄉貢傅注泰右撰";前有《御製序》,邢昺《序》。

十三、《爾雅注疏》十一卷,元刊本、配補本,共六册(一匣);(晋)郭璞注,(宋)邢昺疏;前有邢昺《爾雅疏序》,郭璞《序》。

【附錄】據日本仁孝天皇文化十二年(1829年)長崎《丑七番船書籍直組帳》記載,是年曾從中國輸入宋本《十三經注疏》三套。

又據《商舶載來書目》記載,日本中御門天皇享保六年(1721年)中國商船"志字號"載《十三經注疏》一部抵日本。其後,日本多次從中國輸入《十三經注疏》,有文獻可攷者如次:

據《辰壹番唐船持渡商賣書物目録并大意書》,桃園天皇寶曆九年(1760年)輸入一部。

據《外船齎來書目録》,光格天皇寬政十二年(1800年)中國商船"申一番"載二十部、"申二番"載十一部,"申三番"載五部、"申四番"載五部,共四十一部《十三經注疏》抵日本。

據《書籍元帳》,光格天皇文化元年(1804年)中國商船"亥拾番"載一部、"子八番"載九部,共十部《十三經注疏》。一部價一百二十匁

據《大意書》記載,光格天皇文化四年(1807年)輸入《十三經注疏》一部。

據《漢籍發賣投標記録》記載,仁孝天皇天保十四年(1843年)《十三經注疏》投標價分別爲三百四十五匁、三百五十四匁、三百六十九匁

據《書籍元帳》記載,孝明天皇嘉永二年(1849年)及嘉永五年(1852年)分別輸入《十三經注疏》一部。

(嘉靖刊)十三經注疏三百三十六卷

明嘉靖年間(1522—1566年)李元陽　江以

達校刊本

宮內廳書陵部　內閣文庫　蓬左文庫　尊經閣文庫　東京大學　無窮會天淵文庫　大倉文化財團　大垣市立圖書館　八戶市立圖書館　大阪府立圖書館　静嘉堂文庫藏本

【按】每半葉有界九行,行二十一字。注文二十字。疏文小字雙行。白口,四周單邊(19.4cm×12.7cm)。無魚尾。版心下記刻工姓名,如王泗、陳才、王元名、魏禎、熊文林、陸榮、張毛一、陸文進、許達、謝元林、葉文輝、劉官生等凡二百八十餘人。

是集各經卷目如次:

一、《周易兼義》九卷　附《周易略例》一卷《周易音義》一卷　(魏)王弼　(晋)韓康伯注　(唐)孔穎達等疏　陸德明音義

二、《尚書注疏》二十卷　(漢)孔安國傳(唐)孔穎達等疏

三、《毛詩注疏》二十卷　《詩譜序》一卷(漢)毛亨傳　鄭玄箋　(唐)孔穎達等疏

四、《周禮注疏》四十二卷　(漢)鄭玄注(唐)賈公彦疏

五、《儀禮注疏》十七卷　(漢)鄭玄注(唐)賈公彦疏

六、《禮記注疏》六十三卷　(漢)鄭玄注(唐)孔穎達等疏

七、《春秋左傳注疏》六十卷　(晋)杜預注(唐)孔穎達等疏

八、《春秋公羊傳注疏》二十八卷　(漢)何休學　(唐)徐彦疏

九、《春秋穀梁傳注疏》二十卷　(晋)范寧集解　(唐)楊士勛疏

十、《論語注疏解經》二十卷　(魏)何晏集解　(宋)邢昺疏

十一、《孝經正義》九卷　(唐)玄宗御注(宋)邢昺疏

十二、《爾雅注疏》十一卷　(晋)郭璞注(宋)邢昺疏

十三、《孟子注疏解經》十四卷　(漢)趙岐
　　注　(宋)孫奭疏

　　宮内廳書陵部藏本,《周易略例》係汲古閣
刊本配補,共一百六十册。

　　内閣文庫藏此同一刊本三部。一部原係林
氏大學頭家舊藏,今闕《周易兼義》九卷,《禮
記注疏》六十三卷,《論語注疏解經》二十卷,
共一百零一册;一部原係昌平坂學問所舊藏,
今闕《爾雅注疏》十一卷、《孟子注疏解經》十
四卷,共九十三册;一部原係紅葉山文庫舊
藏,今闕《爾雅注疏》十一卷,凡一百二十七
册。

　　蓬左文庫藏本,今闕《詩譜序》一卷,《禮記
注疏》卷一、卷二,共七十册。

　　尊經閣文庫藏本,原係江户時代加賀藩主
前田綱紀等舊藏,共一百七十五册。

　　東京大學藏此同一刊本四部。兩部今存總
合圖書館,其中一部原係渡邊信青洲文庫舊
藏,今缺《孝經注疏》一種。餘十二經中或有
後人寫補,或有讀者批注,共六十七册。一部
今缺《周禮》、《儀禮》、《春秋》三傳及《爾雅》,
而《孝經》則用明崇禎二年(1629 年)毛晉汲古
閣刊本補配。第三部今存文學部漢籍中心,
共一百零八册。第四部今存東洋文化研究
所,共一百零八册。

　　京都大學藏此同一刊本兩部。一部原係狩
野直善等舊藏,1959 年(昭合三十四年)由狩
野氏家贈送京都大學文學部中國語學文學哲
學史研究室,共一百六十二册。一部原係江
户時代紀州德川氏家舊藏,有山井鼎、山井璞
助手識文,卷中有"南葵文庫"印記,此本今存
人文科學研究所東洋文獻中心,今《毛詩注
疏》闕卷第十六,共一百五十册。

　　無窮會藏本,原係加藤天淵舊藏。共一百
八十册。

　　大倉文化財團藏本,卷中有朱墨校點,今
《儀禮注疏》闕卷十一,共一百八十五册。

　　大垣市立圖書館藏本,今《孟子注疏解經》
闕卷十至卷十四,共一百七十五册。

　　八户市立圖書館藏此同一刊本兩部,皆原
係八户南部家舊藏。一部共一百二十四册;
一部今存《周禮注疏》四十二卷、《儀禮注疏》
十七卷、《禮記注疏》六十三卷,共三十七册。

　　大阪府立圖書館藏此同一刊本兩部。一部
共一百三十六册;一部共一百二十八册。

　　静嘉堂文庫藏本,原係陸心源守先閣等舊
藏。卷中有配補。共一百四十册。

(明監本)十三經注疏三百三十五卷

　　明萬曆年間(1573—1620 年)國子監刊本
　　内閣文庫　東京大學　京都大學人文科學
研究所東洋學文獻中心　東北大學附屬圖書
館　無窮會天淵文庫　大阪府立圖書館　陽
明文庫藏本

　　【按】每半葉有界九行,行二十一字。注文
二十字,疏文小字雙行。白口,左右雙邊
(23.0cm×14.2cm)。版心記刊年,并記刻工
姓名。

　　是書係明人李長春等奉敕重校,北京國子
監依明嘉靖年間刊本重刊。

　　是集各經卷目如次:
一、《周易兼義》九卷　附《略例》一卷　《音
　　義》一卷　(魏)王弼　(晋)韓康伯注
　　(唐)孔穎達正義　《略例》王弼撰
　　(唐)邢璹注　《音義》(唐)陸德明撰
　　明萬曆十四年(1586 年)刊行
二、《尚書注疏》二十卷　(漢)孔安國傳
　　(唐)陸德明音義　孔穎達疏　明萬曆
　　十五年(1587 年)刊行
三、《毛詩注疏》二十卷　(漢)鄭玄箋
　　(唐)陸德明音義　孔穎達疏　明萬曆
　　十七年(1589 年)刊行
四、《周禮注疏》四十二卷　(漢)鄭玄注
　　(唐)陸德明音義　賈公彦疏　明萬曆
　　二十一年(1593 年)刊行
五、《儀禮注疏》十七卷　(漢)鄭玄注
　　(唐)陸德明音義　賈公彦疏　明萬曆
　　二十一年(1593 年)刊行

六、《禮記注疏》六十三卷 （漢）鄭玄注
（唐）陸德明音義 孔穎達疏 明萬曆
十六年（1588 年）刊行

七、《春秋左傳注疏》六十卷 （晋）杜預注
（唐）陸德明音義 孔穎達疏 明萬曆
十九年（1591 年）至二十年（1592 年）刊
行

八、《春秋公羊注疏》二十八卷 （漢）何休
學 （唐）陸德明音義 （□）闕名疏
明萬曆二十一年（1593 年）刊行

九、《春秋穀梁注疏》二十卷 （晋）范甯集
解 （唐）陸德明音義 楊士勛疏 明
萬曆二十一年（1593 年）刊行

十、《論語注疏解經》二十卷 （魏）何晏集
解 （宋）邢昺疏 明萬曆十四年（1586
年）刊行

十一、《孝經注疏》九卷 （唐）玄宗注（宋）
邢昺校 明萬曆十四年（1586 年）刊
行

十二、《爾雅注疏》十一卷 （晋）郭璞注
（宋）邢昺疏 （□）闕名音 明萬曆
二十一年（1593 年）刊行

十三、《孟子注疏解經》十四卷 （漢）趙岐
注 （宋）孫奭疏 明萬曆十八年
（1590 年）刊行

內閣文庫藏此同一刊本兩部。一部原係林
羅山舊藏,卷中有"江雲渭樹"印記,共一百十
九册;一部今闕《孝經注疏》九卷,共一百二十
六册。

東京大學藏此同一刊本兩部。一部今存總
合圖書館,此本原係江户時代紀州德川家南
葵文庫舊藏,共一百二十册。一部今存文學
部漢籍中心,此本《爾雅注疏》卷第八有後人
寫補。《孟子注疏解經》卷第八有缺葉,共一
百四十一册。共一百四十一册。

京都大學人文研藏本,共一百三十一册。

東北大學藏本,共二百册。

無窮會藏本,原係加藤天淵舊藏。共一百
二十册。

大阪府立圖書館藏本,共一百二十四册。

陽明文庫藏本,原係江户時代近衛家熙舊
藏。共一百三十册。

（汲古閣刊）十三經注疏三百三十五卷

明崇禎年間（1628—1644 年）古虞毛氏汲古
閣刊本

宮內廳書陵部 內閣文庫 尊經閣文庫
蓬左文庫 米澤市立圖書館 足利學校遺蹟
圖書館 東京大學 京都大學 東北大學附
屬圖書館 東北大學附屬圖書館教養學部分
館 長崎大學附屬圖書館經濟學部分館 宮
城教育大學附屬圖書館 新潟縣立新潟圖書
館 龜岡市立圖書館 無窮會天淵文庫 出
雲大社日隅宮御文庫 靜嘉堂文庫 廣島市
立淺野圖書館 福井市立圖書館藏本

【按】每半葉有界九行,行二十一字。小字
雙行,低一格,行二十字左右。

前有虞山錢謙益《序》,古婺張國維《序》,德
州盧世㴐《序》,小寒山陳函輝《序》,西吳凌義
渠《序》,西山張能鱗《序》,漢中張鳳翮《序》,
古越蔣文運《序》等。

是集各經卷目如次:

一、《周易兼義》九卷 附《略例》一卷《音
義》一卷 （魏）王弼 （晋）韓康伯注
（唐）孔穎達正義 《略例》王弼撰
（唐）邢璹注 《音義》（唐）陸德明撰
明崇禎四年（1631 年）刊行

二、《尚書注疏》二十卷 （漢）孔安國傳
（唐）陸德明音義 孔穎達疏 明崇禎
五年（1632 年）刊行

三、《毛詩注疏》二十卷 （漢）鄭玄箋
（唐）陸德明音義 孔穎達疏 明崇禎
三年（1630 年）刊行

四、《周禮注疏》四十二卷 （漢）鄭玄注
（唐）陸德明音義 賈公彥疏 明崇禎
元年（1628 年）刊行

五、《儀禮注疏》十七卷 （漢）鄭玄注
（唐）陸德明音義 賈公彥疏 明崇禎

九年(1636 年)刊行

六、《禮記注疏》六十三卷　(漢)鄭玄注
　　(唐)陸德明音義　孔穎達疏　明崇禎
　　十二年(1639 年)刊行

七、《春秋左傳注疏》六十卷　(晋)杜預注
　　(唐)陸德明音義　孔穎達疏　明崇禎
　　十一年(1638 年)刊行

八、《春秋公羊注疏》二十八卷　(漢)何休
　　學　(唐)陸德明音義　(□)闕名疏
　　明崇禎七年(1634 年)刊行

九、《春秋穀梁注疏》二十卷　(晋)范甯集
　　解　(唐)陸德明音義　楊士勛疏　明
　　崇禎八年(1635 年)刊行

十、《論語注疏解經》二十卷　(魏)何晏集
　　解　(宋)邢昺疏　明崇禎十年(1637
　　年)刊行

十一、《孝經注疏》九卷　(唐)玄宗注
　　(宋)邢昺校　明崇禎二年(1629 年)
　　刊行

十二、《爾雅注疏》十一卷　(晋)郭璞注
　　(宋)邢昺疏　(□)闕名音　明崇禎
　　元年(1628 年)刊行

十三、《孟子注疏解經》十四卷　(漢)趙岐
　　注　(宋)孫奭疏　明崇禎六年(1633
　　年)刊行

宮內廳書陵部藏本,闕《周易略例》一卷、《周易音義》一卷,共一百五十八册。

內閣文庫藏此同一刊本共四部。一部共一百六十册;一部原係明人戴金舊藏,後歸昌平坂學問所,今闕《春秋左傳注疏》六十卷,共一百二十五册;一部今闕《論語注疏解經》二十卷、《孟子注疏解經》十四卷,共一百四十九册;一部《春秋左傳注疏》闕卷十一至卷十六,《禮記注疏》闕卷十七、卷十八,共一百五十六册。

尊經閣文庫藏本,原係江户時代加賀藩主前田綱紀等舊藏,共二百零二册。

蓬左文庫藏本,共一百二十册。

米澤市立圖書館藏本,共一百册。

足利學校遺蹟圖書館藏本,今闕《論語注疏解經》二十卷,共一百四十三册。

東京大學藏此同一刊本四部。兩部存總合圖書館,其中一部原係中國廣東籌賑日災總會寄贈本,共一百二十四册;一部係殘本,今缺《尚書注疏》、《周禮注疏》、《儀禮注疏》、《禮記注疏》、《春秋公羊注疏》、《孝經注疏》、《孟子注疏解經》,凡七經,實存六經,共八十六册。另外兩部今存東洋文化研究所,一部係用清光緒年間刊本補配。

京都大學藏此同一刊本五部。一部今存附屬圖書館,共一百四十一册。一部原係狩野直喜舊藏,1959 年(昭和三十四年)由狩野氏家贈送京都大學文學部中國語學文學哲學史研究室,共一百二十册。其餘三部今存人文科學研究所東洋學文獻中心,其中一部卷中有"仁和韋氏玉雨堂"印記,共一百四十八册;一部共一百十四册;一部僅存《序》,并《春秋公羊注疏》二十八卷、《論語注疏解經》十四卷,卷中有"賜蘆文庫"印記,共十四册。

東北大學附屬圖書館藏此同一刊本兩部。一部共一百六十册;一部係同版後印本,共一百三十册。

東北大學教養學部藏本,今闕《周禮注疏》四十二卷,共一百零四册。

長崎大學經濟學部藏本,今闕《周易兼義》九卷、《禮記注疏》六十三卷、《論語注疏解經》二十卷、《孝經注疏》九卷。

宮城教育大學附屬圖書館藏本,原係宮城縣女子師範學校等舊藏,共一百五十九册。

新潟縣立新潟圖書館藏本,有清初補刊本。

龜岡市立圖書館藏本。今《周易兼義》闕卷五至卷九,《尚書注疏》闕卷十、卷十一、卷十九、卷二十,《禮記注疏》闕卷一、卷二、卷十一、卷十七、卷十八。

出雲大社日隅宮御藏本,今《周易兼義》闕卷一至卷六、卷八、卷九,《尚書注疏》闕卷十至卷十二,《周禮注疏》闕卷十一、卷十二、卷三十一、卷三十二、卷三十四至卷四十二,《儀

禮注疏》闕卷三、卷十七,《禮記注疏》闕卷五十六至卷五十八、卷六十二、卷六十三,《春秋左傳注疏》闕卷四十一、卷四十九、卷五十,《春秋公羊注疏》闕卷十九至卷二十二、卷二十五、卷二十六,《春秋穀梁傳》、《論語注疏解經》、《孝經注疏》三種全闕,《孟子注疏解經》闕卷三、卷四、卷十四。

無窮會藏本,原係加藤天淵等舊藏。共一百十一册。

静嘉堂文庫藏本,共八十七册。

廣島市藏此同一刊本兩部,一部共二百册。另一部係汲古閣版後印本,共一百八十册。

福井市藏本,闕錢謙益《序》。卷中有"越國文庫"朱文方印、"圖書寮"朱文長方印。共一百七十九册。

十三經古注二百九十卷

(明)金蟠　葛鼐校

明崇禎十二年(1639年)永懷堂刊本　共四十八册

東京大學東洋文化研究所　京都大學文學部中國語學哲學文學研究室藏本

【按】每半葉有界九行,行二十五字。白口,左右雙邊。

是集有清同治五年(1866年)補刊

是集各經卷目如次:

《周易》九卷　附《略例》一卷

《書經》三十卷　《詩經》二十卷

《儀禮》十七卷　《周禮》四十二卷

《禮記》四十九卷

《春秋左傳》三十卷

《春秋公羊傳》二十八卷

《春秋穀梁傳》二十卷

《爾雅》十一卷　《論語》二十卷

《孝經》九卷　《孟子》十四卷

【附錄】據《書籍元帳》記載,日本孝明天皇嘉永二年(1849年)從中國輸入《十三經古注》一部。

十三經解詁五十六卷

(明)陳深編撰

明萬曆年間(1573—1620年)刊本

内閣文庫　尊經閣文庫　東京大學總合圖書館藏本

【按】每半葉有界九行,行十八字。小字雙行,行同正文。白口,四周單邊。

是集各經卷目如次:

《易》三卷　《書》三卷

《詩》四卷　《周禮》六卷

《儀禮》四卷　《禮記》十卷

《左傳》十四卷　《公羊傳》三卷

《穀梁傳》二卷　《論語》一卷

《孝經》一卷　《爾雅》三卷

《孟子》二卷

内閣文庫藏此同一刊本兩部。一部原係紅葉山文庫舊藏,今闕《孝經》、《論語》、《孟子》三種,共二十册;一部共三十册。

尊經閣文庫藏本,原係江戶時代加賀藩主前田綱紀等舊藏,共二十三册。

東京大學總合圖書館藏本,原係市村瓚次郎買入本覺廬文庫舊藏,共二十八册。

十三經繹九卷

(明)梁斗輝撰

明天啓年間(1621—1627年)刊本　共四册

静嘉堂文庫藏本

經典釋文三十卷

(唐)陸德明撰

明崇禎年間(1628—1644年)覆宋刊本　共十四册

蓬左文庫藏本

【附錄】據《商舶載來書目》記載,桃園天皇延享四年(1747年)中國商船"計字號"載《經典釋文》一部抵日本。

又據《寅拾番船持渡書改目錄寫》記載,光格天皇天明六年(1786年)由中國輸入《經典釋文》一部(無脫葉)。

又據《外船齎來書目》記載,光格天皇寬政十二年(1800 年)中國商船"子九番"載《經典釋文》一部抵日本。

又據《書籍元帳》記載,光格天皇文化元年(1804 年)從中國輸入《經典釋文》一部。孝明天皇嘉永二年(1849 年)又從中國輸入《經典釋文》一部,價十匁。

今存日人奈良時代(701—794 年)《經典釋文》一卷。卷子全長 1818cm。卷背有"傳領東大寺蓮衆院經庫藏"。此本已被確認爲"日本重要文化財",今藏於奈良興福寺。

後櫻町天皇明和五年(1768 年)江户前川六左衛門刊印《經典釋文》。此本由日人關修齡(松窗)校,藪内信熊重校。

日本光格天皇文化六年(1809 年)江户慶元堂刊印《經典釋文》。

兩蘇經解

(宋)蘇軾　蘇轍撰

明萬曆二十五年(1597 年)畢氏刊本

尊經閣文庫　静嘉堂文庫　京都大學文學部中國語學哲學文學研究室藏本

【按】每半葉十行,行二十一字。白口,左右雙邊。

是集《經解》卷目如次:

一、《東坡先生易傳》九卷　蘇軾撰

二、《東坡先生書傳》二十卷　蘇軾撰

三、《潁濱先生詩集傳》十九卷　蘇轍撰

四、《潁濱先生春秋集傳》十二卷　蘇轍撰

五、《論語拾遺》一卷　蘇轍撰

六、《孟子解》一卷　蘇轍撰

七、《老子道德經解》二卷　蘇轍撰

尊經閣文庫藏本,原係江户時代加賀藩主前田綱紀等舊藏,共十五册。

静嘉堂文庫藏本,共十二册。

京都大學藏本,今存《易傳》九卷、《書傳》二十卷,共一册。

兩蘇經解

(明)焦竑輯

明刊本　共九册(合四册)

國立國會圖書館藏本

【按】卷前有明萬曆二十五年(1597 年)《序》。

各册目次如下:

第一册

《論語拾遺》一卷　(宋)蘇軾撰

《孟子解》一卷　(宋)蘇軾撰

《潁濱先生道德經解》二卷　(宋)蘇轍撰

第二——三册

《東坡先生易傳》九卷　(宋)蘇軾撰

第四——五册

《東坡先生書傳》二十卷　(宋)蘇軾撰

第六——八册

《潁濱先生詩集傳》十九卷　(宋)蘇轍撰

第九册

《潁濱先生春秋集解》十二卷　(宋)蘇轍撰

説經劄記十卷　端居瀸言一卷

(明)蔡汝楠撰

明刊本

内閣文庫藏本

【按】内閣文庫藏此同一刊本兩部。一部原係紅葉山文庫舊藏,共三册;一部原係豐後佐伯藩主毛利高標舊藏,此本係仁孝天皇文政年間(1818—1829 年)由出雲守毛利高翰獻贈幕府。明治初期經太政官文庫而歸内閣文庫。卷中有"佐伯侯毛利高標字培松藏書畫之印"等印記,共四册。

説經劄記八卷

(明)蔡汝楠撰

明嘉靖年間(1522—1566 年)刊本　共五册

尊經閣文庫藏本　原江户時代加賀藩主前田綱紀等舊藏

經學要義四卷　經學補四卷

（明）卜大有撰

明萬曆年間（1573—1620 年）刊本　共五冊

尊經閣文庫藏本　原江户時代加賀藩主前田綱紀等舊藏

【按】每半葉有界十行,行二十五字。小字雙行,行同正文。白口,四周單邊。

經史典奥六十七卷

（明）來斯行輯

明崇禎五年（1632 年）百順堂刊本

蓬左文庫　尊經閣文庫藏本

【按】蓬左文庫藏本,共二十四冊。

尊經閣文庫藏本,原係江户時代加賀藩主前田綱紀等舊藏,共二十冊。

泉齋簡端録十二卷

（明）邵寶撰　王宗元編

明嘉靖年間（1522—1566 年）刊本　共四冊

内閣文庫藏本　原紅葉山文庫等舊藏

【按】每半葉有界十行,行二十字。白口,左右雙邊。

經髓七卷

（明）陳世濬撰

明崇禎十二年（1639 年）刊本　共二冊

内閣文庫藏本　原紅葉山文庫等舊藏

棲霞山人疑筌稿六卷

（明）楊瞿峽撰

明刊本　共三冊

内閣文庫藏本　原豐後佐伯藩主毛利高標等舊藏

【按】此本係仁孝天皇文政年間（1818—1829 年）由出雲守毛利高翰獻贈幕府。明治初期經太政官文庫而歸内閣文庫。卷中有"佐伯侯毛利高標字培松藏書畫之印"等印記。

（八）四　書　類

（論語之屬）

論語鄭玄注（殘本）二卷

（漢）鄭玄注

唐寫本　日本重要文化財　卷子本一卷
書道博物館藏本　原中村不折翁等舊藏

【按】此卷全長 89.3cm，縱 24.9cm。正文每行約二十一字。鄭玄注文小字雙行，行字不等，約在三十字左右。

此卷今存起自"顔淵篇第十二"中"哀公問於有若曰"，止於"子路篇第十三"。

卷末頂格書"論語子路"，下書"鄭氏注"，中間有磨損。紙質係唐寫經通用之麻紙。

【附録】《論語》是最早傳入日本的中國古文獻之一。據現存日本的最早的書面文獻《古事記》（成書於 712 年）記載："天皇命令百濟國説，如有賢人，則貢上。按照命令貢上來的人，名叫和邇吉師，隨同這個人一起貢上《論語》十卷，《千字文》一卷，共十一卷。和邇吉師是文首等的祖先"（卷中"應神天皇條"）。這是中國文獻典籍東傳日本的最早記録。據稍後八年成書的《日本書紀》記載，此"和邇吉師"，漢字名即爲王仁。"和邇"是王仁的古日語讀音"ワニ"（wani）的萬葉假名表記法。此時日本文化尚處彌生時代後期。

公元 751 年，日本第一部書面文學集《懷風藻·序》在記述日本文明開化的歷程時説："至於神后征坎，品帝乘乾，……王仁始導蒙於輕島，辰爾終敷教於譯田。遂使俗漸洙泗之風，人趨齊魯之學。"此《集》其第六十首爲大學助背奈王行文所作《秋日於長王宅宴新羅客》一首。此詩結句曰："盃酒皆有月，歌聲共逐風，何事專對士，幸用李陵弓。"詩中"專對"之典，則來自《論語·子路篇》。原文曰："使於四方，不能專對，雖多亦奚爲？"這是關於《論語》最早浸入日本古代文學的記載。

元正天皇養老二年（718 年）制定的"養老令"，規定當時太學的課程必須學習《論語鄭玄注》與《論語何晏集解》二書。

九世紀日本著名的學者菅原道其（845—903 年）在《菅家文草》卷五中有《仲春釋奠　廳講〈論語〉同賦爲政以德》一首，詩曰：

"君政萬機此一輕，
乘龍不忘始收螢。
北辰高處無爲德，
疑是明珠作衆星。"

這是日本古文學中關于朝廷《論語》講筵的早期記載。

九世紀末藤原佐世編撰《本朝見在書目録》，其第八"論語家"類著録當時日本中央各機構蒐儲有關《論語》典籍如次：

《論語》十卷　鄭玄記；
《論語》十卷　何晏集解；
《論語》六卷　陸善經注；
《論語義疏》十卷　皇侃撰；
《論語疏》十卷　褚仲都撰；
《論語》六卷；
《論語義》一卷；
《論語音》一卷；
《論語弟子録名》一卷；
《論語私記》三卷；
《孔子正言》廿卷　梁武帝撰；
《孔子家語》廿一卷　王肅撰；
《家語抄》一卷。

論語鄭玄注（殘本）二卷

（漢）鄭玄注

唐人寫本　卷子本二卷

龍谷大學附屬圖書館藏本

【按】此卷子殘本爲"子路第十三"及"憲問第十四"。

此本係二十世紀初期（1902—1911年）京都西本願寺第二十二世門主大谷光瑞中亞探險隊在新疆吐魯藩所發現并歸藏於龍谷大學。

論語注疏十卷

（魏）何晏集解　（唐）陸德明音釋　（宋）邢昺疏

宋刊本　共十册

宮內廳書陵部藏本　原金澤文庫舊藏

【按】每半葉有界八行，行十六字。注文、疏文、釋文皆小字雙行，行約二十五字或二十六字。白口，單黑魚尾。左右雙邊（23.7cm×12.6cm）。版心著録"俞疏（論疏）（幾）（葉數）"。

卷首有《論語序》。題署"翰林侍講學士朝請大夫守國子祭酒上柱國賜紫金魚袋邢昺疏"、"唐國子博士兼太子中允贈濟州刺史吳縣開國男陸德明釋"。

本文卷首題"論語注疏卷第一"。次行題署"學而第一　何晏集解　邢昺疏"。經文下載注，然不標"注"字。疏則冠陽文"疏"字。疏後有釋文，亦冠陽文"釋"字。疏文與釋文的標字，皆圓圍單行大字。

卷中避宋諱，凡遇"匡、貞、敬、弘、慎、恒、敦"字，皆闕筆。

每卷首有"祕閣圖書之章"印，卷四、卷七首有"金澤文庫"印，卷一、卷四、卷七首有"檇李顧然雖叔"、"顧氏定齋藏書"印，卷三、卷六、卷十末有"定齋"、"讀書精舍"印等。此本係日本中世紀金澤文庫外流出漢籍之一種。

卷中有磨損處，卷六第十四葉係江戶時期補寫。

森立之《經籍訪古志》卷二著録宋刊本《論語注疏解經》，楓山官庫藏本，稱其"撫刻極精，北宋刊本之佳者"，即此本。日人島田翰《古文舊書考》定此本爲"寧宗以後刊本"。

傅增湘《藏園群書經眼録》卷二謂"此本標題無解經二字，與各本皆不同，其式甚古。分卷不作二十，爲元貞本所自出。注疏後附釋文，則尤元貞本及明以來諸本所無，殊可寶貴。"傅氏斷此本"宋諱避至敦字止，字體瘦勁，是光宗時蜀中刊本"。

此本於1929年由中華學藝社影刊（張元濟解題），1930年（昭和五年）由澁澤榮一影刊。張氏稱此本爲海內無雙之寶籍，爲《論語注疏》現存最古最善之本。

【附録】日本現存何晏《論語集解》古寫本主要如次：

龜山天皇文永五年（1268年）閏一月及文永七年（1270年）十二月寫本，存卷第七。每紙十八行，行十三字。此本係中原家家學本。今藏於京都市醍醐寺。此本已被確認爲"日本重要文化財"。

龜山天皇文永五年（1268年）八月中原師秀寫本殘存卷第八。卷末有識文曰："文永五年八月三日以家本書寫畢（後有花押），九月十一日移點了。"此殘本與京都市醍醐寺藏《論語集解》殘卷第七，實爲同一寫本。今藏於東洋文庫。此本已被確認爲"日本重要文化財"。

後二條天皇嘉元元年（1303年）寫本。今殘存卷第四、卷第八，此係中原家秘傳之本。今藏於京都市高山寺。此本已被確認爲"日本重要文化財"。

花園天皇正和四年（1315年）六月寫本，此本十卷十帖，爲清原家《論語》完本之傳本。本文卷首題"論語學而第一"，空一字署"何晏集解"。無邊無界，每折五行，十一字。卷一、卷二、卷三、卷八、卷十末皆有"清原在判"手識文。此本今藏於東洋文庫，已被確認爲"日本重要文化財"。

後醍醐天皇元應二年（1320年）九月寫本，粘葉裝十卷十册。此本係僧人教圓寫於豐前國（今大分縣北部、福岡縣東部）吉田莊。今藏於愛知縣名古屋市。此本已被確認爲"日本重要文化財”。

後醍醐天皇元德三年（1331 年）五月五山名僧虎關師練寫本，今殘存四卷。此本祖本係本清原家家學本。今藏於愛知縣木村康雄處。此本已被確認爲“日本重要文化財”。

鎌倉時代（1185—1333 年）後期寫本。今殘存卷第七、卷第八。此爲清原家傳出之本，卷第八紙背有清原康祐自署。今藏於京都市高山寺。此本已被確認爲“日本重要文化財”。

鎌倉時代後期寫本。今殘存卷第四。今藏於愛知縣猿投神社。此本已被確認爲“日本重要文化財”。

北朝後光嚴天皇康安二年（1362 年）十月甚海寫本。今殘存卷第三、卷第七、卷第十。今藏於愛知縣猿投神社。此本已被確認爲“日本重要文化財”。

後小松天皇應永年間（1394—1427 年）寫本。十卷十帖。一折四行，行十四字。烏絲欄邊。卷一末及卷十末有“應永九年（1402 年）八月廿二日感得之。天台住侶兼英”（花押）題識。卷六末有“醫王麿”，卷四末、卷五末及卷七末有“醫王麿之”，卷八末及卷九末有“醫王丸”等題識。卷中有“鹽穴寺”、“雲邨文庫”等印記。

十四世紀南北朝時代（1331—1392 年）寫本。每半葉八行，每行本文注文共十六字。題籤曰《圓珠經》。有“新宫城書藏”、“賜蘆文庫”等印記。

十五世紀室町時代（1393—1573 年）足利學校庠主九華寫本，無界九行。此本今存足利學校遺蹟圖書館。

十五世紀室町時代寫本。此本係五山僧侶手録。

十五世紀室町時代寫本。每半葉七行，每行本文注文共十三字。題籤曰《圓珠經論語集解》。

十五世紀室町時代寫本。每半葉八行，每行本文注文共十七字。題籤曰《魯論》。

十五世紀室町時代寫本。每半葉八行，每行本文注文共十六字。卷中有訓點及朱圈。

十五世紀室町時代寫本。每半葉八行，每行本文注文共十五字。全卷有訓點。此本文字與他本相較，常有相異之處，如有“與朋友交言而不信乎”等文句。

十五世紀室町時代寫本。每半葉九行，每行本文注文共二十字，間有十九字者。卷一至卷六係一人手筆，卷七至卷十係另一人手筆。

十五世紀室町時代寫本二卷。今殘存《公冶長篇》第五與《雍也篇》第六共六葉。卷中有“乎古止點”。題籤曰“海龍王寺傳來之本”。

十六世紀室町時代末期寫本八卷。今存卷三至卷十。每半葉六行，行十二字。卷三與卷四注明經文和注文字數，餘皆不注。每册末有“豪舜之”墨書。

十六世紀室町時代末期寫本。每半葉七行，每行十六字。題籤左肩紅紙《論語》，内題《論語（篇名）》，尾題《論語（卷數）》。

後柏原天皇文龜二年（1502 年）寫本。此本今殘存卷七至卷十凡四卷。每半葉八行，行約十五字。卷末有“題識”曰：“于時文龜二年四月五日之終。”文内施加訓點，並有假名旁訓。每卷末有經文及注文字數。

後柏原天皇大永四年（1524 年）寫本。此本無邊無界，每半葉約六行，行十三字。卷末有江户時期木村正辭的識文，曰“大永鈔本《何晏集解論語》三策，獲之於四日市書肆。蓋京師藤原貞幹之舊物也”。卷中有“左京藤原貞幹藏書”、“江户四日市珍書□達摩屋五一”，“木正辭章”、“雲邨文庫”等印記。

後柏原天皇永正十一年（1514 年）寫本。此本今殘存卷五至卷十凡六卷。每行約十二字至十五字不等。

正親町天皇永禄四年（1561 年）寫本。每半葉七行，每行十五字。卷中有朱筆識語曰，“永禄四年辛酉中冬下旬晦日申刻書寫了”云云。卷末有“天正十二年甲申（1584 年）戈九月晦日校合，此係日本僧人法印静文所題。

江户時代初期梅仙東連寫本。此本單邊有界，七行十四字，係慶長年間（1596—1614 年）

建仁寺梅山叟東逋筆錄永正年間（1504—1520年）清原氏家本。原係德大奇家舊藏。

日本現存何晏《論語集解》和刻本如次：

後村上天皇（南朝）正平十九年（1364年）刊本。此本卷末有“堺浦道祐居士重新命工鏤梓、正平甲辰五月吉日謹誌”二行刻刊木記，并有“學古神德楷法日下逸人貫書”一行木記，即正平刊本中的“雙跋本”，係日本和刻《論語集解》中現存最古老的版本。

後村上天皇（南朝）正平年間（1346—1369年）刊本。此本卷末删去“學古神德楷法日下逸人貫書”一行十二字，存“堺浦道祐居士重新命工鏤梓，正平甲辰五月吉日謹誌”二行，即正平刊本中的“單跋本”，此係據“雙跋本”重刷印本。

後村上天皇（南朝）正平年間刊本。此本行款一如“雙跋本”與“單跋本”，每半葉六行，行十三字，然删去卷末所有跋文，即正平本中“無跋本”，此本係剷去“單跋本”卷末題跋二行而刷印者。

後土御門天皇明應八年（1499年）平武道重刊正平版《論語集解》，行款格式同前。卷末有《跋語》曰：

　　“今兹一書，夫子之遺言，而漢朝諸儒所注解也，寔是五經之輨轄、六藝之喉衿也，天下爲民生者，豈不仰其德矣哉。明應龍集己未仲穐良日　西周平武道敬重刊。”

後奈良天皇天文二年（1533年）阿佐井野氏刊本。每半葉七行，每行十四字，黑口，單邊。題籤《東京魯論　唐歐陽詢書》，卷首有金紫光禄大夫清原宣賢《序》。

後陽成天皇慶長年間（1596—1615年）京都下村生藏活字刊本。每半葉七行，行十七字。白口，四周雙邊。

後陽成天皇慶長十四年（1609年）京都要法寺刊本。每半葉七行，行十七字。黑口，四周雙邊。卷末有版記曰“慈眼刊　正運刊　洛汭要法寺内開板”。

中御門天皇享保十七年（1732年）江户千鐘堂須原屋茂兵衛刊本，此本由伊藤長胤校訂。

光格天皇天明三年（1783年）刊本。此本題曰《論語集解標記》，由岩垣彦明標記。

光格天皇文化十年（1813年）刊本。此本係正平本《論語集解》的覆刻本。卷末附《正平本論語札記》，題“文化十年癸酉冬十月江户市野光彦識”。

十八世紀江户時代中期致道館活字刊本。每半葉十行，行十七字。題籤左肩墨書《論語》，版心有“致道館”并葉數。

仁孝天皇文政八年（1825年）刊本。此本題《縮臨古本論語集解》十卷，魏何晏注。由日人石川之裦編。此本相傳係據平安時代（794—1185年）菅原道真之真筆本刊行。

仁孝天皇天保八年（1837年）有造館重刊《縮臨古本論語集解》。每半葉九行，行十八字。卷末有天保八年六月津藩有造館川村尚迪《跋》。

孝明天皇嘉永元年（1848年）西米寺真阿刊本。每半葉八行，行十七字。題籤中央曰《論語卷第一乃至第五》（另一册題卷第六乃至第十）。

此外，日本現在尚保存有皇侃《論語義疏》寫本。主要藏本如次：

十四世紀室町時代初期寫本。此本每半葉九行，行二十四字，四周單邊。題籤左肩書曰《皇侃疏一之二（——九之十）》，尾題《論語卷一（——十）》。全卷有朱筆訓點。此本已被確認爲“日本重要美術財”。

後奈良天皇天文十年至天文十四年（1541—1545年）寫本。單邊有界，每半葉九行，行二十字。經文與注文皆大字，注文於經文下低一字。疏文在經注之下，小字雙行。此本闕卷九與卷十。卷一至卷八末皆有識文，係抄寫者越後國上寺（今新瀉縣西蒲原郡之真言宗寺）僧人快範所題。

十六世紀室町時代後期寫本，袋綴裝。此本今藏於足利學校遺蹟圖書館，已被確認爲“日本重要文化財”。

十六世紀室町時代後期清源家寫本。此本今藏於京都大學附屬圖書館,已被確認爲"日本重要文化財"。

十六世紀室町時代末期寫本。此本欄眉有標注,間引朱注。

十六世紀室町時代末期寫本。此本每半葉九行,行二十字。卷中有朱墨點,卷二係另一人鈔補,卷三末有朱文壺形"語"字藏書印。

十六世紀室町時代末期寫本。此本闕卷十。每半葉九行,行二十字,卷中有朱筆句讀,并間有邢昺疏文。卷三末有"延德貳年末冬十二月廿九日(以下破損)"識語。

十六世紀室町時代末期寫本。此本每半葉九行,行十九字。上欄有批文,如"朱注云"、"朱氏云"、"新注云"等等。

日本現存皇侃《論語義疏》和刊本主要如次:

桃園天皇寬延三年(1750年)東都藤木久治刊《論語集解義疏》十卷。此本由日人根本遜志校,有服元喬《序》。寬延五年(1752年)有重印本。元治元年(1864年)有浪華萬蘊堂補刊本。

光格天皇寬政五年(1793年)刊本。此本寬政七年(1795年)有松村九兵衛等修補本。其後有柳原喜兵衛重印本,河內堂河內屋八兵衛重印本,堺屋定七重印本等。

日本現存《論語注疏》十卷本和刊本如次:

江戶時代越前(福井縣東部)藩刊本。題署"魏何晏集解　宋邢昺疏。"此本有阮元編"校勘記"。其後,大阪河內屋忠七等有重印本,但無"校勘記"。

論語注疏解經十卷

(魏)何晏注　(宋)邢昺疏

明嘉靖年間(1522—1566年)李元陽刊本

共二冊

內閣文庫藏本　原林氏大學頭家等舊藏

【按】每半葉九行,行二十一字。小字雙行。白口,四周單邊。版心下記刻工姓名。

論語注疏解經二十卷

(魏)何晏集解　(宋)邢昺疏

元泰定四年(1327年)刊至明正德遞修本

共六冊

静嘉堂文庫藏本　原陸心源皕宋樓舊藏

【按】每半葉有界十行,行十八字。注文疏文小字雙行,行二十三字。白口(修補葉有黑口、粗黑口),雙黑魚尾。左右雙邊(18cm×12.4cm)。版心著錄"吾充(語疏)(幾)(葉數)"。左欄外側上方有耳格,記篇名。上象鼻處記大小數字,下象鼻處有刻工姓名,如王英玉、王君錫、王國祐、新安王榮、胡古月、江子明、江住郎、蔡壽甫、崔德甫、茂卿、劉和甫、程瑞卿、葉德遠、詹應祥、天錫、德山、德成、以清、國右、子明、天易、德元等。

此本卷十四至卷十六,係後人補寫。卷中有明正德年間修補葉。修補紀年皆被剜削而以剔紙襯補。原刊版心偶見刊印紀年,如卷一本文首葉版心有"泰定四年程瑞卿",卷三首葉版心有"泰定丁卯　王英玉"等。

卷首有《論語注疏解經序》。本文卷首題"論語注疏解經卷第一",次行署"學而第一　何晏集解　邢昺疏。"

卷中避宋諱,凡"玄、弦、弘、匡、恒、貞、徵、懲、樹、讓、桓、完、慎、敦"等字,或缺筆、或墨圍、或加括弧。

卷十四、卷十五、卷十六係後人抄補。卷中有"歸安陸樹聲叔桐父印"等印記。

森立之《經籍訪古志》卷二著錄昌平學藏元泰定刊本《論語注疏解經》二十卷,與此爲同一刊本。

【附錄】光格天皇寬政十二年(1800年)總州六經舍刊印《論語注疏解經》二十卷。此本由日人關盈文點。仁孝天皇弘化二年(1845年)和泉屋善兵衛等有修補刊本。

論語注疏解經二十卷

(魏)何晏注　(宋)邢昺疏

明嘉靖年間（1522—1566 年）福建刊本　共六冊

廣島大學文學部藏本

論語注疏解經二十卷

（魏）何晏集解　（宋）邢昺疏

明刊本　共五冊

小如舟書屋藏本

【按】每半葉九行，行二十一字。小字雙行，白口，四周單邊。版心記刻工姓名。

前有邢昺《論語注疏解經序》。

此本卷十七之二闕。

論語注疏解經二十卷

（魏）何晏集解　（宋）邢昺疏

明崇禎年間（1628—1644 年）毛氏汲古閣刊本

大阪府立圖書館　新潟縣立新潟圖書館　東北大學附屬圖書館　早稻田大學圖書館　國學院大學附屬圖書館梧蔭文庫　關西大學綜合圖書館內藤文庫　龍谷大學大宮圖書館　二松學舍大學附屬圖書館　酒田市立光丘文庫藏本

【按】每半葉九行，行二十一字。小字雙行，低一格，行二十字。白口，四周單邊（19.6cm×12.7cm）。

東北大學附屬圖書館藏本，原係狩野亨吉等舊藏，共四冊。

早稻田大學圖書館藏此同一刊本三部。一部原係服部南郭家服部文庫舊藏，共六冊。一部原係柳田泉氏柳田文庫舊藏，共四冊。另一部亦共四冊。

國學院大學附屬圖書館梧蔭文庫藏本，原係井上毅等舊藏，共四冊。

關西大學藏此同一刊本兩部，皆原係內藤湖南舊藏。一部卷中有"愚門之印"等印記；一部卷中有"秋月春風樓磯氏印"印記，並有內藤湖南 1903 年手題識文："閩本論語。共貳本。癸卯三月，炳卿。"

龍谷大學大宮圖書館藏本。原係寫字臺文庫等舊藏，共六冊。

二松學舍大學附屬圖書館藏本，原係赤塚文庫舊藏，共六冊。

酒田市立光丘文庫藏本，原係本間光彌等舊藏，共四冊。

論語集注十卷

（宋）朱熹集注

元延祐五年（1318 年）趙鳳儀刊本　共四冊

宮內廳書陵部藏本　原京都三角氏等舊藏

【按】每半葉有界七行，行十五字。注文小字雙行，行同正文。白口或黑口，左右雙邊。（22.7cm×16cm）。版心有刻工姓名，如張雪谷、潘宗玉、王伯大、徐德俊、王朝佐、君澤等。

卷首有朱熹《集注序說》，並《讀論語孟子法九則》，後有趙鳳儀行書《題辭》，其文曰：

"余官京師時，士大夫之仕于溫者，以泮宮《四書》見贈，視其句讀明白，心甚嘉之。暨來爲守，則板籍皆煨燼矣。思倣舊重刊，以惠後學。會建稽古閣成，乃俾學錄周習甫詳加校正，大字繕寫，聚工鋟梓，通三百九十餘板，庋列於閣，願慕者聽焉，庶家有是書，由口誦而躬行，實美教化之一助也。時延祐戊午長至日　古汴趙鳳儀書。"

此本外皮題籤大書《魯論》二字，似十六世紀室町時代後期日人所書。

卷一有室町時期朱筆點引，卷三有朱筆引假名抄。行間眉上間有假名批識。

森立之《經籍訪古志》卷二著錄此本。

此本係《四書集注》之零本。

【附錄】日本現存朱熹《論語集注》和刊本主要如次：

東山天皇元祿十一年（1698 年）刊本。

桃園天皇寶曆七年（1757 年）刊本。

光格天皇文化年間（1804—1818 年）刊本。

仁孝天皇天保年間（1830—1844 年）刊本。

江戶時代仙台養賢堂刊本。

江戶時代山崎嘉點刊本。

江戶時代中村惕齋點刊本。

江戶時代後藤世鈞點刊本。

此外,尚有朱熹《論語或問》二十卷和刊本兩種,寫本一種:

1. 後光明天皇正保四年(1647年)田原仁左衛門刊本。

2. 後光明天皇慶安三年(1650年)刊本。

3. 江戶時代初期寫本,此本係林羅山手校。

論語集注十卷

(宋)朱熹集注

明正德二年(1507年)余氏鳳山精舍刊本　共二册

茨城大學附屬圖書館菅文庫藏本　原江戶時代水戶菅政友等舊藏

【按】此本卷首有"正德丁卯孟春余氏鳳山精舍新刊"木記。卷末又有"正德丁卯余有堂新刊"木記。

森立之《經籍訪古志》卷二著錄求古樓藏明正德丁卯刊《論語集注》十卷,版式雖同,然非一本,求古樓藏本今不知所在。

又,森立之另著錄昌平學藏元建安劉氏南瀾書堂刊《論語集注》十卷,今亦不知所在。

論語集注十卷

(宋)朱熹集注

明刊本　共一册

東北大學附屬圖書館狩野文庫藏本　原狩野亨吉等舊藏

論語十卷　孟子七卷

(宋)朱熹集注

明萬曆五年(1577年)朱氏晋畊書舍刊本　共四册

京都大學附屬圖書館藏本

論語集注(新鍥李太史訂正四書詳明講意龍騰集注)十卷

(宋)朱熹集注　(明)李廷機訂正

明冲泉詹洪刊本　共三册

大谷大學悠然樓藏本　原大西行禮等舊藏

論語(集注)纂疏十卷

(宋)朱熹集注　趙順孫纂疏

元覆宋刊本　共二十册

東洋文庫藏本　原毛氏汲古閣　傅增湘等舊藏

【按】每半葉有界九行,行二十一字。朱注低一格,單行大字。疏低一格,小字雙行,行十九字。白口,雙黑魚尾。左右雙邊(23.2cm×14.2cm)。版心著錄"(幾)卷(葉數)"。上象鼻處有大小字數,下象鼻處有刻工姓名,如許怡、賈真、吳興、顧震、黃宥、黃升、蔡元道、蔡仁、史祖、章水、徐侃、徐嵩、沈祖、沈禮、陳金、丁銓、馬良、藍宗、李斗文、劉文等。

卷首有清源洪天錫《序》。次有趙順孫纂錄《讀論孟集注綱領》、《讀論語孟子法》,次有趙順孫撰《論語朱子集注序說》。本文卷首題《論語卷第一》,次行低四格署"朱子集注",後隔三格署"後學趙順孫纂疏",次行低二格題"學而第一"。

卷中有"汲古閣"、"毛氏家藏"、"毛斧季攷藏記"、"江虞傅沅叔考藏善本"等印記。第一册末有沈勇植"識文",題署"癸丑臘月沈勇植敬觀"。又有附箋,題署"謏周齋顧氏藏"。

論語拾遺一卷　孟子解一卷

(宋)蘇轍撰

明刊本　共一册

內閣文庫藏本　原林氏大學頭家等舊藏

論語考異一卷　孟子考異一卷

(宋)王應麟撰

明崇禎九年(1636年)詩瘦閣刊本　共一册

京都大學附屬圖書館藏本

(附音傍訓)晦庵論語句解二卷

(宋)李公凱撰

南宋建安刊本 共一册

宮內廳書陵部藏本 原木村兼葭堂 昌平坂學問所等舊藏

【按】每半葉有界十二行,行二十一字。注文小字雙行,行約二十四字。細黑口,雙黑魚尾。左右雙邊(18.1cm×12.3cm)。版心著錄"語上(或下)(葉數)"。左上欄外有耳格記篇名。經文有聲點,文右側有小字義訓,如:

(經文)子曰,學而時習之,不亦説乎。

(義訓)孔子言 學 重習 豈不 悦在心。注文末以陰文標字附音注。

卷首題"附音旁訓晦庵論語句解卷上",次行低六格署"宜春李公凱仲容",第三行低二格題"學而第一"。

卷中避宋諱,凡"匡、恒、桓、慎"字皆缺筆。

此本卷上末葉與卷下首葉錯頁誤綴。卷中有破損之處。卷下"附音"作"音點"。

卷中有"尹瑜公謹"、"坡平尹氏"、"兼葭堂藏書印"、"昌平坂學問所"、"淺草文庫"等印記。

(附音傍訓)句解論語二卷

(宋)李公凱撰

南宋末建安刊本 共二册

慶應義塾大學附屬研究所斯道文庫藏本 原清原家 福井氏崇蘭館 小汀利得等舊藏

【按】每半葉有界十二行,注文小字雙行,行約二十字。經文有句點,語意傍訓以小字附於行間,注文末附音義,以陰刻白文爲標識。細黑口,雙黑魚尾。左右雙邊(15.9cm×10cm)。版心著錄"吾上(或下)(葉數)"。左上欄外側有耳格記篇名。

卷中避宋諱,然並不嚴格。

全卷經文皆有室町時代朱筆"乎古止"點,並有漢字假名注音。欄外天邊地頭間或有朱筆校字。

封面有紅色題籤"論語句解乾(坤)"。左下端有"東"字墨印。後副葉有"青松"墨筆署名。卷首有"小汀文庫"朱印,卷尾有"小汀藏書"朱印。此本"東"字印,係明經博士清原家藏印,

"青松"乃室町時代(1393—1573年)明經博士清原國賢號。

論語通十卷

(元)胡炳文撰

元劉氏南澗書堂刊本 共五册

內閣文庫藏本 原吉田意庵 昌平坂學問所等舊藏

【按】每半葉有界十一行,行十九字。朱注改行低一格中字單行,行約二十字。注文末以陰刻"通曰"爲標識附自說,通文小字雙行。細黑口,雙黑魚尾。四周雙邊(20.5cm×12.7cm)。版心著錄"論語通卷(幾)(葉數)"。左上欄外側有耳格記篇名。

封面外題"論語通幾之幾",右下端墨書"四書通七(——十一)"。卷首有《論語朱子序》。次有《論語朱子集注序說》,尾題《論語朱子序說》。次有《讀論語孟子法》。此二文皆署"後學胡炳文通"。本文卷首題"論語卷之一",次行低三格署"朱子集注",第三行低八格署"後學 胡炳文通",第四行低二格題"學而第一"。

《論語朱子序》後,有雙行篆書刊行牌記曰:"建安劉氏南澗書堂重刊。"

卷中有"吉田氏藏"、"昌平坂學問所"、"文化丁卯"等印記。

此本係元刊《四書通》之零本。森立之《經籍訪古志》卷二著錄昌平學藏元槧本《論語集注》十卷, 即係此本。森氏誤將《論語通》題爲《論語集注》了。

論語輯釋二十卷

(元)倪士毅輯釋

元至正二年(1342年)建安日新堂刊本 共六册

慶應義塾大學附屬研究所斯道文庫藏本 原尊經閣文庫舊藏

【按】每半葉有界十三行,行二十一字。朱注低一格單行大字,行二十三字。疏文低一格小字雙行,行二十三字。細黑口,雙黑魚尾。四

周雙邊(21.4cm×13.3cm)。

卷首有《論語朱子集注序説》。次有《讀論語孟子法》。本文卷首題"論語卷之一",次行低四格題"朱子集注",第三行低七格署"後學新安倪士毅輯釋",第四行低二格題"學而第一"。

卷中有朱筆標記的使用日語讀漢字的順序符號,并有標明漢字訓讀的假名。注文中有朱筆句點。

此本原係江户時代加賀藩主前田綱紀舊藏,插架於前田氏尊經閣,後歸慶應義塾大學斯道文庫所有。

卷中有"尊經閣章"、"前田氏尊經閣圖書記"等印記。

論語輯釋通考四卷　首一卷

(元)倪士毅輯釋　王元善通考
明永樂四年(1406年)博雅堂刊本　共三册
內閣文庫藏本　原昌平坂學問所等舊藏

論語諸儒集成二十卷

(元)吳真子集成
元刊本　共十二册
尊經閣文庫藏本　原金澤文庫等舊藏
【按】每半葉有界十行,行十八字。集注低一格中字雙行,行二十字。疏文低一格小字雙行,行二十二字。細黑口,雙黑魚尾。左右雙邊(17.8cm×11cm)。版心著録"語(幾)卷(葉數)"。左上欄外有耳格記篇名。文中凡語録、或問、集義、張子注、程氏、通釋、集疏、纂疏等標字,皆大字陰刻。引用人名與音釋標字,皆圍圈示之。

本文卷首題"論語卷之一",次行墨圍陰刻題"諸儒集成之書",第三行低三格小字雙行題"朱子集注　朱子集義　朱子語録　朱子或問",第四行接續"南軒張子注　黄氏通釋　蔡氏集疏　趙氏纂疏",第五行低二格題"學而第一"。

首册題籤有剥脱痕跡,墨書"論語五臣疏"。卷四第三十五葉、第三十六葉,卷五第二十三

葉、第二十四葉,卷十九第二十四葉以下皆補寫。卷中經文、疏文間有朱筆點引,并有漢字假名注音,引《玉篇》等音注,字體非一人所爲。

卷中有"金澤學校"之印記。

此本係元刊本《四書集成》之零本。

論語纂圖一卷　論語釋文音義一卷

不著撰著人名氏　《音義》(唐)陸德明撰
元元貞二年(1296年)平陽府梁宅刊本　共一册
蓬左文庫藏本　原江户時代德川義親等舊藏
【按】每半葉十三行,行二十四字。

《論語纂圖》輯《晦庵集注史記孔子世家》、《孔子年譜》等,并載"門弟子"、"時君"、"列國臣"、"時人"、"古之魯城"、"杏壇"、"殷輅"、"周冕"、"樂器"等圖。

《纂圖》末有"元貞丙申平水梁宅印"木記。

《音義》末有"平陽府梁宅印行"木記。

卷首有"御本之印",爲江户駿河"御讓本"之一種,原係德川義親等舊藏。

論語駁異二十卷

(明)王衡撰　婁堅校
明刊本　共六册
內閣文庫藏本　原紅葉山文庫等舊藏

論語外篇十八卷

(明)李栻撰
明萬曆十二年(1584年)刊本　共四册
尊經閣文庫藏本　原江户時代加賀藩主前田綱紀等舊藏
【按】每半葉九行,行十八字。白口,左右雙邊。

論語義府二十卷

(明)王肯堂撰
明刊本　共四册
內閣文庫藏本　原豐後佐伯藩主毛利高標

舊藏

【按】每半葉有界十行,行二十四字。白口,四周單邊。

此本係仁孝天皇文政年間(1818—1829 年)由出雲守毛利高翰獻贈幕府。明治初期經太政官文庫而歸內閣文庫。

卷中有"佐伯侯毛利高標字培松藏書畫之印"等印記。

【附錄】據《商舶載來書目》記載,後桃園天皇安永三年(1774 年),中國商船"以字號"載《論語義府》一部抵日本。

(孟子之屬)

孟子七卷

(漢)趙岐注

明萬曆年間(1573—1620 年)刊本 共二冊

宮內廳書陵部藏本

【按】此本係《四書集注》事文實錄本。

【附錄】後陽成天皇慶長年間(1596—1615 年)京都下村生藏刊《孟子》十四卷,(漢)趙岐注。每半葉七行,行十七字,白口,四周雙邊。此本係木活字本。

後陽成天皇慶長年間木活字刊本《孟子》十四卷。每半葉八行,行十七字,黑口,四周雙邊。

明正天皇寬永年間(1624—1644 年)刊本《孟子》十四卷。

靈元天皇寬文七年(1667 年)大阪松村九兵衛刊印七卷本《孟子》。

中御門天皇享保八年(1723 年)江府須原屋茂兵衛刊本。

桃園天皇延享四年(1747 年)東都書肆竹川藤兵衛·前川六左衛門刊本《孟子》十四卷。

孝明天皇嘉永七年(1854 年)薩摩府學刊《孟子》十四卷。此本係日人山崎嘉點並集注。

江戶時代《孟子》趙岐注十四卷刊本,另有和泉屋金右衛門等刻刊,此本係據永懷堂本重刊。

孟子注疏解經十四卷

(漢)趙岐注 (宋)孫奭疏

元刊明修補本 共八冊

靜嘉堂文庫藏本 原陸心源皕宋樓舊藏

【按】每半葉有界十行,行十八字。注文疏文小字雙行,行二十三字。白口(明修葉有黑口),雙黑魚尾。左右雙邊(18.3cm×12.5cm)。版心著錄"孟㡸(幾)(葉數)"。左上欄外側有耳格,記篇名。下象鼻處有刻工姓名,如目善、君祐、江元壽、仲明、枝、宸等。明修葉版心剜去修補紀年,用別紙襯補。版心中有"侯番劉校"、"林重校"及"卿林重校"。在"侯番劉校"下刻工姓名,如曾堅、范元福、葉金、王進福、蔡順、劉生、江富、陳珪、陸文進、江長深、陸榮等。在"卿林重校"下刻工姓名如陸四、葉金、蔡順、葉壽、范元福、吳一、謝元慶等。

卷首有《孟子正義序》。題署"朝散大夫尚書兵部郎中充龍圖閣待制知通進銀台司兼門下封駁事兼判國子監上護軍賜紫金魚袋臣孫奭"。本文卷首題"孟子注疏解經卷第一上"。次行署"梁惠王章句上(凡七章) 孫奭疏"。卷一下以下皆署"趙氏注 孫奭疏"。

卷中沿宋例避宋諱,凡"玄、弘、殷、匡、筐、胤、恒、貞、樹、讓、桓、完、構、慎、敦"等字,或缺筆,或墨圍。

卷一上首四葉,卷一下第十二葉,卷二上首葉,卷十三上尾葉、卷十三下第十二葉,皆後人補寫。

卷中有"歸安陸樹聲叔桐父印"等印記。

【附錄】十四世紀南北朝時代刊本《音注孟子》十四卷。此本題"(漢)趙岐注、(宋)孫奭音義"。每半葉十一行,行二十字。細黑口。版心署"孟(卷數)(葉數)"。此本係據宋刊本覆刊。

又,光格天皇文化十年(1813年)東都書肆須原屋茂兵衞刊《孟子音義》,題署"(宋)孫奭撰"。

室町時代(1393—1573年)有《孟子》十四卷手寫本一種。此本原係寫字臺文庫舊藏,今存龍谷大學大宮圖書館。

室町時代中期有《注音孟子》十四卷手寫本一種。此本原係寫字臺文庫舊藏,今存龍谷大學大宮圖書館。

孟子注疏解經十四卷

(漢)趙岐注　(宋)孫奭疏
明嘉靖年間(1522—1566年)李元陽刊本　共四册
內閣文庫藏本　原昌平坂學問所等舊藏
【按】每半葉有界九行,行二十一字。小字雙行,白口,四周單邊。版心下記刻工姓名。
此本係明嘉靖年間閩刊《十三經注疏》零本。

孟子注疏解經十四卷

(漢)趙岐注　(宋)孫奭疏
明崇禎年間(1628—1644年)毛氏汲古閣刊本
東北大學附屬圖書館　早稻田大學圖書館　國學院大學附屬圖書館梧蔭文庫　關西大學綜合圖書館內藤文庫　龍谷大學大宮圖書館　酒田市立光丘文庫藏本
【按】每半葉有界九行,行二十一字。注文雙行,低一格,行二十字。白口,四周單邊(20.6cm×12.8cm)。
此本係明汲古閣刊《十三經注疏》之零本。
東北大學附屬圖書館藏本,共五册。
早稻田大學圖書館藏此同一刊本兩部。一部原係服部南郭家服部文庫舊藏,共五册。一部共六册。
國學院大學附屬圖書館藏本,原係井上毅等舊藏,共六册。
關西大學附屬圖書館藏本,原係內藤湖南舊

藏。卷中有"愚門之印"等印記。
龍谷大學大宮圖書館藏本,共十册。
酒田市立光丘文庫藏本,原係本間光彌等舊藏,共六册。

(蘇老泉批點)孟子二卷　附謝叠山批點檀弓一卷

(宋)蘇洵評　(明)程開祜校
明萬曆四十一年(1613年)刊本　共三册
內閣文庫藏本　原紅葉山文庫等舊藏
【按】每半葉六行,行二十字。白口,四周單邊。
【附録】光格天皇寬政五年(1793年)文錦堂刊《孟子》二卷。此本有伊藤善昭撰《跋》。
光格天皇寬政五年(1793年)大阪河內屋喜兵衞等刊《孟子》二卷。
光格天皇文化十三年(1816年)弘前稽古館刊《孟子》二卷。
仁孝天皇天保十二年(1841年)吉田松根堂刊《孟子》二卷。
據《商舶載來書目》記載,東山天皇元禄八年(1695年),中國商船"曾字號"載《蘇評孟子》一部抵日本。光格天皇寬政十一年(1799年),中國商船"曾字號"載《蘇洵批點孟子》一部抵日本。

孟子二卷

(宋)蘇洵評
明萬曆四十五年(1617年)三色套印刊本　共二册
大阪府立圖書館藏本

孟子二卷

(宋)蘇洵評　(明)朱錫綸校
明刊本　共二册
內閣文庫藏本　原木村蒹葭堂等舊藏
【按】每半葉八行,行十八字。白口,左右雙邊。

孟子集注七卷

（宋）朱熹集注

元延祐元年（1314 年）萬卷堂刊本　　共三册

宫内廳書陵部藏本

【按】每半葉有界十二行，行二十四字。注文雙行，行同正文。黑口，雙黑魚尾。四周雙邊（20.2cm×12.4cm）。

卷首有《孟子朱熹集注序説》。

《序説》後有雙邊刊本木記曰“延祐甲寅良月麻沙萬卷堂刊”。

此本係《四書集注》之零本

森立之《經籍訪古志》卷二著録求古樓藏《孟子集注》十四卷，刊本與此本同。

【附録】十四世紀南北朝時代（1331—1392 年）南朝寫本《孟子》十四卷，題“（宋）朱熹撰”。此本每半葉六行，行十五字。注文雙行，行同正文。卷中有朱筆“乎古止點”。各卷末皆有鈔校者“識語”，如：

·“天授第五曆林鍾十二日，於和州榮山旅宿，以唐本書寫之訖，以同本校合了。”（卷一之二末）

“天授六年正月十日，終一部書寫之功畢，以同本一校了，不可有外見者也。”（卷七之二末）

此“天授”係南朝長慶天皇年號，當公元 1375 年至 1383 年。

日本現存《孟子集注》和刊本甚多，主要如次：

明正天皇寬永八年（1631 年）刊本。此本七卷，係據克勤齋余明台本翻刊。寬永九年有重印本。

東山天皇元禄十一年（1698 年）刊本，此本七卷。

中御門天皇享保四年（1719 年）刊本。此本四卷，題“（宋）朱熹集注”，由日本江户時代儒學巨擘林道春（羅山）點。

桃園天皇寶曆七年（1757 年）京都書舖西涯堂刊本。此本十四卷。

後櫻町天皇明和三年（1766 年）京都勝村治右衛門刊本。此本七卷。

光格天皇天明三年（1783 年）大阪北尾善七·京都山本長兵衛刊本。

光格天皇寬政六年（1794 年）京都北村四良兵衛刊本，此本十四卷。由日人後藤世鈞點。

光格天皇文化九年（1812 年）江户前川六左衛門·大阪河内屋喜兵衛刊本。此本係享保年間林道春點刊之重刊本，分七卷。

仁孝天皇天保八年（1837 年）浪華書林刊本。此本七卷。

孝明天皇安政五年（1858 年）京都北村四郎兵衛刊本。此本四卷。

孝明天皇慶應二年（1866 年）江户丁子屋平兵衛刊印本。此本十四卷，由日人島村孝司點。

孝明天皇慶應三年（1867 年）東京播磨屋喜右衛門刊本。此本四卷，由日人日尾瑜訓點。

江户時代刊本。此本十四卷，由日人山崎嘉點校。

此外，後光明天皇正保四年（1647 年）富倉大兵衛刊《孟子或問》十四卷。

孟子集成十四卷

（元）吳真子集成

元刊本　　共七册

内閣文庫藏本　　原昌平坂學問所等舊藏

【按】每半葉有界十行，行十八字。集注低一格中字雙行，行二十字。疏文低一格小字雙行，行二十二字。細黑口，雙黑魚尾。左右雙邊（17.8cm×11cm）。版心著録“孟（幾）（葉數）”。左上欄外有耳格記篇名。文中凡語録、或問、集義、張子注、程氏、通釋、集疏、纂書等標字，皆大字陰刻。引用人名與音釋標字，皆圍圈示之。

封面外題墨書“孟子集成（幾）”。卷首題“孟子”，次行低一格題“朱子集注序説”，後接雙行小字“文集　語録　或問”，再接“㊎”字，後有雙行小字“蔡氏集疏，趙氏纂疏”。本文卷首題

"孟子卷第一"。

卷中有室町時代(1393—1573 年)與江户時代(1603—1867 年)朱筆點圈,并有墨筆漢字假名注音。天頭地邊間有眉批。

有"昌平坂學問所"、"文化甲子"、"淺草文庫"等印記。

孟子輯釋十四卷

(元)倪士毅輯釋

元刊本　共七册

宫内廳書陵部藏本　原昌平坂學問所等舊藏

【按】每半葉有界十三行,行二十一字。注文雙行,每行《集注》《輯釋》共二十三字。黑口,雙黑魚尾。四周雙邊(21.4cm×13.3cm)。版心著録"孟(幾)(葉數)"。

卷中有朱筆訓點。卷十四末有"識語"曰:

"應永九年春三月七日,於南昌梅隱北窓之下點了之,雖不助於博識,亦可資於童蒙,諒無誚焉。"

"應永"係後小松天皇年號,其九年當公元1402 年。卷中眉上有室町時期(1393—1573年)抄録的他書的"纂疏"、"輔氏曰"、"正義曰"、"句解曰"等文字。

此本係《四書輯釋》之零本,封面葉右下方有墨書"共七本　四書輯釋　元版　學庸論缺"。

卷中有"昌平坂學問所"、"淺草文庫"、"日本政府圖書"等印記。

森立之《經籍訪古志》卷二著録元槧本昌平學藏《孟子集注輯釋》十四卷,即係此本。

孟子集注大全十四卷

(明)胡廣等奉勅編撰

明刊本

内閣文庫　大垣市立圖書館藏本

【按】此本係明刊本《四書大全》之零本。

内閣文庫藏本,原係林氏大學頭家等舊藏。共四册。

大垣市立圖書館藏本,今存卷第十一至第十三。共三册。

【附録】東山天皇元禄四年(1691 年)洛陽(京都)刊《鼇頭新增四書大全》,存零册《孟子集注大全》十四卷。

(善本大字直音句讀)孟子二卷

不著撰著人名氏

明沈氏尚德書堂刊本　共二册

宫内廳書陵部藏本

【按】每半葉十三行,行二十四字。

卷前有趙岐《題辭》,本文間附音注,別無發明。《題辭》後有"沈氏尚德書堂新刊"木記。卷末又有"古杭沈氏尚德書堂印"木記,並"孫祐之刊"四字。

每册首有"鹿王藏書"印記。

孟子説解十四卷

(明)郝敬撰

明萬曆四十七年(1619 年)刊本　共十四册

東京都立圖書館諸橋文庫藏本　原諸橋轍次等舊藏

(纂訂名公四書覺路講意)孟子七卷

(明)張采撰　黄裹訂正

明雨花齋無界十行刊本　共七册

蓬左文庫藏本

（學庸之屬）

大學章句一卷　大學或問一卷　中庸章句一卷 中庸或問二卷

（宋）朱熹章句

元常州覆宋刊本　共二册

靜嘉堂文庫藏本　原明常州周九松等舊藏

【按】每半葉有界七行，行十五字。小字雙行。《大學》版心題"晦菴大學"，《中庸》版心題"晦菴中庸章句"。版心並記字數。

正文中凡一節之義，一章之旨，一篇之發凡，皆有旁抹。段則以畫，句則以圈。其圈抹之法，兼取勉齋黃氏、北山何氏、遵江張氏諸本之長。

卷中有"周笈私印"白文方印、"毘陵周氏九松迁叟藏書記"朱文長印、"周良金印"朱文方印等。

此本陸心源斷爲宋刊本。

【附錄】日本現存鄭玄《大學古注》和刊本主要如次：

中御門天皇享保十五年（1730 年）江户野田太兵衛量久刊本。此本係日人大塚嘉兵衛訓點。

同年京都須原屋平左衛門刊本。此本亦係大塚嘉兵衛訓點。

桃園天皇寶曆四年（1754 年）刊本。此本由日人岡島信夫增注。

江户時代活字刊印本。此本有王守仁撰《大學古本序》。

日本現存朱熹《大學章句》和寫本主要如次：

十五世紀清原業賢寫本。每半葉七行，行十四字。卷末有清原業賢之父清原宣賢的"識語"。其文曰：

"禀逍遥禪定内相嚴命，仰息男業賢令書寫，以累家祕説點進之，此篇入德之初門也，止善之奧室也，最可服膺而已。從三位行侍從清原朝臣宣賢。"

此"識語"中"逍遥禪定内相"，即指三條西實

隆。卷中有朱筆"乎古止點"，并墨書句讀。

後水尾天皇慶長十八年（1613 年）寫本。每半葉九行，行十五字。卷末有墨書"識語"曰"慶長十八年二月廿七日　實淳書之"。

明正天皇寬永六年（1629 年）寫本。

孝明天皇嘉永七年（1854 年）寫本。此本係勑命録鈔。每半葉七行，行十七字。卷末有"識語"曰"嘉永七甲寅歲夏五月　奉勑命謹寫上　從三位清原宣諭"。

日本現存朱熹《大學章句》和刊本主要如次：

後水尾天皇慶長年間（1596 — 1615 年）關東上總住今關正運刊本。每半葉七行，行十七字。小黑口，雙邊。此本係活字刊本。

明正天皇寬永七年（1630 年）刊本。

光格天皇天明三年（1783 年）京都善得堂刊本。

光格天皇至仁孝天皇文化年間（1804 — 1818 年）刊本。此本由日本江户時代儒學巨擘林道春（羅山）句讀。

仁孝天皇文化十四年（1817 年）千鍾堂刊本。

仁孝天皇文政八年（1825 年）刊本。

日本現存朱熹《中庸章句》和寫本主要如次：

後柏原天皇永正八年（1511 年）清原宣賢寫本。每半葉七行，行十四字。卷末有"識語"曰："永正八年六月廿日，以唐本遂書寫之功同加朱墨訖。少納言清原朝臣（花押）。"此本孝明天皇弘化四年（1847 年）卜部良芳修補。封面葉有卜部良芳筆《宣賢卿御筆中庸》，内題"識語"曰："宣賢卿御真筆也，加修補畢。弘化四歲丁未十一月十六日，從三位侍從卜部良芳。"

後奈良天皇天文十九年（1550 年）有《中庸章句》手寫本一種。此本原係寫字臺文庫舊藏，今存龍谷大學大宮圖書館。

正親町天皇永禄十一年（1568 年）寫本。每半葉七行，行十六字。卷末副葉題曰："永禄十

一年二月六日,梵舜(花押)"。梵舜係吉田兼右之子,十六世紀著名的神道家。

後水尾天皇元和四年(1618年)梵舜寫本。

日本現存朱熹《中庸章句》和刊本主要如次:

後水尾天皇慶長年間(1596—1615年)關東上總住今關正運刊本。每半葉七行,行十七字。小黑口,雙邊。此本係活字刊本。

光格天皇寬政年間(1789—1801年)刊本。此本係日本江户時代儒學巨擘林道春(羅山)點。

光格天皇天明三年(1783年)京都善得堂刊本。

江户時代養賢堂刊本。

江户時代須原屋茂兵衛刊本。

仁孝天皇天保年間(1830—1844年)刊本。

江户時代山崎嘉點刊本(倭板《四書》之一)。

日本現存《中庸集略》和刊本主要如次:

後水尾天皇——明正天皇元和·寬永年間(1615—1644年)古活字刊本。

後光明天皇正保四年(1647年)田原仁左衛門刊本。

大學章句一卷　大學或問一卷

(宋)朱熹撰
明黑口刊本　共二册
龍谷大學附屬圖書館藏本

大學朱子章句輯釋一卷　中庸章句輯釋一卷

(宋)朱熹撰　(元)倪士毅輯釋
元刊本　共二册
宮内廳書陵部藏本　原京都相國寺金地院舊藏

【按】每半葉有界十三行,行二十一字。"輯釋"雙行,行二十三字。黑口,四周雙邊(21.4cm×13.3cm)。

各册卷首題《大學朱子或問》、《中庸朱子或問》,次行皆題"後學新安倪士毅輯釋"。

《中庸》卷末有倪士毅《跋》,其文曰:

"《四書輯釋》始於至元三年丁丑春三

月,藥具於五年秋七月。猶記癸酉春,嘗以欲編此書之志告于先師。先師欣然曰:'宜加勉勵,以成此志!吾與雲峰,於此大下功夫,今此功夫亦不多矣。譬之金焉,披沙揀金者,吾與雲峰是也。既得金而聚於此,不過欲更加揀擇,取其色之高者而去其色之不足者耳。若果識金,則何難哉。汝其留心學問而精識察之!'士毅佩服師訓,兹方藥具,然未知所擇之果無差否也,俟與同門友人朱平仲參校録出,當就正于有道之君子。因編畢,姑記其説於《中庸》之終云。"

卷中有"金地院"等印記。

森立之《經籍訪古志》卷二著録昌平坂學問所藏元刊本《大學或問》一卷,今不知所在。

【附録】十五世紀室町時代寫本。每半葉九行,行二十字。

又,後櫻町天皇明和五年(1768年)刊本。此本由日人山崎嘉點校,係倭版《四書》之一。

中庸説(殘本)三卷

(宋)張九成撰
宋孝宗年間(1163—1189年)刊本　日本重要文化財　共一册
京都東福寺藏本　原聖一國師圓爾辯圓等舊藏

【按】每半葉有界十行,行十八字。注文低一格單行大字。白口,雙黑魚尾。左右雙邊(20cm×14.2cm)。版心著録"中(幾)(葉數)"。下象鼻處有刻工鄧信。

卷首無序目。本文卷首題"中庸説卷第一"。次行低七格署"無垢先生范陽張九成"。第三行低二格題"中庸説"。

卷首有"普門院"印記。卷末有1706年(東山天皇寶永三年)龍菖首座代龍奭修褙記。其文曰:"弍册之内寶永三年丙戌八月良辰龍菖首座代龍奭修褙焉。"卷首上眉、卷二末及卷三末上眉,有明治初年東福寺住持實應士匡手識文三條。

此本係1241年東福寺開山聖一國師圓爾辯

圓從中國携入。大道一以《普門院經論章疏語録儒書目録》及森立之《經籍訪古志》卷二皆著録此本。傅氏《藏園群書經眼録》卷二曰："此書中國失傳，張菊生前輩重爲先人遺著，曾假得影照以歸。"

此本已被日本"文化財審議委員會"確認爲"日本重要文化財"。

大學億二卷　附釋疑一卷

（明）王道撰

明嘉靖年間（1522—1566 年）刊本　共一册

尊經閣文庫藏本　原江户時代加賀藩主前田綱紀等舊藏

【按】每半葉九行，行二十字。白口，四周單邊。

大學考·大學述·同支言一卷　中庸述·同支言一卷　論語述一卷

（明）許浮遠撰

明萬曆年間（1573—1620 年）刊本　共五册

尊經閣文庫藏本　原江户時代加賀藩主前田綱紀等舊藏

格致語冰一卷

（明）吳麟瑞撰

明刊本　共一册

尊經閣文庫藏本　原江户時代加賀藩主前田綱紀等舊藏

學庸義府補三卷

（明）徐方廣撰

明刊本　共一册

尊經閣文庫藏本　原江户時代加賀藩主前田綱紀等舊藏

學庸章句指南二卷

（明）胡謐編

明弘治十七年（1504 年）刊本　共一册

内閣文庫藏本　原昌平坂學問所等舊藏

【按】此本篇目如次：

《大學通旨》一卷　（明）蔣文質撰

《中庸章句詳説》一卷　（明）劉清撰

中庸臆説今文一卷　附中庸古文臆説二卷

（明）李光縉撰　［附］（明）李槃撰

明崇禎元年（1628 年）刊本　共二册

内閣文庫藏本　原豐後佐伯藩主毛利高標舊藏

中庸凡（不著卷）并附録

（明）崔銑撰

明嘉靖年間（1522—1566 年）刊本　共二册

尊經閣文庫藏本　原江户時代加賀藩主前田綱紀等舊藏

（四書總義之屬）

四書集注十九卷　大學或問一卷　中庸或問一卷

（宋）朱熹集注章句

元覆宋刊本　共二十四册

静嘉堂文庫藏本　原明周九松　清陸心源皕宋樓等舊藏

【按】每半葉七行，行十五字。小字雙行，版心上方記字數。

前有《讀論語孟子法》、《論語序説》、《孟子序説》等，每卷後有《音考》。

凡篇章節之首，皆加旁抹，衍文加圓圈，誤字加方圍，其他咸有標抹。

卷中有"毘陵周氏九松迂叟藏書記"朱文長印，"周良金印"朱文方印等。

此本陸心源氏斷爲"宋刊本"。傅增湘氏《藏園羣書經眼録》卷二斷爲"元明間刊本"。

【附録】據《外船齋來書目》記載，中御門天皇

享保二十年（1735 年）十一月，中國寧波船載
《四書集注》五部抵日本。

《書籍元帳》又載，仁孝天皇天保十二年
（1841 年），從中國輸入《四書集注》五部，每部
價拾三匁。同年又輸入一部，歸攝津守。

《書籍見帳》記載，仁孝天皇天保十四年
（1843 年），從中國輸入《四書朱子集注》七部，
每部價分别爲三十一匁八分、三十匁。同年又
輸入《四書集注》十部，每部價分别爲二十三
匁、十八匁七分、十五匁九分。

《漢籍發賣投標記録》記載仁孝天皇天保十
五年（1844 年）《四書集注》標價係二十三匁九
分、二十一匁八分及二十匁。

《倭板書籍考》卷二著録《四書集注》，其識文
曰："《大學章句》一卷、《論語集注》十卷、《孟子
集注》七卷、《中庸章句》一卷，合而名《四書》，
係朱子定本，成於朱子五十歲以前。《大學或
問》一卷、《中庸或問》、《中庸輯略》二卷，朱子
附於《四書》，倭本多不載《或問》、《輯略》，失朱
子本意。"

日本現存朱熹《四書集注》和刊本甚多，其主
要刊本如次：

後水尾天皇寬永二年（1625 年）中野道伴刊
本。此本係日釋如竹點。

明正天皇寬永八年（1631 年）刊本。此本係
據克勤齋本覆刊。

後光明天皇慶安五年（1652 年）京都村上平
樂寺刊本。

靈元天皇寬文四年（1664 年）野田庄右衛門
刊本。此本係日人林信勝（羅山）點。

靈元天皇寬文七年（1667 年）京都書肆武村
市兵衛·田中長左衛門同刊本。

靈元天皇寬文八年（1668 年）刊本。

靈元天皇寬文十一年（1671 年）京都小松太
郎兵衛刊本。

靈元天皇寬文十一年（1671 年）大阪秋田屋
刊本。

靈元天皇延寶年間（1673 — 1681 年）刊本。

東山天皇元禄三年（1690 年）黑口刊本。

東山天皇元禄五年（1692 年）梅花堂刊本。

東山天皇元禄六年（1693 年）江户須原茂兵
衛·京都勝村治右衛門刊本。

東山天皇元禄十三年（1700 年）刊本。

東山天皇寶永三年（1706 年）刊本。

中御門天皇享保十四年（1729 年）京都北村
四郎兵衛刊本。

桃園天皇延享四年（1747 年）京都額田正三
郎刊本。

後櫻町天皇明和三年（1766 年）勝村治右衛
門刊本。

後櫻町天皇明和五年（1768 年）壽文堂刊
本。此本光格天皇寬政七年（1795 年）再校並
重刊印。

後桃園天皇明和九年（1772 年）江户雁金屋
義助刊本。此本係日人片山世璠訓點，服部元
喬附箋。

後桃園天皇安永二年（1773 年）京都須原屋
平左衛門等刊本。

光格天皇天明三年（1783 年）近江屋平助·
河内屋德兵衛刊本。

光格天皇寬政年間（1789 — 1801 年）消遥堂
刊本。

光格天皇寬政三年（1791 年）刊本。

光格天皇寬政五年（1793 年）河内屋卯助刊
本。

光格天皇寬政六年（1794 年）京都北村庄助
刊本。

光格天皇寬政七年（1795 年）東都書舖若林
清兵衛刊本。

江户時代濱田學問所刊本。此本係日本道
學館定點。

江户時代仙台藩養賢堂刊本。

江户時代佐土藩刊本。

江户時代山崎嘉校點本。

仁孝天皇文政元年（1818 年）東都西村宗七
刊本。

仁孝天皇天保八年（1837 年）江户須原屋茂
兵衛刊本。

仁孝天皇天保八年（1837 年）浪華書林刊本。此本係日本江户時代儒學巨擘林道春（羅山）訓點。

仁孝天皇天保十三年（1842 年）刊本。

仁孝天皇天保十五年（1844 年）加賀藩刊本。此本係日本明倫堂點。

孝明天皇嘉永二年（1849 年）刊本。此本係日人藤井穆訓點。

孝明天皇嘉永五年（1852 年）刊本。此本係日人帆足萬里標注。

孝明天皇嘉永五年（1852 年）刊本。此本係日人後藤芝山點，並有安積信《序》。

孝明天皇嘉永六年（1853 年）浪華炭屋五郎兵衛等刊本。

孝明天皇安政四年（1857 年）刊本。此本係日人佐藤坦點，三谷個校。

孝明天皇安政五年（1858 年）刊本。此本係日人後藤世鈞點。

孝明天皇安政六年（1859 年）梅村文會堂敦賀屋彦七刊本。此本係日人林信勝點。

孝明天皇文久二年（1862 年）秋田屋太右衛門刊本。

孝明天皇文久三年（1863 年）積玉圃柳原喜兵衛刊本。

孝明天皇慶應二年（1866 年）廣德館刊本。

孝明天皇慶應年間（1865 — 1868 年）東京文苑閣刊本。

四書集注十九卷

（宋）朱熹集注章句

明嘉靖年間（1522 — 1566 年）吉澄校刊本共七册

小如舟書屋藏本

【按】每半葉九行，行十七字。小字雙行，眉欄音注。白口，版心有刻工姓名。

此本目録如次：

《論語集注》十卷；《孟子集注》七卷；

《大學章句》一卷；《中庸章句》一卷。

其中《論語》及《大學》有補版。

《論語》卷五尾及《孟子》卷七尾各有木記曰"巡察福建監察御史吉澄校刊"。

卷中有"黑澤氏圖書印"等印記。

四書集注十九卷

（宋）朱熹集注章句

明萬曆元年（1573 年）自新齋余幼山刊本共五册

龍谷大學大宮圖書館藏本　原寫字臺文庫舊藏

四書集注十九卷

（宋）朱熹集注章句

明萬曆三十四年（1606 年）陳氏餘慶堂刊本共五册

内閣文庫藏本

四書集注十九卷

（宋）朱熹集注

明蔡日安刊本　共五册

廣島市立淺野圖書館藏本

【按】此本封面刊有"閩家三訂四書　金閶書林蔡日安梓"十四字。

四書集注十九卷

（宋）朱熹章句集注

明書林余氏怡慶堂刊本　共八册

大阪府立圖書館藏本

四書集注十九卷

（宋）朱熹章句集注

明西陵在兹堂印本　共五册

廣島市立淺野圖書館藏本

【按】此本封面題"紫陽原本、閩板四書、西陵在兹堂刊本"。

四書集注十九卷

（宋）朱熹章句集注

明崇禎年間（1628 — 1644 年）刊本

尊經閣文庫　出雲大社日隅宮御文庫藏本

【按】尊經閣文庫藏本,原係江户時代加賀藩主前田綱紀等舊藏,共八册

日隅宮御文庫藏本,今存《論語集注》卷一至卷五。

四書集注二十六卷

(宋)朱熹集注

元延祐五年(1318年)温州路學稽古閣趙鳳儀刊本　共十四册

内閣文庫藏本　原林氏大學頭家等舊藏

【按】每半葉有界七行,行十五字。注文小字雙行。白口或細黑口,雙黑花魚尾。左右雙邊(22.7cm×16cm)。

此本輯《大學章句》一卷,《中庸章句》一卷,《論語集注》十卷,《孟子集注》十四卷。《大學》卷首有朱熹《大學章句序》。《中庸》卷首有朱熹《中庸章句序》。《論語》卷首有《論語朱熹集注序説》。《孟子》卷首有《孟子朱熹集注序説》。

卷中缺《讀論語孟子法》及趙鳳儀"跋文"。卷十二存前二十葉。印面間有污損,以《孟子》後半部分尤甚。

卷中有"弘文學士院"、"林氏藏書"、"昌平坂學問所"等印記。

四書集注二十六卷

(宋)朱熹集注章句

明經廠刊本　共十五册

内閣文庫藏本　原昌平坂學問所等舊藏

四書集注二十六卷

(宋)朱熹集注章句

明正統十二年(1447年)司禮監刊本

宮内廳書陵部　御茶之水圖書館藏本

【按】每半葉八行,行十四字。黑口,四周雙邊。

宮内廳書陵部藏本中《大學》及《中庸》卷末數葉標"登雲四書"四字,版式亦有異,係以别

本補配。每册首有"佐倉文庫"、"釋湛源"及"擁書萬卷"等印記。共十三册。

御茶之水圖書館藏本,原係德富蘇峰成簣堂等舊藏。卷中有"萬卷樓圖書記"等印記,有數葉係明人寫補。此本闕《論語》(元卷)。卷中並有朝鮮諺文批注。共十二册。

四書集注二十六卷

(宋)朱熹集注章句

明嘉靖四十三年(1564年)益藩樂善堂刊本　共十册

内閣文庫藏本　原昌平坂學問所等舊藏

四書集注二十六卷

(宋)朱熹集注章句

明刊本　共十三册

宮内廳書陵部藏本

【按】此本《大學章句》及《中庸章句》末有補版。

(重刊)四書集注標題三十卷

(宋)朱熹集注　熊禾標題

明天順年間(1457—1464年)刊本　共六册

尊經閣文庫藏本　原江户時代加賀藩主前田綱紀等舊藏

四書纂疏二十六卷

(宋)朱熹集注　趙順孫纂疏

元刊元印本　共二十册

静嘉堂文庫藏本　原季振宜　陸心源皕宋樓等舊藏

【按】每半葉有界十行,行二十字。集注低一格單行大字,疏低一格雙行小字,行二十三字。細黑口,雙黑魚尾。左右雙邊或四周雙邊(19cm×12.1cm)。版心著録依四書順序爲"學疏"(或大學纂疏)、"中庸纂疏"(或中庸疏、中疏)"語疏"、"孟疏"等,下記葉數。上象鼻處有大小字數,下象鼻處有刻工姓名,如敏中、子和、忠、吳、吉了、子才、真、公、東、吉、了、子亭

等。

卷首有趙順孫書《四書纂疏序》、《四書纂疏引用總目》等。各書卷首分別有《大學章句序》、《中庸章句序》、《論語朱子集注序說》及《孟子朱子集注序說》。

卷中《論語》卷八係全卷補寫。卷末有元後至元五年(1339年)李之甫手識文曰："維大元重至元五年歲在己卯秋，夷則月望後二日，李之甫甫以補其闕，闕聖經完矣"。此文後有"麟湖周氏子子孫孫世守珍玩"朱文方印。文中有朱筆句點，并有朱墨傍綫圈畫。首册副葉有"季應召寶藏墨書，并詳記句讀，點抹各'凡例'"。末後有閱書者手識文。題署"劉自誠謹誌"。《論語》卷一、卷五、卷六及《孟子》卷二、卷四末，皆有"西山"朱筆署名。《論語》卷二末有"西山燈下點"，卷三末有"西山燈下點徹"，卷四末有"養心齋悦進人讀畢"等朱筆文字。

卷中有"應召珍藏"、"季振宜字詵兮號滄葦"、"季振宜讀書"、"季振宜印"、"振宜之印"、"揚州季氏"、"滄葦"、"句吳陳氏家藏圖書"、"郁泰峰己亥年所收書"、"歸安陸樹聲藏書之記"等印記。

傅增湘《藏園羣書經眼録》卷二著録此本，并曰："此本源出宋刊，余曾收宋刊《論語纂疏》，極精湛，爲毛氏汲古閣舊藏，行款正與此同。"

【附録】《官板書籍解題略》卷上著録《四書纂疏》二十六卷，其識文曰："順孫距朱子爲三傳。此書引朱子之說，以集注爲羽翼，旁引黃榦、輔廣、陳淳、陳孔碩、蔡淵、蔡沈、葉味道、胡泳、陳埴、潘柄、黃士毅、真德秀、蔡模十三家爲疏，仿穎達、公彦等疏體而成書。"

《昌平坂御官板書目》亦著録《四書纂疏》。此本二十六卷，係光格天皇文化十三年(1816年)刊本。

四書章圖纂釋二十二卷

(元)程復心撰
元後至元三年(1337年)吳氏德新堂刊本
共十二册

内閣文庫藏本　原昌平坂學問所等舊藏

【按】每半葉有界十三行，行二十字。朱注低一格中字單行，行二十三字。釋文低一格小字雙行，行二十三字。《大學或問》、《中庸或問》每半葉有界八行，注文低一格小字雙行，行十七字。黑口，雙黑魚尾。四周雙邊(21cm×12.7cm)。版心著録"大學圖"(或大學問、中庸、中庸問、語釋幾、孟釋幾等)，下有葉數。

此本目録如次(原"四書章圖總目"缺)：
《總要》上卷　凡二十七條　圖二十有五；
《總要》中卷　凡四十條　圖五十；
《總要》下卷　凡五十三條　圖四十有八；
《大學句問纂釋》一卷　凡經一章傳十章
　　圖二十有三；
《中庸句問纂釋》一卷　凡三十三章　圖四
　　十有四；
《論語注問纂釋》十卷　凡二十篇　圖三百
　　九十有五；
《孟子注問纂釋》七卷　凡上下十四篇　圖
　　一百一十有一。

卷首有《至大江浙等處行中書省咨》。次有"皇慶二年七月禮部呈"，"中書省省禮房呈"，"趙孟頫呈"，又有《四書章圖參釋朝貴題贈序文》，有程鉅夫、趙孟頫等八人序文，又有程復心《自序》(署大德壬寅中伏)，《四書章圖纂釋凡例》(署新安林隱程復心子見經進)。其中"行中書省咨"、"禮部呈"及"省禮房呈"皆已殘缺。

本文之前有《四書章圖隱括總要》三卷。本文始於《大學句問章圖纂釋》，終於《孟子集注章圖纂釋》。卷中書葉偶有誤綴和缺葉。經文有室町時代(1393—1573年)朱筆"乎古止"點，并墨筆漢字假名注音。

卷前《朝貴題贈序文》後的内葉，有雙邊刊行木牌曰：

富沙碧灣吳氏
德新書堂印行

《總要》卷上之末及《大學章句》尾題之前，又有雙邊刊行木牌曰：

```
┌─────────────┐
│ 至元歲次丁丑 │
│ 菊節德新堂印 │
└─────────────┘
```

卷中有"昌平坂學問所"、"文化丙子"、"淺草文庫"等印記。

森立之《經籍訪古志》卷二著錄昌平學藏元吳氏德新書堂刊本，即係此本。

四書章圖纂釋（殘本）四卷

（元）程復心撰

元後至元三年（1337 年）吳氏德新堂刊本　共三冊

宮內廳書陵部藏本　原博士清原家、豐後佐伯藩主毛利高標等舊藏

【按】此本與內閣文庫藏本係同一刊本，版式行款皆同，惟僅存《四書章圖檃括總要》三卷，《首目》一卷，凡四卷。

封面橫書"皇朝經進"四字，並有題識四行曰"新安子見程先生編述　文公四書　章圖纂釋　建安吳氏德新堂印行"。

卷上末尾題之後，有朱筆加點手識文。文曰：

"天文九年庚子秋七月二十一日乾三叟守棱漫加朱"（後有"國賢"朱印）。

卷下之末，亦有朱筆手識文。文曰：

"天文九年庚子秋七月二十二日乾三叟守棱漫加朱"（花押）。

此處"（清原）國賢"印章係後來加蓋。清原國賢爲日本十六世紀後期著名學者，誕生於後奈良天皇天文十三年（1544 年），此本題識"乾三叟守棱漫加朱"乃天文九年（1540 年），其時，清原國賢年僅四歲，顯然非其所爲。

卷中有"東"字印，係清原家傳本。各卷末有"國賢"印記。此本後歸豐後佐伯藩主毛利高標。仁孝天皇文政年間（1818—1829 年）由出雲守毛利高翰獻贈幕府。明治初期經太政官

文庫而歸內閣文庫。卷首有"佐伯侯毛利高標字培松藏書畫之印"等印記。

四書章圖纂釋（殘本）五卷

（元）程復心撰

元後至元三年（1337 年）吳氏德新堂刊本共二冊

宮內廳書陵部藏本　原東福寺不二庵　堀杏庵寺田盛業讀杜艸堂等舊藏

【按】此本與內閣文庫藏本係同一刊本，版式行款皆同，惟僅存《總要》三卷，《大學》一卷、《中庸》一卷，凡五卷。

《中庸句問纂釋》尾題之後，有朱筆手題識文。文曰：

"應永二十歲次癸巳夏五初一在不二北軒下點　文明七年乙未六月朔重寫點畢。"

此"識文"中"不二北軒"約指京都東福寺塔頭不二庵。然"應永二十"爲 1413 年，"文明七年"係 1475 年，其間隔六十餘年之遙，此"下點者"與"重寫點者"定係二人所爲。卷中有朱筆點引，並有漢字假名注音。

封面內側手題識文曰："惺窩先生門人　堀正意字敬夫號杏庵所持本也"。卷中有"平安堀氏時習齋"、"讀杜艸堂"、"天下無雙"、"寺田盛業"、"字士孤號望南"、"東京滔池靈南街第四號讀杜艸堂主人寺田盛業印記"等印記。

章圖四書通考

（元）劉剡撰

元刊本　共十八冊

尊經閣文庫藏本　原江戶時代加賀藩主前田綱紀等舊藏

四書輯釋大成（殘本）三十卷

（元）倪士毅輯釋

元至正二年（1342 年）建安日新堂刊本　共十二冊

尊經閣文庫藏本　原江戶時代加賀藩主前田綱紀等舊藏

【按】每半葉有界十三行，行二十一字。朱注低一格單行大字。疏文低一格雙行小字。細黑口，雙黑魚尾。四周雙邊（21.4cm × 13.3cm）。

是書全四十一卷，此本今缺《論語》首三卷、《孟子》卷一至卷四、卷七至卷十，實存三十卷，存目如下：

《大學朱子章句重訂輯釋通義大成》一卷；

《朱子大學或問重訂輯釋通義大成》一卷；

《中庸朱子章句重訂輯釋通義大成》一卷；

《朱子中庸或問重訂輯釋通義大成》一卷；

《論語集注重訂輯釋通義大成》（殘本）十七卷（缺首三卷）；

《孟子集注重訂輯釋通義大成》（殘本）六卷（缺卷一至卷四，卷七至卷十）；

《四書章圖隱括總要發義》二卷首一卷。

卷首有《四書輯釋大成凡例》及《四書輯釋大成引用姓氏書目》，題署"至元三年丁丑歲春三月八日己酉門人倪士毅謹識"。《凡例》之後有雙邊刊行木記：

```
至正壬午夏五
日新書堂刊行
```

卷中有朱筆標記漢語句子日語讀法的讀音順序符號，有漢字訓讀的假名及漢字旁標注日語讀音的假名。

卷中有"石川縣勸業博物館圖書室印"、"尊經閣章"、"學"等印記。

【附錄】靈元天皇寬文十一年（1671年）京都田中文內刊印《四書輯釋通義大成》，題署"元倪士毅等撰"。

（重訂）四書輯釋三十八卷　總要發義二卷　源流本末一卷

（元）倪士毅撰

元刊本　共二十冊

靜嘉堂文庫藏本　原陸心源十萬卷樓舊藏

（重訂）四書輯釋通義大成四十一卷

（元）倪士毅等撰

明正統五年（1440年）詹氏進德書堂刊本　共二十冊

內閣文庫藏本　原紅葉山文庫等舊藏

【按】每半葉十一行，行二十一字。黑口，四周雙邊。

此本目錄如次：

《大學朱子章句重訂輯釋通義大成》一卷；

《朱子大學或問重訂輯釋通義大成》一卷；

《中庸朱子章句重訂輯釋通義大成》一卷；

《朱子中庸或問重訂輯釋通義大成》一卷；

《論語集注重訂輯釋通義大成》二十卷；

《孟子集注重訂輯釋通義大成》十四卷；

《四書章圖隱括總要發義》二卷　《首》一卷。

四書集注大全十八卷

（明）胡廣等奉勅編撰　周士顯校正

明永樂年間（1404—1424年）刊本　共十八冊

東洋文庫藏本　原岩崎久彌等舊藏

【按】每半葉十一行，行十九字。黑口，四周單邊。

【附錄】據《舶來書籍大意書》記載："《四書大全》二十四本，明胡廣等奉勅纂修。卷中經文朱注大書，凡發明語錄文集諸家之説經注者，皆采細注。此本係永樂十三年刊。"

《商舶載來書目》記載，東山天皇元祿十二年（1699年），中國商船"智字號"載《四書大全》一部抵日本。寶永元年（1704年），中國商船"曾字號"亦載《四書大全》一部抵日本。中御門天皇正德元年（1711年），中國商船"志字號"又載《四書大全》一部抵日本。

另據《外船齎來書目》記載，中御門天皇享保二年（1735年），中國廣東船主黃瑞周、楊叔祖載《四書大全》二部抵日本。

《書籍元帳》記載，仁孝天皇弘化三年（1846年）五月及孝明天皇嘉永二年（1849年），各從中國輸入《四書大全》一部。

《倭板書籍考》卷二著録《四書大全》三十四卷,并有識文曰:"此本係大明永樂天子勅修三《大全》之一。寬永十二年(1635年)加倭點刊行,標名《官板四書大全》。慶安四年(1651年)《鼇頭評注四書大全》出於惺窩先生,鵜飼石齋校訂也。'鼇頭'衆説,失程朱之本意,陷異學之誤"云云。該《書籍考》并曰"另有《大方四書大全》十八卷本"。

後水尾天皇寬永三年(1626年)京都忠右兵衛尉等刊《周會魁刪定四書大全》。

後光明天皇至後西天皇慶安·萬治年間(1648—1661年)刊《四書大全》三十六卷。

後光明天皇慶安四年(1651年)刊《官板四書大全》三十六卷。此本係徐九一太史訂正金閶五雲居藏版本之覆刊。

後西天皇萬治二年(1659年)京都秋田屋平左衛門刊《鼇頭評注四書大全》三十六卷。此本係日人藤原肅評注,鵜飼信之點。此本江户時代多次覆刊。

東山天皇元禄四年(1691年)刊《四書大全》三十六卷。

孝明天皇嘉永七年(1854年)大阪宋榮堂刊《四書大全》三十六卷。

(御制性理)四書集注十八卷

(明)胡廣等奉勅編撰

明刊本　共十七册

早稻田大學圖書館藏本

【按】前有明宣德二年(1427年)《序》。

四書集注大全十八卷　首一卷

(明)胡廣等奉勅編撰　周士顯校正

明萬曆三十三年(1605年)書林余氏刊本共十八册

京都大學文學部鈴木文庫藏本　原鈴木虎雄等舊藏

【按】此本目録如下:

卷一至卷二　《大學》;

卷三至卷九　《論語》;

卷十至卷十六　《孟子》;

卷十七至卷十八　《中庸》。

此本卷頭書名各異:

卷一、卷三、卷七、卷十、卷十三題《周會魁校正四書大全》;

卷二題《周會魁校正古本大方四書大全》;

卷四、卷五、卷六題《周會魁校正古本名儒四書大全》;

卷八題《校正官板名儒四書大全》;

卷九題《周會魁校正官板四書大全》;

卷十一、卷十二題《周會魁校正官板名儒四書大全》;

卷十四題《李太史參補古今大方四書大全》;

卷十五至卷十八題《周會魁刪定四書大全》。

(周會魁校正)四書大全十八卷

(明)胡廣等奉勅編撰　周士顯校正

明萬曆年間(1573—1620年)刊本

蓬左文庫　東京大學總合圖書館　早稻田大學圖書館　大阪府立圖書館　古義堂文庫藏本

【按】前有宣德二年(1427年)楊榮《序》。

蓬左文庫藏本,共二十册。

東京大學總合圖書館藏本,原係江户時代紀州德川家南葵文庫等舊藏,共十八册。

早稻田大學圖書館藏此同一刊本兩部。一部原係下村正太郎家下村文庫舊藏,共十八册。一部原係服部南郭家服部文庫舊藏,共十九册。

大阪府立圖書館藏本,共十八册。

古義堂文庫藏本,原江户時代儒學古義學派魁首伊藤仁齋、伊藤東涯家舊藏,共十九册。

(周會魁校正)四書大全十八卷

(明)胡廣等奉勅編撰　周士顯校正

明刊本

尊經閣文庫　東北大學附屬圖書館狩野文庫藏本

【按】尊經閣文庫藏本,原係江户時代加賀藩主前田綱紀等舊藏,共二十册。

東北大學附屬圖書館藏此同一刊本兩部,皆原係狩野亨吉等舊藏。一部共十八册;一部今存卷第十七,凡殘本一卷,共一册。

四書大全十八卷

(明)胡廣等奉勑編撰　周士顯校正

明刊本　共十九册

東洋文庫藏本　原小田切萬壽之助等舊藏

四書大全十八卷

(明)胡廣等奉勑編撰　劉孔敬校

明夢松軒刊本　共十八册

東京都立日比谷圖書館藏本　原坂本廣太郎等舊藏

四書集注大全三十八卷

(明)胡廣等奉勑編撰

明内府刊本

宫内廳書陵部　蓬左文庫藏本

【按】每半葉十行,行二十二字。黑口,四周雙邊。

此本目録如次:

《大學章句》一卷;《大學或問》一卷;

《中庸章句》一卷;《中庸或問》一卷;

《論語集注》二十卷;《孟子集注》十四卷。

宫内廳書陵部藏本,每册首有"佐倉文庫"印記。共四十二册。

蓬左文庫藏本,共二十册。

四書集注大全三十八卷　附論語考異一卷　孟子考異一卷

(明)胡廣等奉勑編撰　《考異》(宋)王應麟撰　(明)徐浡纂輯

明吴門德馨堂刊本　共三十二册

東京大學總合圖書館藏本　原渡邊信青洲文庫舊藏

(新刊舉業精義)四書蒙引(殘本)十四卷　別録一卷

(明)蔡清撰　〔别録〕(明)莊煦撰

明萬曆十五年(1587年)刊本　共十三册

米澤市立圖書館藏本　原江户時代米澤藩等舊藏

【按】每半葉十二行,行二十六字。白口,雙邊有界。

此本全十五卷,係《大學》二卷、《中庸》二卷、《論語》四卷、《孟子》七卷。今闕《中庸》卷三上,存十四卷。

封面題"荆溪真本　蔡虚齋訂正四書蒙引本衙藏版"。

卷首有吴中行、惲慶翼、王升諸《序》,並莊煦《凡例》,及撰者《蒙引初稿序》等。

正文之首題署"新刊舉業精義四書蒙引第一册","國子祭酒蔡清初藁","後學武進莊煦删次","禮部尚書萬士和是正","翰林侍講吴中行校閲"。

每册有"麻谷藏書"印記,封面有"寶翰樓藏板"印記。

【附録】據《舶來書籍大意書》記載此書曰"此本係明蔡虚齋初稿,詞意重復,前後異見者甚多。莊啓暘考訂次序,删其蕪冗,析條從類,刊於萬曆十五年"云云。

據《商舶載來書目》記載,桃園天皇寶曆四年(1754年),中國商船"幾字號"載《舉業精義四書蒙引》一部抵日本。後桃園天皇安永三年(1774年),中國商船"幾字號"和"世字號"各載《四書蒙引》一部抵日本。

《倭版書籍考》卷二著録《四書蒙引》十五卷,并曰此書"詞意繁復,前後異見,不爲定説。然細觀之,則可爲集注之羽翼處甚多"。

明正天皇寬永十三年(1636年)刊《四書蒙引》十五卷。此本題署"(明)蔡清撰　敖鯤訂"。

四書蒙引初稿十五卷

(明)蔡清撰

明刊本　共二十四册

静嘉堂文庫藏本　原陸心源守先閣舊藏

四書蒙引十五卷

(明)蔡清撰　敖鯤重訂

明嘉靖年間(1522—1566 年)刊本

龍谷大學大宮圖書館藏本　原寫字臺文庫
舊藏

【按】前有明嘉靖六年(1527 年)《序》。

四書蒙引十五卷

(明)蔡清撰　敖鯤重訂

明刊本

内閣文庫　蓬左文庫　小濱市立圖書館
陽明文庫藏本

【按】内閣文庫藏此同一刊本兩部。一部係
林羅山手校本。卷中有"江雲渭樹"印記。共
十四册。另一部原係紅葉山文庫舊藏,共二十
册。

蓬左文庫藏本,今闕《大學》二卷並《序》,存
十三卷,共十八册。

小濱市立圖書館藏本,今存卷十一凡一卷,
共一册。

陽明文庫藏本,原係江户時代近衛家熙等舊
藏。共二十册。

四書蒙引十五卷

(明)蔡清撰

明崇禎二年(1629 年)刊本　共二十四册

大谷大學附屬圖書館藏本

(蔡虚齋先生)四書蒙引十五卷

(明)蔡清撰　宋兆禴校

明崇禎八年(1635 年)刊本

内閣文庫　千葉縣立中央圖書館　静嘉堂
文庫　龍谷大學大宮圖書館藏本

【按】内閣文庫藏本,共十五册。

千葉縣立中央圖書館藏本,卷中有"杜城精
舍藏書"及"杜城圖書館藏書"等印記,共十四
册。

静嘉堂文庫藏本,共十五册。

龍谷大學大宮圖書館藏本,共十四册。

四書蒙引便覽(不分卷)

(明)莊煦撰

明萬曆十五年(1587 年)刊本　共七册

龍谷大學大宮圖書館藏本　原寫字臺文庫
舊藏

【按】前有明萬曆十五年(1587 年)《序》。

四書圖史合考二十四卷

(明)蔡清撰

明刊本

尊經閣文庫　龍谷大學大谷圖書館　米澤
市立圖書館藏本

【按】每半葉九行,行二十二字。

前有鍾惺《序》。其文曰:

"蔡虚齋先生《四書圖史合考》一書,事
採其正,物考其詳,經不載者史備之,言不傳
者圖繪之,一展卷而兵農禮樂井田學校等
事,宛然在目,了若指掌。"

尊經閣文庫藏本,原係江户時代加賀藩主前
田綱紀等舊藏,共十六册。

龍谷大學大宮圖書館藏本,原係寫字臺文庫
舊藏,共十四册。

米澤市立圖書館藏本,原係江户時代米澤藩
等舊藏,今存《大學》《中庸》三卷,共三册。

【附錄】據《商舶載來書目》記載,中御門天皇
正德元年(1711 年),中國商船"志字號"載《四
書圖史合考》一部抵日本。

《倭板書籍考》卷二著錄《四書圖史合考》二
十四卷,并曰"此書蔡虚齋作,有鍾伯敬序,繪
四書器物之圖,記聖賢之傳"云云。

靈元天皇寬文九年(1669 年)中野氏刊《四
書圖史合考》二十四卷。此本係明金閶擁萬堂

刊本之覆刊。

(靈源山房重訂)四書淺説十三卷

(明)陳琛撰　劉蚩英校
明崇禎十年(1637年)刊本
内閣文庫　静嘉堂文庫藏本

【按】每半葉九行,行二十四字。白口,四周單邊。

内閣文庫藏此同一刊本三部。一部原係林氏大學頭家舊藏,共七册。一部原係紅葉山文庫舊藏,共六册。一部共五册。

静嘉堂文庫藏本,原係中村敬宇舊藏。共六册。

【附録】據《商舶載來書目》記載,中御門天皇享保八年(1723年),中國商船"志字號"載《四書淺説》一部抵日本。

《倭板書籍考》卷二著録《四書淺説》十三卷,并曰:"此書本朱子之旨,受《蒙引》、《存疑》之説,簡捷明快。係紫峰先生陳琛之作。"

江户時代有刊本《靈源山房重訂四書淺説》十三卷,題署"明陳琛撰　明劉蚩英訂"。

(連理堂重訂)四書存疑(殘本)十三卷

(明)林希元撰
明刊本　共九册
内閣文庫藏本

【按】每半葉有界九行,行二十四字。白口,四周單邊。

是書全十四卷,此本今闕卷一。

【附録】《倭板書籍考》卷二著録《四書存疑》十四卷並《考異》一卷,其識文曰:"此書依《蒙引》而作,折衷《蒙引》之説,於朱注便利處甚多……倭訓鵜飼石菴信之也,石菴後改石齋。"

後西天皇承應三年(1654年)京都村上平樂寺刊《連理堂重訂四書存疑》十四卷,並《考異》一卷。此本係日人鵜飼信之訓點。

(重刊次崖林先生)四書存疑十二卷

(明)林希元撰

明刊本　共六册
内閣文庫藏本　原紅葉山文庫等舊藏

(新刊增訂彙)四書存疑十卷　又一卷

(明)林希元撰
明余氏怡慶書堂嘉靖二十八年(1549年)刊萬曆七年(1579年)補修本
大阪天滿宮御文庫藏本

(新刊心學淵源科場訣要)四書利達三十卷

(明)萬廷相輯注
明嘉靖四十年(1561年)書林詹氏就正齋刊本　共十五册
龍谷大學圖書館藏本　原寫字臺文庫舊藏

(新刊)四書章圖詳節講學綱目二十九卷　附録

(明)涂山撰　彭烊　曾元忠校
明萬曆年間(1573—1620年)書林詹就正刊本　共十册
龍谷大學大宮圖書館藏本　原寫字臺文庫舊藏

【按】此本係依據唐廷仁刊本重刊。

附録如次:

《鹿野郝先生式蒙要法》、《新刊四書章圖囊括總要》(元人程後心撰)、《學庸式問序説論》(是序説《集注》《大全》論目并遺題)。

(新刻注釋)四書人物備考四十卷

(明)薛應旂撰　朱焯注釋
明書林光裕堂鄭以厚刊本
内閣文庫　蓬左文庫藏本

【按】内閣文庫藏本,係江户時代儒學巨擘林羅山手校本。卷中有"江雲渭樹"印記。共四册。

蓬左文庫藏本,係明正天皇寬永四年(1627年)從中國購入。卷中有"尾陽内庫"印記。共六册。

【附録】據《商舶載來書目》記載,中御門天皇

正德二年(1712 年),中國商船"志字號"載《四書人物備考》一部抵日本。享保十六年(1731年),中國商船"曾字號"又載《增補四書人物備考》一部抵日本。

(新刻七十二朝)四書人物考注釋四十卷

(明)薛應旂撰　朱燁注釋
明萬曆年間(1573—1620 年)葉近山刊本
共四册
內閣文庫藏本
【按】每半葉有界十行,行二十字。白口,四周單邊。

(新鐫)四書七十二朝人物經籍備考二十四卷 目録一卷　附圖考二卷

(明)薛應旂編撰
明舒濂溪刊本　共十六册
廣島市立淺野圖書館藏本
【按】前有薛應旂《序》,次有《目録》、次有《彙採書目》。
版心題署《人物備考》,外題題簽署《四書備考》。

(新鐫)四書七十二朝人物經籍備考二十四卷

(明)薛應旂原輯　鍾惺校訂
明吳門舒氏六經閣刊本
內閣文庫　蓬左文庫　尊經閣文庫藏本
【按】每半葉有界九行,行二十字。白口,四周單邊。
內閣文庫藏本,原係高野山釋迦文殊院舊藏,共二十一册。
蓬左文庫藏本,共二十册。
尊經閣文庫藏本,原係江户時代加賀藩主前田綱紀等舊藏,共二十册。

四書人物考訂補四十卷

(明)薛應旂原輯　朱燁注　許胥臣補
明萬曆年間(1573—1620 年)刊本　共五册
御茶之水圖書館藏本　原明倫館　德富蘇

峰成簀堂等舊藏
【按】卷首有明萬曆年間《序》,題"萬曆新科武昌明卿吳國倫撰"。
卷中有"周防國明倫館圖書印"、"村田之印"、"讀杜艸堂"、"丙寅改"、"辛未改"等印記。封帙有明治四十一年(1908 年)四月德富蘇峰題識。

四書人物考訂補四十卷

(明)薛應旂撰　許胥臣補
明天啓七年(1627 年)刊本　共八册
內閣文庫藏本
【按】每半葉十行,行二十字。白口,四周單邊。

四書人物考十二卷

(明)張星撰
明崇禎十四年(1641 年)刊本
東京大學東洋文化研究所藏本
【附録】日本中御門天皇《享保三年(1718年)七月大意書草稿》著録《四書人物考》五部,并曰"右記書係先年渡來。此書明記四書中所載人物傳記事實之出所等,便於考覽"云云。

四書名物考二十四卷

(明)陳禹謨撰　錢受益　牛斗星補
明杭州書肆讀書坊刊本　共八册
內閣文庫　蓬左文庫　尊經閣文庫　東京大學東洋文化研究所　龍谷大學大宮圖書館藏本
【按】每半葉九行,行二十字。
前有錢受益、馮復京《序》。
此本題"海虞陳禹謨錫玄輯　虎林錢受益謙之　牛斗星杓司補　潭陽余楷式玉訂",然按錢受益《序》稱,則此書爲牛斗星所纂。
內閣文庫藏此同一刊本三部,皆共八册。其中一部原係紅葉山文庫舊藏,一部原係木村兼葭堂舊藏。
蓬左文庫藏本,係明正天皇寬永九年(1632

年)從中國購入。卷中有"尾陽内庫"印記。

龍谷大學大宮圖書館藏本,原係寫字臺文庫等舊藏,共二册。

【附録】《舶來書籍大意書》著録《四書名物考》一部,其曰:"(此書)研究六籍,旁貫百家,窮討秘文,冥搜怪牒,於《學》《庸》《語》《孟》名物,悉輯録其説。"

據《商舶載來書目》記載,桃園天皇寶曆四年(1754年),中國商船"志字號"載《四書名物考》一部抵日本。

四書名物考十八卷

(明)陳禹謨撰　錢受益　牛斗星補
明刊本　共六册
國會圖書館藏本

(重訂)四書名物備考二十四卷

(明)陳禹謨撰　錢受益　王道焜補
明刊本　共六册
内閣文庫藏本　原昌平坂學問所等舊藏

四書證義筆記合編十七卷　序一卷

(明)錢大復撰　錢龍錫校
明萬曆四十一年(1613年)刊本　共二十册
東京都立日比谷圖書館藏本　原有不爲齋田中慶太郎(救堂)等舊藏

經言枝指九十九卷　首一卷

(明)陳禹謨撰
明萬曆年間(1573—1620年)刊本
宮内廳書陵部　尊經閣文庫藏本
【按】此書目録如次:
《漢詁纂》十九卷;《談經菀》四十卷;
《引經釋》五卷;《人物概》十五卷;
《名物考》二十卷。
宮内廳書陵部藏本,原係德山藩三代主毛利元次廣收"天下秘笈"之一。東山天皇寶永三年(1706年)《御書物目録》著録此本。明治二十九年(1896年)男爵毛利元功贈獻宮内省。

每册首有"德藩藏書"印記。共五十册。

尊經閣文庫藏本。原係江户時代加賀藩主前田綱紀等舊藏,共三十册。

經言枝指(殘本)二十四卷

(明)陳禹謨撰
明刊本　共八册
宮内廳書陵部藏本　原豐後佐伯藩主毛利高標等舊藏
【按】是書全五種凡九十九卷。今存《漢詁纂》十九卷,《引經釋》五卷。
此本原係仁孝天皇文政年間(1818—1830年)出雲守毛利高翰獻贈幕府。明治初期經太政官文庫而歸内閣文庫。明治二十四年(1891年)移交宮内省圖書寮(即今宮内廳書陵部)。
每册有"蕉莊圖書"、"蕉居寶玩"、"嘯山外史"、"佐伯侯毛利高標字培松藏書畫之印"、"祕閣圖書之章"等印記。卷中並有"馬氏藏書"、"馬氏子陵"、"嘯山樵長"等印記。此外,題簽又有"蕉居士"、"嘯山堂記"等印記。

經言枝旨(殘本)三十四卷

(明)陳禹謨撰　江和等校
明萬曆四十三年(1615年)刊本　共十六册
内閣文庫藏本　原木村蒹葭堂等舊藏
【按】是書全五種凡九十九卷。今存《漢詁纂》十九卷,《人物概》十五卷。

經言枝指　漢詁纂十九卷　引經釋五卷

(明)陳禹謨撰
明刊本　共八册
宮内廳書陵部藏本

談經菀(殘本)三十九卷

(明)陳禹謨撰　江和等校
明萬曆四十二年(1614年)刊本　共二十册
内閣文庫藏本　原昌平坂學問所等舊藏
【按】此本係《經言枝旨》零本,原《談經菀》爲四十卷本,今闕缺卷二十五,存凡三十九卷。

人物概十五卷

（明）陳禹謨撰　錢受益等補
明刊本　共二册
内閣文庫藏本　原豐後佐伯藩主毛利高標等舊藏
【按】此本係仁孝天皇文政年間（1818—1829年）由出雲守毛利高翰獻贈幕府。明治初期經太政官文庫而歸内閣文庫。卷中有"佐伯侯毛利高標字培松藏書畫之印"等印記。

人物概十五卷

（明）陳禹謨撰　李中一校
明刊本
東京大學東洋文化研究所藏本

四書直解二十七卷

（明）張居正　申時行撰
明萬曆年間（1573—1620年）刊本　共二十六册
東北大學附屬圖書館藏本　原狩野亨吉舊藏
【按】每半葉九行，行十八字。黑口，四周雙邊。
卷前有明萬曆元年（1573年）十二月張居正等《進講章疏》。
此本《大學》、《中庸》、《論語》皆題"少師兼太子太師　吏部尚書　中極殿大學士臣張居正等謹輯"，唯《孟子》題"少師兼太子太師吏部尚書　中極殿大學士臣申時行等謹輯"。
【附録】《舶來書籍大意書》著録《四書直解》，并曰"此本係張居正於《四書朱注》之後，附以直解"云云。
據《書籍元帳》記載，孝明天皇嘉永二年（1849年），從中國輸入《四書直解》一部，定價十二匁。
江户時代有《四書經筵直解》二十卷刊印本。題署"明張居正撰　明瞿景淳等輯"。

四書直解二十七卷

（明）張居正　申時行撰
明天啓元年（1621年）刊本
龍谷大學附屬圖書館藏本

四書直解二十七卷

（明）張居正　申時行撰
明崇禎年間（1628—1644年）刊本　共十六册
尊經閣文庫藏本　原江户時代加賀藩主前田綱紀等舊藏

四書直解二十七卷　四書指南纂序合參二十七卷

（明）張居正撰　焦竑增補　顧宗孟訂正
《合纂》（明）李光縉撰　劉日珩纂訂　陳恒吉合纂
明崇禎年間（1628—1644年）刊本　共六册
東京大學總合圖書館藏本　原江户時代紀州德川家南葵文庫等舊藏

（重刻内府原板張閣老經筵）四書直解指南二十七卷

（明）張居正撰　焦竑增補　湯賓尹訂正
明萬曆三十九年（1611年）書林詹亮刊本共十二册
米澤市立圖書館　静嘉堂文庫藏本
【按】每半葉十四行，行二十四字。眉欄二十六行，行十四字。版心題署"四書指南直解"，魚尾下有"論語卷幾"等。
此本目録如次：
《大學》一卷；《中庸》二卷；
《論語》十卷；《孟子》十四卷。
各卷首標題後，署"中極殿大學士泰嶽張居正輯著　狀元澹園焦竑增補　會元霍林湯賓尹訂正　書林易齋詹亮校行"。
眉欄之首　有"解元衷一李光縉校　後學見宇楊文奎著"。

米澤市立圖書館藏本,原係江户時代米澤藩舊藏,此本每册首有"香坂維直"等印記。共十二册。

静嘉堂文庫藏本,共十册。

【附録】《舶來書籍大意書》著録《四書經筵直解》,并曰"是書張居正撰,於《學》《庸》《語》《孟》每章下附要旨。題《經筵進講》,標章節之目,闡發諸家精義"云云。

據《商舶載來書目》記載,中御門天皇享保八年(1723年),中國商船"智字號"載《重刻張閣老四書直解》一部抵日本。桃園天皇寶曆四年(1754年),中國商船"志字號"載《四書經筵直解》一部抵日本。

日本江户時代刊《經筵校閲四書直解》二十卷。此本題(明)張居正等撰,瞿景淳等編,汪旦等校。

(重刻辯證内府原板張閣老經筵)四書直解指南二十七卷

(明)張居正撰　焦竑校訂
明天啓元年(1621年)長庚館刊本
内閣文庫　龍谷大學大宫圖書館藏本

【按】内閣文庫藏此同一刊本兩部。一部原係紅葉山文庫舊藏,共十二册;一部共十册。

龍谷大學大宫圖書館藏本,原係寫字臺文庫舊藏,共十四册。

(新訂)四書直解正字全編二十六卷

(明)張居正撰
明崇禎年間(1628—1644年)刊本　共二十二册
尊經閣文庫藏本　原江户時代加賀藩主前田綱紀等舊藏

【按】每半葉有界八行,行十八字。白口,四周單邊。

(新刻比雍二大司成先生課大學多士)四書諸説品節十卷

(明)陸可教　葉向高輯　焦竑校

明潭城書林余彰德刊本　共五册
蓬左文章藏本

【按】此本係明正天皇寬永六年(1629年)從中國購入。卷内有"尾陽内庫"等印記。

(新鍥葉李兩閣老同纂十八魁)四書甲第先鋒大講三十卷

(明)葉向高　李廷機輯
明萬曆年間(1573—1620年)刊本　共十一册
尊經閣文庫藏本　原江户時代加賀藩主前田綱紀等舊藏

(鼎鐫睡庵湯太史)四書脈六卷

(明)湯賓尹撰
明萬曆四十三年(1615年)刊本
無窮會織田文庫　陽明文庫藏本

【按】無窮會藏本,原係織田小覺舊藏。共五册。

陽明文庫藏本,原係江户時代近衞家熙等舊藏。共六册。

(鼎鐫徐筆洞增補睡菴湯太史)四書脈講意六卷

(明)湯賓尹撰　徐奮鵬補
明刊本　共五册
内閣文庫　陽明文庫藏本

【按】内閣文庫藏本,共五册。

陽明文庫藏本,原係江户時代近衞家熙等舊藏,共六册。

(新刻湯太史擬授科場題旨)天香閣説六卷　首一卷

(明)湯賓尹撰
明萬曆四十二年(1614年)刊本　共四册
内閣文庫藏本　原林氏大學頭家等舊藏

(新鐫湯會元)四書合旨六卷

(明)湯賓尹撰　李元實校
明後期坊刊本　共五册

蓬左文庫藏本

【按】此本目録如次：

《大學》一卷；《中庸》一卷；

《論語》二卷；《孟子》二卷。

此本係明正天皇寬永六年（1629 年）從中國購入。卷中有"尾陽文庫"等印記。

（刊湯會元參詳名公新説）四書解頤鰲頭十九卷

（明）湯賓尹撰　鄭名世校

明萬曆二十三年（1595 年）光裕堂刊本　共五册

龍谷大學大宮圖書館藏本　原寫字臺文庫舊藏

【按】此本又名《鐫國朝翰苑碩儒會演四書嫡傳闡譚集注》、《四書衍明集注》。其内容係《大學》一卷、《中庸》一卷、《論語》十卷、《孟子》七卷。

（新鐫湯太史評點丘毛伯）四書剖十三卷

（明）丘兆麟撰　湯賓尹評

明萬曆年間（1573—1620 年）閩建詹聖澤刊本　共十册

蓬左文庫藏本

【按】卷首有明萬曆四十一年（1613 年）丘兆麟《序》。

此本係明正天皇寬永六年（1629 年）從中國購入。卷中有"尾陽内庫"等印記。

（新刻徐九一先生）四書剖訣十三卷

（明）徐洰纂輯　黄襄訂正

明三臺館刊本　共九册

龍谷大學大宮圖書館藏本，原寫字臺文庫舊藏

（新刻太史徐先生家藏引蒙）四書的解十三卷

（明）徐洰纂輯

明崇禎元年（1628 年）書林魏永儀（閩吾）仁實堂刊本　共四册

龍谷大學大宮圖書館藏本　原寫字臺文庫舊藏

（徐先生家傳）四書入學第一明解八卷

（明）徐洰纂輯　劉永戀等重訂

明崇禎年間（1628—1644 年）蘇州聚賢堂趙敬山刊本　共五册

龍谷大學大宮圖書館藏本　原寫字臺文庫舊藏

【按】前有明崇禎十四年（1641 年）《序》。

（新鍥六進士參訂劉先生）四書博約説鈔十六卷

（明）劉前輯著　盧一誠等訂　林瑚評校

明萬曆十六年（1588 年）書林鄭豪（雲竹）刊本　共八册

龍谷大學大宮圖書館藏本　原寫字臺文庫舊藏

（新刻）四書十方家考訂新説評十卷

（明）郭偉輯

明萬曆二十二年（1594 年）楊閩齋刊本　共十册

龍谷大學大宮圖書館藏本　原寫字臺文庫舊藏

四書徵十二卷

（明）王夢簡撰　馮昌年等校　湯睡虎鑒定

明天啓七年（1627 年）刊本

内閣文庫　陽明文庫　龍谷大學大宮圖書館藏本

【按】每半葉有界九行，行二十五字。白口，四周單邊。

内閣文庫藏本，共五册。

陽明文庫藏本，原係江户時代近衛家凞等舊藏，共十一册。

龍谷大學大宮圖書館藏本，原係寫字臺文庫等舊藏，共八册。

四書徵十二卷

（明）王夢簡彙輯　馮昌年等校　湯睡庵鑒定

明崇禎五年（1632 年）刊本

龍谷大學大宮圖書館　無窮會織田文庫藏本

【按】龍谷大學大宮圖書館藏本，原係寫字臺文庫等舊藏，共八册。

無窮會織田文庫藏本，原織田小覺等舊藏，共四册。

四書徵（殘本）十卷

（明）王夢簡撰

明刊本　共四册

内閣文庫藏本　原昌平坂學問所等舊藏

【按】此本全十二卷，今闕卷七、卷八。

四書翼箋九卷

（明）洪啓初撰

明萬曆四十五年（1617 年）刊本　共八册

内閣文庫藏本　原昌平坂學問所等舊藏

【按】每半葉九行，行二十二字。白口，左右雙邊。

【附錄】日本東山天皇《元禄七年（1694 年）大意書》著錄《四書翼箋》明萬曆刊本，其識文曰“此本溫陵洪啓初爾遷著，係四書講義。不載全文，每章舉首句五七字，申述全章大意，兼及朱陸諸説”云云。

據《商舶載來書目》記載，東山天皇元禄七年（1694 年），中國商船“志字號”載《四書翼箋》一部抵日本。

四書説約二十卷

（明）顧夢麟撰

明崇禎十三年（1640 年）吴門張氏刊本

京都大學人文科學研究所東洋學文獻中心　静嘉堂文庫藏本

【按】每半葉九行，行二十五字。

京都大學人文研東洋學文獻中心藏本，共二十册。

静嘉堂文庫藏本，原係中村敬宇舊藏。共十册。

【附錄】據《商舶載來書目》記載，東山天皇元禄八年（1695 年），中國商船“志字號”載《四書説約要解》一部抵日本。元禄十年（1697 年）和元禄十二年（1699 年），“志字號”又分別載《四書説約集解》和《四書説約直解合評》各一部抵日本。

《書籍元帳》載仁孝天皇弘化三年（1846 年）從中國輸入《四書説約》一部，定價二十匁。

四書説約二十卷

（明）顧夢麟撰

明崇禎十六年（1643 年）顧氏織簾居刊本

内閣文庫藏本

【按】内閣文庫藏此同一刊三部。一部原係紅葉山文庫舊藏，共十四册；一部原係林氏大學頭家舊藏，共十八册；一部共二十册。

四書十一經通考二十卷

（明）顧夢麟撰

明刊本　共五册

内閣文庫藏本　原昌平坂學問所等舊藏

（增補）四書精繡圖像人物備考十二卷

（明）陳仁錫撰

明古吴越盛堂刊本

東京大學東洋文化研究所大木文庫藏本

（繡古堂）四書典十卷

（明）陳仁錫撰

明刊本　共三册

内閣文庫藏本

四書備考二十八卷　目錄一卷　引用書目一卷

（明）陳仁錫撰

明萬曆年間（1573—1620 年）刊本　共二十

四册

宫内廳書陵部藏本

【按】此本每册首有"祕閣圖書之章"印記。

【附録】日本中御門天皇享保三年(1718年)《大意書草稿》著録《四書備考》,并曰"此書去年傳入,與《四書人物考》類,由《人物考》增補而成。一部二十四册"云云。

據《商舶載來書目》記載,東山天皇寶永七年(1711年),中國商船"志字號"載《四書備考》一部抵日本。

又據《外船齎來書目》記載,中御門天皇正德四年(1714年),中國南京船主費元齡載《四書備考》一部抵日本。

據《漢籍發賣投標記録》,仁孝天皇弘化二年(1845年),《四書備考》價爲十八匆八分、九匆二厘、八匆五分。

據《書籍元帳》記載,仁孝天皇弘化四年(1847年)及孝明天皇嘉永二年(1849年),分别從中國輸入《四書備考》各一部,定價皆八匆。

四書備考二十八卷　首一卷

(明)陳仁錫撰　陳義錫　陳智錫參訂

明崇禎七年(1634年)吳郡寶翰樓刊本

國會圖書館　内閣文庫　尊經閣文庫　東京大學東洋文化研究所　京都大學文學部中國文學哲學研究室　愛知大學簡齋文庫　佛教大學平中文庫　無窮會織田文庫　静嘉堂文庫藏本

【按】每半葉有界九行,行十九字。

前有明崇禎七年(1634年)陳仁錫《序》。

國會圖書館藏本,共十五册,合爲七册。

内閣文庫藏此同一刊本兩部。一部原係林氏大學頭家舊藏,共十二册;一部共十册。

尊經閣文庫藏本,原係江户時代加賀藩主前田綱紀等舊藏,共十四册。

東京大學藏本,共十二册。

京都大學藏本,共十六册。

愛知大學藏本,原係小倉正恒等舊藏。共十

二册。

佛教大學藏本,原係平中令次舊藏。共十二册。

無窮會藏本,原係織田小覺舊藏。共十二册。

静嘉堂文庫藏本,原係中村敬宇舊藏。共二十四册。

(新鐫翰林九我李先生家傳)四書文林貫旨六卷 訓蒙題式一卷

(明)李廷機撰

明萬曆二十八年(1600年)建邑書林余彰德萃慶堂刊本

宫内廳書陵部　内閣文庫　尊經閣文庫　大阪府立圖書館　龍谷大學大宫圖書館藏本

【按】宫内廳書陵部藏本,共五册。

内閣文庫藏本,原係木村兼葭堂等舊藏,此本今無《訓蒙題式》一卷,共五册。

尊經閣文庫藏本,原係江户時代加賀藩主前田綱紀等舊藏,共五册。

大阪府立圖書館藏本,原係三好龍山等舊藏。卷前有中山城山、藤澤東畡手書識文。共六册。

龍谷大學大宫圖書館藏本,原係寫字臺文庫舊藏。此本今無《訓蒙題式》,共一册。

四書注疏大全合纂三十六卷

(明)張溥撰

明崇禎九年(1636年)刊本

宫内廳書陵部　内閣文庫　静嘉堂文庫藏本

【按】此本目録如次:

《大學注疏大全合纂》一卷;

《中庸注疏大全合纂》一卷;

《論語注疏大全合纂》二十卷;

《孟子注疏大全合纂》十四卷。

宫内廳書陵部藏本,共三十二册。

内閣文庫藏此同一刊本共三部。二部原係昌平坂學問所舊藏,共十八册,另一部共十六册;一部原係紅葉山文庫舊藏,共十四册。

　　静嘉堂文庫藏本,原係陸心源守先閣舊藏。共二十册。

(張天如先生彙訂)四書人物名物經文合考十二卷

　　(明)張溥撰
　　明崇禎五年(1632 年)刊本　共五册
　　內閣文庫藏本

(尺木居輯諸名公)四書尊注講意(四書尊注大全)二十一卷

　　(明)張溥編撰
　　明崇禎十年(1637 年)金閶葉氏刊本
　　宮內廳書陵部　內閣文庫　尊經閣文庫
　　蓬左文庫藏本
　　【按】每半葉上十八行,行二十字。下十行,行二十一字。
　　此本目錄如次:
　　《大學大全》一卷;
　　《中庸大全》三卷;
　　《論語大全》十卷;
　　《孟子大全》七卷。
　　宮內廳書陵部藏本,《中庸大全》係二卷,共十册。
　　內閣文庫藏本,原係昌平坂學問所舊藏,共十册。
　　尊經閣文庫藏本,原係江户時代加賀藩主前田綱紀等舊藏,共十五册。
　　蓬左文庫藏本,共十册。
　　【附據】《商舶載來書目》記載,東山天皇寬永六年(1709 年)中國商船"志字號"載《四書尊注會意解》一部抵日本。

四書考備十二卷

　　(明)張溥撰
　　明崇禎年間(1628—1644 年)刊本　共十册
　　尊經閣文庫藏本　原江户時代加賀藩主前田綱紀等舊藏

(張太史家傳)四書印十三卷　四書字句辯疑一卷　初學文式一卷

　　(明)張溥撰
　　明刊本　共四册
　　內閣文庫藏本　原木村兼葭堂等舊藏

(参補)鄒魯心印集注(殘本)十五卷

　　(明)張明弼撰　夏允彝等補
　　明刊本　共五册
　　內閣文庫藏本
　　【按】是書全本係《大學》一卷、《中庸》二卷、《論語》十卷、《孟子》七卷,凡二十卷。此本今缺《論語》卷第六至卷十,實存十五卷。

四書揚明十三卷

　　(明)張明弼撰
　　明種德堂刊本　共八册
　　無窮會天淵文庫藏本　原加藤天淵等舊藏

四書疑問六卷

　　(明)姚舜牧撰
　　明萬曆年間(1573—1620 年)刊本　共五册
　　內閣文庫　尊經閣文庫藏本

四書疑問十卷

　　(明)姚舜牧撰
　　明萬曆年間(1573—1620 年)刊本　共六册
　　龍谷大學大宮圖書館藏本　原寫字臺文庫舊藏
　　【按】前者有明萬曆十八年(1590 年)《序》。

(重訂)四書疑問十一卷

　　(明)姚舜牧撰
　　明萬曆年間(1573—1620 年)刊本　共十一册
　　內閣文庫藏本
　　【按】每半葉有界十行,行二十字。
　　前有明萬曆十九年(1591 年)姚舜牧《序》,

并萬曆四十四年(1616年)又《序》。

四書也是園初告六卷

(明)王宇撰

明萬曆四十四年(1616年)金陵聚星館葉均宇刊本

蓬左文庫　尊經閣文庫藏本

【按】每半葉九行,行二十二字。白口,四周單邊。

此本目録如次:

《大學》一卷;《中庸》一卷;

《論語》二卷;《孟子》二卷。

蓬左文庫藏本,卷中有"尾陽内庫"印記。共六册。

尊經閣文庫藏本,原係江户時代加賀藩主前田綱紀等舊藏,共八册。

(刻迎暉堂彙附人物事文概批點)四書翼注講意六卷

(明)王納諫撰

明萬曆年間(1573—1620年)刊本

宫内廳書陵部　尊經閣文庫藏本

【按】宫内廳書陵部藏本,有後人鈔補。共八册。

尊經閣文庫藏本,原係江户時代加賀藩主前田綱紀等舊藏,共四册。

【附録】據《商舶載來書目》記載,中御門天皇享保八年(1723年)中國商船"志字號"載《四書翼注講意》一部抵日本。該船於光格天皇寬政十一年(1799年)又載《四書翼注論文》一部抵日本。

《外船齎來書目》又載光格天皇寬政十二年(1800年)從中國輸入《四書翼注論文》二部。

日本仁孝天皇天保十二年(1841年)刊印《四書翼注》六卷。此本題"(明)王納諫撰(日本)筱崎弼校"。此本後有孝明天皇嘉永元年(1848年)大阪羣玉堂河内屋茂兵衛、墨香居藤屋禹三郎印本,又有江户須原屋茂兵衛印本等。

(新鐫王觀濤先生)四書翼注講意四卷

(明)王納諫撰　王鼎鎮校

明崇禎年間(1628—1644年)刊本　共六册

内閣文庫藏本　原昌平坂學問所等舊藏

(三臺館鐫王觀濤先生)四書翼注解十一卷

(明)王納諫手授　吳明典校正　張鼐重訂

明余氏三臺館刊本　共五册

蓬左文庫藏本

【按】此本躍劍山房藏板。明正天皇寬永十二年(1635年)從中國購入。卷中有"尾陽内庫"印記。

(王觀濤先生)四書家訓十九卷

(明)王納諫撰

明萬曆四十五年(1617年)刊本　共五册

内閣文庫　尊經閣文庫藏本

(詮次)四書翼考十卷

(明)鍾惺撰　譚元春校訂

明刊本

内閣文庫　蓬左文庫　龍谷大學大宫圖書館藏本

【按】内閣文庫藏此同一刊本二部。一部原係紅葉山文庫舊藏,共八册;一部共五册。

蓬左文庫藏本,係明正天皇寬永十二年(1635年)從中國購入。卷中有"尾陽内庫"印記。

龍谷大學大宫圖書館藏本,原係寫字臺文庫舊藏,共四册。

四書參十九卷

(明)張汝英輯撰

明朱墨套印刊本　共十册

宫内廳書陵部藏本

【按】每半葉八行,行十七字。

卷端有張汝英撰《凡例》十則。并有張明憲、李卓吾、楊起元三《序》。

四書參十三卷

(明)鍾惺撰
明刊本　共三册
內閣文庫藏本

章子留書十卷

(明)章世純撰　劉斯陞訂
明刊本　共四册
國會圖書館　內閣文庫　靜嘉堂文庫藏本
【按】國會圖書館藏本,共四册。
內閣文庫藏本,原係楓山官庫舊藏。共四册。
靜嘉堂文庫藏本,原係陸心源十萬卷樓舊藏。共一册。

皇明百方家問答四書意十五卷

(明)郭偉編撰　柯仲炯等校
明萬曆年間(1573—1620年)金陵李潮(少泉)聚奎樓刊本
內閣文庫　蓬左文庫　尊經閣文庫　龍谷大學大宮圖書館藏本
【按】每半葉十行,行二十四字。白口,四周雙邊。
前有明萬曆四十五年(1617年)丘兆麟《序》。
內閣文庫藏此同一刊本兩部。一部原係林氏大學頭家舊藏,共八册;一部共六册。
蓬左文庫藏本,係明正天皇寬永五年(1628年)從中國購入。卷中有"尾陽內庫"印記。
尊經閣文庫藏本,原係江户時代加賀藩主前田綱紀等舊藏,共八册。
龍谷大學大宮圖書館藏本　原係寫字臺文庫舊藏,共十册。

(郭洙源先生彙輯十太史)四書主意寶藏十卷

(明)郭偉編撰　宋鳳翔批評
明天啓年間(1621—1627年)刊本
內閣文庫　蓬左文庫　尊經閣文庫　龍谷大學大宮圖書館藏本
【按】此本前有天啓四年(1624年)繆昌期《序》。
內閣文庫藏本,共五册。
蓬左文庫藏本,係明正天皇寬永六年(1629年)從中國購入。卷中有"尾陽內庫"印記。共六册。
尊經閣文庫藏本,原係江户時代加賀藩主前田綱紀等舊藏,共八册。
龍谷大學大宮圖書館藏本,原係寫字臺文庫舊藏,共八册。

(新刻郭洙源先生)四書四轉金丹(不分卷)

(明)郭偉編著　郭中吉參校　傅夢龍督梓
明末刊(版築居藏版)朱墨套印本,共五册
龍谷大學大宮圖書館藏本　原寫字臺文庫舊藏

(三太史彙纂)四書人物類函十六卷

(明)項煜撰　張鏞鑒定　徐汧校
明刊本
內閣文庫　龍谷大學大宮圖書館　島根縣立圖書館藏本
【按】每半葉十行,行二十六字。白口,四周單邊。
內閣文庫藏本　共六册
龍谷大學大宮圖書館藏本。原係寫字臺文庫等舊藏,共八册。
島根縣立圖書館藏本,共六册。

(新鐫項仲昭先生)四書嬝嬛集注十九卷

(明)項煜撰
明天繪閣刊本　共五册
內閣文庫　蓬左文庫藏本
【按】內閣文庫藏本。原係林羅山舊藏,卷中有"江雲渭樹"印記。
蓬左文庫藏本,卷中有"尾陽內庫"印記。

山中讀書印（不分卷）

(明)張鼐撰　俞廷鄂閲

明萬曆年間(1573—1620年)刊本　共八册

龍谷大學大宫圖書館藏本　原寫字臺文庫舊藏

(石鏡山房)四書説統三十七卷

(明)張振淵編撰

明天啓年間(1621—1627年)石鏡山房刊本

内閣文庫　蓬左文庫　尊經閣文庫　龍谷大學大宫圖書館　無窮會藏本

【按】此本前有明天啓三年(1623年)周延光《序》。

内閣文庫藏此同一刊本三部。一部原係林氏大學頭家舊藏,共十四册;一部原係紅葉山文庫舊藏,共十四册;一部共十二册。

蓬左文庫藏本,共十册。

尊經閣文庫藏本,原係江户時代加賀藩主前田綱紀等舊藏,共二十册。

龍谷大學大宫圖書館藏本,原係寫字臺文庫舊藏,共十四册。

無窮會藏此同一刊本兩部。一部原係加藤天淵舊藏,共十册。一部原係織田小覺舊藏,共九册。

【附録】《舶來書籍大意書》著録《四書説統》,其識文曰:

"此書明張彦陵編輯,明天啓二年刊本。是書合古今名宿之集義發明,字句櫛比。於《學》《庸》《語》《孟》每章之下,先述《正解》;次標《附參》,叙前人之未發者;次標《附異》,承襲日久,耳目混淆者,示其違,叙其是;次標《附辨》,以訛傳訛者,悉發毫厘以正之;次標《附證》,鮮出獨見者,本《注疏》《語録》以證之;次標《附舊》,舊解襲舛者,删潤叙是;次標《附别》,闡發名理,超軼訓詁;次標《附餘》,議論旁通;次標《附案》,古今疑案,未經論定者,以己意叙之;次標《事考》,載論述確據者。"

據《商舶載來書目》記載,中御門天皇享保八年((1723年),中國商船"志字號"載《四書説統》一部,並《四書説統删補》一部抵日本。

(删補)四書微言二十卷

(明)唐汝諤撰

明萬曆年間(1573—1620年)華亭唐氏刊本

内閣文庫　蓬左文庫藏本

【按】内閣文庫藏本,原係林氏大學頭家舊藏,共十一册。

蓬左文庫藏本,共八册。

【附録】據《商舶載來書目》記載,中御門天皇享保八年(1723年)中國商船"志字號"載《四書微言》一部抵日本。

(鐫彙附雲間三太史約文暢解)四書增補微言二十卷

(明)唐汝諤編撰

明萬曆四十三年(1615年)金陵書林刊本　共五册

尊經閣文庫　東京大學東洋文化研究所藏本

(三刻删補)四書微言十四卷

(明)唐汝諤編撰

明東觀閣刊本　共八册

内閣文庫藏本

(袁氏家傳)四書旨便六卷

(明)袁宗道撰　袁宏道　袁中道參訂

明萬曆年間(1573—1620年)書林余象斗刊本　共二册

龍谷大學大宫圖書館藏本　原寫字臺文庫舊藏

【按】此本有附録《新刻占鰲分印四書正文》六卷,題署"湯賓尹精校"。

四書崇熹注解十九卷

(明)許獅撰　李廷機校

明萬曆三十年（1602 年）聯輝堂刊本　共五冊

內閣文庫藏本　原林羅山等舊藏

（鍥許先生輯著）四書闡旨合喙鳴主意十卷

（明）許獬撰

明刊本　共八冊

尊經閣文庫藏本　原江户時代加賀藩主前田綱紀等舊藏

（新鎸繆當時先生）四書九鼎十三卷

（明）繆昌期撰　唐士雅增補

明末刊本　共五冊

蓬左文庫　尊經閣文庫　龍谷大學大宮圖書館藏本

【按】此本前有雲間陳繼儒《序》。

蓬左文庫藏本，原係明正天皇寬永十二年（1635 年）從中國購入，卷中有"尾陽內庫"印記。

尊經閣文庫藏本，原係江户時代加賀藩主前田綱紀等舊藏

龍谷大學大宮圖書館藏本，原係寫字臺文庫舊藏

（華亭臥子）説書文箋四卷

（明）陳子龍撰　張溥校

明崇禎十年（1637 年）橫雲山房刊本　共四冊

內閣文庫　龍谷大學大宮圖書館藏本

（求己齋）説書了案一卷

（明）李竑撰

明天啓年間（1621—1627 年）刊本　共一冊

龍谷大學大宮圖書館藏本　原寫字臺文庫舊藏

【按】前有明天啓二年（1622 年）《序》。

説書佐案（不分卷）

（明）李竑撰　李韶　李揚武參訂

明崇禎年間（1628—1644 年）刊本　共一冊

龍谷大學大宮圖書館藏本　原寫字臺文庫舊藏

（木天署八翰林發刊）四書聖學中天講意十一卷

（明）張鼎等親裁　馬世奇閲　馬世明訂

明天啓年間（1621—1627 年）六有山房刊本　共五冊

龍谷大學大宮圖書館藏本　原寫字臺文庫舊藏

四書水月（不分卷）

（明）周士謨輯　周升元　周鼎元校

明崇禎八年（1635 年）刊本　共六冊

龍谷大學大宮圖書館藏本　原寫字臺文庫舊藏

四書經學考十一卷

（明）徐邦佐撰　汪逢吉校

明崇禎年間（1628—1644 年）刊本

尊經閣文庫　關西大學綜合圖書館泊園文庫藏本

【按】尊經閣文庫藏本，原係江户時代加賀藩主前田綱紀等舊藏，共二冊。

關西大學綜合圖書館藏本，原係藤澤東畡、藤澤南陽、藤澤黃鵠、藤澤黃坡三世四代"泊園書院"舊藏，共三冊。

（校定）四書句讀正文六卷　四書音義一卷

（明）林茂槐編撰并輯音義

明萬曆年間（1573—1620 年）刊本　共六冊

東京大學總合圖書館藏本　原江户時代紀州德川家南葵文庫等舊藏

【按】前有明萬曆四十六年（1618 年）《序》。

（合參）四書蒙引存疑定解（四書合參定解）二十卷

（明）吳當撰

明崇禎年間（1622—1628 年）刊本

內閣文庫　尊經閣文庫藏本

【按】內閣文庫藏本,共十四册。

尊經閣文庫藏本,原係江户時代加賀藩主前田綱紀等舊藏,共十三册。

(近聖居)四書翼經圖解十九卷

(明)余應虬撰　張明弼補

明刊本

內閣文庫　尊經閣文庫藏本

【按】內閣文庫藏此同一刊本兩部。一部原係高野山釋迦文殊院舊藏,共六册;一部原係木村兼葭堂舊藏,今闕《孟子》卷一,共九册。

尊經閣文庫藏本,原係江户時代加賀藩主前田綱紀等舊藏,共十册。

(近聖居)四書翼經圖解十四卷

(明)余應虬纂輯　馬世奇等鑑定

明刊本　共十二册

廣島市立淺野圖書館藏本

四書千百年眼十九卷　首一卷

(明)余應科編撰　張溥校

明五雲閣刊本

國會圖書館　內閣文庫　蓬左文庫　無窮會天淵文庫　廣島大學文學部藏本

【按】前有崇禎六年(1633年)錢繼登《序》。

國會圖書館藏本,共十册,合爲五册。

內閣文庫藏本,共十册。

蓬左文庫藏本,係明正天皇寬永十二年(1635年)從中國購入,卷中有"尾陽內庫"印記。

天淵文庫藏本,原係加藤天淵舊藏,共十二册。

廣島大學文學部藏本,共二十册。

(鋟溫陵鄭孩如觀静窩)四書知新日録六卷

(明)鄭維岳撰　鄭東里校

明萬曆年間(1573—1620年)潭城余氏木活字刊本

國會圖書館　內閣文庫　蓬左文庫　尊經閣文庫　東京大學總合圖書館　龍谷大學大宮圖書館　廣島市立淺野圖書館藏本

【按】前有明萬曆二十二年(1594年)《序》。

國會圖書館藏本,共十册。

內閣文庫藏本,原係林羅山等舊藏,卷中有"江雲渭樹"等印記。共八册。

蓬左文庫藏本,共十册。

尊經閣文庫藏本,原係江户時代加賀藩主前田綱紀等舊藏,共五册。

東京大學總合圖書館藏本,原係江户時代紀州德川家南葵文庫等舊藏,共十册。

龍谷大學大宮圖書館藏本,原係寫字臺文庫舊藏,共十册。

廣島市藏本,共十册。

【附録】江户時代有《鋟溫陵鄭孩如觀静窩四書知新日録》六卷木活字刊本。

四書知新日録三十二卷

(明)鄭維岳撰

明刊本　共二十二册

大谷大學附屬圖書館藏本

古今道脈四十五卷

(明)徐奮鵬輯

明萬曆年間(1573—1620年)金陵鄭氏奎璧堂刊本　共四十册

尊經閣文庫　東京大學東洋文化研究所大木文庫藏本

【按】每半葉十行,行二十二字。白口,四周雙邊。

(筆洞山房新著)知新録(四書知新)十卷

(明)徐奮鵬撰　徐春茂　徐春盛編

明刊本　共八册

內閣文庫藏本　原紅葉山文庫等舊藏

四書知新十卷

(明)徐奮鵬撰

明刊本　共五冊

無窮會神習文庫藏本　原井上賴囡等舊藏

(纂定)古今大全四十卷

(明)徐奮鵬撰　郭大經校

明崇禎年間(1628—1644 年)金陵李潮聚奎樓刊本

内閣文庫　尊經閣文庫　東京大學總合圖書館　廣島市立淺野圖書館藏本

【按】卷首有明崇禎五年(1632 年)陶原良《序》。此本外題《四書古今大全》,柱心題《纂定古今大全》。

内閣文庫藏本,原係林氏大學頭家舊藏,共四十冊。

尊經閣文庫藏本,原係江户時代加賀藩主前田綱紀等舊藏,共四十八冊。

東京大學總合圖書館藏本,原係江户時代紀州德川家南葵文庫等舊藏。此本卷第二十一至卷第二十三凡三卷係後人寫補,共三十九冊

廣島市藏本,共三十五冊。

(重刻)四書續補便蒙解注六卷

(明)徐奮鵬撰

明萬曆十七年(1589 年)楊欽齋刊本　共五冊

内閣文庫藏本

四書貫解十卷

(明)許國撰　朱竄校

明萬曆二年(1574 年)余象斗刊本　共四冊

廣島市立淺野圖書館藏本

【按】卷前有焦竑等《序》。柱心題《四書兒要妙解》。

筆洞生後悟(筆洞生夙悟)六卷

(明)徐奮鵬撰　朱領等編

明萬曆年間(1573—1620 年)潭陽余氏三臺館刊本

内閣文庫　蓬左文庫藏本

【按】前有萬曆四十一年(1613 年)王啓茂《序》。

内閣文庫藏本,原係林氏大學頭家舊藏。共六冊。

蓬左文庫藏本,係明正天皇寬永六年(1629 年)從中國購入,卷中有"尾陽内庫"印記。共五冊。

(新刻申會魁家傳課兒)四書順文捷解六卷

(明)申紹芳撰

明崇禎七年(1634 年)余文杰刊本　共二冊

内閣文庫藏本　原木村蒹葭堂等舊藏

四書趨庭講義會編十七卷

(明)申紹芳撰

明萬曆四十五年(1617 年)金陵書林清白堂楊日際刊本　共五冊

蓬左文庫藏本

【按】此本係明正天皇寬永六年(1629 年)從中國購入,卷中有"尾陽内庫"印記。

四書説乘六卷

(明)張嵩撰　張共等校

明刊本　共三冊

内閣文庫藏本　原昌平坂學問所等舊藏

四書引經節解圖考十七卷

(明)吳繼仕撰　吳文英　吳聞禮校

明崇禎九年(1636 年)刊本

内閣文庫　尊經閣文庫　東京大學東洋文化研究所藏本

【按】每半葉十行,行二十字。白口,四周單邊。

内閣文庫藏本,原係林氏大學頭家舊藏,共十六冊。

尊經閣文庫藏本,原係江户時代加賀藩主前田綱紀等舊藏,共八冊。

東京大學東洋文化研究所藏本,共八冊。

四書引經節解圖考十八卷

（明）吳繼仕撰
明刊本　共十五册
陽明文庫藏本　原江户時代近衛家熙等舊藏

（四明居新訂）四書講意存是六卷

（明）周文德撰
明刊本　共五册
内閣文庫　龍谷大學大宫圖書館藏本
【按】前有明崇禎四年（1631 年）徐惟惕《序》
内閣文庫藏本，共五册。
龍谷大學大宫圖書館藏本，原係寫字臺文庫舊藏，共七册。

（四明居删補）四書講意聖賢心訣十九卷

（明）周文德撰
明三色套印刊本　共七册
尊經閣文庫藏本　原江户時代加賀藩主前田綱紀等舊藏

李氏説書九卷

（明）李贄編輯
明李如真序刊本　共六册
龍谷大學大宫圖書館藏本　原係寫字臺文庫舊藏
【附録】江户時代有《採李卓吾説書統論》一卷手寫本一種。此本題署“李贄撰”，原係寫字臺文庫舊藏，今存龍谷大學大宫圖書館。

（慧眼山房）説書二十卷

（明）陳天定撰　林儒等校
明刊本
内閣文庫　龍谷大學大宫圖書館藏本
【按】内閣文庫藏本，原係中川忠英舊藏，後歸昌平坂學問所，共八册。
龍谷大學大宫圖書館藏本，原係寫字臺文庫舊藏，共四册。

（慧眼山房）説書（陳氏説書）二十卷

（明）陳天定撰
明刊本　共五册
内閣文庫藏本

四書便蒙講述十一卷

（明）盧一誠撰　盧伯儒編
明萬曆二十一年（1593 年）三山盧氏刊本
共十册
内閣文庫　尊經閣文庫　愛知大學附屬圖書館簡齋文庫　龍谷大學大宫圖書館藏本
【按】内閣文庫藏此同一刊本兩部。一部原係林羅山舊藏。卷中有“江雲渭樹”印記。
尊經閣文庫藏本，原係江户時代加賀藩主前田綱紀等舊藏。
愛知大學藏本，原係小倉正恒等舊藏。
龍谷大學大宫圖書館藏本，原係寫字臺文庫舊藏，共十册。
【附録】日本後光明天皇慶安四年（1651 年）書林道伴刊《四書便蒙講述》，此本係據明萬曆癸巳（1593 年）三山盧氏刊本覆刊。

四書説叢十七卷

（明）沈守正撰
明萬曆年間（1573—1620 年）刊本　共八册
尊經閣文庫藏本　原江户時代加賀藩主前田綱紀等舊藏
【按】每半葉十行，行二十字。白口，四周單邊。

（重訂）四書説叢十三卷

（明）沈守正撰
明萬曆年間（1573—1620 年）刊本　共三册
宫内廳書陵部藏本

（區子）四書翼五卷

（明）區羅陽撰
明天啓年間（1621—1627 年）刊本　共五册

尊經閣文庫藏本　原江戸時代加賀藩主前田綱紀等舊藏

四書經正録十九卷

(明)張雲鸞撰

明崇禎四年(1631年)刊本　共五册

宮内廳書陵部　内閣文庫　蓬左文庫藏本

【按】此本目録如次：

《大學》一卷；《中庸》一卷；

《論語》十卷；《孟子》七卷。

内閣文庫藏本,原係林羅山舊藏,卷中有"江雲渭樹"印記。

蓬左文庫藏本,係明正天皇寬永十二年(1635年)從中國購入,卷中有"尾陽内庫"印記。

四書解縛編十六卷

(明)鍾天元撰

明萬曆四十三年(1615年)刊本　共五册

内閣文庫藏本　原豐後佐伯藩主毛利高標等舊藏

【按】此本係仁孝天皇文政年間(1818—1829年)由出雲守毛利高翰獻贈幕府。明治初期經太政官文庫而歸内閣文庫。卷中有"佐伯侯毛利高標字培松藏書畫之印"等印記。

四書評眼(四書眼評)十三卷

(明)楊起元　李衷批評　梁知編

明大來山房刊本

内閣文庫　蓬左文庫藏本

【按】前有南陽無知子(梁知)《序》。

内閣文庫藏此同一刊本兩部。一部原係林氏大學頭家舊藏,共五册;一部共四册。

蓬左文庫藏本,原係明正天皇寬永十二年(1635年)從中國購入,卷中有"尾陽内庫"印記。

四書眼十九卷

(明)楊起元撰

明刊本　共五册

静嘉堂文庫藏本　原中村敬宇等舊藏

(張侗初先生精訂)四書説剩六卷

(明)林散撰　張蕭訂　朱廷旦評　沈九標等校

明萬曆四十三年(1615年)武水林氏觀止齋刊本

内閣文庫　蓬左文庫藏本

【按】内閣文庫藏本,原係林氏大學頭家舊藏,共五册。

蓬左文庫藏本,原係林白雲舊藏,明正天皇寬永六年(1629年)從中國購入,卷中有"尾陽内庫"印記。

(新擬科場急出)題旨元脈八卷

(明)張蕭撰　陳仁錫批評　余應虬訂正

明潭陽世慶堂刊本　共四册

蓬左文庫藏本

【按】前有明天啓三年(1623年)范紹序《序》。

此本係明正天皇寬永六年(1629年)從中國購入,卷中有"尾陽内庫"印記。

(新刻張侗初先生永思齋)四書演二十卷

(明)張蕭撰

明崇禎五年(1632年)曾楚卿刊本　共八册

内閣文庫　蓬左文庫　龍谷大學大宮圖書館藏本

【按】蓬左文庫藏本,係明正天皇寬永十二年(1635年)從中國購入,卷中有"尾陽内庫"印記。

(新鐫侗初張先生訂選)四書述十三卷

(明)張蕭撰

明刊本　共五册

陽明文庫藏本　原江戸時代近衛家熙等舊藏

四書闕旦二十卷

（明）黄獻臣撰
明刊本　共十六册
内閣文庫藏本

四書初問八卷

（明）徐爌撰
明嘉靖年間（1522—1566年）刊本　共四册
尊經閣文庫藏本　原江户時代加賀藩主前田綱紀等舊藏
【按】每半葉十行，行十六字。白口，四周單邊。

四書摘訓（殘本）十九卷

（明）丘橓撰
明萬曆年間（1573—1620年）刊本　共十九册
尊經閣文庫藏本　原江户時代加賀藩主前田綱紀等舊藏
【按】每半葉十三行，行二十四字。白口，四周單邊。
是書全本凡二十卷，今闕卷六。
【附録】《舶來書籍大意書》著録《四書摘訓》，並曰：“此書明丘月林編次，係萬曆九年刊本。此書囊括《蒙引》之精詳，發《存疑》之微，從《學》《庸》《語》《孟》篇次，提録一章一節之首句，《蒙引》標‘蒙’，《存疑》標‘存’，各録其説。”
據《商舶載來書目》記載，桃園天皇寶曆四年（1754年）中國商船“志字號”載《四書摘訓》一部抵日本。

（近聖居三刻參補）四書燃犀解二十卷

（明）陳組綬撰　陳子龍校　周鍾等參補
明刊本
内閣文庫　尊經閣文庫　龍谷大學大宮圖書館　新發田市立圖書館藏本
【按】内閣文庫藏此同一刊本兩部，一部原係林氏大學頭家舊藏，兩部皆共六册。

尊經閣文庫藏本，原係江户時代加賀藩主前田綱紀等舊藏，共八册。
新發田市立圖書館藏本，共八册。
【附録】據《商舶載來書目》記載，中御門天皇享保十年（1725年），中國商船“志字號”載《四書燃犀解》一部抵日本。

四書紹聞編八卷

（明）王樵撰
明萬曆二十四年（1596年）刊本　共三十二册
内閣文庫藏本　原昌平坂學問所等舊藏
【附録】據仁孝天皇天保十四年（1843年）《漢籍發賣投標記録》，《四書紹聞録》九部，價爲一百二十匁九分、一百零一匁六分、八十六匁三分。

四書最勝藏二十卷

（明）馬來遠撰　江朝賓校
明刊本　共六册
内閣文庫藏本　原豐後佐伯藩主毛利高標等舊藏
【按】此本係仁孝天皇文政年間（1818—1829年）由出雲守毛利高翰獻贈幕府。明治初期經太政官文庫而歸内閣文庫。卷中有“佐伯侯毛利高標字培松藏書畫之印”等印記。
【附録】據《商舶載來書目》記載，中御門天皇享保八年（1723年），中國商船“志字號”載《四書最勝藏》一部抵日本。

四書醒言六卷

（明）徐文熠撰
明崇禎年間（1628—1644年）刊本　共十二册
尊經閣文庫藏本　原江户時代加賀藩主前田綱紀等舊藏

四書吾學望洋編二十卷

（明）姚光祚撰　錢策等校

明萬曆年間(1573—1620 年)刊本　共二十
冊

尊經閣文庫　龍谷大學大宮圖書館藏本

【按】尊經閣文庫藏本,原係江戸時代加賀藩
主前田綱紀等舊藏,共二十冊。

龍谷大學大宮圖書館藏本,原係寫字臺文庫
舊藏,共十七冊。

(新刻)課兒明講十四卷

(明)顏茂猷編撰　陳仁錫　湯本沛補

明萬曆年間(1573—1620 年)刊本　共四冊

足利學校遺蹟圖書館藏本

(新刻)課兒明講十三卷

(明)顏茂猷編撰　陳天定鑒定　湯本沛參
補

明末大觀堂刊本

龍谷大學大宮圖書館藏本

(鼎鐫林纘緒先生家傳)讀書故事評釋大全六卷

(明)林勤揚撰　余昌祚校

明天啓年間(1621—1627 年)刊本

尊經閣文庫　國會圖書館藏本

【按】卷首有明天啓元年(1621 年)《序》。

尊經閣文庫藏本,原係江戸時代加賀藩主前
田綱紀等舊藏,共一冊。

國會圖書館藏本,共二冊。

皇明百家四書理解集六卷　首一卷

(明)焦竑等撰

明萬曆年間(1573—1620 年)刊無界十行本
共十冊

蓬左文庫藏本

(新鍥)皇明百名家四書理解集十四卷

(明)焦竑等撰

明萬曆年間(1573—1620 年)刊本　共五冊

尊經閣文庫藏本　原江戸時代加賀藩主前
田綱紀等舊藏

四書定本辨正不分卷

(明)胡正言撰

明崇禎十三年(1640 年)新安胡氏十竹齋刊
本

東京大學東洋文化研究所藏本

(新刻朱太復玄棲山中授兒)四書主意心得解十卷

(明)朱長春　周延儒撰

明刊本　共八冊

内閣文庫藏本　原林氏大學頭家等舊藏

四書會解新意(殘本)九卷

(明)錢肇陽撰

明萬曆四十一年(1613 年)刊本　共五冊

内閣文庫藏本　原林氏大學頭家等舊藏

【按】此書全本凡十卷,今闕卷一。

四書要解(四書大全疑問要解)十七卷

(明)黃士俊撰

明萬曆四十七年(1619 年)刊本　共十六冊

内閣文庫藏本　原林氏大學頭家等舊藏

(新刊)四書八進士釋疑講意八卷

(明)張大本輯

明萬曆年間(1573—1620 年)刊本　共五冊

尊經閣文庫藏本　原江戸時代加賀藩主前
田綱紀等舊藏

(新刻黃太史纂輯)四書綱要十九卷

(明)黃起有撰

明刊本　共十三冊

尊經閣文庫藏本　原江戸時代加賀藩主前
田綱紀等舊藏

(刻黃太稺先生)四書宜照解十九卷

(明)黃景昉輯撰　劉孔敬　楊九經校定

明天啓七年(1627 年)刊本

龍谷大學大宮圖書館藏本　原寫字臺文庫舊藏

【按】前有明天啓七年（1627年）《序》。

龍谷大學大宮圖書館藏此同一刊本兩部。皆原係寫字臺文庫舊藏。一部共六册；一部共七册。

四書聞六卷

（明）姚文蔚撰

明刊本　共六册

内閣文庫藏本　原高野山釋迦文殊院等舊藏

求古齋説書四卷

（明）李紘撰

明天啓二年（1622年）刊本

内閣文庫　尊經閣文庫藏本

【按】内閣文庫藏本，原係林氏大學頭家舊藏，共六册。

尊經閣文庫藏本，原係江户時代加賀藩主前田綱紀等舊藏，共四册。

（新刻）四書圖要二卷

（明）徐邦佐撰

明崇禎年間（1628—1644年）刊本

尊經閣文庫藏本　原江户時代加賀藩主前田綱紀等舊藏

【按】尊經閣文庫藏此同一刊本兩部，一部共二册，一部共一册。

四書人物圖全考十六卷

（明）顧錫疇撰　馬世奇參訂　劉肇慶校閲

明貽燕堂刊本

宮内廳書陵部　廣島大學文學部　龍谷大學大宮圖書館藏本

【按】宮内廳書陵部藏本，共十册。

廣島大學文學部藏本，原係松平定信等舊藏，共五册。

龍谷大學大宮圖書館藏本，原係寫字臺文庫舊藏，共十册。

（新刻了凡袁先生）四書訓兒俗説十卷

（明）袁黄撰

明萬曆三十五年（1607年）余氏三台館刊本

共五册

内閣文庫藏本

（鐫陳顧二翰林纂訂）四書理揮十二卷

（明）陳萬言纂　顧錫疇訂　徐在中評

明積善堂陳奇泉刊本　共五册

龍谷大學大宮圖書館藏本　原寫字臺文庫舊藏

四書删正六卷

（明）袁黄撰

明刊本

内閣文庫藏本

【按】内閣文庫藏此同一刊本兩部。一部原係林氏大學頭家舊藏，共二册；一部共四册。

四書删正一卷

（明）袁黄撰

明末袁衡藏刊朱墨套印本　共二册

龍谷大學大宮圖書館藏本　原寫字臺文庫舊藏。

四書就正十六卷

（明）王榆撰　程大化評選

明萬曆年間（1573—1620年）刊本　共六册

蓬左文庫藏本　原瑞龍院德川光友等舊藏

【按】前有明萬曆二十二年（1594年）澄海唐伯元《序》。

（黄進士槐芝堂）四書解六卷

（明）黄景星撰

明刊本　共六册

内閣文庫藏本

四書體義十卷

(明)沈幾撰 王道焜校
明刊本
内閣文庫 尊經閣文庫藏本
【按】内閣文庫藏此同一刊本兩部。一部原係紅葉山文庫舊藏,一部原係林氏大學頭家舊藏,皆共十册。
尊經閣文庫藏本,原係江戶時代加賀藩主前田綱紀等舊藏,共二十六册。

(項會魁)四書聽月十九卷

(明)項聲國撰 劉肇慶校
明刊本
内閣文庫 尊經閣文庫藏本
【按】内閣文庫藏本,原係高野山釋迦文殊院舊藏,共六册。
尊經閣文庫藏本,原係江戶時代加賀藩主前田綱紀等舊藏,共八册。

四書攝提十卷

(明)郝敬撰 田必成 彭大翮校
明崇禎年間(1628—1644年)京山郝氏刊本
東京大學東洋文化研究所藏本

(鼎鐫三十名家彙纂)四書紀十卷

(明)馬世奇編撰
明萬曆年間(1573—1620年)刊本 共十册
尊經閣文庫藏本 原江戶時代加賀藩主前田綱紀等舊藏

四書鼎臠六卷

(明)馬世奇編撰
明刊本 共四册
内閣文庫藏本 原林氏大學頭家等舊藏

(滄寧居家傳幼學)四書篇璧連城解

(明)馬世奇撰
明崇禎十二年(1639年)復古齋楊懋卿刊本

共四册
龍谷大學大宮圖書館藏本

校定四書句讀正文六卷 附四書字考一卷

不著撰人 《附》(明)何楷撰
明刊本 共四册
國會圖書館藏本
【按】此本卷首有明天啓七年(1627年)《序》。

(新鐫陳先生家評選訂)四書人鑑十卷

(明)陳琯撰
明刊本 共四册
尊經閣文庫藏本 原江戶時代加賀藩主前田綱紀等舊藏

(二刻錢希聲先生手著)四書從信二十卷 首一卷

(明)錢肅樂撰 楊廷樞等校
明友花居刊本 共十册
内閣文庫藏本 原林氏大學頭家舊藏

(新刻錢希聲先生)四書課兒捷解八卷

(明)錢肅樂撰
明刊本 共五册
内閣文庫藏本

四書大魁兒説(學庸)二卷

(明)蘇濬撰 王衡補
明刊本 共一册
静嘉堂文庫藏本

(新刻翰林機部楊先生家藏)四書慧解十九卷

(明)楊廷麟撰 朱長祚補
明太倉張溥刊本 共八册
蓬左文庫藏本
【按】此本係明正天皇寬永十二年(1635年)從中國購入,卷中有"尾陽内庫"印記。

（新刊）四書説略十卷

　　（明）趙應元撰　錢立等編　朱堯年等校
　　明陳大賓刊本　共五册
　　蓬左文庫藏本
　　【按】前有明隆慶五年（1571 年）《序》。
　　此本係明正天皇寬永六年（1629 年）從中國
　購入，卷中有"尾陽内庫"印記。

四書彙徵三十七卷

　　（明）陳智錫等編撰
　　明刊本　共二十二册
　　内閣文庫藏本

（新刻徐闇公先生）四書備考定本六卷

　　（明）徐浮遠撰
　　明刊本　共四册
　　内閣文庫藏本

（鐫趙伯雝先生湖心亭）四書丹白十三卷

　　（明）趙鳴陽撰
　　明余思敬躍劍山房刊本　共九册
　　蓬左文庫藏本
　　【按】此本係明正天皇寬永六年（1629 年）從
　中國購入，卷中有"尾陽内庫"印記。

經言廣翼十卷　圖考略一卷

　　（明）黄焜撰　莊以臨訂
　　明天啓年間（1621—1627 年）刊本　共十册
　　蓬左文庫藏本
　　【按】前有明天啓三年（1623 年）桐城葉燦
　《序》。
　　此本係明正天皇寬永十三年（1636 年）從中
　國購入，卷中有"尾陽内庫"印記。

（新鐫）四書理印六卷

　　（明）朱之翰撰
　　明天啓年間（1621—1627 年）刊本
　　蓬左文庫　尊經閣文庫藏本

　　【按】前有明天啓三年（1623 年）長水施鳳來
　《序》。
　　蓬左文庫藏本，係明正天皇寬永六年（1629
　年）從中國購入，卷中有"尾陽内庫"印記。共
　十册。
　　尊經閣文庫藏本，原係江户時代加賀藩主前
　田綱紀等舊藏，共八册。

（太史周玉繩評斷）四奇新輯國朝名公主意綱目
　　諸説辨斷十一卷

　　（明）周延儒撰
　　明刊本　共八册
　　内閣文庫藏本

（艾千子先生手著）四書發慧捷解十三卷

　　（明）艾南英撰
　　明友花居刊本　共五册
　　内閣文庫藏本　原林氏大學頭家等舊藏

（夢雲閣精纂）四書問答主意金聲十五卷

　　（明）徐必登等撰　楊鳳起等校
　　明金陵李氏聚奎樓刊本　共十五册
　　蓬左文庫藏本
　　【按】前有崇禎五年（1632 年）陶原良《序》。
　　此本係明正天皇寬永十三年（1636 年）從中
　國購入，卷中有"尾陽内庫"等印記。

（新刻袁小脩先生）四書縈十卷

　　（明）袁中道撰　袁宏道訂
　　明刊本　共八册
　　蓬左文庫藏本
　　【按】前有賀逢聖《序》。
　　此本係明正天皇寬永六年（1629 年）從中國
　購入，卷中有"尾陽内庫"印記。

（新鍥）四書新説國朝名公答問十五卷

　　（明）黄洪憲編撰　郭偉校
　　明刊本　共四册
　　内閣文庫藏本　原豐後佐伯藩主毛利高標

等舊藏

【按】此本係仁孝天皇文政年間（1818—1829年）由出雲守毛利高翰獻贈幕府。明治初期經太政官文庫而歸內閣文庫。卷中有"佐伯侯毛利高標字培松藏書畫之印"等印記。

（新鐫李少文先生家言）四書僻説評十卷

（明）李春芳授　李長華受撰
明尚友齋刊本　共六冊
蓬左文庫藏本
【按】前有顧宗孟《序》。
此本係明正天皇寬永六年（1629年）從中國購入，卷中有"尾陽內庫"印記。

四書弓冶八卷

（明）莊起蒙撰
明刊本　共五冊
內閣文庫藏本　原林氏大學頭家等舊藏

儒宗要輯二十九卷

（明）徐匡嶽撰
明萬曆年間（1573—1620年）刊本　共十冊
尊經閣文庫藏本　原江戶時代加賀藩主前

田綱紀等舊藏

四書詳解十卷

（明）吳韓起撰
明（福王）弘光元年（1645年）刊本　共八冊
宮內廳書陵部藏本

（新刊）四書蔡林二先生粹意十二卷

（明）不著編撰人
明萬曆十一年（1583年）刊本　共十二冊
京都大學附屬圖書館藏本

經傳事文實錄

（明）楊文奎撰
明萬曆年間（1573—1620年）刊本　共四冊
尊經閣文庫藏本　原江戶時代加賀藩主前田綱紀等舊藏

四書合注篇六卷

（明）不著編撰人
明刊本　共十四冊
尊經閣文庫藏本　原江戶時代加賀藩主前田綱紀等舊藏

（九）樂　類

（三山陳先生）樂書二百卷　目録二十卷

（宋）陳暘撰

宋刊本　共四十八册

國會圖書館藏本　原尾張藩明倫堂等舊藏

【按】每半葉有界十三行，行二十一字。注文小字雙行。白口，雙黑魚尾。左右雙邊（21.1cm×15.8cm）。版心著録"樂（幾）（葉數）"。下象鼻處有時記刻工。此本版心漫漶，刻工名不可辨認。

卷首有宋慶元庚申（1200年）"通議大夫寶文閣待制致仕"楊萬里撰《三山陳先生樂書序》（此序三葉，每半葉七行，行十二字）。其後有《進樂書表》，題署"宣德郎秘書省正字陳暘上進"。此《表》後有《樂書序》。其後有宋建中靖國元年（1101年）正月二十日《尚書禮部牒》，文曰"三省同奉聖旨，依奏，内楷書許差三人、畫工一人，須至公文牒，請照會施行"云云。次有《樂書目録》二十卷。本文卷首題"樂書卷第一"。次行低二格題"禮記制義"，第三行低三格題"曲禮上"，後續接正文。卷末有宋慶元己未（1199年）重陽日三山陳岐《跋》等。

卷中凡樂器，皆配以圖譜。

卷中有"明倫堂圖書"印記。

《三山陳先生樂書》二百卷，國内無宋刊本存檔，目前保存有元代至正七年（1347年）刊本。

【附録】九世紀末藤原佐世編撰《本朝見在書目録》，其第五"樂家"類著録當時日本中央各機構蒐儲有關《樂書》典籍如次：

《古今樂録》十三卷　陳沙門智匠撰；

《古今樂纂》一卷；

《雅樂録》一卷；

《樂書要録》十卷；

《樂歌》五卷；

《歌調》五卷；

《樂圖》四卷；

《琴經》一卷　蔡伯喈撰；

《琴操》三卷　晋廣陵相孔衍撰；

《琴法》一卷　越趙耶絜撰；

《琴録》一卷；

《琴德譜》五卷；

《琴用手法》一卷；

《雜琴譜》百廿卷；

《彈琴用手法》一卷；

《雅琴録》一卷；

《阮咸圖》一卷；

《彈琴手勢法》一卷；

《琵琶譜》十一卷；

《横笛》十八卷；

《尺八圖》一卷；

《律吕施宫圖》一卷；

《十二律相生圖》一卷。

【附録】據《商舶載來書目》記載，中御門天皇享保十年（1725年），中國商船"加字號"載《樂書》一部抵日本。

（三山陳先生）樂書二百卷　目録二十卷　附樂書正誤一卷

（宋）陳暘撰　《正誤》（宋）樓鑰撰

宋刊本　共四十五册

陽明文庫藏本　原江户時代加賀藩主前田綱紀等舊藏

【按】此本與國會圖書館藏本係同一刊本，版式行款皆同，然首目《樂書目録》前有《跋文》兩篇，題署"慶元己未（1199年）重陽三山陳岐謹跋"及"門生迪功郎建昌軍主簿林宇冲謹書"。

封面外題"陳氏樂書"，此係豫樂院墨書。卷中有破損。卷一三四至卷一三七爲後人補寫，其他也間有補寫葉。

此本後附《樂書正誤》一卷。每半葉有界八

行,每行字數不等。白口,四周單邊(22cm×15.9cm)。間有左右雙邊。版心著錄"樂書正誤(葉數)"。版心上端間有字數,下有刻工姓名,如吾六、周受、劉子和、劉景舟、吳睡、蔡彥舉、張名遠、羅恕等。

本文卷首題"樂書正誤"。卷末有《跋文》,題署"嘉泰二年(1202年)季夏中澣四明樓鑰書"。其後有"刊書跋",題署"十月既望奉議郎知南豐縣陳芾謹書"。

此附錄刻工皆係元代工匠,如張名遠、羅恕曾於元泰定年間刻《文獻通考》,劉子和曾於元末刻《西山先生真文忠公文章正宗》等。

(三山陳先生)樂書二百卷　　目錄二十卷

(宋)陳暘撰　　林宇冲校勘
宋刊元修本　　共十八冊
内閣文庫藏本　　原林氏大學頭家　　昌平坂學問所舊藏

【按】此本原刊部分與國會圖書館藏係同一刊本,版式行款皆同。

卷中有補寫,并稍有缺葉。

卷中有"昌平坂學問所"、"林氏傳家圖書"、"淺草文庫"等印記。

森立之《經籍訪古志》卷二著錄此本。

(三山陳先生)樂書二百卷　　目錄二十卷

(宋)陳暘撰　　林宇冲校勘
宋刊元修本　　共十二冊
内閣文庫藏本　　原楓山官庫舊藏

【按】此本原刊部分與國會圖書館藏本係同一刊本,行款版式皆同。此本有"禮樂書後序",題署"至正丁亥(1347年)秋七月辛丑福州路儒學教授郡人林光大謹序"。

卷首無"牒文"、"劄子"及"詔旨"。

(三山陳先生)樂書二百卷　　目錄二十卷

(宋)陳暘撰　　林宇冲校勘
宋刊元修本　　共二十四冊
天理圖書館藏本　　原祁承業　　張蓉鏡夫妻

張金吾　　傅增湘等舊藏

【按】此本宋刊部分與國會圖書館藏本係同一刊本,版式行款皆同。

卷中有破損葉。首目及卷一至卷三係後人補寫。卷末有元至正丁亥(1347年)林光大《禮樂書後序》。

卷中有"澹生堂"、"小嬛媛清秘張氏收藏"、"張氏蓉鏡"、"芙川"、"姚氏晼真"、"沇叔金石文字"等印記。

(三山陳先生)樂書二百卷　　目錄二十卷

(宋)陳暘撰　　林宇冲校
宋刊元修本　　共十四冊
静嘉堂文庫藏本　　原楊榮　　陸心源等舊藏

【按】此本原刊部分與國會圖書館藏本係同一刊本,版式行款皆同。

元代補刊葉有刻工姓名,如張廣祖、子長、君玉、君輔、仁瑞、子茂、文定、孟壽、智輝等。明代補刊葉版心粗黑口,也有綫黑口,記刻工姓名如弓四思等。

卷末元至正丁亥(1347年)秋七月辛丑福州路儒學教授郡人林光大《後序》,係後人補寫。

卷中有"建安楊氏家藏書"八字朱文長印。又有"少宗伯私印"、"歸安陸樹聲所見金石書畫記"、"歸安陸樹聲叔桐父印"等印記。陸心源推考爲"明正統中大學士楊榮藏書也"。

(三山陳先生)樂書二百卷　　目錄二十卷

(宋)陳暘撰　　林宇冲校勘
宋刊元修本　　共十二冊
尊經閣文庫藏本　　原江户時代加賀藩主前田綱紀等舊藏

【按】此本原刊部分與國會圖書館藏本係同一刊本,版式行款皆同,然卷中破損卷葉甚多。首目僅存楊萬里《序》、《進樂書表》及《樂書目錄》,其他序、跋、牒皆缺佚。

(三山陳先生)樂書二百卷　　目錄二十卷

(宋)陳暘撰　　林宇冲校勘

宋刊元修本　共二十六册

滋賀大學附屬圖書館藏本

【按】此本原刊部分與國會圖書館藏本係同一刊本,版式行款皆同。

(三山陳先生)樂書二百卷　目録二十卷

(宋)陳暘撰　林宇冲校

明人藍格寫本　共十六册

静嘉堂文庫藏本

【按】此本行款及所載序、跋、牒、表,皆與静嘉堂文庫藏宋刊元明修補本《樂書》同。

律吕新書二卷

(宋)蔡元定撰

明刊本(性理會通本)　共二册

東北大學附屬圖書館狩野文庫藏本　原狩野亨吉等舊藏

【附録】日本東山天皇元禄十年(1697年)由洛陽(京都)書林神谷藤七據明《性理大全》本修正刊印《律吕新書》二卷,此本有日人中村之欽(惕齋)點。後有浪華書林柏原屋佐兵衛重印本及大阪泉本八兵衛重印本。

律吕正聲六十卷

(明)王邦直撰　黄作孚校

明刊本　共十二册

東京都立日比谷圖書館藏本　原田中慶太郎(救堂)等舊藏

(太常李樓雲)樂書(殘本)七卷

(明)李文察撰

明嘉靖年間(1522—1566年)刊本　共四册

蓬左文庫藏本

【按】每半葉有界九行,行二十字。黑口,四周雙邊。

是書全十九卷,凡六種。今存六卷,凡三種:

《四聖圖解》二卷,一册。

《樂記補説》一卷,二册。

《興樂要論》三卷,一册。

佚闕十三卷,凡三種:

《律吕新書補注》一卷。

《古樂筌蹄》九卷。

《皇明青宫樂調》三卷。

樂律全書(樂書)四十九卷

(明)朱載堉編撰

明萬曆三十一年(1603年)鄭藩刊本

内閣文庫　尊經閣文庫　京都大學人文科學研究所東洋學文獻中心　東京大學東洋文化研究所藏本

【按】是書細目如次:

《聖壽萬年曆》二卷;《萬年曆備考》三卷;

《律曆融通》四卷;《操縵古樂譜》一卷;

《六代小舞譜》二卷;《小舞鄉樂譜》一卷;

《二佾綴兆圖》一卷;《靈星小舞譜》一卷;

《旋宫合樂譜》一卷;《鄉飲詩樂譜》六卷;

《律吕精義》内篇十卷外篇十卷;

《樂學新説》一卷;《樂經古文》一卷;

《算學新説》一卷;《律學新説》四卷。

内閣文庫藏此同一刊本兩部。一部原係紅葉山文庫舊藏,共四十八册;一部原係昌平坂學問所舊藏,今闕《聖壽萬年曆》、《萬年曆備考》、《律曆融通》、《算學新説》諸卷,共三十二册。

尊經閣文庫藏本,原係江户時代加賀藩主前田綱紀等舊藏,共四十八册。

京都大學人文研藏本,共十九册。

東京大學東洋文化研究所藏本,今存《律學新説》、《樂學新説》、《律吕精義(内外篇)》、《旋宫合樂譜》及《鄉飲詩樂譜》。

六代小舞譜

(明)朱載堉編撰

明萬曆年間(1573—1620年)刊本　共一册

東京都立日比谷圖書館藏本　原田中乾郎等舊藏

雅樂考二十卷

(明)韋焕撰

明寫本　共五册

尊經閣文庫藏本　原江户時代加賀藩主前田綱紀等舊藏

樂學新説一卷

(明)朱載堉撰

明萬曆三十一年(1603年)刊本

東北大學附屬圖書館藏本

【按】此本係東北大學理學部以數學科科學研究費購入之圖書。

樂典三十六卷

(明)黄佐撰

明嘉靖二十六年(1547年)刊本　共二十册

内閣文庫藏本　原紅葉山文庫等舊藏

【按】每半葉有界十行,行二十字。白口,四周單邊。

樂律志四卷

(明)黄汝良撰

明崇禎年間(1628—1644年)刊本　共三册

内閣文庫藏本　原紅葉山文庫等舊藏

樂道發蒙十二卷

(明)瞿九思撰

明刊本　共八册

内閣文庫藏本　原紅葉山文庫等舊藏

古樂經傳全書二卷

(明)湛若水撰

明嘉靖年間(1522—1566年)刊本　共二册

尊經閣文庫藏本　原江户時代加賀藩主前田綱紀等舊藏

樂經元義八卷

(明)劉濂撰

明嘉靖年間(1522—1566年)刊本　共四册

内閣文庫藏本　原紅葉山文庫等舊藏

【按】每半葉有界十行,行二十一字。白口,四周單邊。

卷前有明嘉靖二十九年(1550年)劉濂《自序》。

【附録】據《商舶載來書目》記載,後櫻町天皇明和二年(1765年),中國商船"加字號"載《樂經元義》一部抵日本。

律吕正聲六十卷

(明)王邦直撰　黄作孚校

明萬曆年間(1573—1620年)刊本　共二十册

東北大學附屬圖書館藏本

【按】每半葉有界十行,行二十字。白口,四周單邊。

卷前有明萬曆三十六年(1608年)李維楨《序》,並林增志《序》,次有明萬曆十四年(1586年)《自序》。

律吕解注二卷　首一卷

(明)鄧文憲解注

明嘉靖年間(1522—1566年)刊本　共二册

足利學校遺蹟圖書館藏本　原中世時代足利學校舊藏

【按】每半葉有界九行,行十六字。黑口,四周雙邊。

卷前有明嘉靖二年(1523年)史于光《序》,同年鄧文憲《自序》,後有明嘉靖癸未(1523年)王宣《後序》。

苑洛志樂

(明)韓邦奇撰

明嘉靖年間(1522—1566年)刊本　共二十四册

早稻田大學圖書館藏本　原市村瓚次郎購入本覺廬文庫舊藏

【按】卷中有清人修補。

（十）小　學　類

（訓詁之屬）

爾雅疏十卷

（宋）邢昺等奉敕校定

北宋刊宋元修補本　明人海翁手識本　日本重要文化財　共五册

静嘉堂文庫藏本　原陸心源皕宋樓等舊藏

【按】每半葉有界十五行，行約三十字。經文、注文、疏文各自空一格單行。白口，單黑魚尾。左右雙邊（20.5cm×14.4cm）。版心著録“雅疏（幾）（葉數）”。注文標記起至，疏文以“釋曰”表示。原刻葉版心漫漶者甚多，宋元修補葉上象鼻處記大小字數，下象鼻處有刻工姓名。宋修補葉姓名可辨者如吳祐、王恭、王涣、施昌、徐榮、章忠、陳浩、陳斌、張明、張堅、鄭春、劉廷、沈文、范堅、楊昌、方中吳、李仲等。元修補葉姓名可辨者如俞聲、李祥、謝成、王正、李庚、孫開一、徐友山、李寶、陳邦卿、陶崇等。

首題《爾雅疏序》，第二行與第三行各低二格，小字署“翰林侍講學士朝請大夫守國子祭酒上柱國賜紫金魚袋臣邢昺等奉敕校定”。末後直接連續本文。本文卷首題“爾雅疏卷第一”，換行題《爾雅序》。卷二以下皆題“爾雅疏卷第（幾）”。

卷中避宋諱，凡“玄、眩、弦、鉉、鮌、炫、敬、警、驚、弘、殷、慇、匡、胤、恒、楨、徵”等字間有缺筆。“慎”字幾乎不缺筆，僅宋修葉缺畫爲字不成。

首册副紙有海翁（明人偶桓）手識文。文曰：

“《爾雅疏》一册，乃的真宋板，元致和元年册紙所印也。考致和爲元文宗年號，當時去宋未遠，其鋥鍛猶有存者，可喜也。封面爲宋白麻尉，此亦稀世之物，較宋板書更不可得。海翁。”（印文“海翁”）

此本用紙乃元代致和年間（1328年）之公牘，有蒙文官印。陸心源定此本爲“北宋咸平初刊祖本”。

王國維《觀堂集林》卷二十一有《宋刊本爾雅疏跋》一文，即係論證此本刻刊年代之作。王氏別爲新説，文曰：

“烏程蔣氏藏宋刊《爾雅疏》十卷，每半葉十五行，行三十字。明文淵閣舊藏，即吾鄉陳仲魚先生經籍跋文中所著録者也。案宋刊諸經單疏存於今日者，臨清徐氏有《周易正義》，日本楓山官庫有《尚書正義》、竹添氏有《毛詩正義》、近藤氏有景鈔《左傳正義》，前吳門黃氏有《儀禮疏》、蔣氏復有殘《公羊疏》；并此《爾雅疏》而七。《爾雅疏》舊又有吳門黃氏、歸安陸氏二本。今黃本已佚，陸本又流出海外，惟此爲碩果矣。諸疏行款，除《易疏》未見外，《書疏》每行二十四字，《詩疏》與《左傳疏》每行二十五字，《儀禮疏》二十七字，《公羊疏》二十五、六、七字，《爾雅疏》三十字。其每葉十五行，則諸疏皆同，此亦六朝以來義疏舊式。考日本早稻田大學所藏六朝人書《禮記》子本疏義，每行二十八、九字至三十字不等，富岡君撝所藏唐人書《毛詩疏》殘卷，每行自二十二字至二十六字不等，狩谷望之藏古鈔《禮記》單疏殘卷，每行二十六、七字，巴黎國民圖書館藏唐人書《老子道德經義疏》，亦每行二十四、五字至三十字不等，其餘唐人所書佛經疏，亦無不然。是五代刊九經用大字，宋初刊經疏用小字，皆仍唐人卷子舊式也。宋初刊《五經正義》成於淳化五年，《七經正義》成於咸平四年。此本猶是咸平舊式，然於欽宗嫌名萱字,高宗嫌名嬅字,皆闕一筆,又多元明補刊之葉,乃南渡後重刊北宋監本,又經元明修補者也。考北宋監本,靖康中爲金人輦之而北,故南渡後即有重刊經疏者,如竹添氏所藏《詩疏》,乃紹興九年九月十九日紹興府重雕。又《玉海》載紹興十五年,博士王之望請羣經義疏未有板者,令臨安府雕造。則高宗末年羣經義疏當已盡有印板矣。此種州郡刊板,當時即入監中,故魏華父、岳倦翁並謂南渡監本,盡取諸江南諸州。蓋南渡初,監中不自刊板,悉令臨安府及他州郡刻之,而以其板入監,此即南宋監本也。明黄佐《南雍志經籍考》所載舊板,有《周易注疏》十三卷,《儀禮注疏》五十卷、《春秋正義》三十六卷、《春秋公羊傳疏》三十卷、《春秋穀梁傳疏》十二卷、《爾雅注疏》十卷。其書雖或稱正義、或稱疏、或稱注疏,而其卷數無不與北宋單疏本合,而與南雍之十行本注疏不合,當即南宋所刊單疏舊板也。以其板久闕不印,又明人但知有注疏,不知有單疏,故即以注疏目之。此本用洪武中公牘紙印,又有明初補板,乃明南雍印本。可知《南雍志》之《爾雅注疏》十卷,即是此本。而其他《周易》、《儀禮》、'三傳'諸疏,卷數同於單疏本而不同於南雍注疏本者,其爲南宋單疏舊板,蓋可識矣。南雍十行本注疏,向無《儀禮》、《爾雅》二種,故元明間尚補綴單疏本以彌十三經之闕。是以二疏後世猶有傳本,餘疏自元以後,殆已不多印行矣。"

卷中有"何氏藏書"、"崆峒化城"、"鷦安校勘祕籍"、"溪柴"、"谿柴襄"、"嘉興新豐鄉人唐翰題收藏印"、"海翁襄"、"存齋四十五歲小像戊寅二月集石并刊"、"歸安陸樹聲叔桐父印"等印記。

此本已被日本"文化財審議委員會"確認爲"日本重要文化財"。

【按】九世紀末藤原佐世編撰《本朝見在書目錄》。其第八"論語家"類著錄當時日本中央各機構蒐儲有關《爾雅》典籍如次:

《爾雅》三卷　郭璞注;
《爾雅》三卷　孫氏注;
《爾雅集注》十卷　沈旋撰;
《爾雅圖》十卷　郭璞撰;
《爾雅圖贊》二卷;
《爾雅音》二卷;
《爾雅決》三卷　天智騫撰。

爾雅注疏十一卷

(晋)郭璞注　(宋)邢昺疏
元仿宋刊本　共五册
宮内廳書陵部藏本　原范履祥　昌平坂學問所等舊藏

【按】每半葉有界九行,行二十字。注疏文低一格小字雙行,行十八字至二十字。細黑口,雙黑魚尾。左右雙邊(17.8cm×11.6cm)。版心著錄"爾疏(幾)、(葉數)"。疏文首字以大字墨圍陰刻"疏"字爲標識。

此本無邢昺序文。本文卷首題"爾雅注疏卷第一"。下隔八格,署"郭璞序　邢昺疏"。序後直接連續正文,首題"爾雅兼義一卷上　郭璞注"。

卷中避宋諱,凡"匡、胤、恒、桓"等字皆缺筆。此蓋取源於宋本者。

卷四首八葉,卷五第二十八葉以下,卷六第一葉内半葉,皆缺佚。

每卷首有"明范履祥"印記(卷一、卷四缺)。每册首有"淺草文庫"、"昌平坂學問所"、"文政戊寅"等印記。

森立之《經籍訪古志》卷二著錄昌平學藏元槧本《爾雅注疏》十一卷,即係此本。楊守敬《日本訪書志》卷三著錄元刊本《爾雅注疏》,與此本爲同刊本。

【附錄】據《商舶載來書目》記載,中御門天皇正德二年(1712年),中國商船"志字號"載《爾雅注疏》一部抵日本。該商船於光格天皇寬政十年(1798年),又載《爾雅正義》一部抵日本。

《外船齎來書目》又記載,光格天皇寬政十二年(1800年),中國商船"申一番"載《爾雅注

疏》二十部,"西四番"載《爾雅注疏》三十部抵
日本。

《書籍元帳》記載,仁孝天皇天保十二年
(1841年)從中國輸入《爾雅正義》兩部,定價
各十匁。其後仁孝天皇弘化五年(1848年),
中國商船"未二番"輸入《爾雅注疏》一部,定價
六匁。其後,孝明天皇嘉永二年(1849年)又
輸入一部,因被潮水浸漬,定價四匁。孝明天
皇嘉永三年(1850年)輸入一部,定價十匁。

《倭板書籍攷》卷二著録《爾雅注疏》十一卷,
并曰:"相傳係周公制作,孔子門人所增,以釋
天、地、人、物、器、具、山、水、草、木、蟲、魚、鳥、
獸等。晋郭璞注,宋邢昺疏。《爾雅》原本有
上、中、下三卷。倭板自唐本《十三經注疏》采
出刊行。"

爾雅疏十一卷

(晋)郭璞注　(宋)邢昺疏
明嘉靖年間(1522—1566年)福建李元陽刊
本
内閣文庫　尊經閣文庫　關西大學綜合圖
書館内藤文庫藏本
【按】每半葉有界九行,行二十一字。小字雙
行。白口,四周單邊(20cm×12.8cm)。
此本係李元陽刊《十三經注疏》零本
内閣文庫藏本,原係昌平坂學問所舊藏,共
三册。
尊經閣文庫藏本,原係江户時代加賀藩主前
田綱紀等舊藏,共六册。
關西大學藏本,原係内藤湖南舊藏。此本封
面外題"十三經注疏爾雅"。

爾雅注疏十一卷

(晋)郭璞注　(宋)邢昺疏
明萬曆二十一年(1593年)北京國子監刊本
共三册
京都大學文學部中國語學哲學文學研究室
藏本
【按】此本係明萬曆年間北京國子監重校刊

《十三經注疏》零本
【附録】江户中期京都菱屋治兵衛等據明北
監本覆刊《爾雅注疏》十一卷。此本後來翻印
甚多。如光格天皇寬政六年(1794年)印本、
大阪河内屋喜兵衛印本等。孝明天皇文久二
年(1862年)大阪浪華柳原積玉圃又修板重
印。

爾雅注疏十一卷

(晋)郭璞注　(宋)邢昺疏　(明)毛晋校
明崇禎元年(1628年)古虞毛氏汲古閣刊本
京都大學人文科學研究所東洋學文獻中心
東北大學附屬圖書館　早稻田大學圖書館
國學院大學梧蔭文庫　東洋大學附屬圖書館
哲學堂文庫　佛教大學平中文庫　酒田市立
光丘文庫　香川縣豐濱町立圖書館藤村文庫
大阪府立圖書館藏本
【按】每半葉有界九行,行二十一字。白口,
左右雙邊。
此本係明崇禎年間毛氏汲古閣刊《十三經注
疏》零本
京都大學人文研藏本,共五册。
東北大學附屬圖書館藏本,共三册。
早稻田大學圖書館藏本,原係服部南郭家服
部文庫等舊藏,共四册。
國學院大學梧蔭文庫藏本,原係井上毅等舊
藏,共四册。
東洋大學附屬圖書館藏本,原係井上圓了舊
藏,共五册。
佛教大學平中文庫藏本　原係平中苓次等
舊藏,共四册。
酒田市立光丘文庫藏本,原係本間光彌等舊
藏,共三册。
香川縣豐濱町立圖書館藏本,原係本町世代
財主藤村氏家舊藏,共四册
大阪府立圖書館藏本,共三册。

爾雅注疏十一卷

(晋)郭璞注　(宋)邢昺疏　(明)熊九岳

熊九勅校

　明沐日堂刊本

　内閣文庫藏本

　【按】内閣文庫藏此同一刊本兩部。一部原係木村蒹葭堂舊藏,共三册;一部原係林氏大學頭家舊藏,共二册。

　森立之《經籍訪古志》卷二著錄竹陰書屋藏《爾雅注疏》本,與此本爲同一刊本。

爾雅注疏六卷

　（晋）郭璞注　　（宋）邢昺疏

　明刊本　共四册

　宮内廳書陵部藏本

小爾雅一卷

　（漢）孔鮒撰　　（宋）宋咸注

　明刊本　共一册

　東北大學附屬圖書館狩野文庫藏本　原狩野亨吉等舊藏

　【附錄】九世末藤原佐世《本朝見在書目錄》中有《論語家》類,著錄《小爾雅》一卷,并題曰"李軌略撰"。

　桃園天皇寶曆十年（1752 年）刊印《新刻小爾雅》,題署"漢孔鮒撰、宋宋咸注",由日人南宮岳校。

　光格天皇天明四年（1784 年）京都文林堂中川藤四郎刊印《小爾雅》,由日人大江資衡校。

　光格天皇寬政年間（1789—1801 年）又有木活字印本《小爾雅》。

　孝明天皇嘉永七年（1854 年）雪月樓主人手寫《小爾雅》一卷。此本今存國會圖書館。

（新刻）爾雅三卷　附音釋三卷　小爾雅一卷

　（晋）郭璞注　《音釋》闕名釋　《小爾雅》題（漢）孔鮒撰（宋）宋咸注

　明萬曆年間（1573—1620 年）錢塘胡文煥校刊本　共一册

　東京大學總合圖書館藏本　原森林太郎鷗外文庫等舊藏

爾雅二卷

　（晋）郭璞注

　明宜静書堂刊本　共一册

　關西大學綜合圖書館内藤文庫藏本　原三省堂　内藤湖南等舊藏

　【按】每半葉有界十行,行二十字。白口,左右雙邊（18cm × 12.4cm）。

　首有郭璞《爾雅序》。次有邢昺等《爾雅注疏序》。原題"爾雅　晋郭璞注"。

　卷中有内藤湖南手識文,題署"甲辰（1904年）十月念七　炳卿"。有"炳卿珍藏舊槧古鈔之記"、"三省堂"等印記。

爾雅二卷

　（晋）郭璞注　　（明）鍾人傑校

　明刊本　共一册

　内閣文庫藏本　原木村蒹葭堂等舊藏

（新刊）爾雅三卷

　（晋）郭璞注　　（明）馬諒校

　明景泰年間（1450—1456 年）刊本　共一册

　内閣文庫藏本

　【按】每半葉有界十一行,行二十二字。注文雙行。

　首載郭璞《序》及《目錄》,卷末有明景泰七年（1456 年）八月和陽馬諒《校刊後序》。

　標目冠"新刊"二字,每卷末皆附《釋音》。

　内閣文庫藏此同一刊本兩部。一部原係林氏大學頭家舊藏,一部原係木村蒹葭堂舊藏。

　【附錄】森立之《經籍訪古志》卷二及楊守敬《日本訪書志》卷三著錄之"明景泰七年刊本"皆與此本爲同一刊本。

　又,森立之《經籍訪古志》卷二著錄崇蘭館藏北宋仁宗時刊《爾雅》三卷本,及求古樓藏明弘治年間刊《爾雅》三卷本,今不知存於何處。

　日本仁孝天皇天保十五年（1844 年）,肥後松崎氏羽澤石經山房刊影宋本《爾雅》三卷,并《校譌》一卷。此本係日人松崎慊堂校刊

爾雅三卷

(晋)郭璞注

明嘉靖年間(1522—1566 年)刊本　共三册

京都大學人文科學研究所東洋學文獻中心藏本

【按】每半葉八行,行十七字。白口,左右雙邊。

爾雅三卷

(晋)郭璞注

明刊本

宮内廳書陵部　大東急紀念文庫藏本

【按】宮内廳書陵部藏本,共一册。

大東急紀念文庫藏本,原係狩谷掖齋等舊藏,共三册。

爾雅三卷

(宋)鄭樵注

明琴川毛氏汲古閣刊本　共二册

東京大學文學部漢籍中心藏本

【按】每半葉有界九行,行十九字。注文小字雙行,白口。無魚尾,左右雙邊(18.9cm × 13.1cm)。版心記刻工姓名。

爾雅十一卷

(晋)郭璞注　(明)金蟠校

明崇禎年間(1628—1644 年)永懷堂刊本共四册

内閣文庫藏本　原木村兼葭堂等舊藏

爾雅十一卷

(晋)郭璞注　(明)金蟠校

明刊本　共三册

内閣文庫藏本　原紅葉山文庫等舊藏

爾雅翼三十二卷

(宋)羅願撰

元刊本　共八册

静嘉堂文庫藏本　原陸心源皕宋樓舊藏

【按】前有宋淳熙元年(1174 年)羅願《自序》,宋淳祐年間(1241—1252 年)曾姪孫裳《記》,並有方回《跋》。

《爾雅翼》三十二卷,國内無元刊本存檔,今僅存明刊本數種。

【附録】據《商舶載來書目》記載,中御門天皇享保十二年(1727 年),中國商船“志字號”載《爾雅翼》一部三十二卷抵日本。

爾雅翼三十二卷

(宋)羅願撰　(明)畢效欽校

明畢效欽刊本

内閣文庫　静嘉堂文庫　東京大學總合圖書館藏本

【按】前有宋淳熙元年(1174 年)羅願《自序》。

内閣文庫藏此同一刊本兩部。一部原係林氏大學頭家舊藏,共四册;一部原係紅葉山文庫舊藏,共六册。

静嘉堂文庫藏本,原係陸心源十萬卷樓舊藏。共四册。

東京大學總合圖書館藏本,共二册。

(新刻)爾雅翼三十二卷　序一卷

(宋)羅願撰　(元)洪焱祖音釋　(明)胡文煥校

明萬曆年間(1573—1620 年)刊本

國會圖書館　東京大學東洋文化研究所静嘉堂文庫藏本

【按】每半葉有界九行,行十八字。白口,四周雙邊。

前有宋淳熙元年(1174 年)《序》,後有明萬曆三十三年(1605 年)《跋》。

爾雅翼三十二卷　附音釋一卷

(宋)羅願撰　(元)洪焱祖音釋

明天啓年間(1621—1627 年)羅朗重校勘刊本　共六册

東京大學總合圖書館藏本　原市村瓚次郎買入本覺廬文庫舊藏

【按】前有明天啓六年（1626 年）《序》。

爾雅匡名（足本手稿）

（清）嚴元照撰

手稿本　共四册

静嘉堂文庫藏本　原陸心源十萬卷樓舊藏

【按】此本卷中有"嚴元照印"白文方印、"秋月之印"朱文小方印、"張氏香修"白文小方印等。

輶軒使者絶代語釋別國方言十三卷

（漢）揚雄撰　（晉）郭璞注　（明）程榮校

明刊本　共一册

内閣文庫藏本　原昌平坂學問所等舊藏

【附録】九世紀末藤原佐世《本朝見在書目録》中有《論語家》類，其著録《方言》十卷。并題"漢揚雄撰　郭璞注"。

靈元天皇寬文九年（1669 年）龜河重庸刊印《輶軒使者絶代語釋別國方言》十三卷。此本在江户時代復印甚多。

靈元天皇元禄五年（1692 年）大阪北田清左衛門重印龜河重庸刊本。其後又有上田卯兵衛印本與平野屋佐兵衛印本。

光格天皇寬政八年（1796 年）大阪河内屋喜兵衛修訂重印龜河重庸版，刊《方言》十三卷。此本後有慶元堂印本及平野屋佐兵衛印本。

此外江户時代尚有和泉屋庄次郎刊《方言》十三卷。

釋名八卷

（漢）劉熙撰

明嘉靖年間（1522—1566 年）刊本　共二册

静嘉堂文庫藏本

【按】每半葉有界九行，行二十字。

前有明嘉靖三年（1524 年）儲良材《序》，後有同年吕枏《重刊後序》，其文曰："是書南宋時刻於臨安，尋燬不傳。今侍御谷泉儲公邦掄得

之於嵩山，僉憲李公乃命枏校正，付絳州守程君鴻刊布焉。"

末有明嘉靖四年（1525 年）蔡天祐《跋》。

森立之《經籍訪古志》卷二著録懷仙樓藏明嘉靖仿宋刊本，與此本同。

【附録】九世紀末藤原佐世《本朝見在書目録》中有《論語家》類，其中著録《釋名》八卷，并題曰"劉熙撰"。

室町時代（1393—1573 年）有《釋名》八卷手寫本共一册。今存國會圖書館。

釋名四卷

（漢）劉熙撰　（明）鍾惺評

明末葉刊本　共一册

内閣文庫藏本

釋名八卷

（漢）劉熙撰

明嘉靖年間（1522—1566 年）覆宋刊本　共二册

静嘉堂文庫藏本　原陸心源十萬卷樓等舊藏

（新刻）釋名八卷

（漢）劉熙撰　（明）畢效欽校

明刊本　共一册

内閣文庫藏本　原林氏大學頭家等舊藏

【附録】《倭板書籍考》卷一著録《釋名》八卷，并曰："此書釋天人事物。"

後西天皇明曆二年（1656 年）京都小島彌左衛門刊《新刻釋名》八卷。此本係據畢效欽刊本覆刊。

此本後有上村次郎衛門印本、富倉太兵衛印本及山崎仁左衛門印本凡三種。

博雅十卷

（魏）張揖撰　（隋）曹憲音解

明正德年間（1506—1521 年）刊本　共二册

静嘉堂文庫藏本　原陸心源十萬卷樓舊藏

【按】每半葉有界八行,行十五字。

前有張揖《上博雅表》。

【附錄】九世紀末藤原佐世編撰《本朝見在書目錄》,其第十"小學家"類,著錄當時日本中央各機構蒐儲有關《博雅》典籍如次:

《博雅》十卷,曹憲注。

《注博雅》,冷然院(藏)。

日本桃園天皇寶曆七年(1757年)吉文字屋次郎兵衛、大黑屋孫兵衛刊印《廣雅》十卷。此本題(魏)張揖撰,(隋)曹憲音釋。

廣雅十卷

(魏)張揖撰　(明)畢效欽校

明畢效欽刊本　共一冊

內閣文庫藏本　原林氏大學頭家等舊藏

【按】九世紀末藤原佐世編撰《本朝見在書目錄》,其第八"論語家"類著錄當時日本中央各機構藏《廣雅》三卷。并題曰"張揖撰"。

埤雅二十卷

(宋)陸佃撰

明刊本　共六冊

關西大學綜合圖書館內藤文庫藏本　原陸趨　內藤湖南等舊藏

【按】每半葉有界十行,行二十字。黑口,四周雙邊(21cm×14.2cm)。

首有宋宣和七年(1125年)陸宰《埤雅序》。原題"埤雅",署"中大夫守尚書左丞上柱國吳郡開國公賜紫金魚袋陸佃撰"。

卷中有"炳卿審定善本"、"過庭"、"陸趨私印"等印記。

(新刊)埤雅二十卷

(宋)陸佃撰

明刊本　共三冊(合二冊)

國會圖書館藏本

(重刊)埤雅二十卷

(宋)陸佃撰　(明)畢效欽校

明成化九年(1473年)葉氏廣勤書堂刊本

東洋文庫　静嘉堂文庫藏本

【按】前有《重刊埤雅序》。《序》末記"是歲天運庚申八月中秋京口後學張存性中叙"。

次有宋宣和七年(1125年)男陸宰《序》。此《序》後有刊版木記曰"成化九年歲次癸巳葉氏廣勤書堂新刊"。

森立之《經籍訪古志》卷二著錄容安書院藏《埤雅》二十卷,係與此本同。

東洋文庫藏本,原係岩崎久彌等舊藏。共三冊。

静嘉堂文庫藏本,原係陸心源十萬卷樓舊藏。共六冊。

(增修)埤雅廣要四十二卷

(明)牛衷撰　(明)吳從政章釋

明天順元年(1457年)蜀府刊本　共十一冊

內閣文庫藏本　原紅葉山文庫等舊藏

【按】每半葉有界十行,行十八字。黑口,四周雙邊。

【附錄】據《商舶載來書目》記載,後櫻町天皇明和二年(1765年),中國商船"曾字號"載《增補埤雅廣要》一部抵日本。

據光格天皇天明六年(1786年)《寅拾番持渡書改目錄寫》記載,同年,中國第十番商船載《增修埤雅廣要》一部一帙八冊抵日本。《目錄》注明"古本,染入無脫紙"。

(增修)埤雅廣要四十二卷

(明)牛衷撰　(明)吳從政章釋　殷仲春孫成名同訂

明萬曆年間(1573—1620年)鵝湖孫弘範校刊本

內閣文庫　尊經閣文庫　東京大學總合圖書館藏本

【按】每半葉有界七行,行十八字。白口,四周單邊。

前有明萬曆三十八年(1610年)《序》。

內閣文庫藏本,原係林氏大學頭家舊藏。共

六冊。

　　尊經閣文庫藏本,原係江戶時代加賀藩主前田綱紀等舊藏,共十冊。

　　東京大學總合圖書館藏本,原係渡部信家渡部文庫舊藏,共二冊。

通雅五十二卷

　　(明)方以智撰

　　明崇禎十六年(1643年)立教館刊本　共二十八冊

　　東北大學附屬圖書館教養學部分館藏本

駢雅七卷

　　(明)朱謀㙔撰

　　明萬曆十七年(1589年)刊本　共一冊

　　內閣文庫　東京大學總合圖書館藏本

　　【按】每半葉有界八行,行十八字。白口,四周雙邊。

　　首有明萬曆十七年(1589年)《序》。

　　內閣文庫藏本,原係紅葉山文庫舊藏。

　　東京大學總合圖書館藏本　原係田中芳郎等舊藏

五雅四十一卷

　　(明)郎奎金編輯

　　明天啓年間(1621—1627年)武林郎奎金堂策檻刊本

　　宮內廳書陵部　內閣文庫　東洋文庫　尊經閣文庫　東京大學　京都大學人文科學研究所東洋學文獻中心　神戶大學附屬圖書館教養學部分館藏本

　　【按】每半葉有界九行,行二十字。白口,四周單邊。

　　此本目錄如次:

　　《爾雅》二卷　(晋)郭璞注　(明)葉自本重訂　奎金糾訛;

　　《逸雅》八卷　(漢)劉熙撰　(明)石九鼎等訂;

　　《小爾雅》一卷題　(漢)孔鮒撰　(宋)宋咸

注　(明)朱師賓重訂　奎金糾訛;

　　《廣雅》十卷　(魏)張揖撰　(隋)曹憲音釋　(明)葉自本　石九鼎重訂　奎金糾訛;

　　《埤雅》二十卷　(宋)陸佃撰　(明)葉自本點釋　奎金糾訛。

　　前有明天啓六年(1626年)《序》。

　　內閣文庫藏此同一刊本兩部。一部原係高野山釋迦文院舊藏,共六冊;一部原係紅葉山文庫舊藏,共七冊。

　　東洋文庫藏本,共八冊。

　　尊經閣文庫藏本,原係江戶時代加賀藩主前田綱紀等舊藏,共六冊

　　東京大學藏此同一刊本兩部。一部存總合圖書館,原係中國廣東籌賑日災總會贈送本,共六冊。一部存東洋文化研究所,原係大木幹一等舊藏,共六冊。

　　京都大學人文科學研究所藏本,共六冊。

　　神戶大學附屬圖書館藏本,共六冊。

　　【附錄】據《商舶載來書目》記載,後桃園天皇安永元年(1772年),中國商船"古字號"載《五雅》一部抵日本。

　　《寅字十番船持渡書籍目錄》記載,光格天皇天明六年(1786年)載《五雅》一部(六冊·古本)抵日本。

　　據《南京船書籍目錄》記載,光格天皇寬政六年(1794年),從中國載《五雅全書》三部抵日本。

　　又據《書籍元帳》記載,仁孝天皇弘化四年(1847年),中國商船"午字二號"載《五雅》一部抵日本,定價四匁。

博古全雅七十三卷

　　不著撰著人姓名

　　明萬曆年間(1573—1620年)金閶世裕堂刊本　共十六冊

　　內閣文庫　蓬左文庫藏本

　　【按】此本目錄如次:

　　《新刊爾雅》三卷　(晋)郭璞注;

　　《新刊爾雅翼》三十二卷　(宋)羅願撰

（明）畢效欽校；

《新刊埤雅》二十卷　（宋）陸佃撰；

《新刊釋名》八卷　（漢）劉熙撰　（明）畢效
欽校刊；

《廣雅》十卷　（魏）張揖撰　（隋）曹憲音解
（明）畢效欽校刊。

內閣文庫藏本，原係紅葉山文庫舊藏。

蓬左文庫藏本，係明正天皇寬永十二年
（1635 年）從中國購入，卷中有“尾陽內庫”印
記。

彙雅前集二十卷

（明）張萱輯

明萬曆年間（1573—1620 年）刊本　共九冊

尊經閣文庫藏本　原江戶時代加賀藩主前
田綱紀等舊藏

【按】每半葉有界九行，行十八字。白口，四
周單邊。

（新刻）助語辭二卷

（明）盧以緯撰　胡文煥校

日本明正天皇寬永十八年（1641 年）京都風
月宗智刊本　共一冊

東京大學總合圖書館藏本　原森林太郎鷗
外文庫等舊藏

【按】是書《四庫》未著録，現今國內亦無他本
存檔。

【附録】日本靈元天皇天和三年（1683 年）京
都玉池齋梅村彌右衛門等刊行《新刻助語辭》
一卷，有日本毛利瑚珀（貞齋）訓注，並有毛利
氏首書。

中御門天皇享保二年（1717 年）有京都梅村
彌右衛門重印本，為二卷本，係毛利瑚珀（貞
齋）訓注，并有毛利氏重訂增補首書。重印本
有二種，一種題署書名曰《新刻語助辭》，一種
題署書名曰《重訂冠解助語辭》。

（字書之屬）

急就篇四卷

（漢）史游撰　（唐）顏師古注　（明）毛晉校
明刊本

內閣文庫　東京大學總合圖書館藏本

【按】每半葉有界八行，行十九字。白口，左
右雙邊。

內閣文庫藏本，原係紅葉山文庫舊藏。共二
冊。

東京大學藏本，共一冊。

【附録】九世紀末藤原佐世編撰《本朝見在書
目録》，其第十“小學家”類，著録當時日本中央
各機構蒐儲有關《急就篇》典籍如次：

《急就篇》一卷　史游撰；

《急就章音義》一卷　釋智騫撰；

《急就篇注序》十卷　顏師古撰。

光格天皇寬政二年（1790 年）蒼葍園刊《急
就篇》。此本後有藤屋吉兵衛與河南四郎兵衛

印本。

光格天皇享和三年（1803 年），有一貫堂修
補印本。

仁孝天皇天保八年（1837 年）刊印《急就
篇》。此本係日人澁江抽齋據顏師古注本，並
依宋太宗定本補《齊國》、《山陽》二章，凡三十
四章，由小島知足仿唐石經體正楷書之。

説文解字（殘本）一卷（六葉）

（漢）許慎撰

唐寫本　宋米友仁、俞松手識本　清曾國藩
題詩本　日本國寶　卷子本一卷（六葉）

武田科學振興財團杏雨書屋藏本　原南宋
初王室內府　莫友芝　內藤湖南等舊藏

【按】此卷正文全長 265.4cm，縱 27.9cm，由
硬質黃麻紙六葉連綴，係《説文解字》唐寫本
“木部”殘本，共九十三行，一百八十六字。

每行二篆，分二段記載，先用大字表示篆體，

其下横寫反切注音。《説文》之文,又分二或三行書寫。篆字屬懸針體,與唐人元次山《峿臺銘》相近,其楷書與唐人寫經文字甚類似。

第一葉紙自"柤"字至"桓"字,凡四行八字。

第二葉紙由中間折斷,前半折自"楃"字至"櫱"字,凡十行二十字。後半折自"櫌"字至"梠"字,凡七行十四字。

第三葉紙自"匧"字至"槌"字,凡十八行三十六字。

第四葉紙自"檕"字至"槃"字,凡十八行三十六字。

第五葉紙自"桀"字至"栫"字,凡十八行三十六字。

第六葉紙自"檗"字至"楬"字,凡十八行三十六字。

此卷外封係古錦裝裱,内襯水色緞子。有清光緒二十七年(1901 年)費念慈題簽《唐寫本木部殘字》。卷端有清同治七年(1868 年)七月曾國藩親筆《唐寫本説文》五大字。

本文末尾尚存改裝之前宋人裝裱所用襯底。其後用另紙黏接,係宋人米芾之子米友仁親筆識文二行:"右唐人書篆法説文六　紙臣米友仁鑒定恭跋。"此《跋文》後,又接另紙,有宋人俞松親筆,其識文曰"寶慶初年四月三日妝池松題記"一行。左方並有"俞松心畫"、"壽翁"二方印記。

此卷六葉,各紙接合處皆鈐"紹興"小璽。

俞松"題記"之後,接另一紙,有清同治七年(1868 年)曾國藩親筆題詩。詩曰:

"插架森森多於筍,　世上何人見唐本。
莫君一卷頗懷奇,　傳寫云自元和時。
問君此卷有何珍,　流傳顯晦經幾人?
君言是物少微識,　殘筆黯黮不能神。
豪家但知貴錦裘,　陋巷誰復憐綦巾。
黟孫令君持贈我,　始吐光恠千星辰。
許書劣存二百字,　古鏡一掃千年塵。
篆文已與流俗殊,　解説尤令耳目新。
乾嘉老儒耽蒼雅,　東南嚴段并絶倫。
就中一字百搜討,　詰難蠭起何斷斷。
暗與此本相符契,　古轍正合今時輪。
乃知二徐皆鹵莽,　貽誤幾輩徒因循。
我聞此言神一快,　有似枯楊揩馬疥。
我昔趨朝陪庶尹,　頗究六書醫頑蠢。
四海干戈馹迫忙,　十年髀肉消磨盡。
却思南閣老祭酒,　舊學於我復何有。
安得普天净欃槍,　歸去閉户注凡將。"

此"詩"末題"同治三年八月作此詩,應子偲尊兄雅屬,七年八月曾國藩書"。後有曾氏表字"滌"白文朱印一枚。

曾國藩詩後,有中日兩國諸名流數多題跋。首於曾國藩,終於鄭孝胥,有吴雲、翁同龢、楊守敬、王樹枏、樊增祥、白堅、傅增湘、楊鐘羲、張元濟、董康、西園寺公望、犬養毅、德富蘇峰、橋本獨山、市村瓚次郎、鈴木虎雄、内滕湖南諸氏。自卷端至於卷尾,全長 1085cm。

此卷由"紹興"小璽及米友仁《恭跋》推考,當爲南宋初王室内府藏本,後輾轉歸莫友芝、陶齋、白堅收藏。1910 年(明治四十三年)内藤湖南等在陶齋處曾見此本。内藤氏當年曾有"跋語"曰:

"陶齋尚書見示唐寫《説文》,真天下奇寶也。我邦亦曾有此書數行,今已不知落在,可惜!同觀者狩野直喜、小川琢治、瀧精一,富岡謙藏、濱田耕作也。日本内藤虎次郎拜識。"

此卷於 1926 年(日本昭和元年)内藤湖南花甲之歲,由原藏者白堅,"贈送"内藤氏。中華國寶,從此移居東土。内藤湖南爲收藏本卷,專製藏書印章"寶屾簃"。

傅增湘《藏園羣書經眼録》卷二著録此本。其"釋文"曰:

"此卷歸莫氏後,其孫經農觀察流寓維揚,尚能守護勿失。其歸匋齋也當在光緒季年督兩江時,鼎革後爲景樸孫所得。祕不示人。余屢造半畝園求一寓目,竟不可得。暮年海外乃獲一見,題名卷尾,輟筆爲之憮然。"

此卷已被日本"文化財審議委員會"確認爲

"日本國寶"。

【附録】九世紀末藤原佐世編撰《本朝見在書目録》,其第十"小學家"類著録當時日本中央各機構蒐儲有關《説文解字》及漢字研究典籍如次:

《説文解字》十六卷　許慎撰;

《字書》廿卷　冷泉院(藏);

《古今篆隸文體》一卷　蕭子良撰;

《異體同音議字》一卷;

《定字書》一卷;

《勅定字樣》一卷;

《字樣》一卷　顏真卿撰;

《字樣》一卷　戴行方撰;

《字樣》一卷　顏師古撰;

《東臺字樣》一卷;

《干禄字樣》一卷;

《文字苑》十卷;

《古今文字苑抄》一卷;

《古今字》一卷;

《古今雜字書》一卷;

《古今五十四種書體樣》一卷;

《集字》廿卷　冷泉院(藏);

《今字弁疑》三卷　李少通撰;

《集縱字》五卷;

《異形同字》一卷;

《同音異訓》一卷;

《文字集略》六卷　阮孝緒撰;

《釋字》一卷;

《證俗字音略》一卷　顏敏楚撰;

《周字對語》二卷;

《六文字》一卷;

《字苑》一卷　葛洪撰;

《五經字樣》三卷　上中下。

説文解字十五卷　標目一卷

(漢)許慎撰　(宋)徐鉉等奉敕校定

北宋刊南宋補刊元遞修本　日本重要文化財　共八册

静嘉堂文庫藏本　原阮元　王昶　汪士鐘

蔡廷楨、陸心源皕宋樓等舊藏

【按】每半葉有界十行,行十六字至二十字不等。小字雙行,行二十五字至三十字。白口,單黑魚尾。版心著"説(幾)(葉數)"。上象鼻處記大小字數,下象鼻處有刻工姓名。因中縫有漫漶之處,可辨認者宋代刻工有何昇、何澤、許忠、顧達、顧澄、吳祐、吳中、蔡邠、周明、蔣宋、詹世榮、陳方、朱祖、沈茂、陳壽、丁松年、余敏、劉昭、方中、范允等。元代刻工有徐泳、王桂、徐文、吳玉、何浩、徐恰祖、金大明、汪亮、史伯恭重刊、曹榮、金文榮、胡勝、曹德新、陳新、鄭垶、范堅、弓華、平山、茅化、陳寧、陳秀、陳琇、楊十三、楊春、李德瑛、李寶、李祥、良富等。另有單一字者,如重刊柳、重刊費、董、因等。左右雙邊(18cm × 12.5cm)。

卷首署"説文解字標目(隔三格)漢太尉祭酒許慎記(以下低二格,小字)銀青光禄大夫守右散騎常侍上柱國東海縣開國子食邑五百户臣徐鉉等奉"次行連接"敕校定"。次有宋雍熙三年(986年)徐鉉等《上表》,及同年《中書門下牒》。正文卷首題"説文解字第一上("上"係小字,隔三格)漢太尉祭酒許慎記",次行低二格,小字"銀青光禄大夫守右散騎常侍上柱國東海縣開國子食邑五百户臣徐鉉等奉"次行連接"敕校定"。然卷一下,卷六上下、卷七下、卷十二下的首行標題中,"許慎"皆作"許氏"。

卷末有宋雍熙三年(986年)徐鉉等的《進表》、《中書門下牒》,并附辛仲甫、吕蒙正、李昉等領銜官名三行:

給事中參知政事　辛仲甫

給事中參知政事　吕蒙正

中書侍郎兼工部尚書平章事　李昉

其中,中書門下牒文曰:

"書成上奏,克副朕心,宜遺雕鏤,用廣流布。自我朝之重範,俾永世以作程。其書宜付史館,仍令國子館雕爲印板。依九經書例,許人納紙墨價錢收贖。兼委徐鉉等檢點書寫雕造,無令差錯,致誤後人。"

卷中避宋諱,常見"玄、弦、鉉、敬、驚、儆、泓、殷、貞、桓、慎"等字缺筆,但并不謹嚴。卷三下,卷九上,卷十等皆有補寫。宋刊之葉,不少印面漫漶。

卷末有清嘉慶二年(1797年)阮元手識文:

"嘉慶二年夏五月,阮元用此校汲古閣本於杭州學署"(此處有"阮元私印"印文)。

"毛晋所刻印據此本,凡有舛異,皆毛扆妄改"(文後有"阮"、"元"二印文)。

阮元識語後,有錢侗手識一行:

"乙丑閏四月,錢侗耤觀"(文後有"吳城"、"敦夏"二印文)。

此本即黄丕烈《百宋一廛賦》中所稱的"宋刊小字本",爲"王司寇極加寶貴者",故而喧傳宇内。卷中有"王昶"、"青浦王昶字曰德甫"、"一字述庵别號蘭泉"、"大理寺卿"、"經訓堂王氏之印"、"士鐘"、"汪士鐘印"、"宋本"、"閬源父"、"閬源審定"、"平陽汪氏藏書印"、"汪振勲印"、"汪文琛印"、"楳泉"、"蔡廷楨印"、"金匱蔡氏醉經軒考藏章"、"廷相"、"伯卿甫"、"濟陽蔡氏"、"卓如真賞"、"修没軒"、"孫峯審定"等三十餘印文。

此本封面後裝。水玉花紋紙,金鑲玉裝。全本縱27.3cm,横16.7cm。卷中尚有墨筆句點聲點,并有朱墨校文。

陸心源《儀顧堂續跋》卷四著録此本,并曰:"愚謂平津館所刊即祖此本,行款匡格皆同。孫淵如作序,謂毛刊祖大字本,與阮説不同。以今證之,似以孫説爲是。……段懋堂大令作《汲古閣説文訂》,亦以此本爲據,其善處已詳言之矣。"

傅增湘《藏園羣書經眼録》卷二亦著録此本。

此本已被日本"文化財審議委員會"確認爲"日本重要文化財"。

【附録】據《商舶載來書目》記載,中御門天皇享保十二年(1727年),中國商舶"世字號"載《説文解字》一部(八册)抵日本。該商船於後櫻町天皇明和二年(1765年),又載《説文(真本)》一部抵日本。

《書籍元帳》記載,光格天皇文化元年(1804

年),中國商船"亥十番"載《説文(真本)》二部,"子八番"載十部抵日本,定價每部十五匁。

仁孝天皇天保十二年(1841年)從中國輸入《説文解字》二部,每部價五匁。仁孝天皇弘化四年(1847年),中國商船"午一番"載《許氏説文》一部抵日本,定價六匁。"午四番"載《説文解字》二部抵日本,每部價十匁。孝明天皇嘉永元年(1848年)又從中國輸入《説文》一部,定價七匁。嘉永二年(1849年)中國商船"申三番"載《説文解字》二部抵日本,每部價十五匁。嘉永三年(1850年)"戌一番"又載《許氏説文》一部(八册)抵日本,定價六匁。

《官版書籍解題略》卷上著録《説文解字》三十卷。此即江户時代仁孝天皇文政九年(1826年)昌平學刊本。

孝明天皇弘化四年(1847年)小畑氏詩山堂刊印《説文解字》。此本由日人小畑行簡(詩山)點。

説文解字(殘本)六卷

(漢)許慎撰　　(宋)徐鉉等奉敕校定

北宋刊南宋補刊元遞修本　共四册

武田科學振興財團杏雨書屋藏本　原内藤湖南等舊藏

【按】此本與静嘉堂藏《説文解字》宋本爲同一刊本,故行款格式皆同。

此本今存卷二、卷五、卷六、卷十三至卷十五,凡六卷。其中卷六下缺第九葉,卷十三下缺第三葉至第八葉,卷十五下缺第四葉至第八葉。

卷中有"香山寺常住"、"宋本"、"内藤虎印"、"湖南"等印記。

封面係新補,暗緑色紙,金鑲玉裝。

傅增湘《藏園羣書經眼録》卷二著録日本内藤虎次郎藏《説文解字》殘本,即此本。

説文解字(殘本)六卷

(漢)許慎撰　　(宋)徐鉉等奉敕校定

明人趙均手寫本　段玉裁識語本　共三册

大谷大學圖書館藏本　原神田喜一郎（
盋盦）舊藏

【按】每半葉有界七行,大字十四字至十五
字。小字雙行,行二十一字至二十二字。左右
雙邊。

此本係明人趙均影寫宋大字本。今存卷一、
卷二、卷十二至卷十五,凡六卷。

卷頭有清嘉慶三年(1798 年)七月二十一日
段玉裁墨筆識文。

1984 年(昭和五十九年)神田喜一郎家族將
此本捐贈大谷大學

説文解字十五卷　標目一卷

(漢)許慎撰　　(宋)徐鉉等奉敕校定

明末虞山毛氏汲古閣刊本　共八冊

宮內廳書陵部　東京大學總合圖書館　京
都大學人文科學研究所村本文庫　佛教大學
平中文庫　長崎大學經濟學部　關西大學綜
合圖書館內藤文庫　大谷大學圖書館藏本

【按】每半葉有界七行。白口,左右雙邊
(20.6cm×14.9cm)。卷首題"説文解字"、"漢
太尉祭酒許慎記""銀青光禄大夫守右散騎常
侍上柱國東海縣開國子食邑五百户臣徐鉉等
奉敕校定"。卷內刻"後學毛晋從宋本校刊
毛辰再校"。

東京大學總合圖書館藏本,原係市村瓚次郎
買入本覺廬文庫舊藏。此本卷中有讀者批注,
共六冊

佛教大學附屬圖書館藏本,原係平中苓次等
舊藏。

關西大學藏本,封面題"北宋本校刊　説文
真本　汲古閣藏板"並"虎邱萃古齋書坊發兑
印"。書帙外題"汲古閣本説文　華山院家舊
藏"。卷內有"湖南祕笈"、"華山藏書"等印記。

大谷大學圖書館藏本,原係神田喜一郎（(盋
盦)舊藏。1984 年(昭和五十九年)神田氏家
族將其書捐贈大谷大學。此本今缺卷第八至
卷十五,實存凡十五卷,共二冊。

説文解字十二卷

(漢)許慎撰

明萬曆年間(1573—1622 年)刊本　共十二
冊

尊經閣文庫藏本　原江户時代加賀藩主前
田綱紀等舊藏

【按】每半葉七行,行十四字。黑口,四周雙
邊。

(新雕)入篆説文正字一卷

不著撰人姓氏

北宋刊本　共一冊

御茶之水圖書館藏本　原高麗國曲直瀬
島田翰　德富蘇峰等舊藏

【按】每半葉有界十一行,注文小字雙行,行
二十四字。白口,單黑魚尾。左右雙邊(16cm
×11cm)。版心著録"正字(葉數)"。

此本無序目。舊封面係白色厚紙,墨書"篆
説文　全"四字。正文卷首題"新雕入篆説文
正字一卷",尾題亦同。

卷中避宋諱,然不甚嚴格,"弦、絃、驚、殷"等
字,有缺筆亦有不缺筆者。第八葉缺佚。

此本部首,始一終亥。篆文之下,以雙行小
字記許慎或徐鉉的訓解與反切。卷中間有破
損,然字畫明晰,雕鎊精緻。

卷末有日人小島寶素天保壬寅(1842 年)的
手識文。其文曰:

"右此書卷末一印文字隱然,殆不可辨。
照北宋本杜氏《通典》所捺,始得可讀焉。案
《朝鮮史略》,辛巳爲肅宗六年也。卷首'經
筵'印,又見北宋本御注《孝經》及《文中子》,
是亦高麗國印也。天保壬寅仲秋,借録已
畢,造匣以還　併題質。"(小島氏圖書記印)

此手識文係小島寶素自曲直瀬家借讀此本
歸還時所題,新作書篋的面蓋上雕刻"北宋本
説文正字　懷愷樓藏"十一字。

卷末及封底,另有日人島田翰明治己亥
(1899 年)手識文。其文曰:

"明治己亥初春,獲之於琳琅閣。島田翰。

高麗覆宋本之存于今日者,祕府有杜氏《通典》、《文中子》、《中説》,帝國圖書館藏《姓解》,木村正辭收《御注孝經》,而予藏是書及《荀子》。而其捺高麗云云圖章者,天壤間獨存《通典》、《姓解》、《荀子》與是書而已。後之獲是書者其寶之。明治己亥春二月,島田翰記於小石川老柯山房,二十一歲。"

卷末并附明治三十二年(1899年)一月十二日琳琅閣書店爲島田家出具的四拾圓賣出的"北宋説文"(箱裝一册)的領受書(發貨票)。

此本卷首有"經筵"印記,卷末有"高麗國十四葉辛巳歲藏書大宋建中靖國元年大遼乾統元年"印記。卷中有"養安院藏書"、"救安"、"小島氏圖書記"、"篁邨島田氏家藏圖書"、"雙桂樓所藏記"、"島田翰讀書記"、"菅原正義"、"蘇峰珍藏"、"德富文庫"、"蘇峰清賞"、"德富猪一郎之章"、"須愛護　蘇峰囑"等印記。

此本係後陽成天皇文禄年間(1592—1594年)日本豐臣氏遠征朝鮮其間,由其武將浮田氏在朝鮮奪得而携帶歸日本,由曲直瀨家懷仙樓收儲,後流入書買。島田翰由琳琅閣購入,後又轉手於德富蘇峰成簣堂。

森立之《經籍訪古志》卷二著録懷仙樓藏北宋刊本《新雕入篆説文正字》一卷,即係此本。然森氏於"釋文"中又曰:

"小島學古云此書及《御注孝經》、《文中子》、《通典》、《姓解》,並有'經筵'、'高麗國十四葉'二印。細玩其紙質墨色,別自爲一種北宋版。殆出當時朝鮮國所開雕歟? 學古精鑒絶人,此言當不誤矣。"

此亦存一説。

説文解字篆韻譜五卷

(宋)徐鉉編撰

元種善堂刊本　共五册

天理圖書館藏本

【按】每半葉有界七行,行篆體五字,注文雙行,行約十字。

此本以"切韻"爲順序,排列《説文解字》所載之篆體,並古文等異體。每一韻部以楷書標之,頂格,並有黑耳爲提行標記。每一篆體下,皆有該字之楷體,並以圓圈圍之。

此本傳入日本甚早,十五世紀初有五山覆刊本。

【附録】日本陽成天皇慶長年間(1596—1615年)活字印本《説文解字篆韻譜》五卷。此本卷一末有"丙辰菖節種善堂刊"木記。

後水尾天皇寬永年間(1624—1644年)刊印《説文解字韻譜》五卷,題署"宋徐鍇"。此本於靈元天皇寬文三年(1663年)有重印本。

説文解字篆韻譜五卷

(宋)徐鉉編撰

元刊本　共五册

静嘉堂文庫藏本　原文徵明　陸心源皕宋樓等舊藏

【按】每半葉有界七行,行篆體九字。小字雙行,行約十八字。

前有宋雍熙四年(987年)正月徐鉉《序》二篇。

卷中有"文徵明印"白文方印、"衡山"朱文方印等。

説文解字五音韻譜十二卷

(宋)李燾撰　　(明)陳大科校

明萬曆二十六年(1598年)崇川陳大科白狼書社刊本

東京大學東洋文化研究所　京都大學人文科學研究所東洋學文獻中心　龍谷大學大宮圖書館　陽明文庫藏本

【按】每半葉有界七行,行十四字。

前有明萬曆二十六年(1598年)《序》,其文曰:

"余嘗折肱是書,窮年彌不能竟其學。頃乃得粤西生共斯業,朱生完擅工大小篆,爲日討其點畫。文無害、劉生克平博極羣書,爲雜治其異同,發明其紉意,得二篇。久之,舊本半朱墨其上矣,因重刻於白狼書社,以存岐陽鄒嶧之遺焉。"

東京大學藏本,共十三册。

京都大學人文科學研究所藏本,共十三册。

龍谷大學大宮圖書館藏本,共十二册。

陽明文庫藏本,原係江户時代近衞家熙等舊藏,共十二册。

【附録】據《商舶載來書目》記載,日本後櫻町天皇明和四年(1767 年),中國商船"世字號"載《説文解字五音韻譜》一部抵日本。

日本靈元天皇寬文九年(1669 年)刊《重刊許氏説文解字五音韻譜》十二卷。

靈元天皇寬文十年(1670 年)又刊《説文解字五音韻譜》十二卷。此本係據宋雍熙三年(986 年)葛湍本重刊,有日人夏川元朴《跋》。寬文十三年(1673 年)又重印。

(許氏)説文解字五音韻譜十二卷

(宋)李燾撰

明經廠刊本　共六册

内閣文庫藏本　原高野山釋迦文院舊藏

【按】卷首有明嘉靖十一年(1532 年)《序》。

(許氏)説文解字五音韻譜十二卷

(宋)李燾撰

明刊本　共二十四册

東洋文庫藏本　原岩崎久彌等舊藏

(重刊許氏)説文解字五音韻譜十二卷

(宋)李燾撰　(明)車玉校

明弘治年間(1488 — 1505 年)官刊本　共四册

大東急紀念文庫藏本

【按】卷末有明弘治十四年(1501 年)《跋》。

(重刊許氏)説文解字五音韻譜十二卷

(宋)李燾撰

明萬曆年間(1573 — 1620 年)刊本　共六册

宮内廳書陵部藏本

【按】每半葉有界七行,行十四字左右。白口,四周雙邊。

卷末有明嘉靖七年(1528 年)劉節《書後》。

每册首有"費民儀印"(首册無)、"祕閣圖書之章"印記。每册尾有"柱峰"印記。另有"民儀"、"吁軒"、"志軒"、"三友軒"、"伐面"、"丁安"等印記。

(重刊許氏)説文解字五音韻譜十二卷

(宋)李燾撰

明天啓七年(1627 年)世裕堂刊本

内閣文庫　尊經閣文庫　京都大學人文科學研究所東洋文獻學中心藏本

【按】每半葉有界七行,行十四字。白口,左右雙邊。

内閣文庫藏本,原係昌平坂學問所舊藏,共六册

尊經閣文庫藏本,原係江户時代加賀藩主前田綱紀等舊藏,共六册

京都大學人文研藏本,共十二册。

(重刊許氏)説文解字五音韻譜十二卷

(宋)李燾撰

明萬曆年間(1573 — 1620 年)刊本　共十二册

蓬左文庫藏本　原江户幕府德川大將軍尾張藩主家等舊藏

【按】每半葉有界七行,行十四字。白口,四周單邊。

此本係後水尾天皇元和年間(1615 — 1623 年)從中國購入,卷中有"御本"印記。

(重刊許氏)説文解字五音韻譜十二卷

(宋)李燾撰

明刊本

龍谷大學附屬圖書館　米澤市圖書館藏本

【按】每半葉有界七行,行十三字。注文雙行,行十八字。黑口,四周雙邊。

封葉皆係用高麗紙裝潢。

龍谷大學藏本,共十二册。

米澤市圖書館藏本,原係江户時代米澤藩主家臣舊藏。此本卷十二闕第二葉。每册有"溫陽鄭礦"、"興讓館藏書"印記,底葉有"元禄十二年六月矢尾板三改之"手識,共十三册。

(重刊許氏)説文解字五音韻譜十二卷

(宋)李燾撰

明經廠刊本　共六册

内閣文庫藏本　原紅葉山文庫等舊藏

(重刊許氏)説文解字五音韻譜十二卷

(宋)李燾撰

明刊本　共十二册

内閣文庫藏本　原林氏大學頭家等舊藏

(重刊許氏)説文解字五音韻譜十二卷

(宋)李燾撰

明刊本　共十二册

尊經閣文庫藏本　原江户時代加賀藩主前田綱紀等舊藏

玉篇(殘本)一卷

(梁)顧野王撰

初唐人寫本　日本國寶　卷子本一卷

早稻田大學附屬圖書館藏本　原小川簡齋田中光顯等舊藏

【按】此卷全長1308cm,縱27.3cm。是書《隋書·經籍志》著録三十一卷,《唐書·藝文志》著録三十卷。九世紀藤原佐世《本朝見在書目録》"小學家"著録《玉篇》亦三十一卷,題署"陳左將軍顧野王撰"。今此卷係初唐時代寫本,卷第九殘本。實存自"言部"九十二之"譮"字始,至"幸部"一百十七之"執"字,然首尾皆缺佚。

文字書寫有界。本字係大字,約占四小字位置。釋文小字雙行,行二十五字至三十字。紙數凡三十葉,紙質屬黃麻紙類。書體行楷,書

法精妙。

此卷爲黎庶昌刻入《古逸叢書》。楊守敬在《日本訪書志》中有長篇跋文。文曰:

"《玉篇》卷子本四卷,其第十八之後分從柏木所藏。原本用西洋影照法刻之,毫髮不爽,餘俱以傳寫本入木刻成。後日本印刷局長得能良介從西京高山寺借得糸部前半卷,以影照法刻之,乃又據以重鐫,而糸部始爲完璧。四卷中唯柏木本最爲奇古,餘三卷大抵不相先後,然皆千年以上物也。是書所載義訓,皆博引經傳。其自下己意者,則加'野王按'三字。按顧氏《玉篇》經蕭愷等删改行世。至唐上元間,有孫强增加之本,又有《玉篇鈔》十三卷_{見日本國見在書目。}是則增損顧氏之書在唐代已有數家。然就此四卷核之,則爲顧氏原本無疑。今孫强等增損之本已無傳,僅存宋陳彭年大廣益本。余舊疑廣益本雖亦三十卷,僅分爲上中下三册。若顧氏原本更簡,何能分爲三十卷?豈知其所云'廣益'者,特於正文大有增益,而注文則全删所引經典,並有删其大字正文者。據廣益本於祥符牒後載舊一十五萬八千六百四十一言,新五萬一千一百二十九言,新舊總二十萬九千七百七十言。又雙注云,注四十萬七千五百有三十字。余以廣益本合大字注文并計之,實只二十萬有奇,絶無注文四十萬之事。今見此本,始悟其所云注四十萬者,爲顧氏原本之數,故盈三十卷。舊一十五萬者,孫强等删除注文,增加大字,並自撰注文之數也。新五萬有奇者,陳彭年等增加大字,並自撰注文之數也。或者不察,乃以顧氏原本注文爲簡,孫强、陳彭年注文爲繁,慎之甚矣。按野王所收之字,大抵本於《説文》,其有出於《説文》之外者,多引《三蒼》等書。於字異義同,且兩部或數部並收,知其網羅《蒼》《雅》,在當時已爲賅備。廣益本遞有增益而不爲之分別,使後人無從考驗得失,殊失詳慎。又原本次第多與《説文》同,《説文》

所無之字續之於後,廣益本則多所凌亂,間有以增入之字夾厠其中,近人乃欲以《玉篇》之次第校《説文》之次第,不亦謬乎! 今顧氏原本雖不得見其全,而日本釋空海所撰《萬象名義》^{三十卷,當唐開成會昌間},其分部隸字,以此殘本校之,一一吻合。則知其全書皆據顧氏原本,絶無增損凌亂。又日本僧昌住《新撰字鏡》^{十二卷,日本昌泰間所撰,當唐昭宗光化中},其分部次第雖不同,而所載義訓較備,合之釋慧琳《一切經音義》^{百卷,唐元和十二年撰,此爲中土佚書}、源《順和名類聚鈔》^{二十卷,日本天延間所撰,當宋開寶間}、具平《弘決外典抄》^{四卷,日本正歷二年具平親王所撰,當宋淳化二年}、釋信瑞《净土三部經音義》^{日本嘉禎二年撰,當宋端平二年}、皆引有野王按語,若彙集之以爲疏證,使顧氏原書與孫陳廣益本劃然不相亂,亦千載快事也。今第就顧氏所引經典,校其異同,爲之札記焉^{別詳}。光緒十年正月。”

此卷紙背爲日本平安時代(794—1185)(後一條天皇治安元年(1021年)八月書寫之《金剛界私記》殘卷。由此推考,此卷早期存於真言宗寺廟,後歸田中光顯伯爵,田中氏贈予早稻田大學。

此卷由黎昌庶刻入《古逸叢書》中。1916年羅振玉影印並書跋文,其云在小川簡齋家見此原本。

此卷於1951年(昭和二十六年)6月被日本“文化財審議委員會”確認爲“日本國寶”。

【附録】九世紀末藤原佐世編撰《本朝見在書目録》,其第十“小學家”類著録當時日本中央各機構蒐儲有關《玉篇》典籍如次:

《玉篇》卅二卷,陳左將軍顧野王撰;

《玉篇抄》十三卷。

日本現存《玉篇》古鈔本兩種。

1.醍醐天皇延喜年間(901—923年)鈔本,殘存卷二十二凡一卷。

2.後土御門天皇延德三年(1497年)鈔本,殘存卷一至卷九,凡九卷。

玉篇(殘本)一卷

(梁)顧野王撰

初唐人寫本　日本國寶　卷子本一卷

京都市高山寺藏本

【按】全卷長923.4cm,縱27.2cm。

此卷係《玉篇》初唐寫本卷第二十七的前半部分殘卷,由“糸部”之“糸”字至“纕”字,共二百七十五字。卷首題“玉篇卷第廿七”,下隔小字六格,有雙行小字曰“凡七部,四百廿二字”。次行起《目録》如次:

糸部第四百廿五^{己狄反}　系部第四百廿六^{奚計反}

素部第四百廿七^{蘓故反}　絲部第四百廿八^{蘓姿反}

繭部第四百廿九^{丁雉反}　率部第四百卅^{山律反}

現索部第四百卅一^{蘓各反}

《目録》後即“糸部第四百廿五”正文。該部收入字凡三百九十二字,斷簡處末字爲“纕”字。

文字有界書寫,書體行楷。本字大字,占四小字位置。本字下引經傳以爲義訓。義訓小字雙行,行十八字至二十字。義訓中用“野王案”三字表示著者之私見,以與經傳相區別。

紙背有平安時代(794—1185年)書寫的“護摩科文”六種,並有明惠上人的書畫。

此卷從紙質、字體等推考,約與早稻田大學藏本《玉篇》卷第九殘卷,爲同一本而被分割。

此卷於1952年(昭和二十七年)3月被日本“文化財審議委員會”確認爲“日本國寶”。

玉篇(殘本)一卷

(梁)顧野王撰

初唐寫本　日本國寶　卷子本一卷

滋賀縣大津市石山寺藏本

【按】全卷長436.3cm,縱27.2cm。

此卷係《玉篇》初唐寫本卷第二十七的後半部分殘卷。起自“糸部”之“経”字,止於卷二十七末"索部"之"繶"字,包括"糸部"第四百廿五後半部分凡一百十六字;"系部"第四百廿六凡五字;"素部"第四百廿七凡八字;"絲部"第四百廿八凡七字;"繭部"第四百廿九凡七字;"䜌部"第四百卅凡一字;"索部"第四百卅一凡三字。總計共一百四十七字。

此卷與京都市高山寺藏《玉篇》卷第二十七殘本,原本爲一卷。若兩卷合一,則爲卷第二十七之全本。

森立之《經籍訪古志》卷二著録《玉篇》零本一卷。題署"舊鈔卷子本,石山寺藏"。其釋文曰:

"現存第二十七卷糸部第四百二十五至索部第四百三十一,凡七部四百二十二字爲一卷。每行長七寸強,字數不定。卷末有梵字及訓釋數行。又石山寺經藏墨印。

又高山寺、東大寺、崇蘭館及佐佐木宗四郎家並藏殘本,今鈔録爲三册。一爲言部第九十一(此字誤,應爲二——編著者)至幸部第一百十七,中間有缺,此一册即第九卷。一爲卷第十八之後分放部第二百七十一至方部二百八十四,凡十四部,此爲一册。一爲水部泠字至洗字,中有紙質損壞處,此爲一册即第十九卷。按清康熙中,張士俊翻刻宋板《玉篇》,天保甲午昌平學重雕以行於世,固已爲希世之珍。然已非唐孫强增字之舊。卷首題云《大廣益會玉篇》一部并序,凡三十卷,而合爲上中下三卷(應爲三册——編著者)。朱彝尊所謂釋慧力撰《象文》,道士趙利正撰《解義》,至宋、陳彭年、吳鋭、丘雍輩又重修之。於是廣益者衆,而《玉篇》又非顧氏之舊者是也。若此本之傳,則遠在孫强增字已前,真爲顧氏原帙也。每注中有野王按語,與慧琳《經音》及《弘决外典鈔》等所引合。其爲可貴珍,亦非宋本所可得而比肩也。"

據森立之所言,則森氏所見石山寺藏此卷子本時,仍爲卷第二十七之全本。此乃十九世紀中葉之事。其後,卷第二十七被割裂爲二。由此推知,此卷先藏石山寺,分割後,前半卷移藏京都高山寺。

此卷紙背係《如意輪院羅尼》寫本。此經文末有醍醐天皇延長六年(928 年)手題"識語"曰:

"始自延長六年二月一日,迄至同年九月晦日,合八箇月,内□録略畢,非始記也。唐本秘訣之上,加□注耳。"

據此則此卷的傳存,必在醍醐天皇延長六年(928 年)之前。

此卷於 1952 年(昭和二十七年)3 月被日本"文化財審議委員會"確認爲"日本國寶"。

玉篇(殘本)一葉

(梁)顧野王撰

唐人寫本　日本重要文化財　斷簡一葉

大東急記念文庫藏本　原佐佐木宗四郎等舊藏

【按】此葉係《玉篇》卷第八"心部"斷簡,橫 36.1cm,縱 26.5cm。本字大字,義訓小字雙行,行十三字或十四字。

此葉存"心部"之"憲"、"愚"、"悼"、"想"、"悍"五字,小字十七行凡二百五字。

文字書寫有界行,簡甚寬、書體楷法,略現魏碑體筆勢,頗見唐楷之妙。

森立之《經籍訪古志》卷二在著録石山寺藏舊鈔卷子本《玉篇》零篇一卷時,曾提及"佐佐木宗四郎藏本"即爲此斷簡。

此葉已被日本"文化財審議委員會"確認爲"日本重要文化財"。

玉篇(殘本)一葉

(梁)顧野王撰

唐人寫本　日本重要文化財　斷簡一葉

京都市大福光寺藏本　原東大寺等舊藏

【按】此葉係《玉篇》卷第二十四"魚部"斷簡,橫 31.4cm,縱 25.5cm。本字大字,義訓小字雙行,行二十二字至二十四字。

此葉存"魚部"之"鱠"、"鰡"、"魿"、"鱗"、

"鱴"、"鱥"、"鮯"、"鮴"、"鮵"、"鮰"、"鮚"、"鮶"、"鱏"、"鱝"、"鯽"、"鰶"、"鯀"、"鯁"、"鱪"凡十九字。小字共二十六行。首尾皆缺。

文字書寫有界,字體與早稻田大學藏《玉篇》卷第九近似。

紙背有草書佛典《章疏》十八行。卷尾有權僧正亮淳的"跋語",曰"右淡海公真翰,自東大寺蓮乘院寅清相傳之"。此處的"淡海公",即日本稱得天皇及光仁天皇寶龜年間(770—780年)出任大學頭(校長)的文章博士淡海三船。由此推考,此葉傳存日本不會晚於八世紀中葉,且早期藏於奈良東大寺。

此葉已被日本"文化財審議委員會"確認爲"日本重要文化財"。

大廣益會玉篇三十卷

(梁)顧野王撰　(唐)孫强增字　(宋)陳彭年等奉敕重修

宋寧宗年間(1195—1224年)刊本　共三册

宮內廳書陵部藏本

【按】每半葉有界十行,注文小字雙行,行二十七字或二十八字不等。白口,單魚尾。左右雙邊(21cm×14.8cm)。版心著錄"篇上(或中、下)(葉數)"。上象鼻處記大小字數,下象鼻處記刻工姓名,如實甫、曹榮、金滋、趙中、陳祝仁、高異、張榮、秦暉、沈思忠、奇倚、徐佐、李億、李倍、宋琚、吳志、方堅、何昇、吳椿、吳益、朱玩、方至、方嘗、劉昭、魏奇、王恭、王寶、何澄、沈思恭、陳晃、陸暹等。

卷首題"大廣益會玉篇一部并序凡三十卷"。次《玉篇序》、《進玉篇啓》。次題"玉篇上十卷^{凡一百三十七部}",次上中下各十卷總目。其後直接連續本文卷一。

本文卷一首題"玉篇卷第一^{凡八部}"。以下每卷皆低一格列目次,然後接續本文。上中下各卷末附"新加偏傍正俗不同例"、"類隔更音和切"。卷三十後又附載"分毫字樣凡二百四十八字"及"四聲五音九弄反紐圖并序,沙門神洪

撰"。卷中避宋諱,凡"玄、眩、泫、炫、弦、舷、疢、罥、蓹、眅、軡、眩、眩、怰、詨、茲、蒸、妙、鉉、袨、朗、敬、驚、儆、蟄、弘、吅、宖、宏、弘、泓、殷、慇、磤、溵、匡、筐、蛭、誆、劻、恇、框、鏡、晃、蜆、恒、絚、暅、腷、禎、貞、徵"等字皆缺筆。

各册封面內側皆附貼卷內所收部首目錄之手鈔葉,下册首缺此葉。卷末有明治十三年(1880年)天真道人森立之手識文。文曰:

"此本間有元時補刻,字畫自鮮明,可一目而知矣。今與《廣韵》正成一對雙璧,最可貴重也。庚辰冬日　天真道人。"("正成"二字,原文寫在"雙璧"之後——編著者)

各册末有"日魁"朱筆署名,并有花押。卷中有"森氏"、"森氏開萬册府之記"、"高木壽穎藏書之記"等印記。

【附錄】十二世紀藤原通憲有《通憲入道藏書目錄》,其"第百七十櫃"著錄《廣益玉篇》三帖。

大廣益會玉篇(殘本)六卷

(梁)顧野王撰　(唐)孫强增字　(宋)陳彭年等奉敕重修

宋寧宗年間(1195—1224年)刊本　日本重要文化財　共一册

名古屋大須觀音寶生院藏本

【按】此本與宮內廳書陵部藏本係同一刊本。版式行款皆同。今存四十四葉,每葉版心有刻工姓名,如吳椿、曹榮、吳益、陸暹、徐佐、萬堅、魏奇、吳志、方至、宋琚、何昇、劉昭等。

是書全三十卷,此本今存卷第十五(殘)至卷第二十,即存自"秝部第一百九十五"至"冏部第三百十二"。

卷中有"尾張國大須寶生院經藏圖書寺社官點檢之印"。首又有"寺社官府再點檢印"。此係仁孝天皇文政四年(1821年)尾張藩查檢之章。

森立之《經籍訪古志》卷二著錄尾張真福寺藏宋刊本《玉篇》零本,即係此本。

此本已被日本"文化財審議委員會"確認爲"日本重要文化財"。

大廣益會玉篇（殘本）四葉

（梁）顧野王撰　（唐）孫强增字　（宋）陳彭年等奉敕重修

宋寧宗年間（1195 — 1224 年）刊本　共四葉

金澤文庫藏本

【按】此零簡四葉與宮内廳書陵部藏本係同一刊本，版式行款皆同。

此零簡四葉，係卷第二十八之末至卷第二十九之首，即篇下第六十四葉至第六十六葉凡三葉。另外一葉係卷末附録《分毫字樣》，即第八十葉的内半葉與第八十一葉的外半葉。

宮内廳書陵部藏本第六十五葉爲元代修補葉，此殘葉恰爲原刻，兩相比較，"厄"字注中原刻爲"科厄木節反"，而元修葉誤爲"拜厄切節也。"

卷中眉上與文中行間，有引《類篇》等的朱墨筆批文識語。間有用朱筆標識的四聲點。

此零簡爲殘珪斷璧，然也極爲珍貴。

大廣益會玉篇（殘本）十七卷

（宋）陳彭年等奉勅重修

宋末元初建安刊本　共三册

内閣文庫藏本　原昌平坂學問所等舊藏

【按】每半葉有界十一行，注文小字雙行，行約二十七字左右。細黑口，單黑魚尾。四周雙邊（18.5cm×12.1cm）。版心著録"玉（幾）（葉數）"。

是書全三十卷。此本今存卷六至卷十五，卷二十四至卷三十，凡十七卷。

每卷首題"大廣益會玉篇卷第幾 凡幾 部"，次低一格半列目次，正文接續目録。卷十、卷二十四末附有"新加偏旁正俗不同例"。卷三十末後有《分毫字樣》及《四聲五音九弄反紐圖并序》。卷七首、卷九首、卷十一末、卷二十四首末皆缺葉。卷二十一至卷二十三數葉，錯綴於卷十五之後。

卷中有"昌平坂學問所"、"文政□□"等印

記。

大廣益會玉篇三十卷

（梁）顧野王撰　（唐）孫强增字　（宋）陳彭年等重修

元延祐二年（1315 年）圓沙書院刊本　共二册

宮内廳書陵部藏本

【按】每半葉十二行，注文小字雙行，行二十八字。黑口，雙黑魚尾。四周雙邊。

首題"大廣益會玉篇一部并序凡三十卷"。次有宋大中祥符六年牒文、《大廣益會玉篇序》、《進玉篇啓》、《玉篇廣韻指南》、《大廣益會玉篇總目》等。在《玉篇廣韻指南》之後，有雙邊刊印木記：

龍集乙卯菊節
圓沙書院新梓

卷首有"樂只齋圖書記"印記，每册首有"明暗雙雙"印記。

【附録】日本室町時期（1393—1593）有五山刊本《大廣益會玉篇》三十卷，附《玉篇廣韻指南》一卷。此本每半葉十二行，行二十一字。黑口，四周雙邊或左右雙邊。《指南》末有原刊本"刊記"曰"圓沙書院新刊"。

大廣益會玉篇三十卷

（梁）顧野王撰　（唐）孫强增字　（宋）陳彭年等奉勅重修

元泰定二年（1325 年）圓沙書院刊本　共五册

尊經閣文庫藏本　原江户時代加賀藩主前田綱紀等舊藏

【按】每半葉有界十二行，注文小字雙行，行二十八字。細黑口，雙黑魚尾。四周雙邊（21cm×13cm）。版心著録"玉（幾）（葉數）"。

卷首題"大廣益會玉篇一部并序凡三十卷"。次有宋大中祥符六年《牒文》、《大廣益會玉篇序》、《進玉篇啓》、《玉篇廣韻指南》、《大廣益會

玉篇總目》等。在《玉篇廣韻指南》之後,有雙邊刊行木記:

> 泰定乙丑良月
> 圓沙書院新栞

本文卷首題"大廣益會玉篇卷第一凡八部"。卷末尾題之前有《新加編旁正俗不同例》、《類隔更音和切》等。

第一册首葉眉上,有朱筆橫書"妙覺寺常住日奧"七字。

大廣益會玉篇三十卷

(梁)顧野王撰　　(宋)陳彭年等重修
元至正十六年(1356年)翠嚴精舍刊本　共五册
武田科學振興財團杏雨書屋藏本　原内藤湖南等舊藏

【按】每半葉有界十三行,行大字十九字,小字雙行,行二十七字。黑口,雙黑魚尾。左右雙邊(19.1cm×11.9cm)。版心著録"玉"字,下記卷數,葉數。

首有宋大中祥符六年(1013年)《牒文》,次有顧野王《序》,次有《進玉篇啓》,次有《總目》等。《目》後有雙邊刊記,(卷一尾題前木記與此同):

> 至正丙申孟夏
> 翠嚴精舍新刊

後有《新編正誤足注玉篇廣韻指南》。

卷第十九至卷第二十一原刊本已闕,今係明人鈔補。卷中有"炳卿珍藏舊槧古鈔之記"等印記。

森立之《經籍訪古志》卷二著録求古樓藏元刊本《重修玉篇》三十卷,楊守敬《日本訪書志》卷三著録元刊十三行本《大廣益會玉篇》三十卷,皆與此本同。

大廣益會玉篇三十卷

(梁)顧野王撰　(唐)孫强增字　(宋)陳彭

年等奉敕重修
元至正二十六年(1366年)南山書院刊本共五册
東洋文庫藏本　原岩崎久彌等舊藏

【按】每半葉有界十二行,注文小字雙行,行二十八字左右。細黑口,雙黑魚尾。四周雙邊(20.7cm×12.7cm)。版心著録"玉篇卷(幾)(葉數)"。

卷首有宋大中祥符六年牒,次《大廣益會玉篇序》、《進玉篇啓》、《大廣益會玉篇總目》、《玉篇廣韻指南》等。《指南》後有雙邊刊行木記:

> 至正丙午良月
> 南山書院新栞

刊記中"南山書"三字皆補寫。卷中有"石鼓軒書畫記"、"雲邨文庫"等印記。

【附録】後陽成天皇慶長年間覆刊元南山書院本。每半葉十二行,小字雙行,黑口,四周雙邊。有原刊牌記"至正丙午良月南山書院新栞"。卷末有慶長九年(1604年)甲辰夏五月鐵山叟刻書跋行書十一行。

後水尾天皇寬永八年(1631年)有林甚右衛門刊本。此本"刊記"題署"寬永八年辛未季秋吉旦新刊"。此本寬永十八年(1641年)有重印本。

後水尾天皇寬永二十一年(1644年)刊本。此本有訓點。

後光明天皇慶安二年(1649年)京都婦屋傳左衛門刊本。

後光明天皇慶安四年(1651年)刊本。此本有訓點,後西天皇萬治二年(1659年)吉野屋權兵衛重印此本。

靈元天皇寬文三年(1663年)安田十兵衛刊本。

仁孝天皇天保五年(1834年)昌平學官版刊印本。

大廣益會玉篇三十卷

(宋)陳彭年等奉敕重修

元至正二十六年（1366 年）南山書院刊本
共二册

靜嘉堂文庫藏本　原島田翰　竹添井井等
舊藏

【按】此本與東洋文庫藏本係同一刊本，版式
行款皆同。

卷中有朱筆點引，並有墨書"島田翰珍藏"。
有"松方文庫"等藏書印記。

大廣益會玉篇三十卷

（梁）顧野王撰　（宋）陳彭年等奉敕重修
元覆宋刊本　共五册
天理圖書館藏本

【按】每半葉十一行，五段配字，注文小字雙
行。行三十字。細黑口，雙黑魚尾。左右雙邊
（15.5cm × 9.5cm）。版心著錄"玉（幾）（葉
數）"。左欄上端有耳格，記卷數。

卷首題"大廣益會玉篇一部并序"。次有宋
大中祥符六年《牒文》、《大廣益會玉篇序》、《進
玉篇啓》、《大廣益會玉篇總目》等。本文卷首
題"大廣益會玉篇卷第一（凡八部）"。卷末附
《新加偏旁正俗不同例》及《對隔更音和切》。

卷中《目錄》第二葉與第三葉錯葉，并闕第六
葉。此外，卷一第十一葉，卷七第四葉及第五
葉半、第六葉半，卷十第七葉、卷二十五第二葉
及第三葉皆闕。

此本字小刻精，字樣類南宋後期建安書坊之
體，又稍有變化。

大廣益會玉篇（殘本）二十一卷

（梁）顧野王撰　（唐）孫强校　（宋）陳彭年
等奉敕重修
元刊本　共三册
内閣文庫藏本　原昌平坂學問所等舊藏

【按】每半葉有界十二行，注文小字雙行，行
三十字左右。細黑口，雙黑魚尾。左右雙邊
（15.6cm×11.1cm），間有四周雙邊。版心著錄
"玉（幾）（葉數）"。裏葉左上欄外有耳格，記卷
數。

是書全三十卷。此本今存卷一至卷九，卷十
三至卷十八，卷二十五至卷三十，凡二十一卷。
本文卷首題"大廣益會玉篇卷第一（凡八部）"。
卷二、卷三、卷五、卷六、卷八、卷九、卷十四、卷
十五、卷十八、卷二十六、卷二十七、卷二十九、
卷三十皆首題"玉篇卷第（幾）（凡八部）"。各卷相
互連續，每卷并不單獨起葉。

卷中有"昌平坂學問所"、"文化戊寅"、"淺草
文庫"等印記。

大廣益會玉篇三十卷

（梁）顧野王撰　（宋）陳彭年等重修
明永樂年間（1403—1424 年）朱氏與畊書堂
刊本　共四册
靜嘉堂文庫藏本　原吴兔牀　陸心源皕宋
樓等舊藏

【按】每半葉有界十二行，行小字二十八字。
黑口，四周雙邊。

前有宋大中祥符六年（1013 年）《牒文》，顧
野王《自序》，並有《進玉篇啓》、《玉篇廣韻指
南》等。

《指南》後有"朱氏"爵形墨記，并"與畊書堂"
鬲形印墨記。

大廣益會玉篇（殘本）十三卷

（梁）顧野王撰　（宋）陳彭年等重修
明永樂十四年（1414 年）廣勤書堂刊本　共
二册
武田科學振興財團杏雨書屋藏本　原内藤
湖南等舊藏

【按】每半葉有界十二行。黑口，四周雙邊。
版心題"玉篇"，并記卷數、葉數。

此本全三十卷，今存卷第三至卷第八，卷第
十七至卷第二十三，凡十三卷。其中，卷第四
之第十二葉，卷第五之第二、第四葉係後人寫
補。

每册有"淺草文庫"印記。又第一册有"岡本
家藏書印"、"家在木國和歌吹上之浦"印記，第

二册有"濱和助"印記。

卷第一首有附箋，係内藤湖南手題"識語"，其文曰：

"此書舊藏者題爲宋本，余按其板式不似宋槧，因改爲元版，然實無確據也。岡井博士慎吾云，其分卷與前田侯尊經閣文庫所藏五山舊影永樂甲午廣勤書堂本同。此本殆即永樂刊也。壬申二月　虎書。"

大廣益會玉篇三十卷

（梁）顧野王撰　（唐）孫强增字　（宋）陳彭年等奉敕重修

明宣德二年（1427 年）清江書堂刊本　共四册

國會圖書館藏本

大廣益會玉篇三十卷

（梁）顧野王撰　（唐）孫强增字　（宋）陳彭年等重修

明經廠刊本　共五册

京都大學人文科學研究所東洋學文獻中心藏本

【按】每半葉有界九行，行大字約十七字，小字雙行，行約三十四字。黑口，四周雙邊。版心題"玉篇"，並記卷數、葉數。

前有宋大中祥符六年（1013 年）《牒文》，並顧野王《自序》，《進玉篇啓》及《玉篇廣韻指南》等。

大廣益會玉篇三十卷

（梁）顧野王撰　（唐）孫强增字　（宋）陳彭年等重修

明覆元南山書院刊本　共五册

宮内廳書陵部藏本

【按】每半葉有界十二行，行二十一字。《目録》後保留有"至正丙午良月，南山書院新栞"木記。

每册首有"祕閣圖書之章"等印記。

大廣益會玉篇三十卷

（梁）顧野王撰　（唐）孫强校　（宋）陳彭年等重修

明弘治十四年（1501 年）刊本　共二册

内閣文庫藏本　原林氏大學頭家等舊藏

（新刊）大廣益會玉篇三十卷　附玉篇廣韻指南一卷

（梁）顧野王原本　（唐）孫强增字　（宋）陳彭年等重修　（明）朱祐檳編

明萬曆元年（1573 年）益王府刊本　共五册

京都大學文學部藏本

【附録】靈元天皇寬文四年（1664 年）京都村上平樂寺刊印《新刊大廣益會玉篇》三十卷。此本覆明代（1393—1573 年）萬曆刊本，題署"明朱祐檳撰"。

靈元天皇天和三年（1683 年）澤村昌益小野善左衛門刊《增補大廣益會玉篇》十卷。

（真草）千字文一帖

（梁）周興嗣撰

唐寫本　日本國寶　折本一卷

京都市小川廣巳藏本

【按】此本係折本裝，一面四行，用真書與草書二體書寫，一行行楷，一行草書，相互對照，故名《真草千字文》。

全帖五十面，每面縱 24.8cm，橫 14.2cm。卷首一行缺佚。紙質係上等麻紙。真書遒勁端雅，草書富於變化而温秀，爲唐代書法有代表性的作品，亦係《千字文》最古的遺品。

此卷已被日本"文化財審議委員會"確認爲"日本國寶"。

【附録】九世紀末藤原佐世編撰《本朝見在書目録》，其第十"小學家"類著録當時日本中央各機構蒐儲有關《千字文》典籍如次：

《千字文》一卷　周興嗣次韻撰；

《千字文》一卷　李暹注；

《千字文》一卷　梁國子祭酒蕭子雲注；

《千字文》一卷　　束馳國撰；

《千字文》一卷　　宋智達撰；

《千字文》一卷　　丁覘注。

千字文一卷

（梁）周興嗣撰　（唐）懷素書法

元刊本　共一册

東洋文庫藏本

【附錄】《千字文》及其變體，和刊本甚多。主要如次：

《千字文》

十四世紀南北朝時代（1331—1392年）刊本。每半葉大五行十字，小十行二十字。首題《新板大字附音釋文千字文注》，次題“（梁）周興嗣次韻”。

後水尾天皇元和年間（1615—1624年）木活字刊印本。每半葉七行，四句四段。附《蒙求》及胡曾《詠史詩》。

後桃園天皇安永四年（1775年）東都書肆須原屋市兵衛刊本。此本據（唐）歐陽詢書法。

後桃園天皇安永六年（1777年）江戶山金堂山崎金兵衛刊印本。此本由富田幹書法。

光格天皇安永八年（1779年）浪華書林春星堂刊本。此本由日人所施訓點。

光格天皇文化四年（1807年）江戶西宮彌兵衛刊本。此本由日人小野善庵校。

孝明天皇嘉永六年（1853年）江戶小林新兵衛刊本。此本由日人東條耕點。

《新刻補注千字文》

靈元天皇延寶四年（1676年）江戶井筒屋六兵衛刊本。此本有江戶後期重印本，無刊記。

《纂圖附音增廣古注千字文》（五代　李暹注）

十六世紀室町時代九行二十字刊本。此本前有“注千字文序”。“李暹”誤爲“李羅”。

十六世紀室町時代（1393—1573年）九行二十四字刊本。

後陽成天皇慶長三年（1598年）鈔本。此本題《纂圖附音集注千字文》。

後水尾天皇元和三年（1617年）活字刊本。此本版心題《注千字文》，卷末有“元和三丁巳曆二月辰日”。

明正天皇寬永年間（1624—1644年）活字刊印本。此本外題《纂圖附音集注千字文》。

《四體千字文》

後陽成天皇慶長九年（1604年）涸轍堂刊本。此本係陰文刻本。此本後有加點重印本。

後陽成天皇慶長十一年（1606年）有春枝刊本，金宣刊本、讚刊本三種問世、皆陰文刻本。其中春枝刊本後有大阪淺野彌兵衛重印本。

後陽成天皇慶長十三年（1608年）有新七刊本。此本係陰文刻本。

後光明天皇正保三年（1645年）林甚右衛門刊本。此本篆隸陰刻，楷草陽刻。此本於仁孝天皇天保年間（1830—1844年）曾重印。

靈元天皇延寶三年（1675年）有松會刊本。此本係陽刻四行本。

後陽成天皇慶長九年（1604年）京都涸轍堂刊印本。

後陽成天皇慶長十一年（1606年）春枝刊印本。

明光天皇正保二年（1645年）刊印本。

櫻町天皇寬保元年（1741年）京都伏見屋藤右衛門刊本。

櫻町天皇寬保元年（1741年）京都植村道有刊印本。

仁孝天皇天保二年（1831年）大阪敦賀屋九兵衛刊本。

《五體千字文》

靈元天皇貞享五年（1688年）山本五兵衛刊本。

《十體千字文》

後水尾天皇寬永二十年（1643年）田中清左衛門刊本。此本後有澤田莊左衛門重印本。

桃園天皇寶曆六年（1756年）平安書林天王寺屋市郎兵衛刊本。

《廿體千字文》

靈元天皇延寶七年（1679年）井筒屋六兵衛

刊本。

另有松會刊本。

《隸書千字文》

後靈元天皇寬文十三年（1673 年）京都谷岡七左衛門刊本。

千字文一卷

（梁）周興嗣次韻

明正德年間（1506—1521 年）刊本　共一册

尊經閣文庫藏本　原江户時代加賀藩主前田綱紀等舊藏

（續）千字文一卷

（宋）侍其瑗（瑋）撰

明崇禎年間（1628—1644 年）刊本　共一册

靜嘉堂文庫藏本

【按】此本題“宋左朝散大夫知池州軍州事賜紫金魚袋侍其良器撰”。

卷後有宋乾道元年（1165 年）十一月謝褒《跋》，并有明崇禎九年（1636 年）初夏某氏《跋》。

卷首有“蓉鏡珍藏”、“蓉鏡私印”、“張伯元别字芙川”等印記。

（三體）千字文一卷

（？）石峰書法

明萬曆年間（1573—1620 年）刊本　共一册

東北大學附屬圖書館狩野文庫藏本　原狩野亨吉等舊藏

（同）千字文二卷

（明）汪以成同文並注

明萬曆年間（1573—1620 年）刊本

蓬左文庫　早稻田大學圖書館藏本

【按】前有明萬曆十年（1582 年）錢塘田藝蘅《序》。

蓬左文庫藏本，原係江户時代德川幕府大將軍家舊藏，後贈送尾張藩主家。此本即所謂“駿河御讓本”，卷中有“御本”印記，共二册。

早稻田大學圖書館藏本，原係會津八一家會津文庫等舊藏，共四册。

（同）千字文四卷

（明）汪以成編撰

明萬曆年間（1573—1620 年）刊本　共四册

東北大學附屬圖書館狩野文庫藏本　原狩野亨吉等舊藏

【附録】靈元天皇延寶四年刻刊《同千字文》二卷，凡四册，題“明汪以成編”。此本第二册與第四册題簽曰“千字文大全”。

汗簡七卷

（宋）郭忠恕撰

明末馮己蒼手寫本　共二册

靜嘉堂文庫藏本　原錢遵王等舊藏

【按】每半葉七行，行字不等。

李建中題曰：

“《汗簡》元闕撰人名氏，因請見東海徐騎省鉉，曰是郭忠恕製。復‘舊’‘白’字部末、‘襲’字注脚、‘趙’字下，俱有臣忠恕字，驗之明矣。”

此本分上中下各二卷。前有闕名《自序》，卷七爲《略叙》《目録》，猶存漢人舊式。後有宋天禧二年（1018 年）李直方《跋》，并有鄭思肖隸書《跋》（題署“庚寅二月”）。

卷中馮己蒼手題“識語”，其文曰：

“右《汗簡》上中下各二卷，末卷爲《略叙》《目録》，共七卷。李公建中序，爲郭宗正忠恕所撰，引用者七十一家，亦云博矣。崇禎十四年，借之山西張孟恭氏。久之案頭，未及抄録。今年乙酉（1645 年）避兵入鄉，居于莫城西之洋蕩村。大海横流，人情鼎沸，此鄉猶幸無恙。屋小炎蒸，無書可讀，架上偶携此本，便發興書之，二十日而畢。”

馮氏“識語”又曰：

“此書向無刻本，張本亦非曉字學者所書。遺失譌謬，未可意革。李公《序》云‘趙’下‘舊’字下，俱有臣忠恕字，今‘趙’字下尚存,'舊'下則亡之矣,確然知其非全本也。
既無善本可資是正,而所引七十一家,予所
有者僅僅。始一終亥,本《説文》、古《老子》
及《碧落碑》而已,又何從訂其譌謬哉,亦姑
存其形似耳。太歲乙酉閏六月之十日,屠守
老人識。”

陸心源《儀顧堂續跋》卷四著録此本。
其“跋文”曰:

“(前略)有己蒼手跋,言崇禎十四年借
山西張孟恭藏本,歲乙酉避兵城西之洋蕩
村,以二十日録畢。與康熙中汪立名刊本字
迹少有參差。汪本出自曝書亭,移目録于
首,此本目録在卷七。猶存漢人舊式。有虞
山錢曾遵王藏書朱文長印,即《敏求記》所著
録,後歸愛日精廬者。”

傅增湘《藏園羣書經眼録》卷二謂此本
“斷非馮氏手蹟,其錢遵王藏印亦偽,陸氏殆
爲買人所給耳”云云。此亦爲一説。

復古編二卷

(宋)張有撰
清乾隆年間(1736—1795 年)寫本　沈大成
校識本　共一册
静嘉堂文庫藏本

【按】前有宋大觀四年(1110 年)十一月陳瓘
《序》,宋政和三年(1113 年)九月程俱《序》,宋
紹興十三年(1143 年)七月王佐才《序》,宋嘉
定三年(1210 年)八月樓鑰《序》,並有殘闕之
無名氏《序》。

卷中有清乾隆三十一年(1766 年)沈大成
“校識記”,其文曰:

“右宋張氏謙中《復古編》二卷。其書以
《説文》爲主,校正俗書與古字戾者,凡集三
千餘字,歷廿有九年而成,其用心可謂專且
久矣。夾漈《通志》、鄱陽《通考》及《宋史·藝
文志》俱在著録,余求之積年,近從吾友江君
賓如借觀,鮑君見而願抄,余爲校勘,其中間
有穿□支離處,恐誤後學,俱用丹筆標出,以
是益知著書之難也。蓋自幾望至下弦甫畢,

而記之,以此識良友相成之雅云。乾隆丙戌
首夏日,在天街沃田老人沈大成書於廣陵客
舍,時年六十有七。”

卷中有“沈大成印”、“學子”等印記。

續復古編四卷

(元)曹本撰
舊鈔影元刊本　共二册
静嘉堂文庫藏本　原陸天民等舊藏

【按】前有魏郡曹本《自序》,元至正十二年
(1352 年)三月臨川危素《序》,元至正十五年
(1355 年)八月中山李桓《序》,元至正十一年
(1351 年)正月上元楊翮《序》,元至正十八年
(1358 年)九月京兆宇文公諒《序》,元至正十
年(1350 年)十二月四明蔣景武《序》,元至正
二十二年(1362 年)四月鄱陽克新《序》。後有
張紳《跋》及元至正十五年(1355 年)四月曹本
《後序》等。

卷中有“陸誠中印”、“天民”、“誠中”、“一字
天民”、“平江陸氏家藏”等印記。

漢隸字源五卷　碑目一卷

(宋)婁機撰
明嘉靖三十一年(1552 年)陸師道手寫本
共六册
静嘉堂文庫藏本　原季滄葦　謝滄洲等舊
藏

【按】每半葉五行,行約十字。

前有宋慶元三年(1197 年)十二月洪景盧
《序》,並列《考碑分韻辨字》三例,諸碑字體偏
旁及當用字韻所不能載者,爲附字於後。《附
字》後有“題記”云:

“嘉靖壬子十一月陸師道手録,奉衡山
老先生賜覽。”

“題記”後有“師道”二字朱文連珠印,“子傳”
二字朱文長印。

卷中有“青笠緑蓑齋藏”,朱文方印,“季振宜
字詵兮號滄葦”朱文方印等印記。

陸心源《儀顧堂續跋》卷四著録此本,并曰:

"考青笠綠蓑齋爲雍正中長洲謝滄湄淞洲齋
名。蓋康熙中爲泰興季氏所藏,後歸謝滄洲
者。"

【附録】森立之《經籍訪古志》卷二著録求古
樓藏元本《漢隸字源》零本,并曰"未見"。楊守
敬《日本訪書志》卷三著録元刊本《漢隸字源》
殘本,並曰:"狩谷氏求古樓舊藏,《訪古志》所
稱元槧未見者,即此本也。每半葉六行,行六
字……今存去聲五寘,自義字起,至卌九宥臭
字止,凡八十六葉有半。"此本今不知存於何
處。

又據《商舶載來書目》記載,櫻町天皇元文二
年(1737 年),中國商船"加字號"載《漢隸字
源》一部抵日本。

漢隸字源(殘本)三卷

(宋)婁機撰
明刊本　共四册
内閣文庫藏本　原紅葉山文庫等舊藏
【按】此書全五卷,此本今闕首卷及去聲一
卷,存三卷。

漢隸字源五卷　附碑目一卷

(宋)婁機撰
明虞山毛氏汲古閣據宋刊本覆刊本　共六
册
尊經閣文庫　名古屋大學附屬圖書館　大
阪府立圖書館　京都大學人文科學研究所東
洋學文獻中心藏本
【附録】日本桃園天皇寶曆二年(1752 年)江
户太田莊右衛門、前川六左衛門刊《漢隸字源》
五卷附目一卷。此本據明汲古閣本覆刊,由日
人小宮山謙亭(昌世)校。此本於光格天皇寬
政十年(1798 年)由大阪森川久兵衛等重印。
光格天皇文化元年(1804 年)宣英堂奈良屋
長兵衛刊《漢隸字源》五卷,并附一卷。此本亦
係據明汲古閣本覆刊。此本於仁孝天皇文
政十一年(1828 年)及孝明天皇文久元年(1861
年)兩次重印。

班馬字類五卷　附補遺一卷

(宋)婁機撰　《補遺》李曾伯撰
舊寫本　顧千里手校本　共五册
静嘉堂文庫藏本　原馬玉堂等舊藏
【按】前有宋淳熙壬寅(1182 年)樓鑰《序》,
宋淳熙甲辰(1184 年)上巳洪邁《序》。後有宋
淳熙辛丑(1181 年)婁機《自跋》,宋景定甲子
(1264 年)長至李曾伯《跋》。
卷中有"馬玉堂印"、"笏齋"等印記。
卷末有清嘉慶壬戌(七年即 1802 年)九月顧
廣圻手題"校識"。

漢隸分韻七卷

不著撰著人姓名
宋刊元修本　吳騫手識本　共二册
静嘉堂文庫藏本　原趙宧光　吕葆中　周
松靄　吳騫　陸心源酈宋樓等舊藏
【按】每半葉有界八行,行十四字,小字雙行。
卷二以下每半葉有界六行,行十字,注文小字
雙行,行二十字。細黑口,雙黑魚尾。四周雙
邊(21cm × 13.3cm)。版心著録"隸(或隸匀)
(幾)(葉數)"。
卷首有《漢隸釋序》。本文卷首題"漢隸分韻
卷之一"。次行低三格題"天下碑録"。卷一係
《天下碑録》,卷二乃《凡例》,卷三以下依韻編
次。卷一尾題"集漢隸釋",卷二首題"集漢隸
分韻",卷三大題作"漢隸分韻平聲上卷三",以
下類此。
卷四第十九葉、第二十葉,卷五第二十五葉、
第二十六葉,卷六第二十三葉至第三十一葉,
卷七第二十葉至第二十二葉,皆後人補寫。
卷末附綴一紙,係嘉慶十三年(1808 年)吳
騫手識文。其文曰:
"右《隸韻》七卷,蓋宋刻而元時翻雕者。
頃周松靄大令以見遺,楮墨既精,古香可愛,
閱其圖記,知爲明趙寒山故物。書側題識,
尚其手筆。想見陸卿子翠袖摩抄時,覺鹿門
之高風去人未遠。松靄嘗有跋刻《小學餘

論》。予別作《古風》一章,見《拜經樓續稿》。嘉慶戊辰中夏吳騫誌。"(文後有"兔牀"朱文方印,又有"漫叟"白文方印)

陸心源《儀顧堂題跋》卷一著錄此本。其"跋文"曰:

"《漢隸分韻》七卷,不著撰人名氏。宋槧元修本。愔字缺筆。趙寒山舊藏,後歸拜經樓。亂後乃歸于余。案《宋史·藝文志》小學類有馬居易《漢隸分韻》七卷,卷數與今本合。則是書乃居易所著也。惟分韻與大定六年王文郁《平水韻略》同,不用《禮部韻略》。則居易當是金人非宋人矣。遼金人著述,往往有南宋覆本,如遼釋行均《龍龕手鑑》,金成無己《傷寒論》皆是。不然元人所著,不得收入《宋史》;金人所刊,不得避宋諱也。或曰金人著述《宋史》誤作宋人。此外有可徵乎,曰成無己《傷寒論》前有金皇統元年嚴器之《序》,《宋史》既誤爲器之所著,又誤以爲宋人。此書亦猶是也。"

卷中有"吳郡趙宧光經籍"、"王孫"、"翰墨香"、"吾研齋"、"内樂邨農"、"拜經樓吳氏藏書記"、"子孫世昌"、"枕流漱石"、"敬齋"、"似恭"、"鷦安校勘秘籍"、"玉乳山房主人"、"寅假司馬"、"露鈔雪購"、"南城呂氏"、"歸安陸樹聲藏書之記"、"歸安陸樹聲所見金石書畫記"等印記。

【附錄】據《商舶載來書目》記載,桃園天皇寶曆八年(1758年),中國商船"加字號"載《漢隸分韻》一部抵日本

《書籍元帳》又記載,仁孝天皇弘化四年(1847年)正月,日本從中國輸入《漢隸分韻》四部,每部價三匁。同年八月,又從中國輸入三部,每部價三匁。孝明天皇嘉永三年(1849年)又輸入《漢隸分韻》一部,每部價三匁。

六書故三十三卷　六書通釋一卷

(宋)戴侗撰　(明)張弘德校
明刊七行本　共二十册
内閣文庫藏本　原紅葉山文庫等舊藏

【附錄】據《商舶載來書目》記載,後櫻町天皇明和二年(1765年),中國商船"利字號"載《六書故》一部抵日本。

又據《書籍元帳》記載,仁孝天皇天保十二年(1841年),日本從中國輸入《六書故》二部。仁孝天皇弘化四年(1847年)正月,又輸入一部。孝明天皇嘉永六年(1853年)四月,輸入一部。

仁孝天皇天保十四年(1843年)《漢籍發賣投標記錄》記載,《六書故》五部,標價爲六十三匁九分、三十一匁九分、三十一匁。

六書統二十卷

(元)楊桓撰
元至大元年(1308年)江浙行省刊元人余謙修補本　共十二册
静嘉堂文庫藏本　原陸心源皕宋樓等舊藏
【按】每半葉有界八行,行十四字。篆文行九字至十一字不等。注文小字雙行,行二十三字。細黑口,黑魚尾。左右雙邊(21.7cm×16cm)。上象鼻處記大小字數,下象鼻處有刻工姓名,如章安、彦明、茅元吉、王寧、三木、許成、徐愛山、趙秀、朱大存等。

首有"至大改元歲在著雍涒灘(戊申)良月朔翰林直學士奉直大夫知制誥同修國史三山倪堅"撰寫的"六書統序",次有"將仕佐郎國子博士門生劉泰"撰寫的《六書統序》。次有楊桓《自序》及《六書統目錄》。本文卷首題"六書統卷第一",次行低一格,署"奉直大夫國子司業楊桓攷集"。

卷二十尾題後一行,有"三年八月江浙等處儒學提舉余謙補修"十六字。

陸心源《儀顧堂續跋》卷四著錄此本。其"識文"曰:

"(前略)是書自至大元年江浙行省刊後,至正時余謙補修,五百余年無重刻者。明正德中,其版猶存南國子監。明亡始佚。此猶元版元印,恐此後流傳更少矣。"

卷中有"古香書屋"、"姚弘誼"、"宜卿姚氏之

章"、"宜卿"、"弘誼之印"、"費士超敦敏氏珍藏印"、"日門長"、"日門山人"、"歸安陸樹聲所見金石書畫記"等印記。

六書統二十卷

(元)楊桓撰

元至大元年(1308年)江浙行省刊元人余謙修補本　共二十册

東洋文庫藏本　原岩崎久彌等舊藏

【按】此本與静嘉堂文庫藏本係同一刊本,版式行款皆同。版面漫漶處較多。

卷七首二葉,卷十三首二葉,卷十七首葉皆缺佚。

卷中有"聞濤閣印"等藏書印記。

六書統二十卷　六書統溯源十卷

(元)楊桓撰

明刊本　共十三册

内閣文庫藏本　原紅葉山文庫等舊藏

六書統溯源十三卷

(元)楊桓撰

元至大年間(1308—1311年)江浙行省刊元江浙等處儒學提舉余謙修補本　共十二册

静嘉堂文庫　原張月霄　陸心源皕宋樓等舊藏

【按】每半葉有界八行,注文小字雙行,行二十三字。篆文一字約占小字四字。細黑口,雙黑魚尾。左右雙邊(22.7cm×16.3cm)。版心著録小題與葉數。上象鼻處記大小數字,下象鼻處有刻工姓名,如楊石山、方景明、翁隱之、天台昌景祥、徐文德、徐友益、可敬、何信、滕卿、青之、趙明、趙秀、平山、古賢、林茂等。

本文卷首題"六書統溯源卷第一"。次行低一格署"奉直大夫國子司業楊桓攷集"。卷末有"自跋",然僅存首葉。第二葉版心有"原本欠"三字。

陸心源《儀顧堂續跋》卷四著録此本。其"識文"曰:

"(前略)《六書統》以《説文》爲主而益以古籀。此則凡《説文》所無,或見于重文,或見于《玉篇》、《廣韻》、《集韻》、《類篇》者,各爲篆文,分指事、會意、形聲、轉注四門,子目亦與《六書統》同。其意蓋以續《説文》自居耳。《天一閣書目》有《六書統》、《書學正韻》而無此書,似明嘉靖時已難得矣。"

卷中有"古香書屋"、"姚弘韻"、"宜卿姚氏之章"、"弘誼之印"、"費士超敦敏氏珍藏印"等印記。

説文解字補義十二卷

(元)包希魯撰

元刊本　共十二册

静嘉堂文庫　原張月霄　陸心源皕宋樓等舊藏

【按】每半葉篆體五至六行,注文雙行,行二十四字。

前有元至正乙未(1355年)十一月包希魯《自序》。今存末一葉。

此本體例,悉依徐鍇《韻譜》,間於"補注"、"補音"之後,增加"補義"。

卷中有"愛日精廬藏書"朱文方印、"曾在張月霄處"朱文長印等。

張氏斷此本"猶是元時舊刊",云其"從李松門書坊中,以廉值得之,如獲奇珍瑰寶,思欲據爲帳中祕矣"云云。

陸心源《儀顧堂續跋》卷四著録"元槧説文補義",即此本。其"識文"曰:

"(前略)(此書)《四庫》未收,阮文達始進呈。包希魯仕履已詳《揅經室外集》。其補義頗似王荆公《字説》……其于六書之學,不如今人遠甚。惟當竟尚空談之日而能研究六書,留心古籍,亦可謂豪傑之士矣。"

説文字原一卷

(元)周伯琦撰

元至正十五年(1355年)刊本　共一册

静嘉堂文庫藏本　原陸心源皕宋樓等舊藏

【按】每半葉有界五行,行十字。注文小字雙行,行二十字。正文先爲篆書,以楷書釋文於後,篆書大字,每字約占小字六格。細黑口,單黑魚尾。左右雙邊(25cm×14cm)。版心著録"説文字原(葉數)"。

首有《自序》,題署"至元九年歲在己丑仲春鄱陽周伯琦伯温父叙"。次有周伯琦録《叙贊》,用篆文楷書兩體書寫。次有《説文字原目録》。本文卷首題"説文字原",下隔三格,署"鄱陽周伯琦編注"。尾題之後有"男宗義同門人謝以信校正"一行十一字。

陸心源《儀顧堂續跋》卷四著録"元槧説文字原",即此本。

卷中有"歸安陸樹聲叔桐父印"等印記。

【附録】據《外船齋來書目》記載,光格天皇寬政六年(1794年)由中國南京商船載《説文字原》十部抵日本。

六書正譌五卷

(元)周伯琦撰

元刊元印本　共三册

静嘉堂文庫藏本　原陸心源皕宋樓舊藏

【按】每半葉有界五行,注文小字雙行,行約二十字。篆文大字,約占小字六格。細黑口,單黑魚尾,左右雙邊(23.6cm×14.2cm)。版心著録"六書正譌卷(幾)(葉數)"。

首有《序》文題署"至正十五年龍集乙未三月既望奉直大夫國子監丞京兆宇文公諒叙",次有《自序》,題署"至正十一年歲在辛卯秋九月既望翰林直學士太中大夫知制誥同修國史兼經筵官鄱陽周伯琦伯温叙"。卷末有《後叙》,題署"至正十二年歲在壬辰九月承德郎中書禮部員外郎臨川吳當述"。

陸心源《儀顧堂續跋》卷四著録此本,其"識文"曰:

"(前略)元刊元印本。篆文圓勁,楷書遒麗,蓋以伯温手書上版者。明嘉靖元年有于器之重刊,崇禎甲戌有胡正言重刻本,行款雖同,其字迹相去遠矣。

《四庫》著録之本,無伯琦自序、吳當後序。此則元板元印之完善者。"

卷中有"臣陸樹聲"、"歸安陸樹聲所見金石書畫印"、"歸安陸樹聲叔桐父印"等印記。

【附録】據《商舶載來書目》記載,後櫻町天皇寶曆十三年(1763年)中國商船"利字號"載《六書正譌》一部抵日本。

《外船齋來書目》又記載,光格天皇寬政十二年(1800年)中國商船"申一番"載《六書正譌》五十部、"申二番"載五十部、"申三番"載三十部、"申四番"載十部、"申五番"載十五部,共計一百五十五部抵日本。

又據《書籍元帳》記載,光格天皇文化元年(1804年)又從中國輸入《六書正譌》五部,定價三匁五分。

桃園天皇寶曆四年(1754年)伏見屋藤三郎刊印《六書正譌》五卷。此本後由聖華房山田茂助重印。

六書正譌五卷

(元)周伯琦撰　(明)寶子偁編

元刊明修本　共五册

内閣文庫藏本　原豐後佐伯藩主毛利高標等舊藏

【按】此本版式行款與静嘉堂文庫本同。然卷首大題之下撰者的題署變更爲"合肥寶子偁重編"。

卷内明修補葉甚多,且首無宇文公諒《序》。

此本係仁孝天皇文政年間(1818—1829年)由出雲守毛利高翰獻贈幕府。明治初年經由太政官文庫而歸内閣文庫。

卷中有"讀書擊劍"、"佐伯侯毛利高標字培松藏書畫之印"、"昌平坂學問所"、"淺草文庫"等藏書印記。

【附録】日本桃園至後櫻町天皇寶曆年間(1751—1763年)京都山田茂助等刊印《六書正譌》,周伯琦撰,胡正言校。此本由日人松下辰(鳥石)訓點。

六書正譌五卷

（元）周伯琦撰

元刊明修本　共五册

東北大學附屬圖書館狩野文庫藏本　原狩野亨吉等舊藏

【按】此本版式行款與静嘉堂文庫藏本同。

六書正譌五卷

（元）周伯琦撰

明嘉靖年間（1522—1566 年）刊本

尊經閣文庫　早稻田大學圖書館藏本

【按】尊經閣文庫藏本，原係江户時代加賀藩主前田綱紀等舊藏，共四册。

早稻田大學圖書館藏本，共五册。

六書正譌五卷

（元）周伯琦撰　（明）胡正言訂篆

明刊本（古香閣藏板）

宫内廳書陵部　國會圖書館　東北大學附屬圖書館教養學部分館　早稻田大學圖書館　龍谷大學大宫圖書館藏本

【按】每半葉五行，行十八字。注文雙行，篆文一字，占小字六格。

前有元至正十一年（1351 年）周伯琦《自序》。

封面題印“古香閣藏板”。

宫内廳書陵部藏此同一刊本兩部。一部共五册，一部共四册。

國會圖書館藏本，共五册（合二册）。

東北大學附屬圖書館藏本，共二册。

早稻田大學圖書館藏本，共五册

龍谷大學大宫圖書館藏本，共五册。

（重刻）説文字原一卷　六書正譌五卷

（元）周伯琦撰

明嘉靖年間（1522—1566 年）刊本　共三册

内閣文庫藏本　原紅葉山文庫等舊藏

説文字原一卷　六書正譌五卷

（元）周伯琦撰　（明）胡正言訂篆

明崇禎年間（1628—1644 年）十竹齋刊本　共六册

京都大學人文科學研究所東洋學文獻中心藏本

【按】每半葉五行，行十八字。注文雙行，篆文一字占小字六格。版心有“十竹齋”三字。

前有元至正十一年（1351 年）周伯琦《自序》。

説文字原一卷　六書正譌五卷

（元）周伯琦撰

明崇禎四年（1631 年）太監宋晋刊本　共三册

京都大學人文科學研究所東洋學文獻中心藏本

字鑑五卷

（元）李文仲撰

清康熙年間（1662—1722 年）張士俊刊本　錢馥手校　羅以智手識本　共一册

静嘉堂文庫藏本　原盧文弨等舊藏

【按】前有顔堯焕《序》，于文傳《序》，張楧《序》，唐泳涯《序》等。

卷首有羅以智手識文，其文曰：

“録海昌錢廣伯先生馥核本，間有考證，以朱筆附識之。甲辰初夏中旬，羅以智記。”

卷中有“武林盧文弨家經籍”，“盧文弨印”，“抱經堂藏”等印記。

【附録】據《商舶載來書目》記載，中御門天皇正德元年（1711 年）中國商船“志字號”載《字鑑》一部抵日本。

光格天皇文化六年（1809 年）有長谷川長誠手寫《字鑑》五卷本一種。題署“元李文仲撰”，裝一册。此本今存國會圖書館。

篆法偏旁點畫辨一卷　辨釋篆法辨一卷

(元)應在撰

舊鈔本　共一册

静嘉堂文庫藏本

【按】此書據篆書以訂隸楷之誤,取俗書之戾篆者,辨正點畫,剖析毫厘,作七言詩歌,以便誦讀,冠之篇首,曰《篆法偏旁點畫辨》。又自爲之注,曰《辨釋篆法辨》。

前有應在《自序》。

説文長箋一百卷　六書長箋七卷　首二卷　解題一卷　凡例一卷

(明)趙宧光撰

明崇禎四年(1631年)趙均小宛堂刊本

内閣文庫　尊經閣文庫　東京大學文學部漢籍中心　京都大學人文科學研究所東洋學文獻中心藏本

【按】每半葉有界十行,行二十字。注文小字雙行。白口,單魚尾。左右雙邊(21.4cm × 13.6cm)。

前有明崇禎四年(1631年)錢謙益《序》。

内閣文庫藏此同一刊本兩部。一部原係昌平坂學問所舊藏,共二十八册;一部原係紅葉山文庫舊藏,共三十二册。

東京大學藏本,共三十册。

京都大學人文研藏本,共十五册。

【附錄】據《商舶載來書目》記載,櫻町天皇延享四年(1744年)中國商船"世字號"載《説文長箋》一部抵日本。

日本江户時代有《説文長箋》七卷手寫本一種。題署"趙宧光撰",裝一册。此本今存國會圖書館。

江户時代又有日人《説文長箋抄》三卷、《凡例》一卷手寫本一種。此本原係服部南郭家服部文庫等舊藏,存早稻田大學圖書館。

説文長箋一百卷　六書長箋七卷　解題一卷　卷首二卷

(明)趙宧光撰　趙均書篆字　李宗延刊定

明鎦(劉)關應遇效(校)刊本

國會圖書館　蓬左文庫藏本

【按】每半葉有界十行,行二十字。白口,左右雙邊。

此本原題:"漢太尉祭酒鄆慎《説文》,唐敕書郎徐鉉《韻譜》,明祭酒諸生趙宧光《長箋》,男趙均書篆字,明大司徒李宗延刊定,郎官鎦(劉)關應遇效刊。"每卷末題"長洲顧聽元方鍾較"。

國會圖書館藏本,缺《六書長箋》與"解題",共四十册(合十六册)。

蓬左文庫藏本,共五十册。

六書本義十二卷　卷首一卷

(明)趙古則(撝謙)編注

明洪武年間(1368—1398年)刊本　共二册

静嘉堂文庫藏本　原陸心源十萬卷樓舊藏

【按】每半葉有界十四行,行二十八字。

前有徐一夔《序》,明洪武十三年(1380年)孟夏鮑恂《序》,林右《序》,明洪武十一年(1378年)正月趙古則《自序》等。

卷中有後人寫補。

此本分"數位"、"天文"、"地理"、"人物"(上中下)、"草木"、"蟲獸"、"飲食"、"服飾"、"宫室"、"器用"共十二編,每編爲一卷。

【附錄】據《商舶載來書目》記載,中御門天皇享保十一年(1726年),中國商船"利字號"載《六書本義》一部抵日本。

六書本義十二卷　卷首一卷　俗書刊誤十二卷　童蒙習句一卷

(明)趙撝謙撰　《俗書》(明)焦竑撰

明萬曆年間(1573—1620年)金陵見過齋刊本

内閣文庫　東京大學總合圖書館藏本

【按】前有明萬曆三十八年（1610 年）《序》。《明史》卷二百八十五《文苑傳》云："趙撝謙名古則，更名謙"。

內閣文庫藏本，原係紅葉山文庫等舊藏。

東京大學總合圖書館藏本，原係江戶時代紀州德川家南葵文庫舊藏。此本無《俗書刊誤》十二卷及《童蒙習句》一卷，然附有《圖》一卷，共二冊。

六書精蘊六卷　音釋一卷

（明）魏校撰　《音釋》（明）徐官撰

明嘉靖年間（1522—1566 年）刊本

內閣文庫　尊經閣文庫　京都大學附屬圖書館　陽明文庫　東京都立日比谷圖書館諸橋文庫藏本

【按】每半葉有界五行，行注文十七字。黑口，左右雙邊。

前有魏校《自序》。後有明嘉靖十九年（1540年）魏希明《跋》，同年陸鰲《後序》等。

內閣文庫藏此同一刊本兩部。一部原係高野山釋迦文院舊藏，一部原係紅葉山文庫舊藏，皆共六冊。

尊經閣文庫藏本，原係江戶時代加賀藩主前田綱紀等舊藏，共十二冊。

京都大學藏本，共三冊。

陽明文庫藏本，原係江戶時代近衛家熙等舊藏，共六冊。

東京都立日比谷圖書館諸橋文庫藏本，原係諸橋徹次等舊藏，共十二冊。

【附錄】日本中御門天皇享保十二年（1727年）潭龍寮刊印《六書精蘊》六卷並《音釋》一卷。此本係據明嘉靖年間刊本覆刊。櫻町天皇寬保三年（1743 年）潭龍寮重印。此本由日釋潭龍校。

六書正義十二卷

（明）吳元滿撰

明萬曆年間（1573—1620 年）刊本

宮內廳書陵部　尊經閣文庫藏本

【按】每半葉有界七行，行字數不等。白口，四周單邊。

前有《六書正義凡例》，《六書正義綱領》，《六書辯證》等。

宮內廳書陵部藏本，第八冊封面有朱筆題詩曰"白墮醉留花外月，青山濃綴杖頭春。戊寅春日醉花偶成"。第九冊封面又有朱筆題詩曰"香夢筆牀花案書，碧蒙書帶草庭春。老鉏漫草"。卷首有"晦如"、"鼎熺之印"等印記。卷四首有"荷"、"鉏"等印。每冊首又有"戴觀胤字子辰"、"觀道人"、"剡上"、"祕閣圖書之章"等印記。共十二冊。

尊經閣文庫藏本，原係江戶時代加賀藩主前田綱紀等舊藏，此本附《隸書正譌》二卷，共二十冊。

六書總要五卷　綱領一卷　正小篆之訛一卷

（明）吳元滿撰

明萬曆年間（1573—1620 年）刊本　共四冊

東京大學東洋文化研究所　早稻田大學圖書館藏本

【按】每半葉有界十四行，行二十四字或二十五字。白口，四周單邊。版心記刻工姓名，如黃鉞、黃錦等。

前有明萬曆十二年（1584 年）吳元滿《自序》。

六書賦音義二十卷

（明）張士佩撰

明萬曆年間（1573—1620 年）刊本

內閣文庫　尊經閣文庫藏本

【按】每半葉有界八行，行十六字。白口，四周雙邊。

前有明萬曆三十三年（1605 年）《序》。

內閣文庫藏本，原係昌平坂學問所舊藏，共八冊。

尊經閣文庫藏本，原係江戶時代加賀藩主前田綱紀等舊藏，共十冊。

【附錄】據《商舶載來書目》記載，後桃園天皇

安永元年(1772 年),中國商船"利字號"載《六書賦音義》一部抵日本

(重刊詳校)篇海五卷

(金)韓孝彦　韓道昭原本　(明)李登重修

明萬曆年間(1573—1620 年)刊本

內閣文庫　東京大學文學部漢籍中心藏本

【按】每半葉有界十行,行十五字。注文雙行,行三十字。白口,左右雙邊。

前有明萬曆三十六年(1608 年)李登《自序》。

內閣文庫藏此同一刊本兩部。一部原係紅葉山文庫舊藏,一部原係高野山釋迦文院舊藏。兩部皆共十册。

東京大學藏本,共五册。

(重刊詳校)篇海五卷

(明)趙年伯(欽湯)訂　李登校輯

明萬曆三十六年(1608 年)序刊本　共十册

國會圖書館　東京大學總合圖書館藏本

【按】東京大學總合圖書館藏本,原係渡邊信青洲文庫舊藏。此本卷中有闕葉。

(重刊訂正)篇海十卷

(明)李登撰　張忻校

明崇禎年間(1628—1644 年)刊本　共十册

內閣文庫　東京都立日比谷圖書館諸橋文庫　東京大學東洋文化研究所藏本

【按】每半葉有界九行,行十三字。小字雙行,行二十六字。白口,四周單邊。

前有明崇禎七年(1634 年)《序》。

內閣文庫藏本,原係高野山釋迦文院舊藏。

東京都立日比谷圖書館諸橋文庫藏本,原係諸橋徹次等舊藏。

篇海類編二十卷　附録一卷

(明)宋濂詮次　屠隆訂正

明錢塘虞淳熙刊本

內閣文庫　蓬左文庫　東洋文庫　尊經閣文庫藏本

【按】前有屠隆、陳繼儒《序》。

內閣文庫藏此同一刊本兩部。一部原係紅葉山文庫舊藏,一部原係高野山釋迦文院舊藏。兩部皆共十册。

蓬左文庫藏本,係明正天皇寬永十年(1633 年)從中國購入,卷中有"尾陽內庫"印記,共十二册。

東洋文庫藏本,共六册。

尊經閣文庫藏本,原係江户時代加賀藩主前田綱紀等舊藏,共十二册。

【附録】據《商舶載來書目》記載,中御門天皇正德元年(1711 年),中國商船"邊字號"載《篇海類編》一部抵日本。

日本靈元天皇寬文九年(1669 年)刊印《篇海類編》二十卷。

摭古遺文二卷　附再增一卷

(明)李登輯

明萬曆年間(1573—1620 年)上元姚履旋等刊本　共二册

東京大學總合圖書館藏本　原中國廣東籌賑日災總會贈本

摭古遺文二卷　附再增摭古遺文二卷

(明)李登輯

明萬曆三十一年(1603 年)致和堂刊本

尊經閣文庫　京都大學文學部中國語學哲學文學部　静嘉堂文庫藏本

【按】尊經閣文庫藏本,原係江户時代加賀藩主前田綱紀等舊藏,共四册。

京都大學文學部藏本,共五册。

静嘉堂文庫藏本,僅存《再增摭古遺文》二卷,共一册。

【附録】據《商舶載來書目》記載,中御門天皇享保四年(1719 年),中國商船"佐字號"載《摭古遺文》一部抵日本。

日本中御門天皇享保元年(1716 年),京都文泉堂刊印《摭古遺文》二卷,並《再增摭古遺

文》四卷。

字學大全三十二卷

  (明)王三聘撰

  明嘉靖四十三年至四十五年(1564—1566年)刊本　共十二册

  內閣文庫藏本　原豐後佐伯藩主毛利高標等舊藏

  【按】每半葉有界十行,行十八字。黑口,左右雙邊。

  此本係仁孝天皇文政年間(1818—1829年)由出雲守毛利高翰獻贈幕府,明治初年經由太政官文庫而歸內閣文庫。卷中有"佐伯侯毛利高標字培松藏書畫之印"等印記。

  【附錄】據《商舶載來書目》記載,光格天皇寬政十一年(1799年),中國商船"志字號"載《字學大全》一部(十二册)抵日本。

古俗字略七卷

  (明)陳士元撰

  明刊本　共五册

  內閣文庫藏本　原紅葉山文庫等舊藏

同文備考八卷

  (明)王應電撰

  明嘉靖年間(1522—1566年)刊本　共五册

  內閣文庫藏本　原紅葉山文庫等舊藏

  【按】每半葉有界七行,注文雙行二十八字。

  前首有明嘉靖十八年(1539年)王應電《自序》,明嘉靖二十年(1541年)毛希秉《序》。後有明嘉靖三十六年(1557年)羅洪先《書後》,同年朱柔嘉《後序》等。

  【附錄】江户時代有《同文備考》八卷《首》一卷並《附錄》二卷手寫本一種,題署"明王應電撰"。此本今存國會圖書館。

字彙四卷

  (明)葉秉敬撰

  明天啓年間(1621—1627年)刊本　共四册

尊經閣文庫藏本　原江户時代加賀藩主前田綱紀等舊藏

  【按】每半葉有界七行,行十四字。白口,四周單邊。

  此本並附《篆體偏旁點畫辨訣》。

字學指南十卷

  (明)朱光家撰

  明萬曆年間(1573—1620年)刊本

  內閣文庫　尊經閣文庫藏本

  【按】每半葉有界八行,行十二字。小字雙行,行二十四字。左右雙邊。

  前有明萬曆二十九年(1601年)《序》。

  內閣文庫藏本,原係豐後佐伯藩主毛利高標舊藏,仁孝天皇文政年間(1818—1829年)由出雲守毛利高翰獻贈幕府,明治初年經由太政官文庫而歸內閣文庫。卷中有"佐伯侯毛利高標字培松藏書畫之印"等印記,共十卷。

  尊經閣文庫藏本,原係江户時代加賀藩主前田綱紀等舊藏,共五册。

廣金石韻府五卷　字略一卷　考古書傳一卷

  (明)朱雲輯篆　林尚葵參廣　李根校

  明三色套印刊本　共六册

  內閣文庫藏本　原紅葉山文庫等舊藏

  【附錄】據《商舶載來書目》記載,中御門天皇正德二年(1712年),中國商船"久字號"載《廣金石韻府》一部(一册)抵日本。

  日本櫻町天皇元文二年(1737年)江户户倉屋喜兵衛刊印《廣金石韻府》五卷。此本附《纂集玉篇偏傍形似釋疑文字》。

  後桃園天皇安永五年(1776年)有《廣金石韻府》五卷寫本一種,原係田崎草雲舊藏,今存足利學校遺蹟圖書館。同年,大阪河內屋喜兵衛刊《廣金石韻府》五卷,由日人源君嶽(烏石)校。此本於光格天皇天明六年(1786年)由茨城多左衛門重印。

（玉堂釐正字義韻律）海篇心鏡二十卷

　　不著撰著人姓名
　　明萬曆十三年（1585 年）南都博古堂刊本
共十三冊
　　古義堂文庫藏本　原江戶時代儒學古義學
派魁首伊藤仁齋、伊藤東涯家族舊藏

（翰林筆削字義韻律鰲頭）海篇心鏡二十卷

　　（明）蕭良有撰　余應奎訂
　　明萬曆十年（1582 年）序吳氏三友堂刊本
共五冊
　　國會圖書館藏本

（翰林筆削字義韻律鰲頭）海篇心鏡二十卷

　　（明）蕭良有撰　余應奎訂
　　明萬曆十年（1582 年）序書林澗泉葉如琳刊
本　共七冊
　　國會圖書館藏本

（翰林筆削字義韻律鰲頭）海篇心鏡二十卷

　　（明）蕭良有撰　余應奎訂　唐廷仁等校
　　明萬曆二十二年（1594 年）唐氏世德堂刊本
　　蓬左文庫　尊經閣文庫藏本
　　【按】此本題“翰林院編修漠沖蕭良有著，上
饒瀘東余應奎訂，東汝詔東王廷極、繡谷龍泉
唐廷仁校梓”。
　　蓬左文庫藏本，原係江戶德川將軍幕府舊
藏，後由幕府贈送尾張藩主家，此謂“駿河御讓
本”。卷中有“御本”印記。共六冊。
　　尊經閣文庫藏本，原係江戶時代加賀藩主前
田綱紀等舊藏，共十冊。

（翰林詳校字義韵律鰲頭）海篇心鏡二十卷

　　（明）蕭良有編撰
　　明萬曆四十一年（1613 年）金陵李潮聚奎樓
刊本　共八冊
　　米澤市圖書館藏本
　　【按】每半葉有界十一行，每行十八字。注文

雙行。白口，四周單邊。
　　前有吳默因《詳校海篇心鏡序》。
　　此本各葉分上下兩段。上段排列同韻異字，
并注音及簡單釋義，下段依事項分天文、地理
等門。
　　卷一末有金陵聚奎樓李潮（少泉）“識語”。
間有“癸丑冬月聚奎樓李少泉刊”小字刊記。
　　封面大字二行題《翰林詳校韵律海篇心鏡》。
每冊有“米澤藏書”印記。封底有“元祿十二年
（1699 年）六月矢尾板三印改之墨書”。

（翰林重考字義韻律大板）海篇心鏡二十卷

　　（明）蕭良有撰　劉孔當校
　　明萬曆二十四年（1596 年）葉會廷（天喜）刊
本
　　國會圖書館　內閣文庫　東京大學總合圖
書館　早稻田大學圖書館　龍谷大學大宮圖
書館藏本
　　【按】每半葉有界十行。黑口，四周單邊。
　　國會圖書館藏本，共十冊。
　　內閣文庫藏本，原係紅葉山文庫舊藏。共八
冊
　　東京大學總合圖書館藏本，原係渡邊信青洲
文庫舊藏，共十二冊。
　　早稻田大學圖書館藏本，共十冊。
　　龍谷大學藏本，共五冊。

（翰林重考字義韻律大板）海篇心鏡十七卷

　　（明）陳五昌校
　　明刊本　共七冊
　　內閣文庫藏本　原豐後佐伯藩主毛利高標
舊藏
　　【按】此本係仁孝天皇文政年間（1818—1829
年）由出雲守毛利高翰獻贈幕府。明治初期經
太政官文庫而歸內閣文庫，卷中有“佐伯侯毛
利高標字培松藏書畫之印”等印記。

（新鍥玉堂補訂）海篇正鵠二十卷　首一卷

　　（明）唐文獻撰

明萬曆元年(1573年)潨發堂余祥茂刊本
共十册
　　國會圖書館藏本

(鼎刻臺閣考正遵古韻律)海篇大成二十卷

　　(明)曾六德編撰
　　明萬曆三十二年(1604年)劉氏喬山堂刊本
共十一册
　　內閣文庫藏本　原木村兼葭堂等舊藏

(龍頭)海篇星鏡十九卷

　　(明)葉向高撰　鄒啓元校
　　明刊本　共十册
　　宮內廳書陵部藏本　原江户時代德山藩主
毛利元次舊藏
　　【按】此本原係江户時代德山藩三代主毛利
元次廣收"天下秘笈"之一。東山天皇寶永三
年(1706年)《御書物目録》著録此本。明治二
十九年(1896年)男爵毛利元功獻贈宮內省圖
書寮(即今宮內廳書陵部)。

**(新鎸閣老台山葉先生訂釋龍頭切韻)海篇星鏡
十九卷**

　　(明)葉向高撰　朱鼎臣編
　　明刊本　共十册
　　內閣文庫藏本

(新鎸陳太史纂訂)海篇彙編全書十九卷

　　(明)陳仁錫編
　　明刊本　共十册
　　內閣文庫藏本　原高野山釋迦文院等舊藏

(陳明卿太史考古詳訂遵韻)海篇朝宗十二卷

　　(明)陳仁錫編　譚元春校
　　明奇字齋刊本
　　內閣文庫　早稻田大學圖書館藏本
　　【按】內閣文庫藏此同一刊本兩部。一部原
係高野山釋迦文院舊藏,共八册;一部原係昌
平坂學問所舊藏,共十册。

早稻田大學圖書館藏本,共三册。

(陳明卿太史考古詳訂遵韻)海篇朝宗十二卷

　　(明)陳仁錫編
　　明刊本
　　早稻田大學圖書館藏本　原服部南郭家服
部文庫等舊藏

(鼎鎸木天考正鼇頭)海篇棲鵠十五卷　首一卷

　　(明)淩霄鳳撰
　　明刊本　共五册
　　內閣文庫藏本　原豐後佐伯藩主毛利高標
舊藏
　　【按】此本係仁孝天皇文政年間(1818—1829
年)由出雲守毛利高翰獻贈幕府,明治初期經
由太政官文庫而歸內閣文庫。卷中有"佐伯侯
毛利高標字培松藏書畫之印"等印記。

(新鎸中書科删訂字義辨正韻)海篇二卷

　　(明)李喬嶽編撰
　　明萬曆三十四年(1615年)鄭雲齋刊本　共
二册
　　宮城教育大學附屬圖書館藏本　原青柳館
文庫　仙臺府學等舊藏

(新校經史)海篇直音五卷

　　不著撰著人姓名
　　明刊本　共五册
　　內閣文庫　東京大學東洋文化研究所大木
文庫藏本

(重校經史)海篇直音十卷

　　不著撰著人姓名
　　明刊本　共十册
　　尊經閣文庫藏本　原江户時代加賀藩主前
田綱紀等舊藏

(重校全補)海篇直音十二卷　首三卷

　　不著撰著人姓名

明萬曆二十三年(1595年)崇文書舍鄭雲竹刊本　共十二册(合六册)
　　國會圖書館藏本

御制草韻辨體四卷

　　(明)神宗(朱翊鈞)撰
　　明崇禎六年(1578年)跋閔齊伋刊朱墨套印本　共四册(合二册)
　　國會圖書館藏本

字學三正四卷

　　(明)郭一經彙輯　成伯龍裁定
　　明萬曆年間(1573—1620年)刊本　共四册
　　尊經閣文庫藏本　原江戶時代加賀藩主前田綱紀等舊藏
　　【按】每半葉有界九行,行二十一字。白口,四周單邊。
　　前有明萬曆二十九年(1601年)成伯龍《序》,同年郭一經《自序》。後有明萬曆二十九年(1601年)武圖功《跋》,並郭丕顯《跋》,劉三省《後序》,茹震《題詩》,徐大順《後序》,蔡弼《跋》等。

字彙十二集　韻法直圖一卷　韻法横圖一卷

　　(明)梅膺祚音釋
　　明末刊本　共十四册
　　内閣文庫　尊經閣文庫　京都大學人文科學研究所東洋學文獻中心　東北大學附屬圖書館　無窮會織田文庫藏本
　　【按】每半葉八行,行十二字。注文小字,行二十四字。白口,左右雙邊。
　　前有明萬曆四十三年(1615年)梅鼎祚《序》。
　　内閣文庫藏此同一刊本兩部。
　　尊經閣文庫藏本,原係江戶時代加賀藩主前田綱紀等舊藏。
　　東北大學附屬圖書館藏本,原係狩野亨吉等舊藏。
　　無窮會織田文庫藏本,原係織田小覺等舊

藏。
　　【附録】據《商舶載來書目》記載,中御門天皇正德元年(1711年)中國商船"志字號"載《字彙》一部抵日本。
　　又據《外船齎來書目》記載,中御門天皇正德四年(1714年)南京船主費元齡運載《字彙》一部(十四册)抵日本。享保二十年(1735年)廣東船主黄瑞周、楊叔祖又運入日本《字彙》五部,同年,寧波商船又載一部抵日本。桃園天皇寶曆九年(1759年)中國商船"己卯七番"載《字彙》五部抵日本。
　　《書籍元帳》記載,仁孝天皇天保十二年(1841年)從中國輸入《字彙》一部(十四册),定價十五匁。
　　後光明天皇慶安元年(1648年)風月宗知刊印《字彙》十二卷首尾各一卷。此本風月宗知於慶安四年(1651年)重印。京都忠興堂於靈元天皇寬文十一年(1671年)也有印本。
　　靈元天皇寬文十二年(1672年)大阪風月勝左衛門芳野屋五兵衛刊《字彙》十二集,並首尾各一卷。此本由日人笠原玫(簡室)注並訓點,并有笠原玫跋文。此本後有風月勝左衛門、芳野屋五兵衛等重印本。
　　光格天皇天明七年(1787年)風月莊左衛門、嶋本作十郎等刊印《字彙》十二集。此本後有大阪柳原喜兵衛等重印本。
　　此外,江戶時代另有刊本《字彙》十二卷,係鹿角山房藏版。

字彙四集(刪節本)

　　(明)梅膺祚音釋
　　明刊本　共四册
　　尊經閣文庫藏本　原江戶時代加賀藩主前田綱紀等舊藏

(鐫玉堂釐正龍頭字林備考)韻海全書十六卷首一卷

　　(明)李廷機編撰
　　明刊本　共八册

內閣文庫藏本　原昌平坂學問所等舊藏

(鐫玉堂釐正龍頭字林備攷)韻海全書十六卷

(明)李廷機撰
明萬曆二十三年(1595年)劉氏安正堂刊本
蓬左文庫　尊經閣文庫藏本
【按】蓬左文庫藏本,共六冊。
尊經閣文庫藏本,原係江戶時代加賀藩主前田綱紀等舊藏,共八冊。

(鼎鐫洪武元韻勘正補訂經書切字)海篇玉鑑二十卷

(明)武緯子補訂　王衡勘正
明萬曆年間(1573—1620年)建陽熊冲宇種德堂刊本　共十冊
內閣文庫　東京大學總合圖書館藏本
【按】內閣文庫藏本,原係高野山釋迦文院等舊藏。
東京大學總合圖書館藏本,原係渡邊信青洲文庫舊藏。

(精刻海若湯先生校訂音釋)五侯鯖字海二十卷

(明)湯海若編撰
明刊本
內閣文庫藏本
【按】內閣文庫藏此同一刊本兩部。一部原係昌平坂學問所舊藏,共十冊;一部原係紅葉山文庫舊藏,共八冊。

(鍥五車字義六合備考)四明海編十三卷　首一卷

(明)吳亮編撰
明萬曆三十七年(1609年)三槐堂刊本　共七冊
內閣文庫藏本　原高野山釋迦文院舊藏

(新鐫摘要正譌)玉篇直音四卷　幼學須知一卷

(明)孫一宏等撰
明刊本　共二冊

內閣文庫藏本　原紅葉山文庫等舊藏

(建邑書林南陽郡鼎鐫)會海對類二十卷

(明)吳望撰
明萬曆二十五年(1597年)序葆和堂刊本
共六冊
國會圖書館藏本

古文奇字十二卷

(明)朱謀㙔撰
明萬曆年間(1573—1620年)刊本
東京大學東洋文化研究所藏本
【按】每半葉七行,注文小字雙行。白口,左右雙邊。
前有明萬曆四十年(1612年)《序》。

篆林肆考十五卷

(明)鄭大郁編撰
明崇禎十四年(1641年)劉澤麟文卒堂刊本
共三冊
尊經閣文庫藏本　原江戶時代加賀藩主前田綱紀等舊藏
【按】每半葉有界十行,行五篆字。白口,四周單邊。

(新刻釋義群書)六言聯珠雜字二卷

(明)謝榮登撰
明萬曆年間(1573—1620年)建陽熊安本刊本
內閣文庫　東京大學總合圖書館藏本
【按】內閣文庫藏此同一刊本三部。一部原係木村兼葭堂舊藏,共一冊;一部原係紅葉山文庫舊藏,共二冊;另一部亦共二冊。
東京大學總合圖書館藏本,原係渡邊信青洲文庫舊藏,共二冊。

五先堂字學元元十卷

(明)袁子讓撰
明萬曆三十一年(1603年)刊本　共四冊

尊經閣文庫藏本　原江户時代加賀藩主前田綱紀等舊藏

【按】每半葉有界十三行,行十九字。白口,四周雙邊。

(禮部詳注正譌)字海明珠十五卷　首一卷

(明)翁正春編撰

明刊本　共七册

内閣文庫藏本　原豐後佐伯藩主毛利高標舊藏

【按】此本係仁孝天皇文政年間(1818—1829年)由出雲守毛利高翰獻贈於幕府。明治初期經太政官文庫而歸内閣文庫。卷中有"佐伯侯毛利高標字培松藏書畫之印"等印記。

(新編)歷代草書韻海十卷

(明)陳鼎新編　茅齊泰考補

明崇禎年間(1628—1644年)刊本　共十册

内閣文庫藏本　原豐後佐伯藩主毛利高標舊藏

【按】此本係仁孝天皇文政年間(1818—1829年)由出雲守毛利高翰獻贈於幕府。明治初期經太政官文庫而歸内閣文庫。卷中有"佐伯侯毛利高標字培松藏書畫之印"等印記。

楷書正譌二卷

(明)諸茂卿撰

明刊本　共二册

尊經閣文庫藏本　原江户時代加賀藩主前田綱紀等舊藏

(併音連聲)字學集要四卷

(明)陶承學撰　周恪校

明萬曆二年(1574年)刊本

内閣文庫藏本

【按】每半葉八行,行十二字。

前有明萬曆二年(1574年)《序》。

内閣文庫藏此同一刊本共四部。兩部原係

昌平坂學問所舊藏,一部原係高野山釋迦文院舊藏,一部原係紅葉山文庫舊藏。除昌平坂舊藏一部爲十二册外,餘皆四册。

【附錄】據《商舶載來書目》記載,後櫻町天皇明和四年(1766年)中國商船"志字號"載《字學集要》一部抵日本。

字義總略四集

(明)顧充編撰

明萬曆年間(1573—1620年)刊本　共四册

尊經閣文庫藏本　原江户時代加賀藩主前田綱紀等舊藏

【附錄】據《商舶載來書目》記載,中御門天皇享保十二年(1727年),中國商船"志字號"載《字義便覽》一部(二册)抵日本。光格天皇寬政三年(1791年),該船又載《字義》一部(一册)抵日本。

正韻篆二卷　附學古篇

(明)吾丘衍編撰

明刊本　共二册

尊經閣文庫藏本　原江户時代加賀藩主前田綱紀等舊藏

(增補素翁指掌)雜字全集

(明)李贄編集

明王仰庭刊本　共一册

内閣文庫藏本　原豐後佐伯藩主毛利高標舊藏

【按】此本係仁孝天皇文政年間(1818—1829年)由出雲守毛利高翰獻贈於幕府。明治初期經太政官文庫而歸内閣文庫。卷中有"佐伯侯毛利高標字培松藏書畫之印"等印記。

(增補易知)雜字全書二卷

不著撰著人姓名

明刊本

東京大學東洋文化研究所仁井田文庫藏本　原仁井田昇等舊藏

大明同文集舉要五十卷

（明）田藝蘅撰　汪以成校

明萬曆年間（1573—1620 年）刊本　共十册

內閣文庫　尊經閣文庫藏本

【按】每半葉有界十行，行二十字。

前有明萬曆十年（1582 年）龍德孚《序》。後有同年余養元《跋》。

（遵古本）正韻石齋海篇四十卷

（明）黄道周編

明崇禎年間（1628—1644 年）潭水劉氏黎光堂刊本　共十册

蓬左文庫　內閣文庫藏本

【按】此本彙編三種，目録如次：

《新刻洪武元韻勘正切字海篇群玉》二十卷，（明）陳仁錫閱。此本有明崇禎十四年（1641 年）鄭大郁《序》。潭水劉欽恩刊本。

《新刻洪武元韻勘正大藏直音》三卷並卷首二卷，（明）余文熙閱。此本有明崇禎十三年（1640 年）黄道周《序》。潭水劉欽恩刊本。

《篆林肆考》十五卷，（明）鄭大郁輯。潭陽劉肇麟刊本。

內閣文庫藏本　原係紅葉山文庫舊藏。

（新刻黄石齋先生彙輯辯疑）正韻海篇犀炤十五卷　首一卷

（明）黄道周撰

明崇禎十七年（1644 年）序富沙鄭尚玄刊本共五册（合二册）

國會圖書館藏本

（新刻辨疑）正韻同文玉海二十卷

（明）黄道周撰

明富沙鄭以祺刊本　共八册（合四册）

國會圖書館藏本

群玉海篇三集三十八卷　目一卷

（明）黄道周等撰　陳仁錫等校

明崇禎年間（1628—1644 年）刊本　共二十册

宮內廳書陵部藏本

千家姓一卷

（明）吴沉等撰

明官刊本　共一册

御茶之水圖書館藏本　原德富蘇峰成簣堂等舊藏

【按】每半葉五行，大字，黑口。

前有明洪武十四年（1381 年）翰林編修吴沉，典籍劉仲質、吴伯宗等《進千家姓表》。

【附録】日本江户時代以《百家姓》輸入爲大宗。據《書籍元帳》記載，仁孝天皇弘化二年（1845 年），從中國輸入《百家姓》三百二十部。弘化三年（1846 年）輸入四百九十部。嘉永二年（1849 年）輸入達九百九十部。

（韻書之屬）

廣韻（殘本）一卷

（宋）陳彭年等奉敕重修

北宋刊本　日本重要文化財　共一册

名古屋大須觀音寶生院藏本

【按】每半葉有界十三行。注文小字雙行，行三十二字至三十七字不等。大字相當小字四格。白口，單黑魚尾。左右雙邊（23.5cm ×

14.8cm）。版心著録"韻上聲（葉數）"。下象鼻處有刻工姓名，如亨、徐、安、屠、孫、王、洪等。

是書全五卷。此本今存卷第三，凡一卷共二十九葉。封面外題"韻書殘欠"，右下端墨書"第六十七合下"。此卷首二葉缺，自第三葉至第三十二葉。第三十二葉缺內半葉。

卷中避宋諱，凡"玄、泫、弦、鉉、炫、郎、朗、珽、敬、驚、警、璥、橄、螢、弘、殷、筐、炅"等字皆缺筆。"貞、徵"等字不缺筆,"樹"字有缺筆有不缺筆。此卷未見宋神宗、宋哲宗、宋徽宗三人廟諱之字,而宋欽宗以下廟諱全直書不避。

此本撫刻精秀,墨色蒼古,約爲北宋末期刊本,亦係海内無二現存最古之《廣韻》刊本。

卷中有"尾張國大須寶生院經藏圖書寺社官點檢之印"。首尾又有"寺社官府再點檢印"。封面邊側有仁孝天皇文政四年(1821年)修補識文,曰"文政四辛巳九月日令修理畢寺社奉行",并有圓形墨印。

此本已被日本"文化財審議委員會"確認爲"日本重要文化財"。

廣韻五卷

(宋)陳彭年等奉敕編撰

宋孝宗年間(1163—1189年)刊本　日本重要文化財　共五冊

静嘉堂文庫藏本　原明黄省曾　日人脇坂安元　竹添井井(光鴻)等舊藏

【按】每半葉有界十行,行二十字。小字雙行,行二十七字。白口,單黑魚尾。左右雙邊(21.2cm×14.9cm)。版心著録"韻上平(下平、上聲、去聲、入聲)(葉數)"。下象鼻處有刻工姓名,如徐具、余永、余竑、姚臻、徐昊、徐顔、王琛、丁桂、魏奇、包正、阮于、朱琰、毛諒、吴亮、陳明仲、顧忠、孫勉、梁濟、陳詢、徐英、陳錫、徐高、徐昇、徐政、毛諫等。

首有宋景德四年(1007年)十一月十五日《牒》,宋大中祥符元年(1008年)六月五日《牒》,隋仁壽二年(602年)陸法言《切韻序》,唐儀鳳二年(677年)郭知玄《拾遺序》,唐天寶十年(751年)孫愐《唐韻序》等。

本文卷首題"廣韻上平聲卷第一"。每卷首次行低二格列目録,連接正文。每卷尾題後附有"新添類隔今更音和切"及"補字"。卷五題"廣韻入聲卷第五"。末又别載《雙聲叠韻法》、《六書八體辨字五音法》、《辨十四聲例法》、《辨四聲輕清重濁法》等。

卷中避宋諱,凡"玄、眩、朗、敬、警、驚、弘、

泓、殷、磤、匡、筐、框、胤、炅、恒、貞、偵、楨、禎、貞、偵、徵、樹、昺、姤、構、溝、眘"等字皆缺筆。

此本原係明人黄省曾舊藏。卷中有"黄省曾"、"黄叔子"、"翠霄軒"等印記。

此本傳入日本較早,卷二末有十五世紀室町時代(1393—1573年)"强圊氏文房"的手識文。卷四末又有明治時代島田翰的手識文,其文曰:"明治庚子(1900年)正月廿四日讀過。島田翰於雙桂精舍東窗之下,廿二。"卷中又有"脇坂安元"、"脅坂氏淡路守"、"八雲軒"、"炎城霞氣"、"易東後人"、"文華私印"、"孔章"、"島田翰讀書記"、"松方文庫"等印記。

楊守敬《日本訪書志》卷三、董康《書舶庸譚》卷六、傅增湘《藏園群書經眼録》卷二皆著録此本。傅氏稱"此帙乃岩崎氏購於本國者,非麗宋樓中物也。與余藏本正同,爲《廣韻》最早之刊本"。

此本已被日本"文化財審議委員會"確認爲"日本重要文化財"。

【附録】據中御門天皇享保十一年(1726年)中國商船"多字號"曾載《廣韻》一部抵日本。

《商舶載來書目》記載,光格天皇天明三年(1783年)中國商船"曾字號"載宋本《廣韻》一部抵日本。

《官板書籍解題略》上卷著録《重修廣韻》五卷,共五冊。《官板書目》及《昌平坂御官板書目》皆著録是書。

日本仁孝天皇天保二年(1831年)有官刊《大宋重修廣韻》五卷。

廣韻五卷

(宋)陳彭年等奉勅重修

宋寧宗年間(1195—1224年)浙中覆宋孝宗時刊本　共五冊

宫内廳書陵部藏本　原狩谷掖齋　澁江籛齋　森枳園　高木壽穎等舊藏

【按】每半葉有界十行,行約二十字。注文雙行,行二十五、六字不等。白口,單黑魚尾。左右雙邊(21.3cm×14.7cm)。版心著録"韻上平

（——入）聲（葉數）"。上象鼻處記大小數字，下象鼻處有刻工姓名，如王寶、何昇、魏奇、何澄、曹榮、張榮、吳益、趙中、陳晃、陳壽、沈思恭、李倍、李倚、宋琚、方堅、王恭、吳志、王玩、方至、秦暉、陸選、沈思忠、余敏、秦顯、朱玩、金滋等。

首有宋景德四年（1007 年）《牒》，宋大中祥符元年（1008 年）《牒》，隋仁壽元年（602 年）陸法言《序》，唐儀鳳二年（677 年）郭知玄《序》，唐天寶十年（751 年）陳州司法孫愐《唐韻序》。

卷中避宋諱，凡遇"玄、眩、怰、朗、敬、驚、弘、殷、澂、匡、筐、竟、鏡、胤、禎、貞、滇、屬、樹、構、搆"等字皆闕筆。

每卷首題"廣韻某聲卷第幾"，後接韻目，目後連正文。

卷末有 1880 年森立之手題識文，其文曰：

"右宋板《廣韻》五卷，與清張士俊所重刊本全同，而間字體有小異同，士俊序云，精加校讐梓之者也。然宋板之誤字，改而不可者亦有之，比較而後可自知矣。此本之出，在狩谷望之掖齋歿後，澁江全善籛齋得而藏之。籛齋捐舍後，遂入我架中。此書楓山庫中亦未收之，真天下之珍寶也。己卯春日，七十三翁枳園森立之。"

森立之"識文"後，有 1882 年高木壽穎手題"識文"，其文曰：

"謹案，《玉篇》、《廣韻》是學者必用之書，猶車之兩輪不可存一而缺一也。今二書俱得宋板，真是一雙璧玉。可謂小人無罪，懷璧是罪，則非我家所能藏者，因以獻爲。明治十五年一月，高木壽穎。"

卷中有室町時期（1393—1573 年）朱點，並有"弘前醫官澁江氏藏書記"、"森氏開萬冊府之記"、"高木壽穎藏書之記"等印記。

廣韻五卷

（宋）陳彭年等奉勑重修

宋寧宗年間（1195—1224 年）浙中覆宋孝宗時刊本　共五冊

靜嘉堂文庫藏本　原陸心源皕宋樓等舊藏

【按】此本與宮內廳書陵部藏本係同一刊本，版式行款皆同。

卷中版心磨損甚多，有記刻工姓名，如沈思恭、思恭、王恭、沈思忠、宋琚、曹榮、張榮、王玩、朱玩、何昇、何澄、方堅、方至、陳晃、趙中、顏奇、魏奇、金玆、秦暉、秦顯、高異、李倍、吳益、余敏、吳志、吳椿、陸選、劉昭等。

傅增湘《藏園羣書經眼錄》卷二著錄此本。

廣韻五卷

（宋）陳彭年等奉勑重修

宋寧宗年間（1195—1224 年）浙中覆宋刊本元補修本　共五冊

龍谷大學圖書館藏本　原寫字臺文庫等舊藏

【按】此本原刊部分與宮內廳書陵部藏本係同一刊本，版式行款皆同。

卷三第四葉，卷四第二十一葉、第四十四葉，卷五第四葉皆後人補寫，且有元人補修之葉。

卷中有"寫字臺之藏書"等印記。

大宋重修廣韻五卷

（宋）陳彭年等奉敕撰

南宋刊本　共五冊

國會圖書館藏本　原泉涌寺　榊原氏等舊藏

【按】每半葉有界十行，小字雙行，行二十六字或二十七字。

首葉爲《牒》。頂格題"大宋重修廣韻一部"。第二行上空三字，書"凡二萬（原字）六千一百九十四言"。第三行上空四字，書"注一十九萬一千六百九十二字"。第四行頂格署"准景德四年十一月十五日"。此《牒》後爲陳州司法孫愐《唐韻序》。《牒》與《序》皆半葉十行、行二十字。

正文首題"廣韻上平聲卷第一"。以下各卷分別題爲"廣韻下平聲卷第二"、"廣韻上聲卷第三"、"廣韻去聲卷第四"、"廣韻入聲卷第

五"。卷一末有"新添類隔今更音和切",下有
"卑、陴、眉、邳、悲、肧、頻、彬"八字。卷二末有
"同上",下有"縣、鷹、閔、平、凡、芝"六字。卷
三末有"新添類隔更音和切",下有"否、貯、縹、
標、摽"五字。卷四末有"同卷三",下有"裱、
窆"二字。卷五無。卷五之後只有"雙聲疊韻
法"。卷中有墨筆漢字假名注音。

卷首有"故榊原芳埜納本"、"泉涌寺別院雲
龍院常住"等印記,卷末第八、九行之間下方又
有"榊原家藏"印記。

此本歷來被稱爲"北宋刊本",然從諸項判
斷,大約與宮內廳書陵部藏《大廣益會玉篇》相
先後,係宋光宗、宋寧宗時代臨安刊本。

大宋重修廣韻五卷

(宋)陳彭年等奉敕重修

南宋刊本　共五册

内閣文庫藏本　原近江西大路藩主市橋長
昭　昌平坂學問所等舊藏

【按】每半葉有界十行,小字雙行,行二十五
字至三十字左右。

首題"大宋重修廣韻一部,凡二萬六千一百
九十四言,注一十九萬一千六百九十二字。准
景德四年十一月十日敕"。次有陳州司法孫愐
《唐韻序》。本文卷首題"廣韻上平聲卷第一"。
全書卷尾題"廣韻入聲卷第五"。其後附有《雙
聲疊韻法》、《六書八體辨字五音法》、《辨十四
聲例法》、《辨四聲輕清重獨法》。

卷一首七葉缺佚,第十六葉係補寫。卷中有
元代修補葉。

森立之《經籍訪古志》卷二著錄此本。其"釋
文"曰:

"(前略)崇蘭館、容安書院所藏,俱同此
本。清康熙中張士俊所翻刻,亦即是本。我
天保二年昌平學摸(模)刊行于世。

按《見在書目》所載韻書凡二十餘部,今
無一存,真可惜也。中有《唐韻正義》五卷,
蓋今《廣韻》原書未經重修者。重修本中,以
此爲最善也。"

日本光格天皇文化五年(1808年)二月,仁
正寺藩主(孝明天皇文久三年即1863年改稱
"近江西大路藩",自稱"下總守"、"黃雪山
人"——編著者)市橋長昭舉其所藏之宋元舊
刊本三十種與明本數種獻諸文廟,此本爲其中
之一。卷末貼附市橋長昭撰《獻書跋文》一篇。
《跋》由市河米庵書寫。其文如次:

《寄藏文廟宋元刻書跋》

"長昭夙從事斯文。經十餘年,圖籍漸
多,意方今藏書家不乏於世,而其所儲大抵
屬軺近刻書,至宋元槧蓋或罕有焉。長昭
獨積年募求,乃今至累數十種。此非獨在
我之爲難,而即在西土亦或不易,則長昭之
苦心可知矣。然而物聚必散,是理數也,其
能保無散委於百年之後乎,孰若舉而獻之
廟學,獲藉聖德以永其傳,則長昭之素願
也。虔以宋元槧三十種爲獻,是其一也。

文化五年二月下總守市橋長昭謹誌
河三亥書

自《周易》至《山谷集》十四種一函,自
《淮海集》至《國朝名臣事略》十六種一函。
右二函,文化五年戊辰五月市橋下總守寄
藏。"

卷中有"仁正侯長昭黃雪書屋鑑藏圖書之
印"。

傅增湘《藏園羣書經眼錄》卷二著錄此本。

鉅宋廣韻五卷

(宋)陳彭年等奉勅編撰

宋乾道五年(1169年)黃三八郎刊本　日本
重要文化財　共五册

内閣文庫藏本　原徐乃昌　木村蒹葭堂
昌平坂學問所等舊藏

【按】每半葉有界十二行,行約二十一字。注
文雙行,行三十四字。白口(一部分爲細黑
口),雙黑魚尾。左右雙邊(20cm × 14.5cm)。
版心著錄"貟幾(或貟平幾、貟去聲幾等)(葉
數)"。下象鼻處記大小字數。

卷首無宋景德四年及大中祥符元年《牒文》,

有陸法言《切韻序》,郭知玄《拾遺序》,陳州司法孫愐《唐韻序》。其後末二行,有刊行牌記一行曰"己丑建寧府黃三八郎書舖印行"。

是本正卷首題"鉅宋廣韻上平聲卷第一"。每卷首行題"鉅宋廣韻某聲(平聲則題上下平)卷第幾",次行低一格爲"韻目",目分三排,目後連接正文。每卷尾題後附《新添類隔今更音和切》。卷末載《雙聲疊韻法》、《六書八體辨字五音法》等。

卷中避宋諱,凡遇"玄、敬、弘、匡、胤、貞"等字皆闕筆,而"桓、構、敦、慎"字皆不避。

此本原係徐乃昌舊藏,後歸日人木村孔恭(兼葭堂)。光格天皇文化元年(1804年),木村家獻於昌平坂學問所。

每卷首有"兼葭堂藏書印"及"兼葭藏書"篆文印記。卷中并有"徐乃昌讀"、"兼葭堂祕不許闖外"等印記。

森立之《經籍訪古志》卷二著錄此本,謂此本"元至元二十六年己丑所刊與? 元人以好古自居,遂改'文欣'爲'文殷',尚忘去'鉅宋'字"云云。又此本有顧澐《題記》,謂爲"皇祐元年刊本"云云。吾師周祖謨先生於此辨之甚詳,謂此本刊於南宋,實有元代補版,"黃三八郎書舖曾刻《韓非子》,題爲'乾道改元中元日印行'。觀本書序文刻板的字體筆法和刀刻的棱角,酷似《韓非子》一書,由此足以證明本書爲乾道間刊本"(見《鉅宋廣韻·前言》)。

又,董康《書舶庸譚》卷六、傅增湘《藏園群書經眼錄》卷二亦著錄此本,稱其"字體秀勁,仿褚河南"。又謂"以字體刀工核之,要是南渡初閩中刊本也。書衣有日本舊人題皇祐元年刊本"。

此本已被日本"文化財審議委員會"確認爲"日本重要文化財"。

廣韻五卷

(宋)陳彭年等奉敕重修

宋寧宗朝(1195—1224年)刊本　共五冊

龍谷大學大宮圖書館藏本　原寫字臺文庫

等舊藏

【按】此本係宋孝宗乾道年間(1165—1173年)刊本的覆刊本,版式行款與内閣文庫所藏宋乾道五年黃三八郎本同。

廣韻五卷

(宋)陳彭年等奉敕編撰

金刊本　粘葉裝　共五冊

日光輪王寺天海藏本　原慶源寺等舊藏

【按】每半葉有界十二行,行十九字。注文雙行,行三十一字。黑口,雙黑魚尾。左右雙邊(16.4cm×11cm)。

前有唐天寶十年(751年)孫愐《唐韻序》。

此本係據宋本覆刊,卷中仍避宋諱,凡遇"玹、眩、駁、茲、眩、匡、筐、炅"等字皆闕筆。

每冊首眉上有朱書"慶源寺"三字,第二冊有墨書"樹上房上兒"一行,皆係五山僧人所書。

廣韻五卷

(宋)陳彭年等奉敕重修

宋末元初刊明配補本　共五冊

慶應義塾大學附屬研究所斯道文庫藏本

【按】卷一、卷二、卷四係原刊本,每半葉有界十二行,注文小字雙行,行三十一字左右。細黑口,雙黑魚尾。左右雙邊(16.6cm×10.9cm)。版心著錄"勻(幾)(葉數)"。内半葉左上欄外有耳格,記卷數。卷三、卷五係明前期刊本配補,每半葉有界十行,四周雙邊(20.5cm×12.7cm)。細黑口,雙黑魚尾。版心著錄"韻(幾)(葉數)"。

卷首有孫愐《唐韻序》,然首半葉缺佚。本文卷首題"廣韻上平(聲卷第一)",(括號内四字無字辨認,此據卷二以下標題補上——編著者)每卷次行低二格排列"韻目"。目後連接本文,全書卷末附《新添類隔更音和切》。

卷中有"崇山沙門釋玄琳静峯"的墨書,並有"三井家鑒藏"等印記。

廣韻五卷

（宋）陳彭年等奉勅編撰

元延祐二年（1315年）圓沙書院刊本　共三册

天理圖書館藏本

【按】每半葉十二行，行十九字。注文雙行。黑口，雙黑魚尾。四周雙邊。版心題"韻（勻）幾"，下記字數。

前有唐天寶十年（751年）孫愐《唐韻序》。

《序》後有雙行刊本木記曰：

> 龍集乙卯菊節
> 圓沙書院刊行

此"乙卯"當爲元延祐二年（1315年）。

卷中有"河東公世圖書之記"、"中氏書畫之記"、"中萬圖書"、"公世"等印記。

大宋重修廣韻（殘本）四卷

（宋）陳彭年等奉勅編撰

元覆宋刊本　共四册

內閣文庫藏本　原昌平坂學問所等舊藏

【按】每半葉十一行，行約二十字。注文雙行，行約二十六、七字。黑口，雙黑魚尾。四周雙邊（18.4cm×12cm）。版心著錄"韻（勻）（幾）（葉數）"。

是書全五卷，此本今闕卷一，並缺卷二、卷三首葉。

每卷首題"大宋重修廣韻某聲卷第幾"。

卷三卷四末有"紀陽南斗寄附"題記。

森立之《經籍訪古志》卷二著錄之昌平學藏元刊本，即係此本。

卷中有"昌平坂學問所"、"文化戊寅"、"淺草文庫"等印記。

廣韻五卷

（宋）陳彭年等奉勅編撰

元至順元年（1330年）敏德堂刊本　共十五册

大谷大學悠然樓藏本　原大西行禮等舊藏

【按】每半葉有界十三行，行約十九字。注文雙行，行約三十字。黑口，雙黑魚尾。左右雙邊。

前有唐天寶十年（751年）孫愐《唐韻序》。

《序》後有刊印木記曰"至順庚午敏德堂刊本"，又有"辛未菊節後十日印"八字。

森立之《經籍訪古志》卷二著錄原容安書院藏元至順刊本《廣韻》五卷，楊守敬《日本訪書志》卷三著錄本，皆與此本同。

廣韻五卷

（宋）陳彭年等奉勅編撰

元元統三年（1335年）日新書堂刊本　共五册

米澤市立圖書館藏本

【按】每半葉有界十三行，行十七字。注文雙行，行二十八字。黑口，間有白口，四周雙邊（18.3cm×11.7cm）。

前有唐天寶十年（751年）"陳州司馬孫愐《唐韻序》"

《序》後有刊本印記：

> 元統乙亥中秋
> 日新書堂刻梓

每册首有"麻谷藏書"印記，卷中有"釋"、"中姜"等印記。

廣韻五卷

（宋）陳彭年等奉勅編撰

元至正二十六年（1366年）南山書院刊本　共五册

尊經閣文庫藏本　原江月宗玩　大野酒竹等舊藏

【按】每半葉有界十二行，注文小字雙行，行約二十八字。細黑口，雙黑魚尾。四周雙邊（21cm×12.8cm）。版心著錄"韻（或貟、廣勻）卷（幾）（葉數）"。

卷首有"陳州司馬孫愐《唐韻序》。本文每卷首題"廣韻(某)聲卷第一"。次行低一格排列"韻目",目後連接正文。每卷末尾題之前附有《新添類隔今更音和切》。

孫恤《序》後,有雙邊刊行木牌:

至正丙午菊節
南山書院刊本

每冊末有"宗玩"、"酒竹文庫"等印記。

廣韻五卷

(宋)陳彭年等奉勅編撰

元至正二十六年(1366 年)南山書院刊本元至順庚午(1330 年)刊本配補本　共五冊

内閣文庫藏本　原昌平坂學問所等舊藏

【按】此本與尊經閣文庫藏本係同一刊本,版式行款皆同,惟缺卷五,又以元至順庚午(1330年)刊本補足(每半葉十三行,注文雙行小字,行約三十字)。

卷一、卷二有"周信"印記,各卷有"昌平坂學問所"印記,卷末有"寬政戊午"朱印。

森立之《經籍訪古志》卷二,楊守敬《日本訪書志》卷三及傅增湘《藏園羣書經眼錄》卷二皆著錄此本。楊氏稱此本"首題陳州司馬孫恤《唐韻序》……各本皆題為'司法',而此題為'司馬',當是淺人所改"。又曰:"或疑此即陸法言之原本"云云。傅氏亦曰:"且注文亦簡略,與至順本又不盡同,可證明明代《廣韻》刊本之刊落注文非中涓所為矣。又明代永樂甲辰廣成書堂刊本、弘治辛酉劉氏文明書堂刊本皆改'司法'為'司馬',實此本之作俑也。"

廣韻五卷

(宋)陳彭年等奉敕重修

元至正二十六年(1366 年)南山書院刊本共五冊

龍谷大學大宮圖書館藏本　原寫字臺文庫等舊藏

【按】此本與尊經閣文庫藏本係同一刊本,版式行款皆同,惟卷內磨損甚多,第一冊版心文字幾不可見。

封面係後人裝幀、茶褐色紙。

卷中有"寫字臺之藏書"等印記。

廣韻五卷

(宋)陳彭年等奉敕重修

元至正二十六年(1366 年)南山書院刊本共五冊

静嘉堂文庫藏本

【按】此本與尊經閣文庫藏本係同一刊本,版式行款皆同,惟卷首無孫恤《唐韻序》及刊行木牌。

卷中有"燕喜樓"朱文圓印。

(明本正誤足注)廣韻五卷

(宋)陳彭年等奉勅編撰

元刊本　共五冊

内閣文庫藏本　原近江西大路藩主市橋長昭　昌平坂學問所等舊藏

【按】每半葉有界十四行,行二十字。注文雙行,行約三十字。四周雙邊(20.3cm×14cm)。

前有宋景德四年(1007 年)十一月十五日《牒》、宋大中祥符元年(1008 年)六月五日《牒》等。

卷首題"明本正誤足注廣韻卷之一",下有"上平聲"三字。

日本光格天皇文化五年(1808 年)二月,仁正寺藩主(孝明天皇文久三年,即 1863 年改稱"近江西大路藩",自稱"下總守"、"黄雪山人"——編著者)市橋長昭舉所藏之宋元舊刊本三十種與明本數種獻諸文廟。此本為其中之一。卷末貼附市橋長昭撰《獻書跋文》一篇。《跋》由市河米庵書寫。其文如次:

《寄藏文廟宋元刻書跋》

"長昭夙從事斯文,經十餘年。圖籍漸多,意方今藏書家不乏於世,而其所儲大抵輓近刻書,至宋元槧蓋或罕有焉。長昭獨積年募求,乃今至累數十種。此非獨在我之為難,而即在西土亦或不易,則長昭之苦心可知矣。然而物聚必散,是理數也,其能保無散委於百年之後乎? 孰若舉而獻之廟學,獲藉聖德以永其傳,則長昭之素願也。虔以宋元槧三十種爲獻,是其一也。

　　　文化五年二月下總守市橋長昭謹誌

河三亥書

　　　自《周易》至《山谷集》十四種一函,自《淮海集》至《國朝名臣事略》十六種一函,右二函,文化五年戊辰五月市橋下總守寄藏。"

森立之《經籍訪古志》卷二著録此本,并謂"元刊本皆不載景德、大中祥符二《牒》,此特存,可謂奇矣"。

卷中有"仁正侯長昭黃雪書屋鑒藏圖書之印"、"昌平坂學問所"、"淺草文庫"等印記。并有市橋長昭《寄藏文廟宋元刻書跋文》二葉。

廣韻五卷

(宋)陳彭年等奉勅編撰

元刊本　共五冊

東洋文庫藏本

廣韻(殘本)三卷

(宋)陳彭年等奉勅編撰

元末刊本　共三冊

足利學校遺蹟圖書館藏本

【按】是書共五卷。今本存三卷,闕卷一、卷二。卷三至卷五,每卷首尾亦闕。

廣韻五卷

(宋)陳彭年等奉勅編撰

明永樂十三年(1415 年)與耕書堂刊本　共五冊

東洋文庫藏本

廣韻五卷

(宋)陳彭年等奉勅編撰

明永樂二十二年(1424 年)廣成書堂刊本　共五冊

宮内廳書陵部藏本

【按】每半葉有界十二行,行約十五字。注文雙行,行二十八字。黑口,四周雙邊。

前有唐天寶十年(751 年)孫愐《唐韻序》。《序》後有刊印木記:

永樂甲辰良月
廣成書堂新刊

卷一及卷四首有"文甫"印記,卷一及卷三首,並卷二及卷五尾,皆有"巢松"印記。每冊封面又有"如櫨軒"印記。

森立之《經籍訪古志》卷二及楊守敬《日本訪書志》卷三著録之"永樂本",皆與此本同。

廣韻五卷

(宋)陳彭年等奉勅編撰

明經廠本　共五冊

京都大學人文科學研究所東洋學文獻中心藏本

【按】每半葉有界九行,行十七字。注文雙行,行約三十四字。黑口,四周雙邊。版心上方題"廣韻卷第幾",下記葉數。

卷首有唐天寶十年(751 年)孫愐《序》,銜題"陳州司馬"。

每卷首行題"廣韻某聲卷第幾",次韻目,目後即接正文。

(重編)廣韻(重編孫愐廣韻)五卷

(宋)陳彭年等奉勅編撰

明嘉靖年間(1522 — 1566 年)勿齋朱厚熿刊本　共五冊

内閣文庫　蓬左文庫　尊經閣文庫藏本

【按】每半葉有界九行,小字行約三十字,黑口。

前有明嘉靖二十八年(1549 年)益王勿齋朱厚熿《序》,記是書編纂梓刊之緣由,其文曰:

　　"我太祖高皇帝以天縱之聖,稽古右文。混一之初,詔詞臣編定《洪武正韻》。會四方之極,正中原之音,或合或分,各極其妙,頓

洗陋習,遠復古道,誠萬世不刊之典,同文之
治,猗歟盛哉。我先考端王,體道好古,潛心
典籍,尤加意於韻書,故深得其肯綮。常愛
宋學士謂:江左制韻,但知縱有四聲,而不知
衡有七音。誠探韻書之頤,極中沈約之失。
乃於國政之暇,躬自編次,以《廣韻》附於《正
韻》,復增入《玉篇》。凡切韻七音諧協而分
爲二韻者,更入本韻,字各分屬於母,一本於
《正韻》之成規,以遵我國家之制作。增入
《玉篇》,以博文字之用;又各分母而次第之,
以便檢閲,可謂博而有要,渙而有統者矣。
夫有要,則不苦其難;有統,則不流於汎,要
二書而同歸,一貫之道備哉。不惟嘉惠來
學,尤有以仰弼我太祖考文之治也。惜乎手
澤尚新,編成未梓,予敢不上繼先志,以廣其
傳乎。"

内閣文庫藏本,原係松平定信等舊藏。

蓬左文庫藏本,係明正天皇寬永十二年
(1635年)從中國購入,卷中有"尾陽内庫"印
記。

廣韻五卷

(宋)陳彭年等奉勑編撰

明刊本　共五册

尊經閣文庫藏本　原江户時代加賀藩主前
田綱紀等舊藏

廣韻五卷

(宋)陳彭年等奉勑編撰

明刊本　共五册

内閣文庫藏本　原紅葉山文庫等舊藏

廣韻五卷

(宋)陳彭年等奉勑編撰

明刊本　共五册

愛知大學簡齋文庫藏本　原小倉正恒等舊
藏

(新刊足注明本)廣韻五卷

(宋)陳彭年等奉勑編撰

明棗嚴精舍刊本　共五册

蓬左文庫藏本

集韻(殘本)九卷

(宋)丁度等奉敕編撰

宋淳熙十四年(1187年)金州軍州學刊本
共九册

宫内廳書陵部藏本　原金澤文庫　豐後佐
伯藩主毛利高標　紅葉山文庫舊藏

【按】每半葉十行,行大字三字當小字四字,
小字雙行,行二十九字至三十一字不等。白
口,單黑魚尾。左右雙邊(28.3cm×20cm)。版
心著録"集韻(某)聲(幾)(葉數)"。

每卷本文卷首題"集韻卷之(幾)"。第二行
低半格小字署"翰林學士兼侍讀學士朝請大夫
尚書左司郎中知制誥判祕閣兼判太常禮院羣
牧使柱國濟陽郡開國侯食邑一千一百户賜紫
金魚袋臣丁度等奉",換行低一格接續"敕修
定"三字。第四行起低二格排列目次,目後連
接正文。

是書全十卷,此本今闕卷第一。

卷十後有宋寶元二年(1039年)九月十一日
延和殿《奉聖旨鏤板施行牒文》,下列趙師民、
孫錫、王洙、宋祁、賈昌朝、鄭戩、李淑、丁度共
八人銜名。又有宋慶曆三年(1043年)八月十
七日"雕印成延和殿進呈奉聖旨送國子監施
行"一行,與《牒文》列銜連屬,下列賈昌朝、晏
殊、章得象共三人銜名。

後有宋淳熙年間(1174—1189年)田世卿重
刊《跋》,其文曰:

"世卿舊聞《集韻》收字最爲該博,搜訪
積年,竟未能得,皆云此板久已磨滅,不復有
也。世卿前年蒙恩,將屯安康,偶得蜀本,字
多舛誤,間亦脱漏,嘗從暇日委官校正。凡
點畫錯謬者五百三十一字,其間湮晦漫不可
省者二百一十五字,正文注解脱漏者三十三

字。繼得中原平時舊本,重校修改者一百五
十五字,舊本雖善,而書字點畫亦有謬誤,復
以《説文》、《爾雅》等書是正,改定凡五百一
十五字。因令鋟板,以廣其傳。自淳熙乙巳
(1185年)九月至丁未(1187年)五月,僅能
畢功,亦庶幾不作無害有益之義也。武功大
夫高州刺史充金州駐劄御前諸軍都統制田
世卿謹跋。"

此本係日本中世紀時代金澤文庫外流出漢
籍之一種。江户時代此本歸豐後佐伯藩主毛
利氏家所有。仁孝天皇文政年間(1818—1829
年)由出雲守毛利高翰獻贈幕府。明治初年經
由太政官文庫而歸内閣文庫。明治二十四年
(1891年)由内閣文庫移送宫内省圖書寮(即
今宫内廳書陵部)。

每册首尾有"金澤文庫"墨印(第七號印),每
册首有"蟠桃院"、"祕閣圖書之章"印記,卷首
有"佐伯侯毛利高標字培松藏書畫之印"等印
記。

森立之《經籍訪古志》卷二著錄楓山官庫藏
《集韻》宋刊本,即此本。楊守敬《日本訪書志》
卷四,傅增湘《藏園群書經眼録》卷二、《御書籍
來歷志》及《留真譜》皆著録此本。此本版式寬
廣,字大如錢,紙質堅緻,撫刻精良。

【附録】《官板書籍解題略》卷上著録《集韻》
十卷,并曰:"舊題(宋)丁度撰,前有《韻例》。
仁宗皇帝詔翰林學士丁度、李淑,增崇韻學,以
許叔重以降凡數十家而爲《集韻》。"

《昌平坂御官板書目》及《官板書目》皆著録,
并注曰"翻刻"。

日本仁孝天皇天保九年(1838年)刊印《集
韻》十卷。

集韻十卷

(宋)丁度等奉敕編撰
明毛氏汲古閣影宋刊本　段玉裁手識本
共十册
静嘉堂文庫藏本

【按】前有《韻例》,並宋景祐元年(1034年)

三月宋祁等《奏》。

卷中有段玉裁手題"識語"兩處,其文曰:

"甲寅三月,借周漪塘所藏毛抄宋本校,
每葉二十二行。凡照印宋本改者,書于本字
本身旁側;凡以意正者,書于本行上下方;亦
有照宋改本字,仍恐糊糢,書于上下方。"

段氏手識文又曰:

"毛子晋影抄宋本,每葉版心之底,皆有
'某人重開'、'某人重刊'、'某人重刀'。'某
人'者,刻工姓名也。每誤處用白涂之,乃更
墨書之。每卷前後皆有毛晋子晋圖書,毛扆
斧季小圖書。余既爲之跋,還漪塘,又書於
此,欲令子孫寶之,傳之其人。玉段。"

切韻指掌圖二卷　檢例一卷

(宋)司馬光撰　《檢例》(元)邵光祖撰
元刊本　共二册
静嘉堂文庫藏本

【按】每半有界葉十行,行字數不定。

前有司馬光《自序》,宋嘉泰三年(1203年)
董南一《序》。後有無名氏《題跋》。

此本凡爲圖二十。《檢例》一卷,係元人邵光
祖增定。《切韻指掌圖》宋時流行本,原有司馬
光撰《檢例》一卷。邵光祖以爲全背圖旨,係他
人所作,故自爲《檢例》一卷以明之。

【附録】九世紀末藤原佐世編撰《本朝見在書
目録》,其第十"小學家"類著録當時日本中央
各機構蒐儲有關《切韻》典籍如次:

《切韻》五卷　陸法言撰;
《切韻》五卷　王仁煦撰;
《切韻》十卷　釋弘演撰;
《切韻》五卷　麻杲撰;
《切韻》五卷　孫愐撰;
《切韻》五卷　孫伷撰;
《切韻》五卷　長孫納言撰;
《切韻》五卷　祝尚丘撰;
《切韻》五卷　王在藪撰;
《切韻》五卷　裴□音撰;
《切韻》五卷　陳道固撰;

《切韻》五卷　沙門清澈撰；

《切韻》五卷　盧自始撰；

《切韻》五卷　蔣□撰；

《切韻》五卷　□知玄撰；

《切韻》五卷　韓知十撰；

《切韻圖》一卷　未著撰人。

東山天皇元禄元年(1688年)久保田權又衛門、坂口勘兵衛刊印《司馬温公切韻指掌圖》不分卷。

中御門天皇享保十七年(1732年)大阪村上清三郎刊《切韻指掌圖》,天王寺屋市郎兵衛印本。

韻補五卷

(宋)吳棫撰

明嘉靖年間(1522 — 1566年)刊本　共二冊

宮內廳書陵部藏本　原豐後佐伯藩主毛利高標　紅葉山文庫等舊藏

【按】每半葉有界九行,小字雙行,行十七字。

前有宋乾道四年(1168年)四月武夷徐蕆《序》。此《序》紙葉斷爛,僅存一半。《序》後有《引用書目》。

此本係仁孝天皇文政年間(1818—1829年)由出雲守毛利高翰獻贈於幕府。明治初年,經由太政官文庫而歸內閣文庫。明治二十四年(1891年)由內閣文庫移送宮內省圖書寮(即今宮內廳書陵部)。

卷首有"佐伯侯毛利高標字培松藏書畫之印"。每冊首有"順興世家安勝伯高章"、"尚古堂藏書印"、"千手眼空璽寶"、"敉安"、"祕閣圖書之章"等印記。

【附錄】有江戶時代《韻補》手寫本五卷,今存國會圖書館。

韻補五卷

(宋)吳棫撰

明嘉靖年間(1522 — 1566年)刊本　共二冊

靜嘉堂文庫　尊經閣文庫藏本

【按】前有宋乾道四年(1168年)四月徐蕆

《序》,次有明嘉靖元年(1522年)陳鳳梧《序》。

靜嘉堂文庫藏本,原係朱竹垞舊藏。卷中有"秀水朱氏潛采堂圖書"、"檇李項藥師藏"等印記。

禮部韻略(殘本)三卷

(宋)丁度奉敕重修

北宋哲宗年間(1086 — 1100年)刊本　日本重要文化財　共三冊

名古屋大須觀音寶生院藏本　原奈良東大寺東南院聖珍等舊藏

【按】每半葉有界十一行至十三行不等,行二十二字左右。注文雙行小字,行二十九字左右。白口,單黑魚尾。左右雙邊(22cm × 14.4cm)。版心著錄"平(或上、入)聲上(或下)葉數"。韻目標字陰刻。下象鼻處有刻工姓名,如安許、朱涂、浩吉、發、洪、涂許、許公、陳華、屠、公誠等。

是書全五卷,此本今存卷第一、卷第三、卷第五,凡三卷共六十一葉。

卷首無序跋。本文卷首題"禮部韻略平聲上第一"。各卷大題後次行低三格排列目次,目後連接正文。全書卷末附宋元祐庚午(1090年)《禮部續降韻略條制》、《貢院條制名諱》,並宋景祐四年(1037年)《禮部條制》等。

卷中避宋諱,九十餘字爲字不成,凡"玄、眩、眩、泫、弦、絃、蚿、譣、炫、衒、駁、舷、佉、縣、懸、縣、頔、朗、佷、峎、硍、擱、狼、浪、閬、悢、悢、睨、烺、桹、埌、脁、窱、珽、脡、侹、艇、蜓、鋌、艇、擎、檠、驚、儆、警、橄、弘、泓、軋、竑、軓、殷、慇、溦、磤、蒇、匡、筐、邼、眶、恇、劻、枉、胤、醑、炅、頴、煛、熲、恒、佷、禎、貞、楨、郎、偵、徵、湞、楨、郎、曙、樹、澍、頊"等字皆缺筆,宋哲宗名"煦"字下注"御名"。

卷中有"尾張國大須寶生院經藏圖書寺社官府點檢之印"方印記,首尾有"寺社官府再點檢印"圓印記。另有附紙,題曰"文政四年辛巳九月日令修理畢"。

森立之《經籍訪古志》卷二著錄尾張真福寺

藏北宋刊本《禮部韻略》零本三卷,即係此本。森氏謂"此本比之紹興增修本,體式迥異,惜殘缺不完"。

此本已被日本"文化財審議委員會"確認爲"日本重要文化財"。

(增修互注)禮部韻略五卷

(宋)毛晃增注　毛居正校勘重增

元至正四年(1344 年)建安余氏勤德堂刊本　共五册

御茶之水圖書館藏本　原狩谷掖齋　澁江抽齋　島田翰　德富蘇峰等舊藏

【按】每半葉有界十一行,行約十四字。注文小字雙行,行約二十八字。小黑口,雙黑魚尾。左右雙邊(21.3cm × 13.8cm)。版心著録"毛匀(幾)(葉數)"。内半葉左欄上端有耳格,記"(幾)韻目"。注文中"增入"、"晃曰"、"今圈"等皆陰文標識。

卷首有《擬進增修互注禮部韻略表》,題署"紹興三十二年(1162 年)十二月日衢州免解進士臣毛晃上表"。本文卷首題"增修互注禮部韻略卷第一　上平聲"(此三字墨圍陰刻)。第二行低二格半署"衢州免解進士毛晃　增註"。第三行低四格半署"男進士　居正　校勘重增"。每卷題署後列目次,目後連接正文。

卷一末尾題之前有雙邊刊行牌記:

> 至正甲申仲夏
> 余氏勤德堂栞

首册封面有 1911 年(明治四十四年)德富蘇峰的手題"識文"。文曰:

> "是書狩谷掖齋舊儲也,頭首捺印可以徵證也。明治四十四年十一月天長節曝書之際　蘇峰記。"

卷一末有"加朱一枚了　一鷗叟"朱筆識文。

卷二末有"一鷗子加朱了"朱筆識文。

卷三末有 1903 年(明治癸卯年)島田翰手題"識文"。文曰:

> "是書往歲予所獲。卷首捺先君子圖章

者記不忘其原也。癸卯二月島田翰識二十五歲。"

卷中有"掖齋"、"弘前醫官澁江氏藏書記"、"松鳳"、"島田重禮"、"島田翰讀書記"、"島田翰字彦楨精力所聚"、"王子所訓母氏所誨井井夫子所教"、"德富猪一郎之章"、"蘇峰文庫"、"蘇峰清賞"、"德富猪印"、"蘇峰"等印記,各册首皆有"同幻子"古墨題署,並有花押。

(增修互注)禮部韻略五卷

(宋)毛晃增注　毛居正校勘重增

元至正十五年(1355 年)日新書堂刊本　共五册

宮内廳書陵部藏本　原豐後左伯藩主毛利高標等舊藏

【按】每半葉有界十一行,行約十四字。注文小字雙行,行約二十八字。細黑口,雙黑魚尾。左右雙邊(20.8cm × 13.8cm)。版心著録"毛韻(或匀)(幾)(葉數)"。注文中"增入"、"今圈"、"晃曰"、"居正謹案"等皆用陰文標識。

卷首題署體式行款皆與余氏勤德堂刊本同。卷一尾題之前有雙邊刊行牌記:

> 至正乙未仲夏
> 日新書堂重刊

此本係仁孝天皇文政年間(1818 — 1830 年)出雲守毛利高翰獻贈幕府者。明治初年經由太政官文庫而歸内閣文庫,明治二十四年(1891 年)由内閣文庫移送宮内省圖書寮(即今宮内廳書陵部)。

卷首有"佐伯侯毛利高標字培松藏書畫之印"印記。每册首有"祕閣圖書之章"印記,每册首尾又有"高平隆長"、"喜"等印記。

森立之《經籍訪古志》卷二著録容安書院藏元至元乙未刊本,楊守敬《日本訪書志》卷四著録元刊本,皆與此本同。

【附録】日本十五世紀室町時代(1393—1573年)五山版《增修互注禮部韻略》五卷,行款體式皆與元至正乙未日新書堂本同,但删去木記,匡式仍存,留白地墨邊。卷五第六、七、八葉郭外,刻"日本永春刀"。

(增修互注)禮部韻略五卷

(宋)毛晃增注　毛居正校勘重增

元至正十五年(1355 年)日新書堂刊本　共五册

内閣文庫藏本　原昌平坂學問所舊藏

【按】此本與宫内廳書陵部藏本係同一刊本,版式行款皆同,惟封面有附條,上額橫書"博文書堂",並大字"毛氏增修禮部韻注",行間有小字"謹依古杭官本",實係日新書堂版後印本。

第一册至第四册封面内側有手題文字,墨書"文明六年三月廿一日快典",乃 1474 年五山僧侶快典手識文。

卷中有"昌平坂學問所"、"寬政戊午"、"淺草文庫"等印記。

(增修互注)禮部韻略五卷

(宋)毛晃增注　毛居正校勘重增

元至正十五年(1355 年)日新書堂刊本　共五册

天理圖書館藏本　原小津桂窗等舊藏

【按】此本與宫内廳書陵部藏本係同一刊本,版式行款皆同。

卷中眉上間有室町時代(1393—1573 年)手識文。有"西莊文庫"、"桂窗"等藏書印記。

(增修互注)禮部韻略五卷

(宋)毛晃增注　毛居正校勘重增

元至正十五年(1355 年)陳氏餘慶堂刊本共十册

静嘉堂文庫藏本　原狩谷掖齋　淺野梅堂(長祚)　島田翰　松方正義　竹添光鴻等舊藏

【按】每半葉有界十一行,行十四字左右。注文小字雙行,行約二十八字。細黑口,雙黑魚尾。左右雙邊(21.6cm×13.9cm)。版心著録"毛勻(幾)(葉數)"。

卷首題式與御茶之水圖書館藏余氏勤德堂刊本同。卷一尾題之前有雙邊刊印牌記:

> 至正乙未妃僆
> 餘慶書堂新刊

卷首貼附封面附葉,上側橫書"陳氏餘慶堂"五字。下側左右書"毛氏增修禮部韻注",行間有小字"謹依古杭官本"。

毛晃上表末葉及卷五首葉、末葉皆缺佚。

卷中有"淺野源氏五萬卷樓圖書之記"、"彤函翠蘊"、"靈均堂"、"漱芳閣"、"漱芳閣青賞"、"錢長祚珍賞印"、"漱芳閣新收記"、"楳堂閣藏"、"島田翰讀書記"、"松方文庫"等印記。

卷末附綴 1844 年(天保甲辰)淺野梅堂的"跋文"。其文曰:

> "元板《增修互注禮部韻略》五卷,狩谷卿雲藏本。卷一後木記兩行曰'至正乙未妃僆,餘慶書堂新刊'。卷首大字夾行'毛氏增修禮部韻注',中條有'謹依古杭官本'六字。其額旁行題'陳氏餘慶堂'。按張金吾《愛日精廬藏書志》著録此書曰:'卷一後有至正辛丑妃僆　興慶書堂新刊木記。'至正乙未爲其十五年,辛丑爲二十一年。張所見蓋係再刊本。但餘慶堂作興慶堂,豈陳氏外別有一人堂號,差一字者邪?或餘訛作興邪?今不可考。又此本首載毛晃上表,缺末一葉。據《藏書志》則紹興三十二年表。夫張氏身在西土而於此刻珍重乃爾,況海洋萬里,古刻存於今日者,月匱日微,幾成斷種。夏后之璜□□之甲不比其珍貴也。天保甲辰秋八月十三日蟬癡道人識於峽府官署月虹樓。昔連日秋霖時雨、東南二鄉皆成巨浸,豐年未卜,今日喜晴,聊書記耳。"

文後有"蟬國王章"、"蔣蟬長祚"、"胤卿氏"印記。

(增修互注)禮部韻略五卷

(宋)毛晃增注　毛居正校勘重增

元至正十五年(1355 年)陳氏餘慶堂刊明印

本　共五册

　宫内廳書陵部藏本

【按】此本與静嘉堂文庫藏本係同一刊本，版式行款皆同，惟無封面附紙、卷一末“餘慶書堂”刊行木記被剜削。

　每卷首有“小島氏圖書記”印記，册首又有“玉巖”等印記。

（增修互注）禮部韻略五卷

（宋）丁度撰　毛晃增注　毛居正校勘重增

元至正二十六年（1366年）秀岩書堂刊本　共十册

　天理圖書館藏本　原蘇曼殊　盛宣懷愚齋等舊藏

【按】每半葉有界十一行。注文小字雙行，行二十八字。黑口，三黑魚尾。左右雙邊（21.2cm×13.9cm）。版心題“毛韻（韵）一（——五）”，下記葉數。

　内題次行曰“衢州免解進士毛晃增注　男進士居正校勘重增”。

　卷一末有刊印木記：

> 太歲丙午仲夏
> 秀岩書堂重刊

　卷中有“曼殊圖書之印”、“愚齋圖書館藏”等印記，係盛宣懷舊物。

（增修互注）禮部韻略五卷

（宋）毛晃增注　毛居正校勘重增

元末建安刊本　共五册

　静嘉堂文庫藏本　原謝在杭　陸心源等舊藏

【按】每半葉有界十一行，注文小字雙行，行二十八字。一大字約占小字四格。細黑口，雙黑魚尾。左右雙邊（21.8cm×13.7cm）。注文中“晃曰”、“增入”、“元祐新制”、“重增”等皆以墨圍陰刻爲標識。

　卷首題式，與勤德堂刊本、日新堂刊本等皆同，然刊行木記被剜削。

陸心源原標此本爲“宋刊本”。傅增湘《藏園羣書經眼録》卷二著録此本，并曰“此本字體圓渾，刊工纖細，望而知爲元刊，不知陸氏何緣致誤”。

　卷中有“高平氏”、“龔一發印”、“冶南何氏瑞室圖書”、“臣陸樹聲”、“歸安陸樹聲叔桐父印”等印記。

（增修互注）禮部韻略（殘本）三卷

（宋）毛晃增注　毛居正校勘重增

元末建安刊本和刊本配補本　共三册

　國會圖書館藏本

【按】是書全五卷，此本今存卷一，卷二、卷五以日本江户時代刊本配補，凡三卷。

　卷一每半葉有界十一行，注文小字雙行，行約二十八字。細黑口，左右雙邊（21.2cm×13.5cm）。卷一末葉缺佚。

　卷首題式與日新堂刊本同。

（文場備用排字）禮部注韻五卷　首一卷

（宋）丁度撰　毛晃　毛居正補

元元統三年（1335年）吕氏會文堂刊本　共三册

　内閣文庫藏本　原昌平坂學問所舊藏

【按】每半葉有界十三行，注文小字雙行，行約三十五字。大字一字約占小字四格。細黑口，雙黑魚尾。四周雙邊（20.9cm×12.9cm）。間有左右雙邊。版心著録“韻（幾）（葉數）”。

　此本書名各卷有異。本文卷一題“文場備用排字禮部韻注上平聲第一”。卷一尾題及卷二、卷四、卷五首尾題“善本排字通併禮部韻略”。卷三尾題“文場備用排字通併禮部韻注”。

　卷首有《聖朝頒降貢舉三試程式》，及《考試程式》。其中“蒙古色目人”與“漢人南人”課目不等，漢人南人課試重於蒙古人色目人。其後附《文場備用禮部韻注分毫點畫正誤字樣》。

　“正誤字樣”之末，有會文堂雙邊刊語四行，語曰：

"聖朝科試,舉子所將一《禮韻》耳。然
唯張禮部敬夫定本最善,今復以諸韻參校,
每一韻爲增數字,凡增三千餘字。釋焉而
詳,擇焉而精,敬用梓行,爲文場寸晷之助
云。元統乙亥建安吕氏會文書堂謹誌。"
全書末卷五尾題之前,有雙邊刊行牌記:

　　　元統乙亥孟冬
　　　吕氏會文堂刊

卷中有"昌平坂學問所"、"文化乙亥"、"淺草
文庫"等印記。

(草書)禮部韻寶五卷

(宋)高宗書法

元覆宋刊本　共五册

静嘉堂文庫藏本　原島田翰　松方正義等
舊藏

【按】每半葉有界五行,大字行五字。行草書
大字下,以小字楷書爲注。細黑口,雙黑魚尾。
左右雙邊(17.2cm×13cm)。

封面外題"宋版　草書韻寶　(幾)"。首册
扉頁上側横書"與耕書堂",下書"高宗御筆
草書韻寶"。旁有小字記注"此一葉據烏石舊
藏宋□本補"。正文卷首題"草書禮部韻寶上
平聲"。每卷次行以下低一格排列目次,目後
連接本文。

卷末有《序》,題署"承議郎權發遣湖州軍州
兼管内勸農事借紫臣陳汶謹識"。其後題署
"宣義郎簽書昭慶軍節度判官廳公事臣趙與懃
監刊"。此《序》中叙述刊印經緯曰:

"臣仰惟高宗皇帝釋去萬機,游戲翰墨,
朝夕不倦,聖心冲澹,不累於物,合於道矣。
宜其超妙入神,不可摹擬,御書《禮部韻略》
真草兼備,凡二萬二千一百九十六字,臣與
懃得而秘藏之,臣汶刊置墨妙亭以爲萬世之
寶。"

卷中有"山本"、"向黄邨珍藏印"、"島田翰讀
書記"、"松方文庫"等印記。

扉頁所題"烏石舊藏",十九世紀中葉淺野梅

堂《漱芳閣書畫記》有如下跋文:

"宋板高宗御書《禮部韻》五册

褾背面有高宗御書草書韻寶大字二行
及與耕堂字。卷尾有承議湖軍軍事陳汶
《跋》,並布衣臣丁景孟校正重刊小楷一行。
《四庫提要》并阮氏《未收書目》等諸書並不
收此書。蓋佚於彼土已久矣。此本烏石山
人所藏,其題簽及褾紙上處處漫書者,皆山
人手筆也。延享年間(1744—1747年),邦人
越克敏翻刻此本,序中盛稱爲宋刻鮮明者。
要之宋刻無論,如何其鮮明者,過誇耳。此
本紙點略類元版,而其序中云以元版比較,
且乎翻刻本未併刻,其至元戊子中元建安布
衣跋識,是則元板自有别本也。據此本稱,
重刊既併元版三刻,今皆散佚,僅此一本,豈
可不寶愛哉!"

書帙内面有上山田寬明和丁亥(1767年)十
月手書識語曰:

"是書也,宋高宗親自書者。響烏石先
生得之秘藏而翻於兹都。蓋其元本也,先生
遂授之龜谷近者,落乎我手矣,實爲趙璧云。
龜谷者山人之弟子,住赤阪鄉以臨池,鳴於
一時者也。"

【附録】櫻町天皇延享四年(1747年)西村源
立等刊印《草書禮部韻寶》五卷。題署"宋高宗
書　陳汶編"。

(草書)禮部韻略五卷

(宋)高宗書法

元建安刊本　共五册

大東急記念文庫藏本　原稻田福堂等舊藏

【按】每半葉有界五行,大字行五字。大字下
注文小字楷書。細黑口,單黑魚尾。左右雙邊
(16.3cm×10.8cm)。版心著録"上平(等)(葉
數)"。

卷頭無書名。卷首有陳汶與趙與懃的《序》。
本文卷首題"草書禮部韻略　上平"(此二字墨
圍陰刻),其他各卷題"草書禮部韻略上(去、
入)聲"。每卷次行低一格排列目次,目後連接

正文。

上平的目次之末,有剜削去書肆堂號的刊印木記"建安□□□堂刊"。

卷中有室町時期(1395—1573年)的朱筆點引,間有墨筆手迹,並有朱筆漢字假名注音。第五卷有破損。

卷中有"江風山月莊"、"福堂"等印記。

(草書)禮部韻略五卷

(宋)高宗書法

元建安刊本　共五册

龍谷大學圖書館藏本

押韻釋疑(釋疑韻寶)五卷

(宋)歐陽德隆　易有開撰

宋末元初刊本　共五册

宮內廳書陵部藏本　原豐後佐伯藩主毛利高標　紅葉山文庫等舊藏

【按】每半葉有界十一行,注文小字雙行,行約三十字左右。細黑口,雙黑魚尾。四周雙邊間或左右雙邊(20.2cm×12.9cm)。版心著錄"匀(員)(幾)(葉數)"。注文中凡"或作"、"補韻"、"説文"等引書引文,皆以陰刻白文爲標識。

此本封面題簽作《押韻釋疑》。卷首有宋紹定庚寅(1230年)袁文焴《序》。《序》中稱"廬陵歐陽德隆余同升夢得貢士,研精聲律,卓爲儒宗。與其友易君有開輯爲一書,名曰《押韻釋疑》"。然本文卷首題"五十先生《釋疑韻寶》上平聲"。

此本係仁孝天皇文政年間(1818—1829年)由出雲守毛利高翰獻贈幕府。明治初期經太政官文庫而歸內閣文庫。明治二十四年(1891年)由內閣文庫移送宮內圖書寮(即今宮內廳書陵部)。

卷首有"佐伯侯毛利高標字培松藏書畫之印"印記。每册首有"秘閣圖書之章"等印記。

傅增湘《藏園羣書經眼錄》卷二著錄此本,大題標"五十先生釋疑韻寶",按語曰"即《押韻釋疑》也"。

盧宗邁切韻法一卷

(宋)盧宗邁撰

古寫本　共一册

國會圖書館藏本

【按】此本係我國南京大學教授魯國堯氏1990年於日本國會圖書館發現。可以參見魯國堯教授《〈盧宗邁切韻法〉述評》與《宋代等韻要籍〈盧宗邁切韻法〉發現的意義》等論文。

古文四聲韻五卷

(宋)夏竦編撰

陸心源校宋本　共二册

靜嘉堂文庫藏本

【按】此本卷末有清同治九年(1870年)歸安陸心源朱書手題"識語",其文曰:

"常熟瞿氏恬裕齋藏有宋本《古文聲韻》。卷一全缺,卷四存數頁,卷二、卷三、卷五僅缺數頁。行款與今刻同,蓋即汲古影宋本所從出也。今夏借校一過,改正篆文百餘字。卷三艸下,補艸篆及小注誤文二字,早下補㫃篆,罔下補四字,丑下補丒篆及小注古春秋三字,久下𣎵篆下下補説文二字。酒下酋篆舂下𡗗點點三文,皆宋本所無,並刪之。宋貞、徵、桓、皆缺筆,蓋南宋刊本也。同治庚午孟夏校畢識,歸安陸心源。"

此本前有宋慶曆四年(1044年)二月夏竦《自序》。

【附錄】九世紀末藤原佐世編撰《本朝見在書目錄》,其第十"小學家"類著錄當時日本中央各機構蒐儲有關"四聲"典籍如次:

《文府四聲》五卷;

《四聲韻音》一卷;

《四聲韻音》四卷;

《四聲指歸》一卷　劉□經撰;

《文章四聲譜》一卷;

《四聲八躰》一卷;

《入聲》一卷。

通志七音略二卷

（宋）鄭樵撰

明刊本　共一册

國會圖書館藏本

【附録】中御門天皇享保年間（1716 — 1736
年）刊印《六書七音略》二卷，題“通志略本”，署
“宋鄭樵”。

羣經音辨七卷

（宋）賈昌朝撰

明汲古閣影宋刊本　共四册

静嘉堂文庫藏本

【按】每半葉有界八行，行大字十四字。小字
雙行，行十六字不等。版心記字數，並有刻工
姓名，如黄七、黄戡、虞崇、劉光等。

前有宋寶元二年（1039 年）《中書門下牒》，
並賈昌朝《自序》。後有宋康定元年（1040 年）
《奉旨管勾雕造銜名》及宋慶曆三年（1043 年）
《雕造進呈》，列章得象、晏殊、賈昌朝、范仲淹
諸臣銜名。次有宋紹興十二年（1142 年）知汀
州寧化縣王觀國《後序》，次有宋紹興九年
（1139 年）臨安府學重雕職名，列知臨安府張
澄等銜名。

卷中有“毛晋私印”、“子晋”、“希世之珍”等
朱文方印。

陸心源《儀顧堂續跋》卷四著録此本。

羣經音辨七卷

（宋）賈昌朝撰

臧鏞堂手校本　共二册

静嘉堂文庫藏本　原黄丕烈等舊藏

【按】此本有臧鏞堂手校“識語”兩處，其文
曰：

“癸丑六月七日，在東據毛本影抄宋本
精校十七葉。連前算，先是六月初四日起，
初六日止，校于貞節堂袁氏本上。初六日過
臨此本。此本蘇州黄丕烈蕘圃孝廉家所藏，
託邵書賈求善價，□□因出借二□不貳□□

軒庸堂。”

又曰：

“十五日又借明府段若膺校本一勘，用
墨筆以別之。段本以意校改，而往往與影抄
本合。廿六日又從改正數條，可爲善本矣。”

（新刊）平水韻略五卷

（金）王文郁編撰

舊鈔影寫元大德年間（1297—1307 年）刊本
共二册

静嘉堂文庫藏本

【按】每半葉有界十三行，行大字十六字。小
字雙行，行約三十二字。

前有金正大六年（1229 年）季夏許古道真
《序》，次有《聖朝頒降貢舉三試程式》，次有《王
氏新增分毫點畫正誤字》，次有《王氏新雕禮部
分毫字樣》。

每韻後有“新添”、“重添”之字，以黑質白章
隔之。

卷五後有原刊印木記，其文曰：

```
大德丙午重刊新本
平水中和軒王宅印
```

（新彫改併）五音集韻十五卷

（金）韓孝彦編撰　韓道昭改併重編

元前至元二十六年（1289 年）琴台張仁刊本
共十五册

東洋文庫藏本　原岩崎久彌等舊藏

【按】每半葉有界十三行，注文小字雙行，行
約三十五字左右。白口或黑口、雙黑魚尾。左
右雙邊（21.5cm×14.4cm）。版心著録“韻（匀）
（幾）（葉數）”。上象鼻處記大小字數。

卷首有《己丑新彫改併五音集韻序》。《序》
末署“峕崇慶元年歲在壬申姑洗朔日老先生姪
男韓道昇謹誌”。次題“真定府松水昌黎郡韓
孝彦次男韓道昭改併重編　男韓德恩　姪韓
德惠　婿王德珪　同詳定　琴台張仁開板”。
後又有《己丑新彫五音集韻序》，末署“歲次
己丑長至日重刊”。次有《新彫改併五音集韻

總目録》。

此本各卷大題書名不一。卷一首題"新彫改併五音集韻"。卷三、卷六、卷七、卷八、卷九、卷十、卷十五各卷首皆作"改併五音集韻"。卷五首作"己丑新彫改併五音集韻"。卷十二首作"至元新彫改併五音集韻"。卷十四首作"大朝新彫改併五音集韻"。卷十三首作"大安新彫改併五音集韻"。卷十五尾題作"崇慶重編改併五音集韻卷終"。

卷一尾題之後,有"昌黎諸門人友人同校正"列名張道忠以下凡二十四人。卷十五末有"昌黎韓道昭門人"列名中山派水史道敏以下凡五人。

【附錄】據《商舶載來書目》記載,桃園天皇寶曆八年(1758 年),中國商船"古字號"載《五音集韻》一部抵日本。

(至元庚寅重刊改併)五音集韻十五卷

(金)韓道昭改併重編
明萬曆二十一年(1593 年)九月隆唅寺釋如彩刊本　共二十二冊(與《五音類聚四聲篇海》合裝)
静嘉堂文庫藏本
【按】前有金崇慶元年(1212 年)長至日韓道昇《序》,同年韓道昭《自序》。

(大明成化庚寅重刊改併)五音集韻十五卷

(金)韓道昭改併重編
明成化六年(1470 年)刊本　共八冊
東北大學附屬圖書館藏本
【按】每半葉十行,小字雙行,行約二十三字。黑口,四周雙邊。

(大明正德乙亥重刊改併)五音集韻十五卷

(金)韓道昭改併重編
明正德年間(1506—1521 年)刊本　共五冊
京都大學文學部藏本
【按】每半葉有界十行,注文雙行,行約三十二字。黑口,四周雙邊。

前有金崇慶元年(1212 年)韓道昇《序》,并同年韓道昭《自序》。

(大明萬曆己丑重刊改併)五音集韻十五卷

(金)韓道昭改併重編
明萬曆年間(1573—1620 年)刊本
內閣文庫　蓬左文庫　東洋文庫　米澤市圖書館藏本
【按】每半葉有界十行,行十八字。注文雙行,行二十二字。白口,左右雙邊。

各卷卷首題《大明萬曆己丑重刊改併五音集韻》,間有省略"大明"二字。卷十五末《雙聲疊韻法》後,有《刊記》曰:"大明萬曆甲午春日重刊五音集韻至丙子孟秋吉日完。"此處"丙子",恐係"丙申"之誤記。

內閣文庫藏此同一刊本共三部。一部原係水野忠央舊藏,共五冊;一部原係紅葉山文庫舊藏,共八冊;一部亦共五冊。

蓬左文庫藏本,係明正天皇寬永十七年(1640 年)萬休獻於尾張藩主,卷內有"尾陽內庫"印記。

東洋文庫藏本,共七冊。

米澤市立圖書館藏本,每冊有"麻谷藏書"印記。篋底有墨書"元禄十二年六月矢尾板三印改之",係 1699 年東山天皇時人改裝,共五冊。

(大明正德乙亥重刊改併)五音類聚四聲篇十五卷五音集韻十五卷　附新編經史正音切韻指南一卷　新編篇韻貫珠集八卷　直指玉鑰匙門法一卷

(金)韓道昭撰　《切韻指南》(元)劉鑑撰　《篇韻貫珠集》(明)釋真空撰
明正德十年(1515 年)刊本　《切韻指南》明正德十一年(1516 年)刊本
東京大學東洋文化研究所大木文庫　京都大學人文科學研究所東洋學文獻中心藏本
【按】每半葉有界十行,行大小字不一。黑口,四周雙邊。
東京大學大木文庫藏本,僅存《五音類聚四

聲篇》殘本三卷,即卷十三至卷十五。

京都大學人文研藏本,共二十八册。

(大明萬曆己丑重刊改併)五音集韻十五卷　五音類聚四聲篇十五卷

(金)韓孝彥編撰　韓道昭改併重編

明萬曆年間(1573—1620年)刊本

内閣文庫　大東急紀念文庫藏本

【按】内閣文庫藏此同一刊本兩部。一部附《新編篇韻貫珠集》一卷,(明)釋真空撰,《經史正音切韻指南》一卷,(元)劉鑑撰,共十二册;一部原係昌平坂學問所舊藏,無附録,共十册。

大東急紀念文庫藏本,附録與内閣文庫十二册本同,共十六册。

(改併)五音類聚四聲篇海十五卷

(金)韓孝彥編撰　韓道昭改併重編

明刊本

静嘉堂文庫　京都大學文學部藏本

【按】前有金泰和八年(1208年)韓道昇《序》,并明正德十五年(1520年)滕霄《序》。

卷首附《篇韻貫珠集》一卷,(明)釋真空撰。

静嘉堂文庫藏本,與《五音集韻》合裝,共二十二册。

京都大學藏本,共十册。

(大明萬曆己丑重刊改併)五音類聚四聲篇十五卷

(金)韓孝彥編撰　韓道昭改併重編

明萬曆年間(1573—1620年)刊本

宮内廳書陵部　内閣文庫　東洋文庫　蓬左文庫藏本

【按】前有明萬曆旃蒙協洽(萬曆乙未1595年)徐熥《序》,次有明正德乙亥(1515年)沙門戒璿《序》,次有金泰和八年(1208年)韓道昇《序》。

宮内廳書陵部藏本,原係寺田盛業讀杜草堂等舊藏,每册首有"森氏開萬册府之記"、"日本薩摩寺田氏圖書"等印記。第一、第八册首有

"天下無雙"印記。第二册首有"讀杜艸堂"印記。共八册。

内閣文庫藏此同一刊本三部。一部原係水野忠央舊藏,共五册;一部原係紅葉山文庫舊藏,共七册;一部共五册。

東洋文庫藏本,共七册。

蓬左文庫藏本,原係明正天皇寬永十七年(1640年)萬休獻贈尾張藩主。卷中有"尾陽内庫"印記。此本并附《經史正音切韻指南》一卷,(元)劉鑑撰。共六册。

(重校古本)五音類聚四聲切韻直音海篇大全十四卷　卷首一卷

(金)韓孝彥編校

明萬曆年間(1573—1620年)建邑書林余彰德萃慶堂刊本

内閣文庫　蓬左文庫　尊經閣文庫藏本

【按】每半葉有界十一行,上下兩欄,上欄行七字,下欄行十一字。白口,四周雙邊。

前有明萬曆三十年(1602年)王稚登《序》。

内閣文庫藏本,原係木村兼葭堂舊藏。今存九卷,闕卷五至卷十。共七册。

蓬左文庫藏本,共八册。

尊經閣文庫藏本,原係江户時代加賀藩主前田綱紀等舊藏,共十二册。

草書韻會五卷

(金)張天錫編撰

明洪武二十九年(1396年)刊本　共二册

大阪府立圖書館藏本　原荻生徂徠　富岡桃華舊藏

【按】前有金正大八年(1231年)趙秉文《序》,并同年樗軒老人《跋》。

《序》後有刊印木記曰:

"見住燕京縣角頭鄭州王家雕印"

《跋》後有刊印木記曰:

"洪武二十九丙子日卒刊"

卷中有江户大儒荻生徂徠題簽,并有"藤原忠統"、"猗蘭藏記"等印記。

【附錄】和刊本《草書韻會》,皆據明洪武二十九年刊本覆刊,其主要如次:

後陽成天皇慶長年間(1596—1615年)刊本。

後水尾天皇寬永元年(1624年)杉田勘兵衛印本。

後光明天皇慶安四年(1651年)秋田屋平左衛門印本。

靈元天皇寬文三年(1663年)京都秋田屋平左衛門補刻,由日人鵜飼信之訓點。

仁孝天皇文政八年(1825年)大阪加賀屋善藏印本。文政十一年(1828年)加賀屋再印本。

經史正音切韻指南一卷

(元)劉鑑撰

明正德年間(1506—1521年)刊本　共一冊

米澤市立圖書館藏本

【按】每半葉有界十行,行十六字。白口。四周單邊。版心題"指南"或"門法",并記刻工姓名,如王朝、月中、明讚等。

卷首有明正德八年(1513年)知湖廣京山縣事夏玄《跋》。

此本并附《直指玉鑰匙門法》。

卷中有"麻谷藏書"等印記。

【附錄】靈元天皇寬文十年(1670年)刊印《經史正音切韻指南》。此本由出雲寺和泉椽印。

東山天皇元祿年間(1688—1704年)刊本。

經史正音切韻指南一卷

(元)劉鑑撰

明萬曆年間(1573—1620年)刊本　共一冊

東洋文庫藏本

【按】前有元至元二年(1336年)劉鑑《自序》。

經史正音切韻指南一卷

(元)劉鑑撰

明刊本　共一冊

內閣文庫藏本

【按】內閣文庫藏此同一刊本四部。一部原係昌平坂學問所舊藏,一部原係紅葉山文庫舊藏,一部原係狩谷掖齋、水野忠央舊藏。

(新編)經史正音切韻指南一卷

(元)劉鑑撰

明弘治九年(1496年)刊本　共一冊

靜嘉堂文庫藏本

【按】每半葉有界十三行,每行十八字。

前有元後至元二年(1336年)仲冬熊澤民《序》,并同年劉鑑《自序》。

《自序》後有刊印木記曰:

"昔大明弘治九年仲冬吉日金臺釋子思宜重刊。"

【附錄】日本靈元天皇寬文十年(1669年)刊印《經史正音切韻指南》一卷。此本有日人氣求《跋》。

古今韻會舉要三十卷　附禮部韻略七音三十六母通考一卷

(元)黃公紹撰　熊忠舉要

元陳榮刊本　共二十冊

宮內廳書陵部藏本　原豐後佐伯藩主毛利高標等舊藏

【按】每半葉有界八行,注文小字雙行,行二十二字或二十三字不等。細黑口,雙黑魚尾。左右雙邊(19.4cm×12.8cm)。版心著錄"韻(勻)(幾)卷(葉數)"。

卷首有劉辰翁《序》,署"壬辰十月望日"。次有熊忠《序》,署"丁酉日"。熊忠於《序》中敍述本書編纂經緯曰:

"(前略)同郡在軒先生黃公(公紹),慨然欲正千有餘年韻書之失,始秤字書,作《古今韻會》。大較本之《説文》,參以籀古隸俗。(中略)僕辰館公門,獨先快睹,旦日竊承緒論,惜其編帙浩瀚,四方學士,不能徧覽。隱屏以來,因取《禮部韻略》,增以《毛劉二韻》及經傳當收未載之字,別爲《韻會舉要》一編。"

熊序之後内半葉,有陳宲刊語十行(雙邊木牌)。其文曰:

"宲昨承先師架閣黄公在軒先生委刊《古今韻會舉要》凡三十卷,古今字畫音義瞭然在目,誠千百年間未睹之秘也。今繡諸梓,三復讎校,并無譌誤,願與天下士大夫共之。但是編係私著之文,與書肆所刊見成文籍不同,竊恐嗜利之徒改换名目,節略翻刊,纖毫爭差,致誤學者。已經所屬陳告乞行禁約外,收書君子,伏幸藻鑑。後學陳宲謹白。"

木牌後有元統乙亥(1335年)冬翰林侍講學士前中奉大夫江浙等處行中書參知政事宇术魯翀所撰的《序韻會舉要書考》。次有翰林國史余謙《序》。次有《古今韻會舉要凡例》,題署"昭武　黄公紹直翁編輯　紹武　熊忠子仲舉要"。次附《禮部韻略七音三十六母通考》。

此本係仁孝天皇文政年間(1818—1829年)由出雲守毛利高翰獻贈幕府。明治初期經太政官文庫而歸内閣文庫。明治二十四年(1891年)由内閣文庫移送宫内省圖書寮(即今宫内廳書陵部)。

卷首有"佐伯侯毛利高標字培松藏書畫之印"印記,每册有"祕閣圖書之印"印記。

森立之《經籍訪古志》卷二著録元刊本《古今韻會舉要》三十卷,與此本同。

【附録】據《商舶載來書目》記載,中御門天皇正德二年(1712年)中國商船"古字號"載《古今韻會舉要》一部(十册)抵日本。

日本後小松天皇應永五年(1398年)藤氏權僧都聖壽刊《古今韻會舉要》三十卷,并附《禮部韻略七音三十六母通攷》。每半葉八行,每行十一、二字不等,小字雙行,每行約二十四字。黑口,左右雙邊。卷首有劉辰翁《序》、熊忠《序》,並陳宲上梓《識語》。卷末有"應永五歲姑洗日斡緣藤氏權僧都聖壽重刊釋氏　一周"刊記二行。

日本後陽成天皇慶長年間(1596—1614年)

有活字刊印本《古今韻會舉要》三十卷。每半葉八行,每行十二字,小字雙行,每行約二十三字。黑口,花魚尾,四周雙邊。此本係翻刊明嘉靖十五年(1536年)刊本。前有張鯤《序》,題"嘉靖十五年歲次丙申夏四月乙酉"。

日本慶長年間尚有另一種木活字刊印本《古今韻會舉要》三十卷,每半葉亦八行。

古今韻會舉要三十卷　附禮部韻略七音三十六母通考一卷

(元)黄公紹撰　熊忠舉要
元陳宲刊本　共二十册
内閣文庫藏本　原林羅山　昌平坂學問所等舊藏

【按】此本與宫内廳書陵部藏本係同一刊本,版式行款皆同,惟無宇术魯翀及余謙兩《序》。

卷中有朱筆點引,眉上略有批識,皆爲林羅山後人所施。

卷中有"香炘刊"、"劉氏"、"羅山"、"江雲渭樹"、"林氏傳家圖書"、"林氏藏書"、"昌平坂學問所"等印記。

古今韻會舉要三十卷　附禮部韻略七音三十六母通考一卷

(元)黄公紹撰　熊忠舉要
元陳宲刊明印本　共十五册
大東急記念文庫藏本

【按】此本與宫内廳書陵部藏本係同一刊本,版式行款皆同,惟缺序目。

卷中印面不甚鮮明,且有漫漶之處。有室町時代(1393—1573年)日人補寫之葉。

卷末副葉有後陽成天皇文禄五年(1596年)南部笠房宗信的手識文。其文曰:

"右《韻會》雖破損之舊本也,愚意年來所望之間令買得之,成裹打於每紙而落帳五十九枚,以善本書加之,猶滅字等悉補之,仍爲全部矣。文禄五年丙午中吕五日　南都笠房　宗信。"(花押)

古今韻會舉要三十卷

（元）黃公紹編撰　熊忠舉要
元刊本　共十六冊
靜嘉堂文庫藏本　原色川三中等舊藏
【按】此本與宮內廳書陵部藏本係同一刊本，版式行款皆同，惟首無孛术魯翀及余謙兩《序》。
卷中有"色川三中藏書"等印記。

古今韻會舉要三十卷　附禮部韻略七音三十六母通考一卷

（元）黃公紹編撰　熊忠舉要
明刊本　共十冊
內閣文庫藏本　原紅葉山文庫等舊藏

書學正韻三十六卷

（元）楊桓編撰
元刊元印本　共三十六冊
靜嘉堂文庫藏本　原陸心源等舊藏
【按】每半葉有界八行，行約十字。注文小字雙行，行約二十三字或二十四字。大字約相當四個小字。細黑口，雙黑魚尾。左右雙邊（22.3cm×15.6cm）。版心著錄四聲目及葉數。下象鼻處有刻工姓名，如王寧、茅元吉、徐仲文、徐友益、翁隱之、徐予慶、徐子思、何信、楊石山、茂之、陳良甫、陳敬之、素庵、文甫、君寶、景明、葉道官、弓華、章禹、仁甫、盛元、亭山、友山、藤慶等。
卷首有《書學正韻目錄》。本文卷首題"書學正韻卷第一"。次行低一格署"奉直大夫國子司業楊桓考集"。次列目錄，目後連接正文。
卷三十六末有補修記語，曰"二年八月江浙等處儒學提舉余謙補修"。
此本以《六書統》及《六書溯源》所收之字分韻編排。先篆、次隸省、次譌體。
卷中有"楓谿謝塘"、"謝塘印"、"知心無涯"、"嘉禾謝東墅藏"、"東墅審定"、"東墅塘印"、"謝氏之學"、"聽鐘居士"、"當湖小重山館胡民

蘧江珍藏"、"蘧江"、"歸安陸樹聲藏書之記"、"歸安陸樹聲叔桐父印"等印記。
陸心源《儀顧堂續跋》卷四著錄此本，稱"條理周詳，字畫端整，既便檢閱，亦可正流俗之譌"。

書學正韻三十六卷

（元）楊桓編撰
元刊明修補本　共十冊
內閣文庫藏本　原高野山釋迦文院等舊藏
【按】此本元刊部分與靜嘉堂文庫藏本係同一刊本，版式行款皆同。原刊漫漶處甚多、有明人補修之葉。

中原音韻（不分卷）

（元）周德清撰
元刊本　共二冊
武田科學振興財團杏雨書屋藏本　原毛晉內藤湖南舊藏
【按】每半葉有界十行，每行二十字。黑口，四周雙邊。版心題"音韻"，下記葉數。
卷首有虞集《序》，次有周德清《中原音韻起例》。
此本不分卷，自第一葉至第三十二葉係《中原音韻》，第三十三葉至卷末係《中原音韻正語作詞起例》。
卷中有"毛晉之印"、"毛氏子晉"、"汲古主人"、"汲古得脩綆"等印記。
【附錄】據《商舶載來書目》記載，中御門天皇享保十八年（1733年）中國商船"智字號"載《中原音韻》一部（四冊）抵日本。

中原音韻二卷

（元）周德清撰　（明）王文璧增注　葉以震校
明九思堂刊本
東京大學文學部漢籍中心　京都大學文學部　東北大學附屬圖書館藏本
【按】每半葉有界九行，每行十八字。注文小

字雙行。白口,四周單邊。

東京大學藏本,共一册。

京都大學藏本,共四册。

東北大學藏此同一刊本兩部。一部藏於附屬圖書館,原係狩野亨吉等舊藏,共二册;一部藏於教養學部,共四册。

中原音韻二卷

(元)周德清撰　(明)王文璧增注　葉以震校

明萬曆年間(1573—1620年)刊本　共二册

慶應義塾大學附屬圖書館藏本

【按】每半葉有界九行,每行十八字。小字雙行。白口,四周單邊。版心題"中原音韻",下記卷數、葉數。

卷首有明萬曆二十九年(1601年)卜二南《序》。

中原音韻二卷

(元)周德清撰　(明)王文璧增校

明刊本　共一册

内閣文庫藏本　原豐後佐伯藩主毛利高標等舊藏

【按】此本係仁孝天皇文政年間(1818—1829年)由出雲守毛利高翰獻贈幕府。明治初年經由太政官文庫而歸内閣文庫。

卷首有"佐伯侯毛利高標字培松藏書畫之印"等印記。

【附錄】據《商舶載來書目》記載,光格天皇寬政九年(1797年)中國商船"智字號"載《中州音韻輯要》一部(一册)抵日本。

中原音韵二卷

(元)周德清編　(明)王文璧注　葉以震校

明刊本　共一册

静嘉堂文庫藏本　原陸心源十萬卷樓等舊藏

(新編)篇韻貫珠集三十卷　首二卷

(明)清泉真空編撰

明刊本　十二册

天理圖書館藏本

【按】每半葉有界十行,每行十六字。小字雙行,白口,四周雙邊。版心題"貫珠集·序·新篇序·篇序·韻一(——十五)·指南·門法·韻序·篇一(——十五)",下記葉數。

第一册内《總目》後有明萬曆旃蒙協洽(二十三年即1595年)徐㷆《重刊五音篇韻序》,次明正德十五年(1520年)秋八月望後滕霄《重刊改併五音類聚四聲篇海集韻序》,次金泰和八年(1208年)韓道昇《重編改併五音篇序》,次《泰和增改併類聚五音篇序目卷第一》,次《萬曆己丑重刊改併五音類聚四聲篇海總目錄》,次《新集背篇列部之字》(補添印行)(大金丙辰寶慶進補添　大明辛卯五月端陽日刊完)等。

第二册至第六册内題"大明萬曆己丑重刊改併五音集韻上平聲(——入聲)卷第一(——第十五)"。第二册内題次行記"溥陽松水昌黎郡韓道昭改併重編",第六册末記"大明萬曆甲午春日重刊《五音集韻》,至丙子(疑係"申"之誤)孟秋吉日完"。

第七册首有元至元二年(1336年)劉鑑《經史正音切韻指南自序》,次有"己酉年來刱纂成信官汲祐刊"十二字。末有"王朝刊刻",次金崇慶元年(1212年)韓道昇《重刊改併五音集韻序》,次唐天寶十年(751年)孫愐《序》,並《至元庚寅重刊改併五音集韻目錄》等。

第八册至第十二册内題"大明萬曆己丑重刊改併五音類聚四聲篇卷第二(——第十五)"。第八册内題次行記"溥陽松水昌黎郡韓孝彥次男韓道昭改併重編",第十二册末列"福建支提山華歲寺末學僧如啓募化建寧府建陽縣"以下列名,并有"以上象信,喜捨資財,刊刻《四聲篇》"。

卷中有"西莊文庫"、"森氏藏書"等印記。

(新編)篇韻貫珠集八卷

(明)清泉真空編撰

明正德八年(1513年)跋刊本

内閣文庫藏本

【按】内閣文庫藏此同一刊本共五部,一部原係昌平坂學問所舊藏,一部原係水野忠央舊藏,一部原係紅葉山文庫舊藏,一部原係豐後佐伯藩主毛利高標舊藏。此本係仁孝天皇文政年間(1818—1829年)出雲守毛利高翰獻贈幕府。明治初年經由太政官文庫而歸内閣文庫。

卷首有"佐伯侯毛利高標字培松藏書畫之印"等印記。

(新編)篇韻貫珠集八卷

(明)清泉真空編撰

明萬曆年間(1573—1620年)刊本　共一册

東洋文庫藏本

草韻辨體五卷

(明)郭諟編撰

明崇禎六年(1633年)閔氏朱藍套印刊本
共五册

宮内廳書陵部藏本

【按】此本卷首有明萬曆十二年(1584年)明神宗《御製序》,其文曰:

"□□□□間得先朝中書官郭諟所輯《草韻辨體》。自漢迄元,諸體略備,韻以字繫,字以類從,旁注主名,用便披覽。爰命善書者重加摹寫,付之鋟刻。"

後有明萬曆十二年(1584年)明神宗《御製跋》,明崇禎六年(1633年)九月閔夢得《跋》。

卷末有"崇禎癸酉六月烏程閔齊伋摹"刊記一行。

每册首有"丹鶴書院"等印記。

【附錄】據《商舶載來書目》記載,桃園天皇寶曆九年(1759年)中國商船"佐字號"載《草韻辨體》一部抵日本。

古今韻會舉要小補三十卷

(明)方日升編撰　李維楨校

明萬曆年間(1573—1620年)建邑書林余彰德余象斗刊本

宮内廳書陵部　尊經閣文庫　蓬左文庫　東京大學總合圖書館　京都大學人文科學研究所東洋學文獻中心　東北大學教養學部　早稻田大學圖書館　龍谷大學大宮圖書館　無窮會織田文庫藏本

【按】每半葉有界八行,每行十二字。小字雙行,每行二十四字。白口,四周單邊。

前有明萬曆三十四年(1606年)建陽令周士顯《序》,並袁昌祚《序》,王光藴《序》,李維楨《序》等。

卷末有"書林余彰德余象斗同刻"刊記。

宮内廳書陵部藏本,首有"環溪太原王氏振記"印記,每册首有"祕閣圖書之章"印記。共二十册。

尊經閣文庫藏本,原係江户時代加賀藩主前田綱紀等舊藏,共二十册

蓬左文庫藏本,係明正天皇寛永三年(1626年)購入,卷中有"御本"印記。共十二册。

東京大學總合圖書館藏本,原係渡邊信青州文庫等舊藏,共十五册。

京都大學人文研藏本,共三十册。

東北大學附屬圖書館藏本,共三十册。

早稻田大學圖書館藏此同一刊本兩部,皆原係服部南郭家服部文庫舊藏,一部共八册;一部共十册。

龍谷大學大宮圖書館藏本,原係寫字臺文庫舊藏,共二十三册。

無窮會織田文庫藏本,原係織田小覺等舊藏,共二十四册。

【附錄】據《舶來書籍大意書》記載,《韻會小補》三十卷,明萬曆三十二年(1604年)刊本,并曰此書"明方子謙編次,字數並反切全依黃直翁《韻會舉要》"。

又據《商舶載來書目》記載,中御門天皇正德

二年(1712 年)中國商船"以字號"載《韻會小補》一部抵日本。

日本後光明天皇正保五年(1648 年)京都村上平樂寺刊《古今韻會舉要小補》三十卷。此本係明萬曆三十四年周士顯建陽刊本的覆刊本。

洪武正韻十六卷

(明)樂韶鳳　宋濂等奉敕撰

明初刊本　共五册

蓬左文庫藏本

【按】每半葉有界八行,每行十二字。小字雙行,每行二十四字。黑口,四周雙邊。

前有明洪武八年(1375 年)宋濂《序》。

【附錄】據《舶來書籍大意書》記載,《洪武正韻》十六卷,明洪武八年(1375 年)刊本,并曰此書係"明太祖詔儒臣,以所傳韻書相比類,校正其乖舛者,得七十六韻,分爲十六卷"。

又據《商舶載來書目》記載,中御門天皇寶永七年(1710 年)中國商船"古字號"載《洪武正韻》一部(十册)抵日本。

《外船齋來書目》記中御門天皇正德四年(1714 年)又從中國輸入《洪武正韻》兩部(各五册)。

《外船書籍元帳》又記載,仁孝天皇天保十二年(1841 年)從中國輸入《洪武正韻》一部,定價五匁。

靈元天皇寬文九年(1669 年)山形屋刊印《增補洪武正韻彙編》十卷。

洪武正韻十六卷

(明)樂韶鳳　宋濂等奉敕撰

明嘉靖四十年(1561 年)巡按直隸監察御史海陽劉以節刊本　共十册

東京大學總合圖書館藏本

洪武正韻十六卷

(明)樂韶鳳　宋濂等奉敕撰

明隆慶年間(1567—1572 年)刊本

內閣文庫　東京大學東洋文化研究所大木文庫　御茶之水圖書館藏本

【按】每半葉有界八行,小字雙行二十四字。黑口,四周雙邊。

前有明洪武八年(1375 年)宋濂《序》。後有明隆慶元年(1567 年)《跋》。

內閣文庫藏本,原係昌平坂學問所舊藏,共五册。

東京大學藏本,共十册。

御茶之水圖書館藏本,原係德富蘇峰成簣堂文庫舊藏,共十册。

洪武正韻十六卷

(明)樂韶鳳　宋濂等奉敕撰

明萬曆三年(1575 年)司禮監重刊本

內閣文庫　京都大學　東北大學附屬圖書館藏本

【按】每半葉有界八行,每行十二字。小字雙行,每行二十四字。黑口,四周雙邊。

前有明洪武八年(1375 年)宋濂《序》。《序》後有"萬曆三年四月十七日司禮監奉旨重刊"刊記。

內閣文庫藏本,原係高野山釋迦文院舊藏,共五册。

京都大學藏此同一刊本兩部。一部今存於文學部中國文學語學哲學研究室,原係鈴木虎雄等舊藏;一部今存人文科學研究所東洋學文獻中心。兩部各十册。

東北大學附屬圖書館藏本,共五册。

洪武正韻十六卷

(明)樂韶鳳　宋濂等奉敕撰

明刊本　共六册

京都大學文學部漢籍中心藏本

【按】每半葉有界八行,每行十二字。注文小字雙行,每行二十四字。白口,左右雙邊。版心記刻工姓名,如蔡仁、高仁、李文、蔡兆、來五、馮玉、田芹、趙一、田聲、唐榮等。

洪武正韻十六卷　附玉鍵釋義二卷

（明）樂韶鳳　宋濂等奉敕撰　《玉鍵》題
（明）李畿撰
明刊本　共八冊
內閣文庫藏本　原紅葉山文庫等舊藏

洪武正韻十六卷

（明）樂韶鳳　宋濂等奉敕撰
明刊本　共十冊
東洋文庫藏本

洪武正韻十六卷

（明）樂韶鳳　宋濂等奉敕撰
明刊本　共五冊
京都大學文學部藏本

洪武正韻十卷

（明）樂韶鳳　宋濂等奉敕撰　楊時偉補賤
明崇禎四年（1631年）刊本
尊經閣文庫　京都大學人文科學研究所東
洋學文獻中心　廣島大學文學部藏本
【按】尊經閣文庫藏本，原係江户時代加賀藩
主前田綱紀等舊藏，共六冊。
京都大學人文科學研究所藏本　共六冊
廣島大學藏本，存四卷，共二冊。

洪武正韻賤

（明）樂韶鳳　宋濂等奉敕撰　楊時偉補賤
明刊本　共六冊
內閣文庫藏本　原紅葉山文庫等舊藏

洪武正韻傍音釋義二卷

（明）何楷撰
明崇禎年間（1628—1644年）陳祝如刊本
共一冊
京都大學文學部狩野文庫藏本　原狩野直
喜等舊藏

（新編併音連聲）韻學集成十三卷

（明）章黼編撰
明成化年間（1465—1487年）刊本
內閣文庫　尊經閣文庫藏本
【按】每半葉有界八行，每行十二字。小字雙
行，每行二十四字。
前有明天順四年（1460年）章黼《自序》，其
文曰，“自宣德壬子歲起，至正統丙寅稿成，重
理之，歷丙子，凡數脱稿，迄天順庚辰書完，計
帙二十本”。次有明成化十二年（1476年）桑
悦《序》，明成化十三年（1477年）徐博《序》，並
劉魁《序》。
內閣文庫藏本，原係高野山釋迦文院舊藏，
共十三冊。
尊經閣文庫藏本，原係江户時代加賀藩主前
田綱紀等舊藏，共十二冊。
【附録】據《商舶載來書目》記載，中御門天皇
正德二年（1712年），中國商船“以字號”載《韻
學集成》一部抵日本。

（重刊併音連聲）韻學集成十三卷

（明）章黼編撰
明萬曆六年（1578年）維揚資政左室刊本
內閣文庫　大倉文化財團藏本
【按】每半葉有界八行，行無定字。白口，四
周雙邊。
內閣文庫藏本，原係紅葉山文庫舊藏。共十
三冊。
大倉文化財團藏本，卷中有朱藍墨點。卷十
三原刊本不存，以明萬曆三十四年（1606年）
練川明德書院刊本配補。共十二冊。

（重訂併音連聲）韻學集成十三卷

（明）章黼編撰　吳道長校
明萬曆三十四年（1606年）練川明德書院刊
本
內閣文庫　尊經閣文庫　京都大學人文科
學研究所東洋學文獻中心　龍谷大學大宮圖

書館藏本

【按】每半葉有界八行,每行十二字。小字雙行,每行約二十四字。白口,左右雙邊。

前有明天順四年(1460 年)章黼《自序》,明成化十二年(1476 年)桑悦《序》,並徐博《序》,劉魁《序》,明嘉靖三十八年(1559 年)張情《序》,明嘉靖二十四年(1545 年)張重《序》等。

《總目》後有"萬曆丙午仲秋校刻練川明德書院"刊印牌記。

"牌記"後又有三行,分別曰:"董工琴川周應時","繕書姑蘇劉時昇","剞劂長洲劉廷憲"。

内閣文庫藏本,原係昌平坂學問所舊藏。共十三册。

尊經閣文庫藏本,原係江户時代加賀藩主前田綱紀等舊藏,共十三册。

京都大學人文研藏本,共二十六册。

直音篇七卷

(明)章黼撰　陳世寶校

明萬曆六年(1578 年)維揚資政左室刊本共七册

國會圖書館　内閣文庫　足利學校遺蹟圖書館藏本

【按】每半葉有界八行,行無定字。白口,四周雙邊。

内閣文庫藏此同一刊本兩部。一部原係昌平坂學問所舊藏;一部原係紅葉山文庫舊藏。

足利學校遺蹟圖書館藏本,原係日本中世紀時代足利學校舊藏。此本爲日人睦子手識文本,今缺《序》文。

(蘇氏)韻輯四卷

(明)蘇茂相撰

明天啓二年(1622 年)廣益堂刊本　共四册

内閣文庫藏本　原豐後佐伯藩主毛利高標舊藏

【按】每半葉有界八行,每行字無定數。白口,四周雙邊。

此本係仁孝天皇文政年間(1818—1829 年)

出雲守毛利高翰獻贈幕府。明治初期經太政官文庫而歸内閣文庫。卷中有"佐伯侯毛利高標字培松藏書畫之印"等印記。

韻表三十卷　聲表一卷　分韻法門一卷

(明)葉秉敬撰

明萬曆年間(1573—1620 年)刊本　共十册

内閣文庫藏本　原豐後佐伯藩主毛利高標舊藏

【按】每半葉有界九行,每行二十字。白口,四周單邊。

前有明萬曆三十三年(1605 年)《序》。

此本係仁孝天皇文政年間(1818—1829 年)出雲守毛利高翰贈幕府。明治初期經太政官文庫而歸内閣文庫。卷中有"佐伯侯毛利高標字培松藏書畫之印"等印記。

詩韻輯要五卷

(明)李攀龍輯　陳繼儒訂

明萬曆年間(1573—1620 年)刊本　共一册

東洋文庫　尊經閣文庫　東北大學附屬圖書館藏本

【按】每半葉有界九行,每行七字。白口,左右雙邊。

前有明萬曆四十二年(1614 年)《序》。

東洋文庫藏本,原係小田切萬壽之助舊藏。

尊經閣文庫藏本,原係江户時代加賀藩主前田綱紀等舊藏。

詩韻輯略五卷

(明)潘恩輯

明刊本　共十册

内閣文庫藏本　原昌平坂學問所等舊藏

(刻太古遺踪)海篇集韻大成三十一卷

(明)鄒德浦集　夏以仁補遺

明萬曆十七年(1589 年)潭城陳氏刊本　共六册

早稻田大學圖書館藏本

諸史夷語音義四卷

（明）陳士元撰

明萬曆年間（1573—1620 年）刊本　共四冊

慶應義塾大學圖書館藏本　原田中萃一郎等舊藏

【按】每半葉有界九行，每行二十字。注文小字雙行。白口，四周單邊。版心題"夷語"，下記卷數、葉數。

卷首有明萬曆十八年（1590 年）仲春既望永新青海居士甘雨《序》，并《自序》。《自序》末題"萬曆丁亥（1587 年）應城七十四歲迂叟陳士元書"。卷末有明萬曆十七年（1589 年）仲冬西澗祝以豳《後序》。

各卷卷首皆題"環中迂叟著"。

音韻日月燈韻母五卷　文鐸三十卷　韻鑰二十五卷　卷首四卷

（明）呂維祺撰　呂維祜詮

明崇禎年間（1628—1644 年）吉州楊文聰志清堂刊本

內閣文庫　蓬左文庫　尊經閣文庫　東京大學　京都大學人文科學研究所東洋學文獻中心藏本

【按】每半葉有界八行，每行十六字。注文小字雙行。白口，四周單邊。

前有明崇禎六年（1633 年）新安呂氏《序》。

內閣文庫藏此同一刊本兩部。一部原係昌平坂學問所舊藏，共十二冊；一部原係紅葉山文庫舊藏，共二十冊。

蓬左文庫藏本，原係明正天皇寬永十六年（1639 年）購入，卷中有"尾陽內庫"印記。共二十二冊。

尊經閣文庫藏本，原係江戶時代加賀藩主前田綱紀等舊藏，共二十八冊。

東京大學藏此同一刊本兩部。一部今存總合圖書館，共九冊。一部今爲文學部藏本，《音韻日月燈文鐸》卷首有闕葉。共二十冊。

京都大學人文研藏本，存《音韻日月燈文鐸》

三十卷并《卷首》四卷。共十六冊。

【附錄】據《舶來書籍大意書》記載，《日月燈韻鑰》二十五卷，明崇禎六年（1633 年）刊本，并曰是書係"明呂維祺著，以《洪武正韻》爲宗，取《集韻》、《貫珠》、《廣韻》、《指掌》等，分百六韻，釋義則取簡約明該者，音叶則取雅正者"。又曰，是書"與《韻母》、《文鐸》相表裏，總稱《日月燈》"。

又據《商舶載來書目》記載，中御門天皇享保十一年（1723 年）中國商船"以字號"載《音韻日月燈》一部抵日本。該船又在桃園天皇寶曆十年（1760 年）載《音韻日月燈韻鑰》一部抵日本，寶曆十一年（1761 年）又載《音韻日月燈文鐸》一部抵日本。

又據《外船齋來書目》記載，桃園天皇寶曆九年（1759 年）從中國又輸入《音韻日月燈》一部。

（元聲）韻學大成四卷

（明）濮陽淶撰

明萬曆二十六年（1598 年）鄭雲竹刊本　共四冊

內閣文庫藏本

【按】每半葉九行，每行大小字數不等。白口，四周雙邊。

內閣文庫藏此同一刊本四部。一部原係高野山釋迦文院舊藏，一部原係豐後佐伯藩主毛利高標舊藏，一部原係紅葉山文庫舊藏。另一部原係木村兼葭堂舊藏，今闕卷三，共三冊。

【附錄】《舶來書籍大意書》著錄《韻學大成》，明萬曆年間刊本。

據《商舶載來書目》記載，桃園天皇寶曆四年（1754 年）中國商船"以字號"載《韻學大成》一部抵日本。

（三台館仰止子考古詳訂）遵韻海篇正宗二十卷

（明）余象斗纂輯　李廷機校

明萬曆二十六年（1598 年）余文台刊本

尊經閣文庫　陽明文庫　龍谷大學大宮圖

書館　大阪天滿宮御文庫藏本

【按】此本正文分三欄,大小字數不等。黑口,四周雙邊。

尊經閣文庫藏本,原係江戶時代加賀藩主前田綱紀等舊藏,共八册。

陽明文庫藏本,原係江戶時代近衛家熙等舊藏,共四册。

龍谷大學大宮圖書館藏本,原係寫字臺文庫等舊藏,共六册。

大阪天滿宮藏本,係河內屋新治郎奉納,共十册。

韻譜本義十卷

(明)茅溱輯纂

明萬曆三十二年(1604 年)自刊本

內閣文庫　尊經閣文庫　東京大學東洋文化研究所藏本

【按】每半葉有界八行,小字雙行,每行二十六字。白口,四周單邊。

內閣文庫藏此同一刊本三部。一部原係高野山釋迦文院舊藏,共五册;一部原係昌平坂學問所舊藏,共十册;一部原係紅葉山文庫舊藏,共五册。

尊經閣文庫藏本,原係江戶時代加賀藩主前田綱紀等舊藏,共十册。

古今字韻全書集韻十五卷

不著撰著人姓名

明刊本　共十册

內閣文庫藏本　原紅葉山文庫等舊藏

【按】每半葉九行,每行十四字。小字雙行,每行二十八字。白口,四周單邊。

韻書通用字考五卷

(明)顧起淹撰

明萬曆三十四年(1606 年)刊本　共二册

內閣文庫藏本　原紅葉山文庫等舊藏

【按】每半葉有界十行,每行二十字。白口,四周雙邊。

律古詞曲賦叶韻統十二卷　律呂音韻龥切卦數通一卷　黃鍾韻通括三卷

(明)程元初撰　程明善注

明崇禎年間(1628—1644 年)刊本　共五册

內閣文庫藏本　原豐後佐伯藩主毛利高標等舊藏

【按】每半葉有界八行,每行二十字。白口,四周單邊。

此本係仁孝天皇文政年間(1818—1829 年)出雲守毛利高翰獻贈幕府。明治初期經太政官文庫而歸內閣文庫。卷首有"佐伯侯毛利高標字培松藏書畫之印"等印記。

書文音義便考私編五卷

(明)李登編撰

明萬曆年間(1573—1620 年)陳邦泰刊本共四册

京都大學文學部中國語學哲學文學研究室藏本

【按】每半葉有界七行,每行大字五字,小字不等。

前有明萬曆十五年(1587 年)《序》。

韻釋便覽五卷

(明)孫維城撰

明萬曆年間(1573—1620 年)刊本　共五册

宮內廳書陵部藏本

【按】每半葉有界八行,每行字無定數。黑口,四周單邊。

卷首有明萬曆十八年(1590 年)孫維城《自序》。

每册首有"垣之父"、"程有路印"、"祕閣圖書之章"等印記。

正韻便覽四卷

(明)劉望之撰

明嘉靖年間(1522—1566 年)刊本　共五册

東洋文庫藏本

正音攟言四卷

（明）王荔撰

明崇禎年間（1628—1644 年）刊本　共四冊

京都大學文學部中國語學哲學文學研究室
藏本

韻考集成三十卷

（明）林淳撰　孫志麟校

明嘉靖年間（1522—1566 年）刊本　共十四
冊

內閣文庫藏本　原豐後佐伯藩主毛利高標
等舊藏

【按】此本係仁孝天皇文政年間（1818—1829
年）出雲守毛利高翰獻贈幕府。明治初期經太
政官文庫而歸內閣文庫。卷首有“佐伯侯毛利
高標字培松藏書書畫之印”等印記。

升庵韻書（七種）二十七卷

（明）楊慎撰

明刊本　共六冊

內閣文庫藏本　原紅葉山文庫等舊藏

【按】是集含韻書七種：

《古音叢目》五卷；《古音獵要》五卷；

《古音略例》一卷；《轉注古音略》五卷；

《古音餘》五卷；《古音附録》一卷；

《奇字韻》五卷。

音韻啓鑰（四種）十一卷

（明）徐守綱撰

明刊本　共六冊

內閣文庫藏本　原紅葉山文庫等舊藏

【按】是集四種，目録如次：

《考古》四卷　《互考》四卷

《類考》二卷　《譜考》一卷

廣韻雋五卷

（明）袁鳴泰撰

明刊本　共一冊

內閣文庫　早稻田大學圖書館藏本

【按】前有明萬曆四十八年（1620 年）《序》。

內閣文庫藏本，原係木村兼葭堂等舊藏。

廣韻藻六卷

（明）方夏編撰

明崇禎年間（1628—1644 年）刊本　共六冊

內閣文庫藏本　原豐後佐伯藩主毛利高標
等舊藏

文會堂詩韻五卷　附一卷　文會堂詞韻二卷

（明）胡文焕編撰

明刊本　共一冊

內閣文庫藏本　原豐後佐伯藩主毛利高標
等舊藏

音韻字海二十卷　首一卷

（明）張溥等編撰　蕭鳴盛校

明刊本

宮內廳書陵部　內閣文庫　尊經閣文庫藏
本

【按】宮內廳書陵部藏本，共十冊。

內閣文庫藏此同一刊本三部。一部原係高
野山釋迦文院舊藏，共十冊；一部共五冊；一部
原係昌平坂學問所舊藏，附《四書五經難字》一
卷，共十二冊。

尊經閣文庫藏本，共十二冊。

類聚古今韻府續編四十卷

（明）包瑜編撰

明正德十二年（1517 年）劉氏安正堂刊本
共十冊

內閣文庫藏本　原紅葉山文庫等舊藏

古唐韻疏四卷

（明）陳藎謨撰

明萬曆年間（1573—1620 年）慎思堂刊本
共三冊

宮內廳書陵部藏本　原豐後佐伯藩主毛利

高標　紅葉山文庫等舊藏

　　【按】是書係《古韻疏》二卷,《唐韻疏》二卷。
卷前有"須原藏"、"茅津高氏鑒藏"、"佐伯侯
毛利高標字培松藏書畫之印"等印記。每册首
有"祕閣圖書之章"印記。第二册首有"千鍾
坊"印記。

　　此本係仁孝天皇文政年間(1818—1829 年)
出雲守毛利高翰獻贈幕府,藏楓山文庫,後歸
宮内省圖書寮。

史　部

（一）紀　傳　類

史記集解（殘本）一卷

（漢）司馬遷撰　（劉宋）裴駰集解

唐寫本　日本重要文化財　卷子本一卷

東京國立博物館藏本　原藤原忠平貫名海屋　神田香巖等舊藏

【按】此卷全長 165cm，縱 26cm。每行十七字至二十字不等，以十八字居多。小字雙行，每行約二十五字左右。

此本係《史記》裴駰《集解》的單行本。今存卷第二十九《河渠書》，然卷首缺佚。全文起自"山東西歲百餘萬石更"，以下又脫八字，第二行起自"而亦煩費"。文中有數字蠹蝕不能卒讀。全卷書法渾厚清勁，甚具唐鈔風貌。

此本尾接縫處有"藤"字朱文印。考之《集古十種·印章類》，當與日本醍醐天皇延喜二十年（920年）九月公家牒者同，則係延喜時代朝廷右大臣藤原忠平之舊藏。後歸貫名海屋須静堂，卷末有"須静堂"朱文印。海屋歿後，由其門人畑古雪收儲，轉讓於京都神田香巖。卷首有"容安軒主"白文印，尾末有"香邑祕玩"朱文印，皆係神田香巖藏書印記。

森立之等《經籍訪古志》卷三著錄京師舊鈔卷子本《史記》零本一卷曰："現存《河渠書》一卷，末題'河渠書第七　史記廿九'……考紙質字樣，當是八百年前鈔本。卷尾有'藤'字朱印及押字，係右大臣藤原忠平公手印，延喜二十年公家牒亦用此印"云云，即係此本。

此卷文字，似比今本完備，可作校勘之用。

此本已被日本"文化財審議委員會"確認爲"日本重要文化財"。

【附錄】公元 751 年（中國唐玄宗天寶十年、日本孝謙天皇天平勝寶三年）日本完成第一部書面文學集《懷風藻》的編纂，其第九十一首爲式部卿藤原朝臣宇合所作《悲不遇》一首。此詩起首曰："賢者悽年暮，明君冀日新；周日載逸老，殷夢得伊人。"詩中"殷夢得伊人"之典，則源自《史記·殷本紀》。其文曰："武丁夜夢得聖人，名曰説。以夢所見，視群臣百吏，皆非也。於是乃使百工營求之野，得説于傅險中。……見於武丁，武丁曰：'是也！'得而與之語，果聖人，舉以爲相。殷國大治。"這是關於《史記》浸入日本古代文學的最早記載，也是《史記》傳入日本的最早的記錄。《史記》約在八世紀初期傳入日本。八世紀末，菅野真道《續日本紀》"天平寶字元年（757 年）十一月癸未日"記"經生者五經，傳生者三史"。此處的"三史"，據平安時代的《拾芥抄》説，"史記、漢書、後漢書謂之三史。或曰史記、漢書、東漢紀謂之三史。吉備大臣三史櫃入此三史"云云（吉備真備爲隨第九次"遣唐使團"赴中國的留學生。該使團於 717 年 3 月自日本難波出發。吉備真備於 750 年 9 月又任第十一次"遣唐使團"副大使，再來中國，其携帶《史記》入日本，當在此期間——編著者）。

《續日本紀》"神護景云三年（769 年）十月"記以下事："太宰府求賜三史，而言該府人物殷富，實爲天下之一都會也。子弟之徒，學者稍衆，然府庫但蓄五經，未有三史之正本，致使涉獵之人，其道不廣，故而伏乞列代諸史。……詔賜《史記》、《漢書》、《後漢書》、《三國志》、《晋書》各一部"。

九世紀菅原道真《類聚國史》記載，"嵯峨天皇弘仁七年（816 年）六月己酉：皇帝受《史記》于文繼"。《三代實錄》又記，"貞觀十七年（875 年）四月廿八日：帝（指清和天皇——編著者）

始讀《史記》"。又"天慶二年(939年)十一月
十四日：主上(指朱雀天皇——編著者)始讀
《史記》"。《岡屋關白》"建長三年(1251年)八
月十一日"條又記"小童(指後深草天皇，時六
歲——編著者)初有讀書事，前中納言經光卿
授之《五帝本紀》也。"藤原宗忠《中古記》"寬治
八年(1094年)九月六日"條記堀河天皇宮內
讀《史記》事曰："申時許，新中納言通俊卿參仗
座，被行陣、覽內文云云。向云《史記》之中有
亂脫之由雖承未知何卷如何。被答云，《五帝
本紀》三所，《韓世家》二所者，委向本書可傳
者"。

嵯峨天皇弘仁九年(818年)敕命編成《文華
秀麗集》，其卷中"咏史"類有嵯峨天皇撰《史記
講竟　賦得張子房》一首。其詩曰：

"受命師漢祖，英風萬古傳。
沙中義初發，山中感彌玄。
形容類處女，計畫撓強權。
封敵反謀散，招翁儲貳全。
定都是劉説，違宰勸蕭賢。
追從赤松子，避世獨超然。"

此詩之後，有良岑安世撰《賦得季札》一首，
又有仲雄王撰《賦得漢高祖》一首，又有菅原清
公撰《賦得司馬遷》一首。

日本平安時代著名的漢詩人菅原道真
(845—903年)有《菅家文草》十二卷傳世，其卷
一有《史記竟宴　咏史得司馬相如》一首。

九世紀末藤原佐世《本朝見在書目錄》"正史
家"第十一關於《史記》有如下著錄：

《史記》八十卷　漢中書令司馬遷、宋南中郎
　　外兵參軍斐(裴)駰集解；
《史記音》三卷　梁輕車錄事參軍鄒誕生撰；
《史記音義》廿卷　唐大中大夫劉伯莊撰；
《史記索隱》卅卷　唐朝散大夫司馬貞撰；
《史記新論》五卷　施蒙撰；
《太史公史記問》一卷　不著編撰者。
十二世紀日本政治家藤原通憲有《通憲入道藏
書目錄》，其"第十三櫃"著錄《史記索隱》上帙
七卷，"第一百九櫃"著錄《史記世家》上帙十

卷，《本紀》十二卷，"第一百五十五櫃"著錄《史
記傳》四卷。

八世紀奈良時代有《史記》的古寫本，今存卷
第九十六"張丞相列傳第卅六"後半部、卷九十
七"劉生陸賈列傳第卅七"，凡二卷殘本。卷子
本，每行正文十五字左右，注文小字雙行。全
長953cm，幅寬27.6cm，此卷卷首缺佚，卷第九
十六起自"客有語錯，錯……"至第六紙終。尾
題有"張丞相列傳第卅六　史記九十六"。下
接卷第九十七，內題"劉生陸賈列傳第卅七
史記九十七"。小題在上，大題在下，此係唐人
寫本古風。全本第十七紙有部分脫落，背面爲
密宗文獻《金剛界次第》殘卷。此本爲目前所
存日本人寫《史記》中最古之本，今存滋賀縣大
津市石山寺，已被指定爲"日本國寶"。

後三條天皇延久五年(1073)有大江家國手
寫《史記》，今存殘本三卷。三卷概況如次：

①卷九凡一卷，卷末題書"呂后本紀第九
史記九"。卷子本，全卷十三葉、全長645.0cm，
幅寬28.5cm。文字書寫有界，行17—20字不
等，卷末有延久五年(1073年)大江家國手識
文二則。一則曰："延五正廿四辰書了，同年同
月廿九日點合了。"又一則曰："延五四一受訓
了學生大江家國。"卷末又有日本崛和天皇康
和三年(1101年)手識文二則。一則曰："康和
三年正月廿七日以秘本見合了，家行之本也。"
又一則曰："同年同月廿九日讀了。"卷末又有
鳥羽天皇建久七年(1196年)手識文一則，其
文曰："建久七年十二月十八日黃昏讀移了拾
遺"(後有花押)。卷中有朱筆"乎古止"點等。
此卷今存山口縣防府毛利報公會，已被確認爲
"日本國寶"。

②卷十凡一卷，卷末題書"孝文本紀第十
史記十"。卷子本，全卷十五葉，全長973.0cm，
幅寬29.0cm，每行17—20字不等，集解雙行
20—23字不等。卷末有延久五年(1073年)大
江家國手識文三則。一則曰："延久五年四月
四日受訓了。"又一則曰："延五二七野於燈下
書了。"又一則曰："同年同月九日尅點合了

學生大江家國之本。"卷末又有日本崛和天皇康和三年（1101 年）手識文一則，其文曰："康和三年二月三日已時許以秘本見合了，家行同年同月十二日未尅許訓了。"卷末又有後鳥羽天皇建久七年（1196）手識文一則，其文曰："建久七年十二月九日黃昏讀移了　時通。"卷末又有土御門天皇建仁二年（1202 年）手識文一則，其文曰："建仁二年十月六日於燈下一見矣"（後有花押）。此卷今存東北大學附屬圖書館，已被確認爲"日本國寶"。

③卷十一凡一卷，卷末題書"孝景本紀第十一　史記十一"。卷子本，全卷六葉，全長259.0cm，幅寬 29.3cm，文字書寫有界，每行16—20 字不等，集解雙行，20—23 字不等。卷末有延久五年（1073 年）大江家國手識文二則，一則曰："同年同月受訓了同年同月燈下合了。"又一則曰："延五暮春十二哺執筆　同尅書了　學生大江家國。"卷末又有日本崛和天皇康和三年（1101 年）手識文一則，其文曰："康和三年二月廿日哺時見合了，家行之本也。"卷末又有後鳥羽天皇建久七年（1196 年）手識文一則，其文曰："建久七年十二月十九日於燈下黃昏讀移了時通"（後有花押）。此卷原存古梓堂文庫，今存大東急記念文庫。已被確認爲"日本國寶"。

近衛天皇天養二年（1145 年）有《史記》寫本一種，今存《夏本紀》一卷，此卷卷首題書"夏本紀第二　史記二"，卷子本，全卷十六葉，全長779.0cm，幅寬 28.2cm。文字有界，行 16 字左右，小字雙行。此卷原存京都高山寺，今存東洋文庫，已被確認爲"日本國寶"。

近衛天皇天養二年（1145 年）又有《史記》寫本一種，今存《秦本紀》一卷，卷子本，全卷二十九葉，全長 1423.0cm，幅寬 28.4cm。文字有界，行 15—18 字左右。卷末正文後空四行有本卷書寫者手識文一則，其文曰："天養二年八月八日書寫就之，八月十二日移點了。"在此"識文"與尾題之間，又有手識文二則，一則係日本六條天皇永萬元年（1165 年）所書，文曰：

"永萬元年十二月廿六日傳領之畢，以吉本可作校之歟！"又一則爲日本高倉天皇嘉應二年（1170 年）所書，文曰："嘉應二年應鐘十二日，日南於崇仁坊殿以家説被授了"（後有花押）。此卷原存京都高山寺，今存東洋文庫，已被確認爲"日本國寶"。

後陽成天皇慶長十一年（1606 年）之前，有活字版刊行《史記》一種。有界八行本。

後陽成天皇、後水尾天皇慶長至元和年間（1596—1622 年）有活字版刊行《史記》一種，無界九行本。

光格天皇天明六年（1786 年）大阪栲薩堂刊《史記》一百三十卷，此本由日人池原雲洞校點。

光格天皇寬政五年（1793 年）大阪柳原喜兵衛等刊行《史記》（正文）一百三十卷。此本由日人多賀漸點校。

光格天皇寬政十二年（1800 年），大阪柳原喜兵衛刊行《史記》一百三十卷　補一卷　首二卷，此本以明人鐘惺、陸可彥删本爲底本。此本後來又有孝明天皇文久二年（1862）大阪積玉輔柳原喜兵衛重印本。

仁孝天皇嘉永二年（1849 年），存誠藥堂以原米澤上杉侯所藏南宋建安黃善夫刊本爲底本重印《史記》一百三十卷。

史記集解（殘本）六十九卷

（漢）司馬遷撰　　（劉宋）裴駰集解

宋仁宗時期（1023—1063 年）之前刊南宋配補本　日本國寶　共十一册

武田科學振興財團杏雨書屋藏本　原竹添光鴻　島田重禮　內藤湖南等舊藏

【按】每半葉有界十四行，行二十四字至二十八字，以二十五字居多。小字雙行，行三十三字至三十九字不等。白口。版心題"世家"（或"史世家"、"列傳"等）並記卷數、葉數、偶見刻工姓名。左右雙邊（25cm×16.3cm）。

此本係《史記》裴駰《集解》的單刊本，全一百三十卷。今存卷三十一（世家第一）至卷三十九(世家第九),卷四十四(世家第十四)至卷四十九(世家第十九),卷八十一(列傳第二十一)至卷一百一(列傳第四十一),卷一百九(列傳第四十九)至卷一百三十(太史公自序第七十),凡五十八卷。此外,又以富岡桃華舊藏南宋刊本《史記》卷五十(世家第二十)至卷六十(世家第三十一)凡十一卷配補。所以,全部共計凡六十九卷。

除配補本外,原五十八卷中,避宋諱如"敬、竟、殷、匡、恒"等字皆缺筆。宋仁宗趙禎之"禎"字及"貞"字等皆不缺筆,故推爲仁宗朝(1023—1063年)之前的刊本。

每卷末,手録《史記索隱》之"述贊"。又"列傳"部分每卷皆有朱點,並以墨書附訓,此係日人所施。卷中第三十三《魯周公世家》第三,被誤刻爲"卷三十二"。又卷一百十三第四葉缺落。

每卷首有"井井居士手裝　明治四十二年十月"墨書十四字。又有"竹添氏光鴻"、"雙桂書樓"等印記。卷三十八及卷一百二十八中,有"島田重禮敬甫氏"印記。

内藤湖南爲收藏此本而專製藏書印"寶馬盦"。傅增湘《藏園羣書經眼録》卷三著録曾於"奈良瓶花村恭仁山庄"閲讀《史記集解》殘本五十八卷,即係此本。

此本於1934年(日本昭和九年),被日本"文化財審議委員會"確認爲"日本國寶"。

史記集解一百三十卷

(漢)司馬遷撰　(劉宋)裴駰集解

宋紹興十年(1140年)邵武東鄉朱中奉宅刊本　共十四册

武田科學財團杏雨書屋藏本　原飛鳥井家等舊藏

【按】卷一至卷三十二每半葉十二行,每行二十二字(其中卷二十八内半葉十四行,每行二十七字至二十八字),卷三十三後,每半葉十三行,每行二十五字或二十六字。注文雙行,每行三十六字或三十七字。白口,左右雙邊(其中《序》及卷一、卷二初葉,皆四周雙邊)。版心記"史記"(或"史表"、"史禮書"等),並有卷數、葉數。刻工姓名記大潘、小李、小胡、何明、韓正等。

卷首有裴駰《史記集解序》。每半葉八行,每行十五字。《序》後有《目録》,亦大字。《目録》終末裏面半葉有刊語,其文曰:

　　"邵武東鄉朱中奉宅
　　刊行校勘即無訛舛
　　紹興庚申八月朔記"

本文第一行上有小題,下有大題,而不署撰者名,與北宋十四行本同。

此本卷首《裴序》第一葉裏半葉、卷七十三之第五葉、卷七十四之第一葉係鈔補。又卷十三之第一葉和第二葉、卷四十三之第一葉、卷一百六之第五葉裏半葉以下、卷一百三十之第八葉皆破損,卷一百三十之第九葉以下俱闕。

卷七及卷六十一至卷六十六、卷七十至卷七十八,有朱筆訓點,其他諸卷亦間有朱點或墨書注記,係日人所施。

卷中有"蘭陵家藏書籍","蘭陵藏書"等印記,係飛鳥井家舊藏。

森立之《經籍訪古志》卷三著録京師飛鳥井家藏宋刊《史記》,并曰"未見",即係此本。

傅增湘《藏園羣書經眼録》卷三著録此本,并曰:"此本鐵畫銀鈎,字體彫工與瞿氏藏《周易》相類,是南渡初建本之精者。"

史記集解一百三十卷

(漢)司馬遷撰　(劉宋)裴駰集解

明崇禎年間(1628—1644年)汲古閣刊本

内閣文庫　蓬左文庫　東京大學史料編纂所　神户大學文學部　佛教大學平中文庫關西大學　早稻田大學圖書館　酒田市立光丘文庫藏本

【按】每半葉有界十二行,行二十五字。白口,左右雙邊(21.5cm×14.7cm)。

卷首與卷末刻"琴川毛鳳苞氏審定宋本"。第一册第一葉刻"皇明崇禎十有四年歲在昭陽大荒駱陬月上日琴川毛氏開雕"。

此本係明崇禎年間汲古閣刊《十七史》之別册。

内閣文庫同此同一刊本三部,皆有清順治十一年(1654年)補版。一部十二册,一部十六册,一部原係昌平坂學問所舊藏,亦十二册。

東京大學史料所藏本,共十六册。

佛教大學藏本,亦係清順治十一年(1654年)補版,原係平中苓次等舊藏。

關西大學綜合圖書館藏此同一刊本兩部,一部今存内藤文庫,原係内藤湖南等舊藏,卷中有"湖南秘笈"等印記。一部今存泊園文庫,原係江户時代藤澤東畡、藤澤南陽、藤澤黃鵠、藤澤黃坡三世四代"泊園書院"舊藏,共二十册。

早稻田大學藏本,共十六册。

酒田市立光丘文庫藏本,原係本間光彌等舊藏,共十六册。

史記集解附索隱正義一百三十卷

(漢)司馬遷撰　(劉宋)裴駰集解　(唐)司馬貞索隱　張守節正義

宋慶元年間(1195—1200年)建安黃善夫刊本　日本國寶　共九十册

國立歷史民俗博物館藏本　原南化玄興直江兼續　米澤藩校興讓館　上杉氏家等舊藏

【按】每半葉有界十行,行十八字(目録一册、序一册皆每半葉有界九行,行十五字)。小字雙行,行二十三字。綫黑口,左右雙邊(19.8cm×13cm)。版心有刻工姓名,如仇永、王全、王先文、仲良、仲鑒、朱明、何通、吳佐、宋寔、李彦、李恂、汪靖、良華、林選、楊守道、孫彦、再興、丘旬、王澤、王祐、周永、吳伸、袁俏、吳迪、張真、陳德、顧真、魏俊、韓仔、戴祐、羅成、顧珇、彭祥、葉青、戚聰旺、陳震、劉章、劉璋、謝興、盧鑑、曹砐、章旼、閔孝中、楊道、張翼、袁俊、張宗、楊安、楊明、翟榮、葉石等。

此本《目録》分裝第一册、《序》分裝第二册。《序》本有《集解序》、《補史記序》、《史記索隱序》、《正義序》、《正義論例》、《謚法解》。

《集解序》後,有刊印木記二行曰:

> 建安黃善夫刊
> 于家塾之敬室

《目録》後有鑴刻"識語"曰"始甲寅之春,畢丙辰之夏……建安黃宗仁謹啓"云云。證之同時代前後《漢書》等刊本,可推此"甲寅"乃宋光宗紹熙五年(1194年);此"丙辰"乃宋寧宗慶元二年(1196年)。

各卷小題在上,大題在下。每葉框外有耳題,標明本卷題名。卷末有"史(幾)字","注(幾)字"。卷中避宋諱,凡"玄、貞、讓、慎、殷、徵、弘"等字皆缺筆。

卷中今有鈔補二十餘葉,即《目録》末葉、卷三十八第二葉、卷四十七末二葉、卷五十五末葉、卷六十七首葉、卷六十九第二十七葉及末葉、卷七十首葉、卷七十三第六葉及末葉、卷七十九第三葉及第七葉、卷九十二第十三葉至第十七葉、卷九十三第七葉及第八葉與第十一葉、卷一百五末葉等。鈔補葉中《目録》末葉有"安成郡彭寅翁栞于崇道精舍"十二字摹寫,則係據元刊本補。

推考此本約在十四世紀之前東傳日本。卷中有"水光邱青"朱印及墨印,此印與宮内廳書陵部所藏鎌倉時代寫本(殘本)《范雎蔡澤列傳》藏書印同。後歸五山僧人所有,今《伯夷列傳》、《司馬穰苴列傳》、《仲尼弟子列傳》、《蘇秦列傳》、《孟嘗君列傳》、《范雎蔡澤列傳》、《魯仲連鄒陽列傳》凡此七卷之首葉,皆有"月舟"印記,此係壽桂幻雲(1460—1533年)之藏書印。今各册封面標題,又出於京都南禪寺南化玄興(1538—1604年)之手筆。十七世紀初,由南化和尚贈於上杉氏家臣直江兼續。直江氏乃1600年(日本慶長五年)著名的"關原之戰"的主謀者之一,又是1606年(日本慶長十一年)日本銅活字本《增補六臣注文選》的刊印者,此人文武兼備。後直江氏將此本贈於其主人上杉家米澤藩之學校,今各卷卷首有"興讓館藏書"朱印即是。十八世紀末,加賀藩大島贄川等曾借讀此本,以校《廿一史》。事見湯淺進良(1759—1824 年)《又新齋目録》。明治廢藩之後,此本歸米澤藩後人上杉隆憲。後經米澤文庫(今米澤市立圖書館),歸國立歷史民俗博物館。

近藤正齋在《右文故事》卷一中著録此本,稱其"紙墨妍好,字體圓活……蓋慶元版,最屬珍奇"。森立之《經籍訪古志》卷三亦著録此本。

《史記》三注合刊的宋刊全本,在中國國内已經佚失,此本可稱爲世上唯一的保存本。此本在日本的流傳及各卷中天頭地邊之釋文識語,係漢學史上極貴重之史料。

此本於 1966 年(日本昭和四十一年)被日本"文化財審議委員會"確認爲"日本國寶"。

史記集解附索隱正義(殘本)二卷

(漢)司馬遷撰　(劉宋)裴駰集解　(唐)司馬貞索隱　張守節正義

宋慶元年間(1195—1200 年)建安黃善夫刊本　共二册

東京大學東洋文化研究所藏本　原日本妙覺寺　淺野源　潘宗周等舊藏

【按】此本與國立歷史民俗博物館藏日本國寶《史記》三家注合刊爲同一刊本,故行款格式皆同,惟今僅存《平準書》、《刺客列傳》二卷,並存《索隱後序》一篇。卷中有"妙覺寺常住日典"楷書朱印。

潘宗周《寶禮堂宋本書録》中著録《史記集解附索隱正義》殘本二册。其釋文曰:

"此爲《史記集解附索隱正義》三注合刻本,即明嘉靖震澤王氏覆本之所自出,舊藏日本妙覺寺及淺野源氏、島田氏。淺野源氏曰五萬卷樓,島田氏曰雙桂堂,皆東國藏書家也……原書不全,清末有鄂人田氏購得之,携以歸國。不久散出,余友張菊生得六十餘卷,以歸涵芬樓。余所得者僅此《平準書》、《刺客傳》二卷而已。"

文中所提張菊生藏本,今已歸中國國家圖書館收藏,而潘氏所得之二卷,不意再次東渡。

今東大東洋文化研究所藏本,與中國國圖之藏本,無疑原爲一帙。

史記集解索隱正義(殘本)九十三卷

(漢)司馬遷撰　(劉宋)裴駰集解　(唐)司馬貞索隱　張守節正義

蒙古中統二年(1261 年)序,元至元二十五年(1288 年)彭寅翁刊本　共五十六册

宫内廳書陵部藏本　原妙心寺大龍院鐵山和尚　狩谷掖齋等舊藏

【按】每半葉十行,每行十六字至二十一字不等,黑口,左右雙邊。

前有蒙古中統二年(1261 年)校理董浦《序》,裴駰《史記集解序》,司馬貞《補史記序》、《史記索隱》、張守節《史記正義序》、《史記正義論例謚法解》等。

此本《目録》末雙邊匡中題"安成郡彭寅翁刊於崇道精舍",《列傳》第十三卷末又題"時至元戊子安成彭寅翁新刊",《年表》第二卷末題"安成郡彭寅翁鼎新刊行"。

卷一有手識文,其曰:

"右本蓋聽松村庵老師藏書室中至寶也,然明月夜光,不獨耀于隨掌郢握,天下寶當爲天下用之,是今斯本之所以歸於栭岳雅伯掌握也,深韜匱寶諸之可矣,寅闇翁謹識。"

此處"村庵",即南禪寺聽松院第四世長老,後土御門天皇長享二年(1488 年)寂。末署"寅闇翁",係建仁寺靈泉院僧侣。

《列傳》第四十五《扁鵲倉公列傳》末又有手識,其文曰:

"《龜策傳》雖如舊本加點,未通義理,待精史學之人,以可究其深奧者也,栭室本自書如此。"

是本全一百三十卷,今卷七至卷十,卷三十九凡五卷係鈔補。卷十五,卷十六,卷二十至卷二十四,卷四十二,卷四十三,卷五十八至卷六十,卷六十八,卷六十九,卷八十九至卷九十二,卷一百九,卷一百十,卷一百十三至卷一百

十六,卷一百二十八至卷一百三十,凡二十八卷係別本補配。此外,尚闕卷六十四至卷六十七凡四卷。

卷中除補配本外,每冊首有"定房"印記。

森立之《經籍訪古志》卷三著錄原求古樓藏元至元戊子刊本《史記》,即係此本。森氏曰:

"此書及宋槧殘本《漢書》,出於妙心寺大龍院,乃知鐵山和尚遺本也。鐵山名宗鈍,號默軒,又號懶齋。元和三年(1617年)十月八日寂(見《延寶傳燈錄》)。按楓山官庫亦藏元槧足本,卷末有至元戊子菖節吉州安福彭寅翁新刊於崇道精舍木記,即與此同種。朝鮮國刊本及今行活字板,俱原此本。"

森立之氏記此本缺三十一卷,今實缺三十七卷。

史記集解索隱正義一百三十卷

(漢)司馬遷撰　(劉宋)裴駰集解　(唐)司馬貞補並索隱　張守節正義

元至元二十五年(1288年)彭寅翁崇道精舍刊本　共四十冊

宮內廳書陵部藏本　原紅葉山文庫等舊藏

【按】每半葉有界十行,行二十一字。注文小字雙行,行同正文。黑口,左右雙邊(19cm×12.5cm)。版心著錄"史(史記)",並記卷數、葉數等。

卷首有《目錄》,後有裴駰《史記集解序》,司馬貞《補史記序》、《史記索隱序》,張守節《史記正義序》、《史記正義論例謚法解》,並有司馬貞《三皇本紀》。

此本《目錄》終後,有刊本木記曰:
"安成郡彭寅翁栞於崇道精舍。"
卷十四末又有刊印木記曰:
"安成郡彭寅翁鼎新刊行。"
卷七十二末又有刊印木記曰:
"昔至元戊子安成彭寅翁新栞。"
卷一百三十末又有刊印木記曰:
"至元戊子菖節吉州安福彭寅翁新刊於崇道精舍。"

此本卷三十七(世家第七)末,有1440年京都東福寺僧人朱筆識文。文曰:
"永享十二年二月十七日　加點於惠峰含雪齋下了矣。"

《扁鵲倉公列傳》末,又有識文兩則。一則文曰:
"《扁鵲倉公》《龜策傳》,先儒雖不加點,爲備遺忘切句耳。"
又一則文曰:
"師說曰,《扁鵲倉公》《龜策傳》,先儒雖不加點,爲備遺忘切句耳。或本端書云,此卷稱有忌諱不傳。又曰,或云寮試時讀《扁鵲傳》時,屋上有稱唯之者,彌成恐且不讀之云云。予案此事不然,但不知醫道事,仍難義不通之事旁多,付事於忌諱,不傳訓歟。案決疑滯,《扁鵲》《龜策》兩傳,不入被書疑,若不訓説年久歟,至于日者,入決疑滯。"

此本每冊首有"秘閣圖書之章"等印記。

【附錄】宮內廳書陵部藏後柏原天皇永正七年至永正十五年(1510—1518年)三條西實隆《史記》三家注親筆鈔寫本。此本即據元至元二十五年彭寅翁本摹寫,各卷末間有題識,如《五帝本紀》末有"永正七、十月二日立筆,同十七日終功"。《孝武本紀》末除紀年題識"永正八年七月五日終書功矣"外,尚有"識語"一篇,其文曰:
"這《史記》本紀去冬以來,凌老眼,染惡筆,使諫議羽林郎公條卿摸點了。所謂舊本者,紀傳朱點也,而今爲令易讀,倣江湖之新樣,用朱墨之點,蓋非不存固實,於其點者,無毫釐之差,後昆可知之而已。永正辛未孟秋上瀚　槐陰逃虛子(花押)。"

《扁鵲倉公列傳》卷末,有"識語"云"師說曰,《扁鵲倉公》《龜策傳》,先儒雖不加點……若不訓説年久歟,至于日者,入決疑滯"一段,其文與宮內廳書陵部藏元至元彭氏刊本《扁鵲倉公列傳》末之手識文全同。

《太史公自序》末又有"識語"一篇,其文曰:
"著雍困敦之曆仲秋月夕天,臨鶴髮五

旬有六載之頹齡,終馬史一百三十篇之點寫,細書欺老眼,苦學樂平生而已。英房上章莢念點畢。"

卷中有訓點。

史記集解索隱正義一百三十卷

（漢）司馬遷撰　（劉宋）裴駰集解　（唐）司馬貞補並索隱　張守節正義

元至元二十五年(1288年)彭寅翁崇道精舍刊本　共七十册

天理圖書館藏本　原崇蘭館等舊藏

【按】此本與宮內廳書陵部藏本係同一刊本,題式行款皆同。

此本全卷有朱墨點,天頭他邊及行間,間有室町時代日人所施訓點。封面有"堯　元板史記七十策　至元戊子刊本　崇蘭館"數字,金泥或朱書。

史記集解索隱正義（殘本）七十一卷

（漢）司馬遷撰　（劉宋）裴駰集解　（唐）司馬貞補並索隱　張守節正義

元至元二十五年(1288年)彭寅翁崇道精舍刊本

慶應義塾大學附屬圖書館藏本　原米澤伊佐早兼等舊藏

【按】此本與宮內廳書陵部藏本係同一刊本,行款題式皆同。

此本今存七十一卷。缺卷二至卷四,卷十三至卷十七,卷二十二至卷二十四、卷二十八,卷三十三至卷四十三、卷四十七、卷四十八,卷六十一至卷七十四,卷九十二至卷一百七、卷一百十七,卷一百十八,卷一百二十八,卷一百二十九。

此本除《表》之外,全書皆有朱筆"乎古止"點,並以青筆或墨筆施加訓點。天頭眉間偶有室町時期日人手識,其文多與國立歷史民俗博物館所藏黃善夫刊《史記》手識文同。

卷中有"林泉文庫"、"伊佐早兼古書之寶"印記,並有墨書"立岩藏書"等字。

史記集解索隱正義一百三十卷

（漢）司馬遷撰　（劉宋）裴駰集解　（唐）司馬貞索隱　張守節正義

明嘉靖四年(1525年)金臺汪諒氏刊本

静嘉堂文庫　京都大學人文科學研究所東洋學文獻中心藏本

【按】每半葉有界十行,每行十八字。小字雙行,每行二十三字。白口,左右雙邊。

前有明嘉靖四年乙酉（1525年）費懋中《序》,後有明嘉靖六年丁亥(1527年)柯維熊《跋》。

每卷首小題在上,大題在下。大題以小字旁書。

《目錄》後有刊行木記二行,其文曰:

　　"明嘉靖四年乙酉
　　金臺汪諒氏刊行"

每册第一卷書題下,題"莆田柯維熊校正"。

静嘉堂文庫藏本,原係陸心源十萬卷樓等舊藏,共三十册。

京都大學人文研藏本,共四十八册。

史記集解索隱正義一百三十卷

（漢）司馬遷撰　（劉宋）裴駰集解　（唐）司馬貞索隱　張守節正義

明嘉靖年間(1522—1566年)震澤王延喆刊本

内閣文庫　静嘉堂文庫　東京大學　京都大學人文科學研究所東洋學文獻中心　大谷大學附屬圖書館　大東急記念文庫　大倉文化財團藏本

【按】每半葉有界十行,每行十八字。注文雙行,每行二十三字。白口,左右雙邊。此本行款版式,一如南宋慶元年間建安黃善夫《史記》三家注合刊本。

前有《索隱序》、《補史記序》、《正義序》、《集解序》等。序文每半葉九行,每行十五字。

《序》後有刊行木記,其文曰:

震澤王氏刻于
恩褒四世之堂

《目録》後又有篆文刊行木記，其文曰：

震澤王
氏刻梓

《索隱序》後，有王延喆題記七行，其文曰：

"延喆不敏，嘗聞於先文恪公曰：《國語》、《左傳》，經之翼也；遷史、班書，史之良也。今吳中刻《左傳》，郢中刻《國語》，閩中刻《漢書》，而《史記》尚未板行。延喆因取舊藏宋刊《史記》，重加校讎，翻刻於家塾，與三書並行於世。工始嘉靖乙酉臘月，迄於丁亥之三月。林屋山人王延喆識於七十二峯深處。"

內閣文庫藏此同一刊本二部，皆係原豐後佐伯藩主毛利高標舊藏。一部殘本，今闕卷三至卷五，存一百二十七卷，共二十九冊；另一部係森立之《經籍訪古志》卷三著録本，共十三冊。

靜嘉堂文庫藏本，原係陸心源十萬卷樓等舊藏，卷中有"筱澳居士"朱文方印，"吳淞瞿西塘氏家藏"朱文方印，共二十冊。

東京大學藏此同一刊本兩部。一部藏總合圖書館，原係紀州德川家南葵文庫等舊藏，共六十冊。一部藏東洋文化研究所。

京都大學人文研藏本，共三十冊。

大谷大學藏本，原係神田鬯盦（喜一郎）舊藏，1984年由神田氏家捐贈大谷大學，共三十二冊。

大東急記念文庫藏本，原係木村正辭等舊藏，共五十冊。

大倉文化財團藏本，卷中有"五福五化堂寶"、"八徵耄念之寶"、"太上皇帝之寶"、"乾隆御覽之寶"、"天禄琳瑯"、"天禄繼鑑"、"楚府圖書"、"倪元鎮"、"翰林學士文節"、"朱氏"、"顧氏"、"邵享貞"等印記。共五十八冊。

史記集解索隱正義一百三十卷

（漢）司馬遷撰　　（劉宋）裴駰集解　　（唐）司馬貞索隱　　張守節正義

明嘉靖年間（1522—1566年）秦藩刊本

內閣文庫　京都大學人文科學研究所東洋學文獻中心藏本

【按】每半葉有界十行，每行十八字。注文雙行，每行二十三字。白口，左右雙邊。版心下題"史記五帝紀一"，下記"天"、"地"等字，爲每帙之編號。每卷後有本文字數"史計若干字"，又有注文字數"注若干字"。

前有明嘉靖十三年甲午（1534年）鑒抑道人《序》，明嘉靖二十九年庚戌（1550年）秦藩允中道人《序》。後有明嘉靖十三年甲午（1534年）黃臣《跋》。

據1550年允中道人（秦藩宣王朱懷埢）《序》，是本係秦藩定王朱惟焯初刊於明嘉靖十三年，朱懷埢修板於明嘉靖二十九年。其文曰：

"往者關中舊刻《史記》，有善本，求之者衆。板既墮去，而索愈繁，不可得也。予叔考定王得蘇州本，命工刻之，刻成自序，以與求之者便。予考端王素嘉尚是書，日取觀之。迨於紹立，謂此書刻之踰載，字頗漫滅，觀者難誦，予親校理，再製一新。匪徒成夫先志，實爲觀者易於覽焉。"

內閣文庫藏本，原係豐後佐伯藩主毛利高標舊藏，共三十冊。

京都大學人文研藏本，共五十六冊。

史記集解索隱正義一百三十卷

（漢）司馬遷撰　　（劉宋）裴駰集解　　（唐）司馬貞索隱　　張守節正義　　（明）張邦奇　江汝璧校

明嘉靖八年至九年（1529—1530年）南京國子監刊本

內閣文庫　天理市圖書館藏本

【按】每半葉有界十行，每行二十一字。小字雙行，行同正文。黑口，左右雙邊。版心上題"嘉靖八年（或九年）刊"，下題卷名、葉數及刻工姓名。

內閣文庫藏本,原係昌平坂學問所舊藏,卷中第八十一(列傳第二十一)至第八十六(列傳第二十六)係後人鈔補。共十八冊。

天理市圖書館藏本,今存卷二十六(曆書第四)、卷二十七(天官書第五),凡二卷共一冊。

史記集解索隱正義一百三十卷

(漢)司馬遷撰　(劉宋)裴駰集解　(唐)司馬貞索隱　張守節正義　(明)余有丁　周子義校

明萬曆二年至三年(1574—1575年)南京國子監刊本

內閣文庫　京都大學藏本

【按】每半葉有界十行,每行二十一字。小字雙行,行同正文。黑口,左右雙邊。版心題"萬曆二年(或三年)刊",下記卷名、葉數及刻工姓名。

內閣文庫藏本,原係林大學頭家舊藏,共十二冊。

京都大學藏此同一刊本兩部。一部藏於人文科學研究所東洋學文獻中心,共二十四冊;一部藏於文學部中國語學哲學文學研究室,共三十四冊。

史記集解索隱正義一百三十卷

(漢)司馬遷撰　(劉宋)裴駰集解　(唐)司馬貞索隱　張守節正義　(明)馮夢禎　黃汝良校

明萬曆二十四年(1596年)南京國子監刊本

內閣文庫　靜嘉堂文庫　東京大學　佛教大學附屬圖書館　御茶之水圖書館藏本

【按】每半葉有界十行,每行二十一字。小字雙行,每行二十七字。黑口,左右雙邊。版心題"萬曆二十四年刊",下記卷名、葉數、刻工姓名。

內閣文庫藏此同一刊本三部。一部原係林羅山舊藏,卷中有"江雲渭樹"藏書印記,共二十冊;一部原係李鹿山舊藏,有清康熙二十五年(1686年)補刊,共二十四冊;一部共二十六

冊。

靜嘉堂文庫藏本,共二十四冊。

東京大學藏此同一刊本兩部。一部藏總合圖書館,原係紀州德川家南葵文庫等舊藏,共二十四冊。一部藏東洋文化研究所,有清順治十五年(1658年)及清康熙二十五年(1686年)補刊,並間有明萬曆二十六年(1598年)北監本配補,共二十冊。

佛教大學藏本,原係平中苓次舊藏,共二十六冊。

御茶之水圖書館藏本,原係德富蘇峰等舊藏。此本今缺卷一至卷五,實存一百二十五卷。此本封面紙產自朝鮮。卷中有"蘇峰學人德富氏愛藏國書記"等印記,第一冊內封有明治四十三年(1910年)二月德富蘇峰手記文,共二十二冊。

史記集解索隱正義(殘本)一百二十六卷

(漢)司馬遷撰　(劉宋)裴駰集解　(唐)司馬貞索隱　張守節正義　(明)劉應秋　楊道賓校

明萬曆二十六年(1598年)北京國子監刊本

內閣文庫　靜嘉堂文庫藏本

【按】每半葉有界十行,每行二十一字。小字雙行,行同正文。黑口,左右雙邊。版心題"萬曆二十六年刊",下記"史記卷幾",接題卷名,並記葉數。

內閣文庫藏本,原係昌平坂學問所等舊藏。此本今闕卷二十三(禮書第一)至卷二十六(曆書第四)凡四卷。

靜嘉堂文庫藏本,原係陸心源守先閣等舊藏,共二十冊。

史記一百三十卷　補史記一卷　首一卷

(漢)司馬遷撰　(劉宋)裴駰集解　(唐)司馬貞索隱　張守節正義

明萬曆年間(1573—1620年)錢塘鐘人傑校刊本

東京大學藏本

【按】東京大學藏此同一刊本兩部，一部原係市村瓚次郎購入本，爲覺廬文庫等舊藏，共二十册。一部原係紀州德川家南葵文庫等舊藏，今缺卷第二十七至卷三十、卷第五十至卷第六十九、卷第九十二至卷第九十九，實存九十九卷，共二十一册。

史記一百三十卷

　　（漢）司馬遷撰　　（劉宋）裴駰集解　（唐）司馬貞索隱　張守節正義
　　　明廣東監察御史刊本
　　　內閣文庫藏本
　　【按】每半葉有界九行，行二十一字。題"大明巡按廣東監察御史張守約重修"。
　　　內閣文庫藏此同一刊本兩部。一部原係昌平坂學問所舊藏，共三十二册。一部原係寬永寺勸學寮舊藏，共二十四册。

史記一百三十卷

　　（漢）司馬遷撰　　（劉宋）裴駰集解　（唐）司馬貞索隱　張守節正義　（明）陳仁錫評
　　　明崇禎元年（1628年）聚錦堂刊本
　　　內閣文庫　東京大學東洋文化研究所　關西大學綜合圖書館泊園文庫藏本
　　【按】內閣文庫藏此同一刊本兩部。一部原係昌平坂學問所舊藏，共二十四册。一部原係楓山官庫舊藏，共二十册。
　　　東京大學藏本，原係大木幹一舊藏。
　　　關西大學藏本，原係江戶時代藤澤東畡、藤澤南陽、藤澤黃鵠、藤澤黃坡三世四代"泊園書院"舊藏，今存卷四十三至卷一百三十。

史記一百三十卷

　　（漢）司馬遷撰　　（劉宋）裴駰集解　（唐）司馬貞索隱　張守節正義　（明）陳仁錫評
　　　明崇禎年間（1628—1644年）大來堂刊本
　　　國會圖書館　關西大學綜合圖書館內藤文庫藏本
　　【按】每半葉有界十行，行二十字。白口，左

右雙邊（21.4cm×13.7cm）。
　　　卷首題"史記　漢掌大官太子令龍門司馬遷撰　皇明翰林院日講官長洲陳仁錫評"。有明崇禎元年（1628年）陳仁錫《史記序》，裴駰《史記集解序》，司馬貞《史記索隱序》、《史記索隱後序》、《補史記序》，唐開元二十四年（736年）張守節《史記正義序》。
　　　國會圖書館藏本、原本二十四册合十二册。
　　　關西大學藏本，原係內藤湖南舊藏。卷中有"白岑"、"白岑閑印"、"虹村"、"天下之志"等印記。文中有寫補，共二十四册。

史記一百三十卷

　　（漢）司馬遷撰　　（劉宋）裴駰集解　（唐）司馬貞索隱　張守節正義　（明）陳子龍　徐浮遠測議
　　　明崇禎年間（1628—1644年）素位堂刊本
　　　東京大學東洋文化研究所藏本

史記一百三十卷

　　（漢）司馬遷撰　　（劉宋）裴駰集解　（唐）司馬貞索隱　張守節正義　（明）鍾人傑等校
　　　明刊本　共二十册
　　　內閣文庫藏本　原昌平坂學問所舊藏

史記一百三十卷

　　（漢）司馬遷撰　　（劉宋）裴駰集解　（唐）司馬貞索隱　張守節正義
　　　明末刊本
　　　出雲大社日隅宮御文庫藏本

史記集解索隱（殘本）九十九卷

　　（漢）司馬遷撰　　（劉宋）裴駰集解　（唐）司馬貞索隱
　　　宋淳熙三年（1176年）張杅桐川郡齋刊淳熙八年（1181年）耿秉補刊本　共二十四册
　　　靜嘉堂文庫藏本　原黃蕘圃　陸心源皕宋樓等舊藏
　　【按】每半葉十二行，每行二十五字。注文雙

行。白口,左右雙邊(19.0×13.9cm)。版心記字數,並有刻工姓名,如高彦、李幾、徐喆、徐榮、呂祐、張明、李良、李英、昌彦、供坦、宋端、章珍、胡寔、王中、王椿、李師順(師順)、劉彦中、丘臻、吳仲、洪源、洪新、洪擔、徐忠、徐立、施正、施政、施珍、施中、陳昌、董暉、董源、李元、李憲、李證、李珍、李祐、高秀、高俊、章宇、章梓、朱宥、包彦、余源、余吳、余政、余珍、郎松等。

前有黄堯圃手鈔宋淳熙三年丙申(1176年)立秋張杅《序》,並有宋淳熙八年辛丑(1181年)耿秉《跋》。

卷中避宋諱,凡遇"玄、弦、絃、敬、警、驚、竟、弘、泓、匡、殷、讓、構、媾、購、姁、慎、貞、恒"等字皆闕筆。

是書全一百三十卷,今存"本紀"卷八至卷十二,"表"卷一至卷三、卷六至卷十,"書"卷一至卷四、卷六至卷八,"世家"卷八至卷三十,"列傳"卷一至卷五十六,凡九十九卷。

此本原係張杅守桐川,以蜀小字本《史記》改寫中字,刊於郡齋,而削去褚少孫所補。後耿秉復以褚書依次第補刊之。是書《集解》之後,繼以《索隱》,而無《正義》。

錢曾《讀書敏求記》曰:"南宋廣漢張杅又嘗刊去褚少孫所續,趙山甫復病其不全,取少孫書別刊附入,今亦均未見其本"云云,即指是書。傅增湘《藏園羣書經眼錄》卷三著錄此本,并曰:"此本向所未見,密行細字,體格方整而堅實,與紹興兩浙東路茶鹽司刊本《通鑑》相類,補版則纖弱矣。"

卷中有"汪士鐘印"、"閬源真賞"、"玄圃丹梯"、"忠字季恒"、"寶藏"、"子孫保之"、"飲中仟"、"超氏子印"、"天水郡圖書印"、"歸安陸樹聲叔桐父印"、"歸安陸樹聲藏書之記"等印記。

史記集解索隱(殘本)九十二卷

(漢)司馬遷撰　　(劉宋)裴駰集解　　(唐)司馬貞索隱

蒙古中統二年(1261年)平陽道段子成刊本

共十六冊

靜嘉堂文庫藏本　　原陸心源皕宋樓等舊藏

【按】每半葉十四行,每行二十五字,小字雙行,行同正文。白口亦有黑口,四周雙邊(19.4cm×12.4cm)。版心上記字數,偶見刻工姓名如張一、張二、周春等。每葉格闌外標題篇名。

是書全一百三十卷,今存卷六至卷三十六,卷四十九至卷六十,卷七十四至卷七十八,卷八十七至卷一百三十。原前有蒙古中統二年辛酉(1261年)校理董浦《序》,此本亦佚失。

卷中有"太原叔子藏書記"、"汪士鐘字春霆號眼園書畫記"、"口口陸氏圖記"、"歸安陸樹聲藏書之記"、"歸安陸樹聲叔桐父印"等印記。

史記索隱(殘本)四卷

(唐)司馬貞索隱

明正德九年(1514年)慎獨齋刊本　　共一冊

足利學校遺蹟圖書館藏本

【按】此本今存卷十五至卷十八。

史記大全一百三十卷

(漢)司馬遷撰　　(劉宋)裴駰集解　　(唐)司馬貞索隱

明正德十六年(1521年)建寧府重校刊本

東京大學東洋文化研究所藏本

【按】每半葉有界十行,行二十字。黑口,四周雙邊。版心著錄"史記卷之第(幾)篇名葉數"。

卷前有蒙古中統二年(1261年)董浦《序》。卷末有刊印木記曰:"正德十六年十一月内蒙建寧府知府張,邵武府同知鄒同校正過《史記大全》,計改差訛二百四十五字。書户劉洪改刻。"

史記索隱三十卷

(漢)司馬遷撰　　(唐)司馬貞索隱(明)毛晉校

明崇禎年間(1628—1644年)琴川毛氏汲古

閣刊本

內閣文庫　京都大學　關西大學綜合圖書館內藤文庫藏本

【按】每半葉有界十四行，行二十七字。注文小字雙行，行四十字。白口，左右雙邊（21.6cm×14.8cm）。版心著録"索隱卷（幾）"，並記葉數。每卷卷首及卷末二卷版心則題署"汲古閣毛氏正本"。

卷首題"史記索隱"，下署"小司馬氏撰"。有裴駰"史記集解序"並毛晋"跋"。卷頭刻"琴川毛鳳苞氏審定宋本"。

內閣文庫藏此同一刊本二部。一部原係紅葉山文庫舊藏，共四册；一部原係豐後佐伯藩主毛利高標舊藏，共二册。

京都大學藏此同一刊本二部。一部係人文科學研究所東洋學文獻中心藏本，此本後附（宋）陶岳《五代史補》及（宋）王禹偁《五代史闕文》，共四册；一部係文學部藏本，共二册。

關西大學藏本，原係內藤湖南舊藏，卷中有"湖南秘笈"、"炳卿審定善本"等印記，共四册。

漢書（殘本）一卷

（漢）班固撰　（唐）顔師古注

初唐寫本　日本國寶　卷子本一卷

兵庫縣上野淳一藏本　原竹添光鳴等舊藏

【按】此本全卷長1394cm，縱27.6cm。卷首缺佚，尾題"楊（原字）雄傳第五十七"，係顔師古注《漢書·揚雄傳第五十七》全傳的一半。

全卷係料紙二十六葉，每葉有界二十三行，行十五字左右。注文小字雙行，行二十七、八字左右。紙質屬麻紙類。

文中凡"淵、民"字皆缺畫，係唐太宗年間寫本。書體典麗而勁拔，有初唐之風。卷中朱筆訓點，墨筆施傍注、反切，且有用胡粉白書假名、注記等。欄外天頭地邊，筆録諸説。

末葉倒二行有墨筆"識文"曰：

"享德二年薔春之比，自花山院殿奉拜領了，三井清□（花押）。"

卷末界外，又有墨筆"識文"曰：

"天曆二年五月廿一日點了，藤原良□。"

此處"天曆二年"乃948年，"享德二年"乃1453年。兩處"識文"提供了自平安時代至室町時代訓法與傳領的重要資料。

卷中首尾有"江亭圖書記"、"井井居士珍賞子孫永保"、"上野藏記"等藏書印記。

此卷已被日本"文化財審議委員會"確認爲"日本國寶"。

【附録】《漢書》傳入日本之最早史料，當與記載《史記》者相同。公元751年（中國唐玄宗天寶十年、日本孝謙天皇天平勝寶三年）日本完成第一部書面文學集《懷風藻》的編纂，其第九十一首爲式部卿藤原朝臣宇合所作《悲不遇》一首。詩中有句曰："南冠勞楚奏，北節倦胡塵；學類東方朔，年餘朱買臣。"此中"北節倦胡塵"之典與"東方朔"、"朱買臣"之人，皆源自於《漢書》的記載。"北節倦胡塵"事，見於《漢書·蘇武傳》，"東方朔"與"朱買臣"事，分別見於《漢書·東方朔傳》與《漢書·朱買臣傳》。又《懷風藻》第九十四首爲兵部卿兼左右京大夫藤原朝臣萬里所作《暮春于弟園池置酒》一首。此詩有《詩序》，其中有句曰："夫登高能賦，即是大夫之才。體物緣情；豈非今日之事。"其中"登高能賦"之論，則源自《漢書·藝文志》。其文曰："傳曰：不歌而誦，謂之賦。登高能賦，可以爲大夫。言感物遭端，材知深美，可與圖事，故可以爲列大夫。"這是關於《漢書》最早浸入日本古代文學的記載。

九世紀末藤原佐世《本朝見在書目録》"正史家"第十一關於《漢書》有如下著録：

《漢書》百十五卷　漢護軍班固撰　太山守應劭集解；

《漢書》百廿卷　唐秘書監顔師古注；

《漢書音義》十二卷　隋國子博士蕭該撰；

《漢書音》十二卷　隋廢太子勇令包愷等撰；

《漢書訓纂》卅卷　陳吏部尚書姚察撰；

《漢書音義》三卷　不著撰寫者；

《漢書音義》十三卷　顔師古；

《漢書古今集義》廿卷　厖胤撰；

《漢書問答》十卷　沈遵行撰；

《漢書序例》一卷　顏師古撰；

《漢書贊》九卷　不著撰寫者；

《漢書私記》七卷　不著撰寫者。

十二世紀日本藤原賴長《臺記》"康治二年(1143)九月二十九日"，記載他曾經讀過的一千三十卷書籍中，有《漢書》、《漢書叙例》二種。

同《臺記》，"久安三年(1147 年)七月十六日"，記載提供給夫人起名與爲公卿引經據典之用的漢籍書名中有"如淳《漢書注》一種"。

十二世紀藤原通憲(？—1159 年)撰《通憲入道藏書目錄》，其"第百九櫃"著錄《漢書》六帙、《漢書》八十八(無量詞)二種。

同書其"第百七十櫃"後第三合(不標書櫃編號)又著錄(前)《漢書志》一帖凡一種。

八世紀奈良時代有《漢書》古寫本，此本今存"高帝紀下"及"列傳第四"，凡二卷殘本。黃麻紙卷子本，縱 27.7cm，"高帝紀"全長 127.0cm，每行無界，13 字左右；"列傳第四"全長 371.0cm，每行無界，十五字左右，注文小字雙行。行十六字左右。"高帝紀"卷首題"高紀下"三字，下空四字，題"漢書"。第二行上空五字，題"秘書監上護軍琅邪縣開國子顏師古注"，第三行起正文，正文首行不空字，書曰"五年冬十月漢王追項羽至陽夏南……"然文中八年、九年、十年紀事有斷簡，"列傳第四"首缺"韓信傳"、"彭越傳"，自"英布傳"中途"公曰前年殺彭越往年殺韓信"起始，剩"盧綰傳"和"吳芮傳"。卷中見"民"與"治"二字，皆爲字不成，當摹寫初唐寫本。紙背爲日本僧人元杲所撰《金剛界念誦次第私記》。元杲乃石山寺僧人，則此本就在石山寺內寫定。此本今存滋賀縣大津市石山寺，被確認爲"日本國寶"。

八世紀後期奈良——平安時代有《漢書》古寫本。此本今存《食貨志》第四，凡一卷。黃麻紙卷子本，縱 27.0cm，全長 1221.0cm，每行十四字左右。注文雙行，行十七字左右。首行頂格題"食貨志第四"，下空三字，題"漢書廿四"。

第二行上空四字，題"秘書監上護年琅邪縣開國子顏師古注"，第三行正文，首字不空格。書曰"洪範八政一曰食二曰貨……"卷末題"食貨志第四"，下右側則書"漢書廿四"，其中"四"字已受水蝕而不可辨認。卷首須寶生院經藏圖書寺社官府點檢之印"，卷末尾題上方，又有"式部之印"朱文印記。此本今存愛知縣名古屋市大須觀音真福寺，被確認爲"日本國寶"。

漢書一百二十卷

(漢)班固撰　(唐)顏師古注

宋慶元年間(1195—1200 年)劉元起　黃善夫刊本　日本國寶　共六十一册

國立歷史民俗博物館藏本　原南化玄興直江兼續　米澤藩校興讓館　上杉氏家等舊藏

【按】每半葉有界十行，行十八字。注文小字雙行，行二十三字或二十四字。左側界外有耳格，署標題。綫黑口，四周雙邊(26.7cm × 18.2cm)。版心題署如"前紀一上　漢書一卷"、"西傳一　漢書三十一卷"等。

此本《目錄》與米澤藩藏宋慶元刊日本國寶《後漢書》之《目錄》，合爲第一册。兩《目錄》末有刊印牌記

> 建安劉元起刊
> 于家塾之敬室

"列傳卷第一"末，又有刊印牌記。

> 建安黃善夫刊
> 于家塾之敬室

第二册有顏師古《新注漢書叙例》、《今末注未入諸儒辨論》、《宋景文公祁所用諸本》、《今本所用諸本》等。在《今本所用諸本》後一行起，低三字，有劉之問(元起)識文。其文曰：

"顏氏曰，《漢書》舊文，多有古字，解說之後，屢經遷易，後人習讀，以意刊改。傳寫既多，彌更淺俗。今則曲覈古本，歸其真正。自顏氏之後又幾百年，向之古字，日益改易，書肆所刊，祇今之世俗字耳。識者恨之。今

得宋景文公所校善本，雌黄所加，字一從古，
偏傍毫釐，靡不是正，其所校本，凡十五家。
文有殊異，皆兼存之，疏於上方。其間或有
名儒辨論，亦附於是。今一依是本謄寫，故
於注釋之下，凡景文所附者，悉從附入，以圈
間之，使不與舊注相亂。又自景文校本之
外，復得十四家善本。逐一讎對，大抵皆祖
景文之本。然則是書之刊，亦可以謂之不苟
矣。伏幸詳鑒。慶元嗣歲端陽日，建安劉之
問謹識。”

正文卷首第一行題“高帝紀第一上”，隔三
字，署“班固”，又隔二字，題“漢書一”。次行上
空三字有雙行小字“師古曰，紀，理也，統理衆
事而繫之於年月者也”。第三行上空二字，署
“正議大夫行祕書少監琅邪縣開國子顏師古
注”。第四行起正文。

此本封面，係紅色紙裝。左側貼白紙題簽，
用墨筆題書名，下有“玄興”朱文方印。封面餘
白，墨書本册目録，亦係南化玄興之手筆。

此本傳入途徑及收藏之變遷，與原米澤藩藏
宋黄善夫刊本（日本國寶）《史記》相同。

森立之《經籍訪古志》卷三著録米澤上杉氏
藏《漢書》一百二十卷宋刊本，所記行款格式，
刊記木牌，皆與此本相同，當爲同一本無疑。
然《森志》在“釋文”中曰：《目録》末有識語云，
集諸儒校本三十餘家，及予五六友，澄思靜慮，
讎對同異，是正舛訛。始甲寅之春，畢丙辰之
夏云云。末記建安黄宗仁善夫謹咨。”今此本
僅見劉之問識記，而未見此黄善夫識語。

此本於 1966 年（日本昭和四十一年）被日本
“文化財審議委員會”確認爲“日本國寶”。

漢書一百二十卷

（漢）班固撰　（唐）顏師古注
宋紹興年間（1131—1162 年）湖北提舉茶鹽
司刊淳熙年間至慶元年間（1174—1200 年）補
刊本　明孫道靜手識本　日本重要文化財
共四十册
靜嘉堂文庫藏本　原孫道靜　陳道復　汪

士鐘　陸心源酾宋樓等舊藏
【按】每半葉有界十四行，每行二十六字至二
十九字不等。注文雙行小字，每行三十一字至
四十字不等。白口，左右雙邊（24cm ×
15.3cm）。版心著録“前漢（幾）”，並有刻工姓
名，如周貴、李祖訓、杜彥、宋宏、汪世安、杜林、
吕榮、余舜、向叙、張慎行、王亢、王厚、余中、吴
成、杜良賢、蔡伯達、王元、余光祖、吴軫、宋超、
李格、周貢、余光、吴振、杜明、李建、王元一、周
士貴、吴翑、杜良、沈明、周逢、李棣、周震、蔡伯
道、周禮、秦逸、陳昇、陳僅、彭嘉、楊憲、劉鈞、
蕭年人、謝海、龔成、魏真、張政、陳仲、陳彥、陳
通、陳慶、黄執、廖安、黄善、陳伴、張善、張貴、
胡遵、張振、陳景通、劉丙、劉定、蔡中、蕭寧、劉
真、譚柄、龔行成、謝汝楫、蔡伯適、鄒禹成、張
彥振、魏真、阮明、黄宥、謝德、謝海、沈明、陳
肇、陳瑾、張行、劉鈞等。

首有《漢書叙例》。次有《湖北提舉茶鹽司新
刊前漢書目録》。

正文卷首題“高帝紀第一上”，接續雙行小字
注文：“師古曰：紀，理也，統舉衆事而繫之於年
月者也。”下署“班固”。又隔半字，題書“漢書
一”。第二行上空四字，題書“正議大夫行秘書
少監琅邪縣開國子顏師古注”。第三行起正
文。

卷中避宋諱，凡“玄、眩、弦、敬、驚、警、竟、
境、弘、殷、匡、恒、貞、禎、徵、懲、署、樹、讓、桓、
完、構、購、慎”等皆爲字不成。

卷末有修補《題跋》三則

一、宋紹熙癸丑（1193 年）張孝曾《跋》文（每
半頁有界九行，行十九字）：

“湖北庾司舊所刊西漢史，今五六十年。
壬辰歲，前提舉官梅公嘗脩治，今又二十餘
年矣。鋟木既久，板缺字脱，觀者病之。余
將命于兹，職事暇日，因取其朽腐漫漶者凡
百二十有七板，命工重刊。或加脩剔，俾稍
如舊，以便覽閱。然板刻歲深，勞於椠墨，則
損壞日增，此理必然。隨時繕治，誠有待於
來者。因誌其後以告。紹熙癸丑二月望日，

溧陽張孝曾題。"

二,宋淳熙二年(1175 年)黄杲、沈綸《跋文》(每半頁有界九行,行二十字不等):

"右孟堅所書,二百二十年間列辟之達道,名臣大範,賢能之志業,黔黎之風美具焉。柳柳州嘗評其文云:'商周之前,其文簡而壄;魏晋目降,則盪而靡,得至中者漢氏。'抑至言歟! 湖北外臺嘗鏤諸版,歲月窮深,字畫漫漶,且注誤脱落,背理善文,學者病焉。外府丞姑蘇梅公爲部刺史,自公之暇,傾謂杲輩,讎而正之。於是集諸校本,參訂非是,凡改竄者數百字,泯滅則復書。郡太守番易張公,目治辨稱,寔尸厥事,迺庀工修鋟爲成書。時淳熙之二載季夏十日,憲幙三山黄杲升卿、宜興沈綸季言叙。"

《跋文》後有列銜名録四行,其名曰:

迪功郎荆湖北路提點刑獄司　幹辦公事　沈綸校正

從事郎荆湖北路提點刑獄司　檢法官黄杲　校正

朝請大夫知常德軍府事、提舉常德府澧辰沅靖州兵馬盗賊公事　張瓙

朝奉大夫提舉荆湖北路常平茶監公事梅世昌

三、宋慶元戊午(1198 年)梁季珌跋文(每半頁有界九行,行十二字):

"本司舊有西漢史,歲久益漫,因命工刊整,計一百七十板。仍委常德法曹廬陵郭洵直是正訛舛二千五百五十八字,庶幾復爲全書云。慶元戊午中元括蒼梁季珌題。"

卷首副葉,有明正德二年(1507 年)孫道静手識文,曰:

"余見宋版漢史不下五、六部,未有若此之全妙者,子孫其永保之。正德二年三月,丹陽孫道静重裝兩套,題係舊人筆,不敢易也。"

卷中有"飛雲閣"、"景瞻"、"陳道復印"、"陳淳私印"、"翠雨堂圖書印"、"君寵"、"汪士鐘"、"汪士鐘印"、"藝芸主人"、"趙宋本"、"陳氏宗穆"、"恩海私印"、"臣恩海"、"山陰謝執黄季用甫觀"、"鶴峰"、"文徵明印"、"衡山"、"恩海私印"、"鵬陽"、"陳氏宗穆"、"筠生"、"曹昭般氏"、"歸安陸樹聲叔桐父印"等印記。

《儀顧堂題跋》著録此本。其"釋文"曰:"以今所通行《漢書評林》、汲古閣明監本互校,勝處頗多……蓋明時曾爲孫景瞻、陳白陽兩家收藏。嘉慶中歸于汪閬原。余于常熟故家得之。慶元距今七百年,紙墨如新,完善無缺,誠吾家史部第一等秘笈也。"

董康《書舶庸譚》卷六、傅增湘《藏園羣書經眼録》卷三皆著録此本。傅氏曰:"此爲慶元修後初印本,古雅精湛,紙墨焕發,光彩照目,使人愛不忍釋。"

此本已被日本"文化財審議委員會"確認爲"日本重要文化財"。

漢書(殘本)一百十七卷

(漢)班固撰　(唐)顔師古注

宋刊元大德八年(1304 年)至延祐二年(1315 年)補刊本　共四十三册

宮内廳書陵部藏本　原佐伯侯毛利高標等所藏

【按】每半葉有界十行,行十九字。注文小字雙行,行二十五字至二十八字不等。白口,版心記大小數字,並有刻工姓名,如生士堅、子高、仲和、仁父、文震、震卿、志安、子華、禾甫等。左右雙邊(22cm×15cm)。

此本缺《高帝紀》、《惠帝紀》、《高后紀》三卷,今存一百十七卷。其中元人補版甚多,版心常見"大德八刊"、"大德八年"(陰刻)、"大德八年刊"、"大德八年補"、"大德八年冬刊"、"大德八年刊補"、"大德八年春刊"、"大九年"、"大德九年"、"大德九年刊"、"大德九年刊補"、"大德九年刂"(陰刻)、"大德乙巳年刊刻"、"大德九年春刊"、"大德九年仲春"、"大德九年春季"、"大德九年三月刊"、"大德九年冬刊"、"至大元年刊"、"至大元年刊補"、"至大元年補刊"、"延祐二年刊"、"延祐二年刊補"、"延祐二年補刊"、

"延祐二年重刊"等。此外,尚有十二卷全部或部分爲後人補寫(《文帝紀》第四至《昭帝紀》第七全部,《楚元王傳》第六一部分,《景十三王傳》第二十三一部分,《王商史丹傳》第五十二至《翟方進傳》第五十四全部,《谷永杜鄴傳》第五十五一部,《王嘉師丹傳》第五十六一部分,《王莽傳》第六十九全部)。

此本每卷有硃筆訓點。《文帝紀》與《宣帝紀》兩卷首有"佐伯侯毛利高標字培松藏書畫之印"。每冊又有"天龍金剛藏海印文常住"。每冊有"祕閣圖書之章"。

此本係仁孝天皇文政年間(1818—1829年)毛利高標獻贈德川幕府。《御書籍來歷志》著録此本。原藏楓山官庫,明治初年歸内閣文庫,明治二十四年(1891年)移交宮内廳書陵部收藏。

前漢書一百二十卷

(漢)班固撰　　(唐)顔師古注

宋刊元大德八年(1304年)至元統二年(1334年)補刊本,共三十五册

宮内廳書陵部藏本

【按】每半葉有界十行,行十九字。注文雙行,行二十六字至二十八字。白口,版心著録大小字數,並有刻工姓名。左右雙邊(21.6cm×14.5cm)。

卷中元人補刊甚多。版心標"大德八年補刊"、"大德九年刊"、"至大元年刊"、"延祐二年刊"、"元統二年補刊"等。其中,"刑法志第三"、"武五子傳第三十三"、"叙傳第七十"等卷中有鈔補。

前漢書一百卷

(漢)班固撰　　(唐)顔師古注

南宋監版元大德八年(1304年)至元統二年(1334年)補刊本

静嘉堂文庫藏本　原張月霄　陸心源等舊藏

【按】每半葉有界十行,行十九字。注文小字

雙行,行二十五字至二十八字不等。版心有字數及刻工姓名:黄琮、周正、周禮、王佑、王完、林仁、陳杞、陳采、張得、張榮、江華、潘亮、李發、鄭立、鄭全、鄭統、楊廣等。元代補修葉版心刻工姓名如:士堅、江士堅、文震、吕文震、仁父、仁甫、黄仁父、劉震卿、震卿、王文、益山、禾甫、玉泉、君玉、君祥、君輔、子龍、子通、子青、子高、子清、正父、政卿、仲和、公迪、江亨、士安、巴山、伯玉、文正、文足、文振、文仲、和甫、柳通、德潤、德中、德仲等。

每卷小題在上,大題在下。

卷中避宋諱,凡"玄、眩、弦、敬、驚、警、竟、境、弘、殷、匡、恒、貞、禎、徵、懲、署、樹、讓、桓、完、構、溝、購"等皆爲字不成。

此本卷八十七上至卷九十三,以元代大德九年(1305年)太平路儒學刊本配補(每半頁十行,每行二十二字)。

卷中有"歸安陸樹聲叔桐父印"等印記。

《儀顧堂集》著録此本。

漢書(殘本)五卷

(漢)班固撰　　(唐)顔師古注

南宋前期兩淮江東轉運司刊本　共四册合縫

静嘉堂文庫藏本　原袁忠徹　陸心源　皕宋樓等舊藏

【按】每半葉有界九行,行十六字。注文小字雙行,行二十一字或二十二字。版心記字數,並有刻工姓名。如王舉、陳詢、李詢、李景、李憲、王成、王珍、王全、王恩、王徵、王榮、王永、王涣、陳從、陳真、陳仁、陳説、陳伸、毛彦、毛諒、李仲、李度、李文、李懋、周常、周用、洪先、洪新、洪茂、徐侃、徐仁、徐定、徐迻、沈恭、沈亨、章宇、蔣就、陸永、劉源、劉仲、林俊、董明、董暉、包政、張圭、金華、金茂、蔡通、崔彦、施澤、朱静、惠道、孫格等。元代補修葉版心刻工姓名如:胡慶十四、張阿狗、茅文龍、茅化籠、王中、蔣七、蔣鼉、張三、張珍、朱六、徐永、徐文、章文、文玉、俞榮、李庚、王細孫、陳允升、朱曾

九、陳明二等。

此本今存卷九十四至九十七上，九十九上、九十九中、凡五卷。

卷中避宋諱，凡"匡、殷、貞、敬、境、桓、竟、完、源、狟、穀、讓、構、購"等字皆缺筆。"桓"字下，注"淵聖御名"，而"構"字下注"今上御名"。

卷中有"尚寶少卿袁氏忠徹"朱文方印，又有"尚寶少卿袁記"朱文長印等。

《儀顧堂續跋》著録此本，謂"以汲古本互勘，知毛本錯訛極多"云云。

傅增湘《藏園羣書經眼録》卷三著録宋刊殘本《前漢書注》八卷，即此本。其"釋文"曰：

"陸心源氏謂爲紹興初蜀中刊本，而孝宗時重修者。以余觀之紹興本泐然，但不類蜀中刊工耳。且卷中頗有元修之葉，不僅至孝宗而止也。海寧孫鳳鈞（銓伯）家有《後漢書》，與此正同，今歸上海涵芬樓。"

前漢書（殘本）一卷

（漢）班固撰　　（唐）顔師古注

南宋前期兩淮江東轉運司刊本　　共一册

天理圖書館藏本

【按】每半葉有界九行，行十六字。注文雙行小字，行三十一字。黑口，上象鼻處記大小字數。版心著録"前漢傳六十九下（葉數）"，後有刻工姓名，如徐泳、山、文、童、全山、費、洪茂、高諒、陳一、黄亨、王高、金華、沈壽、徐友山、陳方二等。左右雙邊（21.5cm×17.5cm）。

此本殘三十九葉，無内題，卷尾題"王莽傳第六十九卷下"。

卷中有"上野藏書"印記。

前漢書一百卷

（漢）班固撰　　（唐）顔師古注

宋刊元大德八年（1304年）至元統二年（1334年）補刊本　　共三十三册

小如舟屋藏本

【按】每半葉有界十行，行十九字。小字雙行，行二十五字至二十八字不等。白口，版心記大小字數，並有刻工姓名。左右雙邊（23.4cm×17cm）。

此本補刊甚多，版心標"大德八年補刊"、"大德九年刊"、"至大元年刊"、"延祐二年刊"、"元統二年補刊"等。其中"目録"及紀一、表一、傳五十二、傳五十七等有補鈔。

卷中天頭地邊有"校籤"，以三劉宋祁諸本校。卷尾有手識文，文曰：

"此卷借□叔陶所書之本寫點了。叔陶，妙智小師也。"

卷中有"稻田氏之藏書"、"集散不可期願啓好事手梅南亭藏"等印記。

前漢書（殘本）一百十七卷

（漢）班固撰　　（唐）顔師古注

元大德年間（1297—1307年）刊明正德年間（1506—1521年）補刊本　　共二十册

内閣文庫藏本　原市野光彦　昌平坂學問所等舊藏

【按】每半葉有界十行，行十九字。小字雙行，行二十七字或二十八字。黑口，四周雙邊。版心有刻工姓名，如劉震卿等。

此本係元刊明修補，今缺卷二十一至卷二十三，實存一百十七卷。版心有"大德八年刊"、"大德九年刊"、"大德十年刊"等刊刻記年，並有明正德六年（1511年）補刊年號。

卷末附別紙一葉，楷書八行。此係日本文政五年（1822年）版本學家市野光彦（迷菴）手識文。文曰：

"《前漢書》百十八卷，爲元時印本。其間有補刻，記大德、元統之號。又有明氏正統、正德之號，誤脱極多。友人伊澤澹甫云，書有訛字，則知其爲佳本。如萬曆後刻本，整齊可好，其字多以意改；以意改則我不知其可。余謂此言真然。世間淺妄學者，不知擇書而讀之，何能教人。如此書爲元槧佳種本，其題識可以證矣。顔師古注後書體不改其面目，是爲佳本而已。文政五年壬午秋七月二日　迷菴光彦識。"

此《識文》後有"市野光彦"白文方印、"迷菴"朱文方印。卷中有"江户市野光彦藏書記"、"焕卿氏"、"香山氏"等朱印。此本於1825年（日本文政八年）歸於昌平坂學問所。

森立之《經籍訪古志》卷三著録昌平學藏元刊本《漢書》，即係此本。"釋文"轉引市野光彦手識文，然與原本比勘，脱誤甚多。

漢書一百卷目一卷

（後漢）班固撰　（唐）顔師古注

明正統八年（1443年）刊補寫本　共三十七册

宮内廳書陵部藏本　原楓山官庫　昌平坂學問所等舊藏

【按】每半葉有界十行，行十九字。注文小字雙行，行二十六字至二十八字不等。白口，四周雙邊。版心上方記録字數大小若干，下方記"正統八年（某人）寫"。

正文首行題"高紀第一上"，下署"班固"，空一格又題"漢書一"。次行署"秘書監上護軍琅邪縣開國子顔師古注"。

每册首有"秘閣圖書之章"、"大學藏書"等印記。

漢書一百卷

（漢）班固撰　（唐）顔師古注　（明）張邦音江汝璧校

明嘉靖八年（1529年）九年（1530年）南京國子監刊本

内閣文庫　東京大學　京都大學人文科學研究所東洋學文獻中心　佛教大學平中文庫　小如舟屋文庫　關西大學綜合圖書館内藤文庫　御茶之水圖書館藏本

【按】每半葉有界十行，行二十一字。注文小字雙行。白口，四周雙邊（21.4cm×14.4cm）。

卷首有顔師古《前漢書叙例》，次有余靖《刊誤進表》，次有宋祁《參校諸本目録》等。

内閣文庫藏此同一刊本四部。一部原係江户時代林氏大學頭家舊藏，共三十二册；一部

原係楓山官庫舊藏，用明萬曆十年（1582年）本及明萬曆二十六年（1598年）本配補，共二十六册；一部原係林羅山舊藏，卷中有"江雲渭樹"印記，共二十册；一部原係清代李鹿山舊藏，清康熙年間（1662—1722年）修配，共三十册。

東京大學藏此同一刊本兩部，一部存總合圖書館，此本原係江户時代紀州德川家南葵文庫等舊藏，卷中有明萬曆二十五年、萬曆二十六年、萬曆三十七年補修葉，共二十册。一部今存東洋文化研究所，原係大木幹一等舊藏，卷中亦有明萬曆間補修葉。

京都大學藏本，明萬曆十年（1582年）補刊，共二十册。

佛教大學藏本，明萬曆十年（1582年）及二十六年（1598年）補刊。原係平中苓次等舊藏。

小如舟屋文庫藏本，首目有劉之同識語。識語後題"大明萬曆十年重修前漢書　南京國子監祭酒高啓愚司業劉珹校刊"。共四十册。

關西大學藏本，原係内藤湖南舊藏。版心有"嘉靖九年刊"、"萬曆十年刊"、"萬曆十六年刊"等。卷中有"緑静堂圖書章"、"增島氏圖書記"等印記。共二十册。

御茶之水圖書館藏本，原係德富蘇峰等舊藏，此本今存卷第六至卷第五十一、卷第五十六至卷第一百，實存凡九十一卷。卷中有明萬曆十年之後的補修葉，紀年如"萬曆十年"、"萬曆二十五年"、"崇禎三年"、"崇禎七年"、"順治十五年"、"順治十六年"、"康熙二十年"、"康熙二十五年"等。"康熙二十五年"補修葉中有"總督江南江西部院主"、"江南安徽巡撫都院薛"等刊記文字。共二十册。

漢書一百卷

（漢）班固撰　（唐）顔師古注　（明）汪文盛高瀄　傅汝舟校

明嘉靖年間（1522—1566年）刊本　狩谷掖齋手校本　共二十册

大東急記念文庫藏本　原狩谷掖齋　木村正辭等舊藏

【按】每半葉有界十二行,行二十二字。注文小字雙行,行二十八字。白口,左右雙邊。版心上方記書名,中記卷名幾。

卷首有《序例》,次有《目録》。正文首行題"高帝紀第一上",下題"漢書一"。次行署"漢班固譔　唐顏師古注",下署"明汪文盛　高瀗傅汝舟校"。

森立之《經籍訪古志》卷三著録求古樓藏明刊本《漢書》,稱其"每卷首題汪文盛、(高)瀗、傅汝舟校。密行細字,此本亦似原宋本",即係此本。

漢書一百卷

(漢)班固撰　(唐)顏師古注

明嘉靖年間(1522—1566 年)福建按察司刊本　共二十册

內閣文庫藏本　原昌平坂學問所等舊藏

【按】每半葉有界十二行,行二十二字。注文小字雙行,行二十八字。版心上方題書名,中題卷名幾。白口,左右雙邊。

卷首有《序例》,次有《目録》。正文首行題"高帝紀第一上",下雙行並列署"漢班固譔"、"唐顏師古注"。次題署"明福建按察司按察使周采、提學副使周琉、巡海副使柯喬校刊"。全書卷末有"嘉靖己酉年(1549 年)孟夏月吉旦侯官縣儒學署教諭事舉人廖言監修"二行二十五字。

漢書一百卷　後漢書一百二十卷

(漢)班固撰　(唐)顏師古注　《後漢書》(劉宋)范曄撰　(唐)李賢注

明嘉靖年間(1522—1566 年)刊本　共五十册

內閣文庫藏本　原寬永寺勸學寮舊藏

漢書一百卷

(漢)班固撰　(唐)顏師古注

明嘉靖年間(1522—1566 年)刊本　共四十册

尊經閣文庫藏本

漢書一百卷

(漢)班固撰　(唐)顏師古注　(明)劉應秋等校

明萬曆二十五年(1597 年)北京國子監刊本

內閣文庫　靜嘉堂文庫　大阪大學文學部懷德堂文庫藏本

【按】此本係明萬曆年間北京國子監刊劉應秋、楊道賓等重校《二十一史》本之零册。

內閣文庫藏此同一刊本兩部。一部原係昌平坂學問所舊藏,共二十六册;一部係殘本,今存卷二至卷三十,共二十九卷凡十三册。

靜嘉堂文庫藏本,原係陸心源守先閣等舊藏,共二十四册。

大阪大學文學部懷德堂文庫藏本,原係江户時代懷德堂舊藏。此本末册爲後人寫補,共二十五册。

漢書一百卷

(漢)班固撰　(唐)顏師古注　(明)鍾人傑校

明萬曆四十七年(1619 年)錢塘鍾氏刊本

內閣文庫　東京大學總合圖書館　京都大學人文科學研究所村本文庫　陽明文庫藏本

【按】內閣文庫藏本,原係昌平坂學問所等舊藏,共三十二册。

東京大學藏本,原係紀州德川家南葵文庫等舊藏,共二十册。

京都大學藏本,共二十四册。

陽明文庫藏本,原係江户時代近衛家凞等舊藏,共四十册。

漢書一百卷

(漢)班固撰　(唐)顏師古注

明翻元大德九年太平路儒學刊本　共二十二册

大倉文化財團藏本

前漢書一百卷

（漢）班固撰 （唐）顔師古注 （明）陳仁錫評

明崇禎年間（1628—1644 年）朱墨套印刊本

内閣文庫 足利學校遺蹟圖書館藏本

【按】此本前有明崇禎五年（1632 年）《序》。

内閣文庫藏本 原係昌平坂學問所等舊藏，共四十八册。

足利學校藏本，共二十六册。

漢書一百卷

（漢）班固撰 （唐）顔師古注

明崇禎十五年（1642 年）毛氏汲古閣刊本

内閣文庫 蓬左文庫 足利學校遺蹟圖書館 米澤市立圖書館 東京大學史料編纂所 愛知大學簡齋文庫 佛教大學平中文庫 倉敷市立圖書館貪泉文庫 關西大學綜合圖書館内藤文庫 早稻田大學圖書館 酒田市立光丘文庫藏本

【按】每半葉有界十二行，行二十五字。白口，左右雙邊（21.5cm×14.7cm）。第一册第一葉刻“皇明崇禎十有五年歲在橫艾敦牂如月初吉琴川毛氏開雕”。卷末刻“琴川毛鳳苞氏審定宋本”。

此本係明崇禎年間毛氏汲古閣刊《十七史》之零册。

内閣文庫藏此同一刊本兩部，皆清順治十二年（1655 年）修補，各二十四册，其中一部係昌平坂學問所舊藏。

足利學校藏本係汲古閣刻刊後印本，今存卷一至卷二十四，卷六十九至卷一百，凡五十六卷共十四册。

米澤市立圖書館藏本，原係江户時代米澤文庫等舊藏，共有五部。一爲二十四册；一爲十六册；一爲十二册；一爲十一册；一爲三十册（此本爲一至卷三十缺佚，凡七十卷）。

東京大學藏此同一刊本六部。五部今存總合圖書館，其中一部原係江户時代紀州德川家南葵文庫等舊藏，共三十册；一部原係市村瓚次郎買入本覺廬文庫等舊藏，共十四册；餘一部共二十五册，一部共三十册，一部缺卷第一、卷第二，共三十五册。

愛知大學藏本，共十八册。

倉敷市立圖書館藏本，共二十四册。

關西大學藏本，原係内藤湖南舊藏。此本帙外題“十七史前漢書”。

早稻田大學藏本，共二十册。

酒田市立光丘文庫藏本，原係本間光彌等舊藏，共三十册。

鹿門先生漢書九十三卷

（漢）班固撰 （明）茅坤箋釋

明萬曆十七年（1589 年）茅坤序刊本

廣島大學文學部藏本

後漢書（殘本）六十卷

（劉宋）范曄撰 （唐）章懷太子李賢注

南宋前期兩淮江東轉運司刊宋元明三代遞修本 共十七册

静嘉堂文庫藏本 原袁忠徹 陸心源皕宋樓等舊藏

【按】每半葉有界九行，行十六字。注文小字雙行。小黑口，左右雙邊（23.0cm×17.4cm）。版心記大小字數，并記刻工姓名。如允成、王允成、王石、王榮、王涣、王中、王仲、王永、王永從、王全、華定、周清、周茂、章英、章駒、朱安明、仝山、孫彦、丘旬、張宗、陳彦、陳興、陳至、陳從、陳伸、陳振、陳震、陳敏、李硯、李彦、李秀、李棠、李芳、李恂、李璋、林庚、林俊、林仁、林芳、林志遠、朱安明、朱明、龐汝升、古玄、關佐、吳仕等。元代修補葉版心刻工姓名如胡慶十四、何宗十七、衞陳明二、沈一、蔣七、張福一、阮明五、張三、蘆開三、葛防一、王興、王正、王得、王明、何益、何通、葛辛、古賢、胡昶、吳仲、谷仲、焕之、弓華、元亨、許成、景先、澤之、施澤之、朱大存、朱子成、子成、魏伯夫、丘舉之、顧中信、杭宗文、徐艾山、徐榮祖、蔣佛老、任子敬、任阿伴、方明西、林茂實、林茂叔、徐宗、徐冰、徐明、徐良、蔣鼂、士中、朱元、朱珍、壽之、周鼎、石寶、青之、盛允、任韋、任昌、齊明、曹中、曹興、曹榮、曹新、孫開、孫斌、仲召、張益、張珍、張明、趙秀、趙明、文昌、平山、俞榮、俞吉、李庚、李章、婁正等。

此本今存卷六、卷七、卷九、卷十、卷十六至卷十八、卷二十一至卷二十九、卷三十三至卷三十六、卷三十八至卷五十九、卷六十一至卷六十四、卷六十八至卷七十、卷七十三至卷七十八、卷八十二至卷八十五、卷八十八。

卷中避宋諱,凡"玄、弦、眩、縣、驚、警、竟、弘、殷、胤、匡、框、恒、貞、禎、楨、徵、構、購、溝、慎"等,皆爲字不成。凡遇宋欽宗名"桓"字,則以"淵聖御名"取而代之;凡遇宋高宗名"構"字,則以"今上御名"取而代之。

卷中有"尚寶少卿袁氏忠徹印"、"尚寶少卿袁記"、"歸安陸樹聲所見金石書畫記"等印記。陸心源《儀顧堂續跋》卷五著錄此本,并曰:

"以(此本與)汲古閣本互勘,知毛本譌奪甚多……范書明刊最多,有正統本、有嘉靖歐陽鐸本、汪文盛本、萬曆南北監本、崇禎汲古閣本。考《鄭元傳》'爲父母兄弟所容',宋景祐本、紹興監本、蔡琪一經堂本、元建康路本、明正統本,皆'爲'上無'不'字。與唐史承節所撰鄭公碑合。此本作'不爲父母兄弟所容',嘉靖歐汪二本、萬曆南北監本、毛本同。則嘉靖、萬曆四本,當皆從此本出。"

【附錄】公元751年(中國唐玄宗天寶十年、日本孝謙天皇天平勝寶三年)日本完成第一部書面文學集《懷風藻》的編纂,其第八十九首爲式部卿藤原朝臣宇合所作《在常陸贈倭判官留在京》一首。此詩起首有句曰:"自我弱冠事王事,風塵歲月不曾休;褰帷獨坐邊亭夕,懸榻長悲搖落葉。琴瑟之交遠阻隔,芝蘭之契接無由;無由何見李將郭,有別何逢奎與猷。"此詩中有"懸榻"、"褰帷"和"李將郭"三典故,皆來自《後漢書》。其中"懸榻"一典源自《後漢書·

陳蕃傳》,其原文曰:"(蕃)再遷爲樂安太守……郡人周璆,高潔之士,前後郡守招命,莫肯至,唯蕃能致焉……特爲置一榻,去則懸之。""褰帷"之典,則源自《後漢書·賈琮傳》,其原文曰:"賈琮字孟堅,……爲冀州刺史。舊典傳車驂駕,垂赤帷裳,迎於州界。及琮之部,升車言曰:'刺史當遠視廣聽,糾察美惡,何有反垂帷裳以自掩塞乎?'乃命禦者褰之。百城聞風,自然竦震。其諸藏過者,望風解印綬去。"後世便有"褰帷廣聽"之典。又"李將郭"一典中,所謂"李"者,即《後漢書》所載之李膺也;所謂"郭"者,即《後漢書》所載之郭泰(即郭林宗、郭太——編著者)也。事見《後漢書》中《李膺傳》與《郭太傳》。據《郭太傳》記載曰:"(郭太)乃遊於洛陽,始見河南府尹李膺。膺大奇之,遂相友善,於是名震京師。後歸鄉里,衣冠諸儒送至河上,車數千輛。林宗唯與李膺同舟而濟,衆賓望之,以爲神仙焉。"又《懷風藻》第九十四首爲兵部卿兼左右京大夫藤原朝臣萬里所作《暮春于弟園池置酒》一首。此詩起首曰:"城市元無好,林園賞有餘;彈琴仲散地,下筆伯英書。"詩中"下筆伯英書"之典,則來自《後漢書·張奐傳》。其原文曰:"(奐)長子芝,字伯英,最知名。芝及弟昶字文舒,並善草書。"(李善注文:王愔《文字志》曰:"伯英文舒尤好草書……臨海學書,水爲之黑,下筆則爲楷"云)這些是關於《後漢書》最早浸入日本古代文學的記載。

九世紀末,日本藤原佐世撰《本朝見在書目錄》,其第十一"正史家"著錄有關《後漢書》著作如下:

《後漢書》九十二卷　(宋)太子詹事范曄撰,注本。

《後漢書》百卅卷　范曄本、唐有賢太子注。志卅卷梁剡令劉昭注補。

《范漢音訓》三卷　(陳)宗道先生感兢也。

《范漢音》三卷　蕭詠撰。

十二世紀日本藤原賴長《臺記》"康治二年(1143年)九月二十九日"記載他曾經讀過的1030卷書籍中,有《後漢書》一種。

十二世紀藤原通憲（？——1159）撰《通憲入道藏書目録》，其"第百九櫃"著録《後漢書·帝紀》十卷，凡一種。

東山天皇元禄十五年（1702年）彌生吉且撰《倭版書籍考》，其卷四著録《後漢書》并有釋文，其釋文曰："有八十卷六十一本，爲南宋時宣城太守范曄所編，梁時劉昭補成十《志》三十卷，唐高宗之子章懷太子及諸學士作注，注有詳略二本。"

據《商舶載來書目》記載，中御門天皇享保七年（1722年）中國商船"不字號"載《後漢書》一部二十四册抵日本。

後漢書（殘本）七十五卷

（劉宋）范曄撰　（唐）李賢注　《志》（晋）司馬彪撰　（梁）劉昭注補

宋嘉定元年（1208年）建安蔡琪一經堂刊本共三十二册

静嘉堂文庫藏本　原吴寬　項篤壽　陸心源皕宋樓等舊藏

【按】每半葉有界八行，行十六字。注文小字雙行，行二十一字。細黑口，四周雙邊（時有左右雙邊）（21.1cm×13.1cm）。版心時記大小字數，稀見刻工姓名。

卷中避宋諱，凡"玄、絃、弘、匡、恒、貞、讓、桓、構、慎、敦"等，皆爲字不成。

此本今存《本紀》一至十、《志》一至九、二十三至三十、《列傳》一至四十八，凡七十五卷。《目録》末有刊行木記三行。文曰：

"昔嘉定戊辰季春既望，刊于一經堂，將諸本校證，並無一字訛舛，建安蔡琪純父謹啓。"

卷中有"吴寬"、"叢書堂印"、"浙右項篤壽子長藏書"、"項氏子長"、"項篤壽"、"項篤壽印"、"項氏萬卷堂圖籍印"、"肇錫宋師嘉名"、"歸安陸樹聲叔桐父印"等印記。蓋"叢書堂"爲明人吴寬（文定）藏書之所，項氏爲明嘉靖中進士。

陸心源《儀顧堂題跋》卷二著録此本，并曰：

"《後漢書》一百二十卷，《帝紀》存卷一下至卷十下，《志》存卷四至卷九，卷二十三至三十，《列傳》存一至四十八。皆題宋宣城太守范曄撰，唐章懷太子李賢注。小題在上，大題在下……闌外有篇名，宋諱有缺筆，有不缺筆，至寧宗諱止，蓋嘉定戊辰建寧書鋪蔡琪純父一經堂刊本。范書無《志》，劉昭注范書，以司馬紹統《續漢書志》補其缺。淳化中，刻章懷注范書九十卷。乾興中允孫宣公之奏，以劉注司馬續志補之。琪不辨源委，概題蔚宗、章懷之名，誠爲荒謬。然所據固淳化原刻，勝于今通行本甚多……蔡琪所刻，尚有《前漢書》，行款悉同。吴兔牀拜經樓藏有《列傳》十四卷，珍同球璧，不能指爲何本，核其款式，即蔡本也。是書刻手精良，字大悦目。"

陸氏所言"志存卷四至卷九"，今實存卷一至卷九。

傅增湘《藏園羣書經眼録》卷三著録此本，并曰：

"陸心源跋謂蔡琪所刻尚有《前漢書》，吴兔牀拜經樓藏有《列傳》十四卷，不能指爲何本，核其款式疑即蔡本也云云。吴氏藏《列傳》十四卷，今歸江南圖書館，余曾見之。嗣于吴門顧鶴逸家得《十三王傳》、《司馬相如傳》兩册，今儲雙鑑樓中，刻工勁峭，大字妍麗。然字句舛誤時所不免，以云精刻則可，未可云善本也。"

後漢書（殘本）九十二卷

（劉宋）范曄撰　（唐）章懷太子李賢注

宋刊密行細字本　共十一册

内閣文庫藏本　原藤原廣範　寶勝院　昌平坂學問所等舊藏

【按】每半葉有界十四行，行二十四字或二十五字。注文小字雙行，行二十八字至三十字。白口，左右雙邊（19.8cm×14.5cm）。

此本今缺卷一至卷四、卷十九至卷四十二，實存凡九十二卷。

卷内有日本後宇多天皇弘安九年（1286年）

藏書家藤原廣範古體片假名手識文,朱筆與墨筆二色兼用。

卷中有"寶勝院"、"昌平坂學問所"等印章。

後漢書(殘本)一卷

(劉宋)范曄撰　(唐)章懷太子注

宋刊本　共一册

天理圖書館藏本

【按】每半葉有界九行,行十六字。注文小字雙行,行二十字。白口(間有細黑口),左右雙邊(22cm×17.5cm)。版心著録"後漢書傳(間有後漢列傳)二十三"。上象鼻處有字數,下記葉數,并有刻工姓名,如王榮、李棠、林□、趙明、李□、陳彥等。

此本今僅存一卷,内題"列傳卷第二十三後漢書三十三",凡二十四葉。

卷内避宋諱,缺筆至"構"字。

後漢書一百二十卷

(劉宋)范曄撰　(唐)章懷太子李賢注

宋刊元修本　十三世紀日本龜山天皇閱讀本　共三十五册

宮内廳書陵部藏本　原楓山官庫等舊藏

【按】每半葉有界十行,行十九字。注文小字雙行,行二十五字。白口,左右雙邊(19.7cm×14.5cm)。版心有大小字數,并記刻工姓名。修補葉版心有"大德九年補刊"、"大德十年補刊"、"至大元年補刊"、"延祐二年補刊"、"元統二年補刊"。

此本第五册卷首有梁代劉昭《後漢書注補志序》,卷末有"右奉淳化五年(994年)七月二十五日敕重校定刊正"十八字。由此推知,此本之底本則係宋淳化五年的重校本。

卷中第三册至第九册、第十五册至第十八册、第二十七册中,皆有補寫。第三册、第四册、第十一册及第十七册,有自1024年(日本後一條天皇萬壽元年)至1531年(日本後奈良天皇享禄四年)約四百年間日人和式漢語手識文凡二十四則。

第三册《後漢帝紀》第六末有手識文二則。文曰:

"合家正本,説説勘物悉書移了,奥書云,以家説授孫顯業了,以此書侍讀,受家説了,俊信長嫡孫藤安。"

"菅説抄,注載了,合摺本了,以此本奉授　天子訖。右少辨藤俊國。"

第四册《後漢帝紀》第九末有手識文七則。文曰:

"大永二(1522年)七廿二點了。"

"文永三年(1266年)十月十日重見合家本了。奥書云,於京極亭受説了,時菅吏部,若會合俊信覆勘了。"

"正家以此本侍讀焉,應德十年(1093年)應鐘十有四日亥刻,於燈下點合之,時也雪紛紛,月蒼蒼,氣冴手䫴。"

"廣綱嘉承二年(1107年)四月四日酉刻許,以證本點合了,粟田大臣之説也,以江本合了云云。學生顯業。"

"授外祖顯業了。藤判奉。"

"文永三年(1266年)十月十八日奉授天子了;二條殿廣御所殿上入夜舉燭,中將忠光朝臣祖候。侍讀右小弁藤判。"

"以件奥書本合點了,于時享禄四年(1531年)六月十四日都督郎。"

第四册《後漢皇后紀》卷第十(上)末有手識文二則。文曰:

"文永三年(1266年)窮臘之日,伏玉爐前奉授天子了。右少弁藤原信國。"

"以件奥書本校點了,享禄四(1531年)六廿六日。"

第十一册《後漢書列傳》第六末有手識文三則。文曰:

"以日野——本手自朱點了。諫議大夫判。"

"正應五年(1292年)正月十九日一見了。菅門侍郎藤俊定。"

"大永二(1522年)七廿七加點了。"

第十一册《後漢書列傳》第七末有手識文二

則。文曰：

　　"以大藏卿經業本重直點了。參議判。"

　　"萬壽元年（1024 年）七月廿六日讀了判。"

第十一冊《後漢書列傳》第八末有手識文二則。文曰：

　　"正應五年（1292 年）正月廿二日一見了，近日依神輿神木事，天下不靜後也，只不倦稽古，仰祖神冥鑒而已。權中納言藤原判。"

　　"以右奧書本全校了。"

第十一冊《後漢書列傳》第十末有手識文二則。文曰：

　　"正應五年（1292 年）正月廿三日夜，於燈下見了，今日及兩卷了。黃門侍郎判。"

　　"天文五（1536 年）五　廿七，以件本校點了。"

第十七冊《後漢書列傳》第廿九末有手識文四則。文曰：

　　"以家正本書點之，一事無漏，微功相加，本奧書之覆勘了。長嫡孫藤俊國。"

　　"擊掌說注付了，藤如合御書了，在判。文永五（1268 年）三　廿二　天龍聖廟間也。"

　　"文永五年（1268 年）五月三日御讀了，小御所趙咨遺書不奉校之，實冬朝臣執奏祀候。權中納言判。"

　　"以件奧書本在天龍寺，校點了。享祿三年（1530 年）五月二日。都督郎（花押）。"

據以上手識文推考，此本係十三世紀文永年間右少弁藤原信國爲龜山天皇侍講《後漢書》時所用之教本。

森立之《經籍訪古志》卷三著錄此本。

後漢書一百二十卷

（劉宋）范曄撰　（唐）章懷太子賢注　《志》（晋）司馬彪撰　（梁）劉昭注補

宋福清縣學刊元修本　與《漢書》合共一百冊

靜嘉堂文庫藏本　原張月霄　陸心源皕宋樓等舊藏

【按】每半葉有界十行，行十九字。注文小字雙行，行二十五字。白口（元代補刊葉多小黑口），左右雙邊（20.5cm×14.5cm）。版心著錄大小字數，並記刻工姓名如葛文、鄭壑、鄧堅等。修補葉版心有"大德九年補刊"、"元統二年補刊"。版心亦記刻工姓名，如江世亨、劉震卿、連子美、魏壑、君玉、禾甫、玉泉、君祥、君甫、公迪、公直、庚平、洪信、士堅、子華、子月、子青、子高、子敏、子通、子龍、真心、仁父、正父、宗正、仲和、生禾、陳惠、東蒙、得中、德中、德忠、巴山、伯玉、文震、文足、文仲、余仁、龍禾、劉通、中才、安卿、君祐、丁宥、仲明、梁德右等

卷首有宋景祐元年（1034 年）秘書丞余靖上言。正文小題在上，大題在下。卷中避宋諱，凡"玄、弦、泫、眩、玹、鉉、縣、朗、敬、儆、警、驚、鏡、境、竟、弘、殷、匡、恇、筐、胤、恒、貞、楨、徵、樹、桓、構、講、購"等，皆爲字不成。

卷九十尾題後，有刊記五行，文曰："范曄《後漢書》凡九十篇，總一百卷。十帝后紀一十二卷，八十列傳八十八卷。右奉淳化五年（994 年）七月二十五日敕重校定刊正。"後列"承奉郎守將作監丞直史館賜緋魚袋臣孫何"、"承奉郎守秘書省著作佐郎直集賢院賜緋魚袋臣趙安仁"二人銜名各一行。

卷五十五至卷五十八凡四卷，以元大德九年（1305 年）寧國路儒學刊本配補。卷五十五尾題下方有"寧國路學正王師道校正"十字。

張月霄《愛日精廬藏書志》著錄此本。

後漢書九十卷　附續漢志三十卷

（劉宋）范曄撰　（唐）章懷太子李賢注　《志》（晋）司馬彪撰　（梁）劉昭注補

宋刊元修本　共三十冊

小如舟屋文庫藏本

【按】每半葉有界十行，行十九字。注文小字雙行，行二十五字。白口，左右雙邊。版心著

録大小字數,並記刻工姓名。修補葉版心有
"大德九年補刊"、"大德十年補刊"、"至大元
年"、"元統二年補刊"等。

此本《目録》、《紀》一之三係補寫。《志》二十
三用明刊本配補。卷首有宋景祐元年(1034
年)余靖上言。全書卷末有"右奉淳化五年
(994年)七月二十五日敕重校定刊正"凡十八
字。

眉端有校籤曰"以三劉宋祁諸本校"。又每
卷尾録寫自日本三條天皇寬仁年間(1017—
1021年)至後奈良天皇享禄年間(1528—1532
年)凡五百年間日本博士《後漢書》授受識語。
《列傳》末有1563年日人林宗二點書手識
文。文曰:

"永禄六年五月七日始筆,八月十二日
終功了。□□出稱各院殿御本借逓昆西僧
手□□處也,爲子孫揮老眼,勵志而已。宗
二　六十六歲不□□下點了。"

卷中有"稻田氏之藏書"、"集散不可期願啓
好事手梅南藏"等印記。

後漢書九十卷

(劉宋)范曄撰　(唐)章懷太子注
元大德九年(1305年)刊本　共六十册
滋賀大學附屬圖書館藏本

【按】每半葉有界九行,行十七字。注文小字
雙行。

卷首有《後漢書注補注序》。《序》末有刊行
木記二行:

"大德九年十一月望日寧
國路儒學雲教授任内刊"。

次有《刻書例言》,錯簡二頁。次有《目録》,
《目》後連續正文。

編著者以明人翻刻元大德九年《後漢書》一
百二十卷相對勘,則與元本卷數、行款諸多不
合。考此本之由來,疑爲日本寬永年間
(1624—1644年)日人之復刊本。此亦備一説。

後漢書九十卷　志三十卷

(劉宋)范曄撰　(唐)李賢注
明正統十年(1445年)刊本　共二十册
足利學校遺蹟圖書館藏本

【按】每半葉有界十行,行十九字。注文小字
雙行,行二十五字左右。白口,間有黑口。左
右雙邊或四周雙邊。版心記大小字數,又著録
"正統十年刊(某人)寫",也有作"八年"或"十
一年"者。

正文卷首題"帝紀第一上",空一格署"范
曄",又空一格題"後漢書"。次行署"唐章懷太
子賢注"。全書卷末有"右奉淳化五年(994
年)七月二十五日敕重校刊正"十七字。

森立之《經籍訪古志》卷三著録此本,并曰:

"此本刻手陋劣,疑依元板者。卷首有
上杉五郎憲房寄進記。"

後漢書一百二十卷

(劉宋)范曄撰　(唐)李賢注
明嘉靖十六年(1537年)廣東崇正書院刊本
共四十册
内閣文庫藏本　原市野迷菴　昌平坂學問
所等舊藏

【按】每半葉有界十行,行二十二字。四周雙
邊,間有單邊(20.7cm×14.5cm)。

卷首有宋景祐元年(1034年)余靖《上言》。
次有刊印木記曰:

"嘉靖丁酉冬月廣東崇正書院重修。"

後漢書九十卷　附續漢志三十卷

(劉宋)范曄撰　(唐)李賢注　《志》(晉)司
馬彪撰　(梁)劉昭注　(明)汪文盛　高瀁
傅汝舟校
明嘉靖年間(1522—1566年)福建汪文盛等
刊本
内閣文庫　大東急記念文庫　大倉文化財
團　京都大學人文科學研究所東洋學文獻中
心藏本

【按】每半葉有界十行,行二十二字。注文小字雙行,行二十八字。白口,四周雙邊(時有單邊)(20.7cm×14.5cm)。版心上方著録書名,中記卷名幾。

卷首有《後漢書序》,次有《目録》。正文卷首題"光武帝紀第一上",下題"後漢書一"。次行署"南宋范曄譔　唐章懷太子賢注　明汪文盛　高瀫　傅汝舟校"。

內閣文庫藏本,原係昌平坂學問所等舊藏。共十九冊。

大東急記念文庫藏本,《列傳》卷六十九至卷七十二,《志》卷二十至卷三十皆缺佚,今本存一百五卷,共十八冊。

大倉文化財團藏本,首目至"光武第一上"係後人補寫。卷中有"法華盦"印記。共五十二冊。

京都大學人文研藏本　共四十九冊。

森立之《經籍訪古志》卷三著録求古樓藏明汪文盛等校刊本,即爲同種,然今下落不知。

後漢書(殘本)七十卷　附續漢志三十卷

(劉宋)范曄撰　(唐)章懷太子李賢注
《志》(晋)司馬彪撰　(梁)劉昭注補
明歐陽鐸刊本　共三十冊
小如舟屋文庫藏書

【按】每半葉十行,行二十二字。注文小字雙行。白口,四周單邊(21.1cm×15.1cm)。

今本《列傳》卷二十五、卷七十至卷八十八缺佚。

卷中有"洵愚鑒賞"、"顧言收拾"等印記。

後漢書九十卷　附續漢志三十卷

(劉宋)范曄撰　(唐)章懷太子李賢注
《志》(晋)司馬彪撰　(梁)劉昭注補
明嘉靖八年(1529年)九年(1530年)南京國子監刊本
內閣文庫　東京大學東洋文化研究所　京都大學人文科學研究所東洋學文獻中心　關西大學綜合圖書館內藤文庫藏本

【按】每半葉有界十行,行二十一字。注文小字雙行。白口,四周雙邊(21.7cm×14.4cm)。

此本係明嘉靖年間南京國子監刊《二十一史》之零冊。各本皆有後代補刊。

內閣文庫藏此同一刊本四部。一部卷中有"江雲渭樹"印記,共二十八冊;一部原係楓山官庫舊藏,卷中有明萬曆二十六年(1598年)補刊,共三十冊;一部原係江戶時代林氏大學頭家舊藏,卷中有明天啓三年(1623年)補刊,共二十冊;一部原係昌平坂學問所舊藏,卷五十五至卷五十九缺佚,有明天啓三年補刊,共二十冊。

東京大學藏本,卷中有明萬曆十年(1582年)和二十六年(1598年)補刊。共二十冊。

京都大學藏本,卷中有明萬曆九年(1581年)和十年(1582年)補刊,共二十冊。

關西大學藏本,原係內藤湖南舊藏。卷中有明萬曆十年(1582年)、天啓二年(1622年)、崇禎三年(1630年)和清順治十五年(1658年)等補刊。卷中有"陽明藏"等印記。共二十冊。

後漢書一百二十卷

(劉宋)范曄撰　(唐)李賢注
明嘉靖二十八年(1549年)福建按察司刊本
共二十冊
內閣文庫藏本　原昌平坂學問所等舊藏

【按】每半葉有界十行,行二十二字。注文小字雙行,行二十八字。版心上方記書名,中記篇名幾。白口,四周雙邊。

卷首有《後漢書序》,次有《目録》。正文卷首題"光武帝紀第一上",下題"後漢書一"。次行署"南宋范曄譔　唐章懷太子賢注",下署"明福建按察司按察使周采、提學副使周琉、巡海副使柯喬校刊"。

後漢書一百二十卷

(劉宋)范曄撰　(唐)李賢注
明萬曆年間(1573—1620年)南京國子監刊本　共三十冊

内閣文庫　早稻田大學圖書館藏本

【按】内閣文庫藏本,原係水野忠英、新見正路等舊藏,共三十册。

早稻田大學圖書館藏本,原係服部南郭家服部文庫等舊藏,共二十册。

後漢書一百二十卷

(劉宋)范曄撰　(唐)李賢注

明萬曆二十四年(1598年)北京國子監刊本共三十册

内閣文庫　静嘉堂文庫　大阪大學文學部懷德堂藏本

【按】内閣文庫藏本,原係昌平坂學問所等舊藏,共三十册。

静嘉堂文庫藏本,原係陸心源守先閣等舊藏,共二十四册。

大阪大學文學部懷德堂文庫藏本,原係江户時代懷德堂等舊藏,共三十册。

後漢書一百二十卷

(劉宋)范曄撰　(唐)李賢注　(明)陳祖苞校

明刊本　共二十四册

内閣文庫藏本　原豐後佐伯藩主毛利高標舊藏

後漢書一百二十卷

(劉宋)范曄撰　(唐)李賢注　(明)鍾人傑校

明刊本　共三十二册

内閣文庫藏本　原昌平坂學問所等舊藏

後漢書一百二十卷

(劉宋)范曄撰　(唐)李賢注

明翻元大德九年(1305年)寧國路儒學刊本共二十二册

大倉文化財團藏本

【按】每半葉有界十行,行二十二字。白口,四周雙邊。版心上記字數,下記刻工姓名。

後漢書一百二十卷

(劉宋)范曄撰　(明)吳中珩校

明刊本　共二十册

内閣文庫藏本　原豐後佐伯藩主毛利高標舊藏

後漢書一百二十卷

(劉宋)范曄撰　(明)吳勉學校

明刊本　共十二册

早稻田大學圖書館藏本　原下村正太郎下村文庫等舊藏。

後漢書(殘本)一百十六卷

(劉宋)范曄撰　(唐)李賢注　(明)陳仁錫評

明天啓六年(1626年)序刊本　共二十九册

内閣文庫藏本　原昌平坂學問所等舊藏

【按】此本今缺卷一百一至卷一百四。

後漢書九十卷　附續漢志三十卷

(劉宋)范曄撰　(唐)章懷太子李賢注《志》(晋)司馬彪撰　(梁)劉昭注補

明崇禎十六年(1643年)汲古閣刊本

内閣文庫　蓬左文庫　東京大學史料編纂所　愛知大學簡齋文庫　茨城大學菅文庫佛教大學平中文庫藏本

【按】此本係明琴川毛氏汲古閣刊《十七史》另本。

内閣文庫藏此同一刊本兩部,皆有清順治十二年(1655年)修補。一部全本;一部原係昌平坂學問所舊藏,《志》三十卷缺佚。

蓬左文庫藏本、東京大學藏本、愛知大學藏本,佛教大學藏本、皆爲全本。茨城大學藏本首目及卷一上缺佚。除愛知大學藏本凡十四册外,其餘皆二十册。

後漢書一百二十卷

(劉宋)范曄撰　(唐)李賢注

明末刊本　共二十四册

内閣文庫藏本

補後漢書年表(經進後漢書年表)十卷

(宋)熊方撰

清人盧文弨手寫本　共四册

静嘉堂文庫藏本　原盧文弨　陸心源等舊藏

【按】卷首有熊方《自序》,次有《進表》二篇,並清乾隆四十七年(1782年)盧文弨手書《序》。《序》後有"范陽"朱文方印,"弓攵"朱文方印。卷末有錢竹汀《跋文》。

手寫綿白紙格闌有"抱經堂校定本"六字。卷中有錢竹汀手書校語。有"武林盧文弨寫本"朱文方印、"武林盧文弨手校"朱文長印、"祥符周氏瑞石堂圖書"白文方印、"星詒"朱文小印。

陸心源《儀顧堂題跋》卷二著録此本。

三國志六十五卷

(晋)陳壽撰　(劉宋)裴松之注

宋刊本　共二十五册

宫内廳書陵部藏本　原市野光彦　新見豐前守等舊藏

【按】每半葉有界十行,行十八字。注文小字雙行,行二十三字。白口,四周雙邊(19.5cm×12.6cm)。

此本《三國志目録上》、《魏書》卷一、卷二、卷三及《蜀志》卷頭宋咸平六年(1003年)十月二十三日"中書門下牒文",皆係後人補寫。《魏志》卷三末有"所藏宋本帝紀一卷二卷三卷缺,得吴氏西爽堂刻本補之"的手識文。卷六十三的末葉缺佚。卷中避宋諱,凡"燉,朗、桓"等字皆缺筆。

《魏書》第四(第三册)末有朱筆識文曰:

"戊辰孟夏十一夜雨中校了,昰。"

《魏書》第七(第四册)末有墨筆識文曰:

"戊午夏五戊寅晚間校對,昰。"

《魏書》第八(第五册)末有墨筆識文曰:

"戊午建午中八夜校,昰。"

卷第六十五(第二十五册)末,有1820年及1822年日人市野光彦(市野屋三右衛門)手識文三則。文曰:

"宋板《三國志》全部,《魏志·帝紀》一册缺,《蜀志》卷首有咸平六年《中書門下牒》,係補寫,可惜也。又每卷有真净院朱印、惜陰墨印,雅素可愛。又《魏志》卷七末書'戊午夏五戊寅晚間校對,昰。'又《魏志》八末書'戊午建午中八夜校,昰。'所謂昰者,未考其人,顧五山釋氏之徒也,即爲四五百年所傳舊物矣。今夏曝書於樓上,乃記如此。文政庚辰六月　迷菴光彦。"(朱印)

"咸平六年牒,後人所補足,當删之。予嘗觀宋板《前、後漢書》,皆南宋本也。此本與《前、後漢書》同種,足以證明焉。光彦續録。"

"足利學校所藏《毛詩注疏》本□譜末,朱書:'大荒落晚夏山盡日,燈下一看絶句訖,藤昰。'此書所謂昰(昰)者,豈非斯人乎。然則此書出於足利學校舊藏焉。壬午七月五日　迷菴光彦再識。"

卷中有"真净院"、"惜陰"、"江户市野光彦藏書記"、"迷菴"、"光彦"、"林下一人"、"賜盧文庫"等印記。

【附録】公元751年(中國唐玄宗天寶十年、日本孝謙天皇天平勝寶三年)日本完成第一部書面文學集《懷風藻》的編纂,其第二十一首爲治部卿犬上王所作《遊覽山水》一首。此詩起首曰:"暫以三餘暇,游息瑶池邊;吹臺弄鶯始,桂庭舞蝶新。"詩中"三餘"之典,則來自《三國志·魏志·王肅傳》的"裴松之注"。其曰:"《魏略》曰,(董)遇善治《老子》……或問'三餘'之意。遇言,冬者歲之餘,夜者日之餘,陰雨者時之餘也。"又《懷風藻》第七十七首爲馬守百濟公和麻吕所作《秋日於長王宅宴新羅客》一首。此詩起首曰:"勝地山園宅,秋天風月時;置酒開桂賞,倒屣逐蘭期。"詩中"倒屣"之典,則來自《三國志·魏志·王粲傳》。其原文曰:"蔡邕……車騎填巷,賓客盈座。聞粲在門,倒屣迎之……邕曰:'此王公孫也,有異才,吾不如也。'"又《懷風藻》第九十六首爲兵部卿兼左右京大夫藤原朝臣萬里所作《過神納言墟》二首,之二結句曰:"放曠遊稸竹,沈吟佩楚蘭;天閭若一啓,將得水魚歡。"詩中"水魚歡"之典,則來自《三國志·蜀志·諸葛亮傳》。其原文曰:"先主解之曰,孤之有孔明,猶魚之有水也。"這是關於《三國志》最早浸入日本古代文學的記載。

九世紀末日本藤原佐世撰《本朝見在書目錄》,其第十一"正史家",著錄有關《三國志》曰:"《三國志》六十五卷　晋太子中庶子陳壽撰　宋中大夫斐(裴)松之注。"

十二世紀日本藤原賴長《臺記》"康治二年(1143年)九月二十九日"記載他曾經讀過的1030卷書籍中,有《三國志·帝紀》一種。

東山天皇元祿十五年(1702年)彌生吉且撰《倭版書籍考》,其卷四著錄《三國志》並有釋文。其釋文曰:

　　"有四十本,《魏書》三十卷、《蜀書》十五卷、《吳書》二十卷,皆爲晋人陳壽所撰,劉宋時裴松之注。此本爲田中一角所點。一角名犀弘,文林公之門人,有林公序。"

據《商舶載來書目》記載中御門天皇正德元年(1711年),中國商船"佐字號"載《三國志》一部二帙抵日本。

據仁孝天皇天保十四年(1843年)《漢籍發賣投標記錄》記載,陳壽《三國志》一部四帙廿四册,村屋標價四十四匁六分,安田屋標價四十七匁五分,吉井屋標價五十匁。

據仁孝天皇天保十五年(1844年)《漢籍發賣投標記錄》記載,由中國商船"辰三番船"載入之《三國志》一部廿四册,永見屋標價三十二匁五分,工屋標價三十二匁九分,長岡標價三十四匁五分。

日本靈元天皇寬文十年(1670年)京都山本平左衛門、植村藤右衛門刊印《三國志》六十五卷,卷中有田中犀訓點。其後,此本有大阪松村九兵衛、澁川清右衛門的重印本。

吳書二十卷

(晋)陳壽撰　(劉宋)裴松之注

北宋咸平年間(998 — 1003年)刊南宋修補本　黃丕烈　顧蒓　陳鱣手識本　日本重要文化財　蝴蝶裝共六册

靜嘉堂文庫藏本　原黃丕烈　汪士鐘　郁松年　陸心源皕宋樓等舊藏

【按】每半葉有界十四行,行二十五字。注文大字,另起一行,低一格,行二十四字左右。白口(偶見黑口),左右雙邊(19.8cm×15.5cm)。版心著錄"吳志(幾)",下象鼻處記葉數,有刻工姓名,如林申、周琳、李昱、宋貴、吳圭、吳浦、吳聳、江受、何生、吳先、周中、周文、周泗、李傑、李保、付立、高宣、付宥、孫受、孫光、王積、付才、范亮、丘迪、付才、付及、青保、林茂、王珣、王溢、王敏、王椿、林足、林俊、張佐、張耒、丁明、丁保、六喜、張遂、元仲、王仁、王洵、王周、王太、王文、許元、郭康、鄭寶、鍾才、韓通、鄭榮、鄭勤、潘元、楊順、齊昌、蔣深、蔣達、蔣馭、鄭受、郭喜、陳贇、陳兵、陳中、陳忻、陳武、陳長、陳逸、陳慶、陳聰、陳歸、陳章等。

卷前有劉宋元嘉六年(429年)七月二十四日裴松之《上三國志注表》(匡郭23.1cm×15.5cm)。《表》後連接《目錄》,題《吳書目錄》,署"晋平陽侯相陳壽撰"。《目》分上下兩帙。前十卷爲上帙,後十卷爲下帙。《目》後有詳校官杜鎬等,校勘官錢惟演等銜名。另一葉刻宋咸平六年(1003年)中書門下牒。文曰:

　　　中書門下牒

　　　牒奉

　　敕　書契已來,簡編成備。每詳觀於淑慝,實昭於勸懲。矧三國筆分,一時所紀,史筆頗彰遺直,乘書用著於不刊。諒載籍之前言,助人文之至化。年祀寖遠,誤謬居多。爰命學徒,俾其校正,宜從模印,式廣頒行。牒至准

　　敕　故牒

咸平六年十月二十九日　牒

　　左諫議大夫參知政事

　　工部侍郎參知政事

　　兵部侍郎同中書門下平章事

　　門下侍郎同中書門下平章事

　　左僕射同中書門下平章事

卷一首行題式如次：

孫破虜討逆傳第一　吳書　《三國志》四十六。

卷二末有"承直郎守辟雍正臣趙霄校正"一行。卷六、卷十四、卷十八末有"從事郎試辟雍正臣吳存校正"一行。

卷中避宋諱，凡"玄、敬、驚、警、弘、殷、匡、竟、胤、炅、恒、貞、禎、滇、徵、讓、勗、桓"等皆爲字不成。

卷末有黃丕烈手識文，文曰：

"嘉慶癸亥（1803 年）九月七日，友人招飲旗亭，至晚始歸。大兒玉堂以書友所携書二種首冊呈覽，曰此山塘萃古齋之夥送來者。余閲之，一爲《吳志》，一爲《史記》，皆宋鎸本，而《吳志》尤勝於《史記》。始猶惜《吳志》爲《三國志》之一，究是未全之書。及閲其目錄、牒文，自一卷至十，分爲上帙，十一卷至二十卷，分爲下帙，并載《中書門下牒》一通，乃知此書非不全者。因檢毛汲古、錢述古兩家書目，皆載有《吳志》二十卷本，益信其爲專刻本矣。特毛錢未言專刻，而外間又少流傳，故世人不知耳。余獲讀此未見書，何其幸耶！明日，適訪友城西，出金閶門，至海寧陳君仲魚寓中，出此相賞，并告以欲往山塘書肆買書故，遂借仲魚舟，并邀仲魚同往，仲魚亦欣然，相與登舟。抵其艙，見有一小榜，榜曰'津逮舫'。余謂仲魚曰：'君好書，故所乘舟以是名之。今遇（余）借此訪書，則所取之名，若豫知今余有是事而名之也。'我兩人不覺掀髯而笑。是日，余又欲往訪周丈香嚴，仲魚亦素慕香嚴名而未識面，爰迤而西。至水月亭晤香嚴，香嚴識古書爲吾儕巨擘，亦舉以示之。香嚴曰：'《史記》尚多，未足奇。若《吳志》，真奇書。向第見藏書家書目載其名，猶疑爲《國志》中僅留此一種，今目見之，并細審目錄、牒文，其爲專刻無疑。未見書之必歸于讀未見書齋，何巧乃爾！'相與談笑而別。自是進蔣家橋，從冶坊浜直到虎丘，與書友言定價直，益以建文時刻本《元音》，共四十五番，約日送全書來，而余與仲魚各分路歸。夕陽在山，不復涉海涌峰矣。余思虎丘爲吾吳勝地，愛山水者，游不倦焉。猶憶白隄（堤）錢聽默開萃古齋，此老素稱識古，所見書多异（原字）本，故數年前常一再訪之。今老且死矣，書肆又不在山塘，余足迹亦弗之及。乃其子因舊業未可廢，此地又無他書肆，於春間始設此小攤。主人既未識書，火（伙）伴亦屬盲目，而异書之得仍由萃古齋來。余故特著之，以紀其事。至于仲魚、香嚴賞奇析疑，本爲朋友樂事，其中委婉曲折，皆足助我生色，故不憚言之縷縷也。蕘翁黃丕烈記。"

又有顧蒓手識文，文曰：

"癸亥（1803 年）除夕，蕘翁祭書於百宋一廛，時已二鼓，以書招余與髡香往觀，且曰今歲所得書，以此爲第一，故列史部之首。予既爲題籤，并記數語於卷末。顧蒓。"

又有嘉慶九年（1804 年）陳仲魚手識文，文曰：

"去冬偕蕘翁泛舟虎邱，訪購是書，自謂追隨樂事。今春過士禮居，蕘翁出示，則裝潢已就。適徐君孃雲亦在座，相與展玩，并讀跋語，嘆賞不止。甲子三月　陳鱣記。"

又有同年徐雲路手識文，文曰：

"癸亥九日，瞿木夫招同人泛櫂石湖。時蕘翁甫得是書，携示諸友，咸共咨賞。已而泊舟登陸，尋幽選勝。蕘翁獨兀坐艙中，披覽不釋手。爲嘆當世好古，乃有斯人！甲子三月廿又三日，過士禮居，陳君仲魚在坐，蕘翁復出見示，相與展玩久之，并綴數語。鹿城徐雲路。"

卷中有"黃丕烈"、"丕烈"、"蕘夫"、"百宋一塵"、"士禮居"、"汪士鐘"、"汪士鐘印"、"閬源真賞"、"郁松年"、"郁松年印"、"泰峰"等印記。

陸心源《儀顧堂題跋》卷二著錄此本曰：

"（前略）（此本）當爲咸平中國子監刊本，而徽宗時修補者。正文頂格，注低一格，不作雙行。明南監馮夢禎本，款式略同，當即從此本出。長夏無事，校對一過，勝于夢禎本、毛子晋本處甚多。（下略）"

董康《書舶庸譚》卷六著錄"宋咸平國子監本"《吳志》二十卷，即此本。董氏曰：

"余所見《三國志》，一爲小字殘本，原藏愛日精廬。一爲紹興本，今藏商務印書館。一爲紹熙本，聊城楊氏暨此間圖書寮有之。當以此本刊印爲最早。曩爲翰怡作《三國志》校記，惜未得是書也。舊爲蕘圃藏書，題跋已見張氏適園刻本。（中略）此書經長澤君介紹影印，已承書庫主人許可。"

傅增湘《藏園羣書經眼錄》卷三著錄此本曰：

"此本陸心源跋定爲咸平國子監所刻而徽宗時修補者。余諦觀再四，其筆法雕工俱極古厚，第卷中避諱乙至桓字，則已駸駸入南渡矣。又世傳《魏、蜀、吳志》皆有專刊本。《吳志》，《百宋一廛賦》中所云孤行，今既得見之矣。"

日本静嘉堂文庫長米山寅太郎定此本爲"南宋初年浙中覆刊本"。

此本已被日本"文化財審議委員會"確認爲日本"重要文化財"。

三國志六十五卷

（晋）陳壽撰　　（劉宋）裴松之注

宋衢州州學刊元明遞修本　共二十五册

静嘉堂文庫藏本　原陸心源皕宋樓等舊藏

【按】每半葉有界十行，行十九字。注文小字雙行，行二十一字至二十三字。白口（明嘉靖十年補刊本爲黑口），左右雙邊（20.7cm×14.4cm)，版心記字數，有刻工姓名。元補刊葉如步遷、王智、邵賢、孫牧、張補、虎壽、王壽等，明補刊葉如先棠、崔文華、盛應明、黃琢、陸奎

等。

卷十四、卷十九、卷二十、卷二十一、卷二十三、卷二十七、卷二十八、卷三十、卷三十五、卷六十四各卷後有"右修職郎衢州録事參軍蔡宙校正兼監鏤版"及"左迪功郎衢州州學教授陸俊民校正"兩行。

此本宋刊原始葉所剩不多，大部分爲元明年間補版。

卷中有"歸安陸樹聲叔桐父印"等印記。

三國志六十五卷

（晋）陳壽撰　　（劉宋）裴松之注

宋衢州刊元明遞修本　共十一册

東京大學總合圖書館藏本

三國志六十五卷

（晋）陳壽撰　　（劉宋）裴松之注

元刊明嘉靖年間修補本　共十五册

内閣文庫藏本　原寬永寺勸學寮舊藏

三國志六十五卷

（晋）陳壽撰　　（劉宋）裴松之注

明萬曆二十四年（1598年）南京國子監刊本

内閣文庫　東京大學東洋文化研究所　京都大學人文科學研究所東洋學文獻中心　佛教大學平中文庫　鹿兒島大學附屬圖書館岩元文庫　御茶之水圖書館藏本

【按】每半頁有界十二行，行二十三字左右，左右雙邊，版心上部記字數。此本係明萬曆年間南京國子監刊《二十一史》之零册。

内閣文庫藏此同一刊本兩部。一部原係江户時代林氏大學頭家舊藏，林鵝峰手校手跋本，共十二册。一部原係楓山官庫舊藏，共十四册。

東京大學藏本、佛教大學藏本、鹿兒島大學藏本，各十四册。

京都大學藏本，有清順治十六年（1659年）、康熙三十九年（1760年）等修補，共十四册。

御茶之水圖書館藏本，原係德富蘇峰成簣堂

等舊藏,別附大正十五年(1926年)德富蘇峰手識文,共十二册。

三國志六十五卷

(晋)陳壽撰　(劉宋)裴松之注　(明)敖文禎等校

明萬曆二十八年(1590年)北京國子監刊本

内閣文庫　東京大學總合圖書館　静嘉堂文庫藏本

【按】此本係明萬曆年間北京國子監刊《二十一史》之零册。

内閣文庫藏此同一刊本三部。一部原係昌平坂學問所舊藏,共十四册。一部有後人補刊,共十五册。一部原係江户時代林羅山舊藏,今存"蜀志"十五卷,卷中有"江雲渭樹"印記。共十四册。

東京大學總合圖書館藏本,卷中後人寫補,共十册。

静嘉堂文庫藏本,原係陸心源守先閣等舊藏,卷中有清人修補,共十六册。

三國志六十五卷

(晋)陳壽撰　(劉宋)裴松之注

明崇禎十七年(1644年)毛氏汲古閣刊本

内閣文庫　蓬左文庫　東京大學　大阪大學文學部懷德堂文庫　早稻田大學圖書館　米澤市立圖書館　酒田市立光丘文庫藏本

【按】此本係明崇禎年間琴川毛氏汲古閣刊《十七史》之零册。

内閣文庫藏本,有清順治十三年(1656年)修補,共十册。

蓬左文庫藏本,共十册。

東京大學藏此同一刊本兩部,一部今存總合圖書館,原係渡邊信青洲文庫等舊藏,共十二册。一部今存史料編纂所,共十二册。

大阪大學文學部懷德堂文庫藏本,原係江户時代懷德堂等舊藏,共十册。

早稻田大學圖書館藏本,原係中村進午等舊藏,今缺卷三十一至卷三十九,實存五十六卷,

共九册。

米澤市立圖書館藏本,原係江户時代米澤藩主家等舊藏,共十册。

酒田市立光丘文庫藏本,原係本間光彌等舊藏,共十二册。

晉書一百三十卷　晉書音義三卷

(唐)太宗文皇帝李世民等撰　《音義》(唐)何超撰

宋刊元明遞修本　共三十册

静嘉堂文庫藏本　原朱彝尊　陸心源皕宋樓等舊藏

【按】每半葉有界十行,行十九字。白口,左右雙邊。左側欄外有耳格記篇名。版心記字數,并有刻工姓名如伯茂、生、正、元、才、仲、艮、成、天、丁、六、明、德、樂、秀、歐志淑、張一秀、劉子敏、毗陵彭仁山、李友文、士中、四郎、江厚、施亨輔,補修葉版心有"正德十年司禮監谷刊"、"嘉靖二年國子監刊"、"嘉靖十年刊補"等字樣。

卷中有避宋諱者,有不避宋諱者。

卷首有《目録》,然缺佚首葉至第九葉,次有《晋書音義序》,題書"唐天寶六載天王左史弘農楊齊宣字正衡序"。

卷中有"竹垞"、"朱彝尊印"、"彭城"等印記。

陸心源《儀顧堂續跋》卷五著録此本曰:

"《晋書》一百三十卷,小題在上,大題在下。次行題唐太宗文皇帝御撰。前有貞觀二年《御製序》。每卷版心紀志傳記各爲起訖。每葉二十行,每行十九字。左線外有篇名。匡、胤、恒、貞、桓、構、慎、敦、噭皆爲字不成。蓋南宋監本,遞修至元止。宋刊字體勁正,版心有字數及刊工姓名。元修版無,且多俗體譌字。明南監本《謝鯤傳》'吾不復得爲盛德事矣'句下,脱去'鯤曰何爲其然但使自今以往日忘日去耳初敦謂'二十字。此本不脱。《宣帝紀》、《陸機》、《王羲之》二傳,其論皆太宗自製,故稱制曰。或者謂惟陸王二傳稱制曰,亦不攷之甚矣。《音義》三卷,

前有天寶六載天王左史楊齊宣字正衡《序》。行款與《晋書》同,唐東京處士何超字令升所纂,齊宣之內弟也。超自言仿《經典釋文》之例,注字以朱映。朱映者,謂以朱勾勒之也。今不可見矣。所引書如《字林》《珠叢》之類,今皆不傳。"

傅增湘指此本爲"元翻宋本"。其《藏園羣書經眼錄》卷三著錄此本曰:

"元翻宋本……亦經元明修補者。余亦藏有一帙,元刊者四十餘卷,元補三十餘卷,餘則斷板漫字觸目皆是矣。江南圖書館藏南宋初建本,半葉十四行,行二十五字,細黑口,左右雙闌,爲王弇州(世貞)故物,密行細字,精勁異常。然余曾校過,舛誤滿紙,轉不如此本之善也。"

【附錄】九世紀末日本藤原佐世撰《本朝見在書目錄》,其第十一"正史家"著錄有關《晋書》曰:

《晋書》百卅卷　唐太宗文皇製;

《晋書》七十六卷　王隱撰;

《晋書評》一卷。

其第十二"雜史家"著錄說:

《晋書抄》卅卷　司馬綽撰。

十二世紀日本藤原賴長《臺記》"康治二年(1143年)九月二十九日",記載他曾經讀過的1030卷書籍中,有《晋書帝紀》、《晋書載記》二種。

十二世紀藤原通憲(？—1159年)撰《通憲入道藏書目錄》,其"第百七十櫃"後又"一合"又"一合"著錄《晋書》十八卷,凡一種。

日本東山天皇元祿十四年、十五年(1701—1702年)松會堂覆刊明南監本《晋書》一百三十卷又《音義》三卷,此本由日人志村楨幹訓點。其後,此本有京都風月莊左衛門、橫江岩之助補修重印本,又有京都風月莊左衛門重印本。

晋書(殘本)四十一卷

(唐)太宗文皇帝李世民等撰

南宋刊元印本　共十一冊

內閣文庫藏本　原室鳩巢　淺野梅堂等舊藏

【按】每半葉有界九行,行十六字。細黑口,左右雙邊。小題在上,大題在下。版心記刻工姓名。

此本今存卷三十一至卷七十一。卷中避宋諱。森立之《經籍訪古志》卷三著錄此本。

晋書一百三十卷　晋書音義三卷

(唐)太宗文皇帝李世民等撰　《音義》(唐)何超撰

元刊明遞修本

內閣文庫藏本

【按】內閣文庫藏此同一刊本七部。一部係明嘉靖十年(1531年)補刊,共三十冊。一部原係昌平坂學問所舊藏,明嘉靖十年補刊,卷一至卷十,卷一百十一至卷一百三十爲後人寫補,共四十一冊。一部原係增島蘭園、昌平坂學問所等舊藏,明嘉靖三十七年(1558年)補刊,共三十四冊。一部原係江户時代林氏大學頭家舊藏,明嘉靖三十七年(1558年)補刊,共四十冊。一部原係澁江抽齋等舊藏,明嘉靖三十七年補刊,共四十冊。一部原係江户時代林羅山舊藏,林鵞峰手跋本,明萬曆十年(1582年)補刊,卷中有"江雲渭樹"印記,共二十四冊。一部原係楓山官庫等舊藏,明萬曆十年補刊,共三十冊。

晋書一百三十卷　晋書音義三卷

(唐)太宗文皇帝李世民等撰　《音義》(唐)何超撰

明正德十年(1515年)南京國子監刊明遞修本

東京大學東洋文化研究所　京都大學人文科學研究所東洋學文獻中心　御茶之水圖書館藏本

【按】每半頁有界十行,行二十字,左右雙邊。此本係明正德年間南京國子監刊《二十一史》

之零册。

東京大學藏本,原係大木幹一舊藏,卷中有明嘉靖十年(1531年)至清乾隆二年(1737年)補刊,偶有寫補。

京都大學藏此同一刊本兩部。一部卷中有明嘉靖二年(1523年)至明萬曆十年(1582年)補刊,共二十四册。一部卷十一、卷十二缺佚,共三十九册。

御茶之水圖書館藏本,原係德富蘇峰成簣堂等舊藏。此本卷中有明嘉靖戊午(1558年)、明萬曆三年(1575年)、萬曆五年(1577年)、萬曆七年(1570年)、萬曆十年(1582年)以及清順治十六年(1659年)等的補修葉,封面使用朝鮮産生白色紋樣紙,卷中有朝鮮人讀者手識文,共三十八册。

晉書(殘本)四卷

(唐)太宗文皇帝李世民等撰

明嘉靖三十七年(1558年)南京國子監刊萬曆年間補修本　荻生茂卿句讀本　共二册

天理圖書館藏本

【按】此本係明南京國子監刊《二十一史》之零册。今存卷十八至卷二十一。卷中有明萬曆三年(1575年)、十年(1582年)補刊。

有江户時代大儒荻生茂卿手記曰:

"右正誤凡百一,内六十八人使金子清鄰推步考究得之。荻生茂卿言。"

"日東荻生宗右衛門茂卿句讀晋書卷第十八志第八律曆下。"

晉書一百三十卷

(唐)太宗文皇帝李世民等撰

明萬曆二十四年(1596年)北京國子監刊本

内閣文庫藏本

【按】此本係明北京國子監刊《二十一史》之零册。内閣文庫藏此同一刊本三部。一部原係昌平坂學問所舊藏,人見竹洞手校本,共三十册。一部亦係昌平坂學問所舊藏,卷三十七至卷八十六卷,共十九册。一部有後人修補,

共三十册。

晉書一百三十卷　晉書音義三卷

(唐)太宗文皇帝李世民等撰　《音義》(唐)何超撰

明萬曆年間(1573—1620年)周若年覆宋秘閣刊本

静嘉堂文庫　東京大學東洋文化研究所京都大學人文科學研究所東洋學文獻中心早稻田大學圖書館　大倉文化財團藏本

【按】每半葉有界九行,行十六字。白口。

静嘉堂文庫藏此同一刊本兩部,一部共六十册;一部原係陸心源守先閣等舊藏,卷中有缺佚,共三十八册。

東京大學藏本,原係大干幹一舊藏。今存五卷并《音義》一卷

京都大學藏本,共六十册。

早稻田大學圖書館藏本,原係下村正太郎氏下村文庫等舊藏,共三十册。

大倉文化財團藏本,卷中有"質叟"、"光離堂藏書"等印記。

晉書一百三十卷　晉書音義三卷

(唐)太宗文皇帝李世民等撰　《音義》(唐)何超撰

明萬曆年間(1573—1620年)吳琯西爽堂校刊本　共二十八册

東京大學總合圖書館　大倉文化財團藏本

【按】每半葉有界十行,行二十字。

東京大學總合圖書館藏本,卷中有後人修補,共二十册。

大倉文化財團藏本,共二十八册。

楊守敬《日本訪書志》卷五著錄此本曰:

"每卷後題西爽堂吳氏校刻。首有黄汝亨《序》。簡端以嘉靖本、萬曆本及汲古閣本校其異同,最爲精密。每册首有留畺書屋儲藏史編印記。按,留畺書屋爲吉漢宦藏書庫名。吉君有《論語攷異》及《近聞寓筆》二書,蓋日本校訂名家。又有曾根書庫印,未詳其

人。載記末有歲癸亥長夏二十有五日校完，竹逕居士源元起砟記。據此則此書爲源君所校，非出吉君之手也。"

晉書一百三十卷

（唐）太宗文皇帝李世民等撰

明崇禎元年（1628 年）毛氏汲古閣刊本

內閣文庫　蓬左文庫　靜嘉堂文庫　米澤市立圖書館　東京大學　神户大學文學部早稻田大學圖書館　酒田市立光丘文庫藏本

【按】此本係明崇禎年間琴川毛氏汲古閣刊《十七史》之零册。

內閣文庫藏此同一刊本兩部，皆有清順治五年（1648 年）補刊，一部共二十六册，一部原係昌平坂學問所舊藏，共二十四册。

靜嘉堂文庫藏本，原係竹添光鴻等舊藏，共二十四册。

米澤市立圖書館藏本，原係江户時代米澤藩主家等舊藏，共三十册。

東京大學藏此同一刊本兩部，一部今存總合圖書館，卷中有清順治五年（1648 年）補修葉，缺佚卷第十二、卷第十三、卷第十九、卷第二十、卷第二十五至卷第二十九、卷第三十四至卷第三十七，共四十三册。一部今存史料編纂所，共三十册。

神户大學文學部藏本，共三十册。

早稻田大學圖書館藏本，原係會津八一等舊藏，共三十册。

酒田市立光丘文庫藏本，原係本間光彌等舊藏，共三十册。

晉書一百三十卷　首一卷

（唐）太宗文皇帝李世民等撰　（明）鍾惺評蔣之翹删定　陳繼儒校

明崇禎十二年（1639 年）刊　共二十二册

內閣文庫藏本　原昌平坂學問所等舊藏

晉書一百三十卷

（唐）太宗文皇帝李世民等撰

明刊本　共三十册

尊經閣文庫藏本

南史（殘本）一卷

（唐）李延壽撰

宋刊本　黏葉裝　共一册

金澤文庫藏本　原稱名寺等舊藏

【按】每半頁有界九行，行十八字，注文小字雙行，白口，左右雙邊（21.0cm×15.5cm）。版心柱刻"南史列傳三十八"。下記字數。下象鼻下有刻工姓名，如張定、平、忠、昌、暉、棠、紹、姜仲、彥文等。

《南史》全八十卷，此本今存卷第四十八凡一卷。此卷首尾皆題書"列傳第三十八　南史四十八"。

卷中避宋諱，凡"玄、弦、朗、敬、殷、竟、恒、徵、讓"等皆爲字不成。

金澤文庫藏本，另有"首目"一卷，并"列傳"卷第十三至卷第十六凡四卷，曾爲傅增湘雙鑑樓所收藏，然今《藏園群書經眼錄》"史部"未著錄此五卷殘本，則不知其所在。

南史八十卷

（唐）李延壽撰

元大德年間（1297 — 1307 年）刊明嘉靖十年（1531 年）補刊本

內閣文庫藏本

【按】每半葉有界十行，行二十二字。白口，四周雙邊。版心上方記字數，有刻工姓名。修補葉間有黑口，字體草草。

每卷首行小題在上，大題在下。

內閣文庫藏此同一刊本兩部。一部原係江户時代林氏大學頭家舊藏，一部原係寬永寺勸學寮舊藏，各二十册。

【附錄】十二世紀日本藤原賴長《臺記》"康治二年（1143 年）九月二十九日"記載他曾經讀過的壹千叁拾卷書籍中，有《南史帝紀》一種。

十二世紀藤原通憲（？ —1159 年）撰《通憲入道藏書目錄》，其"第九十三櫃"著錄《南史帝紀》一帖(十二)凡一種。

日本孝明天皇弘化四年(1847年)出雲藩覆刊明南監本《南史》八十卷,其後,此本有岡田屋嘉七重印本。

南史八十卷

(唐)李延壽撰

元大德年間(1297—1307年)刊明嘉靖間補本　共二十册

静嘉堂文庫藏本　原陸心源十萬卷樓等舊藏

【按】每半頁有界十行,行二十二字,雙黑魚尾,或單黑魚尾,或三黑魚尾,白口,四周雙邊(22.9cm×16.6cm)。版心記大小字數,并記刻工姓名,如玉山、張珍、章洪等。(明代補刊葉版心記刻工姓名)如伯美、劉本等。

明代補刊葉版心有"嘉靖九年補刊"、"嘉靖十年補刊"等字樣。

卷中有"尚書世家"等印記。

【按】陸心源《儀顧堂題跋》卷二著録此本曰:"《南史》八十卷,每卷次行題曰李延壽。首行大名在下。每半頁十行,行廿二字。元大德刊本。版心間有字數及嘉靖十年修板。雖刊手不佳,較以汲古閣本,乃知此本之善。"

南史八十卷

(唐)李延壽撰

元大德年間(1297—1307年)刊明嘉靖間補刊本　共十六册

古義堂文庫藏本　原伊藤長胤舊藏

【按】此本函箱底部,有伊藤東涯親筆"享保十一年丙午(1726年)二月長胤置"十三字。

南史八十卷

(唐)李延壽撰

明萬曆十七年至十九年(1589—1591年)南京國子監刊本

内閣文庫　静嘉堂文庫　東京大學東洋文化研究所　京都大學人文科學研究所東洋學文獻中心　早稻田大學圖書館藏本

【按】此本係明萬曆年間南京國子監刊《二十一史》之零册。

内閣文庫藏此同一刊本三部。一部原係江户時代林鵝峰手校本,卷中有"江雲渭樹"等印記,兩部原係楓山官庫舊藏,各皆二十册。

静嘉堂文庫藏此同一刊本兩部。一部原係竹添光鴻等舊藏,共二十册;一部原係陸心源守先閣等舊藏,共二十册。

京都大學藏本,有明崇禎七年(1634年)、十一年(1638年)、清順治十五年(1658年)、順治十六年(1659年)、清康熙二十年(1681年)、三十九年(1700年)補刊,共二十册。

早稻田大學圖書館藏本,原係下村正太郎等舊藏,共二十册。

南史八十卷

(唐)李延壽撰

明萬曆三十一年(1603年)北京國子監刊本

内閣文庫　静嘉堂文庫　關西大學綜合圖書館内藤文庫　御茶之水圖書館藏本

【按】每半葉有界十行,行二十一字。白口,四周雙邊(23.2cm×14.2cm)。版心上部題刻"萬曆三十一年"。

内閣文庫藏此同一刊本兩部。一部原係昌平坂學問所舊藏,今卷二十六至卷五十五缺佚,實存五十卷共十三册。一部有後人補刊,共二十册。

静嘉堂文庫藏本,原係陸心源守先閣等舊藏,共十六册。

關西大學藏本,原係内藤湖南等舊藏,卷中有"炳卿審定善本"、"篁菴氏"等,共二十册。

御茶之水圖書館藏本,原係德富蘇峰成簣堂等舊藏。此本原刊初印本,卷中有二葉爲後人寫補。封面用朝鮮産白色紋樣紙,書箱有德富蘇峰手書文字,共二十册。

南史八十卷

(唐)李延壽撰

明崇禎十三年(1640 年)汲古閣刊本

國會圖書館　内閣文庫　蓬左文庫　大東
急記念文庫　東京大學　京都大學人文科學
研究所東洋學文獻中心　早稻田大學圖書館
酒田市立光丘文庫藏本

【按】此本係明崇禎年間毛氏汲古閣刊《十七
史》之零册。

國會圖書館藏本,共二十册。

内閣文庫藏此同一刊本四部,皆係清順治十
一年(1654 年)補修。其中三部原係昌平坂學
問所舊藏,分別爲十六册、十二册、十六册,另
一部共十二册。

大東急記念文庫藏本,共二十册。

東京大學藏此同一刊本兩部,一部今存總合
圖書館,卷中有順治十一年(1654 年)補修葉,
共二十册。一部今存史料編纂所,共十六册。

京都大學藏本,原係村本氏舊藏,共二十二
册。

早稻田大學圖書館藏此同一刊本兩部,一部
原係柳田泉等舊藏,共十六册。一部今缺卷第
二十六至卷第三十二,實存七十三卷,共十五
册。

酒田市立光丘文庫藏本,原係本間完彌等舊
藏,共十六册。

北史(殘本)八十一卷

(唐)李延壽撰

宋光宗年間(1190 — 1194 年)刊本　共八十
册

静嘉堂文庫藏本　原季振宜　陸心源皕宋
樓等舊藏

【按】每半葉有界十行,行十八字。細黑口,
左右雙邊(20.7cm × 12.7cm)。左側邊框有外
耳,版心偶記字數。

此書全一百卷,今存卷二、卷六至卷十八、卷
二十至卷二十九、卷三十一至卷八十、卷九十

三至卷九十八、卷一百,共八十一卷。其中,卷
二十三、卷四十七、卷九十六、卷九十八,有部
分後刻補配。卷九十七,卷一百係全部補配。

卷中避宋諱,凡"絃、朗、驚、弘、匡、胤、恒、
貞、徵、樹、讓、桓、慎、敦"字皆缺筆。

陸心源《儀顧堂續跋》卷五著錄此本曰:

"《北史》一百卷,首行大題在下,小題在
上。每卷有目連屬篇目。自皇后列傳起,每
篇有目,題曰某某傳,低四格。……宋諱避
至敦字止,蓋光宗時刊本。紙白如玉,字體
秀勁,與福建蔡氏所刊《史記》、《草堂詩箋》、
《陸狀元通鑑》、内簡尺牘相似,當亦蔡行父
文子輩所刊。校讎不精,譌屚所不能免,在
宋刊中未爲上乘。然偶以毛本互校,可以證
譌補缺者已多……"

傅增湘《藏園羣書經眼錄》卷三著錄此本曰:

"此本字體挺秀而稜角峭屚,與余藏百
衲本《通鑑》之大字建本酷肖。陸心源以毛
本校之,補正數十條,改字至千餘,可云善
本。考各家書目,《南、北史》著錄者多爲元
本,宋本乃絶少見。余藏有《南史》四卷,半
葉九行十八字,宋刊宋印,與此書皆海内孤
帙也。閱者勿以殘缺而忽視之。"

卷中有"季振宜"、"季振宜藏書"等印記。

【附錄】十二世紀日本藤原賴長《臺記》"康治
二年(1143 年)九月二十九日"記載他曾經讀
過的壹千叁拾卷書中,有《北史帝紀》一種。

十二世紀藤原通憲(？ —1159 年)撰《通憲
入道藏書目錄》,其"第九十三櫃"著錄《北史帝
紀》一帖(十二)凡一種。

北史一百卷

(唐)李延壽撰

元大德年間(1297 — 1307 年)信州路學刊明
嘉靖年間補刊本　共四十九册

静嘉堂文庫藏本　陸心源十萬樓等舊藏

【按】每半葉有界十行,行二十二字。黑口,
四周雙邊(21.8cm × 15.4cm)。版心上方著錄
刊書地名,如"信州路儒學刊"、"信州路象山書

院刊"、"藍山書院刊"、"信州路道一書院刊"、"玉山縣學刊"、"永豐儒學刊"、"弋陽縣學刊"、"上饒縣學刊"、"貴溪縣學刊"、"稼軒書院刊"等。下方記字數,間有刻工姓名。如黄君用、肝江黄君用、肝江黄仲立、肝黄仲立、肝江李仲、李仲、君視産、金川王永壽、金川王永、金川周元信、元信、古杭張用可、古杭用可、古杭張用、康山張可久、可久、何南卿、吾明父、陳仁玉、丁和甫、江用、一宗、吴友山、吴方午、吴明甫、江益山、江興甫、江義甫、江士堅、江祖珍、江子珍、可臣、于進、玉甫、子公、子真、子進、子中、子仲、子忠、子名、子明、賴元甫、梁子榮、連君禮、顔卿、朽木、元中、德昌、德懋、德父、德甫、文章、用明、用文、連生、齊吉、儒夫、徐中、祥仲、祥中、震升等。元代補刊葉版心有刻工姓名如王安、趙伯川、張清之、張克明、楊茂卿、傅繼之、章良之等。明代補刊葉版心有刻工姓名如徐正、舒芳、曹珮、熊綸、佐選、李逢太、李逢恭、劉慶隆、張祥龍、張小曜、何應福、史夢祥、徐正叔、沈之翰、蘇守易、曹繼芳等。補刊葉版心有"嘉靖元年修版"等。

卷中留存校正者名:

卷一、卷三至卷十五、卷十八、卷二十一、卷二十三、卷二十六至卷二十九、卷三十一、卷三十三至卷三十五、卷三十七、卷四十二至卷四十五、卷四十七至卷四十九:方洽、周益、周之冕、孫粹然校正

卷三至卷七:方洽、周益、周巳千、孫粹然校正

卷八:周益校正

卷九:方洽、周巳千、孫粹然校正

卷十六、卷十七:方洽、周益校正

卷十九、卷二十二、卷二十四、卷二十五、卷三十、卷三十六、卷四十一:周之冕、孫粹然校正

卷三十八、卷四十:方洽、周益、周之冕、陳莘校正

卷三十九:方洽、周益、周之冕校正

卷八十一:楊遂校正

卷八十二:聶則遷校正

卷八十三:陳志仁校正

卷八十五、卷九十:鄭道寧、王烈校正

此本卷第六十五、卷第六十六、卷第八十四、卷第一百、凡此四卷,卷中有缺頁。

陸心源《儀顧堂題跋》卷二著録此本曰:

"《北史》一百卷,元大德間刊本。首行大題在下,尚存宋本舊式。版心有信州路儒學刊……間有嘉靖元年二修版。蓋版入南監以後所印也。較明北監本及汲古閣本頗有勝處……"

北史一百卷

(唐)李延壽撰

元大德年間(1297—1307 年)刊明嘉靖十年(1531 年)補刊本　共三十册

內閣文庫藏本

【按】此本與静嘉堂文庫藏元大德年間刊本,行款題式相同,惟此本係明嘉靖十年補刊。

內閣文庫藏此同一刊本兩部。一部原係江户時代林氏大學頭家舊藏,一部原係寬永寺勸學寮舊藏。

北史(殘本)二卷

(唐)李延壽撰

明內廷手寫本　共一册

静嘉堂文庫藏本

【按】是書全一百卷,此本今存卷三十三,卷三十四凡二卷。

北史一百卷

(唐)李延壽撰

明萬曆年間(1573—1620 年)南京國子監刊本　共三十册

內閣文庫　静嘉堂文庫　東京大學東洋文化研究所　京都大學人文科學研究所東洋學文獻中心　早稻田大學圖書館　御茶之水圖書館藏本

【按】此本係明萬曆年間南京國子監刊《二十

一史》之零册。

内閣文庫藏此同一刊本兩部。一部原係江户時代林鵞峰手校手跋本,卷中有"江雲渭樹"等印記。一部原係楓山官庫舊藏。

静嘉堂文庫藏此同一刊本兩部。一部原係竹添光鴻等舊藏,共三十册。一部原係陸心源守先閣等舊藏,有清人修補,共三十册。

京都大學藏本,有明崇禎七年(1634年)、清順治十六年(1659年)等補刊葉。

早稻田大學圖書館藏本,原係下村正太郎等舊藏,共四十册。

御茶之水圖書館藏本,原係德富蘇峰成簣堂等舊藏。此本版心有"萬曆十九年"、"萬曆二十年"、"萬曆二十一年"、"順治十六年"等紀年,卷末有"萬曆癸巳(1593年)南京國子監夢禎校終"等校刊記。封面用朝鮮產白色紋紙,外題亦係朝鮮人手筆,共三十册。

【附録】孝明天皇弘化四年(1847年)出雲藩覆刊明南監本《北史》一百卷。後有岡田屋嘉七重印本。

北史一百卷

(唐)李延壽撰

明萬曆二十六年(1599年)北京國子監刊本三十册

内閣文庫　静嘉堂文庫　關西大學綜合圖書館内藤文庫藏本

【按】每半葉有界十行,行二十字。白口,左右雙邊(21.7cm×14.2cm)。

内閣文庫藏本,原係昌平坂學問所舊藏。

静嘉堂文庫藏本,原係陸心源守先閣等舊藏,共三十册。

關西大學藏本,原係内藤湖南舊藏。卷中有"篁菴氏"、"炳卿審定善本"等印記。

北史一百卷

(唐)李延壽撰

明崇禎十二年(1639年)毛氏汲古閣刊本

内閣文庫　蓬左文庫　東京大學　早稻田

大學圖書館　酒田市立光丘文庫藏本

【按】此本係明崇禎年間琴川毛氏汲古閣刊《十七史》之零册。

内閣文庫藏此同一刊本三部。其中兩部有清順治十年(1653年)修補葉。

東京大學藏此同一刊本三部。一部原係岡千仞岡文庫等舊藏,卷中有清順治十年(1653年)修補葉,今存總合圖書館,共二十四册。一部今存總合圖書館,共三十六册。一部今存史料編纂所,共二十四册。

早稻田大學圖書館藏此同一刊本兩部。一部爲初刊印本共二十四册。一部原係柳田泉等舊藏,卷末有柳田泉手識文,共二十四册。

宋書一百卷

(梁)沈約撰

宋紹興年間(1131—1162年)眉山刊明遞修三朝本　共三十册

内閣文庫藏本　原明人鄭曉、鄭履準父子日本寬永寺勸學寮文庫等舊藏

【按】每半葉有界九行,行十七字或十九字。白口,左右雙邊間有四周單邊(24.4cm×18.8cm)。原刻葉版心記字數,並有刻工姓名,如吳中、高榮、王明、周通等。補刊葉版心有"弘治四年"、"嘉靖十年"等字樣。弘治四年補刊葉版心記刻工如監生姚岳、監生黃徽、監生王相、監生陳澤等。

卷首有《目録》。本文卷頭第一行小題(本紀第一)在上,大題(宋書)在下,次行署"臣沈約新撰"。

每册首有"淡泉"、"大司寇章"二印記,尾有"海瀕逸民平泉鄭履準凝雲樓藏書畫印"、"凝雲深處清暇奇觀"等大方印。

此本即宋刻眉山大字本《七史》之零册。

【附録】九世紀末日本藤原佐世撰《本朝見在書目録》,其第十一"正史家"著録有關《宋書》曰:"《宋書》百卷,梁尚書僕射沈約撰。"

十二世紀藤原通憲(?—1159年)撰《通憲入道藏書目録》,其"第百七十櫃"後又"一合"

又"一合"著録《宋書》七卷凡一種。

宋書一百卷

（梁）沈約撰

宋紹興年間（1131—1162年）眉山刊明修補本　共三十六册

御茶之水圖書館藏本　原潘祖蔭　德富蘇峰舊藏

【按】此本係宋刻眉山大字本《七史》之零册，行款題式皆與内閣文庫藏本同。補刊葉版心有明代紀年，如正魚尾上記"弘治四年"，葉數下又記姓名"監生李瑫"、"監生肖漢"等。又有"嘉靖十年補刊"字樣，補刊較少。

此本原係潘祖蔭滂喜齋等舊藏，後卷中有"潘祖蔭藏書記"等印記。後轉入德富蘇峰之手。

宋書一百卷

（梁）沈約撰

宋紹興年間（1131—1162年）眉山刊明遞修本　共二十册。

静嘉堂文庫藏本　原陸心源皕宋樓等舊藏

【按】此本係宋刻眉山大字本七史之另册，行款題式皆與内閣文庫本同。補刊葉版心有"弘治四年"、"嘉靖十年"等字樣。版心記刻工姓名，如龐升、王惠、王明、陳壽、陸春、吳中、高榮、施昌、占慶、張明、周通等。元代補刊本版心刻工名如胡慶十四、金文榮、文榮、張慶三、朱子壽、應子華、汪惠老、阮明王、吳文昌、徐文山、徐榮祖、章文一、蘆開三、林茂實、茂實、孫日新、朱長二、陳國才、茅紀龍、茅龍、熊道瓊、可川、葛辛、古賢、應華、王高、王全、王六、王良、王付、王榮、王智、何益、何建、何宗、何通、章演、章文、汪惠、汪亮、士元、朱六、子成、天王、吳祥、吳文、蔡秀、谷仲、胡昶、洪福、青之、盛允、周明、辛文、徐冰、徐文、徐良、葉禾、齊明、曹榮、曹幸、石寶、孫斌、蔣士、陳仁、孟三、茂五、林農茂、婁正、李祥、李澄、李寶、楊春、俞榮、俞聲、俞信等。明代補刊本版心有刻工名

如監生王相、監生陳澤、監生劉子宇、劉子璵、監生劉子興、監生王太、監生王泰、監生姜滄、監生萬漢、監生肖漢、監生黃徽、監生姚岳、監生李秘、黃雲、黃碧、黃寶、黃瑾、黃龍等。

卷中有"任璿之印"、"太史氏"、"歸安陸樹聲藏書之記"等印記。

陸心源《儀顧堂續跋》卷五著録此本曰：

"《宋書》一百卷，次行題臣沈約新撰。小題在上，大題在下……紹興眉山刻《七史》之一。有弘治四年、嘉靖八年、九年、十年修版。"

宋書一百卷

（梁）沈約撰

宋紹興年間（1131—1162年）眉山刊明遞修本　共三十二册

大倉文化財團藏本

【按】此本係宋刻眉山大字本《七史》之零册，行款題式皆與内閣文庫藏本同，惟卷内補刊葉較多。

宋書一百卷

（梁）沈約撰

明萬曆二十二年（1594年）南京國子監刊本

内閣文庫　天理圖書館　京都大學　東京大學東洋文化研究所藏本

【按】此本明南京國子監刊《二十一史》之零册。

内閣文庫藏此同一刊本三部。一部原係江户時代林羅山舊藏，有林鵝峰手校手跋文，并有"江雲渭樹"印記，共二十册。一部原係楓山官庫舊藏，共二十六册。一部原係清李鹿山舊藏，共三十册。

天理圖書館藏本，今存卷七至卷十四，卷二十一至卷三十六，凡二十四卷共七册。

京都大學藏此同一刊本三部。一部藏文學部，原係鈴木虎雄舊藏。兩部藏人文科學研究所東洋學文獻中心，其中一部原係村本舊藏，卷中有清順治十六年（1659年），清康熙三十

九年(1700年)補刊,共二十四册;一部尚有清康熙二十年(1681年)補刊,共二十册。

【附録】東山天皇寶永三年(1706年)松會堂覆刊明南監本《宋書》一百卷首一卷。此本由日人志村楨幹點。

宋書一百卷

(梁)沈約撰

明萬曆二十六年(1598年)北京國子監刊本

内閣文庫　静嘉堂文庫　早稻田大學圖書館　愛知大學附屬圖書館簡齋文庫藏本

【按】此本係明北京國子監刊《二十一史》之零册。

内閣文庫藏本,原係昌平坂學問所舊藏,共二十二册。

静嘉堂文庫藏本,原係陸心源守先閣等舊藏,共二十四册。

早稻田大學圖書館藏本,原係下村正太郎氏下村文庫等舊藏,共二十二册。

愛知大學藏本,原係簡齋氏舊藏,共二十一册。

宋書一百卷

(梁)沈約撰

明崇禎七年(1634年)琴川毛氏汲古閣刊本

内閣文庫　蓬左文庫　米澤市立圖書館　東京大學史料編纂所　神户大學文學部　早稻田大學圖書館　廣島大學附屬圖書館斯波文庫　關西大學綜合圖書館内藤文庫　酒田市立光丘文庫藏本

【按】每半葉有界十二行,行二十五字。白口,左右雙邊(21.4cm×14.7cm)。第一册第一葉刻"皇明崇禎七年歲在閼逢閹茂餘月八日琴川毛氏開雕"二十二字。卷頭及卷末有"琴川毛鳳苞審定宋本"字樣。

内閣文庫藏此同一刊本兩部,皆有清順治八年(1651年)修補。一部原係昌平坂學問所舊藏,共二十册。一部共十六册。

蓬左文庫藏本,共二十册。

米澤市立圖書館藏本,原係江户時代米澤藩主家等舊藏,共二十册。

東京大學史料編纂所藏本,共二十册。

神户大學文學部藏本,共二十册。

早稻田大學圖書館藏本,原係柳田泉等舊藏,共十六册。

廣島大學附屬圖書館藏本,原係斯波六郎舊藏,共十六册。

關西大學綜合圖書館藏本,原係内藤湖南舊藏,此本帙外題書"十七史宋書",共二十册。

酒田市立光丘文庫藏本,原係本間光彌等舊藏,共二十册。

南齊書五十九卷

(梁)蕭子顯撰

宋紹興年間(1131—1162年)眉山刊明遞修三朝本　共十二册

内閣文庫藏本　原江户時代林氏大學頭家舊藏

【按】每半葉有界九行,行十八字。白口或黑口,左右雙邊間有四周單邊(22.5cm×17.4cm)。原刊葉版心記字數及刻工姓名,如王辰、王桂、高文、蔡邠等。補刊葉版心有"嘉靖八年刊"、"嘉靖八年補"、"嘉靖八年補刊"、"嘉靖九年刊"、"嘉靖九年刊補",及"嘉靖十年刊"、"嘉靖十年補刊"、"嘉靖十年刊補"等字樣。

卷中避宋諱,凡"玄、朗、敬、驚、弘、殷、匡、胤、恒、禎、徵、樹、桓、慎"等皆爲字不成。

此本係宋刻眉山大字本《七史》之零册。

南齊書五十九卷

(梁)蕭子顯撰

宋紹興年間(1131—1162年)眉山刊明遞修本　共八册

静嘉堂文庫藏本　原陸心源十萬卷樓等舊藏

【按】此本係宋刻眉山大字本《七史》之零册,行款題式皆與内閣文庫藏本同。

卷中有"汪璿之印"、"太史氏"等印記。

陸心源《儀顧堂續跋》卷五著録此本曰：

"《南齊書》五十九卷。次行題曰臣蕭子顯撰。前有臣恂、臣寶臣、臣穆、臣藻、臣洙、臣覺、臣彥若、臣鞏序。行款格式與《宋書》同，宋諱避至構字止。紹興十四年眉山重刻《七史》之一也。……《志》第七缺第三葉，《列傳》第十六缺第十葉，《列傳》第二十五缺第六葉，《列傳》第三十九缺第五葉。嘉靖九年修版重刻，第十四葉版心刻五字以補之。北監、南監、乾隆官本所缺皆同。汲古留墨版，南北監及官本皆留空白，其缺當在弘治以後，嘉靖以前。何以言之？《宋書》有弘治四年修版，此本有嘉靖修而無弘治修，則弘治時不缺可知，則不但嘉祐時不缺，即紹興眉山重刻亦斷無缺葉矣。惟《列傳》第四十《江（河）南匈奴傳》王士隆上空一格，北監注缺字，官本同汲古本空一格。若夫九種之事有下空二格，旁注缺字。北監本同官本注缺二字，汲古本空二格。此二處缺文，恐眉州重刻已然，不始于明矣。《李繪傳》'以此久而屈沉卒'毛本同，惟'沉'訛爲'況'，北監本下有'贈南青州刺史謚曰景'九字，此則必李騰芳校勘時，以《北史》補之耳。序末列名諸臣錢竹汀考爲錢藻、孫洙、孫覺、丁寶臣、趙彥若、曾鞏，而臣恂、臣穆未及。愚謂穆者，鄭穆，侯官人，字閎中，曾官集賢院校勘，見《宋史》本傳。恂疑楊恂，四川人，入元祐黨籍，《宋史》附《家愿傳》。是本凡嘉靖八年修版六十五葉，九年修版七十一葉，十年修版六十五葉，宋刊尚存十分之八。"

南齊書五十九卷

（梁）蕭子顯撰

明萬曆十六年至十七年（1588—1589 年）南京國子監刊本

內閣文庫　　静嘉堂文庫　　天理圖書館　　京都大學人文科學研究所東洋學文獻中心　　早稻田大學圖書館　　廣島大學附屬圖書館斯波

文庫藏本

【按】此本係明南京國子監刊《二十一史》之零册。

內閣文庫藏此同一刊本二部。一部原係江户時代林羅山舊藏，林鵝峰手校手跋本，卷中有"江雲渭樹"印記，共八册。一部原係楓山官庫舊藏，共十册。

静嘉堂文庫藏本，原係陸心源守先閣等舊藏，共十册。

天理圖書館藏本，今存卷九至卷十三，凡五卷共一册。

京都大學藏本，共十册。

早稻田大學圖書館藏本，原係下村正太郎氏下村文庫等舊藏，共十二册。

廣島大學附屬圖書館藏本，原係斯波六郎舊藏，共十册。

【附録】東山天皇元禄十六年至寶永二年（1703 年至 1705 年）松會堂覆刊明南監本《南齊書》五十九卷。此本由日人荻生宗右衛門點。

南齊書五十九卷

（梁）蕭子顯撰

明萬曆三十三年（1605 年）北京國子監刊本共十册

內閣文庫　　静嘉堂文庫藏本

【按】此本係明北京國子監刊《二十一史》之零册。

內閣文庫藏此同一刊本二部。一部原係昌平坂學問所舊藏，另一部有後人配補。

静嘉堂文庫藏本，原係陸心源守先閣舊藏，共八册。

南齊書五十九卷

（梁）蕭子顯撰

明崇禎十年（1637 年）毛氏汲古閣刊本

內閣文庫　　蓬左文庫　　米澤市立圖書館東京大學史料編纂所　　京都大學人文科學研究所東洋學文獻中心　　關西大學綜合圖書館

學習院大學附屬圖書館　酒田市立光丘文庫藏本

【按】每半葉有界十二行,行二十五字。白口,左右雙邊(21.3cm×14.7cm)。第一册第三葉刻"皇明崇禎十年歲在强圉舊若陽月望日琴川毛氏開雕"。卷頭及卷末有"琴川毛鳳苞氏審定宋本"。

此本係明崇禎年間琴川毛氏刊《十七史》之零册。

内閣文庫藏此同一刊本二部,皆有清順治九年(1652年)修補。一部原係昌平坂學問所舊藏,卷五十九缺佚,共六册。一部共八册。

蓬左文庫藏本,共十册。

米澤市立圖書館藏本,原係江户時代米澤藩主家舊藏,共十册。

東京大學史料編纂所藏本,共十册。

京都大學人文科學研究所藏本,原係村本氏等舊藏,共十册。

關西大學綜合圖書館藏本,帙外題《十七史南齊書》,共十册。

學習院大學附屬圖書館藏本,共八册。

酒田市立光丘文庫藏本,原係本間光彌等舊藏,共十册。

梁書五十六卷

(唐)姚思廉等奉敕撰

宋紹興年間(1131—1162年)眉山刊本明遞修三朝本　共十册

内閣文庫藏本　原江户時代林氏大學頭家舊藏

【按】每半葉有界九行,行十七字或十八字。白口(或黑口),左右雙邊間有四周單邊(21.7cm×17.7cm)。原刻葉版心記字數,並有刻工姓名。補刊葉版心有"嘉靖八年刊"、"嘉靖九年刊"、"嘉靖十年刊"等字樣。

此本係宋刻眉山大字本《七史》之零册。

梁書五十六卷

(唐)姚思廉等奉敕撰

宋紹興年間(1131—1162年)眉山刊明修本共十二册

静嘉堂文庫藏本　原陸心源十萬卷樓等舊藏

【按】此本係宋刻眉山大字本《七史》之零册,行款題式皆與内閣文庫本同。

版心有刻工姓名,如王元亨、王元、高文、楊榮、余敏、張成、趙良、陳壽、德裕、徐瑛等。元代補刊本版心刻工名如王德明、王明、王高、蘆開三、范雙平、朱玉文、茂山、大用、何建、許成、任昌、高顯、蔡彦、彦明、繆謙等。明代補刊本版心有刻工名如黃雲、黃縮、黃球、黃珪、黃碧、黃琇、黃琢、黃瑜、黃瓅、王珣、胡章、劉元、張昆、易堂等。

陸心源《儀顧堂續跋》卷五著録此本曰:

"《梁書》五十六卷,次行題散騎常侍姚思廉撰。行款格式與《宋書》同,眉山重刻《七史》之一。修至嘉靖十年止,惟字畫刊工,均不及《宋》、《齊》、《北齊》、《陳》、《魏》、《周》六書之精。嘉祐崇文院本亡缺必少,故每卷後無一校語,然以校北監及汲古本,頗有此善于彼者。北監本于姚思廉銜名上加唐字,可也。汲古本削去姚思廉銜名,不但與嘉祐校刊舊式相背,與《新、舊唐書》、晁、陳書目著録皆不合矣。北監本目録,移大題在上,小題在下,猶可言也。汲古本每卷削去大題,統排卷第,而于本紀、列傳之首,低一格各出本紀、列傳二字,竟如時文目録以《學》《庸》《論》《孟》分類,可乎?且毛氏所刻各史,皆不如也……"

梁書五十六卷

(唐)姚思廉等奉敕撰

明萬曆三年(1575年)南京國子監刊本

内閣文庫　京都大學人文科學研究所東洋學文獻中心　鹿兒島大學附屬圖書館　早稻田大學圖書館藏本

【按】此本係明萬曆年間南京國子監刊《二十一史》之零册。

梁書五十六卷

(唐)姚思廉等奉敕撰

内閣文庫藏此同一刊本三部。一部原係江户時代林羅山舊藏,林鵝峰手校手跋本,卷中有“江雲渭樹”印記,共六册。一部原係寬永寺勸學寮舊藏,共十册。一部原係楓山官庫舊藏,共十册。

京都大學藏本,共六册。

鹿兒島大學藏本,原係岩元氏舊藏,共十册。

早稻田大學圖書館藏本,原係下村正太郎氏下村文庫等舊藏,共九册。

【附録】東山天皇寶永二年至三年(1703—1704年)松會堂覆刊明南監本《梁書》五十六卷。此本由荻生宗右衛門點。

梁書五十六卷

(唐)姚思廉等奉敕撰

明萬曆三十三年(1605年)北京國子監刊本

内閣文庫　静嘉堂文庫藏本

【按】此本係明北京國子監刊《二十一史》之零册。

内閣文庫藏此同一刊本兩部。一部原係昌平坂學問所舊藏,共十册。一部有後人補配,共八册。

静嘉堂文庫藏本,原係陸心源守先閣等舊藏,共八册。

梁書五十六卷

(唐)姚思廉等奉敕撰

明崇禎六年(1633年)琴川毛氏汲古閣刊本

内閣文庫　蓬左文庫　米澤市立圖書館東京大學史料編纂所　神户大學文學部　關西大學綜合圖書館内藤文庫　酒田市立光丘文庫藏本

【按】每半葉有界十二行,行二十五字。白口,左右雙邊(20.9cm×14.6cm)。

第一册第一葉有刻刊識文曰“皇明崇禎六年歲在昭陽作噩涂月望日琴川毛氏開雕”。卷頭與卷末刻“琴川毛鳳苞氏審定宋本”。

此本係明崇禎年間琴川毛氏汲古閣刊《十七史》之零册。

内閣文庫藏此同一刊本兩部,皆係清順治七年(1650年)補配,各六册。

蓬左文庫藏本,共八册。

米澤市立圖書館藏本,原係江户時代米澤藩主家等舊藏,共八册。

東京大學史料編纂所藏本,共八册。

神户大學文學部藏本,共十册。

關西大學綜合圖書館藏本,原係内藤湖南等舊藏,此本帙外題書《十七史梁書》,共八册。

酒田市立光丘文庫藏本,原係本間光彌等舊藏,共十册。

陳書三十六卷

(唐)姚思廉等奉敕撰

宋紹興年間(1131—1162年)眉山刊元補修本　共十六册

静嘉堂文庫藏本　原明人文徵明　史明古陸心源皕宋樓等舊藏

【按】每半葉有界九行,行十八字。白口,左右雙邊或四周單邊(24.4cm×18.8cm)。版心有字數,並記刻工姓名。如陳立、田永、田時、王才、王太、王廷、張禹、聖明、史忠、朱言、陸永、陸春、劉志、劉昭、劉文、宋昌、宋市、宋琳、宋琚、李良、李忠、李正、李詢、李憲、陳浩、陳仁、陳壽、沈仁舉、沈思忠、李思忠、丁松年、王玩、王恭、王念春、王信、王椿、王敷、王政、王能、吳志、吳宗、吳春、金榮、金囊、金滋、金祖、高文、高寅、高諒、許思、許茂、賈祚、項仁、朱光、朱春、朱梓、周明、蔣榮、沈昌、沈思、沈珍、沈旻、楊昌、余敏、毛端、方中、方至、鄭春、童遇、徐高、徐凌、徐杷、徐珙等。元代補刊本版心刻工名如胡慶十四、徐友山友山、徐榮祖、章文一、章亞明、王細孫、何九萬、翁子和、阮明五、陳邦卿、陳萬二、陳文雲、茅化龍、茅文龍、詹德潤、楚慶一、孫開一、楊十二、蘆開三、熊道瓊、務陳秀、滕慶、劉仁、毛文、朱曾、朱六、徐冰、徐榮、徐文、王圭、王桂、王興、王全、王付、葉禾、蔣薑、汪亮、何建、何益、何慶、胡昶、子華、施昌、邵夫、孫斌、張一、張三、單侶、沈壽、沈祖、北陳、繆恭、李端、李寶、楊東、婁正、陶春、丁銓、天錫、雇茂、葛辛、吳洪、吳祥等。

卷中避宋諱，凡“玄、炫、縣、朗、敬、驚、警、竟、鏡、弘、殷、胤、匡、框、恒、貞、禎、楨、徵、構、購、溝、慎”等皆爲字不成。

卷中有“文徵明印”、“汪士鏡字春霆號眼園書畫印”、“西史邨人”、“史鑑之章”、“子孫保之”“朱氏井叔”、“秔朱賴叔氏”、“歸安陸樹聲叔桐父印”等印記。

陸心源定此本爲宋刻宋印本。其《儀顧堂續跋》卷五著録此本曰：

“《陳書》三十六卷，小題在上，大題在下。次行題散騎常侍姚思廉撰。每葉十八行，每行十七字（以十八字居多——著者）。首目録，後有臣恂、臣穆、臣藻、臣覺、臣彦若、臣洙、臣鞏校上序。版心有字數及刊工姓名，紀傳各爲起訖。弘、匡、徇、徵、敬、恒、貞、慎，皆爲字不成。卷一、卷三、卷九、卷十六、卷二十八後皆有校語。……此本宋刻宋印，絕無修版，誠可寶也。卷四、卷十四、卷二十二、卷三十六後，有史西邨人白文方印，子孫保之白文方印，史鑑之印白文方印。間有文徵明印白文方印。案，史鑑字明古，吳江人，號西邨。隱居不仕，藏書畫甚富，著有《西邨集》，見《吳文定集》。序爲曾鞏所作，見《元豐類稿》。”

傅增湘《藏園羣書經眼録》卷三著録此本，並反論陸心源曰：

“陸心源氏謂此本宋刊宋印，絕無修版。余諦觀之，卷中多有字體圓軟者，必爲元代補刊之葉，其非宋印明矣。余藏宋本《南齊書》，較世行者多二葉，咸推爲驚人祕籍，然已有元代修版。蓋七史中宋刊元印在今日已爲希覯，固不必虛詞以自侈也。”

【附録】九世紀末日本藤原佐世撰《本朝見在書目録》，其第十一“正史家”著録有關《陳書》曰：“《陳書》卅六卷，唐姚思、魏徵撰歟。”

十二世紀藤原通憲（？—1159 年）撰《通憲入道藏書目録》，其“第百七十櫃”後又“一合”

又“一合”著録《陳書》十六卷凡一種。

今存日本平安時代《陳書》寫本二卷（列傳第十四及列傳第三十）。卷子本，界高21.7cm。列傳第十四行十六字或十七字。列傳第三十每行十四字或十五字。當爲一人筆墨。此本今藏於宮內廳書陵部。

又，平安時代中期寫本《陳書》列傳第十二。此卷首尾皆全，首行頂格題“列傳第十二”，下空四字題“陳書”。目録一人一行。每行十五字左右，文中避諱“世”、“民”等字，間有用則天文字處。此本已被定爲“日本重要文化財”。今藏於京都府守屋美孝處。

陳書三十六卷

（唐）姚思廉等奉敕撰

宋紹興年間（1131—1162 年）眉山刊元明遞修三朝本　共六册

內閣文庫藏本　原寬永寺勸學寮舊藏

【按】此本係宋刻眉山大字本《七史》之零册，行款題式皆與靜嘉堂文庫藏本同。卷中有明嘉靖九年（1530 年）修補葉。

陳書三十六卷

（唐）姚思廉等奉敕撰

宋紹興年間（1131—1162 年）眉山刊元明遞修本　共六册

內閣文庫藏本　原江戶時代林氏大學頭家舊藏

【按】此本係宋刻眉山大字本《七史》之零册，行款題式皆與靜嘉堂文庫藏本同。卷中有明嘉靖九年（1530 年）修補葉。

陳書三十六卷

（唐）姚思廉等奉敕撰

宋紹興年間（1131—1162 年）眉山刊明遞修本　共六册

御茶之水圖書館藏本　原德富蘇峰成簣堂等舊藏

【按】此本係宋刻眉山大字本《七史》之零册，

行款題式皆與静嘉堂文庫藏本同。卷中有明嘉靖年間修補葉,版心有"嘉靖八年補刊"等字樣。

　書帙内側及外封,有明治四十三年(1910年)德富蘇峰手筆。

陳書三十六卷

　(唐)姚思廉等奉敕撰

　明萬曆十六年(1588年)南京國子監刊本

　内閣文庫　静嘉堂文庫　東京大學東洋文化研究所　京都大學人文科學研究所東洋學文獻中心　早稻田大學圖書館　御茶之水圖書館藏本

　【按】每半頁有界九行,行十八字,四周雙邊,版心有刻工姓名。此本係明南京國子監刊《二十一史》之零册。

　内閣文庫藏此同一刊本二部。一部原係江户時代林羅山舊藏,林鵞峰手校手跋本,卷中有"江雲渭樹"印記,共四册。一部原係楓山官庫舊藏,共六册。

　静嘉堂文庫藏本,原係陸心源守先閣等舊藏,共四册。

　東京大學藏本,卷中有清順治十六年(1659年)補刊。

　京都大學藏本,共八册。

　早稻田大學圖書館藏本,原係下村正太郎氏下村文庫等舊藏,共六册。

　御茶之水圖書館藏本,原係本間光彌等舊藏,此本爲原刻初印本,封面用朝鮮産白色紋樣紙,外題亦係朝鮮人手筆,共八册。

　【附錄】東山天皇寶永三年(1706年)松會堂覆刊明南監本《陳書》三十六卷。此本由日人志村禎幹點。

陳書三十六卷

　(唐)姚思廉等奉敕撰

　明萬曆三十三年(1605年)北京國子監刊本

　内閣文庫　静嘉堂文庫　酒田市立光丘文庫藏本

　【按】此本係明北京國子監刊《二十一史》之零册。

　内閣文庫藏此同一刊本兩部。一部原係昌平坂學問所舊藏,共三册。一部卷中有後人修補,共五册。

　静嘉堂文庫藏本,原係陸心源守先閣等舊藏,卷中有清人修補,共四册

　酒田市立光丘文庫藏本,原係本間光彌等舊藏,共六册。

陳書三十六卷

　(唐)姚思廉奉敕撰

　明崇禎四年(1631年)毛氏汲古閣刊本

　内閣文庫　蓬左文庫　米澤市立圖書館　東京大學史料編纂所　大阪大學文學部懷德堂文庫　關西大學綜合圖書館内藤文庫　酒田市立光丘文庫藏本

　【按】每半葉有界十二行,行二十五字。白口,左右雙邊(21.5cm×14.7cm)。

　第一册第一葉有刻刊識文曰:"皇明崇禎四年歲在重光協洽相月七夕琴川毛氏開雕"。卷頭與卷末刻"琴川毛鳳苞氏審定宋本"字樣。

　此本係明崇禎年間琴川毛氏汲古閣刊《十七史》之零册。

　内閣文庫藏此同一刊本二部,皆有清順治六年(1649年)修補,各三册。

　米澤市立圖書館藏本,原係江户時代米澤藩主家等舊藏,共八册。

　東京大學藏本,共四册。

　大阪大學文學部懷德堂文庫藏本,原係江户時代大阪懷德堂等舊藏,共四册。

　關西大學藏本,原係内藤湖南舊藏,卷帙外題"十七史陳書"。

　酒田市立光丘文庫藏本,原係本間光彌等舊藏,共四册。

魏書一百十四卷

　(北齊)魏收等奉敕撰

　宋紹興年間(1131—1162年)眉山刊元明修

補三朝本　共四十册

　　内閣文庫藏本　原江户時代林氏大學頭家舊藏

　【按】每半葉有界九行，行十七字或十八字。白口，左右雙邊間有四周單邊（24.4cm×18.8cm）。原刻葉版心有字數，并記刻工姓名。補刻葉版心有"嘉靖八年刊"字樣。

　此本係宋刻眉山大字本《七史》之零册。

魏書一百十四卷

　（北齊）魏收等奉敕撰

　宋紹興年間（1131—1162年）眉山刊明遞修本　共二十九册

　　内閣文庫藏本　原寬永寺勸學寮等舊藏。

　【按】此本係宋刻眉山大字本《七史》之零册，行款題式皆與該文庫林氏大學頭家舊藏本相同。

　【附録】九世紀末日本藤原佐世撰《本朝見在書目録》，其第十一"正史家"著録有關《魏書》曰："《後魏書》百卷，隋著作郎魏彦〔深〕撰。"此著録後有注文曰："右《經籍志》所載數也，而本朝見在書收魏彦相雜撰六十卷也。其口未知所在，今爲待後來全載本數。"

　十二世紀藤原通憲（？—159年）撰《通憲入道藏書目録》，其"第百七十櫃"後又"一合"又"一合"著録《魏書》十六卷凡一種。

魏書一百十四卷

　（北齊）魏收等奉敕撰

　宋紹興年間（1131—1162年）眉山刊明遞修本　共八十册

　　大倉文化財團藏本

　【按】此本係宋刻眉山大字本《七史》之零册，行款題式皆與内閣文庫藏本同。卷中補刊葉甚多。

魏書一百十四卷

　（北齊）魏收等奉敕撰

　宋紹興年間（1131—1162年）眉山刊明遞修

本　共四十二册

　　静嘉堂文庫藏本　原陸心源皕宋樓等舊藏

　【按】此本係宋刻眉山大字本《七史》之零册。行款題式皆與内閣文庫藏本同。

　版心記刻工姓名，如宋通、宋琳、宋琚、宋市丁松年、丁之才、顧澄、吳志、吳春、項仁、李信、李諒、陸永、陸春、王圭、王成、王定、金滋、許忠、孫阮内、張明、德裕、陳浩、朱光、朱梓、周明、徐高、邵亨、沈定等。元代補刊本版心刻工名如歐志淑、金辰保、金文榮、徐榮祖、徐信、徐明、蘆開三、章亞明、章文一、陳國才、陳士通、陳德全、陳邦卿、陳允升、陳新、張一秀、張名遠、張成、虞保山、付善可、毛原敬、毛文、倪順昌、吳榮二、吳文昌、吳祥、吳福、吳六、茅化龍、茅文龍、王壽三、王高、王富四、王堯、王全、王六、王良、王付、弓華、黃四崇、江子明、何建、林伯福、滕太初、太初、太亨、鄭子和、薛志良、余彦文、朱六、朱玉文、朱春、應華、范華、范元、范壽、平山、子成、蔡彦舉、俞信、俞修、務成秀、孟三、蔣七、李五、沈諒、徐怡祖、陶春等。明代補刊本版心有刻工名如黃瓆、黃球、黃龍、黃琢、黃琯、黃林、黃玉、黃瑾、黃寶、黃瑜、黃瑢、黃璘、黃瓏、黃瓈、黃琇、黃銑、黃旦、易宣、劉傑、劉尾、陳清、葉棣、吳壽等。

　卷中避宋諱，凡"玄、弦、縣、驚、警、竟、弘、殷、胤、匡、框、恒、貞、禎、槙、徵、構、購、溝、慎"等皆爲字不成。卷第十六、卷第四十一、卷第六十、卷第六十四、卷第一百九，凡此五卷卷中有缺頁。卷第三、卷第十二至卷第十五、卷第十七至卷第十九、卷第三十、卷第三十三、卷第四十四、卷第五十三、卷第八十三、卷第八十四、卷第八十六、卷第八十七、卷第九十至卷第九十二、卷第一百一、卷第一百二、卷第一百五、卷第一百六，凡此二十三卷之卷尾皆有校語。

　陸心源《儀顧堂續跋》卷五著録此本曰：

　　"《魏書》一百十四卷，不題魏收銜名，前有臣攽、臣恕、臣燾、臣祖禹叙。攽者劉攽、恕者劉恕，燾者梁燾，祖禹者范祖禹也。行款格式,宋諱闕避,皆與《宋書》同。眉山刻《七史》之一,修至嘉靖十年止(下略)。"

魏書一百十四卷

(北齊)魏收奉敕撰

明萬曆二十四年(1596年)北京國子監刊本

內閣文庫　静嘉堂文庫藏本

【按】此本係明北京國子監刊《廿一史》之零册。

內閣文庫藏此同一刊本二部。一部原係昌平坂學問所舊藏,共三十册。一部有後人補修,共二十七册。

静嘉堂文庫藏本,原係陸心源守先閣等舊藏,卷中有清人修補,共二十四册。

魏書一百十四卷

(北齊)魏收等奉敕撰

明萬曆二十四年(1596年)南京國子監刊本

內閣文庫　東京大學　京都大學人文科學研究所東洋學文獻中心　早稻田大學圖書館　天理圖書館　御茶之水圖書館　大垣市立圖書館藏本

【按】此本係明南京國子監刊《廿一史》之零册。

內閣文庫藏此同一刊本三部。一部原係江户時代林羅山舊藏,林鵞峰手校手跋本,明天啓年間(1621—1627年)補配,卷中有"江雲渭樹"印記,共二十四册。一部原係楓山官庫舊藏,共三十册。一部原係清李鹿山舊藏,清康熙三十九年(1700年)補配,共二十八册。

東京大學藏此同一刊本兩部,一部原係市村瓚次郎買入本覺廬文庫舊藏,今存總合圖書館,卷中有清順治十六年(1659年)、康熙三十九年(1700年)、乾隆五十五年(1716年)補葉,共六十四册。一部原係大木幹一等舊藏,今存東洋文化研究所。

京都大學藏本,共二十四册。

早稻田大學圖書館藏本,原係下村正太郎氏下村文庫等舊藏,共二十四册。

天理圖書館藏本,今存卷一百五、卷一百七、卷一百八,凡三卷共二册。

御茶之水圖書館藏本,原係德富蘇峰成簣堂等舊藏,封面用朝鮮産白色紋棉紙,外題亦係朝鮮人手筆,共二十四册。

大垣市藏本,共二十四册。

魏書一百十四卷

(北齊)魏收等奉敕撰

明崇禎九年(1636年)毛氏汲古閣刊本

內閣文庫　蓬左文庫　米澤市立圖書館　東京大學　早稻田大學圖書館　關西大學綜合圖書館內藤文庫　酒田市立光丘文庫藏本

【按】每半葉有界十二行,行二十五字。白口,左右雙邊(21.4cm×14.7cm)。

第一册第一葉有刻刊識文曰:"皇明崇禎九年歲在柔兆困敦皋月端午琴川毛氏開雕。"卷頭及卷末刻"琴川毛鳳苞審定宋本"。

此本係明崇禎年間琴川毛氏汲古閣刊《十七史》之零册。

內閣文庫藏此同一刊本二部,皆有清順治九年(1652年)修補。一部原係昌平坂學問所舊藏,共二十册。一部共三十册。

米澤市立圖書館藏本,原係江户時代米澤藩主家等舊藏,共十册。

東京大學藏此同一刊本兩部,一部今存總合圖書館,卷中有清順治九年(1652年)修補葉,今缺卷第一百八至卷第一百十凡三卷,共三十四册。一部今存史料編纂所,共二十四册。

早稻田大學圖書館藏本,原係柳田泉等舊藏,共二十册。

關西大學藏本,原係內藤湖南舊藏,卷帙外題"十七史魏書"。

酒田市立光丘文庫藏本,原係本間光彌等舊藏,共二十四册。

北齊書五十卷

(唐)李百藥等奉敕撰

宋紹興年間(1131—1162年)眉山刊元明遞

修三朝本　共八册

內閣文庫藏本　原寬永寺勸學寮舊藏

【按】每半葉有界九行，行十八字。白口，左右雙邊間有四周單邊(24.4cm×18.8cm)。原刻版心記字數，並有刻工姓名。補刊葉版心有"嘉靖十年刊"等字樣。

此本係宋刻眉山大字本《七史》之零册。

【附録】九世紀末日本藤原佐世撰《本朝見在書目録》，其第十一"正史家"著録有關《北齊書》曰："《齊書》五十卷，唐中書令李百藥撰。《齊書》廿卷，沈約撰。"

北齊書五十卷

(唐)李百藥等奉敕撰

宋紹興年間(1131—1162年)眉山刊元明遞修三朝本　共八册

內閣文庫藏本　原江戶時代林氏大學頭家舊藏

【按】此本係宋刻眉山大字本《七史》之零册，行款題式皆與該文庫寬永寺舊藏本同。

北齊書五十卷

(唐)李百藥奉敕撰

宋紹興年間(1131—1162年)眉山刊明遞修本　共十六册

御茶之水圖書館藏本　原潘祖蔭　德富蘇峰等舊藏

【按】此本係宋刻眉山大字本《七史》之零册，行款題式皆與內閣文庫藏本同。

卷首有"潘祖蔭藏書記"等印記。

北齊書五十卷

(唐)李百藥等奉敕撰

宋紹興年間(1131—1162年)眉山刊明遞修本　共八册

靜嘉堂文庫藏本　原汪氏傳書樓　陸心源十萬卷樓等舊藏

【按】此本係宋刻眉山大字本《七史》之零册，行款題式皆與內閣文庫本同。

此本宋刊葉版面大多漫漶，判讀不明處甚多，今存以明代補修爲主。

卷第三、卷第五、卷第七、卷第八、卷第十至卷第十二、卷第十三至卷第十五、卷第二十八、卷第二十九、卷第三十三、卷第三十五、卷第三十七，凡此十六卷之卷尾皆有校語。

卷中有"汪氏傳書樓珍藏書畫印"、"歸安陸樹聲藏書之印"等印記。

陸心源《儀顧堂續跋》卷五著録此本曰：

"《北齊書》五十卷，次行題隋太子通事舍人李百藥撰。行款格式與《宋書》同。紹興十四年眉山刊七史之一，修至明嘉靖止。本紀第三末有校語……萬曆南監本尚仍其舊，至汲古閣本始盡去之。錢氏竹汀《廿二史攷異》，以卷四校語爲嘉祐諸臣所記，餘皆明人所記，良由未見蜀大字本故耳。李延壽之撰《北史》，百藥之撰此書，皆不能憑空結撰，必取材于王邵之《齊志》，崔子發、杜臺卿之《齊紀》。百藥書又成于延壽之前。愚意與《北史》同者，難保非延壽用百藥書修，其與《北史》大同小異者，當皆本之王、杜、崔三家。若謂殘缺之後，後人以《高氏小史》補綴，則校《魏書》者，既屢引《高氏小史》爲證；校此書者，何獨引《北史》而不及《小史》乎？其非以《小史》補綴，有必然者，惟崔、杜、王三家之書，北宋已亡，非若宋時館本《魏書》有白簽可據，故以非正史三字渾言之耳。錢氏以書中無序贊而與《北史》異者，爲出《高氏小史》，愚未敢謂然……毛刊十七史，《北齊》最爲草率。惜此本亦多明修之版，又多斷爛之文，不能逐一校正之耳。百藥結銜之誤，宋本已然，錢氏蔽罪明人，冤矣！"

北齊書(殘本)六卷

(唐)李百藥等奉敕撰

宋紹興年間(1131—1162年)眉山刊元明遞修本　共一册

大東急記念文庫藏本　原森立之等舊藏

【按】此本係宋刻眉山大字本《七史》之零册，

行款題式皆與内閣文庫藏本同,今存卷四十五至卷五十,凡六卷。

北齊書(殘本)三十七卷

(唐)李百藥等奉敕撰

南宋刊明修補本　共四册

東京大學總合圖書館藏本　原江户時代紀州德川家南葵文庫等舊藏

【按】此本今缺卷第二十一至卷第三十三、卷第四十一至卷第五十,實存三十七卷。

北齊書五十卷

(唐)李百藥等奉敕撰

明萬曆十六年十七年(1588—1589年)南京國子監刊本

内閣文庫　京都大學人文科學研究所東洋學文獻中心　早稻田大學圖書館　御茶之水圖書館藏本

【按】此本係明南京國子監刊《廿一史》之零册。

内閣文庫藏此同一刊本三部。一部原係昌平坂學問所舊藏,共六册。一部原係江户時代林羅山舊藏,林鵞峰手校手跋本,卷中有“江雲渭樹”印記,共六册。一部原係楓山官庫舊藏,共八册。

京都大學藏本,共六册。

早稻田大學圖書館藏本,原係下村正太郎等舊藏,共十册。

御茶之水圖書館藏本,原係德富蘇峰成簣堂等舊藏,封面用朝鮮産白色紋樣紙,首册内頁與卷末,皆有明治四十三年(1910年)德富蘇峰手識文,共八册。

北齊書五十卷

(唐)李百藥等奉敕撰

明萬曆三十四年(1606年)北京國子監刊本

内閣文庫　静嘉堂文庫　東京大學東洋文化研究所藏本

【按】此本係明北京國子監刊《廿一史》之零

册。

内閣文庫藏此同一刊本二部。一部原係昌平坂學問所舊藏,共八册。一部有後人補修,共六册。

静嘉堂文庫藏本,原係陸心源守先閣等舊藏,共六册。

北齊書五十卷

(唐)李百藥等奉敕撰

明崇禎十一年(1638年)琴川毛氏汲古閣刊本

内閣文庫　蓬左文庫　米澤市立圖書館　東京大學　關西大學綜合圖書館内藤文庫　早稻田大學圖書館　酒田市光丘文庫藏本

【按】每半葉有界十二行,行二十五字。白口,左右雙邊(21.2cm×14.7cm)。

第一册第一葉有刻刊識文曰:“皇明崇禎十有一年歲在著雍攝提格夏五日琴川毛氏開雕。”卷頭及卷末刻“琴川毛鳳苞氏審定宋本”。

此本係明崇禎年間毛氏汲古閣刊《十七史》之零册。

内閣文庫藏此同一刊本二部,皆有清順治十年(1653年)修補。一部共六册。一部原係昌平坂學問所舊藏,共四册。

米澤市立圖書館藏本,原係江户時代米澤藩主家等舊藏,共六册。

東京大學藏此同一刊本三部,一部原係岡千仞岡文庫等舊藏,今存總合圖書館,共六册。一部原係中國廣東籌賑日災總會專贈本,卷中有清順治十年(1653年)修補葉,今存總合圖書館,共二册。一部今存史料編纂所,共六册。

關西大學藏本,原係内藤湖南舊藏,卷帙外題“十七史北齊書”。

早稻田大學圖書館藏本,原係柳田泉等舊藏,共四册。

酒田市立光丘文庫藏本,原係本間光彌等舊藏,共六册。

周書（殘本）一卷

（唐）令狐德棻等奉敕撰

唐代前期寫本　日本重要文化財　卷子本一卷

香川縣猪熊全壽氏藏本

【附録】九世紀末日本藤原佐世撰《本朝見在書目録》，其第十一"正史家"著録有關《周書》曰："《周書》五十卷，唐秘書丞令狐楚德棻等撰。"

周書（殘本）一卷

（唐）令狐德棻等奉敕撰

唐代前期寫本　日本重要文化財　卷子本一卷

奈良縣大神神社藏本

周書五十卷

（唐）令狐德棻等奉敕撰

宋紹興年間（1131—1162 年）眉山刊明遞修三朝本　共十册

内閣文庫藏本　原江戸時代林氏大學頭家舊藏

【按】每半葉有界九行，行十七字或十八字。白口，左右雙邊間有四周單邊（24.4cm × 18.8cm）。原刊葉版心記字數，并有刻工姓名。補刊葉版心有"嘉靖八年刊"、"嘉靖九年刊"、"嘉靖十年刊"等字樣。

此本係宋刻眉山大字本《七史》之零册。

周書五十卷

（唐）令狐德棻等奉敕撰

宋紹興年間（1131—1162 年）眉山刊明遞修本　共十册

静嘉堂文庫藏本　原陸心源十萬卷樓等舊藏

【按】每半葉有界九行，行十八字左右。細黑口或白口，左右雙邊（22.3cm × 17.8cm）。版心記大小字數，并記刻工姓名，如陳山、陳全、李成、高文、高異、朱光、張堅、沈仁舉、徐祀等。元代補刊本版心有刻工如茅文龍、茅化龍、王元亨、王正、王全、何宗十七、翁升、汪亮、林茂叔、曹德新、何建、何浩、雇恭、士元、可原、谷仲、周明、章東、章文、沈山、沈英、沈壽、朱長二、長二、丘舉之、青之、石寶、劉仁、茂實、張珍、趙良、陳新、范元、范五、范實等。

明代補刊葉之版心上象鼻上，有"嘉靖八年補刊"、"嘉靖九年補刊"、"嘉靖十年刊"、"嘉靖十年補刊"字樣。

卷中避宋諱，凡"玄、境、敬、弘、匡、框、恒、慲、徵、構、購、溝"等皆爲字不成。

此本宋版葉所剩無幾，大多爲元明補修之葉。

卷中有"存齋四十五歲小像戊寅二月某石并存"等印記。

此本係宋刻眉山大字本《七史》之零册，行款題式皆與内閣文庫藏本同。

陸心源《儀顧堂續跋》卷五著録此本曰：

"《周書》五十卷，大題在下，小題在上，次行題令狐德棻等撰。前有臣燾、臣安國、臣希校上序。燾者梁燾，安國者王安國，希者林希也。每葉十八行，每行十七字，版心有字數及刊工姓名。列傳第二十二、二十三後有校語兩行。卷數以紀傳爲起訖。紹興十四年蜀眉山刊本，修至明嘉靖十年止。以汲古閣本校一過，毛本譌奪甚多，乃知宋本之善。……《文淵閣書目》有《周書》四部，想其時宋刊完本必多。明人刊書粗莽，兩監重刊，並不求善本補全，北監雖較勝南監，亦如唯之與阿。毛氏重雕，竟以南監爲祖，由是此書無完本矣。"

周書五十卷

（唐）令狐德棻等奉敕撰

宋紹興年間（1131 — 1162 年）眉山刊明遞修本　共十册

大東急記念文庫藏本　原明人鄭曉　東叡山勸學院　淺草文庫等舊藏

【按】此本係宋刻眉山大字本《七史》之零册，行款題式皆與内閣文庫與静嘉堂文庫藏本同。

周書五十卷

（唐）令狐德棻等奉敕撰
元刊明修本　共六册
尊經閣文庫藏本

周書五十卷

（唐）令狐德棻等奉敕撰
明萬曆三十三年（1605 年）北京國子監刊本
内閣文庫　静嘉堂文庫藏本
【按】此本係明北京國子監刊《二十一史》之零册。

内閣文庫藏此同一刊本兩部。一部原係昌平坂學問所舊藏，共十册。一部有後人配補，共七册。

静嘉堂文庫藏本，原係陸心源守先閣等舊藏，共八册。

周書五十卷

（唐）令狐德棻等奉敕撰
明萬曆十六年（1588 年）南京國子監刊本
内閣文庫　東京大學東洋文化研究所　京都大學人文科學研究所東洋學文獻中心　早稻田大學圖書館藏本
【按】此本係明南京國子監刊《二十一史》之零册。

内閣文庫藏此同一刊本兩部。一部原係江户時代林羅山舊藏，林鵞峰手校本，卷中有“江雲渭樹”印記，共六册。一部原係楓山官庫舊藏，共十册。

東京大學藏本，卷中有清康熙年間修補。

京都大學藏本，共六册。

早稻田大學圖書館藏本，原係下村正太郎等舊藏，共十册。

周書五十卷

（唐）令狐德棻等奉敕撰

明崇禎五年（1632 年）琴川毛氏汲古閣刊本
内閣文庫　蓬左文庫　米澤市立圖書館東京大學　京都大學人文科學研究所東洋學文獻中心　關西大學綜合圖書館内藤文庫大阪大學文學部懷德堂文庫　酒田市光丘文庫藏本
【按】每半葉有界十二行，行二十五字。白口，左右雙邊（21.1cm×14.7cm）。

第一册第一葉有刻刊識文曰：“皇明崇禎五年歲在玄默涒灘辜月冬至琴川毛氏開雕”。卷頭與卷末刻“琴川毛鳳苞審定宋本”。

此本係明崇禎年間毛氏汲古閣刊《十七史》之零册。

内閣文庫藏此同一刊本兩部，皆有清順治七年（1650 年）補配，各五册。

蓬左文庫藏本，共七册。

米澤市立圖書館藏本，原係江户時代米澤藩主家等舊藏，共七册。

東京大學藏此同一刊本兩部，一部今存總合圖書館，卷中有順治七年（1650 年）修補葉，共十册。一部今存史料編纂所，共八册。

京都大學藏本，原係村本氏舊藏，共八册。

關西大學藏本，原係内藤湖南舊藏，帙外題“十七史周書”。

隋書八十五卷

（唐）魏徵　長孫無忌等奉敕撰
元大德年間（1297 — 1307 年）瑞州路學刊明修補本　共二十册
静嘉堂文庫藏本，原陸心源十萬卷樓舊藏
【按】每半葉有界十行，行二十二字。細黑口，單黑魚尾，或雙黑魚尾，或三黑魚尾，四周雙邊，或左右雙邊（21.2cm×15.2cm）。版心記大小數字，并記刻工姓名，如王德明、趙伯川、徐艾山、王三、范王甫、貴和、陶士中、士中、元明、丁福、東干、方亨等。明代補刊葉版心有刻工姓名如徐英、陳樸等。

補刊葉上象鼻上有補刊紀年，如“正德十年”、“正德十年司禮監谷刻”、“嘉靖八年”、“嘉靖九年刊"、"嘉靖十年"等,並記當年參與補修之儒學名稱如有"堯學"、"禮□志堯學"、"番洋"、"天文志□學"、"路學"、"條平"、"梁平"、"錦江"、"浮學"等字樣。

卷末有無名氏跋,跋文後有"刊記"文字五行,其文曰:

"天聖二年五月十一日,上御藥供奉藍元用奉傳聖旨,齎禁中《隋書》一部,付崇文院。至六月五日,敕差官校勘(此處雙行小字:時命臣綬、臣燁、提點左正言直史館張觀校勘,觀尋爲度支判官,讀命黃鑑代之,仍內出版式雕造。"

卷中有"歸安陸樹聲藏書之記"等印記。

陸心源《儀顧堂題跋》卷二著錄此本曰:

"《隋書》八十五卷,湘文觀察所藏。末有天聖二年(1024年)五月十一日上御藥供奉藍元用奉傳聖旨云云五行。版心有路學、浮學、饒學、堯學、番洋、餘干、樂平、平州、初菴書院、忠定、錦江、長薌等字,蓋元翻宋本也。大德乙巳(1305年)孔文聲跋太平路所刊《漢書》云,江東建康道廉訪使允太平路學之請,以《十七史》艱得善本,徧牒九路,令本路以《西漢書》率先云云。所謂九路者,建康道所屬寧國、徽州、瑞州、建康、池州、太平、信州、廣德、鉛山也。余所見者太平路《漢書》,每卷題曰太平路新刊《漢書》;寧國路刊《後漢書》,每卷末有寧國教授題名;池州刊《三國志》,有朱天錫跋;信州刊《北史》,每頁版心有信州路學字;建康路刊《新唐書》,前有大德丁未成明瑞序,序後有建康路監造各官題名。此本雖無序跋,以版心字推之,則瑞州路刊本也。其曰路學者,瑞州儒學也。浮學者,浮梁縣學也。饒學者,饒州學也。堯即饒之省文。番洋者,鄱陽學也。餘干者,餘干學也。樂平者,樂平州學也,故又曰平州。元初,饒州、樂平、浮梁、餘干皆爲州,仍隸瑞州路。至元十四年,饒州始升爲路。《隋書》刊于大德乙巳(1305年),故仍隸瑞州。忠定、錦江、長薌,皆書院名。忠定書院

在餘干縣琵琶洲,趙忠定與朱子講道之所。長薌書院在浮梁縣景德鎮,慶元二年(1196年)李齊念建。錦江書院在安仁縣,宋倪玠講學之所。初菴書院在德興縣,元學士傅立號初菴,捐俸置田,奏設山長,當時雖牒各學刊刻,書院之有餘貲者,亦預其役耳。各學之版,明初入南監,正德、嘉靖遞有修補。至嘉靖修補後,版心路學等字,已十不存一矣。此本無一修版,版心之字,一一明晰,其爲元版元印無疑也。"

陸心源題此本跋文之二又曰:

"湘翁此書得之張英(芙?)川,當時以爲宋刊元修本。余既爲題跋,湘翁頗以末有天聖二年數行仍承宋版格式爲疑。請列四證以明之。宋版官書于廟諱嫌名缺筆維謹,間有疏漏,亦十之一二耳。或空其字,註某宗廟諱,某宗嫌名及今上御名,今上嫌名字。此本于宋朝廟諱,無一缺筆,一証也。宋世官書,字皆極精,有顏歐筆意,坊刻稍草率,亦尚整齊,此本字頗草草,二証也。元明人刊書,凡宋朝官牒題名,不刻則已,刻則必仍宋式,如今所行《內經》《脉經》、嚴州本《文鑑》、嘉靖本《金陀粹編》之類,此本末數行亦此例耳,其証三也。余所藏《隋書》爲嘉靖修本,末二頁亦嘉靖十年所修,天聖二年五行亦仍宋式,其証四也。得此四証,湘翁亦當擊節稱快矣。"

【附錄】九世紀末日本藤原佐世撰《本朝見在書目錄》其第十一"正史家"著錄有關《隋書》曰:"《隋書》八十五卷,顏師古撰。"

十二世藤原通憲(?—1159年)撰《通憲入道藏書目錄》其"第百七十櫃"後又"一合"又"一合"著錄《隋書》十卷凡一種。同書在上述著錄之後又"一合"又著錄《隋書·經籍志》二帖凡一種。

日本天皇天保十五年(1844年)刊印《隋書》八十五卷。

隋書八十五卷

（唐）魏徵　長孫無忌等奉敕撰

元大德九年（1305 年）瑞州路儒學刊明正德嘉靖間補本　共四十册

小如舟屋文庫藏本

【按】每半葉有界十行，行二十二字。白口或細黑口，四周雙邊。版心有"堯學"、"路學"、"番洋"、"浮學"、"樂平"、"錦江"、"初菴"等字。補刊葉版心有"正德十年補刊"、"嘉靖十年補刊"等字。

卷中"志"十七至二十二係後人寫補。

隋書（殘本）七十六卷

（唐）魏徵　長孫無忌等奉敕撰

元大德九年（1305 年）瑞州路儒學刊明正德萬曆間南京國子監補本　共十二册

大倉文化財團藏本　原錢謙益等舊藏

【按】每半葉有界十行，行二十二字。細黑口或白口，四周雙邊。版心有"堯學"、"浮學"等字，並有字數，下記刻工姓名。

此本卷七十七至卷八十五缺佚。卷中有錢謙益、牧翁印記。

隋書八十五卷

（唐）魏徵　長孫無忌等奉敕撰

元刊明嘉靖十年（1531 年）修補本　共二十册

内閣文庫藏本

【按】内閣文庫藏此同一刊本三部。一部原係江户時代林氏大學頭家舊藏；一部原係豐後佐伯藩主毛利高標舊藏；一部原係寬永寺勸學寮舊藏。

隋書八十五卷

（唐）魏徵　長孫無忌等奉敕撰

明正德十年（1515 年）刊嘉靖中修補本

蓬左文庫藏本

【按】此本係明正德年間刊《二十一史》之零册。日本後水尾天皇寬永三年（1626 年）由尾陽内庫從中國商人處購得。

卷中有"尾陽内庫"印記，松平秀雲題簽。

隋書八十五卷

（唐）魏徵　長孫無忌等奉敕撰

明萬曆二十二年至二十三年（1594 — 1595年）南京國子監刊本

内閣文庫　東京大學東洋文化研究所　京都大學人文科學研究所東洋學文獻中心　早稻田大學圖書館　天理圖書館藏本

【按】此本係明萬曆年間南京國子監刊《二十一史》之零册。

内閣文庫藏此同一刊本兩部。一部原係楓山官庫舊藏，一部原係江户時代林鵞峰手校手跋本，卷中有"江雲渭樹"印記。各二十册。

東京大學藏本，有清順治十五年十六年（1658 — 1659 年）、康熙三十九年（1700 年）、乾隆二十四年（1759 年）補刊。

京都大學藏本，共二十册。

早稻田大學圖書館藏此同一刊本兩部，一部原係下村正太郎等舊藏，共二十册，一部卷中有清康熙三十九年（1700 年）補修葉，共二十册。

天理圖書館藏本，今存卷十七至卷二十二，凡六卷共二册，收爲《歷史類聚》第三十五册及第三十六册。

隋書八十五卷

（唐）魏徵　長孫無忌等奉敕撰

明萬曆二十六年（1598 年）北京國子監刊本

内閣文庫　静嘉堂文庫　神户大學文學部藏本

【按】此本係明萬曆年間北京國子監刊《二十一史》之零册。

内閣文庫藏此同一刊本兩部。一部共十八册，一部原係昌平坂學問所舊藏，共十册。

静嘉堂文庫藏本，原係陸心源守先閣等舊藏，共十八册。

【附錄】仁孝天皇天保十五年（1844年）高松藩講道館覆刊明北監本《隋書》八十五卷。此本由日人岡井馨牧野古愚點。其後此本有江戶須原屋茂兵衛等重印本。

隋書八十五卷

（唐）魏徵　長孫無忌等奉敕撰

明崇禎八年（1635年）汲古閣刊本

內閣文庫　蓬左文庫　米澤市立圖書館東京大學　早稻田大學圖書館　關西大學綜合圖書館內藤文庫　酒田市立光丘文庫藏本

【按】每半葉有界十二行，行二十五字。白口，左右雙邊（21.3cm×14.4cm）。

第一冊第一葉刻"皇明崇禎八年歲在旃蒙大淵獻狀月中秋琴川毛氏開雕"二十三字。卷頭與卷末刻"琴川毛鳳苞氏審定宋本"。

此本係明崇禎年間毛氏汲古閣刊《十七史》之零冊。

內閣文庫藏此同一刊本兩部。一部共十六冊；一部原係昌平坂學問所舊藏，共十二冊。

米澤市立圖書館藏本，原係江戶時代米澤藩主家舊藏，共二十冊。

東京大學藏此同一刊本兩部，一部原係岡千仞岡文庫等舊藏，卷中有清順治七年（1650年）修補葉，今存總合圖書館，共十六冊。一部今存史料編纂所，共十六冊。

早稻田大學圖書館藏此同一刊本兩部，一部原係中村進午等舊藏，今存卷第一至卷第十五，共三冊。一部共十五冊。

關西大學藏本，原係內藤湖南舊藏。帙外題"十七史隋書"。

酒田市立光丘文庫藏本，原係本間光彌等舊藏，共十六冊。

舊唐書二百卷

（後晉）劉昫等奉敕撰　（明）聞人詮　沈桐校

明嘉靖十八年（1539年）聞人詮校刊本

國立國會圖書館　內閣文庫　靜嘉堂文庫尊經閣文庫　小如舟屋文庫　大倉文化財團　東京大學總合圖書館　京都大學　鹿兒島大學附屬圖書館　滋賀大學附屬圖書館小濱市立圖書館　神宮文庫　御茶之水圖書館藏本

【按】每半葉有界十四行，行二十六字。白口，左右雙邊。

卷首有明嘉靖戊戌（1538年）聞人詮《刻舊書叙》。次有嘉靖十七年（1538年）楊循吉《舊唐書重鏤紀助序》。次有嘉靖己亥（1539年）文徵明《重刊唐書叙》。次有借書助資校對姓名。正文卷首"本紀第一"下署"皇明　奉敕提督南畿學政山西道監察御史餘姚聞人詮校刻"，次行署"蘇州府儒學訓導門人嘉興沈桐同校"。

國立國會圖書館藏本，共一百冊合四十八冊。

內閣文庫藏此同一刊本三部。一部共五十冊，一部共一百冊，一部原係江戶時代林羅山舊藏，卷中有"江雲渭樹"印記，卷一至卷四為寫補，共四十冊。

靜嘉堂文庫藏本，原係陸心源十萬卷樓等舊藏，共四十冊。

尊經閣文庫藏本，原係江戶時代加賀藩主前田綱紀等舊藏，共四十冊。

小如舟屋文庫藏本，卷中有"陸恬之印"、"大淳"、"陸時化印"、"二天山人"、"潤之所藏"、"聽松散儒"、"陸毅字士迪號匪我"、"陸愚卿印"、"願吾"、"直指繡衣御史"、"丹徒魯湘字蘭舟亦字雲涯號銕江柏隣"等印記，共三十一冊。

大倉文化財團藏本，原係董康舊藏。卷中有"璜川吳氏"、"毘陵董氏誦芬室"、"董康"等印記，共四十冊。

東京大學總合圖書館藏此同一刊本兩部，一部原係渡邊信青洲文庫等舊藏，共六十冊。一部原係江戶時代紀州德川家南葵文庫等舊藏，共四十冊。

京都大學藏此同一刊本三部。一部藏人文科學研究所東洋學文獻中心，共四十冊。一部藏文學部,共三十二册。一部藏附屬圖書館,共四十册。

鹿兒島大學藏本,原係岩元氏舊藏,共四十册。

滋賀大學藏本,卷一百三十四,卷一百三十五缺佚,共六十三册。

小濱市立圖書館藏本,卷四至卷十三、卷八十九至卷一百六十一,卷一百六十八至卷二百皆缺佚,卷中有"雲濱學校"印記。

神宮文庫藏本,序跋皆缺。原刻紙葉磨損較甚,有明萬曆及清初補刊。此本明治四十四年(1911年)由宮崎文庫贈送神苑會。共二十册。

御茶之水圖書館藏此同一刊本兩部,皆係德富蘇峰成簣堂舊藏,一部版式整齊,白綿紙本,封面用朝鮮産白色紋樣紙,外題亦係朝鮮人手筆,共六十册。一部今存本紀卷第十四至十八上,卷第十八下至卷第二十下,德富蘇峰裝裱,共二册。

【附錄】十二世紀《宇槐記抄》"仁平元年(1151年)九月二十四日",記載中國宋商劉文冲,以《東坡先生指掌圖》二帖、《五代史記》十帖、《唐書》九帖,贈送日本權貴藤原賴長。藤原賴長付沙金三十兩,又求新書一百二十八種。

據光格天皇文化元年(1804年)《改濟書籍目錄》記載,是年中國商船"亥六番船"載《舊唐書》一部八帙抵日本。

新唐書(殘本)一百九十七卷　唐書錄二卷

(宋)歐陽修　宋祁奉敕撰

北宋嘉祐年間(1056—1063年)刊南宋配補本　日本重要文化財　共九十册

静嘉堂文庫藏本　原宋人李安詩　清人季振宜　陸心源皕宋樓等舊藏

【按】每半葉有界十四行,行二十三字至二十六字。小字雙行,行三十二字或三十三字。白口,左右雙邊(22.7cm×15.2cm)。版心有刻工姓名,如史復、吳紹、朱明、王震、余俊、李十娘、

周燁、李敏、王昌、毛、毛易、余、王介、王成、吳邵、李、李孜、沈章、周詳、章立、嚴詵、錢盛、董明、華元、暘、董昕、董暘、趙秀、衛祥、董暉、董安、吳諧、施澤、李謀、李伮、李孜、李崧、章宇、章彦、莫忠、施珣、施澤、張通、莫忠、莫允、王端、王祚、六通、王昇、王真、呂昕、敏、陳說、顧諲、蔡通、蔣濟、周志、周富、謝氏、戴全、王益、王祖、胡寔、孫容、徐用、陳說、堯、章容、莫允等。

此書全二百二十五卷,今此本卷十二至卷十七,卷一百五十九至卷一百八十缺佚,實存一百九十七卷。其中卷六十八、卷六十九、卷一百一、卷一百二、卷一百三十五、卷一百三十六,皆以南宋刊十行十九字左右雙邊本配補。

卷首有宋嘉祐五年(1060年)六月曾公亮上《進書表》。

卷中避宋諱,凡"玄、敬、璥、警、驚、弘、殷、匡、炅、恒、貞、徵"等字皆缺筆。

卷四、卷十、卷二十七上、卷三十上、卷三十五、卷四十二、卷四十七、卷五十四、卷六十、卷八十二、卷九十一、卷一百八、卷一百十五、卷一百二十二、卷一百四十一、卷一百五十、卷一百九十三、卷二百、卷二百七、卷二百十四、卷二百十八、卷二百二十二下、卷二百二十五下的各卷卷末,皆有宋景定甲子(1264年),咸淳乙丑(1265年)、咸淳丁卯(1267年)李安詩點校手識文。摘舉如次:

"景定甲子(1264年)夏五下七點抹終卷。會稽李安詩識于克齋。"

"咸淳丁卯(1267年)四月戊寅,句點終抹。但其間或有一、二字誤,無佳本對證,不敢輒下雌黃,姑俟善本,當更是正。會稽李安詩謹識,是日陰雨,書于六友堂。"

卷二百二十五末有明永樂八年(1411年)錢塘梁氏(據印記判斷)手識文曰:

"此書逮今一百四十餘年,來自杭之桂翁。桂翁年逾八表,見齎於予。予以囊橐暫乏,托之友人宋節賫來。旬日始償價。書以示吾子孫,當謹保之毋忽。時大時永樂八年

歲次庚寅夏五月望日,錢唐(下缺)。"

卷三末有明萬曆癸巳(1593年)充菴居士手識文曰:

　　"此宋版《唐書》,爲錢塘李氏(?)藏本。余愛其字畫無訛,標抹詳好,珍收有年。第中多殘缺,茲以燕間抄錄裝繕,俾成完璧,書示子孫,使知先賢之嗜學與予之心,尚其寶護無斁云。時萬曆癸巳重九,充菴居士識。"

卷中有"李安詩伯之克齋藏書"、"錢塘梁氏珍藏書畫記"、"子子孫孫永用之"、"樹德堂子孫寶之"、"梅谷圖書"、"申源"、"仲履"、"華伯"、"充庵"、"浦充端印"、"毛褒"、"在在處處有神物護之"、"季振宜藏書"、"滄葦"、"汪士鐘印"、"閬源真賞"、"歸安陸樹聲叔桐父印"等印記。

陸心源《儀顧堂題跋》卷二著錄此本曰:

　　"宋本《新唐書》,每葉二十八行,行二十五字。板心有刊匠姓名。紀、志、表、傳各分起訖。前有嘉祐五年六月曾公亮進書表,末題'《唐書》凡二百二十六篇,總二百五十卷。二十一帝本紀,一十篇一十卷。十三志,五十篇五十六卷。三表,十五篇二十二卷。列傳一百五十篇一百六十卷。錄二卷'六行。首行大題在下。仁宗以上諱匡、胤、炅、恒、禎、及嫌名殷,敬、鏡、貞等字皆缺筆甚謹,不及英宗以下。蓋嘉祐進書時刊本也。全書皆經點抹。卷中多有會稽李安詩題語,自景定甲子迄咸淳丁卯點完。景定爲理宗年號,咸淳爲度宗年號,蓋宋季人也。有李安詩伯之克齋藏書朱文印,梅谷藏書、樹德堂子孫寶之白文印,及季滄葦、汪士鐘印。安詩仕履無考。宋嘉定壬申刊本《大事記》末,有免解進士充府學直學李安詩,同校正銜名。查嘉定壬申距景定甲子五十二年,當即其人也。

　　《天禄琳琅》載有宋板《新唐書》,行密字整,結構精嚴,于仁宗以上諱及嫌名缺筆甚謹,不及英宗以下,卷末有嘉祐五年六月二十四進書銜名,及中書省奉旨下杭州鏤版劄

子,與此本一一皆合。惟佚脫中書省劄子及進書銜名耳。蓋與天禄本同出一版,其爲《唐書》祖本無疑(下略)。"

傅增湘《藏園羣書經眼錄》卷三亦著錄此本曰:

　　"此即世所稱嘉祐本也。北京圖書館藏有殘本,與此正同,均有補版,此宋印本補版差少耳。《天禄琳琅書目》所藏亦同出一版,且鈐有李安詩印。是李氏當時藏有同式二本歟?余至昭仁殿點查,竟一冊不存,不知流落何所,吁可慨矣!"

日本《靜嘉堂宋本書影》著錄此本,其釋文推斷此本"實係嘉祐刊本之覆刊本,非爲原刊"。此亦存一說。

此本已被日本"文化財審議委員會"確認爲"日本重要文化財"。

【附錄】十二世紀日本藤原賴長《臺記》"康治二年(1143年)九月二十九日"記載他曾經讀過的1030卷書籍中,有《新唐書·帝紀》一種。

桃園天皇寶曆六年(1756年)中國商船"志字號"載《新唐書》一部六帙抵日本。

日本桃園天皇寬延三年(1750年)下村兼清覆刊明北京國子監本《唐書》二百二十五卷又《釋音》二十五卷。卷中有崛正修校定并訓點,其後,此本有京都錢屋三郎兵衛重印本,又有京都木村吉兵衛重印本。

新唐書(殘本)一卷

(宋)歐陽修奉敕撰

北宋嘉祐五年(1060年)刊本　　日本重要文化財　袋綴裝一冊

東京梅澤記念館藏本　原金澤文庫舊藏

【按】每半葉有界十四行,行二十五字。左右雙邊(27.4cm×19.5cm)。版心有刻工姓名,如姜仲、張定、方、彥文、忠、紹、棠、暉等。

《新唐書》全二百二十五卷,此本今存一卷。卷首第一行頂格題"宰相世系表第十一下",下空十字,題"唐書七十一下"。次行及第三行上空三字署"翰林學士兼龍圖閣學士朝散大夫給

事中知制誥充史館修撰臣歐陽脩奉敕撰"。卷尾頂格題"宰相世系表第十一下"。

此本原係金澤文庫舊藏，後流入江戶幕府第一代大將軍德川家康處，終歸梅澤義一氏。

卷首與卷尾欄外，皆有"金澤文庫"長方墨印。

此本係《尾州家書籍目録》所載本

新唐書二百二十五卷

(宋)歐陽修　宋祁奉敕撰

元天曆二年(1329年)覆宋建安魏仲立宅刊本　共四十八册

靜嘉堂文庫藏本　原陸心源皕宋樓等舊藏

【按】每半葉有界十行，行十九字。細黑口，左右雙邊。版心上象鼻處記卷數，下象鼻處記葉數，并有刻工姓名，如愛之、王愛之、英玉、王榮、王君粹、君粹、仲希、程元、德成、德謙、子文、子明、華甫、君美、國用、秀實、汝善、清浦、徐文、范興、茂卿等。

卷中避宋諱，凡"匡、胤、殷、敬、炅、恒、貞、頊、桓、構"等字皆缺筆。

卷末有刊記兩項。

一曰："嘉祐五年(1060年)六月二十四日進呈。"(後列銜八名)劉羲叟、呂夏卿、宋敏求、王疇、范鎮、宋祁、歐陽修、曾公亮。

二曰："嘉祐五年六月二十六日，準中書劄子，奉聖旨，下杭州鏤版頒行。"(以下紙葉缺損)

卷第七十下，卷第七十一、卷第七十四上、卷第七十四下，各卷中有缺頁。

卷中有"冢宰之印"、"啓南"、"禮卿"、"石林"、"幼哲"、"己丑進士"、"允明"、"臣陸樹聲"、"歸安陸樹聲叔桐父印"、"歸安陸樹聲所見金石書畫記"等印記。

傅增湘《藏園羣書經眼録》卷三著録此本曰：

"此本不見補葉，當是初印。其版式行款與《晉書》咸相類，當爲同時所刊也。"

新唐書(殘本)一百九十卷　首二卷

(宋)歐陽修　宋祁奉敕撰

南宋刊明宣德年間補修本　共六十五册

大垣市立圖書館藏本

【按】此本係南宋重刊北宋本，然原刊保存尚少，由明宣德九年(1434年)、十年(1435年)修補。其中，卷十一至卷十九，卷四十二至卷四十七，卷四十九至卷五十六，卷六十一至卷六十六，卷八十七至卷九十三，共三十卷缺佚。

新唐書二百二十五卷　附釋音二十五卷

(宋)歐陽修　宋祁等奉敕撰　董衝釋音

南宋刊明遞修本

東京大學東洋文化研究所藏本

【按】此本係南宋刊中字本，明成化年間(1465—1487年)與明萬曆年間(1573—1620年)遞修補刊。卷中另有寫補。

新唐書二百二十五卷　附釋音二十五卷

(宋)歐陽修　宋祁奉勅撰　董衝釋音

元福建刊明至正德年間遞修本　共五十册

大倉文化財團藏本　原陶乘六等舊藏

【按】每半葉有界十行，行十九字。原刻白口，補刊皆黑口，左右雙邊。版心上記字數，下記刻工姓名。

《本紀》、《表》與《志》首署"翰林學士兼龍圖閣朝散大夫給事中知制誥充史館修撰判祕閣臣歐陽修奉敕撰"。《列傳》首署"端明殿學士兼翰林侍讀學士龍圖閣學士朝請大夫守尚書吏部侍郎充集賢殿修撰臣宋祁奉敕撰"。每卷大題在下，小題在上。全書卷末題署《唐書》凡二百二十六篇總二百五十卷。二十一帝《本紀》一十篇一十卷。十三《志》，五十篇五十六卷。三《表》，十五篇二十二卷。《列傳》一百五十篇一百六十卷。《録》二卷。嘉祐五年六月二十四日進呈，二十六日准中書劄子奉聖旨下杭州鏤版頒行"。由此推斷，此本則係南宋翻北宋嘉祐杭州刊本的重刻本。

卷中有"南村艸堂陶氏印記"、"陶乘六"等印記。

新唐書（殘本）一卷

（宋）歐陽修　宋祁奉勅撰
元刊本　共一册
天理圖書館藏本

【按】每半葉有界十行，行二十二字。白口，四周雙邊（22.5cm×15.5cm）。

此本爲《唐書》殘本卷九十五，列傳第二十，凡十二葉。內題"高寶列傳第二十　唐書九十五"。尾題"高寶列傳第二十"。版心著錄"唐傳二十（葉數）"。外題左肩朱筆"元槧唐書九十五卷"。

新唐書二百二十五卷

（宋）歐陽修　宋祁奉敕撰
元刊明修補本
內閣文庫藏本

【按】內閣文庫藏此同一刊本四部。一部原係江戶時代林氏大學頭家舊藏，明嘉靖年間補修，共五十册。一部原係寬永寺勸學寮舊藏，明嘉靖年間補修，卷七五寫補，共五十册。一部原係楓山官庫舊藏，明萬曆年間補修，共五十册。一部原係清李鹿山舊藏，清雍正年間補修，共五十四册。

新唐書二百二十五卷　附釋音二十五卷

（宋）歐陽修　宋祁奉敕撰　董衡釋音
元刊明修補本　共四十册
東京大學總合圖書館藏本

【按】卷中修補葉有如下紀年：
明成化十八年（1474 年）
明弘治三年（1490 年）
明嘉靖八年至十年（1529—1531 年）
明嘉靖十二年（1533 年）
明嘉靖三十七年（1558 年）
明萬曆四年（1576 年）
明萬曆十年（1582 年）

明萬曆十五年至十七年（1587—1589 年）
明萬曆二十一年（1593 年）
明萬曆二十五年至二十七年（1597—1599 年）
明萬曆三十七年（1609 年）
明萬曆三十九年（1611 年）
明萬曆四十四年（1616 年）
明萬曆四十五年（1617 年）

新唐書二百二十五卷

（宋）歐陽修　宋祁奉敕撰
明嘉靖萬曆年間（1522 — 1620 年）南京國子監刊本
静嘉堂文庫　京都大學人文科學研究所東洋學文獻中心　天理圖書館藏本

【按】此本係明嘉靖年間與萬曆年間南京國子監刊《二十一史》之零册。

静嘉堂文庫藏本，原係陸心源守先閣等舊藏，共三十二册。

京都大學藏本　共四十册。

天理圖書館藏本，今存卷二十七至卷三十四，凡八卷共二册。

新唐書二百二十五卷

（宋）歐陽修　宋祁奉敕撰
明萬曆二十三年（1595 年）北京國子監刊本
內閣文庫　静嘉堂文庫　神户大學文學部藏本

【按】此本係明萬曆年間北京國子監刊《二十一史》之零册。

內閣文庫藏此同一刊本三部。一部原係昌平坂學問所舊藏，一部原係林羅山舊藏，卷中有"江雲渭樹"印記，一部有後人修補。各五十册。

静嘉堂文庫藏本，原係陸心源守先閣等舊藏，共四十八册。

【附錄】桃園天皇寬延三年（1750 年）下村兼清覆刊明北監本《唐書》二百二十五卷《釋音》二十五卷。此本由日人堀正修（南湖）點。後有京都錢屋三郎兵衛等重印本。

新唐書(殘本)二百二十三卷

(宋)歐陽修　宋祁等奉敕撰

明刊明清遞修本

東京大學東洋文化研究所藏本

【按】此本今缺佚卷第七十二下,卷第七十三上、中。

卷中有明成化十八年(1482 年)至清康熙二十年(1681 年)遞修配刊。

新唐書二百二十五卷

(宋)歐陽修　宋祁奉敕撰

明崇禎二年(1629 年)毛氏汲古閣刊本

內閣文庫　蓬左文庫　東京都立圖書館
東京大學　關西大學總合圖書館內藤文庫
酒田市立光丘文庫藏本

【按】每半葉有界十二行,行二十五字。白口,左右雙邊(21.3cm × 14.7cm)。

卷首有宋嘉祐五年(1060 年)曾公亮《進新唐書表》。第一册第三葉刻“皇明崇禎二年歲在屠維大荒落陬月上日琴川毛氏開雕”。卷頭和卷末有“琴川毛鳳苞審定宋本”。

此本係明崇禎年間琴川毛氏汲古閣刊《十七史》之零册。

內閣文庫藏此同一刊本兩部,皆有清順治五年(1648 年)修補,各四十册。

東京都立圖書館藏本,原係諸橋轍次舊藏。今存卷一百六十七至卷二百二十五,凡五十九卷共十二册。

東京大學藏此同一刊本四部,一部原係渡邊信青洲文庫等舊藏,卷中有清順治五年(1648 年)修補葉,今存總合圖書館,共四十八册。一部原係江戶時代紀州德川家南葵文庫等舊藏,今存總合圖書館,共四十八册。一部亦存總合圖書館,共四十七册。一部今存史料編纂所,共四十八册。

關西大學藏本,原係內藤湖南舊藏。帙外題“十七史唐書”。

酒田市立光丘文庫藏本,原係本間光彌等舊藏,共四十八册。

新唐書二百二十五卷　目二卷

(宋)歐陽修等奉敕撰

明崇禎十七年(1644 年)刊本　共四十册

早稻田大學圖書館藏本　原柳田泉等舊藏

【按】卷首有明崇禎十七年(1644 年)序。

五代史記七十四卷

(宋)歐陽脩撰　徐無黨注

元宗文書院刊　共八册

內閣文庫藏本　原昌平坂學問所舊藏

【按】每半葉有界十行,行二十二字。黑口,四周單邊。版心上方記字數。全書末有“宗文書院刊”五字。

【附錄】十二世紀《宇槐記抄》“仁平元年(1151 年)九月二十四日”記載中國宋商劉冲,以《東坡先生指掌圖》二帖、《五代史記》十帖、《唐書》九帖,贈送日本權貴藤原賴長。藤原賴長付沙金三十兩,又求新書一百二十八種。

後桃園天皇安永二年(1773 年)京都德興堂刻刊《五代史》七十四卷。此本由日人堀正脩(南湖)點,村瀨誨輔(栲亭)校。後有江戶松會三四郎等重印本。

光格天皇文化十年(1813 年)大阪前川嘉七等修補安永年間京都德興堂《五代史》版并重刊(三都書房本)。後有大阪河內屋太助等重印本。

五代史記七十四卷

(宋)歐陽脩撰　徐無黨注

元刊明嘉靖十年(1531 年)修補本　共十册

內閣文庫藏本

五代史記七十四卷

(宋)歐陽脩撰　徐無黨注

元刊明嘉靖十年(1531 年)修補本　共十册

尊經閣文庫藏本　原江戶時代加賀藩主前

田綱紀等舊藏

五代史記七十四卷

(宋)歐陽脩撰　徐無黨注

元刊明嘉靖十年(1531 年)修補本　共十册

東京大學總合圖書館藏本　原市村瓚次郎買入覺盧文庫等舊藏

五代史記七十四卷

(宋)歐陽脩撰　徐無黨注　(明)汪文盛等校

明嘉靖年間(1522 — 1566 年)汪文盛等刊本

内閣文庫　静嘉堂文庫　大倉文化財團福井縣立大野高等學校藏本

【按】每半葉有界十二行,行二十二字。白口,四周單邊。

卷首有陳師錫《五代史記序》。

内閣文庫藏本,原係昌平坂學問所舊藏。共十二册。

静嘉堂文庫藏本　原係陸心源十萬卷樓等舊藏。《静嘉堂秘籍志》題此本爲七十五卷,與《四庫全書總目》卷四十六著録卷數同。共八册。

大倉文化財團藏本,卷頭校者姓名被削去。卷中有"姚嘉善"、"雲蘿書屋"等印記。共十六册。

大野高校藏本,原係岡田宗則舊藏。共十六册。

五代史記七十四卷

(宋)歐陽脩撰　徐無黨注

明萬曆四年(1576 年)南京國子監刊本

内閣文庫　静嘉堂文庫　京都大學人文科學研究所東洋學文獻中心　天理圖書館　御茶之水圖書館藏本

【按】每半頁有界十二行,行二十一字左右,四周雙邊,版心有"萬曆四年"紀年。此本係明萬曆年間南京國子監刊《二十一史》之零册。

内閣文庫藏此同一刊本四部。一部原係寬永寺勸學寮舊藏,共八册;一部係江户時代林鵞峰手校手跋本,卷中有"江雲渭樹"印記,共六册;一部原係楓山官庫舊藏,卷八至卷十七缺佚,共九册;一部原係清人李鹿山舊藏,卷六十八至卷七十四缺佚,卷中有清康熙三十九年(1700 年)修補,共七册。

静嘉堂文庫藏本,原係陸心源守先閣等舊藏,共八册。

京都大學藏本,共六册。

天理圖書館藏本,今存卷五十五至卷六十一,凡七卷共一册。

御茶之水圖書館藏本,原係德富蘇峰成簣堂等舊藏,此本封面用朝鮮産白色紋樣紙,共八册。

五代史七十四卷

(宋)歐陽脩撰　徐無黨注

明萬曆二十八年(1600 年)北京國子監刊本共八册

内閣文庫　静嘉堂文庫藏本

五代史七十四卷

(宋)歐陽脩撰　徐無黨注

明崇禎三年(1630 年)毛氏汲古閣刊本

内閣文庫　蓬左文庫　大垣市立圖書館關西大學綜合圖書館内藤文庫　東京大學史料編纂所　酒田市立光丘文庫藏本

【按】每半葉有界十二行,行二十五字。白口,左右雙邊(21.2cm×14.7cm)。

卷首有陳師錫《五代史記序》。第一册第二葉刻"皇明崇禎三年歲在尚章敦牂且望日琴川毛氏開雕",卷頭與卷尾並有"琴川毛鳳苞審定宋本"。

此本係明崇禎年間琴川毛氏汲古閣刊《十七史》之零册。

内閣文庫藏此同一刊本兩部,皆有清順治六年(1649 年)修補,各六册。其中一部原係昌平坂學問所舊藏。

大垣市藏本,共八册。

關西大學藏本,原係內藤湖南舊藏。帙外題"十七史五代史"。

東京大學藏本,共八冊。

酒田市立光丘文庫藏本,原係本間光彌等舊藏,共八冊。

宋史(殘本)二卷

(元)脫脫等奉敕撰

元刊本　共一冊

京都大學文學部藏本

【按】此本今存卷一百九十三、卷一百九十四。

【附錄】孝明天皇嘉永四年(1851年)尚友堂刻刊《宋史》一卷(卷一百二十四《岳飛傳》)題署"元脫脫等奉敕撰"。此本由日人篠原允文(謙齋)校。

宋史四百九十六卷

(元)脫脫等奉敕撰

元刊元印本　共一百二十冊

静嘉堂文庫藏本　原係陸心源皕宋樓等舊藏

【按】每半葉有界十行,行二十字。細黑口。卷首有《進宋史表》,次有修史官員銜名,次有至正六年(1346年)中書省浙江行省刊板咨文,次有行省提調官銜名,次有杭州府提調官銜名。

陸心源《儀顧堂續跋》卷六著錄此本曰:

"《宋史》四百九十六卷,目錄三卷。首行大題在下,小題在上。次行題開府儀同三司上柱國錄軍國重事前中書右丞相監修國史領經筵事都總裁臣脫脫等奉敕修。前有《進宋史表》,領三史右丞相阿圖魯……(下略銜名)著作佐郎譚愷,編修張翥,助教吳當,檢討危素銜名,及提調平章納麟等銜名。至正六年中書省行浙江行省刊版咨文,行省提調官達世帖睦爾等,杭州府提調官趙璉,儒司提調李祁,監督儒官錢惟演等銜名。每頁二十行,每行二十字。版心中間紀志表傳

各爲卷第。魚尾上左'宋史幾',右字數。魚尾下左寫人姓名,右刻工姓名。目錄後有校勘臣彭衡、倪中、麥澂、岳信、楊鑄、牟思善、卜勝、李源、揭模、丁士恒姓名。至正中杭州刻本,是書初刊祖本也。《孝宗紀》'四川制置使應'下比成化朱英刊本、萬曆南北監本多'黎州邊事隨宜措置'云云三百八十字。蓋成化本即以元刻翻雕,行款及版心、寫手、刻工姓名、字數皆同。間有版心無小字者,或小字墨質白章者。進表、咨文、總裁官、修史官、提調官、行省提調校勘銜名皆全,惟所據本,卷三十五缺第八頁,以第九頁爲第八頁,復出卷三十三之第十一頁'措置營砦檢視沿江守備'至'九月己酉楊存中'之'存'字止四百字爲第九頁。南北監本即據成化本付梓,而去其進表、咨文、及總裁、修史、提調、校勘諸人銜名,行款既改,以卷三十五復出之葉'楊存'二字與下文不屬,改'楊存'爲'地震',以泯其迹,致缺文復出之處,形迹更難推求,若非此本僅存,則文義終不可通,疑團終不可釋矣。朱英序稱借漳浦陳布政家抄本傳錄付梓,則成化中元刊已不易得。今距成化又三百餘年,完善如新,無一修版,誠史部中難得之秘笈也。"

傅增湘就此本之刊刻年代,對陸心源説提出反論。其《藏園羣書經眼錄》卷三著錄"宋史四百九十六卷。明成化七年朱英刊本(日本静嘉堂文庫藏書)"即指此本。傅氏曰:

"陸心源跋謂此書元刊元印無一修板,誤矣!元刊本半葉十行,每行二十二字,黑口,四周雙闌,版心上記字數,下記刊工姓名,皆在板心中線之左。今藏北京圖書館,乃有清内閣之書。友人葉君曾校過,極稱其佳絶。此外各家所藏,均朱英本也。"

傅氏在該卷"宋史殘本二十冊,明成化朱英刊本"條下,又有《按語》曰:

"皕宋樓所藏元本,余在静嘉堂文庫見之,亦此本,其摹印尚不及此之精湛。余藏一本即後印者,蓋此成化朱英本流傳亦殊罕

矣。"

宋史四百九十六卷

（元）脱脱等奉敕撰

明初刊嘉靖遞修本　共一百二十一册

慶應義塾大學圖書館藏本　原田中萃一郎等舊藏

【按】有學者斷此本爲"宋刊元明嘉靖遞修"，稱之爲"三朝本"，此論可備一説。

宋史（殘本）二十四卷

（元）脱脱等奉敕撰

明正統年間（1436—1449年）覆元刊本　共十二册

御茶之水圖書館藏本　原德富蘇峰成簣堂舊藏

【按】每半葉有界十行，行二十字。

此本今存卷三百七十九至卷三百八十八，又存卷四百六十五至卷四百七十八。實係兩套殘本，合爲一部。

宋史四百九十六卷

（元）脱脱等奉敕撰

明成化十六年（1480年）序桂陽朱英刊明遞修本

内閣文庫　東京大學　京都大學人文科學研究所東洋學文獻中心　關西大學綜合圖書館内藤文庫　大垣市立圖書館　御茶之水圖書館　大阪天滿宮御文庫藏本

【按】每半葉有界十行，行二十字。白口，四周雙邊（20.4cm×14.1cm）。

此本自明成化七年（1471年）起刊刻，至明成化十六年（1480年）完工，卷首有明成化十六年《新刊宋史序》，卷末有明成化十六年三月廣東檢察御史豐城袁禎跋。

卷中有明代歷朝遞修葉，各處藏本中可見之歷代遞修紀年有：

明嘉靖三十五年（1556年）

明嘉靖三十六年（1557年）

明萬曆四年（1576年）

明萬曆六年（1578年）

明萬曆十五年（1587年）

明萬曆二十年（1592年）

明萬曆二十四年（1596年）

明萬曆二十五年（1597年）

明萬曆二十六年（1598年）

明萬曆二十七年（1599年）

明萬曆三十五年（1607年）

明萬曆三十七年（1609年）

明萬曆三十八年（1610年）

明萬曆三十九年（1611年）

明萬曆四十年（1612年）

明萬曆四十四年（1616年）

明萬曆四十五年（1617年）

明天啓二年（1622年）

明天啓三年（1623年）

明崇禎元年（1628年）

明崇禎三年（1630年）

明崇禎七年（1634年）

明崇禎十一年（1638年）等

並有清順治十六年（1659年）

清康熙五年（1666年）

清康熙二十年（1681年）

清康熙二十五年（1686年）

清康熙三十九年（1700年）等補修紀年

内閣文庫藏此同一刊本四部。一部原係寬永寺勸學寮舊藏，其中卷四百四十二至卷四百九十六缺佚，共九十七册。一部原係江户時代林氏大學頭家舊藏，卷中有明嘉靖三十六年（1557年）修補，共一百二十二册。一部原係豐後佐伯藩主毛利高標舊藏，卷中有明萬曆年間（1573—1620年）修補，共八十六册。一部原係清人李鹿山舊藏，卷中有清康熙三十九年（1700年）修補，共一百二十六册。

東京大學藏此同一刊本三部，皆各一百册。其中兩部今存總合圖書館，一部今存東洋文化研究所。

京都大學藏本，卷中有明嘉靖至萬曆年間

（1522—1620 年）南京國子監刊本補配，共一百冊。

關西大學藏本，原係内藤湖南舊藏。今存卷一至卷二百九十八，卷三百四至卷四百九十六。卷中有明嘉靖丙辰年（1556 年）至明崇禎十三年（1640 年）補刊，間有寫補，共一百冊。

大垣市立圖書館藏本，卷中有明嘉靖三十六年（1557 年）、明萬曆六年（1578 年）、萬曆二十八年（1600 年）南京國子監刊本配補，共一百冊。

御茶之水圖書館藏此同一刊本兩部，一部原係明人鄭曉、日人德富蘇峰成簣堂舊藏。今存卷四百四十二至卷四百九十六。卷中有“淡泉”、“大司寇”、“武州東叡山勸學寮文庫”、“淺草文庫”等印記，共十二冊。一部亦係德富蘇峰成簣堂舊藏，封面用朝鮮産白色紋樣紙，外題亦朝鮮人手筆，共一百冊。

大阪天滿宮藏本，卷中有明崇禎三年（1630 年）修補，共一百十冊。

宋史四百九十六卷

（元）脱脱等奉敕撰

明萬曆二十七年（1599 年）北京國子監刊本

内閣文庫　蓬左文庫　東京大學　早稻田大學圖書館藏本

【按】此本係明萬曆年間北京國子監刊《二十一史》之零册。

内閣文庫藏此同一刊本兩部。一部原係昌平坂學問所舊藏，共一百册。一部有後人修補，共一百五册。

蓬左文庫藏本，係尾陽文庫於後水尾天皇寬永三年（1626 年）購入。卷中有“尾陽内庫”印記。

東京大學藏此同一刊本兩部，一部原係市村瓚次郎買入本覺廬文庫等舊藏，今存總合圖書館，共一百册。一部今存東洋文化研究所，此本今存卷四十八至卷八十四。卷中有明代及清初配補。

早稻田大學圖書館藏本，原係柳田泉等舊

藏，共一百十二册。

宋史四百九十六卷

（元）脱脱等奉敕撰

明萬曆間（1573—1620 年）南京國子監刊本共一百册

静嘉堂文庫藏本　　原係陸心源守先閣等舊藏

宋史（殘本）五十三卷

（元）脱脱等奉敕撰

明刊本　共十一册

天理圖書館藏本

【按】此本今存卷十六至卷二十三，卷四十三至卷八十七。

遼史一百十六卷

（元）脱脱等奉敕撰

元刊本　共十册

静嘉堂文庫藏本　　原陸心源皕宋樓等舊藏

【按】每半葉有界十行，行二十二字。粗黑口（20.6cm×15.0cm）。版心有刻工姓名，如游子銘、游名、江后、徐田、黄定、黄是、子高、子中、子旻、孟和、士堅、志道等。明代補修葉版心有刻工姓名如六彦、六付、六晏、陳名、陳四、陳彦、陳厚、陳魯、陳彦和、婢石、劉本、林安、羅六、劉侍、劉伏、劉保、劉侍者、劉伯安、付資、范彦從、范子通、范通、士達、士通、黄軒、宗文、中豪、伯美、潘留、潘劉、肖寄、葉壽、汝敬、虞厚、虞亮、景舟、景中、彦正、彦成、原良、原禮、玄保、吳中、吳福、江子名、張名遠、付名仲、友永茂、王保、貴全、丘老、余長壽等。

卷首有元至正三年（1343 年）詔旨二道，並有脱脱《進遼史表》，及修史官員銜名。

卷中有“姚應年印”、“狎鷗館”、“狎鷗後人永保用”、“歸安陸樹聲叔桐父印”等印記。

陸心源《儀顧堂續跋》卷六著録此本曰：

“《遼史》一百十六卷，首行小題在上，大題在下。次行題開府儀同三司上柱國録軍國

重事中書右丞相監修國史領經筵事都總裁
臣脫脫奉敕修。前有至正三年三月十四日、
二十八日聖旨二道及脫脫進表，及修史官都
總裁脫脫，總裁官鐵睦爾達世等，纂修官廉
惠山海牙等，提調官伯彦等銜名。目録後有
紀三十卷，志三十一卷，表八卷，列傳四十六
卷，總一百十六卷三行，及校勘臣彭衡、岳
信、楊鑄、牟思善、卜勝、揭模姓名。每頁二
十行，每行二十二字，版心刊工姓名，間有黑
質白章者。明北監本削去聖旨及總裁、纂
修、提調官銜名。則此書似出脫脫一人之手
矣，殊非事實。又移目録總紀志表傳卷數于
前，改大題在上，小題在下，証以此本，可見
唐宋以來史家舊式，元人尚未改也……"

遼史一百十六卷

（元）脫脫等奉敕撰
　明成化年間（1465—1487 年）刊清康熙三十
九年（1700 年）補修本　共八册
　大阪天滿宮御文庫藏本

遼史一百十六卷

（元）脫脫等奉敕編撰
　明嘉靖八年（1529 年）南京國子監刊本
　内閣文庫　蓬左文庫　京都大學人文科學
研究所東洋學文獻中心　東北大學附屬圖書
館　小如舟屋　天理市圖書館　御茶之水圖
書館藏本
　【按】每半葉有界十行，每行二十二字。白
口，左右雙邊。版心題"嘉靖八年刊"，間有題
"萬曆四年刊"，并記刻工姓名，如王程、易讚、
易宣、用禾等。
　前有（元）脫脫《進遼史表》等。
　内閣文庫藏此同一刊本四部。一部原係寬
永寺勸學寮舊藏，共十二册；一部原係林羅山
舊藏，有林鵞峰手校手識，卷中并有"江雲渭
樹"藏書印記，共八册；一部原係林大學頭家舊
藏，共十二册；一部原係紅葉山文庫舊藏，明萬
曆四年（1576 年）修刊本，共十二册。

蓬左文庫藏本，係後水尾天皇寬永三年
（1626 年）購入，卷中有"尾陽内庫"印記。
　京都大學人文研藏本，原係村本氏舊藏，明
萬曆四年（1576 年）、清順治十六年（1659 年）、
康熙三十九年（1700 年）修刊本，共八册。
　東北大學藏本，共十六册。
　小如舟屋藏本，原係莫友芝等舊藏，卷中有
"莫友芝圖書印"、"莫繩孫字仲武"、"莫彝孫
印"等印記，共二十册。
　天理市圖書館藏本，僅存卷四十二至卷四十
八，凡七卷，共一册。
　御茶之水圖書館藏此同一刊本兩部。一部
封面用朝鮮産白色紋樣紙，有朝鮮人手識文，
共一百册。一部封面用朝鮮産黄色紋樣紙，第
八册末有"蘇峰學人京城所獲"印記，共一百
册。

遼史一百十六卷

（元）脫脫等奉敕編撰
　明萬曆三十四年（1606 年）北京國子監刊本
　内閣文庫　静嘉堂文庫　東京大學東洋文
化研究所　東北大學附屬圖書館　慶應義塾
大學附屬圖書館　大谷大學附屬圖書館　千
葉縣中央圖書館　御茶之水圖書館藏本
　【按】每半葉有界十行，每行二十一字。白
口，左右雙邊（25.5cm×15.3cm）。版心題"萬
曆三十四年刊"，下記卷數，卷名及字數。
　内閣文庫藏本，原係昌平坂學問所舊藏，共
十二册。
　静嘉堂文庫藏本，原係陸心源守先閣等舊
藏，共十册。
　東京大學東洋文化研究所藏本，係初印本，
用白色開花紙，天頭地邊甚寬。
　東北大學藏本，共十册。
　慶應義塾大學圖書館藏本，原係田中萃一郎
舊藏。此本印張用白色開花紙，封面絹織，當
係特製獻進本，共十二册。
　大谷大學藏本，共十六册。
　千葉縣立中央圖書館藏本，原係堀田正恒伯

爵文庫舊藏,卷中有"佐倉文庫"印記,共十二册。

御茶之水圖書館藏本,原係德富蘇峰成簣堂等舊藏,共十六册。

金史(殘本)二卷

(元)脱脱等奉勅編撰

元至正五年(1345年)江浙等處行中書省杭州刊本　共一册

御茶之水圖書館藏本　原德富蘇峰成簣堂舊藏

【按】每半葉十行,每行二十二字。

此本全一百三十五卷,今僅存卷一百十、卷一百十一,凡二卷。

金史(殘本)二卷

(元)脱脱等奉勅編撰

元至正五年(1345年)浙江等處行中書省杭州刊本　共一册

大谷大學附屬圖書館藏本,原係神田喜一郎(鬯盦)等舊藏

【按】是書全一百三十五卷,此本今存卷第五十七、卷第五十八,凡二卷。

此本於昭和五十九年(1984年)由神田氏家庭捐贈大谷大學。

金史一百三十五卷　目二卷

(元)脱脱等奉勅編撰　明張邦奇　江汝璧校

明嘉靖八年(1529年)南京國子監刊本

内閣文庫　蓬左文庫　東京大學文學部漢籍中心　京都大學人文科學研究所東洋學文獻中心　新潟縣立新潟圖書館　天理市圖書館　小如舟屋　神宮文庫　大阪天滿宮御文庫　御茶之水圖書館藏本

【按】每半葉十行,每行二十二字。白口(間有黑口),左右雙邊。版心題"嘉靖八年",下記刻工姓名,如易宣、王程、儀、易琳、易讚、用禾、雲、易諫、仁、焉、大、見等。

前有(元)脱脱《進金史表》,並修史官銜名等。

内閣文庫藏此同一刊本三部。一部原係寬永寺勸學寮舊藏,後歸昌平坂學問所,共二十四册;一部原係林羅山舊藏,林鵞峰手校手識,卷中有"江雲渭樹"印記,共二十册;一部原係紅葉山文庫舊藏,共二十四册。

蓬左文庫藏本,係後水尾天皇寬永三年(1626年)購入,卷中有"尾陽内庫"印記。

東京大學文學部漢籍中心藏本,有明萬曆二十六年(1598年)補刊,卷五有闕葉,共二十册。

京都大學人文研藏本,有明萬曆二十六年(1598年)補刊,共二十册。

新潟圖書館藏本,共二十四册。

天理市圖書館藏本,僅存卷二十至卷二十七,凡八卷,共二册。

小如舟屋藏本,原係莫友芝等舊藏,卷三十三、卷七十六各一葉爲莫友芝鈔補。卷三十三鈔補葉上欄,有莫氏手識文,其曰:

"此葉及七十六卷第二葉,自此本以下,北監本、國朝官本皆闕。蓋當時所據偶脱,于是展轉相承,迄無取元刊補之者。《四庫》著録本提要雖言用内藏本補,而武英殿乾隆四年刊本則仍如監本之舊。余藏南監此本及北監本皆精好,因據盧抱經所據元本並補寫之。莫棠記。"

此本卷中尚有"銅井寄廬"、"煙霞道人"、"獨山莫氏收藏經籍記"、"獨山莫氏藏書"等印記。

神宮文庫藏本,今存一百二十七卷,闕卷二十至卷二十七。此本原係幕末大阪西町奉行淺野梅堂舊藏,後歸西輕塾長遠藤軍平。明治二十七年(1894年)東京帝大教授内藤耻叟以金十二圓購入。卷中有"淺野源氏五萬卷樓圖書之記"、"長袘之章"、"彤函翠蘊"、"蟫國王章"、"西輕塾長遠藤軍平印"、"内藤耻叟"等印記。此本後附《金國語解》一卷。共二十六册。

大阪天滿宮御文庫藏本,有明萬曆二十六年(1598年)修補葉,共三十册。

御茶之水圖書館藏此同一刊本兩部，皆係德富蘇峰成簣堂等舊藏。一部白綿紙本，卷末有1906年德富蘇峰手識文，題書"明治卅九年十一月四日蘇峰學人匆匆讀訖"。共二十四冊。一部卷中有清順治十五年（1658年）補修葉，封面用朝鮮産白色紋樣紙，共二十冊。

金史一百三十五卷

（元）脱脱等奉勅編撰

明萬曆三十四年（1606年）北京國子監刊本

内閣文庫　静嘉堂文庫　神户大學文學部
大谷大學附屬圖書館藏本

【按】每半葉十行，每行二十一字。白口，左右雙邊。版心題"萬曆三十四年刊"，下記卷數、卷名及字數。

内閣文庫藏本，共二十四冊。

静嘉堂文庫藏本，原係陸心源守先閣等舊藏，共二十四冊。

神户大學藏本與大谷大學藏本，各二十冊。

元史二百十卷

（明）宋濂等奉敕撰

明洪武年間（1368—1398年）刊明歷代遞修本

内閣文庫　静嘉堂文庫　東京大學文學部漢籍中心　東京大學東洋文化研究所　京都大學人文科學研究所東洋學文獻中心　神宮文庫　小如舟屋文庫　大倉文化財團　關西大學綜合圖書館内藤文庫　大垣市立圖書館　大阪天滿宮御文庫　天理圖書館藏本

【按】每半葉有界十行，行二十字。原刊葉黑口，補刊葉有白口，四周單邊或雙邊（25.5cm×16.1cm）。版心有刊印記年，明萬曆年間補葉記字數，明崇禎年間補葉有刻工姓名，如南厢王重、南厢文、南湘周、東厢王、兩厢侯倪、兩厢侯謝等。

卷首有明洪武二年（1369年）李善長《進元史表》，《纂修元史凡例》，明洪武二年宋濂《記》。

内閣文庫藏此同一刊本四部。一部原係寬永寺勸學寮舊藏，共五十冊；一部原係林羅山舊藏，林鵞峯手校手識。卷中有"江雲渭樹"藏書印，共五十冊；一部原係豐後佐伯藩主毛利高標舊藏，卷中有明萬曆年間修補葉，共三十六冊；一部原係林大學頭家舊藏，卷中有明天啓三年（1623年）修補葉，共三十六冊。

静嘉堂文庫藏本，原係陸心源十萬卷樓等舊藏，共五十冊。

東京大學文學部藏本，卷中有明嘉靖八年、九年、十年、十二年，明萬曆二十六年、二十七年、二十九年、三十七年、三十九年、四十四年、四十五年，明天啓三年，明崇禎元年、二年、三年、七年、十年、十一年并清順治十五年、十六年，清康熙五年等補刊葉。共五十冊。

東京大學東洋文化研究所藏本，卷一至卷三十六、卷四十三至卷四十七、卷七十五至卷八十二、卷九十二至卷九十四、卷九十八至卷一百一皆缺佚，實存一百五十四卷。卷中有明嘉靖八年至十二年的補刊。

京都大學藏本，卷中有"獨山莫氏"印記，共六十冊。

神宮文庫藏本，原係幕末大阪西町奉行淺野梅堂舊藏，後歸西輕塾長遠藤軍平，明治年間爲内藤耻叟購得。今闕卷四十七（《本紀》第四十七）至卷五十一（《志》第三下）、卷五十六（《志》第八）至卷五十八（《志》第十）。卷五十二（《志》第四）至卷五十五（《志》第七）係據明天啓三年（1623年）補刊葉鈔補。卷中有"淺野源氏五萬卷樓圖書之記"、"西輕塾長遠藤軍平印"等印記。鈔補諸卷有"森氏"、"内藤耻叟"等印記。共五十六冊。

小如舟屋藏本，版心間有"嘉靖九年"、"嘉靖十年"等補刊紀年，共五十冊。

大倉文化財團藏本，卷九十二至卷九十五，卷一百六至卷一百一十三，係明嘉靖年間和清順治年間遞補。卷中有"陶乘六"、"朝閏堂"、"高士章"等印記，帙外題"小蓮花山館藏書"。共三十六冊。

關西大學藏本,卷內補刊葉心有"嘉靖十年刊"、"萬曆三十七年刊"、"天啓三年刊"、"崇禎三年刊"、"康熙二十九年刊"等紀年,共四十五冊。

大垣市立圖書館藏本　卷二十五至卷四十七缺佚。卷中有明嘉靖十年(1531 年)、萬曆三十年(1602 年)補刊,共四十四冊。

大阪天滿宮藏本,卷內有明崇禎十一年(1638 年)補刊,共五十冊。

天理圖書館藏本,今存卷四十八(志第一)至卷五十八(志第十),凡十一卷共五冊。

【附録】據仁孝天皇弘化二年(1845 年《漢籍發賣投標記録》),是年輸入《元史》一部六包六本。投標價分別爲鐵屋一百匁,松四屋一百六匁,安田屋一百五十匁四分。

靈元天皇寬文十二年(1672 年)梅花堂文丙等刻刊《元史》四卷(卷五十二至卷五十五)題簽曰"授時曆議"與"授時曆經"。後有京都太和屋重左衛門修版重印本。

元史二百十卷

(明)宋濂等奉敕撰

明嘉靖年間(1522—1566 年)南京國子監刊明遞修本

內閣文庫　天理圖書館　東京大學總合圖書館　京都大學人文科學研究所東洋學文獻中心藏本

【按】此本係明嘉靖年間南京國子監刊《二十一史》之零冊。

內閣文庫藏此同一刊本四部。一部原係寬永寺勸學寮舊藏,共五十冊。一部原係江户時代林鵞峰手校手跋本,卷中有"江雲渭樹"印記,共五十冊。一部原係豐後佐伯藩主毛利高標舊藏,卷中有明萬曆年間刊補,共三十六冊。一部原係江户時代林氏大學頭家舊藏,卷中有明天啓年間刊補,共三十六冊。

天理圖書館藏本,今存卷四十八至卷五十八,凡十一卷共五冊。

東京大學總合圖書館藏本,卷中有明嘉靖、萬曆、天啓、崇禎四朝修補葉,又有清順治、康熙兩朝修補葉。

京都大學人文研藏本,原係村本氏舊藏。卷中有明萬曆二十六年(1598 年)、二十七年(1599 年)、三十七年(1609 年)、明天啓三年(1623 年)、明崇禎三年(1630 年)、七年(1634 年)、清順治十五年(1658 年)、順治十六年(1659 年)、清康熙二十年(1681 年)、三十九年(1700 年)凡十次修補。共四十八冊。

元史二百十卷

(明)宋濂　王禕等奉勅編撰

明萬曆三十年(1602 年)北京國子監刊本

內閣文庫　靜嘉堂文庫　大谷大學附屬圖書館　關西大學綜合圖書館內藤文庫藏本

【按】每半葉有界十行,行二十一字。白口,左右雙邊(23.2cm×14.1cm)。版心記"萬曆三十年刊",下記葉數,刻工姓名等。

內閣文庫藏本,原係昌平坂學問所舊藏,共五十冊。

靜嘉堂文庫藏本,原係陸心源守先閣等舊藏,卷中有清人修補,共四十八冊。

大谷大學藏本,係殘本九十一卷。共五十冊。

關西大學藏本,原係內藤湖南舊藏。卷中有內藤湖南手識文曰:"共五十本。壬寅(1902 年)十二月,在杭州購。炳卿。"

十七史一千五百七十四卷

明崇禎年間(1628—1644 年)琴川毛氏汲古閣刊本

國會圖書館　內閣文庫　東京大學　京都大學　早稻田大學圖書館　神户大學教育學部　滋賀大學附屬圖書館　關西大學綜合圖書館　足利學校遺蹟圖書館　新潟縣立新潟圖書館　廣島市立淺野圖書館　福井市立圖書館　八户市立圖書館　龜岡市立圖書館　古義堂文庫　金刀比羅宮圖書館藏本

【按】每半葉有界十二行左右,行二十五字左右,注文小字雙行,白口,單魚尾,所有雙邊,版心有刻工姓名。

國會圖書館藏本,修補配本至清順治十四年(1657年),共二百二十四册。

內閣文庫藏此同一刊本三套。一套原係昌平坂學問所舊藏,共二百四十册。一套共三百册。一套共二百九十五册。

東京大學藏此同一刊本六套,四套今存總合圖書館,其中一套原係渡邊信青洲文庫等舊藏,此本今缺《後漢書》、《三國志》、《唐書》三種,實存十四種,全帙共二百二十一册;一套原係岡千仞岡文庫等舊藏,今缺《北齊書》、《北史》、《隋書》、《唐書》四種,實存十三種,全帙共一百五十四册;一套今缺《史記》、《三國志》、《晋書》、《北史》四種,實存十三種,《後漢書》今存卷第一至卷第三十,全帙共二百八十五册;一套今存《後漢書》(殘本)、《三國志》、《陳書》、《隋書》、《五代史記》四種,全帙共六十一册。另一套今存東洋文化研究所,今缺《史記》、《後漢書》二種,實存十五種。另一套今存文學部漢籍中心,今缺《三國志》、《晋書》二種,《梁書》中缺佚卷第四十七,《南史》中卷第一有缺葉。

京都大學藏此同一刊本六套。兩套藏文學部,其中一套共二百四十册,一套共三百二册。四套藏人文科學研究所東洋學文獻中心,其中一套修補配本至清順治十一年(1654年),共三百二十册。一套有汲古閣圖記,共二百二十册,一套亦有汲古閣圖記,共二百七十八册,一套共二百三册。

早稻田大學圖書館藏此同一刊本三套。一套全帙共二百六十八册;一套原係服部南郭家服部文庫等舊藏,全帙共三百二十四册;一套原係會津八一會津文庫等舊藏,全帙共三百八十册。

早稻田大學附屬圖書館藏本,共二百六十八册。

神户大學教育學部藏本係全本。

滋賀大學附屬圖書館藏本,無修補,《新唐書》中卷二十二至卷二十五缺佚,共三百七十九册。

關西大學綜合圖書館泊園文庫藏本,原係江户時代藤澤東畡、藤澤南陽、藤澤黄鵠、藤澤黄坡三世四代"泊園書院"舊藏,缺《隋書》一種,共二百九十七册。

足利學校遺蹟圖書館藏本,原係互舊藏,修補止於清順治年間(1644—1661年)。清康熙年間(1662—1722年)又補刊《弘簡錄》(明·邵經邦撰)及《續弘簡錄元史類編》(清·邵遠平撰)附於後,共四百八册。

新潟縣立新潟圖書館藏本,配補止清順治年間(1644—1661年)。

廣島市立淺野圖書館藏本,全帙共三百五十七册。

福井市立圖書館藏本,今缺《周書》一種,實存十六種,卷中有"明道館圖書記"等印記。

八户市立圖書館藏本,缺《魏書》、《隋書》、《北史》、《唐書》、《五代史》凡五種,有清順治年間(1644—1661年)的配補,共一百四十六册。

龜岡市立圖書館藏本,《後漢書》卷四十一至卷五十五、《三國志》卷四至卷八、《南史》卷四至卷二十六、《北史》卷三至卷六、卷十九至卷三十三皆缺佚。卷末又附《契丹國志》二十七卷、《大金國志》四十卷、《元史類編》四十二卷及《舊五代史》一百五十卷共四種。

古義堂文庫藏本,《五代史》卷末有手識文曰"文化元年甲子夏六月廿三日善韵全讀畢",共三百六十册。

金刀比羅宮圖書館藏本,原係別當金光院舊藏,後附《弘簡錄》、《續弘簡錄》、《元史類編》三種,共四百册。

【附錄】據《商舶載來書目》記載,中御門天皇正德二年(1712年)中國商船"志字號"輸入"《十七史》一部,三百二十本"。

據《外船齎來書目》記載,中御門天皇正德五年(1715年)中國商船"第四十九番"寧波船(船主游如羲)載《十七史》兩部抵日本,一部凡二十四帙二百十册;一部凡三十二帙百十三册。

廿一史二千五百三十一卷

明南京國子監刊本

内閣文庫　蓬左文庫　尊經閣文庫　東京大學總合圖書館　京都大學　大倉文化財團　千葉縣中央圖書館　廣島市淺野圖書館　小濱市立圖書館　出雲大社日隅宮御文庫　小如舟屋文庫藏本

【按】内閣文庫藏本,有清乾隆五十五年(1790年)配補,共五百册。

蓬左文庫藏本,《史記》、《漢書》、《三國志》缺佚。此外,《後漢書》列傳第三十五至第三十八缺佚,存一百一十六卷,《晋書》卷一至卷三十缺佚,存一百卷。《南齊書》卷一至卷八、卷十六至卷二十、卷二十六至卷三十二缺佚,存四十一卷。《魏書》卷一至卷五十九缺佚,存五十五卷。《隋書》卷十九、卷二十、卷六十至卷七十缺佚,存七十三卷。《北史》卷六至卷九,卷五十七至卷六十一缺佚,存九十一卷。《唐書》卷七至卷十、卷一百一至卷一百六、卷一百四十五至一百五十一、卷一百九十九至卷二百二、卷二百十二至卷二百十五缺佚,存二百卷。《宋史》卷一至卷十二、卷五十三至卷五十八、卷九十八至卷一百四、卷一百三十一至卷一百三十三、卷一百五十四至卷一百五十六、卷一百六十八至卷一百七十、卷二百五十一至卷二百五十五,卷二百六十一至卷二百六十四、二百八十二至卷二百八十四、卷三百三十二至卷三百四十缺佚,存四百四十一卷。《元史》卷三十三至卷三十六、卷七十三至卷七十六、卷一百二至卷一百五、卷一百三十八至卷一百四十缺佚,存九十五卷。全部共四百七十册。

尊經閣文庫藏本,原係江户時代加賀藩主前田綱紀等舊藏,共三百十九册。

東京大學總合圖書館藏本,今缺《三國志》、《晋書》、《唐書》、《宋史》、《元史》五種,實存十六種,全帙共二百五十六册。

京都大學附屬圖書館藏本,共四百三十二册。

京都大學文學部藏本,有清順治·康熙年間(1644—1722年)補刊,共五百六十九册。

大倉文化財團藏本,有清順治十六年(1659年)修補,共四百七十一册。

千葉縣中央圖書館藏本,原係日高誠實文庫舊藏,堀田正恒伯爵文庫舊藏,《漢書》、《後漢書》、《遼史》凡三種缺佚,卷中有"清江之印"、"佐倉文庫"等印記,共四百三十七册。

廣島市立淺野圖書館藏本,《南齊書》卷第一至卷第十一係後人寫補,全帙共五百八册。

小濱市立圖書館藏本,《唐書》缺佚,《漢書》、《後漢書》、《元史》凡三種皆明天啓三年(1623年)修刊。

出雲大社日隅宮御文庫藏,共四百三十册。

小如舟屋文庫藏本,有清康熙二十五年(1686年)補配。《史記》卷中有"祇園館藏書印"等印記,共五百五十册。

【附錄】中御門天皇享保三年(1718年)《大意書草稿》著錄"二十一史",一部五十六套五百四十四本"。其釋文曰:"右係先年渡來之《二十一史》。此乃由猶如近年渡來之《十七史》,加《弘簡錄》等,題二十一史。稍有染污。"

桃園天皇寬延四年(1751年)中國商船"午七番船"抵長崎港,《持渡書物覺書》著錄《二十一史》,五部四十套四百本"。

桃園天皇寶曆四年(1754年)《舶來書籍大意書》(戌番外船)著錄"二十一史",貳部各四十套四百本"。並注明"壹部脱紙十三張,壹部脱紙八張"。

據《商舶載來書目》記載,中御門天皇享保六年(1721年),中國商船"仁字號"輸入《廿一史》一部五十七套。

據《長崎官府貿易外船齎來書目》記載,中國商船"一番船"輸入《廿一史》十七部,六百八十二套"。第"十番船"輸入《廿一史》八部,三百二十套"。第"十二番船"輸入《廿一史》二部,八十套"。第"七番船"輸入《廿一史》一部,四十套"。

據光格天皇寬政十二年(1800年)《外船齎

來書目》記載,是年從中國輸入"《廿一史》一部四十套",注明"《十七史》加宋、遼、金、元別史合編"。另又"《廿一史》一部,四十套"。

據光格天皇享和元年(1801年)《唐船持渡書籍目錄》記載,是年中國商船"西二番"輸入"《廿一史》五部"。

據光格天皇文化元年(1804年)《改濟書籍目錄》記載,"子六番船"輸入"《廿一史》,《十七史》又宋、遼、金、元別史合編,三部各三十套",並標價"四百匁"。又"亥九番船"輸入"《廿一史》,一部四十套",標價"三百五十匁、五百廿匁"。又"亥十番船"輸入"《廿一史》,一部三十八套",標價"三百五十匁"。

又據該書記載,是年中國商船"子三番"載《廿一史》一部五十帙抵日本,此書標價六百目。

據《外船書籍元帳》記載,仁孝天皇弘化四年(1847年)中國商船"午三番"載《廿一史》一部五十包抵日本,此本標價一貫百匁。同書記載仁孝天皇嘉永元年(1848年)中國商船"未二番"載《廿一史》抵日本,此本標價一貫八十匁。同書記載,孝明天皇嘉永三年(1850年)中國商船"天草難號"載《廿一史》一部四十帙抵日本,此本有十四帙爲潮水所浸蝕,標價二百匁。

又孝明天皇嘉永六年(1853年)《書籍元帳》記載"子二番"船輸入"《廿一史》、四朝別史附,一部四十套",標價"七百六十匁"。

廿一史二千五百三十一卷

明萬曆年間(1573—1620年)北京國子監刊本

宮內廳書陵部　內閣文庫　東洋文庫　東京大學東洋文化研究所　京都大學人文科學研究所東洋學文獻中心　東北大學附屬圖書館　鹿兒島大學附屬圖書館藏本

【按】宮內廳書陵部藏本,共五百三十九册。

內閣文庫藏本,原係楓山官庫舊藏,卷中有清康熙二十五年(1686年)修補,共五百册。

東洋文庫藏本,《史記》、《後漢書》、《三國志》、《梁書》凡四種有寫補,共五百六十一册。

東京大學東洋文化研究所藏本,原係大木幹一舊藏。《後漢書》卷七十一至卷七十五缺佚,存八十五卷。《宋書》卷四十一至卷一百缺佚,存四十卷。《唐書》卷六十一至卷一百三十二、卷一百七十六至一百八十三、卷一百九十一至卷一百九十六缺佚,存一百七十四卷。

京都大學人文科學研究所東洋學文獻中心藏本,《後漢書》、《陳書》、《南史》凡三種用清康熙二十五年(1686年)補刊本配補,共四百四十二册。

東北大學附屬圖書館藏本,原係狩野亨吉舊藏,《史記》卷十九缺佚,共三百七十五册。

鹿兒島大學附屬圖書館藏本,原係岩元氏舊藏。

【附錄】桃園天皇寶曆四年(1754年)《舶來書籍大意書》著錄"北版《二十一史》 壹部七十套六百二本。但脫紙三十九張,處處卷末脫各張數不知"。其釋文曰:"右嘉靖、隆慶、萬曆間梓行,全書又補至崇禎、康熙年中。"

桃園天皇寶曆十年(1760年)《商賣書物目錄并大意書》著錄北版《廿一史》兩部,其注曰:"各六十帙,一部凡五百六十册,一部凡五百七十二册。"又著錄《二十一史》一部,其注曰:"《十七史》與《弘簡錄》合編,汲古閣藏板,凡十四帙四百册,其中脫紙四十六張。"又著錄《二十二史》一部,其注曰:"凡七十二帙七百二十六册。""此北版《二十一史》中加入清張廷玉等總裁之《明史》"。其釋文曰:"右萬曆二年三年刊之《史記》,萬曆年間刊存嘉靖八年九年刊葉而有崇禎三年七年順治十五年十六年補刊之《前漢書》,天啓二年刊存嘉靖九年萬曆十年刊葉而有崇禎三年順治十五年補刊之《後漢書》,萬曆二十四刊之《三國志》,萬曆十年刊存正德十年嘉靖十七年萬曆四年七年刊葉而有順治十六補刊之《晋書》,萬曆二十二年刊有順治十六年補刊之《宋書》,萬曆十六年十七年刊有順治十六年補刊之《南齊書》,萬曆二年三年刊有順治十五年補刊之《梁書》，萬曆十六年刊有順治十六年補刊之《陳書》，萬曆二十四年刊有順治十六年補刊之《魏書》，萬曆十六年十七年刊有順治十六年補刊之《北齊書》，萬曆十六年刊之《周書》，萬曆二十年二十二年二十三年刊有順治十五年補刊之《隋書》，無重刊年號之《南史》，萬曆年間刊之《北史》，嘉靖五年刊萬曆年間崇禎七年十一年順治十五年十六年補刊之《唐書》，萬曆四年刊有順治十六年補刊之《五代史》，有嘉靖年間萬曆年間天啓三年崇禎三年順治十六年康熙五年刊葉之《宋史》，嘉靖八年刊有萬曆二十六年順治十五年補刊之《金史》，嘉靖八年刊有萬曆四年順治十五年十六年補刊之《遼史》，有嘉靖九年十一年萬曆三十七年天啓三年順治十五年十六年十七年刊葉之《元史》，清張廷玉等總裁之《明史》。然《南史》、《明史》係新本，餘史皆古本。書帙之大小，《晋書》、《元史》同形，餘史又同形，内《明史》一部別形，由三種組合。有蟲食磨滅。脱張二十三張，又補書者二十九張。"

據《商舶載來書目》記載，桃園天皇寶曆九年（1759 年）中國商船"浦字號"又輸入"北版《廿一史》，一部五十套"。

同上書記載，東山天皇元禄十二年（1699年）中國商船"仁字號"載《廿一史約編》一部、一帙抵日本。據《外船書籍元帳》記載，孝明天皇嘉永二年（1849 年）中國商船"酉三番"載《廿一史約編》一部一帙抵日本，此本標價五匁。

據《商船載來書目》記載，後櫻町天皇明和二年（1765 年）中國商船"仁字號"載《廿一史文鈔》一部十帙、《廿一史論纂》一部四帙抵日本。

同上書記載，後櫻町天皇明和二年（1765年）中國商船"仁字號"載《廿一史緯》一部十六帙抵日本，據《外船賚來書目》記載，光格天皇文化二年（1805年）中國商船"丑五番"載《二

十一史緯》九部抵日本。

據《商舶載來書目》記載，光格天皇天明三年（1783 年）中國商船"仁字號"載《廿一史餘識》一部一帙抵日本。據光格天皇天明六年（1786年）《持渡書改目録寫》記載，是年中國商船"寅十番"載《二十一史精義》一部一帙六册抵日本。

據《商舶載來書目》記載光格天皇寬政八年（1795 年）中國商船"仁字號"載《廿一史彈詞》一帙抵日本。

同上書記載，光格天皇享和三年（1803 年）中國商船"仁字號"載《廿一史紀事提要》一帙抵日本。

據光格天皇文化元年（1804 年）《改濟書籍目録》記載，是年中國商船"子三番"載《二十一史人物大觀》一部二帙抵日本，此本標價十五匁。

廿一史（殘本）二千四百一卷

宋元明雜配本　　共五百七十七册

宮内廳書陵部藏本

【按】此套《廿一史》缺佚《史記》一種。

《漢書》、《後漢書》係明南京國子監刊本。

《三國志》、《晋書》係元刊明修補本。

《宋書》、《南齊書》、《梁書》、《陳書》、《魏書》、《北齊書》、《周書》係宋刻眉山七史元明遞修本。

《南史》、《北史》、《隋書》、《唐書》、《五代史》係元刊明修補本。

《宋史》係成化年間廣州刊本。

《遼史》係明北京國子監刊本。

《金史》係明南京國子監刊本。

《元史》係明洪武年間刊本。

各史中除《三國志》、《北齊書》、《周書》、《五代史》四種外，皆有"文章華墨廣博釣龍家藏"等印記。

（二）編　年　類

竹書紀年二卷

（梁）沈約注　　（明）范欽訂

明嘉靖年間（1522—1566 年）天一閣刊本

宮内廳書陵部　尊經閣文庫藏本

【按】此本係明天一閣刊《范氏奇書》之一。

宮内廳書陵部藏本，共二册。

尊經閣文庫藏本，原係江户時代加賀藩主前田綱紀等舊藏。共二册。

【附録】《商舶載來書目》記載，光格天皇天明三年（1783 年）中國商船"智字號"載《竹書紀年》一部抵日本。

光格天皇天明六年（1786 年）《寅十番船持渡書改目録寫》記載，當年該船載《竹書紀年》一部二册抵日本，并注"古本，無脱紙"。

江户時代有日人手書《竹書紀年》二卷一種，原係紀州德川家南葵文庫等舊藏，此本今存東京大學總合圖書館。

日本桃園天皇寬延三年（1759 年）京都華文軒中西敬房刊印《竹書紀年》二卷，此本由日人三浦衛興（瓶山）校。其後，此本有光格天皇天明七年（1787 年）大阪嵩高堂河内屋八兵衛重印本，又有京都堺屋新兵衛重印本，又有仁孝天皇天保十二年（1841 年）京都重印本等。

漢紀三十卷

（漢）荀悦撰

明正德年間（1506—1521 年）刊

静嘉堂文庫　尊經閣文庫藏本

【按】每半葉有界十行，行二十四字或二十五字。白口，左右雙邊。

卷首有撰者《自序》，次有明正德十五年（1520 年）何景明《序》，次有明正德辛巳（1521 年）吕柟《序》。

静嘉堂文庫藏本　原係陸心源十萬卷樓等舊藏，共四册。

尊經閣文庫藏本　原係江户時代加賀藩主前田綱紀等舊藏，共六册。

【附録】九世紀日本藤原佐世撰《本朝見在書目録》，第十二"古史家"著録《漢紀》卅卷，并注曰："魏秘書監荀悦撰。"

前漢紀三十卷　後漢紀三十卷

《前》（漢）荀悦撰　《後》（晋）袁宏撰

明嘉靖年間（1522—1566 年）黄姬水刊本

御茶之水圖書館　鹿兒島大學附屬圖書館藏本

【按】每半葉有界十一行，行二十字。

卷首有明嘉靖二十七年（1548 年）黄姬水《序》。

御茶之水圖書館藏本，原係德富蘇峰成簣堂舊藏，卷中有江户時代寬文壬寅（1662 年）日人人見竹洞手識文，文曰：

"余希視荀悦、袁宏之《漢紀》既有年矣，項日偶得于書肆，一閲始末，欣然可愛。就中指陳論著有致其意者，因漫塗朱其際，二子之宏瞻可以見焉；嘉藻可以喜焉。時寬文壬寅八月朔，竹洞主人滌睧於柏樹之露，涉毫於可親之燈下。"

卷中有游紙一張，有明治四十二年（1909 年）德富蘇峰手識文，叙購書次第。共十册。

鹿兒島大學藏本，共二十四册。

【附録】九世紀日本藤原佐世撰《本朝見在書目録》，第十二"古史家"著録《後漢紀》卅卷，并注曰："袁彦伯撰。"

據《商舶載來書目》記載，中御門天皇享保七年（1722 年）中國商船"利字號"載《兩漢紀》一部二帙抵日本。

前漢紀三十卷　　後漢紀三十卷

《前》(漢)荀悦撰　《後》(晋)袁宏撰

明萬曆二十六年(1598年)南京國子監刊本

内閣文庫　尊經閣文庫藏本

【按】每半葉有界十行,行二十字。白口,左右雙邊。版心上方題署"高"、"惠"等字,下方陽面記刻工姓名,陰面記字數。

每卷末有"萬曆二十六年刊"一行。

内閣文庫藏本,卷中有江户時人林鵞峰手校手跋文,共十册。内閣文庫另存《前漢紀》三十卷,共六册。

尊經閣文庫藏本,共十册。

前漢紀三十卷　　後漢紀三十卷

《前》(漢)荀悦撰　《後》(晋)袁宏撰　(宋)王銍校

明刊本　共二十册

内閣文庫藏本　原楓山官庫等舊藏

後漢紀三十卷

(晋)袁宏撰

明刊本　共十册

尊經閣文庫藏本

元經薛氏傳十卷

(隋)王通撰　(唐)薛收傳　(宋)阮逸注

明代寫本　盧文弨手識手校本　共二册

静嘉堂文庫藏本　原陸心源等舊藏

【按】此本卷首有薛收《序》。卷末有"武林盧文弨手校"朱文方印。

前有清乾隆己亥(1779年)盧文弨手識文曰:

"乾隆丁酉三月、盧文弨用藍筆校一過。己亥三月重看。"

元經薛氏傳十卷

(隋)王通經　(唐)薛收傳　(宋)阮逸注

明刊本　共四册

東洋文庫　東京大學總合圖書館藏本

【按】東洋文庫藏本,原係三菱財團岩崎氏家族岩崎文庫等舊藏。

東京大學總合圖書館藏本,原係市村瓚次郎買入本覺盧文庫等舊藏。

大唐創業起居注三卷

(唐)温大雅撰

明刊本　共一册

内閣文庫藏本　原木村兼葭堂等舊藏

大唐創業起居注三卷

(唐)温大雅撰　(明)沈士龍　胡震亨同校

明刊本

東京大學東洋文化研究所藏本　原大木幹一等舊藏

通歷七卷　　續五卷

(唐)馬總撰　《續》(五代)孫光憲撰

明人寫本　共十二册

静嘉堂文庫藏本　原陸心源等舊藏

【按】陸心源《儀顧堂題跋》卷三著録此本并曰:

"《通歷》十卷,唐馬總撰。《續通歷》十卷,荆南孫光憲撰。宋太祖以光憲書所紀非實,詔毀其書,見《郡齋讀書志》。惟《直齋書録》、王氏《玉海》所載,皆云十五卷。必因太祖之言而光憲書有所削併矣。不知何時又失卷一至卷三三卷,而以僞本李燾《通鑑》羼入之。張月霄氏、黄蕘圃氏所藏皆然。此明人抄本,第四卷以後宋諱皆缺避,當從宋本影寫。惟前三卷之羼亂,與張黄本同。然自卷四至卷十,起晋迄隋,有論有案,固馬總原書。卷十一至十五,多載黄巢、李茂貞、劉守光、阿保機及十國事迹,固孫光憲原書也。唐人著述傳世日希,未可以殘缺廢也。"

司馬温公經進稽古録二十卷

(宋)司馬光撰

明弘治十四年(1501 年)楊璋刊本

静嘉堂文庫　尊經閣文庫藏本

【按】每半葉有界十行,行二十一字。黑口,左右雙邊。

卷首有《進表》。次有明弘治辛酉(1501 年)國子司業黃珣《序》。後有同年楊璋《刻書跋》。

静嘉堂文庫藏本,共二册。

尊經閣文庫藏本,共六册。

【附録】光格天皇寬政十二年(1800 年)昌平坂學問所刊印《稽古録》二十卷。

日本光格天皇享和元年(1801 年)江户須原屋茂兵衛、長谷川莊右衛門刊印宋人司馬光《稽古録》二十卷。

仁孝天皇天保十五年(1844 年)檜山精一(堯陳)撰《官版書籍解題略》,卷上"史部"著録《稽古録》二十卷,其釋文曰:"宋人司馬光撰,光有《通鑑》及《目録》、《考異》等,然卷帙繁重,故删其繁亂,簡約爲二十卷,上自伏義,下止英宗治平之末,編爲是書,元祐初上表。《朱子語録》曰,《稽古録》一書,實爲講筵官僚進讀之備;或曰此爲小兒習六經後之讀本也。"

司馬温公經進稽古録二十卷

(宋)司馬光撰

明刊本　共八册

東洋文庫藏本　原藤田豐八氏等舊藏

司馬温公稽古録二十卷

(宋)司馬光撰

明末刊本　共六册

東京大學總合圖書館藏本　原係市村瓚次郎覺廬文庫等舊藏

資治通鑑(殘本)二百二十三卷

(宋)司馬光奉勑編集

宋鄂州鵠山書院覆宋蜀廣都費氏進修堂刊本　元至元年間建安覆宋蜀本配補　共一百二十册

静嘉堂文庫藏本　原宋静江學　明顧仁效

水東館　陸心源䤈宋樓等舊藏

【按】每半葉有界十一行,每行大字十九字。小字雙行,每行二十三字。白口,左右雙邊(23.9cm×17.9cm)。版心記大字小字字數,并題記刻工姓名,如友益、王焕、元、才、文、方、吴進、李侁、成、沈顯、俊義、昌、松、林、亮、胡寧、徐友益、清、許、許清、許德清、陳琚、劉松、劉、劉康成、應、興、鍾興、王益、葛文、奕之、仁仲、魏文、蔡元老、張俊義、劉康成、徐君、興宗、劉文、陳洪、鄧堅、潘梓、文虎、林茂等。

是書全二百九十四卷,此本今存卷六至卷十六、卷十九、卷二十一至卷三十四、卷三十八至卷五十四、卷五十七至卷七十、卷七十二至卷一百十一、卷一百十三至卷一百十七、卷一百二十二至卷一百二十九、卷一百三十五至卷一百三十九、卷一百四十一至卷一百五十五、卷一百五十七、卷一百六十一至卷一百八十六、卷一百八十八至卷一百九十、卷一百九十四至卷二百二十五、卷二百二十七至卷二百三十、卷二百三十三至卷二百五十、卷二百五十四、卷二百五十五、卷二百六十至卷二百六十五、卷二百七十一、凡二百二十三卷。

卷中避宋諱,凡"玄、弦、炫、郎、敬、驚、警、竟、弘、殷、胤、匡、框、恒、貞、禎、楨、徵、曙、讓、構、購、溝、慎、敦、郭"等皆爲字不成。

每卷首題銜,惟列一朝之首卷,餘卷則無。卷中有"静江學係籍官書"朱文長印。陸心源推考曰:"静江府,宋屬廣南西路。静江路,元屬湖廣省即今廣西桂林府。不曰路學而曰静江學,蓋宋時静江學藏書也。"

卷中又有"長州顧仁效水東館攷藏圖籍私印"、"汪士鐘"、"汪士鐘藏"、"顧仁効印"、"陽山顧氏攷藏"、"歸安陸樹聲叔同父印"等印記。

卷六前有朱文木記,其文曰:"關借官書常加愛護,亦士大夫百行之一也。仍令司書明白□簿,一月一點,毋致久假,或損壞去失,依理追償,收匿者聞公議罰。"紀年下注干支二字。間附"音義"於本文。

陸心源《儀顧堂題跋》卷三著録此本并曰:

“《資治通鑑》二百九十四卷。每葉二十二行，每行十九字。小字雙行，版心有字數及刊板銜名。宋諱‘朗、匡、胤、殷、貞、敬、曙、徵、恒、佶’皆缺避，‘桓’字不缺，蓋徽宗時刊本也。間附音義於本文之下……則爲蜀廣都費氏進修堂本無疑。宋人所謂龍爪本者是也。自胡梅磵注行而史炤《釋文》遂微，然世尚有傳抄者。龍爪本則卷帙繁重，無人重刊，流傳益罕，誠希世之秘籍也。”

陸氏稱此本爲“蜀廣都費氏進修堂本”，宋徽宗年間刊。然細審全書，宋諱缺筆終於“慎”字，且卷六十八之末葉有刻刊牌記，其題式如次：

```
鄂州孟太師府三安撫
位刊梓於鵠山書院
```

則此本實係宋孝宗後鄂州鵠山書院覆刊宋蜀廣都費氏本。其中又有葉面文字微滯弱者，係元至元二十二年至二十八年（1285—1291年）福建翻蜀本配補。

傅增湘《藏園羣書經眼録》卷三著録此本并曰：

“此本北京圖書館亦藏殘本二部，爲内閣大庫物，行款皆同，字體一瘦勁一方整……余嘗以後本字畫板滯，頗疑其非宋刊，而無以證之。嗣在廠市購得《通鑑》序二葉，乃知實爲元至元二十二年至二十八年福建翻蜀本……”

【附録】據《商舶載來書目》記載，中御門天皇寶永七年（1710年）中國商船“志字號”載《資治通鑑》一部十八帙抵日本。

據《外船賚來書目》記載，桃園天皇寬延四年（1751年）中國商船“午字番”載《温公通鑑》一部凡十六帙一百五十六册抵日本。同書記載仁孝天皇弘化三年（1846年）中國商船“巳字號”載《資治通鑑》一部十六帙抵日本，此本標價一百二十目。同書記載仁孝天皇嘉永元年（1848年）中國商船“未二番”載《資治通鑑》廿包抵日本，此本標價五百匁，并注曰：“内四十

匁爲附加之分。”

桃園天皇寶曆四年（1754年）《舶來書籍大意書》著録《温公通鑑》六部，其釋文曰：

“兩部除本編外，又編入《釋文》、《辯誤》二種。其中一部十帙一百册，内脱紙二十九張，有二卷磨滅甚多；一部十六帙一百六十册，無脱紙。另一部除本編外，又編入《同録》、《甲子會紀》、《釋文》、《辨誤》、《宋元通鑑》五種，各十六帙一百六十册。其中，有兩部各脱紙九張，一部脱紙四十一張，有朱筆點，有蟲蛀蝕。”

據孝明天皇安政五年（1858年）《會所書籍輸入見帳》記載，是年有《資治通鑑》一部，投標價爲物屋一百八十一匁六分，本屋二百匁九分，本屋二百十三匁。

日本江户時代有青山延光手書《資治通鑑》一種，此本今存國會圖書館。

光格天皇寬政二年（1790年）江户醫學院刊印《資治通鑑》一百十八卷（自一百十八卷以下未能刊印）。此本仿元人胡三省注、明人陳仁錫校刊本。

仁孝天皇天保七年（1836年），津藩有造館刊印宋人司馬光編撰、元人胡三省音注《資治通鑑》二百九十四卷。此本由日人石川之褧、土井有恪等校訓。其後，此本有孝明天皇弘化四年（1847年）江户和泉屋金右衛門重印本，又有津山形屋傳右衛門重印本，又有孝明天皇嘉永二年（1849年）重修再印本等。

資治通鑑（殘本）一百五十五卷

（宋）司馬光撰
宋建安刊本　　共三十册
静嘉堂文庫藏本　　原陸心源皕宋樓等舊藏
【按】每半葉有界十一行，行二十一字。黑口，左右雙邊（20.7cm×13.0cm）。

是書二百九十四卷，此本今存一百四十九卷。卷目如次：卷十一至卷十五、卷三十七至卷四十二、卷四十五至卷四十七、卷五十一、卷五十二、卷七十三至卷七十九、卷八十八、卷八

十九、卷九十二至卷一百一、卷一百十至卷一百三十六、卷一百四十七至卷一百五十一、卷一百五十八至卷一百七十、卷一百七十三、卷一百七十四、卷一百八十八至卷二百、卷二百九至卷二百十六、卷二百二十五至卷二百二十九、卷二百三十四至卷二百三十七、卷二百四十至卷二百五十五、卷二百六十三至卷二百七十一、卷二百七十六、卷二百七十七、卷二百八十、卷二百八十一、卷二百八十四至卷二百九十四。

卷中宋諱避至"廓"字止。

全書卷末尾題次行(即卷二百九十四尾題)有"左文林郎知紹興府嵊縣丞臣季祐之校正"一行。

卷中有"汪士鐘印"、"閬源真賞"、"嚴蔚"、"希之"、"二酉齋藏書"、"吳郡欽叔家藏"、"萬卷堂圖書印"、"襄古閣藏"等印記。

傅增湘《藏園羣書經眼錄》卷三著錄此本并曰：

"陸心源題爲北宋刊本,實則余藏百納本《通鑑》中之大字建本也。廓字已缺筆,則付彫已在寧宗時矣。"

資治通鑑(殘本)二卷

(宋)司馬光撰

南宋鄂州孟大師府三安撫位鵠山書院刊本粘葉裝　　共四冊

東京大學東洋文化研究所藏本

【按】每半葉有界十一行,行十九字。注文小字雙行,行二十三字至二十五字。白口,左右雙邊(24.2cm×18cm)。版心有刻工姓名,如松、吳、陸、許、方、元、伸、文、昌、成等。

是書全二百九十四卷。此本今存卷一百四十九末第二十一葉及第二十二葉,卷一百五十首起二十四葉,然缺尾一葉。

前卷尾題"資治通鑑卷第一百四十九"。後卷首題"資治通鑑第一百五十",次行低二格題"梁紀六",下有雙行小字"起閼逢執徐盡旃蒙大荒落凡三年"。

卷中有"幼雨齋"、"小□和尚"等印記。

資治通鑑(殘本)二卷

(宋)司馬光撰

南宋鄂州孟大師府三安撫位鵠山書院刊本粘葉裝　共二冊

天理圖書館藏本

【按】此本與東京大學藏本爲同一刊本,題式行款皆同。今存卷七十五第十四葉至第二十四葉,卷七十六第一葉至第十一葉,凡二卷二十二葉。版心有刻工姓名,可辨者如伸、松、胡、儀、清、陸等。

卷中有"金菊子"等印記。

資治通鑑(殘本)一卷

(宋)司馬光撰　　(元)胡三省音注

元刊本　共一冊二十九葉

天理圖書館藏本

【按】每半葉有界十行,行二十字。小字雙行,行同正文。小黑口,四周雙邊(21.5cm×14cm)。版心著錄"通鑑三十三"。上象鼻處記大小字數,下記葉數,并有刻工姓名,如士行、仲美、付寶、付文德、伸續、子美、子行、子明、王仲仁、王伯玉、升高、智父、余敬中、余馬兒、虞以德、陵子華、吳可九等。

此本今存卷三十三,凡一卷二十九葉。

資治通鑑二百九十四卷　　考異三十卷

(宋)司馬光撰

明嘉靖二十四年(1545年)河汾孔天胤刊本

靜嘉堂文庫　尊經閣文庫　東京大學總合圖書館　御茶之水圖書館藏本

【按】每半葉有界十行,行二十字。白口,左右雙邊。每卷首葉版心有刻工姓名。

卷首有宋治平年間(1064—1067年)《資治通鑑事略》,次有溫公進《通鑑表》,次有明嘉靖乙巳(1545年)孔天胤《題辭》,次有《目錄》。

靜嘉堂文庫藏本,原係陸心源守先閣等舊藏,共八十冊。陸心源《儀顧堂續跋》卷六著錄静嘉堂文庫藏本，其《跋文》曰：

> "以元刊胡三省注本校一過，知胡本頗多奪落，而此本不奪。（舉例略）或疑所缺各字于文義無礙，當爲梅磵所删。然梅磵據紹興監本作注，刊本于紹興刊板諸臣銜名全載不删，豈有反删《通鑑》正文之理？蓋由卷帙繁重，校對不易耳。宋刊孤本僅存，世所通行皆胡梅磵注本。若非此本，安知胡注竟非全本乎！當與宋本同觀可也。惟中間每多剜改雙行及縮密痕跡。據孔天胤序，謂出唐荊州家宋刊。恐初刊時亦以胡注本繕刻，後得唐氏宋本，重爲校補，故不免有剜改痕迹耳。"

尊經閣文庫藏本，原係江户時代加賀藩主前田綱紀等舊藏，共八十八册。

東京大學總合圖書館藏本，原係江户時代紀州德川家南葵文庫等舊藏，共八十册。

御茶之水圖書館藏本，原係德富蘇峰成簣堂等舊藏，初刊初印本，白綿紙本，今存二百三十五卷，封面用日本江户時代初期産藍色紋樣紙，卷中有"讀杜草堂"等印記，共二十九册。

資治通鑑音注二百九十四卷　通鑑釋文辯誤十二卷

（宋）司馬光撰　（元）胡三省音注併辯誤

元刊明修本　共二百八十六册

静嘉堂文庫藏本　原李鹿山　汪士鐘　陸心源㿟宋樓等舊藏

【按】每半葉有界十行，行二十字。注文小字雙行。小黑口，左右雙邊（21cm×14cm）。版心著錄"通鑑（幾）"，記大小字數及葉數，并有刻工姓名，如丁士與、丁伯王、丁師吉、丁師禹、丁華甫、刁文、刁才、刁父、刁文質、子一、子求、子和、子明、子美、子通、士行、王子興、王仁父、王仁甫、王仲仁、王伯玉、王智夫、王曾夫、仁老、仁慈、午平、天賜、尤八、文西、文忠、文甫、文斌、文福、文質、文鎮、升高、兵文粲、付子勝、付仁、生老、正父、正卿、丘文、外秀、平山、以敬、以貴、以德、禾甫、必貴、任青甫、朱子付、朱子行、江公、江天其、江四如、江仲安、江仲寮、江仲績、江吉甫、江伯高、江伯海、江君吉、江君美、江君寔、江君裕、江志高、江叔度、江青甫、江青卿、江梅溪、江實父、江壽卿、仲仁、仲良、仲美、仲貴、仲績、仲賢、仲蔡、仲父、仲甫、希作、希孟、安堅、光于、余子共、余子恭、余平父、余仲容、余安齋、余君仲、余君亮、余嚴仲、余敬仲、吳己、吳升高、吳生老、吳可九、吳可久、吳昭甫、吳進甫、吳華甫、蕭于光、李子明、李永貞、李光奕、李光宇、李伯太、李真僧、辰希文、伯玉、伯英、伯海、伯高、伯興、君吉、君美、君明、克明、克昭、克敏、宗卿、宗海、老卿、叔安、叔意、叔彝、松青、青甫、屏山、若美、追甫、周寄方、周寄周、明時中、周第、姚君實、俞慈□、姥祖敬、胡仲昭、胡老卿、胡時中、范以貴、范成甫、范興宗、智文、智和、祖珍、祖敬、貢父、時中、凌善慶、席善珍、徐文、徐文卿、翁文忠、翁禔甫、連季仲、張希文、張伯興、張君茂、張良卿、張季文、張季祥、張和甫、張叔夷、張明甫、張漢卿、許漢卿、郭信德、陳七、陳子和、陳子厚、陳子華、陳文甫、陳以敬、陳以德、陳外秀、陳光甫、陳君忠、惟老、清甫、淳卿、善珍、善卿、善樂、達公、達父、雲海、馮永昌、黃子一、黃子益、黃子通、黃子應、黃升安、黃升貴、黃叔安、黃善珍、黃善卿、黃善敬、黃達天、黃德明、靖甫、義昌、義高、德明、德闓、德謙、實父、實賢、興子、興宗、興望、繼宗、葉文意、葉正卿、葉克明、葉杞宗、葉清甫、葉智和、葛秀甫、虞文甫、虞文斌、虞以德、虞君賜、虞良卿、虞智文、虞漢臣、詹宗海、詹慶二、劉二高、劉子仁、劉子明、劉子昭、劉伯把、劉允善、劉伯起、劉克明、劉義高、劉銓孫、蔡松青、蔡貢甫、蔡興子、鄭七才、魏祖敬等。

卷首有元代王磐《興文署新刊資治通鑑序》，次有司馬光《資治通鑑序》，次有御制《資治通鑑序》（此二序皆後人寫補）。又有元至元二十二年（1285年）胡三省《新注資治通鑑序》，題書"旃蒙作噩冬十有一月乙酉日長至，天臺胡三省身之父書于梅磵蟫居"。

本文首題"資治通鑑卷第一"。第二、三行低一格署"朝散大夫右諫議大夫權御史中丞充理檢使上護軍賜紫金魚袋臣司馬光奉勅編集"。第四行低八格署"後學天臺胡三省音注"。

全書卷尾(卷二百九十四末)有刊印文書凡七葉。

有宋元豐七年(1084年)十一月司馬光《進書表》,後列銜五名:

檢閲文字承事郎　臣司馬康

同修奉議郎　臣范祖禹

同修秘書丞　臣劉恕

同修尚書屯田員外郎充集賢校理　臣劉攽

編集端明殿學士兼翰林侍讀學士太中大夫　臣司馬光

次有《獎諭詔書》。

次有"元豐八年(1085年)九月十七日,準尚書省劄子　奉聖旨重行校定"文字一行。

次有"元祐元年(1086年)十月十四日奉聖旨下杭州鏤版"文字一行,後有列名十三名:

張耒、晁補之、宋匡躬、盛次仲、張舜民、孔武仲、黃庭堅、劉安世、司馬康、范祖禹、呂大防、李清臣、呂公著。

次有"紹興二年(1132年)七月一日兩浙東路提舉茶監司公使庫下紹興府餘姚縣刊板、紹興三年(1133年)十二月二十日畢工、印造進入"文字四行。後有列名六名:

邊智、常任俠、强公徹、石公憲、韓協、王然。

次有"校勘監視"列名二十九名:

婁諤、茹贊延、唐奕、婁時升、婁時敏、石袠、茹升、王惎、張綱、唐自、葉汝士、杜邦彦、錢移哲、陸宭、顧大治、呂克勤、張彦衝、朱國輔、杜綏、孫彬、王緺、薛鎰、桂祐之、晏肅、馮榮叔、晏敦臨、范仲將、徐端禮、張九成。

卷一百十二尾題内葉有"補刊曹愚"四字。卷一百十六至卷一百十九、卷二百四第五葉至第十九葉,皆係補配,紙質粗糙。卷二百七十二尾題後空二行刻"八月壬午起寫甲申徹卷"。

卷内有多處寫補。全卷有朱筆句點。

後附《通鑑釋文辯誤》十二卷,題署"天臺胡三省身之"。

卷中有"曾在李鹿山處","汪士鐘曾讀"、"長洲汪文琛鑑藏書畫印"及"看竹何須問主人"等印記。

陸心源《儀顧堂題跋》卷三推斷此本爲"元興文署槧"。其《跋文》曰:

"元至元二十七年正月立興文署,召集良工,刊刻諸經子史板本,以《通鑑》爲起端,爲胡梅磵注之祖本,亦元時官刊最善之本也。"

傅增湘《藏園羣書經眼録》卷三著録此本并曰:

"此書藏書家多有之,然往往失去王磐行書序,此本王序尚存,自足珍秘。第印工尚不及余家藏本之圓湛精勁,則爲時略晚,然以視明代印本相去天淵矣。"

資治通鑑音注二百九十四卷　附釋文辯誤十二卷

(宋)司馬光撰　　(元)胡三省音注　　(明)吳勉學校

明萬曆二十年(1592年)刊本

京都大學文學部　東京大學總合圖書館藏本

【按】京都大學藏本,原係昌平坂學問所、鈴木虎雄等舊藏,卷中有"昌平坂學問所"印記。

東京大學總合圖書館藏本,原係市村瓚次郎買入本覺廬文庫等舊藏,共一百册。

資治通鑑二百九十四卷　附釋文辯誤十二卷

(宋)司馬光撰　　(元)胡三省音注　　(明)張一桂等校

明新安俞氏刊本,共一百册

早稻田大學圖書館藏本　原下村正太郎下村文庫等舊藏

資治通鑑二百九十四卷　附前編十八卷　前編舉要一卷　首一卷

（宋）司馬光奉敕撰　（元）胡三省音注（明）吳勉學續校　《前編》（宋）金履祥撰（明）路進校輯　《首》（元）陳桱撰

明萬曆年間（1573—1620年）刊本　共一百三十四册

東京大學總合圖書館藏本

【按】此本卷第二十五、卷第一百八十用他本配補，石香齋藏版。

資治通鑑二百九十四卷

（宋）司馬光撰

明萬曆年間（1573—1620年）刊本

東京大學總合圖書館藏本　原江戶時代紀州德川家南葵文庫等舊藏

資治通鑑二百九十四卷

（宋）司馬光奉敕撰　（元）胡三省音注

明新安吳氏刊本　共一百三十五册

廣島市立淺野圖書館藏本

【按】卷首有陳干鼎《序》等

封面標注“新安吳氏刊本　崑山含經室詳校資治通鑑　本衙藏版”。

資治通鑑音注二百九十四卷

（宋）司馬光撰　（元）胡三省音注

明天啓五年（1625年）官刊本　共一百四十四册

宮內廳書陵部藏本

資治通鑑音注二百九十四卷

（宋）司馬光撰　（元）胡三省音注　（明）陳仁錫評

明天啓年間（1621—1627年）吳門金麟刊本

國會圖書館　静嘉堂文庫　東京大學東洋文化研究所　京都大學人文科學研究所東洋學文獻中心　大谷大學悠然樓　關西大學綜合圖書館泊園文庫　蓬左文庫藏本

【按】每半葉有界十行，行二十字。白口，四周單邊。

國會圖書館藏本　共一百十二册合四十六册。

静嘉堂文庫藏本，共七十一册。

東京大學藏本，原係大木幹一舊藏。

京都大學藏本，共一百五册。

大谷大學藏本，共一百四册。

關西大學藏本，原係江戶時代藤澤東畡、藤澤南陽、藤澤黃鵠、藤澤黃坡三世四代“泊園書院”舊藏。共九十四册。

蓬左文庫藏本，附劉義仲《問疑》一卷，併陳仁錫《釋例圖譜》一卷。

資治通鑑二百九十四卷　附釋例圖譜一卷　問疑一卷　目錄三十卷　考異三十卷　釋文辯誤十二卷　外紀十卷　目錄五卷　甲子會紀五卷

（宋）司馬光奉敕撰　《釋例》《外紀》（宋）劉恕撰　（元）胡三省音注并撰《釋文辯誤》　《甲子》（明）薛應旂撰

明萬曆年間（1573—1620年）刊本　共一百七十册

東京大學總合圖書館藏本　原係江戶時代紀州德川家南葵文庫等舊藏

資治通鑑音注二百九十四卷　目錄三十卷　資治通鑑外紀十卷　外紀目錄五卷　通鑑釋文辯誤十二卷　宋元通鑑一百五十七卷　甲子會紀五卷

（宋）司馬光撰　《外紀》（宋）劉恕撰　（元）胡三省音注併辯誤　《宋元》《甲子》（明）薛應旂撰　（明）陳仁錫評

明崇禎年間（1628—1644年）刊本

內閣文庫　東北大學附屬圖書館　茨城大學營文庫　大谷大學圖書館　福井市立圖書館藏本

【按】內閣文庫藏此同一刊本三部。一部原

係昌平坂學問所舊藏,《外紀》與《外紀目録》缺
佚。書箱上函蓋板内側有後桃園天皇安永五
年(1776年)從四位下行左近衛權少將兼讚岐
守臣源賴真手識文。金字楷書,文曰:"元禄四
年(1691年)大成殿新成,我祖從四位下左近
衛權少將賴常,仰體國家崇道之意,謹獻《資治
通鑑》全書,以表寸忱。壬辰(1712年)之春二
月,殿庫罹災,祭器經籍俱爲烏有。於是再取
前書,重加裝訂,標帙髹匣,一循舊制,敬納神
庫,以存繼述之意云。"上下兩函箱,共一百八
十册。一部原係楓山官庫舊藏,也缺《外紀》及
《目録》,共二百册。一部《外紀》用清刊補,共
一百五十六册。

東北大學藏本,原係狩野亨吉舊藏,共一百
五册。

茨城大學藏本,缺《通鑑目録》、《外紀》併《外
紀目録》,共一百一十二册。

大谷大學圖書館藏本,原係神田喜一郎(鬯
庵)等舊藏,昭和五十九年(1984年)由神田氏
家族贈送大谷大學。此書全帙一百六十二册。

福井市立圖書館藏此同一刊本兩部,一部今
缺《資治通鑑目録》三十卷,卷中有"圖書寮"朱
文長方印,又有"越國文庫"朱文方印,共一百
七十八册;一部今存《資治通鑑》本文卷第八十
三至卷第八十七、卷第九十至卷第九十二,《通
鑑釋文辯誤》卷第六至卷第九,卷中有"明道館
圖書記"朱文方印,又有"福井交同會章"朱文
方印,共四册。

資治通鑑音注二百九十四卷

(宋)司馬光撰　　(元)胡三省音注　　(明)陳
仁錫評閱
明末刊本
宮内廳書陵部　内閣文庫　東京大學總合
圖書館　京都大學附屬圖書館　早稻田大學
圖書館　新潟縣立新潟圖書館　金刀比羅宮
圖書館　福井市立圖書館　酒田市立光丘文
庫藏本

【按】宮内廳藏本,附《釋文辯誤》十二卷,共

一百五十六册。

内閣文庫藏此同一刊本四部。一部原係尾
張藩舊藏,共九十六册。一部原係昌平坂學問
所舊藏,共一百四十册。一部附《釋文辯誤》十
二卷,共七十八册。一部一百五十六册。

東京大學總合圖書館藏本,原係江户時代紀
州德川家南葵文庫等舊藏。此本今缺卷第六
十一至卷第六十三、卷第一百二十八至卷第一
百三十、卷第一百五十九至卷第一百六十一,
實存二百八十五卷。此外,卷第九十八、卷第
一百八十八、卷第一百八十九、卷第一百九十
九、卷第二百三十八、卷第二百七十九至卷第
二百八十二,凡此九卷用他本配補,全帙共一
百八册。

京都大學藏本,附《資治通鑑外紀》十卷、《外
紀目録》五卷併《通鑑釋文辯誤》十二卷。共一
百二十册。

早稻田大學圖書館藏本,原係服部南郭家服
部文庫等舊藏,共一百四十册。

新潟圖書館藏本,卷九十七至卷一百二、卷
一百二十五至卷一百四十二、卷二百五十四、
卷二百五十六至卷二百六十八缺佚,實存二百
五十六卷。

金刀比羅宮藏本,原係林氏讀耕齋、別當金
光院等舊藏。卷一、卷二、卷三十七至卷三十
九缺佚,實存二百八十九卷。

資治通鑑音注二百九十四卷　宋元資治通鑑六十四卷

(宋)司馬光撰　　(元)胡三省音注　《宋元》
(明)王宗沐撰
明崇禎十年(1637年)序刊本　共一百六十
册
米澤市立圖書館藏本　原係江户時代米澤
藩等舊藏

資治通鑑目録三十卷

(宋)司馬光撰
明崇禎年間(1628—1644年)刊本

内閣文庫　静嘉堂文庫　蓬左文庫　京都大學　大谷大學悠然樓藏本

【按】每半葉有界八行,行十九字。白口,四周單邊。

内閣文庫藏此同一刊本四部。兩部皆係原昌平坂學問所舊藏,各二十册。一部原係尾張藩舊藏,共十二册。一部原係江户時代林氏大學頭家舊藏,共二十二册。

静嘉堂文庫藏本,原係陸心源十萬卷樓等舊藏,共十册。

蓬左文庫藏本,附《釋例圖譜》一卷,併《問疑》一卷。

京都大學藏此同一刊本兩部。一部今存文學部,附《釋文辯誤》十二卷,共二十四册。一部今存人文科學研究所東洋學文獻中心,共十六册。

大谷大學藏本,附《釋例圖譜》一卷,併《問疑》一卷,共十六册。

資治通鑑考異三十卷

(宋)司馬光撰

宋孝宗年間(1163—1189 年)閩中坊刊本共十二册

静嘉堂文庫藏本　原陸心源皕宋樓等舊藏

【按】每半葉有界十一行,行十九字或二十字。注文小字行二十三字左右。小黑口,左右雙邊(20.0cm×13.0cm)。版心有大小字數,并記刻工姓名。如德先、姜天名、張新立、余元甫等。

卷中如"楚王殷"之"殷"、"蹇朗"之"朗"、"王匡"之"匡"、"楊思晶"之"晶"、"楊慎矜"之"慎"、"構異謀"之"構"等字,有缺筆有不缺筆。字體與三山蔡氏所刻《陸狀元通鑑》相近,且多破體,當爲宋孝宗時代福建坊刻本。

卷中有"郁泰峰己亥所收書"、"吴句驤印"、"歸安陸樹聲叔桐父印"、"歸安陸樹聲所見金石書畫記"等印記。

陸心源《儀顧堂題跋》卷三著錄此本。

資治通鑑考異三十卷

(宋)司馬光撰

明嘉靖年間(1522—1566 年)刊本　共八册

静嘉堂文庫藏本　原陸心源十萬卷樓等舊藏

【按】每半葉有界十行,行二十字。白口,左右雙邊。版心無字數,亦無刻工姓名。

資治通鑑考異三十卷

(宋)司馬光撰

明萬曆十四年(1586 年)刊本　共四册

内閣文庫　　静嘉堂文庫藏本

【按】每半葉有界十行,行二十字。白口,左右雙邊。版心刻"萬曆十四年",并有字數及刻工姓名。

内閣文庫藏本,原係江户時代林氏大學頭家舊藏。

静嘉堂文庫藏本,原係陸心源十萬卷樓等舊藏。

資治通鑑考異三十卷

(宋)司馬光撰

明刊本　共八册

内閣文庫藏本

資治通鑑考異三十卷

(宋)司馬光撰

明刊本　共十册

京都大學文學部藏本　原係桑原隲藏等舊藏

資治通鑑考異三十卷

(宋)司馬光撰

明刊本

蓬左文庫藏本

入注附音資治通鑑外紀（入注附音司馬温公資治通鑑詳節）一百卷　附外紀四卷

（宋）司馬光撰

元刊本　共十六册

内閣文庫藏本　原林羅山　昌平坂學問所等舊藏

【按】每半葉有界十四行，行二十三字。注文雙行，行約二十五字。細黑口，左右雙邊。烏絲外標題，版心記字數。

卷首有宋神宗《御製資治通鑑序》、《獎諭詔書》、《進通鑑表》、司馬光《序》等，并《歷代帝王圖》及《目録》。正文卷首題“入注附音資治通鑑外紀卷之一”。卷末題“入注附音司馬温公資治通鑑詳節”。

《目録》後有刊行識文曰：

“以明州元本摹寫刊行，仍參監中正本校定，詳而不泛，簡而不遺，事之始末可以精究，誠有益學者，與他本大有逕庭，伏幸聰悉，本堂謹咨。”

卷中有“林氏藏書”、“海南秋月”、“江雲渭樹”等印記。

森立之《經籍訪古志》卷三著録此本。

是書各家著録皆不收，既非《詳節》，亦非《陸狀元通鑑》，文中有史論、考異、音釋等。

資治通鑑外紀十卷　目録五卷

（宋）劉恕撰

明刊本　共六册

内閣文庫　蓬左文庫　静嘉堂文庫藏本

【按】内閣文庫藏本，原係林羅山等舊藏，係江户時代林羅山手校手跋本，卷中有“江雲渭樹”等印記。

蓬左文庫藏本，原係江户時代尾張藩主家舊藏。

静嘉堂文庫藏本，原係陸心源十萬卷樓等舊藏。

資治通鑑外紀目録五卷

（宋）劉恕撰

明刊本

東京大學東洋文化研究所藏本

資治通鑑外紀八卷　目録五卷

（宋）劉恕撰

明崇禎年間（1628—1644 年）刊本　共八册

尊經閣文庫藏本

資治通鑑釋文三十卷

（宋）史炤撰

宋建安刊本　共十二册

静嘉堂文庫藏本　原查慎行　黄丕烈　陸心源皕宋樓等舊藏

【按】每半葉有界十二行，行二十二字左右。小字雙行，行三十字左右。細黑口，四周雙邊（20.4cm×12.7cm）。版心記大小字數。

卷前有宋紹興三十年（1160 年）三月左朝散郎權發遣黎州軍州主管學事縉雲馮時行《序》。

此本即《百宋一廛賦》中所謂“見可釋鑑，音訓是優，被抑身之，耽與闢幽，行明字繟，終卷無修”者。陸心源推斷爲“宋刊宋印本”。

卷中有避宋諱者，如卷第一（周紀一）“威公”下有“桓”字，注曰“犯宋孝慈淵聖御名”；卷十七（梁紀二十二）“欽宗帝”下注“敬”字曰“犯翼祖廟諱，今改作欽”等。

卷末有清嘉慶己卯（1819 年）仲春琴水人桐生手識文。

卷中有“宋本”、“平陽汪氏藏書印”、“汪士鐘印”、“士鐘”、“閬源父”、“三十五峰園主人”、“田耕堂藏”、“泰峰審定”、“醒齋真鑒”、“南書房史官”、“十萬卷樓”、“海寧查慎行字夏重又曰悔餘”、“存齋讀過”、“存齋四十五歲小像戊寅二月某石并刊”、“歸安陸樹聲叔桐父印”等印記。

傅增湘《藏園羣書經眼録》卷三著録此本并曰：

"此書小字刊印頗精,惟序後有挖補之跡,豈有元時牌子耶!"

資治通鑑釋文三十卷

(宋)史炤撰

明刊本

東京大學東洋文化研究所藏本

通鑑釋文辯誤十二卷

(元)胡三省撰 (明)陳仁錫校

明萬曆十五年(1587年)刊本 共四册

御茶之水圖書館藏本,原係德富蘇峰成簣堂等舊藏

【按】每半葉有界十行,行二十字,白口,左右雙邊。

各册外題,皆爲明治時代著名漢學家□添□手筆,只一册首和書帙外封,則係德富蘇峰手筆。

卷中有"鳥居家藏"朱文大型印記。

通鑑釋文辯誤十二卷

(元)胡三省撰 (明)陳仁錫 吳中珩校

明天啓五年(1625年)序刊本 共四册

國會圖書館 內閣文庫 東洋文庫 蓬左文庫 静嘉堂文庫 東京大學東洋文化研究所 關西大學綜合圖書館泊園文庫 大谷大學悠然樓 金刀比羅宫圖書館藏本

【按】每半葉有界十行,行二十字。白口,四周單邊。

此本卷一至卷四爲陳仁錫校,卷五至卷十二爲吳中珩校。

國會圖書館藏本,原四册,今合爲一册。

內閣文庫藏此同一刊三部。一部原係尾張藩舊藏;一部原係昌平坂學問所舊藏;一部原係楓山官庫舊藏。

關西大學藏本,原係江户時代藤澤東畡、藤澤南陽、藤澤黄鵠、藤澤黄坡三世四代"泊園書院"舊藏。

金刀比羅宫藏本,原係林氏讀耕齋、別當金

刀院舊藏。

通鑑釋文辯誤十二卷

(元)胡三省撰 (明)陳仁錫校

明刊本 共三册

內閣文庫藏本 原江户時代林羅山等羅藏

【按】此本係林羅山手校本。卷中有"江雲渭樹"等印記。

通鑑釋文辯誤十二卷

(元)胡三省撰 (明)吳勉學校

明刊本 共三册

東洋文庫藏本

通鑑地理通釋十四卷

(宋)王應麟撰

元刊明正德年間(1506—1521年)補修本

東京大學東洋文化研究所藏本 原大木幹一舊藏

【按】每半葉有界十行,行二十字。原刊黑口,補修葉白口,左右雙邊。

此本除明正德年間補修外,卷中間有後人寫補。

通鑑地理通釋十四卷

(宋)王應麟撰

明崇禎年間(1628—1644年)刊本 共四册

尊經閣文庫藏本

少微通鑑節要五十卷 續編三十卷 外紀四卷

(宋)江贄撰 《續編》不著撰人姓氏 《外紀》(宋)劉恕撰

明正德九年(1434年)司禮監刊本

宫內廳書陵部 內閣文庫 京都大學人文科學研究所東洋學文獻中心 御茶之水圖書館藏本

【按】每半葉有界九行,行十五字。黑口,四周雙邊。

卷首有明武宗《御製序文》。

宮內廳藏本，卷首有"廣運之寶"印記，每冊首有"明倫館印"印記及"德藩藏書"印記。此本係德山藩第三代藩主毛利元次廣收"天下秘籍"之一種。東山天皇寶永三年（1706年）《御書物目錄》著錄此本，明治二十九年（1896年）男爵毛利元功獻贈宮內省。共四十冊。

內閣文庫藏本　無《續編》，原係昌平坂學問所舊藏。共二十六冊。

京都大學藏本，共二十冊。

御茶之水圖書館藏此同一刊本三部，一部今缺《節要》卷第六、卷第七、卷第八，並缺《續編》三十卷。白綿紙本，封面用朝鮮產古紙，共十八冊；一部今缺《外紀》四卷，卷中有"廣運之寶"朱文大型印記，封面用朝鮮產黃色紋樣紙，卷二之首有明治四十三年（1910年）德富蘇峰手識文，共二十九冊；一部原係朝鮮宣祖朝名士洪桂元等舊藏，卷中亦有"廣運之寶"朱文大型印記，《外紀》卷首和卷尾，又有德富蘇峰手識文，共二十五冊。

少微家塾點校附音通鑑節要五十卷

（宋）江贄撰　史炤音釋　王逢輯義　（明）劉剡校

明宣德三年（1428年）翠巖精舍刊本

內閣文庫　御茶之水圖書館藏本

【按】每半葉有界十四行，行二十一字。小字雙行。黑口，四周雙邊。

目錄前行題"眉山史炤音釋"、"鄱陽王逢輯義"、"京兆劉剡增校"。

卷前有宋嘉熙丁酉（1237年）良月朔迪功郎新邵武縣南尉巡捉私茶鹽礬私鑄銅器兼催綱江鎔序。

內閣文庫藏本　共七冊。

御茶之水圖書館藏本，原德富蘇峰舊藏，此本今存十一卷。

（新刊翰林考正綱目批點音釋）少微通鑑節要會成二十卷　首卷一首

（宋）江贄撰

明萬曆十六年（1588年）張氏新賢堂刊本共七冊

蓬左文庫　陽明文庫藏本

【按】每半葉有界十二行，行二十六字。白口，四周單邊。

蓬左文庫藏本，原係江戶時代第一代大將軍德川家康舊藏，後賞賜予其子尾張藩主，世稱"駿河御讓本"，卷中有"御本"印記，共七冊。

陽明文庫藏本，原係江戶時代近衛家熙等舊藏，此本今缺卷十八至卷二十，實存十七卷，共七冊。

夢松軒訂正綱鑑玉衡七十二卷　首卷一卷

（宋）劉恕等撰

明崇禎十年（1637年）閩潭劉氏刊本　共三十二冊

蓬左文庫藏本

【按】每半葉有界十二行，行二十五字。白口，四周單邊。

陸狀元集百家注資治通鑑詳節一百二十卷

（宋）陸唐老集注

宋寧宗年間（1195—1224年）蔡建侯刊本共四十八冊

靜嘉堂文庫藏本　原嚴元照、張秋月夫妻陸心源皕宋樓等舊藏

【按】每半葉有界十三行，行二十三字。白口，左右雙邊（18.9cm × 12.9cm）。

前有神宗皇帝《御製序》，次有《獎諭詔書》，次有宋元豐七年（1084年）十一月溫公《資治通鑑表》，題署"端明殿學士兼翰林侍讀學士、太中大夫、提舉西京嵩山崇福宮、上柱國、河內郡開國公食邑二千六百戶食實封一千戶臣司馬光上表"。此《表》後有列銜五名：

檢閱文字、承事郎　臣　司馬康

同修、奉議郎　臣　范祖禹

同修、秘書丞　臣　劉恕

同修、尚書、屯田員外郎充集賢校理

　　臣　劉攽

編集、端明殿學士兼翰林侍讀學士、太
中大夫 臣 司馬光

此列銜後有釋名文字四行：

"康字公休，溫公之子，官至侍講正言。
祖禹字淳甫，成都人，官至翰林學士。
恕字道原，著《外紀》者。
放字貢父，官至屯田員外郎。"

後又有《溫公親節資治通鑑序》，次有宋元豐
元年（1078 年）八月日京兆劉恕道原《外紀
序》，次有宋元豐元年十月日司馬光《外紀序》，
次有宋紹興三十年（1160 年）三月日馮時行
《通鑑釋文序》，題書"左朝散郎、權發遣黎州軍
州主管學事縉雲馮時行序"。《序》後有"新又
新"三字陽文香爐形印記，又有"桂室"二字陽
文爵形印記。次有《叙撰十七史人姓氏》，次有
《叙注十七史人姓氏》，《姓氏》後有"蔡氏家塾
校正"六字木記。次有《增修陸狀元集百家注
資治通鑑詳節目錄》，題書"會稽陸唐老集注，
建安蔡子文校正。"

據《百宋一廛賦》注云："孫尚書內簡尺牘十
六卷目後有'蔡氏家塾校正'六字。予向有趙
靈均校元本，首有鈔補序一通云，慶元三祀閏
餘之月，梅山蔡建侯行父謹序"云云，則可推斷
此本係宋寧宗年間蔡建侯刊本。

卷中避宋諱，凡"玄、朗、匡、殷、胤、炫、儆、
愍、恒、禎、貞、徵、癥、曙、樹、旭、勖、佶、桓、完、
構、慎、惇、郭、廓"等字皆缺筆。

此本卷九、卷十及卷十一首數葉、卷二十五、
卷三十，皆係後人寫補。卷二十三至卷三十，
卷八十五至卷九十三，皆以另外刊本刓改後補
配。

是書《四庫》不著錄。目錄如次：

卷一 看通鑑法
卷二 通鑑總例 通鑑圖譜
卷三至卷五 通鑑舉要歷
卷六至卷十二 通鑑君臣事實分紀
卷十三至卷十六 通鑑外紀
卷十七至卷一百二十 資治通鑑
卷末有清乾隆十年（1745 年）收藏者手識文

（未署姓名）。文曰：

"前年謁外舅陳宋齋先生，坐次譚及海
內藏書家。先生言其故人馬寒中購書不遺
餘力，嘗過龍山查氏，見案頭有宋槧陸狀元
《通鑑詳節》一書（後有小字雙行：即海昌陳
太常廣野先生所藏），并顏魯公《祭姪文》，百
計購之不可得，怏怏不樂。後查氏謀葬其
親，所卜吉壤，則馬氏田也。寒中覘知之，大
喜曰：書可得矣。即詣查氏陳說效祊田之
易。田凡十畝，書券盡付焉。查氏始許諾，
寒中抱書帖疾歸，若惟恐其中悔也。蓋其篤
好如此，余時心識之。後數年，寒中後人浼
其友倪君東銘，攜書數十種來售於余。覽其
目，則《通鑑詳節》及《祭姪文》在焉。急取視
之，覺古香古色，自來妮人，愛不能舍，乃勉
爲購之。回憶外舅所述，備書於卷尾，以見
此書之流轉而入余手爲可慶也。書中卷帙
間有缺處，用別版本填補之。鈔補者百三十
九葉。檢目錄細勘，并取汲古閣刊本較對，
確爲完書。第當時此書凡有數本，其分卷小
有不同，故所補數卷，每於首帙標題，有鏟削
填寫處，要不足爲此書病耳。倪君所攜書，
余購十餘種，尚有宋刻李肇《翰林志》、李誠
《營造法式》及薛尚功手書《鐘鼎款式》樣本
真迹，皆驚心動魄之書也。緣索價太昂，余
力不能多及，姑還之。今《翰林志》二書，歸
涉周張氏；薛書《鐘鼎》本，則爲桐溪汪公晋
賢所得。過眼烟雲，令人戀戀，并附記於後。
時乾隆十年仲秋重裝。"

卷中有"雲林倪氏家藏"、"袁又愷曾觀"、"太
子太保傅文穆公家藏圖書"、"華吕際印"、"嚴
氏修能"、"張氏秋月字香修一字幼憐"、"香
修"、"芳椒堂印"、"汪士鐘印"、"汪士鐘藏"、
"閬源甫"、"王氏子貞"、"青蘿"、"臣陸樹聲"、
"歸安陸樹聲藏書之印"、"歸安陸樹聲叔桐父
印"等印記。陸心源《儀顧堂續跋》卷六著錄此
本并曰：

"其書以《外紀通鑑》爲本而略有刪節，
故曰詳節。所採議論有胡曰者，胡致堂《讀

史管見》也；有稱吕曰者，東萊《大事記》也；有稱林曰者，林拙齋《通鑑論斷》也；有稱戴曰者，戴少望《通鑑抄》也；有稱陳曰者，陳君舉《止齋論祖》也，而姓氏中漏刊止齋名。音訓則用史炤《釋文》。每條皆注出處，每卷後附考異。體例尚善，勝於奉綱目爲春秋者。惟每卷各列人名，有一人而十數見者，未免兔園册習氣耳。案，陸唐老，諸暨人，紹熙元年進士。建安蔡氏喜刻書，乾道中，蔡夢弼字傅卿者，曾刊《史記》一百三十卷，又刊杜工部《草堂詩箋》，輯《草堂詩話》。此蔡氏不署名，考宋刊孫尚書《内簡尺牘》目後有‘蔡氏家塾校正’六字，前有慶元三祀梅山蔡建侯行父序。見《百宋一廛賦》注。慶元爲寧宗年號，則此書亦行父所刊歟！提要附存目所據之本，題《增節音注資治通鑑》，蓋與此本不同。”

陸狀元集百家注資治通鑑詳節一百二十卷

（宋）陸唐老集注　蔡文子校正
南宋麻沙刊本　共三十二册
静嘉堂文庫藏本　原陸心源等舊藏

【按】卷第一至卷第十六，每半頁有界十四行，卷第十七至卷末，每半頁有界十三行，行皆二十二字左右，小字雙行，行二十六字左右。黑口，左右雙邊（17.7cm×12.6cm）。版心記大小字數。

卷首有宋神宗皇帝《御製序》，次有《獎諭詔書》，次有宋元豐七年（1084年）十一月司馬光《進資治通鑑表》，題書“端明殿學士兼翰林侍讀學士、太中大夫、提舉西京嵩山崇福宫、上柱國、河内郡開國公食邑二千六百户、食實封一千户臣司馬光上表”。此表之末，有諸臣列銜，文曰：

檢閲文字、承事郎　臣　司馬康
同修、奉議郎　臣　范祖禹
同修、秘書丞　臣　劉恕
同修、尚書屯田員外郎充集賢院校理
　臣　劉攽

編集、端明殿學士兼翰林學士太中大夫
　臣　司馬光

康字公休，温公之子，官至侍講正言。
祖禹字淳甫，成都人，官至翰林學士。
恕字道原，著《外紀》者。
攽字貢父，官至屯田員外郎。

又有《温公親節資治通鑑序》，次有宋元豐元年（1078年）八月劉秘丞《外紀序》，次有元豐六年十月司馬光《外紀序》，次有宋紹興三十年（1160年）三月左朝散郎權發遣黎州軍州主管學事縉雲馮時行《通鑑釋文序》，次有《叙撰十七史人姓氏》，次有《叙注十七史人姓氏》，次有《增修陸狀元集百家注資治通鑑詳節目録》，題書“會稽陸唐老集注、建安蔡子文校正”。

卷中避宋諱，凡“朗、殷、匡、貞、恒、桓、慎、構”等字皆缺筆。

卷中有“曹廣心之印”，“夢華齋珍賞”、“《顔氏家訓》曰：借人典籍皆須愛護，先有缺壞就爲補治，此亦士大夫百行之一，或有狼藉几案、分散部帙，多爲童幼婢妾所點污，風雨犬鼠所毁傷，實爲累德”、“歸安陸樹聲叔桐父印”、“臣陸樹聲”等印記。

陸心源《儀顧堂續跋》卷六著録此本并曰：

“《陸狀元集百家注通鑑詳節》一百二十卷。次行題會稽陸唐老集注，三行題建安蔡文子校正。卷十六以前，每葉二十四行，每行十九字。卷十七以後，每葉二十六行，每行二十二字。小字雙行。餘皆與宋刊蔡氏家塾本同，字多破體，間有删削，不及家塾本之善。惟《舉要歷》末家塾本‘宋興億萬斯年’，此本則云‘聖宋億萬斯年’。卷百二十《周世宗紀下》語及宋太祖，皆提行。宋諱有缺有不缺。麻沙坊刊多如此。蓋宋季麻沙坊翻刊，非元刊也。蔡文子字行之，著有袁氏《通鑑紀事本末撮要》。見《百宋一廛賦》注。”

增修陸狀元集百家注資治通鑑詳節（殘本）六卷

（宋）陸唐老集注

宋刊元修本

東京大學東洋文化研究所藏本

【按】每半葉有界十四行,行二十三字。注文行二十六字左右。細黑口,左右雙邊。此本今存卷第一至卷第六。

陸狀元增節音注精義資治通鑑一百二十卷　目三卷

(宋)陸唐老編　(明)毛晋校

明毛氏汲古閣刊本

內閣文庫　尊經閣文庫　滋賀大學附屬圖書館　無窮會天淵文庫藏本

【按】每半葉有界八行,行十七字。白口,左右雙邊。版心刻"汲古閣"三字。

卷首有《監本資治通鑑序》,次有宋神宗《御製資治通鑑序》,次有《總例》,次有《目録》等。

內閣文庫藏此同一刊本兩部。一部原係豐後佐伯藩主毛利高標等舊藏,一部原係楓山官庫舊藏,皆各四十册。

尊經閣文庫藏本,共五十册。

兹賀大學藏本,誤題録"宋刊本",共四十册。

無窮會藏本,書目誤題"資治通鑑一百二十卷"。共六十二册。

皇朝編年備要(宋九朝編年備要)二十五卷　補刊編年備要五卷

(宋)陳均編撰

宋紹定年間(1228—1233年)刊本　日本重要文化財　共三十册

静嘉堂文庫藏本　原袁壽階　嚴豹人　汪士鐘　黃丕烈等舊藏

【按】每半葉有界八行,每行十六字。小字雙行,每行二十四字。黑口,四周單邊。

前有陳均《自序》、宋紹定二年(1229年)三月辛卯真德秀《序》、同年(己丑)中秋鄭性之《序》、同年冬十一月林岊《序》。此四《序》皆爲行書字體。

《序》後《凡例》。題《皇朝編年備要參用凡例》。分"正例"六則,凡"災祥"、"沿革"、"號令"、"征伐"、"殺生"、"除拜";"雜例"九則,凡"行幸"、"賜宴"、"繕修"、"郊祠"、"賞賜"、"進書"、"振邮"、"蠻夷朝貢"、"蠻夷君長死立"。

《凡例》後"引用書目",題《皇朝編年綱目備要引用諸書》。次"目録",題《皇朝編年綱目備要目録》,列目録至第二十五卷止。補刊五卷無目(卷二十六至卷二十九爲徽宗卷,卷三十爲欽宗卷)。每代帝王皆頂格,干支紀年以橢圓白文以别之。目後第四行有"已後五卷見成出售"一行。

卷中避宋諱,凡遇"匡、義、貞、弱、桓、構、購、慎"等字皆闕筆。

正文首行題"皇朝編年綱目備要卷第幾",補刊正文首行題"九朝編年備要卷第幾"。

卷中有"嚴蔚"、"二酉齋藏書"、"黃丕烈"、"蕘夫"、"汪士鐘"、"閬源真賞"等篆文印記。

此本即《百宋一廛賦》中所謂"莆田編年,始末九朝"者。

此本已被日本"文化財審議委員會"確認爲"日本重要文化財"。

(東萊先生音注)唐鑑二十四卷

(宋)范祖禹撰　吕祖謙注

明末刊本　共四册

御茶之水圖書館藏本　原德富蘇峰成簣堂等舊藏

【按】每半葉有界九行,行十八字,注文雙行,左右雙邊。

此本初刊初印本,版刻精美,書帙外題爲德富蘇峰手筆

卷中有"静外草堂藏本"等印記。

【附録】日本靈元天皇寬文九年(1669年)京都風月莊左衛門刊印《東萊先生音注唐鑑》二十四卷,其後,此本有孝明天皇嘉永六年(1853年)出雲寺萬次郎重刊本。

東山天皇元禄十五年(1702年)彌生吉旦撰《倭版書籍考》,卷四著録《唐鑑》二十四卷,其釋文曰:"宋人范祖禹作,吕東萊音注。舉唐代故事,以爲後世王者之鑑。程伊川稱此爲'美

書'者。"

仁孝天皇天保十五年(1844年)樅山精一(堯陳)撰《官版書籍解題略》,其卷上"史部"著録《唐鑑》二十四卷,其釋文曰:

　　"是書乃宋人范祖禹撰,吕祖謙音注。祖禹字淳父,華陽人,嘉祐八年進士,歷官龍圖閣學士。治平中,司馬光奉敕修纂《通鑑》,祖禹爲編修官,分掌唐史,以其所得之史料纂成此書。上自高祖,下迄昭宣,撮取大綱,繫以論斷,爲十二卷,元祐初上表進呈。後祖謙作注,分爲二十四卷。據《貴耳集》云,高宗與講官言,讀《資治通鑑》,知司馬光有宰相之度量;讀《唐鑑》,則知范祖禹有臺諫之手段。"

皇王大紀八十卷

(宋)胡宏撰

明萬曆三十九年(1611年)高安陳邦瞻刊本

宮内廳書陵部　國會圖書館　内閣文庫　静嘉堂文庫　尊經閣文庫　天理圖書館　蓬左文庫藏本

【按】每半葉有界十行,行二十字。白口,四周雙邊(21.5cm×13.5cm)。版心著録"皇王大紀(卷數)",下記葉數,并有刻工姓名,如李九、黄啓、山、李十、楊淮、張照、周期、江甫、張元、王穴、張祐、游成等。

卷首有明萬曆辛亥歲(1161年)季冬陳邦瞻《序》,次宋紹興重光作噩(1141年)夏四月朔胡宏《自序》,次宋咸淳甲戌(1274年)重九日董楷《跋》。

宮内廳藏本,共十二册。

國會圖書館藏本,共十七册合七册。

内閣文庫藏此同一刊本三部。一部原係楓山官庫舊藏,共二十四册。一部原係江户時代林羅山舊藏,卷中有"江雲渭樹"印記,共十二册。一部原係高野山釋迦文殊院舊藏,共十册。

静嘉堂文庫藏本,共十六册。

尊經閣文庫藏本,共十六册。

天理圖書館藏本,卷中有"桑名文庫"、"白河文庫"、"立教館圖書印"等印記,共八册。

蓬左文庫藏本,係江户時代尾張藩於明正天皇寬永十四年(1637年)從中國購入,卷中有"尾陽内庫"印記。

大事記十二卷　通釋三卷　解題十二卷

(宋)吕祖謙撰

明初刊本　共九册

内閣文庫藏本　原江户時代林氏大學頭家昌平坂學問所等舊藏

【按】每半葉十行,行二十一字。黑口,四周雙邊。

卷首有宋淳熙七年(1180年)吕祖謙伯恭《自序》。正文卷首題"大事記卷第一",下署"東萊吕祖謙伯恭"。《解題》卷末有同校正鄭應奇、李安詩、郁雲、周浩然四人列銜,并有宋嘉定壬申(1212年)東陽李大有《跋》。

卷首有"林氏藏書"、"林氏傳家圖書"等印記。

森立之《經籍訪古志》卷三著録昌平學藏明刊本《大事記》,即此本。然"十二卷"誤題"二十卷"。

大事記十二卷　通釋三卷　解題十二卷

(宋)吕祖謙撰

明刊本　共二十二册

尊經閣文庫藏本

吕東萊先生大事記十二卷　通釋三卷　解題十二卷

(宋)吕祖謙撰　(明)阮元聲　吳國琦校

明末刊本　共十册

内閣文庫藏本　原楓山官庫等舊藏

【附録】據《外船書籍元帳》記載,仁孝天皇天保十二年(1841年)中國商船"丑六番"載《吕東萊大事記》五部,每部十六册,抵日本,此書每本標價八十匁。同書記載,仁孝天皇弘化年(1847年)中國商船"午五番"載《吕氏大事記》

十部,每部二包抵日本。此書每本標價二十
匁。同書記載孝明天皇嘉永元年(1848年)中
國商船"申二番"載《呂氏大事記》三部,每部二
包抵日本。此書每本標價二十匁。同書記載,
孝明天皇嘉永二年(1849年)中國商船"酉三
番"載《呂氏大事記》一部二包抵日本,此本標
價二十匁。

據仁孝天皇天保十四年(1843年)《會所書
籍輸入見帳》記載,是年有《呂東萊大事記》廿
八部,注曰:"每部十六册,宋東萊呂祖謙伯恭
選,中本,新白紙摺本,中字、小字。"每部投標
價爲今村屋四十八匁,永井五十五匁,永見屋
五十八匁五分。

資治通鑑綱目五十九卷

(宋)朱熹撰
元末明初刊本　共二十六册
宫内廳書陵部藏本　原妙覺寺等舊藏

【按】每半葉有界十二行,行十八字。注文雙
行,行二十二字。黑口,四周雙邊(24.3cm ×
15.7cm)。

卷中相間配以元人王幼學《集覽》。又卷一
至卷四,卷七、卷八、卷四十六大部分,皆係後
人寫補。

每卷首有"妙覺寺常住日典"朱文印。

【附録】據《商舶載來書目》記載,中御門天皇
享保十一年(1726年),中國商船"曾字號"載
《通鑑綱目》一部十四帙抵日本。

據《外船齎來書目》記載,桃園天皇寬延四年
(1751年),中國商船"午字號"載《通鑑綱目》
一部十二帙一百二十册抵日本。

據《外船書籍元帳》記載,仁孝天皇天保十二
年(1841年)中國商船"丑二番"(船主沈耘)載
《通鑑綱目》一部十二帙抵日本,此本標價七十
匁。同書記載孝明天皇嘉永二年(1849年)中
國商船"酉三番"載《通鑑綱目》一部十六帙抵
日本,此本標價一百二十匁。

東山天皇元禄十五年(1702年)彌生吉且撰
《倭版書籍考》,卷四著録《資治通鑑綱目》,其

釋文曰:

"此本爲陳仁錫評閱本,大字本,一百十
册。'正編'五十九卷,朱子所撰,朱子因温
公之《資治通鑑》、《通鑑目録》并《通鑑舉要
曆》、胡文定公《綱目舉要補遺》四種,别立義
例,始自戰國,下止五代,記一千三百六十二
年事,書成於朱子四十三年,自爲之序。大
明成化天子,又御製序文。《綱目前編》二十
五卷,明萬曆中,渭上南軒依金仁《通鑑綱目
前編》所作。"

桃園天皇寶曆四年(1754年)《舶來書籍大
意書》著録《通鑑綱目》一部,其釋文曰:

"一部十二帙一百七册,脱紙十七張,卷
二十七之末,脱紙張數不知。是書自伏羲氏
至周威烈王二十三年,由南軒編纂爲《前
編》;自周威烈王二十三年至後周世宗顯德
六年,由朱子編纂爲《本編》;自宋太祖建隆
元年至元順帝至正二十三年,由商輅編纂爲
《續編》。此本係萬曆二十八年重刊本。"

仁孝天皇天保十五年(1844年),樴山精一
(堯陳)撰《官版書籍解題略》,其卷上"史部"著
録《通鑑綱目》五十九卷、《綱目續編》二十七
卷,其釋文曰:

"《綱目》乃宋人朱子撰,朱子據司馬光
之《通鑑》而作;《綱目》其《續編》乃明成化中
文淵閣學士商輅纂修其事而成書。時商輅
爲總裁,學士萬安年等十五人參與其事。明
成化十二年書成,成化帝爲之序,並頒行天
下。"

日本靈元天皇寬文八年(1668年)京都山本
平左衛門八尾勘兵衛刊本《資治通鑑綱目》五
十九卷。此本以明人陳仁錫評點本爲底本,由
日人鵜飼真昌(石齋)訓點。其後此本有寬文
十二年(1672年)重印本。

靈元天皇寬文十二年(1672年)京都梅花堂
刊印《資治通鑑綱目》五十九卷。此本以明人
陳仁錫評點本爲底本,由日人三宅可參點校,
其後,此本有重印本。

光格天皇文化十年(1813年)德島府學刊印

《資治通鑑綱目》五十九卷。

仁孝天皇文政二年(1819年)昌平坂學問所官學刊印《資治通鑑綱目》五十九卷。

資治通鑑綱目五十九卷　首一卷

(宋)朱熹撰

明成化九年(1473年)内府刊本

宫内廳書陵部　尊經閣文庫　東京大學御茶之水圖書館藏本

【按】每半葉有界八行,行十八字。注文雙行,行二十一字。大黑口,四周雙邊。白棉紙刊印。

宫内廳書陵部藏本,共三十册。

尊經閣文庫藏本,原係江户時代加賀藩主前田綱紀等舊藏,共五十九册。

東京大學藏此同一刊本兩部,一部今存總合圖書館,原係市村瓚次郎買入本覺廬文庫等舊藏,共六十册。

御茶之水圖書館藏本,原係德富蘇峰成簣堂等舊藏。此本封面用朝鮮産白色紋樣紙,共八十册。

資治通鑑綱目五十九卷　首一卷　續資治通鑑綱目二十七卷

(宋)朱熹撰　《續》(明)商輅撰

明成化十二年(1476年)經廠刊本

内閣文庫　静嘉堂文庫藏本

【按】内閣文庫藏此同一刊本兩部。一部原昌平坂學問所舊藏,共八十册。一部殘本,《綱目》卷二十二至卷二十六缺佚,《續綱目》全缺。原係江户時代林氏大學頭家藏本,共三十七册。

静嘉堂文庫藏本,原係島田翰等舊藏,共六十册。

資治通鑑綱目五十九卷　首一卷

(宋)朱熹撰　(明)董仲昭編

明福建監察御史吉澄刊本　共四十六册

宫内廳書陵部藏本

【按】此本薈萃劉友益《書法》,尹起辛《發明》,汪克復《考異》,徐文昭《考證》,王幼學《集覽》,陳濟《正誤》,劉弘毅《質實》等七家之書,散入各條下。

卷五十八係後人寫補。卷末有"巡按福建監察御史吉澄校刊"木記。

資治通鑑綱目五十九卷

(宋)朱熹撰

明弘治九年(1496年)刊本　共二十八册

御茶之水圖書館藏本　原德富蘇峰成簣堂等舊藏

【按】每半葉有界九行,行二十字。黑口,四周雙邊,版心下方有陰文刻工姓名。卷前有明弘治九年(1496年)張元禎《新刻序》,卷末又有明弘治丙辰(1496年)閏三月《新刻後序》,文末題書"後學莆陽黃仲昭書　程督替襄"。

卷第二首、卷第五十八首,皆缺葉。卷中有"鹿王藏書"等印記。

資治通鑑綱目五十九卷　首一卷

(宋)朱熹撰

明弘治十一年(1498年)刊本

内閣文庫　國學院大學附屬圖書館梧蔭文庫藏本

【按】每半葉有界十行,行二十二字。

内閣文庫藏本,原林氏大學頭家舊藏。今缺佚卷十九、卷二十四、卷二十六、卷二十七、卷四十二、卷四十六,實存凡五十三卷。卷中以明嘉靖八年(1529年)慎獨齋刊本配補。共五十七册。

國學院大學藏本,共一百二十册。

資治通鑑綱目五十九卷　首一卷

(宋)朱熹撰　(明)黃仲昭注

明正德年間(1506—1521年)經廠刊本　共三十八册

内閣文庫藏本　原楓山官庫舊藏

資治通鑑綱目五十九卷　首一卷

（宋）朱熹撰

明正德八年（1513 年）序刊本　共四十冊

內閣文庫藏本　原江戶時代林氏大學頭家舊藏

資治通鑑綱目五十九卷　首一卷

（宋）朱熹撰　（明）張鯤補校

明嘉靖十四年（1535 年）南昌江西按察司刊本　共六十冊

東北大學附屬圖書館藏本　原狩野亨吉等舊藏

資治通鑑綱目五十九卷　首一卷

（宋）朱熹撰

明嘉靖四十四年（1565 年）刊本　共三十六冊

宮內廳書陵部藏本

資治通鑑綱目五十九卷　首一卷　前編二十五卷　續編二十七卷　末一卷

（宋）朱熹撰　《前編》（明）南軒撰　《續編》（明）商輅撰　《末》（元）陳桱撰　（明）陳仁錫校

明萬曆二十三年（1595 年）序刊本

東北大學　神戶大學　東京大學東洋文化研究所　早稻田大學圖書館藏本

【按】東北大學藏此同一刊本兩部。一部存附屬圖書館，原係狩野亨吉舊藏，共一百二冊。一部存教養學部，共一百九冊。

神戶大學藏本，今存教養學部。

東京大學藏本，原係大木幹一舊藏。

早稻田大學圖書館藏本，共六十八冊。

資治通鑑綱目五十九卷　首一卷　前編二十五卷　續編二十七卷　末一卷

（宋）朱熹撰　《前編》（明）南軒撰　《續編》（明）商輅撰　《末》（元）陳桱撰　（明）謝應麒

朱燮元等校

明萬曆二十八年（1600 年）山陰朱燮元據明弘治十一年莆田黃仲昭刊本重刊

內閣文庫　東京大學總合圖書館藏本

【按】內閣文庫藏本，共一百七冊。

東京大學總合圖書館藏本，原係江戶時代紀州德川家南葵文庫等舊藏，卷中有後人修補，共九十一冊。

資治通鑑綱目五十九卷　附前編二十五卷　續編二十七卷　續編末一卷

（宋）朱熹撰　（明）黃仲昭注　《前編》（明）南軒撰　《續編》（明）商輅等奉敕撰　《編末》（元）陳桱撰　（明）陳仁錫評閱

明崇禎三年（1630 年）刊本

宮內廳書陵部　東京大學　京都大學人文科學研究所東洋學文獻中心　滋賀大學附屬圖書館　無窮會天淵文庫藏本

【按】宮內廳藏本，附《前編》二十五卷、《續編》二十七卷，《五代拾遺》一卷，凡一百十三卷，共一百七冊。

東京大學藏此同一刊本兩部，一部今存總合圖書館，原係中國廣東等賑日災總會捐贈本，共一百冊。一部今存東洋文化研究所，原係大木幹一等舊藏。

京都大學藏本，原係村本氏舊藏，附《前編》二十五卷，《五代史補編》一卷，共一百十冊。

滋賀大學藏此同一刊本兩部，一部共一百二十冊，一部共七十六冊。

無窮會藏本，附《前編》二十五卷，共三十七冊。

資治通鑑綱目（殘本）五十六卷

（宋）朱熹撰

明刊本　共九十七冊

內閣文庫藏本　原江戶時代林羅山等舊藏

【按】此本卷二、卷三十九、卷四十缺佚。林鵞峰手校。卷中有"江雲渭樹"等印記。

資治通鑑綱目前編十八卷　舉要三卷

（宋）金履祥編

元天曆年間（1328—1329 年）刊本　共二十册

静嘉堂文庫藏本　原徐子宇　陸心源等舊藏

【按】每半葉有界十行，行二十二字。小字雙行，黑口，左右雙邊（22.5cm×14.8cm）。版心有字數，并記刻工姓名。如士良、蘭江應士良、顯之、應顯子、子和、應華、翁子和、壽卿、徐壽卿、徐壽山、天錫、沈天錫、沈君玉、文貴、陳文貴、必清、鄭必清、用之、盧用之、盧堅、盧用、吉甫、滕吉甫、弓日華、弓日章、龔日章、龔日新、張文虎、李月泉、王清谷、王續卿、方景山、方景明、景明、劉升、沈天、吴茂、吴翁、盛元吉、元吉、詹仲亨等。

卷前有元天曆元年（1328 年）許謙《序》。次有浙江道肅政廉訪使鄭允中《進通鑑前編表》。《表》不署名，以許謙之《序》考而知之。卷末有"門人御史臺都事汝南郭炯校正"與"門人金華許謙校正"兩行。

卷中有"徐子宇"、"輔生堂"、"夔江世家"、"制書傳後"、"子孫保之"、"歸安陸樹聲叔桐父印"等印記。

陸心源《儀顧堂續跋》卷六著録此本，并推爲"元刊元印本"。其"跋文"曰：

"是書集經傳史子之文，按年編次，曰《通鑑》。每年各爲表，題曰《舉要》。雖名《通鑑》，實仿《綱目》之例。惟《舉要》低三格，《通鑑》皆頂格，此則小變乎涑水、紫陽之例者也。或謂《舉要》即《通鑑》中之綱，何必别爲一書。不知《舉要》三卷，專爲注明每條出處而作，如'帝堯甲辰元載乃命羲和'，注曰：'邵氏經世歷、漢晋天文志、春秋文耀鉤、尚書修'，……餘皆仿此。明人重刊不刻《舉要》，豈以《舉要》爲重複乎？大失作者本旨矣。或謂《舉要》、《通鑑》、《訓釋》三者錯出其間，始于明人重刻者，良由未見《舉要》，亦

未見元刻耳。"

【附録】據《外船書籍元帳》記載，仁孝天皇弘化二年（1845 年）中國商船"辰字號"載《通鑑紀事前編》一部一帙抵日本，此本標價□□安田屋吉太郎以十五購得。

資治通鑑綱目前編十八卷　舉要三卷　外紀一卷

（宋）金履祥撰　《外紀》（元）陳樫撰

明正德元年（1506 年）慎獨齋刊本　共十四册

内閣文庫藏本　原江户時代林羅山等舊藏

【按】此本有明嘉靖三十九年（1660 年）修補，卷中有"江雲渭樹"印記。

資治通鑑綱目前編十八卷　舉要三卷

（宋）金履祥撰

明刊本　共十册

尊經閣文庫藏本

資治通鑑綱目前編十八卷　舉要二卷　增定資治通鑑綱目前編卷首一卷

（宋）金履祥撰　（明）吴勉學校　《首》（元）陳樫撰　（明）吴中珩校

明刊本　共十册

内閣文庫　東京大學總合圖書館　關西大學綜合圖書館泊園文庫　酒田市立光丘文庫藏本

【按】每半葉有界十行，行二十字。白口，左右雙邊。

内閣文庫藏本，原係楓山官庫等舊藏。

東京大學總合圖書館藏此同一刊本兩部，皆原係江户時代紀州德川家南葵文庫等舊藏，一部共十二册，一部共十五册。

關西大學綜合圖書館藏本，原係江户時代藤澤東畡、藤澤南陽、藤澤黄鵠、藤澤黄坡三世四代"泊園書院"舊藏，共十册。

酒田市立光丘文庫藏本，原係本間光彌等舊藏，共十四册。

資治通鑑綱目前編（殘本）八卷

（宋）金履祥撰　（明）路進校
明末刊本　共六册
東北大學附屬圖書館藏本　原狩野亨吉等舊藏
【按】此本今存卷十一至卷十八。

續資治通鑑長編撮要（殘本）五十一卷

（宋）李燾撰
南宋刊寫補配本　共三十二册
静嘉堂文庫藏本　原汪士鐘　蔡廷楨　陸心源等舊藏
【按】每半葉有界十三行，行二十三字。小字雙行。細黑口，左右雙邊（20.4cm × 13.5cm）。版心記大小字數，無刻工姓名。

每卷大題曰"續資治通鑑長編撮要"。卷首署"左朝散郎尚書禮部員外郎兼國史院編修臣李燾編"，餘各卷皆不署編著者名。卷中避宋諱，凡"玄、絃、鉉、警、驚、懲、暑、桓、完、購、慎"等字皆缺筆。

此本宋刊部分今存卷三十至卷三十四，卷三十八至卷四十之一，卷五十七之二至卷七十五之二，卷七十九至卷八十八，卷九十一之二至一百。其餘皆影寫補配。

卷中有"宋本"（二種）、"金匱蔡氏醉經軒考藏章"、"醉經主人"、"梁溪蔡氏"、"蔡廷楨印"、"卓如"、"伯卿甫"、"汪士鐘曾讀"、"功甫供觀"、"吳門"、"君謙私印"、"歸安陸樹聲叔桐父印"等印記。

陸心源《儀顧堂題跋》卷三著錄此本并曰：

"其書起建隆元年，迄英宗治平四年閏五月，凡一百八年爲一百八卷。其事迹多者，一卷之中又分子卷（下略）。總分一百七十二卷，以《大典》五百二十卷本校勘，節去十分之三，故曰撮要也。《文獻通考》載文簡《進長編》表四篇，先進一十七卷，續進此本，又進治平至靖康二百八十卷，及淳熙元年知遂寧府時重別寫呈并《舉要目錄》一千六十三卷。案《景定建康志·書籍門》所載《長編》，有節本，有全本。愚謂此本及二百八十卷本皆節本，一千六十三卷乃全本，故曰重別寫呈也。此猶宋時原本并子卷計之，實一百七十二卷。直齋以爲一百六十八卷，徐氏乾學以爲一百七十五卷，皆傳寫之訛。《文獻通考》又承陳氏之訛耳。"

續資治通鑑長編一百八卷

（宋）李燾撰
模寫宋刊本
静嘉堂文庫藏本　原蔡廷相　陸心源等舊藏
【按】卷首有宋乾道四年（1168 年）《進表》，次有《目錄》，次有蔡氏《題言》。卷中有"蔡氏醉經軒考藏章"、"蔡廷相藏"、"汪士鐘曾讀"等印記。

續宋編年資治通鑑十八卷

（宋）李燾撰
元建安陳氏餘慶堂刊本　共八册
静嘉堂文庫藏本　原陸心源等舊藏
【按】每半葉有界十三行，行二十二字。黑口，四周雙邊。版心著錄"宋鑑（幾）"，眉間有標字。

卷首題"續宋編年資治通鑑"，署"宋朝散郎尚書禮部員外郎兼國史院編修官李燾經進"。前有通鑑長編一百八卷《進表》，次有《目錄》，次有《世係圖表》。目錄有刊行木牌，文曰：

> 建安陳氏
> 餘慶堂刊

卷中有"泰峰"、"歸安陸樹聲藏書之記"、"歸安陸樹聲所見金石書畫記"等印記。

陸心源《儀顧堂續跋》卷六著錄此本并曰：

"《提要》以《宋史·藝文志》及《本傳》惟載燾《續通鑑長編》而無此書之名，定爲麻沙坊托名，故附存其目，洵爲篤論。惟《長編》從《大典》錄出，缺徽欽兩朝，又佚熙寧、紹聖七年之事。此本雖出依託，多取裁于《長編》，徽欽兩朝記録頗多，尚可攷見于百一也。"

森立之《經籍訪古志》卷三著録原崇蘭館藏元刊本《續宋編年資治通鑑》十八卷。其"釋文"曰"卷末有建安劉氏餘慶堂刊木記"。此本今不知存于日本何處。

續宋編年資治通鑑十八卷

(宋)李燾經進

元雲衢張氏集義書堂刊本　共五冊

內閣文庫藏本　原江戸時代林氏大學頭家舊藏

【按】每半葉有界十五行，行二十四字。黑口，四周雙邊。

續宋編年資治通鑑(殘本)十四卷

(宋)李燾經進

元建安朱氏與畊堂刊本　共六冊

靜嘉堂文庫藏本　原高銓　陸心源等舊藏

【按】每半葉有界十三行，行二十二字。黑口，四周雙邊。

卷首有《通鑑長編進表》，次有《目録》。《進表》後有刊行牌記，文曰：

> 建安朱氏
> 與畊堂刊

卷六第三葉缺佚，以《後集》卷六第三葉雜入。

卷末有清嘉慶十二年(1807年)高銓(字蘋洲)手識文。其文曰：

"李文簡《續宋編年通鑑》，曾於書船中見寫本，凡十八卷，起建隆，訖靖康。此爲元刊本，止十四卷，缺十五、十六、十七、十八，共四卷。第六卷缺第三頁。誤以《後集》之第三頁足之。文簡《長編》終於徽欽二宗，是書亦終于徽欽。今《後集》六卷之第三頁，乃載紹興年事，其非李書可知。考劉時舉亦有《續宋編年資治通鑑》十五卷，起高宗建炎元年，訖寧宗嘉定十七年，以世次合之，紀北宋者爲李書，紀南宋者當爲劉書。然殘缺不

全，又無序跋可證，深愧見聞寡陋，不能悉此書之本末也。嘉慶丁卯二月蘋洲記。"

此手識文後，有"銓"白文方印"，又有"文貞"朱文方印。

卷中有"吳興包子藏書畫金石印"、"嚴蔚"、"包虎臣藏"、"茗上散人"、"歸安陸樹聲所見金石書畫記"等印記。

陸心源《儀顧堂續跋》卷六著録此本并曰：

"(此本)曾經高銓收藏，知後集爲劉時舉書而未敢決。跋云'深愧見聞寡陋，未能悉此書之本末'。其言甚謙。案，高銓字蘋洲，湖州人，工詩善書，尤長畫竹，人品高潔。惟經史之學，非其所長，觀其自視歉然，不敢臆斷，其去愚而自用者遠矣。是書元代坊刻甚多，皆與劉時舉《續通鑑》、無名氏《宋季三朝政要》同刊。余所見有至治癸亥雲衢張氏本，有皇慶壬子陳氏餘慶堂本，及此而三。劉書及《政要》近時有照曠、守山諸刻，此書則元以後無刊本矣。"

續宋中興編年資治通鑑十五卷

(宋)劉時舉撰

元陳氏餘慶堂刊本　共四冊

靜嘉堂文庫藏本　原陸心源等舊藏

【按】每半葉有界十三行，行二十二字。黑口，四周雙邊(18.5cm×12.5cm)。版心記字數，並著録"宋鑑(幾)"或"宋鑑後(幾)"。

卷首題"續宋中興編年資治通鑑"，次行署"通直郎戸部架閣國史實録完檢討兼編修官劉時舉"。前有《目録》，目録後有刊行牌記"陳氏餘慶堂刊"六字。牌記後有木記，文曰：

"是編繫年有考據，載事有本末，增入諸儒集議，三復校正，一新刊行。宋朝中興自高宗至於寧宗四朝，政治之得失，國勢之安危，一開卷間瞭然在目矣。幸鑒！"

每卷首行下有"後集"二字，故此本又曰《續資治通鑑後集》。

卷中有"歸安陸樹聲所見金石書畫記"等印記

陸心源《儀顧堂續跋》卷六著錄《元餘慶堂刊續資治通鑑後集》，即係此本。其《跋文》曰：

"以《學津討原》刊本校一過。《學津》本卷二'軍勢復振'下脫四百餘字。卷四'韓世忠敗'下衍'金人于宿遷縣擒其將牙合孛堇'十三字，脫'僞齊兵于淮陽'云云五百餘字。卷五'以高閌爲國子司業'下脫五百餘字。卷八'及用再拜二字未得穩當'下脫五百餘字。此外字句之脫譌，更難枚舉。據張海鵬《跋》，以屈振庸所遺鈔本付梓。屈《跋》自言得任陽浦氏元刊本，有漫漶，有缺葉。以今推之，屈本卷四缺第六葉，卷五缺第十葉，卷八缺第六葉，卷二缺文係元版第十四葉第一行第二十字起，至第十九行止，或漫漶，或殘破，非缺葉也。此本既無漫漶，亦無缺葉，蓋元刊之初印者。"

續宋中興編年資治通鑑（續資治通鑑後集）十五卷

（宋）劉時舉撰
元雲衢張氏集義書堂刊本　共二冊
內閣文庫藏本　原江戶時代林氏大學頭家藏本

【按】每半葉有界十五行，行二十四字。黑口，四周雙邊。

卷中干支用白文，每段隔以圓圈，上有標目，後附論說。首行書名下題陰文"後集"二字。

（增入名儒講義）續資治通鑑宋季朝事實一卷

不著撰人姓名
元刊本　共一冊
天理圖書館藏本　原唐惪彰　盛宣懷等舊藏

【按】每半葉有界十六行，行二十五字。小字雙行，低一格行二十四字。黑口，左右雙邊，間或四周雙邊（20cm×13cm），左欄外有耳格。版心著錄"宋監度"（或"宋季朝"等）。

卷中有讀者識文多處。

"《季朝事實》宋度宗時最詳，可補正史所未備。槧本特少，此宋刻也，更爲可寶。甲寅小春月　謙識。"

"後序有大元云云，其爲元初刊本無疑也。癸未六月　笏庵閱訖識。"

"壬辰三月三日，習庵又閱一過，春寒頗厲。"

封面右側有墨筆題肩曰"秘笈　桐西書屋珍藏宋本"。

卷中有"唐氏惪彰藏書"、"江建霞秘匧印"、"愚齋審定善本"等印記。

宋季三朝政要五卷　附錄廣王本末一卷

不著撰人姓氏　《附錄》（宋）陳仲微撰
元皇慶壬子（1312年）陳氏餘慶堂刊本
靜嘉堂文庫藏本　原陸心源等舊藏

【按】每半葉有界十三行，行二十二字。黑口，四周雙邊。版心著錄"政要"、"正要"等字。

卷首有《目錄》。《目》前有刊行牌記，文曰"陳氏餘慶堂刊"。又有《記》云：

"理宗國史載之過北，無復可攷，今將理度兩朝聖政及幼主本末，纂集成書，以備他日史官之採擇云。"

《目》後又有"皇慶壬子"四字。

《附錄》題"廣王本末"，署"陳仲微述"。

陸心源《儀顧堂續跋》卷六著錄此本并曰：

"（是書）《學津討原》本卷二淳祐七年'鄭清之'下缺千餘字，而以'余玠斬王燮人皆冤之（"燮"字改"夔"字）'接連之。蓋所據元本卷二缺十二、十三兩葉，而以十一葉與十四葉接寫。'燮'字爲十四葉第一字，'張見'與第十一葉末'鄭清之'文義不續，遂妄改爲'夔'字，豈知清之此時尚未夔乎，即夔亦有何冤乎，其謬甚矣。卷六'劉槃引兵出城，衆戰不利，乃以城降'下脫'通判郭君'云云八十六字。卷末至'舍生而取義信哉'止，而缺'蓋死者人之所難'以下三百餘字。守山閣錢氏以趙魏校本付梓，缺譌較少，惟卷首題識'張本過北'，譌'過此'，錢本改爲'載入北都'，衍'過此'二字，殊謬。卷五'知江

陰軍鄭鴉道遁’，‘鄭鴉’誚‘趙端’。”“王良臣
迎降’，其‘王宗洙’下脫‘充大府寺簿續除兵
部郎官奉使福建即非王宗洙’云云二十字，
皆與張刊同。又有據別本妄增者，蓋與張本
伯仲間耳，均非善本也。張刻後有屈振庸
《跋》，稱《三朝政要》附《續通鑑》後，必與劉
時舉書同時印本。劉書既有漫漶缺葉，此本
自亦難免矣。”

又附錄《廣王本末》，撰者陳仲微，宋咸淳年
間（1265—1274 年）爲侍左郎官，以言事切直被
罷官。1275 年（宋德祐乙亥）除兵部侍郎修國
史。1276 年（宋德祐丙子）從二王□廣，目擊
當時之事，逐日抄錄。崖山敗戰，流落安南，臨
歿有詩曰：

　　“死爲異國他鄉鬼，生是江南直諫臣。”

安南國主以詩挽曰：

　　“一痛江南老鉅卿，春風揾淚爲傷情。
　　無端天上編年月，不管人間有死生。
　　萬疊白雲遮故國，一堆黃壤覆香名。
　　回天力量隨流水，流水灘頭共不平。”

元至元十九年前後，陳仲微事由安南傳入中
土，并得其所著二王首末事，重加編次，漸次流
傳。《提要存目》作《廣王衛王本末》一卷，言其
事蹟，具見《宋史》本傳。

宋季三朝政要六卷

不署撰人姓名
元至治三年（1323 年）雲衢張鼎新刊本　共
一册
内閣文庫藏本　原江户時代林氏大學頭家
昌平坂學問所等舊藏

【按】每半葉有界十五行，行二十四字。黑
口，四周雙邊。

卷端葉頭題刻“雲衢張鼎新綉梓”。卷首載
目錄。目錄末有“至治癸亥，張氏新刊”木牌記
文。後有刊行識語行書三行，文曰：

　　“理宗國史載之過北，無復可攷。今將
　　理度兩朝聖政及幼主本末，纂集成書，以備
　　他日史官之採擇云。”

此書卷一至卷三記理宗事，卷四記度宗事。
卷五記幼主事，卷六記廣王事。

森立之《經籍訪古志》卷三著錄昌平學藏元
槧本《宋季三朝政要》六卷，即此本。森氏又記
同書陳氏餘慶堂刊本一種，今不知存於何處。

宋史全文續資治通鑑三十六卷　附宋季朝事實一卷

不著撰人姓名（明）游大昇校
明天順年間（1457—1464 年）刊本
静嘉堂文庫　内閣文庫　東京大學東洋文
化研究所　大倉文化財團藏本

【按】每半葉有界十六行，行二十五字，黑口，
四周雙邊。左側欄外有耳格，記某帝年號紀
年，欄上間有標題之語。

卷首載宋乾道四年（1168 年）李燾《進續資
治通鑑長編表》，次有《宋朝玉裔圖》，次有《宋
朝傳授圖》，次有《目錄》。《目錄》前有書賈刊
行識文，文曰：

　　“《宋史通鑑》一書見刊行者，節略太甚，
　　讀者無不遺恨焉。本堂今得善本，乃名公所
　　編者。前宋已盛行於世，今再綉諸梓，與天
　　下士大夫共之，誠爲有用之書。回視他本，
　　大有逕庭，具眼者必蒙賞音。幸鑑！”

正文卷首題“宋史全文續資治通鑑卷之一”，
署“豐城游明大昇校”。後附增入名儒講義《續
資治通鑑宋季朝事實》一卷。

静嘉堂文庫藏本，原係張月霄、陸心源等舊
藏。陸心源《儀顧堂集》著錄此本，其《跋文》
曰：“張月霄《藏書記》初以爲元槧，後得元槧諸
儒講義本，始疑爲明初翻本。亦不知大昇即游
明，天順時官福建提學也。但此書傳本甚稀，
未可以明槧薄之。偶檢《江西通志》，得大昇始
末，書以志快。”《附錄》係二卷本

内閣文庫藏本，原係昌平坂學問所舊藏。卷
首有“居昌慎氏”印記，森立之《經籍訪古志》卷
三著錄，共二十册。

東京大學藏本，卷内有寫補。

大倉文化財團藏本，卷中有“古吳潘介祉”，

"玉荀"、"叔潤"、"桐西書屋"、"汪士鐘"、"閬源"等印記。《附錄》係二卷本。共三十二冊。

(新鐫增訂評批點)便蒙通鑑八卷

　　(宋)南宮靖一撰　　(明)孫鑛評　鎦允治注

　　明刊本　共四冊

　　内閣文庫藏本　原豐後佐伯藩主毛利高標等舊藏

宋元通鑑一百五十七卷

　　(明)薛應旂撰　王道行　朱衫校

　　明嘉靖四十五年(1566年)薛應旂刊本

　　宮内廳書陵部　尊經閣文庫　御茶之水圖書館　大倉文化財團藏本

　　【按】每半葉有界十行,行二十字。白口,四周單邊。

　　宮内廳書陵部藏本,共三十二冊。

　　尊經閣文庫藏本,原係江户時代加賀藩主前田綱紀等舊藏,共三十二冊。

　　御茶之水圖書館藏本,原係德富蘇峰成簣堂等舊藏,白綿紙本,卷第一百五十六中有江户時代後期人寫補,共四十冊。

　　大倉文化財團藏本,共六十四冊。

　　【附錄】據《外船賫來書目》記載,桃園天皇寬延四年(1751年)中國商船"午字號"載《宋元通鑑》兩部抵日本。其中,一部凡二帙二十四冊;一部凡四帙三十二冊。

　　桃園天皇寶曆四年(1754年)《舶來書籍大意書》著錄《宋元通鑑》一部凡二帙十六冊。其釋文曰:

　　　　"是書係明人王宗沐編次。其體例全遵溫公《通鑑》之體裁,其采擇仍以《續通鑑綱目》之舊爲本,編輯爲《宋紀》五十二卷、《元紀》十二卷,凡六十四卷。"

　　據《外船書籍元帳》記載,仁孝天皇天保十二年(1841年)中國商船"子一番"載《宋元通鑑》一部四帙抵日本。此本標價五十五匁,爲越前守水野氏購得。同書記載孝明天皇嘉永二年(1849年)中國商船"申三番"載《宋元通鑑》一部八帙抵日本。此本標價八十匁。同書記載孝明天皇嘉永六年(1850年)中國商船"子二番"載《宋元通鑑》一部八帙抵日本。注曰:"(此本由當年)六月廿六日渡來。"標價一百二十匁。

　　據仁孝天皇天保十四年(1843年)《會所書籍輸入見帳》記載,是年有《宋元通鑑》一部,注曰:"德況堂藏版,序之末有桐鄉後學馮集標識。"投標價爲村屋一百八十九匁,藤屋二百五十匁,三支四百匁一分。

　　日本孝明天皇萬延元年至元治元年(1860—1864年)玉巖堂和泉屋金右衛門刊印《宋元通鑑》一百五十七卷。此本以明人陳仁錫評點本爲底本,由日本藤森大雅(天山)訓點。

宋元通鑑一百五十七卷　附義例一卷

　　(明)薛應旂撰

　　明萬曆年間(1573—1620年)陽曲王道行等校刊本　共二十冊

　　東京大學總合圖書館藏本　原市村瓚次郎買入本覺盧文庫等舊藏

宋元通鑑一百五十七卷

　　(明)薛應旂撰　陳仁錫評

　　明天啓六年(1626年)吳門大觀堂刊本

　　宮内廳書陵部　國會圖書館　內閣文庫　蓬左文庫　東京大學總合圖書館　早稻田大學圖書館　京都大學人文科學研究所東洋學文獻中心　大谷大學悠然樓藏本

　　【按】每半葉有界十行,行二十字。白口,四周單邊。

　　卷前有明天啓六年(1626年)《序》。

　　宮内廳書陵部藏本,共四十冊。

　　國會圖書館藏本,原共二十四冊,今合爲十二冊。

　　内閣文庫藏此同一刊本三部。一部原昌平坂學問所舊藏,共四十冊。一部原尾張藩舊藏,共三十二冊。一部共二十五冊。

　　蓬左文庫藏本,共三十冊。

東京大學總合圖書館藏此同一刊本兩部,皆係江户時代紀州德川家南葵文庫等舊藏。一部爲匯賢齋藏版,今缺卷第七十五至卷第八十五,共二十八册;一部卷中有缺葉,共二十四册。

早稻田大學圖書館藏本,原係江户時代林道春手校本,共四十册。

京都大學藏本,原村本氏舊藏,共二十八册。大谷大學藏本,共三十二册。

續資治通鑑六十四卷

(明)王宗沐撰

明嘉靖年間(1522—1566 年)刊本　共二十册

内閣文庫藏本　原昌平坂學問所舊藏

續資治通鑑六十四卷

(明)王宗沐撰

明隆慶五年(1571 年)刊本

東京大學總合圖書館　早稻田大學圖書館　御茶之水圖書館　酒田市立光丘文庫藏本

【按】卷前有明隆慶五年(1571 年)《序》

東京大學總合圖書館藏本,原係江户時代紀州德川家南葵文庫等舊藏。此本卷中有日本仁孝天皇弘化乙巳(1845 年)讀書者手識文,共三十二册。

早稻田大學圖書館藏本,原係下村正太郎下村文庫等舊藏,共二十册。

御茶之水圖書館藏本,原係德富蘇峰成簣堂等舊藏,封面用朝鮮産白色紋樣紙,共二十册。

酒田市立光丘文庫藏本,原係本間光彌等舊藏,共二十六册。

宋元資治通鑑六十四卷

(明)王宗沐撰　路進校

明隆慶年間(1567—1572 年)刊本

内閣文庫　福井縣立圖書館松平文庫藏本

【按】每半葉有界十行,行二十字。

内閣文庫藏本,原係昌平坂學問所舊藏

福井縣立圖書館藏本,卷中有"松平家之印"、"越國文庫"等印記。

宋元資治通鑑六十四卷

(明)王宗沐撰　吳中珩校

明刊本

内閣文庫　東京大學總合圖書館藏本

【按】内閣文庫藏本,原係楓山官庫等舊藏,共十六册。

東京大學總合圖書館藏此同一刊本三部。一部原係谷干城谷文庫等舊藏,此本今缺卷第四十四至卷第六十四,實存四十四卷,共十六册;一部原係江户時代紀州德川家南葵文庫等舊藏,共二十四册;一部共二十六册。

(新刊憲臺考正)宋元通鑑全編二十一卷

(明)吉澄校正

明刊本　共十六册

東洋文庫藏本

通鑑續編二十四卷

(元)陳桱撰

元至正年間(1341—1368 年)刊本　共二十四册

静嘉堂文庫藏本　原項氏寶書齋　陸心源等舊藏

【按】每半葉有界九行,行二十二字。小字雙行。細黑口,左右雙邊(21.6cm×14.0cm)。版心有刻工姓名,如永之、德夫、王叔敬等。

卷前有元至正廿一年(1361 年)歲在辛丑孟夏鄱陽周伯琦撰《通鑑續編序》,《序》後有摹刻"太史氏"朱文長印、"行中書"朱文方印和"周氏伯温"白文方印。次有元至正十八年(1358 年)三月甲子臨海陳基撰《通鑑續編序》,次有元至正廿二年(1362 年)歲次壬寅二月既望日齊郡張紳撰《通鑑續編序》,《序》後有摹刻"雲門山樵"朱文方印、"山東張紳士行"白文方印,次有元至正十年(1350 年)歲在庚寅夏六月甲子四明陳桱《通鑑續編自序》,《序》後有摹刻

"陳氏子桱"朱文方印、"隆國世家"朱文方印。後有《通鑑續編目録》，又有《書例》等。

卷中語涉宋朝，則空一字爲文，正文有後人寫補。

卷中有"桂堂王氏季積圖書"、"敬德堂圖書印"、"汪士鐘印"、"閬源真欣賞"、"静志堂印"、"檇李項氏寶墨齋圖書記"、"梅里萬善堂李氏圖書"、"子子孫孫永保用"、"歸安陸樹聲叔桐父印"等印記

陸心源《儀顧堂續跋》卷六著録此本并曰：

"桱先爲筆記百卷，後乃取筆記中盤古至高辛爲《通鑑世編》一卷，唐天復至周亡，遼夏初事爲《通鑑外編》一卷，宋有國至元爲《通鑑新編》爲二十二卷。總爲二十四卷，合名爲《通鑑續編》。既成，家貧不能脱藁。海陵馬玉麟國瑞甫令長洲，始令能書者録之。二十一年，松江貳守昭陽顧狄思邈甫，請周伯琦序而授之梓。此則其初印本也。其書雖名《通鑑》，而規模《綱目》。'綱'大字，'目'雙行，仍名《通鑑》者，承金仁山前編而言之也。"

資治通鑑綱目集覽五十九卷

（元）王幼學撰　　（明）陳濟校
明司禮監刊本　共十二册
東京大學總合圖書館藏本　原市村瓚次郎買入本覺廬文庫等舊藏

通鑑續編二十四卷

（元）陳桱撰
元刊明修補本　共二十四册
內閣文庫藏本　原建安楊氏　江户時代林氏大學頭家　昌平坂學問所舊藏
【按】每半葉有界九行，行二十二字。細黑口，左右雙邊。

森立之《經籍訪古志》卷三著録昌平學藏元槧本《通鑑續編》二十四卷，即系此本。其《跋文》曰：

"首有至正二十一年鄱陽周伯琦《序》，至正十八年臨海陳基《序》，至正二年（應爲二十二年——編著者）山東張紹（"紹"系"紳"之誤——編著者）士行叢桂堂書序，至正十年四明陳桱《自序》，元人姜漸《序》及《目録》、《書例》。卷首題通鑑續編卷第一，下方署陳桱。（下記行款略）卷首序文皆就真蹟入刻者，筆力遒勁可愛。卷中間有後來補刊。序及一卷首有'建安楊氏傳家圖書印'。"

續資治通鑑節要二十二卷

（元）陳桱撰　　（明）諸燮校
明嘉靖三十六年（1557年）善敬堂刊本　共十二册
東北大學教養學部藏本

通鑑直解二十五卷

（明）張居正撰　　高兆麟校
明崇禎四年（1631年）錢塘高氏刊本
內閣文庫　蓬左文庫　尊經閣文庫　東京大學東洋文化研究所　大垣市立圖書館藏本
【按】每半葉有界八行，行十八字。白口，四周單邊。
內閣文庫藏本，原系楓山官庫舊藏，共十二册。
蓬左文庫藏本，共十二册。
尊經閣文庫藏本，共十册。
大垣市圖書館藏本，共八册。

通鑑直解二十八卷

（明）張居正撰　　鍾惺校
明天啓（1621年）序刊本
內閣文庫　東京大學總合圖書館　早稻田大學圖書館藏本
【按】卷前有明天啓元年（1621年）《序》
內閣文庫藏本，原係昌平坂學問所等舊藏，共十六册。
東京大學總合圖書館藏本，原係市村瓚次郎買入本覺廬文庫等舊藏，此本卷中有缺葉，共

十四册。

早稻田大學圖書館藏本,原係下村正太郎下村文庫等舊藏,共六册。

(增修附注)資治通鑑節要續編三十卷

(明)劉剡輯　張光啓訂正

明宣德八年(1433 年)雙桂書堂刊本　共八册

米澤市立圖書館　原朝鮮閔正叔　江户時代米澤藩等舊藏

【按】每半葉有界十四行,行二十一字。注文雙行。細黑口,左右雙邊(16.3cm × 11.4cm)。版心著録"續鑑(幾)"。左側欄外有耳格,記朝名、帝名、年號。眉欄標示重要事蹟。

卷前有《目録》。《目録》後有刊行牌記,文曰:"宣德八年歲在癸丑季秋雙桂書堂新刊。"木記後有《宋朝傳授圖》、《元朝傳授圖》。正文卷首題"增修附注資治通鑑節要續編卷之一",次行署"建陽知縣旴江張光啓訂正",第三行署松塢門人京兆劉剡編輯"。

此本卷二十三之首,附張美和《元史節要續編資治通鑑序》。卷前《傳授圖》後,有識文曰:"□歲閔正叔赴京來贈之。"據此可推知此本先由中國傳入朝鮮,進而由朝鮮傳入日本。

每册有"麻谷藏書"等印記。

(增修附注)資治通鑑節要續編三十卷

(明)劉剡輯　張光啓訂正

明景泰三年(1452 年)京兆劉文壽安正堂刊本　共六册

蓬左文庫藏　原德川家康等舊藏

【按】此本行款題式,與明宣德八年雙桂書堂相同。

此本原係江户幕府第一代大將軍德川家康舊藏,後贈賜其子尾張藩主,世稱"駿河御讓本",卷中有"御本"印記。

四明先生續資治通鑑節要二十卷

(明)劉剡輯　張光啓續

明劉文壽安正堂刊本　共六册

蓬左文庫藏本　原德川家康等舊藏

【按】每半葉有界十二行,行二十七字。小字雙行。白口,四周雙邊。

此本原係江户幕府第一代大將軍德川家康舊藏,後贈賜其子尾張藩主,世稱"駿河御讓本",卷中有"御本"印記。

四明先生高明大字續資治通鑑節要(殘本)二十四卷

(明)劉剡撰

明嘉靖十八年(1539 年)集義書堂刊本　共七册

國會圖書館藏本

【按】是書全二十卷,此本今存卷第三、卷第四、卷第九至卷第二十,缺佚六卷,實存二十四卷。

續資治通鑑綱目二十七卷

(明)商輅等奉敕撰

明成化十二年(1476 年)經廠刊本

內閣文庫　尊經閣文庫　無窮會天淵閣文庫　御茶之水圖書館藏本

【按】每半葉有界八行,行十八字。小字雙行,行二十一字。黑口,四周雙邊。

內閣文庫藏本,原係江户時代林氏大學頭家藏本,共十四册。

尊經閣文庫藏本,原係江户時代加賀藩主前田綱紀等舊藏,共十四册。

無窮會天淵文庫藏本,原係加藤天淵等舊藏,共二十七册。

御茶之水圖書館藏此同一刊本兩部,皆係德富蘇峰成簣堂等舊藏,一部爲初印本,內封有明治四十二年(1909 年)德富蘇峰手識文,共十四册;一部爲初刊後印本,共十册。

續資治通鑑綱目二十七卷

(明)商輅等奉敕撰

明弘治十七年(1504 年)慎獨齋刊本

國會圖書館　內閣文庫　足利學校遺蹟圖書館藏本

【按】每半葉有界十二行,行二十二字。黑口,四周雙邊。

國會圖書館藏本,共三十冊。

內閣文庫藏本,原係江户時代林氏大學頭家舊藏,共十五冊。

足利學校藏本,共十三冊。

續資治通鑑綱目廣義十七卷

(明)張時泰廣義

明萬曆年間(1573—1620年)刊本　共十二冊

尊經閣文庫藏本

歷代通鑑纂要九十二卷

(明)李東陽等奉敕編集

明正德二年(1507年)官刊本　共六十冊

宮內廳書陵部藏本

【按】每半葉有界十行,行二十字。目低一格。

卷首有明正德二年(1507年)武宗《御製序》,稱孝宗好觀《通鑑綱目》,苦其繁多,特敕儒臣撮其要略,賜名《纂要》云云。

此本紙墨光潔,撫印頗精。卷首有"表章經史之寶"、"廣運之寶"等印記,每冊首又有"秘閣圖書之章"等印記。

《御書籍來歷志》著錄此本。

歷代通鑑纂要九十二卷

(明)李東陽等奉敕撰

明正德十四年(1519年)慎獨齋刊本

東京大學東洋文化研究所藏本　原大木幹一等舊藏

【按】每半葉有界十行,行二十字。黑口,四周雙邊。

歷代通鑑纂要九十二卷

(明)李東陽等奉敕撰

明隆慶元年(1567年)崇正書院刊本

東京大學東洋文化研究所藏本

【按】此本系據明正德十四年慎獨齋刊本重刊。

皇明大政記三十六卷

(明)朱國禎撰

明崇禎年間(1628—1644年)刊本

內閣文庫　東洋文庫　尊經閣文庫藏本

【按】內閣文庫藏本,原係昌平坂學問所等舊藏,共十二冊。

東洋文庫藏本,共八冊。

尊經閣文庫藏本,共十四冊。

皇明大事記(殘本)四十七卷

(明)朱國禎撰

明崇禎年間(1628—1644年)刊本　共十九冊

東京大學文學部漢籍中心藏本

【按】每半葉有界十行,行二十一字。注文小字雙行。白口,單魚尾,左右雙邊(21.4cm×14.0cm)。版心記字數,並有刻工姓名,如陳五等。

是書全五十卷。今此本缺佚卷第四十三,卷第四十五,卷第四十八,凡三卷,實存四十七卷。

皇明法傳錄嘉隆紀六卷　皇明續紀三朝法傳錄十六卷

(明)高汝栻撰

明崇禎年間(1628—1644年)刊本　共十一冊

東洋文庫藏本

嘉靖以來注略十四卷

(明)許重熙輯略

明崇禎年間(1628—1644年)刊本　共十冊

內閣文庫藏本　原豐後佐伯藩主毛利高標等舊藏

【按】每半葉有界十行,行二十字。白口,四周單邊。

此本包括《嘉靖注略》,《隆慶注略》,《萬曆注略》,《泰昌注略》,《天啓注略》,凡五《略》合十四卷。

皇明嘉隆兩朝聞見記十二卷

(明)沈越撰　沈朝陽編

明萬曆年間(1573—1620 年)刊本

內閣文庫　尊經閣文庫藏本

【按】每半葉有界十二行,行二十七字。白口,四周雙邊。

卷前有明萬曆二十七年(1599 年)《序》。

內閣文庫藏本,原係豐後佐伯藩主毛利高標等舊藏,共十二册。

尊經閣文庫藏本,共十二册。

兩朝憲章錄二十卷

(明)吳瑞登撰

明萬曆年間(1573—1620 年)刊本　共六册

國會圖書館　內閣文庫藏本

【按】每半葉有界十行,行二十二字。白口,四周雙邊。

卷前有明萬曆二十二年(1594 年)《序》。

國會圖書館藏本,原共六册,今合爲三册。

內閣文庫藏本,原係江户時代林羅山等舊藏,卷中有"江雲渭樹"等印記。

世穆兩朝編年信史六卷

(明)支大綸編

明萬曆年間(1573—1620 年)刊本　共五册

尊經閣文庫藏本

【按】每半葉有界九行,行十八字。白口,四周單邊。

兩朝從信錄三十五卷

(明)沈國元撰　劉羽儀等校

明天啓年間(1621—1627 年)刊本

國會圖書館　內閣文庫　尊經閣文庫　東洋文庫　蓬左文庫　京都大學文學部　東京大學文學部漢籍中心藏本

【按】每半葉有界十行,行二十二字。注文小字雙行。白口,單魚尾,四周單邊(21.9cm × 13.8cm)。版心記字數。

國會圖書館藏本,共十六册。

內閣文庫藏此同一刊本四部。一部原係楓山官庫舊藏,共十六册。一部原係昌平坂學問所舊藏,共二十四册。一部原係江户時代林氏大學頭家舊藏,共十八册。一部共十六册。

尊經閣文庫藏本,原係江户時代加賀藩主前田綱紀等舊藏,共十六册。

東洋文庫藏本,共十六册。

蓬左文庫藏本,共十六册。

京都大學藏本,共三十二册。

東京大學藏本,共十册。

【附錄】據《商舶載來書目》記載,桃園天皇寶曆十一年(1761 年)中國商船"利字號"載《兩朝從信錄》一部二帙抵日本。

皇明從信錄四十卷

(明)陳建撰　沈國元續并校

明萬曆四十八年(1615 年)序刊

國會圖書館　內閣文庫　尊經閣文庫　東京大學　東北大學附屬圖書館藏本

【按】每半葉有界十行,行二十二字。注文小字雙行。白口,單魚尾,四周單邊(21.7cm × 14cm)。

國會圖書館藏本,原共二十册,今合爲十册。

內閣文庫藏此同一刊本三部。一部原係楓山官庫舊藏,共二十四册。一部原係江户時代林氏大學頭家舊藏,共十五册。一部共十二册。

尊經閣文庫藏本,共十四册。

東京大學藏此同一刊本兩部。一部藏東洋文化研究所;一部藏文學部漢籍中心,此本卷三十九有缺葉,共十册。

東北大學藏本,原係狩野亨吉舊藏,共十二册。

皇明從信録四十卷

（明）陳建撰　沈國元續并校
明天啓七年（1627 年）刊本　共二十四册
京都大學人文科學研究所東洋學文獻中心
藏本

（重刻校正增補）皇明資治通紀（殘本）七卷　續紀三卷

（明）陳建輯著　《續紀》（明）卜大有纂述
明嘉靖年間（1522—1566 年）刊本
東京大學東洋文化研究所藏本　原大木幹一等舊藏
【按】卷前有明嘉靖三十四年（1555 年）
《序》。是書全十卷。此本今存卷一、卷二、卷四至卷八,凡七卷。

（重刻校正增補）皇明資治典則十卷

（明）陳建撰
明萬曆十四年（1586 年）吳興凌稚隆重刊本
共六册（今合爲四册）
國會圖書館藏本

皇明通紀二十七卷　續編十八卷

（明）陳建撰　董其昌訂
明崇禎十一年（1638 年）序刊本
大東急記念文庫藏本
【附録】據《商舶載來書目》記載,東山天皇寶
永七年（1710 年）中國商船“久字號”載《皇明
通紀輯録》一部十六册抵日本。中御門天皇正
德元年（1711 年）同船又載《皇明通紀》一部十
六册抵日本。

（新鍥官板音釋標題）皇明通紀十卷　續紀三卷

（明）陳建輯著　《續紀》（明）卜大有纂述
明萬曆元年（1573 年）東莞陳氏據金陵摘星
樓本重刊
內閣文庫　東京大學總合圖書館　關西大
學綜合圖書館內藤文庫　御茶之水圖書館藏
本
【按】每半葉有界十二行,行二十五字。白
口,四周雙邊（22cm×13.7cm）。
卷首題《新鍥官板音釋標題皇明通紀》,署
“粵濱逸史清瀾釣叟臣東莞陳建輯著”,“金陵
摘星樓繡梓”。封面題“官板資治皇明通紀金
陵摘星樓繡梓”。卷中刊行牌記曰:“旨皇明萬
曆新春廣東東莞臣陳建著刊”。
《皇明續紀》三卷,行款與《通紀》相同,惟左
右雙邊,四周單邊與四周雙邊相雜（21.6cm×
13.7cm）,且白口、黑口相間。卷首題《皇明續
紀》,署“秀水卜大有纂述,卜六典校正”。
內閣文庫藏本,原係江户時代林羅山等舊
藏,卷中有“江雲渭樹”等印記。共十册。
東京大學總合圖書館藏本,原係岡千仞岡文
庫等舊藏,共五册。
關西大學藏本,原係內藤湖南舊藏,有內藤
氏手識文曰:“共十一本,丁未（1907 年）十一
月,在東京購。炳卿。”共十一册。
御茶之水圖書館藏本,原係德富蘇峰成簣堂
等舊藏。此本第一册之前與《續紀》册首,貼附
印刷題籤《官版皇明通紀》。各册封面用日本
寬永年間（1624—1643 年）産藍色紋樣紙。此
本係昭和九年（1934 年）由德富蘇峰購入,共
十册。

（新鍥校正標題）皇明通紀十一卷

（明）陳建撰
明萬曆三十八年（1610 年）刊本　共七册
蓬左文庫藏本
【按】此本係江户時代尾張藩於後水尾天皇
寬永二年（1625 年）購入。卷中有“尾陽內庫”
印記。

（新鍥校正標題）皇明通紀十一卷

（明）陳建撰
明安正堂劉氏刊本　共六册
茨城大學圖書館菅文庫藏本　原瞻仰館
菅正友等舊藏

【附録】東山天皇元禄九年（1696 年）京都林九兵衛刊印《新鍥李卓吾先生增補批點皇明正續合通紀統宗》十二卷、《首》一卷、《附録》一卷

題書"明陳建撰，明袁黃等補，明李卓吾批點"。

皇明續紀三卷

（明）卜大有纂述

明刊本　共三册

京都大學人文科學研究所東洋學文獻中心藏本

皇明通紀述遺十二卷　皇明續紀三卷

（明）卜世昌等校訂　《續》（明）卜大有纂述

明刊本

内閣文庫　關西大學綜合圖書館内藤文庫　東洋文庫藏本

【按】每半葉有界十行，行二十一字。白口，四周單邊（20.5cm×13.7cm）。

卷首題《皇明通紀述遺》，署"繡水卜世昌校訂"。卷三、卷六、卷七及卷十一卷頭，署"繡水屠衡校訂"。前有明萬曆三十三年（1605 年）馮夢禎《皇明通紀述遺序》。

《續紀》首題"皇明續紀"，署"秀水卜大有纂述　卜六典校正"。

内閣文庫藏本，原係江户時代林氏大學頭家藏本，共五册。

關西大學藏本，原係内藤湖南等舊藏。書帙背有内藤氏手識文。文曰："乙巳（1905 年）十二月，在燕都購。　炳卿。"共六册一帙。

東洋文庫藏本，原係藤田豐八氏舊藏，共十册。

皇明資治通紀三十卷

（明）陳建輯撰

明刊本

尊經閣文庫　神户大學　出雲大社日隅宮御文庫藏本

【按】每半葉有界十行，行二十一字。白口，

四周單邊。

尊經閣文庫藏本，共三十二册。

神户大學藏本，今存於教養學部。

出雲大社藏本，今存卷二十二至卷二十四，凡三卷。

皇明歷朝資治通紀（殘本）十三卷

（明）陳建撰

明刊本

東京大學東洋文化研究所藏本　原大木幹一等舊藏

【按】是書全三十四卷。此本今存卷第十二至卷第十四，卷第二十至卷第二十四，卷第三十至卷第三十四，凡十三卷。

皇明二祖十四宗增補標題評斷通紀二十七卷

（明）陳建輯録

明吳門五車樓刊本

内閣文庫　米澤市立圖書館　早稻田大學圖書館藏本

【按】《目録》後題《皇明實紀》。

内閣文庫藏本，原係楓山官庫舊藏。共十六册。

米澤市立圖書館藏本，原係江户時代米澤藩舊藏，共二十册。

早稻田大學圖書館藏本，共五册。

皇明二祖十四宗增補標題評斷實紀二十七卷

（明）陳建輯録

明刊本　共十六册

内閣文庫藏本　原昌平坂學問所等舊藏

皇明實紀二十七卷

（明）陳建撰　陳龍可補

明崇禎年間（1628—1644 年）刊本

東京大學東洋文化研究所藏本

皇明典要八卷

（明）陳建輯著

明刊本

尊經閣文庫　關西大學綜合圖書館內藤文庫藏本

【按】每半葉有界八行,行十八字。白口,四周單邊(20.9cm×13.5cm)。

卷首題《皇明典要》。卷三以下卷頭題《皇明紀要》。署"東莞陳建輯著,真州李春培　古信王鼎宗參訂,書林王渭督梓"。

尊經閣文庫藏本,共八冊。

關西大學藏本,原係內藤湖南等舊藏,卷中有"富川文庫"、"立習書庫"等印記,共十冊。

皇明通紀法傳全錄二十八卷

(明)陳建撰　吳楨增删

明刊本　共十六冊

東洋文庫藏本

皇明通紀集要六十卷

(明)陳建撰　江旭奇補

明刊本　共十二冊

東洋文庫藏本

皇明實錄二千八百二十六卷

清初藍格寫本　共四百冊

宮內廳書陵部藏本　原楓山官庫等舊藏

【按】此錄係藍格寫本,鈔手不一,字體各別。

目錄如次:

《太祖實錄》二百五十七卷;

《太宗實錄》一百三十卷;

《仁宗實錄》十卷;

《宣宗實錄》一百十五卷;

《英宗實錄》三百六十一卷;

《憲宗實錄》二百九十三卷;

《孝宗實錄》二百二十四卷;

《武宗實錄》一百九十七卷;

《世宗實錄》五百六十七卷;

《穆宗實錄》七十卷;

《神宗實錄》五百九卷;

《熹宗實錄》十二卷。

據日本《御書籍來歷志》記載,此《錄》於後櫻町天皇明和元年(1764年)入藏楓山官庫。明治二十四年(1891年)移藏於宮內省。

卷中有"楓山文庫"印記,每冊首有"秘閣圖書之章"印記。

【附錄】桃園天皇寶曆十年(1760年)《商賣書物目錄并大意書》記載《皇明實錄》寫本一部,四十帙四百冊。其釋文曰:

"右《太祖實錄》二百五十七卷,夏元吉等監修,胡廣等總裁。其先略記帝顓頊之後至于太祖之履歷,自元至正十二年至明洪武三十一年之事,則啓秘府之藏,徵百司之紀;謂事必貴直,文必貴簡,理必貴明,義必貴彰,然可以垂憲於萬世。仰子孫臣庶承是遵是守是,則維持天下之悠久可也。文以年月日爲經,以事爲緯,書成于永樂十三年。"

《太宗實錄》一百三十卷,張輔等監修,楊士奇等總裁。自第一卷至第九卷,題《奉天靖難事迹》,記洪武年間至永樂十四年之事也。自第十卷至第一百三十卷,記洪武三十五年至永樂三十二年之事也。書成于宣德五年。

《仁宗實錄》十卷,監修總裁官與前同。記永樂二十二年至洪熙元年之事也(內二冊有蟲蛀,《序》、《表》、《凡例》缺。然《太宗實錄》表文中有太宗文皇帝百三十卷《仁宗昭皇帝實錄》十卷合百五十冊謹繕寫上進表)。

《宣宗實錄》一百十五卷,監修總裁官同前。記洪熙元年至宣德九年之事也(《序》、《表》、《凡例》缺,卷一百二宣德八年六月中缺文)。

《英宗實錄》三百六十一卷,孫繼宗監修此事,陳文等總裁。記宣德十年至正統十四年、景泰元年至同八年、天順元年至同八年之事也。書成于成化三年(卷中朱點,《序》缺,并脫卷二百五十四)。

《憲宗實錄》二百九十三卷,張懋等監修,劉吉等總裁。記天順八年至成化二十三年之事也。書成于弘治四年。

《孝宗實錄》二百二十四卷,張懋等監修,李東陽等總裁。記成化二十三年至弘治十八年之事也（破損之處甚多,《序》、《表》、《凡例》缺）。

《武宗實録》一百九十七卷,徐光祚等監修,費宏等總裁。記弘治十八年至正德十六年之事也。書成于嘉靖四年。

《世宗實録》五百六十六卷,張溶等監修,張居正等總裁。記正德十六年至嘉靖四十五之事也。書成于萬曆五年（卷中有朱點,墨褪處有重寫,謄寫甚巧拙）。

《穆宗實録》七十卷,監修總裁官同前。記嘉靖四十五年至隆慶六年之事也。書成于萬曆二年（謄寫甚巧拙）。

《神宗實録》五百九卷,張維賢等監修,顧秉謙等總裁。記隆慶六年至萬曆四十一年之事也（謄寫甚巧拙,《序》、《表》、《凡例》缺,又卷三百五十四至卷三百五十七合四卷脱,卷五百九亦脱）。

以上十一編,體裁皆仿前。又《太宗實録》中有《寶訓》十五卷,《英宗實録》中有《寶訓》十二卷,《憲宗實録》中有《寶訓》十卷,《世宗實録》中有《寶訓》二十四卷,《穆宗實録》中有《寶訓》八卷,以上皆繕寫上進,見五編表文。文禄元年（日本後陽成天皇年號,即 1592 年）征伐朝鮮及其後之事,則自萬曆二十年至萬曆三十年之記事處處可見。又萬曆三十九年間因采訪精通法之人而推舉大西洋歸化之臣龐迪我、能三拔等事,然不記邪法教化之文句（此處指基督教傳教事。此大意書撰寫之年,正值江户幕府全面禁教之時——編著者）。

又據《商舶載來書目》記載,後櫻町天皇寶曆十三年（1763 年）中國商船"久字號"載《皇明實録》一部四十帙抵日本。

《唐船持渡書物目録留》記載,光格天皇文化七年（1810 年）中國商船"未二番"載《明季實録》（寫本）一部抵日本,注明"御用"。

江户時代有日人寫本《皇明實録》。内閣文庫今存殘本《光宗貞皇帝實録》（天啓元年至二年九月）凡六卷。此《録》原係豐後佐伯藩主毛利高標家舊藏。

皇明實録二千二百八卷

明末寫本　共五百一册
内閣文庫藏本　原豐後佐伯藩主毛利高標等舊藏
【按】此本目録如次:

《大明太祖聖神文武欽明啓運俊德成功統天大孝高皇帝實録》二百五十七卷

《大明太宗啓天弘道高明肇運聖武神功純仁至孝文皇帝實録》一百三十卷（洪武三年——永樂二十二年七月）

《大明仁宗敬天體道純誠至德弘文欽武章聖達孝昭皇帝實録十卷》（永樂二十二年八月——洪熙元年）

《大明宣宗憲天崇道英明神聖欽文昭武寬仁純孝章皇帝實録》一百十五卷（洪熙元年——宣德九年）

《大明英宗法天立道仁明誠敬昭文憲武至德廣孝睿皇帝實録》三百六十一卷（宣德十年——天順八年;卷五——卷七缺）

《大明憲宗繼天凝道誠明仁敬崇文肅武宏德聖孝純皇帝實録》二百九十三卷（成化元年——二十三年八月;卷一——卷十二缺）

《大明孝宗建天明道誠純中正聖文神武至仁大德敬皇帝實録》二百二十四卷（成化二十三年九月——弘治十八年）

《大明武宗承天達道英肅睿哲昭德顯功弘文思孝毅皇帝實録》一百九十七卷（弘治十八年——正德十六年）

《大明世宗欽天履道英毅聖神宣文廣武洪仁大孝肅皇帝實録》五百六十六卷（正德十六年——嘉靖四十五年）

《大明穆宗契天隆道淵懿寬仁顯文光武純德弘孝莊皇帝實録》七十卷（隆慶元年——六年）

皇明實録一千八百八十五卷

清人寫本　共六百八十七册
内閣文庫藏本
【按】此本今存明代各皇帝《實録》如下:

《大明仁宗昭皇帝實錄》凡五卷(洪熙元年一月至五月)

《大明宣宗憲天崇道英明神聖欽文昭武寬仁純孝皇帝實錄》凡一百一十五卷(洪熙元年六月至宣德九年)

《大明英宗法天立道仁明誠敬文憲武至德廣孝睿皇帝實錄》凡三百六十一卷(宣德十年至天順八年)

《大明憲宗純皇帝實錄》凡二百九十三卷(成化元年至廿三年八月)。此《錄》今缺卷第一與卷第十二

《孝宗敬皇帝實錄》凡二百二十四卷(成化廿三年九月至弘治十八年九月)

《大明武宗承天達道英肅睿哲昭德顯功弘文思孝毅皇帝實錄》凡一百九十七卷(弘治十八年九月至正德十六年三月)

《大明世宗肅皇帝實錄》凡五百六十六卷(正德十六年四月至嘉靖四十五年十二月)

《穆宗莊皇帝實錄》凡七十卷(隆慶元年至六年五月)

《神宗顯皇帝實錄》凡四十八卷(隆慶六年六月至萬曆四十八年八月)

《光宗貞皇帝實錄》凡六卷(天啓元年至二年九月)

據日本《御文庫目錄》記載,此《實錄》於靈元天皇寬文十二年(1672 年)始入藏楓山官庫。又據日本《御書物方日記》,此《錄》於中御門天皇享保二十年(1735 年)改書外題。光格天皇享和元年(1801 年)又使西丸奧儒者柴野栗山補寫《光宗實錄》及《熹宗實錄》共十二册。仁孝天皇文政六年(1809 年)七月,用新木制書帙三十六,全錄入套。

(重刻翰林校正)資治通鑑大全二十卷

(明)唐順之編撰

明楊璧卿刊本　共十册

內閣文庫藏本　原昌平坂學問所舊藏

【按】每半頁有界十行,行二十七字。

通鑑箋注七十二卷

(明)鐘仁杰編纂　王世貞會纂

明崇禎二年(1629 年)序刊本

內閣文庫藏本

【按】每半頁有界十行,行二十二字。小字雙行。白口,四周單邊。

內閣文庫藏此同一刊本三部。一部原係楓山官庫舊藏,共六十四册。一部原係江户時代林氏大學頭家舊藏,共三十六册。一部共四十八册。

通鑑全史彙編歷朝傳統錄八卷

(明)劉綦編輯

明崇禎年間(1628—1644 年)刊本

內閣文庫　尊經閣文庫藏本

【按】每半頁有界九行,行十九字左右。白口,左右雙邊。

內閣文庫藏此同一刊本兩部。一部原係楓山官庫舊藏,一部原係昌平坂學問所舊藏。皆各四册。

尊經閣文庫藏本,共四册。

(新刊)通鑑集要二十八卷　首一卷

(明)吳守譔輯

明萬曆年間(1573—1620 年)刊本

東京大學東洋文化研究所藏本

【按】每半頁有界十行,行二十字左右。

卷首有明萬曆三十五年(1607 年)序。

(合鋟)綱鑑通紀今古合錄注斷論策題旨大全二十卷

(明)王世貞等撰

明崇禎年間(1628—1644 年)刊本

尊經閣文庫　關西大學綜合圖書館泊園文庫藏本

【按】每半葉有界十四行,行十二字。白口,四周單邊。

尊經閣文庫藏本,共二十卷。

關西大學藏本,原係江户時代藤澤南陽等舊藏,共二十册。

(鼎鍥趙田了凡袁先生編纂)古本歷史大方綱鑑補三十九卷　首一卷

《外紀》(宋)劉恕　《前編》金履祥　(明)袁黄編纂

明萬曆三十八年(1610年)余氏雙峰堂刊本

宮内廳書陵部　内閣文庫　米澤市立圖書館　愛知大學附屬圖書館簡齋文庫　新潟縣立新潟圖書館　早稻田大學圖書館　御茶之水圖書館藏本

【按】每半葉有界十二行,行二十八字左右。白口,四周雙邊(20.7cm×13.5cm)。

卷首有明萬曆三十四年(1606年)袁黄《序》,首題"宋京兆劉恕《外紀》蘭溪金履祥《前編》明趙田、袁黄編纂　潭陽余象斗刊行"。卷三題"宋涑水司馬光《通鑑》、考亭朱熹《綱目》明趙田、袁黄編纂　潭陽余象斗刊行"。卷二十八題"元四明陳桱《通鑑》,明淳安商輅《綱目》,明趙田、袁了凡先生編纂　潭陽余象斗刊行"。卷末有刊行牌記。文曰:"萬曆庚戌仲冬月雙峰堂余氏梓行"。

宮内廳書陵部藏本,共二十册。

内閣文庫藏本,原係昌平坂學問所舊藏,共二十一册。

米澤市藏此同一刊本兩部,原係江户時代米澤藩主家舊藏,一部三十九册,一部二十册。

愛知大學藏本,共二十册。

新潟縣藏本,共十册。

早稻田大學圖書館藏此同一刊本兩部。一部原係柳田泉柳田文庫等舊藏,共二十册;一部共二十册。

御茶之水圖書館藏本,原係德富蘇峰成簣堂等舊藏,卷中有"子孫永保""雲烟家藏書記"等印記,封帙外題爲德富蘇峰手筆,共二十册。

【附録】靈元天皇寬文三年(1663年),野田莊右衛門,西村文左衛門刊印《鼎鍥趙田了凡袁先生編纂古本歷史大方綱鑑補》三十九卷。

此本由日人鵜飼信之(石齋)訓點。其後此本有野田莊右衛門重印本,又有上村次郎右衛門重印本,又有河内屋太郎重印本,又有炭屋五郎兵衛重印本,又有河内屋喜兵衛重印本、又有葛城長兵衛、森川久兵衛重印本等。

(鼎鍥趙田了凡袁先生編纂)古本歷史大方綱鑑補三十九卷　首一卷

《外紀》(宋)劉恕　《前編》金履祥　(明)袁黄編纂

明刊本　共二十册

内閣文庫藏本

(新刻九我李太史編纂)古本歷史大方綱鑑三十九卷　首一卷

(明)李廷機編纂　申時行校正

明萬曆二十八年(1600年)閩建邑余氏雙峰堂刊本　本十册

東京大學東洋文化研究所藏本　原大木一等舊藏

【按】每半葉有界十二行,行二十九字左右。上白口,下黑口,四周雙邊(21.1cm×13.7cm)。

卷首有明萬曆二十八年(1600年)李廷機序。首題"吏部左侍郎李廷機編纂,内閣大學士申時行校正,閩建邑書林余象斗刊行"。《目録》題"新鍥太倉鳳雛王先生輯録歷史綱鑑大方"。

(王鳳洲先生)綱鑑正史全編二十四卷　附記一卷　綱鑑圖略一卷

(明)王世貞撰　陳仁錫等評　顧錫疇、于慎行摘　陳臣忠纂　張睿卿輯　林無能校　陳森參

明崇禎年間(1628—1644年)刊本

尊經閣文庫　東京大學總合圖書館　東北大學附屬圖書館藏本

【按】卷前有明崇禎十二年(1639年)《序》。

尊經閣文庫藏本,原係江户時代加賀藩主前田綱紀等舊藏,共十六册。

東京大學總合圖書館藏本，原係市村瓚次郎買入本覺廬文庫等舊藏，此本卷中有後人寫補，共十六冊。

東北大學藏本，原係狩野亨吉等舊藏，共十四冊。

【附錄】《商舶載來書目》記載，中御門天皇正德元年（1711年）中國商船“遠字號”載《王鳳洲綱鑑正史全編》一部二帙抵日本。同年，“智字號”亦載《鳳洲先生綱鑑世史類編》一部二十四冊抵日本。

（重訂王鳳洲先生）綱鑑會纂六十九卷　首一卷

（明）王世貞撰　陳仁錫等訂正　呂一經校
明吳門童氏涌泉堂刊本
蓬左文庫藏本

【附錄】《書籍元帳》記載，仁孝天皇天保十二年（1841年）中國商船“子三番”載《鳳洲綱鑑會纂》三部各六帙抵日本，售價二十四匁。同年，中國商船“丑二番”載《鳳洲綱鑑會纂》二部各六帙，“丑六番”載《鳳洲綱鑑會纂》一部六帙亦抵日本，售價皆同。

綱鑑大全三十九卷　首一卷

（明）王世貞會纂
明刊本（橫秋閣藏板）
東京大學東洋文化研究所藏本

（湯睡庵先生）歷朝綱鑑全史七十卷　首一卷

（明）湯賓尹編　陳繼儒注
明萬曆年間（1573—1620年）刊本
國會圖書館　內閣文庫藏本

【按】國立國會圖書館藏本，今存卷第一至卷第六十、卷第六十四至卷第六十七，缺佚六卷，實存六十四卷，共二十一冊。

內閣文庫藏本，原係昌平坂學問所等舊藏，共二十四冊。

（新刻明卿陳太史校正古本）歷史大方通鑑二十一卷

（明）陳仁錫校正
明余應詔刊本
國立國會圖書館　關西大學綜合圖書館內藤文庫藏本

【按】每半葉有界十一行，行二十四字。白口，四周雙邊（22.8cm×13.6cm）。

卷首題“新刻明卿陳太史校正古本歷史大方通鑑”。署“明陳仁錫校正　石齋黃道周同校　君召余應詔刊行”。外題“陳仁錫批評資治通鑑”。

國會圖書館藏本，原共二十冊，今合爲十冊。

關西大學綜合圖書館藏本，原係內藤湖南等舊藏，共十三冊。

（新鋟陳明卿先生增定）鑑要綱目二十卷　首一卷　總論一卷

（明）陳仁錫撰　楊九經訂
明書林寶善堂刊本　共二十冊（合爲六冊）
國會圖書館　內閣文庫藏本

憲章錄四十六卷

（明）薛應旂編述
明萬曆二年（1574年）平湖陸光宅刊本
內閣文庫　尊經閣文庫　東京大學總合圖書館　京都大學文學部藏本

【按】每半葉有界十行，行二十字左右。白口，四周單邊（19.6cm×13.4cm）。版心記刻工姓名，如郭言、陳宣、何序、陸貞、何方、張本等。

卷首有明萬曆元年（1573年）薛應旂撰《序》，又有明萬曆二年（1574年）陸光宅《跋》。

內閣文庫藏本，原係江戶時代林羅山等舊藏，卷中有“江雲渭樹”等印記，共二十冊

尊經閣文庫藏本，原係江戶時代加賀藩主前田綱紀等舊藏。共十四冊。

京都大學藏本，共八冊。

【附錄】《商舶載來書目》記載，桃園天皇寶曆

十二年（1762 年）中國商船"計字號"載《憲章録》一部二帙抵日本。又據《書籍元帳》記載，仁孝天皇天保十二年（1841 年）中國商船"子一番號"（船主劉念國）載《憲章録》一部二帙抵日本，售價六匁。

憲章録四十七卷

（明）薛應旂編述

明萬曆年間（1573—1620 年）刊本

内閣文庫　東洋文庫　御茶之水圖書館藏本

【按】每半葉有界十行，行二十字。白口，四周單邊（19.1cm×13.3cm）。

此本與四十六卷本内容相同，唯卷三十七分爲上下兩卷。

内閣文庫藏此同一刊本兩部。一部原係楓山官庫舊藏，共八册。一部共二十册。

東洋文庫藏本，原係藤田豐八等舊藏，共十二册

御茶之水圖書館藏本，原係德富蘇峰成簣堂等舊藏，此本今缺卷二十至卷二十二，共十九册。

元史續編十六卷

（明）胡粹中評纂

明永樂年間（1403—1424 年）刊本

静嘉堂文庫藏本

【按】每半葉有界八行，行十八字。黑口，四周雙邊（19.5cm×13.1cm）。

卷首有明永樂癸未（1403 年）胡粹中《自序》。

世史正綱三十二卷

（明）丘睿撰

明弘治年間（1488—1505 年）刊本

尊經閣文庫　無窮會神習文庫藏本

【按】每半葉有界十行，行十八字。黑口，四周雙邊（18cm×11.7cm）。

尊經閣文庫藏本，共三十册

神習文庫藏本，原係井上賴囶等舊藏，共十册。

世史正綱三十二卷

（明）丘睿撰

明隆慶年間（1567—1572 年）刊本　共十册

内閣文庫藏本　原楓山官庫等舊藏

國史紀聞十二卷

（明）張銓輯　張道睿訂　徐揚先校

明天啓年間（1621—1627 年）刊本

内閣文庫　蓬左文庫　尊經閣文庫藏本

【按】每半葉有界九行，行十九字左右。白口，四周單邊（20.3cm×14cm）。

卷首有明萬曆四十八年（1620 年）張銓《自序》。明天啓四年（1624 年）徐揚先《序》。

内閣文庫藏本，原係昌平坂學問所舊藏，共十册

蓬左文庫藏本，係明正天皇寬永九年（1632 年）購入，原係江户時代尾張藩主舊藏，卷内有"尾陽内庫"印記，共十二册。

尊經閣文庫藏本，共十二册。

【附録】《商舶載來書目》記載，東山天皇元禄七年（1694 年）中國商船"古字號"載《國史紀聞》一部抵日本。

《書籍元帳》記載，仁孝天皇天保十二年（1841 年）中國商船"子一番"載《國史紀聞》一部二帙抵日本，售價十八匁。

皇明大政記二十五卷

（明）雷禮輯　朱謹校　閔師孔訂　周時泰閲

明萬曆年間（1573—1620 年）刊本

宫内廳書陵部　東京大學東洋文化研究所藏本

【按】每半葉有界十一行，行二十二字。白口，四周單邊（22.5cm×14.3cm）。

卷前有明萬曆壬寅歲（1602 年）前南京國子監祭酒江夏郭正域《序》。

宮内廳藏本,原係江户時代德藩舊藏,每册首有"德藩藏書"印記,爲男爵毛利元功進獻本,共三十二册。

東京大學藏本,封面題"萬曆壬寅歲博古堂刻行"

【附錄】桃園天皇寶曆四年(1754 年)《舶來書籍大意書》著錄《皇明大政記》一部四帙二十四册。其釋文曰:"(此本)俱無脱紙,有朱點。是書係明雷禮等纂輯,范守己撰,譚希思等續輯者,周時泰等梓行。自元至正十二年明太祖起兵至隆慶六年之事,繫年月日以記錄之,編爲二十五卷。文中典故周備。萬曆三十年刊本。"

又,《商舶載來書目》記載,桃園天皇寶曆十一年(1761 年)中國商船"久字號"載《皇明大政記》一部抵日本。

(鼎鍥葉太史彙纂)玉堂鑑綱七十二卷　首一卷

(明)葉向高匯纂　李京訂義

明萬曆年間(1573—1620 年)熊成治種德堂刊本

蓬左文庫　尊經閣文庫　小濱市立圖書館藏本

【按】每半葉有界十二行,行二十五字。白口,四周單邊

卷首有明監察御史李柯挺《序》。

蓬左文庫藏本,共四十册。

尊經閣文庫藏本,共四十一册。

小濱市藏本,卷中有"順造館藏書記"等印記。

(鼎鍥葉太史彙纂)玉堂鑑綱七十二卷　首一卷

(明)葉向高匯纂　李京訂義

明萬曆年間(1573—1620 年)麻沙植雲所刊本　共三十六册

東北大學附屬圖書館藏本　原狩野亨吉等舊藏

(鼎鍥鍾伯敬訂正)資治綱鑑正史大全七十四卷　皇明紀要三卷　首一卷

(明)鍾惺撰　陳仁錫校

明崇禎年間(1628—1644 年)刊本

東京大學東洋文化研究所　東北大學附屬圖書館藏本

【按】每半葉十二行,行二十六字左右。白口,四周單邊。

東京大學藏本,呈祥館藏版,原係大木幹一等舊藏。

東北大學藏本,原係狩野亨吉等舊藏,共四十册。

昭代典則二十八卷

(明)黄光昇編　陸翀之校　周曰校刊

明萬曆年間(1573—1620 年)刊本

尊經閣文庫　天理圖書館藏本

【按】每半葉有界十行,行二十二字。四周單邊(21.5cm × 13cm)。版心著錄"昭代典則"并頁數和卷數。

卷首有祝世禄《序》,題署"萬曆庚子歲(1600 年)中秋日"。

尊經閣文庫藏本,共十六册。

天理圖書館藏本,卷中有"馮氏辨齋藏書"、"柯逢時印"等印記,共三十二册。

【附錄】《商舶載來書目》記載,後櫻町天皇寶曆十三年(1763 年)中國商船"世字號"載《昭代典則》一部二帙抵日本。

《書籍元帳》記載,孝明天皇嘉永二年(1849 年)中國商船"酉三番"載《昭代典則》一部二包抵日本,售價十一匁。

昭代典則二十八卷

(明)黄光昇編　陸翀之校

明萬曆年間(1573—1620 年)周曰校刊本

東京大學東洋文化研究所　京都大學人文科學研究所東洋學文獻中心　關西大學綜合圖書館内藤文庫藏本

【按】每半葉有界十一行,行二十二字。白口,四周單邊(22.0cm×12.8cm)。

卷首有萬曆二十八年(1600年)《昭代典則序》,原題"昭代典則",題署"賜進士太子少保刑部尚書晉江黃光昇編輯、吳郡陸翀之校閱、金陵周曰校刊行"。

京都大學藏本,共三十二册。

關西大學綜合圖書館藏本,原係内藤湖南等舊藏,共二十册。

昭代紀略六卷

(明)朱懷吳撰　車應泰編

明天啓六年(1626年)序刊本　共六册

内閣文庫　尊經閣文庫藏本

昭代芳摹三十五卷

(明)徐昌浩撰

明崇禎九年(1636年)序徐氏知問齋刊本

内閣文庫　尊經閣文庫藏本

【按】每半葉有界九行,行二十字左右。白口,四周單邊。

内閣文庫藏本,原係昌平坂學問所舊藏,共十二册

尊經閣文庫藏本,共十册。

(新刻)明政統宗三十卷

(明)涂山編撰

明萬曆年間(1573—1620年)刊本

國立國會圖書館　内閣文庫　尊經閣文庫　蓬左文庫藏本

【按】卷前有明萬曆四十三年(1615年)衛承芳等《序》。

國立國會圖書館藏本,原共十八册,今合爲九册。

内閣文庫藏此同一刊本兩部。一部原係楓山文庫舊藏,共十三册。一部原係林羅山等舊藏,卷中有"江雲渭樹"等印記,共十六册。

尊經閣文庫藏本,原係江户時代加賀藩主前田綱紀等舊藏,共十五册。

蓬左文庫藏本,係後水尾天皇元和末年(1624年)購入本,原係尾張藩主家舊藏,卷中有"尾陽内庫"等印記。

【附録】《商舶載來書目》記載,後櫻町天皇明和二年(1765年)中國商船"美字號"載《明政統宗》一部十六册抵日本。

(新鐫)通紀集略　五卷

(明)鍾惺撰

明刊本　共五册

早稻田大學圖書館藏本

通紀纂十卷

(明)鍾惺撰

明末刊本　共四册

内閣文庫藏本　原昌平坂學問所等舊藏

綱鑒正史約三十六卷　附歷代國號之圖一卷　綱鑑附記一卷

(明)顧錫疇撰　杜士言等校

明崇禎年間(1628—1644年)刊本

國會圖書館　内閣文庫　尊經閣文庫　東京大學總合圖書館　無窮會天淵文庫藏本

【按】每半葉有界十行,行二十字左右。白口,左右雙邊。

卷前有明崇禎五年(1632年)《序》。

國立國會圖書館藏本,原共十六册,今合爲八册。

内閣文庫藏本,原係楓山官庫舊藏,共十六册。

尊經閣文庫藏本,原係江户時代加賀藩主前田綱紀等舊藏,共三十册。

東京大學總合圖書館藏本,原係市村瓚次郎買入本覺廬文庫等舊藏。此本卷中有後人寫補,共十六册。

無窮會藏本,原係加藤天淵舊藏。共十八册。

【附録】《外船賣來書目》記載,中御門天皇享保二十年(1735年)中國廣東商船第二十五番

（船主黄瑞周、楊叔祖）載《綱鑒正史約》一部抵日本。

《商舶載來書目》記載，桃園天皇寶曆四年（1754年）中國商船"加字號"載《綱鑒正史約》一部二帙抵日本。

桃園天皇寶曆四年（1754年）《舶來書籍大意書》著録《綱鑑正史約》一部二帙十六册，并注"卷二十七內第六十三頁以下有脱紙。全書有朱點、手批"。其釋文曰："是書明顧錫疇編纂。專以朱子《綱目》爲主，周威烈王前，折中《通鑑前編》，三代考《詩》《書》，列國禀《春秋》，五代以下折中《宋元通鑑》，參以《續通鑑》，不取稗官野乘。凡國統之興亡，年號之改革，世數之修短，政治之美惡，無所遺落。都邑沿革，古今稱殊，或同名異處者，以《一統志》爲主，參以《廣輿記》，爲條分注。條內名物難知者，義理難曉者，則隨句分解；文理斷續者，則逐節注釋。本條之上載有標録，提便參考。自三皇至于元代，凡三十六卷，崇禎三年刊本。"

（新刻紫溪蘇先生删補）綱鑑論策題旨紀要二十卷

（明）蘇濬編　李廷機校
明萬曆四十年（1615年）黄氏集義堂刊本
共八册
内閣文庫藏本

（新鍥太倉王衡增修名賢定論）綱鑑實録二十卷

（明）王衡編
明萬曆年間（1573—1620年）余氏衍慶堂刊本　共十册
内閣文庫藏本

綱鑑要編（綱鑑世史）二十四卷

（明）陳忠臣編　張睿卿輯　陳仁錫評
明刊本
内閣文庫藏本
【按】内閣文庫藏此同一刊本三部。一部二十册，一部二十四册，一部原係昌平坂學問所

舊藏，共十二册

（倪玉如先生中秘點評五言便讀）皇明紀略鼎鑴四卷　（刻倪玉如先生中秘點評注解五言便讀）鑑略鼎鑴六卷

（明）倪元璐評
明崇禎七年（1634年）刊本　共三册
内閣文庫藏本　原江户時代林氏大學頭家舊藏

（訂正）通鑑綱目前編二十五卷

（明）南軒撰　楊光訓校
明刊本
内閣文庫　東京大學總合圖書館藏本
【按】卷首有明萬曆二十三年（1595年）《序》。
内閣文庫藏本，原係江户時代林羅山等舊藏，卷中有"江雲渭樹"等印記，共十册。
東京大學總合圖書館藏本，原係江户時代紀州德川家南葵文庫等舊藏，共八册。

通鑑博論三卷

（明）朱權撰
明刊本　共六册
尊經閣文閣藏本

（新刊補遺標題論策）綱鑑全便精要二十卷

（明）郭子章　蘇濬輯
明萬曆二十年（1592年）余秀峰刊本　共五册
京都大學人文科學研究所東洋學文獻中心藏本

（新刻補遺標題論策指南）綱鑑纂要二十卷

（明）余有丁輯　申時行補遺
明萬曆二十七年（1599年）序書林自新齋余良木刊本
大谷大學悠然樓藏本　原大西行禮等舊藏

(新鍥郭蘇二文宗參訂)綱鑑匯約大成二十卷

　　(明)郭子章校閱　蘇濬精選　楊天清補輯
　　明萬曆年間(1573—1620 年)刊本　共十冊
　　尊經閣文庫藏本

綱鑑通紀論策題旨二十卷

　　(明)王世貞編　湯顯祖注　顏茂猷論題
　　明刊本
　　關西大學綜合圖書館泊園文庫藏本　原江
戶時代藤澤南陽家舊藏

八編通鑑五百四十五卷

　　不著編撰人
　　明末彙輯刊本　共一百八十冊
　　蓬左文庫藏本

(新刻)世史類編四十五卷　首一卷

　　(明)李純卿原撰　謝遷補遺　王守仁覆詳
王世貞會纂　李槃增修
　　明萬曆三十二年(1604 年)泗泉余彰德刊本
　　內閣文庫　尊經閣文庫　東京大學總合圖
書館藏本
　　【按】每半葉有界十二行,行二十八字左右。
　　內閣文庫藏本,原係豐後佐伯藩主毛利高標
舊藏,共二十冊。
　　尊經閣文庫藏本,原係江戶時代加賀藩主前
田綱紀等舊藏,共二十六冊。
　　東京大學總合圖書館藏本,原係江戶時代紀
州德川家南葵文庫等舊藏,共三十冊。
　　【附錄】據《商舶載來書目》記載,中御門天皇
正德元年(1711 年)中國商船“加字號”載《世
史類編》一部二十四冊抵日本。同書又記錄桃
園天皇寶曆九年(1759 年)中國商船“世字號”
載《世史類編》一部四帙抵日本。仁孝天皇天
保十二年(1841 年)《書籍元帳》記,日本輸入
《世史類編》一部售價十二匁。
　　日本光格天皇文紀三年(1806 年)有杉原宋
休香取重周手寫本《詳訂世史類編》四十五卷

一種,此本今存國立國會圖書館。

(新刻)世史類編四十五卷　首一卷

　　(明)李槃增修　王世貞會纂　謝遷補
　　明刊本　共十五冊
　　內閣文庫藏本

綱鑒彙覽十二卷

　　(明)金之光撰
　　明刊本　共十五冊
　　無窮會天淵文庫藏本　原加藤天淵等舊藏

資治前編歷朝紀政綱目八卷　資治正編歷朝紀
政綱目四十卷　資治續編歷朝紀政綱目二十
六卷

　　(明)黃洪憲編　許順義補
　　明萬曆年間(1573—1620 年)建陽余氏刊本
　　內閣文庫　尊經閣文庫　東京大學東洋文
化研究所藏本
　　【按】每半葉有界十一行,行二十四字。白
口,四周雙邊。
　　卷首有明萬曆二十五年(1598 年)《序》。
　　內閣文庫藏本,原係昌平坂學問所舊藏,此
本《正編》在前,《前編》在後。共四十冊
　　尊經閣文庫藏本,共七十一冊。
　　東京大學藏本,原係大木幹一等舊藏。《前
編》,《正編》皆缺,此本今存《續編》二十六卷。

綱鑒全備匯約補遺標題論策二十卷

　　(明)蘇濬撰
　　明萬曆三十年(1602 年)刊本　共十冊
　　宮內廳書陵部藏本

(新鎸張太史注釋標題)綱鑑白眉二十一卷

　　(明)張鼐撰
　　明泰昌年間(1620—1621 年)刊本　共十冊
　　尊經閣文庫藏本
　　【附錄】據《商舶載來書目》記載,中御門天皇
正德元年(1711 年),中國商船“加字號”帶《綱

鑑白眉》一部十六册抵日本。

(新鍥翰苑張侗初先生手纂)綱鑑隽七卷

　　(明)張鼐撰
　　明萬曆年間(1573—1620 年)刊本　共四册
　　尊經閣文庫藏本

(新鐫獻藎喬先生)綱鑒匯編九十一卷　卷目十卷

　　(明)喬承詔編撰　許達道校
　　明天啓年間(1621—1627 年)刊本
　　國會圖書館　內閣文庫　尊經閣文庫藏本
　　【按】每半葉有界八行,行十七字左右。白口,四周單邊。
　　卷首有明天啓四年(1624 年)序。
　　是書九十一卷,內含《宋元》二十八卷
　　國會圖書館藏本,原共六十五册,今合爲三十二册。
　　內閣文庫藏本,原係楓山官庫舊藏,共六十四册。
　　尊經閣文庫藏本,卷目十卷缺,共五十四册。
　　【附錄】據《商舶載來書目》記載,中御門天皇享保八年(1723 年),中國商船"加字號"載《綱鑒匯編》一部六帙抵日本。

皇明大政纂要六十三卷

　　(明)譚希思編撰
　　明萬曆年間(1573—1620 年)刊本　共三十二册
　　內閣文庫藏本　原豐後佐伯藩主毛利高標舊藏

綱鑑標題一覽(不分卷)

　　(明)湯賓尹編
　　明刊本　共一册
　　尊經閣文庫藏本
　　【附錄】據《商舶載來書目》記載,中御門天皇正德二年(1723 年),中國商船"加字號"載《綱鑒標題》一部六册抵日本。

又據《賷來書目》記載,中御門天皇享保二十年(1735 年)中國寧波船(第二十號)載《綱鑑標題》一部抵日本。

甲子會紀五卷

　　(明)薛應旂撰　陳仁錫校評
　　明嘉靖年間(1522—1566 年)刊本　共四册
　　內閣文庫　蓬左文庫　東洋文庫　東京大學東洋文化研究所　京都大學人文科學研究所東洋學文獻中心　東北大學附屬圖書館藏本
　　【按】卷首有明嘉靖三十八年(1557 年)《序》。
　　內閣文庫藏此同一刊本四部。一部原係尾張藩舊藏,共四册。一部原係江戶時代林氏大學頭家舊藏,共四册。兩部係昌平坂學問所舊藏,其中一部共五册,一部共四册。
　　【附錄】桃園天皇寬延四年(1751 年)《持渡書備忘錄》記,當年輸入《甲子會紀》一部一帙四册。

甲子會紀五卷

　　(明)薛應旂撰　陳仁錫校評
　　明崇禎年間(1628—1644 年)刊本　共四册
　　國會圖書館　尊經閣文庫　大谷大學悠然樓藏本
　　【按】國會圖書館藏本,原共四册,今合爲二册。
　　尊經閣文庫藏本,原係江戶時代加賀藩主前田綱紀等舊藏。
　　大谷大學悠然樓藏本,原係大西行禮等舊藏。

通紀直解十六卷

　　(明)張嘉和撰
　　明豹變齋刊本　共八册
　　內閣文庫　東洋文庫　東京大學東洋文化研究所藏本

(新刻)通鑑集要十卷

（明）諸燮撰　錢受益校

明刊本　共十册

内閣文庫藏本　原昌平坂學問所舊藏

【附録】桃園天皇寶曆四年（1754 年）《舶來書籍大意書》著録《通鑑集要》一部一峡八册。其釋文曰："是書明諸燮編集。自盤古氏至于元代，節去繁文，極備其約，存統紀，昭其合。事實缺略者，依原注增之，凡爲文十卷。"

資治通鑑綱目集説五十九卷　又二卷

（明）晏宏輯補

明嘉靖年間（1522 — 1566 年）刊本　共五十六册

尊經閣文庫藏本

資治通鑑綱目發明五十九卷

（明）尹起莘編

明成化年間（1465 — 1487 年）經廠刊本　共四本

内閣文庫藏本　東京大學總合圖書館

【按】内閣文庫藏本，原係豐後佐伯藩主毛利高標等舊藏，共四册。

東京大學總合圖書館藏本，原係市村瓚次郎買入本覺廬文庫等舊藏，共八册。

資治大政記綱目上編四十卷　下編三十二卷

（明）姜寶編輯

明刊本　共四十册

内閣文庫藏本　原豐後佐伯藩毛利高標等舊藏

大事記六卷

（明）沈國元編

明崇禎年間（1628 — 1644 年）刊本

尊經閣文庫藏本

大事記續編(漢一宋)七十七卷

（明）王禕編

明成化年間（1465 — 1487 年）刊本　共十五册

内閣文庫藏本　原楓山官庫舊藏

【按】每半葉有界十行，行二十二字。黑口，四周雙邊。

卷首有明成化二十年（1484 年）《序》。

國朝記要十卷

（明）王世貞等撰

明刊本　共四册

内閣文庫藏本　原豐後佐伯藩主毛利高標等舊藏

嘉靖大政類編二卷

（明）茅元儀撰

明萬曆三十七年（1609 年）序刊本　共四册

京都大學文學部藏本

皇明法傳全録嘉隆紀六卷　續紀十六卷

（明）高汝栻撰

明崇禎九年（1636 年）序刊本　共五册

京都大學文學部藏本

通鑑外紀注補十卷

（清）胡克家注補

手稿本　共十二册

静嘉堂文庫藏本　原陸心源等舊藏

【按】首題"宋京兆劉恕編集"，"國朝兵部侍郎兼都察院右副都御史巡撫安徽等處地方提督軍務兼理糧餉鄱陽胡克家注補"。

此本係胡氏稿本，未曾刊行，諸家目録不載。

(精刻補注評解)綱鑑歷朝捷録十卷　元朝捷録五卷　國朝捷録四卷　首二卷

（明）黃道周編訂

明刊本　共八册

　　内閣文庫藏本

　　【附録】《商舶載來書目》記載，東山天皇元禄七年（1695 年）中國商船“禮字號”載《歷朝捷録大成》一部四册抵日本。

綱鑑歷朝捷録十卷　元朝捷録五卷　國朝捷録四卷　卷首四卷

　　（明）黄道周編訂　《元朝》（明）張四知撰黄道周訂　《國朝》（明）李良翰撰　黄道周增訂

　　　　明末余仁公刊巾箱本　共五册

　　　　蓬左文庫藏本

（新鐫全補標題音注）歷朝捷録四卷　（新刻全補標題音注）元朝捷録四卷　（新鐫增補評林音注）國朝捷録四卷

　　《歷朝録》　（明）顧充編著　顧憲成音釋

李王孫評注　《元朝》（明）湯賓尹編著　《國朝》（明）鄭以偉編著

　　　　明刊本　共四册

　　　　尊經閣文庫藏本

（新鐫增定）歷朝捷録全編四卷

　　（明）周昌年撰

　　　　明刊本　共六册

　　　　内閣文庫藏本　原江户時代林羅山家舊藏

（三）紀事本末類

通鑑紀事本末（殘本）二十九卷

（宋）袁樞撰

宋淳熙年間（1174—1189 年）嚴州刊端平至淳祐年間（1234—1252 年）修補本　共五十一册

静嘉堂文庫藏本　原徐虹亭　汪士鐘　陸心源皕宋樓等舊藏

【按】每半葉十三行，每行二十四字，間有二十至二十六字者。白口，左右雙邊（20.2cm×15.0cm）。版心記刻工姓名，如方先、方忠、方文虎、仁、元、卜、友、方昇、方堅、毛森、王信、方淳、毛元亨、方茂、毛杞、蔣松、寧、葉、劉士永、談、蔡方、陳震、楊永、萬甲、番、張明、楊昌、虞文、翁真、童泳、楊暹、徐仁、翁祐、陳全、黃森、厚、晉、翁祥、陳通、翁寧、翁、李德正、松、翁晉、范石、金昇、金彦、阮卜、宋圭、亨、吳中、宋昌、季大、江郜、吳后、宋琳、余、朱、江淮、余昌、吳琮、余斌、江楫、朱明、全、占、江、光、江漢、江大亨、合、正、申、石、同、盧、暹、盧洪、盧適等。

前有章大醇《序》。《序》後有銜名兩行，文曰“侍省進士州學直學兼鈞臺書院講書胡自得掌工”、“承直郎差充嚴州州學教授章士元董局”。卷三、卷四、卷五、卷十四、卷二十、卷二十一、卷二十五、卷二十六、卷三十二、卷三十五、卷三十六之卷末，有“印書盛新”四小字。

卷中避宋諱極嚴謹，凡遇“玄、懸、縣、朗、浪、埌、匡、筐、劻、洭、胤、殷、醖、炅、潁、炯、耿、憬、恒、禎、貞、徵、滇、曙、署、樹、頊、旭、勖、煦、佶、姤、完、丸、莞、垣、遘、媾、構、溝、訴、慎、厲、讓、援”等字皆闕筆。“構”字則注“太上御名”，“眘”字則注“御名”。

據章大醇《序》，是書初刊於宋淳熙乙未（二年即 1175 年），修於宋端平甲午（元年即 1234年）至宋淳祐丙午（六年即 1246 年），章大醇守

嚴州，則又重修之。

是書全四十二卷，今存卷一、卷三至卷五、卷十一至卷十四、卷十九至卷二十七、卷三十一至卷四十二，凡二十九卷。其中卷十九後數葉、卷二十四、卷三十八至卷四十係寫補。

卷中有“吳江徐氏記事”、“柏山張氏省軒恒用印”、“孫園主人”、“汪士鐘”、“汪士鐘藏”等印記。

通鑑紀事本末四十二卷

（宋）袁樞撰

宋寶祐年間（1253—1258 年）趙與籌湖州刊本　共八十册

静嘉堂文庫　原孫星衍　陸心源皕宋樓等舊藏

【按】每半葉十一行，每行十九字。白口，左右雙邊（25.7cm×19.0cm）。版心上記字數，下記刊工姓名，如王亨祖、王興宗、王介、王春、王亨、王燁、吳炎、賈端、金永、鍾季生、方得時、陳必達、范仲、范仲實、蔡成、史祖、周嵩、徐蒿、徐侃、徐高、劉霄、劉孚、沈宗、張榮、張成等。元代補修葉版心刻工姓名如王大用、沈昌祖、貢甫、林嘉茂、林嘉、林茂、沈祖、余和、余甫、余和甫、徐松、馬良等。明代補修葉刻工姓名如羅嗣秀、周春孫、梁仁甫、董繼恩、彭榮德、楊東漸、史京、朱銘、仁端、中成、丁璧、劉瀾等。

前有淳熙元年（1174 年）三月戊子廬陵楊萬里《序》。又有寶祐丁巳（五年即 1257 年）秋七月朔古汴趙與籌《序》，謂“淳祐壬子（十二年即 1252 年）退而里居”，因“嚴陵本字小且訛，乃爲大字，精加讎校，以私錢重刊之”云云。

卷中間有明南京國子監補修，凡版心無字數及刻工姓名者皆是。此本原係孫淵如舊藏。

卷中避宋諱，凡“玄、鉉、朗、敬、弘、泓、殷、匡、恒、貞、偵、徵、樹、頊、勖、煦、桓、完、構、媾、

慎、敦"等,皆爲字不成。

卷中有"孫星衍"、"東魯觀察使者"、"歸安陸樹聲藏書之記"等印記。

通鑑紀事本末四十二卷

（宋）袁樞撰

宋寶祐年間（1253—1258年）刊元明遞修本共八十四册

大倉文化財團藏本　原毛氏汲古閣　張之洞等舊藏。

【按】此本與静嘉堂文庫藏本爲同一刊本,行款格式皆同。間存元祐六年（1319年）及明代國子鑒修補。

卷前并有陳良弼《序》。

卷中有"汲古閣"、"毛氏珍藏"、"陳帝祖"、"橫雲山民"、"胡薊門"、"巴陵方氏碧琳琅館"、"菉斐軒"、"方功惠"、"柳橋"、"無競居士"、"壺公"、"仲甲"、"張之洞"等印記。

通鑑紀事本末四十二卷

（宋）袁樞撰　（明）李栻校

明萬曆二年（1574年）監察御史李栻刊本共四十二册

內閣文庫　蓬左文庫　東京大學總合圖書館藏本

【按】內閣文庫藏此同一刊本兩部。一部原係山本北山、昌平坂學問所等舊藏。一部原係江户時代林氏大學頭家舊藏。

蓬左文庫藏本,原係江户時代尾張藩主家舊藏。

東京大學總合圖書館藏本,原係江户時代紀州德川家南葵文庫等舊藏,卷中存後人寫補。

通鑑紀事本末四十二卷

（宋）袁樞撰　（明）杜廉等校

明萬曆年間（1573—1620年）黄吉士刊本共四十二册

宮內廳書陵部　內閣文庫　東京大學東洋文化研究所大木文庫藏本

【按】每半葉十一行,每行二十二字。

前有明萬曆三十五年（1607年）焦竑《序》,並魏時應《序》。

《目録》前有《通鑑紀事本末》校刊人姓氏題銜一葉,其曰:

巡撫直隸帶管督學監法監察御史黄吉士重刊

淮安府知府　杜　廉

同知　張邦政　董獻策　許從坤　王指南　張鳳翼

通判　張志道

推官　方詩教

山陽縣知縣　楊師孔

淮安府儒學教授　李凌雲

山陽縣儒學署教諭　齊世祚同校

萬曆丙午（1606年）歲孟冬之吉

內閣文庫藏本,原係昌平坂學問所舊藏。

通鑑紀事本末四十二卷

（宋）袁樞撰

明萬曆年間刊本　共六十三册

尊經閣文庫藏本

通鑑紀事本末四十二卷　前編十二卷

（宋）袁樞撰　〔前編〕（明）沈朝陽撰

明焦竑校刊本

內閣文庫　静嘉堂文庫藏本

【按】內閣文庫藏本今卷一至卷十二,卷三十八至卷四十二闕。實存二十五卷,共四十八册。

静嘉堂文庫藏本,原係竹添光鴻等舊藏,共五十册。

通鑑紀事本末二百三十九卷

（宋）袁樞撰　（明）張溥論正

明刊本

宮內廳書陵部　內閣文庫　早稻田大學圖書館　陽明文庫藏本

【按】宮內廳書陵部藏本,共八十册。

内閣文庫藏此同一刊本三部。一部原係紅葉山文庫舊藏,共八十册;一部原係昌平坂學問所舊藏,共六十册;一部亦六十册。

早稻田大學藏本,共四十六册。

陽明文庫藏本,原係江户時代近衛家熙等舊藏,共五十册。

皇朝通鑑長編紀事本末(宋九朝紀事本末)(殘本)一百四十三卷

(宋)楊仲良編撰

舊鈔影寫宋刊本　共二十四册

静嘉堂文庫藏本

【按】每半葉十一行,每行約二十四字。

前有宋寶祐五年(1257 年)十月歐陽守道《序》

卷中避宋諱,語涉宋帝皆空格。

是書全一百五十卷,今卷五不全,卷六、卷七闕,卷八闕前數葉,卷一百十四至卷一百十七、卷一百十九全闕。

此本係據宋徐琥刊本摹寫。

蜀鑑十卷

(宋)郭允蹈撰

明初刊本　黄丕烈手識本　共八册

静嘉堂文庫藏本　原惠氏百歲堂　黄丕烈　陸心源皕宋樓等舊藏

【按】前有宋端平三年(1236 年)十月李文子《序》,明方孝孺《序》,並宋嘉熙元年(1237 年)重五日《跋》,次有宋淳祐五年(1245 年)八月《跋》等。

卷中有黄丕烈復翁手題識文,其文曰:

"《蜀鑑》一書,向少傳本,家中所儲,有張充之(青芝子)手抄者。昨歲五柳主人以殘刻本見遺,缺首二卷。楮墨古雅,洵爲舊刻。卷端有'紅豆書屋'印,因檢惠氏《百歲堂藏書目》,於《史部》云《蜀鑑》十卷,知爲松厓先生家藏本,惜所缺無由補全,心甚悵快。後顧子千里歸江寧,爲予言伊師張白華先生家有此刻,遂丐歸影抄足之。前有方正學

《序》,是明初板矣。爰誌數語于卷首而重裝之。丁卯孟夏四日,復翁丕烈識。"

卷中有"惠棟之印"白文方印、"定宇"朱文方印、"紅豆書屋"朱文長印等。

蜀鑑十卷

(宋)郭允蹈撰

明嘉靖年間(1522—1566 年)刊本　共四册

静嘉堂文庫藏本　原陸心源十萬卷樓等舊藏

【按】每半葉八行,每行十六字。白口,四周單邊。

前有方孝孺《序》,次有明嘉靖三十四年(1555 年)嶇山主人佳胤《跋》。前後有宋端平三年(1236 年)李文子《序》,並宋嘉熙元年(1237 年)《跋》等。

蜀鑑十卷

(宋)郭允蹈編撰

明嘉靖年間(1522—1566 年)刊本　共四册

築波大學附屬圖書館藏本

【按】每半葉有界八行,行十六字。四周單邊(26.0cm × 17.8cm)。版心題署"蜀鑑",記"卷一(——卷十)",并記葉數。前有明嘉靖三十四年(1555 年)《序》(《序》文四周雙邊,有界,每半葉七行,行十三字)。

通鑑紀事本末前編十二卷

(明)沈朝陽撰　焦竑校

明萬曆年間(1573—1620 年)唐世濟刊本共十二册

蓬左文庫　尊經閣文庫　東京大學東洋文化研究所大木文庫藏本

【按】是本前有明萬曆四十五年(1617 年)《序》。

通鑑紀事本末前編十二卷

(明)沈朝陽撰　焦竑校

明刊本　共六册

内閣文庫藏本　原江户時代林大學頭家舊藏

(唐荆川先生編纂)左氏始末十二卷

（明）唐順之撰　金九臯等編

明嘉靖年間（1522—1566年）刊本

内閣文庫　東京大學總合圖書館　尊經閣文庫藏本

【按】前有明嘉靖四十一年（1562年）《序》。

内閣文庫藏此同一刊本兩部。一部原係林大學頭家舊藏，共四册；一部原係紅葉山文庫舊藏，共十册。

東京大學藏本，原係廣東籌賑日災總會贈送本，共四册。

尊經閣文庫藏本，原係江户時代加賀藩主前田綱紀等舊藏，共十册。

左傳分國紀事本末二十二卷

（明）孫範撰

明刊本　共八册

内閣文庫藏本

【按】内閣文庫藏此同一刊本兩部。一部原係林氏大學頭家舊藏；一部原係紅葉山文庫舊藏。

左傳分國紀事本末二十二卷

（明）孫範撰

明崇禎十一年（1638年）刊本　共十二册

内閣文庫　静嘉堂文庫藏本

左傳分國紀事本末二十二卷

（明）孫范編撰

明崇禎年間（1628—1644年）刊本　共六册

尊經閣文庫　静嘉堂文庫藏本

【按】尊經閣文庫藏本，原係江户時代加賀藩主前田綱紀等舊藏。

静嘉堂文庫藏本，原係小越幸助等舊藏。

春秋左傳屬事二十卷　附春秋注解辨誤二卷　補遺一卷　古器圖一卷

（明）傅遜撰

明萬曆年間吴郡傅氏日殖齋刊本　共十册

蓬左文庫藏本

宋史紀事本末十卷

（明）馮琦原編　陳邦瞻纂輯　徐申　劉日梧校正　沈朝陽繙閲

明萬曆三十四年（1606年）黄吉士刊本

國會圖書館　内閣文庫　蓬左文庫　尊經閣文庫　静嘉堂文庫藏本

【按】每半葉十一行，每行二十二字。

前有明萬曆三十三年（1605年）陳邦瞻《序》，同年劉日梧《序》，同年徐申《序》。

國會圖書館藏本，共十册。

内閣文庫藏此同一刊本兩部，其中一部原係林大學頭家舊藏，皆凡十册。

蓬左文庫藏本，共十册。

尊經閣文庫藏本，原係江户時代加賀藩主前田綱紀等舊藏，共二十册。

静嘉堂文庫藏本，原係陸心源守先閣等舊藏，共十二册。

宋史紀事本末十卷　附元史紀事本末四卷

（明）馮琦撰　《元史紀事本末》（明）陳邦瞻撰　臧懋循補

明萬曆年間（1573—1620年）刊本　共十三册　今合爲六册

國會圖書館藏本

宋史紀事本末二十八卷

（明）馮琦原編　陳邦瞻纂輯　徐申　劉日梧校正

明刊本　共十册

蓬左文庫藏本

【按】前有明萬曆三十三年（1605年）陳邦瞻《序》，同年劉日梧《序》，同年徐申《序》。

宋元紀事本末十四卷

（明）陳邦瞻纂輯

明萬曆年間刊本　共十二册

宮内廳書陵部藏本

【按】是本係《宋紀事本末》十卷,《元紀事本末》四卷。

宋元紀事本末一百三十六卷

（明）陳邦瞻纂輯　張溥論正

明張溥校刊本　共二十册

宮内廳書陵部藏本

【按】每半葉九行,每行二十字。

前有張溥《序》。

是本係《宋史紀事本末》一百九卷,原題"明北海馮琦原編　高安陳邦瞻纂輯　太倉張溥論正"。又《元史紀事本末》二十七卷,原題"明高安陳邦瞻原編　吴興臧懋循補輯　太倉張溥論正"。

【附録】江户時代昌平坂學問所用活字版刊印《宋史紀事本末論正》一百九卷。此本題署"明張溥撰、男永錫等校"。其後,此本有江户出雲寺萬次郎重印本,又有江户青山堂雁金屋清吉重印本。

元史紀事本末四卷

（明）陳邦瞻纂輯　臧懋循補　徐申等校

明萬曆年間刊本　共四册

尊經閣文庫　静嘉堂文庫　大谷大學圖書館藏本

【按】每半葉十一行,每行二十二字。

前有明萬曆三十四年（1606 年）徐申《序》,並同年陳邦瞻《自序》。

尊經閣文庫藏本,原係江户時代加賀藩主前田綱紀等舊藏,共四册。

静嘉堂文庫藏本,原係陸心源守先閣等舊藏,共二册。

大谷大學附屬圖書館藏本,共四册。

元史紀事本末四卷

（明）陳邦瞻纂輯　臧懋循補

明刊本　共二册

内閣文庫藏本　原林大學頭家舊藏

元史紀事本末六卷

（明）陳邦瞻纂輯　臧懋循補

明刊本　共一册

内閣文庫藏本　原紅葉山文庫等舊藏

三朝遼事實録十七卷　附總略一卷

（明）王在晋撰

明崇禎年間（1628—1644 年）刊本

國會圖書館　静嘉堂文庫藏本

【按】國會圖書館藏本,原係修德堂藏版,共十二册,今合爲四册。

静嘉堂文庫藏本,原係陸心源十萬卷樓等舊藏,共八册。

炎徼紀聞四卷

（明）田汝成撰

明嘉靖年間刊本

内閣文庫　東洋文庫藏本

【按】前有明嘉靖三十七年（1558 年）《序》。

内閣文庫藏本,原係林大學頭家舊藏。共三册。

東洋文庫藏本,共四册。

皇明鴻猷録十六卷

（明）高岱撰　鄭文茂　劉侃校正

明嘉靖四十四年（1565 年）家刊本　共八册

宮内廳書陵部　蓬左文庫　御茶之水圖書館藏本

【按】每半葉九行,每行二十二字。

前有明嘉靖三十六年（1557 年）高岱《自序》。卷末有刊印木記曰:"嘉靖乙丑年四月吉旦男思誠梓行。"

宮内廳書陵部藏本,原係德山藩主毛利元次

舊藏,卷中有"德藩藏書"印記。明治二十九年(1896年)男爵毛利元功將此書獻納宮内。每册有"明倫館印"印記,卷首并有"春蘭秋菊"印記。

蓬左文庫藏本,係後水尾天皇寬永五年(1628年)購入。卷中有"尾陽内庫"印記。

御茶之水圖書館藏本,原係德富蘇峰成簣堂舊藏,卷中有朱筆、墨筆和藍筆校點,卷十六末有墨書曰:"癸卯首冬三日燈下閱畢"十字。卷二以下各卷之下,有校讀識文。書帙題詞係德富蘇峰手筆。

(金陵重刊)皇明鴻猷紀十六卷

(明)高岱編撰
明隆慶年間(1567—1572年)刊本　共八册
早稻田大學圖書館藏本　原服部南郭家服部文庫等舊藏

皇明鴻猷錄十六卷

(明)高岱撰　鄭文茂　劉侃校正
明萬曆年間刊本　共八册
内閣文庫　尊經閣文庫藏本
【按】每半葉十行,每行二十字。
前有明萬曆元年(1573年)曾省吾《序》,明萬曆四年(1576年)羅瑶《序》,明嘉靖三十六年(1557年)高岱《自序》。後有劉紹恤《後序》,並明萬曆八年(1580年)林應訓《跋》等。

内閣文庫藏本,原係紅葉山文庫舊藏。

尊經閣文庫藏本,原係江户時代加賀藩主前田綱紀等舊藏。

國朝武功紀勝通考八卷

(明)顔季亨撰
明天啓年間刊本　共六册
尊經閣文庫藏本　原江户時代加賀藩主前田綱紀等舊藏

安南棄守始末一卷

不著撰著人姓名
舊鈔本　吳枚菴手識本　共一册
静嘉堂文庫藏本
【按】是書有吳枚菴手題識文兩處。其一曰:
"是書僅見於《絳雲樓書目》,己亥春日,借甫里嚴蔚本,命館童抄錄,惜未得《安南國志》一證之也。五月十又二日,枚菴識。"
其二曰:
"是歲十月二日,雨窗閱一過,改正錯簡一枚。枚菴。"

（四）別 史 類

汲冢周書（逸周書）十卷

（晋）孔晁注

元至正十四年（1354 年）嘉興路儒學刊本

共四册

　　静嘉堂文庫藏本　原王昶　陸心源䜿宋樓等舊藏

【按】每半葉有界十行，行二十字。注文雙行。版心記字數及刊工姓名。

卷首有黄玠《序》，題署"至正甲午（1354 年）冬十一月四明後學黄玠謹志"。卷末有丁黼《跋》，題署"嘉定十五年（1222 年）夏四月十一日東徐丁黼謹志"。

卷中有"王昶之印"、"述庵"、"曾在上海郁泰峰家"、"臣陸樹聲"、"歸安陸樹聲叔桐父印"等印記。

陸心源《儀顧堂續跋》卷七著錄此本并曰：

　　"是書南宋以前無刻本，寧宗時，丁文伯得李巽巖家本，脱誤頗甚。後得陳正卿本，參校修補，遂于嘉定十五年序而刊之。至正中，劉廷幹覆刊于嘉興學宫，黄玠爲之序。即盧抱經學士所據以校正時本者也（中略）。按丁黼字文伯，其先徐州人。南渡後，大父執中遷石埭。嘗從平陽徐忠文公誼、永嘉錢宗正文子學。淳熙十四年進士，嘉定壬申知餘杭縣。十三年除直秘閣知夔州。上急務十策，力修備禦，爲政寬大。崔清獻與之方帥四川，嘉其操尚，寄詩有'同志晨星少，孤愁暮雨多'之句。以《逸周書》、《越絶書》世鮮善本，刊板置郡齋。理宗初，以争濟邸事，忤史彌遠，被逐。彌遠死，召爲軍器監。端平初知信州。真西山爲江西安撫，薦其學有師傳，修身立朝，物論推許，遷提刑。三年以四川制置副使知成都府。元闊端率汪世顯入蜀，黼先遣妻子南歸，自誓死守。及曹友

聞敗績于陽平關。冬十月，元兵自新井入，詐張宋將之旗，黼以爲潰卒也，以旂榜招之。既知其非，夜出城南進戰，至石簡街，兵敗死之。贈顯謨閣待制，謚恭愍，賜額立祠于其鄉。《宋史·忠義》有傳，而不知其里貫，不詳其仕履，又誤以端平三年爲嘉熙三年。《宋元學案》亦仍其誤。余故參考《宋史》，《元史》，《宋季三朝政要》，《真西山集》，《江南通志》，《安徽通志》，《夔州府志》，《越絶書跋》，詳著之，以補《宋史》之缺，而訂其訛。劉廷幹名貞，海岱人。至正中以中朝貴官出爲嘉興路總管。嘗刊《大戴禮記》。蓋亦好古之士。黄玠字伯成，慈溪人。東發之曾孫。寓居湖州。嘗爲西湖書院山長。著有《卞山小隱吟録》。"

傅增湘《藏園群書經眼録》卷四著錄此本并曰：

　　"字撫松雪體，的是元刊，惜墨色黯淡耳。此本極少見。"

【附録】九世紀藤原佐世在《本朝見在書目録》"雜史家"中著録《周書》八卷，其注文曰"汲冢書"。

日本後櫻町天皇明和六年（1769 年）肥藩齋藤高壽手書《汲冢周書》十卷，此本據《漢魏叢書》本鈔出，爲紀州德川家南葵文庫等舊藏，今存東京大學總合圖書館。

仁孝天皇天保二年（1831 年）彦根弘道館木活字刊印《逸周書》十卷。

汲冢周書十卷

（晋）孔晁注

明嘉靖年間（1522 — 1566 年）刊本

東京大學東洋文化研究所藏本

汲冢周書十卷

（晋）孔晁注

明刊本　共二册

内閣文庫　陽明文庫藏本

【按】内閣文庫藏本,原係楓山官庫等舊藏。

陽明文庫藏本,原係江户時代近衛家熙等舊藏。

逸周書十卷

（晋）孔晁注　（明）鍾人傑閲

明刊本　共五册

東京大學總合圖書館藏本　原江户時代紀州德川家南葵文庫等舊藏

【按】卷中有海保漁村批注。

逸周書十卷

（晋）孔晁注　（明）程榮校

明萬曆年間(1573—1620年)刊本(明刊本《漢魏叢書》零本)

東京大學總合圖書館藏本　原江户時代紀州德川家南葵文庫等舊藏

隆平集二十卷

（宋）曾鞏編集

明覆董氏萬卷堂刊本

静嘉堂文庫　尊經閣文庫藏本

【按】卷首有宋紹興十二年(1142年)趙伯衛《序》。

静嘉堂文庫藏本,原係陸心源十萬樓等舊藏,共八册。

尊經閣文庫藏本,原係江户時代加賀藩主前田綱紀等舊藏,共六册。

【附録】光格天皇天明六年(1786年)《寅十番船持渡書改目録寫》記載,是年該船載《隆平集》一部一帙六册抵日本,并注明:“古本,有朱筆點,眉上有文字判定,無脱紙。”

江户時代有日人手書《隆平集》二十卷一種,此本舊藏島田篁邨處,今存静嘉堂文庫。

通志二百卷　首一卷

（宋）鄭樵編撰

元至治二年(1322年)刊明修本　共一百二十册

宫内廳書陵部藏本　原江户時代德山藩主毛利家等舊藏

【按】每半葉有界九行,行二十一字。注文小字雙行,行同正文。白口,左右雙邊(29cm×19.5cm)。版心記大小字數,并有刻工姓名。明代修補葉版心記注年號,如“成化十年”、“萬曆十七年”、“萬曆十八年”、“萬曆二十四年”、“萬曆四十五年”、“萬曆四十六年”等。

卷首有元人吳繹《序》。《序》曰:“是集梓於三山郡庠,既獻之天府,藏之秘閣下,北方學者猶未之見。乃募僚屬,捐己俸,摹印五十部,散之江北諸郡。”序末題署“至治二年壬戌(1322年)夏五郡守可堂吳繹書于三山郡齋”。次有《通志疏》,署“至治元年五月福州路總管可堂吳繹題”。次有刊記曰:“至治二年九月印造。”刊記後更列福州路總管府所委提調官録事司判官七人銜名。次有鄭樵《通志總序》。後列目録。

卷第十五,卷第二十二,卷第四十三,卷第五十六,卷第五十八,卷第六十一,卷第七十,各有補寫。

東山天皇寶永三年(1706年)德山藩三代藩主毛利元次撰《御書物目録》著録此本,明治二十九年(1896年)男爵毛利元功獻贈宫内省。

卷中有“德藩藏書”,“德山毛利家藏書”,“明倫館印”等印記。

【附録】據《商舶載來書目》記載,中御門天皇享保十二年(1727年),中國商船“天字號”載鄭樵《通志》一部二十帙抵日本。

通志二百卷　首一卷

（宋）鄭樵編撰

元至治二年(1322年)刊明修本　共三百册

大倉文化財團藏本

【按】此本與宮內廳藏本係同一刊本,行款題式皆同。

卷中有"慕齋","宛平王氏"等印記。

通志(殘本)一百九十七卷　首一卷

(宋)鄭樵編撰

元至治二年(1322 年)刊明修本　共一百十八册

內閣文庫藏本　原孫承澤　豐後佐伯藩主毛利高標　昌平坂學問所等舊藏

【按】此本與宮內廳藏本係同一刊本,行款題式皆同。明修補頁版心有"成化十年"、"萬曆十七年"等字樣。

此本卷第五十八,卷第五十九,卷第九十三,凡三卷缺。

森立之《經籍訪古志》卷三著録此本。

通志二百卷　首一卷

(宋)鄭樵編撰

元至治二年(1322 年)刊明修本　共一百二十四册

內閣文庫藏本　原蔣琦　楓山官庫等舊藏

【按】此本與宮內廳藏本係同一刊本,行款題式皆同。

卷中除明代修補外,卷一至卷六係清人寫補。

日本《御書籍來歷志》著録此本。

通志二百卷　首一卷

(宋)鄭樵編撰

元至治二年(1322 年)刊明修本　共一百五十三册

尊經閣文庫藏本

【按】此本與宮內廳藏本係同一刊本,行款題式皆同。

通志(殘本)一百九十五卷　首一卷

(宋)鄭樵編撰

元至治二年(1322 年)刊明修本

東京大學東洋文化研究所藏本　原大木幹一等舊藏

【按】此本與宮內廳藏本係同一刊本,行款題式皆同。

此本卷第九十四,卷第九十五,卷第一百八,卷第一百十六,卷第一百五十六凡五卷缺。卷中并有崇禎年間修補頁。

通志(殘本)二卷

(宋)鄭樵編撰

元至治二年(1322 年)刊明修本　共二册

東京大學東洋文化研究所藏本

【按】此本與宮內廳藏本係同一刊本,行款題式皆同。

此本今存卷第九十四,卷第九十五,凡二卷。

通志(殘本)一卷

(宋)鄭樵編撰

元至治二年(1322 年)刊本　共一册

東京大學東洋文化研究所藏本　原大木幹一舊藏

【按】此本與宮內廳藏本係同一刊本,行款題式皆同。

此本僅存卷首。

通志二百卷

(宋)鄭樵編撰

明刊本　共一百二十册

静嘉堂文庫藏本　原陸心源守先閣等舊藏

通志略五十一卷

(宋)鄭樵撰　(明)陳宗夔編校

明刊本

內閣文庫　陽明文庫藏本

【按】內閣文庫藏本,原係昌平坂學問所等舊藏,共二十册。

陽明文庫藏本,原係江户時代近衛家凞等舊藏,共三十六册。

【附録】據《商舶載來書目》記載,中御門天皇

享保十五年（1730 年）中國商船"津字號"載《通志略》一部抵日本。

《長崎官府貿易外船賚來書目》記載，桃園天皇寶曆九年（1759 年）中國商船"一番號"載《鄭樵通志略》四部二十六帙；又，六部二十四帙。同年，"二番號"亦載《通志略》十部共四十帙抵日本。同年"十番號"又載《通志略》二十五部抵日本。

《漢籍發賣投標記録》記載，仁孝天皇弘化二年（1845 年）《通志略》一部標價分別爲松野屋十五匁，安田屋廿三匁六分，永見屋三十一匁。

通志略三十二卷

（宋）鄭樵撰　（明）陳宗夔編校
明刊本　伊藤東涯手識本　共二十四册
古義堂藏本

【附録】《書籍元帳》記載，孝明天皇嘉永二年（1849 年）中國商船"申四番"載《通志略》（不足本）二十二册抵日本，售價十匁。

通志略三十二卷

（宋）鄭樵編撰　（明）陳宗夔校
明刊本　共十八册
静嘉堂文庫藏本　原淺野梅堂　竹添光鴻等舊藏

路史九卷　後記十三卷　國名紀八卷　發揮六卷　餘論十卷

（宋）羅泌撰　羅苹注釋
明萬曆三十九年（1611 年）廣陵高氏刊本
尊經閣文庫　静嘉堂文庫　京都大學人文科學研究所東洋學文獻中心藏本

【按】尊經閣文庫藏本，原係江戸時代加賀藩主前田綱紀等舊藏，共十六册
静嘉堂文庫藏本，原係陸心源守先閣等舊藏，共二十册。
京都大學藏本，原係中江氏等舊藏，共二十册。

【附録】桃園天皇寶曆四年（1754 年）《舶來書籍大意書》著録《路史》一部二帙十六册。其釋文曰：

"脱紙二張，然卷末常有破損，内三册有朱點。是書宋羅泌等纂著，男苹等注。嘗言太古之事者，則有皇甫謐《世紀》，譙周《史考》，張惜《系譜》，馬總《通歴》，諸葛耽等《帝鑒》，小司馬《補史》，蘇子由《古史考》。然仍未爲足觀，于是撮舉兼收，著三皇紀，九頭紀，循蜚紀，因提紀，至於禪通紀内之内無懷氏，爲前紀九卷。自禪通紀内之太昊迄于疏仡紀之夏后，爲後紀十三卷。溯郡國之名，得受姓之始，重封建，存治道之遺。自太昊之後迄于周之後，標國名，録姓爵者七百九十余名；自三皇迄于周，標侯伯之國名而證以今名者，三百二十余名；上世妃后之國二十七名；古之亡國二十名；雜國百二十名；漢之封建國三百三十余名；漢之王子國二百七十余名；東漢之同姓侯、异姓侯，僅舉總數，不記其名；後載《附録》六篇，爲《國名記》七卷。又著《論太極》、《明易象象》、《同名氏辯論》、《燧人氏改火》、《女媧補天説》、《共公氏無霸名》、《老子化胡説》等論説十二篇，爲《發揮》六卷。又著《伏羲書契説》等九十六篇，爲《餘論》十卷。合編五種，于乾道六年刊行。然年代久遠，漫滅多處，故明人喬可傳等，重爲校定，萬曆三十九年重刻。"

據《商舶載來書目》記載，桃園天皇寶曆四年（1754 年）中國商船"以字號"載《路史》一部二帙抵日本。又《外船賚來書目》記，光格天皇寬政十二年（1800 年）輸入《路史》三部。《外船書籍元帳》記孝明天皇嘉永二年（1849 年）中國商船"申三番"載《路史》一部抵日本，售價八匁。同書又記嘉永七年（1853 年）中國商船子二番載《路史》一部抵日本，售價八匁。

路史九卷　後記十三卷

（宋）羅泌撰　（明）陳子龍校
明刊本　共四册
内閣文庫藏本

(重訂)路史全本九卷　後記十四卷　國名紀八卷　發揮六卷　餘論十卷

（宋）羅泌撰　（明）吳弘基等校

明武林化玉齋刊本

宮內廳書陵部　國會圖書館　静嘉堂文庫　關西大學綜合圖書館內藤文庫藏本

【按】每半葉有界八行，行二十字。白口，左右雙邊（18.5cm×11.3cm）。

卷首題"重訂路史全本　廬陵羅泌輯　男羅苹注　雲間陳子龍閲　西湖金堡參仁和吳弘基錢塘吳思穆仁和童聖麒同訂"。前有宋乾道龍集庚寅亞歲（1170 年）羅泌長源父《題序》。次有金堡道隱父《題序》。次有宋淳熙三年（1176 年）費燁《路史別序》。

《前紀》九卷，述三皇至陰康無懷之事。《後紀》十四卷，述太昊至夏履癸之事。《國名紀》八卷，述上古至三代諸國姓氏地理，下逮兩漢之末，附以大衍數國姓衍慶記原。《發揮》六卷、《餘論》十卷，皆辨難考證之文。

宮內廳藏本，原係江户時代德山藩主毛利氏家舊藏。東山天皇寶永三年（1706 年）德山藩三代藩主毛利元次撰《御書物目録》著録此本，明治二十九年（1896 年）男爵毛利元功獻贈宮內省。每冊首有"德藩藏書"等印記。共二十冊。

國會圖書館藏本，原共十四冊，今合爲九冊。

静嘉堂文庫藏本，原係竹添光鴻等舊藏，共十五冊。

關西大學藏本，原係內藤湖南等舊藏。此本帙外題"路史"。有內藤湖南手識文。文曰："明治三十五年（1902 年）十一月卅日在燕京琉璃廠購得。炳卿。"共二十冊。

東都事略（殘本）一百二十二卷

（宋）王稱撰

宋光宗年間（1190—1194 年）眉山程舍人宅刊本　狩谷掖齋識文本　共十四冊

宮內廳書陵部藏本　原狩谷掖齋等舊藏

【按】每半葉有界十二行，行二十三字或二十四、五字不定。白口，左右雙邊（19.1cm×12.7cm）。版心上記字數，中記"東（幾）"。

是書全一百三十卷，此本卷八十六至卷九十三缺佚，實存一百二十二卷。其中卷一至卷十、卷十二至卷二十一、卷六十二至卷六十六、卷七十一、卷七十二、卷八十一、卷八十二、卷九十四至卷一百、卷一百十九、卷一百二十、卷一百二十三、卷一百二十九、卷一百三十，全部或部分爲後人寫補。

首有目録。目録後有刊印木記曰：

"眉山程舍人宅刊行，已申上司，不許覆板"。

卷首副葉有長文印記曰："顏氏家訓曰，借人典籍皆須愛護，先有缺壞就爲補治，此亦士大夫百行之一也。鄞江衛氏謹誌。"江户時代目録學家狩谷掖齋在此印記旁墨書批曰："此印記以悶好事者之假造，不存而可也。"

此本卷首副葉，有狩谷掖齋手識文曰：

"《東都事略》宋刻僅見此本，先君最所寶愛，榮木樓牙籤萬軸獨闕此書，牧翁屢求不獲，心頗嗛焉。先君家道中落，要索頻煩，始終不忍捐棄，吾子孫其慎守之勿失。

右見《讀書敏求記》。按近來富宋本者，無錢遵王若也。然其言如此，則當寶藏可知也。故表出之，示後之獲此者。"

森立之《經籍訪古志》卷三著録求古樓藏宋槧本《東都事略》一百三十卷，即此本。然其釋文所録狩谷掖之識文，與原文略有差異

傅增湘《藏園羣書經眼録》卷三著録此本并曰：

"此本雖漫漶殘缺，然古味益然，要是真本。"

【附録】日本仁孝天皇弘化三年（1846 年）忍藩進修館刊印《東都事略》一百三十卷。此本中日人芳川逸訓點。其後，此本有孝明天皇嘉永二年（1849 年）須原屋茂兵衛等的重印本。

東都事略一百三十卷

（宋）王稱撰

宋光宗年間（1190—1194年）眉山程舍人宅
刊明配補本　共二十册

静嘉堂文庫舊藏　·原汪士鐘　黄蕘圃　陸
心源皕宋樓等舊藏

【按】每半葉有界十二行，行二十四字左右。
白口，左右雙邊（19.1cm×12.7cm）。卷中有寫
補。

卷首有洪邁《奏進劄子》（係後人寫補），次有
《告詞》（係後人寫補），次有王稱《謝表》（係後
人寫補），次有《東都事略目録》（第一頁及第二
頁係後人寫補）。《目録》尾題之後有雙邊刊行
木記兩行，其文曰：

> “眉山程舍人宅刊行
> 已申上司不許覆版”

卷中避宋諱，凡“眩、朗、貞、讓、完、瑗、溝、
構、購、淳、敦、廓”等，皆爲字不成。文中語涉
“宋朝”則上空一格。

卷三十九之後，有黄丕烈手識文一則。其文
曰：

> “周公（香）嚴丈家，於郡中藏書爲最，蓋
> 其用力於此者久，故所蓄多也。殘鱗片甲，
> 收羅尤急，其所藏《東都事略》殘宋刻若干
> 卷，而此册出於別本，與藏本不類，且與藏本
> 爲重，余素稔知矣，後從書友得二册，度其版
> 刻，大約相同，因丐歸核之，竟是原書！香嚴
> 遂輒贈余，離之則兩傷，合之則雙美，香嚴與
> 余，殆有同心也。裝訖并記。復翁。”（後有
> “丕烈之印”白文方印）

卷八十七下之後，又有黄丕烈手識文一則，
其文曰：

> “數年前，抱冲與余同時收書，王存兢
> 心。《東都事略》宋刻全部出，郡城顧氏介
> 紹者，兩元購獲，卒爲抱冲所得，心頗銜之。
> 後抱冲殁，此書無從寓目矣。相傳顧氏得
> 此書出於萃古齋，而萃古齋得自鎮江蔣姓。
> 蔣姓游蘇，即在闆下新書坊間賤價易之，後

即易于萃古齋，因歸顧氏。顧之得也，直
> （值）數十金；其去也，直未減。因其爲名
> 書，後人當尚奇，且其時尚有抱冲與余兩家
> 爭購也。此二册爲王府基郁姓書友破書中
> 物，郁訝其版刻之古拙，因以贈余。書止六
> 卷，塵封蟻蝕，不爲泯棄者幾希。余既收得
> 之，又承香嚴以一册見贈，遂命工重裝，而
> 弄詣百宋一廛中，他日後藏若成此十卷《東
> 都事略》，安知不足爲乙部增重乎！抱冲張
> 多倘可，向假全本影寫足之，大是快事，書
> 此爲券。丁卯夏五月廿六日黄丕烈記。”
> （後有“復翁”白文方印）

卷中有“伯卿甫”、“梁溪蔡氏”、“廷相”、“醉
經主人”、“蔡廷楨”、“蔡廷楨印”、“濟陽蔡氏圖
書”、“金匱蔡廷楨藏”、“金匱蔡氏醉經軒考藏
書章”、“金匱蔡廷楨卓如章”、“汪士鐘藏”、“汪
士鐘印”、“藝芸主人”、“趙宋本”、“宋本”、“瑞
卿”、“筠生”、“歸安陸樹聲叔桐父印”等印記。

陸心源《儀顧堂續跋》卷七著録此本曰：

> “《東都事略》一百三十卷。卷一、卷十
> 三、卷十八次行題“承議郎新權知龍州軍州
> 兼管内勸農事管界沿邊都巡檢使借紫臣王
> 稱上進”。前載洪邁《奏進劄子》，及稱《告
> 詞》，稱《進表》。次目録。後有木記曰：‘眉
> 山程宅刊行，已申上司，不許覆版’兩行。每
> 葉二十四行，每行二十三、四、五字不等。語
> 涉宋帝皆空格，版心或題東幾，或僅有數目
> 字而無東字，或留墨釘，間有字數及刊工姓
> 名。宋諱避至‘惇’字止。蓋光宗時刊本也。
> 是本爲蘇州汪士鐘零星湊配而成。有初印
> 者，有後印者，有以明覆本配者。内有十卷
> 爲黄蕘圃舊藏。蕘圃有二跋叙得書之由甚
> 詳。八十七卷末有‘□□圖書官印’，又有
> ‘瑞卿’二字朱文方印，亦似元人印記。明覆
> 本亦刊甚精，幾與宋刻莫辨，惟版心則一律
> 皆作‘東幾’，與宋本之參差者較異耳。元修
> 《宋史》，北宋事不盡藍本此書，《提要》已詳
> 言之。《事略》有計用章而《宋史》無之摹，一
> 證也。‘稱’之名，《提要》作‘偁’，此本及明

覆本皆作'稱',俟攷。"

董康《書舶庸譚》卷三著錄此本并曰:

"明五松堂本即覆此本。余舊藏此刻,爲傳是樓物。楮墨尤精美,今歸南潯張石銘矣。"

傅增湘《藏園羣書經眼錄》卷三著錄此本曰:

"此本配入明刊本過半,然原刊中頗有初印精善之葉,勝於帝室圖書寮所藏本。目錄牌子以翻刊本補入。"

季漢書六十一卷

(明)謝陛撰

明刊本　共十六册

陽明文庫藏本　原江户時代近衛家熙等舊藏

季漢書六十卷　首一卷

(明)謝陛撰　臧懋循校

明刊本

宫内廳書陵部　内閣文庫藏本

【按】宫内廳藏本,共十二册。

内閣文庫藏此同一刊本三部。一部原係楓山官庫舊藏,共十二册。一部共十六册。一部原係江户時代林氏大學頭家舊藏,共十二册。

【附錄】據仁孝天皇天保十五年(1844 年)《漢籍發賣投標記錄》記載,《季漢書》一部二帙標價分别爲吉井屋三十匁,升屋四十二匁二分二厘,三枝四十三匁四分。

季漢書六十卷　答問二十篇首一卷　正論五篇一卷

(明)謝陛撰　鍾人杰校

明末刊本(武林讀書坊藏版)　共二十四册

蓬左文庫藏本

【按】此本係明正天皇寬永十三年(1636 年)購入本。原係江户時代尾張藩主舊藏,卷内有"尾陽内庫"印記。

季漢書本紀三卷　内傳十七卷　世家六卷　外傳三十卷　載記三卷

(明)謝陛撰

明萬曆年間(1573—1620 年)刊本　共十二册

尊經閣文庫藏本　原江户時代加賀藩主前田綱紀等舊藏

宋史新編二百卷

(明)柯維騏編

明嘉靖年間(1522—1566 年)刊本

内閣文庫　東洋文庫　尊經閣文庫　静嘉堂文庫　蓬左文庫　京都大學人文科學研究所東洋學文獻中心　御茶之水圖書館藏本

【按】每半葉有界十行,行二十一字。

卷首有明嘉靖三十四年(1555 年)黄佐《序》。《序》曰:"宋舊史成於元至正乙酉,是非不公。景泰間翰林學士吉水周公嘗疏於朝,自任筆削。轗於職務,書竟勿成。柯子籤仕户曹,輒謝病歸。養高林壑,覃思博考。乃能會通三史,以宋爲正,删繁補闕,歷二十寒暑始成。命曰《宋史新編》,不沿舊也。"

有明嘉靖三十六年(1557 年)同邑康大和《後序》。

内閣文庫藏此同一刊本兩部。一部原係楓山官庫舊藏,共六十册。一部原係江户時代林氏大學頭家舊藏,共五十九册。

東洋文庫藏本,書有附錄,共六十册。

尊經閣文庫藏本,原係江户時代加賀藩主前田綱紀等舊藏,共四十二册。

静嘉堂文庫藏本,原係陸心源十萬卷樓等舊藏,共四十册。

蓬左文庫藏本,係後水尾天皇元和年間(1615—1624 年)購入本。原係江户時代尾張藩主家舊藏,卷中有"尾陽内庫"印記。共六十册。

京都大學藏本,共六十册。

御茶之水圖書館藏本,原係前田侯爵家舊

藏,昭和二年(1927年)德富蘇峰從前田氏家購入,收藏於成簣堂。此本白綿紙本,封面用日本産藍色古紙,貼上原刊印題簽,卷中有"前田氏尊經閣圖書記"朱印,共四十二册。

【附録】《商舶載來書目》記載,後櫻町天皇明和二年(1765年)中國商船"曾字號"載《宋史新編》一部八帙抵日本。

仁孝天皇天保六年(1835年)大阪河内屋吉兵衛等刊行《宋史新編》二百卷。此本後有重印本。

日本仁孝天皇天保六年(1835年)大阪河内屋喜兵衛等刊印《宋史新編》二百卷,其後,此本有重印本。

宋史新編二百卷

(明)柯維騏撰
明刊本　共五十二册
静嘉堂文庫藏本

金志一卷

(宋)宇文懋昭撰
明人寫本　共一册
大倉文化財團藏本　原范懋柱等舊藏

【按】此本係藍格寫本。影寫《古今説海》本。封面有"范懋柱家藏軍機處"印記。卷中有"翰林院"、"教經堂錢氏"、"篤生"等印記。

皇明書四十五卷

(明)鄧元錫編纂
明萬曆年間(1573—1620年)刊本
内閣文庫　尊經閣文庫藏本

【按】内閣文庫藏此同一刊本兩部。一部原係昌平坂學問所舊藏,共二十册。一部原係楓山官庫舊藏,共十二册。

尊經閣文庫藏本,原係江户時代加賀藩主前田綱紀等舊藏,共二十四册。

皇明史概一百二十卷

(明)朱國楨編纂

明崇禎年間(1628—1644年)刊本
内閣文庫　尊經閣文庫藏本

【按】每半葉有界十行,行二十一字。

全書凡五種。卷目如次:
《皇明大政記》三十六卷;
《皇明大訓記》十六卷;
《皇明大事記》五十卷;
《皇明開國臣傳》十三卷;
《皇明遜國臣傳》五卷。

内閣文庫藏本,原係豐後佐伯藩主毛利氏家舊藏。共四十八册。

尊經閣文庫藏本,原係江户時代加賀藩主前田綱紀等舊藏,共三十九册。

皇明史稿一百五卷

(明)尹守衡編纂
明崇禎年間(1628—1644年)刊本　共二十四册
尊經閣文庫藏本　原係江户時代加賀藩主前田綱紀等舊藏

鄭端簡公吾學編六十九卷

(明)鄭曉編撰
明隆慶元年(1567年)鄭曉之子鄭履淳刊本
宮内廳書陵部　國會圖書館　内閣文庫
静嘉堂文庫　尊經閣文庫　東洋文庫　東京大學東洋文化研究所　京都大學人文科學研究所東洋學文獻中心　米澤市立圖書館　大倉文化財團藏本

【按】每半葉有界十二行,行二十四字。白口,四周雙邊(19.7cm×13.4cm)。

卷首有明隆慶元年(1567年)雷禮《序》。後有同年鄭履淳《後序》。

此本細目如次:
卷一至卷十《皇明大政記》十卷;
卷十一《建文遜國記》一卷;
卷十二至卷十三《皇明同姓諸王表》二卷;
卷十四至卷十六《皇明同姓諸王傳》三卷;附《異姓王傳》一卷,《孔氏世家》一卷;

卷十七《皇明異姓諸侯表》二卷；

卷十八至卷十九《皇明異姓諸侯傳》二卷；

卷二十《皇明直文淵閣諸臣表》一卷；

卷二十一《兩京典詮尚書表》一卷；

卷二十二至卷五十一《皇明名臣記》三十卷；

卷五十二至卷五十九《建文遜國臣記》八卷；

卷六十《皇明天文述》一卷；

卷六十一至卷六十二《皇明地理述》二卷；

卷六十三至卷六十四《皇明三禮述》二卷；

卷六十五至卷六十六《皇明百官述》二卷；

卷六十七至卷六十八《皇明四夷述》二卷；

卷六十九《皇明北虜考》一卷。

宮內廳藏本,原係江戶時代德山藩主毛利氏舊藏,每冊首有"德藩藏書"印記。東山天皇寶永三年(1706年)德山藩三代藩主毛利元次撰《御書物目錄》著錄此本,明治二十九年(1896年)男爵毛利元功獻贈宮內省,共十二冊。

國會圖書館藏本,共二十六冊。

內閣文庫藏此同一刊本三部。一部原係江戶時代林氏大學頭家舊藏,共三十冊。一部原係楓山官庫舊藏,共二十四冊。一部共二十四冊。

靜嘉堂文庫藏本,原係陸心源守先閣等舊藏,共十二冊。

尊經閣文庫藏本,原係江戶時代加賀藩主前田綱紀等舊藏,共十二冊。

東洋文庫藏本,共十二冊。

東京大學藏本,原係大木幹一等舊藏。卷第一至卷第十六,卷第六十至卷第六十二,卷第六十五至卷第六十九,凡二十四卷缺,實存四十五卷。

京都大學藏本,共二十四冊。

米澤市藏本,原係江戶時代米澤藩興讓館舊藏,共二十二冊。

大倉文化財團藏本,卷中有"范光華"印記,共二十四冊。

【附錄】桃園天皇寶曆四年(1754年)《舶來書籍大意書》著錄《吾學編》一部二帙二十四冊。其釋文曰：

"明鄭端簡輯著。自明太祖混一區夏、握符御極起,迄于正德年間,凡係大政者仿朱子《綱目》,以年月爲各條紀,作《大政記》十卷。著者以天下一統繼世爲天意,故云湯傳太甲,文王舍伯邑考而方武王。建文四年則各除殘缺,收集其遺文作《遜國記》一卷。同姓諸王分封列藩,作表二卷、傳三卷,附異姓三王并孔氏世家。異姓諸王亦作表一卷、傳二卷。內閣之機務始于建文四年,其後佞幸相雜,有害綱常,分其功罪,以爲萬世之勸懲,作《直文淵閣諸臣表》一卷。洪武中置尚書二十七,至正德間,邪正雜進,淆亂官方,詮次尚書二十九人,作《兩京典詮尚書表》一卷。襃前修,式後進,仿史傳各記諸臣之始終,名爲紀略,作《臣記》三十卷。遜國諸臣,獎稱其忠義,記其紀略,作《建文遜國臣記》八卷。答天心之仁愛,顧民情之嵒險,觀變明時,撫辰熙績,嚴其修省,作《天文述》一卷。以今觀昔,弘其奄甸,嚴其細略,作《地理述》二卷。世宗之能,發九世之積德,垂萬祀之常經,爲秩祠典,作《三禮述》二卷。建官歷代損益,理貫甚周,表其爵號官品,勳祿凡七等,著其沿革,附職守,提累朝之典儀,作《百官述》二卷。均覆載爲天德,辨華夷爲王道,御外不若防內,防內在于養民,作《四夷考》一卷。明之山川綢繆,既得天險,更營鎮聯絡,盡人謀,節貢賦,足其財,總其綱紀,嚴飭邊備,作《北虜考》一卷。共十四種六十九卷。嘉靖年間,男履梓行其稿,萬曆二十七年刊行。"

據仁孝天皇天保十四年(1844年)《漢籍發賣投標記錄》記載,《吾學編》標價分別爲永見屋十匁九分,長岡家十三匁,吉井屋十五匁六分。

鄭端簡公吾學編六十九卷

(明)鄭曉編撰

明萬曆二十七年(1599年)鄭曉之孫鄭心材重刻隆慶元年(1567年)刊本

國會圖書館　蓬左文庫　東京大學東洋文化研究所　京都大學附屬圖書館藏本

【按】每半葉有界十行,行十九字。白口,四周雙邊(18cm×13.1cm)。

原題"臣海鹽鄭曉"。有明隆慶元年(1567年)雷禮《序》。明萬曆二十七年(1599年)李當泰《跋》。并明隆慶元年鄭履淳《後序》。明萬曆二十七年鄭心材《後語》。

國立國會圖書館藏本,原共三十二册,今合爲十五册。

蓬左文庫藏本,共二十四册。

京都大學藏本,共三十六册。

鄭端簡公吾學編二卷

(明)鄭曉編撰

明嘉靖四十五年(1566年)序刊本

內閣文庫　尊經閣文庫藏本

【按】內閣文庫藏本,原係江戶時代豐後佐伯藩主毛利氏舊藏,共三册。

尊經閣文庫藏本,原係江戶時代加賀藩主前田綱紀等舊藏,共二册。

鄭端簡公今言四卷

(明)鄭曉撰

明嘉靖四十五年(1566年)序刊本

內閣文庫　東京大學東洋文化研究所　御茶之水圖書館藏本

【按】每半葉有界八行,行十六字。

卷首有嘉靖丙寅(1566年)鄭曉《自序》。

內閣文庫藏此同一刊本兩部。一部原係楓山官庫舊藏;一部原係江戶時代林氏大學頭家舊藏。各皆四册。

東京大學藏本,共四册。

御茶之水圖書館藏本,原係德富蘇峰成簣堂舊藏,共八册。

【附錄】《商舶載來書目》記載,東山天皇元禄七年(1694年)中國商船"幾字號"載《今言》一部四册抵日本。

鄭端簡公徵吾錄二卷

(明)鄭曉編撰

明嘉靖四十五年(1566年)序刊本

內閣文庫　尊經閣文庫藏本

【按】內閣文庫藏本,原係豐後佐伯藩主毛利氏家舊藏,共三册。

尊經閣文庫藏本,原係江戶時代加賀藩主前田綱紀等舊藏,共二册。

【附錄】《書籍元帳》記載,仁孝天皇天保十二年(1841年)中國商船"丑二番"載《徵吾錄》一部抵日本,售價五匁。

李氏藏書六十八卷　續藏書二十七卷

(明)李贄撰　受業方時化校

明萬曆二十七年(1599年)江寧焦氏刊本

宮內廳書陵部　內閣文庫　尊經閣文庫　靜嘉堂文庫　蓬左文庫　東京大學　京都大學　關西大學綜合圖書館　日光輪王寺藏本

【按】《藏書》每半葉有界九行,行二十字,注文小字雙行。白口,四周單邊。《續藏書》多有以明天啓年間刊本補配,每半葉有界十行,行二十二字。白口,四周單邊。

卷首有明萬曆二十七年(1599年)焦竑《李氏藏書序》。同年劉東星《李氏藏書序》。梅國楨《李氏藏書叙》。同年祝世禄《李氏藏書序》。方時化《書李氏藏書後》等。

宮內廳藏本,原係江戶時代德藩主毛利氏家舊藏。東山天皇寶永三年(1706年)德山藩三代藩主毛利元次撰《御書物目錄》著錄此本,明治二十九年(1896年)男爵毛利元功獻贈宮內省。共三十六册。

內閣文庫藏本,共四十四册。

尊經閣文庫藏本,原係江戶時代加賀藩主前田綱紀等舊藏,共三十八册。

靜嘉堂文庫藏本,共三十册。

蓬左文庫藏本,係明正天皇寬永十三年(1636年)購入本。原係尾張藩主家舊藏,卷中有"尾陽內庫"印記。《續藏書》系用明萬曆三十九年(1611 年)琅琊王惟儼刊本補配。共三十册。

東京大學藏此同一刊本兩部。一部存東洋文化研究所;一部存文學部漢籍中心,卷中有後人寫補,共二十四册。

京都大學藏此同一刊本三部。一部存于人文科學研究所東洋學文獻中心。其中《續藏書》係萬曆三十九年(1611 年)王氏刊本,共三十八册。一部存于文學部,《續藏書》缺,共十四册。一部存于附屬圖書館,《續藏書》係明天啓三年(1623 年)序刊本。共二十四册。

關西大學藏此同一刊本兩部。一部原係江户時代藤澤南陽家舊藏,今歸泊園文庫,共二十四册。一部原係内藤湖南等舊藏。内藤湖南於明治三十四年(1901 年)購得此本,同年十月于雜志《日本人》發表讀後記,謂是書"排擊孔子,別倡褒貶,凡千古相傳之善惡,不得不顛倒易位"。共五十二册。

輪王寺藏本,原係天海大和尚舊藏,《續藏書》缺,共二十册。

【附録】桃園天皇寶曆四年(1754 年)《舶來書籍大意書》著録《正續李氏藏書》兩部。其釋文曰:"一部三帙二十四册,陳仁錫評正,無脱紙;一部五帙四十二册,脱紙一張。是書李卓吾著。自東周至于金元,以君臣名士之行事,分類定品,專以己意論斷,故未必合人之是非,編爲世紀八卷,列傳六十卷,焦弱侯等梓版,萬曆二十七年刊行。又自明洪武至于萬曆間,名臣分類定品,録其事迹,續編爲二十七卷,王維儼等梓版,萬曆三十九年刊行。"

據《商舶載來書目》記載,中御門天皇寶永七年(1710 年)中國商船"利字號"載《李氏藏書》一部二十四册抵日本。同書又記桃園天皇寶曆六年(1756 年)中國商船"世字號"載《正續李氏藏書》一部四帙抵日本。又《長崎官府貿易外船賫來書目》載桃園天皇寶曆九年(1759 年)輸入《李氏藏書》一部共八帙。《唐船持渡書物目録留》記,光格天皇文化七年(1810 年)輸入《李氏藏書》一部二帙、《李氏續藏書》一部二帙。仁孝

天皇天保十二年(1841 年)《書籍元帳》記載,中國商船"丑二番"載《李氏正續藏書》一部六帙抵日本,售價十五匁。

李氏藏書六十八卷　續藏書二十七卷

(明)李贄撰　陳仁錫評

明天啓年間(1621—1627 年)刊本

内閣文庫　愛知大學簡齋文庫　廣島大學文學部　早稻田大學圖書館　關西大學綜合圖書館泊園文庫　福井市立圖書館藏本

【按】卷首有明天啓元年(1621 年)陳仁錫序。《續藏書》有明天啓三年(1623 年)陳仁錫序。

内閣文庫藏此同一刊本兩部。一部原係楓山官庫舊藏,共二十四册。一部原係江户時代林羅山等舊藏,卷中有"江雲渭樹"印記。共三十四册。

愛知大學藏本,共二十六册。

廣島大學藏本,共二十五册。

早稻田大學圖書館藏本,原係下村正太郎家下村文庫等舊藏,共二十六册。

關西大學藏本,原係江户時代藤澤東畡、藤澤南陽、藤澤黄鵠、藤澤黄坡三世四代"泊園書院"舊藏。《藏書》六十八卷缺,實存《續藏書》二十七卷。

福井市立圖書館藏本,今缺卷六十一至卷六十八,實存六十卷,卷中有"圖書寮"朱文長印,又有"越國文庫"朱文方印,又有"明道館圖書記"朱文方印等,共二十七册。

李氏續藏書二十七卷

(明)李贄撰

明萬曆三十九年(1611 年)序刊本

京都大學附屬圖書館　日光輪王寺藏本

【按】每半葉有界九行,行二十字。白口,四周單邊。

卷首有明萬曆辛亥(1611 年)焦竑《續藏書序》。

京都大學藏此同一刊本兩部。一部共十六

册。一部共十二册。

輪王寺藏本，原係天海大和尚舊藏，共十四册。

【附錄】《商舶載來書目》記載，中御門天皇正德元年（1711 年）中國商船"智字號"載《李氏續藏書》一部八册抵日本。

《書籍目錄》記載，光格天皇文化二年（1805年）中國商船"丑三番"載《李氏續藏書》一部抵日本。

李氏續藏書二十七卷

（明）李贄撰　陳仁錫評正

明天啓三年（1623 年）序刊本　共二十四册

關西大學綜合圖書館内藤文庫藏本　原内藤湖南等舊藏

【按】每半葉有界十行，行二十二字。白口，四周單邊（22.1cm×13.9cm）。

卷首有明天啓三年（1623 年）陳仁錫《續藏書序》。焦竑《續藏書序》。李維楨《續藏書序》等。

内藤湖南 1901 年手識文。文曰："李氏《續藏》四函廿四本，辛丑（明治三十四年）五月十八日。炳卿。"

李氏續藏書二十七卷

（明）李贄撰

明刊本　共十册

内閣文庫藏本　原楓山官庫舊藏

函史上編七十二卷　下編二十一卷

（明）鄧元錫編撰

明萬曆元年（1573 年）序刊本

内閣文庫　尊經閣文庫　京都大學附屬圖書館藏本

【按】内閣文庫藏此同一刊本兩部。一部原係楓山官庫舊藏，共六十册。一部原係林羅山家舊藏，卷中有"江雲渭樹"印記，共五十九册。

尊經閣文庫藏本，原係江户時代加賀藩主前田綱紀等舊藏，共六十册。

京都大學藏本，共六十册。

【附錄】桃園天皇寶曆四年（1754 年）《舶來書目大意書》著錄《函史》上下編。其釋文曰：

"脱紙七張，内有一卷脱紙數不知，朱點及蟲入磨滅處甚多。是書明鄧元錫等纂輯。衡陳于法象之上，悔明否泰，通塞萬變，不失其常者爲天；分布于九域于下，神明冀土，隆污回易，不失其方者爲地；參兩于五性之中，治亂廢興，進退存亡，紛綸糾錯，不失其正者爲人。故消息有時，卷舒有道，貞一有志而得全者則全其天；以天爲心則有道而得其全者全其人。自帝者之紀，達者之通，節士之全，下至于幽人貞士庶婦季女，皆可見天地之性。故首有《古初帝王表》，《夏商周世表》，《周后妃内紀》，《列國志》，《至聖先師年表》，《弟子述》，《諸臣傳》，《諸子傳》，《後秦志》。次有《兩漢帝紀》，《三國志》，《六國志》，《唐之帝紀》，《五代志》，《列藩志》，《宋帝紀》，《元志》。次有每代《后妃内紀》，《同姓諸王傳》，或大臣、貞臣、良臣、爭臣、名將、循吏忠節獨行之《列傳》，或經學、訓述、文學、行義、篤行《傳》，有宋一代則加《弟子述》、《儒學傳》。末有《隱逸》、《方技》、《列女傳》等。《上編》八十二卷，萬曆元年刊。應天撫世，因時御宇，既具上編，則天官分九野，方域莫九州，人官列九等，是以三極之道歷萬世。故先《天官書》，載方域人官之考。次有《時令記》，次有《賦役書》，《漕河志》，《封建志》，《學校志》，《經籍志》，《禮儀志》，《刑法志》，《邊防書》等，是爲《下編》二十一卷，隆慶五年刊。"

據《商舶載來書目》記載，中御門天皇享保十一年（1726 年）中國商船"加字號"載《函史》上下編一部十帙抵日本。桃園天皇寶曆九年（1759 年）年《長崎官府貿易外船賫來書目》記載，中國商船"十番"船載《函史》上下編一部八帙抵日本。同年中國商船"十二番"亦載《函史》上下編一部八帙抵日本。《商賣書物目錄》又記桃園天皇寶曆十年（1760 年）中國商船

"辰一番"載《函史》一部八帙六十册抵日本,此本脱紙三葉。《外船書籍元帳》記仁孝天皇弘化四年(1847年)輸入《函史》一套八帙,售價四十匁。

(新刻)函史上下二編家藏定本(上編八十一卷　下編二十一卷)

(明)鄧元錫編撰

明崇禎年間(1628—1644年)刊本

蓬左文庫　關西大學綜合圖書館泊園文庫藏本

【按】卷首有明崇禎七年(1634年)鄧澄《序》。

蓬左文庫藏本,係明正天皇寬永十三年(1636年)購入本,原係尾張藩主家舊藏,卷中有"尾陽內庫"印記。共七十册。

關西大學藏本,原係江户時代藤澤東畡、藤澤南陽、藤澤黄鵠、藤澤黄坡三世四代"泊園書院"舊藏,共六十二册。

函史上編八十卷　下編二十一卷

(明)鄧元錫編撰

明刊本

宮內廳書陵部　静嘉堂文庫藏本

【按】宮內廳書陵部藏本,原係江户時代德山藩主毛利氏廣收天下善本之一,共四十四册。東山天皇寶永三年(1796年)德山藩三代藩主毛利元次撰《御書物目録》著録此本,係明治二十九年(1896年)男爵毛利元功獻贈宮內省。

静嘉堂文庫藏本,原係中村敬宇等舊藏,卷中有缺葉,共五十七册。

（五）雜　史　類

國語二十一卷　補音三卷

（吳）韋昭注　《補音》（宋）宋庠撰

宋孝宗年間（1163—1189年）刊元明遞修本

共十二冊

静嘉堂文庫藏本　原孫孝維　陸心源皕宋樓等舊藏

【按】每半葉有界十行，行二十字。注文小字雙行，行同正文。白口明代補修有白口、細黑口、粗黑口，左右雙邊補修有四周雙邊（21.5cm×14.9cm）。版心有字數，并記刻工姓名。如王介、王玠、詹世榮、江泉、張明、馬松、徐義、徐文、卓宥、陳彬、駱元、李杲、李棠、劉寶等。元代補修葉版心有刻工姓名如范太、范茂、范評、范雙、朱曾、蔣蠶、齊明、盛允、張三、王六、王榮、江厚、曹榮、繆珍、今友、魏海、茅文龍、李德瑛、李祥等。明代補修葉版心有刻工如監生鄧志昂、監生陳浚、監生秦淳、監生留成等。

元代修補葉版心，"國"字用俗體"国"，且無字數，然有監生某某銜名。

首行篇名在上，大題在下。卷中避宋諱，凡"匡、殷、貞、敬、恒、桓、構、慎"等字皆缺筆。

卷中有"西齋"、"李承祖印"、"虞山孫氏慈封堂丙舍圖書"、"虞山孫仲孝維收藏圖書"、"主司巷舊家"、"寶晋山房"、"小山勞長齡章"、"松陽郡"、"子子孫孫承之□□"、"歸安陸樹聲桐父印"、"臣陸樹聲"、"歸安陸樹聲所見金石書畫記"等印記。

陸心源《儀顧堂題跋》卷三著錄此本并曰：

"《國語》二十一卷。首行篇名在上，大題在下。題曰韋氏解。（中略）當爲孝宗時所刻。考至元廿四年，國子監置生員二百人。延祐二年，增置百人。興文署掌刊刻經史，皆屬集賢院。見《元史百官志》及《秘書志》。此必南宋監板入元不全，修補印

行，所以板心有監生銜名也。明弘治十五年，先如崑公官清豐令，得宋版于許讚，重爲付梓，行款一仍宋刊舊式，惟無版心字數及刊工姓名耳。宋初《國語》諸本，題卷次序各異，文憲疑其妄。天聖初，據其宗人同年緘本，取官私所藏十五六本，校正魯魚，附以補音，即此本也。漢明帝諱莊，諱莊之字曰嚴。魯語凡莊公皆作嚴公。猶存漢人傳抄之舊。明道本則皆改爲莊矣。公父文伯飲南宫敬叔條，魯大夫辭而復之，天聖明道本作魯夫人辭而復之。當以此本爲長。補音提要云，惜其前二十一卷全失，僅存此音。是四庫館中祇見孔傳鐸刻本，未得此本，其爲罕靚可知。"

傅增湘《藏園群書經眼錄》卷四著錄此本。傅氏曰："此本有明修之葉甚多，與余所藏印本相同，蓋入南監後所印，陸氏謂元修者非也。"

【附錄】據《商舶載來書目》記載，中御門天皇寶永七年（1710年），中國商船"古字號"載《國語》《國策》合刻一部十本抵日本。同天皇正德二年（1712年），"古字號"再載《國語》《國策》合刻本一部四本抵日本。桃園天皇寶曆元年（1751年），"古字號"又載《國語選》一部抵日本。後桃園天皇安永三年（1774年），"古字號"又載《國語》《國策》合注一部抵日本。

據《長崎官府貿易外船賫來書目》記載，桃園天皇寶曆九年（1759年），中國商船"第十二番號"載《國語》《國策》四部八帙抵日本。

據《外船書籍元帳》記載，仁孝天皇弘化四年（1847年），中國商船"午四番"號載《國語》《國策》一部抵日本。孝明天皇嘉永六年（1853年），中國商船"子二番"號載《國語》《國策》一部抵日本，價二十五匁。同年，中國商船"子五番"號亦載《國語》《國策》一部抵日本，價亦相同。

十八世紀初京都田中市兵衛、田中左長衛門刊印《國語》二十一卷,此本由日人林信勝(道春)等訓點。其後,此本有桃園天皇寶曆十一年(1761年)京都永田調兵衛補修重印本,又有京都越後屋多助重印本。

光格天皇文化元年(1804年)刊印《國語》二十一卷。此本係覆刊清嘉慶年間葛氏上善堂本,而"上善堂本"自言乃覆刊"天聖明道間本"。其後,此本有文化三年(1806年)京都矢代仁兵衛等重印本。

三年(1806年)京都矢代仁兵衛等刊印光格天皇天明六年(1786年)京都角田多助法軸刊印《重刻國語》二十一卷。此本由日人千葉玄之重校勘。其後,此本有大阪河内屋源七郎等重印本。

光格天皇文化六年(1809年)美濃秦鼎滄浪居刊印《國語定本》二十一卷,此本由日人秦鼎編定,日人村瀨誨輔等校訂。其後,此本有名古屋東璧堂永樂屋東四郎重印本,又有光格天皇文化七年(1810年)大阪柳原積玉圃重印本,又有大阪河内屋源七郎重印本,又有仁孝天皇文政二年(1819年)尾張永樂屋東四郎重印本,又有文政六年(1823年)須原屋茂兵衛重印本,又有文政七年(1824年)重印本,又有仁孝天皇天保十三年(1842年)大阪秋田屋太右衛門重印本,又有大阪河内屋茂兵衛重印本等。

孝明天皇嘉永七年(1854年)大阪河内屋源七郎刊印《國語定本》二十一卷,此本由日人秦鼎校勘,其後,此本有大阪梅原龜七等重印本。

國語二十一卷

(吳)韋昭解
明汲古閣毛氏影寫宋天聖明道本　共五册
静嘉堂文庫藏本　原黃蕘圃　汪士鐘　蔡廷相　陸心源丽宋樓等舊藏
【按】每半葉十一行,行十九字或二十字不等。小字雙行,行三十一字左右。
卷前有韋昭《序》。末有"(宋)天聖七年

(1029年)七月二十日開印","江陰軍鄉貢進士葛惟肖再刊正","鎮東軍權節度掌書記魏庭堅再詳","(宋)明道二年(1033年)四月初五日得真本凡刊正增減四行"。

陸心源《儀顧堂題跋》卷三著録此本并曰:

"此書從絳雲樓北宋本影寫,原裝五本。見《汲古閣秘本書目》。後歸潘稼堂太史。乾嘉間爲黃蕘圃所得。黃不能守,歸于汪士鐘。亂後,歸金匱蔡廷相。余以番佛百枚得之。毛氏影宋本,尚有精于此者。此則以宋本久亡,世無二本,故尤爲錢竹汀、段懋堂諸公所重耳。"

卷首有"毛晉"、"宋本"、"甲"等朱印。卷三與卷七末有"毛晉"、"汲古主人"、"斧季"、"毛扆之印"等朱印。卷四、卷八、卷十二、卷十七前皆有"毛晉"連珠印。卷十一末有"汲古閣"、"毛晉之印"、"毛氏子晉"、"筆研精良人生一樂"、"毛扆之印"、"斧季"等朱印。卷十六末有"毛晉書印"、"汲古得修綆"、"毛扆之印"、"斧季"等朱印。卷二十一末有"毛晉私印"、"子晉"、"汲古主人"等朱印。

【附録】據《商舶載來書目》記載,光格天皇享和二年(1802年)中國商船"天字號"載天聖明道本《國語》一部抵日本。又據光格天皇文化元年(1804年)《改濟書籍目録》記載,中國商船"亥十番"號亦載天聖明道本《國語》一部抵日本。

光格天皇文化元年(1804年),日本刊《國語》二十一卷。此本題"覆宋天聖明道本"。文化三年(1806年)由京都矢代仁兵衛等重印。

國語補音三卷

(宋)宋庠撰
南宋官刊本　共一册
静嘉堂文庫藏本　原陸心源等舊藏
【按】此本系南宋官刊本,行款題式與《國語》同。
陸心源《儀顧堂題跋》卷三著録此本。陸氏曰:

"《國語補音》三卷,題曰宋庠撰。宋刊十行本。與《國語》韋昭注同時所刊。前有叙錄。《國語》有舊音一卷,不著撰人名氏。文憲據犬戎樹惇句解有鄪州羌語,考唐以前無鄪州之名,改善鄪國爲鄪州,實始于唐,定爲唐人所著。惟音釋簡陋不足名書,因而廣之,凡成三卷,故曰'補音'。《目錄》末云《補音》三卷,庠自撰附于末。附于末者,附于《國語》韋昭注之後,非散附各條之末也。宋初刊書,注疏音義皆别行。今單刊單疏音義猶有存者,如《尚書單疏》、《儀禮單疏》、《穀梁單疏》、《爾雅單疏》、《經典釋文》、《漢書音義》、《晋書音義》是也。至南宋而有附陸氏音義于諸經各條之後者。此本别行,固宋代撰音義者之通例也。"

國語二十一卷　附補音三卷

(吳)韋昭注　《音》(宋)宋庠撰

宋紹興年間(1131—1162年)杭州刊元明間遞修本　共八册

大倉文化財團藏本　原丁少山等舊藏

【按】每半葉有界十行,行二十字。原刊頁版心白口,記刻工姓名。補刊頁版心黑口甚多。

此本係南宋紹興年間原刻,元大德年間(1297—1307年)西湖書院及明弘治十七年(1504年)南京國子監修補。末有明弘治年間南監戴鏞的《重修刊語》。清光緒三年(1877年)丁少山據北宋天聖明道本校。

卷中有朱筆校語,并有手題封皮。另又有孫淵如篆書手題。

卷中有"道甫"、"東吳高氏"、"丁少山"等印記。

楊守敬《日本訪書記》卷五著錄《國語補音》一卷。兹錄其釋文于後:

"宋元憲作《國語補音》,取官私所藏十五六本參校,得多失少,自明人附刊入韋注中,而單行本遂微。自黄蕘圃刻明道本,顧千里爲札記,汪小米爲考異,宋氏之書遂多疵議。傳世舊本,唯見孔氏《微波榭叢書》

中。近日盱眙吳氏又從孔本翻刻于成都,末附錢保塘《札記》,稱以明修舊刻本校孔本,知孔本實從明本出,又以舊刻校正孔本數處。今以照此本,則與錢君所稱舊本多合,而錢君不言是明嘉靖正學書院刊本,豈錢君所據本佚趙仲一《序》耶?此本澁江道純舊藏,余從森立之得之。"

國語二十一卷　國語補音三卷

(吳)韋昭解　《補音》(宋)宋庠撰

明弘治年間(1488—1505年)刊本

静嘉堂文庫　尊經閣文庫藏本

【按】卷首有韋昭《序》。次有明弘治十五年(1502年)李士實《序》。

静嘉堂文庫藏本,原係鄭杰,梁逢登,陸心源十萬卷樓等舊藏。卷中有"鄭氏注韓居珍藏記"、"鄭杰之印"、"梁逢登印"等印記。共四册。

尊經閣文庫藏本,原係江戶時代加賀藩主前田綱紀等舊藏,共八册。

國語二十一卷

(吳)韋昭解

明嘉靖年間(1522—1566年)吳郡澤遠堂刊本

静嘉堂文庫　尊經閣文庫藏本

【按】静嘉堂文庫藏本,原係竹添光鴻等舊藏,共四册。

尊經閣文庫藏本,原係江戶時代加賀藩主前田綱紀等舊藏,共六册。

國語二十一卷　補音三卷

(吳)韋昭注　《補音》(宋)宋庠撰

明嘉靖年間(1522—1566年)刊本　共十册

静嘉堂文庫藏本　原竹添光鴻等舊藏

國語二十一卷

(吳)韋昭解

明萬曆六年(1578年)序刊本　共四册

關西大學綜合圖書館內藤文庫藏本　原內藤湖南等舊藏

【按】每半葉有界十行,行二十字。白口,四周單邊(19.8cm×14cm)。

卷中有伯健付箋《國語韋氏解(萬曆序刊本)》。

國語二十一卷

(吳)韋昭解

明刊本　共四冊

內閣文庫藏本　原楓山官庫等舊藏

國語二十一卷

(吳)韋昭解　(明)陳仁錫評等

明刊本　共四冊

內閣文庫藏本　原木村兼葭堂等舊藏

(東西周三史)國語十卷

(吳)韋昭注　(明)陳子龍校

明刊本　共六冊

静嘉堂文庫藏本　原田中賴庸等舊藏

國語(殘本)五卷

(吳)韋昭解　(明)閔齊伋注

明朱黛墨套印刊本　共五冊

東北大學附屬圖書館藏本

【按】每半葉有界九行,行十九字。

是書全九卷,此本今存卷一至卷五。首有韋昭《序》。末有明萬曆四十七年(1619年)閔齊伋《跋》。

國語九卷

(吳)韋昭解　(明)盧之頤校

明刊本

內閣文庫藏本

【按】內閣文庫藏此同一刊本兩部。一部原係昌平坂學問所舊藏,共四冊。一部原係木村兼葭堂舊藏,共六冊。

(新鐫百家評林)國語全編二十一卷

(明)焦竑編撰

明萬曆年間(1573—1620年)刊本　共四冊

尊經閣文庫藏本　原江户時代加賀藩主前田綱紀等舊藏

國語公穀合編十四卷

(明)徐肇森編

明刊本　共四冊

內閣文庫藏本　原昌平坂學問所舊藏

戰國策十卷

(宋)鮑彪校注　(元)吳師道重校

元至正年間(1341—1368年)平江路儒學刊本　共十冊

静嘉堂文庫藏本　原王昶　陸心源皕宋樓等舊藏

【按】每半葉有界十一行,行二十字。注文雙行小字。細黑口,左右雙邊(20.8cm×14.5cm)。版心著錄"國策卷(幾)",并記葉數及刻工姓名。

卷首有《戰國策序》,題署"紹興十七年(1147年)丁卯仲冬二十有一日辛巳冬至縉雲鮑彪序"。又有《國策校注序》題署"泰定二年(1325年)歲乙丑八月日金華吳師道序"。又有《戰國策校注序》,題署"至正十五年(1355年)六月浚儀陳祖仁序"。後有《戰國策目錄》,後有《校正凡例》等。

卷十後有李文叔《書國策後》,又有王覺《題戰國策》,又有孫元忠《書閣本戰國策後》,又有孫元忠《記劉原父語》,又有宋紹興丙寅(1146年)中秋剡川姚密伯聲父《題詞》,又有元至順四年(1333年)癸酉七月吳師道《識文》,又有會稽姚寬《後序》等。

卷中有校勘題識,如卷三尾題空一行題曰"乙巳前藍山書□校正",卷四尾題空一行題曰"至正乙巳前藍山書院山長劉鏞重校勘",卷六尾題空一行題曰"前藍山書院山長劉鏞重校勘”，卷八尾題之下題曰“平江路儒學學正徐昭文校勘”，卷十末尾題之前題曰“豐江路儒學學正徐昭文校勘”。

卷中有“青浦王昶字曰德甫”、“一字述庵別號蘭泉”、“歸安陸樹聲所見金石書畫記”等印記。

陸心源《儀顧堂題跋》卷三著錄此本并曰：

“此書合高誘注姚宏續注，校正鮑注闕失。每條注明正曰補曰以別之，爲《國策》注最善之本。第三、四、五卷末有‘至正乙巳前藍山書院山長劉鏞重校勘’一行。第八、九、十卷末有‘平江路儒學正徐昭文校勘’一行。元時已有重刊本，行款不同。成化中有坊刊小字本。嘉靖中張一鯤與《國語》同刊，皆有訛舛。此則其祖本也。”

【附錄】九世紀藤原佐世《本朝見在書目錄》“雜史家”著錄《戰國策》卅三卷，題述高誘注。此系《戰國策》在日本古文獻中的最早記錄。

據《商舶載來書目》記載，東山天皇元祿八年（1695年）中國商船“以字號”載《鮑氏國策》一部抵日本。又中御門天皇正德元年（1711年）中國商船“世字號”載《戰國策》一部四冊抵日本。後櫻町天皇明和元年（1764年）中國商船“加字號”載《高氏國策》一部抵日本。

據光格天皇天明六年（1786年）《寅十番船持渡書改目錄寫》記載，是年該船載《戰國策》一部五冊抵日本，“無脱紙”。

櫻町天皇寬保元年（1741年）刻刊《戰國策》十卷，題述宋鮑彪校注，元吳師道校。

光格天皇享和三年（1803年）刻刊《戰國策注略》十卷。此本系由日人冢田虎（大峰）略注。

江戶時代有日人手書（宋）鮑彪注、（元）吳師道重校《戰國策》十卷一種。此本原係服部南郭家等舊藏，今存早稻田大學圖書館。

戰國策十卷

（宋）鮑彪校注　（元）吳師道重校

元至正年間（1341—1368年）平江路刊本

共十二冊

大倉文化財團藏本　原孫星衍　彭宗因等舊藏

【按】此本與靜嘉堂文庫藏本係同一刊本，行款題式皆同。卷中有紹川朱筆校點，并有“孫星衍”，“伯淵”，“執法仙官”，“彭宗因”，“季親甫”，“紹川”等印記。

戰國策十卷

（宋）鮑彪校注　（元）吳師道重校

元末覆元至正年間（1341—1368年）平江路刊本　共八冊

靜嘉堂文庫藏本　原朱彝尊　陸心源皕宋樓等舊藏

【按】每半葉有界十一行，行二十字。注文雙行小字。

此本卷題同元平江路儒學本。卷中有“彝尊讀過”朱文長印、“竹垞老人”朱文方印。

戰國策十卷

（宋）鮑彪校注　（元）吳師道重校

明嘉靖七年（1528年）龔雷覆刻宋紹興會稽郡齋刊本　共八冊

靜嘉堂文庫　大倉文化財團藏本

【按】每半葉有界十一行，行二十字。注文雙行小字。白口，左右雙邊。

卷末王覺跋文後有篆書一行，文曰：“嘉靖戊子後學吳門龔雷校刊。”

靜嘉堂文庫藏本，原係陸心源十萬卷樓等舊藏。

大倉文化財團藏本，卷中有朱墨藍點。

戰國策十卷

（宋）鮑彪校注　（明）王廷相校

明嘉靖元年（1522年）刊本

內閣文庫　大東急記念文庫藏本

【按】每半葉有界十行，行二十字。注文雙行小字。

卷首有明嘉靖改元王廷相子衡《序》。次有

劉向《序》,曾鞏《序》,吳師道《序》,王覺《題辭》,陳祖仁《序》,宋紹興四年(1134 年)耿延禧百順《序》。正文卷首題"戰國策卷第一西周安王"。

內閣文庫藏本,原係昌平坂學問所舊藏,共四册。

大東急記念文庫藏本,原係養安院,懷仙樓等舊藏。森立之《經籍訪古志》卷三著録此本。森氏稱"此本删注文最爲劣等"。共四册。

戰國策十卷

(宋)鮑彪校注　(元)吳師道重校

明嘉靖年間(1522—1566 年)仿宋刊本　共八册

静嘉堂文庫藏本　原陸心源等舊藏

【按】卷首有宋紹興十七年(1147 年)仲冬鮑彪《序》。次有曾鞏《序》。鮑彪《書後》,李文叔《書後》。王覺《題後》等。

鮑氏國策十卷

(宋)鮑彪校注

明嘉靖壬子(1552 年)吳郡杜詩刊本

內閣文庫　御茶之水圖書館藏本

【按】每半葉有界十一行,行二十字。注文雙行小字。

卷首有鮑彪《序》。次有曾鞏《序》。次有劉向《序》。次有鮑彪《題語》。卷末有李文叔、王覺《跋文》。又有"嘉靖壬子吳郡杜詩梓記"。正文卷首題"鮑氏國策西周卷第一"。

內閣文庫藏本,原係昌平坂學問所舊藏。森立之《經籍訪古志》卷三著録此本,卷中有"含香閣"等印記。

御茶之水圖書館藏本,原係島田翰、德富蘇峰等舊藏。此本封皮係島田翰氏手題"嘉靖覆宋本"。共八册。

戰國策十卷

(宋)鮑彪校注　(元)吳師道重校

明萬曆九年(1581 年)巴郡張一鯤刊本

宮內廳書陵部　京都大學文學部藏本

【按】卷首有張一鯤《自序》。次有劉向《序》,曾鞏《序》,鮑彪《序》,吳師道《序》,陳祖仁《序》,耿延禧《序》,王廷相《序》。末有李文叔、王覺、姚宏等人的《跋》等。

宮內廳書陵部藏本,日本《御書來曆志》著録此本。卷中有"秘閣圖書之章"等印記,共三册。

京都大學藏本,共八册。

戰國策十卷

(宋)鮑彪校注　(元)吳師道重校

明萬曆九年(1581 年)文盛堂刊本

宮內廳書陵部　京都大學　御茶之水圖書館　無窮會天淵文庫藏本

【按】宮內廳藏本,原係德川家康舊藏,世稱"駿河御讓本"。共三册。

京都大學藏此同一刊本兩部。一部存文學部,共十册。一部存人文科學研究所東洋學文獻中心,原係鈴木氏舊藏。

御茶之水圖書館藏本,原係德富蘇峰成簀堂等舊藏,卷中有朱筆批點,又有"讀杜草堂"朱文印記,共八册。

無窮會藏本,原係加藤天淵舊藏,共八册。

戰國策十卷

(宋)鮑彪校注　(明)吳勉學校

明萬曆年間(1573—1620 年)刊本　共八册

內閣文庫藏本　原元政上人　豐後佐伯藩主毛利氏舊藏

戰國策十卷

(宋)鮑彪校注　(元)吳師道重校

明萬曆年間(1573—1620 年)新建李克家校刊本　共六册

東京大學總合圖書館藏本,原江户時代紀州德川家南葵文庫等舊藏。

戰國策十卷

(宋)鮑彪校注　(元)吳師道重校

明刊本　共二十册

大東急記念文庫藏本

戰國策十卷

(宋)鮑彪校注　(元)吳師道重校

明刊本

東京大學東洋文化研究所藏本　原大木幹一等舊藏

【按】每半葉有界十一行，行二十字。注文雙行小字

戰國策十卷

(宋)鮑彪校注　(明)鍾人杰校

明天啓年間(1621—1627年)錢塘鍾氏刊本
共六册

内閣文庫藏本　原昌平坂學問所等舊藏

戰國策十二卷

(明)閔齊伋校

明萬曆年間(1573—1620年)三色印刊本

内閣文庫　静嘉堂文庫　尊經閣文庫　京都大學　東北大學附屬圖書館　早稻田大學圖書館藏本

【按】每半葉有界九行，行十九字。

卷首有劉向《叙録》。次有明泰昌元年(1620年)閔齊伋又《跋》。卷末有明萬曆四十七年(1619年)閔齊伋《跋》。每卷末題“皇明萬曆己未仲秋烏程閔齊伋遇五父裁”。

内閣文庫藏本，原係昌平坂學問所舊藏，共八册。

静嘉堂文庫藏本，共八册。

尊經閣文庫藏本，原係江户時代加賀藩主前田綱紀等舊藏，共八册。

京都大學藏此同一刊本兩部。一部存文學部，一部存人文科學研究所，各六册。

東北大學藏本，原係狩野亨吉等舊藏，共八

册。

早稻田大學圖書館藏本，原係服部南郭家服部文庫等舊藏，共六册。

戰國策全編十卷　國策异同四卷

(明)宋存標編

明末刊本

内閣文庫　尊經閣文庫藏本

【按】内閣文庫藏此同一刊本兩部。一部原係昌平坂學問所舊藏，共十册。一部原係豐後佐伯藩主毛利氏舊藏。《國策異同》缺。共六册。

尊經閣文庫藏本，原係江户時代加賀藩主前田綱紀等舊藏，共十六册。

戰國策譚椒十卷　附一卷

(宋)鮑彪注　(元)吳師道重校　(明)張文燁輯

明萬曆十五年(1587年)序刊本　共十四册

内閣文庫藏本　原戴金　高野山釋迦院舊藏

【按】此本序首有游紙一葉，係明人戴金手識文。其文曰：“《戰國策》聖於文者乎，其叙事則化工之肖物。李獻吉勸人勿讀《書》以後書，信然哉。自本年正月初七日點閱，至三月初六日竣事，留此以訓兒曹可也。是時日月清朗。”末署“貞碼識”，有“戴金私印”、“貞碼”朱文印。卷中并有“戴金家藏萬卷”、“戴金圖書”等印記。共十四册。

【附録】櫻町天皇寬保元年(1741年)京都葛西市郎兵衛等刊印《戰國策譚椒》十卷首一卷。同年有吉田四郎右衛門刊本。仁孝天皇天保三年(1832年)京都田中專助等重印。

戰國策譚椒十卷　附一卷

(宋)鮑彪校注　(元)吳師道重校　(明)張文燁輯

明萬曆十七年(1589年)詹易齊刊本

内閣文庫藏本

【按】内閣文庫藏此同一刊本兩部。一部原
係野間三竹、豐後佐伯藩主毛利氏舊藏,共四
册。一部原係楓山官庫舊藏,附録缺,共十一
册。

(新刻李太史選釋)國策三注旁訓評林四卷

(明)沈一貫編　李廷機注　葉向高評林
明詹霖宇刊本　共四册
内閣文庫藏本　原江户時代林氏大學頭家
舊藏

(新鍥鄭孩如先生精選)戰國策旁訓便讀四卷

(明)鄭維嶽編
明刊本　共四册
内閣文庫藏本　原豐後佐伯藩主毛利氏舊
藏

(鐫侗初張先生評選)戰國策雋四卷

(明)張鼐撰
明書林蕭漢師儉堂刊本　共二册
國會圖書館藏本

戰國策評苑十卷

(明)穆文熙編
明刊本　共八册
内閣文庫藏本　原昌平坂學問所舊藏

國策全本十二卷

(明)陳子龍編
明刊本　共八册
内閣文庫藏本　原昌平坂學問所舊藏

匯戰國策補十二卷

(明)程元初編
明刊本　共六册
尊經閣文庫藏本　原江户時代加賀藩主前
田綱紀等舊藏

晉楚二史四卷

(元)吾衍編撰
明萬曆辛丑(1601 年)西陵來行學校刊本
共四册
蓬左文庫藏本　原尾張藩主舊藏
【按】前有元大德十年(1306 年)吾衍《序》。
次有來行學《序》。《晉史》前有《序》,不署撰
者。《楚史》前有王衡《序》及來行學《序》。
此本係《晋史乘》二卷與《楚史》二卷之合本。
此本係明正天皇寬永五年(1628 年)從中國
購入,原係江户時代尾張藩主家藏。

晉史乘一卷

(明)吳琯校
明刊本　共一册
東京大學東洋文化研究所藏本　大木幹一
等舊藏

越絶書十五卷

(漢)袁康撰
明嘉靖二十四年(1545 年)序刊本　共二册
静嘉堂文庫藏本　原陸心源等舊藏
【按】每半葉有界九行,行十六字。
卷首有明嘉靖二十四年田汝成《序》。後有
無名氏《跋》,東徐丁黼《跋》,新安汪綱《跋》,都
穆《跋》。
卷七缺一葉,卷十三缺二葉,皆留空白。
陸心源《儀顧堂續跋》卷七著録此本并曰:
　　"黼先得許氏本,後得陳正卿本。嘉定
庚辰以秘閣本參校,刊于夔州。嘉定壬申汪
綱得丁文伯本,覆刊于紹興郡齋。正德己巳
吉水劉恒字以貞者知吳縣,以都穆家藏本重
刻于吳。田汝成爲之《序》。(中略)常熟瞿
氏以爲田汝成刻者,蓋未細繹田《序》都《跋》
耳。"
【附録】江户時代有《越絶書》二卷寫本一種,
此本今存國會圖書館。

越絶書十五卷

（漢）袁康撰

明嘉靖年間（1522—1566 年）雙柏堂刊本　共二册

静嘉堂文庫　蓬左文庫　東京都立圖書藏本

【按】每半葉有界八行，行十七字。版心著錄“雙柏堂校”。

卷首有明嘉靖三十三年（1554 年）白馬令西蜀張佳胤《刻書序》。後有宋嘉定庚辰（1220 年）東徐丁黼《跋》，并無名氏《跋》。

静嘉堂文庫藏本，原係陸心源十萬卷樓等舊藏。陸氏《儀顧堂續跋》卷七著錄此本，并曰：“此則出丁黼刊也。丁黼死節成都，《宋史·忠義》有傳。無名氏跋有倦倦于復仇語，或亦丁黼所爲歟。是書明刊甚多。此本之外，有趙恒本，有張佳允本，有吳琯《古今逸史》本，程榮《漢魏叢書》本，何鏜《漢魏叢書》本。論者以田汝成序本爲最善，愚謂以此本爲最善耳。”

蓬左文庫藏本，係明正天皇寬永十三年（1636 年）從中國購入，原係江户時代尾張藩主舊藏，有“尾陽内庫”印記。共二册。

東京都立圖書館藏本，原係諸橋徹次等舊藏。共一册。

越絶書十五卷

（漢）袁康撰

明嘉靖丁未（1547 年）粤東刊本　共二册

内閣文庫藏本　原楓山官庫舊藏

【按】每半葉有界十行，行二十二字。黑口，四周單邊。

卷前有明嘉靖丁未春正月餘姚陳塏《序》

吳越春秋十卷

（後漢）趙曄撰　（元）徐天祐音注

元大德十年（1306 年）刊本　共二册

静嘉堂文庫藏本　原張學安　陸心源皕宋樓等舊藏

【按】每半葉有界九行，行十八字。注文小字雙行，行二十六左右。白口，左右雙邊。目錄分上下兩卷。

卷首有徐天祐《序》。卷十末有“大德十年歲在丙午三月音注　越六月書成刊版十二月畢工”兩行。次有“前文林郎國子監書庫官徐天祐音注”一行。次有“紹興路儒學學錄留聖”等銜名四行。

陸心源《儀顧堂續跋》卷七著錄此本。

卷中有“張紹仁印”，“學安”等印記。卷末有周靖手識文。

【附錄】九世紀藤原佐世《本朝見在書目錄》“雜史家”著錄“《吳越春秋》七卷，《吳越春秋次錄》一卷（藏）冷泉院”。此係《吳越春秋》傳入日本之最早記錄。

《商舶載來書目》記載，光格天皇寬政七年（1794 年）中國商船“古字號”載《吳越春秋》一部抵日本。

桃園天皇寬延二年（1749 年）京都芳野屋作十郎等刊印《吳越春秋》六卷，題書“漢趙曄撰，明錢敬臣校”。此本有訓點。

吳越春秋十卷

（後漢）趙曄撰　（元）徐天祐音注

元大德十年（1306 年）刊本　共四册

内閣文庫藏本　原楓山官庫等舊藏

【按】此本與静嘉堂文庫藏本系同一刊本，行款題式皆同。

吳越春秋十卷

（後漢）趙曄撰　（元）徐天祐音注

明覆元大德十年（1306 年）刊本

静嘉堂文庫　大垣市立圖書館藏本

【按】每半葉有界九行，行十七字。黑口，四周雙邊。

卷末刻刊記年及銜名與元刊本相同。

静嘉堂文庫藏本，原係陸心源皕宋樓等舊藏，共一册。

大垣市藏本，共六册。

吳越春秋十卷

(後漢)趙曄撰　(元)徐天祐音注
明刊本　共二册
內閣文庫藏本　原昌平坂學問所等舊藏

吳越春秋六卷

(後漢)趙曄撰　(元)徐天祐音注
明末刊本　共二册。
東北大學附屬圖書館藏本　原狩野亨吉等
舊藏
【附錄】桃園天皇寬延二年(1749 年)京都向
陽堂刊行《吳越春秋》六卷,題署漢趙曄撰,元
徐天祐音注。

吳越春秋越絕書合刻

(明)楊樹曾編
明萬曆年間(1573—1620 年)刊本　共四册
尊經閣文庫藏本　原江戶時代加賀藩主前
田綱紀等舊藏

十六國春秋一百卷

(後魏)崔鴻撰　(明)屠喬孫　項琳訂
明萬曆三十七年(1609 年)蘭暉堂刊本
靜嘉堂文庫　尊經閣文庫　蓬左文庫　愛
知大學附屬圖書館簡齋文庫藏本
【按】關於此本之真僞,《四庫題要》有所辯
正。
靜嘉堂文庫藏本,原係陸心源十萬卷樓等舊
藏,共十六册。
尊經閣文庫藏本,原係江戶時代加賀藩主前
田綱紀等舊藏,共三十二册。
蓬左文庫藏本,係明正天皇寬永十三年
(1636 年)購入本。原係江戶時代尾張藩主舊
藏,卷內有"尾陽內庫"印記。共二十四册。
愛知大學藏本,原係小倉正恒等舊藏,共十
六册。
【附錄】九世紀藤原佐世《本朝見在書目錄》
"霸史家"著錄《十六國春秋》百卷。題魏崔鴻

撰。此係《十六國春秋》傳入日本之最早記錄。
據《持渡書改目錄寫》記載,光格天皇天明六
年(1786 年)中國商船"寅十番"號載《十六國
春秋》一部四帙二十四本抵日本。書無脫紙。
又,《商舶載來書目》記載,光格天皇天明三年
(1782 年)中國商船"志字號"載《十六國春秋》
一部四帙抵日本。《書籍元帳》記載,孝明天皇
嘉永五年(1852 年)中國商船"亥二番"船載
《十六國春秋》一部二十册抵日本。

貞觀政要(殘本)一卷

(唐)吳兢撰
唐人寫本　卷子本一卷
宮內廳書陵部藏本
【按】是書全十卷。此本今存卷一凡一卷。
卷前有吳兢《上貞觀政要表》。次有吳兢《序》。
次題"貞觀政要卷第一"。其下題"凡四十篇史
臣吳兢撰"。次有《目錄》。每行約十四字或十
五字。書法典雅。
此本卷背有日人手跋多處:
"安元三年(1177 年)二月五日,奉授主
上即訖。正三位行宮內卿兼式部大輔播摩
守藤原朝臣永範。"
"建久第五年(1194 年)九月廿一日詣。
三品吏部大卿書,閣讀合畢,有秘説等。匠
作員少手藤孝範。"
"建保第四年(1216 年)夷則廿五日,受
嚴訓訖。文章得業生經範。"
"嘉禄三年(1227 年)四月廿四日,合二
條院御本并八條左相府證本畢。刑部權少
輔經範。"
"右奧書菅師匠證如此,以彼秘本重移
點校合了。于時建治第一(1275 年)之初冬
上旬之候,於燭下所終功也。治部權少輔平
朝臣兼俊。"
由以上日人跋文推考,此本傳入日本,不會
晚于十二世紀。
【附錄】九世紀藤原佐世《本朝見在書目錄》

"雜家類"著録《貞觀政要》十四卷。此爲是書傳入日本最早之記録。據平安時代《明月記》記載,十二世紀末後鳥羽太上皇曾命藤原爲長進講《貞觀政要》。其後,藤原爲長把是書全文日譯。又據《東鑒》記載,鎌倉時代北條時賴曾手寫是書,進上將軍賴嗣。十七世紀藤原惺窩亦曾爲德川家康講《貞觀政要》於駿府。

日本今存《貞觀政要》古寫本多種:

鎌倉時代寫本一卷,係據藤原南家祖傳秘本書寫,今僅存卷一,世稱南家本。此爲日本藏《貞觀政要》最古之本。今藏于宮内廳書陵部。

鎌倉時代寫本一卷,此本係《貞觀政要》卷第二。卷子本長1186.4cm,卷面寬29.7cm。卷首題"貞觀政要第二",下空三字左右題"史臣吳兢撰"。全卷有朱點墨訓。卷首有"金澤文庫"印記。此本已被確認爲"日本重要文化財",存于東京五島美術館。

鎌倉時代寫本九卷,缺卷第一。此本係藤原淳範據藤原南家的傳本加點鈔寫。卷中有後宇多天皇建治三年(1277年)與弘安元年(1278年)藤原淳範鈔寫手識文。此本已被確認爲"日本重要文化財",存于東京竹本泰一家。

鎌倉時代寫本二卷,此本係《貞觀政要》第一。卷子本第一卷長996.9cm,第二卷長1028.5cm,卷面寬皆爲29.5cm。此本與傳世本篇目有異,已被確認爲"日本重要文化財",存於靜岡縣富士宮市本門寺。

鎌倉時代寫本一卷。係據唐人寫本重寫。今僅存卷七。此本内題"乾元二年(759年)三月十日",即其摹寫之祖本也。卷面行款有界七行,約十六字。四周單邊,共二十二頁。有孝明天皇弘化四年(1847年)日人手識文。文曰:"此一册頗古本也,加表紙訖。弘化四歲(丁未)十一月十五日,從三位侍從卜部良芳。"此本今藏於天理圖書館。

鎌倉時代寫本(殘本)四卷,黏葉裝四册。此本今存卷四、卷五、卷六、卷九。每半葉六行,行約十三字。卷中有朱筆"乎古止"點,并有墨筆訓點及四聲點。卷九係它本配補,卷末有手識文。文曰:"永仁四年(伏見天皇年號,即1296年)丙申十月三日書寫之訖。執筆人宋人明道"。又有文曰:"永禄三年(正親町天皇年號,即1560年)五月終書功了。吏部大卿菅長雅"。此本今藏于慶應義塾大學斯道文庫。

鎌倉時代寫本(殘本)四卷,黏葉裝四册。此本今存卷一、卷二、卷八、卷十。每半葉六行,行約十三字。卷中有朱筆"乎古止"點,并有墨筆訓點。卷二末有手識文多處,叙此本於菅家傳承甚詳。文曰:

"建保四年(順德天皇年號,即1213年)五月十一日授男著作郎長貞了,大府卿菅爲了。"

"貞應三年(後崛河天皇年號,即1224年)閏餘七月廿六日授男長成了,吏部大卿判。"

"嘉禄元年(同上天皇年號,即1225年)八月九日候于九條前殿下且讀判。"

"安貞二年(同上天皇年號,即1228年)四月二日授男高長了,大府卿判。"

"嘉禎四年(四條天皇年號,即1238年)五月一日授少子長明、孫宗長等了,吏部大卿判。"

"仁治三年(同上天皇年號,即1242年)七月廿八日侍當今皇帝御讀,大藏卿兼式部大輔判。"

"弘長二年(龜山天皇年號,即1262年)三月二日授愚息清長了,吏部大卿判。"

"永仁五年(伏見天皇年號,即1297年)十二月五日以家説重授正修上人了,從二位菅清長判。"

"永仁七年(同上天皇年號,即1299年)三月十日以説授小童摩尼殊丸了,生年十二歲,明玄判。"

"永禄三年(正親町天皇年號,即1560年)四月終書功了,吏部大卿菅長雅。"

此本今藏于慶應義塾大學斯道文庫。

楊守敬《日本訪書志》卷五著録影舊鈔本《貞觀政要》十卷,係慶應大學斯道文庫藏本的鈔本的影寫本。其釋文曰：

　　"此本影文化六年(1809年)鈔本，每半葉九行，行十七字，與狩谷藏本第三卷以下皆同。首有吳兢《上貞觀政要表》而無吳兢《貞觀政要序》。其第二卷後有建保、嘉禄、貞應、安貞、嘉禎、仁治、弘長、永仁、永禄等年菅氏歷世題記。每卷後均有文化六年六月等日寫記，有案字押，森立之稱爲藤長親卿花押，此本即影寫長親卿手書本者，蓋原本卷軸改爲册子也。立之又云，以《玉海》所載《目録》及元戈直本校之，體式大異，蓋其國博士家所傳唐時真本，其言當不誣。末卷有文化十二年興田吉從一《跋》，言此書甚悉。第一卷、第四卷、第七卷有不忍文庫、温故堂文庫印。皆日本收藏名家也。"

楊氏釋文後附吳兢《上貞觀政要表》，并有自建保四年至永禄三年手録識文，文同斯道文庫藏本。釋文末又有興田吉從手識文，録之如次：

　　"文化六年(1809年)六月十九、二十兩日寫功了。案同年七月十日寅直之暇一校了(昨日大風甚，自辰到酉)。《貞觀政要》十卷，菅原氏所傳而從三位勘解，由長官菅原長親卿所親寫也。初吉從獲元德年中菅氏文章得業生款狀於觀智院，住寶僧都愛藏之，長親卿一見奇之，介藤原以文而求之，吉從深欽卿，慕其祖之意，割愛奉呈焉。卿大喜，辱手書且賜以此書，事詳於其書牘中。蓋《政要》之爲書坊間所刻者，係於戈直所注。縉紳學士家雖間有傳之者，衍錯脱誤，大紊其真。此編乃菅氏奕世所傳，而出於參議爲長卿所授也。卷首載吳兢《上表》，蓋競表獨載於國字譯本，而其它則未嘗見存之者，況菅氏之令孫所親寫而校訂。《政要》之真，舍此編吾安適從焉！吉從獲之。"

興田吉從文化十二年(1815年)跋文如次：

　　"不啻十朋之龜，乃十襲寶藏以貽之永世焉。長親卿手書別藏於家，宜併考。卿稱清岡學業富贍，最能文章。嘗聞卿常侍讀於

皇太子，頗有啓沃之功云，實菅廟三十一世之孫也。文化十二年乙亥正月興田吉從謹識。"

後陽成天皇文禄四年(1595年)寫本。此係京都吉田神社梵舜借得御本抄録而成。卷首吳兢《上貞觀政要表》係日文和譯。此本今藏于宮内廳書陵部。

楊守敬《日本訪書志》卷五著録古鈔本《貞觀政要》十卷，其文曰：

　　"舊影寫本，狩谷望之求古樓所載。前二卷末有'安元三年(1177年)二月五日奉授主上即訖'云云，有永久、建久、建保、嘉禄、建長等名記，與森立之《訪古志》所載首一部合。每半葉七行，行十七字。字體精妙，神似唐人寫經之筆。原本當是卷子影寫改爲摺本，然首無吳兢表文，猶不免有脱漏也。其第三卷以下，每卷後有文化六年六月等日齋中寫勾勘按。第末卷有文化十二年(1815年)十月上澣寄與興田箕山生之記。每半葉九行，行十七字，而森立之顧未言及。此書以戈直注本照之，非唯字句多有不同，即篇第亦有增減移易。戈氏《自序》云：'嘗會萃衆本，參互考訂。章之不當分者合之，不當合者分之'，知是皆爲戈氏所亂久矣。今全録其題識，以與森氏《訪古志》相證驗。又録篇第異同於其下，使讀者知其崖略。若夫字句之差互，則屢牘不能盡，别爲札記焉。"

兹將此本所載而戈直注本所無之篇凡十三章，鈔録於後：

　　第一卷　政體篇第二　第十一章

貞觀八年，太宗謂房玄齡等曰："我所居殿即是隋文帝所造，已經四十餘年，損壞處少。唯承乾殿是煬帝造，工匠多不見新奇，斗拱至小，年月雖近，破壞處多。今爲改更欲别作，意見亦恐似此屋耳。"魏徵對曰："昔魏文侯時，租賦歲倍，有人致賀文侯曰：'今户口不加而租税歲倍，此由課斂多，譬如治皮，令大則薄，令小則厚，理民亦復如此。'由是魏國大理。臣今量

之,陛下爲理,四夷賓服,天下已安,但須守今日理道,亦歸之於厚,此即是足。"

第一卷　政體篇第二　第十二章

貞觀八年,太宗謂群臣曰:"爲理之要,務全其本。若中國不静,遠夷雖至亦何異焉!朕與公等共理天下,令中夏乂安,四方静肅,并由公等盛盡忠誠,共康庶績之所致耳,朕實喜之。然安不忘危,亦兼以懼。朕,煬帝纂業之初,天下隆盛,弃德窮兵,以取顛覆。頡利近者,足爲强大;志意既盈,禍亂斯及,喪其大業。爲臣於朕,葉護可汗亦太强盛,自恃富貴,通使求婚,失道怙通,以致破滅。其子既立,便肆猜忌,衆叛親離,覆基絶嗣。朕不能遠纂堯舜禹湯之德,目睹此輩,何得不誡懼乎!公等輔朕,功績已成,唯當慎以守之,自獲長世,并宜勉力,有不是事,則須明言,君臣同心,何得不理?"侍中魏徵對曰:"陛下弘至理以安天下,功已成矣!然每睹非常之慶,彌切慮危之心,自古至慎,無以加此。臣聞上之所好,下必從之。明詔獎勵,足使愞夫立節。"

第一卷　政體篇第二　第十三章

太宗問拓跋使人曰:"拓跋兵馬,今有幾許?"對曰:"見有四千餘人,舊有四萬餘人。"太宗謂侍臣曰:"朕聞西胡愛珠,若得好珠,劈身藏之。"侍臣咸曰貪財害己,實爲可笑。太宗曰:"勿唯笑胡!今官人貪財,不顧性命,身死之後,子孫被辱,何異西胡之愛珠耶!帝王亦然,恣情放逸,好樂無度,荒廢庶政,長夜忘返。所行如此,豈不滅亡!隋煬帝奢侈自賢,身死匹夫,足爲可笑。"魏徵對曰:"臣聞魯哀公謂孔子曰:'有人好忘者,移宅乃忘其妻。'孔子曰:'又有好忘甚於此者,近見桀紂之君,乃忘其身。'"太宗曰:"朕與公等既知笑人,今共相匡輔,庶免人笑。"

第一卷　政體篇第二　第十四章

貞觀九年,太宗謂侍臣曰:"爲帝王者,必須慎其所與。只如鷹犬鞍馬聲色殊味,朕若欲之,隨須即至,如此等也恒敗人正。邪佞忠直亦在時君所好,若任不得賢,何能無滅!"侍中

魏徵對曰:"臣聞齊威王問淳于髡:'寡人所好,與古帝王同否?'髡曰:'古者聖王所好有四,今王所好唯有其三。古者好色,王亦好之;古者好馬,王亦好之;古者好味,王亦好之。唯有一事不同者,古者好賢,王獨不好。'齊王曰:'無賢可好也。'髡曰:'古之美色有西施毛嬙,奇味即龍肝豹胎,善馬則有飛兔緑耳。此等今既無之,王之厨膳、後宫、外厩今亦備具。王以爲今之無賢,知前世之賢得與王相見以否?'"太宗深然之。

第一卷　政體篇第二　第十五章

貞觀十年,太宗謂侍臣曰:"《月令》是早晚有?"侍中魏徵對曰:"今《禮記》所載《月令》,起自吕不韋。"太宗曰:"促爲化,專依《月令》,善惡復皆如所記不?"魏徵又曰:"秦漢以來,聖王依《月令》,事多若一。依《月令》者,亦未有促。古者設教,勸人爲善,所行皆欲順時,善惡亦未必皆然。"太宗又曰:"《月令》既起秦時,三皇五帝并是聖主,何因不行《月令》?"徵曰:"計《月令》起於上古,是以《尚書》云'敬授民時'。吕不韋只是修古《月令》,未必始起於秦代。"太宗曰:"朕比讀書,所見善事,并即行之,都無所疑;至於用人,則善惡難別,故知人極爲不易。朕比使公等數人,何因理政猶不及文景?"徵又曰:"陛下留心於理,委任臣等,逾於古人。直由臣等庸短,不能稱陛下委寄。欲論四夷賓服,天下無事,古來未有似今日者。至於文景,不足以比聖德。"徵曰:"自古人君初爲理也,皆欲比隆堯舜,至於天下既安,不能終其善;人臣初被任也,亦欲盡心竭力,及居富貴,即欲全官爵。若遂君臣常不懈怠,豈有天下不安之道哉!"太宗曰:"論至理,誠如公此語。"

第一卷　政體篇第二　第十八章

貞觀三年,上謂房玄齡曰:"古人善爲國者,必先理其身;理其身,必慎其所習。所習正,則其身正,身正則不令而行;所習不正,則身不正,身不正則雖令不從。是以舜誡禹曰'鄰哉鄰哉',周公誡成王曰'其明其明',此皆言慎其所習近也。朕比歲臨朝視事,及園苑閑游賞,

皆召魏徵、虞世南侍從，或與謀議政事，講論經典，既常聞啓沃，非直於身有益，在於社稷，亦可謂久安之道。”

　　　第五卷　論公平第十六　第四章

太宗謂房玄齡等曰：“昨日皇甫德參上書，言朕修營洛州宮殿，是勞民也；收地租，是厚斂也；俗高髻，是宮中所化也。觀此人心，必欲使國家不役一人，不收一租，宮人皆無髮，乃稱其意耳！事既訕謗，當須論罪！”魏徵進曰：“賈誼當文帝之時上書云，可爲痛哭者三，可爲長太息者五。自古上書，率多激切；若不激切，則不能起人主之心。激切即似訕謗，所謂狂夫之言，聖人擇焉。惟在陛下裁察，不可責也。”太宗曰：“朕初欲責此人，但已許進直言，若責之，則於後誰敢言者？”賜絹二十匹，令歸。

　　　第五卷　論悔過第廿四　第三章

貞觀五年，太宗謂侍臣等曰：“齊文宣，何如人君？”魏徵對曰：“非常顛狂，然與人共爭道理，自知短屈，即能從之。臣聞齊時，魏愷先任青州長史，嘗使梁還，除光州長史，不就。楊遵彦奏之，文宣帝大怒。召而責之，愷曰：‘先任青州大藩長史，今有使勞，更無罪過，反授小州，所以不就。’乃顧謂遵彦曰：‘此漢有理。’因令捨之。”太宗曰：“往者盧祖尚不肯受官，朕遂煞之。文宣帝雖復顛狂，尚能容忍此一事，朕所不如也。祖尚不受處分，雖失人臣之禮，朕即可煞之，大是傷急。一死不可再生，悔無所及。宜復其故官蔭。”

　　　第五卷　論奢縱第廿五　第二章

貞觀七年，太宗授郭孝恪西州道行軍總管，率步騎三千人出銀山道，以伐焉耆。夜往掩襲其城，破之，虜其王龍，突騎發。太宗謂侍臣曰：“計八月中旬孝恪發，去二十日，應到，必以二十二日破焉耆。當馳使報，朕計其行程，今日應有好消息。”言未迄而騎至。云孝恪已破焉耆，太宗悅。及征龜兹，以孝恪爲崑山道副大總管。破其都城，留孝恪守之，餘軍分道別進。域中未賓，孝恪因乃出營於外。有龜兹人來謂孝恪曰：“那利，我之國相，人心素歸。今

亡在外，必思爲變。城中之人，頗有異志，公其備之。”孝恪不以爲虞。那利等果率衆萬餘，私與城内降胡相知表裏爲應，孝恪失於警，候賊入城鼓譟，孝恪始覺之，爲胡矢所中而死。孝恪性奢侈，家之僕妾以及器玩，務極鮮華。雖在軍中，床榻器(具)皆飾以金玉。仍以金床華帳充具以遺行軍大總管阿史那社尒。社尒一無所受。太宗聞之乃曰：“二將何優劣之不同也！郭孝恪今爲寇虜所屠，可謂自招伊咎耳。”

　　　第五卷　論貪鄙第廿六　第四章

貞觀四年，濮州刺史龐相壽貪濁。有聞，追還，解任殿廷。自陳幕府舊左右，實不貪濁。太宗矜之，使舍人謂之曰：“爾是我舊左右，我極哀矜爾，爾取它錢物，祇應爲貪。今賜爾絹一百匹，還向任所，更莫作罪過！”魏徵進而諫曰：“相壽貪濁，遠近所知。今以故舊私情，赦其貪濁之罪，加以厚賞，還令復任。相壽性識未知愧恥，幕府左右其數甚多，人人皆恃恩私，足使爲善者懼。”太宗欣然納之，使引相壽於前，親謂之曰：“我昔爲王，爲一府作主；今爲天子，爲四海作主。既爲四海作主，不可偏與一府恩澤。向欲令爾重任，左右以爲爾若得重任，必使爲善者皆不用心。今既以左右所言者爲是，便不得申我私意，且放爾歸。”乃賜雜物而遣之，相壽默然流涕而去。

　　　第七卷　論文史第廿八　第二章

尚書左僕射房玄齡，侍中魏徵，散騎常侍姚思廉，太子右庶子李百藥、孔穎達，侍郎岑文本，禮部侍郎令狐德棻，舍人許敬宗等，以貞觀十年撰成周、齊、梁、陳、隋等《五代史》奏上。太宗勞之曰：“良史善惡必書，足爲懲勸。秦始皇奢侈無度，志在隱惡，焚書坑儒，用緘談者之口。隋煬帝志在隱惡，雖曰好學，招集天下學士，全不禮待，竟不能修得歷代一史。數百年事，殆將泯絕。朕今欲見近代人主善惡，以爲身誡，故令公等修之，遂能成五代之史，深副朕懷，極可嘉尚。”於是進級班次，各有差降。

　　　第八卷　務農第卅　第三章

貞觀四年，太宗謂諸州考使曰：“國以人爲

本，人以食爲命。若禾穀不登，恐由朕不躬親所致也。故就別院種三數畝禾，時自鋤其秭莠，纔得半畝，即苦疲乏。以此思之，勞可知矣，農夫實甚辛苦！頃聞關東及諸處粟兩錢半價，米四錢價。深慮無識之人，見米賤，遂惰農自安，儻遇水旱，即受飢餓。卿等至州日，每縣時遣官人就田隴間勸勵，不得令有送迎。若迎送往還，多廢農業。若此勸農，不如不去！”

第八卷　論刑法第卅一　第一章

貞觀元年，詔以犯大辟罪者令斷其右趾。因謂侍臣曰：“前代不行肉刑久矣，今斷人右趾，意不忍爲。”諫議王珪對曰：“古行肉刑以爲輕罪，今陛下矜死之多，故設斷趾之法，損一足以全其大命，於犯者甚益矣。且見之，足爲懲戒。”侍中陳叔達又曰：“古之肉刑，在死刑之外。陛下於死刑之内，降從斷趾，便是以生易死，足爲寬法。”

江户時代又有仁孝天皇文政元年（1818 年）阿波介藤原以文《貞觀政要》寫本十卷。楊守敬《日本訪書志》五卷著録此本，并曰：“此本係……以其國諸古本及戈本合校者。篇首載其國古墨筆凡十三通，又硃筆二通，一爲永本，一爲江本。又載漢本奥書題識，奥書卷子反面書也。其本有《政要表》而（無）《政要序》。《表》後有‘景龍三年正月　日衛尉少卿兼修國史館崇文館學士臣吳兢等上表’，爲各本所無。按吳兢本傳，其書實成於‘神龍’中，《書録解題》引《館閣書目》亦云，然則此‘景龍’當爲‘神龍’之誤。而據其《自序》，《提要》考在開元八年以後，亦至確。莫詳其乖異之由也。”此本每卷有“松田本生”印，又有“向山黄村”印。

江户時代前期又有假名寫本《貞觀政要》十卷。此本係由鎌倉時代碩學菅原爲長譯成假名文本，據此寫録。每半葉十行，行字數不等。此本今藏於慶應義塾大學斯道文庫。

江户時代有新井白石輯纂《貞觀政要拔萃》（不分卷）。此書以寫本流傳，今有此書寫本一種，存國會圖書館。

貞觀政要十卷

（唐）吳兢撰

元刊本　共四册

静嘉堂文庫藏本

【按】每半葉有界十三行，行二十四字。細黑口，四周雙邊。

卷首有《上貞觀政要表》。次有吳兢《序》，題“衛尉少卿兼修國史弘文館學士”。

貞觀政要集論十卷

（唐）吳兢撰　（元）戈直集論

明初刊本

静嘉堂文庫　御茶之水圖書館藏本

【按】卷首有元至順四年（1333 年）正月郭思貞《集論題辭》，并臨川戈直《序》，吳兢《序》，及《集論諸儒姓氏》。

此本世稱元刊大字本，匡廓比明成化本亦略大，實係明初刊本

静嘉堂文庫藏本，原係陸心源十萬卷樓等舊藏，共四册。

御茶之水圖書館藏本，原係德富蘇峰成簣堂等舊藏，共八册。

貞觀政要集論十卷

（唐）吳兢撰　（元）戈直集論

明成化元年（1465 年）内府刊本

内閣文庫　静嘉堂文庫　尊經閣文庫　東京大學東洋文化研究所　大阪府立圖書館藏本

【按】每半葉有界七行，行十七字。注文小字雙行，行同正文。細黑口，四周雙邊。

卷首有明成化元年（1465 年）八月初一日御制《貞觀政要序》。次有元至順四年（1333 年）正月郭思貞《貞觀政要集論題辭》。次有戈直《序》。次有吳兢《貞觀政要序》。次有《目録》、《集論諸儒氏姓》等。正文卷首題“貞觀政要卷第一”，次行列書篇目。

内閣文庫藏本，原係昌平坂學問所舊藏。森

立之《經籍訪古志》卷三著録此本。共十册。

靜嘉堂文庫藏本,原係陸心源十萬卷樓等舊藏,共六册。

尊經閣文庫藏本,原係江戸時代加賀藩主前田綱紀等舊藏,共八册。

東京大學藏本,原係大木幹一等舊藏。

大阪府藏本,原係富岡謙藏(桃華)舊藏,卷中有"廣運之寶"印記,共六册。

【附録】江戸時代日本《倭板書籍考》卷之四"史傳雜記"類著録《貞觀政要》并曰:"十卷四十篇。此乃寫唐太宗良法美政之書。唐史臣吳兢作,元儒士戈直注。成化天子有《御制序》。薩摩禪僧文之出訓點。慶長五年東照神君有開板之命。"又江戸時代日人岡木保孝《活板考》(稿本)著録《貞觀政要》。又江戸時代《諸家藏板目録》中於"紀州學習館藏板紀伊大納言殿"條下著録《貞觀政要》十卷。又在"小田原大久保加賀守"條下亦著録《貞觀政要》十册。

後陽成天皇慶長五年(1600年),德川家康命足利學校第九世庠主元佶于伏見刊行《貞觀政要》。此本係據明成化元年本木活字排印。卷十末有相國寺僧承兌跋文。文曰:"唐太宗文皇帝者,業完成一代英武之賢君也。千載之下仰其德慕其風者,今之内大臣家康公是也。故令前學校三要老禪校定《貞觀政要》。去歲開《家語》于板,今歲刻《政要》于梓。遵聖賢前軌,而作國家治要宜也。豐國大明神辭下土之日,受令嗣秀賴幼君賢佐遺命,爾來寬厚而愛人,聰明而治衆,不異周勃、霍光安劉氏輔昭帝也。又海内弘此書,而協和士民之心,則爲明神不忌舊命,爲幼君盡至忠者,其用大矣哉。慶長五年星輯庚子花朝節,前龍山見鹿苑承兌叟謹志。"每半葉有界七行,行約十七字。字清版秀,閲之甚便。此本稱慶長版,又以刊地名之稱伏見版。

後水尾天皇元和九年(1623年)忠田吉兵衛刊行《貞觀政要》十卷。

後光明天皇承應二年(1653年)中野是誰刊

行《貞觀政要集論》十卷。此本有靈元天皇天和三年(1683年)京都吉野屋德兵衛重印本,又有櫻町天皇延享元年(1744年)鳥飼市兵衛重印本,又有大阪吉文字屋市右衛門重印本。仁孝天皇文政二年(1819年)大阪松村九兵衛對此本修補又重印,其後又有江戸岡田屋嘉七重印本。

仁孝天皇文政元年(1818年)小田原藩主天游原園刊行《貞觀政要集論》十卷。此本由日人自治天球,岡田雄以清人席世臣校(嘉慶本)爲底本,參校日藏各古寫本而成。此本後有江戸岡田屋嘉七重印本。

仁孝天皇文政五年(1822年)紀州藩刊印《貞觀政要集論》十卷。

仁孝天皇文政六年(1823年)南紀學習館刊印《貞觀政要集論》十卷。此本由日人山本惟孝等校。其後有紀州帶屋伊兵衛等重印本。

據《商舶載來書目》記載,後櫻町天皇明和二年(1765年)中國商船"天字號"載《貞觀政要》一部十册抵日本。又,據《寅十番船持渡書改目録寫》記,是年該船載《貞觀政要》一部十册抵日本,并記"古本,蠹蝕,無脱紙"。

貞觀政要集論十卷

(唐)吳兢　(元)戈直集論
明成化十一年(1475年)崇藩刊　共六册
内閣文庫藏本　原楓山官庫舊藏

貞觀政要集論十卷

(唐)吳兢撰　(元)戈直集論
明大易閣刊本
東京大學東洋文化研究所藏本

唐逸史三卷

(唐)盧肇撰
舊寫本　周世敬手識本　共一册
靜嘉堂文庫藏本　原周世敬　陸心源等舊藏

【按】是書《四庫》不收。此本係手寫本,卷中

有清嘉慶二十二年(1817 年)十一月周世敬手
識文。文曰:

"《唐逸史》三卷,《新唐書·藝文志》稱大
中時人所作,不著撰人名氏。《宋史·志》作
盧氏,究不知盧氏何人。大中乃唐宣宗紀
年。唐人説部,每以志怪相尚,似不及宋人
紀載之可徵可信也。嘗讀葉少藴《避暑録
話》記白樂天海山事,始知此書爲盧肇所作。
按肇字子發,袁州人,登會昌三年進士第一
人。初爲鄂岳盧商從事。江陵節度裴休、太
原節度盧簡求,并奏爲門吏。後除著作郎,
遷倉部員外郎,充集賢院直學士。咸通中,
出知歙州,移宣、池、吉三州卒。《賦集》八
卷,《風集》十卷,《文標》集三卷。今皆不傳。
抄撮既竣,粗校一過,誤脱實多,惜無可正之
本。并摘《避暑録話》一則於後,以備考。嘉
慶二十二年十一月既望,長州周世敬謝庵氏
識。"

南唐書十八卷　音釋一卷

(宋)陸游撰　(元)戚光音釋
明影寫宋刊本　王聞遠　顧千里等手識本
共三册
静嘉堂文庫藏本　原王聞遠　陸心源十萬
卷樓等舊藏
【按】此本有清雍正戊申(1728 年)王聞遠校
識文。文曰:

"雍正歲戊申陽月念又八日,借孫氏所
藏姚聖咨依宋刊抄本,校讎於采蓮涇之孝慈
堂。灌稼村翁王聞遠叔子識。時年六十有
六。"

又有清嘉慶己未(1799 年)顧千里讀書識
文。文曰:

"家兄抱冲藏陸敕先用錢罄室手抄校汲
古閣刻本,與此大約相同。其足以補正此本
者,悉識于行間。《徐游傳》云,'持大鐵筬',
又云'納筬中筬之',即《説文》'籭'字。竹
器,可以取粗去細者也。《廣韻》、《集韻》、
《類篇》諸書論之詳矣。今本之誤,殆不可

解。藉陸校而始明,故特表而出之。嘉慶己
未從綏階二兄借讀并記。顧廣圻。"

南唐書十八卷　音釋一卷

(宋)陸游撰　(元)戚光音釋
明萬曆年間(1573—1620 年)刊本　共三册
尊經閣文庫藏本　原江户時代加賀藩主前
田綱紀等舊藏
【附録】據《商舶載來書目》記載,光格天皇天
明三年(1783 年)中國商船"曾字號"載《南唐
書》一部抵日本。又據《持渡書改目録寫》記
載,同天皇天明六年(1786 年)中國商船"寅十
番"船載《南唐書》一部抵日本。古本無脱紙。

南唐書十八卷　音釋一卷

(宋)陸游撰　(元)戚光音釋
明毛氏汲古閣刊(虞山敲説堂張氏藏板)
共四册
内閣文庫藏本　原木村兼葭堂等舊藏

南唐書十八卷　音釋一卷

(宋)陸游撰　(元)戚光音釋
明刊本　共二册
内閣文庫藏本

南唐書三十卷

(宋)馬令撰
明嘉靖二十九年(1550 年)跋刊本
内閣文庫　静嘉堂文庫藏本
【按】每半葉有界十行,行二十字。

卷首有宋崇寧四年(1105 年)馬令《序》。末
有明嘉靖二十九年姚昭《跋》。《跋》文曰:"顧
子汝達,博覽窮搜,厭家藏元刻舛訛,校讎而梓
之。"

内閣文庫藏此同一刊本兩部。一部原係豐
後佐伯藩主毛利氏舊藏,爲清原秀賢手校本。
共六册。一部原係楓山官庫舊藏,共六册。

静嘉堂文庫藏本,原係林則徐、陸心源十萬
卷樓等舊藏,卷中有"林少穆珍藏印"朱文長方

印。又有"簡卿讀過"朱文方印、"平江貝氏文苑"朱文小長印、"貝塘曾讀"朱文長印、"臣墉"朱文方印及"友漢居藏"朱文方印。

南唐書三十卷

(宋)馬令撰　(明)陳繼儒校
明刊本　共五册
内閣文庫藏本　原江户時代林氏大學頭家等舊藏

釣磯立談一卷

(宋)史虛白撰
舊寫本　何小山　盧文弨手識本　共一册
静嘉堂文庫藏本　原何小山　鮑渌飲　陸心源等舊藏
【按】清康熙乙未(1715年)何小山手跋此本曰:"《釣磯立談》往見昆山徐司寇大字宋本,紙刻精好,迄今猶在目中。昨於殘臘買得此本,頗以其胥抄拙劣爲棄。頃偶將曹氏新刻粗校,曹刻脱誤不勝其多。開册便缺二版二行,又少一叙。後此脱誤版版皆是,不可枚數。曹刻出於何,即此虞山秀水之本,善惡立辨矣。康熙乙未秋末小山記。"
又有清乾隆四十二年(1777年)盧文弨手識文。其文曰:
"丁酉七月二日,東里盧弓父閲竟。元本有汲古主人毛子晋父子圖章,蓋善本也。托江寧李生育芬仿抄之。戊戌四月回杭,見鮑氏新刻,因再閲一過。二十五日。"
盧氏又曰:
"此書南唐國亡後記其興之刊,不知何人著。其自序曰,叟山東人,清泰中隨先校書避地江表,父子皆不以進取爲念。書中有曰,山東有隱君子,與韓熙載同時南渡,以説干宋齊邱。齊邱引以見烈祖,擢爲校書郎,不能用其言也。於是放意泉石,遂卒不仕。此殆即其先人歟。(中略)序曰得百二十許條。今計之祇三十條,然要領已無不盡。且相傳止一卷,未必本書多於此三倍也。曹氏

刻本多訛脱,此本爲何小山所傳,較完善,因傳録之。乾隆四十二年七月戊辰,東里盧文弨書於鍾山書院。"

思陵録二卷

(宋)周必大撰
舊寫本　黄蕘圃手識本　共一册
静嘉堂文庫藏本　原陸心源等舊藏
【按】清人黄蕘圃手跋此本曰:"校《周益公全集》及此種,因憶舊藏有抄本,無周某集卷第幾字樣,或出于專本。遂取此本,雖於所校本上,用朱筆。故此本間有朱筆抹者,皆因彼以知此之誤也。"識文末題署"壬申四月朔復翁識"。

五代史闕文一卷

(宋)王禹偁撰
明人寫本　黄蕘圃手校本　共一册
静嘉堂文庫藏本　原毛氏汲古閣　季振宜陸心源等舊藏
【按】此本記梁三事,後唐七事,晋一事,漢二事,周四事,凡十七事。
卷中有"季振宜"朱文方印、"滄葦"白文方印。又有"吳氏讓之"白文方印、"熙載之印"白文方印。又有"馬氏叢書樓珍藏圖記"朱文方印、"倚萬樓藏本"朱文長印。又有"戴□辰考藏印"朱文小長印、"戴□氏考藏書畫印"朱文長印。又有"虞山汲古閣毛子晋圖書"朱文長印。

五代史補五卷　五代史闕文一卷

(宋)陶岳撰　《闕文》(宋)王禹偁撰
明毛氏汲古閣刊本　共二册
内閣文庫藏本　原楓山官庫舊藏
【按】卷首有"皇宋祀汾陰之後歲在壬子"(宋真宗大中祥符五年,即1012年)撰者《自序》。是書載梁二十一事,後唐二十事,晋二十事,漢二十事,周二十二事,凡一百四事。
【附録】江户時代岡本孝保《活板考》著録《五代史補》。

五代史補五卷

（宋）陶岳撰
明刊本　共二册
内閣文庫藏本　原昌平坂學問所舊藏

燕翼貽謀錄五卷

（宋）王栐撰
明刊本　共一册
内閣文庫藏本　原木村兼葭堂舊藏

楓窗小牘二卷

（宋）袁褧撰
明刊本　共二册
愛知大學附屬圖書館簡齋文庫藏本　原小
倉正恒等舊藏

三楚新錄三卷

（宋）周羽翀編著
舊寫本　黃蕘圃手校手識本　共一册
静嘉堂文庫藏本　原陸心源十萬卷樓等舊
藏
【按】卷首題署"宋儒林郎試秘書省校書郎前
桂州修仁令周羽翀編"。
清人黃蕘圃手跋此本曰："丁卯夏，借陳簡莊
所藏吳枚庵手校本傳錄，并校其誤脱。復翁。"
卷首有"士禮居"朱文方印。

中興禦侮錄二卷

宋人不著姓氏
明人寫本　共一册
大倉文化財團藏本
【按】此本系明人藍格寫本。封面有"軍機
處"木記。卷中有"教經堂錢氏"、"畿輔譚氏"、
"篤生"等印記。

三國紀年一卷

（宋）陳亮撰
明人寫本　共一册

大倉文化財團藏本
【按】此本系明人藍格寫本，烏絲欄邊。封面
有"范懋柱家藏軍機處"木記。
卷中有"翰林院"、"教經堂錢氏"、"篤生"等
印記。

（陳眉公訂正）驂鸞錄一卷　（陳眉公訂正）攬轡錄一卷

（宋）范成大撰
明刊本　共一册
關西大學綜合圖書館内藤文庫藏本　原内
藤湖南舊藏
【按】每半葉有界八行，行十八字。白口，四
周單邊（19.5cm×12cm）。卷首題"陳眉公訂正
驂鸞錄，宋石湖范成大著，明林王體元子長王
錫祚校"。《附錄》一卷，卷首題"宋石湖范成大
撰，明沈德先校"。

洪武聖政記十二卷

明人不著姓名
明正德甲戌（1514年）寫本　共十六册
宮内廳書陵部藏本　原豐後佐伯藩主毛利
氏家舊藏
【按】此本明人手寫。卷尾有手錄者識文曰：
"右《聖政記》一部計十二册，正德甲戌（1514
年）抄入淮汀書樓"。筆墨酣暢，書寫頗嘉。
是書通行本皆作二卷，題明人宋濂撰。《四
庫全書總目》卷五十二著錄亦二卷，并曰"此書
在成化間已無傳本"。此本不題撰人姓氏，且
卷數亦不同。仁孝天皇文政年間（1818—
1829年）由出雲守毛利高翰獻贈幕府。
卷首有"佐伯侯毛利高標字培松藏書畫之
印"，每册首有"秘閣圖書之章"等印記。
【附錄】《商舶載來書目》記載，後櫻町天皇明
和五年（1768年）中國商船"古字號"載《洪武
聖政記》一部二帙抵日本。

永樂聖政記三卷

（明）楊士奇等撰

明人寫本　共二册

尊經閣文庫藏本　原江户時代加賀藩主前田綱紀等舊藏

建文朝野彙編二十卷　序目一卷

（明）屠叔方撰

明萬曆二十六年（1598 年）序刊本

宮内廳書陵部　内閣文庫　東洋文庫　尊經閣文庫　京都大學藏本

【按】每半葉有界九行，行十八字。

卷首題“原任廣東道監察御史秀水屠叔方纂”。前有陳繼儒《序》，并明萬曆二十六年（1598 年）屠叔方《自序》。

宮内廳藏本，共十六册。

内閣文庫藏此同一刊本三部。一部原係江户時代林大學頭家舊藏，共十册。一部原係昌平坂學問所舊藏，共二十四册。一部原係楓山官庫舊藏，共六册。

東洋文庫藏本，共八册。

尊經閣文庫藏本，原係江户時代加賀藩主前田綱紀等舊藏，共八册。

京都大學藏此同一刊本共三部。一部存人文科學研究所東洋學文獻中心，共二十册。兩部存文學部，一部二十册，一部六册。

建文書法儗　前編一卷　正編二卷　附編二卷

（明）朱鷺編撰

明萬曆年間（1573 — 1620 年）刊本　共四册

東洋文庫　尊經閣文庫藏本

（新刊）皇明聖政記要覽十卷

明人不著姓氏

明刊本　共十册

尊經閣文庫藏本　原江户時代加賀藩主前田綱紀等舊藏

皇祖四大法十二卷

（明）何棟如編撰

明萬曆四十二年（1615 年）序刊本　共十二册

内閣文庫　尊經閣文庫藏本

【附錄】《商舶載來書目》記載，中御門天皇正德二年（1712 年）中國商船“久字號”載《皇祖四大法》一部十二册抵日本。

聖典二十四卷

（明）朱睦㮮编

明萬曆年間（1573 — 1620 年）刊本　共八册

尊經閣文庫藏本　原江户時代加賀藩主前田綱紀等舊藏

皇明典故紀聞十八卷

（明）余繼登撰　馮琦訂

明萬曆年間（1573 — 1620 年）新城王象乾校刊本

宮内廳書陵部　内閣文庫　尊經閣文庫　蓬左文庫藏本

【按】每半葉有界九行，行十八字。

卷首題“交河余繼登輯，臨朐馮琦訂，新城王象乾校”。前有馮琦序。

宮内廳藏本，原係江户時代德山藩主毛利氏舊藏。東山天皇寶永三年（1706 年）德山藩三代藩主毛利元次撰《御書物目錄》著錄此本，明治二十九年（1896 年）男爵毛利元功獻贈宮内省。卷中有“德藩藏書”等印記。共四册。

内閣文庫、尊經閣文庫與蓬左文庫藏本，皆各六册。

【附錄】《商舶載來書目》記載，櫻町天皇元文元年（1736 年）中國商船“天字號”載《典故紀聞》一部抵日本。

兩朝平攘錄五卷

（明）諸葛元聲撰　商濬校

明萬曆三十四年（1606 年）商濬序刊本

内閣文庫　蓬左文庫　慶應義塾大學附屬圖書館藏本

【按】每半葉有界九行，行二十字，注文小字雙行。白口，四周單邊（20.8cm×13.9cm）。版心著録"平攘録卷之(幾)",下記頁數。文中刻句點。

卷首有校刊者商濬序,末署"萬曆丙午(1606年)夏仲月書於西湖之别墅"。又有同年王泮序。

卷一記明隆慶五年(1571年)韃靼順義王歸順之事,爲《順義王(俺答)》,附《三娘子》,并《順義王贊》。

卷二記明萬曆元年(1573年)四川平定都蠻之事,爲《都蠻(九絲)》,并《平都蠻贊》。

卷三記明萬曆二十年(1592年)寧夏平定孛之事,爲《寧夏(孛承恩)》,并《平寧夏贊》。

卷四記明萬曆二十年(1592年)豐臣秀吉征伐朝鮮之事,爲《日本(關白)》,附《朝鮮》,并《平關白贊》。

卷五記明萬曆二十五年(1597年)記平定楊應龍之事,爲《播州(楊應龍)》,并《平播贊》。

内閣文庫藏本,原係楓山官庫舊藏,共二册。傅增湘《藏園群書經眼録》卷四著録此本。

蓬左文庫藏本,係明正天皇寬永九年(1632年)從中國購入,原係德川義直家舊藏,卷中有"御本"印記,共四册。

慶應大學藏本,原係田中萃一郎舊藏,卷中序文首葉缺,略有破損,共四册。

三朝平攘録六卷

(明)諸葛元聲撰

明萬曆年間(1573—1620年)刊本　共六册

尊經閣文庫藏本　原江户時代加賀藩主前田綱紀等舊藏

萬曆三大征考

(明)茅瑞徵(苕上愚公)編撰

明天啓元年(1621年)序刊本

内閣文庫　尊經閣文庫藏本

【按】卷首題"苕上愚公撰次"。前有明天啓辛酉(1621年)清遠居士《序》。

此本細目如次:

《孛氏》一卷,《倭》二卷,《播州》一卷,附《東夷考略》三卷,《東事答問》一卷,附圖。

内閣文庫藏本,原係楓山官庫舊藏,共二册。傅增湘《藏園群書經眼録》卷四著録此本,稱是書"亦殊罕見,緣在禁書之列"。

尊經閣文庫藏本,原係江户時代加賀藩主前田綱紀等舊藏,共四册。

【附録】江户時代有手寫本《三大征考》,題"明苕上愚公撰"。

洗海近事二卷　附一卷

(明)俞大猷撰

明隆慶年間(1567—1572年)刊本

内閣文庫　御茶之水圖書館藏本

【按】内閣文庫藏本,原係豐後佐伯藩主毛利氏家舊藏,共二册。

御茶之水圖書館藏本,原係德富蘇峰成簣堂舊藏,共二册。

平西管見二卷

(明)支應瑞編

明萬曆二十年(1592年)序刊本　共一册

内閣文庫藏本　原楓山官庫舊藏

鎮吴録四卷　東征録二卷　西征録一卷

(明)姜良棟編撰

明萬曆年間(1573—1620年)刊本　共五册

内閣文庫藏本　原楓山官庫舊藏

名臣寧攘要編(不分卷)

(明)項德楨編輯

明萬曆年間(1573—1620年)刊本　共五册

内閣文庫藏本　原豐後佐伯藩主毛刊氏家舊藏

【按】此本前有王衡《序》。細目如次:

第一册:《西征石城記》(明馬文昇撰),《東夷記》(明馬文昇撰),《興復哈密記》(明馬文昇撰),《北虜事蹟》(明王瓊撰),《西番事蹟》(明王瓊撰)。

第二册:《西夷事迹》(明王瓊撰),《龍憑紀略》(明田汝成撰),《藤峽紀聞》(明田汝成撰)。
《大同紀事》(明韓邦奇撰),《雲中紀變》(明孫
允中撰),《平黔三記》(明趙汝謙撰),《交事紀
聞》(明張岳撰),《紫荆考》(明楊守謙撰)。

第三册:《大寧考》(明楊守謙撰),《大同平叛
記》(明尹耕撰),《藤峽紀略》(明尹耕撰),《南
太紀略》(明尹耕撰),《塞始末》(明劉應箕撰),
《伏戎紀事》(明高拱撰),《雲中降虜傳》(明劉
紹恤撰)。

第四册:《西南紀事》(明郭應聘撰),《撫夷紀
略》(明鄭洛撰)。

第五册:《夷俗記》(明蕭大亨撰),《再征南紀
事》(明李士達撰),《西南三征記》(明郭子章
撰),《征南紀事》(明周光鎬撰),《平番紀事》
(明劉伯燮撰),《綏交記》(明楊寅秋撰),《紀
剿》(明茅坤撰),《征西紀事》(明謝詒撰)。

野紀矇搜十二卷

(明)黄汝良編撰

明刊本

内閣文庫　尊經閣文庫藏本

【按】卷首有黄汝良《自序》,題署“翰林院學
士禮部尚書”。

内閣文庫藏本,原係楓山官庫舊藏,共六册。
傅增湘《藏園群書經眼録》卷四著録此本,并
曰:“是書自洪武迄隆慶,每朝臚舉大事,自言
取累朝實録及前輩談述諸書纂輯成編。則與
祝枝山《九朝野記》多齊東妄言者異矣。”

尊經閣文庫藏本,原係江户時代加賀藩主前
田綱紀等舊藏,共十册。

名山藏二百卷

(明)何喬遠撰　張丑編

明萬曆年間(1573 — 1620年)巾箱本　共二
十四册

蓬左文庫藏本

【按】《明史·藝文志》著録“何喬遠《名山藏》
三十七卷”,與此本異。

名山藏一百九卷

(明)何喬遠輯　沈延嘉等校

明崇禎十三年(1640年)序華亭沈猶龍等刊
本

國會圖書館　内閣文庫　尊經閣文庫　東
京大學　京都大學人文科學研究所東洋學文
獻中心　早稻田大學圖書館　關西大學綜合
圖書館内藤文庫藏本

【按】每半葉有界十行,行二十字。注文小
字雙行,白口,單魚尾,四周單邊(21.4cm ×
14.1cm)。版心有刻工名,如太、山、余、竟等。

卷首題“名山藏　臣何喬遠恭輯”。前有明
崇禎十三年(1640年)錢謙益《序》,并李建泰
《序》,王邵沐《序》

國會圖書館藏本,原共四十册,今合爲十九
册。

内閣文庫藏此同一刊本三部。一部原係昌
平坂學問所舊藏,一部原係楓山官庫舊藏,一
部明治後館藏,皆各四十册。

尊經閣文庫藏本,原係江户時代加賀藩主前
田綱紀等舊藏,共二十八册。

東京大學藏此同一刊本兩部。一部存東洋
文化研究所;一部存文學部漢籍中心,此本卷
第六至卷第八、卷第九十五至卷第九十八,凡
七卷係寫補,共三十二册。

京都大學藏本,共六十四册。

早稻田大學藏本,共四十八册。

關西大學藏本,原係内藤湖南等舊藏,有内
藤湖南手識文曰:“何喬遠傳附見《明史》卷二
百四十二《洪文衡傳》。又《四庫全書提要》‘史
部地理類’都會郡縣存目《閩書》一百五十四
卷,即何喬遠撰。略具事實。”此本封面題“晉
江何鏡山先生著《名山藏》本府藏版,翻刻必
究”。共三十八册。

【附録】《商舶載來書目》記載,中御門天皇享
保十九年(1734年)中國商船“女字號”載《名
山藏》一部四帙抵日本。

《外船賫來書目》記載,桃園天皇寶曆九年

（1759年）中國商船"一番號"載《名山藏》二部共八帙抵日本。同年，中國商船"十二番"亦載《名山藏》一部四帙抵日本。

《商賣書物目錄》記載，桃園天皇寶曆十年（1760年）中國商船"辰一番"載《名山藏》一部六帙四十八冊抵日本，并注"此本脱紙二葉"。

名山藏一百卷

（明）何喬遠編
明崇禎年十三（1640年）刊本
静嘉堂文庫　大阪天滿宮御文庫藏本
【按】静嘉堂文庫藏本，共三十八冊。
天滿宮藏本，共四十冊。

名山藏一百卷　目一卷

（明）張青文撰
明刊本　共十五冊
宮内廳書陵部藏本

弇山堂別集一百卷

（明）王世貞撰
明萬曆十八年（1590年）刊本
内閣文庫　尊經閣文庫　静嘉堂文庫　京都大學附屬圖書館　築波大學附屬圖書館藏本
【按】每半葉有界十行，行二十字。四周單邊。

卷首題"吳郡王世貞元美著"。前有王世貞《自序》，并明萬曆十八年（1590年）冬日五岳山人沔陽陳文燭《序》。

卷末有刊刻牌記曰"大明萬曆庚寅（1590年）孟冬穀旦金陵鐫行"。

内閣文庫藏此同一刊本兩部。一部原係楓山官庫舊藏，共十六冊。一部原係昌平坂學問所舊藏，卷第四十四至卷第四十七係後人補寫，共三十二冊。

尊經閣文庫藏本，原係江户時代加賀藩主前田綱紀等舊藏，共二十冊。

静嘉堂文庫藏本，共十六冊。

京都大學藏本，共三十六冊。

築波大學藏本，原係太田南畝舊藏，卷中有"南畝文庫"印記，共三十二冊。

【附錄】《商舶載來書目》記載，桃園天皇寶曆九年（1759年）中國商船"江字號"載《弇山堂別集》一部四帙抵日本。同年《長崎官府貿易外船賚來書目》記載，中國商船"一番號"載《弇州別集》一部四帙抵日本。

桃園天皇寶曆十年（1760年）《辰一番唐船持渡商賣書物目錄并大意書》記載，該船當年載《弇州別集》一部四帙二十四冊抵日本，并注明"明王世貞著。脱紙八張，卷末難辨"。

弇山堂別集一百卷

（明）王世貞撰
明萬曆十八年（1590年）蔡朝光刊本
東北大學附屬圖書館　築波大學附屬圖書館　關西大學附屬圖書館泊園文庫藏本
【按】每半葉有界十行，行二十字。白口，四周單邊。《序》文版心鎸"蔡朝光刊"。

前有明萬曆庚寅年（1590年）冬日五嶽山人沔陽陳文燭《序》。

東北大學藏本，原係狩野亨吉等舊藏，共二十四卷。

築波大學藏本，原係江户時代太田南畝舊藏，後歸東京教育大學。卷中有"南畝文庫"印記，共三十二冊。

關西大學藏本，原係江户時代藤澤東畡、藤澤南陽、藤澤黃鵠、藤澤黃坡三世四代舊藏。此本卷九十七以下四卷，用清代雨全堂刊本補足，共二十一冊。

弇山堂別集一百卷

（明）王世貞撰
明翁氏雨金堂刊本
國會圖書館　内閣文庫藏本
【按】國會圖書館藏本，原三十二冊，今合爲十一冊。

内閣文庫藏本，共二十二冊。

世廟識餘録二十六卷

（明）徐學謨撰

明萬曆三十六年（1608年）序刊本

内閣文庫　尊經閣文庫　東洋文庫藏本

【按】每半葉有界十行，行二十一字。

卷首題“資政大夫太子少保禮部尚書臣徐學謨謹輯”。前有徐學謨《自序》，并明萬曆三十六年（1608年）徐元暟《序》。

内閣文庫藏本，原係楓山官庫舊藏，共四册。

尊經閣文庫藏本，共六册。

東洋文庫藏本，共十册。

皇明十六廟廣彙記二十八卷

（明）陳建編撰

明崇禎五年（1632年）序刊本　共十册

内閣文庫藏本　原楓山官庫舊藏

中興偉略（不分卷）

（明）馮夢龍編撰

明南窗刊巾箱本　共一册

宮内廳書陵部　内閣文庫　蓬左文庫藏本

【按】每半葉有界八行，行十六字。

卷首題“七十二老臣馮夢龍恭撰”。

此本細目如次：

《福王登極詔》，《大行皇帝血詔》，《難民確報》，《北京變故》，《中興奇策》（史可法），《定中原奇策》（彭時亨），《制虜奇策》，《明臣節疏》（陳良弼），《南都探報附殺虜快報》，《龍飛紀略》，《史相公死節報》，《唐王詔書》，《唐王令諭》，《鄭南安同諸老臣迓》，《唐王監國紀略》，《吳總制恢復神京》，《虜使遞戰書報》，《韃靼考説》，《治亂相因説》（馮夢龍）。

傅增湘《藏園群書經眼録》卷四著録内閣文庫藏本。

【附録】後光明天皇正保三年（1646年）京都林甚右衛門刊印《中興偉略》（不分卷）一種。卷中有訓點。其後，此本有京都風月宗知重印本，又有重印本題簽《大明軍記》。

東山天皇元禄十五年（1702年）彌生吉且撰《倭板書籍考》，著録《中興偉略》一卷。其釋文曰：

“此記大明崇禎天子爲逆賊李自成而自殺，韃人亂中華之由來；又記吳三桂、洪承疇之事；又集討彼李賊，取立新主，中興籌策諸事；又記鄭芝龍。朱繼祚、黃道周取立太祖十一世孫爲唐主，史可法、彭時亨、陳良弼討賊徒，爲中興盡力諸事。編者憑（馮字之誤）夢龍曰，此亂之源，乃崇禎天子起用賊臣周廷儒也。”

皇明卓異記十五卷

（明）羅弘運編

明刊本　共八册

尊經閣文庫藏本　原江户時代加賀藩主前田綱紀等舊藏

聖朝泰交録九卷

（明）鄒德溥撰

明萬曆年間（1573—1620年）刊本　共四册

尊經閣文庫藏本　原江户時代加賀藩主前田綱紀等舊藏

聖朝泰交録九卷

（明）鄒德溥撰　李嗣京校

明崇禎七年（1634年）序刊本　共二册

内閣文庫藏本　原楓山官庫舊藏

國朝閟略五卷

（明）詹在泮撰輯

明刊本　共二册

尊經閣文庫藏本　原江户時代加賀藩主前田綱紀等舊藏

威暨録五卷

（明）林兆鼎撰

明崇禎年間（1628—1644年）刊本

國會圖書館　内閣文庫藏本

【按】前有明崇禎九年（1636 年）《序》。

國會圖書館藏本，原共二册，今合爲一册。

内閣文庫藏本，原係昌平阪學問所等舊藏，共二册。

玉鏡新譚十卷

（明）朱長祚撰

明崇禎年間（1628—1644 年）大來堂刊本　共五册（今合爲三册）

國會圖書館藏本

眉公見聞録八卷

（明）陳繼儒撰

明刊本

神户大學附屬圖書館教養學部分館藏本

大中丞南公祖凱歌副墨一卷　并附圖

明人撰不著姓名

明福清葉向高刊本

蓬左文庫藏本　原江户時代尾張藩主家舊藏

【按】此本係明正天皇寬永五年（1628 年）從中國購入。

卷中有“尾陽内庫”印記。

七雄策纂八卷

（明）穆文熙撰

明萬曆十六年（1588 年）序刊本　共四册

内閣文庫藏本　原楓山官庫舊藏

歷朝故事（殘本）七卷

（明）徐會瀛編撰

明萬曆三十五年（1607 年）序刊本　共四册

米澤市立圖書館藏本　原清水彦介　米澤藩主家舊藏

【按】每半葉有界十行，行二十四字。

卷首有明萬曆三十五年（1607 年）龔而安《序》。卷第一首題“鼎鋟燕　選歷朝人文故事卷之一，豫撫金心魯徐會瀛精選”。次行有“閩

建林□□梓行”，中間挖去二字。

是書全十卷，分二十五門。此本卷第八至卷第十缺。

卷中有“清水彦介”等印記。

孤樹裒談十卷

（明）李默撰

明萬曆二十九年（1601 年）刊本　共二十册

宫内廳書陵部藏本　原江户時代德山藩主毛利氏家舊藏

【按】東山天皇寶永三年（1706 年）德山藩三代藩主毛利元次撰《御書物目録》著録此本，明治二十九年（1896 年）男爵毛利元功獻贈宫内省。卷中有“德藩藏書”等印記。

【附録】《商舶載來書目》記載，後櫻町天皇明和二年（1765 年）中國商船“古字號”載《孤樹裒談》一部十册抵日本。

孤樹裒談五卷

（明）李默撰

明萬曆三十六年（1608 年）序刊本

京都陽明文庫藏本

廣右戰功一卷

（明）唐順之撰

明刊本　共一册

關西大學綜合圖書館内藤文庫藏本　原内藤湖南舊藏

【按】每半葉有界十行，行十八字。白口，左右雙邊（17.4cm×12cm）。

卷末有明嘉靖三十八年（1559 年）袁褧跋。

奉使録二卷

（明）張寧撰

明刊本　共一册

關西大學綜合圖書館内藤文庫藏本　原内藤湖南等舊藏

【按】每半葉有界八行，行十八字。白口，四周單邊（19.5cm×12.3cm）。

卷首題"方洲先生奉使録,海鹽張寧靖之撰,後學姚士粦叔祥校"。

卷中有"寧靜齋藏書印"等印記。

平胡録一卷

(明)陸深撰

明刊本　共一册

關西大學綜合圖書館内藤文庫藏本　原内藤湖南等舊藏

【按】每半葉有界十行,行二十字。白口,左右雙邊(17.3cm×12cm)。

卷首題"平胡録,雲間陸深著"。

伏戎紀事一卷

(明)高拱撰　陳繼儒訂

明刊本　共一册

關西大學綜合圖書館内藤文庫藏本　原内藤湖南等舊藏

【按】每半葉有界八行,行十八字。白口,四周單邊(19.7cm×12cm)。

卷首題"大學士高中玄公伏戎紀事,新鄭高拱著,秀水項德楨校,華亭陳繼儒訂"。

幸存録五卷　續録二卷

明末人撰不著姓名

明末寫本　共一册

宫内廳書陵部藏本

【按】卷前有南朝宏光元年(1645年)夏允彝《序》。每卷有標題,細目如次:

卷一　《國運盛衰之始》《東夷大略》;

卷二　《遼東雜志》《門户大略》;

卷三　《門户雜志》上卷;

卷四　《門户雜志》下卷;

卷五　《流寇大略》。

卷首卷尾有"秘閣圖書之章"等印記。

劫灰録六卷

明末人撰不著姓名

清初人寫本　共二册

宫内廳書陵部藏本

【按】卷首題"珠江寓舫偶記",蓋明末遺民所録。

卷一題《永曆始末記》;卷二至卷六俱題《亡國諸人事》。每册首尾有"秘閣圖書之章"等印記。

甲申傳信録十卷

(明)錢〓撰

清初寫本　共二册

關西大學綜合圖書館内藤文庫藏本　原内藤湖南等舊藏

【按】卷首題"彭城錢〓撰"。前有撰者《自序》,記崇禎變故之事。卷中有"亮賓"、"芬園"、"秘閣圖書之章"等印記。

（六）歷代奏議詔令類

歷代名臣奏議三百五十卷　目一卷

（明）黃淮　楊士奇等奉敕編撰

明永樂年間（1404 — 1424 年）内府刊本

静嘉堂文庫　蓬左文庫　東洋文庫　大倉文化財團藏本

【按】每半葉有界十二行，行二十六字。黑口（24.5cm×15.2cm）。

是書編成刊印僅數百本，頒諸學官，版藏禁中。至崇禎間，太倉張溥始刊節本，雖仍舊卷，而删削太甚。

静嘉堂文庫藏本，原係陸心源十萬卷樓等舊藏，共一百五十册。

蓬左文庫藏本，卷第一至卷第三係後人寫補，共一百十四册。

東洋文庫藏本，卷中有後人寫補，共一百十册。

大倉文化財團藏本，原係王弘嘉等舊藏。卷第一百十至卷第一百十二、卷第一百十六、卷第一百十七、卷第一百二十至卷第一百二十八，凡十四卷缺。又，卷第一百十三至卷第一百十五、卷第一百十八、卷第一百十九、卷第一百三十，凡六卷用它本配補。卷中有“信古齋”、“明善堂覽書畫”、“王弘嘉”、“玉質”、“王宜章”等印記，共一百四十五册。

歷代名臣奏議三百五十卷

（明）黃淮　楊士奇等奉敕編撰　張溥删正

明崇禎八年（1635 年）太倉張氏刊本

宮内廳書陵部　内閣文庫　東京大學東洋文化研究所　京都大學人文科學研究所東洋學文獻中心　東北大學附屬圖書館　關西大學泊園文庫　國立教育研究所附屬圖書館藏本

【按】卷首有張溥《自序》，謂世無其版，生長

三十年，未嘗一見。

宮内廳書陵部藏本，附目一卷，共八十册。

内閣文庫藏此同一刊本兩部。一部原係江户時代林氏大學頭家舊藏，共六十册。一部原係楓山官庫舊藏，共八十册。

東京大學藏本，原係大木幹一等舊藏，今存卷第一百十至卷第一百十五，凡六卷。

京都大學藏本，共八十册。

東北大學藏本，共一百十九册。

關西大學藏本，原係江户時代藤澤東畡、藤澤南陽、藤澤黃鵠、藤澤黃坡三世四代“泊園書院”舊藏，共六十四册。

教育研究所藏本，共八十册。

【附録】桃園天皇寶曆四年（1754 年）《舶來書籍大意書》著録《歷代名臣奏議》一部十帙八十册，并注明“全書有朱點，并有蟲蛀。脱紙三十一張”。

其釋文曰：“是書明永樂年間敕纂，張溥删訂舊本。自周迄元，將顯相、貞臣、碩士之口語、辯對、奏疏、對策等九千餘條，分爲君德、治道、用人等六十六門，以類相編爲三百五十卷，崇禎八年刊行。”

桃園天皇寶曆十年（1760 年）《商賣書物目録并大意書》記載，中國商船“辰一番”載《歷代名臣奏議》一部八帙八十册抵日本。此本注明“明張溥删正。古本，有蟲蛀磨滅處。脱紙五張，卷終難辨”。

《商舶載來書目》記載，桃園天皇寶曆十一年（1761 年）中國商船“禮字號”載《歷代名臣奏議》一部十帙抵日本。

孝明天皇文久二年（1862 年）京都長門明倫館刊印《歷代名臣奏議》三十一卷，題署“明楊士奇等奉敕編，張溥删正”。同天皇文久三年（1863 年）有出雲寺松柏堂重印本。

歷代名臣奏議三百五十卷

(明)黃淮　楊士奇等奉敕編撰　張溥刪正
明崇禎八年(1635年)刊陳明卿補刊本　共六十冊
京都大學人文科學研究所東洋學文獻中心藏本

歷代名臣奏議三百五十卷

(明)黃淮　楊士奇等奉敕編撰
明刊本　共一百冊
內閣文庫藏本

歷代名臣奏議三百二十卷

(明)黃淮　楊士奇等奉敕編撰
明崇禎八年(1635年)序刊本
宮內廳書陵部　東京大學總合圖書館　長崎大學附屬圖書館藏本
【按】宮內廳書陵部藏本,共八十冊。
東京大學總合圖書館藏本,原係市村瓚次郎買入本覺廬文庫等舊藏,共八十二冊。
長崎大學藏本,今存經濟學部,卷中有缺頁,聚英堂藏板。

歷代名臣奏議三百十九卷

(明)黃淮　楊士奇等奉敕編撰　張溥刪正
明崇禎八年(1635年)著華樓刊本
宮內廳書陵部　早稻田大學圖書館　廣島大學文學部藏本
【按】宮內廳藏本,共六十冊。
早稻田大學藏本,共八十冊。
廣島大學藏本,共八十冊。

歷代名臣奏議集略四十卷

(明)歐陽一敬　魏時亮編輯
明隆慶年間(1567—1572年)黃岡王廷瞻巴郡校刊本　共四十冊
內閣文庫　東京大學總合圖書館藏本
【按】卷首有明隆慶三年(1569年)《序》。

東京大學總合圖書館藏本,原係市村瓚次郎買入本覺廬文庫等舊藏。

古奏議(前代奏議不分卷)

(明)黃汝亨編輯
明萬曆二十九年(1601年)序刊本　共六冊
內閣文庫藏本　原楓山官庫舊藏
【按】每半葉有界十行,行二十字。
卷首題"江夏黃汝亨貞父甫評選"。前有明萬曆二十九年(1601年)編者《自序》,并有同年吳之鯨《序》。

(新鐫)古表選十二卷

(明)張一卿編輯
明萬曆四十八年(1620年)序刊本　共六冊
內閣文庫藏本　原楓山官庫舊藏

秦漢書疏十八卷

(明)徐紳等匯輯
明嘉靖三十七年(1558年)武昌吳國倫校刊本　共七冊
蓬左文庫藏本
【按】此本細目如次:
《秦書疏》三卷,《西漢書疏》六卷,《東漢書疏》九卷。
卷末有明嘉靖戊午(1558年)聶豹《序》。

西漢書疏八卷　　東漢書疏八卷

(明)周瓘編輯
明弘治年間(1488—1505年)九江刊本
內閣文庫　蓬左文庫藏本
【按】每半葉有界十行,行二十一字。
卷首題"縉雲周瓘編校"。前有明弘治八年(1495年)林俊《序》。
內閣文庫藏本,原係楓山官庫舊藏,有明嘉靖十四年修補頁。共六冊。
蓬左文庫藏本,共六冊。

東漢書疏八卷

（明）周瓏編輯
明刊本　共三册
東京大學東洋文化研究所藏本　原大木幹一等舊藏

兩漢奏疏十六卷（西漢奏疏八卷　東漢奏疏八卷）

（明）陳淏子輯　唐順之　茅坤評
明崇禎年間（1628 — 1644 年）刊本
東京大學東洋文化研究所藏本

漢詔疏六卷

（明）陳衍選評
明天啓元年（1621 年）序刊本
內閣文庫　東京大學東洋文化研究所　慶應義塾大學附屬圖書館藏本
【按】每半葉無界九行，行十九字。白口，四周單邊（20.8cm×14.9cm）。版心著錄"漢詔疏卷之（幾）"，下記頁數。
內閣文庫藏本，原係江戶時代林氏大學頭家舊藏，共六册。
東京大學藏本，原係大木幹一等舊藏，共六册。
慶應義塾大學藏本，原係新井由三郎等舊藏，共六册。

漢詔疏六卷

（明）陳衍選評
明朱墨套印刊本　共六册
內閣文庫藏本　原楓山官庫舊藏

增注唐策十卷

明人編者未詳
明正德十二年（1517 年）序刊本　共四册
內閣文庫藏本　原江戶時代林氏大學頭家舊藏

唐策十卷

明人編者未詳　（明）張延登校
明崇禎五年（1632 年）序古香齋刊本
內閣文庫　東京大學東洋文化研究所藏本
【按】內閣文庫藏本，原係昌平坂學問所舊藏，共四册。
東京大學藏本，原係大木幹一等舊藏。

國朝諸臣奏議一百五十卷　目錄三卷

（宋）趙汝愚編輯
宋淳祐年間（1241—1252 年）刊本　共六十四册
靜嘉堂文庫藏本　原陸心源皕宋樓等舊藏
【按】每半葉有界十一行，行二十二字或二十三字。
白口，上下單邊，左右雙邊（22.7cm×15.0cm）。版心記大小字數，並記刻工姓名，如丁子正、丁正、子正、劉魏文、魏文、王生、王昭、王德、王辰、葛文、官安、胡仁、胡才、胡正、江才、江亮、倪仁、倪端、黃道、蔡清、蔡青、子政、周和、周禾、陳元、陳洪、陳來、陳文、張明、張得、張泗、張賜、定夫、葉安、葉才、葉賓、上官、仲正、章淳、鄭榮、鄭信、鄭堅、鄭禮、鄭全、鄭統、李定、林富、林文、鄧安、鄧覺、鄧志、鄧堅、俞正、俞富、和叔、有才、楊才、楊亨等。元代補刻葉有紀年，如"大德四年九月補刻"、"至大元年補刻"、"至大元年刊"、"元統二年刊"等，並有刻工姓名，如陳用、陳用得、用得、秀父、文茂、蔡文茂、劉公亮、公亮、劉純父、純父、君玉、君裕等。
卷首有宋淳祐庚戌（1250 年）立秋日"朝請大夫、權福建路提點刑獄公事兼本路勸農提舉河渠公事、提舉弓手寨兵、借紫"史季溫《序》，又有同年九月既望"諸王孫希瀞《序》，又有宋淳熙十三年（1186 年）正月一日《乞進皇朝名臣奏議劄子》，又有龍圖閣直學士、朝散大夫、成都潼川府、夔州利州路安撫制置使兼成都軍府事、兼管內勸農使充成都府路兵馬都鈴轄、祥符縣開國伯食邑九百户趙汝愚撰《進皇朝名臣奏議序》，又有《國朝諸臣奏議編目》，又有《國朝諸臣奏議總目》，又有《國朝諸臣奏議目錄》等。

卷中避宋諱，凡遇"構、慎、郭、廓"等，皆爲字不成。語涉"宋朝"則上空一字。

卷一百四十七之尾題之後，有元代補刊記，其文曰："大德四年九月日福州路儒學教授劉直内命二刊補"。

卷中有"葉氏蒆竹堂藏書"、陽城張氏藏書"、"張教仁印"、"上海郁泰峰手校秘本"、"泰峰所藏善本"、"郁松年印"、"泰峰"、"隆慶壬申提學副使邵□哂書籍關防"、"呆賢"、"葆穗之印"、"田耕堂藏"等印記。

卷首題"宋龍圖閣直學士朝散大夫成都潼川府夔州利州路安撫制置使兼知成都軍府事兼管内勸農使充成都府路兵馬都鈐轄祥符縣開國伯食邑九百户臣趙汝愚編"。前有宋淳祐庚戌（1250年）既望諸王孫希瀞跋，同年立秋史季温跋，并宋淳熙十三年（1186年）趙汝愚"乞進皇朝名臣奏議劄子"及"進皇朝名臣奏議序"。

張金吾跋此本曰："是書除此本外，有明會通館活字本，謬誤不可枚舉……不思字句之不貫，不顧文義之隔絶，藉非宋本尚存，奚從訂正其誤。"

陸心源《儀顧堂集》卷十七著錄此本。其跋曰："《國朝諸臣奏議》一百五十卷，《目錄》四卷。首爲淳熙十三年進書表（題署銜名略），所錄北宋九朝章奏（人名略）凡二百三十六人奏議千餘首，搜羅不可爲不富。惟置胡澹菴封事不收，反錄秦檜爲太學丞時上邊機三事，去取殊爲未當。忠定在日，曾鋟木蜀中，後毀於兵。其孫必愿帥閩，重刊未就。眉山史季温繼成之，前有宗室希瀚及淳祐庚戌福建提刑史季温序。張月霄所藏，板心間有元大德至大補刊字樣。此本爲黃俞邰舊物，有晋江黃氏父子珍藏印，尚無元修之板，當爲元大德以前印本。"

國朝諸臣奏議一百五十卷

（宋）趙汝愚編輯

宋淳祐年間（1241—1252年）刊元修本　共三十册

御茶之水圖書館藏本　原德富蘇峰等舊藏

【按】行款題式與静嘉堂藏本同，有元代補刊葉，版面略有異。大德年間之補刊葉，正文皆頂格直書，元統年間之補刊葉，正文上空一字或半字。補刊紀年在下象鼻下，刻署"大德四年九月補刊"、"至大元年刊補"、"元統二年刊"等。

原書封面爲黃色，有龜甲紋印，約爲朝鮮所產。有墨書題簽，亦朝鮮藏家手筆。明治四十二年（1909年）日本村口書店主人村口氏由朝鮮購入，售予德富蘇峰。卷中有新修補處。

國朝諸臣奏議（殘本）二十六卷　目二卷

（宋）趙汝愚編輯

宋刊元補刊本　共十六册

京都大學人文科學研究所東洋學文獻中心藏本

【按】此本宋刊，元大德至元統年間（1297—1334）福州路補刊。今存卷第八十二至卷第八十八、卷第九十七至卷第一百、卷第一百十二至卷第一百十四、卷第一百十七至卷第一百二十二、卷第一百四十五至卷第一百五十，凡二十六卷。

新編詔誥章表事實四卷

不著撰人名氏

元至正年間（1341—1368年）刊本　共一册

内閣文庫藏本　原豐後佐伯藩主毛利氏家舊藏

【按】每半葉有界十四行，行二十三字左右。細黑口，左右雙邊。

卷一　西漢官職，東漢官職；

卷二　唐官職；

卷三　兩漢名臣事實；

卷四　唐名臣事實。

新編詔誥章表事文擬題五卷

（元）郭明如編　劉瑾增廣

元至正年間（1341 — 1368 年）刊本　共一册

内閣文庫藏本　原豐後佐伯藩主毛利氏家舊藏

【按】每半葉有界十三行，行二十四字。細黑口，左右雙邊。

卷首題“金川後學郭明如東明編輯，安成後學劉瑾公瑾增廣”。前有周南瑞《序》，文曰：“麻沙書坊刻詔誥章表，有其題無其事，有其事無其文。今兹所刻有題有事有文。吾友劉公瑾編之。”文末署“至正甲申（1344 年）科詔之歲夏至　西江老圃周南瑞叙”。

此本細目如次：

卷一，《西漢卷》；　　卷二，《東漢卷》；

卷三，《唐卷》；　　　卷四，《唐卷》；

卷五，《宋卷》（終於宋度宗）。

皇明大訓記十六卷

（明）朱國楨輯

明崇禎年間（1628 — 1644 年）刊本

宮内廳書陵部　内閣文庫　東洋文庫　尊經閣文庫　東京大學文學部漢籍中心藏本

【按】每半葉有界十行，行二十一字，注文小字雙行，白口，左右雙邊（21.1cm × 14.0cm）。版心記字數等。

宮内廳藏本，原係江户時代德山藩主毛利氏家舊藏。東山天皇寶永三年（1706 年）德藩三代藩主毛利元次撰《御書物目録》著録此本，明治二十九年（1896 年）男爵毛利元功獻贈宮内省。共九册。

内部文庫藏本，原係昌平坂學問所舊藏，共八册。

東洋文庫藏本，共十六册。

尊經閣文庫藏本，原係江户時代加賀藩主前田綱紀等舊藏，共六册。

東京大學文學部藏本，共六册。

皇明寶訓四十卷

（明）陳治本等編

明萬曆三十年（1602 年）刊本

宮内廳書陵部　内閣文庫　尊經閣文庫　蓬左文庫藏本

【按】此本細目如次：

《大明太祖高皇帝寶訓》六卷；

《大明太宗文皇帝寶訓》五卷；

《大明宣宗章皇帝寶訓》五卷；

《大明仁宗昭皇帝寶訓》二卷；

《大明英宗睿皇帝寶訓》三卷；

《大明憲宗純皇帝寶訓》三卷；

《大明孝宗敬皇帝寶訓》三卷；

《大明武宗毅皇帝寶訓》二卷；

《大明世宗肅皇帝寶訓》九卷；

《大明穆宗莊皇帝寶訓》二卷。

宮内廳書陵部藏本，共三十二册。

内閣文庫藏此同一刊本三部。一部原係楓山官庫舊藏，共三十册。一部原係昌平坂學問所舊藏，共二十册。一部原係謝肇淛舊藏，今存太祖四卷、太宗五卷、仁宗二卷、宣宗五卷、世宗九卷，共十六册。

尊經閣文庫藏本及蓬左文庫藏本，皆各二十册。

【附録】《商舶載來書目》記載，中御門天皇寶永七年（1710 年）中國商船“久字號”載《皇明寶訓》一部三十二册抵日本。同書又記同天皇享保十一年（1726 年）“久字號”又載《皇明寶訓》一部八册抵日本。

皇明寶訓四十卷

（明）吕本編輯

明刊本（廣文堂藏板）　共二十册

東洋文庫藏本　原藤田豐八等舊藏

【按】此本細目如次：

《大明太祖高皇帝寶訓》六卷；

《大明太宗文皇帝寶訓》五卷；

《大明宣宗章皇帝寶訓》五卷；

《大明仁宗昭皇帝寶訓》二卷;

《大明英宗睿皇帝寶訓》三卷;

《大明憲宗純皇帝寶訓》三卷;

《大明孝宗敬皇帝寶訓》三卷;

《大明武宗毅皇帝寶訓》二卷;

《大明世宗肅皇帝寶訓》九卷;

《大明穆宗莊皇帝寶訓》二卷。

皇明寶訓四十卷

(明)呂本編輯

明刊本　共五十四冊

國會圖書館　東洋文庫藏本

【按】此本細目如次:

《大明太祖高皇帝寶訓》六卷;

《大明太宗文皇帝寶訓》五卷;

《大明宣宗章皇帝寶訓》五卷;

《大明仁宗昭皇帝寶訓》二卷;

《大明英宗睿皇帝寶訓》三卷;

《大明憲宗純皇帝寶訓》三卷;

《大明孝宗敬皇帝寶訓》三卷;

《大明武宗毅皇帝寶訓》二卷;

《大明世宗肅皇帝寶訓》九卷;

《大明穆宗莊皇帝寶訓》二卷。

皇明寶訓(殘本)二十七卷

(明)呂本編

明刊本　共二十二冊

京都大學文學部藏本

【按】此本細目如次:

《宣德寶訓》五卷;《正統寶訓》三卷;

《成化寶訓》三卷;《弘治寶訓》三卷;

《正德寶訓》二卷;《嘉靖寶訓》九卷;

《隆慶寶訓》二卷。

皇明寶訓(殘本)十卷

(明)呂本編

明宣德年間(1426—1435 年)刊本　共十冊

東洋文庫藏本

【按】此本細目如次:

《大明太宗文皇帝寶訓》五卷;

《大明仁宗昭皇帝寶訓》二卷;

《大明英宗睿皇帝寶訓》三卷。

皇明祖訓(不分卷)

不著編輯者

明刊本　共一冊

內閣文庫藏本　原江戶時代林羅山等舊藏

皇明詔制十卷

(明)孔貞運輯

明崇禎七年(1634 年)序刊本　共十冊

內閣文庫　東洋文庫藏本

【按】內閣文庫藏本,原係楓山官庫舊藏。

御制大誥(不分卷)

(明)太祖撰

明天啓年間(1621—1627 年)刊本　共一冊

國會圖書館　尊經閣文庫藏本

【按】尊經閣文庫藏本,原係江戶時代加賀藩主前田綱紀等舊藏。

明孝宗皇帝弘治勅命一卷

(明)孝宗朱祐樘撰

明弘治十八年(1505 年)手寫本　共一冊

東京大學總合圖書館藏本

荆川先生右編四十卷

(明)唐順之編　劉日寧補遺　朱國禎校定

明萬曆乙巳(1605 年)南京國子監刊本

宮內廳書陵部　內閣文庫　静嘉堂文庫　東京大學　早稻田大學圖書館　蓬左文庫藏本

【按】宮內廳藏本,原係江戶時代德山藩主毛利氏家舊藏。東山天皇寶永三年(1706 年)德藩三代藩主毛利元次撰《御書物目録》著録此本,明治二十九年(1896 年)男爵毛利元功獻贈宮內省。卷中有"德藩藏書"等印記,共三十冊。

内閣文庫藏此同一刊本三部。一部共二十三册。一部原係楓山官庫舊藏，共三十二册。一部原係江户時代林氏大學頭家舊藏，卷四十係補寫，并附明人姚文蔚編《右編補》十卷，共三十五册。

静嘉堂文庫藏本，原係中村敬宇等舊藏，共二十四册。

東京大學藏此同一刊本三部，兩部今存總合圖書館，其中一部原係江户時代紀州德川家南葵文庫等舊藏，共三十二册；一部原係市村瓚次郎買入本院覺廬文庫舊藏，共四十八册。另一部今存東洋文化研究所，原係大木幹一等舊藏。

早稻田大學圖書館藏本，原係多田駿寶弢室文庫等舊藏，共三十册。

蓬左文庫藏本，係明正天皇寬永十三年（1636 年）購入本，原係尾張藩主家舊藏，卷中有“尾陽内庫”印記，共三十册。

【附録】桃園天皇寶祐十年（1760 年）《商賣書物目録并大意書》記載，中國商船“辰一番”載《右編》一部四帙三十二册抵日本。此本明記“明唐順之編纂，劉日寧補遺。稍有蟲蝕，脱紙五張。卷一末難辨”。

《書籍元帳》記載，仁孝天皇弘化四年（1847年）中國商船“午三番”載《唐荆川右編》一部四帙抵日本，售價四十匁。

右編補十卷

（明）姚文蔚編　劉仲等校
明刊本　共十册
内閣文庫　東洋文庫　東京大學東洋文化研究所　米澤市立圖書館藏本
【按】每半葉有界十行，行二十字。版心下方有刻工姓名。

卷首題“明南京太僕寺少卿錢塘姚文蔚編，門人歙令旰姥劉伸、南陵令當湖徐調元、宣城令涪陵鮑國忠、北助教當湖馬德澧校正，新都門人吳光胤、吳公治同校”。前有姚文蔚《序》，黃汝亨《序》，明萬曆三十九年（1611 年）劉伸

《序》，鮑國忠《序》等。

内閣文庫藏此同一刊本兩部。一部原係昌平坂學問所舊藏；一部原係楓山官庫舊藏。

東洋文庫藏本，共八册。

東京大學藏本，原係大木幹一等舊藏。

米澤市藏本，原係江户時代米澤藩主家舊藏，共十册。

萬曆疏鈔五十卷

（明）吳亮編撰
明萬曆年間（1573—1620 年）刊本
宫内廳書陵部　東京大學總合圖書館藏本
【按】卷首有明萬曆己酉（1609 年）錢一本《序》，同年顧憲成《序》，并吳亮《自序》。

宫内廳書陵部藏本，卷中有“松□竹伴”、“家在雲間”印記。每册首又有“秘閣圖書之章”印記。共三十二册。

東京大學總合圖書館藏本，今缺佚卷第十三、卷第二十五、卷第二十六、卷第三十至卷第三十二、卷第五十，實存卷第一中有缺葉（缺第一葉、第七十六葉至第一百六十葉），共二十八册。

皇明疏鈔七十卷

（明）孫旬編輯
明萬曆十二年（1584 年）兩浙都轉運鹽使司刊本
宫内廳書陵部　内閣文庫　蓬左文庫　東京大學東洋文化研究所藏本
【按】每半葉有界十一行，行二十字。

卷首題“巡按浙江監察御史東萊孫旬匯輯，兩浙都轉運鹽使司運使新都游廳乾、杭州府知府吳郡張振之、同知豫章喻均同校”。

前有明萬曆十二年（1584 年）蕭稟《序》，同年孫旬《自序》。

宫内廳書陵部藏本，原係江户時代德山藩主毛利氏家舊藏。東山天皇寶永三年（1706 年）德藩三代藩主撰《御書物目録》著録此本，明治二十九年（1896 年）男爵毛利元功獻贈宫内

省。共二十四册。

內閣文庫藏本，原係楓山官庫舊藏，共五十
册。

蓬左文庫藏此同一刊本兩部，一部係明正天
皇寬永九年（1632 年）購入本，原爲尾張藩主
家舊藏，卷中有"尾陽内庫"印記，共三十六册。
一部凡四十八册。

【附錄】《商舶載來書目》記載，桃園天皇寶曆
元年（1751 年）中國商船"久字號"載《皇明疏
鈔》一部四帙抵日本。

皇明奏疏類鈔六十卷

（明）汪少泉輯

明萬曆十六年（1588 年）序刊本　共四十八
册

內閣文庫　京都陽明文庫藏本

【附錄】《商舶載來書目》記載，中御門天皇正
德元年（1711 年）中國商船"久字號"載《皇明
奏疏》一部十册抵日本。

皇明疏議輯略三十七卷

（明）張瀚纂輯

明嘉靖年間（1522—1566 年）刊本

內閣文庫　東洋文庫　大東急記念文庫藏
本

【按】每半葉有界十行，行二十二字。

卷前姓氏頁題"欽差提督學校巡按直隸監察
御史阮鶚裁定，直隸大名府知府張瀚纂輯，推
官李鳳毛、教諭程鑒、林紀、郭錫删訂，通判李
勛、知州李一元，舉人馮延齡、孫如筠編次，同
知唐交、通判金本陶、陳詩、王可立，知縣任環、
李文麟、孫昭、劉濟民、汪雲、牛拱辰、陸光祖、
葛紀、劉文玉校刊"。

前有明嘉靖壬子（1552 年）巡按監察御史楊
選《序》，次有明嘉靖三十年（1551 年）郡人晁
瑮《序》。謂侍御阮公以《名臣經濟錄》、《名臣
奏議》二書去取猥雜，因屬大名太守張公删補，
總三十門，附三百餘目，爲三十七卷。凡天人
之浮應，邪正之取分，夷夏之安攘，刑賞至懲

勸，利害之行罷，以及軍旅財用之統要，禮樂刑
政之綱目，靡不該載。

內閣文庫藏本，原係楓山官庫舊藏，共十五
册。

東洋文庫藏本，共十五册。

大東急記念文庫藏本，原係尾張藩主德川家
舊藏，共十六册。

皇明疏議輯略三十七卷

（明）張瀚纂輯

明直隸大名府刊本　共十六册

蓬左文庫藏本

【按】每半葉有界十行，行二十二字。

卷首題"吏部尚書前大名府知府仁和張瀚纂
輯，大名府知府永嘉王叔杲、推官吳興顧爾行
重校，元城縣知縣東郡王汝訓、雲中萬世德重
刊"。

前有明嘉靖三十一年（1552 年）巡按監察御
史楊選《序》，并有明嘉靖三十年（1551 年）晁
瑮《序》。

皇明兩朝疏鈔（皇明疏議續輯略）十二卷

（明）王嘉賓等校

明萬曆六年（1578 年）序刊本　共二十四册

內閣文庫藏本　原豐後佐伯藩主毛利家舊
藏

【附錄】《商舶載來書目》記載，後櫻町天皇明
和二年（1765 年）中國商船"久字號"載《皇明
兩朝疏鈔》一部四帙抵日本。

皇明兩朝疏鈔二十七卷

（明）賈三近輯

明萬曆十四年（1586 年）序刊本　共二十册

東洋文庫藏本

皇明詔令二十一卷

（明）傅鳳翔輯

明嘉靖二十七年（1548 年）浙江布政使司刊
本　共八册

内閣文庫藏本　原楓山官庫舊藏

國朝名公經濟宏詞選十二卷

(明)王以時編輯

明萬曆十八年(1590年)刊本　共四册

關西大學綜合圖書館泊園文庫藏本　原江戶時代藤澤東畡　藤澤南陽　藤澤黃鵠　藤澤黃坡三世四代"泊園書院"舊藏

皇明名臣經濟錄五十三卷

(明)黃訓編集

明嘉靖三十年(1551年)序新安刊本

宮内廳書陵部　内閣文庫　靜嘉堂文庫東京大學東洋文化研究所藏本

【按】每半葉有界十行,行十九字。

卷首題"新安黃訓集,新安汪雲程校"。

前有明嘉靖三十年(1551年)汪雲程《序》。

宮内廳藏本,原係江戶時代德山藩毛利氏家舊藏。東山天皇寶永三年(1706年)德藩三代藩主毛利元次撰《御書物目錄》著錄此本,明治二十九年(1896年)男爵毛利元功獻贈宮内省。每册首有"德藩藏書"印記,共三十册。

内閣文庫藏本,原係楓山官庫舊藏,共二十册。

靜嘉堂文庫藏本,原係陸心源守先閣等舊藏,共三十册。

東京大學藏本,原係大木幹一舊藏,此本卷第一至卷第三、卷第十六、卷第十七、卷第二十八、卷第三十二、卷第三十三,凡八卷缺佚。

皇明名臣經濟錄十八卷

(明)陳九德删次　嚴訥校正

明嘉靖二十八年(1549年)序刊本

内閣文庫　東京大學東洋文化研究所　京都大學文學部藏本

【按】每半葉有界十行,行二十字。

卷首題"監察御史樂城陳九德編次,翰林院編修常熟嚴訥校正"。前有明嘉靖二十八年(1549年)饒天民《序》。

督撫三晉疏鈔五卷

(明)沈子木編

明刊本　共五册

内閣文庫藏本　原豐後佐伯藩主毛利氏家舊藏

興朝治略十卷

(明)周　雍編輯

明崇禎十七年(1644年)序刊本　共十二册

内閣文庫藏本　原楓山官庫舊藏

熙朝奏議六卷

(明)吳道行輯

明萬曆三十五年(1607年)序金陵唐氏刊本　共八册

東洋文庫藏本

清朝聖政(不分卷)

(明)向日亨撰

明崇禎元年(1628年)南京禮部刊本　共十册

東洋文庫藏本

督戎疏紀六卷

(明)李守□編纂

明崇禎九年(1636年)序刊本　共六册

京都大學文學部藏本

粵西奏議五卷

明官□撰

明萬曆年間(1573—1620年)廣西布政司刊本　共五册

滋賀大學附屬圖書館藏本

【按】每半葉有界九行,行二十字。

卷首有明萬戊寅歲(1578年)秋九月廣西布政司右參政嶺南王原相《序》。《序》文每半葉七行,行十四字,然每行首空二字,僅"天子"二字頂格。

淮徐檄鈔二卷　淮徐條議四卷

(明)袁應泰編纂

萬曆年間(1573—1620年)刊本　共六册

尊經閣文庫藏本　原江户時代加賀藩主前田綱紀等舊藏

撫滇奏草十卷　塘報一卷　滇南功牘一卷

(明)閔洪學編

明天啓六年(1626年)序刊本　共十二册

内閣文庫藏本　原豐後佐伯藩主毛利氏家舊藏

撫畿奏疏十卷　海防奏疏二卷

(明)江應蛟編

明刊本　共十二册

内閣文庫藏本　原楓山官庫舊藏

諭對録三十四卷　敕諭録二卷　附御製詩賦録

(明)張孚敬編輯

明萬曆年間(1573—1622年)刊本　共十四册

尊經閣文庫藏本　原江户時代加賀藩主前田綱紀等舊藏

陸宣公中書奏議(殘本)二卷

(唐)陸贄撰　(宋)郎曄注

南宋孝宗年間(1163—1189年)刊本　共一册

静嘉堂文庫藏本　原黄蕘圃　陸心源皕宋樓等舊藏

【按】每半葉有界十二行,行二十二字,白口,四周雙邊(16.6cm×11.4cm)。版心著録"議五"或"議六",下記字數及刻工姓名,如如杲、潘、正等。

是書全十五卷。此本今存卷第五、卷第六,卷中避宋諱至"慎"字。

卷中有"馬玉堂"、"中吴毛敬叔考藏書畫印"、"笏齋"、"稽瑞樓"、"存齋讀過"、"陸氏伯

子"、"陸心源印"、"湖州陸氏所藏"、"十萬卷樓"、"存齋四十五歲小像戊寅二月某石并刊"、"三品風憲一品天民"等印木記。

陸心源《儀顧堂續跋》卷七著録此本,稱此本即"《百宋一廛賦》所謂敬興中書者也。《百宋》有《奏草》二卷,《奏議》二卷。今祇有此二字(疑爲"卷"字之誤——編著者)耳"。

傅增湘《藏園群書經眼録》卷四著録此本,謂"此係婺州刊本,板式不大,與余所見《歐陽文粹》、《南豐文粹》字體相同"。

【附録】孝明天皇嘉永七年——安政二年(1854——1855年)養閑虛木活字刊印《陸宣公奏議》十四卷。此本題"唐陸贄撰,毋里豹校"。

同天皇安政六年(1859年)日向横尾栗木活字刊印《陸宣公奏議》四卷,附舉訛及覆校舉訛。題署"唐陸贄撰,田口文之校"。此本在江户時代有聯腋書院重印本。

同天皇文久三年(1863年)長門明倫館刊印《陸宣公奏議》十二卷并首一卷。此本後有江户和泉屋金右衞門重印本。

《商舶載來書目》記載,中御門天皇享保十年(1725年)中國商船"多字號"載《唐陸宣公奏議》一部一帙抵日本。同書又記光格天皇寬政七年(1795年)中國商船"利字號"載《陸宣公奏議》一部一帙抵日本。

注陸宣公奏議十五卷

(唐)陸贄撰　(宋)郎曄注

元至正十四年(1354年)翠巖精舍刊本　共四册

静嘉堂文庫藏本　原陸心源皕宋樓等舊藏

【按】每半葉有界十二行,行二十三字。注文雙行,行同正文。黑口,四周雙邊。

卷前有權德興《序》,次有蘇軾《進奏議札子》,次有宋紹興二年八月郎曄《進書表》(張金吾跋是書考定"紹興"係"紹熙"之誤曰:"表後日紹興二年八月初七日進呈,按表中有日恭惟至尊壽皇聖帝。考淳熙十六年,光宗受内禪,尊孝宗爲至尊壽皇聖帝,次年改元紹熙。則

'興'爲'熙'字之誤無疑")。

權德輿《序》後有書坊啓文八行。文曰："《中書奏議》本堂舊刊盛行於世，近因回禄之變，所幸元收謝叠山先生經進批點正文猶存，於是重新綉梓。切見棘闈天開，策以經史時務，是書也陳古今之得失，酌時勢之切宜，故願與天下共之。幼學壯行之士，倘熟乎此，則它日敷奏大廷，禹皋陳謨，不外是矣。至正甲午仲夏翠嚴精舍謹誌。"

卷一末又有刊行木記"至正甲午仲夏，翠嚴精舍重刊"。

卷前有權德輿《陸宣公文集序》，又有郎曄《經進唐陸宣公奏議表》，題書"紹興二年（1132年）八月初七日進呈"。又有宋元祐八年（1093年）蘇軾《進讀奏議劄子》，又有《注唐陸宣公奏議目錄》。

卷中有頭注、旁綫、圈點。眉上空二字附刻批注。

卷中有"二老山樵"、"元功之章"、"銕漢"、"學古人"、"柴門深處"、"楚姓後裔"、"四十以後號舟己翁"、"三品風憲一品天民"、"存齋四十五歲小像戊寅二月某石并刊"、"陸心源印"、"字剛父"、"存齋讀通"、"湖州陸氏所藏"等印記。

陸心源《儀顧堂集》卷五著錄此本并有重刊序文曰：

"余筦蠡閩中，從故家得先《宣公奏議注》十五卷，乃至正甲午翠岩精舍刊本，前有進書表，題曰迪功郎紹興府嵊縣主簿臣曄，而不著其姓。證以周輝《清波雜志》、劉岳申《申齋集》，知爲郎曄作。曄里貫仕履不顯，以《臨安志人物傳》、《清波雜志》及結銜考之，知其字晦之，杭之鹽官人，事張九成編撰《橫浦日新》，從特奏得官，以文學知名，嘗注三蘇文及此書，履官嵊縣主簿，此外則無可考矣。其注典賅簡要，頗有發明，詢爲宣公功臣。元以後無刊本，故乾隆中廣搜遺書，諸臣亦未採進。阮文達《研經室外集》始著於錄。先宣公著述見於《新唐書》者，議論表

疏十一卷，《翰苑集》十卷，《別集》十五卷，《集驗方》十五卷。見於《權文公集》者，《奏草》七卷，《中興奏議》七卷，《制詔集》十卷，《別集》十五卷，《集驗方》五十卷（疑爲十五卷之誤）。《驗方》及《別集》久佚，存者奏議制詔而已。通行本二十二卷，與陳振孫《書錄解題》合，當即蘇文忠所核進。明覆宋本二十四卷，分《制詔》、《奏草》、《奏議》爲三，與《權文公集》合。此本《奏議》十五卷，當合奏草及《中興奏議》爲一，而又多析一卷耳。……是書流傳尤罕，學子以不得見爲恨，侍養多暇，校正付梓，原本有劉須溪評點，皆仍之。"

（叠山批點）陸宣公奏議十五卷

（唐）陸贄撰　　（宋）謝枋得評
明刊本　共四册
内閣文庫藏本　原楓山官庫舊藏

陸宣公奏草七卷

（唐）陸贄撰
明刊本　共二册
内閣文庫藏本　原楓山官庫舊藏

宋丞相李忠定公奏議六十九卷　附錄九卷

（宋）李綱撰　　（明）朱欽輯校
明正德十一年（1516年）邵武知縣蕭泮繡刊本
宮内廳書陵部　國會圖書館　内閣文庫　靜嘉堂文庫　東京大學東洋文化研究所　大倉文化財團　御茶之水圖書館藏本
【按】每半葉有界十行，行二十二字。黑口，四周雙邊。
卷前有忠定公李綱像，清江郭伯寅《贊》，并宋淳熙五年（1178年）少保觀文殿大學士申國公陳俊卿《序》，宋淳熙十年（1183年）朱熹《序》。
卷一第二行題署"後學同郡畏庵朱欽彙校"，第三行題署"文林郎邵武縣知縣泰和蕭泮繡

梓"，第四行題署"邵武縣儒學署教諭事嚴陵洪蕭校正"。後有明正德丙子（1516年）福建巡按御史山陰胡文靜跋，同年林俊跋，卷末有"邵武縣縣丞吳興陸讓同刊，鄉耆李軒同校"兩行。跋文後又有"侍御胡士寧梓"一行。

附録九卷，係《靖康傳信録》三卷，《建炎進退志》二卷，《建炎時政記》三卷，餘一卷爲《擬表》、《擬制》、《擬詔》、《擬誥》等。

宮内廳書陵部藏本，係白棉紙印本，卷首有"晨飲木蘭之墜露兮夕餐秋菊之落英"印記，并有"向尹字次衡"印記。每册首有"觀海精舍"、"雲台"、"備前河本氏藏書記"、"一橋府學校印"等印記。共九册。

國會圖書館藏本，原共十册，今合爲五册。

内閣文庫藏此同一刊本兩部。一部原係楓山官庫舊藏，共十册。一部係明天啓年間修補，共十册。

静嘉堂文庫藏本，原係陸心源守先閣等舊藏。此本卷首缺佚，共二册。

東京大學藏本，卷第十二至卷第二十二、卷第三十二至卷第四十，凡二十卷係後人寫補。

大倉文化財團藏本，共十六册。

御茶之水圖書館藏本，原係德富蘇峰成簣堂舊藏，共七册。

【附録】《商舶載來書目》記載，光格天皇天明三年（1783年）中國商船"利字號"載《李忠定公奏議》一部二帙抵日本。

光格天皇天明六年（1786年）《寅十番船持渡書改目録寫》記載，是年該船載《李忠定公奏議》一部十二册抵日本，并注明："宋李綱著，無脱紙。"

孝明天皇嘉永六年（1853年）玉山堂山城屋佐兵衛木活字刊印《李忠定公奏議選》一卷《李忠定公文選》一卷《李忠定公詩選》一卷。題署"宋李綱撰，赤川次郎編"。同天皇安政四年（1857年）江户山城屋佐兵衛又刊印《宋李忠定公奏議選》。題署"宋李綱撰，賴襄（山陽）選"。

（宋丞相）李忠定公奏議六十九卷

（宋）李綱撰

明天啓年間（1621—1627年）刊本　共七册

静嘉堂文庫藏本

【按】卷中有缺佚。

包孝肅奏議（孝肅包公奏議）十卷

（宋）包拯撰

明成化年間（1465—1487年）刊本　共二册

静嘉堂文庫藏本　原陸心源十萬卷樓等舊藏

【按】每半葉有界十行，行二十字。大黑口，四周雙邊。

卷前有宋代門人張田《題辭》，宋紹興二十七年（1157年）九月吳祇若《序》，宋淳熙元年（1174年）趙□老《書後》，明正統元年（1436年）胡儼《重刊序》，有包公小影，次有正統元年江西布政司右參政合肥方正《跋》。後有明成化二十年（1484年）河南開封知府河東張岫《後序》。

【附録】《商舶載來書目》記載，光格天皇寬政十一年（1799年）中國商船"波字號"載《包孝肅奏議》一部一帙抵日本。

孝肅包公奏議集十卷

（宋）包拯撰

明弘治年間（1488—1505年）刊本　共二册

内閣文庫藏本　原昌平坂學問所舊藏

包孝肅奏議十卷

（宋）包拯撰

明嘉靖年間（1522—1566年）刊本　共二册

静嘉堂文庫藏本　原陸心源十萬卷撰等舊藏

【按】卷前有張田題辭，并明嘉靖乙卯（1555年）胡松《序》。後有明嘉靖三十四年（1555年）雷遹《跋》。

孝肅奏議(包孝肅公奏議集)十卷

(宋)包拯撰　　(明)戴曆校

明萬曆甲寅(1614年)閩漳戴氏刊本　共四冊

内閣文庫　東京大學東洋文化研究所藏本

【按】卷前有《孝肅包公傳》及《宋史》本傳《遺事》凡八則。後有明嘉靖乙卯(1555年)豐城雷逵《跋》，明萬曆己丑(1589年)溫陵朱天應《跋》。

此本字畫端正，紙墨光潔，足以稱包公之諫草也。

范忠宣公奏議三卷

(宋)范純仁撰

明嘉靖四十年(1561年)韓氏重刊本　共二冊

東洋文庫藏本

葉石林奏議十五卷

(宋)葉夢得撰　葉模編

宋開禧年間(1205—1207年)刊本　葉廷琯胡珽手識本　共四冊

靜嘉堂文庫藏本　原李開先　黃蕘圃　陸心源酈宋樓等舊藏

【按】每半葉有界十行，行二十五字。白口，左右雙邊(24.0cm×16.4cm)，版心下有刻工姓名，如王震、王仲、金澤、周才、周信、徐良、陳偉、陳亨、陳成、林檜等。

卷前有《石林奏議目錄》，卷末有葉夢得侄孫跋，題書"開禧丙寅(1206年)六月既望侄孫朝奉大夫改差權知臺州軍州兼管內勸農事借紫篸謹書"。

卷中避宋諱，遇諱字常注"御諱"以代之。文中語涉宋帝，上空二字。

卷末有宋開禧丙寅(1206年)侄孫篸《跋》，并有清咸豐五年(1855年)葉廷琯手識文。文曰：

"《石林奏議》十五卷，《直齋書錄解題》

載之。勝國時吾家菉竹堂、陳氏世善堂，俱有藏本。逮我國朝，其書漸湮，諸大家藏書目均未著錄。乾隆中《四庫》館開，未聞采進，世間傳本之少可知。近時顧澗薲先生爲黃蕘翁撰《百宋一廛賦》，注紀其行數、字數以及跋款(按宋本每半葉十行，行廿五字。《百宋一廛賦》每行廿字——原注文)。且言《汲古閣秘本目》有影宋鈔本，此較勝之，惟惜紙板有剝落處，《賦》語所謂'眡石林之奏議，鬱剝落而生芒也'。蕘翁宋本書，後歸三十五峰園汪氏，余昔校刊《建康集》時，附輯《紀年略》一卷，每以未獲見公《奏議》爲歉。未幾，汪氏藏書亦散，此書爲吾族人雲曙閣所得，曾假讀一過，惜不及采入《紀年略》矣。按《文獻通考》載公《志媿集自序》，稱以家藏奏稿序次爲十卷，是公在日，已有手定之本。此十五卷者，爲第三子模所編刊，當在福州歸老以後，即因《志媿集》增輯而成，雖南渡以前奏議概未采入，然半生偉略英謨，已粲然具備，且有足補史事之遺者，洵爲考古者不可少之書也。雲曙閣藏此數年，欲重梓而無力，近聞胡君心耘搜刻秘笈，遂介余以歸之。胡君欣然錄副，流布四方，以此原本藏諸名山。蓋自開禧鋟板至今，閱七百餘年，若存若亡而復傳於世，亦公之精神蘊結，默有呵護其間。公《自序》所云，留以遺公子孫，或有感勵奮發，少能著見者。凡在裔姓讀此，尚無忘公詒厥之力哉！而胡君之樂於表彰先哲遺書，自謂與公尤有緣，并擬集資排印，其意良可感矣。咸豐五年乙卯春仲，裔孫廷琯謹識。"(手識後有"廷琯"朱文方印、白文方印，又有"調生"朱文方印)

又有清咸豐六年(1856年)五月胡珽手識文。其文曰：

"咸豐甲寅(1854年)夏，羈迹都門，識葉潤臣中翰，每行異書，互相錄贈，於石林公著作大致意焉。一日，中翰謂余曰：江南汪閬園家有《石林奏議》一書，誠世久失傳之秘笈，向阮文達公欲借鈔副，汪氏堅拒不出。

今聞其家書籍日漸銷散，子盍訪而歸焉。余旋里後，即求此書，已售去十餘年矣。其餘宋板書存者尚夥，皆求善賈而沽，余爲悵然。是冬，與葉調生大同校《石林燕語》，其洞庭東山族人以《奏議》托問，急索其書。適太湖冰凍，余又眷然。迨明春始見廬山真面目。每册有'李先開印'一，'姑蘇黃省曾印'一。按勝國時有'李開先'者，字伯華，號中麓，章丘人，嘉靖己丑（1529年）進士。今其印曰'先開'，或傳記之訛倒，或後來之改名，均未可知。朱竹垞《靜志居詩話》稱其藏書之富甲於齊東。載其詩云：'豈但三軍富，還過萬卷書'是也。黃省曾字勉之，吳縣人，嘉靖辛卯（1531年）舉人。誠明人所藏宋板足徵其傳流有自，余得之而後喜可知也。雖然，猶有戚然者：是書曾受霉濕，後經庸手裝背，紙辛蹜駁，字迹誤填，行款參次，種種惡劣之狀，幾不堪寓目。向藏黃、汪二家，亦因無由措手，置而不裝。迄今又閱數十年，日就損壞。余恐不知此將付棄，余乃竭半載之功，影寫一部，不惜重資，令名工重裝。繩正其行款，存疑其填誤，有未可更改者，悉仍舊裝。其有復裝時帶損字迹，雖點畫間，需由影宋本橫寫。已而復得足本《歷代名臣奏議》，内引石林此三十一篇，據補其缺字。以云完璧，則猶未能，較訛原裝，固大相徑庭，前之悵然、眷然、戚然者，至是而亦可釋然矣。藉非潤臣、調生兩君之力，亦寫能有是哉！丙辰五月重裝訖并志。"（手識文後有"胡珽藏書"朱文方印）

卷中有"李先開印"、"姑蘇黃省曾印"、"兩罍軒"、"兩罍軒藏書印"、"吳雲私印"、"吳雲字少青號平齋晚號退樓"、"吳平齋讀書記"、"平陽汪氏藏書印"、"汪士鐘印"、"汪"、"文琛"、"又字閬原"、"胡珽藏書"、"琳琅秘室"、"玉澗書堂"、"三品風憲一品天民"、"存齋讀過"、"存齋四十五歲小像戊寅二月某石并刊"、"湖州陸氏所藏"、"字剛父"、"儀顧堂"、"陸心源印"等印記。

陸心源《儀顧堂題跋》卷三著録此本。其釋文曰：此本"即《百宋一廛賦》中所謂賑石林之奏議，鬱剥落而生芒者也。（葉）模者，石林第三子，見《宋史》本傳。《建康總集》一百卷，宋時曾板行，是編爲總集所不載。慶元中（實係開禧年間之誤—編著者）侄孫篆刊之台州郡齋，語詳篆《跋》。其書按歷官編次，首應天府尹，次兩浙西路安撫使，次户部侍郎，次翰林學士，次户部尚書，次尚書左丞，次罷政家居，次江西安撫使，次江東安撫大使，次提舉洞霄宫，次江東安撫制置使，而以福建安撫使終焉。按其歷官事迹，與《宋史》本傳多合。不叙應天府尹者，略之也（此誤）。《通鑑長編》稱其爲蔡京門客，助成元祐黨禁，而本傳無之，或出愛憎之口。惟失身權門，不早引去，我不能爲石林諱也。"

陸心源《儀顧堂集》卷六有重刊此本序曰："《石林奏議》十五卷，宋尚書左丞葉石林之所著也。左丞名夢得，字少蘊，湖州人，原籍蘇州吳縣。紹聖四年進士，以蔡京薦召爲祠部郎，累遷翰林學士。數進讜言，與京忤，罷歸。南渡後，長户部丞、尚書，制江東，撫福州，均著政績。與監司不合，遂致其仕。築石林精舍於卞山之陽，自號石林居士。卒年七十二。先曾自編其奏議爲《志愧集》而自序之，見《文獻通考》，今佚。此則第三子模所編也。開禧中，從孫篆知台州，始板行之。《宋史藝文志》、陳直齋《書録解題》、明《文淵閣書目》著於録。其後，葉氏菉竹堂、陳氏世善堂、毛氏汲古閣皆有其書。入國朝，流傳漸罕。乾隆中開四庫館，未經采進。至黃氏《百宋一廛賦》出，世乃知孤本之僅存。轉輾而爲仁和胡心耘所得。亂後歸於鄉先輩吳平齋太守。余以文衡山范石湖卷易得之……左丞著書二十五種，今存十一種。奏議自開禧至今，未聞重雕，潘伯寅宫保從余借閱，慫恿雕行，遂摹寫而付之梓。"

傅增湘《藏園群書經眼録》卷四著録此本。其釋文曰："此書板式闊大，雕鎪雅雋，海内孤帙，可寶也！余在燕京市上見影宋鈔本，爲汲古閣精寫,云借李中麓開先家藏本影寫,精妙絕倫。光緒中爲將軍鳳山所得。各篇文字有斷爛處,孫籤跋中亦有缺字,知從此本影寫者。然取陸氏翻宋本校之,則影本有而刊本無者凡三百三十字,刊本有而影本無者凡一千六十四字。同出於此宋本,且余皆得見之,而差異如此,殊不可解。"

范文正公政府奏議二卷

（宋）范仲淹撰　（明）朱希周　孫承恩　文徵明　陸師道同校

明嘉靖辛酉（1561年）韓叔陽重刊本

宮内廳書陵部　静嘉堂文庫　東洋文庫藏本

【按】卷前有明嘉靖辛酉（1561年）浙江布政使司胡松《序》。

宮内廳藏本,卷中有"朱桂林印"、"峽群"、"秘閣圖書之章"等印記。共二册。

静嘉堂文庫藏本,原係陸心源十萬卷樓等舊藏,此本有《續集》二卷并附《書牘》一卷,共二册。

東洋文庫藏本,有《續集》二卷,共四册。

（新鎸）蘇文忠公奏議八卷　附唐六大家表啓二卷　宋四大家表啓二卷

（宋）蘇軾撰　（明）馮夢禎輯　焦竑訂

明武林張氏祥啓堂刊本　共五册

國立國會圖書館藏本

蘇長公表三卷　蘇長公啓二卷

（宋）蘇軾撰　（明）李卓吾評　凌濛初選

明凌氏朱墨套印刊本　共五册

尊經閣文庫藏本　原江户時代加賀藩主前田綱紀等舊藏

【按】每半葉有界八行,行十八字。白口,四周單邊。

【附録】江户時代《舶來書籍大意書》著録《蘇長公表啓》,其釋文曰:"此係蘇子瞻著。凡賀表、謝表、陳乞表、追表、慰表等二百篇;凡賀啓、謝啓、復啓、通啓、婚啓等百六篇。"

又據《商舶載來書目》記載,桃園天皇寶曆四年（1754年）中國商船"曾字號"載《蘇長公表啓》一部抵日本。

蘇長公表啓五卷（表三卷　啓二卷）

（宋）蘇軾撰

明朱墨套印刊本　共五册

内閣文庫藏本　原楓山官庫舊藏

【附録】江户時代有水户進修堂圓虎次朗活字刊印本《東坡策》三卷。此本曾重印數次。仁孝天皇天保十三年（1842年）有手寫本《東坡先生策論》二卷,此本由日人岡崎正好校。

元城先生盡言集十三卷

（宋）劉安世撰

明隆慶年間（1567—1572年）刊本　共四册

静嘉堂文庫藏本　原陸心源十萬卷樓等舊藏

【按】卷前有明隆慶庚午（1570年）十二月金華陸東《刻板序》,并隆慶辛未（1571年）正月魏人石星《序》,同年張應福序,宋紹興丙子（1156年）八月張九成《序》,紹興六年（1136年）冬季王氏《跋》,并宋淳熙五年（1178年）閏月梁安世《跋》。

元城先生盡言集十三卷

（宋）劉安世撰

古寫本　共二册

静嘉堂文庫藏本　原陸心源十萬卷樓等舊藏

（重鎸）文公先生奏議十五卷

（宋）朱熹撰　（明）朱吾弼編　汪國楠校

明萬曆三十二年（1604年）序高安朱氏校刊本

内閣文庫　東京大學東洋文化研究所藏本

【按】卷首題"宗後學監察御史高安朱吾弼編,十三世孫庠生朱崇沐校梓"。

前有明萬曆甲辰（1604 年）南京吏部右侍郎
閩中後學葉向高《序》。
　　卷一、卷二爲《封事》卷；
　　卷三、卷四、卷五爲《奏札》卷；
　　卷六至卷十爲《奏狀》卷；
　　卷十一至卷十三爲《申請》卷；
　　卷十四、卷十五爲《辭免》卷。
　　内閣文庫藏此同一刊本兩部，一部原係昌平
坂學問所舊藏，共八册。一部原係楓山官庫舊
藏，共八册。
　　東京大學藏本，原係大木幹一等舊藏。
　　【附錄】江户時代京都武村市兵衛刊印朱子
奏札，題名《行宫便殿奏札》。本中有漢字假名
訓解。

張文忠公奏疏鈔四卷

　　（明）張居正撰　　李贄評
　　明刊本　　共二册
　　内閣文庫藏本　　原江户時代林羅山家舊藏
　　【按】每半葉九行，行二十字。
　　卷首首題"江陵太岳張居正著，温陵卓吾李贄
選評"。
　　卷中有"江雲渭樹"等印記。

奏對稿十一卷

　　（明）張居正撰
　　明刊本　　共十册
　　東洋文庫藏本

東甌張文忠公奏對稿十二卷

　　（明）張浮敬撰　　楊鶴等編
　　明刊本　　共二册
　　内閣文庫藏本　　原楓山官庫舊藏
　　【按】每半葉有界九行，行十八字。
　　卷前有明萬曆四十二年（1614 年）楊鶴
《序》。

少保于公奏議十卷　附一卷

　　（明）于謙撰　　李贄編

明嘉靖二十年（1541 年）杭州府刊本
　　内閣文庫　　東洋文庫藏本
　　【按】每半葉有界十行，行二十三字。
　　卷前有明嘉靖二十年（1541 年）巡按浙江監
察御史對川王紳《序》，并明成化丙申（1476
年）六月前南京兵部尚書温陽李賓《序》。後有
張乾元《跋》，明嘉靖二十年（1541 年）知杭州
府事福清陳仕賢《後序》。
　　李賓《序》後有"嘉靖二十年十月日杭州府重
刊"一行刊行木記。
　　内閣文庫藏本，原係楓山官庫舊藏，共八册。
　　東洋文庫藏本，共八册。

少保于公奏議十卷　首一卷

　　（明）于謙撰　　吳邦相重編　　高繼元　費兆
元同校
　　明萬曆年間（1573—1620 年）仁和吳邦相刊
本
　　宫内廳書陵部　　東京大學總合圖書館藏本
　　【按】卷中有明萬曆四十三年（1615 年）
《跋》。
　　宫内廳書陵部藏本，共十册。
　　東京大學總合圖書館藏本，共九册。

王公奏稿六卷

　　（明）王恕撰
　　明嘉靖二十六年（1547 年）序刊本　　共六册
　　内閣文庫藏本　　原豐後佐伯藩主毛利氏家
舊藏

太師王端毅公奏議（殘本）十二卷

　　（明）王恕撰
　　明嘉靖十三年（1534 年）刊清嘉慶十一年
（1805 年）補刊本
　　東京大學東洋文化研究所藏本　　原大木幹
一等舊藏
　　【按】卷首有端毅公王恕畫像，南昌張元楨
《贊》，并有明正德辛巳（1521 年）王九思《序》，
明成化乙巳（1485 年）程廷琪《序》，明成化十

八年(1482 年)陳公懋《序》,明弘治四年(1491年)李東陽《序》,明弘治十五年(1502 年)楊循吉《序》,明嘉靖甲午(1534 年)崔鋭《序》。

是書全十五卷。此本卷第二至卷第四,凡三卷缺佚。

【附錄】《商舶載來書目》記載,後桃園天皇安永三年(1774 年)中國商船"和字號"載《王端毅公奏議》一部一帙抵日本。

太師楊襄毅公奏疏二十三卷

(明)楊博撰

明萬曆年間(1573—1620 年)刊本

內閣文庫　東京大學總合圖書館藏本

【按】此本子目如下:

《經略奏疏》一卷;

《甘肅奏疏》一卷;

《宣大奏疏》二卷;

《薊遼奏疏》一卷;

《吏部奏疏》六卷;

《本兵奏疏》十二卷。

內閣文庫藏本,原係豐後佐伯藩主毛利氏等舊藏。此本今存《經略奏疏》一卷、《薊遼奏疏》一卷,凡二卷,共四冊。

東京大學總合圖書館藏本,共十三冊。

少保胡瑞敏公疏要六卷

(明)胡世寧撰

明嘉靖二十五年(1546 年)刊本

內閣文庫藏本　原楓山官庫舊藏

東塘先生奏議二十卷

(明)毛伯温撰　毛樸等編

明嘉靖四十五年(1566 年)序刊本　共八冊

內閣文庫藏本　原豐後佐伯藩主毛利氏家舊藏

桂洲奏議十二卷　續二卷

(明)夏言撰

明嘉靖二十年(1541 年)序刊本　共十二冊

內閣文庫藏本　原豐後佐伯藩主毛利氏家舊藏

桂洲奏議十卷

(明)夏言撰

明嘉靖丙午(1546 年)王瑋刊本　共十冊

宮內廳書陵部藏本　原古賀氏蘭輝堂舊藏

【按】卷前有王言《序》,田汝成《序》。

是書全爲二十一卷。此本不全,存十卷。卷中有"蘭輝堂書畫圖章"等印記。

高文端公奏議十一卷

(明)高儀撰　莫睿　高從禮同校

明萬曆三十年(1602 年)序刊本　共二冊

東京大學總合圖書館藏本　原廣東籌賑日災總會捐贈本

芝園別集十卷(奏議五卷　公移五卷)

(明)張時徹撰

明刊本　共六冊

內閣文庫藏本　原豐後佐伯藩主毛利氏家舊藏

白厓奏議三卷　附一卷

(明)王紹元撰　徐一謙校

明嘉靖三十八年(1559 年)序刊本　共三冊

內閣文庫藏本　原豐後佐伯藩主毛利氏家舊藏

蒲坂楊太宰獻納稿十卷

(明)楊博撰

明端揆堂刊本　共十冊

內閣文庫藏本　原豐後佐伯藩主毛利氏家舊藏

鄭端簡奏議十四卷

(明)鄭曉撰　門人項篤壽校梓

明隆慶四年(1570 年)萬卷堂刊本　共十二冊

内閣文庫藏本　原豐後佐伯藩主毛利氏家舊藏

【按】卷末有"隆慶庚午（1570 年）九月雕工畢"木記一行。

此本分三類。卷第一至卷第十爲淮陽類，乃議築壘籌兵餉，以戰以守，彌災濟變諸政；卷第十一爲兵部類；卷第十二至卷第十四爲刑部類，乃簡領戎政，協贊經畫，晋陟司寇兼署樞務時建白。

南宫疏略八卷

（明）嚴嵩撰

明嘉靖二十七年（1548 年）序刊本　共四册

蓬左文庫藏本

南宫奏議三十卷

（明）嚴嵩撰

明嘉靖年間（1522—1566 年）刊本　共九册

内閣文庫　東洋文庫　静嘉堂文庫藏本

【按】每半葉有界十行，行二十字。

卷内大題作《鈐山堂集》，標卷數目自卷第四十一至卷第七十。卷前有明嘉靖二十四年（1545 年）張璧《序》，同年唐龍《序》，徐階《序》，萬鎧《序》。又有明嘉靖二十三年（1544 年）江汝璧《序》，明嘉靖二十五年（1546 年）王維楨《序》。又有明嘉靖二十六年（1547 年）嚴嵩《自序》。

内閣文庫藏本，原豐後佐伯藩主毛利氏家舊藏。此本今存二十卷，即自《鈐山堂集》卷第四十一至卷第六十，共九册。

東洋文庫藏本，共十二册。

静嘉堂文庫藏本，原係陸心源守先閣等舊藏，共十册。

歷官表奏十五卷

（明）嚴嵩撰

明嘉靖年間（1522—1566 年）刊本　共十册

静嘉堂文庫藏本　原陸心源守先閣等舊藏

兩廣疏略二卷　附省吾林公文集一卷　詩集一卷　惠威録二卷

（明）林富撰

明隆慶五年（1571 年）孫兆恩刊本　共二册

東洋文庫藏本

北臺疏草二十卷

（明）盛時選撰

明隆慶六年（1572 年）序刊本　共八册

内閣文庫藏本　原豐後佐伯藩主毛利氏家舊藏

掌銓題藁三十四卷

（明）高拱撰

明隆慶六年（1572 年）序刊本　共十四册

内閣文庫藏本

【按】每半葉有界九行，行十八字。

卷前有明隆慶六年（1572 年）高拱《自序》。

朱鎮山先生漕河奏議五卷

（明）朱衡撰

明隆慶六年（1572 年）序刊本　共五册

内閣文庫藏本　原楓山官庫舊藏

文肅王公奏草（王文肅公疏草）二十三卷

（明）王錫爵撰

明萬曆年間（1573—1620 年）太倉王氏家刊本

内閣文庫　蓬左文庫　京都大學文學部藏本

【按】每半葉有界九行，行十八字。

卷首題"光禄大夫少保兼太子太保吏部尚書建極殿大學士王錫爵著，翰林院編修男衡輯，尚寶司司丞孫男時每校梓"。

前有申時行《序》。

内閣文庫藏本，原係豐後佐伯藩主毛利氏家舊藏，共六册。

蓬左文庫藏本，共十二册。

京都大學藏本,共十册。

【附錄】《商舶載來書目》記載,中御門天皇享保十一年(1726 年)中國商船"遠字號"載《王文肅公奏草》一部二峽抵日本。

鄒忠介奏疏五卷

(明)鄒元標撰

明崇禎十四年(1641 年)序刊本　共六册

内閣文庫藏本　原楓山官庫舊藏

【附錄】《商舶載來書目》記載,中御門天皇享保八年(1723 年)中國商船"須字號"載《鄒忠介公奏議》一部一峽抵日本。

汪東峰先生奏議四卷

(明)汪玄錫撰　王長卿輯

明隆慶四年(1570 年)序刊本

東京大學東洋文化研究所藏本

馬端肅公奏議十二卷

(明)馬文升撰

明嘉靖年間(1522—1566 年)葛子開邗江書館刊本

東洋文庫　早稻田大學圖書館藏本

【按】卷首有明嘉靖二十六年(1547 年)《序》。

東洋文庫藏本,原係岩崎文庫等舊藏,共八册。

早稻田大學圖書館藏本,原係清水泰次清水文庫等舊藏,達尊堂藏版,共六册。

張可菴先生疏稿六卷

(明)張棟撰

明萬曆癸丑(1613 年)序刊本　共六册

宮内廳書陵部藏本　原豐後佐伯藩主毛利氏家等舊藏

【按】卷前有明萬曆癸丑(1613 年)王志堅《序》。

此本原係豐後佐伯藩主毛利高標等舊藏。仁孝天皇文政年間(1818—1829 年)出雲守毛

利高翰獻贈江户幕府。卷首有"佐伯侯毛利高標字培松藏書畫之印"印記。每册首有"黄白堂庫内","秘閣圖書之章"等印記。

《御書籍來歷志》著錄此本。

督撫天中奏疏二十四卷

(明)曾如春撰

明萬曆三十年(1602 年)刊本　共十二册

日光輪王寺藏本　原天海大和尚舊藏

【按】每半葉有界九行,行二十字。白口四周雙邊。版心下方有刻工姓名。

卷前有明萬曆二十九年(1601 年)沈鯉《序》,吕坤《叙》。後有明萬曆三十年(1602 年)姚學閔《後序》,明萬曆二十九年(1601 年)袁奎《後序》。

督撫經略八卷

(明)李遂撰　劉景詔輯

明嘉靖三十九年序刊本　共八册

東洋文庫藏本

史公雲中奏議四卷

(明)史鹿野撰

明嘉靖二十一年(1542 年)序刊本　共四册

宮内廳書陵部藏本　原豐後佐伯藩主毛利氏家等舊藏

【按】卷前有明嘉靖十九年(1540 年)大同知府王允修《序》,後有明嘉靖壬寅(1542 年)少卿蔣應奎《後序》。

此本原係豐後佐伯藩主毛利高標等舊藏。仁孝天皇文政年間(1818—1829 年)出雲守毛利高翰獻贈江户幕府。卷首有"佐伯侯毛利高標字培松藏書畫之印"印記。每册首有"大寧院"、"秘閣圖書之章"印記。

梁端肅公奏議十四卷

(明)梁材撰

明萬曆三十七年(1609 年)序刊本　共十六册

内閣文庫藏本　原豐後佐伯藩主毛利氏家舊藏

【附録】《商舶載來書目》記載,後櫻町天皇明和五年(1768 年)中國商船"利字號"載《梁端蕭公奏議》一部二帙抵日本。

新吾奏疏二卷

(明)呂坤撰

明萬曆三十二年(1604 年)呂知畏刊本

東京大學東洋文化研究所　東洋文庫藏本

【按】每半葉有界八行,行二十字。

卷前有明萬曆三十二年(1604 年)楊東明《序》。

東京大學藏本,原係大木幹一等舊藏。

東洋文庫藏本,附《憂危》一卷,共四册。

譚襄敏公奏議十卷

(明)譚綸撰

明萬曆二十八年(1600 年)海鹽顧氏刊本

東洋文庫　静嘉堂文庫藏本

【按】東洋文庫藏本,卷中有日人寫補,共十册。

静嘉堂文庫藏本,原係陸心源十萬卷樓等舊藏,共五册。

奏疏稿五卷　附周易測六卷　龍解一卷

(明)管志道撰

明萬曆二十一年(1593 年)序刊本　共一册

内閣文庫藏本　原楓山官庫舊藏

浚川奏議十卷

(明)王廷相撰

明刊本　共七册

東洋文庫藏本

【按】此本前四卷爲《合史集》,係王廷相爲御史時所作。後六卷爲《金陵稿》,係王廷相爲南京兵部尚書時所作。

内閣奏題稿十卷

(明)趙志皋撰

明萬曆二十八年(1600 年)序孫世溥重刊本共六册

東洋文庫藏本

職方疏草十三卷

(明)徐鑾撰

明刊本　共六册

内閣文庫藏本　原楓山官庫舊藏

督儲疏草四卷

(明)游應乾撰

明聚順堂刊本　共四册

東洋文庫藏本

疏草(不分卷)

(明)汪懷德撰

明天啓元年(1621 年)序刊本　共二册

東洋文庫藏本

楊文忠三録八卷(辭謝録四卷　題奏録前後二卷　視草餘録二卷)

(明)楊廷和撰

明萬曆三十五年(1607 年)序刊本　共三册

内閣文庫藏本　原豐後佐伯藩主毛利氏家舊藏

敬事草略(殘本)十七卷

(明)沈一貫撰

明刊本　共四册

内閣文庫藏本　原豐後佐伯藩主毛利氏家舊藏

【按】是書全十九卷。此本卷第十六、卷第十七,凡二卷缺佚。

陳太史昭代經濟言十四卷

(明)陳子壯編撰

明天啓六年(1626年)序刊本　共五册
内閣文庫藏本　原楓山官庫舊藏

經理播州奏議十四卷(奏疏七卷　案牘七卷)

(明)王象乾等撰
明萬曆年間(1573—1620年)刊本　共八册
蓬左文庫藏本　原尾張藩主家舊藏
【按】此本係明正天皇寬永九年(1632年)購入本,卷中有"尾陽内庫"印記。

總理河漕奏疏十四卷

(明)潘季馴撰
明萬曆二十六年(1598年)序刊本　共十四册
東洋文庫藏本

綸扉奏草四卷　綸扉筒草四卷　升儲匯録二卷召對録一卷　外制草十卷　綸扉簡牘十卷

(明)申時行撰
明萬曆年間(1573—1620年)申氏刊本　共二十二册
東洋文庫藏本

續綸扉奏草十四卷

(明)葉向高撰
明刊本　共六册
京都大學文學部藏本
【按】每半葉有界十行,行十九字。
卷首題"特進光禄大夫左柱國少師兼太子太師吏部尚書中極殿大學士葉向高"。前有梅之焕《序》,并葉向高《自序》。

諫議疏稿四卷

(明)王之垣撰
明刊本　共四册
東洋文庫藏本

大司徒汪公奏議十六卷

(明)汪應蛟撰

明刊本　共十册
東洋文庫藏本

撫浙奏疏二十一卷

(明)劉元霖撰
明刊本　共八册
東洋文庫藏本

撫淮小草十五卷

(明)李三才撰
明萬曆年間(1573—1620年)刊本　共十六册
東京大學總合圖書館藏本
【按】卷首有明萬曆三十年(1620年)《序》。

餉撫疏草七卷

(明)畢自嚴撰
明刊本　共十四册
東洋文庫藏本

留計疏草二卷

(明)畢自嚴撰　倪斯蕙輯
明天啓六年(1626年)序刊本　共四册
東洋文庫藏本
【按】每半葉有界九行,行十九字。
卷首題"南京户部尚書畢自嚴題奏"。前有倪斯蕙《序》,并明天啓六年(1626年)王在晋《序》。

回話奏疏一卷　辯揭一卷

(明)畢自嚴撰
明天啓八年(1628年)刊本　共八册
東洋文庫藏本

督餉疏草五卷

(明)畢自嚴撰
明刊本　共十册
東洋文庫藏本

度支奏議

（明）畢自嚴編撰

明崇禎年間（1628—1644 年）刊本　共一百一册

東洋文庫藏本

【按】此本細目如次：

山東司卷第一至第五、第七；

山西司卷第一、第二；

浙江司卷第一；

江西司卷第一；

湖廣司卷第一、第二；

福建司卷第一至第四；

廣東司卷第一；

廣西司卷第三；

貴州司卷第一、第二；

雲南司卷第二、第七、第十、第十二至第十六；

四川司卷第一至第四；

陝西司卷第一至第四；

堂稿二十卷；

新餉司卷第二至第十四、第十六、第十七、第十九至第三十六；

邊餉司卷第一至第十一；

册庫卷第一。

卷中有部分係後人補寫。

守愚匯録二卷　續四卷　補二卷　附録一卷

（明）陳應芳撰并輯

明萬曆三十年（1602 年）序刊本　共十二册

東洋文庫藏本　原松村太郎等舊藏本

周忠毅公奏議四卷

（明）周宗建撰

明熊開元刊本　共四册

東洋文庫藏本

【按】每半葉有界九行，行二十字。

卷内題“楚後學熊開元校，男廷祚訂”。前有熊開元《序》，并有劉弘化《序》。

河東奏議一卷

（明）李日宣撰

明刊本　共一册

東洋文庫藏本　原藤田豐八等舊藏

東事剩言一卷

（明）趙士楨撰

明萬曆二十二年（1594 年）序刊本　共一册

東洋文庫藏本

撫夏奏議六卷

（明）黃嘉善撰

明刊本　共六册

東洋文庫藏本

居封事二卷　附居詩集一卷　義史十六韵一卷

（明）張縉彥撰　《義史》（明）閻篤古撰

明崇禎十二年（1639 年）序刊本　共三册

東洋文庫藏本

（七）傳　記　類

歷代帝王紹運圖一卷

（宋）諸葛深撰

日本南北朝時代（1331—1392 年）刊本　共一册

宮内廳書陵部藏本　原萬松院等舊藏

【按】卷首有宋熙寧九年（1076 年）仲冬月會稽鄉貢進士虞雲《序》。正文圖譜叙自三皇至宋歷代帝王之變遷，《圖譜》邊匡縱 17cm，横 12.5cm。《圖》後有簡明解説，記世主名、國都名、在位年數及終殁之年。

原本記宋帝至光宗，此本由日人補續自寧宗至幼帝。

卷首葉上欄有墨書識文曰：“萬松院丈室明庵叟置之。”

【附録】東山天皇元禄十五年（1702 年）彌生吉且《倭板書籍考》卷之四“史傳雜記”著録《歷代帝王紹運圖》一卷。其釋文曰：“宋神宗時諸葛深作。由三皇迄宋，歷代皆由圖標出。於圖則可見帝王之姓名、壽名、年號等。宋神宗後至於元順宗，則由後人補足。”

歷代帝王紹運圖一卷

（宋）諸葛深撰

日本南北朝時（1331—1392 年）刊本　共一册

東洋文庫藏本　原三菱財團岩崎氏家等舊藏

【按】每葉分行不定，有界，然字數亦不定。白口，單黑魚尾，左右雙邊（16.9cm×11.6cm）。

卷首有宋熙寧九年（1076 年）仲冬月會稽鄉貢進士虞雲《序》。

自“三皇”至“宋恭宗”，分列時代、王朝、王名、傳略、年號、在位年數及終殁之年，爲一覽表。

此本係日本南北朝末期覆刊宋本。

卷中有“雲邨文庫”等印記。

歷代帝王紹運圖一卷

（宋）諸葛深撰

日本室町時代（1393——1573 年）刊本　共一册

宮内廳書陵部藏本　原久昌院藏本

【按】此本與宮内廳藏南北朝刊本，同祖一本，唯補續比前本爲甚，由宋延至遼金元，止于元順帝。各王朝始祖欄外，有日本紀年相對照。

卷末有慶長七年（1602 年）手題識文，文曰：“《二十一史》總計自《史記》至《元史》，合二千五百十六卷。慶長七壬年五月　持之。”

卷首與卷末皆有“久昌院藏書”等印記。

歷代君臣圖像一帖

（元）釋懶牛纂集

元至元四年（1338 年）廬山石刻刊本　折本共一帖

武田科學振興財團杏雨書屋藏本　原内藤湖南等舊藏

【按】此本係元代釋僧懶牛纂集摹刻，每一頁刻人物一人。自漢以來至於宋之聖帝名臣凡七十四人圖七十四幅。帖面縱 39.1cm，横 24.1cm。拓面縱 31.7cm，横 24.1cm。

卷末有元泰定丁卯（1327 年）新安汪從善《跋》，謂此本係“南嶽懶牛勤師來廬山刻之”。又有至元四年歲戊寅（1338 年）二月望日將仕佐郎南康路知事横浦王弻《叙》，文曰：“余因暇日至開先寺，拜觀遺像，惜石刻殘闕，安置非所，于是命刊補之。”

此本係折本，拓面有修補處，仍稍有蠹損。

【附録】後陽成天皇與後水尾天皇慶長年間

（1596—1615年）有活字刊印本《歷代君臣圖像》二卷。

歷代君鑒五十卷

（明）代宗朱祈鈺編定

明景泰年間（1450—1456年）經廠刊本　共十册

内閣文庫　御茶之水圖書館藏本

【按】内閣文庫藏本　原係昌平坂學問所舊藏。

御茶之水圖書館藏本，原係德富蘇峰成簣堂舊藏。

【附録】孝明天皇嘉永六年（1853年）江户昌平坂學問所刊印《歷代君鑒》五十卷。

歷代帝王歷祚考八卷　卷首四卷

（明）吳繼安撰

明萬曆年間（1573—1620年）新安吳氏刊本　共四册

内閣文庫　蓬左文庫藏本

歷代帝王世系統譜六卷　古今萬姓統譜一百四十卷　氏族博考十四卷

（明）凌迪知編撰　吳京等校

明萬曆七年（1579年）金閶徐氏刊本

宫内廳書陵部　國會圖書館　蓬左文庫　尊經閣文庫　静嘉堂文庫　東京大學　東北大學附屬圖書館狩野文庫　愛知大學圖書館霞山文庫　大阪天滿宫藏本

【按】每半葉有界九行，行二十字，注文小字雙行。白口，四周單邊（20.7cm×13.2cm）。版心記字數，并有刻工姓名，如吳邑王伯才、何道甫、錢國用、長州沈玄龍、徐文、顧植、漢六、張叙、彭天恩、時中、伯玉、趙應其、仕張、盧世、王六等。又有寫工姓名如句吳高洪、長州顧槤等。

卷前有明萬曆七年（1579年）吳興凌迪知《序》。

宫内廳書陵部藏本，共六十八册。

國會圖書館藏本，共四十册。

蓬左文庫藏本，共四十八册。

尊經閣文庫藏本，原係江户時代加賀藩主前田綱紀等舊藏，共四十册。

静嘉堂文庫藏本，共三十八册。

東京大學藏此同一刊本六部。四部存總合圖書館，其中，一部原係江户時代紀州德川家南葵文庫等舊藏，共四十九册；一部係殘本，今存卷第九十八至卷第一百二十八，共八册；一部爲汲古閣藏版，共四十册；一部原係森林太郎鷗外文庫舊藏，卷第一百四十係日本明治時代著名文學家森鷗外親筆補寫，今缺《氏族博考》，共三十册。另外兩部中一部存東洋文化研究所；一部存文學部漢籍中心，此本《古今萬姓統譜》卷第九十八至卷第一百二十八缺佚，又，卷第五十有缺頁，共四十册。

東北大學藏本，原係狩野亨吉等舊藏，共五十八册。

愛知大學藏本，原係東亞同文會、霞山會舊藏，共三十六册。

大阪天滿宫藏本，原係伊藤東涯手識本，凡二十九册。

【附録】東山天皇元禄十五年（1702年）彌生吉且《倭板書籍考》卷之四"史傳雜記"著録《萬姓統譜》。其釋文曰："大明萬曆年中凌迪知編之。原本百五十卷，今本百四十卷。自上古迄大明嘉靖年中，分姓一一載名賢小傳。另附《帝王姓系》六卷，并《氏族博考》十四卷。和訓則出自鵜飼石齋同敬順父子。"

據《商舶載來書目》記載，中御門天皇享保四年（1719年）中國商船"波字號"載《萬姓統譜》一部六帙抵日本。

據《享保四亥年書物改簿》記載，同年中國南京船主沈補齋携《萬姓統譜》二部抵日本。

靈元天皇寬文壬子（1672年）刊印《古今萬姓統譜》一百四十卷、《氏族博考》十四卷、《歷代帝王世系》六卷。此本由日人鵜飼真泰訓點。其後，此本又有靈元天皇延寶九年（1681年）京都秋田屋平左衛門重印本。

歷代帝王姓系統譜六卷　古今萬姓統譜一百四十卷　氏族博考十四卷

　（明）凌迪知編撰
　　明汲古閣刊本　共四十八册
　　米澤市立圖書館　京都大學文學部　神户大學教育學部藏本

歷代帝王姓系統譜六卷　古今萬姓統譜一百四十卷　氏族博考十四卷

　（明）凌迪知編撰
　　明刊本　共三十六册
　　宫内廳書陵部藏本

歷代帝王世系統譜六卷　古今萬姓統譜一百四十卷　氏族博考十四卷　目一卷

　（明）凌迪知編撰
　　明刊本　共二十四册
　　宫内廳書陵部藏本

歷代帝王世系統譜六卷　古今萬姓統譜一百四十卷　氏族博考十四卷

　（明）凌迪知編撰
　　明刊本　共五十册
　　内閣文庫藏本　原楓山官庫舊藏

歷代帝王姓系統譜六卷　古今萬姓統譜一百四十卷　氏族博考十四卷

　（明）凌迪知編撰
　　明刊清修本　共四十八册
　　内閣文庫藏本　原昌平坂學問所舊藏

新編歷代名臣芳躅二卷

　（明）金汝諧撰
　　明萬曆年間（1573—1620年）刊本　共二册
　　内閣文庫　尊經閣文庫藏本
　【按】前有明萬曆四十三年（1615年）《序》。
　　尊經閣文庫藏本，原係江户時代加賀藩主前田綱紀等舊藏

歷代相臣傳八十六卷

　（明）魏顯國撰　魏一鵬編
　　明萬曆年間（1573—1620年）刊本
　　内閣文庫　尊經閣文庫藏本
　【按】此本細目如次：
　　《唐相臣傳》四十二卷；
　　《宋相臣傳》三十二卷；
　　《元相臣傳》十二卷。
　　内閣文庫藏本，原係楓山官庫舊藏，共十二册。
　　尊經閣文庫藏本，原係江户時代加賀藩主前田綱紀等舊藏，共二十四册。

歷代守令二十卷

　（明）魏顯國撰　孫雄藩等輯
　　明萬曆三十四年（1606年）刊本
　　東京大學東洋文化研究所藏本　原大木幹一等舊藏
　【按】卷首題“豫章外史魏顯國纂述”。前有《郡守制》、《縣令制》兩篇。又有明萬曆丙午（1606年）豫章鄧以誥《序》，後有延陵袁一驥《跋》。
　　此本録《歷代循吏》爲二十一卷，又録《歷代酷吏》爲三卷。

歷代諸史君臣事實箋解二十四卷

　　不著撰人姓氏
　　元刊本　共十二册
　　尊經閣文庫藏本　原江户時代加賀藩主前田綱紀等舊藏

古今人物圖考

　（明）胡文焕編製
　　明萬曆年間（1573—1620年）刊本　共二十二册
　　尊經閣文庫藏本　原江户時代加賀藩主前田綱紀等舊藏

歷代忠義録十四卷

(明)王賞編撰

明嘉靖年間(1522—1566年)刊本

內閣文庫 　尊經閣文庫藏本

【按】前有明嘉靖八年(1529年)序。

內閣文庫藏本,原係江户時代林氏大學頭家舊藏,共四册。

尊經閣文庫藏本,原係江户時代加賀藩主前田綱紀等舊藏,共四册。

歷朝忠義編二十二卷

(明)郭良翰編撰 　黃吉士等訂

明萬曆年間(1573—1620年)刊本

蓬左文庫 　尊經閣文庫藏本

【按】蓬左文庫藏本,係明正天皇寬永五年(1628年)從中國購入,原係尾張藩主家舊藏,共八册。

尊經閣文庫藏本,原係江户時代加賀藩主前田綱紀等舊藏,共八册。

人鏡陽秋二十二卷 　并附圖

(明)汪廷訥編撰

明萬曆二十八年(1600年)新都汪氏環翠堂刊本

蓬左文庫 　東洋文庫 　静嘉堂文庫 　東京大學總合圖書館藏本

【按】蓬左文庫藏本,共十八册。

東洋文庫藏本,共二十册。

静嘉堂文庫藏本,共十二册。

東京大學總合圖書館藏本,原係江户時代紀州德川家南葵文庫等舊藏,共十四册。

人鏡陽秋二十三卷

(內)汪廷訥編撰 　林景倫補

明崇禎年間(1628—1644年)汪氏環翠堂刊本

國會圖書館藏本 　共七册

【按】前有明崇禎四年(1631年)《序》。

人鏡陽秋二十二卷

(明)汪廷訥編

明刊本 　共二十四册

静嘉堂文庫藏本 　原陸心源十萬卷樓舊藏

聖門志六卷 　附一卷

(明)吕元善編撰

明崇禎元年(1628年)刊本

內閣文庫藏本

【按】每半葉有界十行,行十九字。

卷首題"海鹽吕元善纂輯,上海杜士全、江寧顧起元參考,兄吕元美、侄吕睿編次,男吕兆祥、孫吕逢時訂閱"。

前有明崇禎元年(1628年)馮明會《序》,明天啓四年(1624年)樊維城《序》,同年顧起元《序》,明天啓五年(1625年)賀萬祚《序》,項夢原《序》,明萬曆四十一年(1613年)趙焕《序》,及明天啓七年(1627年)吕睿《序》。

卷一末有名宦鄉賢《請崇祀吕元善等牘》,并有孔胤植撰《吕公墓志銘》,孔貞叢撰《墓表》,賀萬祚撰《行狀》,以及岳元聲撰《吕兩公傳》。

內閣文庫藏此同一刊本兩部。一部原係江户時代林氏大學頭家舊藏,共七册。一部原係楓山官庫舊藏,共八册。

【附録】《商舶載來書目》記載,東山天皇元禄十二年(1699年)中國商船"世字號"載《聖門志》一部四册抵日本。

聖門人物志十二卷

(明)郭子章編撰

明萬曆二十二年(1594年)太原府刊本

尊經閣文庫 　蓬左文庫藏本

【按】每半葉九行,行二十二字。

卷首題"山西按察司按察使後學郭子章編輯,太原府知府後學趙彦校正,陽曲縣知縣後學陶嘉璋、交城縣教諭後學彭憲範同校"。

前有明萬曆二十一年(1593年)郭子章《序》,并有馮琦《序》。

尊經閣文庫藏本,原係江户時代加賀藩主前田綱紀等舊藏,共六册。

蓬左文庫藏本,係後水尾天皇寬永四年(1627年)從中國購入,原係尾張藩主家舊藏,卷中有"尾陽内庫"印記,共四册。

聖門人物志十二卷

(明)郭子章編撰　魏濬校
明萬曆四十一年(1613年)羅文寶刊本　共三册
國會圖書館藏本

宗聖志十二卷

(明)吕兆祥編撰
明崇禎年間(1628—1644年)刊本　共三册
内閣文庫藏本　原昌平坂學問所舊藏
【按】前有明崇禎二年(1629年)《序》。

聖學嫡派四卷

(明)過庭訓撰　熊膏等校
明萬曆年間(1573—1620年)刊本　共二册
國會圖書館藏本
【按】前有明萬曆四十一年(1613年)《序》。

聖門通考十二卷　年譜一卷　續三卷

(明)包大□編撰
明萬曆十五年(1587年)清心堂刊本
内閣文庫　尊經閣文庫藏本
【按】内閣文庫藏本,原係楓山官庫舊藏,共六册。

尊經閣文庫藏本,原係江户時代加賀藩主前田綱紀等舊藏,共八册。

孔門源流考十卷

(明)戴庭槐撰
明萬曆十二年(1584年)刊本　共二册
内閣文庫藏本　原楓山官庫舊藏
【按】前有明萬曆十二年(1584年)《序》。

孔聖全書三十五卷

(明)蔡復賞編撰　張延庭補
明萬曆十二年(1584年)刊本
宮内廳書陵部　内閣文庫　尊經閣文庫藏本
【按】宮内廳藏本,原係江户時代德山藩主毛利氏家舊藏,爲德山藩三代主毛利元次廣收"天下秘籍"之一種,東山天皇寶永三年(1706年)《御書物目録》著錄此本,明治二十九年(1896年)男爵毛利元功獻贈宮内省,卷内有缺,共三十二册。

内閣文庫藏本,原係江户時代林羅山舊藏,卷中有明萬曆三十六年修補頁,并有"江雲渭樹"印記,共三十二册。

尊經閣文庫藏本,原係江户時代加賀藩主前田綱紀等舊藏,共二十册。

孔聖全書十四卷

(明)安夢宋撰　黄大年校
明萬曆二十七年(1599年)書林鄭世豪(雲竹)刊本
蓬左文庫　東京大學東洋文化研究所藏本
【按】蓬左文庫藏本,係明正天皇寬永六年(1629年)從中國購入,原係尾張藩主家舊藏,卷中有"尾陽内庫"印記,共四册。

東京大學藏本,有《圖像》一卷。

【附録】東山天皇元禄十五年(1702年)彌生吉且《倭板書籍考》卷之四"史傳雜記"著錄《孔聖全書》。其釋文曰:"大明萬曆年中安夢松(宋)作也。"

歷代像賢録二十卷　附皇明任子考一卷

(明)郭良翰編撰　《附考》(明)王世貞撰
明萬曆年間(1573—1620年)刊本
内閣文庫　尊經閣文庫　東京大學總合圖書館藏本
【按】每半葉有界九行,行二十字。
卷首題"莆中郭良翰輯,會稽陶履中、琅邪王

若之訂"。前有明萬曆三十五年(1607 年)陳
邦經《序》,并郭良翰《自序》。

此本編録自漢至宋任子之賢者而傳之,分爲
十類,其目如次:

《名臣》第一,《道學》第二,《儒林》第三,《忠
義》第四,《宦業》第五,《循吏》第六,《戰功》第
七,《孝友》第八,《文苑》第九,《隱逸》第十。

内閣文庫藏本,原係楓山官庫舊藏,共六册。

尊經閣文庫藏本,原係江户時代加賀藩主前
田綱紀等舊藏,共八册。

東京大學總合圖書館藏本,原係中國廣東籌
賑日災總會寄贈本,共四册。

集古像贊(不分卷)

(明)孫承恩撰
明嘉靖年間(1522—1566 年)刊本　共一册
内閣文庫藏本　原木村兼葭堂舊藏
【按】前有明嘉靖十五年(1536 年)《序》。

名賢像傳二卷

不著撰人姓名
明刊本　共二册
内閣文庫藏本　原昌平坂學問所舊藏

聖賢像贊

不著撰人姓名
明刊本(陰刻)　共一帖
大東急記念文庫藏本
【附録】東山天皇元禄十五年(1702 年)彌生
吉且《倭板書籍考》卷之四"史傳雜記"著録《聖
賢像傳》。其釋文曰:"失編者姓名,載聖賢之
像,有贊有傳。"

據《商舶載來書目》記載,後桃園天皇安永六
年(1777 年)中國商船"世字號"載《聖賢像贊》
一部一帙抵日本。

(新刻)歷代聖賢像贊二卷

(明)孫承恩撰
明萬曆二十一年(1593 年)錢塘胡文焕校刊

本　共二册
蓬左文庫藏本

七十二賢像贊二卷

不著撰人姓名
明萬曆二十一年(1593 年)錢塘胡文焕刊本
共一册
蓬左文庫藏本

(新刻)七十二賢像贊二卷

不著撰人姓名
明萬曆年間(1573—1620 年)刊本　共二册
尊經閣文庫藏本　原江户時代加賀藩主前
田綱紀等舊藏

(新刻)聖賢迹圖二卷

不著撰人姓名
明萬曆年間(1573—1620 年)刊本　共二册
尊經閣文庫藏本　原江户時代加賀藩主前
田綱紀等舊藏

聖圖殿説(聖蹟之圖)(不分卷)

(明)毛鳳羽編
明萬曆年間(1573—1620 年)刊本　共二册
宫内廳書陵部　御茶之水圖書館藏本
【按】前有明萬曆二十年(1592 年)《序》。
大本,繪圖。
御茶之水圖書館藏本,原係德富蘇峰成簣堂
等舊藏。卷中有"讀杜艸堂"印記。

聖殿圖記(聖迹圖)一卷

(明)張楷編
明刊本　共一册
東北大學附屬圖書館藏本

(增修)孔庭纂要十卷

(明)黏燦　閔廷圭編撰
明正德年間(1506—1521 年)刊本　共五册
尊經閣文庫藏本　原江户時代加賀藩主前

田綱紀等舊藏

鹽梅志二十卷

(明)李茂春編撰

明萬曆年間(1573—1620年)河南李氏刊本

國會圖書館　内閣文庫藏本

【按】前有明萬曆三十七年(1606年)《序》。

國會圖書館藏本,共四册。

内閣文庫藏本,原係楓山官庫等舊藏,共八册。

陋巷志八卷

(明)顏胤祚等修撰　吕兆祥重修

明萬曆年間(1573—1620年)長沙周氏重校刊本

内閣文庫　尊經閣文庫　蓬左文庫　京都大學人文科學研究所東洋學文獻中心　早稻田大學圖書館藏本

【按】每半葉有界九行,行二十字。

卷前有明萬曆二十九年(1601年)監察御史楊光訓《序》,同年吴達可《序》,同年于慎行《序》,明嘉靖二十九年(1550年)史鸚《序》,明正德二年(1507年)陳鎬《序》,明正德三年(1508年)李遜學《後序》。

内閣文庫藏本,原係江户時代林氏大學頭家舊藏,共四册。

尊經閣文庫藏本,共六册。

蓬左文庫藏本,原係江户時代初期口立庵舊藏,明正天皇寬永十七年(1640年)由口立庵獻贈,卷中有"尾陽内庫"印記。

京都大學藏本,共四册。

早稻田大學藏本,共四册。

【附録】《商舶載來書目》記載,東山天皇元禄七年(1694年)中國商船"吕字號"載《陋巷志》一部四册抵日本。

陋巷志六卷

(明)陳鎬編撰　顏光魯重修

明崇禎年間(1628—1644年)刊本　共四册

内閣文庫藏本,原楓山官庫舊藏

【按】前有明崇禎五年(1632年)《序》。

此本原係豐後佐伯藩主毛利高標等舊藏,仁孝天皇文政年間(1818—1829年)由出雲守毛利高翰獻贈幕府,明治年間初期,歸内閣文庫。卷中有"佐伯侯毛利高標字培松藏書畫之印"等印記。

夷齊志(不著卷)

(明)張玭編撰

明嘉靖三十八年(1559年)藍印本　共一册

内閣文庫藏本　原豐後佐伯藩主毛利氏家舊藏

【按】此本原係豐後佐伯藩主毛利高標等舊藏,仁孝天皇文政年間(1818—1829年)由出雲守毛利高翰獻贈幕府,明治年間初期,歸内閣文庫。卷中有"佐伯侯毛利高標字培松藏書畫之印"等印記。

夷齊志六卷

(明)白瑜編撰

明萬曆年間(1573—1620年)刊本　共四册

尊經閣文庫藏本　原江户時代加賀藩主前田綱紀等舊藏

【按】每半葉有界九行,行二十字。

卷首題"兵科給事中前庶吉士郡人白瑜纂修,知府事商丘曹代蕭總訂,同知朝邑王皞如、通判石樓李如寶、上思林瑞芝、婺源江一蔚、推官亳州王之屏、盧龍縣知縣鄆縣葉世英校閲,貢士韓師範、庠生崔斗寅采輯"。

前有明萬曆二十八年(1600年)曹代蕭《序》。後有王皞如《後序》,顧雲程《後序》。

闕里志二十四卷

(明)陳鎬編撰

明崇禎年間(1627—1644年)刊康熙年間(1662—1722年)增補本

東京大學總合圖書館藏本

春秋列傳五卷

(明)劉節編撰

明嘉靖年間(1522—1566 年)刊本

内閣文庫　静嘉堂文庫　東京都立日比谷圖書館藏本

【按】每半葉有界十行,行二十一字。

卷首題"大庾劉節介夫重編,蘄水周琅校"。前有丘九仞《序》。

内閣文庫藏此同一刊本兩部,其中一部原係江户時代林氏大學頭家舊藏,共四册。

静嘉堂文庫藏本,原係楢原陳政等舊藏,共四册。

東京都立日比谷圖書館藏本,原係田中慶太郎(救堂)等舊藏,共八册。

春秋列傳八卷

(明)錢普　劉士忠校

明萬曆年間(1573—1620 年)刊本　共八册

早稻田大學圖書館藏本

【按】前有明萬曆七年(1579 年)《序》。

戰國人才言行録十卷

(明)秦瀹編撰

明敬業書院刊本　共四册

内閣文庫藏本　原豐後佐伯藩主毛利氏家舊藏

【附録】《商舶載來書目》記載,光格天皇天明三年(1783 年)中國商船"世字號"載《戰國人才言行録》一部抵日本。

光格天皇天明六年(1786 年)《寅十番船持渡書改目録寫》記載,是年該船載《戰國人才言行録》一部一帙四册抵日本,并注明"古本,有水迹印,脱紙一張"。

漢唐宋名臣録五卷

(明)李廷機撰

明萬曆年間(1573—1620 年)刊本

宮内廳書陵部　内閣文庫　尊經閣文庫藏本

【按】每半葉有界九行,行十八字。

卷首有撰者李廷機《自序》,并有明萬曆三十四年(1606 年)黃吉士《序》。

宮内廳藏本,原係江户時代德山藩主毛利氏家舊藏,爲德山藩三代主毛利元次廣收"天下秘籍"之一種,東山天皇寶永三年(1706 年)《御書物目録》著録此本,明治二十九年(1896 年)男爵毛利元功獻贈宮内省(即今宮内廳書陵部),共五册。

内閣文庫藏此同一刊本兩部,一部原係尾藤二洲、昌平坂學問所舊藏,共五册。一部原係楓山官庫舊藏,共五册。

尊經閣文庫藏本,原係江户時代加賀藩主前田綱紀等舊藏,共五册。

雲韜堂紹陶録二卷

(宋)王質述

清人吳枚庵手寫手識本　共一册

静嘉堂文庫藏本　原陸心源十萬卷樓等舊藏

【按】清人吳枚庵(翌鳳)手跋此本曰:"右虎林陶净蕃傳亡友余景初本。景初下世未久,而書卷散如雲烟。此本幸存其門生江帆□中,予得假而録之耳。戊戌冬十一月十日,枚庵漫士吳翌鳳識。"

宋四大家外紀四十九卷

(明)徐燉編　陳甫伸補

明刊本　共四册

内閣文庫藏本　原昌平坂學問所舊藏

【按】此本細目如次:

《蔡福州外紀》十卷,《蘇東坡外紀》十五卷,《黃豫章外紀》十二卷,《米襄陽外紀》十二卷。

宋三大臣彙志二十一卷

(明)鄭鄤編

明崇禎年間(1628—1644 年内)刊本

内閣文庫　東洋文庫　静嘉堂文庫藏本

【按】前有明崇禎元年（1628年）《序》。

此本細目如次：

《宋忠獻韓魏王君臣相遇傳》十卷，《別錄》一卷，《遺事》一卷。

《宋丞相李忠定公別集》三卷。

《宋丞相文山先生別集》六卷。

内閣文庫藏本，原係昌平坂學問所舊藏，共八册。

東洋文庫藏本，共二十册。

静嘉堂文庫藏本，共十二册。

宋賢事彙二卷

（明）李廷機撰　徐民式校

明蘇州府刊本　共二册

蓬左文庫藏本　原尾張藩主家舊藏

【按】此本係明正天皇寬永九年（1632年）從中國購入，卷中有"尾陽内庫"印記。

宋賢事彙二卷

（明）李廷機編

明刊本　共二册

内閣文庫　尊經閣文庫藏本

（新刻）名臣碑傳琬琰集一百七卷

（宋）杜大珪編

宋刊本　共二十册

静嘉堂文庫藏本

【按】每半葉有界十五行，行二十五字。

卷首題"眉州進士杜大珪編"。

前有宋紹興甲寅（1134年）暮春之初無名氏序。序曰：

"國朝人物之盛，遠追唐虞三代之英，秦漢以來鮮儷矣。自建隆乾德之肇造，暨建炎紹興之中天，因時輩出，豐功偉烈，焜耀方回。雖埋光鏟采，位不稱其德者，亦各有記於時。欲求之記事之書，則灝灝噩噩，未易單據。雜出於野史見聞者，其事由裂而不全，不足以觀其人之出處本末，好事者因集

神道、志銘、家傳之弘者爲一編，以便後學之有志於前言往行者。韓退之《韓弘碑》、杜牧之《譚忠傳》，今質正史而皆合，學者將階此以考信於得失之迹，不爲無助云。"

此本分《前集》二十七卷，《中集》五十五卷，《下集》二十五卷。

陸心源《儀顧堂題跋》卷四著錄此本，題"宋本名臣碑版琬琰之集"。其釋文曰：

"北宋名臣碑狀墓志略具于斯，三集所錄多取之《隆平集》。惟姑溪居士李之儀所撰《范公行狀》，今載《忠宣集》中，此本未錄。南宋祇錄《張浚行狀》、《劉珙行狀》、《劉子羽墓志碑銘》、《李顯忠行狀》、《虞雍公守唐事》，而于李忠定綱、种忠憲師道、宗忠簡澤、趙忠簡鼎、呂忠穆頤浩、胡忠簡銓、岳武穆飛、韓忠武世忠、朱文公熹、呂成公祖謙、趙忠定汝愚志狀，不登一字，亦缺典也。"

五朝名臣言行錄（宋朱晦庵先生名臣言行錄）（殘本）七十卷

（宋）朱熹編輯　《續集》《別集》《外集》（宋）李幼武編輯

元刊本　共十二册

内閣文庫藏本　原慈照院　梅熟軒　近江西大路藩主市橋長昭舊藏

【按】每半葉有界十二行，行二十三字。黑口，左右雙邊。

此本有《前集》十卷，《後集》九卷（原十四卷，今缺卷十至卷十四），《續集》八卷，《別集》二十六卷，《外集》十七卷（其中卷十二至卷十七係後人寫補）。

光格天皇文化五年（1808年）近江西大路藩主市橋長昭舉所藏宋元古本與明本數種獻諸文廟，此本係其中之一。

傅增湘《藏園群書經眼錄》卷四著錄此本。

【附錄】《商舶載來書目》記載，光格天皇天明三年（1783年）中國商船"曾字號"載《宋名臣言行錄》前後集一部抵日本。

光格天皇天明六年（1786年）《寅十番船持

渡書改目録寫》記載,是年該船載《宋名臣言行録》前後集一部四册抵日本,并注明"古本,有朱筆點,無脱紙"。同年,該船又載《宋名臣言行録》一部六册抵日本,并注明"古本,紙微黄,無脱頁"。同天皇文化二年(1805年)《丑三番船書籍目録》記載,該船載《宋名臣言行録》一部抵日本。

《書籍元帳》記載,仁孝天皇弘化二年(1845年)輸入《宋名臣言行録》二部。安田屋吉太郎價,一部五十五匁,一部六十五匁。同年又輸入一部(别板)。弘化四年(1847年)中國商船"午三番"載《五朝名臣言行録》一部二帙抵日本,價四十五匁。孝明天皇嘉永三年(1850年)中國商船"酉五番"載《宋名臣言行録》一部二帙抵日本,價五十匁。

仁孝天皇天保十四年(1843年)《漢籍發賣投標記録》記載《五朝名臣言行録》二部各六册,標價爲一百三十四匁,一百八十三匁九分,一百八十五匁。同天皇天保十五年(1844年)《宋名臣言行録》三部投標,三枝五十五匁,安田屋六十五匁八分,永見屋六十八匁五分。同天皇弘化二年(1845年),《宋名臣言行録》二部。標價爲鐵屋七十五匁,松之屋七十五匁六分,安田屋一百六匁五分。同年又有《宋名臣言行録》一部,標價爲松之屋五十五匁,鐵屋八十八匁八分,安田屋九十匁。

仁孝天皇天保十五年(1844年)《會所進貨書籍見帳》記載,《宋名臣言行録》四部各二包,投標價爲永見屋六十五匁,阿佐屋一百一匁,吉井屋一百十匁。同年又有三部各十二册售出,標價爲三支屋五十五匁,永見屋六十五匁八分,安田屋六十八匁五分。

靈元天皇寬文七年(1667年)京都村上勘兵衛刊印《宋朱晦庵先生名臣言行録》前集十卷,後集十四卷,補遺正誤一卷。題署"宋朱熹撰,李衡校,明張采評,宋學顯、馬嘉植參校,鵜飼真奉(直齋)點"。此本後有京都風月莊左衛門、丁字屋莊兵衛、須原屋茂兵衛、河内屋喜兵衛等重印本。東山天皇元禄十五年(1702年)

彌生吉且撰《倭板書籍考》卷四著録《宋名臣言行録》有《前集》十卷,《後集》十四卷,凡十二册,即此本。

此外,仁孝天皇天保十二年(1841年)京都風月莊左衛門刊行《皇朝名臣言行録續集》八卷。此本題"宋李幼武撰,齋藤鶯江校"。

五朝名臣言行録(宋朱晦庵先生名臣言行録)七十五卷

(宋)朱熹編輯　《續集》《别集》《外集》(宋)李幼武編輯　(明)鄭如璧校

明刊本　共十二册

内閣文庫藏本　原楓山官庫舊藏

【按】此本有《前集》十卷,《後集》十四卷,《續集》八卷,《别集》二十六卷,《外集》十七卷。

五朝名臣言行録(宋朱晦庵先生名臣言行録)七十五卷

(宋)朱熹編輯　《續集》《别集》《外集》(宋)李幼武編輯　(明)張鰲山校正

明正德年間(1506—1521年)刊本　共三十册

天理圖書館古義堂文庫　御茶之水圖書館藏本

【按】每半葉有界十二行,行二十三字。白口,四周單邊。

《總目》之首有"安福張鰲山校正重刊"一行。此本係覆刊宋本。

古義堂藏本,原係伊藤仁齋氏家舊藏,卷中有伊藤蘭嵎寫補。此本有《前集》十卷,《後集》十四卷,《續集》八卷,《别集》二十六卷,《外集》十七卷。共二十册。

御茶之水圖書館藏本,原係德富蘇峰成簀堂舊藏,此本《别集》爲十三卷,全凡六十二卷。此本於明治四十二年(1909年)由德富蘇峰購得,漢籍專家寺田望南、島田翰等判爲"元刊明修本"或"覆宋明刊本"。第一册《序》首有"錢氏儲藏"朱文印記,書帙内封有德富蘇峰購書之記,共三十册。此本原缺《東漢文鑑》卷一至卷十的《目錄》，由德富氏依內閣文庫藏本鈔出，并另編一冊，附錄於後。

宋朱晦庵先生名臣言行錄　前集十卷　後集十四卷　宋名臣言行錄　續集八卷　別集十三卷　外集十七卷

　　（宋）朱熹編輯　李衡校　（明）張采評閱《續集》《別集》《外集》（宋）李幼武編輯　（明）宋學顯　馬嘉植參正

　　明崇禎六年（1633年）序古吳聚錦堂刊本共二十三冊

　　愛知大學霞山文庫藏本　原東亞同文會霞山會舊藏

宋朱晦庵先生名臣言行錄　前集十卷　後集十四卷　宋名臣言行錄續集八卷　別集十三卷　外集十七卷

　　（宋）朱熹編輯　李衡校　（明）張采評閱《續集》《別集》《外集》（宋）李幼武編輯　（明）宋學顯　馬嘉植參正

　　明崇禎十一年（1638年）婁東張氏刊本

　　宮內廳書陵部　內閣文庫　蓬左文庫　東京大學總合圖書館　東北大學附屬圖書館　新發田市立圖書館藏本

　　【按】宮內廳書陵部藏本，共二十冊。

　　內閣文庫藏本，原係昌平坂學問所舊藏，共二十四冊。

　　蓬左文庫藏本，原係江戶時代尾張藩主家等舊藏，共十二冊。

　　東京大學總合圖書館藏此同一刊本四部。一部原係市村瓚次郎買入本覺廬文庫等舊藏，卷中有後人寫補，共十二冊；一部原係中國廣東籌賑日災總會寄贈本，有後人修補，共十六冊；一部爲殘本，今缺《前集》全部、《後集》卷第一至卷第四、《續集》全部、《外集》卷第五至卷第九、卷第十二、卷第十三，共九冊；一部亦係殘本，今存《別集》卷第四下至卷第七下，共一冊。

東北大學附屬圖書館藏本，原係狩野亨吉舊藏，共二十冊。

　　新發田市立圖書館藏本，共二十冊。

宋名臣言行錄（前集）十卷

　　（宋）朱熹編輯

　　明初刊　共五冊

　　靜嘉堂文庫藏本　原陸心源十萬卷樓等舊藏

五朝名臣言行錄（宋朱晦庵先生名臣言行錄）二十四卷

　　（宋）朱熹編輯

　　明建昌郡齋刊本

　　內閣文庫藏本

　　【按】此本袛有《前集》十卷，《後集》十四卷。

　　內閣文庫藏此同一刊本兩部。一部原係江戶時代林氏大學頭家舊藏，共五冊。一部原係近藤正齋、昌平坂學問所等舊藏，共五冊。

宋名臣言行略十二卷

　　（明）劉廷元編撰

　　明刊本　共六冊

　　內閣文庫藏本

伊洛淵源錄十四卷

　　（宋）朱熹撰

　　元至正年間（1341—1368年）刊本　共六冊

　　靜嘉堂文庫藏本　原凌麗生　陸心源十萬卷樓等舊藏

　　【按】每半葉有界十行，行二十字。

　　卷首有元至正癸未（1343年）十月黃清老《序》，并有同年蘇天爵《序》。後有元至正九年（1349年）李世安《後序》。

　　卷中有“吳江凌氏藏書”朱文印記。

　　【附錄】《昌平坂御官板書目》著錄《伊洛淵源錄》，題署“宋朱子編”。《官板書籍解題略》（上）著錄曰：“宋朱子撰，書成於乾道癸巳。是書列錄由周子以下程子及交游之門弟子之言行,甚而如邢恕之反駁者,亦具録其名氏,得以爲後世借考。其後,《宋史·道學·儒林》諸傳,皆依此書爲之。蓋談宋人道學宗派,則由此書始;而分宋人道學之門户,亦由此書始。"

《倭板書籍考》卷之四"史傳雜記"著録《伊洛淵源録新增續編》。其釋文曰:"新增十四卷,爲大明畏軒楊廉編,增補朱子《伊洛淵源録》,始於周子,終於程門之諸子。同《續録》六卷,成化年中黄岩謝鐸編,始於羅豫章之傳,終於王魯齋之傳。"

後光明天皇慶安二年(1649年)刊印《伊洛淵源録》十四卷、《附録》一卷、《伊洛淵源録續録》六卷。此本其後有仁孝天皇天保十四年(1843年)修補重印本

【附録】後光明天皇慶安二年(1649年)京師風月莊左衛門刊印《伊洛淵源録新增》十四卷并《附録》六卷,題署"宋朱熹撰,明楊廉新增"。《附録》題署"明謝鐸撰"。

伊洛淵源録十四卷

(宋)朱熹撰　　(明)盧謙校

明崇禎二年(1629年)刊本　共二册

内閣文庫藏本　原楓山官庫舊藏

伊洛淵源録十四卷

(宋)朱熹撰

明刊本　共六册

内閣文庫藏本　原江户時代林氏大學有家舊藏

國朝名臣事略十五卷

(元)蘇天爵修輯

元元統乙亥(1335年)余志安勤有書堂刊本共四册

静嘉堂文庫藏本　原陸心源皕宋樓等舊藏

【按】每半葉有界十三行,行二十四字。大黑口,四周雙邊。

卷前有元至順壬申(1332年)良月許有壬《序》,元天曆己巳(1329年)歐陽玄《序》,元至

順辛未(1331年)王理《序》。後有元天曆二年(1329年)王守誠《跋》。《目録》後有刊印木記一行曰:"元統乙亥余志安刊于勤有書堂"。

此本採録名臣四十七人,始太師魯國忠武王木華黎,終劉先生因。大抵據諸家文集所載墓碑、墓誌、行狀、家傳爲多,間採雜書,逐一注其出處。

卷中有"漢唐齋"白文長印、"古鹽馬氏"朱文方印、"笏齋珍藏之印"朱文方印等印記。

國朝名臣事略十五卷

(元)蘇天爵修輯

元元統乙亥(1335年)余志安勤有書堂刊本共二册

内閣文庫藏本　原近江西大路藩主市橋長昭等舊藏

【按】此本與静嘉堂文庫藏本爲同一刊本,行款題式皆同,係市橋長昭獻贈幕府官學宋元本之一,封面有市橋長昭墨書"元統乙亥刻"五字。卷中有"市橋長昭藏書"印記及"昌平坂學問所"朱印。

草莽私乘一卷

(元)陶宗儀鈔輯

明人寫本　黄蕘圃　錢謙益手識本　共一册

静嘉堂文庫藏本　原汲古閣　曹倦圃　黄蕘圃　陸心源等舊藏

【按】此本録胡長孺、王惲、許有壬、虞集、劉因、李孝光、金綱、楊維禎、林清源、龔開、周仔肩、揭傒斯、貢師泰、汪澤民,凡十四家忠孝節義之文二十篇。内有許有壬撰《文丞相傳序》,龔開撰《文丞相傳》、《陸君實傳》等。

清道光年間(1821—1850年)黄蕘圃跋此本曰:"《私乘》存公道,鴻文二十篇。綱常留大節,草莽示微權。感慨宋元際,表揚臣妾賢。讀之如有愧,掩卷泪凄然。"末題"老蕘讀書有感而作"。

卷中有"曹溶之印"白文方印,"曹溶私印"朱

文方印，"檇李曹氏"朱文長印，"檇李曹氏考藏圖書記"朱文方印等印記。

陸心源《儀顧堂題跋》卷四著録此本，其釋文曰：

"《草莽私乘》一卷，題曰南村陶宗儀抄輯。舊鈔本。所録凡宋季元初忠臣、孝子、節婦傳序二十篇。龔開文集久佚，文信國、陸君實兩傳，藉此以存。程敏政《宋遺民録》，不及此本之善。是書手稿，嘉靖中爲王弇州所藏。江陰李貫從王氏録副以傳。貫字如一，好古嗜書，致盡減先人之産。嘗從事三禮，借錢謙益衛湜《禮記集説》，焚香肅拜而後啓視，其愛書之癖如此。此册即李如一鈔本，後歸曹倦圃……道光中，歸'百宋一廛'。黃蕘圃孝廉有《跋》。"

此本《目後》有錢謙益題語二則。

焦太史編輯國朝獻徵録一百二十卷

（明）焦竑編輯　張汝霖　茅元儀同校

明萬曆四十四年（1616年）徐象橒曼山館刊本

宮內廳書陵部　國會圖書館　內閣文庫　東洋文庫　蓬左文庫　尊經閣文庫　足利學校遺迹圖書館　東京大學　東北大學附屬圖書館藏本　廣島市立淺野圖書館　陽明文庫藏本

【按】每半葉有界十行，行二十字。

卷前有黃汝亨《序》，并明萬曆丙辰（1616年）顧起元《序》。《目録》後有刊行記一行曰："山陰張汝霖、吳興茅元儀同校，錢塘徐象橒刊行"。其下刻有"曼山館"三字。

宮內廳書陵部藏本，原係江户時代德藩主毛利氏家舊藏，爲德山藩三代主毛利元次廣收"天下秘籍"之一種，東山天皇寶永三年（1706年）《御書物目録》著録此本。明治二十九年（1896年）男爵毛利元功獻贈宮內省（即今宮內廳書陵部）。卷九十、卷九十一補寫，每册有"明倫館印"，"德藩藏書"等印記。共一百册。

國會圖書館藏本，原共九十六册，現合爲五十七册。

內閣文庫藏此同一刊本共五部。一部原係楓山官庫舊藏，共五十册。一部共一百一册。一部亦係楓山官庫舊藏，共一百二十册。一部原係江户時代林氏大學頭家舊藏，卷四十九、卷五十、卷五十四上、卷五十五，凡四卷缺佚，共一百五十七册。一部卷一至卷六十缺佚，共六十册。

東洋文庫藏本，共一百六十册。

蓬左文庫藏本，係明正天皇寬永十七年（1640年）購入，原係江户幕府大將軍德川氏舊藏，卷中有"御本"印記，後歸尾張藩主家，共一百六十册。

尊經閣文庫藏本，原係江户時代加賀藩主前田綱紀等舊藏，共一百册。

足利圖書館藏本，原係足利學校舊藏，今存卷一、卷十九等，共三册。

東京大學藏本，共一百二十册。

東北大學藏本，共一百二册。

廣島市立圖書館藏本，共一百八册。

陽明文庫藏本，原係江户時代近衛家熙等舊藏，共九十五册。

【附録】《商舶載來書目》記載，後櫻町天皇明和二年（1765年）中國商船"美字號"載《明朝獻徵録》一部十六帙抵日本。

今獻備遺四十二卷

（明）項篤壽編撰

明萬曆十一年（1583年）秀水項氏萬卷堂刊本　共四册

內閣文庫　東洋文庫　京都大學人文科研究所東洋學文獻中心藏本

【按】內閣文庫藏本，原係豐後佐伯藩主毛利高標等舊藏，仁孝天皇文政年間（1818—1829年）由出雲守毛利高翰獻贈幕府，明治年間初期，歸內閣文庫。卷中有"佐伯侯毛利高標字培松藏書畫之印"等印記，共八册。

東洋文庫藏本，共四册。

京都大學藏本，共八册。

【附録】《商舶載來書目》記載,後櫻町天皇明和二年(1765 年)中國商船"幾字號"載《今獻備遺》一部抵日本。

馮元成寶善編選刻二卷

(明)馮時可撰

明萬曆年間(1573—1620 年)吳郡馮氏等刊本　共二册

東洋文庫　蓬左文庫藏本

【按】此本分甲集一卷,乙集一卷。

蓬左文庫藏本,係明正天皇寬永六年(1629年)從中國購入,原係尾張藩主家舊藏,卷内有"尾陽内庫"印記。

【附録】《商舶載來書目》記載,後櫻町天皇明和元年(1764 年)中國商船"比字號"載《馮元成選集》一部抵日本。

皇明寶善類編二卷　首一卷

(明)蘇茂相編　何喬遠校

明何喬遠蘇茂相序刊本

内閣文庫　尊經閣文庫　蓬左文庫藏本

【按】内閣文庫藏本,原係楓山官庫舊藏,共二册。

尊經閣文庫藏本,原係江户時代加賀藩主前田綱紀等舊藏,共四册。

蓬左文庫藏本,係明正天皇寬永七年(1630年)從中國購入,原係尾張藩主家舊藏,卷中有"尾陽内庫"印記。共二册。

皇明開國功臣傳三十二卷

(明)黃金編撰

明正德年間(1506—1521 年)刊本　共二十册

尊經閣文庫藏本　原江户時代加賀藩主前田綱紀等舊藏

【按】卷首有定遠黃金《自序》。序曰:

"昔游學宫,每聞鄉郡開國事勣,輒求讀之。妨於舉業及入官文選,復爲攔筆。暨轉勋部,稍稍爲之,俄而隨牒兩廣,奔涉畏途,

繼罹多故,攔筆數禩。比來解官,結廬泉山,始盡爲之。大抵是録主功,而尤以忠義爲重,所以示勸也。彼忠義有虧,親陷叛逆,功雖高,不録;其有功高且忠義,當録弗録者,則限於不知,非敢故遺。"

又有余姚黃珣《序》。序曰:

"定遠黃金,生於龍飛之鄉,及諸公遺澤未斬之際,慨然有作。攟拾搜羅,發微抉隱,參以往籍,輯爲一書。自徐魏公至指揮李觀,凡若干人,履歷緒業,一覽而盡。將以傳域中而慰地下,可謂知本者矣。"

【附録】《商舶載來書目》記載,東山天皇元禄十三年(1700 年)中國商船"美字號"載《明開國功臣傳》一部十册抵日本。

皇明開國臣傳十三卷　附皇明遜國臣傳五卷

(明)朱國禎編撰

明刊本　共八册

東洋文庫　静嘉堂文庫藏本

【按】東洋文庫藏本,原係藤田豐八氏舊藏。

静嘉堂文庫藏本,原係陸心源守先閣等舊藏。

皇明輔世編六卷

(明)唐鶴徵撰

明崇禎年間(1628—1644 年)程氏尊古堂刊本　共六册

尊經閣文庫　東洋文庫藏本

【按】前有明崇禎十五年(1642 年)《序》。

尊經閣文庫藏本,原係江户時代加賀藩主前田綱紀等舊藏。

東洋文庫藏本,原係藤田豐八氏舊藏。

國朝列卿記一百六十五卷

(明)雷禮編輯

明監察御史豐城徐鑒校刊本

内閣文庫　尊經閣文庫　京都大學人文科學研究所東洋學文獻中心藏本

【按】每半葉十行,行二十五字。

卷首題"柱國少傅兼太子太傅工部尚書豐城雷禮纂輯,提督應安等府學校監察御史同邑徐鑒校梓"。

前有顧起元《序》,徐鑒《序》,并編者雷禮《自序》。

內閣文庫藏此同一刊本兩部。一部共四十八册;一部原係楓山官庫舊藏,共三十二册。

尊經閣文庫藏本,原係江户時代加賀藩主前田綱紀等舊藏,共四十八册。

京都大學藏本,共八十册。

【附録】據《商舶載來書目》記載,後櫻町天皇明和二年(1765年)中國商船"美字號"載《明朝列卿記》一部四帙抵日本。

國朝列卿年表一百三十九卷

(明)雷禮編輯

明刊本　共十册

內閣文庫　尊經閣文庫藏本

【附録】據《商舶載來書目》記載,中御門天皇享保八年(1723年)中國商船"古字號"載《國朝列卿年表》一部八册抵日本。同書又記後櫻町天皇明和四年(1767年)中國商船"美字號"載《明朝列卿年表》一部抵日本。

國朝名臣言行略四卷

(明)劉廷元編

明天啓間(1621—1627年)當湖劉廷元刊本

內閣文庫　東京大學總合圖書館藏本

【按】內閣文庫藏此同一刊本兩部。一部原係楓山官庫舊藏,共八册。一部共四册。

東京大學總合圖書館藏本,原市村瓚次郎買入本覺廬文庫等舊藏,共四册。

國朝殿閣部院大臣年表十五卷　附一卷

(明)許重熙編

明刊本　共二册

內閣文庫藏本　原豐後佐伯藩主毛利氏家舊藏

【按】此本係仁孝天皇文政年間(1818—1829

年)由出雲守毛利高翰獻贈幕府。

國朝內閣名臣事略十六卷

(明)吴伯與編

明崇禎年間(1628—1644年)刊本　共十六册

尊經閣文庫藏本　原江户時代加賀藩主前田綱紀等舊藏

皇明臣略纂聞十二卷

(明)瞿汝説編撰

明崇禎年間(1628—1644年)刊本　共四册

尊經閣文庫藏本　原江户時代加賀藩主前田綱紀等舊藏

皇明名臣琬琰録二十四卷　後録二十二卷

(明)徐竑編

明弘治年間(1488—1505年)刊本　共十六册

東洋文庫藏本

【按】前有明弘治十八年(1505年)《序》。

【附録】據《商舶載來書目》記載,後櫻町天皇明和二年(1765年)中國商船"久字號"載《皇明名臣琬琰録》一部十六册抵日本。

皇明名臣琬琰録二十四卷　後録二十二卷　續録八卷

(明)徐竑編

明嘉靖年間(1522—1566年)刊本

內閣文庫　尊經閣文庫　静嘉堂文庫藏本

【按】卷前有明嘉靖辛酉(1561年)武進薛應旂《序》。

此本體例與宋人《名臣碑傳琬琰集》同,自洪武至弘治,《前録》則一百十七人,《後録》則九十五人,《續録》則六十九人,凡碑銘、志傳、地誌、言行録,全悉録之。

內閣文庫藏本,原係楓山官庫舊藏。卷二十三、卷二十四,凡二卷缺佚,共二十册。

尊經閣文庫藏本,原係江户時代加賀藩主前

田綱紀等舊藏,共十六册。

静嘉堂文庫藏本,原係陸心源十萬卷樓等舊藏,共十册。

皇明名臣言行録四卷

(明)楊廉等撰
明刊本　共八册
宫内廳書陵部藏本

(新刊)皇明名臣言行録四卷

(明)楊廉　徐咸撰
明嘉靖年間(1522—1566年)余姚魏氏刊本
尊經閣文庫　蓬左文庫　御茶之水圖書館藏本
【按】每半葉有界十行,行二十字。白口,左右雙邊。前有明嘉靖二十五年(1546年)《序》。

尊經閣文庫藏本,原係江户時代加賀藩主前田綱紀等舊藏,共八册。

蓬左文庫藏本,係後水尾天皇元和年間(1615—1624年)購入,原係尾張藩主家舊藏,卷中有"尾陽内庫"印記,共四册。

御茶之水圖書館藏本,原係德富蘇峰成簀堂等舊藏。此本封面爲朝鮮産紋樣紙,第一册内封有大正四年(1915年)德富蘇峰手識文,叙其於朝鮮漢城得此書之經緯,共八册。

皇明名臣言行録新編三十四卷

(明)沈應魁編
明嘉靖三十二年(1553年)吴郡沈應魁刊本
内閣文庫　蓬左文庫　尊經閣文庫　東洋文庫　御茶之水圖書館　日光輪王寺藏本
【按】每半葉有界十行,行二十四字。白口,四周單邊。

卷首有明嘉靖三十二年沈應魁《自序》。

卷一至卷十爲《前集》,卷十一至卷十七爲《中集》,卷十八至卷二十六爲《後集》,卷二十七至卷三十四爲《外集》。

卷首題署"吴常熟後學沈應魁文仲氏校刊"。

内閣文庫藏本,原係楓山官庫舊藏,共六册。

蓬左文庫藏本,原係尾張藩主家舊藏,共四册。

尊經閣文庫藏本,原係江户時代加賀藩主前田綱紀等舊藏,共七册。

東洋文庫藏本,共四册。

御茶之水圖書館藏本,原係德富蘇峰成簀堂等舊藏。此本第一册内封有德富蘇峰手識文,共八册。

輪王寺藏本,原係天海大和尚舊藏,共八册。

【附録】光格天皇文化七年(1810年)《唐船持渡書物目録留》記載,中國商船"未九番"載《明名臣言行録》一部四帙抵日本。

皇明名臣言行録繹二卷

(明)彭韶撰　熊人霖考繹
明刊本
内閣文庫藏本
【按】内閣文庫藏此同一刊本兩部。一部原係昌平坂學問所舊藏,共一册。一部原係楓山官庫舊藏,共二册。

近代名臣言行録十卷

(明)徐咸撰
明嘉靖年間(1522—1566年)濠梁崔氏刊本
共六册
尊經閣文庫　東京大學東洋文化研究所藏本
【按】此本有明嘉靖十一年(1532年)《跋》。

皇明都俞録(皇明歷朝召對都俞録)十一卷

(明)宋存標編撰
明刊本(君子堂藏板)　共四册
東洋文庫藏本

皇明應諡名臣備考録十卷

(明)林之盛編撰
明萬曆年間(1573—1620年)刊本　共八册
尊經閣文庫藏本　原江户時代加賀藩主前

田綱紀等舊藏

皇明應諡名臣備考録八卷

(明)林之盛編撰
明刊本　共七册
内閣文庫藏本　原江户時代林氏大學頭家舊藏

皇明臣諡類抄一卷

(明)鄭汝璧編撰
明萬曆六年(1578年)刊本　共一册
宫内廳書陵部藏本

皇明臣諡類鈔一卷

(明)鄭汝璧編輯
明刊本　共一册
宫内廳書陵部藏本
【按】卷尾題"萬曆戊寅(1573年)三月上浣之吉縉雲鄭汝璧編輯"。
卷首有"古人與稽"、"字茂申"、"秘閣圖書之章"等印記。

皇明諡紀集考二十五卷

(明)郭良翰編輯
明天啓年間(1621—1627年)刊本
内閣文庫藏本
【按】前有明天啓三年(1623年)《序》。
内閣文庫藏此同一刊本兩部。一部原係江户時代林氏大學頭家舊藏,共八册。一部原係楓山官庫舊藏,共十册。

皇明諡考三十八卷

(明)葉秉敬編撰
明萬曆年間(1573—1620年)刊本　共八册
尊經閣文庫藏本　原江户時代加賀藩主前田綱紀等舊藏

皇明人物考六卷　首一卷

(明)焦竑撰

明萬曆二十三年(1595年)葉近山刊本　共二册
内閣文庫藏本
【附録】《商舶載來書目》記載,中御門天皇享保十六年(1731年),中國商船"久字號"載《皇明人物考》一部抵日本。

皇明中州人物志十六卷

(明)朱睦㮮編撰
明隆慶年間(1567—1572年)刊本　共六册
内閣文庫藏本　原豐後佐伯藩主毛利氏家舊藏
【按】每半葉有界十行,行十八字。
卷前有明隆慶四年(1570年)應天巡撫余姚翁大立《序》。次有山西按察使臨海金立敬《序》。
卷末有明隆慶二年(1568年)朱睦㮮之弟朱睦桛題跋。其文曰:
　　"右兄西亭先生所著《皇朝中州人物志》十六卷,始於洪武,迄於嘉靖,年幾二百,人凡百三十有奇,脱稿已久。今年春余請編校,遂刻置家塾,傳諸其人。又有《文獻志》四十卷,俟續梓行也。隆慶二年春正月望第西園睦桛謹題。"
此本原係豐後佐伯藩主毛利高標等舊藏,仁孝天皇文政年間(1818—1829年)由出雲守毛利高翰獻贈幕府,明治年間初期,歸内閣文庫。卷中有"佐伯侯毛利高標字培松藏書畫之印"等印記。

皇明詞林人物考十二卷

(明)王兆雲編撰
明萬曆三十二年(1604年)序刊本
内閣文庫　静嘉堂文庫藏本
【按】内閣文庫藏此同一刊本兩部。一部原係豐後佐伯藩主毛利氏舊藏,仁孝天皇文政年間(1818—1829年)由出雲守毛利高翰獻贈幕府,共六册。一部原係楓山官庫舊藏,共十二册。

皇明同姓諸王表

不著撰人姓氏
明萬曆年間（1573—1620 年）刊本　共四册
內閣文庫藏本　原江戶時代林氏大學頭家
舊藏

皇明表忠記十卷　首一卷并附錄一卷

（明）錢士升論次　【附錄】（明）汪宗伊編
明崇禎六年（1633 年）刊本
宮內廳書陵部　東洋文庫　尊經閣文庫藏
本
【按】每半葉有界九行，行十九字。
卷首題"南史錢士升論次"。
前有李孫宸《序》，明崇禎六年（1633 年）畢
懋康《序》，同年錢士升《自序》，并薛岡《序》。
宮內廳書陵部藏本，共五册。
東洋文庫藏本，共六册。
尊經閣文庫藏本，原係江戶時代加賀藩主前
田綱紀等舊藏，共五册。

聖朝名世考十一卷

（明）劉夢雷編撰
明萬曆三十九年（1611 年）序刊本
內閣文庫　蓬左文庫藏本
【按】內閣文庫藏本，原係楓山官庫舊藏，共
八册。
蓬左文庫藏本，《序》《目》并缺，共四册。

國朝名世類苑（殘本）四十二卷

（明）凌迪知編撰
明萬曆年間（1573—1620 年）刊本　共二十
二册
內閣文庫藏本　原楓山官庫舊藏
【按】前有明萬曆三年（1575 年）《序》。
是書全四十六卷。此本卷第三十二至卷第
三十五，凡四卷缺佚。

碩輔寶鑒要覽四卷　附一卷

（明）耿定向編撰
明萬曆年間（1573—1620 年）刊本　共二册
內閣文庫藏本　原楓山官庫藏本
【按】此本有明萬曆七年（1579 年）《跋》。

仕隱霞標四卷

（明）龍遇奇編撰
明萬曆年間（1573—1620 年）刊本　共四册
內閣文庫藏本　原楓山官庫舊藏
【按】此本有明萬曆四十六年（1618 年）
《序》。

仕隱霞標四卷

（明）龍遇奇編
明萬曆年間（1573—1620 年）刊本　共四册
尊經閣文庫藏本　原江戶時代加賀藩主前
田綱紀等舊藏

皇明帝后紀略一卷　附藩封一卷

（明）鄭汝璧編撰
明萬曆年間（1573—1620 年）刊本　共一册
內閣文庫藏本　原楓山官庫舊藏

守令懿範四卷

（明）蔡國熙撰
明刊本　共三册
內閣文庫藏本　原楓山官庫舊藏
【按】每半葉有界九行，行十八字。
卷內題"大名道副使陳簡校，大名府知府劉
廷謨訂，元城縣知縣李炳梓"。前有陳簡《序》，
喬廷棟《序》。後有梁雲龍《後序》，明萬曆二十
五年（1597 年）劉廷謨《跋》。

皇明三異人錄四卷

（明）俞允諧編　李贄評
明刊本
內閣文庫藏本

【按】此本係《李卓吾評方正學》一卷,《李卓吾評于忠肅》一卷,《李卓吾評楊椒山》二卷之合刊本。内閣文庫藏此同一刊本兩部。一部原係楓山官庫舊藏,共四册。一部共一册。

【附錄】《商舶載來書目》記載,後櫻町天皇寶曆十三年(1763年)中國商船"佐字號"載《三異人錄》一部抵日本。

嘉靖以來首輔傳八卷

(明)王世貞編撰　茅元儀校正

明萬曆四十五年(1617年)刊本

内閣文庫　東洋文庫藏本

【按】卷首有王世貞《自序》。

此本細目如次:

卷一,楊廷和、蔣冕、毛紀、費宏、楊一清;

卷二,張孚敬、李時;

卷三,夏言、翟鑾;

卷四,嚴嵩;

卷五,徐階、李春芳;

卷六,高拱;

卷七、卷八,張居正。附張羅、申時行。

内閣文庫藏本,原係楓山官庫舊藏,共二册。

東洋文庫藏此同一刊本兩部。一部原係藤田豐八氏舊藏,共二册;一部亦二册。

聖學宗傳十八卷

(明)周儒登編　陶望齡校

明萬曆年間(1573—1620年)刊本

國會圖書館　内閣文庫藏本

【按】每半葉有界九行,行十八字。

卷前有明萬曆三十三年(1605年)陶望齡《序》,明萬曆三十四年鄒元標《序》。

卷一首題"東越周儒登編刊,陶望齡訂正,王繼晃、繼蝶、繼炳參閱,後學劉邦胤重閲補梓"。

國會圖書館藏本,有附錄《宗傳咏古》一卷,原共十六册,現合爲八册。

内閣文庫藏此同一刊本兩部。一部原係豐後佐伯藩主毛利氏家舊藏,仁孝天皇文政年間(1818—1829年)由出雲守毛利高翰獻贈幕府,

共八册。一部原係楓山官庫舊藏,共六册。

聖學宗傳十八卷

(明)周汝登撰　陶望齡訂正

明萬曆三十四年(1606年)刊本

蓬左文庫　京都大學人文科學研究所東洋學文獻中心藏本

【按】蓬左文庫藏本,原係江户時代尾張内庫舊藏,卷中有"尾陽内庫"印記。此本係日本後水尾天皇寬文四年(1627年)從中國購入。共八册。

京都大學藏本,共十二册。

聖學宗傳十八卷

(明)周汝登撰　陶望齡訂正

明崇禎九年(1636年)跋謝青蓮刊本　梅川藏版

東京大學文學部漢籍中心　東北大學文學部中國哲學文學研究室藏本

【按】每半葉有界九行,行十八字,注文小字雙行。白口,四周單邊(19.3cm×13.7cm)。版心記字數,并記刻工姓名,如吳田、六十山、六十二山、文、一、子、吉、心、日、祁等。

東京大學文學部藏本,共十一册。

東北大學文學部藏本,共十二册。

聖學宗傳十八卷

(明)周儒登編

明人寫本　共四册

尊經閣文庫藏本　原江户時代加賀藩主前田綱紀等舊藏

宗學嫡派四卷

(明)過庭訓編輯

明萬曆年間(1573—1620年)刊本　共四册

内閣文庫藏本

【按】前有明萬曆四十一年(1613年)《序》。

内閣文庫藏此同一刊本兩部。一部原係豐後佐伯藩主毛利高標等舊藏,仁孝天皇文政年

間(1818—1829 年)由出雲守毛利高翰獻贈幕府,明治年間初期,歸内閣文庫。卷中有"佐伯侯毛利高標字培松藏書畫之印"等印記。一部原係楓山官庫舊藏。

歷代道學統宗淵源問對十二卷

(明)黎温編撰

明成化年間(1465 — 1487 年)刊本　共十六册

尊經閣文庫藏本　原江户時代加賀藩主前田綱紀等舊藏

道統考八卷

(明)王圻編撰

明萬曆年間(1573 — 1620 年)刊本　共八册

尊經閣文庫藏本　原江户時代加賀藩主前田綱紀等舊藏

道統集(不分卷)

(明)李人龍編撰

明嘉靖年間(1522 — 1566 年)刊本　共一册

尊經閣文庫藏本　原江户時代加賀藩主前田綱紀等舊藏

明儒要録四卷

(明)馮孜編撰

明萬曆年間(1573 — 1620 年)刊本　共四册

尊經閣文庫藏本　原江户時代加賀藩主前田綱紀等舊藏

諸儒述概(天集二十四卷　地集二卷　人集不分卷)

(明)吴瑞登編撰

明萬曆年間(1573—1620 年)刊本　共六册

尊經閣文庫藏本　原江户時代加賀藩主前田綱紀等舊藏

【按】每半葉有界十行,行二十字。

卷前有明萬曆二十四年(1596 年)唐一鵬《序》。

本朝分省人物考(本朝京省分郡人物考)一百十五卷　首一卷

(明)過庭訓纂集　過銘盤等訂正

明天啓二年(1622 年)刊本

内閣文庫　國會圖書館　尊經閣文庫　蓬左文庫　静嘉堂文庫　陽明文庫藏本

【按】每半葉有界十行,行二十字。

卷首題"南直督學御史西浙過庭訓纂集,門人蘇松兵備副使南郡熊膏參閲,男過銘盤、過銘盂、過銘□、寧國府學生員嚴弘志同訂正"。

前有明天啓二年(1622 年)陳繼如《序》,并毛一鷺《序》,過庭訓《自序》,熊膏《序》。

此本輯録有明一代自洪武至萬曆初元人物傳記,字數不等,長則十餘萬言,短則數十百字。細目如次:

北直十卷,南直三十一卷,浙江十五卷,江西十三卷,福建六卷,湖廣八卷,河南十卷,山東五卷,山西四卷,陝西四卷,四川三卷,廣東三卷,廣西一卷,雲南一卷,貴州一卷。

内閣文庫藏此同一刊本兩部,一部原係昌平坂學問所舊藏,共六十四册。一部原係楓山官庫舊藏,共四十八册。

國會圖書館藏本,共二十三册。

尊經閣文庫藏本,原係江户時代加賀藩主前田綱紀等舊藏,共六十四册。

蓬左文庫藏本,共六十四册。

静嘉堂文庫藏本,原係陸心源守先閣等舊藏,共三十四册。

陽明文庫藏本,原係江户時代近衛家熙等舊藏,共六十二册。

江右名賢編二卷

(明)俞均　劉元卿編撰

明萬曆年間(1573—1620 年)刊本　共一册

内閣文庫藏本　原豐後佐伯藩主毛利氏家舊藏

【按】前有明萬曆二十年(1592 年)《序》。

此本原係豐後佐伯藩主毛利高標等舊藏,仁

孝天皇文政年間(1818—1829年)由出雲守毛利高翰獻贈幕府,明治年間初期,歸內閣文庫。卷中有"佐伯侯毛利高標字培松藏書畫之印"等印記。

吴中人物志十二卷

(明)張㬅等編撰

明隆慶年間(1567—1572年)刊本　共五冊

尊經閣文庫藏本　原江戶時代加賀藩主前田綱紀等舊藏

續吳先賢贊十五卷

(明)劉鳳編撰

明刊本　共六冊

尊經閣文庫藏本　原江戶時代加賀藩主前田綱紀等舊藏

兩浙名賢録五十四卷　外録八卷

(明)徐象梅編撰

明天啓五年(1625年)光碧堂刊本

內閣文庫　尊經閣文庫　陽明文庫藏本

【按】內閣文庫藏本,原係豐後佐伯藩主毛利氏家舊藏,仁孝天皇文政年間(1818—1829年)由出雲守毛利高翰獻贈幕府,明治年間初期,歸內閣文庫。卷中有"佐伯侯毛利高標字培松藏書畫之印"等印記。此本《外録》八卷缺佚,共四十冊。

尊經閣文庫藏本,原係江戶時代加賀藩主前田綱紀等舊藏,共三十二冊。

陽明文庫藏本,原係江戶時代近衛家熙等舊藏,共三十冊。

【附録】《商舶載來書目》記載,後櫻町天皇明和五年(1768年)中國商船"利字號"載《兩浙名賢録》一部四帙抵日本。

浙學宗傳六卷

(明)劉鱗長編撰

明刊本　共六冊

內閣文庫藏本　原楓山官庫舊藏

金華正學編十二卷

(明)趙鶴編　張朝瑞重編

明刊本

宮內廳書陵部　內閣文庫藏本

【按】卷前有明正德辛未(1511年)趙鶴自《序》。《序》曰"吕成公與徐吳二公舊例從祀,成化間有以四賢讀者,賜正學祠,準龜山例,祀於本郡。今龜山已秩從祀而郡未及,爲四賢再請議者歉焉。侍御一山張先生按浙,屬鶴考述婺之文獻。鶴遵《伊洛淵源録》,稽訂東華、北山、魯齋、仁山、白雲五先生言行,又仿王魯齋《王先生文粹》,取其文之關於道源教本者附諸後"云云。

宮內廳藏本,原係江戶時代德山藩主毛利氏家舊藏,爲德山藩三代主毛利元次廣收"天下秘籍"之一種,東山天皇寶永三年(1706年)《御書物目録》著録此本,明治二十九年(1896年)男爵毛利元功獻贈宮內省,共六冊。

內閣文庫藏本,原係昌平坂學問所舊藏,共四冊。

淮郡文獻志二十六卷　首一卷　補遺一卷

(明)潘塤編撰

明嘉靖年間(1522—1566年)刊本　共二十冊

內閣文庫　東洋文庫　尊經閣文庫藏本

【按】前有嘉靖三十四年(1555年)《序》。

內閣文庫藏本,共十八冊。

東洋文庫藏本,共二十冊。

尊經閣文庫藏本,原係江戶時代加賀藩主前田綱紀等舊藏,共十八冊。

閩學宗傳四卷

(明)劉廷焜編撰

明崇禎年間(1628—1644年)刊本　共四冊

內閣文庫藏本　原楓山官庫舊藏

【按】此本有明崇禎十年(1637年)《序》。

閩南道學源流十六卷

（明）楊應詔編撰

明嘉靖四十三年（1564 年）楊氏華陽書院刊本　共七册

内閣文庫藏本　原豐後佐伯藩主毛利氏家舊藏

【按】此本原係仁孝天皇文政年間（1818—1829 年）由出雲守毛利高翰獻贈幕府，明治年間初期，歸内閣文庫。卷中有"佐伯侯毛利高標字培松藏書畫之印"等印記。

道南一脈諸儒列傳二十二卷

（明）黃文炤編撰

明刊本　共十六册

尊經閣文庫藏本　原江户時代加賀藩主前田綱紀等舊藏

南國賢書前編二卷　南國賢書六卷

（明）張朝瑞編撰

明崇禎年間（1628 — 1644 年）刊本　共七册

尊經閣文庫藏本　原江户時代加賀藩主前田綱紀等舊藏

弇州史料前集三十卷　後集七十卷

（明）王世貞撰　董復表編

明萬曆四十二年（1614 年）武陵楊鶴雲間刊本

宮内廳書陵部　尊經閣文庫　蓬左文庫　静嘉堂文庫　京都大學人文科學研究所東洋學文獻中心　御茶之水圖書館藏本

【按】每半葉有界九行，行十八字。白口，四周單邊。

卷首題"琅邪王世貞纂撰，華亭後學董復表彙次"。

前集首有楊鶴《序》，李維楨《序》，明萬曆甲寅年（1614 年）陳繼儒《序》。《陳序》曰"予雅辱先生後死之托，少思詮次，而僕僕無清暇。吾友董章甫則匯而成之，私署曰《弇州史料》。

其前載年表、志考、世家、列傳，公皆爲史而史者也；其後撮志、狀、碑、表爲故實，而以叢記記録附之，公雖不史而可以入史者也"云云。

後集首有《引》。

宮内廳書陵部藏本，卷中有寫補，共三十二册。

尊經閣文庫藏本，原係江户時代加賀藩主前田綱紀等舊藏，共五十册。

蓬左文庫藏本，係明正天皇寬永六年（1629 年）從中國購入，原係尾張藩主家舊藏，卷中有"尾陽内庫"印記。共十五册。

静嘉堂文庫藏本，共三十一册。

京都大學藏本，卷中有葉德輝識文，并有王世貞圖記，共四十四册。

御茶之水圖書館藏本，原係德富蘇峰成簣堂等舊藏，此本全卷有朱點，書帙外題書係德富蘇峰手筆，共十八册。

【附録】據《商舶載來書目》記載，中御門天皇正德元年（1711 年）中國商船"江字號"載《弇州史料》一部八帙抵日本。

據《持渡書物覺書》記載，桃園天皇寬延四年（1751 年）中國商船"午字號"載《弇州史料》一部四帙四十册抵日本。

據《外船賫來書目》記載，桃園天皇寶曆九年（1759 年）中國商船"一番船"載《弇州史料》二部共八帙抵日本。

桃園天皇寶曆十年（1760 年）《商賣書物目録并大意書》著録《弇州史料》一部四帙三十二册，中國商船"辰一番"運到。其釋文曰："明王世貞著。古本，有蟲蝕處。卷中有朱藍墨筆點。脱紙八張。"

弇州史料前集三十卷　後集七十卷

（明）王世貞撰　董復表編

明刊本　共二十四册

内閣文庫藏本　原松平定信等舊藏

弇州史料前集三十卷　後集七十卷

（明）王世貞撰　董復表編

明刊本　共三十册

内閣文庫藏本　原昌平坂學問所舊藏

弇州史料後集(殘本)四十一卷

(明)王世貞撰　董復表編

明刊本　共八册

關西大學綜合圖書館内藤文庫藏本

【按】每半葉有界九行,行十八字。白口,四周單邊(21.4cm×14.4cm)。

卷首題"弇州史料後集,琅邪王世貞纂撰,華亭後學董復表彙次"。

《弇州史料後集》全七十卷。此本今存卷三十至卷七十。

鎮遠先獻記二十四卷

(明)顧大猷編撰

明天啓年間(1621—1627年)刊本　共十六册

京都大學人文科學研究所東洋學文獻中心藏本

【按】卷首題"南湘外史顧大猷撰"。

前有明天啓二年(1622年)顧大猷《自序》,次有《凡例》十二則。

顧氏世家顯赫,自明洪武至萬曆,累代列侯,傳爵七世而至於顧大猷。此本乃顧大猷在受鎮遠侯之後,依據典籍、制誥、章疏、碑傳、雜志等,輯其先世事實,叙其先人功烈,始自明洪武元年(1368年),迄於明萬曆十年(1582年),集爲一編。

濟美錄四卷

(明)鄭燭輯

明嘉靖十四年(1535年)歙鄭氏刊本

東京大學東洋文化研究所藏本

(新鋟評林傍訓)薛湯二先生家藏酉陽探古人物奇編十八卷

(明)薛應旂輯　湯賓尹注

明萬曆四十四年(1616年)南京刊本

東京大學東洋文化研究所藏本

(新鋟評林傍訓)薛鄭二先生家藏酉陽探古人物奇編十八卷

(明)薛應旂輯　鄭以偉評注

明萬曆年間(1573—1620年)閩書林刊本　共七册

廣島市立淺野圖書館藏本

【按】前有明萬曆年間吳國倫《序》。

版心題"酉陽探古人物奇編",外題"四書人物考"。

綺雲館尚論名賢記十六卷

(明)施汀編撰

明萬曆年間(1573—1620年)刊本　共六册

尊經閣文庫藏本　原江戶時代加賀藩主前田綱紀等舊藏

(新刻)凌煙閣荃宰中興舉業傳論三卷

(明)馬焕賓編撰

明萬曆年間(1573—1620年)刊本　共三册

尊經閣文庫藏本　原江戶時代加賀藩主前田綱紀等舊藏

五朝玉音(不分卷)

(明)閔夢得編

明崇禎年間(1628—1644年)朱藍二色刊本

内閣文庫藏本　原楓山官庫舊藏

紹興十八年同年小錄一卷

不署編著者

清人寫本　徐時棟手識本　共一册

大倉文化財團藏本　原陳鈞堂等舊藏

【按】此本係清道光十一年(1831年)山陰杜氏知聖教齋寫本。

卷首有宋紹興十七年《開科手詔》,次有十八年四月三日《御試策問》,次有敕差與試諸官銜名,次集所供事人名日期,次錄第一甲十八、第二甲十九人、第三甲三十七人、第四甲一百二十二人、第五甲一百四十二人。特奏名一人，每人下列名字、小名、小字、年甲、外氏、行第、妻氏、籍貫、里户，蓋科例如是也。此榜朱子列第五甲第九十人。

卷中有清同治八年(1869年)徐時棟收書手識文，并陳鈞堂、徐時棟朱墨校書語。

卷首有"山陰杜氏知聖教齋"、"城西草堂"、"柳泉書畫"、"徐時棟秘籍印"等印記。

寶祐四年登科錄一卷

不署編著者
清人寫本　徐時棟手識本　共二册
大倉文化財團藏本　原陳鈞堂等舊藏
【按】此本係清道光十一年(1831年)山陰杜氏知聖教齋寫本。

卷首列《御試策》，後列《考官姓氏》，初考官三人，添差覆考官四人，初考檢點試卷官一人，此官即王應麟也。後錄第一甲二十一人，第一名即文天祥也；第二甲四十人，第一名即謝枋得，第二十七即陸秀夫也；第三甲七十九人；第四甲二百四十八人；第五甲二百十三人。

卷末有林佶等《跋》，卷中有清同治八年(1869年)徐時棟收書手識文，并陳鈞堂、徐時棟朱墨校書語。

卷首有"山陰杜氏知聖教齋"、"城西草堂"、"柳泉書畫"、"徐時棟秘籍印"等印記。

皇明歷科狀元圖考五卷

(明)顧祖訓編撰(卷四以下吴立性編撰)
吴承恩等校　黄應澄繪圖
明萬曆年間(1573—1620年)刊本
宫内廳書陵部　内閣文庫　蓬左文庫藏本
【按】卷前有明萬曆三十五年(1607年)沈一貫序，同年湯賓尹序。

宫内廳書陵部藏本，共五册。

内閣文庫藏本，原係楓山官庫舊藏，共五册。

蓬左文庫藏本，係明正天皇寬永十二年(1635年)購入，原係尾張藩主家舊藏，卷中有"尾陽内庫"印記，共五册。

【附錄】據《商舶載來書目》記載，東山天皇寶永二年(1705年)中國商船"禮字號"載《歷科狀元圖考全書》一部抵日本。同書又記中御門天皇正德二年(1712年)中國商船"志字號"載《狀元圖考》一部抵日本。

據《外船賷來書目》記載，桃園天皇寶曆九年(1759年)中國商船"一番船"載《狀元圖考》十部抵日本。

增狀元圖考六卷

(明)顧鼎臣　孫祖訓編撰
明崇禎年間(1628—1644年)刊本
内閣文庫　尊經閣文庫藏本
【按】内閣文庫藏本，原係豐後佐伯藩主毛利高標等舊藏，仁孝天皇文政年間(1818—1829年)由出雲守毛利高翰獻贈幕府，明治年間初期，歸内閣文庫。卷中有"佐伯侯毛利高標字培松藏書畫之印"等印記。

此本卷一缺佚，卷中有清康熙年間(1662—1722年)修補葉，共五册。

尊經閣文庫藏本，原係江户時代加賀藩主前田綱紀等舊藏，共六册。

皇明進士登科考十三卷

(明)俞憲編
明嘉靖年間(1522—1566年)刊本　共四册
尊經閣文庫藏本　原江户時代加賀藩主前田綱紀等舊藏

(新刊)嘉靖十四年進士登科錄三卷

不署編著者
明刊本　共三册
内閣文庫藏本　原豐後佐伯藩主毛利氏家舊藏
【按】此本原係仁孝天皇文政間(1818—1829年)由出雲守毛利高翰獻贈幕府，明治年間初期，歸内閣文庫。卷中有"佐伯侯毛利高標字培松藏書畫之印"等印記。

皇明貢舉考九卷　首一卷

(明)張朝瑞編輯

明萬曆年間(1573—1620年)刊本　共十六冊

内閣文庫藏本　原楓山官庫舊藏

河南鄉試錄(萬曆三十四年)

不署編著者

明萬曆年間(1573—1620年)刊本　共一冊

内閣文庫藏本　原楓山官庫舊藏

浙江鄉試錄(萬曆三十四年)

不署編著者

明萬曆年間(1573—1620年)刊本　共一冊

内閣文庫藏本　原楓山官庫舊藏

順天府鄉試錄(萬曆三十七年)

不署編著者

明萬曆年間(1573—1620年)刊本　共一冊

内閣文庫藏本　原楓山官庫舊藏

【附錄】《商舶載來書目》記載,東山天皇元禄十二年(1699年)中國商船“志字號”載《順天鄉試錄》一部抵日本。

江西鄉試錄(萬曆三十七年)

不署編著者

明萬曆年間(1573—1620年)刊本　共一冊

内閣文庫藏本　原楓山官庫舊藏

全史吏鑑四卷

(明)徐元太編撰　徐夢麟校

明萬曆年間(1573—1620年)刊本　共四冊

國會圖書館藏本

【按】前有明萬曆十九年(1591年)《序》。

劍俠傳四卷

不著撰人姓名

明刊八行本　共二冊

蓬左文庫藏本　原江户時代尾張藩主家舊藏

【按】此本係明正天皇寬永五年(1628年)從中國購入,卷中有“尾陽内庫”印記。

(劉向)古列女傳七卷　續一卷

(漢)劉向編撰　(明)朱景固校

明嘉靖三十一年(1552年)刊本

内閣文庫　尊經閣文庫　静嘉堂文庫　陽明文庫藏本

【按】每半葉有界十二行,行二十字。

卷前有明嘉靖三十一年(1552年)黄魯曾《序》,曾鞏《序》,宋嘉祐八年(1063年)王回《序》,明嘉靖壬子年(1552年)朱衍《序》,宋嘉定七年(1214年)蔡驥《序》。每卷首題“漢劉向撰,吳郡黄魯曾贊,吳郡朱景固校正”。

内閣文庫藏此同一刊本兩部。一部原係江户時代林氏大學頭家舊藏;一部原係楓山官庫舊藏。各皆三冊。

尊經閣文庫藏本,原係江户時代加賀藩主前田綱紀等舊藏,共四冊。

静嘉堂文庫藏本,原係陸心源十萬卷樓等舊藏,此本係顧廣圻校宋本,卷中有缺損,共一冊。

陽明文庫藏本,原係江户時代近衛家熙等舊藏。此本今缺卷第一至卷第四,共二冊。

【附錄】東山天皇元禄十五年(1702年)彌生吉且《倭板書籍考》卷四“史傳雜記”著錄《劉向列女傳》八卷。其釋文曰:“此本前漢劉向作,上成帝也。立婦人之善惡,以諷鑒宮女。相傳以圖文繪識於屏風。今本係宋代王回删定之本,附《新續列女傳》三卷,乃由周至明各代列女之傳記也。”

據《商舶載來書目》記載,光格天皇安永九年(1780年)中國商船“禮字號”載《古列女傳》一部四帙抵日本。

據《改濟書籍目錄》記載,光格天皇文化元年(1804年)中國商船“亥六番”運到《古列女傳》二十部,每部一帙。

據《外船齎來書目》記載,光格天皇文化二年(1805年)中國商船"丑八番"載《列女傳》二部各一帙抵日本。

後光明天皇承應三年(1654年)京都小島彌左衛門刊印漢人劉向《新刻古列女傳》八卷,并明人黄希周《新續列女傳》八卷。其後,此本有大阪伊丹屋善兵衛等多種重印本。

(劉向)古列女傳八卷

(漢)劉向編撰

明萬曆年間(1573—1620)新都黄嘉育刊本共八册

大谷大學圖書館藏本　原神田喜一郎(凵盦)等舊藏

【按】前有明萬曆三十四年(1606年)《序》。此本係昭和五十九年(1984年)由神田凵盦氏家族獻贈大谷大學。

(新編)古列女傳(殘本)五卷

(漢)劉向編撰　(明)黄魯曾校刊

明黄氏仿宋刊本　顧千里手校本　周季貺手識本　共一册

静嘉堂文庫藏本

【按】卷首題"漢護左都水使者光禄大夫劉向編撰"。前有宋嘉祐八年(1063年)九月王回《序》,同年曾鞏《序》,并有宋嘉定七年(1214年)蔡驥《序》。

是書全八卷。此本卷六至卷八缺佚。

卷末有周季貺手識文二則。其一曰:"右顧澗薲先生手校明黄氏刻《列女傳》殘本五卷。黄氏駁亂次序,竄入贊語,與古文錯连,錢虞山嘗深譏之。其書爲世所輕,特以澗翁手迹所在,乃可貴耳。季貺。"

其二曰:"劉氏《列女傳》古本,江南北流傳宋刻凡二,爲余氏勤有堂刻。王回深父據頗所定也,凡七卷。顧黄門所爲後人屬入者,别入爲續一卷。每傳有圖,圖在傳之左右及下方,行與字數不畫一。舊在絳雲樓,牧翁有跋。所謂一得之錢功甫,一得之南城廢殿者也。廢殿本

後歸蘇州顧抱仲,澗薲先生爲之校雠重刻,文仍其舊,而削去繪圖,别爲考證,附之卷末。功甫本後歸黄復翁百宋一廛,道光間入阮中堂文選樓,中堂女公子重刊行世,悉如宋刊舊式。于是有有圖無圖二本,而劉氏之舊崇文之校,復睹于今矣。丁卯三月晦日,借魏稼孫藏本,讀竟附記。季貺。"

(新鎸增補全像評林)古今列女傳八卷

(漢)劉向編撰　(明)茅坤補　彭烊評　宗原校

明萬曆十五年(1587年)金陵唐富春刊本

蓬左文庫　滋賀大學附屬圖書館　日光輪王寺藏本

【按】每半葉有界十行,行二十字。白口,左右雙邊。

卷前有明正德五年(1510年)高貴口《重刊古列女傳序》,次有正德六年(1511年)張崇德《列女傳序》。

此本卷目如次:

第一卷　母儀傳;

第二卷　賢明傳　仁智傳;

第三卷　貞順傳　節義傳;

第四卷　辯通傳;

第五卷　母儀傳　賢明傳;

第六卷　仁智傳　貞順傳;

第七卷　節義傳;

第八卷　辯通傳。

每傳之首有圖二面,并附贊言,次載事迹本文,末爲頌文。第五卷以下爲增廣之文。

蓬左文庫藏本,原係江户時代幕府大將軍德川氏家舊藏,卷中有"御本"印記,後敕贈尾張藩主家。封面係朱色題簽紙,墨書"古今列女傳",内題"新鎸增補全像評林古今列女傳",共三册。

滋賀大學藏本,共二册。

輪王寺藏本,原係天海大和尚舊藏,卷中插有它本繪頁,共五册。

【附録】據《商舶載來書目》記載,光格天皇寬

政八年(1796年)中國商船"志字號"載《綉像列女傳》一部四帙抵日本。

(新鐫增補全像評林)古今列女傳八卷

(漢)劉向編撰　(明)茅坤補編

明萬曆辛卯(1591年)刊本　共二册

滋賀大學附屬圖書館藏本

(新鋟全像音釋)古今列女傳(繪圖列女傳)四卷

(明)翁青陽校正

明萬曆二十六年(1598年)與耕堂刊本　共二册

御茶之水圖書館藏本　原德富蘇峰成簣堂等舊藏

【按】每半葉上部三分之一爲綉像,下三分之二爲文字。文字半葉十二行,行二十二字至二十五字不等。

内封上部小二分之一爲綉像,下部左右兩行,大字竪行書寫書名"增補古今列女全傳"。在"增補古今"與"列女全傳"之間,題署"書林與耕堂朱仁齋梓"一行。

卷一首題"新鋟全像音釋古今列女傳卷之一"。次行題署"晉安翁青陽校正",次行題署"書林楊景生梓行"。

(新刻)古列女傳八卷　新續列女傳二卷

(漢)劉向編撰　《續》(明)黄希周編撰

明萬曆三十四年(1606年)序新都黄氏刊本

大谷大學附屬圖書館　大垣市立圖書館藏本

【按】大谷大學藏本,原係神田喜一郎(鬯盦)舊藏,昭和五十九年(1984年)由神田氏家族獻贈大谷大學。此本無《新續列女傳》二卷,共八册。

大垣市藏本,共五册。

古今列女傳(殘本)一卷

(漢)劉向編撰

明刊本　共一册

東京大學東洋文化研究所藏本　原大木幹一等舊藏

典故列女傳四卷

明人編纂不著姓氏

明刊本　共四册

内閣文庫藏本　原楓山官庫舊藏

【附録】據《商舶載來書目》記載,中御門天皇享保十五年(1730年)中國商船"天字號"載《典故列女傳》一部抵日本。

列女傳十六卷

(漢)劉向原撰　(明)汪口增輯　仇英繪圖

明萬曆年間(1573—1620年)刊清乾隆四十四年(1779年)知不足齋修補本　共八册

東京大學總合圖書館藏本　原江户時代紀州德川家南葵文庫等舊藏

女鏡八卷

(明)夏樹芳編撰

明萬曆年間(1573—1620年)刊本　共二册

東京大學總合圖書館藏本　原中國廣東籌賑日災總會等贈本

【按】前有明萬曆三十八年(1610年)《序》。

貞録四卷

(明)蔣德璟編録

明崇禎年間(1628--1644年)刊本　共二册

内閣文庫藏本　原楓山官庫舊藏

【按】前有崇禎十年(1637年)《序》。

閨鑒圖集

(明)黄尚文編集

明萬曆三十七年(1609年)刊本　共三册

蓬左文庫藏本　原江户時代尾張藩主家舊藏

【按】卷前有明萬曆三十七年新都俞時育《序》。

此本係明正天皇寛永十二年(1635年)從中

國購入,卷中有"尾陽内庫"印記。

孝友傳二十四卷　目一卷

（明）郭凝之編
明刊本
宮内廳書陵部　尊經閣文庫藏本
【按】宮内廳書陵部藏本,共八册。
尊經閣文庫藏本,原係江户時代加賀藩主前田綱紀等舊藏,共四册。

忠孝別傳八卷

（明）吴震元編撰
明崇禎年間（1628—1644年）刊本　共四册
内閣文庫藏本　原楓山官庫舊藏
【按】前有明崇禎十三年（1640年）《序》。
【附録】據《商舶載來書目》記載,東山天皇元禄八年（1695年）中國商船"智字號"載《忠孝別傳》一部一帙抵日本。

貧士傳二卷

（明）黄姬水撰
明刊本　共一册
東京大學東洋文化研究所　早稻大學圖書館藏本

高士傳三卷

（晋）皇甫謐撰
明嘉靖癸巳（1533年）刊本　共一册
宮内廳書陵部　静嘉堂文庫　東京大學東洋文化研究所藏本
【按】此本係明嘉靖十二年（1533年）黄省曾《高士傳》、《列女傳》、《列仙傳》、《續仙傳》合刻之零種,載高士九十六人,與晁氏《讀書志》合,而與陳氏《書録解題》不合。
宮内廳藏本,原係豐後佐伯藩主毛利高標等舊藏。仁孝天皇文政年間（1818—1829年）出雲守毛利高翰獻贈幕府,明治年間初期,歸内閣文庫。明治二十四年（1891年）三月移送宮内省圖書寮（即今宮内廳書陵部）。卷中有"讀

耕齋之家藏"、"佐伯侯毛利高標字培松藏書畫之印"、"秘閣圖書之章"等印記。
静嘉堂文庫藏本,原係陸心源十萬卷樓等舊藏。
【附録】後桃園天皇安永四年（1775年）浪花柏原屋與左衛門刊印《高士傳》三卷。
江户時代又有京都河内屋藤四郎、大阪河内屋藏兵衛外九軒刊印《高士傳》三卷。

景行録八卷

（明）郭凝之撰
明崇禎年間（1628—1644年）刊本　共四册
内閣文庫藏本　原豐後佐伯藩主毛利氏家舊藏
【按】前有明崇禎四年（1631年）序。
此本原係豐後佐伯藩主毛利高標等舊藏,仁孝天皇文政年間（1818—1829年）由出雲守毛利高翰獻贈幕府,明治年間初期,歸内閣文庫。卷中有"佐伯侯毛利高標字培松藏書畫之印"等印記。

善行録八卷

（明）張時徹編
明嘉靖年間（1522—1566年）刊本　共三册
内閣文庫藏本　原楓山官庫舊藏
【按】前有明嘉靖三十二年（1553年）《序》。

廉吏傳（不分卷）

（明）黄汝亨編撰
明萬曆四十三年（1615年）刊本　共八册
宮内廳書陵部藏本　原江户時代德藩主毛利氏家舊藏
【按】此本係江户時代德藩第三代主毛利元次廣收"天下秘籍"之一種,東山天皇寶永三年（1706年）《御書物目録》著録此本。明治二十九年（1896年）男爵毛利元功獻贈宮内省。
【附録】據《商舶載來書目》記載,光格天皇天明三年（1783年）中國商船"禮字號"載《廉吏傳》一部抵日本。

光格天皇天明六年（1786 年）《寅十番船持渡書改目録寫》記載，是年該船載《廉吏傳》一部一帙六册抵日本，并注明："古本，有蟲蝕處，朱墨點。"

逝世編十四卷

（明）錢一本　吳亮編輯

明刊本　林鵝峰題識本　共六册

內閣文庫藏本　原江户時代林氏大學頭家舊藏

【按】卷末附紙一葉，係靈元天皇寬文庚戌（1670 年）林鵝峰題識，文曰：

"《逝世編》一部六册，舊友卜幽叟所藏也。十餘年前，余與亡弟靖會幽叟於野節宅，時書估賫來此書，幽求得之。靖披閱之，以爲奇書也。其所著《本朝逝史》題名本於此。今兹六月十一日，幽叟携此書呈余曰：'聞此書未藏文庫，今即老衰喪明，死亦不遠，以是爲遺物，受之則爲幸。'余不能拒其志，置諸座右。七月二十六日，俄聞幽蓋棺。嗚呼，四十餘年舊識，不可再見，對此書則猶逢叟而已，且其二册存滴朱之痕，則豈不追憶哉！乃并想往年之事，於亡弟亦不能無嘆息焉。彼云此云，滴淚跋卷尾。寬文庚戌仲秋，林學士記。"

《跋文》中所謂"卜幽叟"者，别號林塘，乃林羅山門下水户藩儒。此本卷中有朱筆句點，并有朱筆引，蓋出此翁之手。文中所題《本朝逝史》，乃係林鵝峰之胞弟林讀耕齋所著，凡二卷，有靈元天皇寬文四年（1664 年）刊本。

逸民史二十卷　元史隱逸補二卷

（明）陳繼儒編撰　吳懷謙校

明萬曆年間（1573—1620 年）刊本

內閣文庫　静嘉堂文庫　京都大學人文科學研究所東洋學文獻中心　東京都立日比谷圖書館藏本

【按】每半葉有界九行，行十八字。

卷首題"華亭陳繼儒輯，新安吳懷謙校"。

前有明萬曆三十一年（1603 年）王衡《序》。《目録》末題"嘉興殷仲春、高金聲、王淑民、郁嘉慶、華亭陳繼儒、陳夢蓮、琅邪王瑞毅、釋秋潭、蓮儒、慧解同校"。

內閣文庫藏此同一刊本三部。一部原係木村兼葭堂舊藏，共十二册。一部原係楓山官庫舊藏，共十二册。一部原係尾藤二洲、東條琴□舊藏，此本卷二缺佚，共十一册。

静嘉堂文庫藏本，原係陸心源十萬樓等舊藏，共六册。

京都大學藏本，共十二册。

東京都立日比谷圖書館藏本，原係山本敬太朗等舊藏，共十二册。

【附録】桃園天皇寶曆十年（1760 年）《商賣書物目録并大意書》著録《逸民史》一部一帙十册，中國商船"辰一番"運到。其釋文曰："明陳繼儒輯，吳懷謙校。古本，然脱紙二張。"

據《商舶載來書目》記載，桃園天皇寶曆十二年（1762 年）中國商船"以字號"載《逸民史》一部抵日本。

江户時代有明人陳繼儒撰《逸民史》二十二卷手寫本一種，原共六册，現合爲三册。此本今存國會圖書館。

至聖先師孔子年譜（聖師年譜）二卷　首一卷

（明）蔡悉編撰

明刊本　共二册

內閣文庫藏本　原江户時代林氏大學頭家舊藏

孔子通紀八卷　前紀一卷

（明）潘府編撰

明天啓五年（1625 年）刊本　共二册

京都大學附屬圖書館藏本

【附録】後陽成天皇·後水尾天皇慶長年間（1596—1615 年）有木活字刊印本《孔子通紀》八卷。

至聖先師孔子刊定世家七卷

（明）馮烶編撰

明萬曆年間（1573—1620 年）刊本　共七册

内閣文庫　蓬左文庫藏本

【按】前有明萬曆三十九年（1611 年）《序》。

内閣文庫藏此同一刊本三部。一部原係江户時代林羅山家舊藏，卷中有"江雲渭樹"印記。一部原係楓山官庫舊藏。一部原係豐後佐伯藩主毛利氏家舊藏，仁孝天皇文政年間（1818—1829 年）出雲守毛利高翰獻贈幕府。

蓬左文庫藏本，係後水尾天皇元和年間（1615—1624 年）從中國購入，原係幕府大將軍德川氏舊藏，後賜尾張藩主家，卷中有"御本"印記。

至聖先師孔子刊定世家三卷

（明）馮烶輯

明萬曆年間（1573—1620 年）刊本　共三册

國會圖書館藏本

【按】前有明萬曆三十九年（1611 年）《序》。

孔聖通考五卷

（明）袁中道編

明刊本　共三册

内閣文庫藏本　原昌平坂學問所舊藏

孟志五卷

（明）潘榛編撰　周希孔參校

明萬曆年間（1573—1620 年）刊本　共四册

尊經閣文庫　京都大學文學部藏本

【按】前有明萬曆三十九年（1611 年）《序》。

尊經閣文庫藏本，原係江户時代加賀藩主前田綱紀等舊藏。

【附録】光格天皇寬政四年（1792 年）江户時代儒者太田南畝手寫《孟志》一册，此本題"潘榛編，周希孔參校"。

三通志六卷

（明）史鶚編

明嘉靖年間（1522—1566 年）刊本　共四册

内閣文庫　尊經閣文庫藏本

【按】前有嘉靖三十一年（1552 年）《序》。

内閣文庫藏本，原係楓山官庫等舊藏。

尊經閣文庫藏本，原係江户時代加賀藩主前田綱紀等舊藏。

三遷志（不分卷）

（明）吕季可等編

明刊本　共四册

宮内廳書陵部藏本

孔孟事迹圖譜四卷

（明）季本編撰　王慎中校

明嘉靖年間（1522—1566 年）刊本　共二册

内閣文庫　尊經閣文庫藏本

【按】卷首題"會稽季本考辨，晋江王慎中訂正，錢塘童漢臣校刊"。

前有明嘉靖甲寅（1554 年）王慎中《序》。《序》文曰"書據《史記》、司馬氏《通鑒》、劉氏《外紀》、邵氏《皇極經世言書》、吕氏《大事記》、金氏《通鑒前編》；近潘氏《孔子通紀》，益以《春秋内外傳》、《戰國策》、《禮記》、《家語》、《孔叢子》諸書，參考互證，權覆行事，差次歲年，櫛比抒緯，既詳且確。其正諸家同異，一以《論語》《孟子》二書爲主。故雖生乎數千歲之遠而鑿鑿可信也"云云。

孔孟像圖贊先聖小像一卷　孟子全圖一卷

明人編纂不著姓名

明萬曆二十六年（1598 年）安正堂劉雙松刊本　共一册

蓬左文庫藏本

孔孟世論六卷

（明）孫羽侯論次　王曰叟編輯

明萬曆年間(1573—1620年)刊本　共四冊
内閣文庫藏本　原楓山官庫舊藏

【按】前有明萬曆二十七年(1599年)《序》。

晏子春秋八卷

題齊人晏嬰撰
元刊本　明人徐惟和手識本　共四冊
静嘉堂文庫藏本　原徐幔亭(惟和)　鄭杰
陸心源等舊藏

【按】每半葉九行,行十八字。卷一至卷四版
心刻"晏氏上",卷五至卷八版心刻"晏氏下"。
卷首有《總目》,《目》後有劉向《奏》文。每卷有
目,連續篇目。此本行款題式,與吴山尊重摹
影元寫本相同。

卷四後有明人徐惟和手識文一行。文曰:
"萬曆戊戌(1598年)中秋購於閶門肆中"。文
後有"徐燉私印"白文方印,"惟和"朱文橫長
印。

每冊有"徐燉私印"、"幔亭峰長"、"鄭杰之
印"、"人杰"、"注韓居士"、"鄭杰注韓居珍藏
記"等印記。

陸心源《儀顧堂續跋》卷十著録此本,其識文
曰:

> "徐燉字惟和,福建閩縣人,萬曆戊子舉
> 人,著有《幔亭詩集》。鄭杰字人杰,侯官人,
> 乾隆貢生。其藏書之所曰'注韓居',藏書數
> 萬卷,分二十厨貯之。以'東壁圖書府,西園
> 翰墨林,誦詩聞國政,講易見天心'爲誌。"

【附録】櫻町天皇元文元年(1736年)京都植
村藤三郎等刊印《晏子春秋》四卷。此本後於
仁孝天皇天保十五年(1844年)重印。

晏子春秋六卷

題齊人晏嬰撰　(明)凌稚隆評
明西吴凌氏朱墨套印刊本　共四冊
内閣文庫　京都大學附屬圖書館藏本

【附録】櫻町天皇元文元年(1736年)京都植
村藤右衛門以明人黄氏校本重刊印。此本後
有重印本。

晏子春秋六卷　首一卷

題齊人晏嬰撰　(明)楊慎評
明刊本　共七冊
宮内廳書陵部藏本　原江户時代德山藩主
毛利氏舊藏

【按】此本係江户時代德山藩第三代主毛利
元次廣收"天下秘籍"之一種,東山天皇寶永三
年(1706年)毛利元次撰《御書物目録》著録此
本,明治二十九年(1896年)男爵毛利元功獻
贈宮内省。

晏子春秋六卷　首一卷

題齊人晏嬰撰
明刊本　共七冊
宮内廳書陵部藏本

【附録】十二世紀少納言藤原通憲有《通憲入
道藏書目録》,其中"第二十六櫃"中著録《晏子
春秋》一部。

晏子春秋(内篇)二卷

題齊人晏嬰撰
明萬曆五年(1577年)刊本　共四冊
内閣文庫藏本　原昌平坂學問所舊藏

諸葛武侯書十卷

(明)楊時偉編
明萬曆年間(1573—1620年)刊本　共二冊
静嘉堂文庫　尊經閣文庫藏本

【按】静嘉堂文庫藏本,原係陸心源十萬卷樓
等舊藏。共二冊。

尊經閣文庫藏本,原係江户時代加賀藩主前
田綱紀等舊藏,共四冊。

【附録】仁孝天皇文政年間(1818—1829年)
刊印《諸葛孔明傳注》一卷。

諸葛忠武侯全書二十卷

(明)王士騏編　薛寀評
明崇禎十年(1637年)刊本

宮内廳書陵部　內閣文庫　尊經閣文庫藏本

【按】宮内廳書陵部藏本,共六册

內閣文庫藏本,原係楓山官庫舊藏,共五册。

尊經閣文庫藏本,原係江户時代加賀藩主前田綱紀等舊藏,共五册。

【際錄】日本仁孝天皇弘化二年(1845 年)《漢籍發賣投標記錄》記載,是年運到《諸葛武侯全書》三部。標價爲安田屋七匁九分,鐵屋八匁,松之屋八匁九分。

漢壽亭侯志(義勇武屯王集)八卷

(明)趙欽湯撰輯并增益

明萬曆二十八年(1600 年)唐貞予刊本　共六册

國會圖書館　蓬左文庫藏本

【按】國會圖書館藏本,原本六册,現爲二册

蓬左文庫藏本,共六册。

關天帝記三卷

(明)孫際可等編輯

明天啓元年(1621 年)刊本　共二册

內閣文庫藏本　原楓山官庫刊本

魏鄭公諫錄五卷

(唐)王方慶編撰

明正德年間(1506—1521 年)刊本　共一册

静嘉堂文庫藏本　原陸心源十萬卷樓等舊藏

【按】卷首有明正德二年(1507 年)曾大有重刊序,後有明嘉靖丙午(1546 年)彭年補刊跋。

卷中有明嘉靖年間(1522—1566 年)補刊葉。

【附錄】仁孝天皇天保十五年(1844 年)楙山精一(堯陳)撰《官板書籍解題略》卷上著錄《魏鄭公諫錄》五卷、《魏鄭公諫續錄》二卷。其釋文曰:

　　　　"《魏鄭公諫錄》,唐王方慶撰。方慶於武后時官至鸞臺侍郎、同鳳閣鸞臺平章事,以太子左庶子終,封謐石泉縣公。事迹具

《新唐書》本傳。方慶博學,探練朝章,著書二百餘篇,此書則録魏徵事迹。《唐書·藝文志》有魏徵等諫事,司馬光等《通鑑目録》有魏元成故事,標題互異,洪(邁)容齋《隨筆》作《魏鄭公諫録》。方慶於武后時,嘗以言悟主,召還廬陵,後以建言,責太子之名……故詳録魏徵諫爭之語。《續録》二卷,元翟思忠撰。元伊足鼎等有序。序曰:'至順初,下邳翟思忠爲常州知事,著録其餘,爲《續録》二卷。'"

《昌平坂御官板書目》亦著録《魏鄭公諫録》二册。

光格天皇享和二年(1802 年)尾張藩明倫堂木活字刊行《魏鄭公諫録》五卷。

同天皇文化七年(1810 年)昌平坂學問所刊印《魏鄭公諫録》續卷二卷。題"元翟思忠撰"。

仁孝天皇文政十二年(1829 年)昌平坂學問所刊印《魏鄭公諫録》五卷,其《續録》二卷則用文化七年刊本配補。

仁孝天皇天保四年(1833 年)大阪京屋淺次郎等刊行《魏鄭公諫續録》二卷。題"元翟思忠撰"。

濂溪志十卷

(明)胥從化編撰

明萬曆年間(1573—1620 年)刊本　共七册

尊經閣文庫藏本　原江户時代加賀藩主前田綱紀等舊藏

濂溪志九卷

(明)林學閔編撰

明萬曆三十七年(1609 年)刊本　共四册

內閣文庫藏本　原楓山官庫舊藏

周元公世系遺芳集(殘本)五卷

(明)周與爵編

明萬曆四十二年(1614 年)跋刊本　共一册

內閣文庫藏本　原豐後佐伯藩主毛利氏家舊藏

【按】是書全十五卷。此本存卷十一至卷十五。

此本係仁孝天皇文政年間(1818—1829年)由出雲守毛利高翰獻贈幕府。明治年間初期，歸内閣文庫。卷中有"佐伯侯毛利高標字培松藏書畫之印"等印記。

周元公世系遺芳集五卷　附周元公先生集

(明)周與爵編撰　《附録》(明)宋濂編輯
明萬曆年間(1573—1620年)刊本
東京大學東洋文化研究所藏本

歐公本末四卷

(宋)吕祖謙撰
宋刊元印本　共二十册
静嘉堂文庫藏本　原陸心源酺宋樓等舊藏

【按】每半葉有界九行，行十八字，注文雙行。白口，左右雙邊。版心記字數，并有刻工姓名，如方忠、方茂、宋琳、徐通等。

卷後有宋嘉定壬申(1212年)五月嚴陵詹《跋》等。卷中避宋諱，凡"桓、完、慎、敦、構"等字皆缺筆。"頊"注"神宗廟諱"，當據稿本原文。

每卷有"高氏鄰西閣藏書印"朱文方印，"志宛齋藏書"朱文長印等印記。

陸心源《儀顧堂題跋》卷二著録此本并曰：

"《書録解題》、《文獻通考》皆著於録，明以後收藏家無著録者。《四庫》未收，阮文達亦未進呈。其書取歐公著述有關出處、行誼、朋友、親戚、學術趣向者，掇集成書，故曰本末。字兼歐柳，紙墨精良。紙背乃延祐四年(1317年)官册，蓋元初印本也。"

傅增湘《藏園群書經眼録》卷四著録此本，并曰此本"書法秀美，體兼歐柳。用元延祐官册紙所印。自《書録解題》以後不見於著録，真秘籍也。"

(新雕名臣紀述)老蘇先生事實一卷

不著撰人姓名

宋刊本　共一册
静嘉堂文庫藏本　原陸心源酺宋樓等舊藏

【按】每半葉有界十四行，行二十二字至二十四字不等。白口，左右雙行。

首有歐陽修《薦表》，次有歐陽修撰《墓志銘》，次有張方平撰《墓表》，次有曾子固《哀詞》，次有蒲宗孟《祭文》，次有司馬光《武陽縣君程氏墓志銘》。

傅增湘《藏園群書經眼録》卷四著録此本，并曰此書"密行細字，鐵畫銀鈎，頗爲精雅"。此本由傅增湘氏假出影印，收入《蜀賢叢書》中。

蘇長公外紀十二卷

(明)王世貞編撰
明萬曆二十三年(1595年)王氏刊本
尊經閣文庫　京都大學文學部藏本

蘇長公外紀十二卷

(宋)蘇軾撰　(明)王世貞輯　璩之璞補
明萬曆二十四年(1596年)燕石齋刊本
大谷大學悠然樓　御茶之水圖書館藏本

【按】每半葉有界十行，行十八字。白口，四周單邊。版心下側有"燕石齋刊施"五字。

大谷大學悠然樓藏本，原係大西行禮等舊藏，共六册。

御茶之水圖書館藏本，原係德富蘇峰成簣堂等舊藏，書封用朝鮮黄色紋樣紙重新裝裱，卷中有德富蘇峰手識文。此本今缺卷六、卷十，并缺卷九下，共七册。

蘇長公外紀十二卷

(明)王世貞編撰　汪廷訥校
明萬曆年間(1573—1620年)燕石齋刊本
内閣文庫　尊經閣文庫　京都大學文學部藏本

【按】每半葉有界十行，行十八字。版心下方刻"燕石齋刊"四字。

是書王世貞原本十卷，每卷分上下，故爲"目實二十"。卷十一、卷十二爲《逸編》，題"豫章璩之璞補,梁谿龔植校"。前有編者王世貞《自序》,并明萬曆二十二年璩之璞《序》。王世貞《自序》後有明萬曆二十三(1595年)勘誤牌子。

内閣文庫藏此同一刊本兩部。一部原係楓山官庫舊藏,共八册。一部原係木村兼葭堂舊藏,此本今缺卷十上、卷十一、卷十二。共四册。

尊經閣文庫藏本,原係江户時代加賀藩主前田綱紀等舊藏,共六册。

京都大學藏本　共八册。

【附録】據《商舶載來書目》記載,桃園天皇寶曆四年(1754年)中國商船"曾字號"載《蘇長公外紀》一部抵日本。同年,《舶來書籍大意書》著録《蘇長公外紀》一部一帙十二册。其釋文曰:"此書明王世貞編次。合蘇子瞻年譜、志行、政術、詩話、禪那、雜記等十九種。由序及目録觀之,末卷增附《逸編》,然此本缺。"

蘇文忠公年譜

(宋)王宗稷編

明刊本　共一册

内閣文庫藏本　原木村兼葭堂舊藏

【附録】仁孝天皇天保年間(1830—1843年)文苑閣刊印《東坡先生年譜》,題"宋王宗稷編,宇佐美善(樸仙)等校"。此本於弘化二年(1845年)重刊。

東坡先生遺事六卷

(明)顧道洪編輯

明刊本　共二册

内閣文庫藏本　原豐後佐伯藩主毛利氏家舊藏

【據】此本原係豐後佐伯藩主毛利高標等舊藏,仁孝天皇文政年間(1818—1929年)由出雲守毛利高翰獻贈幕府,明治年間初期,歸内閣文庫。卷中有"佐伯侯毛利高標字培松藏書畫之印"等印記。

【附録】據《商舶載來書目》記載,光格天皇天明三年(1783年)中國商船"登字號"載《東坡遺事》一部抵日本。

光格天皇天明六年(1786年)《寅十番船持渡書改目録寫》記載,當年該船運到《東坡遺事》一部二册,并注明:"明顧道洪編輯。古本,有蟲蝕處。無脱紙。"

蘇子瞻一卷　米元章一卷

(明)毛晋編輯

明刊本　共二册

内閣文庫藏本　原豐後佐伯藩主毛利氏家舊藏

【按】此本原係豐後佐伯藩主毛利高標等舊藏,仁孝天皇文政年間(1818—1829年)由出雲守毛利高翰獻贈幕府,明治年間初期,歸内閣文庫。卷中有"左伯侯毛利高標字培松藏書畫之印"等印記。

范文正公年譜一卷　補遺一卷

(宋)樓鑰編撰　《補遺》(明)毛一鷺編撰

明刊本　共一册

内閣文庫藏本

忠獻韓魏王君臣相遇傳十卷　相遇別録二卷　相遇遺事一卷

(宋)韓忠彦編　《別録》(宋)王巌叟編　《遺事》(宋)强至編

明萬曆年間(1573—1620年)安陽張士龍刊本

尊經閣文庫　早稻田大學圖書館藏本

【按】尊經閣文庫藏本,原係江户時代加賀藩主前田綱紀等舊藏,共二册。

早稻田大學圖書館藏本,共六册。

【附録】仁孝天皇文政九年(1826年)大洲藩文龍館刊行《忠獻韓魏公別録》,同年又刊《忠獻韓魏公遺事》。

宋忠獻韓魏王君臣相遇傳十卷　別録三卷　遺事一卷

（明）鄭鄤　評點　《別録》王巌叟編　《遺事》（宋）強至編

明崇禎元年（1628 年）刊本　共二册

國會圖書館　内閣文庫藏本

【按】每半葉有界九行，行十八字。

卷前有魏王肖像，王龜齡《像贊》，次有《目録》，題"宋丞相韓忠獻公家傳卷之一至十君臣相遇傳"，次《别録》，次《遺事》。卷首題"明翰林院庶吉士武進後學鄭鄤評點"。

前有明崇禎元年（1628 年）編者鄭鄤《自序》，并有明萬曆甲寅（1614 年）江都王納諫原《序》。《王序》曰："韓公生平，《宋史》具載。兹録特出其家秘，豫章徐若谷先生之所珍襲而少宰劉公手自校定。今侍御温陵徐公，爲劉門人而若谷友也。因梓於治釐行臺，而益以玉山巌叟增至二編，其知韓也夫！"

【附録】據《商舶載來書目》記載，後櫻町天皇明和五年（1768 年）中國商船"久字號"載《君臣相遇傳》一部抵日本。

米襄陽志林十三卷　附米襄陽遺集（不分卷）海□名言一卷　寶章待訪録一卷　研史一卷

（宋）米芾撰　（明）范明泰輯

明萬曆年間（1573—1620 年）刊本

尊經閣文庫　京都大學文學部　東北大學附屬圖書館藏本

【按】尊經閣文庫藏本，原係江户時代加賀藩主前田綱紀等舊藏，《研史》一卷缺，共四册。

京都大學藏本，共六册。

東北大學藏本，共六册。

朱子年譜四卷

（宋）李□□編集

明萬曆年間（1573—1620 年）刊本　共二册

小濱市立圖書館藏本　原信尚館等舊藏

【按】卷後有明萬曆六年（1578 年）《跋》。

此本系"年譜"二卷，《附録》二卷。

卷中有"信尚館"等印記。

【附録】東山天皇元禄十五年（1702 年）彌生吉旦《倭板書籍考》卷之四"史傳雜記"著録《朱子年譜》四本。其釋文考定作者曰：

"此朱子門人李果齋所作。明宣德年間葉公改正舊本。據朱子八世孫朱湛序，是書附録行狀，然今本無此行狀。此書有《朱子實紀》未載之事。"

《昌平坂御官板書目》亦著録《朱子年譜》。

據《商舶載來書目》記載，光格天皇天明三年（1783 年）中國商船"志字號"載《朱子年譜》一部四册抵日本。

光格天皇天明六年（1786 年）《寅十番船持渡書改目録寫》記載，當年該船運到《朱子年譜》一部四册，并注明"古本，破損甚多。脱紙十五張"。

靈元天皇寬文六年（1666 年）大阪河内屋八兵衛刊印《朱子年譜》三卷，題"明葉公圖校"。此本後有大阪河内屋茂兵衛等重印本。

又，靈元天皇寬文六年（1666 年）刊行《朱子年譜》，又題《太師朱文公年譜》。此本後有井上忠兵衛、大阪河内屋八兵衛等重印本。

朱子年譜外紀二卷

（元）脱脱編撰　（明）戴銑校定

明嵩高堂刊本　共一册

茨城大學菅文庫藏本　原菅政友等舊藏

【附録】光格天皇寬政元年（1789 年）大阪河内屋八兵衛刊印《朱子年譜外紀》，此本有《朱夫子門人》二卷。

朱子實紀十二卷

（明）戴銑編撰　汪愈同校

明正德八年（1513 年）歙鮑雄刊本

宮内廳書陵部　内閣文庫　東京大學文學部漢籍中心　茨城大學菅文庫藏本

【按】每半葉有界十行，行二十字，注文小字雙行。白口，四周單邊。

卷前有明正德八年(1513年)李夢陽《序》,又有明正德丙寅(1506年)編者戴銑《自序》。後有汪愈《跋文》。

宮內廳書陵部藏本,卷首有"印岡字女文父"印記。每册首又有"秘閣圖書之章"印記。卷十、卷十二末有"簡翁"印記。此本係白棉紙本,共六册。

內閣文庫藏本,原係江戶時代大儒林氏大學頭家舊藏,卷中有林鵝峰手校文,共四册。

東京大學藏本,卷第五有缺頁,共四册。

茨城大學藏本,原係江戶時代水戶史學家菅政友舊藏,共四册。

【附錄】東山天皇元禄十五年(1702年)彌生吉且《倭板書籍考》卷四"史傳雜記"著錄《朱子實紀》十二卷。其釋文曰:"大明正德年間戴銑字寶之之作。此乃記朱文公細大不捐事之好書也。"

靈元天皇寬文十二年(1672年)刊行《朱子實紀》十二卷。

紫陽文公先生年譜五卷

(明)李默編撰
明嘉靖三十一年(1552年)跋刊本　共二册
內閣文庫　尊經閣文庫藏本

紫陽文公先生年譜五卷

(明)戴銑編撰　朱吾弼重輯
明萬曆年間(1573—1620年)刊本
東京大學東洋文化研究所藏本
【按】前有明萬曆二十九年(1601年)《序》。

紫陽文公先生年譜五卷

不著撰人姓名
明初刊本　共四册
御茶之水圖書館藏本　原德富蘇峰成簣堂等舊藏

程朱闕里志八卷

(明)趙滂編撰　畢懋康參閱

明萬曆四十三年(1615年)新安畢氏序曹應鶴校刊本

內閣文庫　蓬左文庫　静嘉堂文庫藏本

【按】內閣文庫藏本,原係楓山官庫舊藏,此本六卷,共七册。

蓬左文庫藏本,係明正天皇寬永十六年(1639年)從中國購入,原係尾張藩主家舊藏,卷中有"尾陽內庫"印記,共八册。

静嘉堂文庫藏本,原係小越幸介等舊藏,共三册。

鄂國金陀粹編二十八卷　續編三十卷

(宋)岳珂編
元刊本　共十二册
静嘉堂文庫藏本　原陸心源十萬卷樓等舊藏
【按】卷首題署"宋奉議郎權發遣嘉興軍府兼管內勸農事岳珂編進"。

前有元至正二十三年(1363年)三月陳基《序》。宋嘉定戊寅(1218年)岳珂《自序》、戴洙《後序》。宋紹定改元(1225年)重九日岳珂《續編序》。

鄂國金陀粹編二十八卷　續編三十卷

(宋)岳珂編
明嘉靖壬寅(1542年)唐一鵬刊本
宮內廳書陵部　尊經閣文庫　東京都立日比谷圖書館藏本
【按】卷首有元至正二十三年(1363年)三月陳基《序》。宋嘉定戊寅(1218年)岳珂《自序》。并有張鏊《序》,黃日敬《序》。後有洪富《跋文》。

此本係明嘉靖壬寅年巡按浙江御史唐一鵬所刊。

宮內廳書陵部藏本,原係江戶時代大儒林氏家舊藏。後爲豐後佐伯藩主毛利氏家藏。仁孝天皇文政年間(1818—1829年)出雲守毛利高翰獻贈幕府,明治年間初期,歸內閣文庫。明治二十四年(1891年)三月移送宮內省圖書寮(即今宫内廳書陵部)。卷中有"佐伯侯毛利高標字培松藏書畫之印"等印記。卷首及《續編》首又有"讀耕齋之家藏"印記。每册首有"秘閣圖書之章"印記。共十册。

尊經閣文庫藏本,原係江户時代加賀藩主前田綱紀等舊藏。共二十六册。

東京都立日比谷圖書館藏本,原係田中慶太郎(救堂)等舊藏,共十二册。

宋忠武岳鄂王精忠類編八卷

(明)馬燁如編
明萬曆年間(1573—1620年)刊本　共四册
内閣文庫藏本　原楓山官庫舊藏
【按】前有明萬曆四十二年(1614年)序。

(新鎸增補)宋岳鄂武穆王精忠類編十四卷

(明)高應科編
明萬曆年間(1573—1620年)刊本　共七册
尊經閣文庫藏本　原江户時代加賀藩主前田綱紀等舊藏

精忠録三卷

(明)袁純撰　陳贇校
明成化五年(1469年)刊本　共一册
國會圖書館藏本

宋陳忠肅公(陳瓘)言行録八卷

(明)陳載興編　陳大濩校
明嘉靖年間(1522—1566年)刊本　共二册
内閣文庫藏本　原豐後佐伯藩主毛利氏家舊藏
【按】每半葉有界十行,行二十字。
卷首題"明進士陳大濩校正,裔孫載興編輯,裔孫懋賢重刊"。
前有明嘉靖二十九年(1550年)林山《序》,明嘉靖三十四年(1555年)田頊《序》。後有陳大濩《跋》,并明嘉靖二十六年(1547年)陳載興《跋》,同年陳大濩《後序》。
《目録》後有牌記曰:"刻板一百一十二片,分

上中下三帙,計二百一十九葉。"

此本係仁孝天皇文政年間(1818—1829年)由出雲守毛利高翰獻贈幕府,明治年間初期,歸内閣文庫。卷中有"佐伯侯毛利高標字培松藏書畫之印"等印記。

(宋少保右丞相兼樞密使信國公)文山先生紀年録一卷

(明)鄭鄤評
明刊本　共一册
東京都立日比谷圖書館藏本　原中山久四郎等舊藏

楊載南公(楊應萁)傳一卷　附祠堂記

(明)丘遠編撰
明刊本　共一册
内閣文庫藏本　原楓山官庫舊藏

太師楊襄毅公(楊博)年譜十卷

(明)項德楨編輯
明刊本　共十册
内閣文庫藏本　原楓山官庫舊藏

(重刻)鄭端簡公(鄭曉)年譜十卷　首一卷

(明)鄭履淳編撰
明萬曆三十五年(1607年)刊本　共十册
内閣文庫　尊經閣文庫藏本
【按】每半葉有界十行,行十九字。
卷首題"不肖孤履洵謹梓,孫心材重校"。後有明隆慶二年(1568年)鄭履淳《自序》。
《四庫全書總目》卷六十"傳紀類存目二"著録《鄭端簡年譜》七卷,題曰"明鄭履淳撰"。《自序》後有同年馮謨《後序》。
【附録】據《商舶載來書目》記載,後桃園天皇安永三年(1774年)中國商船"天字號"載《鄭端簡年譜》一部抵日本。

陽明先生年譜七卷

(明)錢德洪　王畿編撰

明嘉靖四十二年(1614年)漳浦王健天真書
院校刊本　共二冊

蓬左文庫藏本　原尾張藩主家舊藏

【按】此本係明正天皇寬永六年(1629年)從
中國購入,卷中有"尾陽內閣"印記。

林子年譜一卷

(明)林兆珂編撰

明萬曆年間(1573—1620年)三山宗孔堂刊
本　共一冊

蓬左文庫藏本

【按】前有明萬曆三十八年(1610年)郭喬泰
《序》。

蔡端明別紀十二卷

(明)徐𤊻編撰

明刊本　共二冊

尊經閣文庫藏本　原江戶時代加賀藩主前
田綱紀等舊藏

誠意伯先生文集翊運錄一卷

(明)劉蔫輯

明嘉靖年間(1522—1566年)刊本　共一冊

圖會圖書館藏本

【按】前有明嘉靖七年(1528年)序。

李公生祠捐資紀義實錄

(明)王廷錫等編

明刊本　共一冊

內閣文庫藏本　原楓山官庫舊藏

先中憲公錄一卷

(明)錢心遇　錢心造編撰

明萬曆年間(1573—1620年)刊本　共一冊

尊經閣文庫藏本　原江戶時代加賀藩主前
田綱紀等舊藏

明敕封孺人嚴母李氏墓志銘一卷　嚴母李孺人行狀一卷

(明)嚴士亮編撰

明刊本　共一冊

內閣文庫藏本　原楓山官庫舊藏

(故鴻臚寺署丞慎所湯公元配)高孺人合葬墓志銘一卷　湯母高孺人傳一卷　先妣高孺人行實一卷

(明)胡寰等編撰

明刊本　共一冊

內閣文庫舊藏　原楓山官庫舊藏

(旌表鼎節)何母孺人吳氏碑傳一卷

(明)葉向高　王穉登編撰

明萬曆年間(1573—1620年)刊本　共一冊

尊經閣文庫藏本　原江戶時代加賀藩主前
田綱紀等舊藏

明童母張大孺人葬錄二卷(明童太君墓志銘一卷太孺人先妣張氏行略一卷)

(明)沈應文編撰

明刊本　共一冊

內閣文庫藏本　原楓山官庫舊藏

鄭門俞烈女傳一卷

(明)葉向高編撰

明刊本　共一冊

內閣文庫藏本　原江戶時代林氏大學頭家
舊藏

先君家傳一卷　靈表一卷　遺書跋一卷　壽母小記一卷　汪喜孫年表一卷

(清)汪喜荀撰并輯

清道光年間(1821—1850年)甘泉汪喜荀稿
本　共一冊

東京大學文學部漢籍中心藏本　原藤冢鄰
望漢廬舊藏

【按】每半葉有界九行,《先君家傳》卷内每行約二十五字,然《靈表》、以下皆行約二十三字,有注文,小字雙行。有匡郭,四周雙邊(約25.4cm×16.3cm)。

卷中有"後名山藏圖書"等印記。

姓氏譜纂七卷

(明)李日華編　魯重民補

明刊本　共三册

内閣文庫藏本　原楓山官庫舊藏

公族傳略二卷

(明)朱勤美編

明萬曆年間(1573—1620年)刊本　共二册

尊經閣文庫藏本　原江户時代加賀藩主前田綱紀等舊藏

新安大族志二卷(集)

明人撰不著姓名

明刊本　共二册

東洋文庫藏本

新安名族志二卷

(明)洪垣　戴廷明等輯

明嘉靖三十年(1551年)安徽程氏等刊本 共二册

東洋文庫藏本

【按】每半葉有界九行,行二十字。

卷前有明嘉靖三十年(1551年)胡曉《序》,同年邵齡《序》,同年王諷《序》,同年程光顯《序》,同年程尚寬《序》。後有明嘉靖三十年(1551年)吳守敬《跋》。

新安休寧名族志三卷

(明)曹嗣軒等編撰

明天啓年間(1621—1627年)刊本

東京大學東洋文化研究所藏本

【按】前有明天啓六年(1626年)《序》。

新安休寧嶺南張氏會通譜(不分卷)

(明)汪泰等編撰

明嘉靖十二年(1533年)重修刊本

東京大學東洋文化研究所藏本

新安汪氏重修八公譜五卷

(明)汪尚琳編撰

明嘉靖年間(1522—1566年)刊本

東京大學東洋文化研究所藏本　原仁井田陞等舊藏

【按】每半葉有界十行,行三十字。

卷首題"藏溪尚琳編輯,富昨楚、藏溪萬重校"。

前有明嘉靖十四年(1535年)方鵬《序》,同年汪嵩《序》,宋淳熙十五年(1188年)朱熹《序》,元大德元年(1297年)汪士良《序》。

涑水司馬氏源流集略八卷

(明)司馬晰等編撰

明萬曆年間(1573—1620年)司馬氏刊本

東京大學東洋文化研究所藏本

吳興純孝里潘氏世譜(不分卷)

(明)潘大復等編撰

明萬曆四十二年(1614年)跋刊本

東京大學東洋文化研究所藏本

考亭朱氏文獻全譜(不分卷)

(明)朱鍾文等編撰

明萬曆四十八年(1620年)續修刊本

東京大學東洋文化研究所藏本

溪南江氏家譜(不分卷)

(明)江氏家族編撰

明萬曆年間(1573—1620年)刊本

東京大學東洋文化研究所藏本

長沙檀山陳氏族譜（不分卷）

　（明）陳萃麓　陳壽麓編撰

　明萬曆年間（1573—1620 年）刊本

　東京大學東洋文化研究所藏本　原仁井田
陞等舊藏

勛賢祠志二卷

　（明）俞均撰

　明刊本　共一册

　内閣文庫藏本　原楓山官庫舊藏

（八）史　鈔　類

歷代故事十二卷

（宋）楊次山編輯

宋嘉定年間（1208—1224 年）刊宋印本　　日本重要文化財　共十二册

静嘉堂文庫藏本　原明文淵閣　清室怡府明善堂　季振宜　陸心源皕宋樓等舊藏

【按】每半葉有界八行，行十六字。注文雙行，行字不定。白口，左右雙邊。

卷前有《序》，署"壬申歲仲春　坤寧殿題"。此乃宋寧宗嘉定五年（1212 年）寧宗之楊皇后所撰寫。

陸心源《儀顧堂題跋》卷四著録此本。其釋文曰：

"《歷代故事》十二卷，不著撰人名氏。宋刊宋印本。前者無名氏序。《四庫》未收，各家書目亦未著録。序署坤寧殿題，則當爲皇后所製。因以序中老見永陽郡王一語求之，知爲宋楊次山所輯，其序則寧宗楊皇后所製也。次山字仲甫，后之兄也。其先開封人，家于越之上虞，少好學能文，補右學生。后受册封永陽郡王後，封會稽郡王，卒年八十八。韓侂胄之誅，悉出其謀。事詳《宋史·外戚傳》及《后妃傳》。史稱后涉書史，知古今，其《序》當后所自製。壬申年，寧宗嘉定五年也。其書乃次山手書付刊，書法娟秀可喜。嘉定壬申距今七百餘年，完善如新，良可寶也。"

傅增湘《藏園群書經眼録》卷四著録此本。其釋文稱"本書摘《史記》、《前·後漢書》、《三國志》、《晋書》、《南·北史》、《唐書》、《五代史》、《左傳》、《家語》、《説苑》、《新序》、《國策》諸書，楊次山手書上版，書法雅秀而兼疏古之意。此書自來目録所未載，可云孤行天壤之秘帙矣。"

此書已被日本"文化財審議委員會"確認爲"日本重要文化財"。

漢雋十卷

（宋）林鉞編

元刊本　共五册

内閣文庫藏本　原江户時代近江西大路藩主市橋長昭舊藏

【按】光格天皇文化五年（1808 年）市橋長昭以所藏三十部宋元版漢籍獻與昌平坂學問所，此爲其一。卷中有附紙一頁，乃係市橋長昭《寄藏文廟宋元刻書跋》，市河三亥書法。

卷中有"仁正侯長昭黄雪書屋鑑藏圖書之印"等印記。

【附録】據《商舶載來書目》記載，東山天皇元禄十五年（1702 年）中國商船"加字號"載《漢雋》一部一帙抵日本。

漢雋十卷

（宋）林鉞編

明嘉靖年間（1522—1566 年）刊本　共四册

静嘉堂文庫藏本　原陸心源十萬卷樓等舊藏

漢雋十卷

（宋）林鉞編　（明）何鐙校

明嘉靖四十年（1561 年）序刊本　共十册

天理圖書館古義堂藏本　原伊藤仁齋氏家今出川氏等舊藏

漢雋十卷

（宋）林鉞編　（明）吕元校

明萬曆十二年（1584 年）跋刊本

内閣文庫　東京大學東洋文化研究所藏本

【按】内閣文庫藏此同一刊本兩部。一部原係楓山官庫舊藏，共四册。一部原係堀杏庵、昌平坂學問所等舊藏,共五册。

東京大學藏本,原係大木幹一等舊藏。

【附録】後櫻町天皇明和四年(1767年)京都出雲寺刊印《漢雋》十卷。此本題"宋林鉞編,明吕元校"。

兩漢雋言十六卷

(宋)林鉞編　(明)凌迪知校

明萬曆十五年(1587年)詹易齋刊本　共四册

内閣文庫藏本　原昌平坂學問所舊藏

兩漢雋言十六卷

(宋)林鉞編　(明)凌迪知校

明萬曆三十六年(1608年)萃慶堂刊本　共四册

内閣文庫　茨城大學菅文庫藏本

【按】茨城大學藏本,原係江户時代水户史學家菅政友等舊藏。此本今卷一至卷八缺佚,實存八卷。

兩漢博聞十二卷

(宋)楊侃撰

明嘉靖戊午(1558年)黄魯曾刊本

宫内廳書陵部　静嘉堂文庫　尊經閣文庫藏本

【按】卷前有黄魯曾《序》。

宫内廳藏本,原係江户時代豐後佐伯藩主毛利高標舊藏。仁孝天皇文政年間(1818—1829年)出雲守毛利高翰獻贈德川幕府。明治年間初期,歸内閣文庫。卷中有"佐伯侯毛利高標字培松藏書畫之印"、"嘯軒"等印記。共十二册。

静嘉堂文庫藏本,原係陸心源十萬卷樓等舊藏,共六册。

尊經閣文庫藏本,原係江户時代加賀藩主前田綱紀等舊藏,共十六册。

東萊先生十七史詳節二百七十三卷

(宋)吕祖謙編

元建安劉氏静得堂刊本　共六十册

宫内廳書陵部藏本　原寶勝院　學習院等舊藏

【按】每半葉有界十四行(其中《史記詳節》爲十三行),行二十四字左右。注文雙行,行同正文。黑口,左右雙邊(15.5cm×10.2cm,其中《史記詳節》16.2cm×9.7cm)。邊匡左側有外耳。

此本題簽《十七史》,實爲《十史》。其細目如次:

《東萊先生增入正義音注史記詳節》二十卷
　　四册;

《參附群書三劉互注西漢書詳節》三十卷十
　　册;

《諸儒校正東漢書詳節》三十卷七册;

《東萊先生標注三國志詳節》二十卷五册;

《東萊校正晋書詳節》三十卷五册;

《東萊先生校正南史詳節》二十五卷六册;

《東萊先生校正北史詳節》二十八卷五册;

《東萊先生校正隋書詳節》二十卷四册;

《諸儒校正唐書詳節》六十卷十二册;

《東萊校正五代史詳節》十卷二册。

各史卷首皆有各《王朝譜系》,并有《國都地理圖》等。《史記詳節》第一册之麋頁有刊印牌記,文曰:"劉氏静得堂　重刊十史書"。

每册首有"寶勝院"、"艮岳院"、"學習院印"、"京都學校藏書之印"、"秘閣圖書之章"等印記。

【附録】十七世紀初,江户幕府第一代大將軍德川家康用銅活字刊印《東萊先生十七史詳節》二百七十三卷。此即駿河御讓本。

東萊先生十七史詳節二百七十三卷

(宋)吕祖謙編

明正德丙子(1516年)刊本　共四十册

御茶之水圖書館藏本　原德富蘇峰成簣堂

等舊藏

【按】每半葉有界十三行,行二十六字左右。注文雙行,行同正文。左右雙邊或上下雙邊。

卷末有《跋》,題署“皇明正德丙子夏五月哉生明之吉旦七十三翁劉弘義書于慎獨書舍”。

書帙內有墨書曰:“昭和七年(1932年)十月初九山王艸堂蘇峰古稀叟慎獨齋本十七史詳節四十冊”。

卷首葉上欄有“胡焰記”黑印兩枚,但大小不同。

東萊先生增入正義音注史記詳節二十卷

(宋)呂祖謙編

宋麻沙刊本　共八冊

宮內廳書陵部藏本

【按】每半葉有界十三行,行二十四字。注文雙行,行同正文。白口,四周雙邊(16cm × 10cm)。

卷內文避宋諱,凡“慎、桓、德”等字常缺筆,然諱字不嚴。

每冊首有“備後藤江岡本藏書印”及“備前河本氏藏書印”兩印記。

此本係《東萊先生十七史詳節》南宋麻沙刊本之零種。

東萊先生增入正義音注史記詳節二十卷

(宋)呂祖謙編

明隆慶年間(1567—1572年)刊本

東京大學東洋文化研究所藏本　原大木幹一等舊藏

【按】卷前有明隆慶四年(1570年)《序》。此係《東萊先生十七史詳節》之零種。

東萊先生西漢詳節三十卷

(宋)呂祖謙編

明嘉靖年間(1522—1566年)陝西布政司刊本　共十四冊

宮內廳書陵部藏本

【按】每冊首有“秘閣圖書之章”、“廷尉之章”、“卯大典印”等印記。

東萊先生西漢詳節三十卷　首一卷

(宋)呂祖謙編

明正德年間(1506—1521年)慎獨齋刊本

東京大學東洋文化研究所　御茶之水圖書館藏本

【按】此本係建陽慎獨齋刻刊《東萊先生十七史詳節》之零種。

東京大學東洋文化研究所藏本,原係大木幹一等舊藏。

御茶之水圖書館藏本,原係田安家舊藏,後歸竹添井井氏。明治四十五年(1912年)六月德宮蘇峰從磯部文昌堂鋪購入。此本今存卷第十四至卷第三十,凡十七卷共四冊。

諸儒校正東漢詳節(殘本)一卷

(宋)呂祖謙編

宋刊本　共一冊

東京大學東洋文化研究所藏本　原大木幹一等舊藏

【按】此本今存卷第二十四。

東萊先生標注三國志詳節二十卷

(宋)呂祖謙編

宋末元初刊本　共二冊

內閣文庫藏本

【按】森立之《經籍訪古志》卷三著錄求古樓藏宋刊本《三國志詳節》即此本。

東萊先生標注三國志詳節二十卷

(宋)呂祖謙編

明隆慶年間(1567—1572年)刊本

東京大學東洋文化研究所藏本　原大木幹一等舊藏

【按】卷前有明隆慶四年(1570年)《序》。此係《東萊先生十七史詳節》之零種。

東萊先生晉書詳節三十卷

（宋）吕祖謙編

明慎獨齋刊本

東京大學東洋文化研究所藏本　原大木幹一等舊藏

【按】此本係建陽慎獨齋刻刊《東萊先生十七史詳節》之零種。

東萊校正五代史詳節十卷

（宋）吕祖謙編

宋刊本　共一册

内閣文庫藏本　原江户時代林羅山家舊藏

【按】卷中有"江雲渭樹"印記。

東萊校正五代史詳節十卷

（宋）吕祖謙編

元刊本　共三册

宮内廳書陵部藏本

【按】每半葉有界十四行，行二十四字。注文雙行，行同正文。小黑口，左右雙邊（16.2cm×10.7cm）。

卷首有《五代分據地理之圖》，并有陳師錫《五代史記序》。每册首有"秘閣圖書之章"印記。

此本題簽曰"十七史殘本"，即係宮内廳藏元刊麻沙本《東萊先生十七史詳節》之零種。

通鑑總類二十卷

（宋）沈樞編

明萬曆年間（1573—1620年）刊本　共二十册

静嘉堂文庫藏本　原陸心源守先閣等舊藏

通鑑總類二十卷

（宋）沈樞撰

明萬曆年間（1573—1620年）刊本

國會圖書館　内閣文庫　尊經閣文庫　東京大學東洋文獻研究所藏本

【按】國會圖書館藏本，共二十册合十册。

内閣文庫藏此同一刊本兩部。一部原係昌平坂學問所舊藏，一部原係楓山官庫舊藏，各皆二十册。

尊經閣文庫藏本，原係江户時代加賀藩主前田綱紀等舊藏，共二十册。

東京大學藏本，原係大木幹一等舊藏

【附録】桃園天皇寶曆四年（1754年）《舶來書籍大意書》著録《通鑑總類》一部凡二帙二十册，并注曰"無脱紙"。其釋文曰：

"是書係宋人沈憲編輯。自周威烈王至五代，以君臣人物、性行功業、論議籌謀、制作事爲等爲類，從‘治世’到‘烈婦’，分編爲二百七十一門。此本係萬曆二十三年重刊本。"

通鑑總類二十卷

（宋）沈樞撰

明天啓二年（1622年）李實跋刊本　共二十册

蓬左文庫藏本

【按】此本係江户時代尾張藩於寬永六年（1649年）從中國購入。卷中有"尾陽内庫"印記。

資治通鑑節要（續編）三十卷

不著編著人姓名

明洪武乙亥（1395年）西清書堂刊本　共四册

京都府立綜合資料館藏本

【按】每半葉有界九行，行三十字左右。黑口，左右雙邊或四周雙邊（22.2cm×13.5cm）。版心著録"史一（——三十）"，下題葉數。

每卷首題"少微家塾點校《附音通鑑節要》卷之一（——三十）"。

卷中有"香山常住"等印記。

資治通鑑節要續編三十卷

不著編著人姓名

明宣德八年（1433 年）雙桂書堂刊本

米澤市立圖書館藏本　原江户時代米澤藩主家舊藏

【按】每半葉有界十四行，行二十六字左右。卷首題“增修附注資治通鑒節要續編”。目録後有刊印牌記二行，文曰：“宣德八年歲在癸丑季秋雙桂書堂新刊”。

史觿十七卷

（明）謝肇淛撰

明萬曆三十八年（1610 年）序刊本

內閣文庫　尊經閣文庫藏本

【按】內閣文庫藏此同一刊本兩部。一部原係楓山官庫舊藏，共二册。一部原係昌平坂學問所舊藏，共十五册。

尊經閣文庫藏本，原係江户時代加賀藩主前田綱紀等舊藏，共四册。

史裁二十六卷

（明）吳勉學撰

明萬曆年間（1573—1620 年）刊本　共八册

宮內廳書陵部藏本　原江户時代德山藩主家舊藏

【按】此本係德山藩第三代藩主毛利元次廣收“天下秘籍”之一種。東山天皇寶永三年（1706 年）《御書物目録》著録此本，明治二十九年（1896 年）男爵毛利元功獻贈宮內省圖書寮（即今宮內廳書陵部）。

史略六卷　子略三卷　首一卷

（宋）高似孫撰

宋刊本　日本重要文化財　共三册

內閣文庫藏本　原相國寺梅熟軒　木村兼葭堂等舊藏

【按】每半葉有界十行，行二十字，注文雙行。白口，左右雙邊。

卷中有“相國寺梅熟軒”、“慈照院”、“兼葭堂印”等印記。仁孝天皇文化元年（1804 年）由木村兼葭堂家贈于昌平坂學問所。

森立之《經籍訪古志》卷三著録昌平學藏宋刊本《史略》六卷即係此本。其釋文曰：

“《史略》六卷，宋高似孫撰。首有寶慶元年《自序》。卷一述《史記》，卷二述兩《漢書》、《三國志》至晉、宋、齊、梁、陳、後魏、北齊、後周、隋、唐、五代《志》，卷三述《東觀漢紀》、歷代春秋、歷代紀、實録、起居注、唐左右螭拗書事、延英殿時政記、唐曆、會要、玉牒，卷四述史典、史表、史略、史鈔、史評、史贊、史草、史例、史目、通史、通鑒參據書，卷五述霸史、雜史、七略、中書、古書、東漢以來書考、歷代史官目、劉勰論史，卷六述《山海經》、《世本》、《三蒼》、《漢官》、《水經》、《竹書》。每半板十行，行二十字。界長六寸六分，幅四寸六分。按高氏又著《子略》四卷，《四庫全書總目》載之而不言有《史略》之著，蓋彼土蚤已亡逸耳。此書文辭簡約而引據精覈，多載逸書，實爲讀史家不可闕之書矣。”

楊守敬《日本訪書志》卷五著録此本。其釋文曰：

“高似孫《史略》六卷，宋槧原本，今存博物館。此書世久失傳，此當爲海外孤本。首有兼葭堂印，木氏永保印。按木世肅，大阪人，以藏書名者也。原本亦多誤字，今就其顯然者改之，其稍涉疑似者仍存其舊。按史家流別，已詳於劉知幾《史通》。高氏此書，未能出其範圍，況餖飣雜鈔，詳略失當。其最謬者，如《後漢書》既采《宋書·范蔚宗》本傳，又采《南史》及蔚宗《獄中與諸甥書》，大同小異，一事三出，不恤其繁。又如既據《新唐書》録劉陟《齊書》十三卷爲齊正史，又據《隋志》録劉陟《齊紀》十三卷爲別史；既出范質《晉朝陷蕃記》四卷，又出范質《陷蕃記》四卷，而不知皆爲一書。其他書名之誤，人名之誤，與卷數之誤不可勝紀。據其自序，成書於二十七日，宜其罅漏如斯之多也。似孫以博奧名，其《子略》、《緯略》兩書，頗爲精核。此書則遠不逮之，久而湮滅，良有由然。唯似孫聞見終博，所載史家體例亦略見於此篇,又時有逸聞,如所采《東觀漢記》,爲今《四庫》輯本所不載,此則可節取焉。"

黎庶昌輯《古逸叢書》收録此本。

此本已被日本"文化財審議委員會"確認爲"日本重要文化財"。

【附録】孝明天皇嘉永五年(1852年)有岡本保孝《史略》六卷《子略》四卷寫本。此本每半葉十行,行二十字。《史略》卷末有朱筆識語曰:"癸丑(嘉永六年)夏五月十日校畢"。《子略》卷末有朱筆識語曰:"癸丑夏五初二日校畢",後有花押。又有岡本保孝墨筆識文,文曰:"昌平學校藏宋本《史略》及《子略》,惜哉《子略》卷四欠,今影鈔之,以《百川學海》本補其欠卷,以張氏《學律(津)討原》本校《子略》全部,但《史略》余未知別本,不能校定。嘉永五年冬十月,況齋岡本保孝識。"岡本保孝,字況齋,德川幕府後期考證學派之學者。此本卷中又有"黑川氏圖書記"印記。係黑川睿村舊藏。此本今存築波大學附屬圖書館。

建文遜國記一卷

不著撰人姓名

明嘉靖年間(1522—1566年)刊本　共一册

御茶之水圖書館藏本　原德富蘇峰成簣堂文庫等舊藏

【按】每半葉有界十行,行十九字,左右雙邊。版心有刻工姓名。

前有明嘉靖四十五年(1566年)《序》。

封面係用朝鮮産白色紋樣紙,外封題簽亦係朝鮮人手筆。

卷末有大正乙卯(1914年)德富蘇峰手識文。

歷代史纂左編一百四十二卷

(明)唐順之纂輯　(明)胡宗憲校

明嘉靖四十年(1561年)新安胡氏刊本

内閣文庫　蓬左文庫　尊經閣文庫　静嘉堂文庫　東京大學東洋文化研究所　東北大學附屬圖書館　大倉文化財團藏本

【按】卷後有明嘉靖四十年(1561年)滁上友人胡松《後序》。

内閣文庫藏此同一刊本三部。一部原係楓山官庫舊藏,共一百册。一部原係昌平坂學問所舊藏,共一百四十册。一部亦原係昌平坂學問所舊藏,共一百册。

蓬左文庫藏本,係明正天皇寬永十三年(1636年)從中國購入。原係江户時代尾張藩主家舊藏,卷中有"尾陽内庫"印記。

尊經閣文庫藏本,原係江户時代加賀藩主前田綱紀等舊藏,共六十八册。

静嘉堂文庫藏本,原係木内重四郎等舊藏。此本卷内有缺逸,共九十九册。

東京大學藏本,原係大木幹一等舊藏,卷中有寫補。

東北大學藏本,原係狩野亨吉舊藏,卷中有清人修補,共六十四册。

大倉文化財團藏本,卷中有朱墨批點,并有"宋筠"、"讀書擊劍"等印記。共一百二册。

【附録】桃園天皇寶曆十年(1760年)《商賣書物目録并大意書》記載《左編》一部十二帙一百二十册。釋文曰:"明唐順之編輯。有蟲蝕磨滅處,脱紙三十一張。"

歷代史纂左編一百四十二卷　首一卷

(明)唐順之纂輯　(明)胡宗憲校

明萬曆年間(1573—1620年)刊本　共一百册

静嘉堂文庫藏本　原宮島藤吉等舊藏

二史會編十六卷

(明)況叔祺編

明嘉靖年間(1522—1566年)刊本　共十六册

内閣文庫藏本　原楓山官庫舊藏

【按】前有明嘉靖四十年(1561年)《序》。

三史文類五卷

(明)趙文華編撰

明嘉靖十六年(1537年)趙氏刊本　共二冊

蓬左文庫藏本　原德川家康　尾張藩主家舊藏

【按】此本題"三史"，内容實係四種，此即《左傳文類》一卷，《國語文類》一卷，《史記文類》一卷，《前漢文類》二卷。

卷中有"御本"印記，此係"駿河御讓本"。

二十一史論贊三十六卷

(明)沈國元編

明崇禎十年(1637年)大來堂刊本

内閣文庫　尊經閣文庫藏本

【按】内閣文庫藏此同一刊本兩部。一部原係楓山官庫舊藏，共二十冊。一部原係尾藤二洲、昌平坂學問所舊藏，共二十冊。

尊經閣文庫藏本，原係江户時代加賀藩主前田綱紀等舊藏，共二十冊。

二十一史論贊輯要三十二卷

(明)彭以明編

明萬曆年間(1573—1620年)刊本　共二十一冊

内閣文庫藏本　原楓山官庫舊藏

【按】前有明萬曆三十九年(1611年)《序》。

二十一史文鈔三百三十二卷

(明)戴羲編輯

明崇禎年間(1628—1644年)刊本　共六十冊

尊經閣文庫藏本　原江户時代加賀藩主前田綱紀等舊藏

二十一史文鈔五十八卷

(明)沈國元選

明崇禎年間(1628—1644年)刊本　原共二十九冊(現合爲十六冊)

國會圖書館藏本

【按】前有明崇禎十二年(1639年)《序》。

二十一史文選一百卷

(明)周鍾編

明崇禎年間(1628—1644年)刊本　共七十冊

内閣文庫藏本　原楓山官庫等舊藏

【按】前有明崇禎十五年(1642年)《序》。

二十一史識餘三十七卷

(明)張墉編輯

明崇禎十五年(1642年)刊本　共十冊

内閣文庫藏本　原豐後佐伯藩主毛利高標家舊藏

【按】此本係仁孝天皇文政年間(1818—1829年)由出雲守毛利高翰獻贈幕府，明治年間初期，歸内閣文庫。卷中有"佐伯侯毛利高標字培松藏書畫之印"等印記。

二十三史綺編十七卷

(明)周延儒編

明刊本　共十七冊

静嘉堂文庫藏本　原中村敬宇等舊藏

左國腴詞八卷

(明)凌迪知輯　閔一崔校

明萬曆四年(1576年)吳興凌氏桂芝館刊本

内閣文庫　蓬左文庫　東京大學文學部漢籍中心藏本

【按】每葉有界八行，行十七字，注文小字雙行。白口，左右雙邊。版心有刻工姓名，如吳郡彭天恩、錢世英、何道甫、王伯才等。

内閣文庫藏此同一刊本兩部，各皆二冊。其中一部原係昌平坂學問所舊藏。

蓬左文庫藏本，係明正天皇寬永六年(1629年)從中國購入。原係江户時代尾張藩主家舊藏。共二冊。

東京大學藏本，版面19.7cm×12.3cm。共一冊。

【附録】桃園天皇寶曆十一年(1761年)攝陽

毛利田莊太郎刊印《左國諛詞新補》八卷。題"明凌迪知編,閔一寉校,赤松鴻(滄洲)補"。

國語奇鈔八卷

(明)陳仁錫編　劉肇慶點定
明萬曆年間(1573—1620年)刊本　共四册
內閣文庫　静嘉堂文庫藏本
【按】静嘉堂文庫藏本,原係中村敬宇等舊藏。

國語鈔評八卷

(明)穆文熙評選
明萬曆十三年(1585年)傅光宅等刊本　共二册
蓬左文庫藏本　原江户時幕府第一代大將軍德川家康舊藏
【按】卷中有"御本"印記,此本屬"駿河御讓本"。

國語抄評十二卷

(明)葉明元編
明萬曆年間(1573—1620年)刊本　共五册
內閣文庫藏本　原昌平坂學問所藏
【按】前有明萬曆十六年(1588年)《序》。

後漢書纂十二卷

(明)凌濛初編
明萬曆三十四年(1606年)周氏刊本　共六册
內閣文庫藏本　原昌平坂學問所舊藏
【附録】據《商舶載來書目》記載,桃園天皇寶曆四年(1754年)中國商船"古字號"載《後漢書纂》一部一帙抵日本。

三國史纂(史瑜)八卷

(明)張毓睿編
明崇禎十六年(1643年)序刊本　共四册
內閣文庫藏本　原楓山官庫舊藏

晉書鈎玄二卷

(明)錢普編
明萬曆十二年(1584年)序刊本　共二册
內閣文庫藏本　原昌平坂學問所舊藏
【附録】據《商舶載來書目》記載,東山天皇元禄十二年(1699年)中國商船"志字號"載《史記晉書鈎玄》一部抵日本。

晉書纂六十卷　晉書援據一卷

(明)蘇文韓編
明萬曆三十六年(1608年)序刊本　共二十册
內閣文庫藏本　原楓山官庫舊藏

晉史删四十卷

(明)茅國縉編
明刊本　共八册
內閣文庫藏本　原昌平坂學問所舊藏

晉書删七卷

(明)陳仁錫編
明刊本　共三册
東北大學附屬圖書館藏本　原漱石文庫等舊藏

兩晉南北史合纂四十卷

(明)錢岱編輯　姚宗儀校
明萬曆四十一年(1611年)序刊本
福井縣立大野高等學校圖書館藏本　原岡田宗則等舊藏
【按】此本內容係紀傳史書之節選,細目如次:
《晋書纂》十六卷,《宋書纂》四卷,《南齊書纂》三卷,《梁書纂》四卷,《陳書纂》一卷,《北魏書纂》五卷,《北齊書纂》三卷,《北周書纂》二卷,《隋書纂》二卷。
【附録】據《商舶載來書目》記載,後櫻町天皇明和二年(1765年)中國商船"利字號"載《兩晋南北史合纂》一部二帙抵日本。

　光格天皇文化元年(1804 年)《改濟書籍目録》記載,是年中國商船亥九番載《南北史纂》十部,每部各二帙抵日本。

兩晉南北史合纂四十卷

　(明)錢岱編　姚宗儀校

　明萬曆年間(1573—1620 年)刊本　共二十册

　古義堂藏本　原江户時代伊藤東涯等舊藏

　【按】前有明萬曆四十一年(1613 年)《序》。卷中伊藤東涯手識文。

三國兩晉學史會同四十九卷

　(明)邵經邦編

　明萬曆二十二年(1594 年)序刊本　共八册

　内閣文庫藏本　原楓山官庫舊藏

　【按】此本《三國》二十一卷,《兩晉》二十八卷。

歐陽文忠公史鈔二十二卷

　(宋)歐陽修編　(明)茅坤批評

　明萬曆七年(1579 年)歸安茅一桂校刊本

　内閣文庫　蓬左文庫藏本

　【按】是書係《歐陽文忠公新唐書鈔》二卷及《歐陽文忠公五代史鈔》二十卷合刊本。

　内閣文庫藏本,共五册。

　蓬左文庫藏本,係明正天皇寬永七年(1630 年)從中國購入。原係江户時代尾張藩主家舊藏,卷中有"尾陽内庫"印記。共九册。

　【附録】據《商舶載來書目》記載,後櫻町天皇明和元年(1764 年)中國商船"古字號"載《五代史鈔》一部一帙抵日本。同書又記載後桃園天皇安永八年(1779 年)中國商船"遠字號"載《歐陽文忠公五代史鈔》一部一帙抵日本。

歐陽文忠公史鈔二十二卷

　(宋)歐陽修編　(明)茅坤批評　李兆校

　明刊本　共六册

内閣文庫藏本　原楓山官庫舊藏

歐陽文忠公史鈔(殘本)二十卷

　(宋)歐陽修編　(明)茅坤批評

　明刊本　共四册

　内閣文庫藏本　原昌平坂學問所舊藏

　【按】此本《歐陽文忠公新唐書鈔》二卷缺佚。

歐陽文忠公史鈔(殘本)二十卷

　(宋)歐陽修編　(明)茅坤批評

　明朱墨套印刊本　共十册

　内閣文庫藏本　原昌平坂學問所舊藏

　【按】此本《歐陽文忠公新唐書鈔》二卷缺佚。

歐陽文忠公史鈔(殘本)二十卷

　(宋)歐陽修編　(明)茅坤批評

　明崇禎年間(1628 — 1644 年)刊本　共八册

　尊經閣庫藏本　原江户時代加賀藩主前田綱紀等舊藏

元朝捷録(殘本)一卷

　(明)張四知編

　明刊本　共一册

　内閣文庫藏本　原江户時代林羅山家舊藏

　【按】是書全五卷。此本今存卷五凡一卷。卷中有"江雲渭樹"印記。

史黌二十五卷

　(明)余文龍撰

　明萬曆四十六年(1618 年)刊本

　内閣文庫　尊經閣文庫　蓬左文庫　米澤市立圖書館藏本

　【按】每半葉有界九行,行二十字,注文雙行小字。白口,四周單邊(21.6cm × 13.7cm)。版心著録"史黌"二字。

　卷前有余文龍《自序》,朱國禎《序》,吳用先《序》,董應舉《序》。後有明萬曆四十六年(1618 年)刊印者李維楨及余兆胤(余文龍之子)《跋文》。

是書拔萃二十一史之要點,按年代順序排列。

内閣文庫藏本,原係楓山官庫舊藏,共十二册。

尊經閣文庫藏本,原係江户時代加賀藩主前田綱紀等舊藏,共十二册。

蓬左文庫藏本,係明正天皇寬永七年(1630年)從中國購入。原係江户時代尾張藩主家舊藏,卷中有"尾陽内庫"印記。共十二册。

米澤市立圖書館藏本,在後水尾天皇與明正天皇寬永年間(1624—1643年)爲鍋島勝茂舊藏,後歸上杉定勝,再傳至米澤藩主家。每册首有"麻谷藏書"印記。

留餘堂古今史取十卷

(明)賀詳編

明刊本　共五册

内閣文庫藏本　原楓山官庫舊藏

留餘堂古今史取十二卷

(明)賀詳編

明刊本　共十二册

尊經閣文庫藏本　原係江户時代加賀藩主前田綱紀等舊藏

雪廬讀史快編六十卷

(明)趙維寰編撰

明天啓四年(1624年)序刊本

宮内廳書陵部　内閣文庫　尊經閣文庫東京大學東洋文化研究所藏本

【按】宮内廳書陵部藏本,共二十一册。

内閣文庫藏本,原係昌平坂學問所舊藏,共二十一册。

尊經閣文庫藏本,原係江户時代加賀藩主前田綱紀等舊藏,共二十一册。

東京大學藏本,原係大木幹一等舊藏。

【附錄】據《商舶載來書目》記載,桃園天皇寶曆十二年(1762年)中國商船"登字號"載《讀史快編》一部四帙抵日本。

據《外船賫來書目》記載,光格天皇寬政十二年(1800年)中國商船"丑八番"載《雪廬讀史快編》一部四帙抵日本。

《書籍元帳》記載,仁孝天皇弘化四年(1847年)中國商船"午五番"載《讀史快編》一部四包抵日本,標價十三匁。

雪廬讀史快編六十卷

(明)趙維寰編撰

明刊本

宮内廳書陵部　内閣文庫藏本

【按】宮内廳書陵部藏本,原係江户時代德山藩第三代藩主毛利元次廣收"天下秘籍"之一種。東山天皇寶永三年(1706年)《御書物目錄》著錄此本,明治二十九年(1896年)男爵毛利元功獻贈宮内省。

内閣文庫藏本,原係楓山官庫舊藏,共三十二册。

讀史快編五十八卷

(明)趙維寰編

明天啓年間(1628—1644年)刊本　共二十四册

静嘉堂文庫藏本

讀史謾抄三卷

(明)張泰復撰

明鬱雲館刊本　共一册

内閣文庫藏本　原楓山官庫舊藏

歷代朝傑集五卷

(明)王紳編撰

明萬曆四十六年(1618年)刊本　共二册

内閣文庫藏本　原豐後佐伯藩主毛利高標等舊藏

【按】此本係仁孝天皇文政年間(1818—1829年)由出雲守毛利高翰獻贈幕府,明治年間初期,歸内閣文庫。卷中有"佐伯侯毛利高標字培松藏書畫之印"等印記。

顧氏詩史十五卷

（明）顧正誼撰
明萬曆二十八年（1600 年）序刊本
内閣文庫藏本
【按】内閣文庫藏此同一刊本兩部。一部原係豐後佐伯藩主毛利高標等舊藏，共六册。一部原係昌平坂學問所舊藏，共八册。

讀史韵言二卷

（明）蘇茂相撰　何喬遠閲
明刊本　共一册
内閣文庫藏本　原楓山官庫舊藏

史評小品二十二卷

（明）江用世撰
明崇禎年間（1628—1644 年）刊本　共十册
静嘉堂文庫藏本

殿閣詞林記二十二卷

（明）廖道南撰
明刊本　共十二册
静嘉堂文庫藏本　原陸心源十萬卷樓等舊藏

諸史會編大全一百十二卷

（明）金㷍編
明刊本
内閣文庫　尊經閣文庫　蓬左文庫藏本
【按】内閣文庫藏本，原係楓山官庫舊藏，共一百十三册。
尊經閣文庫藏本，原係江户時代加賀藩主前田綱紀等舊藏，共七十一册。
蓬左文庫藏本，共五十六册。

歷代史書大全五百卷　史書總論一卷　史書述略二卷

（明）魏顯國編
明木活字刊印本　共六十册

内閣文庫藏本　原楓山官庫舊藏
【附録】據《商舶載來書目》記載，桃園天皇寶曆十二年（1762 年）中國商船"禮字號"載《歷代史書纂》一部六帙抵日本。

太史華句八卷

（明）凌迪知編　凌稚隆校
明萬曆年間（1573 — 1620 年）刊本　共二册
内閣文庫藏本
【附録】後櫻町天皇明和六年（1769 年）江户須原屋市兵衛等刊印《太史華句》八卷。

諸史品節四十卷

（明）陳深　陸翀之編撰
明萬曆年間（1573 — 1620 年）刊本
宫内廳書陵部　内閣文庫　静嘉堂文庫藏本
【按】宫内廳書陵部藏本，共八册。
内閣文庫藏此同一刊本兩部，各皆十册。其中一部原係楓山官庫舊藏。
静嘉堂文庫藏本，共十六册。
【附録】據《商舶載來書目》記載，中御門天皇享保十二年（1727 年）中國商船"志字號"載《諸史品節》一部十六册抵日本。同書又記載，東山天皇元禄十二年（1699 年）中國商船"志字號"曾載《諸史品節後集》一部四册抵日本。

史書纂略二百二十卷

（明）馬維銘編輯　馬德澧校
明萬曆四十二年（1614 年）平湖馬氏刊本
内閣文庫　蓬左文庫藏本
【按】卷前有明萬曆四十二年（1614 年）陳懿典《序》。
内閣文庫藏此同一刊本兩部。一部原係楓山官庫舊藏，共四十册。一部原係豐後佐伯藩主毛利高標家舊藏，仁孝天皇文政年間（1818—1829 年）由出雲守毛利高翰獻贈幕府，明治年間初期，歸内閣文庫。卷中有"佐伯侯毛利高標字培松藏書畫之印"等印記。共五十八册。

蓬左文庫藏本,原係江户時代尾張藩主家舊藏,共四十册。

【附録】桃園天皇寶曆十年(1760 年)《商賣書物目録并大意書》著録《歷代史書纂》一部六帙四十八册。其釋文曰:"明馬維銘纂略。古本,有朱點。然有蟲蝕處,且卷三脱半卷,《金史》末又脱紙數張。"

二十一史纂(史書纂略)四十四卷

(明)馬維銘編輯

明刊本　共四十二册

内閣文庫藏本　原江户時代林羅山家舊藏

閱史約書五卷

(明)王光魯撰

明崇禎年間(1928 — 1644 年)二色套印刊本

共二册

尊經閣文庫　東洋文庫藏本

【按】尊經閣文庫藏本,原係江户時代加賀藩主前田綱紀等舊藏。

東洋文庫藏本,原係藤田豐八等舊藏。

【附録】光格天皇寬政元年(1789 年),京都北村四郎兵衛刊印《閱史約書》。

（九）地　理　類

（總志之屬）

元和郡縣圖志四十卷

（唐）李吉甫撰

舊寫本　洪亮吉手識本　共八册

静嘉堂文庫藏本　原洪亮吉等舊藏

【按】卷首題"金紫光禄大夫中書侍郎同中書門下平章事兼集賢殿大學士監修國史上柱國趙國公臣李吉甫撰"。

前有李吉甫《自序》。後有宋淳熙二年乙未（1175年）程大昌《序》及《跋》，次有宋淳熙三年（1176年）洪邁《跋》、張子顔《跋》。

洪邁《跋》後，有洪亮吉手識，其文曰：

"戊辰春，余抱病卧枕，頗收羅奇書以作卧遊。適友人遺余《元和郡縣志》若干卷，乃孟亭前輩手録也。雖攷訂旁搜，未極精詳，而簡練博洽，已勝諸家。因取崑山徐氏本，互相校讎，時參臆見，閲數旬告成，自謂此書可稱全璧矣，其爲先生之功臣也，不敢多讓。稚存洪亮吉記。"

又張子顔《跋》後，另有手識文五十一字，其文曰：

"光緒丁亥，取惠定宇舊藏本對校一過，以此本爲精。惟闕張子顔一《跋》，校畢因補録之。又第十七卷闕一葉，兩本皆同。十月望燈下記。"

此手迹與陸心源氏相似。

卷中有"稚存"朱文印記等。

【附録】《書籍元帳》記載，光格天皇文化元年（1804年）中國商船"亥八號"載《元和郡縣圖志》四部抵日本，定價二十二匁。

太平寰宇記（殘本）三十二卷

（宋）樂史撰

宋刊本　蝴蝶裝　共二十五册

宮内廳書陵部藏本　原金澤文庫　紅葉山文庫等舊藏

【按】每半葉有界十一行，每行二十字。白口，左右雙邊。版心上記字數，中記"寰宇記卷幾"，下記葉數，間有記刻工姓名者、如王才、田友、之、元、午、午友、友又、支、王良、王定、德重、龜、張全、德九、德又、德光、田圭、良、祖、袁、朝、福、王朝等。

前有樂史《太平寰宇記序》，次有《太平寰宇記目録》二卷。

卷中避宋諱，凡遇"玄、弘、殷、匡、胤、貞、徵、樹、讓、桓、完、敦"等字皆闕筆。凡語涉"陛下"、"皇朝"等句，皆另起一行。

是書全二百卷。此本今存卷一、卷二、卷七、卷八、卷九、卷七十八（闕第七葉）、卷九十一（無校勘）、卷九十九、卷一百、卷一百一（無校勘）、卷一百四（無校勘）、卷一百七、卷一百八（無校勘）、卷一百九、卷一百十二、卷一百十三（無校勘）、卷一百十五（無校勘）、卷一百十六（無校勘）、卷一百十七、卷一百十八（無校勘）、卷一百二十五、卷一百三十三（無校勘）、卷一百三十四、卷一百三十五（無校勘）、卷一百三十六（無校勘）、卷一百三十七（無校勘）、卷一百四十一（無校勘）、卷一百九十五（無校勘）、卷一百九十六（無校勘）、卷一百九十七（無校勘）、卷一百九十八（無校勘）、卷一百九十九（無校勘）。

其餘尚存斷簡三十八卷。卷三（存第一至第十三葉，第十四葉係卷五十四葉誤入）、卷五（存第十四、第十五葉）、卷六（存第二十三葉）、卷十（存第一至第九葉）、卷十二（存第一至第五葉）、卷十六（存第七葉）、卷三十七（存第一至第九葉)、卷四十四(存第一至第七葉)、卷四十七(存第四至第十四葉)、卷四十八(存第一至第三葉)、卷五十(存第十三葉)、卷七十二(存第二、第四至第六葉)、卷七十七(存第三至第十四葉)、卷八十八(存第九葉)、卷八十九(存第七至第十葉)、卷九十(存第一至第三葉、第十六至第二十三葉)、卷九十六(存第一至第八葉)、卷一百二(存第一、第二葉)、卷一百三(存第三至第九葉)、卷一百五(存第一至第九葉)、卷一百六(存第八至第十七葉)、卷一百十(存第一至第七葉)、卷一百十一(存第八至第十五葉)、卷一百十四(存第一至第九葉)、卷一百二十四(存第十三、第十四葉)、卷一百三十八(存第一至第六葉)、卷一百四十二(存第一、第七至第十六葉)、卷一百四十三(存第一至第七葉)、卷一百四十七(存第三至第八葉)、卷一百四十八(存第一至第五葉、第八至第十一葉)、卷一百四十九(存第一至第八葉)、卷一百五十五(存第七、第八葉)、卷一百六十一(存第七葉)、卷一百八十七(存第一至第四葉)、卷一百八十八(存第七至第十葉)、卷一百八十九(存第一至第九葉)、卷一百九十四(存第二至第十二葉)、卷二百(存第一至第六葉)。

卷中(卷一、十二、四十四、五十、七十八、九十一、九十九、一百十一、一百十八、一百二十五、一百三十三、一百八十七)有"金澤文庫"印。第一至第三冊、第十一冊、第十三冊首,皆有"祕閣圖書之章"印記。

此本卷一百十三至一百十八凡六卷,清光緒九年癸未(1883年)楊守敬在東京影刻,收於《古逸叢書》中。

森立之《經籍訪古志》卷三、楊守敬《日本訪書志》卷六,皆著錄此本。傅增湘《藏園羣書經眼錄》卷五亦著錄,并稱其"寫刻工麗,字體豐華、麻紙蝶裝,頗爲悦目"。董康《書舶庸譚》卷三又稱此本係"宋刊中所罕見也"。

【附錄】據《商舶載來書目》記載,光格天皇寬政九年(1797年)中國商船"多字號"載《太平寰宇記》一部十二帙抵日本。

據《外船賷來書目》記載,光格天皇寬政十二年(1800年)中國商船"子三番"(船主鄭行)載《太平寰宇記》一部十二帙抵日本,定價三十匁。同年,中國商船"寅二番"載《太平寰宇記》一部十二帙抵日本,定價三十匁。

(新編四六必用)方輿勝覽四十三卷　後集七卷　續集(殘本)十一卷　拾遺二卷　正集總目一卷　分類詩文目一卷

(宋)祝穆編纂

宋理宗時(1225—1264年)刊本　共三十册

宮內廳書陵部藏本　原近江西大路藩主市橋長昭　昌平坂學問所等舊藏

【按】每半葉有界七行,注文小字,每半葉十四行,每行二十五字(上空一格,實爲二十四字)。大字一字,略當小字二字。黑口,左右雙邊。

首有宋嘉熙二年戊戌(1238年)《兩浙轉運司錄白》,其文曰:

"兩浙轉運司　錄白

據祝太傅宅幹人吳吉狀: 本宅見雕諸郡志,名曰《方輿勝覽》并《四六寶苑》兩書,並係本宅進士私自編輯,數載辛勤。今來雕版,所費浩瀚。竊恐書市嗜利之徒,輒將上件書版翻開,或改換名目,或以節略《輿地紀勝》等書爲名,翻開攙奪,致本宅徒勞心力,枉費本錢,委實切害。照得雕書合經使臺申明,乞行約束,庶絕翻版之患,乞給榜下衢、婺州雕書籍處,張掛曉示,如有此色,容本宅陳告,乞追人毀版,斷治施行。奉臺判備榜須至指揮。

右今出榜衢、婺州雕書籍去處,張掛曉示,各令知悉。如有似此之人,仰經所屬陳告追究,毀版施行。故榜。

嘉熙貳年拾貳月　　日榜

衢、婺州雕書籍去處張掛

轉運副使曾　　　　台押

福建路轉運司狀乞給榜,約束所屬,不得翻開上件書版並同前式。更不再錄白。"

此《録白》後，有宋嘉熙三年己亥（1239年）新安吕午《方輿勝覽序》，次《新編四六必用方輿勝覽總目》，後有宋嘉熙三年己亥（1239年）祝穆《跋》，末有《引用文目》。

卷中避宋諱，凡遇"弦、桓"等字皆闕筆。語涉欽宗等宋帝，皆提行上空一格。

各《集》卷目如次。

《正集》四十三卷目：

卷一至卷五　　浙西路（共八州）；

卷六至卷九　　浙東路（共七州）；

卷十至卷十三　　福建路（共八州）；

卷十四至卷十八　　江東路（共九州）；

卷十九至卷二十二　　江西路（共十一州）；

卷二十三至卷二十六　　湖南路（共九州）；

卷二十七至卷三十一　　湖北路（共十五州）；

卷三十二至卷三十三　　京西路（共七州）；

卷三十四至卷三十七　　廣東路（共十四州）；

卷三十八至卷四十二　　廣西路（共二十五州）；

卷四十三　　海外四州；

《後集》七卷目：

卷一至卷四　　淮東路；

卷五至卷七　　淮西路；

《續集》二十卷目：

卷一至卷十一　　成都府路（共十六州，今闕卷七至卷十一）；

卷十二至卷十五　　潼川府路（共十五州，今全闕）；

卷十六至卷十八　　利州東路（共十州）；

卷十九至卷二十　　利州西路（共八州）。

是書各《集》前，皆有"小啓"，今録於此。

《正集·目録》前，有"小啓"曰：

"今將每郡事要標出卷首，餘并倣此，覽者切幸詳鑒！

郡名、風俗、形勝、土産、山川、學館、堂院、亭臺、樓閣、軒榭、館驛、橋梁、寺觀、祠墓、古跡、名宦、人物、名賢、題詠、四六。"

《後集·目録》前，有"小啓"曰：

"今將兩淮州郡作《後集》刊行，西蜀及

兩淮新復之境，見此纂輯，續當鋟梓。《引用文目》已具《前集》卷首，更不重復，仍標出每郡事要如右。"

《拾遺·目録》之前，有"小啓"曰：

"是編亦既鋟梓流布矣。重惟天下奇聞壯觀，見於文人才士之所記述者，浩不可窮，耳目所及，幸而得之，則亦泰山一毫芒耳。因閲羣書，復抄小集，附刊於後，各以拾遺。每州各空其紙，以俟博雅君子續自筆入，或因鬻書者録以見寄，使足成此一奇書，蓋所深望云。"

《引用文目》共著録《記》九十二、《序》十二、《奏議》三、《碑誌》九、《傳》三、《書》二、《銘》八、《贊》四、《頌》一、《檄》一、《賦》十、《樂府》五、《雜説》二、《雜文》十、《祭文》三、《雜志》五十、《小説》十三、《詩》千二百。

《文目》前有"小啓"，其文曰：

"是編蒐獵名賢記序詩文及史傳稗官雜説殆數千篇，若非表而出之，亦幾明珠之暗投。今取全篇分類，以便檢閲，其一聯片語不成章者，更不贅録。蓋演而伸之則爲一部郡志，總而會之則爲一部文集，庶幾旁通曲暢云。"

是書原係近江西大路藩主市橋長昭舊藏。

光格天皇文化年間（1804—1818年）市橋氏獻贈三十部宋元刊本於昌平坂學問所，此即爲其中之一部。有《寄藏文廟宋元刻書跋》一紙，附於本書末。

卷中有"仁正侯長昭黄雪書屋鑒藏圖書之印"，"龍眠"、"昌平坂學問所"、"淺草文庫"、"内務省文庫印"等印記。

董康《書舶庸譚》卷六，傅增湘《藏園羣書經眼録》卷五，皆著録此本。

(新編)方輿勝覽七十卷

(宋)祝穆編撰

宋麻沙刊本

宮内廳書陵部藏本

【按】每半葉有界七行，每行十四字或十五

字,小字雙行,每行二十三字。黑口,左右雙邊(18.9cm×11.8cm)。每葉左綫外有耳格標府州篇名。

首有宋嘉熙三年己亥(1239年)良月望日新安昌午《方輿勝覽序》,此《序》書法學東坡,頗爲神似。次有同年仲冬既望祝穆《自跋》,次有《新編方輿勝覽目録》。

卷中避宋諱,語涉宋帝皆提行,上空一格。

是《志》標題無"四六必用"四字,并合《正集》、《後集》、《續集》及《拾遺》總爲七十卷。篇目排列四十三卷前,與原《正集》同,後二十七卷與原《後集》及《續集》稍異,多"夔州路(共十六州)"五卷,原"成都府路(共十六州)"由十一卷減爲六卷。

宮內廳書陵部藏此同一刊本三部。一部原係法苑寺舊藏,後歸江户林氏大學頭家,繼藏於昌平坂學問所。卷中有"法苑寺印","林氏藏書"、"淺草文庫"、"大學藏書"、"昌平坂學問所"等印記,共二十六册。一部原係豐後佐伯藩主毛利高標舊藏。卷首有手鈔"日新書堂"刊本"刊語",卷中間有鈔補。仁孝天皇文政年間(1818—1830年)出雲守毛利高翰獻贈幕府。卷首有"佐伯侯毛利高標字培松藏書畫之印",每册首又有"祕閣圖書之章"等印記,共二十三册。一部原係妙覺寺等舊藏,後歸江户德山藩主毛利氏家。東山天皇寶永三年(1706年)德山藩第三代藩主毛利元次編撰《御書物目録》著録此本。明治二十九年(1896年)男爵毛利元功獻贈宮內省。卷中有"妙覺寺常住日典","德藩藏書"、"明治二十九年改濟　德山毛利家藏書"等印記。共二十册。

楊守敬《日本訪書志》卷六著録是書,其釋文曰:

"蓋麻沙坊本也。此本標題於浙西之嚴州,改稱建德府;浙東路之温州,改稱瑞安府;廣西路之宜州,改稱慶遠府;夔州路之忠州,改稱咸淳府。按和父《自序》,書成于嘉熙己亥,而改嚴、温、宜、忠等州爲府,在咸淳元年,相去三十六年,其爲後人改編可知。

書中亦多所增添,非祝氏之舊。然其所增亦皆據方志舊記編入,猶有知識者所爲,不似坊買之羼亂妄作,故亦可貴。余按,此書元明以下均未重鐫,故著録家只有宋本,恐再延數世,歸於泯滅。余乃得兩宋本,惜無好事者重雕焉。"

森立之《經籍訪古志》卷三著録原寶素堂藏《新編方輿勝覽》七十卷。每半葉十四行,每行二十五字,卷中標目併二行大書。卷端葉題"日新書堂新刊"六字。

(新編)方輿勝覽七十卷

(宋)祝穆編撰

宋麻沙刊本　共三十二册

静嘉堂文庫藏本　原陸心源皕宋樓等舊藏

【按】此本與宮內廳藏本係同一刊本,行款題式皆同。

卷中有"鎮江揚州寧國三郡太守"、"樹經堂藏書"、"炳喆道人"、"拙修堂藏書記"、"南石翁"、"清白相承"、"讀書室"、"鄒阁表書畫記"、"歸安陸樹聲叔桐父印"等印記。

(新編)方輿勝覽七十卷

(宋)祝穆編撰

宋麻沙刊本　共二十册

陽明文庫藏本　原江户時代近衛家熙等舊藏

【按】此本與宮內廳書陵部藏本爲同一刊本,行款題式皆同。

卷中有四卷爲後人寫補。

(新編)方輿勝覽(殘本)五十八卷

(宋)祝穆編撰

宋麻沙刊本　共三十五册

陽明文庫藏本　原江户時代近衛家熙等舊藏

【按】此本與宮內廳書陵部藏本爲同一刊本,行款題式皆同。

是書全本七十卷,此本今存五十八卷。卷中

有五卷爲後人寫補。

（新編）方輿勝覽（殘本）八卷

（宋）祝穆編撰

宋麻沙刊本　共三册

御茶之水圖書館藏本　原德富蘇峰成簀堂舊藏

【按】此本與宮內廳藏本爲同一刊本，行款題式皆同，唯僅存卷第五十一至卷第五十八，凡八卷。此本紙質較粗，封面留存原刊舊裝。有德富蘇峰手識文。

（新編）方輿勝覽七十卷

（宋）祝穆編撰

元刊本　共十五册

蓬左文庫藏本　原江户時代幕府大將軍德川家康等舊藏

【按】每半葉有界十四行，行二十三字左右。四周單邊。

此本外題《方輿勝覽》，內題《新編方輿勝覽》。

首頁頂格題署“新編方輿勝覽卷之一”，第二行上空八字題署“建安祝穆和父編”，第三行與第四行上畫一空心圓，圓下題署“浙西路”三大字，第五行與第六行上空三字題署“臨安府”，下有單行地名，題署“錢塘，仁和，余杭，臨安……”等。

此本用茶色無紋棉紙作封面。

卷中有“御本”等印記。

聖朝混一方輿勝覽（新編事文類聚翰墨大全後乙集）三卷

（元）劉應李撰

明刊本

神户大學文學部　大東急記念文庫藏本

【按】每半葉有界十二行，每行約二十字。小字雙行，行同正文。黑口，四周雙邊。

大明一統志九十卷

（明）李賢等奉勅編撰

明天順年間（1457 — 1464 年）經廠刊本

宮內廳書陵部　静嘉堂文庫　東京大學總合圖書館　福井市立圖書館　京都大學中央圖書館　神宮文庫藏本

【按】每半葉有界十行，每行二十二字。注文雙行，低一格。黑口，四周雙邊。

前有明天順五年辛巳（1461 年）明英宗《御製大明一統志序》，總裁李賢等《進大明一統志表》，《奉勅修大明一統志官員職名》，《大明一統志目錄》，《大明一統志圖叙》，《大明一統志圖》等。

宮內廳書陵部藏本，每册首有“祕閣圖書之章”印記，共二十四册。

静嘉堂文庫藏本，原係陸心源守先閣等舊藏，共四十册。

東京大學總合圖書館藏本，原係江户時代紀州德川家南葵文庫等舊藏。

此本卷中有明正德（1506—1521 年）、嘉靖年間（1522—1566 年）補修葉，卷第四十三至卷第四十八爲後人補寫，共四十五册。

福井市立圖書館藏本，今存卷第一至卷第二十一，卷第四十九至卷第六十九，凡四十二卷。卷中有“圖書寮”朱文長方印，共十二册。

京都大學藏本，共四十册。

神宮文庫藏本，卷中有“姜氏二酉家藏”朱文方印，“滄江虹月”白文方印。是《志》係明治天皇二十九年（1896 年）購入，定價四十五圓。

【附錄】《舶來書籍大意書》記載明嘉靖三十八年刊本曰：“李賢等總裁，分京師、南京、中都及十三布政司凡十六門二百四十餘目。每目細標建置、沿革、郡名、形勝、風俗、山川、土産、公署、學校、書院、宮室、關梁、寺觀、祠廟、陵墓、古蹟、名宦、人物等。大書類名，分注事實。末卷記外國五十七名來歷。凡九十卷。”

又據《商舶載來書目》記載，中御門天皇正德四年（1714 年）中國商船“多字號”載《大明一統志》一部抵日本。

《外船齎來書目》記載，中御門天皇正德四年（1714年），又有《大明一統志》一部二十四册抵日本。同書又記載，同天皇享保二年（1735年）中國寧波船第二十號載《大明一統志》一部抵日本。

又，日本中御門天皇正德二年（1713年）京都弘章堂山本長兵衛據明天順五年將《大明一統志》重行刊印。

又，東山天皇元禄七年（1694年）京都林九兵衛從《大明一統志》中鈔出相關史料，刊印《大明京師八景詩》，文中標有漢語順序讀法符點。

大明一統志九十卷

（明）李賢等奉敕編撰

明正德三年（1508年）刊本　共六十册

酒田市立光丘文庫藏本　原本間光彌等舊藏

大明一統志九十卷

（明）李賢等奉敕編撰

明嘉靖間（1522—1566年）刊本　共三十五册

静嘉堂文庫　陽明文庫藏本

【按】前有明嘉靖三十二年（1553年）序。

静嘉堂文庫藏本，共三十五册。

陽明文庫藏本，原係江户時代近衛家熙等舊藏，共二十二册。

大明一統志九十卷

（明）李賢等奉勅編撰

明萬曆十六年（1588年）楊氏歸仁齋重刊本

宮内廳書陵部　内閣文庫　蓬左文庫　京都大學附屬圖書館　名古屋大學附屬圖書館　早稻田大學圖書館　古義堂文庫　滋賀大學附屬圖書館藏本

【按】每半葉有界十行，行二十二字，小字雙行，行同正文。黑口，四周單邊。

卷首《職名》後有刊印牌記，曰“皇明嘉靖己未歸仁齋重刊行”。

卷末又有刊印牌記，曰“大明嘉靖己未孟秋吉旦書林楊氏歸仁齋重梓行”。

此本係明萬曆十六年戊子（1588年）據明嘉靖三十八年己未（1559年）歸仁齋刊本修補重刊印。

宮内廳藏此同一刊本兩部。一部共三十六册，一部共四十册。

内閣文庫藏此同一刊本兩部。一部共三十册，一部共四十册。

蓬左文庫藏本，原係江户時代尾張藩主家舊藏，共二十五册。

京都大學藏本，共四十册。

名古屋大學附屬圖書館藏本，原係岡谷正男等舊藏，共三十册。

早稻田大學圖書館藏此同一刊本兩部，一部係原刻原印本，共二十四册，一部係重印本，共十六册。

古義堂藏本，原係江户時代大儒伊藤仁齋家舊藏，共十六册。

滋賀大學藏本，共二十三册。

大明一統志九十卷

（明）李賢等奉勅編撰

明萬曆年間（1573—1620年）萬壽堂刊本

内閣文庫　蓬左文庫　京都大學文學部東洋史研究室　東北大學附屬圖書館　大垣市立圖書館　東洋文庫　東京大學文學部漢籍中心　陽明文庫藏本

【按】每半葉有界十行，每行二十二字。小字雙行，行同正文。白口，四周單邊。

内閣文庫藏此同一刊本三部。一部共三十二册，一部共五十册，一部原係河本立軒舊藏，有清人補修，共四十册。

蓬左文庫藏本，係後水尾天皇元和年間（1615—1624年）購入，卷中有“尾陽内庫”印記，共十五册。

京都大學東洋史研究室藏此同一刊本兩部。

一部共四十冊,一部共三十六冊。

東北大學附屬圖書館藏此同一刊本亦二部,一部屬狩野文庫,共三十冊;一部共四十八冊。

大垣市立圖書館藏本,今闕卷八十一及八十二,共四十九冊。

東洋文庫藏本,共四十八冊。

東京大學文學部漢籍中心藏本,卷中有清文林閣補修葉。此本今缺卷第二十四,卷第二十五、卷第八十八、卷第八十九、卷第九十,實存八十五卷,共三十四冊。

陽明文庫藏本,原係江户時代近衛家凞等舊藏,共四十冊。

大明一統名勝志(大明輿地名勝志)二百八卷

(明)曹學佺纂輯

明崇禎三年(1630年)三山曹氏刊本

宮内廳書陵部　内閣文庫　蓬左文庫　尊經閣文庫　東京大學東洋文化研究所　京都大學人文科學研究所東洋學文獻中心　東北大學中央圖書館　茨城大學菅文庫　東洋文庫　廣島市立淺野圖書館藏本

【按】每半葉有界十行,每行十九字。白口,左右雙邊。

前有曹學佺《序》,次有《目録》。

是《志》係直隷十二卷、南直隷二十卷、山西八卷、陝西十三卷、河南十二卷、山東九卷、江西十三卷、浙江十一卷、福建十卷、湖廣十七卷、四川三十五卷、廣東十卷、江西十卷、雲南二十四卷、貴州四卷。

宮内廳書陵部藏此同一刊本共三部。一部《目録》有闕,共七十冊;一部今存一百九十八卷,共六十冊;一部全帙,共六十四冊。

内閣文庫藏此同一刊本亦三部。一部原係林羅山舊藏,今闕卷二十六至卷三十五,卷中有"江雲渭樹"印記,共九十三冊;餘皆全帙,一部共六十五冊;一部共五十八冊。

蓬左文庫藏本,係明正天皇寬永十二年(1635年)購入,卷中有"尾陽内庫"印記,共七十六冊。

尊經閣文庫藏本,原係江户時代加賀藩主前田綱紀等舊藏,共五十冊。

東京大學藏本,河南卷今闕第七、第八,存二百六卷。

京都大學人文研藏本,有補鈔,共九十五冊。

東北大學藏本,共六十四冊。

茨城大學藏本,原係三田葆光舊藏。直隷卷今闕第一至第八,存二百卷,共六十七冊。

東洋文庫藏此同一刊本兩部。一部共一百冊;一部原係藤田豐八舊藏,共四十八冊。

廣島市立淺野圖書館藏本　共九十六冊。

歷代地理指掌圖(不分卷)

題(宋)蘇軾撰

宋西蜀刊本

東洋文庫藏本　原石田幹之助舊藏

【按】每半葉有界十八行,每行二十八字。白口,左右雙邊。版心上記數字。

前有蘇軾《序》(前人謂此係托名者),後有《總論》(每半葉十七行,每行三十字)

《總論》後有刊印木牌記一行:

　　"西川成都府市西俞家印"。

是書題蘇軾撰而實非蘇軾撰者,《朱子語類》卷一百三十八、費袞《梁谿漫志》卷六等,皆有辯證。

歷代地理指掌圖(不分卷)

題(宋)蘇軾撰

明刊本

内閣文庫　尊經閣文庫藏本

【按】前有托名蘇軾《序》。後有《總論》。

内閣文庫藏此同一刊本兩部。一部原係林大學頭家舊藏,卷中有"林氏藏書"印記,共一冊;一部原係昌平坂學問所舊藏,今西漢以下闕,共四冊。

尊經閣文庫藏本,共二冊。

廣輿圖二卷

(元)朱思本撰　(明)羅洪先增補

明萬曆七年(1579 年)巡按山東監察御史錢岱刊本　共二册

尊經閣文庫　京都大學文學部地理學研究室藏本

【按】每半葉有界十二行,每行二十五字。

前有元延祐七年庚申(1320 年)朱思本《序》,羅洪先《序》,明嘉靖四十年辛酉(1561 年)胡松《序》,同年徐九皋《序》,明嘉靖四十五年丙寅(1566 年)韓君恩《序》,明萬曆七年己卯(1579 年)錢岱《序》。

廣輿圖(不分卷)

不著撰著人姓名

明末寫本　共一册

內閣文庫藏本　原紅葉山文庫舊藏

【按】此本題名《廣輿圖》,然比朱思本撰、羅洪先增補之《廣輿圖》內容擴充甚多,卷內分別標以"補注"、"附考"、"附載"、"附詳"等字,以明增益之部分。

前有《總論》,每圖後有《附說》。

皇輿考十卷

(明)張天復撰　廖恕　李元敬校正

明嘉靖年間(1522—1566 年)刊本　共四册

宮內廳書陵部藏本　原豐後佐伯藩主毛利高標舊藏

【按】每半葉有界九行,每行二十字。白口,左右雙邊。

前有明嘉靖四十年辛酉(1561 年)袁福徵《序》,明嘉靖三十六年丁巳(1557 年)張天復《自序》。

此本係仁孝天皇文政年間(1818 — 1830 年)出雲守毛利高翰獻贈幕府。

卷首有"佐伯侯毛利高標字培松藏書畫之印"印記,每册首又有"朱氏叔里"、"祕閣圖書之章"印記。

皇輿考(殘本)十卷

(明)張天復撰　張鼎思重校

明萬曆年間(1573—1620 年)姑蘇張氏重刊本

東京大學東洋文化研究所藏本

【按】每半葉有界九行,每行十八字。白口,左右雙邊。

前有袁福徵《序》,張天復《自序》,並有張象賢《跋》,明萬曆十六年戊子(1588 年)張燭《後序》。

《總目》下題"姑蘇後學張象賢齊之父重刻"。

張象賢《跋》曰"《皇輿考》舊刻多魚魯,家君在真定任所,公事之暇閱之,近寄不佞叔氏都諫公,爲之訂正,遂命不佞付梓,以公諸同好"云云。

是書全十二卷。此本今闕卷十一及卷十二。

廣皇輿考二十卷

(明)張天復撰

明萬曆年間刊(1573—1620 年)天啓年間增刊本　共十册

內閣文庫藏本　原木村兼葭堂舊藏

【按】每半葉有界六行,每行十七字。小字雙行,行同正文。白口,四周單邊。

前有明天啓六年丙寅(1626 年)張汝懋《序》。

此本係明萬曆二十九年辛丑(1601 年)張汝霖原刻,明天啓六年丙寅(1626 年)張汝懋增刻本。

廣輿記二十四卷

(明)陸應陽撰

明萬曆年間(1573—1620 年)刊本

東京大學東洋文化研究所大木文庫　關西大學泊園文庫　大阪大學文學部懷德堂文庫　廣島市立淺野圖書館　御茶之水圖書館藏本

【按】每半葉有界十行,每行十九字。小字雙行,每行十八字。白口,左右雙邊。

前有明萬曆二十八年庚子(1600 年)申時行《序》,馮時可《序》。

東京大學藏本，原係大木幹一等舊藏。

關西大學藏本，原係江戶時代藤澤東畡、藤澤南陽、藤澤黄鵠、藤澤黄坡三世四代"泊園書院"舊藏。

大阪大學文學部懷德堂文庫藏本，原係大阪懷德堂等舊藏。共八册。

廣島市立淺野圖書館藏本，共十册。

御茶之水圖書館藏本，原係德富蘇峰成簣堂等舊藏，第一册封面有德富蘇峰手識文，言其大正六年（1917 年）於杭州購得此書之經緯，共十六册。

【附錄】據《文化年間丑五番六番七番八番船持渡書籍目錄》記載，光格天皇文化二年（1805 年）中國商船"丑五番"載《增訂廣輿記》十三部抵日本。其中八部每部各四帙，三部每部各二帙，一部十二册，一部十六册。同年，"丑六番"載《增訂廣輿記》十部，每部各二帙抵日本。

據《（文化年間）唐船持渡書物目錄留》記載，光格天皇文化七年（1810 年）中國商船"未九番"載《增訂廣輿記》一部二帙、《重訂廣輿記》二部，每部各二帙抵日本。

據《（嘉永年間）書籍元帳》記載，孝明天皇嘉永二年（1849 年）中國商船"酉三番"載《廣輿記》一部二帙抵日本，定價八匁。嘉永三年（1850 年）中國商船"酉七番"載《廣輿記》一部二帙抵日本，定價四匁五分。

廣輿記二十四卷　圖一卷

（明）陸應陽撰

明梟飛齋刊本　共十二册

京都大學人文科學研究所東洋學文獻中心藏本

廣輿記二十四卷

（明）陸應陽撰

明遺經堂刊本　共八册

京都大學人文科學研究所東洋學文獻中心藏本

廣輿記二十四卷

（明）陸應陽撰　閻光表補

明刊本　共八册

內閣文庫藏本

【按】每半葉有界九行，每行二十字。小字雙行，行同正文。白口，四周雙邊。

廣輿記二十四卷

（明）陸應陽撰

明刊本　共九册

尊經閣文庫藏本　原江戶時代加賀藩主前田綱紀等舊藏

方輿勝略十八卷　附外夷六卷

（明）程百二撰輯

明萬曆年間（1573—1620 年）刊本　共八册

內閣文庫藏本　原紅葉山文庫舊藏

【按】每半葉有界十行，每行二十字。白口，四周雙邊。

前有明萬曆三十八年庚戌（1610 年）朱謀㙔《序》，南師仲《序》，李維楨《序》，徐來鳳《序》，明萬曆三十七年己酉（1609 年）焦竑《序》，王錫爵《序》，明萬曆四十年壬子（1612 年）李本固《序》。

今古輿地圖三卷

（明）沈定之撰　吳國輔纂輯

明崇禎年間（1628—1644 年）朱墨套印刊本　共六册

東京大學文學部漢籍中心　京都大學文學部地理學研究室藏本

【按】每半葉有界十行，每行二十四字。白口，四周單邊。版心記刻工姓名，如二十一、十五、后七等。

前有明崇禎十六年癸未（1643 年）陳子龍《序》，明崇禎十一年戊寅（1638 年）吳國輔《序》。

此本有圖，凡六十幅。每圖以墨色表今，以

朱色表古,二色套印。

地圖綜要三卷

（明）朱國達　吳學儼　朱紹本　朱國幹編輯　李釜源鑒定

明福王弘光元年（1645 年）刊本

國會圖書館　內閣文庫　東京大學　天理市圖書館藏本

【按】每半葉有界十行,每行二十七字,又有每半葉十四行,每行大字數不定。小字雙行,低二格,每行約三十七、八字不等。版心題書名,並記葉數、卷數。

前有明崇禎十六年癸未（1643 年）李茹春（釜源）《序》,朱紹本《序》,明福王弘光元年乙酉（1645 年）夏五朱國達《序》,同年孟夏朱國幹《序》。

此本三卷,分別標以《總卷》、《內卷》、《外卷》。《總卷》係山川道里形勢總圖,《內卷》係兩京十三省等分圖,《外卷》係江防、海防、九邊之防務形勢圖。

國會圖書館藏本,共十八冊。

內閣文庫藏本,原係豐後佐伯藩主毛利高標舊藏,共十二冊。

東京大學藏此同一刊本兩部。一部存總合圖書館,此本今存“內卷”第七十九葉至第一百九十葉,“外卷”第一葉至第二百九葉,共三冊。一部存東洋文化研究所,共六冊。

天理圖書館藏本,共六冊。

【附錄】據《商舶載來書目》記載,後櫻町天皇明和二年（1765 年）中國商船“智字號”載《地圖綜要》一部一帙抵日本。

據《外船齎來書目》記載,光格天皇文化二年（1805 年）中國商船“子九番”載《地圖綜要》一部二帙抵日本。

輿圖摘要十五卷

（明）李日華纂輯　魯重民補訂　錢蔚起校定

明崇禎年間（1628—1644 年）刊本

宮內廳書陵部　內閣文庫藏本

【按】每半葉有界九行,每行二十字。

前有劉士麟《序》,并明崇禎十三年庚辰（1640 年）李景廉、錢喜起、李肇亨《四六全書·序》。

宮內廳書陵部藏本,共三冊。

內閣文庫藏本,原係紅葉山文庫舊藏,共四冊。

脩攘通考六卷

（明）何鐺編撰

明萬曆年間（1573—1620 年）刊本

內閣文庫　靜嘉堂文庫　陽明文庫　古義堂文庫藏本

【按】前有明萬曆六年戊寅（1578 年）《序》。後有明萬曆七年己卯（1579 年）《跋》。

內閣文庫藏本,原係林大學頭家舊藏,卷中有“林氏藏書”印記,共四冊。

靜嘉堂文庫藏本,原係陸心源十萬卷樓等舊藏,共六冊。

陽明文庫藏本,原係江戶時代近衛家凞等舊藏,共六冊。

古義堂文庫藏本,原係江戶時代大儒伊藤仁齋家舊藏,共六冊。

皇明輿地圖一帖

（明）吳悌校

明崇禎四年（1631 年）臨泉堂刊本　共一冊

內閣文庫　東北大學附屬圖書館藏本

皇明職方地圖三卷

（明）陳組綬編

明崇禎年間（1628—1644 年）刊本

內閣文庫　東京大學東洋文化研究所　陽明文庫藏本

【按】前有明崇禎九年丙子（1636 年）《序》。

內閣文庫藏本,原係紅葉山文庫舊藏。

東京大學東洋文化研究所藏本,共三冊。

陽明文庫藏本,原係江戶時代近衛家凞等舊

藏,共八册。

(新鋟)大明一統輿圖廣略十五卷

(明)沈一貫編

明萬曆二十五年(1597年)余秀峰刊本　共六册

內閣文庫藏本　原紅葉山文庫舊藏

【附録】據《外船齎來書目》記載,光格天皇文化二年(1805年)中國商船"丑二番"載《大明一統輿圖要覽》寫本一部一帙抵日本。

(新鎸)皇明一統紀要十五卷

(明)顧充纂輯

明萬曆元年(1573年)葉氏廣居堂刊本　共十四册

早稻田大學圖書館藏本

(彙輯)輿圖備考全書十八卷

(明)潘光祖彙輯　李雲翔參訂　傅昌辰校梓

明崇禎年間(1628—1644年)版築居刊本　共十六册

內閣文庫藏本　原紅葉山文庫舊藏

【按】每半葉有界十行,每行二十字。書口鎸"版築居"三字。

前有明崇禎六年癸酉(1633年)李長庚《序》,同年宗敦一《序》,同年李雲翔《序》。

此本卷端有圖,凡三十幅。

坤輿萬國全圖十二帖

(意大利)利瑪竇輯撰

明萬曆三十年(1602年)李之藻刊本

內閣文庫　京都大學中央圖書館　宮城縣立圖書館藏本

(刻)一握坤輿十三卷

(明)鄧志謨編　余昌祚校

明天啓年間(1621—1627年)刊本

內閣文庫　尊經閣文庫　東京都立日比谷

圖書館藏本

【按】每半葉有界九行,每行二十二字。白口,四周單邊。

前有明天啓七年(1627年)《序》。

內閣文庫藏本,原係紅葉山文庫舊藏,共四册。

尊經閣文庫藏本,原係江戶時代加賀藩主前田綱紀等舊藏,共六册。

東京都立日比谷圖書館藏本,原係田中慶太郎(救堂)等舊藏,共十册。

(新刻)皇輿要覽四卷

(明)胡文煥編撰

明刊本　共一册

內閣文庫　尊經閣文庫藏本

目營小輯四卷　首一卷

(明)陸化熙編撰

明天啓年間(1621—1627年)刊本　共四册

內閣文庫藏本　原昌平坂學問所舊藏

【按】每半葉有界九行,每行二十二字。小字雙行,行同正文。白口,四周單邊。

前有明天啓元年辛酉(1621年)《序》。

輿地書(志略)十六卷

(明)廖世昭編撰

明刊本　共四册

內閣文庫藏本

【按】內閣文庫藏此同一刊本兩部,一部原係木村兼葭堂舊藏;一部原係昌平坂學問所舊藏。

郡縣釋名二十六卷

(明)郭子章撰　王佐等校

明萬曆年間(1573—1620年)刊本　共十五册

內閣文庫藏本　原紅葉山文庫舊藏

寰宇分合志八卷

(明)徐樞編撰

明刊本　共四册

内閣文庫藏本　原紅葉山文庫舊藏

一統路程圖記八卷

（明）黄汴撰　吳岫校

明隆慶年間（1567—1572 年）刊本　　共三册

内閣文庫藏本　原吉田意庵　昌平坂學問

所舊藏

水陸路程八卷

（明）商濬撰

明萬曆年間（1573—1620 年）刊本　共五册

尊經閣文庫藏本

（方志之屬）

（江　蘇）

（洪武）蘇州府志五十卷　附圖說一卷

（明）盧熊纂修

明洪武年間（1368—1398 年）刊本　朱彝尊手識本　共二十四册

静嘉堂文庫藏本　原蔣辛齋　黄丕烈　陸心源䢉宋樓等舊藏

【按】每半葉有界十三行，每行二十三字。黑口，四周雙邊。版心上記字數，下有刻工姓名。

前有明洪武十二年（1379 年）宋濂《序》。

《目録》後有《圖說》一卷，凡十八幅，圖各有說：

一、春秋吳國境；　　二、秦漢會稽郡；

三、東漢吳郡；　　　四、三國六朝郡境；

五、隋唐五代州境；六、宋平江府境；

七、元平江路境；　　八、本朝蘇州府境；

九、蘇州府城；　　　十、蘇州府治；

十一、蘇州府學；　十二、吳縣界；

十三、長洲縣界；　十四、昆山縣界；

十五、常熟縣界；　十六、吳江縣界；

十七、嘉定縣界；　十八、崇明縣界。

卷中有朱彝尊手識。

【附録】《商舶載來書目》記載，中御門天皇享保十一年（1726 年）中國商船"曾字號"載《蘇州府志》一部抵日本。

《外船齎來書目》又記載，光格天皇寬政十二年（1800 年），中國商船"丑字三號"及"丑字八號"各載《蘇州府志》一部抵日本。

又據《書籍元帳》記載，光格天皇文化元年（1804 年）《蘇州府志》一部抵日本，定價六十匁。

（重修）姑蘇志六十卷

（明）王鏊編撰

明成化年間（1465—1487 年）刊本　共二十册

静嘉堂文庫藏本　原陸心源十萬樓等舊藏

（正德）姑蘇志六十卷

（明）吳寬　王鏊　杜啓纂修

明正德年間（1506—1521 年）刊本

國會圖書館　内閣文庫　尊經閣文庫　静嘉堂文庫藏本

【按】每半葉有界十行，每行二十字。白口，左右雙邊。版心上記字數，魚尾下題"蘇志一（——六十）"，下記葉數。

前有明正德元年（1506 年）王鏊《序》，明成化十年（1474 年）劉昌《姑蘇郡邑志序》等。

國會圖書館藏本，共二十四册。

内閣文庫藏此同一刊本兩部。一部原係豐後佐伯藩主毛利高標舊藏，共二十四册；一部原係紅葉山文庫舊藏，共二十册。

尊經閣文庫藏本與静嘉堂文庫藏本，皆凡二十册。

【附録】《商舶載來書目》記載，後櫻町天皇明和二年（1765 年），中國商船"古字號"載《姑蘇志》一部抵日本。

(正德)姑蘇志六十卷

　　(明)吳寬　王鏊　杜啓纂修
　　明正德年間(1506—1521年)刊嘉靖年間(1522—1566年)修補本
　　東洋文庫　東北大學中央圖書館藏本
　　【按】每半葉有界十行,每行二十字。小字雙行,行同正文。白口,左右雙邊。版心上記字數,下記葉數。
　　前有明正德元年(1506年)王鏊《序》,明成化十年(1474年)劉昌《姑蘇郡邑志序》等。
　　卷中多處有明嘉靖年間事,如卷二十一"官署内府治"條,稱嘉靖間火云云,即係修補痕跡。
　　東洋文庫藏本,共二十冊。
　　東北大學藏本,共三十二冊。

(景定)建康志五十卷

　　(宋)周應合纂修
　　舊鈔摹寫宋刊本　共二十四冊
　　静嘉堂文庫藏本　原王鳴盛等舊藏
　　【按】每半葉有界十行,每行十九字,小字雙行。語涉宋帝皆提行,係摹寫宋刊本。
　　前有宋景定辛酉(二年即1261年)馬光祖《序》、《獻皇太子牋》、《進書表》,宋景定二年九月《諭旨》、《目錄》,周應合《修志始末記》等。
　　每冊有"王鳴盛印"、"西莊居士"、"甲戌榜眼"、"光禄卿章"等印記。

(至正)金陵新志十五卷

　　(元)張鉉等纂修
　　元至正年間(1341—1368年)集慶路儒學刊本　共十六冊
　　静嘉堂文庫藏本　原張文貞　陸心源皕宋樓等舊藏
　　【按】每半葉有界九行,每行十八字。小字雙行,行同正文。白口,左右雙邊(24.3cm×17.0cm)。版心記字數,有刻工姓名。如中玉、

陳君佑、君祥、吳君祥、朱俊甫等。
　　前有《金陵新志序》,題書"是夏(即至正四年)四月初吉奉直大夫江南諸道行御史臺都事索元岱"。次有《修志文移》,題書"至正四年(1334年)三月集慶路總管府承奉"。次有臺府提調官拲職名,列御史中丞董守簡、集慶路總管府判周堯等銜名。次有臺府官拲職名,列御史大夫脱歡、集慶路總管府達魯花赤帖兒等銜名。次有《修志本末》,題書"前奉元路學古書院山長張鉉輯"。次有《新舊志用古今書目》,次有《金陵新志總目》。
　　卷目如次:一地理十八圖,二通紀,三年表,四疆域,五山川,六官守,七田賦,八民俗,九學校,十兵防,十一祠祀,十二古蹟,十三人物,十四撫遺,十五論辯。
　　卷末尾題之後有列銜,其文曰:"右《金陵新志》首圖考終論辯共壹拾伍卷,本路提調司吏江子證,本路儒學教授王元孫,學正方自謙,學錄陳觀刻導;丁復、婁章、林燾、胡昌、朱遂、吳溢督刊;司書掌版鄭懋;知書陳祥、曹志仁;編寫生員劉溟、吕益、徐震、翟庸、鄭瑛、趙天祥、李夒、趙天壽。"卷中有"歸安陸樹聲叔同父印"等印記。

(至正)金陵新志十五卷

　　(元)張鉉等纂修
　　元至正年間(1341—1368年)刊明正德年間(1506—1521年)修補本　共三十二冊
　　東洋文庫藏本
　　【按】此本行款與元至正年間元刊元印本全同。
　　此本木版明時存南京國子監。明正德十五年(1520年)重印時,因存版有斷爛缺頁而修補。

(隆慶)金陵世紀四卷

　　(明)陳沂等纂修
　　明隆慶年間(1567—1572年)刊本　共四冊
　　内閣文庫藏本　原林氏大學頭家舊藏

【按】前有明隆慶三年(1569 年)《序》。

每半葉有界八行,每行十八字。小字雙行,行同正文。白口,左右雙邊。

(萬曆)應天府志三十二卷

(明)王一化　陳舜仁等纂修

明萬曆年間(1573—1620 年)刊本

内閣文庫　尊經閣文庫藏本

【按】前有明萬曆五年(1577 年)《序》。然卷六“歷官表”記載至明萬曆二十年(1592 年)。

内閣文庫藏此同一刊本兩部。一部原係豐後佐伯藩主毛利高標舊藏,共十五册;一部原係紅葉山文庫舊藏,共十二册。

尊經閣文庫藏本,共八册。

(嘉靖)南畿志六十四卷　圖一卷

(明)聞人詮　陳沂纂修

明嘉靖年間(1522—1566 年)刊本

宮内廳書陵部　國會圖書館　内閣文庫藏本

【按】每半葉有界九行,每行十九字。白口,左右雙邊。

前有聞人詮《序》,次陳沂《序》等。

是本卷五“進士科”記載至明嘉靖十四年(1535 年)。

宮内廳書陵部藏本,每册首有“鳳池鄭澄私印”、“德藩藏書”等印記,係男爵毛利元功所獻書,共十八册。

國會圖書館藏本,共八册。

内閣文庫藏本,原係豐後佐伯藩主毛利高標舊藏,共十六册。

【附錄】《商舶載來書目》記載,後櫻町天皇明和二年(1765 年),中國商船“奈字號”載《南畿志》一部抵日本。

(萬曆)上元縣志十二卷

(明)李登纂修

明萬曆年間(1573—1620 年)刊本　共五册

宮内廳書陵部　尊經閣文庫藏本

【按】每半葉有界九行,每行十九字。白口,左右雙邊。

前有明萬曆二十一年癸巳(1593 年)焦竑《序》,尾有李登《跋》,程三省《跋》等。

宮内廳書陵部藏本,原係江户時代德山藩主家舊藏,每册首有“德藩藏書”印記,男爵毛利元功於明治天皇二十九年(1896 年)獻贈宮内省。

【附錄】據《商舶載來書目》記載,中御門天皇享保十三年(1728 年),中國商船“志字號”載《上元縣志》一部抵日本。

(隆慶)長洲縣志十四卷　附長洲縣藝文志十卷

(明)皇甫汸纂修　《藝文志》(明)張鳳翼等纂修

明隆慶五年(1571 年)刊萬曆二十六年(1598 年)增修本　共十册

宮内廳書陵部　國會圖書館藏本

【按】每半葉有界十行,每行十八字。白口,左右雙邊。

前有明萬曆戊戌(二十六年即 1598 年)申時行《序》。

宮内廳書陵部藏本,原係中國謝在杭及日本豐後佐伯藩主毛利高標等舊藏。卷首有“佐伯侯毛利高標字培松藏書畫之印”等印記,每册首又有“謝在杭藏書印”、“祕閣圖書之章”等印記。此本係仁孝天皇文政年間(1818—1830 年)出雲守毛利高翰獻贈德川幕府。

【附錄】《商舶載來書目》記載,東山天皇元禄七年(1694 年),中國商船“登字號”載《長洲縣志》一部抵日本。

《外船齎來書目》又記載,光格天皇寬政十二年(1860 年),中國商船“丑字五號”載《長洲縣志》一部及《重修長洲縣志》一部抵日本。

(崇禎)吳縣志五十四卷　附圖一卷

(明)牛若麟　王焕如纂修

明崇禎年間(1628—1644 年)刊本　共二十册

國會圖書館　内閣文庫藏本

【按】每半葉有界九行，每行二十三字。白口，四周單邊。

前有明崇禎十五年壬午（1642 年）《序》。

國會圖書館藏本，原係加賀藩主前田綱紀舊藏。

内閣文庫藏本，原係豐後佐伯藩主毛利高標舊藏。

【附録】《舶來書籍大意書》著録明崇禎十五年刊《吳縣志》，並曰此本係"明牛若麟重修，原嘉靖時知縣事蘇濮陽撰《志》十六卷，爾來經百餘年，吏治民風因革損益湮没，不可勝數，同邑王焕如、楊廷樞、鄭敷教兵擬重修。卷首載圖十餘幅並附説。本編分建置、疆域、城池、市鎮、山水、古蹟、户口、田賦、役方、風俗、祥異、官署、學宫、坊巷、郵鋪、兵防、祠廟、僧坊、玄觀、物産、職員、選舉、封贈、人物等三十八門，述其來歷事實，作五十四卷"云云。

又據《商舶載來書目》記載，中御門天皇享保十年（1725 年），中國商船"古字號"載《吳縣志》一部抵日本。

（嘉靖）崑山縣志十六卷

（明）王士正編撰

明嘉靖年間（1522—1566 年）刊本　共八册

静嘉堂文庫藏本

（萬曆）崑山縣志八卷

（明）申恩科　周世昌纂修

明萬曆年間（1573—1620 年）刊本

内閣文庫　尊經閣文庫藏本

【按】每半葉有界九行，每行二十二字。白口，左右雙邊。

前有明萬曆四年（1576 年）《序》。

内閣文庫藏本，原係豐後佐伯藩主毛利高標舊藏，共八册。

尊經閣文庫藏本，共四册。

【附録】據《外船齎來書目》記載，光格天皇寬政十二年（1800 年），中國商船"丑字七號"載

《崑山新陽合志》一部抵日本。

《書籍元帳》又記載，孝明天皇嘉永二年（1849 年），從中國運抵《崑山新陽合志》一部，定價八匁。

（嘉靖）常熟縣志十三卷

（明）鄧韍等纂修

明嘉靖年間（1522—1566 年）刊本

内閣文庫　尊經閣文庫藏本

【按】每半葉有界九行，每行十八字。白口，左右雙邊。

前有明嘉靖十八年（1539 年）馮汝弼《序》，並同年鄧韍《後序》。

卷末記"陰陽學訓術邑人朱璧，縣典史沈鳳董刻"。

内閣文庫藏此同一刊本兩部。一部原係紅葉山文庫舊藏，共六册，一部原係木村兼葭堂藏本，今闕卷九，卷十，存十一卷，共五册。

尊經閣文庫藏本，共六册。

【附録】據《外船齎來書目》記載，光格天皇寬政十二年（1800 年），中國商船"丑字五號"載《常熟縣志》一部抵日本。

（至正）重修琴川志十五卷

（宋）鮑廉纂修　（元）盧鎮補修

舊鈔影寫明汲古閣毛晉校本　共四册

静嘉堂文庫藏本　原馬笏齋等舊藏

【按】前有元至正乙巳（二十五年即 1365 年）戴良《序》，宋寶祐甲寅（二年即 1254 年）中元日邱岳《序》，褚中《序》，盧鎮《自序》等。

"琴川"係常熟別名。是《志》卷一、卷二叙縣，卷三叙官，卷四叙山，卷五叙水，卷六叙賦，卷七叙兵，卷八叙人，卷九叙産，卷十叙祠，卷十一至卷十三叙文，卷十四題詠，卷十五拾遺。

明崇禎年間龔立本跋此本曰："邑中邵兵部麟武得於興福寺，僅半部。後歸許文學弢美，弢美復于南都書肆，購其所佚之半，始成全帙。"

書題"重修"者，《自序》所謂"舊所未載，附之

卷末",並非改修。

卷中有"馬玉堂印"白文方印、"笏齋"朱文方印、"漢唐齋"白文長印等。

(嘉靖)松江府志三十二卷

(明)顧清修纂

明嘉靖年間(1522—1566年)刊本　共八册

静嘉堂文庫藏本　原陸心源守先閣等舊藏

(崇禎)松江府志五十八卷

(明)方岳貢等纂修

明崇禎年間(1628—1644年)刊本　共二十八册

内閣文庫藏本　原加賀藩主前田綱紀　紅葉山文庫舊藏

【按】每半葉有界九行,每行十九字。白口,四周單邊。

前有明崇禎四年(1631年)《序》。

此《志》係中御門天皇享保六年(1721年)十一月,加賀藩主前田綱紀獻於德川吉宗,翌年四月,收藏於紅葉山文庫。

(正德)華亭縣志十六卷　圖一卷

(明)聶豹　沈錫等纂修

明正德年間(1506—1521年)刊本　共六册

國會圖書館藏本

【按】每半葉有界十行,每行二十字。白口,左右雙邊。

前有明正德十六年(1521年)《序》。

(嘉靖)江陰縣志二十一卷　圖一卷

(明)張袞等纂修

明萬曆年間(1573—1620年)刊本　共八册

國會圖書館藏本

【按】每半葉有界九行,每行十九字。白口,左右雙邊。

此本係明嘉靖二十六年(1547年)纂修,明萬曆年間刊行。前有明萬曆四十七年(1619年)《序》。

【附録】據《商舶載來書目》記載,中御門天皇享保十一年(1726年),中國商船"古字號"載《江陰縣志》一部抵日本。

(咸淳)毘陵志三十卷

(宋)史能之纂修

宋咸淳年間(1265—1274年)刊寫補本　共三册

静嘉堂文庫藏本　原黄丕烈　陸心源皕宋樓等舊藏

【按】每半葉有界九行,每行二十字,小字亦二十字。白口,左右雙邊(23.0cm×15.9cm)。版心上記字數,魚尾下標書名,下魚尾下記頁數,及大小字數。

前有宋咸淳四年(1268年)正月史能之《自序》。是本係宋咸淳年間初刊本,今存卷七至卷十九,卷二十四,凡十五卷,餘皆寫補。

正文首行題"重修毘陵志卷第幾",卷尾同,惟隔一行至三行不等。毘陵有《志》,創始於教授三山鄒補之。宋慈守常州,欲重修而未果,咸淳年間史能之踵成之。此題"重修"者,即指此繼鄒《志》而纂修。

卷中首册副頁有唐翰題手識,其文曰:

"是本紙墨行款與余所見士禮居藏宋刊宋印本《中興館閣録》、《續録》同,惜前闕六卷,無從考其原始,《志》中秩官人物皆截止咸淳年,故定爲《(咸淳)毘陵志》。其曰'重修'者,考馬端臨《經籍志·史部》,有《毘陵志》十二卷,鄒補之撰。此書存七卷至十九,末一卷乃剷去二十以下字以配足者,是書當有二十幾卷,其爲援十二卷舊《志》而重修者,當可知矣。《經籍志》既不載,他亦罕見,宜珍之。丁卯十一月翰□記。"

此"題識"旁,有存齋手識文,其曰:

"第二十卷是第二十四卷剷改　存齋。"

又有"追記",其文曰:"閲趙味辛,亦有《生齋文集》,卷七有是書跋,甚詳,録附後。又《續集》卷四有《重刻毘陵志跋》,重刻本求之數年不得。"

卷中有"晋昌"、"鵪安校勘秘籍"、"雲烟拈弄"、"新豐卿人庚申以後所聚小窗雲月"、"臣陸樹聲"、"歸安陸樹聲叔桐父印"、"歸安陸樹聲所見金石書畫記"等印記。

董康《書舶庸譚》卷八與傅增湘《藏園羣書經眼錄》卷五、皆著錄是書。傅氏曰："此書版式闊大,字體整齊,雖鈔補過半,要是俊物。"

上海縣志八卷

（明）程洛書編撰
明嘉靖年間（1522—1566 年）刊本　共二册
静嘉堂文庫藏本　原陸心源守先閣等舊藏

（萬曆）上海縣志十卷

（明）顔洪乾　張之象纂修
明萬曆年間（1573—1620 年）刊本　共四册
内閣文庫　尊經閣文庫　静嘉堂文庫藏本
【按】每半葉有界九行,每行十八字。黑口,左右雙邊。
前有明萬曆十六年（1588 年）《序》。
内閣文庫藏本,原係紅葉山文庫舊藏。
尊經閣文庫藏本,原係江户時代加賀藩主前田綱紀等舊藏。
静嘉堂文庫藏本,原係陸心源守先閣等舊藏。

（萬曆）嘉定縣志二十二卷

（明）韓浚　張應武纂修
明萬曆年間（1573—1620 年）刊本　共八册
尊經閣文庫藏本
【按】每半葉有界九行,每行十八字。白口,左右雙邊。
前有明萬曆三十三年（1605 年）《序》。
【附錄】據《商舶載來書目》記載,中御門天皇享保十一年（1726 年）,中國商船"加字號"載《嘉定縣志》一部抵日本。

（萬曆）宜興縣志十卷

（明）陳遴瑋　王升等纂修

明萬曆年間（1573—1620 年）刊本
國會圖書館　内閣文庫藏本
【按】卷前有明萬曆十八年（1590 年）《序》。
國會圖書館藏本,共七册,今合爲五册。
内閣文庫藏此同一刊本兩部。一部原係紅葉山文庫舊藏,共五册;一部原係豐後佐伯藩主毛利高標舊藏,共二册。

（萬曆）江浦縣志十二卷　圖一卷

（明）沈孟化等纂修
明萬曆年間（1573—1620 年）刊本　共四册
内閣文庫　尊經閣文庫藏本
【按】每半葉有界九行,每行二十字。白口,四周雙邊。
前有明萬曆七年（1579 年）《序》。卷一"縣紀"記載至明萬曆三十四年（1606 年）。
【附錄】據《商舶載來書目》記載,中御門天皇享保十一年（1726 年）,中國商船"古字號"載《江浦縣志》一部抵日本。

（萬曆）重修鎮江府志三十六卷

（明）王樵等纂修
明萬曆年間（1573—1620 年）刊本
内閣文庫　神宮文庫藏本
【按】每半葉有界十行,每行二十一字,小字雙行,行同正文。版心下記刻工姓名。
前有明萬曆丁酉（二十五年即 1597 年）龍溪王應麟《重修鎮江府志序》,次有明正德癸酉（八年即 1513 年）龍溪林魁《舊刻府志序》,次有明萬曆二十四年（1596 年）王樵《重修鎮江府志叙例》等。是本係萬曆年間改修正德舊志。

此《志》卷一郡邑,卷二、卷三山川,卷四户口,卷五至卷十三賦役,卷十四至卷二十官守,卷二十一至卷二十六志品,卷二十七至卷二十九文翰,卷三十物産,卷三十一、卷三十二雜部,卷三十三寺觀,卷三十四祥異,卷三十五釋道方伎,卷三十六雜記。

内閣文庫藏本,原係加賀藩主前田綱紀舊

藏,中御門天皇享保六年(1721 年)六月,獻於德川吉宗,翌年四月,收藏於紅葉山文庫。今闕卷三十一至卷三十六,共十册。

神宮文庫藏本,共十二册。

【附録】據《商舶載來書目》記載,中御門天皇享保七年(1722 年),中國商船"智字號"載《鎮江府志》一部抵日本。

(嘉靖)太倉州志十卷　首一卷

(明)劉彦心　張寅等纂修

明崇禎年間(1573—1644 年)刊本

宮内廳書陵部　尊經閣文庫藏本

【按】每半葉有界十行,每行二十字。白口,左右雙邊。

前有王積《序》、王忬《序》、周鳳岐《序》。劉彦心《序》。此本係重刊嘉靖本。

宮内廳書陵部藏本,原係豐後佐伯藩主毛利高標舊藏。卷首有"佐伯侯毛利高標字培松藏書畫之印"印記,每册首又有"蕙州家藏"、"祕閣圖書之章"等印記。仁孝天皇文政年間(1818—1830 年)出雲守毛利高翰將此本獻贈德川幕府。共六册。

尊經閣藏本,共四册。

【附録】《商舶載來書目》記載,中御門天皇享保十年(1725 年),中國商船"多字號"載《太倉州志》一部抵日本。享保十九年(1734 年)該商船又載《太倉縣志》一部抵日本。

(萬曆)青浦縣志八卷

(明)卓鈿　王圻等纂修

明萬曆年間(1573—1620 年)刊本　共四册

國會圖書館藏本

【按】每半葉有界九行,每行二十字。小字雙行,行同正文。白口,左右雙邊。

前有明萬曆二十五年(1597 年)《序》。

是書有修補,卷第四《官師表》記載至明萬曆三十一年(1603 年)。

【附録】據《外船齋來書目》記載,光格天皇寬政十二年(1800 年)中國商船"丑字七號"載

《(重修)青浦縣志》一部抵日本。

(萬曆)通州志(南通州)八卷

(明)沈明臣　陳大科　顧養謙纂修　林雲程等訂正

明萬曆年間(1573—1620 年)刊本　共八册

宮内廳書陵部藏本

【按】每半葉有界九行,每行二十字。黑口,左右雙邊。

前有明萬曆六年(1578 年)陳大壯《序》,並同年王世貞《序》。

此本原係中國徐興公,日本豐後佐伯藩主毛利高標等舊藏。卷首有"佐伯侯毛利高標字培松藏書畫之印"印記。第一、三、四册首又有"句章外史"、"晉安徐興公家藏書"、"嘉即氏"等印記。每册首有"祕閣圖書之章"印記。仁孝天皇文政年間(1818—1830 年)出雲守毛利高翰將此本獻於德川幕府。

【附録】《商舶載來書目》記載,中御門天皇享保八年(1723 年),中國商船"津字號"載《通州志》一部抵日本。

《外船齋來書目》又記載,光格天皇寬政十二年(1800 年),中國商船"丑字七號"載《(重修)通州志》一部抵日本。

(萬曆)重修常州府志二十卷

(明)劉廣生　唐鶴徵等纂修

明萬曆年間(1573—1620 年)刊本

内閣文庫　尊經閣文庫藏本

【按】每半葉九行,每行二十字。白口,左右雙邊。

前有明萬曆四十六年(1618 年)《序》。

内閣文庫藏本,原係紅葉山文庫舊藏,今闕卷十至卷二十,存九卷,共六册。

尊經閣文庫藏本,共十二册。

【附録】據《商舶載來書目》記載,中御門天皇享保六年(1721 年),中國商船"志字號"載《常州府志》一部抵日本。

(萬曆)興化縣志十卷

(明)歐陽東鳳等纂修

明萬曆年間(1573—1620年)刊本　共八册

尊經閣文庫藏本

【按】每半葉有界九行，每行二十一字或二十二字。白口，左右雙邊。

前有明萬曆十九年(1591年)歐陽東鳳《自序》，同年陳文燭《序》，並同年嚴錡《後序》等。

此本《目錄》首題曰《興化縣新志》。

【附錄】《商舶載來書目》記載，東山天皇元祿十二年(1699年)，中國商船"古字號"載《興化縣志》一部(八册)抵日本。

《外船齎來書目》又記載，光格天皇寬政十二年(1800年)，中國商船"丑字五號"載《興化縣志》一部抵日本。

(萬曆)江都縣志二十三卷

(明)張寧　陸君弼纂修

明萬曆年間(1573—1620年)刊本　共四册

内閣文庫　尊經閣文庫藏本

【按】每半葉有界九行，每行二十字。白口，四周雙邊。

前有明萬曆二十五年(1597年)《序》。

内閣文庫藏本，原係紅葉山文庫舊藏。

【附錄】《商舶載來書目》記載，中御門天皇享保十年(1725年)，中國商船"古字號"載《江都縣志》一部抵日本。

《外船齎來書目》又記載，光格天皇寬政十二年(1800年)，中國商船"丑字七號"載《(重修)江都縣志》一部抵日本。

(嘉靖)徐州志十二卷

(明)梅守德等纂修

明嘉靖年間(1522—1566年)刊本　共六册

宫内廳書陵部藏本　原中國徐惟起　日本豐後佐伯藩主毛利高標等舊藏

【按】此本卷首有"佐伯侯毛利高標字培松藏書書畫之印"及"江南彭城呂氏藏書"印記。自第

二册以下，每册首有"綠玉山房"、"閩中徐惟起藏書印"、"祕閣圖書之章"等印記。

【附錄】《商舶載來書目》記載，中御門天皇享保十一年(1726年)，中國商船"志字號"載《徐州志》一部抵日本。

(萬曆)徐州志六卷　圖一卷

(明)姚應龍等纂修

明萬曆年間(1573—1620年)刊本　共六册

尊經閣文庫藏本

【按】每半葉有界十行，每行頂格空一字，共十九字。小字雙行，行同正文。白口，左右雙邊。

此本卷二"職官表"記載至明萬曆四年(1576年)，當爲萬曆五年(1577年)刊本。

(萬曆)沛志二十五卷　圖一卷

(明)羅士學等纂修

明萬曆年間(1573—1620年)刊本　共五册

尊經閣文庫藏本

【按】是《志》纂修於明萬曆二十五年(1597年)，萬曆三十七年(1609年)增補刊印。

(隆慶)高郵州志十二卷　圖一卷

(明)范惟恭　王慶元等纂修

明隆慶(1567—1572年)末年萬曆(1573—1620年)初年刊本　共四册

尊經閣文庫藏本

【按】每半葉有界十行，每行二十字。白口，左右雙邊。

是書卷五《秩官志》記載至明隆慶六年(1572年)，當爲修纂於明隆慶年間，刻刊於明隆慶末年萬曆初年。

【附錄】《商舶載來書目》記載，中御門天皇享保十年(1725年)，中國商船"加字號"載《高郵州志》一部抵日本。享保十一年(1726年)該商船又載《高郵縣志》一部抵日本。

(萬曆)淮安府志二十卷　圖一卷

(明)陳文燭　郭大綸等纂修
明萬曆年間(1573—1620 年)刊本
內閣文庫　尊經閣文庫藏本

【按】每半葉有界十行,每行二十字。小字雙行,行同正文。白口,左右雙邊。

前有明萬曆元年(1573 年)《序》。

內閣文庫藏本,原係豐後佐伯藩主毛利高標舊藏,共五冊。

尊經閣文庫藏本,共八冊。

【附錄】《商舶載來書目》記載,中御門天皇享保十一年(1726 年),中國商船"和字號"載《淮安府志》一部抵日本。

《外船齎來書目》又記載,光格天皇寬政十二年 (1800 年),中國商船"丑字七號"載《淮安府志》一部抵日本。

(萬曆)揚州府志二十七卷　首一卷

(明)楊洵　徐鑾等纂修
明萬曆年間(1573—1620 年)刊本　共十冊
內閣文庫藏本　原紅葉山文庫等舊藏

【按】每半葉有界十行,每行二十字。小字雙行,行同正文。白口,四周雙邊。

前有明萬曆二十九年(1601 年)《序》。

【附錄】《商舶載來書目》記載,中御門天皇享保六年(1721 年),中國商船"智字號"載《(重修)揚州府志》一部抵日本。享保十年(1725年),中國商船"世字號"又載《揚州府志》一部抵日本。

《外船齎來書目》又記載,光格天皇寬政十二年(1800 年),中國商船"丑字七號"載《揚州府志》一部抵日本。

(嘉靖)維揚關志五卷

(明)焦希程等纂修
明嘉靖年間(1522—1566 年)刊本　共四冊
國會圖書館藏本

【按】是《志》刻刊於明嘉靖二十二年(1543

年),明萬曆年間補刊,卷一《奉使志》記載至萬曆三十四年(1606 年)。

(嘉靖)重修如皋縣志十卷

(明)謝紹祖等纂修
明嘉靖年間(1522—1566 年)刊隆慶年間(1567—1572 年)修補本　共三冊
尊經閣文庫藏本

【按】每半葉有界十行,每行二十字。白口,四周雙邊。

是本刊於明嘉靖三十九年(1560 年),然卷四《典禮志》記載至明隆慶二年(1568 年),係隆慶年間修補。

【附錄】《外船齎來書目》記載,光格天皇寬政十二年(1800 年)中國商船"丑字七號"載《如皋縣志》一部抵日本。

(崇禎)泰州志十卷　首一卷

(明)劉萬春等纂修
明崇禎年間(1628—1644 年)刊本　共十一冊
內閣文庫藏本　原豐後佐伯藩主毛利高標等舊藏

【按】前有明崇禎六年(1633 年)《序》。

【附錄】《商舶載來書目》記載,中御門天皇享保十年(1725 年),中國商船"多字號"載《泰州志》一部抵日本。

《外船齎來書目》又記載,光格天皇寬政十二年(1800 年),中國商船"丑字五號"載《(重修)泰州志》一部抵日本。

(隆慶)丹陽縣志十二卷

(明)馬豸　丁一道纂修
明隆慶年間(1567—1572 年)刊本　共四冊
國會圖書館藏本

【按】前有明隆慶三年(1569 年)《序》。

【附錄】《商舶載來書目》記載,中御門天皇享保十年(1725 年),中國商船"多字號"載《丹陽縣志》一部抵日本。

（隆慶）新修靖江縣志八卷　圖一卷

　　（明）張秉鐸　朱得之等纂修
　　明隆慶年間（1567—1572年）刊本　共四册
　　內閣文庫藏本　原紅葉山文庫等舊藏
　　【按】前有明隆慶三年（1569年）《序》。

（萬曆重修）靖江縣志十二卷

　　（明）朱家楫等纂修
　　明萬曆年間（1573—1620年）刊本　共四册
　　國會圖書館藏本

（浙　江）

（嘉靖）浙江通志七十二卷　首一卷

　　（明）胡宗憲　薛應旂等纂修
　　明嘉靖年間（1522—1566年）刊本
　　內閣文庫　尊經閣文庫藏本
　　【按】每半葉有界九行，每行二十字。白口，四周單邊。
　　卷前有明嘉靖辛酉（1561年）仲秋吏部尚書武英殿大學士華亭徐階《序》。《目録》後有薛應旂《序》。《序》曰“嘉靖乙未丙申間（1535—1536年）今少傅存齋徐翁視學於浙，始創爲之。旂時知慈谿，嘗承授簡。既，翁以遷秩中輟。越十六年辛亥，旂承乏浙中學政。至則問《志》稿，罔有知者，因妄意修輯，巡歷郡縣，俾各以其《志》送閲，乃於故牘中得徐翁舊録，凡十一册。雖未經次第而篇有點竄，因揣意義，反以三隅，遂於壬子取全史及《山海》、《水經》、《寰宇》、《方輿》諸志等籍有關於浙者，分類手書，漸有端緒。明年二月，左調歸，不復事事。又四年丙辰，避寇金陵，今宮保胡公謂余曾修浙《志》，必欲屬旂成之，辭謝不獲，因重加删潤。大吏遺教諭諸君，即旂山居校讐之。十年之間凡七謄稿，幸完斯編。爲志十有一，爲卷七十有二”云云。
　　內閣文庫藏本，原係紅葉山舊藏，共十六册。
　　尊經閣文庫藏本，共二十册。

　　【附録】《商舶載來書目》記載，中御門天皇享保六年（1721年），中國商船“世字號”載《浙江通志》一部抵日本。
　　桃園天皇寬延四年（1751年）四月《持渡書備忘録》又記載，《浙江通志》一部（四十册）運抵日本。

（嘉靖）嘉興府圖記二十卷

　　（明）趙文華等纂修
　　明嘉靖年間（1522—1566年）刊本　共十册
　　東洋文庫藏本
　　【按】每半葉有界九行，每行十九字。白口，左右雙邊。
　　卷首題“皇明中順大夫嘉興府知府三原趙瀛校定，奉政大夫通政使司左參議慈谿趙文華編輯”。
　　前有明嘉靖戊申（二十七年即1548年）趙文華《自序》，明嘉靖己酉（二十八年即1549年）知嘉興府事趙瀛《序》。
　　是《志》卷一方畫，卷二至卷五邦制，卷六至卷九物土，卷十至卷十九人文，卷二十叢記。

（萬曆）嘉興府志三十二卷

　　（明）劉應珂　沈堯中等纂修
　　明萬曆年間（1573—1620年）刊本
　　宮內廳書陵部　內閣文庫　尊經閣文庫藏本
　　【按】每半葉有界九行，每行十九字。白口，四周雙邊。
　　前有明萬曆二十八年（1600年）《序》。
　　宮內廳書陵部藏本，共十册。
　　內閣文庫藏本，共十二册。
　　尊經閣文庫藏本，共十六册。
　　【附録】《商舶載來書目》記載，中御門天皇享保六年（1721年），中國商船“加字號”載《嘉興府志》一部抵日本。

（崇禎）嘉興縣志二十四卷

　　（明）湯齊　黃承昊　朱耀先等纂修

明崇禎年間（1628—1644 年）刊本　　共二十一册

宮内廳書陵部藏本　　原豐後佐伯藩主毛利高標舊藏

【按】是《志》原成於明天啓甲子（四年即1624 年），有李日華《序》，湯齊《序》，屠中孚《序》等，明崇禎丁丑（十年即 1637 年）由黃承昊等重修。

卷首有“佐伯侯毛利高標字培松藏書畫之印”印記。每册首又有“有斐齋藏”、“祕閣圖書之章”等印記。

仁孝天皇文政年間（1818—1830 年）出雲守毛利高翰將此《志》獻贈德川幕府。

【附録】《商舶載來書目》記載，中御門天皇享保十一年（1726 年），中國商船“加字號”載《嘉興縣志》一部抵日本。

（乾道）臨安志（殘本）三卷

（宋）周淙等纂修

舊鈔本　　厲鶚手識本　　陸心源手識本　　共二册

静嘉堂文庫藏本　　原厲鶚等舊藏

【按】是《志》全十五卷，今存卷一至卷三。

卷中有厲鶚手識，其文曰：

　　“《（乾道）臨安志》十五卷，宋臨安府尹吳興周淙彥廣所修也。此宋刊本，僅一卷至三卷，無《序》《目》可稽，觀其稱孝宗爲‘今上’，紀職官至淙而訖，其爲乾道《志》無疑。吾郡志乘之有名者，北宋《圖經》久已無攷，至南渡建爲行都，則此《志》居首。繼之以施諤淳祐《志》，潛説友咸淳《志》（中略）余所見者，祗有咸淳《志》百卷，向藏花山馬氏。吳君尺鳧鈔藏，尚缺七卷。趙君谷林復購得宋刊本之半，固已珍如□璧。今孫君晴崖從都下獲此《志》，雖僅什之一二，而當時宮闕、官署、城中橋梁、坊巷具存，職官始末更爲詳晰，諸家儲藏著録，未有及此者。淙尹京時，撩湖濬渠，綽有政績，載在《宋史》。其書更可寶也，亟録副本而歸之。樊榭厲鶚跋。”

此厲鶚“識文”後，又有陸心源手識，其文曰：

　　“丁月湖處士有題宋抄《（乾道）臨安志》，每頁廿四行，行二十字。此本亦以題宋本抄出，款式雖同，行數則改矣。庚午仲夏，借丁君藏本校一過，改正百餘字。丁本視此本爲善，然亦有此本有而丁本脱者，豈轉輾傳抄，互有譌脱歟？抑丁本得其真，而此本有肬改歟？安可得宋本校正之。陸心源識。”

（淳祐）臨安志（殘本）六卷

（宋）施諤纂修

舊鈔本　　黃丕烈手識本　　陳鱣手識本　　共二册

静嘉堂文庫藏本　　原吳騫等舊藏

【按】《（淳祐）臨安志》原書卷數無攷，今存《城府》、《山川》兩門，自卷五至卷十，凡六卷。有《城府小序》、《山川小序》。

卷中有清嘉慶十四年（1809 年）黃丕烈手識，其文曰：

　　“今歲夏秋之交，買人從乍浦韓氏得書數百種，盛稱中多舊志書，大都皆余所有，不復過問。惟相傳有《臨安志》六卷本，余甚疑之。蓋‘乾道’則太多，‘咸淳’則太少，遂就買人處索觀其書。卷中所志淳祐而止，余曰是必施諤淳祐《志》也。買人初不知，因余言遂信之，擬與交易，云已售出，惜未歸之。頃晤簡莊，知是書在彼處外府之藏也。當倩胥録其副，一時同人賦詩紀事，簡莊倡而兔牀與余和之，洵爲藝林佳話云。己巳季冬十有一日　復翁書於石泉古舍。”

卷中有同年十二月陳鱣手識，其文曰：

　　“吾杭在南宋建都爲臨安府，其《志》凡三修。一爲乾道時周淙撰，一爲淳祐時施諤撰。《四庫書目提要》作‘施鍔’，杭菫浦屬樊榭咸淳《志》跋作施愕，今黃蕘圃與余定作‘施諤’。一爲咸淳時潛説友撰。乾道《志》十五卷久佚，同郡孫晴崖從都下得宋刊本，止三卷。余曾録副本。咸淳《志》百卷，秀水朱竹垞從海鹽胡氏、常熟毛氏先後購得宋刊八十卷，又借抄十三卷，尚缺七卷，後歸吾鄉馬氏道古樓收藏。錢塘吳繡谷購抄其半，繼而竹垞孫稼翁，又以宋刊十七冊售于同郡趙氏小山堂。趙氏復從吳本補錄其餘，未及裝整，即歸王氏寶日軒，又轉歸于吳氏存雅堂。乾隆三十八年正月，歙鮑淥飲從平湖高氏得宋刊本二十二冊，中間節次缺失，而盡于八十一卷，每冊有季滄葦圖記。據淥飲跋云，內第四卷至九卷，實季氏補抄，中稱理宗爲‘今上’，應是施諤淳祐《志》羼入。餘二十冊，紙墨精好，較勝趙氏本，而六十五、六兩卷，又竹垞所未見也。因析去季氏補抄施《志》六卷，就趙本補錄，通得九十五卷。未幾歸于吾鄉吳氏拜經樓。餘姚盧氏抱經堂嘗從吳氏借抄，今爲余所得者也。近客吳中有持書自來者，云平湖韓氏出售，中有《臨安志》四冊，因與黃君蕘圃亟取觀之。書凡六卷，所列《山川》《城府》二門，雖編爲卷一至六，然前尚有缺卷，其記載至淳祐十一、二年止，避諱亦僅及理宗，其爲淳祐《志》無疑，殆即從季氏本轉錄者，乃以厚價收之。攷《直齋書錄》、《文獻通考》及《宋史·藝文志》，皆不著錄，而施之字里出處，亦未詳明。其時知臨安府事者爲趙與𥲅，《志》中備載其建置倉庾，設育嬰堂，濬西湖，開運河諸善政。按《宋史》云，與𥲅所至，急於財利，幾於聚斂之臣。而盧熊《蘇州府志》稱其知平江，適郡中饑，分場設粥，全活數萬人。再守郡，行鄉飲射禮于學宮，復修飾殿堂齋廬，廣弦誦以嚴教養，弟子爲立生祠。熊之言當有所受，則《志》亦未必虛譽，兼可以證史傳異文。書雖不全，良足寶貴，遂與乾道、咸淳二《志》共藏，目爲‘宋臨安三志’，並賦詩紀事。嘉慶十有四年冬十有二月　海寧陳鱣書。”（後有“仲魚”朱文小方印）

卷首並有陳鱣、吳騫、黃丕烈三人購得此本時的唱和詩。卷中有“吳騫之印”、“兔牀漫叟”、“拜經樓吳氏藏書印”、“臨安志百卷人家”等印記。

（咸淳）臨安志（殘本）九十五卷

（宋）潛説友纂修

宋刊寫補本　黃丕烈手識本　共四十八册
靜嘉堂文庫藏本　原朱竹垞　黃丕烈　汪閬原　郁泰峰等舊藏

【按】每半葉有界十行，每行二十字。小字雙行，行同正文。白口，左右雙邊。版心有字數，並記刻工姓名，如尤有明、方昇、張興祖、梁卿、馬士龍、曹必貴、梁建、梁貢甫、翁文、范仲實、文彬、毛梓、日升、王春、王真、王垚、必昌、王瑞、光大、必貴、仲實、江輝、何洪、吳文煥、李斗文、沈祖、金珪、唐週、徐景叔、翁文虎、貢卿、蔡光大、詹周、德達、韓玉、盛允中、詹泉、陳德達、潘必昌、詹週、黃文彬、郭世昌、陳永昌、陳松、陳政、陳壽等。

黃丕烈有手跋四則，詳言此本之流傳與寫補始末。其第四則文曰：

“此書收藏已閱五載矣。原裝三十冊，墨敝紙渝，幾不可觸手。今夏六月始命工重裝，細加補綴，以白紙副其四圍，直至冬十一月中竣事。裝潢之費，復用去數十千文，可云好事之至矣。分裝四十八冊，以原存部面挨次裝入，俾日後得見舊時面目。其中除六十五、六十六新抄外，尚有舊抄幾卷，擬仍訪諸兔牀，或有宋刻可校，豈不更善乎。壬戌季冬，蕘翁黃丕烈識。”

陸心源《儀顧堂題跋》卷四著錄此本。其跋文曰：

“《咸淳臨安志》一百卷，前有潛説友《自序》。宋刊宋印本。卷一、卷八十一至八十九，卷六十五、六十六，凡十二卷皆抄補。卷六十四，卷九十，卷九十八，卷九十九，卷一百皆缺。每頁二十行，每行二十字，小字雙行。版心有字數及刻工姓名。宋諱皆缺筆，語涉宋帝皆提行，年號亦空一格。（此）即《百宋一廛賦》所謂‘臨安百卷，分豆剖瓜，海鹽常熟，會蕞竹垞’者也。字體圓勁，刊手精良,不下北宋官刊。杭州汪氏新刊本,摹刊亦精,視此則有霄壤之判矣。卷七十五、七十八有'毛晉之印'朱文方印,'毛氏子晉'朱文方印。卷二、卷四十六、卷五十四、卷六十、卷六十七、卷八十一有'高平家藏'朱文方印,'朝列大夫之章'朱文方印。又一印不可辨。後有黃蕘圃四跋,述得書源流甚詳。黃歸于汪閬原,汪歸于郁泰峰,光緒八年歸于皕宋樓。吳兔牀拜經樓所藏刊本二十卷,影抄七十五卷,今歸杭州丁松生大令。徐建菴傳是樓藏本,後歸高江村,乾嘉間爲鮑以文所得,歸之孫氏,今歸山東楊氏海源閣。"

傅增湘《藏園羣書經眼録》卷五著録此本,稱"此書版式寬展,寫刻工整,杭本之良也"。

(咸淳)臨安志(殘本)九十五卷

(宋)潛說友纂修

舊鈔本　盧文弨手識本　共十六冊

靜嘉堂文庫藏本　原盧文弨等舊藏

【按】是《志》全一百卷,今闕卷六十四、卷九十、卷九十八、卷九十九、卷一百,凡五卷。

前有潛說友《自序》。

卷中有清乾隆三十九年(1774 年)盧文弨手識,其文曰:

"乾隆三十八年始抄是書,不得別本詳校。既畢,鮑君以文出其所藏宋刻示余,乃知外間皆爲俗子刪節貿亂,少有完者,因借以校此本,庶幾復還舊觀云。甲午二月二十一日　范陽盧文弨弨庵恭書於金陵之寓齋。"

清乾隆四十二年(1777 年)盧文弨又有手識曰:

"始余之抄是書也,不得善本。求之他氏亦復然。更一二年間,友人鮑以文乃以不全宋刊本借余,向所缺六十五、六十六兩卷,獨完然具備,余得據以抄入。雖尚缺第六十四、第九十及最末三卷,然視曝書亭所鈔則較勝矣。宋本前有四圖,但字已多漫漶,余請友人圖之,其依跡有字跡而不可辨者,余

以方圍識其處。又對校其文字,始知外間本刪落甚多,顧力不能重寫,則以字少者添於行中,字多者以別紙書之,綴於當卷之後,且注其附麗本在何處,庶來者尚可考而復焉。噫!世間之書若此者多矣,書買圖利,往往妄有刪削以欺人,殆流傳既多,真本益微矣。古人以讀書者之藏書爲最善,其不以此也夫?乾隆四十有二年三月二十九日　杭東里人盧文弨跋。"

卷中有"虎林盧文弨寫本"、"抱經堂藏"等印記。

(萬曆)杭州府志一百卷　圖一卷　外志一卷

(明)劉伯縉　陳善等纂修

明萬曆年間刊本

宮内廳書陵部　國會圖書館藏本

【按】每半葉有界九行,每行二十字。白口,四周單邊。

卷首題"雲南布政使司左布政使致仕郡人陳善纂修"。前有明萬曆七年(1579 年)南京工部尚書前巡撫浙江江西都察院右副都御史姑蘇徐栻《序》,同年浙江按察司提督學校僉事關中喬因阜《序》,並有陳善《自序》。

是《志》卷四十七"祠廟志"記載至明萬曆三十八年(1610 年),係後人有補刊。

宮内廳書陵部藏本,卷首有"戴金圖書"印記,每冊首有"祕閣圖書之章"印記。共二十七冊。

國會圖書館藏本,共四十冊,現合爲十四冊。

【附録】《商舶載來書目》記載,中御門天皇享保十年(1725 年),中國商船"加字號"載《杭州府志》一部抵日本。

(萬曆)錢塘縣志(錢塘志)十卷

(明)聶心湯等纂修

明萬曆年間(1573—1620 年)刊本

内閣文庫　蓬左文庫藏本

【按】每半葉有界九行,每行十九字。白口,四周雙邊。

卷首題"令金川聶心湯純中甫纂修"。前有明萬曆三十七年(1609年)聶心湯《自序》,並有邑人黃汝亭《序》,陳禹謨《序》,虞淳熙《序》,吳之鯨《序》等。

正文前有縣疆縣治圖二幅,前有"凡例"。

内閣文庫藏本,原係豐後佐伯藩主毛利高標舊藏,共六册。

蓬左文庫藏本,係明正天皇寬永九年(1632年)從中國購入。卷中有"尾陽内庫"印記。

【附錄】據《商舶載來書目》記載,中御門天皇享保十年(1725年)中國商船"世字號"載《錢塘縣志》一部一帙抵日本。

(嘉靖)海寧縣志九卷　圖一卷

(明)蔡完纂修

明嘉靖年間(1522—1566年)刊本

東洋文庫藏本

【按】前有明嘉靖三十六年(1557年)《序》。

【附錄】《商舶載來書目》記載,中御門天皇享保十年(1725年),中國商船"加字號"載《海寧縣志》一部抵日本。

《外船齎來書目》又記載,光格天皇寬政十二年(1800年),中國商船"丑字七號"載《海寧縣志》一部抵日本。

(萬曆新修)餘姚縣志二十四卷　圖一卷

(明)史樹德　沈應文等纂修

明萬曆年間(1573—1620年)刊本　共六册

國會圖書館藏本

【按】前有明萬曆三十一年(1603年)《序》。

(成化)湖州府志(殘本)十二卷　圖一卷

(明)王珣　勞鉞　張淵等纂修

明成化十一年(1475年)刊本　共四册

静嘉堂文庫藏本　原陸心源十萬卷樓等舊藏

【按】是書全本二十四卷,此本今存卷第一至卷第十二,卷第十三以下缺逸。

【附錄】據《商舶載來書目》記載,中御門天皇

享保六年(1721年),中國商船"古字號"載《湖州府志》一部抵日本。

(嘉靖)湖州府志十六卷

(明)張鐸　浦南金等纂修

明嘉靖年間(1522—1566年)刊本

東洋文庫　静嘉堂文庫藏本

【按】每半葉有界九行,每行十八字。白口,左右雙邊。

前有明嘉靖二十一年(1541年)《序》。

東洋文庫藏本,共十册。

静嘉堂文庫藏本,原係陸心源十萬卷樓等舊藏,共四册。

(萬曆)湖州府志十四卷　圖一卷

(明)栗祁　唐樞等纂修

明萬曆年間(1573—1620年)刊本　共八册

尊經閣文庫藏本

【按】每半葉有界九行,每行十八字。小字雙行,行同正文。白口,四周雙邊。

卷首題"知府栗祁修,郡人唐樞編"。前有府州縣境圖,郡城七屬縣境圖,並有《修志凡例》及禮部尚書兼學士工部尚書管吏部左侍郎事國史副總裁烏程董汾《序》。

此本分土地、人民、政事三類。土地類又分郡建、疆域、山川、鄉鎮、區畝、形勝、津梁、物產、古蹟、陵廟凡十子目。人民類又分户口、功貴、風俗、辟召、甲科、貢蔭、逸遺、烈女、流寓、方藝凡十子目。政事類又分守令、賦役、學校、修築、岬錄、刑禁、兵屯、廨署、郵遞、壇祠凡十子目。

(天啓)海鹽縣圖經十六卷

(明)樊維城　胡震亨等纂修

明天啓年間(1621—1627年)刊本

國會圖書館　内閣文庫　尊經閣文庫　東京大學東洋文化研究所大木文庫藏本

【按】每半葉有界十行,每行二十字。小字雙行,行同正文。白口,左右雙邊。

前有明天啓四年(1624 年)《序》。

國會圖書館藏此同一刊本兩部。一部八册，一部十册。

内閣文庫藏本，原係豐後佐伯藩主毛利高標舊藏，共十一册。

【附録】《商舶載來書目》記載，中御門天皇享保十年(1725 年)，中國商船"加字號"載《海鹽縣志》一部(十册)抵日本。享保十一年(1726年)"加字號"又載《海鹽縣圖經》一部一帙抵日本。

(紹定)海鹽澉水志八卷

(宋)常棠纂修

明嘉靖年間(1522—1566 年)刊本　共二册

静嘉堂文庫藏本　原陸心源十萬卷樓等舊藏

【按】每半葉有界十行，每行二十字。白口，四周雙邊。

前有宋紹定三年(1230 年)重陽前一日監嘉興府海鹽澉浦鎮税兼烟火公事羅叔韶《序》、並常棠《自序》。

是《志》纂修於宋紹定三年(1230 年)，明嘉靖三十六年(1557 年)刻刊。此本間有寫補。全志分十五門，曰地理，曰山，曰水，曰廨舍，曰坊巷，曰坊場，曰軍寨，曰亭堂，曰橋梁，曰學校，曰寺廟，曰古蹟，曰物産，曰碑記，曰詩詠。

(嘉靖)續澉水志九卷

(明)董穀等纂修

明嘉靖三十六年(1557 年)刊本　共四册

静嘉堂文庫藏本　原陸心源十萬卷樓等舊藏

【按】每半葉有界十行，每行二十字。白口，四周雙邊。版心下記字數。

(崇禎)烏程縣志十二卷

(明)劉沂春　徐守綱等纂修

明崇禎年間(1628—1644 年)刊本　共六册

國會圖書館藏本

【按】前有明崇禎十一年(1638 年)《序》。

【附録】《商舶載來書目》記載，中御門天皇享保六年(1721 年)，中國商船"宇字號"載《烏程縣志》一部抵日本。

(嘉靖)安吉州志八卷　圖一卷

(明)江一麟　陳敬則等纂修

明嘉靖年間(1522—1566 年)刊本　共四册

内閣文庫藏本　原豐後佐伯藩主毛利高標舊藏

【按】每半葉有界八行，每行十七字。白口，四周雙邊。

前有明嘉靖三十六年(1557 年)《序》。

【附録】《商舶載來書目》記載，中御門天皇享保十年(1725 年)，中國商船"天字號"載《安吉州志》一部抵日本。

(嘉靖)寧波府志四十二卷

(明)張時徹等纂修

明嘉靖年間(1522—1566 年)刊本　共十六册

國會圖書館　内閣文庫　尊經閣文庫藏本

【按】每半葉有界九行，每行十九字。白口，左右雙邊。

前有明嘉靖三十九年(1560 年)《序》。

國會圖書館藏本，共十六册，現合爲八册。

内閣文庫藏本，原係紅葉山文庫舊藏。

尊經閣文庫藏本，原係江户時代加賀藩主前田綱紀等舊藏。

【附録】《商舶載來書目》記載，中御門天皇享保十年(1725 年)，中國商船"禰字號"載《寧波府志》一部抵日本。

(嘉靖)定海縣志十三卷

(明)何愈　張時徹等纂修

明嘉靖年間(1522—1566 年)刊本　共四册

内閣文庫藏本　原紅葉山文庫舊藏

【按】每半葉有界九行，每行十九字。白口，左右雙邊。

前有明嘉靖四十二年(1563年)《序》。

【附錄】《商舶載來書目》記載,中御門天皇享保十年(1725年),中國商船"天字號"載《定海縣志》一部抵日本。

(嘉泰)會稽志二十卷

(宋)施宿等纂修

明正德年間(1506—1521年)刊本

静嘉堂文庫　尊經閣文庫藏本

【按】每半葉有界十行,每行二十字。小字雙行,行同正文。白口,左右雙邊。

前有宋嘉泰元年(1201年)十二月陸游《序》。

卷中録宋嘉泰二年(1202年)刊行記文曰:

"紹興府今刊《會稽志》一部二十卷。用印書紙八百幅,古經紙一十幅,副頁紙二十幅,背古經紙平表一十幅,工墨錢八百文,每册裝背□□文,右具如前。

嘉泰二年五月□□日　手分俞澄　王思忠具

安撫使司校正書籍傅稗。"

後有明正德五年(1510年)重刊印牌記:

"皇明正德五年龍集庚午九月初吉重刊"。

静嘉堂文庫藏本,原係徐渭仁、惠棟、胡惠孚、蔣重光、陸心源十萬卷樓等舊藏,卷中有"徐渭仁印"、"惠棟之印"、"字曰定宇"、"紅豆齋攷藏"、"胡惠孚印"、"篆江"、"當湖胡篆江珍藏"、"蔣重光印"、"子宣"等印記,共十册。

尊經閣文庫藏本,原係江户時代加賀藩主前田綱紀等舊藏,與明正德年間重刊《(寶應)會稽續志》、《紹興名宦鄉賢贊録》合套,共十二册。

【附錄】據《商舶載來書目》記載,中御門天皇享保十年(1725年),中國商船"久字號"載《會稽縣志》一部(十二册)抵日本。

(寶應)會稽續志八卷

(宋)張淏等纂修

明正德年間(1506—1521年)刊本　共三册

尊經閣文庫藏本

【按】每半葉有界十行,每行二十字。小字雙行,行同正文。白口,左右雙邊。

是《志》係宋寶應元年(1225年)修刊,明正德五年(1510年)重刊。

會稽三賦三卷

(宋)東嘉王十朋撰　剡谿周世則注　郡人史鑄增注

宋刊本　共一册

静嘉堂文庫藏本　原黄丕烈　陸心源十萬卷樓等舊藏

【按】每半葉有界九行,行十八字。小字雙行,行三十二或三十三字不等。

卷前有宋嘉定丁丑(1217年)史鑄《序》,並有黄丕烈手識文。文曰:"宋本《會稽三賦注》,余所見有三本。一得諸顧八愚家,一見諸顧五癡處,一見諸顧抱冲處。八愚、五癡爲昆仲,其兩本悉屬舊藏。若抱冲則得諸他處,非郡中物也。然皆大字不分卷……此刻板式與前所見者異矣。兹本首載史序,第一葉與《會稽三賦》第一葉誤倒,故印記反鈐于賦之第一葉,應正之。丙寅穀雨後二日,蕘圃識。"

一説此本爲明代初年刻本。

會稽三賦一卷　圖説一卷

(宋)王十朋撰　(明)南逢吉注

明嘉靖二年(1523年)序刊本　來鶴軒藏板

共一册

東京大學東洋文化研究所藏本

會稽三賦四卷

(宋)王十朋撰　(明)南逢吉注　尹壇補注

明萬曆年間(1573—1620年)刊本　共二册

蓬左文庫藏本　原江户時代尾張藩主家舊藏

【按】此本有明人陶望齡《序》,係明正天皇寬永六年(1629年)從中國購入,有"尾陽内庫"

印記。

會稽三賦四卷　首一卷

（宋）王十朋撰　（明）南逢吉注

明朱墨套印刊本　共二册

内閣文庫藏本　原木村兼葭堂舊藏

（萬曆）紹興府志五十卷　圖一卷

（明）蕭良翰　張元忭等纂修

明萬曆年間（1573—1620 年）刊本　共十六册

國會圖書館藏本

【按】每半葉有界十行，每行二十字。小字雙行，行同正文。白口，左右雙邊。

前有明萬曆十五年（1587 年）《序》。

【附錄】《商舶載來書目》記載，中御門天皇享保十三年（1728 年），中國商船“世字號”載《紹興府志》一部抵日本。

（嘉靖）山陰縣志十二卷

（明）許東望等纂修

明嘉靖年間（1522—1566 年）刊本

宮内廳書陵部藏本　原豐後佐伯藩主毛利高標舊藏

【按】每半葉有界十行，每行二十字。白口，左右雙邊。

卷首有“佐伯侯毛利高標字培松藏書畫之印”印記。每册首又有“閩中徐惟起藏書印”、“祕閣圖書之章”等印記。

【附錄】《商舶載來書目》記載，中御門天皇享保十一年（1726 年），中國商船“曾字號”載《續修山陰縣志》一部抵日本。

（萬曆新修）上虞縣志二十卷　圖一卷

（明）徐特聘等纂修

明萬曆年間（1573—1620 年）刊本　共八册

國會圖書館藏本

【按】每半葉有界九行，每行十九字。白口，左右雙邊。

《千頃堂書目》謂是《志》纂修於明萬曆三十四年（1606 年）。

【附錄】《商舶載來書目》記載，中御門天皇享保十年（1725 年），中國商船“志字號”載《上虞縣志》一部抵日本。

（萬曆）新昌縣志十三卷　圖一卷

（明）田琯等纂修

明萬曆年間（1573—1620 年）刊本　共四册

國會圖書館藏本

【按】每半葉有界十行，每行十九字。白口，左右雙邊。

前有明萬曆七年（1579 年）《序》。

【附錄】《商舶載來書目》記載，中御門天皇享保十年（1725 年），中國商船“志字號”載《新昌縣志》一部抵日本。

《外船齎來書目》又記載，光格天皇寬政十二年（1800 年），中國商船“丑字五號”載《新昌縣志》一部抵日本。

（萬曆）金華府志三十卷

（明）陸鳳儀　王懋德等纂修

明萬曆年間（1573—1620 年）刊本　共十册

宮内廳書陵部　尊經閣文庫藏本

【按】每半葉有界八行，每行二十一字。小字雙行，行同正文。白口，四周雙邊。

前有明萬曆六年（1578 年）王世貞《序》等。

宮内廳書陵部藏本，原係德山藩第三代藩主毛利元次舊藏，明治天皇二十九年（1896 年）由男爵毛利元功獻於宮内省。每册首有“德藩藏書”印記。

【附錄】《商舶載來書目》記載，中御門天皇享保十二年（1727 年），中國商船“幾字號”載《金華府志》一部抵日本。

（正德）武義縣志五卷

（明）黃春等纂修

明嘉靖年間（1522—1566 年）刊本　共四册

宮内廳書陵部藏本　原中國汲古閣　日本

紅葉山文庫等舊藏

【按】前有潘府《序》，黃春《序》等。

是《志》纂修於明正德庚辰（十五年即 1520 年），至明嘉靖甲申（三年即 1524 年）再加修補刊行。

卷首有"汲古閣"、"彭城開國"等印記，每冊首又有"祕閣圖書之章"印記。

（正德）蘭谿縣志五卷

（明）章懋等纂修

明萬曆年間（1573—1620 年）刊本　共二冊

國會圖書館　内閣文庫藏本

【按】每半葉有界十行，每行二十字。小字雙行，行同正文。白口，四周單邊。

是《志》纂修於明正德五年（1510 年），然卷三《人物志》記載至明嘉靖元年（1522 年）。卷末有明萬曆四十二年（1614 年）《跋》。

【附錄】《商舶載來書目》記載，光格天皇享和三年（1803 年），中國商船"良字號"載《蘭谿縣志》一部抵日本。

光格天皇文化元年（1804 年）《書籍目錄》又記載，中國商船"子字八號"載《蘭谿縣志》一部抵日本，定價十七匁。

（乾道）四明圖經十二卷

（宋）張津等纂修

舊鈔摹寫宋刊本　共三冊

静嘉堂文庫藏本

【按】前有宋乾道五年（1169 年）黃鼎《序》。

卷中語涉宋帝皆提行，蓋從宋刊本鈔出。

是《志》卷一總叙明州，卷二鄞縣，卷三奉化，卷四定海，卷五慈溪，卷六象山，卷七昌國州，卷八至卷十一詩文，卷十二太守題名記、進士題名記。

（延祐）四明志（殘本）十七卷

（元）袁桷等纂修

舊鈔摹寫元刊本　共八冊

静嘉堂文庫藏本　原錢竹汀等舊藏

【按】前有元延祐七年（1320 年）十一月袁桷《自序》。

是《志》全本二十卷，今闕卷九至卷十一，存十七卷。

（至正）四明續志十二卷

（元）王元恭纂修

舊鈔摹寫元刊本　共四冊

静嘉堂文庫藏本　原馬玉堂等舊藏

【按】前有元至正二年（1342 年）三月王元恭《自序》。

是《志》分十三門，曰沿革、土風、職官、人物、城邑、山川、河渠、土產、賦役、學校、祠祀、釋道、集古。

卷中有"馬玉堂印"白文方印，"笏齋"朱文方印。

（紹興）嚴州重修圖經（殘本）三卷

（宋）董弅撰　陳文亮　劉公富重修

宋刊本　共四冊

静嘉堂文庫藏本　原嚴蔚等舊藏

【按】每半葉有界十行，每行二十字。黑口，左右雙邊。

前有宋建隆元年（960 年）宋太宗初領防禦使詔，宋宣和三年（1121 年）太上皇帝（宋高宗）初授節度使詔，並《敕書》、《榜文》各一道。次有宋紹興己未（九年即 1139 年）知軍州董弅《序》，宋淳熙丙午（1186 年）迪功郎州學教授劉文富《序》等。

是《志》全八卷，今存卷一至卷三。

每卷有"松雪道人"及"嚴蔚豹人"二白文方印、"嚴蔚"白文長印、"二酉齋藏書"朱文長印。

《直齋書錄解題》著錄是書，云"新定《志》八卷，郡守東平董弅令升撰，淳熙甲辰，武義陳公亮重修"者即是。傅增湘《藏園羣書經眼錄》卷五著錄此書，並云："此書鐫工頗草率，或疑爲明翻刊。然余細審之，剞劂雖未工，而疏古之意未失。外郡僻州不易得良工，故不能全以工整稱也。"

（萬曆）嚴州新志二十五卷

（明）徐楚　顧汝紳等纂修

明萬曆年間（1573—1620 年）刊本　共十二册

宮内廳書陵部藏本　原德山藩第三代藩主毛利元次舊藏

【按】前有明萬曆六年（1578 年）徐楚《自序》，次有明弘治六年（1493 年）胡拱辰《序》。

卷首有“晋安蔣絢臣家藏書”印記。每册首又有“德藩藏書”印記。

是《志》係明治天皇二十九年（1896 年）由男爵毛利元功獻贈宮内省。

（萬曆續修）嚴州府志二十四卷　圖一卷

（明）楊守仁等原修　呂昌期等續修

明萬曆年間（1573—1620 年）刊本

國會圖書館　内閣文庫藏本

【按】是《志》刊於明萬曆六年（1578 年），明萬曆四十一年（1613 年）增刊。

國會圖書館藏本，共十二册。

内閣文庫藏此同一刊本兩部。一部原係豐後佐伯藩主毛利高標舊藏，一部原係紅葉山文庫舊藏，皆凡十六册。

【附録】《舶來書籍大意書》著録《續修嚴州府志》，并曰“（是志）係明楊守仁主修。卷首載地圖。題‘方輿志’者，則記建置沿革、山川。題‘經略志’者，則記公署、宮室、守禦、寺觀、津梁。題‘食貨志’者，則記户口。題‘秩官志’者，則記諸官之品級。題‘治行志’者，則記政績。題‘選舉志’者，則記甲科。題‘人物志’者，則略記列傳。題‘外志’者，則分人物善惡，雜記其傳。題‘藝文志’者，則通記自漢迄明之典故制詞及詩文。凡二十四卷，萬曆四十二年刻本”云云。

據《商舶載來書目》記載，中御門天皇享保十年（1725 年），中國商舶“曾字號”載《續修嚴州府志》一部抵日本。享保十一年（1726 年），中國商船“計字號”又載《嚴州府志》一部抵日本。

《外船齎來書目》又載，光格天皇寬政十二年（1800 年），中國商船“丑字八號”載《重修嚴州府志》一部抵日本。

（萬曆）湯溪縣志八卷　首一卷

（明）汪文璧等纂修

明萬曆年間（1573—1620 年）刊本　共四册

宮内廳書陵部藏本　原德山藩第三代藩主毛利元次舊藏

【按】每半葉有界九行，每行十八字。白口，四周單邊。

前有浙江按察司洪啓睿《序》，尾有明萬曆三十二年甲辰（1604 年）汪文璧《自跋》。

每册首有“德藩藏書”印記。

是《志》係明治天皇二十九年（1896 年）由男爵毛利元功獻於宮内省。

【附録】《商舶載來書目》記載，中御門天皇享保十一年（1726 年），中國商船“多字號”載《湯溪縣志》一部抵日本。

（天啓）衢州府志十六卷　首一卷

（明）林應祥　葉秉敬等纂修

明天啓年間（1621—1627 年）刊本　共十二册

内閣文庫藏本　原紅葉山文庫舊藏

【按】每半葉有界九行，每行二十字。小字雙行，行同正文。白口，四周單邊。

前有明天啓三年（1623 年）《序》。

【附録】又據《商舶載來書目》記載，中御門天皇享保十年（1725 年），中國商船“久字號”載《衢州府志》一部抵日本。

（崇禎）衢州府志十六卷　首一卷

（明）林應祥　葉秉敬等纂修　丁明登等增修

明崇禎年間（1628—1644 年）刊本

内閣文庫　尊經閣文庫藏本

【按】每半葉有界九行，每行二十字。小字雙行，行同正文。白口，四周單邊。

是《志》係據明天啓三年（1623 年）序刊本，於明崇禎五年（1632 年）由丁明登等增修。

內閣文庫藏本，原係豐後佐伯藩主毛利高標舊藏，共二十冊。

尊經閣文庫藏本，原係江戶時代加賀藩主前田綱紀等舊藏，共十六冊。

（萬曆）溫州府志十八卷　圖一卷

（明）湯日照　王光蘊等纂修

明萬曆年間（1573—1620 年）刊本　共十二冊

國會圖書館　內閣文庫　尊經閣文庫　蓬左文庫　天理圖書館藏本

【按】每半葉有界九行，每行十九字。白口，左右雙邊。

前有明萬曆三十三年（1605 年）漳浦陳氏《序》。

內閣文庫藏本，原係紅葉山文庫舊藏。

天理圖書館藏本，係殘本四卷，共六冊。

【附錄】據《商舶載來書目》記載，中御門天皇享保八年（1723 年），中國商船“遠字號”載《溫州府志》一部抵日本。

《外船齎來書目》又記載，光格天皇寬政十二年（1800 年），中國商船“丑字五號”載《溫州府志》一部抵日本。

（嘉靖）永嘉縣志九卷　圖一卷

（明）程文著　王叔杲等纂修

明嘉靖年間（1522—1566 年）刊本　共四冊

尊經閣文庫藏本

【按】前有明嘉靖四十五年（1566 年）《序》。

是《志》明萬曆年間有補刊。卷五《秩官志》記載至明萬曆十年（1582 年）。

【附錄】據《商舶載來書目》記載，中御門天皇享保十八年（1733 年），中國商船“江字號”載《永嘉縣志》一部抵日本。

（嘉靖）瑞安縣志十卷

（明）劉畿　朱綽等纂修

明嘉靖年間（1522—1566 年）刊本　共四冊

內閣文庫藏本　原紅葉山文庫舊藏

【按】每半葉有界十行，每行二十二字。小字雙行，行同正文。白口，四周單邊。

前有明嘉靖三十四年（1555 年）《序》。

（成化）處州府志十八卷　首一卷

（明）郭忠　劉宣等纂修

明成化年間（1465—1487 年）刊本　共八冊

國會圖書館藏本

【按】每半葉有界十行，每行二十一字。黑口，四周雙邊。

前有明成化二十二年（1486 年）《序》。

【附錄】據《商舶載來書目》記載，中御門天皇享保十年（1725 年），中國商船“志字號”載《處州府志》一部抵日本。

（隆慶）平陽縣志七卷

（明）朱東光等纂修　萬民華補遺

明萬曆年間（1573—1620 年）刊本　共一冊

宮內廳書陵部藏本　原豐後佐伯藩主毛利高標等舊藏

【按】每半葉有界十行，每行二十字。白口，四周單邊。

前有侯一元《序》，朱東光《序》，并萬民華《補遺序》。

是《志》纂修於明隆慶五年（1571 年），明萬曆四十二年（1614 年）萬民華修補。

仁孝天皇文政年間（1818—1830 年）出雲守毛利高翰將此本獻贈德川幕府。

卷首有“阮氏藏書”、“大簡”、“佐伯侯毛利高標字培松藏書畫之印”、“祕閣圖書之章”等印記。

【附錄】據《商舶載來書目》記載，中御門天皇享保十四年（1729 年），中國商船“邊字號”載《平陽縣志》一部抵日本。

（崇禎）義烏縣志二十卷

（明）熊人霖等纂修

明崇禎年間(1628—1644 年)刊本　共六册

内閣文庫藏本　原紅葉山文庫舊藏

【按】每半葉有界九行,每行二十一字。小字雙行,行同正文。白口,四周單邊。

前有明崇禎十三年(1640 年)《序》。

【附録】又據《商舶載來書目》記載,中御門天皇享保十一年(1726 年),中國商船"幾字號"載《義烏縣志》一部抵日本。

(嘉定)赤城志四十卷　附赤城新志二十三卷

(宋)陳耆卿纂修　《附》(明)謝鐸　編撰

明弘治年間(1488—1505 年)刊本　錢大昕手識本　共十册

静嘉堂文庫藏本　原陸心源十萬卷樓等舊藏

【按】前有宋嘉定癸未(十六年即 1223 年)陳耆卿《自序》,明弘治丁巳(十年即 1497 年)謝鐸《重刊序》。

是《志》舊題"台州府志"。

卷中有錢大昕手識,其文曰:

"此《志》成於嘉定十六年,而第三十三卷載史嵩之鳩杜範事,乃在其後廿有餘年,文詞亦絶不類,蓋明人以意竄入,決非壽老元文。吾安得宋刊本而一刊正之乎? 辛酉六月　竹汀居士錢大昕假讀并記。"

【附録】《商舶載來書目》記載,中御門天皇享保十一年(1726 年),中國商船"多字號"載《台州府志》一部抵日本。

(嘉定)赤城志四十卷

(宋)陳耆卿纂修

明弘治年間(1488—1505 年)刊明嘉靖萬曆年間(1522—1620 年)補刊本　共六册

静嘉堂文庫藏本

【按】是《志》纂修於宋嘉定十六年(1223 年),題《台州府志》。明弘治十年(1497 年)重刊。此本係明嘉靖四十四年(1565 年)及明萬曆二十四年(1596 年)補刊本。

(嘉定)赤城志四十卷　附赤城新志二十三卷

(宋)陳耆卿纂修　《新志》(明)陳相　謝鐸等纂修

明弘治年間(1488—1505 年)刊明天啓年間(1621—1628 年)補刊本

内閣文庫　尊經閣文庫藏本

【按】是《志》明弘治十年(1497 年)重刊,明嘉靖四十四年(1565 年),明萬曆二十四年(1596 年)補刊,明天啓六年(1626)再補刊。

内閣文庫藏本,原係元政上人、豐後佐伯藩主毛利高標等舊藏,共十册。

尊經閣文庫藏本,共八册。

(嘉靖)永康縣志八卷

(明)陳泗　胡楷等纂修

明嘉靖年間(1522—1566 年)鈔本　共六册

京都大學人文科學研究所東洋學文獻中心藏本

【附録】據《商舶載來書目》記載,中御門天皇享保十一年(1726 年),中國商船"江字號"載《永康縣志》一部抵日本。

(崇禎)開化縣志十卷

(明)朱朝藩　汪慶百等纂修

明崇禎年間(1628—1644 年)刊本　共四册

國會圖書館藏本

【按】前有明崇禎四年(1631 年)《序》。

【附録】《商舶載來書目》記載,中御門天皇享保十一年(1726 年),中國商船"加字號"載《開化縣志》一部抵日本。

光格天皇文化元年(1804 年)《書籍目録》記載,中國商船"子字八號"運載《開化縣志》一部抵日本,定價十五匁。

(至元)嘉禾志三十二卷

(元)徐碩纂修

舊鈔本　共十二册

宮内廳書陵部藏本　原豐後佐伯藩主毛利

高標等舊藏

【按】前有元至元著雍困敦（二十五年即 1288 年）唐天麟《序》。

是《志》係仁孝天皇文政年間（1818—1830 年）出雲守毛利高翰獻於德川幕府。

卷首有"佐伯侯毛利高標字培松藏書畫之印"印記。每冊首又有"祕閣圖書之章"印記。

【附錄】《商舶載來書目》記載，光格天皇天明三年（1783 年），中國商船"加字號"載《嘉禾志》一部抵日本。

吳興志二十卷

（宋）談鑰撰

舊鈔本　陸心源手識本　共五冊

靜嘉堂文庫藏本

【按】前有宋嘉泰改元辛酉（1201 年）臘月傅兆敬《序》。

卷末有陸心源手識，其文曰：

"己巳六月，以《三國志》、《後漢書》、《晉書》、《南（北）史》、《新唐書》、《風俗通》校一過，訂正四百餘字。其無書可校，須以董氏《吳興備志》、鄭氏《湖錄》參校。但此書亡佚已久，恐亦不能盡正也。儀顧主人識。"

剡錄（嵊縣志）六卷

（宋）高似孫纂修

舊鈔影寫元刊本　共二冊

靜嘉堂文庫藏本　原吳方山　季振宜　陳　增等舊藏

【按】前有宋嘉定七年甲戌（1214 年）高似孫《序》，宋嘉定八年乙亥（1215 年）嵊縣令史之安《序》。

卷中有"吳岫"、"方山"、"姑蘇吳岫家藏"、"季振宜印"、"滄葦"、"平江陳氏西畇艸堂藏書之印"、"陳增私印"、"西畇居士"、"包虎臣藏"等印記。

（山　東）

（重修至元）齊乘六卷　釋音一卷

（元）于欽等纂修　　（釋音）（元）于潛述

明嘉靖年間（1522—1566 年）刊本

內閣文庫　靜嘉堂文庫　尊經閣文庫　東京大學東洋文化研究所　天理圖書館藏本

【按】每半葉有界八行，每行十五字。白口，左右雙邊。

前有元至元己卯（1339 年）冬十月江北淮東道蕭政廉訪使蘇天爵《序》。《序》文曰："公生於齊，官於齊，攷訂古今，質以見聞，歲久始克成編，辭約而事賅。公在中朝爲御史臺都事左司員外郎，終益都田賦總管。以文雅擅名當時，既卒，其家蕭然，獨遺是書於其子潛。余官濰揚，始得閱之"云云。

又有明嘉靖甲子（1564 年）冬青州知府四明杜思《序》等。

是書總括三齊輿地，共分八類，一曰沿革，二曰分野，三曰山川，四曰郡邑，五曰古蹟，六曰城郭，七曰風土，八曰人物。

前有元至元五年（1339 年）十月蘇天爵《序》，元至正十一年（1351 年）于潛《跋》，明嘉靖甲子（四十三年即 1564 年）杜思《序》等。

內閣文庫藏本，原係紅葉山文庫舊藏。共六冊。

靜嘉堂文庫藏本，原係陸心源十萬卷樓等舊藏。卷中有清嘉慶四年至五年（1799—1800 年）間黃堯圃手識文四處。茲錄於斯：

"余於地志書，喜蓄舊本，惟此尚缺如。頃從肆中搜得，見其紙墨古雅，疑爲元刻。且一單之書，皆以尋常本而索善價，此書估價千餘錢，余故喜而購之。及攜歸，潤甫爲余言曰，卷中薛子熙訂正，爲明時人，曾刻《三輔黃圖》，則其爲明刻無疑。近復有山東新刻本，潤甫有之，暇日當取一勘云。己未冬十一月，黃丕烈識。"

"《齊乘》舊刻頗少，近於周香嚴家借一

舊鈔本,行款差小,取對此□□同,蓋從明刻傳録而縮之者也。然卷首失去《蘇序》,卷尾失去《釋音》,其不同多矣。余益以是册爲寶云。庚申正月十日　蕘圃。"

"香嚴復假余明刻本校舊鈔本一過,知卷三中齊邑外屬條下,脱去五葉,方悔前取借鈔本對時,略一展閲,僅見其行款相同,以爲不相上下,未及逐葉比較,致有疏脱爾。聞袁氏五硯樓有此刻本,當取之影寫補入;如無,可仍就鈔本足之。其鈔本有勝于此刻者,擬校勘録諸餘紙焉。閏月十七日又記。"

"按此是明刻,然未究其爲何時所刻。頃從澗薲借得乾隆辛丑胡德琳序本,載有嘉靖甲子杜子睿《序》,乃補録之。此刻殆謂嘉靖本歟?嘉慶庚申立春前一日,挑燈書此。黄蕘圃氏。"

卷中並有"温陵張氏藏書"、"陳廷秀印"、"鞠園藏書"等印記。共六册。

尊經閣文庫藏本,原係江户時代加賀藩主前田綱紀等舊藏,共六册。

東京大學藏本,原係大木幹一舊藏,卷中有鈔配,共十册。

天理圖書館藏本,共十册。

(嘉靖)山東通志四十卷

(明)陸鈇　方遠宜等纂修

明嘉靖年間(1522—1566年)刊本

國會圖書館　内閣文庫　東洋文庫　静嘉堂文庫　尊經閣文庫藏本

【按】每半葉有界十行,每行二十字。白口,左右雙邊。

前有明嘉靖癸巳(十二年即1533年)方遠宜《序》,楊維聰《序》,陳沂《序》,陸鈇《序》。

國會圖書館藏此同一刊本共二部。一部有補刻,卷十《職官志》記載至明嘉靖二十一年(1542年);一部有鈔配。皆凡十八册。

内閣文庫藏此同一刊本亦二部。一部原係紅葉山文庫舊藏,共二十二册;一部原係林大家頭家舊藏,今闕卷八及卷九,共二十一册。

東洋文庫藏此同一刊本亦二部。一部爲十六册,一部爲二十册。

静嘉堂文庫藏本,共十八册。

尊經閣文庫藏本,共二十四册。

【附録】《商舶載來書目》記載,中御門天皇享保六年(1721年),中國商船"佐字號"載《山東通志》一部抵日本。

《持渡書備忘録》又記載,桃園天皇寬延四年(1751年),從中國輸入《山東通志》一部(二十四册)抵日本。

(嘉靖)青州府志十八卷

(明)杜思修　馮惟訥等纂修

明嘉靖年間(1522—1566年)刊本　共十六册

内閣文庫藏本　原紅葉山文庫等舊藏

【按】每半葉有界九行,每行十九字。白口,左右雙邊。

前有明嘉靖四十四年(1565年)《序》。

【附録】《商舶載來書目》記載,中御門天皇享保十年(1725年),中國商船"世字號"載《青州府志》一部抵日本。

(萬曆)青州府志二十卷

(明)王家賓　鍾羽正等纂修

明萬曆年間(1573—1620年)刊本　共二十册

内閣文庫藏本　原豐後佐伯藩主毛利高標等舊藏

【按】每半葉有界九行,每行二十字。白口,四周單邊。版心下有字數,并記刻工姓名。

前有明萬曆四十三年(1615年)《序》。

(萬曆)冠縣志六卷

(明)談自省　杜華先等纂修

明萬曆年間(1573—1620年)刊本　共六册

東洋文庫藏本

【附録】據《商舶載來書目》記載,中御門天皇享保十九年(1734年),中國商船"久字號"載

《冠縣志》一部抵日本。

(嘉靖)嶧陽縣志六卷

（明）李之茂等纂修

明嘉靖年間（1522—1566 年）刊萬曆年間
（1573—1620 年）補刊本　共二冊

尊經閣文庫藏本

【按】是《志》初刊於明嘉靖四十四年（1565
年），明萬曆年間補刊。卷六"祀典志"記載至
明萬曆三十九年（1611 年）。

【附錄】《商舶載來書目》記載，中御門天皇享
保十一年（1726 年），中國商船"志字號"載《滋
陽縣志》一部抵日本。

(萬曆)萊州府志八卷

（明）趙燿　董基　龍文明等纂修

明萬曆年間（1573—1620 年）刊本

宮內廳書陵部　國會圖書館藏本

【按】每半葉有界八行，每行二十二字。白
口，四周單邊。

前有明萬曆癸卯（三十一年即 1603 年）劉尚
志《序》，明萬曆甲辰（三十二年即 1604 年）趙
燿《序》等。末有龍文明《跋》，董基《跋》。

宮內廳書陵部藏本，原係德山藩第三代藩主
毛利元次舊藏。明治天皇二十九年（1896 年）
由男爵毛利元功獻於宮內省。每冊首有"德藩
藏書"印記。共八冊。

國會圖書館藏本，共十六冊，今合爲七冊。

(萬曆)鄒志四卷　圖一卷

（明）胡繼先等纂修

明萬曆年間（1573—1620 年）刊本

國會圖書館　內閣文庫藏本

【按】每半葉有界九行，每行低一格十九字。
小字雙行，行同正文。白口，四周單邊。

前有明萬曆三十九年（1611 年）《序》等。

國會圖書館藏本，共二冊。

內閣文庫藏本，原係紅葉山文庫舊藏，共四
冊。

【附錄】《商舶載來書目》記載，中御門天皇享
保十一年（1726 年），中國商船"須字號"載《鄒
平縣志》一部抵日本。

(萬曆)武定州志十五卷

（明）邢侗　桑東陽等纂修

明萬曆年間（1573—1620 年）刊本　共四冊

東洋文庫藏本

【按】每半葉有界十行，每行二十字。白口，
四周單邊。

前有明萬曆十六年（1588 年）《序》。

(萬曆)齊東縣志(殘本)二十八卷

（明）劉希夔等纂修

明萬曆年間（1573—1620 年）刊本　共四冊

東洋文庫藏本

【按】是《志》全本二十九卷，今闕卷第二十
六。

(萬曆)安丘縣志二十八卷

（明）熊元　馬文煒等纂修

明萬曆年間（1573—1620 年）刊本　共四冊

國會圖書館藏本

【按】每半葉有界九行，每行十八字。黑口，
左右雙邊。

(萬曆)恩縣志六卷

（明）孫居相　雷金聲等纂修

明萬曆年間（1573—1620 年）刊本

國會圖書館　天理圖書館　東京大學總合
圖書館　京都大學人文科學研究所東洋學文
獻中心藏本

【按】每半葉有界十行，每行二十二字。小字
雙行，行同正文。白口，四周雙邊。

前有明萬曆二十七年（1599 年）《序》。

國會圖書館藏本，與清雍正元年（1723 年）
刊《恩縣續志》合套，共四冊。

天理圖書館藏本，共三冊。

東京大學總合圖書館藏本，有清順治間

(1644—1661 年)、雍正年間(1723—1735 年)補修,並與雍正元年(1723 年)刊《恩縣續志》合套,共四册。

京都大學人文研藏本,與清雍正元年(1723 年)刊《恩縣續志》五卷(陳學海、韓天篤纂修)合套,共四册。

(萬曆)滕志八卷

(明)王元賓等纂修
明萬曆十三年(1585 年)刊本　共四册
尊經閣文庫藏本

【按】是《志》有後人補刻,卷二“選舉志”記載至明萬曆三十一年(1603 年)。

【附録】《商舶載來書目》記載,中御門天皇享保十年(1725 年),中國商船“登字號”載《滕志》一部抵日本。

(萬曆)兗州府志五十二卷

(明)盧學禮　于慎行等纂修
明萬曆年間(1573—1620 年)刊本
宮內廳書陵部　尊經閣文庫藏本

【按】每半葉有界十行,每行二十字。白口,四周雙邊。

前有明萬曆二十四年(1596 年)戴燝《序》。末有于慎行《自跋》。

宮內廳書陵部藏本,原係德山藩第三代藩主毛利元次舊藏,卷中有“德藩藏書”印記。明治天皇二十九年(1896 年),由男爵毛利元功獻於宮內省。共十八册。

尊經閣文庫藏本,有後人補刊,卷十六“學校志”記載至明萬曆三十八年(1610 年)。

【附録】《商舶載來書目》記載,中御門天皇享保十三年(1728 年),中國商船“江字號”載《兗州府志》一部抵日本。

（安　徽）

(嘉靖)安慶府志三十一卷

(明)李遜等纂修

明嘉靖年間(1522—1566 年)刊本　共八册
宮內廳書陵部藏本　原加賀藩主前田綱紀等舊藏

【按】每半葉有界八行,每行二十字。白口,左右雙邊。

前有明嘉靖元年(1522 年)齊志鸞《序》,汪漢《序》。後有明嘉靖癸未(二年即 1523 年)王崇慶《跋》。

是《志》係明嘉靖三十年(1551 年)李遜等重修刊本。

卷首有“閩中蔣玢”、“三徑藏書”印記。每册首有“祕閣圖書之章”印記。

是書係中御門天皇享保六年(1721 年)十一月,加賀藩主前田綱紀獻贈德川吉宗,翌年四月收藏於紅葉山文庫,明治年間歸於宮內省。

【附録】《商舶載來書目》記載,中御門天皇享保十年(1725 年),中國商船“天字號”載《安慶府志》一部抵日本。

《外船齎來書目》又記載,光格天皇寬政十二年(1800 年),中國商船“丑字五號”載《安慶府志》一部抵日本。

(萬曆)休寧縣志八卷　圖一卷

(明)李喬岱等纂修
明萬曆三十五年(1607 年)刊本　共十六册
東洋文庫藏本

【按】每半葉有界九行,每行二十二字。白口,四周單邊。

【附録】據《商舶載來書目》記載,中御門天皇享保十二(1727 年),中國商船“幾字號”載《休寧縣志》一部抵日本。

(萬曆)歙志三十卷　附昭告城隍表

(明)張濤　謝陞等纂修
明萬曆年間(1573—1620 年)刊本　共十二册
尊經閣文庫藏本

【按】每半葉有界八行,每行十六字。白口,四周單邊。

前有明萬曆三十七年(1609年)《序》。

【附錄】據《商舶載來書目》記載,中御門天皇享保十一年(1726年)中國商船"幾字號"載《歙縣志》一部一帙抵日本。

(萬曆)寧國府志二十卷　圖一卷

(明)陳浚　沈懋學等纂修

明萬曆年間(1573—1620年)刊本　共八册

國會圖書館藏本

【按】每半葉有界九行,每行十九字。白口,左右雙邊。

前有明萬曆五年(1577年)《序》。

【附錄】《商舶載來書目》記載,中御門天皇享保十八年(1733年),中國商船"彌字號"載"寧國府志"一部抵日本。

(正德)池州府志十二卷

(明)何紹正　孫溥等纂修

明正德年間(1506—1521年)刊本　共十一册

尊經閣文庫藏本

【按】每半葉有界十行,每行二十二字。黑口,四周雙邊。

前有明正德十三年(1518年)《序》。

(嘉靖)重修太平府志十二卷　圖一卷

(明)林鉞　鄒壁等纂修

明嘉靖年間(1522—1566年)刊本　共八册

内閣文庫藏本　原加賀藩主前田綱紀　紅葉山文庫等舊藏

【按】前有明嘉靖十年辛卯(1531年)《序》。

是《志》係中御門天皇享保六年(1721年)十一月,加賀藩主前田綱紀獻贈德川吉宗,翌年四月收藏於紅葉山文庫。

【附錄】據《商舶載來書目》記載,東山天皇元禄十四年(1701年)中國商船"多字號"載《太平縣志》一部一帙抵日本。中御門天皇享保十八年(1733年)"多字號"載《太平府志》一部抵日本。

據《外船賫來書目》記載,光格天皇文化二年(1805年),中國商船"丑五番"載《重修太平縣志》一部一帙抵日本。

(萬曆)廬州府志十三卷

(明)吳道明　杜璁等纂修

明萬曆年間(1573—1620年)刊本　共八册

内閣文庫藏本　原加賀藩主前田綱紀　紅葉山文庫等舊藏

【按】每半葉有界十行,每行二十二字。白口,四周雙邊。

是《志》係中御門天皇享保六年(1721年)十一月,加賀藩主前田綱紀獻贈德川吉宗,翌年四月收藏於紅葉山文庫。

【附錄】《外船賫來書目》記載,光格天皇寬政十二年(1800年),中國商船"丑字八號"載《重修廬州府志》一部抵日本。

(隆慶)中都志十卷　圖一卷

(明)柳瑛等纂修

明隆慶三年(1569年)鳳陽知府章氏刊本　共十六册

蓬左文庫藏本

【按】後有明隆慶三年(1569年)豐城周汝德《跋》。

(隆慶)中都志十卷　圖一卷

(明)柳瑛等纂修

明隆慶年間(1567—1572年)刊萬曆四十一年(1613年)補刊本　共十二册

尊經閣文庫藏本　原江户時代加賀藩主前田綱紀等舊藏

(萬曆)宿州志二十六卷

(明)崔維嶽　汪文奎等纂修

明萬曆年間(1573—1620年)刊本　共十三册

尊經閣文庫藏本

【按】前有明萬曆二十四年(1596年)《序》。

卷十一《職官志》記載至明天啓四年(1624
年),係後人補刊。

【附録】《商舶載來書目》記載,中御門天皇享
保十一年(1726年),中國商船"志字號"載《宿
州志》一部抵日本。

《外船齎來書目》記載,光格天皇寬政十二年
(1800年),中國商船"丑字七號"載《重修正續
宿州志》一部抵日本。

(萬曆)潁州志二十卷

(明)張鶴鳴等纂修
明萬曆年間(1573—1620年)刊本　共三册
尊經閣文庫藏本　原江户時代加賀藩主前
田綱紀等舊藏

【按】每半葉有界十行,每行二十字。白口,
四周雙邊。

是《志》卷十"職官志"記載至明萬曆三十六
年(1608年)。

【附録】《商舶載來書目》記載,中御門天皇享
保十年(1725年),中國商船"江字號"載《潁州
志》一部抵日本。

(嘉靖)和州志十七卷

(明)易鸞纂修
明嘉靖年間(1522—1566年)刊本　共三册
内閣文庫藏本　原豐後佐伯藩主毛利高標
等舊藏

【按】每半葉有界九行,每行十七字。白口,
四周雙邊。

前有明嘉靖七年(1528年)《序》。

【附録】《商舶載來書目》記載,中御門天皇享
保十三年(1728年),中國商船"久字號"載《和
州志》一部抵日本。

《外船齎來書目》又記載,光格天皇寬政十二
年(1800年),中國商船"丑字七號"載《重修和
州志》一部抵日本。

(萬曆)和州志八卷　圖一卷　附三泉志不分卷

(明)康誥　齊柯纂修　《三泉志》(明)李渭

輯
明萬曆年間(1573—1620年)刊本　《三泉
志》明嘉靖年間(1522—1566年)刊本　共五册
尊經閣文庫藏本　原江户時代加賀藩主前
田綱紀等舊藏

【按】前有明萬曆三年(1575年)《序》。

卷三"官司志"記載至明萬曆二十四年(1596
年),係後人補刊。

《三泉志》係《香泉志》、《湯泉志》、《半湯志》
合卷,前有明嘉靖三十四年(1555年)《序》。

(萬曆)帝里盱眙縣志十二卷　圖一卷

(明)李上元　戴仁等纂修
明萬曆年間(1573—1620年)刊本　共四册
尊經閣文庫藏本

【按】前有明萬曆二十三年(1595年)《序》。

【附録】《外船齎來書目》記載,光格天皇寬政
十二年(1800年),中國商船"丑字八號"載《重
修盱眙縣志》一部抵日本。

(萬曆)望江縣志八卷　附續志一卷

(明)羅希益　龍子甲纂修　《續志》(明)唐
守禮等纂修
明萬曆年間(1573—1622年)刊本　共四册
國會圖書館藏本

【按】前有明萬曆二十二年(1594年)《序》。

《續志》一卷,記載至明萬曆二十五年(1597
年)。

【附録】《商舶載來書目》記載,中御門天皇享
保十一年(1726年),中國商船"波字號"載《望
江縣志》一部抵日本。

(萬曆)滁陽志十四卷

(明)戴瑞卿等纂修
明萬曆年間(1573—1620年)刊本　共十册
國會圖書館藏本

【按】後有明萬曆四十二年(1614年)《跋》。

（泰昌）全椒縣志四卷　附圖一卷

　（明）楊道臣等纂修

　明泰昌元年（1620 年）刊本　共四册

　蓬左文庫藏本　原江戶時代尾張藩主家舊
藏

　【按】前有明泰昌元年（1620 年）晋江楊氏
《序》。

　是《志》係明正天皇寬永十三年（1636 年）購
入。卷中有"尾陽内庫"印記。

（萬曆）重修六安州志八卷　圖一卷

　（明）劉核　李懋檜　潘子安纂修

　明萬曆年間（1573 — 1620 年）刊本　共六册

　國會圖書館藏本

　【按】前有明萬曆十二年（1584 年）《序》。

（萬曆）新修廣德州志十卷

　（明）李得中　李得陽等纂修

　明萬曆年間（1573—1620 年）刊本　共六册

　國會圖書館藏本

　【按】每半葉有界九行，每行十九字。小字雙
行，行同正文。白口，左右雙邊。

　前有明萬曆四十年（1612 年）《序》。

（天啓）鳳書（鳳陽新書）八卷

　（明）袁文新　柯仲炯等纂修

　明天啓元年（1621 年）刊本　共八册

　國會圖書館　内閣文庫藏本

（江　西）

（嘉靖）江西通志三十七卷

　（明）林庭㭿　陳琦等纂修

　明嘉靖年間（1522—1566 年）刊本　共二十
册

　尊經閣文庫藏本　原江戶時代加賀藩主前
田綱紀等舊藏

　【按】每半葉有界九行，每行二十字。白口，

四周雙邊。

　前有明嘉靖四年（1525 年）《序》。

　卷二《藩省秩官志》記載至明嘉靖三十五年
（1556 年）。

　【附録】《商舶載來書目》記載，中御門天皇享
保六年（1721 年），中國商船"古字號"載《江西
通志》一部抵日本。

　桃園天皇寬延四年（1751 年）四月《持渡書
備忘録》記載，《江西通志》一部（八十册）輸入
日本。

　《外船齎來書目》又記載，光格天皇寬政十二
年（1800 年），中國商船"丑字五號"載《江西通
志》一部抵日本。

（嘉靖）江西省大志八卷

　（明）王宗沐等纂修　陸填校

　明萬曆年間（1573—1620 年）刊本

　内閣文庫　尊經閣文庫藏本

　【按】每半葉有界十行，每行二十三字。白
口，四周單邊。版心下記刻工姓名。

　前有明萬曆二十五年（1597 年）《序》。

　内閣文庫藏本，原係林大學頭家舊藏，共五
册。

　尊經閣文庫藏本，共八册。

（萬曆）弋陽縣志十二卷

　（明）程有守等纂修

　明萬曆年間（1573—1620 年）刊本　共四册

　國會圖書館　内閣文庫藏本

　【按】前有明萬曆九年（1581 年）《序》。

　【附録】《商舶載來書目》記載，中御門天皇享
保十一年（1726 年），中國商船"與字號"載《弋
陽縣志》一部抵日本。

（嘉靖）撫州府志十六卷

　（明）許大經　陳九川等纂修

　明嘉靖年間（1573—1620 年）刊本　共八册

　宮内廳書陵部藏本　原豐後佐伯藩主毛利
高標等舊藏

【按】每半葉有界九行,每行十九字。白口,四周雙邊。

前有明嘉靖甲寅(三十三年即 1554 年)陳九川《序》,同年徐良傅《序》。

卷首有"佐伯侯毛利高標字培松藏書畫之印"印記。每册首又有"潤物齋"、"祕閣圖書之章"印記。

此本係仁孝天皇文政年間(1818—1830 年)出雲守毛利高翰獻贈德川幕府。

【附錄】據《商舶載來書目》記載,中御門天皇享保十年(1725 年),中國商船"不字號"載《撫州志》一部抵日本。享保十二年(1727 年),該船又載《撫州府志》一部抵日本。

(萬曆)吉安府志三十六卷　圖一卷

(明)余之禎　王時槐等纂修

明萬曆年間(1573—1620 年)刊本

宮内廳書陵部　内閣文庫　尊經閣文庫藏本

【按】前有明萬曆十三年(1585 年)余之禎《序》,同年王時槐《序》。

宮内廳書陵部藏本,原係德山藩第三代藩主毛利元次舊藏,每册首有"德藩藏書"印記。明治天皇二十九年(1896 年),男爵毛利元功獻贈宮内省。共十四册。

内閣文庫藏本,原係紅葉山文庫舊藏,共八册。

尊經閣文庫藏本,共十二册。

【附錄】《商舶載來書目》記載,中御門天皇享保十二年(1727 年),中國商船"幾字號"載《吉安府志》一部抵日本。

(嘉靖)袁州府志二十卷　首一卷

(明)嚴嵩等纂修　季德甫等續增

明嘉靖年間(1522—1566 年)刊萬曆年間(1573—1620 年)補刊　共十册

國會圖書館藏本

【按】每半葉有界十行,每行二十字。白口,左右雙邊。

是《志》嚴嵩等纂修於明正德九年(1514 年)。明嘉靖二十五年(1546 年)重修,有明萬曆年間補刊,卷七"郡官志"記載至明萬曆四十年(1612 年)。

【附錄】《商舶載來書目》記載,中御門天皇享保十八年(1733 年),中國商船"江字號"載《袁州府志》一部抵日本。

(萬曆)續修建昌府志十四卷

(明)鄔鳴雷等纂修

明萬曆年間(1573—1620 年)刊本　共三册

國會圖書館藏本

【按】前有明萬曆四十一年(1613 年)《序》。

【附錄】據《商舶載來書目》記載,中御門天皇享保十二年(1727 年)中國商船"計字號"載《建昌縣志》一部一帙抵日本。

(天啓)贛州府志二十卷　圖一卷

(明)余文龍　謝詔等纂修

明天啓年間(1621—1628 年)刊本　共十册

國會圖書館　尊經閣文庫藏本

【按】前有明天啓元年(1621 年)《序》。

【附錄】《商舶載來書目》記載,中御門天皇享保十一年(1726 年),中國商船"加字號"載《贛州府志》一部抵日本。

(嘉靖)九江府志十六卷　圖一卷

(明)何棐　馮曾　李汎等纂修

明嘉靖年間(1522—1566 年)刊萬曆年間(1573—1620 年)補刊本　共八册

尊經閣文庫藏本

【按】每半葉有界八行,每行二十一字。白口,左右雙邊。

前有明嘉靖六年(1527 年)《序》。

卷五《職官志》記載至明萬曆二十年(1592 年)。

【附錄】《商舶載來書目》記載,中御門天皇享保六年(1721 年),中國商船"幾字號"載《九江府志》一部抵日本。

（萬曆）新修南豐縣志七卷

　　（明）王璽　陳善等纂修
　　明萬曆年間（1573—1620 年）刊天啓年間
（1621—1628 年）補刊本　共六册
　　尊經閣文庫藏本
　　【按】前有明萬曆十四年（1586 年）《序》。
　　卷二"規建志"記載至天啓三年（1623 年）。
　　【附録】《商舶載來書目》記載，中御門天皇享
保十九年（1734 年），中國商船"奈字號"載《南
豐縣志》一部抵日本。

（崇禎）撫州府志二十卷

　　（明）蔡邦復等纂修
　　明崇禎年間（1628—1644 年）刊本　共十册
　　國會圖書館藏本
　　【按】前有明崇禎七年（1634 年）《序》。

（萬曆）新修南昌府志三十卷

　　（明）范淶等纂修
　　明萬曆年間（1573—1620 年）刊本　共十二
册
　　内閣文庫藏本　原前田綱紀　紅葉山文庫
舊藏
　　【按】前有明萬曆十六年（1588 年）《序》。
　　是本原係加賀藩主前田綱紀舊藏，中御門天
皇享保六年（1721 年）獻贈德川吉宗，幕府於
翌年移藏紅葉山文庫。
　　【附録】《商舶載來書目》記載，中御門天皇享
保十八年（1733 年），中國商船"奈字號"載《南
昌府志》及《南昌縣志》各一部抵日本。
　　【附録】據《商舶載來書目》記載，中御門天皇
享保十一年（1726 年）中國商船"奈字號"載
《南昌府志》一部三帙抵日本。

（萬曆）南安府志二十五卷

　　（明）商文昭纂修
　　明萬曆年間（1573—1620 年）刊本
　　尊經閣文庫藏本　原江户時代加賀藩主前

田綱紀等舊藏
　　【按】前有明萬曆三十七年（1609 年）序。

（天啓）重修虔臺志十二卷

　　（明）謝詔　羅萬象等纂修
　　明天啓年間（1621—1627 年）刊本
　　内閣文庫藏本
　　【按】前有明天啓三年癸亥（1623 年）《序》。

（陝　西）

（萬曆）陝西通志三十五卷　首一卷

　　（明）李思孝　王紹先等纂修
　　明萬曆年間（1573—1620 年）刊本
　　内閣文庫藏本
　　【按】每半葉十行，每行二十字。白口，四周
單邊。版心記刻工姓名，並記字數。
　　前有明萬曆三十九年（1611 年）《序》。
　　【附録】據《商舶載來書目》記載，中御門天皇
享保六年（1721 年），中國商船"世字號"載《陝
西通志》一部抵日本。
　　桃園天皇寬延四年（1751 年）四月《持渡書
備忘録》又記載，《陝西通志》一部（五十六册）
抵日本。

（萬曆）陝西四鎮圖説（不分卷）

　　（明）劉敏寬　金忠士等纂修
　　明萬曆四十四年（1616 年）刊本　共五册
　　東洋文庫藏本
　　【按】第一册　陝西總圖、三邊總圖説、四鎮
兵馬錢糧、固鎮圖、固原鎮圖説、各城堡圖説。
　　第二册　延鎮圖、延綏鎮圖説、各城堡圖説。
　　第三册　寧鎮圖、寧夏鎮圖説、各城堡圖説。
　　第四册　甘鎮圖、甘肅鎮圖説、各城堡圖説。
　　第五册　附餘　西域圖略、西域土地人物
略、西域沿革略、皇輿考、塞上語。

（天啓）渭南縣志十六卷

　　（明）徐吉　南軒等纂修　南師仲增訂

明天啓年間（1621—1627年）刊本　共四册

國會圖書館藏本

【按】前有明天啓元年（1621年）《序》。

【附録】據《外船齎來書目》記載，光格天皇寬政十二年（1800年），中國商船"丑字五號"載《重修渭南志》一部抵日本。

（隆慶）華州志二十四卷

（明）李可久　張光孝等纂修

明隆慶六年（1572年）刊本　共四册

京都大學人文科學研究所東洋學文獻中心藏本

（萬曆）華陰縣志九卷

（明）王九疇　張毓翰等纂修

明萬曆四十二年（1614年）刊本　共四册

京都大學人文科學研究所東洋學文獻中心天理圖書館藏本

【按】每半葉九行，每行二十字。小字雙行，行同正文。白口，四周單邊。

（萬曆）韓城縣志八卷

（明）張士佩等纂修　張士魁訂正

明萬曆三十五年（1607年）刊本　共四册

東洋文庫藏本

【按】每半葉九行，每行十九字。白口，四周單邊。

前有明萬曆三十五年（1607年）蘇進《序》。後有同年薛芳《跋》，梁元《跋》。

（萬曆）郿志八卷　圖一卷

（明）劉紹周等纂修

明萬曆三十三年（1605年）刊本　共二册

國立國會圖書館藏本

（天啓）同州志十八卷　圖一卷

（明）張一英　馬樸等纂修

明天啓年間（1621—1627年）刊本　共四册

東洋文庫藏本

（山　西）

（嘉靖）山西通志三十二卷

（明）楊宗氣　周期盛等纂修

明嘉靖四十二年（1563年）刊清順治年間補刊本　共十二册

內閣文庫藏本

【按】是《志》内容至明嘉靖四十年（1561年），然有清順治十七年（1660年）《序》一篇。

又據《商舶載來書目》記載，中御門天皇享保七年（1722年），中國商船"佐字號"載《山西通志》一部抵日本。

桃園天皇寬延四年（1751年）四月《持渡書備忘録》又記載，《山西通志》一部（三十六册）抵日本。

（崇禎）山西通志三十卷

不著纂修者姓名

明崇禎年間（1628—1644年）刊本　共四十册

內閣文庫藏本　原豐後佐伯藩主毛利高標舊藏

【按】前有明崇禎二年（1629年）《序》。

（萬曆）汾州府志十六卷

（明）王道一　王景符等纂修

明萬曆年間（1573—1620年）刊本　共十册

內閣文庫藏本　原豐後佐伯藩主毛利高標舊藏

【按】每半葉九行，每行十八字。白口，四周雙邊。

前有明萬曆三十七年（1609年）《序》。

【附録】據《商舶載來書目》記載，中御門天皇享保十年（1725年），中國商船"不字號"載《汾州府志》一部抵日本。

（萬曆）代州志二卷　圖一卷

（明）周弘禴等纂修

明萬曆年間(1573—1620 年)刊本　共二册
東洋文庫藏本

【按】每半葉九行,每行二十二字。白口,四周雙邊。

前有明萬曆十四年(1568 年)《序》。

卷上"官師志"記載至明萬曆十七年(1589年)。

(萬曆)澤州志十八卷

(明)傅淑訓　閻期壽等纂修
明萬曆年間(1573—1620 年)刊本　共一册
東洋文庫藏本

(萬曆)潞安府志二十卷　圖攷一卷

(明)洪良範　周一悟等纂修
明萬曆年間(1573—1620 年)刊本　共十册
國會圖書館藏本

【按】前有明萬曆四十年(1612 年)《序》。

(萬曆)平陽府志十卷

(明)高登龍　曹樹聲等纂修
明萬曆年間(1573—1620 年)刊本　共十二册

國會圖書館　東洋文庫　神宮文庫藏本

【按】每半葉九行,每行十九字。白口,左右雙邊。

前有明萬曆乙卯(四三年即 1615 年)高登龍《平陽府志序》。

卷一星野、輿圖、城池、山川、津梁,卷二建置沿革、帝系、歷代藩封、昭代宗封,卷三府治歷官、縣正歷官、州正歷官、儒學歷官,卷四衙署、學校、壇壝,卷五户口、田賦、物産、土貢、鹽政、兵防,卷六名宦、鄉賢、寓賢,卷七選舉、科目、歲薦、封蔭,卷八人物,卷九藝文,卷十古蹟、寺觀、陵墓、雜誌、災祥。

【附録】據《外船齎來書目》記載,光格天皇寬政十二年(1800 年),中國商船"丑字八號"載《平陽府志》一部抵日本。

(萬曆)太原府志二十六卷

(明)關廷訪　張慎言等纂修
明萬曆年間(1573—1620 年)刊本
內閣文庫　東洋文庫　京都大學人文科學研究所東洋學文獻中心藏本

【按】每半葉九行,每行十八字。小字雙行,行同正文。白口,四周雙邊。

前有明萬曆四十年(1612 年)《序》。

內閣文庫藏此同一刊本兩部。一部原係加賀藩主前田綱紀舊藏,中御門天皇享保六年(1721 年)十一月,獻贈德川吉宗,翌年四月收藏於紅葉山文庫,共六册;一部原係豐後佐伯藩主毛利高標舊藏,共十三册。

東洋文庫藏本,共四册。

(崇禎)山陰縣志六卷

(明)劉以守　劉應乾等纂修
明崇禎年間(1628—1644 年)刊本　共二册
東洋文庫藏本

【按】每半葉九行,每行二十字。小字雙行,行同正文。白口,四周雙邊。

前有明崇禎二年(1629 年)《序》。

(雲　南)

(萬曆)雲南通志十七卷

(明)鄒應龍　李元陽等纂修
明萬曆年間(1573—1620 年)刊本　共十六册
內閣文庫　尊經閣文庫　早稻田大學圖書館藏本

【按】每半葉十行,每行低一格十九字。小字雙行,行同正文。白口,四周雙邊。

是《志》卷八《學校志》記載至明萬曆二十年(1592 年),其餘各卷皆記載至明萬曆元年(1573 年)。

內閣文庫藏本,共十六册。

尊經閣文庫藏本,原係江户時代加賀藩主前

田綱紀等舊藏,共十六册。

早稻田大學圖書館藏本,共二十四册。

【附錄】據《商舶載來書目》記載,中御門天皇享保六年(1721年),中國商船"宇字號"載《雲南通志》一部。

桃園天皇寬延四年(1751年)四月《持渡書備忘錄》又記載,《雲南通志》明版一部(二十四册)抵日本。

(隆慶)楚雄府志六卷

(明)張澤　徐栻等纂修

明隆慶二年(1568年)刊本　共二册

静嘉堂文庫藏本　原陸心源守先閣等舊藏

(萬曆)滇略十卷

(明)謝肇淛等纂修

明萬曆年間(1573—1620年)刊本　共四册

静嘉堂文庫藏本　原陸心源十萬卷樓等舊藏

【按】每半葉九行,每行十八字。白口,左右雙邊。

前有韓承教《序》。

(福　建)

(弘治)八閩通志八十七卷

(明)黃仲昭等纂修

明弘治年間(1488—1505年)刊本

宮內廳書陵部　內閣文庫　大倉文化財團尊經閣文庫藏本

【按】每半葉九行,每行二十一字。黑口,四周雙邊。版心有三魚尾,上魚尾下記"八閩通志卷之一(——八十七)",中魚尾與下魚尾間記頁數。

前有明弘治二年(1489年)黃仲昭《自序》,言是《志》"隨事分類,爲大目十八,所統小目四十二,每類合八府一州之事,以次列之,釐爲八十七卷"。次有明弘治四年(1491年)莆田彭韶《序》。次《凡例》,次《目錄》。末有明弘治三

年(1490年)鎮守福建御用太監陳道《跋》。

宮內廳書陵部藏本,原係德山藩第三代藩主毛利元次舊藏,明治天皇二十九年(1896年)由男爵毛利元功獻贈宮內省。共四十册。

內閣文庫藏此同一刊本兩部。一部原係林大學頭家舊藏,共二十四册;一部原係紅葉山文庫舊藏,今闕卷五十八至卷六十一,存八十三卷,共二十三册。

大倉文化財團藏本,卷中有"帶經堂陳氏"印記,共八十册。

尊經閣文庫藏本,共三十三册。

【附錄】據《商舶載來書目》記載,中御門天皇享保八年(1723年),中國商船"以字號"載《八閩通志》一部抵日本。

(崇禎)閩書一百五十四卷

(明)何喬遠編纂

明崇禎年間(1628—1644年)刊本

國會圖書館　廣島市立淺野圖書館藏本

【按】前有明崇禎四年(1631年)熊文燦《序》。

國會圖書館藏本,原共七十册,今合爲三十五册。

廣島市立淺野圖書館藏本,共八十册。

閩中考一卷

(明)陳鳴鶴撰　徐渤編　曹學佺　李畿校

明人寫本　四庫全書底本　共一册

大倉文化財團藏本

【按】此書前有"吳玉墀家藏軍機處"木記。

卷中有"翰林院"、"玉墀"、"蘭林"、"小山堂書畫"、"畿輔譚氏"、"篤生"等印記。

(萬曆)福州府志三十六卷

(明)潘頤龍　林㷆等纂修

明萬曆年間(1573—1620年)福州府學重校刊本

內閣文庫　蓬左文庫藏本

【按】每半葉九行,每行二十字。白口,四周

雙邊。

前有明萬曆二十四年(1596 年)《序》。

內閣文庫藏本，原係豐後佐伯藩主毛利高標舊藏，共十册。

蓬左文庫藏本，係明正天皇寬永六年(1629年)購入。卷中有"尾陽內庫"印記。

《舶來書籍大意書》著録《福州府志》一部十册，并曰是《志》"明人林㷆編輯。卷中題'輿地志'者，分建置、山川、疆域、土風、城池、水利、食貨七門。題'官政志'者，分祀典、戎備、公署、職員、歷官、名宦六門。題'人文志'者，分選舉、先儒、名賢、忠烈、良吏、先達、孝友、隱逸、文苑、鄉行、還寓、方技、烈女十三門。題'雜物志'者、分古蹟、時事、丘墓、寺觀四門。皆通録其來歷事實，爲三十六卷。卷首載地圖，係萬曆二十四年刊本"云云。

【附録】據《商舶載來書目》記載，中御門天皇享保十年(1725 年)，中國商船"不字號"載《福州府志》一部抵日本。

(萬曆)福州府志七十六卷　圖一卷

(明)林㷆　喻政　謝肇淛等纂修
明萬曆年間(1573—1620 年)刊本
內閣文庫　尊經閣文庫藏本

【按】每半葉九行，每行十九字。小字雙行，行同正文。白口，左右雙邊。

前有明萬曆四十一年(1613 年)《序》。

內閣文庫藏本，原係林大學頭家舊藏，共三十册。內閣文庫另藏一本，係崇禎年間補修刊本，原係加賀藩主前田綱紀舊藏，中御門天皇享保六年(1721 年)十一月獻贈德川吉宗，翌年四月收藏於紅葉山文庫，共二十二册。

尊經閣文庫藏本，共二十四册。

(萬曆)興化府志二十六卷　圖一卷

(明)呂一靜　康大和纂修
明萬曆年間(1573—1620 年)刊本　共十册
內閣文庫藏本　原豐後佐伯藩主毛利高標等舊藏

【按】前有明萬曆三年(1575 年)《序》。

(嘉靖)建寧府志二十一卷　圖一卷

(明)汪佃　汪玩等纂修
明嘉靖年間(1522—1566 年)刊本　共十册
尊經閣文庫藏本

【按】每半葉八行，每行二十字。白口，四周單邊。

前有明嘉靖二十年(1541 年)《序》。

【附録】據《商舶載來書目》記載，中御門天皇享保十年(1725 年)，中國商船"計字號"載《建寧府志》一部抵日本。同年，中國商船"曾字號"又載《續修建寧府志》一部抵日本。

(康熙)建寧府志五十卷

(清)劉芳標等纂修
清藍格鈔本　共三十二册
宮內廳書陵部藏本

【按】前有清康熙二十二年(1683 年)劉芳標《自序》。

每册首有"祕閣圖書之章"印記。

(嘉靖)仙遊縣志八卷

(明)林有年等纂修
明嘉靖年間(1522—1566 年)刊本　共八册
尊經閣文庫藏本

【按】前有明嘉靖十七年(1538 年)《序》。

(萬曆)漳州府志三十八卷　附一卷

(明)袁業泗　劉廷蕙等纂修
明崇禎年間(1628—1644 年)刊本　共十二册
內閣文庫藏本　原紅葉山文庫等舊藏

【按】據《商舶載來書目》記載，中御門天皇享保十七年(1732 年)，中國商船"志字號"載《漳州府志》一部抵日本。

(嘉靖)沙縣志十卷　首一卷

(明)葉聯芳等纂修

明嘉靖年間(1522—1566 年)刊本　共四册

國會圖書館藏本

【按】每半葉九行,每行二十字。白口,四周單邊。

前有明嘉靖二十四年(1545 年)《序》。

(嘉靖)邵武府志十五卷

(明)陳讓等纂修

明嘉靖年間(1522—1566 年)刊本　共六册

尊經閣文庫藏本

【按】每半葉九行,每行二十三字。白口,四周雙邊。

前有明嘉靖二十二年(1543 年)《序》。

卷四"秩官志"記載至明萬曆二十九年(1601 年),係由後人補刊。

【附錄】據《商舶載來書目》記載,中御門天皇享保十年(1725 年),中國商船"世字號"載《邵武府志》一部抵日本。

《外船齎來書目》又記載,光格天皇寬政十二年(1800 年),中國商船"丑字五號"載《重修邵武府志》一部抵日本。

(萬曆)邵武府志六十四卷

(明)韓國藩　侯衷等纂修

明萬曆年間(1573—1620 年)刊天啓年間(1621—1627 年)補刊本　共十二册

內閣文庫藏本　原豐後佐伯藩主毛利高標等舊藏

【按】前有明萬曆四十七年(1619 年)《序》。

是《志》係明天啓三年(1623 年)補刊,卷四十有補鈔。

(嘉靖)龍巖縣志二卷

(明)湯相等纂修

明嘉靖年間(1522—1566 年)刊本　共二册

國會圖書館藏本

【按】前有明嘉靖戊午(三十七年即 1558 年)王鳳靈《序》,葉邦榮《序》。

【附錄】據《商舶載來書目》記載,中御門天皇

享保十一年(1726 年),中國商船"利字號"載《龍巖縣志》一部抵日本。

(崇禎)龍溪縣志九卷　圖一卷

(明)鄧一嘉　趙璧等纂修

明崇禎年間刊本　共四册

國會圖書館藏本

【按】前有明崇禎九年(1636 年)《序》。

(萬曆)將樂縣志十二卷　首一卷

(明)黃仕禎　黃元美等纂修

明萬曆年間(1573—1620 年)刊本　共十册

國會圖書館藏本

【按】前有明萬曆十三年(1585 年)《序》。

是《志》附"縣志補",不分卷,鈔本,記載至明萬曆四十二年(1614 年)。

【附錄】據《商舶載來書目》記載,中御門天皇享保十年(1725 年),中國商船"志字號"載《將樂縣志》一部抵日本。

(崇禎)汀州府志二十五卷　圖一卷

(明)唐世涵　馬上榮纂修

明崇禎年間刊本　共十册

內閣文庫　尊經閣文庫藏本

【按】每半葉八行,每行二十字。小字雙行,行同正文。白口,四周雙邊。

內閣文庫藏本,前有明崇禎十年(1637 年)《序》。

尊經閣文庫藏本,後有明崇禎戊寅(十一年即 1638 年)《跋》。

【附錄】據《商舶載來書目》記載,中御門天皇享保十八年(1733 年),中國商船"天字號"載《汀州府志》一部抵日本。

(萬曆)建陽縣志八卷　圖一卷

(明)楊德政　魏時應等纂修

明萬曆年間(1573—1620 年)刊本　共四册

國會圖書館藏本

【按】前有明萬曆二十九年(1601 年)《序》。

(萬曆)歸化縣志十卷　圖一卷　附一卷

(明)周憲章　陳廷誥等纂修

明萬曆年間(1573—1620年)刊本　共五册

國會圖書館藏本

【按】前有明萬曆四十二年(1614年)《序》。

(萬曆)福寧州志十卷　首一卷

(明)史起欽　林子燮等纂修

明萬曆年間(1573—1620年)刊本

國會圖書館　内閣文庫藏本

【按】前有明萬曆二十一年(1593年)《序》。

國會圖書館藏本,共四册。

内閣文庫藏本,原係紅葉山文庫舊藏,共八册。

【附録】據《商舶載來書目》記載,中御門天皇享保十年(1725年),中國商船"不字號"載《福寧州志》一部抵日本。

(萬曆)福寧州志十六卷　圖一卷

(明)殷之輅　朱梅等纂修

明萬曆年間(1573—1620年)刊本　共十册

尊經閣文庫藏本

【按】每半葉有界九行,每行二十字。白口,四周單邊。

前有明萬曆四十四年(1616年)《序》。

(萬曆)大田縣志三十一卷　圖一卷

(明)劉維棟等纂修

明萬曆四十年(1612年)刊本　共二册

國會圖書館藏本

【按】每半葉九行,每行二十字。小字雙行,行同正文。白口,四周雙邊。

【附録】據《商舶載來書目》記載,中御門天皇享保十三年(1728年),中國商船"多字號"載《大田縣志》一部抵日本。

(萬曆)羅源縣志八卷

(明)陳良諫　鄭子亭等纂修

明萬曆年間(1573—1620年)刊本　共四册

國會圖書館　尊經閣文庫藏本

【按】前有明萬曆四十二年(1614年)《序》。

(萬曆)永福縣志四卷　圖一卷

(明)唐學仁　謝肇淛等纂修

明萬曆年間(1573—1620年)刊本　共四册

國會圖書館藏本

【按】前有明萬曆四十年(1612年)《序》。

(萬曆)泉州府志二十四卷　圖一卷

(明)陽思謙　黄鳳翔等纂修

明萬曆年間(1573—1620年)刊本

國會圖書館　内閣文庫　神宮文庫藏本

【按】每半葉有界十行,每行二十字。白口,四周雙邊。版心下記字數及刻工姓名。

前有明萬曆壬子(四十年即1612年)黄鳳翔《泉州府志序》,次有明嘉靖乙酉(四年即1525年)林俊等《嘉靖乙酉志序》,次有明隆慶戊辰(二年即1568年)黄光昇等《隆慶戊辰志前序》,次有《泉州府志編纂凡例》,次有《泉州府志目録》,次有"掌修名氏"及"修志名氏"之列銜,末有明萬曆四十年(1612年)知泉州府事陽思謙《重修泉州府志序》。

是《志》卷一至卷三興地,卷四至卷五規制,卷六至卷七版籍,卷八秩祀,卷九至卷十官守,卷十一至卷十三武衛,卷十四至卷二十三人物,卷二十四雜志。

國會圖書館藏此同一刊本二部。一爲十六册,一爲十三册。

内閣文庫藏本,原係豐後佐伯藩主毛利高標舊藏,共十二册。

神宮文庫藏本,共十二册。

(嘉靖)惠安縣志十三卷

(明)莫尚簡　張岳等纂修

明嘉靖年間(1522—1566年)刊本

東洋文庫　蓬左文庫藏本

【按】每半葉有界十行,每行二十字。白口,左右雙邊。

是《志》刊於明嘉靖九年（1530年）。

東洋文庫藏本，與《（萬曆）惠安縣續志》合爲四册。

蓬左文庫藏本，係明正天皇寬永十三年（1636年）購入，卷中有"尾陽内庫"印記。

（萬曆）惠安縣續志四卷

（明）楊國章　黄士紳等纂修

明萬曆年間（1573—1620年）刊本　共二册

國會圖書館　東洋文庫　蓬左文庫藏本

【按】前有明萬曆四十年（1612年）駱日升《序》。

蓬左文庫藏本，係明正天皇寬永十三年（1636年）購入，卷一及卷二有殘缺，卷中有"尾陽内庫"印記。

（萬曆）永安縣志九卷　圖一卷

（明）蘇民望　蕭時中等纂修

明萬曆年間（1573—1620年）刊本　共二册

國會圖書館藏本

【按】前有明萬曆二十二年（1594年）《序》。

（崇禎）海澄縣志二十卷

（明）梁兆陽　蔡國禎等纂修

明崇禎年間（1628—1644年）刊本　共五册

國會圖書館藏本

【按】前有明崇禎六年（1633年）《序》。

（萬曆）福安縣志九卷

（明）陸以載　陳曉梧等纂修

明萬曆二十五年（1597年）刊本　共四册

尊經閣文庫藏本

（崇禎）壽寧縣志二卷

（明）馮夢龍等纂修

明崇禎年間（1628—1644年）刊本　共四册

國會圖書館藏本

【按】前有明崇禎十年丁丑（1637年）《序》。

（萬曆）古田縣志十四卷

（明）王繼祀　丁朝立纂修

明萬曆年間（1573—1620年）刊本　共五册

國會圖書館藏本

【按】前有明萬曆三十四年（1606年）《序》。卷六《官師志》内有鈔配。

閩都記三十三卷

（明）王應山撰

明萬曆四十年（1612年）修刊本　共六册

宮内廳書陵部藏本

（河　北）

（正統）大名府志十卷　雜錄補遺一卷

（明）趙本等纂修

明正統十年（1445年）刊本　共四册

内閣文庫藏本　原前田綱紀　紅葉山文庫舊藏

【按】是本原係加賀藩主前田綱紀舊藏，中御門天皇享保六年（1721年）十一月獻贈德川吉宗，幕府於翌年四月移藏紅葉山文庫。

又據《商舶載來書目》記載，中御門天皇享保十一年（1726年），中國商船"多字號"載《大名府志》一部抵日本。

《外船齎來書目》又記載，光格天皇寬政十二年（1800年），中國商船"丑字八號"載《重修大名府志》一部抵日本。

（嘉靖）宣府鎮志四十二卷

（明）孫世芳等纂修

明嘉靖四十年（1561年）刊萬曆二年（1574年）補刊本

内閣文庫　東洋文庫藏本

【按】每半葉有界九行，每行二十字。小字雙行，行同正文。白口，四周單邊。

内閣文庫藏本，原係豐後佐伯藩主毛利高標舊藏，今存卷十一至卷十七，卷二十一至卷三十七,凡二十四卷。共八册。

東洋文庫藏本,共十二册。

歸化縣志十卷

明人纂修

明萬曆四十二年(1613年)刊本　共二册

御茶之水圖書館藏本　原德富蘇峰成簣堂
等舊藏

【按】卷首有損傷,不見纂修者姓名。白綿紙
印本,封面補裝,題名爲德富蘇峰手筆。

(嘉靖)真定府志三十三卷

(明)雷禮　唐臣等纂修

明嘉靖年間(1522—1566年)刊本

宮内廳書陵部　内閣文庫藏本

【按】前有劉瑤《序》,項廷吉《序》,李仁《序》,
尚大節《序》。尾有明嘉靖二十八年(1549年)
汝揖《跋》。

宮内廳書陵部藏本,原係中國孫光祖,日本
德山藩第三代藩主毛利元次等舊藏。明治天
皇二十九年(1896年)男爵毛利元次獻贈宮内
省。是本卷首有"孫光祖印"印記,每册首有
"德藩藏書"印記。卷中又有"虎林敬杲"、"錢
唐孝甫"、"孫氏光祖"等印記。共十六册。

内閣文庫藏本,原係加賀藩主前田綱紀舊
藏,中御門天皇享保六年(1721年)十一月前
田氏獻贈德川吉宗,幕府於翌年移藏紅葉山文
庫。

(嘉靖)兩鎮三關通志(殘本)十八卷

不著撰著者姓名

明嘉靖年間(1522—1566年)刊本　共十四
册

東洋文庫藏本

【按】是《志》全二十三卷,今闕卷十四至卷十
八,存卷中有闕頁。

(嘉靖)山海關志八卷

(明)詹榮等纂修

明萬曆年間(1573—1620年)葛守禮刊本

國會圖書館　廣島市立淺野圖書館　宮城
縣立圖書館伊達文庫藏本

【按】前有無名氏《序》,次有《目録》。是《志》
纂修於明嘉靖十四年(1535年),明萬曆年間
刻刊時有增補,卷二"關隘志"記載至明萬曆二
年(1574年)。

國會圖書館藏本,共二册。

廣島市立淺野圖書館藏本,共二册。

宮城縣立圖書館伊達文庫藏本,共四册。

(萬曆)宣大山西三鎮圖説三卷

(明)楊時寧　白希繡等纂修

明萬曆三十一年(1603年)鈔本　共三册

宮内廳書陵部藏本

【按】是《志》題"欽差總督宣大山西等處地方
軍務兼理餉太子少保兵部尚書兼都察院右副
都御史楊時寧纂集","欽差提督雁門等關兼巡
撫山西地方都察院右僉都御史白希繡同纂"。

卷末有白希繡《後序》,張悌《後序》。

此本繪圖設色極精,文字遒勁。

(萬曆)四鎮三關志十卷

(明)劉效祖等纂修

明萬曆四年(1576年)刊本　共八册

東洋文庫藏本

【按】每半葉十行,每行二十一字。白口,四
周雙邊。

(嘉靖)河間府志二十八卷　圖一卷

(明)樊深等纂修

明嘉靖年間(1522—1566年)刊本　共十四
册

國會圖書館藏本

【按】每半葉九行,每行二十一字。白口,四
周單邊。

前有明嘉靖十九年(1540年)《序》。

卷十七"宦蹟志"記載至明嘉靖二十三年
(1544年)。

【附錄】據《商舶載來書目》記載,中御門天皇享保十三年(1728年),中國商船"加字號"載《河間府志》一部抵日本。

(萬曆)河間府志十五卷

(明)杜應芳　陳士彥等纂修
明萬曆四十三年(1615年)刊本　共十五冊
内閣文庫藏本　原加賀藩主前田綱紀　紅葉山文庫舊藏
【按】每半葉九行,每行二十字。小字雙行,行同正文。白口,四周雙邊。
是《志》係中御門天皇享保六年(1721年),由加賀藩主前田綱紀獻贈德川吉宗,幕府於翌年移藏紅葉山文庫。

(萬曆)灤志六卷

(明)周宇　熊震等纂修
明萬曆四十六年(1618年)刊本　共四冊
東洋文庫藏本
【按】每半葉九行,每行二十二字。小字雙行,行同正文。白口,四周雙邊。

(萬曆)保定府志四十卷

(明)王國楨　張崇禮等纂修
明萬曆年間(1573—1620年)刊本　共十八冊
内閣文庫藏本　原加賀藩主前田綱紀　紅葉山文庫舊藏
【按】前有明萬曆三十五年(1607年)《序》。
是《志》係加賀藩主前田綱紀於天皇享保六年(1721年)十一月獻贈德川吉宗,幕府於翌年移藏紅葉山文庫。

(嘉靖)固安縣志九卷

(明)蘇士皋等纂修
明嘉靖年間(1522—1566年)刊本　共四冊
内閣文庫藏本　原豐後佐伯藩主毛利高標等舊藏
【按】前有明嘉靖四十四年(1565年)《序》。

(正德)涿州志十二卷

(明)劉坦　鄭恢等纂修
明嘉靖年間(1522—1566年)刊萬曆年間(1573—1620年)補刊本　共二冊
國會圖書館藏本
【按】是《志》纂修於明正德九年(1514年),明嘉靖四十三年(1564年)刻刊,後明萬曆年間補刊,卷五"守令志"及卷六"科第志"記載至明萬曆三十七年(1609年)。

(隆慶)景州志六卷

(明)羅許　徐大佑等纂修
明萬曆年間(1573—1620年)刊本　共三冊
尊經閣文庫藏本　原江戶時代加賀藩主前田綱紀等舊藏
【按】是《志》纂修於明隆慶六年(1572年),明萬曆四十年(1612年)補修刻刊。
又據《商舶載來書目》記載,中御門天皇享保十二年(1727年),中國商船"計字號"載《景州志》一部抵日本。

(萬曆)盧龍塞略二十卷　首一卷

(明)郭造卿　郭應寵等纂修
明萬曆三十八年(1610年)刊本　共十冊
東洋文庫藏本

(崇禎)元氏縣志六卷

(明)張慎學　智鋌等纂修
明崇禎十五年(1642年)刊本　共八冊
東洋文庫藏本

(嘉靖)通州志略十三卷　圖一卷

(明)楊行中等纂修
明嘉靖年間(1522—1566年)刊萬曆年間(1573—1620年)補刊本　共四冊
尊經閣文庫藏本
【按】前有明嘉靖二十八年(1549年)《序》。
卷十三"藝文志"記載至明隆慶元年(1567

年），卷五“官紀志”記載至明萬曆四十年（1612年），皆係補刊。

（嘉靖）順德志三十五卷

（明）孫錦　高澐等纂修

明嘉靖年間（1522—1566年）刊本　共八册

國會圖書館藏本

【按】前有明嘉靖十五年（1536年）《序》。

卷六“職官志”記載至明嘉靖二十八年（1549年）。

（嘉靖）寧晉縣志十卷

（明）萬任等纂修

明嘉靖年間（1522—1566年）刊清康熙年間（1662—1722年）補修本　共六册

國會圖書館藏本

【按】前有明嘉靖四十年（1561年）《序》，又有清康熙十九年（1680年）《跋》。

（甘　肅）

（嘉靖）秦安志九卷

（明）胡纘宗等纂修

明嘉靖十四年（1535年）刊本　共四册

東洋文庫藏本

【按】每半葉九行，每行十八字。白口，四周單邊。

前有明嘉靖十四年（1535年）康海《序》，同年亢世英《序》。後有明嘉靖十三年（1534年）陳瀛《跋》，耿尚義《跋》等。

卷内有補續，記事至明嘉靖三十七年（1558年）。

（萬曆）臨洮府志二十六卷

（明）唐懋德等纂修

明萬曆年間（1573—1620年）刊崇禎年間（1628—1644年）補刊本　共八册

國會圖書館藏本

【按】前有明萬曆三十三年（1605年）《序》。

卷十二“官師表”記載至明崇禎十三年（1643年）。

（萬曆）固原州志二卷

（明）劉敏寬等纂修

明萬曆年間（1573—1620年）刊本　共四册

天理圖書館藏本

【按】每半葉十行，每行二十字。白口，四周雙邊。

前有明萬曆四十四年（1616年）《序》。

（嘉靖）平涼府志十三卷

（明）趙時春等纂修

明嘉靖年間（1522—1566年）刊本　共十二册

東洋文庫藏本

【按】每半葉八行，每行十九字。小字雙行，行同正文。花口，四周單邊。

是《志》刻刊於明嘉靖三十九年（1560年），卷中記載至明嘉靖四十四年（1565年）。

（嘉靖）慶陽府志二十卷

（明）梁明翰　傅學禮等纂修

明嘉靖年間（1522—1566年）刊隆慶年間（1567—1572年）補刊本　共六册

國會圖書館藏本

【按】前有明嘉靖三十六年（1557年）《序》。

卷十“官師志”記載至明隆慶四年（1570年）。

（萬曆）寧夏志二卷

（明）朱栴等纂修

明萬曆年間（1573—1620年）刊本　共四册（今合爲二册）

國會圖書館藏本

【按】前有明萬曆二十九年（1601年）《序》。

（遼　東）

（嘉靖）遼東志九卷　圖一卷

（明）任洛　畢恭等纂修
明嘉靖年間（1522—1566 年）刊本　共六册
尊經閣文庫藏本
【按】每半葉九行，每行低一格十七字。小字
雙行，行同正文。黑口，四周雙邊。
前有龔用卿《序》，董越《序》，畢恭《序》。後
有陳寬《序》，王祥《序》，吳希孟《序》，薛廷寵
《序》，史褒善《跋》等。
是《志》纂修於明正統八年（1443 年），明嘉
靖十六年（1537 年）任洛等重修。

（嘉靖）全遼志六卷

（明）李輔等纂修
明嘉靖年間（1522—1566 年）刊本　共十册
内閣文庫藏本　原紅葉山文庫舊藏
【按】每半葉九行，每行二十字。白口，四周
雙邊。
前有明嘉靖四十五年（1566 年）《序》。

（四　川）

（萬曆）四川總志二十七卷

（明）陳大道　杜應芳等纂修
明萬曆年間（1573—1620 年）刊本　共二十
册
宮内廳書陵部　國會圖書館　内閣文庫藏
本
【按】每半葉九行，每行二十字。白口，四周
單邊。
前有明萬曆四十七年己未（1619 年）吳之嶧
《序》，杜應芳《序》等。
宮内廳書陵部藏本，原係戴金舊藏。卷首副
頁有戴金書語，其文曰：
　　“杜暹聚書萬卷，每卷後題云：‘清俸買
　來手自校，子孫讀之知聖教，鬻及借人爲不

孝。’齊金樓子聚書四十年，得書八萬卷之
多。漢董仲舒下帷講論誦讀，三年不窺家
園。趙子昂書跋云，聚書藏書，良非易事。
蓋觀書者，澄神端慮，净几焚香，勿捲腦，勿
折，勿以爪侵字，勿以唾揭幅，勿以作枕，勿
以夾紙，隨損隨修，隨開隨掩，則無傷殘。己
卯秋日貞礪戴金書語。”
第一册首有“戴金圖書”印記，每册首又有
“祕閣圖書之章”印記。
國會圖書館藏本有補刊，卷三“秩官志”記載
至明天啓三年癸亥（1623 年）。
内閣文庫藏本，即《十五省通志》一種（第
104—108 帙）。
【附録】據《商舶載來書目》記載，中御門天皇
享保六年（1721 年），中國商船“志字號”載《四
川通志》一部抵日本。
據《（寬延年間）午七番船同九番船同十番船
持渡書物覽書》記載，桃園天皇寬延四年（1751
年）中國商船“午字番”載《四川總志》一部四帙
四十册抵日本。
《外船齎來書目》又記載，光格天皇寬政十二
年（1800 年），中國商船“丑字八號”載《四川通
志》一部抵日本。

（萬曆）潼川州志五十四卷

（明）陳時宜　張世雍等纂修
明萬曆年間（1573—1620 年）刊天啓年間
（1621—1627 年）補刊本　共十六册
國會圖書館藏本
【按】前有明萬曆四十七年己未（1619 年）
《序》。
卷十二“官師表”記載至明天啓三年癸亥
（1623 年）。
【附録】據《商舶載來書目》記載，光格天皇寬
政十二年（1800 年），中國商船“丑五番”載《潼
川府志》一部抵日本。

（嘉靖）順慶府志八卷

（明）郭睿等纂修

明嘉靖年間(1522—1566年)刊本　共四册

尊經閣文庫藏本

【按】前有明嘉靖二十二年癸卯(1543年)《序》。

(嘉靖)青神縣志六卷

(明)余承勛等纂修　余茹重　康丕顯等補修

明嘉靖三十年辛亥(1551年)修萬曆三十四年丙午(1606年)補刊本　共四册

東洋文庫藏本

(萬曆)合州志八卷

(明)劉芳聲等纂修

明萬曆七年己卯(1579年)藍印刊本　共二册

内閣文庫藏本　原紅葉山文庫舊藏

（湖　北）

(嘉靖)湖廣圖經志書(湖廣通志)二十卷

(明)薛綱　吳廷舉等纂修

明嘉靖年間(1522—1566年)刊本　共六十册

尊經閣文庫藏本

【按】前有明嘉靖二年(1523年)《序》。

【附錄】據《商舶載來書目》記載,中御門天皇享保六年(1721年),中國商船"古字號"載《湖廣通志》一部抵日本。

桃園天皇寬延四年(1751年)四月《持渡書覺書》記載,從中國輸入《湖廣通志》一部(四十册)。

《外船齎來書目》又記載,光格天皇寬政十二年(1800年),中國商船"丑字五號"載《湖廣通志》一部抵日本。

(萬曆)湖廣總志九十八卷

(明)徐學謨等纂修

明萬曆年間(1573—1620年)刊本　共四十

册

内閣文庫　尊經閣文庫藏本

【按】每半葉十行,每行二十一字。小字雙行,行同正文。白口,左右雙邊。

前有明萬曆十九年(1591年)《序》。

内閣文庫藏本,原係中國明人戴金、日本紅葉山文庫等舊藏。

(萬曆)漢陽府志十二卷

(明)馬御内　秦聚奎等纂修

明萬曆年間(1573—1620年)刊本　共三册

國會圖書館藏本

【附錄】前有明萬曆四十一年(1613年)《序》。

據《商舶載來書目》記載,中御門天皇享保十八年(1733年),中國商船"加字號"載《漢陽府志》一部抵日本。

《外船齎來書目》又記載,光格天皇寬政十二年(1800年),中國商船"丑字八號"載《漢陽府志》一部抵日本。

(萬曆)荆州志五卷　圖一卷

(明)涂嘉會　楊景淳等纂修

明萬曆二十二年(1594年)刊本　共八册

國會圖書館藏本

【按】是《志》有補刊。卷二"建官志"内記載至明萬曆三十年(1602年)。

【附錄】據《商舶載來書目》記載,中御門天皇享保十六年(1731年),中國商船"計字號"載《荆州府志》一部抵日本。

《外船齎來書目》又記載,光格天皇寬政十二年(1800年),中國商船"丑字五號"載《荆州志》及《荆州府志》各一部抵日本。同年,"丑字八號"亦載《荆州府志》一部抵日本。

(萬曆)襄陽府志五十一卷

(明)吳道邇等纂修

明萬曆年間(1573—1620年)刊本

國會圖書館　内閣文庫藏本

【按】每半葉十行,每行二十一字。白口,左右雙邊。

前有明萬曆十二年(1584 年)《序》。

國會圖書館藏本,有明萬曆十七年(1589 年)補刊,共十四册。

内閣文庫藏本,係後印本。原係豐後佐伯藩主毛利高標舊藏,共三十册。

【附録】據《商舶載來書目》記載,中御門天皇享保十年(1725 年),中國商船"志字號"載《襄陽府志》一部抵日本。

(萬曆)承天府志二十卷　圖一卷

(明)孫文龍等纂修

明萬曆年間(1573—1620 年)刊本　共十册

尊經閣文庫藏本

【按】前有明萬曆三十年(1602 年)《序》。

【附録】據《商舶載來書目》記載,東山天皇寶永五年(1708 年),中國商船"志字號"載《承天志》一部抵日本。

(嘉靖)沔陽志十八卷

(明)董承叙等纂修

明嘉靖年間(1522—1566 年)刊本　共五册

尊經閣文庫藏本

【按】每半葉九行,每行十八字。白口,左右雙邊。

是《志》具體刊行年代不詳,卷四"人物表"記載至明嘉靖辛卯(十年即 1531 年)。

(萬曆)鄖陽府志三十一卷

(明)周紹稷等纂修

明萬曆年間(1573—1620 年)刊本　共六册

蓬左文庫藏本

【按】前有明萬曆六年(1578 年)東吴徐學謨《序》。

是《志》係明正天皇寬永九年(1632 年)購入。卷中有"尾陽内庫"印記。

【附録】據《商舶載來書目》記載,中御門天皇享保十八年(1733 年),中國商船"宇字號"載

《鄖陽府志》一部抵日本。

(正德)德安府志十二卷

(明)馬龠等纂修

明正德年間(1506—1521 年)刊嘉靖年間(1522—1566 年)補刊本　共三册

國會圖書館藏本

【按】每半葉十行,每行二十字。白口,左右雙邊。

前有明正德十二年(1517 年)《序》。

卷三"職制志"記載至明嘉靖三十二年(1553 年)。

【附録】據《商舶載來書目》記載,中御門天皇享保十八年(1733 年),中國商船"登字號"載《德安府志》一部抵日本。

(淳熙)羅鄂州新安志十卷

(宋)羅願纂修

舊鈔本　方輔手識本　共四册

静嘉堂文庫藏本　原丁小疋等舊藏

【按】前有趙不悔《序》,宋淳熙二年乙未(1175 年)三月羅願《序》。

卷中有方輔手識文,其文曰:

"本朝黄氏曾刻此書,板近藏傅溪程氏,而祕不示人。小疋主人乃一旦得抄本凡三,而以一惠我。蓋羅氏後裔所録者。此本字較工楷,皆可貴也。丙午六月下澣方輔書。"

卷中有"丁松校本"朱文印記。

(湖　南)

(嘉靖)長沙府志六卷　圖一卷

(明)張存　張治等纂修

明嘉靖年間(1522—1566 年)刊本　共六册

國會圖書館藏本

【按】每半葉九行,每行二十一字。小字雙行,行同正文。白口,四周雙邊。

前有明嘉靖十三年甲午(1534 年)《序》。

【附録】據《商舶載來書目》記載,中御門天皇

享保十八年(1733年),中國商船"智字號"載《長沙府志》一部抵日本。

《外船齎來書目》又記載,光格天皇寬政十二年(1800年),中國商船"丑字七號"載《長沙府志》一部抵日本。光格天皇文化二年(1805年)"丑七番"載《重修正續長沙縣志》一部一帙、《長沙府岳麓志》二部抵日本。

(萬曆)桃源縣志二卷

(明)鄭天佐　李元復等纂修
明萬曆年間(1573—1620年)刊本　共四册
尊經閣文庫藏本　原江户時代加賀藩主前田綱紀等舊藏
【按】據《商舶載來書目》記載,中御門天皇享保十一年(1726年),中國商船"多字號"載《桃源縣志》一部抵日本。

《外船齎來書目》又記載,光格天皇寬政十二年(1800年),中國商船"丑字七號"載《重修桃源縣志》一部抵日本。

常德府志(殘本)二卷

因缺損卷首故不知編纂者
明刊本　共一册
東京都立日比谷圖書館藏本
【按】是書全本凡二十卷,此本今存卷第十九、卷第二十,共二卷。

(弘治)永州府志十卷

(明)姚昺　沈鍾等纂修
明弘治年間(1488—1505年)刊本　共四册
國會圖書館藏本
【按】每半葉八行,每行十九字。黑口,四周雙邊。
前有明弘治八年乙卯(1495年)《序》。
【附録】據《商舶載來書目》記載,中御門天皇享保十一年(1726年),中國商船"江字號"載《永州府志》一部抵日本。
《外船齎來書目》又記載,光格天皇寬政十二年(1800年),中國商船"丑字七號"載《重修永

州府志》一部抵日本。

(萬曆)南安府志(殘本)二十四卷

(明)商文昭等纂修
明萬曆年間(1573—1620年)刊本　共八册
尊經閣文庫藏本　原江户時代加賀藩主前田綱紀等舊藏
【按】前有明萬曆三十七年己酉(1609年)《序》。
卷五"秩官表"記載至明萬曆四十八年庚申(1620年)。
是《志》全二十五卷,今闕卷二十五。
後附《重刻南安府舊志》,係明萬曆四十六年戊午(1618年)撰。
又據《商舶載來書目》記載,中御門天皇享保十八年(1733年),中國商船"奈字號"載《南安府志》一部抵日本。

(隆慶)寶慶府志五卷

(明)陸柬等纂修
明隆慶年間(1567—1572年)刊本　共四册
國會圖書館藏本
【按】每半葉九行,每行二十字。白口,四周單邊。
前有明隆慶元年丁卯(1567年)《序》。
【附録】據《商舶載來書目》記載,中御門天皇享保十三年(1728年),中國商船"波字號"載《寶慶縣志》一部抵日本。

(萬曆)新寧縣志八卷

(明)沈文系等纂修
明萬曆三十四年丙午(1606年)刊本　共三册
東洋文庫藏本

(萬曆)衡州府志十五卷

(明)林兆珂　伍讓等纂修
明萬曆年間(1573—1620年)刊本　共十册
國會圖書館藏本

(嘉靖)湘陰縣志二卷

(明)張燈　李廷龍等纂修

明嘉靖年間(1522—1566年)刊本　共二冊

國會圖書館藏本

（河　南）

(嘉靖)河南通志四十五卷

(明)鄒守愚　李濂等纂修

明嘉靖年間（1522—1566年）刊萬曆年間
(1573—1620年)補刊本　共二十冊

尊經閣文庫藏本

【按】每半葉十行,每行二十字。小字雙行,
行同正文。白口,左右雙邊。

是《志》係刻刊於明嘉靖三十四年(1555
年),卷十二"職官志"記載至明萬曆三年(1574
年)。

【附録】據《商舶載來書目》記載,中御門天皇
享保六年(1721年),中國商船"加字號"載《河
南通志》一部抵日本。

桃園天皇寬延四年(1751年)四月《持渡書
備忘録》記載,從中國輸入《河南通志》一部(二
十四冊)。

(弘治)河南郡志四十二卷　圖一卷

(明)陳宣　喬縉等纂修

明弘治年間（1488—1505年）刊萬曆年間
(1573—1620年)補刊本

國會圖書館　尊經閣文庫藏本

【按】每半葉十行,每行二十字。黑口,四周
單邊。

前有明弘治十二年(1499年)《序》。

卷四十二"雜志"記載至明萬曆三十九年
(1611年)。

國會圖書館藏本,共二十冊。

尊經閣文庫藏本,共二十四冊。

(萬曆)汝州志四卷

(明)方應選等纂修

明萬曆二十四年(1596年)刊本　共四冊

宮內廳書陵部藏本　原德山藩第三代藩主
毛利元次舊藏

【按】是《志》係明治天皇二十九年(1896年)
男爵毛利元功獻贈宮內省。

卷首有"德藩藏書"印記。

【附録】據《商舶載來書目》記載,中御門天皇
享保十年(1725年),中國商船"志字號"載《汝
州志》一部抵日本。

(萬曆)開封府志三十四卷

(明)朱睦㮮等纂修

明萬曆年間（1573—1620年）刊泰昌年間
(1620年)補刊本　共十冊

內閣文庫藏本　原加賀藩主前田綱紀　紅
葉山文庫等舊藏

【按】每半葉九行,每行二十字。白口,左右
雙邊。

是《志》係中御門天皇享保六年(1721年)十
一月,由加賀藩主前田綱紀獻贈德川吉宗,幕
府於翌年移藏紅葉山文庫。

(萬曆)衛輝府志十六卷　圖一卷

(明)侯大節等編纂

明萬曆年間(1573—1620年)刊本　共六冊

國會圖書館藏本

【按】每半葉九行,每行二十字。白口,四周
單邊。

前有明萬曆三十一年(1603年)《序》。

卷三"建置志"記載至明萬曆四十三年(1615
年)。

【附録】據《商舶載來書目》記載,中御門天皇
享保十年(1725年)中國商船"加字號"載《衛
輝府志》一部一帙抵日本。

（嘉靖）淇縣志十卷　圖一卷

（明）方員　劉鉅等纂修

明嘉靖二十四年（1545 年）增修刊本　共四册

國會圖書館藏本

【按】據《商舶載來書目》記載，中御門天皇享保十一年（1726 年），中國商船"幾字號"載《淇縣志》一部抵日本。

（萬曆）羅山縣志四卷　首一卷

（明）李弘道等纂修

明萬曆年間（1573—1620 年）刊本　共二册

宫内廳書陵部藏本

（萬曆）南陽府志十八卷

（明）李廷龍等纂修

明萬曆五年（1577 年）刊本

宫内廳書陵部　尊經閣文庫藏本

【按】前有明萬曆四年（1576 年）李廷龍《自序》，後有同年霍維蓋《跋》。

宫内廳書陵部藏本，原係德山藩第三代藩主毛利元次舊藏，明治天皇二十九年（1896 年），由男爵毛利元功獻贈宫内省。每册首有"德藩藏書"印記。共八册。

尊經閣文庫藏本，原係江户時代加賀藩主前田綱紀等舊藏，共四册。

【附録】據光格天皇文化七年（1810 年）《唐船持渡書物目録留》記載，中國商船"未字九號"載《南陽府志》一部抵日本。《目録留》標明是《志》係"御用"。

（崇禎）鄖城縣志十卷

（明）李振聲　李豫等纂修

明崇禎十年（1637 年）刊本　共四册

京都大學人文科學研究所東洋學文獻中心藏本　原山本信有等舊藏

（萬曆）汝南志二十四卷　圖一卷

（明）李本固等纂修

明萬曆年間（1573—1620 年）刊本

宫内廳書陵部　尊經閣文庫　神宫文庫藏本

【按】每半葉九行，每行十八字。白口，四周雙邊。版心下記字數，并記刻工姓名。

前有明萬曆戊申（三十六年即 1608 年）黄似華《汝南志序》，次有同年李本固《汝南志序》，次有同年魏應嘉《跋汝南志》，次有《汝南志目録》，次列總裁提調知府黄似華、協贊同知宋兆祥、通判張統、范月第、推官魏應嘉等二十一名銜。

宫内廳書陵部藏本，原係德山藩第三代藩主毛利元次舊藏，明治二十九年（1896 年），由男爵毛利元功獻贈宫内省。每册首有"德藩藏書"印記。共十册。

尊經閣文庫與神宫文庫藏本，皆凡八册。

（貴　州）

（萬曆）貴州通志二十四卷

（明）王來賢　許一德等纂修

明萬曆年間（1573—1620 年）刊本　共二十四册

尊經閣文庫藏本　原江户時代加賀藩主前田綱紀等舊藏

【按】前有明萬曆二十五年丁酉（1597 年）《序》。

【附録】據《商舶載來書目》記載，中御門天皇享保六年（1721 年），中國商船"幾字號"載《貴州通志》一部抵日本。

桃園天皇寬延四年（1751 年）四月《持渡書備忘録》又記載，從中國輸入《貴州通志》一部（二十册）。

（廣　東）

（嘉靖）廣東通志七十卷

（明）談愷　黃佐等纂修

明嘉靖年間（1522—1566 年）刊本

内閣文庫　京都大學人文科學研究所東洋學文獻中心藏本

【按】每半葉十行，每行二十字。白口，四周單邊。

前有明嘉靖三十九年（1560 年）黃佐《序》等。

是《志》係明嘉靖乙未（十四年即 1535 年）戴璟纂成初稿，丁巳（三十六年即 1557 年）談愷重修之。分《凡例》十三則，《圖經》二卷，《事紀》五卷，《表》五卷，《志》三十一卷，《列傳》二十卷，《外志》七卷。

内閣文庫藏本，係《十五省通志》零本。

京都大學人文研藏本，今闕卷五十四至卷五十六。共四十五册。

【附録】據《商舶載來書目》記載，中御門天皇享保六年（1721 年），中國商船"加字號"載《廣東通志》一部抵日本。

桃園天皇寬延四年（1751 年）《持渡書備忘録》記載，從中國輸入《廣東通志》一部。

《書籍目録》記載，光格天皇文化元年（1804年）輸入《廣東通志》一部，定價一百十匁。

（萬曆）廣東通志七十二卷

（明）郭棐等纂修

明萬曆年間（1573—1620 年）刊本

宮内廳書陵部　内閣文庫　尊經閣文庫輪王寺天海藏藏本

【按】每半葉九行，每行二十字。白口，四周雙邊。版心下間有記刻工姓名。

前有戴耀《廣東通志序》，次有明萬曆二十九年（1601 年）李時華《廣東通志叙》，次有明萬曆三十年（1602 年）陳性學《廣東通志序》，次有同年郭棐《廣東通志序》，次有戴璟《廣東通志初稿序》，次有黃佐《廣東舊通志序》等。

是《志》於明萬曆二十七年（1599 年）開局纂修，歷二年而成。卷一輿圖、分野、沿革、氣候，卷二至卷六事紀，卷七公署、學校、禮儀，卷八至卷九兵防，卷十秩官，卷十一至卷十三名宦，卷十四至卷六十二郡縣，卷六十三至卷六十五藝文，卷六十六至卷七十二外志。

宮内廳書陵部藏本，原係德山藩第三代藩主毛利元次舊藏，明治天皇二十九年（1896 年）由男爵毛利元功獻贈宮内省。每册首有"德藩藏書"印記。共三十二册。

内閣文庫藏本，原係紅葉山文庫舊藏，共三十二册。

尊經閣文庫藏本，原係江户時代加賀藩主前田綱紀等舊藏，共五十九册。

輪王寺天海藏藏本，共六十二册。

粵大記（殘本）二十八卷

（明）郭棐等纂修

明刊本　共十册

内閣文庫藏本　原林大學頭家舊藏

【按】是書全三十二卷，今闕卷一、卷二十六至卷二十八。

（嘉靖）韶州府志十卷　圖一卷

（明）符錫　秦志道等纂修

明嘉靖年間（1522—1566 年）刊本　共四册

國會圖書館藏本

【按】前有明嘉靖二十一年（1542 年）《序》。

【附録】據《商舶載來書目》記載，中御門天皇享保十七年（1732 年），中國商船"世字號"載《韶州府志》一部抵日本。

（嘉靖）潮州府志八卷

（明）郭春震等纂修

明嘉靖年間（1522—1566 年）刊本　共四册

内閣文庫藏本　原豐後佐伯藩主毛利高標等舊藏

【按】前有明嘉靖二十六年（1547 年）《序》。

【附錄】據《商舶載來書目》記載,中御門天皇享保十年(1725 年),中國商船"天字號"載《潮州府志》一部抵日本。

(崇禎)肇慶府志五十卷　圖一卷

(明)陸鰲等纂修

明崇禎年間(1628—1644 年)刊本　共十二册

國會圖書館　京都大學人文科學研究所東洋學文獻中心藏本

【按】前有明崇禎十三年(1640 年)《序》。

【附錄】據《商舶載來書目》記載,中御門天皇享保十七年(1732 年),中國商船"天字號"載《肇慶府志》一部抵日本。

(萬曆)高州府志十卷

(明)曹志遇等纂修

明萬曆年間(1573—1620 年)刊本　共四册

尊經閣文庫藏本

【附錄】據《商舶載來書目》記載,中御門天皇享保十八年(1733 年),中國商船"加字號"載《高州府志》一部抵日本。

(崇禎)廉州府志十四卷

(明)張國經等纂修

明崇禎年間(1628—1644 年)刊本　共八册

内閣文庫藏本　原豐後佐伯藩主毛利高標等舊藏

【附錄】據《商舶載來書目》記載,東山天皇元禄十四年(1701 年),中國商船"禮字號"載《廉州府志》一部抵日本。

(嘉靖)香山縣志八卷

(明)鄧遷　齊啓和　黃佐等纂修

明嘉靖年間(1522—1566 年)刊本　共四册

國會圖書館藏本

【按】前有明嘉靖二十七年(1548 年)《序》。

(萬曆)瓊州府志十二卷　圖一卷

(明)歐陽璨　蔡光前等纂修

明萬曆年間(1573—1620 年)刊本　共十四册

國會圖書館藏本

【按】是《志》記事最晚至明萬曆四十六年(1618 年),見卷十二"災祥志"。

(萬曆)雷州府志二十二卷

(明)歐陽保等纂修

明萬曆年間(1573—1620 年)刊本　共十册

尊經閣文庫藏本

【按】前有明萬曆四十二年(1614 年)《序》。

(萬曆)儋州志三集(不分卷)

(明)曾邦泰等纂修

明萬曆年間(1573—1620 年)刊本　共三册

尊經閣文庫藏本

【按】前有明萬曆四十六年(1618 年)《序》。

(崇禎)興寧縣志六卷

(明)劉熙祚　季永茂等纂修

明崇禎年間(1628—1644 年)刊本　共四册

國會圖書館藏本

【按】前有明崇禎十年(1637 年)《序》。

【附錄】據《商舶載來書目》記載,中御門天皇享保十七年(1732 年),中國商船"古字號"載《興寧縣志》一部抵日本。

(嘉靖)惠州府志十二卷

(明)李玘　劉梧等纂修

明嘉靖年間(1522—1566 年)刊本　共四册

國會圖書館藏本

【按】每半葉十行,每行二十字。小字雙行,行同正文。白口,四周單邊。

前有明嘉靖二十一年(1542 年)《序》。

【附錄】據《商舶載來書目》記載,中御門天皇享保十六年(1731 年),中國商船"計字號"載

《惠州府志》一部抵日本。

《外船載來書目》又記載,光格天皇寬政十二年(1800年),中國商船"丑字八號"載《重修惠州府志》一部抵日本。

(萬曆)新會縣志七卷　圖一卷

(明)王命璿　黃淳等纂修

明萬曆年間(1573—1620年)刊本　共十册

國會圖書館藏本

【按】每半葉八行,每行十八字。白口,四周單邊。

前有明萬曆三十七年(1609年)《序》。

卷三"科第志"記載至明萬曆四十三年(1615年)。

【附錄】據《外船齎來書目》記載,光格天皇寬政十二年(1800年),中國商船"丑字八號"載《新會縣志》一部抵日本。

(崇禎)廉州府志十四卷

(明)張國經等纂修

明崇禎年間(1628—1644年)刊本　共六册

內閣文庫藏本　原豐後佐伯藩主毛利高標等舊藏

【按】前有明崇禎十年(1637年)《序》。

（廣　西）

(嘉靖)廣西通志(殘本)五十二卷

(明)林富　黃佐等纂修

明嘉靖十年至十一年(1531—1532年)刊本

內閣文庫藏本

【按】每半葉十行,每行二十字。小字雙行,行同正文。白口,四周單邊。

前有明嘉靖十一年壬辰(1532年)蔣冕《序》,明嘉靖十年辛卯(1531年)林富《序》,明弘治六年癸丑(1493年)周孟中《序》,程廷琪《序》等。

是《志》全六十卷,今闕卷十六至卷二十一,卷二十八至卷二十九。此係《十五省通志》本。

【附錄】據《商舶載來書目》記載,中御門天皇享保六年(1721年),中國商船"久字號"載《廣西通志》一部抵日本。

桃園天皇寬延四年(1751年)四月《持渡書覺書》又記載,《廣西通志》一部(四十册)輸入日本。

(萬曆)廣西通志四十二卷

(明)蘇濬等纂修

明萬曆年間(1573—1620年)刊本　共二十册

宮內廳書陵部藏本　原中國謝在杭　日本豐後佐伯藩主毛利高標等舊藏

【按】每半葉九行,每行十九字。白口,四周雙邊。版心下記刻工姓名。

前有明萬曆二十七年己亥(1599年)楊芳《序》,並明萬曆二十五年丁酉(1597年)蘇濬《後序》。

卷首有"佐伯侯毛利高標字培松藏書畫之印"印記,每册首又有"謝在杭藏書印"、"祕閣圖書之章"印記。

是《志》係仁孝天皇文政年間(1818—1830年)出雲守毛利高翰獻贈德川幕府。

(萬曆)廣西通志四十二卷　圖一卷

(明)蘇濬等纂修

明萬曆年間(1573—1620年)刊天啓年間(1621—1627年)補刊本　共二十七册

尊經閣文庫藏本

【按】每半葉九行,每行十九字。白口,四周雙邊。版心下記刻工姓名。

前有明萬曆二十七年己亥(1599年)楊芳《序》,並明萬曆二十五年丁酉(1597年)蘇濬《後序》。

是《志》有明天啓二年壬戌(1622年)補刊。

(嘉靖)南寧府志十一卷

(明)方瑜等纂修

明嘉靖年間(1522—1566年)刊崇禎年間

（1628—1644 年）補刊本　共六册

　　内閣文庫藏本　原豐後佐伯藩主毛利高標等舊藏

　　【按】前有明嘉靖四十三年甲子（1564 年）《序》。

　　卷中"秩官志"記載至明崇禎十二年己卯（1639 年）。

　　【附錄】據《商舶載來書目》記載，中御門天皇享保十年（1725 年），中國商船"奈字號"載《南寧府志》一部抵日本。

（萬曆）賓州志十四卷

　　（明）郭棐等纂修

　　明萬曆年間（1573—1620 年）刊本　共四册

　　内閣文庫藏本　原豐後佐伯藩主毛利高標等舊藏

　　【按】前有明萬曆十三年乙酉（1585 年）《序》，後有明萬曆十五年丁亥（1587 年）《跋》。

（崇禎）梧州府志二十卷

　　（明）謝君惠等纂修

　　明崇禎年間（1628—1644 年）刊本　共十册

　　尊經閣文庫藏本

　　【按】前有明崇禎四年辛未（1631 年）《序》。

（萬曆）廣西太平府志三卷

　　（明）甘東陽等纂修

　　明萬曆年間（1573—1620 年）刊本　共五册

　　内閣文庫藏本　原豐後佐伯藩主毛利高標等舊藏

　　【按】前有明萬曆五年丁丑（1577 年）《序》。

（雜志之屬）

洛陽伽藍記五卷

　　（後魏）楊衒之撰

　　明綠君亭刊本　共二册

　　早稻田大學圖書館　大谷大學圖書館藏本

　　【按】大谷大學圖書館藏本，原係神田喜一郎（邲庵）等舊藏。昭和五十九年（1984 年）神田氏家族將此本贈獻大谷大學，共十册。

洛陽伽藍記五卷

　　（後魏）楊衒之撰

　　明萬曆年間（1573—1620 年）刊本（明刊《漢魏叢書》零本）　共二册

　　内閣文庫藏本　原楓山官庫等舊藏

北户錄三卷

　　（唐）段公路纂　崔龜圖注

　　毛氏汲古閣影寫宋刊本　陸心源手校本　共三册

　　静嘉堂文庫藏本　原係陸心源皕宋樓等舊藏

　　【按】前有陸希聲《序》。

　　《目錄》後有"臨安府太廟前尹家書籍鋪刊行"一行，爲汲古毛氏影宋寫本。

　　卷一記通犀、孔雀媒、鷗鶄、鸚鵡、瘴、赤白吉了，俳猿、蚺蛇牙、紅蛇、蛤蚧、紅蟹殼、蛺蝶枝、紅蝙蝠、金龜子、乳穴魚、魚種、水母。

　　卷二記蚊母扇、鵝毛被、紅蝦盃、鷄毛筆、鷄卵卜、鷄首卜、骨、象鼻炙、鵝毛脡、桃榔炙、紅鹽、米麴、食目、睡菜、水韭、蕹菜、斑皮竹笋。

　　卷三記無核荔枝、變樹、山橘子、橄欖子、山胡桃、白楊梅、偏核桃、紅梅、五色藤筌蹄、香皮紙、枹木㲲、紅藤簟、方竹杖、山花燕支、鶴子草、越王竹、無名花、指甲花、相思子蔓、睡蓮。

（新刻）北户錄二卷

　　（唐）段公路纂　（明）胡文焕校

　　明刊本　共一册

　　静嘉堂文庫藏本

中吳紀聞六卷

（宋）龔明之撰　　（明）毛晋校

明汲古閣刊本　共二册

內閣文庫藏本　原豐後佐伯藩主毛利高標舊藏

【按】每半葉有界九行，每行十八字。黑口，左右雙邊。

前有龔明之《序》，明弘治七年甲寅（1494年）楊子器《序》。後有盧熊《跋》、龔弘《跋》等。

幽蘭居士東京夢華錄十卷

（宋）孟元老撰

元刊元印本　黄丕烈手識本蝴蝶裝　共二册

静嘉堂文庫藏本　原顧元慶　黄丕烈　陸心源皕宋樓等舊藏

【按】每半葉有界十四行，每行二十二字。

前有宋紹興十七年丁卯（1147年）歲除日幽蘭居士孟元老《夢華錄序》。次有《幽蘭居士東京夢華錄目錄》。

細黑口，雙黑魚尾，左右雙邊（21.7cm×15.5cm）。版心偶有刻工姓名，如姚岩、吳明等。

卷末有宋淳熙丁未（1187年）歲十月朔旦趙師俠《跋》，題書“浚儀趙師俠介之書於坦庵”。

卷首有黄丕烈手識文二則。其一曰：

“此《幽蘭居士東京夢華錄》十卷，東城顧桐井家藏書也。因顧質於張，余以白金二十四兩從張處贖得。裝潢精妙，楮墨古雅，板大而字細，人皆以爲宋刻，余獨謂不然。書中惟祖宗二字空格，餘字不避宋諱，當是元刻中之上駟。至於印本，當在明初。蓋就其紙背文字驗之，有‘本班助教廖崇志’、‘堂西二班學正翁深’、‘學正江士魯考訖’、‘魏克讓考訖’、‘正義堂’、‘誠心堂西二班民生黄刷卷’、‘遠差易中等《論語》、《大誥》’云云，雖文字不可卒讀，而所云皆國子監中事，知廢紙爲國子監中册籍也。

余向藏何子未校本，即出於此刻。知毛刻猶未盡善，不但失去淳熙丁未浚儀趙師俠介之《後序》而已。竹垞翁所藏，爲弘治癸亥重雕本，此殆其原者。惟汲古閣珍藏祕本，有所謂宋刻，其書目載之，未知與此又孰勝耶？卷中收藏圖書甚多，知其人者，獨顧氏大有諸印，爲我吳郡故家。夷白齋一印，不識是陳基否，然篆文印色俱新，恐非其人矣。嘉慶庚申閏四月芒種後三日，輯所見古書錄，啓緘讀之，因補題數語於後，閱收得時已二載餘矣。讀未見書齋主人黄丕烈識。”

其二曰：

“是書已歸藝芸書舍，前因悤促未獲錄副，且有毛氏汲古舊藏鈔本，似與此本微異，而鈔本又有吳枚菴校宋本在其上，故去此留彼。既而又得見弘治本，復覆勘之，始知一本有一本之佳處。反思元本之未及校爲可惜，幸藝芸主人樂于通假，遂借歸手校。元刻固精美無比，惜經描寫，略爲美玉之瑕，苟非余藏舊鈔，烏知描寫之誤邪？還書之日，附載斯語以質諸同好者。道光癸未仲春蕘夫。”

卷中有“顧氏”、“顧元慶印”、“吳郡顧元慶氏珍藏印”、“黄丕烈印”、“堯圃”、“江夏無雙”、“夷白齋”、“荆溪世家”、“大有”、“黄丕烈”、“徵印”、“鏡汀”、“汪士鐘印”、“閬源真賞”、“諸氏丘夫”、“江南布衣”、“諸中之印”、“忠義傳家”、“清湖居士”、“筆研精良人生弌樂”、“易山草堂”、“歸安陸樹聲所見金石書畫記”諸印記。

傅增湘《藏園羣書經眼錄》卷五著錄此本。

幽蘭居士東京夢華錄十卷

（宋）孟元老撰

明弘治十七年（1504年）刊本　共二册

尊經閣文庫藏本　原江户時代加賀藩主前田綱紀等舊藏

【按】每半葉有界八行，每行十六字。白口，左右雙邊。

前有宋紹興十七年丁卯（1147年）孟元老

《自序》。

東京夢華錄十卷

　　(宋)孟元老撰　　(明)沈士龍校
　　明刊本　共一册
　　内閣文庫藏本　原木村蒹葭堂舊藏
　　【按】是書爲明刊《唐宋叢書》之零本。

東京夢華錄十卷

　　(宋)孟元老撰　　(明)沈士龍　胡震亨校
　　明刊本　共一册
　　内閣文庫藏本　原林大學頭家舊藏
　　【按】是書爲明刊《祕册彙函》之零本。

武林舊事六卷

　　(宋)周密撰
　　明嘉靖年間(1522—1566年)杭州知府陳柯刊本　共四册
　　内閣文庫藏本　原紅葉山文庫等舊藏
　　【按】每半葉有界十行,每行二十字。白口,四周單邊。
　　前有明嘉靖三十九年庚申(1560年)陳柯《序》。
　　此本附《瀋復西湖錄》一卷。

(新刻)溪蠻叢笑一卷　附北邊備對一卷　洛陽名園記一卷

　　(宋)朱輔撰　《備對》(宋)陳大昌撰　《名園記》(宋)李格非撰
　　明刊本　共一册
　　關西大學綜合圖書館内藤文庫藏本　原季滄葦　内藤湖南舊藏
　　【按】每半葉有界十行,行二十字。白口,左右雙邊(19.3cm×12.8cm)。卷首題"新刻溪蠻叢笑,宋桐鄉朱輔季公撰,明錢塘胡文焕德父校"。
　　前有宋慶元元年(1195年)葉錢《溪蠻叢笑序》。
　　卷中有"季滄葦圖書記"。

　　《北邊備對》一卷,卷首題"宋新安程大昌著,明新安吳校"。前有宋紹熙二年(1191年)程大昌《序》。
　　《洛陽名園記》一卷,卷首題"宋山東李文叔記,明新安吳校"。前有宋紹興八年(1138年)張炎《序》。

溪蠻叢笑一卷

　　(宋)朱輔撰
　　明嘉靖年間(1522—1566年)雲間陸楫儼山書院刊本　共一册
　　蓬左文庫藏本　原江户時代尾張藩主家舊藏
　　【按】此本係明正天皇寬永十二年(1635年)種材肖推寺獻贈尾張家。
　　卷中有"尾陽内庫"印記。

桂海虞衡志一卷

　　(宋)范成大撰
　　明人寫本　共一册
　　静嘉堂文庫藏本　原澹生堂舊藏
　　【按】前有宋淳熙二年乙未(1175年)范成大《自序》。
　　【附錄】光格天皇文化九年(1812年)窪木氏睡僞堂刊印《桂海虞衡志》一卷。此本題署"宋范成大撰,窪木俊校"。

莆陽比事七卷

　　(宋)李俊甫纂輯
　　明刊本
　　静嘉堂文庫藏本　原何夢華　陸心源十萬卷樓等舊藏
　　【按】前有陳讜《序》。後有宋嘉定七年甲戌(1214年)四月林璟《跋》。
　　卷中有清道光十四年甲午(1834年)馬玉堂手識文,其曰:
　　　　"《莆陽比事》余求之十餘年不獲,近忽得之武林書肆中。閩中地志,宋元以來,自淳熙《三山志》外,不少概見。是書取莆陽文獻,仿《蒙求》體,自山川、風俗、古跡、名勝、人物、科第,以及道流、釋家,分門別類,無不備錄。若網在綱,有條不紊,故曰'比事'。所采用書,如《十六國志》、《沼浦志》、《龍川志》、《閩中記》、《中興紀事》、《崇寧黨錄》、《南雲見錄》、《林氏積慶圖》、《木蘭家譜》、《村籍題名》、《異聞錄》、《搜神祕覽》、《隆正集》、《搏齋集》、《探花集》、《涪溪集》、《鐵研集》,今且無有知其名者。軼事遺聞,所載尤夥,洵史庫中驚人祕籍也。近惟儀徵罕經室、昭文愛日精廬,尚有寫本。此本係錢塘何夢華舊藏,雖屬明刊,寔江浙藏書家傳抄之祖本也。道光閼逢敦牂之歲壯月,扶風書隱生馬玉堂跋。”

卷中有“馬玉堂印”白文方印、“笏齋”朱文方印。

洛陽名園記一卷

(宋)李格非　編纂

明崇禎年間(1628—1644年)虞山毛氏汲古閣刊本　共一册

二松學舍大學附屬圖書館藏本　原馬越竹精文庫等舊藏

遊志續編四卷

(元)陶宗儀編輯

舊鈔本　錢穀手識本　共一册

静嘉堂文庫藏本

【按】是書前有宋淳祐三年癸卯(1243年)陳仁玉《遊志編序》,以明此係繼陳仁玉《遊志編》而作,故云《續編》。

卷中有錢穀手識文,其曰:

“辛酉九月望,偶過孔喜兄雲光閣,見有此本在几上,云是借陸元洲者,遂爾袖歸,燈下錄之,以爲齋中臥游之玩。少俟閒暇,盡將載籍所傳游覽諸作錄之,以續二公之不足,未知遂此願否?令徐問之裝完併記。十一月朔,錢穀。”

樂郊私語(不分卷)

(元)姚相壽編撰　(明)郁嘉慶校

明刊本　共一册

早稻田大學圖書館藏本

黃貞父遊記十四卷

(明)黃汝亨編撰

明萬曆年間(1522—1566年)刊本　共六册

内閣文庫藏本　原豐後佐伯藩主毛利高標舊藏

【按】此本各册目錄如次:

第一册　《玉版集》一卷。

第二册　《天目遊記》一卷、《天目遊記詩草》一卷。

第三册　《遊黃山紀》一卷、《遊白岳紀》一卷、《遊黃山白嶽詩》一卷。

第四册　《三洞遊紀》一卷、《三洞遊紀詩》一卷、《遊西山紀》一卷、《附山遊詩》一卷。

第五册　《遊麻姑諸山紀》一卷、《遊雲門紀》一卷。

第六册　《浮海檻集》二卷。

帝京景物略八卷

(明)劉侗　于奕正纂輯　方逢年定

明崇禎年間(1522—1566年)刊本

東洋文庫　尊經閣文庫　静嘉堂文庫　東京大學東洋文化研究所　京都大學文學部藏本

【按】每半葉有界八行,每行十九字。白口,四周單邊。

前有方逢年《序》,明崇禎八年乙亥(1635年)劉侗《自序》。

東洋文庫藏本,共十六册。

尊經閣文庫藏本,原係江户時代加賀藩主前田綱紀等舊藏,共八册。

静嘉堂文庫藏本,共四册。

東京大學藏本,共八册。

京都大學藏此同一刊本兩部。一部藏東洋

史研究室,共十六冊;一部藏地理研究室,共八冊。

汴京遺蹟志二十四卷

（明）李濂撰

明嘉靖年間（1522—1566 年）李氏刊本

内閣文庫　尊經閣文庫藏本

【按】每半葉有界十行,每行二十字。白口,四周單邊。

前有明嘉靖二十五年丙午（1546 年）李濂《自序》。

有《凡例》十條,分京城、宫室、官署、山岳、河渠、寺觀、雜志、藝文等類。

内閣文庫藏本,原係紅葉山文庫舊藏。共七冊。

尊經閣文庫藏本,原係江户時代加賀藩主前田綱紀等舊藏,共十冊。

岳陽紀勝彙編四卷

（明）梅淳撰

明萬曆年間（1522—1566 年）刊本　共四冊

内閣文庫藏本　原江户時代林氏大學頭家舊藏

【按】前有明萬曆十三年乙酉（1585 年）《序》。

金陵古今圖考一卷

（明）陳沂撰

明嘉靖四十年（1561 年）綠紫套印刊本　共一冊

東洋文庫藏本

金陵瑣事四卷　續二卷　二續二卷

（明）周暉撰　何湛之等校

明萬曆年間（1522—1566 年）刊本

内閣文庫　東洋文庫　静嘉堂文庫藏本

【按】每半葉有界八行,每行十六字。白口,四周單邊。

前有明萬曆三十八年庚戌（1610 年）《序》。

内閣文庫藏此同一刊本兩部。一部原係木村兼葭堂舊藏,一部原係紅葉山文庫舊藏,皆凡八冊。

東洋文庫藏本,共十六冊。

静嘉堂文庫藏本,原係陸心源守先閣等舊藏,共四冊。

重遊吴越草（不分卷）

（明）徐懋功撰

明刊本　共一冊

内閣文庫藏本　原豐後佐伯藩主毛利高標舊藏

廬陽客記一卷　齋中拙詠一卷

（明）楊循吉撰　徐景鳳校

明刊本　共一冊

内閣文庫藏本　原紅葉山文庫舊藏

蜀中方物記十二卷

（明）曹學佺纂輯

明刊本　共三冊

宫内廳書陵部藏本　原中國璜川吴氏　日本豐後佐伯藩主毛利高標舊藏

【按】每半葉有界十行,每行二十字。

前有魏説《序》。

曹學佺官四川時,曾著《蜀中廣記》一百八卷,是書十二卷,即係其中之零種。各卷卷目如次:

卷一,鳥獸;卷二,鱗介;

卷三,草木;卷四,牡丹海棠;

卷五,荔枝梅竹;卷六,食饌藥石;

卷七,茶譜酒譜;卷八,鹽譜;

卷九,玉石五金錢交子錦牋;

卷十,服用器用舟車;

卷十一印璽兵器;卷十二樂器。

卷首有"璜川吴氏收藏圖書"、"佐伯侯毛利高標字培松藏書畫之印"印記。每册首又有"祕閣圖書之章"印記。

吳興掌故集十七卷

（明）徐獻忠纂輯
明嘉靖年間（1522—1566 年）刊本　共六册
國會圖書館藏本
【按】每半葉有界八行，每行十六字。白口，左右雙邊。
前有明嘉靖三十九年庚申（1560 年）《序》。

吳興掌故集十七卷

（明）徐獻忠纂輯　吳夢暘閲　茅獻徵校
明萬曆年間（1573—1620 年）刊本　共六册
内閣文庫　靜嘉堂文庫藏本
【按】每半葉有界八行，每行十六字。白口，左右雙邊。
是本係明萬曆四十三年乙卯（1615 年）復刊明嘉靖三十九年（1560 年）序刊本。
靜嘉堂文庫藏本，原係陸心源十萬卷樓等舊藏。

廣東名勝志六卷

（明）曹學佺纂輯
明刊本　共三册
東洋文庫藏本

廣西名勝志五卷

（明）曹學佺纂輯
明天啓年間（1621—1627 年）刊本　共二册
東洋文庫藏本

三輔黄圖六卷

不著撰著人姓名
明弘治八年（1495 年）李瀚刊本　共一册
靜嘉堂文庫藏本　原陸心源十萬卷樓等舊藏
【按】每半葉有界十一行，每行二十一字。
卷末有明弘治八年乙卯（1495 年）嚴永濬《後序》。

三輔黄圖六卷

不著撰著人姓名　（明）薛晨校
明嘉靖年間（1522—1566 年）刊本　共二册
内閣文庫藏本　原紅葉山文庫舊藏
【按】每半葉有界十一行，每行二十字。白口，左右雙邊。
前有明嘉靖四十三年甲子（1564 年）薛晨《序》。

三輔黄圖六卷

不著撰人姓名　（明）張遂辰閲
明末刊本　共一册
早稻田大學圖書館　御茶之水圖書館藏本
【按】早稻田大學圖書館藏本，共二册。
御茶之水圖書館藏本，原係木村兼葭堂、德富蘇峰舊藏。此本封面爲日本産黄色紋樣紙，外題爲木村巽齋手筆。後爲德富蘇峰補裝，有補裝手識文。卷中有“兼葭堂印”等印記，共一册。

楚紀六十卷

（明）廖道南編撰
明嘉靖三十五年（1556 年）刊本
尊經閣文庫　蓬左文庫藏本
【按】此本係鄂守何城李桂捐貲刻刊。
尊經閣文庫藏本，共二十册。
蓬左文庫藏本，共三十二册。

楚紀六十卷　目一卷

（明）廖道南編撰
明萬曆二十四年（1596 年）刊本　共二十册
宮内廳書陵部藏本　原江户時代德山藩主毛利氏舊藏
【按】東山天皇寶永三年（1706 年）德山藩三代藩主毛利元功撰《御書物目録》著録此本，明治二十九年（1896 年）男爵毛利元功獻贈宮内省。卷中有“德藩藏書”等印記。

楚紀六十卷

（明）廖道南撰
明刊本　共二十册
内閣文庫藏本　原江户時代林氏大學頭家
舊藏

雍錄十卷

（宋）程大昌撰
明嘉靖十一年（1532 年）西安知府李經刊本
李雲霈手識本　共四册
靜嘉堂文庫藏本　原陸心源十萬卷樓等舊
藏

【按】每半葉有界十行，每行二十一字。白
口，四周單邊。版心題"雍卷之幾"。
前有明嘉靖十年辛卯（1531 年）康海《序》，
明嘉靖十一年壬辰（1532 年）李經《重刊序》。
卷中有李雲霈手識文，其曰：

　　"此書亭林先生買自吳郡，携至關中，屬
雲霈補寫其闕八張，并板字之漫滅者。辛酉
六月七日。"
"手識"後，有"李雲霈印"白文方印。

雍錄十卷

（宋）程大昌撰　（明）吳琯校
明吳氏刊本　共五册
大倉文化財團藏本　原笏齋等舊藏

雍大記三十六卷

（明）何景明撰
明嘉靖元年（1522 年）刊本　共十二册
尊經閣文庫　東洋文庫藏本
【按】每半葉有界十行，每行二十一字。白
口，四周單邊。
前有明嘉靖元年壬午（1522 年）段炅《序》。

（新刻徐比部）燕山叢錄二十二卷

（明）徐昌祚撰
明萬曆年間（1573—1620 年）刊本　共四册

御茶之水圖書館藏本　原德富蘇峰成簣堂
等舊藏
【按】每半葉有界十行，每行二十字。
前有明萬曆三十年壬寅（1602 年）李叔春
《序》，同年徐昌祚《序》等。
是書叙燕中見聞，分敦行、奇節、吏道、兵革、
技術、仙釋、神鬼、妖邪、怪異、奇聞、果報、科
試、天文、地理、古跡、器物、禽獸、草木、古墓、
駁疑、山谷、長安里語，共二十二類。

宛署雜記二十卷

（明）沈榜撰
明萬曆年間（1573—1620 年）刊本　共十册
尊經閣文庫藏本　原江户時代加賀藩主前
田綱紀等舊藏

荊溪外紀二十五卷

（明）沈敕編撰
明嘉靖年間（1522—1566 年）刊本
内閣文庫藏本
【按】内閣文庫藏此同一刊本三部，前皆有明
嘉靖二十四年乙巳（1545 年）《序》。一部原係
江户時代林氏大學頭家舊藏，共八册；一部原
係豐後佐伯藩主毛利高標舊藏，共十二册；一
部亦八册。

殿粤要纂四卷

（明）沈修等纂輯
明萬曆年間（1573—1620 年）刊本　共四册
内閣文庫藏本　原豐後佐伯藩主毛利高標
等舊藏
【按】每半葉有界九行，每行二十字。白口，
四周雙邊。
前有明萬曆三十年壬寅（1602 年）《序》。

西吳枝乘二卷

（明）謝肇淛撰
明萬曆年間（1573—1620 年）刊本　共二册
尊經閣文庫藏本　原江户時代加賀藩主前

田綱紀等舊藏

西事珥八卷

（明）魏濬撰
明萬曆年間（1573—1620 年）刊本　共四册
內閣文庫藏本　原江户時代林羅山等舊藏
【按】前有明萬曆四十年壬子（1612 年）《序》。卷中有“江雲渭樹”印記。
此本後附《嶠南瑣記》二卷。

釣臺集二卷

（明）楊束編撰
明萬曆十三年（1585 年）刊本　共六册
內閣文庫藏本　原昌平坂學問所舊藏

（選刻）釣臺集五卷　新集一卷

（明）柴時暢等編撰　陳元錫等校
明刊本　共三册
內閣文庫藏本　原紅葉山文庫舊藏

金陵梵刹志五十三卷

（明）葛寅亮編輯
明萬曆三十五年（1607 年）南京僧録司刊天啓七年（1627 年）修補本
內閣文庫　東洋文庫藏本
【按】每半葉有界十行，每行二十二字。白口，四周單邊。
前有明天啓七年丁卯（1627 年）葛寅亮《自序》。
此本《凡例》十九則。卷一爲御製序，卷二爲欽録集，卷三至卷四十八，分記大寺三、次大寺五、中寺三十二、小寺一百二十，各采録詩文於後，卷四十九爲南藏目録，卷五十至卷五十三爲各寺租額、公費、僧規、公産條例。卷末附書價數目。
內閣文庫藏本，原紅葉山文庫舊藏，共八册。
東洋文庫藏本，共二十四册。
【附録】《外船齎來書目》記載，光格天皇寬政十二年（1800 年）中國商船“丑字七號”載《金

陵梵刹志》一部一函抵日本。

法海寺志三卷

（明）徐㷆撰
明萬曆年間（1573—1620 年）刊本　共一册
京都大學文學部地理研究室藏本
【按】前有明萬曆四十一年癸丑（1613 年）《序》。

鶴林寺志（不分卷）

（明）釋明賢撰
明萬曆年間（1573—1620 年）刊本　共四册
內閣文庫藏本　原紅葉山文庫舊藏
【按】前有明萬曆四十二年甲寅（1614 年）《序》。

鄧尉聖恩寺志十八卷

（明）周永年等編撰
明崇禎年間（1628—1644 年）刊本　共四册
內閣文庫藏本　原豐後佐伯藩主毛利高標舊藏
【按】前有明崇禎十七年甲申（1644 年）《序》。

黄檗寺志三卷

（明）釋行璣等撰
明崇禎年間（1628—1644 年）刊本
內閣文庫　尊經閣文庫藏本
【按】每半葉有界十行，每行二十字。黑口，四周雙邊。
前有明崇禎十年丁丑（1637 年）《序》。
內閣文庫藏本，原紅葉山文庫舊藏，共一册。
尊經閣文庫藏本，共二册。

江心志六卷

（明）陳陛撰
明天啓年間（1621—1627 年）刊本　共二册
內閣文庫藏本　原紅葉山文庫舊藏

芋蘿誌八卷

（明）張夬　路邁編輯
明末刊本　共四冊
内閣文庫藏本　原林大學頭家舊藏
【按】每半葉有界七行，每行十七字。白口，四周單邊。

漢前將軍關公祠志九卷

（明）趙欽湯撰　焦竑輯
明萬曆年間（1573—1620年）趙氏刊本　共八冊
尊經閣文庫　早稻田大學圖書館藏本
【按】每半葉有界九行，每行二十字。白口，四周雙邊。
前有明萬曆三十一年癸卯（1603年）焦竑《序》，同年王圖《序》。

西湖關帝廟廣紀八卷

（明）金嘉會等纂輯
明天啓年間（1621—1628年）刊本　共四冊
内閣文庫藏本　原紅葉山文庫舊藏
【按】每半葉有界九行，每行二十字。白口，四周單邊。
前有明天啓四年甲子（1624年）《序》。

白鹿洞書院新志八卷

（明）李夢陽撰
明正德年間（1506—1521年）刊本　共四冊
尊經閣文庫藏本
【按】每半葉有界八行，每行十八字。
前有明正德六年辛未（1511年）李夢陽《自序》，明正德八年癸酉（1513年）李夢陽《記》。
【附錄】據《商舶載來書目》記載，後櫻町天皇明和二年（1765年）中國商船"波字號"載《白鹿洞志》一部一帙抵日本。
據《外船賫來書目》記載，光格天皇文化二年（1805年）中國商船"丑五番"載《重修白鹿書院志》一部一帙抵日本。

（新修）白鹿洞書院志十二卷

（明）周偉撰　戴策獻等校
明萬曆二十年（1592年）田瑄刊本　共八冊
宮内廳書陵部藏本
【按】每半葉有界十行，每行二十字。小字雙行，行同正文。白口，四周雙邊。

蘇州府學志十八卷

（明）周起元等撰
明天啓四年（1624年）刊本　共六冊
内閣文庫藏本　原紅葉山文庫舊藏

常熟縣儒學志八卷

（明）嚴栻等撰
明萬曆三十八年（1610年）刊本　共八冊
内閣文庫藏本　原豐後佐伯藩主毛利高標舊藏

四川土夷考圖説四卷

（明）程正誼等編輯
明萬曆年間（1573—1620年）刊本　共四冊
尊經閣文庫藏本

（新刻）華夷風土志四卷

（明）胡文煥編輯
明刊本　共一冊
内閣文庫藏本　原紅葉山文庫舊藏

（高寄齋訂正）吳船錄二卷

（宋）范成大撰
明刊本　共一冊
京都大學文學部地理學研究室藏本

（新刻京本華夷風物）商程一覽二卷

（明）陶承慶編
（明）劉氏喬山精舍刊本　共二冊
内閣文庫藏本　原紅葉山文庫舊藏

（新鋟江湖祕傳）商賈買賣指南評釋二卷

　　（明）延陵處士編

（山志之屬）

（重刻）茅山志十五卷　首後各一卷

　　（元）劉大彬撰　（明）江永年增補

　　明嘉靖二十九年（1550 年）張全思刊本

　　宮內廳書陵部　內閣文庫　尊經閣文庫藏本

　　【按】每半葉有界十一行，每行二十三字。白口，四周單邊。

　　前有元泰定元年甲子（1324 年）趙世延《序》，元泰定四年丁卯（1327 年）吳全節《序》，元天曆元年戊辰（1328 年）劉大彬《序》，明永樂二十一年癸卯胡儼《序》，明成化六年庚寅（1470 年）陳鑑《序》。後有明嘉靖二十九年庚戌（1550 年）徐九思《跋》等。

　　是《志》目錄如次：

　　卷一、卷二　誥附墨第一篇；

　　卷三　三神紀第二篇；

　　卷四　括神區第三篇；

　　卷五　稽古蹟第四篇；

　　卷六　道山册第五篇；

　　卷七　上清品第六篇；

　　卷八　仙曹署第七篇；

　　卷九　采真游第八篇；

　　卷十　樓觀部第九篇；

　　卷十一　靈植檢第十篇；

　　卷十二、卷十三　錄金石第十一篇；

　　第十四、卷十五　金薤編第十二篇。

　　宮內廳書陵部藏本，原係德山藩第三代藩主毛利元次舊藏。明治天皇二十九年（1896 年），由男爵毛利元功獻贈宮內省。每册首有"德藩藏書"印記。共四册。

　　內閣文庫藏本，原係豐後佐伯藩主毛利高標舊藏，共七册。

　　明刊本　共一册

　　東北大學附屬圖書館藏本　原狩野亨吉舊藏

　　尊經閣文庫藏本，共四册。

　　【附錄】《商舶載來書目》記載，中御門天皇享保八年（1723 年）中國商船"以字號"載《茅山志》一部一函抵日本。

游名山一覽記（名山諸勝一覽記　名山記）十六卷

　　（明）何賓嚴纂輯　慎蒙增編

　　明萬曆年間（1573—1620 年）吳興慎氏刊本

　　內閣文庫　天理圖書館　東洋文庫　早稻田大學圖書館藏本

　　【按】每半葉有界十行，每行二十字。白口，左右雙邊。版心記卷數、葉數、字數，并題刻工姓名，如盧奎、許亨、黃惟信、仇、言、黃惟明等。

　　前有明萬曆四年丙子（1576 年）慎蒙《序》，稱"得同年友何賓嚴所輯《名山記》一書，刪削繁冗，復纂諸《通志》所未及者，以補記文之缺"云云。

　　此本第二卷以下，題"名山巖洞泉石古蹟"，而每卷柱刻則題"名山記"。

　　內閣文庫藏本，首題"名山記"，共十八册。

　　天理圖書館藏本，首題"游名山一覽記"。卷中有"林氏藏書"印記，共十六册。

　　東洋文庫藏本，首題"名山諸勝一覽記"。共二十册。

　　早稻田大學圖書館藏本，《序》首題書名曰《名山諸勝一覽記》，共二十册。

　　【附錄】據《商舶載來書目》記載，中御門天皇享保三年（1718 年）中國商船"女字號"載《名山記》一部抵日本。

名山記（殘本）一卷

　　（明）何振卿　編撰

明崇禎年間(1628—1644 年)刊本　共一册

静嘉堂文庫藏本　原岡本豐彦等舊藏

【按】是書全本十六卷,此本今存首一卷。

古今遊名山記十七卷　總錄三卷

(明)何鏜編撰　吴炳校正

明嘉靖四十四年(1565 年)括蒼何氏刊萬曆二十五年(1597 年)補刊本

内閣文庫　蓬左文庫　静嘉堂文庫　天理圖書館藏本

【按】每半葉有界十四行,每行二十七字。白口,左右雙邊。

前有明嘉靖四十二年癸亥(1563 年)黄佐《序》,嘉靖四十三年甲子(1564 年)吴炳《序》,嘉靖四十四年乙丑(1565 年)何鏜《序》等。

此本卷四、卷十又各分上下卷。《總錄》三卷爲《勝紀》、《名言》、《類攷》。

内閣文庫藏此同一刊本兩部。一部原係木村兼葭堂舊藏,共十六册;一部原係紅葉山文庫舊藏。共十三册。

蓬左文庫藏本,係明正天皇寬永七年(1630年)從中國購入,卷中有"尾陽内庫"印記。

静嘉堂文庫藏本,原係陸心源守先閣等舊藏,共十二册。

天理圖書館藏本,原係江户時代大儒伊藤仁齋家古義堂舊藏,有伊藤東涯題簽,共二十册。

【附錄】據《辰一番唐船持渡商賣書物目錄並大意書》記載,桃園天皇寶曆十年(1760 年)中國商船"辰一番"載《古今遊名山記》一部二帙十六册抵日本。《大意書》注明"紙有變色而無脱落"。

據《商舶載來書目》記載,桃園天皇寶曆十二年(1762 年)中國商船"古字號"載《古今遊名山記》一部二帙抵日本。

據仁孝天皇天保十四年(1844 年)《會所諸入物書籍見帳》記載,是年有《天下名山記》一部四帙出售,永見屋出價四十八匁五分;長岡屋出價六十六匁六分;安田屋出價一百廿三匁九分。

江户時代有木活字刊印本《遊名山記》四卷。又有仁孝天皇文政四年(1821 年)京都積善堂吉田屋治兵衛等刊印《遊名山記》四卷。此本由日人黑田善等校點。

古今遊名山記十七卷

(明)何鏜編撰

明萬曆五年(1577 年)刊本　共十二册

御茶之水圖書館藏本　原德富蘇峰成簣堂等舊藏

【按】每半葉有界十四行,白口,四周單邊。版心記刻工姓名。卷末有明萬曆五年(1577 年)括蒼人何鏜《後序》。

第一册封面有明治四十四年(1911 年)八月德富蘇峰手識文。書籍有外題,亦爲德富蘇峰手筆。卷中有"惜陰亭"、"求敬館圖書記"等印記。

名山勝槩記四十六卷　名山圖一卷

不著編著人姓名

明崇禎年間(1628—1644 年)刊本

内閣文庫　静嘉堂文庫　陽明文庫　廣島市立淺野圖書館　廣島大學文學部藏本

【按】每半葉有界九行,每行二十字。白口,左右雙邊。

前有王世貞《序》,湯顯祖《序》等。

内閣文庫藏本,原係木村兼葭堂舊藏,共三十一册。

静嘉堂文庫藏本,卷中有缺逸,共三十七册。

陽明文庫藏本,原係江户時代近衛家凞等舊藏。此本今存《名山圖》一卷,共二册。

廣島市立淺野圖書館藏本,外題《名山勝記》,共四十八册。

廣島大學藏本,共四十册。

【附錄】《商舶載來書目》記載,中御門天皇正德二年(1712 年)中國商船"女字號"載《名山勝槩記》一部共四十八册抵日本。同年,中國商船"天字號"載《天下名山勝槩記》一部抵日本。

據《書籍元帳》記載,仁孝天皇天保十二年
(1841 年)中國商船"子二番"(船主王雲)載
《名山勝記》一部二帙抵日本,定價三十匁。

《書籍元帳》又記載,孝明天皇嘉永三年
(1850 年)中國商船"戌字一號"載《名山勝槩
記》一部抵日本,定價一百匁。

據《會所書籍入札帳》記載,孝明天皇安政七
年(1860 年)中國商船"酉七番"載《名山勝槩
記》一部三十二册抵日本,此書標價爲本屋三
十二匁九分六厘;紙屋四十四匁三分;島屋五
十三匁。

又,光格天皇享和元年(1801 年)江户須原
屋茂兵衛刊印《新撰名山勝槩圖》三卷,題"木
村孔恭校"。全書有圖無文。此本由仁孝天皇
文政十一年(1828 年)修補重印。

名山勝槩記四十六卷　圖目四卷

不著撰著人姓名
明崇禎年間(1628—1644 年)刊本
官内廳書陵部藏本
【按】每半葉有界九行,每行二十字。白口,
左右雙邊。

官内廳書陵部藏此同一刊本三部。一部共
一百册;一部殘存十六卷並目一卷,共十七册;
一部有闕葉,共四十八册。

名山勝槩記四十六卷

(明)何鏜輯　慎蒙續輯　張紹等補輯
明刊本　共十五册
早稻田大學圖書館　陽明文庫藏本
【按】早稻田大學圖書館藏本,共五十册。

陽明文庫藏本,原係江户時代近衛家熙等舊
藏,共十五册。

《名山勝槩記》明刊本頗多,卷數不盡相同,
且多不署編撰者姓名,而此本及四十七卷本有
編輯者名,兩者恐皆係商賈所爲。

名山勝槩記四十七卷

(明)何鏜輯

明刊本　共八十四册
東洋文庫藏本

名山勝槩記四十八卷　名山圖一卷　附録一卷

不著編著人姓名
明崇禎年間(1628—1644 年)初年刊本
内閣文庫　尊經閣文庫　蓬左文庫　東京
都立日比谷圖書館　陽明文庫藏本
【按】每半葉有界九行,每行二十字。白口,
左右雙邊。

内閣文庫藏本,原係紅葉山文庫舊藏,共五
十册。

尊經閣文庫藏本,原係江户時代加賀藩主前
田綱紀等舊藏。此本闕《附録》一卷,共四十八
册。

蓬左文庫藏本,係明正天皇寬永十一年
(1634 年)從中國購入,卷中有"尾陽内庫"印
記,共六十四册。

東京都立日比谷圖書館藏本,原係田中乾郎
等舊藏,共五十二册。

陽明文庫藏本,原係江户時代近衛家熙等舊
藏,共四十七册。

(新鐫)海内奇觀十卷

(明)楊爾曾纂輯　陳一貫繪圖
明萬曆三十七年(1609 年)錢塘楊氏夷白堂
刊本
内閣文庫　東洋文庫　尊經閣文庫　東京
大學東洋文化研究所　神户大學文學部藏本
【按】每半葉有界十行,每行二十四字。白
口,四周單邊。

前有陳邦瞻《序》。《序》曰:"近代名山有紀,
始於吳門都玄敬,而備於括蒼何振卿,增都損
何,自命撮勝者,吳興慎氏也。每攬三家之帙,
幾括宇内之奇。然雖文中有畫,而目前無山,
賞心者猶遺恨焉。武林楊子,博雅多奇,神情
散逸,雖生長湖山之會,而尤抗志天游之表。
妙抒心靈,先窮目界,寄興盤礴,假技丹青。靈
山異境,略存髣髴,福地洞天,盡入形容。萬象

縮之毫端,千嶂叠之尺幅。丹崖翠壁,依稀若覿;猿啼鶴唳,惝怳如聞。比諸三家,得未曾有,命曰'奇觀',信不誣耳。"

陳《序》後,有葛寅亮《序》,並明萬曆三十七年己酉(1609年)楊爾曾《自序》。

内閣文庫藏本,原係紅葉山文庫舊藏,共三册。

東洋文庫藏本,共六册。

尊經閣文庫藏本,共十一册。

廬山記五卷

(宋)陳舜俞編撰

宋紹興年間(1131—1162年)刊本　日本重要文化財　共五帖

内閣文庫藏本　原豐後佐伯藩主毛利家舊藏

【按】每半葉有界九行,每行十八字。白口,左右雙邊。版心魚尾下題"廬一(——五)",下記葉數,最下記刻工姓名,如小范、周、吳恭、阮宗、吳渭、宣、范宣、趙祐等。

卷首有圖一葉。

卷三中行文字涉宋欽宗諱,"桓"字作"犯淵聖御諱"云云。

此本記廬山名勝古蹟,並録古碑、詩文等,且有廬山名士傳略。仁孝天皇文政十一年(1828年)由出雲守毛利高翰贈德川幕府,入楓山官庫。此本係宋刊五卷全本,世所罕見,已被日本"文化財審議委員會"確認爲"日本重要文化財"。昭和三十年(1955年)刊出影印本流世。

【附録】《商舶載來書目》記載,光格天皇天明六年(1786年)中國商船"以字號"載《廬山志》一部二函抵日本。

日本東山天皇元禄十年(1697年)京都尾崎氏重刊《廬山志》,前有李常《序》,劉焕《序》,並《廬山十八賢圖贊》,《廬山記圖》等。封面有"洛下尾崎盈縑堂藏板"。

廬山記(殘本)二卷

(宋)陳舜俞編撰

宋紹興年間(1131—1162年)刊本　共五帖

御茶之水圖書館藏本　原高山寺　德富蘇峰成簣堂舊藏

【按】此本與内閣文庫藏本係同一刊本,行款題式皆同,惟僅存卷二、卷三,凡二卷。卷一、卷四與卷五皆係後人寫補。

卷中有中日讀者手識文。卷一末有"一校了於字莫改本品方木也"十二字,卷四末與卷五末皆有"一校了於字莫改"七字。卷五末又有羅振玉手識文。

此本蝴蝶裝。《吉石盦叢書》曾影印此本。

傅增湘《藏園羣書經眼録》卷五著録此本。

廬山紀事十二卷

(明)桑喬編撰

明嘉靖年間(1522—1566年)刊本

内閣文庫　尊經閣文庫藏本

【按】每半葉十行,每行二十二字。白口,四周單邊。

前有明嘉靖四十年辛酉(1561年)桑喬《自序》。

内閣文庫藏此同一刊本兩部。一部原係中川忠英舊藏,後歸昌平坂學問所,共十册;一部原係豐後佐伯藩主毛利高標舊藏,共六册。

尊經閣文庫藏本,共八册。

三山志四十二卷

(宋)梁克家撰

舊鈔摹宋刊本　錢大昕手識本　陸心源手識本　共八册

静嘉堂文庫藏本

【按】卷前有宋淳熙九年壬寅(1182年)五月梁克家《自序》。序文曰"予領郡暇日訪無諸以來遺蹟故俗。閩晉太康既置郡之一百十三年,太守陶夔始有撰記。又四百五十六年至唐,郡人林諝復爲增之,皆散逸無存。獨最後一百九十二年,慶曆郡人林世程所作,傳於世。迄今又一百三十九年,興廢增改,率非其故,闕不書者十九矣。乃約諸里居與仕於此者纂集,討尋斷簡,援據公牘,採諸長老所傳,得諸閭里所記。上窮千載創建之始,中閱累朝因革之由,而益之以今日之所聞見。厥類惟九,書成名曰《三山志》。凡分九門,一地理,二公廨,三版籍,四財賦,五兵防,六秩官,七人物,八寺觀,九土俗"云云。

卷末有錢大昕手識,其文曰:

"梁丞相《三山志》四十卷,《宋史·藝文志》謂之《長樂志》,其實一書也。今本作四十二卷,其第卅一、第卅二兩卷進士題名,乃淳祐中朱貌孫續入。攷《目録》,本附於第卅之後,但云第卅中。第卅下未嘗輒更舊志卷第,後人析而異之,又非貌之舊矣。"

錢大昕手識後,有陸心源手識,其文曰:

"此書從宋本傳鈔,尚存四十卷舊式。近從閩中楊雪滄侍讀借得明萬曆刊四十二卷本,對校一過,補缺張一葉,補正數百字。……此外(萬曆本)零星脱落,又不下數千字。明人刊書粗莽裂滅,真有刊如不刊之歎矣。"

三山志四十二卷

(宋)梁克家撰

明萬曆年間(1573—1620年)刊本　共八册

内閣文庫藏本　原紅葉山文庫舊藏

【按】卷前有明萬曆四十一年癸丑(1613年)《序》。

京口三山志十卷

(明)張萊輯撰

明正德年間(1506—1521年)刊本　共三册

内閣文庫藏本　原紅葉山文庫等舊藏

【按】每半葉有界九行,每行十七字。小字雙行,行同正文。白口,左右雙邊。

前有明正德七年壬申(1512年)《序》。

京口三山全志十二卷

(明)張萊　高一福輯撰

明萬曆年間(1573—1620年)刊本　共十册

尊經閣文庫藏本

【按】每半葉有界九行,每行十七字。小字雙行,行同正文。白口,左右雙邊。

(淳祐)玉峰志三卷　續志一卷

(宋)凌萬頃　邊實纂修　《續志》(宋)邊實纂修

舊鈔摹寫宋刊本　共一册

静嘉堂文庫藏本

【按】此本有宋淳祐壬子(十二年即1252年)中和節項公澤《跋》,凌萬頃《跋》。《續志》有宋咸淳壬申(八年即1272年)中秋日謝公應《跋》,邊實《跋》。卷末有錢大昕《跋》。

"玉峰"係嘉定之古稱。

泰山志四卷

(明)汪子卿編輯　曹金校訂　吳伯朋裁定

明嘉靖年間(1522—1566年)刊本

内閣文庫　尊經閣文庫藏本

【按】每半葉有界九行,每行二十二字。小字雙行,行同正文。四周雙邊。

前有明嘉靖三十三年甲寅(1554年)沈應龍《序》,明嘉靖三十四年乙卯(1555年)雍焯《序》,明嘉靖三十二年癸丑(1553年)洪章《序》。

内閣文庫藏本,原係豐後佐伯藩主毛利高標舊藏,共十二册。

尊經閣文庫藏本,共四册。

【附録】《商舶載來書目》記載,光格天皇天明三年(1783年)中國商船"多字號"載《泰山志》一部二函抵日本。

岱史十八卷

(明)查志隆輯撰　甘一驥閱　譚耀定

明萬曆年間(1573—1620年)刊本　共十三册

内閣文庫藏本　原昌平坂學問所等舊藏

【按】每半葉有界九行,每行二十字。白口,四周單邊。

前有明萬曆十五年丁亥（1587 年）于慎行《序》，同年譚耀《序》等。

【附錄】據《商舶載來書目》記載，光格天皇天明三年（1783 年）中國商船"多字號"載《岱史》一部二帙抵日本。

岱史十八卷

（明）查志隆輯撰　甘一驥閱　譚耀定　張緝彥刪補

明萬曆年間（1573—1620 年）刊明末補刊本　東京大學東洋文化研究所藏本

【按】每半葉有界九行，每行二十字。白口，四周單邊。

前有明萬曆十五年丁亥（1587 年）于慎行《序》，同年譚耀《序》，清順治十一年甲午（南明永曆八年即 1654 年）張緝彥《序》等。

華嶽全集十三卷

（明）馬明卿編輯　張維新總閱　張弓　盛以弘校正

明萬曆年間（1573—1620 年）刊本

內閣文庫　京都大學附屬圖書館藏本

【按】每半葉有界九行，每行二十字。白口，四周單邊。

前有明萬曆二十四年丙申（1596 年）張維新《序》。後有馬明卿《跋》。

內閣文庫藏本，原係豐後佐伯藩主毛利高標舊藏，共四册。

京都大學藏本，共八册。

華嶽全集十三卷

（明）張維新輯撰　馬明卿校　湯斌重訂　劉瑞遠重校

明刊清印本　共十二册

內閣文庫藏本　原豐後佐伯藩主毛利高標等舊藏

【按】每半葉有界九行，每行二十字。白口，四周單邊。

前有明萬曆三十年壬寅（1602 年）買侍問

《序》，明萬曆二十九年辛丑（1601 年）張維新《序》等。

此本文字與前署馬明卿編輯之《華嶽全集》同，編撰者署名則係後人剜改。

嵩書二十二卷

（明）傅梅撰

明萬曆年間（1573—1620 年）刊本　共十二册

內閣文庫　東洋文庫藏本

【按】每半葉有界九行，每行二十字。白口，左右雙邊。

前有明萬曆四十年壬子（1612 年）傅梅《序》。

後有"門人劉湛然　袁嵩秀校字"一行。

內閣文庫藏本，原係紅葉山文庫舊藏。

【附錄】據《書籍元帳》記載，孝明天皇嘉永四年（1851 年）中國商船"戌四番"載《嵩嶽記》一部一帖抵日本，定價三匁。此書爲伊勢守阿部所購得。

衡嶽志十三卷

（明）彭簪纂輯

明隆慶年間（1567—1572 年）刊本　共四册

尊經閣文庫藏本　原江戶時代加賀藩主前田綱紀等舊藏

衡嶽志八卷

（明）鄧雲宵編刪　楊鍾英等訂　曾鳳儀纂輯　王邊寧等校

明萬曆四十年（1612 年）東莞鄧氏刊本　共八册

蓬左文庫　東洋文庫藏本

【按】每半葉十行，每行二十字。小字雙行，行同正文。白口，四周單邊。

蓬左文庫藏本，係明正天皇寬永六年（1629 年）從中國購入，原係江戶時代尾張藩主家舊藏，卷中有"尾陽內庫"印記。

【附錄】《商舶載來書目》記載，光格天皇天明

三年(1783 年)中國商船"加字號"載《衡嶽志》
一部二函抵日本。

嵩嶽志二卷　嵩嶽文志八卷　續詩文一卷

(明)陸道函輯撰

明萬曆年間(1573—1620 年)刊本　共五册

尊經閣文庫藏本

【按】每半葉有界九行,每行二十字。白口,
左右雙邊。

明州阿育王山志十六卷

(明)郭子章撰　祁承爍校

明萬曆年間(1573—1620 年)刊清初補刊本
共六册

内閣文庫　京都大學附屬圖書館　東洋文
庫藏本

【按】每半葉有界十行,每行十九字。

前有郭子章《自序》,明萬曆四十七年己未
(1619 年)釋德清撰《舍利塔記》,明萬曆四十
四年丙辰(1616 年)鄒德溥《序》,明萬曆四十
六年戊午(1618 年)徐時進《序》。後有釋正理
《後序》,明萬曆四十五年丁巳(1617 年)鄒元
標《跋》等。

是《志》原全十卷。卷十一至卷十六題"住山
釋畹荃嵩來輯集",爲清初續刻。

内閣文庫藏本,原係紅葉山文庫舊藏。

阿育王山志略二卷

(明)郭子章撰

明天啓四年(1624 年)當湖陸基忠等集貲刊
本　共一册

東洋文庫藏本

【按】每半葉有界九行,每行十八字。白口,
左右雙邊,單魚尾。

普陀山志五卷

(明)周應賓纂輯　沈泰鴻校正

明萬曆年間(1573—1620 年)張隨刊本　共
五册

御茶之水圖書館藏本　原德富蘇峰成簀堂
舊藏

【按】每半葉有界八行,每行十六字。白口,
四周單邊。

前有明萬曆三十五年丁未(1607 年)周應賓
《序》,同年樊王家《序》並邵輔忠《序》。

是《志》流傳本多爲六卷,而周應賓《自序》稱
"五卷十七門",與此本合。

卷内題"文安御用監太監張隨梓行"。

【附録】《商舶載來書目》記載,中御門天皇享
保十一年(1726 年)中國商船"不字號"載《普
陀山志》一部一函抵日本。

普陀山志六卷

(明)周應賓纂輯　沈泰鴻校正

明萬曆年間(1573—1620 年)張隨刊本　共
六册

内閣文庫　神户大學文學部　東洋文庫
御茶之水圖書館藏本

【按】每半葉有界八行,每行十六字。白口,
四周單邊。

前有明萬曆三十五年丁未(1607 年)周應賓
《序》,同年樊王家《序》並邵輔忠《序》。

卷一爲各家序文,卷二之首有"文安御用監
太監張隨梓行"。

此本卷六刀跡稍異,似後來補刻,並題"庠生
陳九思,屠玉衡同校"。

内閣文庫藏本,原係豐後佐伯藩主毛利高標
舊藏。

御茶之水圖書館藏本,原係德富蘇峰成簀堂
等舊藏。此本封面用江户時代末期産楮紙。
第一册封面由德富蘇峰朱筆手題。卷中有别
紙一葉,爲大正四年(1915 年)德富蘇峰手記
購書之由,共五册。

天台山方外志三十卷

(明)釋無盡撰

明萬曆年間(1573—1620 年)幽溪講堂刊本
共六册

内閣文庫藏本　原江戸醫學館等舊藏

【按】每半葉有界九行，每行字數不定，以十八字居多。小字雙行，每行十七字左右。白口，左右雙邊。

前有明萬曆二十九年辛丑（1601 年）無盡《序》。

【附錄】《商舶載來書目》記載，東山天皇元禄八年（1695 年）中國商船“天字號”載《天台勝迹錄》一部一册抵日本。中御門天皇享保十年（1725 年）中國商船“天字號”載《天台山志》一部一函抵日本。

天台山方外志三十卷

（明）釋無盡撰

明萬曆年間（1573—1620 年）刊後印本　共六册

内閣文庫藏本　原紅葉山文庫等舊藏

【按】每半葉有界九行，每行字數不定，以十八字居多。白口，左右雙邊。

前有王孫熙《序》，明萬曆三十三年乙巳（1605 年）屠隆《序》，明萬曆三十一年癸卯（1603 年）虞淳熙《序》，明萬曆二十九年辛丑（1601 年）無盡《自序》，明萬曆四十年壬子顧起元《序》等。

鴈山志四卷

（明）朱諫撰　胡汝寧補修

明萬曆年間（1573—1620 年）刊本　共二册

内閣文庫　尊經閣文庫藏本

【按】每半葉有界十行，每行二十二字。白口，四周單邊。

前有明萬曆九年辛巳（1581 年）胡汝寧《序》明嘉靖十八年己亥（1539 年）潘潢《序》。

是《志》卷目如次：

卷一　山名　山界沿革　路徑；

卷二　寺院房屋；

卷三　草木　鳥獸；

卷四　藝文（附鴈山紀勝詩）。

内閣文庫藏本，原係江戸時代大儒林羅山等

舊藏，卷中有“江雲渭樹”印記。

武夷志六卷

（明）楊亘纂輯

明正德十五年（1520 年）刊本　共四册

東洋文庫藏本

武夷山志四卷

（明）勞堪纂輯

明萬曆年間（1573—1620 年）刊本　共六册

内閣文庫　尊經閣文庫藏本

【按】每半葉有界九行，每行十八字。白口，四周單邊。

前有明萬曆十年壬午（1582 年）《序》。

内閣文庫藏本，原係豐後佐伯藩主毛利高標舊藏。

【附錄】《商舶載來書目》記載，桃園天皇寶曆四年（1754 年）中國商船“不字號”載《武夷山志》一部一函抵日本。

光格天皇天明六年（1786 年）《寅拾號船持渡書目錄》記《武夷山志》一部四册抵日本。

《外船齎來書目》記載，光格天皇寬政十二年（1800 年）中國商船“丑字五號”載《武夷山志》一部一函抵日本。

武夷山志十卷

（明）史弼撰　安如坤校

明萬曆年間（1573—1620 年）刊本　共六册

宮内廳書陵部藏本

【按】每半葉有界九行，每行二十字。白口，四周單邊。

前有明萬曆二十三年乙未（1595 年）《序》。

武夷山志十九卷

（明）裘仲孺纂輯

明崇禎年間（1628—1644 年）刊本　共三册

内閣文庫藏本　原林大學頭家舊藏

【按】每半葉有界九行，每行二十字。白口，四周單邊。

前有明崇禎十六年癸未(1643 年)《序》。

【附錄】《舶來書籍大意書》記明崇禎十六年刊《武夷山志》曰:"明裘稺生編訂,是書以山徑之迂曲循一曲之左右記其名勝,凡九曲一百四十餘條,名爲《名勝篇》。又由曲徑而通儒宮、玄館、雲龕、紺室、曲榭、分勝供奇者,凡九曲八十餘條,名爲《雲構篇》。又古人銘石者,遍於境内,依次而録者,凡二十餘條,名爲《題刻篇》。仙真羽流、釋氏流寓等九十餘人之事蹟,物産二十餘條,祀典八條,題詩五百六十餘首,詩餘十首,賦銘疏記共四十餘篇,餘韻六首,聯句三聯,皆自歷代迄於明,事涉武夷山者。又嗣輯詩百三十首,凡十九卷。卷首載《圖總叙》。"

武夷志略(武夷洞天志略)四卷

(明)徐表然纂輯

明萬曆四十七年(1619 年)刊本　共四册

内閣文庫　東洋文庫藏本

【按】每半葉有界九行,每行二十字。

前有陳鳴華《序》。柴也埏《序》。後有彭維藩《跋》。

卷末有牌記,其文曰:

"萬曆己未仲冬晋江陳衙發刻崇安孫世昌梓行"

内閣文庫藏本,原係豐後佐伯藩主毛利高標舊藏。

武夷九曲小志一卷

(明)劉吾南編撰

明嘉靖年間(1522—1566 年)刊本　共一册

静嘉堂文庫藏本　原稻生若水等舊藏

黃山圖經一卷　黃山圖經後集一卷

(宋)焦束之撰　《後集》(明)程孟等撰

明刊本　共一册

内閣文庫藏本

【按】每半葉有界十一行,每行二十一字。黑口,四周雙邊。

《圖經》後有《黃山詩集》一卷,《新安黃山題詠》一卷。

徑山志二卷

(明)高則巽等纂輯

明萬曆年間(1573—1620 年)刊本　共三册

尊經閣文庫藏本　原江户時代加賀藩主前田綱紀等舊藏

【附錄】據《商舶載來書目》記載,中御門天皇享保九年(1724 年)中國商船"計字號"載《徑山志》一部一帙抵日本。

(重刻)天目兩山合志十七卷

(明)宋奎光撰　徐文龍等訂　李燁然定

明天啓年間(1621—1627 年)刊本　共四册

宮内廳書陵部藏本　原江似孫等舊藏

【按】前有明天啓四年甲子(1624 年)吳伯與《序》,同年李燁然《重刻序》。卷末有宋奎光《跋》。

是書係《東天目山志》七卷,《西天目山志》十卷。

每册首有"江似孫圖書記","祕閣圖書之章"等印記。

【附錄】《商舶載來書目》記載,中御門天皇享保十九年(1734 年)中國商船"天字號"載《天目山志》一部一函抵日本。

《外船齎來書目》又記載,中御門天皇享保二十年(1735 年),中國寧波商船"第二十號"載《天目山志》一部抵日本。

天目兩山合志六卷

(明)李燁然等纂輯

明天啓年間(1621—1627 年)刊本　共六册

内閣文庫藏本　原昌平坂學問所舊藏

【按】是書係《東天目山志》四卷,李燁然纂輯。《西天目山志》(殘本)二卷,孫昌裔纂輯。《西志》全四卷,今存卷三、卷四。

(增輯)西湖合志十五卷

(明)章之采編輯
明崇禎年間(1628—1644 年)刊本　共四册
內閣文庫藏本

【按】前有明崇禎十年丁丑(1637 年)《序》。

是《志》係纂輯《東天目山志》四卷、《西天目山志》四卷、《徑山志》七卷,凡十五卷合集而成。

內閣文庫藏此同一刊本兩部。一部原係紅葉山文庫舊藏,一部原係豐後佐伯藩主毛利高標舊藏。

羅浮志略二卷

(明)韓鳴鸞纂輯
明萬曆年間(1573—1620 年)刊本　共四册
內閣文庫藏本　原林羅山等舊藏

【按】每半葉九行,每行二十字。白口,四周單邊。

前有明萬曆三十九年辛亥(1611 年)《序》。卷中有"江雲渭樹"印記。

【附録】《商舶載來書目》記載,後櫻町天皇明和二年(1765 年)中國商船"良字號"載《羅浮山志會編》一部一函抵日本。

《書籍元帳》又記載,光格天皇文化元年(1804 年)中國商船"十二家號外"載《羅浮山志會編》一部一函抵日本,定價二十八匁。

羅浮志十二卷

不著編撰者
明刊本　共四册
静嘉堂文庫藏本　原陸心源守先閣等舊藏

西山品一卷

(明)汪砢玉撰
明天啓年間(1621—1627 年)刊本　共一册
內閣文庫藏本　原紅葉山文庫舊藏

【按】前有明天啓五年乙丑(1625 年)《序》。卷後附《西山蠟屐音》一卷。

玉甑峰志十卷

(明)陳崇雅纂輯
明崇禎年間(1628—1644 年)刊本　共二册
內閣文庫藏本　原豐後佐伯藩主毛利高標等舊藏

【按】前有明崇禎二年己巳(1629 年)《序》。

南明山志略(不分卷)

(明)鄭奎光纂輯
明崇禎年間(1628—1644 年)刊本　共二册
內閣文庫藏本　原紅葉山文庫等舊藏

【按】前有明崇禎十二年己卯(1639 年)《序》。

遊大峨山記(不分卷)

(明)范淶撰
明萬曆二十五年(1597 年)刊本　共一册
內閣文庫藏本　原紅葉山文庫舊藏

鼓山志十二卷

(明)謝肇淛修葺　徐𤊹參訂
明萬曆年間(1573—1620 年)刊本
內閣文庫　蓬左文庫藏本

【按】每半葉有界九行,每行十八字。白口,左右雙邊。

前有明萬曆三十六年戊申(1608 年)謝氏《序》。

內閣文庫藏本,原係紅葉山文庫舊藏。共三册。

蓬左文庫藏本,係明正天皇寬永十三年(1636 年)從中國購入,原係江戸時代尾張藩主家舊藏,卷中有"尾陽內庫"印記。共四册。

【附録】《商舶載來書目》記載,中御門天皇享保十年(1725 年)中國商船"古字號"載《鼓山志》一部一函抵日本。

又,東山天皇元禄七年(1694 年)林五郎兵衛刊印《鼓山志》十二卷。文中有漢文讀法順序符點。

恒嶽志三卷

（明）趙之韓等纂輯

明萬曆年間（1573—1620 年）刊本　共三册

尊經閣文庫藏本

華蓋山志八卷

（明）崔世召撰

明天啓年間刊本　共二册

宮內廳書陵部藏本　原中國徐惟起　日本
青木東庵　豐後佐伯藩主毛利高標舊藏

【按】前有明天啓七年丁卯（1627 年）崔世召
《序》，並鄒舖《序》。

卷首有"洛下儒醫青木東庵"、"佐伯侯毛利
高標字培松藏書畫之印"等印記。每册首有
"祕閣圖書之章"印記。第二册首又有"閩中徐
惟起藏書印"印記。

此本係仁孝天皇文政年間（1818—1830 年）
出雲守毛利高翰獻贈德川幕府。

普陀洛伽山志六卷

（明）屠隆撰

明萬曆年間（1573—1620 年）侯氏刊本　共
四册

內閣文庫藏本　原紅葉山文庫舊藏

方廣巖志三卷

（明）謝肇淛撰

明萬曆年間（1573—1620 年）刊本　共一册

內閣文庫藏本　原紅葉山文庫舊藏

【按】前有明萬曆四十年壬子（1612 年）
《序》。

金精風月（金精詩集）二卷

（元）蘇天弎輯　（明）葉天與校

明嘉靖年間（1522—1566 年）刊本　徐燉手
識本　共二册

內閣文庫藏本　原中國徐燉　日本豐後佐
伯藩主毛利高標　昌平坂學問所等舊藏

【按】每半葉有界八行，每行十七字。黑口，
四周雙邊。

前有元延祐七年庚申（1320 年）後齋蘇天弎
《序》，元泰定三年丙寅（1326 年）豫章李澗
《序》，明嘉靖十四年乙未（1535 年）寧都守約
賴耀《序》。卷末有明嘉靖三十年辛亥（1551
年）慕道山人葉天與《跋》。

卷首有"金精山圖"二葉，並題金精山名公姓
氏八十九人。以下有四言詩、五七言律絕、五
言古風、辭、歌、謠、賦凡百數十章。

卷首守約賴耀《序》後余白處，有明萬曆四十
年壬子（1612 年）徐燉手識文楷書十行，其文
曰：

"先君向有《金精山志》，藏之篋笥，時取
披覽。及爲茂名學博，在癸酉之歲，時學憲
邵某試合郡教官文，又有詩，詩乃登金精山
爲題。諸教官不知金精山何地，茫然不解。
先子曾覽是志，頗知其中事蹟，乃賦詩曰：
'縱步遨游江上台，却憐塵世幾能來；千層古
洞衝雲起，百道鳴泉繞澗迴。仙子碁聲驚白
鶴，道人屐齒印蒼苔；相看已有登臨興，媿乏
當年作賦才。'邵見詩大稱賞，拔置第一，因
爲延譽甚力。次年，巡按御史張某，復試迎
春詩，先子復置第一。丙子遂擢永寧令，皆
二詩之力也。杜甫云，詩是吾家事，子孫安
可弗知哉。壬子冬至日　惟起書。"

文末有"徐興公"白文方印。

傅增湘《藏園羣書經眼錄》卷五著錄此本，并
曰："徐興公燉跋見新刻《紅雨樓題跋》。然詩
中'縱步'誤'蹤步'，'幾能'誤'幾時'，'古洞'
誤'萬洞'，'永寧令'奪'令'字。微見此墨迹，
焉從訂正哉！甚矣，掃塵之不易也。"

卷中有"晋安徐興公家藏書"、"徐燉之印"、
"徐相之印"、"鼇峰清嘯"、"徐楒之印"、"淺草
文庫"、"佐伯侯毛利高標字培松藏書畫之印"
印記。

雪峰志十卷

（明）徐燉撰

明崇禎年間（1628—1644 年）刊本　共三册
尊經閣文庫藏本

僊巖志十卷

（明）李燦箕撰　洪公遂校
明崇禎年間（1628—1644 年）刊本　共一册
内閣文庫藏本　原紅葉山文庫舊藏
【按】每半葉有界八行，每行二十字。白口，
四周單邊。
前有明崇禎六年癸酉（1633 年）《序》。

九華山志八卷

（明）顧元鏡撰
明崇禎二年（1629 年）刊本　共八册
東洋文庫藏本
【按】每半葉有界十行，每行二十二字。白
口，四周單邊。
此《志》有《圖》一卷。

齊雲山志五卷

（明）魯點編輯　顧懋宏　吳芊　丁惟暄同
校
明萬曆二十七年（1599 年）刊本　共五册
東洋文庫藏本
【按】每半葉有界十行，每行十八字。白口，
四周單邊。
前有許國《序》、程朝京《序》、范萊《序》、汪先
岸《序》、汪亦緒《序》等。
【附録】《商舶載來書目》記載，東山天皇元禄
七年（1694 年）中國商船“世字號”載《齊雲山
志》一部一函抵日本。

嘉州二山志六卷

（明）袁子讓編撰

明萬曆年間（1573—1620 年）刊本　共六册
静嘉堂文庫藏本

大岳太和山志八卷

（明）盧重華編次　李貴和訂正
明隆慶六年（1572 年）刊本　共八册
東洋文庫藏本
【按】每半葉有界九行，每行十八字。白口，
四周雙邊。
前有明隆慶六年壬申（1572 年）凌雲翼
《序》。《序》稱是《志》“乃出中貴人所刻，而序
諸簡首，未稱也。遂檄均之學正盧重華爲之編
次，而屬藩參李君訂正之，共彙爲八卷，副知州
張著登梓”云云。
【附録】《外船齎來書目》記載，光格天皇寬政
十二年（1800 年）中國商船“丑字七號”載《大
岳太和山志》一部一函抵日本。

大岳太和山志八卷　補遺一卷

（明）盧重華編次　李貴和訂正
明隆慶年間（1567—1572 年）刊本萬曆年間
遞修本　共六册
内閣文庫　蓬左文庫藏本
【按】每半葉有界九行，每行十八字。白口，
四周雙邊。
前有明隆慶六年壬申（1572 年）凌雲翼
《序》。後有明萬曆二十四年丙申（1596 年）
《跋》。
内閣文庫藏本，原係紅葉山文庫舊藏。
蓬左文庫藏本，係明正天皇寬永九年（1632
年）從中國購入，原係江户時代尾張藩主家舊
藏，卷中有“尾陽内庫”印記。

（水志之屬）

水經注四十卷

（漢）桑欽撰　（後魏）酈道元注

明藍格鈔本　明崇禎十五年（1642年）馮己蒼手校本　共十二册

静嘉堂文庫藏本　原徐乾學等舊藏

【按】每半葉有界十行，每行二十一字。經頂格，注低一格。

前有酈道元《序》。此《序》"不能不猶"句下，注明"缺二百二十字"。

此本係明崇禎十五年（1642年）馮己蒼用柳僉大中影宋鈔本校正，有黄筆青筆校記，每卷末皆有馮氏題識，並以朱筆藍筆記校畢日月。間用"己蒼"、"馮己蒼"、"馮舒之印"、"長樂"等印記。

卷中另有"傳是樓珍藏"朱文橢圓印記。

【附録】公元751年（中國唐玄宗天寶十年、日本孝謙天皇天平勝寶三年）日本完成第一部書面文學集《懷風藻》的編纂，其《序》中有"百濟入朝，啓龍編於馬廐"。此句中"龍編"之典，則來自《水經注》卷三十七"葉榆河"曰："建安二十三年立州之始，蛟龍蟠編於南北二津，故改龍淵，以龍編爲名也。"這是關於《水經注》最早浸入日本古代文學的記載。

水經注四十卷

（漢）桑欽撰　（後魏）酈道元注

明嘉靖十三年（1534年）吴郡黄氏刊本

京都大學藏本

【按】每半葉有界十二行，每行二十四字。白口，左右雙邊。

前有明嘉靖十三年甲午（1534年）黄省曾《刻水經序》。

京都大學藏此同一刊本兩部。一部藏人文科學研究所東洋學文獻中心，卷中有貝塘圖記，共十册；一部藏文學部中國語學文學哲學研究室，共四十一册。

森立之《經籍訪古志》卷三曾著録懷仙樓藏明嘉靖甲午刊本《水經》四十卷。卷首題"水經卷第一　漢桑欽撰　後魏酈道元注"，與此本同。

【附録】據《辰一番唐船持渡商賣書物目録並大意書》記載，桃園天皇寶曆十年（1760年）中國商船"辰一番"載《水經注》並附《山海經》十部，每部各二帙十六册抵日本。《大意書》注明"内五部脱紙六張，五部無脱紙"。

據《外船賫來書目》記載，光格天皇寬政十二年（1800年）中國商船"申一番"載《水經注》六部，每部二帙抵日本。同年，"申二番"載《水經注》三十二部，每部二帙，並《水經注釋地》一部十六册抵日本。

據《書籍元帳》記載，孝明天皇嘉永二年（1849年）中國商船"申四番"載《水經注》一部二册抵日本。此本定價三匁，爲伊勢守所購得。嘉永三年（1850年）中國商船"酉五番"載《酈注水經》一部二帙抵日本，定價六匁。

據《會所書籍入札帳》記載，孝明天皇安政七年（1860年）中國商船"酉七番"載《水經注》一部八册抵日本，標價爲紙屋十二匁：松井屋二十一匁六分，三十一匁。

水經注四十卷

（漢）桑欽撰　（後魏）酈道元注　（明）吴琯校

明萬曆十三年（1585年）文樞堂刊本

宮内廳書陵部　内閣文庫　京都大學人文科學研究所東洋學文獻中心　早稻田大學圖書館　蓬左文庫　大倉文化財團　東洋文庫藏本

【按】每半葉有界十行，每行二十字。白口，左右雙邊。

前有方沆《序》，明嘉靖十三年甲午黄省曾《序》，明萬曆十三年乙酉（1585年）王世懋《序》。

宮內廳書陵部藏本，原係中國季振宜、日本德山藩第三代藩主毛利元次舊藏，東山天皇寶永三年(1706年)《御書物目録》著録。卷首有"季振宜藏書"印記，每冊首有"德藩藏書"印記。此本係明治天皇二十九年(1896年)由男爵毛利元功獻贈宮內省。共十四冊。

內閣文庫藏本，原係昌平坂學問所舊藏，共十四冊。

京都大學人文研藏本，共十六冊。

早稻田大學圖書館藏本，共十冊。

蓬左文庫藏本，係明正天皇寬永四年(1627年)購入，卷中有"尾陽內庫"印記。共七冊。

大倉文化財團藏本，卷中有朱筆圈點，並有"磊山張氏"、"潁川陳氏"印記。共八冊。

東洋文庫藏本，原係藤田豐八舊藏，共八冊。

水經注箋四十卷

(漢)桑欽撰　(後魏)酈道元注　(明)李長庚訂　朱謀㙔箋　孫汝登　李克家同校

明萬曆四十三年(1615年)西楚李長庚刊本

內閣文庫　東洋文庫　尊經閣文庫　東京大學東洋文化研究所　京都大學人文科學研究所東洋學文獻中心　京都府立綜合資料館　大谷大學圖書館藏本

【按】每半葉有界十行，每行二十字。白口，左右雙邊。版心記字數及刻工姓名。

前有明萬曆四十三年乙卯(1615年)李長庚《序》，明嘉靖十三年甲午(1534年)黃省曾《序》，明萬曆四十三年乙卯(1615年)朱謀㙔《序》。

《序》後列《水經注》所引書目。

內閣文庫藏本，原係江户時代大儒林羅山手校本，卷中有"江雲渭樹"印記。共八冊。

東洋文庫藏本，原係藤田豐八舊藏。共十冊。

尊經閣文庫藏本，原係江户時代加賀藩主前田綱紀等舊藏，共十冊。

東京大學東洋文化研究所藏本，共十冊。

京都大學人文科學研究所藏本，共十六冊。

京都府立資料館藏本，共十冊。

大谷大學圖書館藏本，原係神田喜一郎(豳盦)等舊藏。昭和五十九年(1984年)神田氏家族將此本贈獻大谷大學，共十冊

水經注四十卷

(漢)桑欽撰　(後魏)酈道元注　(明)譚元春等評

明崇禎年間(1628—1644年)刊本

內閣文庫　京都大學人文科學研究所東洋學文獻中心　東洋文庫　陽明文庫藏本

【按】每半葉有界九行，每行二十字。

前有明崇禎二年己巳(1629年)譚元春《刻書叙》，其曰："予友嚴忍公家武林，不妄交一人，獨好予輩所閱書而與聞，子將諸同志合刻全注，以爲雅人資糧"云云。

譚《叙》後有明萬曆四十三年乙卯(1615年)朱謀㙔《序》，明嘉靖十三年甲午(1534年)黃省曾《序》，明萬曆四十三年乙卯(1615年)李長庚《序》。

內閣文庫藏本，共十冊。

京都大學人文研藏本，共六冊。

東洋文庫藏本，共八冊。

陽明文庫藏本，原係江户時代近衛家熙等舊藏，共十二冊。

水經注删八卷

(明)朱之臣纂輯

明刊本　共四冊

內閣文庫藏本　原係豐後佐伯藩主毛利高標等舊藏

西瀆大河志六卷

(明)張光孝撰

明萬曆三十八年(1610年)刊本　共四冊

尊經閣文庫藏本

【按】每半葉有界十行，每行二十字。小字雙行，行同正文。白口，左右雙邊。

前有明萬曆三十八年庚戌(1610年)劉士忠

《序》。後有同年曹震陽《跋》、王國楨《跋》。

泉河史十五卷

（明）唐禎撰　胡瓚編

明萬曆年間（1573—1620 年）濟寧分司刊本

内閣文庫　東洋文庫藏本

【按】每半葉有界十行，每行二十字。小字雙行，行同正文。白口，四周單邊。

内閣文庫藏此同一刊本兩部。一部附《大事記》一卷，原係昌平坂學問所舊藏，共六册；一部原係紅葉山文庫舊藏，共五册。

東洋文庫藏本，共五册。

【附録】《外船齎來書目》記載，光格天皇寬政十二年（1800 年）中國商船“丑字七號”載《泉河史》一部一函抵日本。

南河志十卷　南河全考二卷

（明）朱國盛等撰

明天啓年間（1621—1627 年）刊本　共八册

内閣文庫藏本　原紅葉山文庫舊藏

西湖遊覽志二十四卷　志餘二十六卷

（明）田汝成輯撰

明嘉靖年間（1522—1566 年）刊本　共十六册

内閣文庫藏本　原紅葉山文庫等舊藏

【按】每半葉有界十行，每行二十字。黑口，四周雙邊。

前有明嘉靖二十六年丁未（1547 年）田汝成《自序》。

【附録】據《商舶載來書目》記載，東山天皇元禄八年（1695 年）中國商船“世字號”載《西湖擷勝》一部一册抵日本。元禄十二年（1699 年）“世字號”載《西湖志》一部一帙抵日本。中御門天皇正德元年（1711 年）“世字號”載《西湖遊覽志》一部十六册抵日本。

中御門天皇享保九年（1724 年）中國商船“曾字號”載《增輯西湖合志》一部一帙抵日本。

據《外船齎來書目》記載，光格天皇寬政十二年（1800 年）中國商船“申一番”載《西湖志》四部，每部各一帙抵日本。同年，中國商船“申二番”載《西湖志》二部，每部各二帙，“申五番”載《西湖志》五部，每部各四帙抵日本。

據《書籍元帳》記載，孝明天皇嘉永二年（1849 年）中國商船“申四番”載《西湖志》一部一帙抵日本，定價二十匁。

西湖遊覽志二十四卷　志餘二十六卷

（明）田汝成輯撰

明萬曆年間（1573—1620 年）刊本

尊經閣文庫　早稻田大學圖書館　東京都立日比谷圖書館　陽明文庫藏本

【按】每半葉有界十行，每行二十字。

前有明萬曆十二年甲申（1584 年）范鳴謙《序》，明嘉靖二十六年丁未（1547 年）田汝成《自序》。

尊經閣文庫藏本，原係江户時代加賀藩主前田綱紀等舊藏，共十四册。

早稻田大學圖書館藏本，共十六册。

東京都立日比谷圖書館藏本，原係田中乾郎等舊藏。此本今存圖一卷，共一册。

陽明文庫藏本，原係江户時代近衛家凞等舊藏，最後二卷爲後人修補，共七册。

西湖遊覽志二十四卷　志餘二十六卷

（明）田汝成輯撰　商濬校

明萬曆年間（1573—1620 年）刊本

内閣文庫　静嘉堂文庫　東京都立日比谷圖書館藏本

【按】每半葉有界十行，每行二十一字。白口，四周單邊。

前有明嘉靖二十六年丁未（1547 年）田汝成《自序》。明萬曆四十七年己未（1619 年）商濬《序》。

内閣文庫藏本，原係江户時代大儒林羅山舊藏，卷中有“江雲渭樹”印記。共十六册。

静嘉堂文庫藏本，原係陸心源十萬卷樓等舊藏，共八册。

東京都立日比谷圖書館藏本,原係田中乾郎等舊藏,共十六册。

西湖遊覽志十二卷

（明）王豫輯纂

明萬曆年間（1573—1620年）刊本

廣島市立淺野圖書館　御茶之水圖書館藏本

【按】前有明萬曆三十一年（1603年）王豫《序》。

版心題"西湖志"。

廣島市立淺野圖書館藏本,共六册。

御茶之水圖書館藏本,原係德富蘇峰成簣堂等舊藏,白綿紙本。封面爲大正年間（1912—1926年）德富蘇峰新裝,共十册。

西湖遊覽志餘二十卷

（明）王豫輯纂

明萬曆三十三年（1605年）刊本　共八册

御茶之水圖書館藏本　原德富蘇峰成簣堂等舊藏

【按】每半葉有界七行,行十六字。四周單邊。卷首有《八咏圖説》、《楊維禎述》等,有德富蘇峰手識文。

西湖志摘粹補遺奚囊便覽（西湖便覽殘本）九卷圖一卷

（明）高應科編纂　陳有孚校

明萬曆年間（1573—1620年）刊本　共四册

東京都立日比谷圖書館藏本　原田中乾郎等舊藏

【按】前有明萬曆三十二年（1604年）《序》。是書全本凡十二卷。此本今缺卷第三至第五,實存九卷。

《序》首題書書名《西湖便覽》。

西湖韻事（不分卷）

（明）錢震瀧編輯

明刊本　共四册

內閣文庫藏本　原林大學頭家等舊藏

西湖百泉咏（不分卷）

（明）徐胤翓編輯

明刊本　共一册

內閣文庫藏本　原豐後佐伯藩主毛利高標等舊藏

震澤編（太湖志）八卷

（明）蔡昇撰　王鏊編

明刊本　共二册

內閣文庫藏本　原紅葉山文庫等舊藏

【附錄】據《外船齎來書目》記載,光格天皇寬政十二年（1800年）,中國商船"丑字七號"載《震澤縣志》一部抵日本。

九鯉湖志六卷

（明）黃天全撰

明萬曆年間（1573—1620年）刊本　共四册

內閣文庫藏本　原紅葉山文庫舊藏

【按】每半葉有界九行,每行十七字。

前有明萬曆十四年丙戌（1586年）王世懋《序》。後有同年錢順德《跋》,黃謙《後序》。

【附錄】《商舶載來書目》記載,中御門天皇享保十年（1725年）中國商船"幾字號"載《九鯉湖志》一部一函抵日本。

九鯉湖志十八卷

（明）康當世撰

明萬曆三十六年（1608年）刊本

內閣文庫　尊經閣文庫藏本

【按】每半葉有界九行,每行十八字。白口,四周單邊。

前有明萬曆三十六年戊申（1608年）《序》。

內閣文庫藏本,原係豐後佐伯藩主毛利高標舊藏,共六册。

尊經閣文庫藏本,共四册。

河防一覽十四卷　首一卷

(明)潘季訓撰

明萬曆十八年(1590 年)自刊本

內閣文庫　尊經閣文庫　靜嘉堂文庫藏本

【按】每半葉有界九行,每行二十字。上黑口,下白口,四周單邊。

前有明萬曆十八年庚寅(1890 年)潘季訓《自序》。

內閣文庫藏本,共七冊。

尊經閣文庫藏本,原係江戶時代加賀藩主前田綱紀等舊藏,共十冊。

靜嘉堂文庫藏本,原係陸心源十萬卷樓等舊藏,共十冊。

【附錄】據《商舶載來書目》記載,後櫻町天皇明和四年(1767 年)中國商船"加字號"載《河防一覽》一部二帙、《河防志》一部四帙抵日本。

據《外船賫來書目》記載,光格天皇寬政十二年(1800 年)中國商船"丑八番"載《重刻河防一覽》一部抵日本。

河防一覽榷十二卷

(明)潘季訓　潘大復撰

明刊本　共十二冊

東洋文庫藏本

【按】每半葉有界八行,每行二十字。白口,四周單邊。

前有明萬曆十九年辛卯(1591 年)于慎行《序》,明萬曆十八年庚寅(1590 年)潘季訓《自序》。

古今疏治黄河全書(不分卷)

(明)黃克纘撰　劉士忠校

明萬曆年間刊本　共一冊

內閣文庫藏本　原林羅山舊藏

【按】前有明萬曆三十九年辛亥(1611 年)《序》。

卷中有"江雲渭樹"印記。

河閘公言二卷

(明)黃鳴俊撰

明崇禎年間(1628—1644 年)刊本　共二冊

尊經閣文庫藏本

常熟縣水利全書十卷　附錄二卷

(明)耿橘撰

明萬曆年間(1573—1620 年)刊本　共十二冊

宮內廳書陵部藏本　原紅葉山文庫等舊藏

【按】每半葉有界十一行,每行二十一字。白口,四周單邊。

前有陸化淳《序》。

卷首有"知止堂"、"王業浩印"、"家在九峰高處"印記。每冊首又有"祕閣圖書之章"印記。

浙西水利書三卷

(明)姚文灝撰

明弘治年間(1488—1505 年)刊本　共一冊

靜嘉堂文庫藏本　原茭竹堂　陸心源十萬卷樓等舊藏

【按】此本有明弘治十一年戊午(1498 年)六月葉晨手識文。

卷中有"葉氏茭竹堂藏書"朱文方印。

吳中水利全書二十卷

(明)張國維編輯

明崇禎年間(1628—1644 年)刊本　共二十四冊

靜嘉堂文庫藏本　原陸心源十萬卷樓等舊藏

敬止集(不分卷)

(明)陳應芳編輯

明萬曆年間(1573—1620 年)刊本　共四冊

靜嘉堂文庫藏本　原陸心源十萬卷樓等舊藏

【按】此本卷中有後人寫補。

漕河圖志八卷

（明）王瓊撰

明弘治年間（1488—1505 年）刊本

內閣文庫　尊經閣文庫藏本

【按】前有明弘治九年丙辰（1496 年）《序》。

內閣文庫藏本，原係紅葉山文庫舊藏，共四

册。

尊經閣文庫藏本，共五册。

潞水客談（不分卷）

（明）徐貞明撰

明萬曆年間（1573—1620 年）刊本　共一册

內閣文庫藏本　原紅葉山文庫舊藏

（外志邊防之屬）

咸賓録八卷

（明）羅曰褧撰

明萬曆年間（1573—1620 年）刊本

內閣文庫　尊經閣文庫藏本

【按】每半葉有界十行，每行二十字。白口，
左右雙邊。

前有明萬曆十九年辛卯（1591 年）劉一焜
《序》。

此本有《凡例》八條，並《引用諸書目録》。每
卷末有書手名及刻工姓名，如卷一“錢世傑寫、
熊昇三刊”，卷二至卷七“錢世傑寫、姜伯勝
刊”，卷八“錢世傑寫、鄒邦傑刊。”

內閣文庫藏本，原係紅葉山文庫舊藏，共二
册。

尊經閣文庫藏本，共四册。

職方外紀六卷

（意大利）艾儒略撰　（明）楊廷筠彙記

明天啓年間（1621—1628 年）刊本　共二册

內閣文庫　早稻田大學圖書館藏本

【按】每半葉九行，每行十九字。白口，四周
單邊。

前有明天啓三年癸亥（1623 年）李之藻
《序》，楊廷筠《序》，葉向高《序》，艾儒略《自
序》。

卷一亞細亞，卷二歐羅巴，卷三利比亞，卷四
阿美利堅，卷五美加拉尼亞，卷六四海總説。

內閣文庫藏本，原係江户時代林氏大學頭家

舊藏，卷中有“林氏藏書”朱文印記。

【附録】日本光格天皇寬政八年（1796 年）三
月，有日人手寫《職方外記》六卷，大本。此本
今存早稻田大學圖書館。

日本光格天皇文化元年（1804 年）岡崎正忠
手寫《職方外紀》六卷并《首》一卷。

宣和奉使高麗圖經四十卷　附録一卷

（宋）徐兢編撰

明刊本　共四册

內閣文庫藏本　原紅葉山文庫舊藏

島夷志略一卷

（元）汪大淵編撰

文瀾閣傳寫本　共一册

静嘉堂文庫藏本　原陸心源十萬卷樓等舊
藏

皇明象胥録八卷

（明）茅瑞徵撰

明崇禎年間（1628—1644 年）芝園刊本

內閣文庫　蓬左文庫藏本

【按】每半葉有界九行，每行十九字。白口，
四周單邊。

前有明崇禎二年己巳（1629 年）《序》。

內閣文庫藏本，原係豐後佐伯藩主毛利高標
舊藏，共八册。

蓬左文庫藏本，係明正天皇寬永九年（1632
年）從中國購入，卷中有“尾陽内庫”印記。

裔乘八卷

(明)楊一葵撰

明萬曆年間(1573—1620 年)刊本　共十册

京都大學人文科學研究所東洋學文獻中心
藏本　原内藤湖南舊藏

【按】每半葉有界八行,每行十八字。白口,
四周單邊。

前有明萬曆四十三年乙卯(1615 年)《序》。

東夷圖説一卷　嶺海異聞一卷　嶺海續聞一卷

(明)蔡汝賢編撰

明萬曆年間(1573—1620 年)刊本　共三册
尊經閣文庫藏本

【按】每半葉有界九行,每行十八字,白口,四
周雙邊。

東西洋考十二卷

(明)張燮編撰

明萬曆年間(1573—1620 年)金陵王起宗刊
本

内閣文庫　尊經閣文庫　静嘉堂文庫　早
稻田大學圖書館　京都大學　御茶之水圖書
館藏本

【按】每半葉有界九行,每行十八字。小字雙
行,行同正文。白口,四周雙邊。

前有明萬曆四十六年戊午(1618 年)《序》,
係王起宗校刊本。

内閣文庫藏本,原係木村蒹葭堂舊藏,共二
册。

尊經閣文庫藏本,原係江户時代加賀藩主前
田綱紀等舊藏,共四册。

静嘉堂文庫藏本,原係中村敬宇等舊藏,共
四册。

早稻田大學圖書館藏本,共四册。

京都大學藏此同一刊本兩部。一部藏人文
研東洋文獻中心,一部藏文學部東洋史研究
室,皆凡六册。

御茶之水圖書館藏本,原係德富蘇峰成簣堂

等舊藏。此本第六册與第十一册封面文字,皆
由德富蘇峰手題。卷中有"子孫永保雲煙家藏
書記"等印記,共十二册。

【附録】據《商舶載來書目》記載,後櫻町天皇
明和元年(1764 年)中國商船"登字號"載《東
西洋考》一部一帙抵日本。

據《(文化元年)唐船持渡書物目録留》記載,
光格天皇文化七年(1810 年)中國商船"未九番"
載《東西洋考》二十九部,每部各一帙抵日本。

據《書籍元帳》記載,仁孝天皇弘化四年
(1847 年)中國商船"未二番"載《東西洋考》十
部,每部各一帙抵日本。此書每部定價十匁。

(新編京本)贏蟲録(異域志)一卷

不著撰著人姓名

明嘉靖二十九年(1550 年)静德書堂刊本
共二册

御茶之水圖書館藏本　原養安院　德富蘇
峰成簣堂等舊藏

【按】是書記自上古迄明代諸人種圖,各附簡
單之説明。

前有無名氏《序》。

卷末有刊印木牌:

```
┌─────────────┐
│ 嘉 靖 庚 戌 年 │
│ 静 德 書 堂 刊 │
└─────────────┘
```

(新刻)贏蟲録(異域志)四卷

不著撰著人姓名

明萬曆年間(1573—1620 年)刊本　共四册
尊經閣文庫藏本

日本國考略一卷

(明)鄭餘慶　薛俊撰

明嘉靖年間(1522—1566 年)刊本　共一册
東洋文庫藏本

【按】前有明嘉靖九年庚寅(1530 年)《序》。

【附録】日本江户年間有鈔本《日本國考略》
一卷,《日本國考略補遺》一卷。

皇明四夷考二卷

（明）鄭曉編撰

明嘉靖年間（1522—1566 年）刊本 　 共四册

静嘉堂文庫藏本

朝鮮賦一卷

（明）董越編撰

明正德年間（1488—1505 年）刊本 　 共一册

静嘉堂文庫藏本

海防圖論（不分卷） 　 附遼東軍餉論 　 日本考略

（明）胡宗憲編纂 　 《遼東論》丘澤萬編纂
《日本考》殷都編纂

明天啓年間（1621—1627 年）閔氏朱墨套印本（明刊《兵垣四編》零本） 　 共一册

東京都立日比谷圖書館藏本 　 原田中慶太郎（救堂）等舊藏

海防圖論一卷

（明）胡宗憲撰

明吳興世德堂刊本 　 共一册

東洋文庫藏本

籌海圖編十三卷

（明）胡宗憲編纂 　 胡維極等校

明嘉靖年間（1522—1566 年）刊本 　 共八册

静嘉堂文庫藏本 　 原陸心源十萬卷樓等舊藏

【附録】據《商舶載來書目》記載，中御門天皇享保九年（1724 年）中國商船"志字號"載《籌海圖編》一部一帙抵日本。

據《書籍元帳》記載，仁孝天皇弘化二年（1845 年）中國商船"辰字號"載《籌海圖編》六部抵日本。其中五部每部各一帙，一部四帙，定價每部各二十五匁，全部爲銕屋右一郎所購得。

據《漢籍發賣投標記録》記載，仁孝天皇弘化二年（1845 年）《籌海圖編》投標記録爲菱屋二十六匁；安田屋二十七匁；鐵屋三十匁六分。

據《會所書物入札帳》記載，孝明天皇安政六年（1859 年）有《籌海圖編》二部，投標價每部爲書物屋二十六匁九分；島屋三十二匁九分；本屋五十三匁五分。

籌海圖編十三卷

（明）胡宗憲編纂 　 胡維極等校

明天啓年間（1621—1627 年）重校刊本 　 共八册

静嘉堂文庫 　 東京大學文學部漢籍中心 東京都立日比谷圖書館藏本

【按】每半葉有界十二行，行二十二字左右，注文小字雙行。白口，四周單邊。

此本係胡宗憲曾孫胡維極依據明嘉靖四十一年（1562 年）序刊本重校刊印。

東京都立日比谷圖書館藏本，原係田中慶太郎（救堂）等舊藏。

九邊圖論（不分卷）

（明）許論編纂

明天啓年間（1621—1627 年）閔氏朱墨套印本（明刊《兵垣四編》零本） 　 共一册

東京都立日比谷圖書館藏本 　 原田中慶太郎（救堂）等舊藏

江防考（殘本）一卷

（明）王鳴鶴編纂

明刊本 　 共二册

東京都立日比谷圖書館藏本 　 原田中乾郎等舊藏

【按】此本題名爲後人改纂。

卷中有圖，今存卷一。

（十）職 官 類

大唐六典三十卷

（唐）玄宗皇帝撰　李林甫注

明正德年間（1506—1521 年）刊本

内閣文庫　静嘉堂文庫　尊經閣文庫　東京大學東洋文化研究所　關西大學綜合圖書館内藤文庫　陽明文庫藏本

【按】每半葉有界十二行，行二十字，注文雙行。白口，左右雙邊（18.4cm×12.8cm）。版心上記字數，下記刻工名。

卷前有明正德乙亥（1515 年）王鏊《序》。卷首首行題“大唐六典三師三公尚書都省卷第一”，次行低一格題“御撰”，第三行題“集賢院學士兵部尚書兼中書令修國史上柱國開國公臣李林甫等奉敕注上”。卷末有宋紹興四年歲次甲寅（1134 年）七月戊申左文林郎充温州州學教授張希亮校正，并右宣教郎知温州永嘉縣主簿勸農公事詹械題志。文曰：“《唐六典》載古官制度，備因革，成一王書，可爲後世標準。比緣兵火，所在闕文。械承乏永嘉，得本於州學教授張公，同以白太守。徽學新安程公一見肅然曰，周公之典，所謂設官分職，以爲民極，蓋具體矣……公等能廣其傳，則朝廷於焉若稽；縉紳於焉矩儀；士子於焉講究，一舉三得，不亦偉歟！因命張公校正訛闕，而械募工鏤版”云云。

内閣文庫藏本，原楓山官庫舊藏，共四册。

静嘉堂文庫藏本，原陸心源十萬卷樓等舊藏，共六册。

尊經閣文庫藏本，原係江户時代加賀藩主前田綱紀等舊藏，共六册。

東京大學藏本，原係大木幹一等舊藏，今存卷第五至卷第十二，卷第十八至卷第二十二，卷第二十九，卷第三十，凡十六卷。

關西大學藏本，原係内藤湖南舊藏，稍有後人寫補，卷中有“炳卿珍藏舊刊古鈔之記”等印記，帙外題“唐六典正德刊本”。共六册。

陽明文庫藏本，原係江户時代近衛家熙等舊藏，共十四册。

【附録】九世紀藤原佐世《本朝見在書目録》“職官家”第十七著録《大唐六典》，并注“李林甫注”。此係日本古文獻關於《唐六典》的最早記載。

森立之《經籍訪古志》卷三又著録寶素堂藏明正德乙亥刊本《唐六典》三十卷，與内閣文庫等藏本爲同一刊本。其釋文曰：“考板式，蓋以宋刻重刊者。”

據《商舶載來書目》記載，中御門天皇寶永七年（1710 年）中國商船“多字號”載《唐六典》一部抵日本。

《昌平坂御官板書目》著録《唐六典》八册。題署“唐玄宗撰，李林甫注”。

《官板書籍解題略》卷上著録《唐六典》三十卷。其釋文曰：“唐玄宗御撰，李林甫注。林甫奉敕注此書，以三師三公三省九寺五監十二衛，列其職司官佐，并叙其品秩。據《唐會要》，開元二十三年，張九齡等擬《周禮》而撰此書。然據《唐書》，九齡於開元二十四年罷知政事，故書成之時，張九齡已不在其位。後至二十七年，李林甫獨立成注奏上，故書首獨書林甫之名。”

中御門天皇享保九年（1724 年）刊八行大字本《大唐六典》三十卷。此本係明正德刊本的覆刻本，卷中有明正德十年王鏊《序》，由日本攝政大臣近衛家熙校并撰《序》。此本後有重印本數種。

光格天皇寬政六年（1794 年）刊印《大唐六典》三十卷。此本係日人源信繼校。

仁孝天皇天保七年（1836 年）昌平學官版《大唐六典》三十卷。此本後有江户出雲寺萬次郎重印本，又有出雲寺金武吾重印本。

又江户時代有《大唐六典》三十卷寫本，共六册。此本原係松下見林舊藏，後歸山田以文，現存静嘉堂文庫。

又江户時代有《大唐六典》三十卷寫本，此本卷末有桃園天皇寶曆己卯（1759 年）伊藤東所手識文，乃椒丘藤公之遺物。此本今存古義堂。

江户時代又有攝政大臣近衛家熙手寫本，共十三册，現存陽明文庫。

又有江户時代《大唐六典抄》手寫本四册。今存東北大學狩野文庫。

楊守敬《日本訪書志》卷五著錄日本舊寫本《唐六典》三十卷，并曰：

"案此書今著錄家不見有宋元本，僅傳明正德乙亥蘇州所刻。首有王鏊《序》，末有宋紹興四年張希亮、詹棫校刊題跋。篇中墨丁空缺，觸目皆是，幾不可讀，而流傳亦少。日本享保甲辰（當雍正二年）其攝政大臣家熙爲之考訂，凡原書空缺者擬補於其下，亦有原書本缺。如第四卷禮部郎中條下脫文，則據《册府元龜》、《舊唐志》所引補之，第七卷屯田郎中員外郎下'凡天下諸軍'云云，則據《通典》、《舊唐志》補之，凡數百字。校訂矜慎，見聞亦博。據其《自序》，用力二十年，始克成書。然亦有缺而不能補者，如第一卷令史十八人下空缺仍不下五十餘字。獨怪家熙當時以宰相之尊著書行世，而所據者亦只正德、嘉靖兩本，而余於百餘年後乃從其書肆得古鈔本。其本紙質堅紉，兩面書寫，末無張希亮等題識，相其筆迹，當亦七八百年前之書，凡明刻所缺皆不缺。今以對校之家熙所補，十同七八，其有不同者，皆以此本爲是，蓋家熙意度終不如原書之確也。惟鈔手筆誤，則當以明本、家熙本正之。

又有日本天保七年（當道光丙申）刻本，書籤亦稱官板。首錄王鏊《序》，尾有張希亮《跋》，無墨丁空缺，然不言所據何本。其中有勝於家熙本者，亦有似臆度者，若謂是據

家熙本補填而亦多違異，且第一卷令史下空缺，家熙本未補，此本則與古鈔本合；若謂是見古鈔本，而第四卷禮部郎中下之缺文、第七卷令史下之缺文仍未補，且於令史'凡天下諸'下，妄添'侯'字以彌縫其缺，不知其注文不可接；若謂書坊所爲，而其補填之字出家熙外者亦多有典據。如第二卷護軍注'魏武帝以牽招爲中護軍將軍'，家熙本云當填'韓浩'，此本則作'牽招'。按韓浩以護軍從太祖，破柳城，改爲中護軍，太祖平張魯，以韓浩還，留牽招爲中護軍，是韓浩爲護軍在前，牽招繼其位，然原本空缺下是'招'字，則作'牽招'是也（鈔本亦作"牽招"），此豈不學者所能？或謂其本原於蘇州掃葉山房之本，余架上無之，不能質言之也。余謂此書自唐虞而下，本末粲然，真所謂經國大典，豈獨有唐一代！百世而下，雖有損益，不能出其範圍。顧傳本絕少。余嘗合諸本，竭一月之力，就天保刊本定其從違，安得有心經世之略者重刊焉。"

大唐六典三十卷

（唐）玄宗皇帝撰　　李林甫注

明嘉靖二十三年（1544 年）浙江按察司校錄重刊本

東洋文庫　尊經閣文庫　東京大學東洋文化研究所　京都大學人文科學研究所東洋學文獻中心　陽明文庫藏本

【按】每半葉有界十一行，行二十字，注文雙行，行同正文。白口，四周單邊。

東洋文庫藏本，共七册。

尊經閣文庫藏本，原係江户時代加賀藩主前田綱紀等舊藏，共十二册。

東京大學藏本，原係大木幹一等舊藏，此本今存卷第一至卷第十三，凡十三卷。

京都大學藏本，卷中有文廷式識文，共八册。

陽明文庫藏本，原係江户時代近衛家熙等舊藏，共十四册。

【附錄】森立之《經籍訪古志》卷三著錄寶素

堂藏《唐六典》三十卷。此本係明嘉靖甲辰（1544 年）刊本，卷中有"松陵莊氏珍藏"等印記。

大唐六典三十卷

（唐）玄宗皇帝撰　李林甫注
明刊本　共十二冊
東北大學附屬圖書館藏本

宋宰輔編年録二十卷

（宋）徐自明著
明萬曆年間（1573—1620 年）刊本
静嘉堂文庫　大倉文化財團藏本
【按】卷前有宋寶祐丁巳（1257 年）清明陸德興《序》，同年趙某《序》，同年五月陳昉《序》，同年八月章鑄《序》。又有明萬曆戊午（1618 年）馮盛明《序》，同年陳邦瞻《序》，同年吕邦耀《序》，同年孟習孔《序》，同年王惟儉《序》，同年朱勤美《跋》。

是書宋人有永福縣學刊本，然日漸久佚。明嘉靖中，大興吕邦耀據焦弱侯（焦竑）處寫本覆刊。焦本缺卷第十七與卷第十八，有據周藩伯學宋刊本中補足。此本係明嘉靖本之覆刻本。

静嘉堂文庫藏本，原係汲古閣舊藏，後歸陸心源十萬卷樓，共三十二冊。

大倉文化財團藏本，共二十四冊。

宋中興百官題名（殘本）一卷

宋人撰不著姓名
錢大昕手録《永樂大典》本　錢大昕手識本
共一冊
静嘉堂文庫藏本　原錢大昕　陸心源等舊藏
【按】此本有清乾隆三十八年（1773 年）錢大昕手識文。文曰："宋中興百官題名，今存《永樂大典》者，曰翰林學士院，曰諫院，曰登聞檢院，曰登聞鼓院，曰進奏院，曰官誥院，曰文思院，曰糧料院，曰樞密官屬，皆始建炎終嘉定，不知何人所編次。考陳伯玉《書録解題》，稱監

察御史臨州何异同叔撰《中興百官題名》，五十卷。首爲宰輔拜罷録，餘以次列之。刻浙漕司，其後以時增附。渡江之初，庶務草創，諸司間有不可考者，多缺之。乃知此書出於何同叔。今所存者，特千百之什一爾。大昕承乏學士十有餘年，頗有意訪求前世掌故，因手録學士院題名藏之。行時乾隆三十有八年十月二十七日。"

慶元黨禁一卷

宋人撰不著姓名
鮑以文手寫本　鮑以文手識本　共一冊
静嘉堂文庫藏本　原鮑以文　陸心源等舊藏
【按】卷前有宋淳祐乙巳（1245 年）滄州樵川樵叟《序》，并有同年同名《跋》文。

鮑以文手跋此本曰："丙午十月初八日寫樣訖，十六日校於青鎮寓舍。"

卷中有"邵氏二雲"朱文方印等印記。

翰苑群書二卷

（宋）洪遵編輯
舊寫本　盧文弨手校本　共四冊
静嘉堂文庫藏本　原汪季清　陸心源十萬卷樓等舊藏
【按】卷首有清乾隆卅九年（1774 年）盧文弨手校《序》，并有宋乾道九年（1173 年）洪遵《自序》。其文曰："翰苑秩清地禁，沿唐迄今，爲薦紳榮。遵世蒙國恩，父子兄弟接武而進，實爲千載幸遇。囊嘗稡《遺事》一編，暍來建業，以家舊藏李肇、元稹、韋處厚、韋執誼、楊鉅、丁居晦，泊我宋數公，凡有紀于此者，并刊之木，仍以國朝年表中興題名附。乾道九年二月七日番陽洪遵書于清漪閣。"

卷中有"休寧汪季清家藏書籍"朱文方印、"古香樓"朱文圓印等印記。

麟臺故事（殘本）三卷

（宋）程俱記

舊寫本　勞季言手校本　黃蕘圃手識本共一册

静嘉堂文庫藏本

【按】卷首題"紹興元年（1131年）七月朝請郎試秘書監少監程俱記"。

前有紹興元年九月十九日奉聖旨依奏札送程舍人文一道，次有程俱《序》一篇。

此本卷一爲官聯選任，卷二爲書籍校讎，卷三爲修纂國史。

卷後有錢叔寶手書"隆慶元年（1567年）八月十日蘇州府前杜氏書鋪收"一行。

此本係黃蕘圃從西畇草堂録出。有清嘉慶甲戌（1814年）黃蕘圃手識文。其文曰：

"是書爲影宋舊鈔，惜止三卷，蓋不全本也。然實世間希有之書，與聚珍本不同。其《才令篇》叙次多異。初書買攜來，手校一過，乃知其佳。旋因議價未諧，復攜去。後知歸於西畇草堂，遂倩余友胡葦洲轉假影録一册，積想頓慰。還書之日，謹志數語，以拜嘉惠。是書陳《録》云五卷，爲書十有二篇。今劊云三卷，就不全本影寫時改五爲三也，於每卷填上中下字，欲泯不全之迹爲之耳。隆慶云云一行，的係叔寶真迹，尤可寶貴。書之可珍者在真本，此種是已，勿以不全忽之。嘉慶甲戌六月十有一日　復翁。"

又有胡□手識文曰：

"每條上用墨乙者，皆聚珍本所無，共四十條。胡。"

陸心源《儀顧堂題跋》卷四著録此本，其識文曰：

"《麟臺故事》題曰紹興元年七月朝請郎試秘書少監程俱記。從錢叔寶手鈔本影寫，存卷一上、卷二中、卷三下三卷。此本有而《大典》本無者四十條，此本無而《大典》本有者，沿革省舍、儲藏、職掌、恩榮禄廩四門。又修纂門兩條、選任門四條、官聯七條，又周必大《玉堂雜記》引故事《大宴》一條、《中興館閣録》引《三館秘書》一條，《大典》本及此本皆軼。"

職官分紀五十卷

（宋）孫逢吉撰

舊寫本　徐時棟手識本　共十二册

大倉文化財團藏本　原徐時棟等舊藏本

【按】此本係山陰杜氏知聖教齋寫本，卷中有清同治三年和四年（1864—1865年）徐時棟手識文。又有"柳泉書畫"，"徐時棟"，"城西草堂"等印記。

職官分紀五十卷

（宋）孫逢吉編

明人寫本　共二十册

静嘉堂文庫藏本　原錢遵王　陸心源十萬卷樓舊藏

【按】每半葉有界十二行，行二十二字。小字雙行。

前有宋元祐七年（1092年）六月秦觀《序》。次有《引用書目》，注曰"凡三百二十書"。次有《目録》。

全書用明代白綿紙書寫。

陸心源《儀顧堂續跋》卷十一著録此本。其識文曰：

"（前略）《書録解題》著録，題曰：'富春孫逢吉彦同撰，秦觀序之，元祐七年也。'《四庫提要》以逢吉隆興元年（1163年）進士，紹熙五年代朱子講詩，距元祐一百三年，駁其誤謬，是矣。愚考《淮海集》，亦無此文，惟所采各書及所叙官制，均至神哲時止，徽宗以後無一字，頗疑爲北宋人作。因而遍考各書，知宋時孫逢吉有三。一蜀人，孟昶時爲國子毛詩博士，附《宋史·勾中正傳》。一吉州龍泉人，字從之，隆興元年進士，官至權吏部侍郎，謚獻簡，《宋史》四百四有傳。生紹興五年（1135年），卒慶元五年（1199年），著有《静閒居士集》七十卷、《外集》三十卷。樓攻媿撰《神道碑》，不字彦同，亦不言著有《職官分紀》。一杭州富春人，字彦同，《浙江通志》有傳，即著此書者。所採《五代史·職官

志》，爲薛史舊文。邵二雲輯薛史時，僅校
‘内職’一條，其餘尚未詳校，其採宋代事迹，
頗有出《宋史》外者，亦考《宋史》者所當考
也。余又藏有舊抄本，每葉二十行，每行二
十二字。較此本脱訛極多。（中略其校文）
是書宋以後無刊本，傳抄多訛。余所見所藏
亦祇三本，當以此本爲最善也。”

（新刻）畫簾緒論一卷

（宋）胡太初撰　（明）胡文煥校
明刊本　共一册
東京大學東洋文化研究所藏本
【附録】《昌平坂御官板書目》著録《畫簾緒
論》一册。
桃園天皇寶曆十年（1760 年）洞津山形屋傳
右衛門刊印《畫簾緒論》二卷。
仁孝天皇天保十年（1839 年）又有昌平學官
刊本，亦二卷。

憲綱事類一卷　風憲忠告一卷　附御史箴一卷

（元）張養浩撰　《御史箴》（明）薛□撰
明嘉靖三十一年（1551 年）監察御史江右曾
序刊本　共二册
蓬左文庫藏本　原尾張藩主家舊藏
【按】此本係明正天皇寬永十三年（1636 年）
購入，卷中有“尾陽内庫”印記。

秘書監志十一卷

（元）王士點　商企翁撰
舊寫本　吳騫手校手識本　共四册
静嘉堂文庫藏本
【按】此本未著撰人姓名。卷首空一行題“元
承務部秘書監著作郎東平王士點繼志承事郎
秘書監著作佐郎曹州商企翁繼伯同編”。前有
元至正二年（1342 年）五月秘書監丞王道
《札》。
清嘉慶己巳（1809 年）吳騫手識文曰：
　　“丙寅五月，仲魚孝廉爲予從吳中購得
此志，其卷數門類與《十駕齋養新録》所載悉

同，惟頁數《養新録》共二百六十有五葉，而
此計二百六十八葉，豈宮詹所見本尚有缺葉
歟。此本訛錯甚多，予雖以意校，終未能釋
然。復屬仲魚，訪之三吳藏書家，率與此本
無異，仍攜以見還。仲魚亦照録一部，置于
紫微講舍。嗟乎，宮詹往矣，誰復能與予輩
再訂此書耶。嘉慶己巳五月，吳騫記。”

大明一統文武諸司衙門官制（大明官制）五卷

明人撰姓名不詳　（明）陶承慶校正　葉時
用增補
明萬曆十四年（1586 年）寶善堂刊本
内閣文庫　尊經閣文庫　蓬左文庫　東京
大學東洋文化研究所　京都大學人文科學研
究所東洋學文獻中心　廣島市立淺野圖書館
陽明文庫藏本
【按】内閣文庫藏本，原係楓山官庫舊藏，共
四册。
尊經閣文庫藏本，共四册。
蓬左文庫藏本，係明正天皇寬永九年（1632
年）購入本，原係尾張藩主家舊藏，卷中有“尾
陽内庫”印記，共四册。
東京大學藏本，原係大木幹一等舊藏，卷第
四與卷第五凡二卷缺。
京都大學藏本，共八册。
廣島市立淺野圖書館藏本，共四册。
陽明文庫藏本，原係江户時代近衛家熙等舊
藏，共四册。

大明一統文武諸司衙門官制七卷

明人撰姓名不詳　（明）徐大儀校
明王桂堂王振華刊本
東京大學東洋文化研究所藏本　原大木幹
一等舊藏

華夷總覽大明官制七卷

（明）鄭淳典校正
明萬曆元年（1573 年）游氏書舍刊本　共二
册

京都大學文學部藏本

大明諸司衙門官制大全(不分卷)

明人撰不著姓名
明刊本　共二册
内閣文庫藏本　原昌平坂學問所舊藏

大明官制四卷

(明)闕名撰
明刊《皇明制書》零本
東京大學東洋文化研究所藏本
【按】此係《皇明制書》卷第十六至第十九。

官制備考二卷

(明)李日華撰　魯重民補訂
明崇禎元年(1628年)武林魯氏刊本
東京大學東洋文化研究所藏本
【按】東京大學藏此同一刊本兩部。一部原
係仁井田陞舊藏,一部原係大木幹一舊藏。

(新鋟增補)大明官制天下輿地水陸程限備覽十七卷

(明)曆橋子編
明刊本　共四册
内閣文庫藏本　原木村兼葭堂舊藏

吏部職掌(不分卷)

(明)王養蒙　王篆等編著
明萬曆年間(1573—1620年)刊本
尊經閣文庫　東京大學東洋文化研究所藏本

六部職掌(不分卷)

明代官撰
明刊本　共六册
尊經閣文庫藏本　原江户時代加賀藩主前田綱紀等舊藏

南京都察院志四十卷

(明)祁伯裕等編撰
明天啓年間(1621—1627年)刊本　共二十册
内閣文庫藏本　原楓山官庫舊藏
【按】前有明天啓三年(1623年)《序》

南京刑部志四卷

(明)龐嵩編撰　吕欽　吕炳訂正
明嘉靖三十四年(1555年)南京刑部司務廳刊本
蓬左文庫　尊經閣文庫藏本
【按】蓬左文庫藏本,卷中有明萬曆年間補刊頁,共四册。
尊經閣文庫藏本,原係江户時代加賀藩主前田綱紀等舊藏,共八册。

南京户部通志二十四卷

(明)謝彬編著
明萬曆年間(1573—1560年)刊本　共六册
尊經閣文庫藏本　原江户時代加賀藩主前田綱紀等舊藏

南京光禄志四卷

(明)徐大任編著
明萬曆年間(1573—1620年)刊本　共二册
尊經閣文庫藏本　原江户時代加賀藩主前田綱紀等舊藏

都察院巡方總約一卷

(明)孫丕揚撰
明萬曆年間(1573—1620年)活字刊本　共一册
東京大學東洋文化研究所藏本
【按】前有明萬曆三十二年(1604年)《序》。

南廱志二十四卷

(明)黄佐編撰

明嘉靖二十八年(1549 年)建安李默然刊本
内閣文庫　蓬左文庫藏本

【按】内閣文庫藏本,原係楓山官庫舊藏,共
十冊。

蓬左文庫藏本,係明正天皇寬永九年(1636
年)購入本,原係尾張藩主家舊藏,卷中有"尾
陽内庫"印記,共十冊。

官常政要二十二卷

明人編不著姓名
明萬曆年間(1573—1620 年)十二行刊本
共十四冊
蓬左文庫藏本　原尾張藩主家舊藏

【按】此本共輯録相關文獻十一種。細目如
次:

《洗冤録》一卷,(宋)宋慈編。

《無冤録》一卷,(元)王與撰。

《問刑條例》六卷,(明)舒化等重修。

《新刊招擬假如行移體式》四卷,闕名編。

《重刊律條告示活套》二卷,明人編不著姓
　　名。

《新官軌範》一卷《居官格言》一卷,闕名編
　　(用明萬曆三十七年金陵書坊王慎吾刊
　　本)。

《新刻法家□集》二卷,闕名撰。

《平冤録》一卷,闕名編(用明萬曆三十七年
　　金陵書坊王慎吾刊本)。

《初仕録》一卷,(明)吳遵撰(用明金陵三山
　　街書坊王尚樂刊本)。

《國士先生璞山蔣公政訓》一卷,(明)譚秉清
　　等編(用金陵三山街書坊王尚樂刊本)。

《重刻新官到任儀注》一卷,闕名編。

此本係後水尾天皇寬永四年(1627 年)購
入,卷中有"尾陽内庫"印記。

新官軌範一卷

明人編不著姓名
明萬曆三十七年(1609 年)金陵書坊王慎吾
刊本　共一冊

内閣文庫藏本　原豐後佐伯藩主毛利氏家
舊藏

【按】此本係仁孝天皇文政年間(1818—1829
年)由出雲守毛利高翰獻贈幕府,明治年間初
期,歸内閣文庫。卷中有"佐伯侯毛利高標字
培松藏書畫之印"等印記。

館閣類録二十二卷

(明)吕本纂撰
明萬曆年間(1573 — 1620 年)刊本　共十六
冊
尊經閣文庫藏本　原江户時代加賀藩主前
田綱紀等舊藏

館閣類録二十二卷

(明)吕本編　王元貞校
明萬曆二十五年(1597 年)序刊本　共十冊
内閣文庫藏本　原楓山官庫舊藏

内閣行實八卷

(明)雷禮撰
明刊本　共四冊
内閣文庫藏本　原昌平坂學問所舊藏

閩省賢書(洪武——崇禎九年)六卷

(明)邵捷春編撰
明崇禎年間(1628—1644 年)刊本　共六冊
内閣文庫藏本　原楓山官庫舊藏

(重修)虔臺志十二卷

(明)謝詔等編
明天啓三年(1623 年)序刊本
内閣文庫藏本　原豐後佐伯藩主毛利氏家
舊藏

【按】此本係仁孝天皇文政年間(1818—1829
年)由出雲守毛利高翰獻贈幕府,明治年間初
期,歸内閣文庫。

牧津四十四卷

（明）祁承爍編撰

明崇禎年間（1628—1644 年）刊本　共十六冊

內閣文庫藏本　原楓山官庫舊藏

明職一卷

（明）吳坤撰

明天啓四年（1624 年）撫閩使南居益刊本共一冊

蓬左文庫藏本　原尾張藩主家舊藏

【按】此本係明正天皇寬永五年（1628 年）購入，卷中有“尾陽內庫”印記。

古今經世格要二十八卷

（明）鄒泉子撰

明刊本　共六冊

宮內廳書陵部藏本

臨民寶鏡十七卷

（明）蘇茂相撰

明崇禎五年（1632 年）刊本　共十二冊

宮內廳書陵部藏本

守官漫録五卷

（明）劉萬春撰

明萬曆年間（1573—1620 年）刊本　共五冊

京都大學文學部藏本

【按】前有明萬曆四十八年（1620 年）《序》。

宦曆漫紀八卷　行述一卷

（明）徐寅撰

明天啓元年（1621 年）刊本　共六冊

內閣文庫藏本　原豐後佐伯藩主毛利氏家舊藏

【按】此本係仁孝天皇文政年間（1818—1829 年）由出雲守毛利高翰獻贈幕府，明治年間初期，歸內閣文庫。卷中有“佐伯侯毛利高標字培松藏書畫之印”等印記。

巡方規吏十要（察吏安民約章）　附禁浙敝風條約十四款

（明）金忠士編輯

明萬曆三十五年（1608 年）刊本　共一冊

內閣文庫藏本　原楓山官庫舊藏

中鑒録七卷

（明）王畿編撰

明萬曆三十九年（1611 年）序刊本

內閣文庫　尊經閣文庫藏本

【按】內閣文庫藏本，原係豐後佐伯藩主毛利氏家舊藏，仁孝天皇文政年間（1818—1829 年）由出雲守毛利高翰獻贈幕府，明治年間初期，歸內閣文庫。卷中有“佐伯侯毛利高標字培松藏書畫之印”等印記。共五冊。

尊經閣文庫藏本，原江戶時代加賀藩主前田綱紀等舊藏，共三冊。

（新刻）呂叔簡先生居官必要八卷

（明）呂坤撰

明萬曆年間（1573—1620 年）刊本　共六冊

尊經閣文庫藏　原江戶時代加賀藩主前田綱紀等舊藏

國子先生璞山蔣公政訓（不分卷）

（明）譚秉清等編

明刊本　共一冊

內閣文庫藏本　原豐後佐伯藩主毛利氏舊藏

【按】此本係仁孝天皇文政年間（1818—1829 年）由出雲守毛利高翰獻贈幕府，明治年間初期，歸內閣文庫。

王守巡道所頒憲條（明楚憲約）

（明）翁汝進撰

明萬曆三十五年（1607 年）刊本　共一冊

內閣文庫藏本　原楓山官庫舊藏

貪贓官員處分册一卷

　　清人編寫

　　清乾隆年間（1736—1795 年）内府寫本　共

一册

　　東京大學東洋文化研究所藏本　原大木幹

一等舊藏

（十一）政　書　類

通典（殘本）一百九十八卷　首一卷

（唐）杜佑撰

北宋刊本　共四十四册

宮內廳書陵部藏本　原高麗國　楓山官庫等舊藏

【按】每半葉有界十五行，行二十六至三十一、二字不等。注文雙行小字，行三十五或三十六字。白口，左右雙邊（24.2cm×16cm）。版心上記字數，中記第幾册，下記刻工姓名，如小汪、周部、徐開、張許、趙政、鄭希、鄭遂、胡遂、趙宗、洪坦、蔣詢、潘亨、李懋、雍卞、李恂、李正等。

卷首有杜佑《進通典表》，末署"貞元十年（794年）月日表上"。進表每半葉八行，行十九字。次有左補闕李翰《通典序》。

正文首行題"通典卷第一，次行題"京兆杜佑字君卿纂"。第二行以下不署名。卷中避宋諱，凡"弘、殷、竟、敬、恒"等字皆缺筆，爲字不成。

是書全本二百卷。此本今卷一百十九，卷一百二十缺。另，卷首李翰序文，目錄，卷一，卷二十四至卷二十六，卷三十七，卷三十八，卷四十三，卷四十四，卷一百九至卷一百十八，卷一百七十一至卷一百七十五，卷一百九十六至卷二百，凡二十八卷皆係後人補寫。

此本字體精建，墨印鮮明。卷中有"經筵"印記。除第一册，第十五册，第十六册，第二十四至第二十六册，第三十七册，第三十八册外，每册首有"高麗國十四葉辛巳歲藏書大宋建中靖國元年大遼乾統元年"朱文大方印記。每册首又有"秘閣圖書之章"印記。

森立之《經籍訪古志》卷三著錄楓山官庫藏北宋刊本《通典》。其文曰："字畫楷正。卷百至卷二百闕逸，舊人補抄。紙墨奇古。每卷有

經筵印，高麗國十四葉印。"董康《書舶庸譚》卷三，傅增湘《藏園群書經眼錄》卷六亦著錄此本。董康氏稱此本爲"北宋槧板"，而傅氏稱此本爲"宋紹興刊本"，并曰：

"是書敝藏亦有此宋刊本，凡缺佚二十有七卷，爲明代晉府藏書。寮本（即指宮內廳藏本——編著者）卷一百以下咸屬抄補，敝藏可補入者近八十卷，且紙係白麻，韌潔殊常，篇幅寬展，印本清朗，均似勝過一籌。余曾取嘉靖大字本校勘一過，改訂者殆逾萬字。卷九十四首二葉奔喪及除喪而後歸制凡二十行，宋本經句下注文明本皆失去。第一百二十六至一百三十各卷舛謬尤多。真世間之瓌寶。余本固推甲觀，寮本亦當雁行。乃閱島田翰《古文舊書考》中竟指此本爲朝鮮翻刊，且以字體之方嚴，雕工之樸厚而以爲似麻沙本，且推而至于《孝經》、《姓解》、《説文解字》、《中説》、《荀子》、《列子》、《傷寒論》凡八通皆定爲朝鮮所覆。更反復考辨。以實其説，自詡精確不移。夫不諳風氣，不識刀法，橫呈臆臆，强詞武斷，其能免於不知妄作之譏乎。嗚呼，回惑至此，余欲無言矣。"

【附錄】據《商舶載來書目》記載，中御門天皇享保十六年（1731年）中國商船"登字號"載《杜氏通典》一部八帙抵日本。

《漢籍發賣投標記錄》記載，仁孝天皇弘化二年（1845年）《通典》一部標價分別爲富屋一百七十二匁，安田屋二百五十匁一分，鐵屋三百一匁。

通典（殘本）一百六十九卷　首一卷

（唐）杜佑撰

北宋刊南宋初補刊本　日本重要文化財

共三十五册

天理圖書館藏本　原明代晋府　傅增湘雙鑒樓等舊藏

【按】每半葉有界十五行,行二十六字至三十一字左右。注文小字雙行,行三十五字左右。白口,左右雙邊(23.5cm×15.5cm)。版心記册數,卷數,頁數。又記刻工姓名,如趙宗、李懋、雍卞、洪坦、潘亨、朱言、李正、趙亨、郭奇、嚴忠、陳仁、周忠、徐仁、張明、吳益、吳春、劉仁、李益、李元、李通、嚴志、方信、木易、趙旦、陶震、宋通、洪源、李憲、孫付、李政、徐高、陳新、夏義、王成、李貴、王寶、徐三、何立、余敏、周明、陶忠、李才、胡杏、土受、徐杲、包正、李時、時明、何澄、朱允、朱通、丁之才、詹世容等。

卷前有唐貞元十年(794年)《進通典表》,次有李翰序。

是書全二百卷。此本今存一百七十三卷。卷三十六至卷四十,卷一百三十一至卷一百三十五,卷一百四十七至卷一百五十,卷一百八十四至卷二百,凡三十一卷缺。卷中避宋諱至宋高宗"構"字。全書蝴蝶裝本凡二十八册,改裝袋綴本凡七册。

卷中有"晋府書畫之印"、"雙鑒樓所藏宋本"、"義德堂圖書"、"子子孫孫永寶用"等印記。

此本已被日本"文化財審議委員會"確認爲"日本重要文化財"。

通典二百卷　首一卷

(唐)杜佑撰

元成宗年間(1295—1307年)撫州路臨汝書院刊本,共四十八册

静嘉堂文庫藏本　原季滄葦　袁又愷　陸心源皕宋樓等舊藏

【按】每半葉有界十四行,行二十六字左右。小字雙行,行同正文。黑口,左右雙邊(22.0cm×16.2cm)。版心著録"第(幾)册",并有刻工姓名等。如江玉山、玉山、肝城江玉山、江興甫、興甫、肝江興甫、黄有立、黄中恭、黄忠、黄玉、黄茂、吳拱之、吳拱辰、王永、金川、元信、元

禮、仁吳、崇仁吳、崇吳、宗劉、仁胥、崇仁胥、仁玉、仁公、仁翁、仁吉、宜黄、宋瑞、平心、茂山、張北林、陳君祥、彭養直等。

卷首有李翰序,卷一百後有丁未歲抄李仁伯恕浦《跋》,此丁未當爲元成宗大德十一年(1307年)。此跋文曰:

"《通典》一書,禮樂刑政備焉,學士大夫所宜家置一通,以便考察,而板廢已久,諸路欲刊弗克。總管錦山楊公牧臨川,兼董學事,既新美庠序,百廢煟興,廼命諸學院協力刊成。第舊本訛甚,且多漫滅,殊不可讀。湖堂所刊,自二十六至百,共七十五卷,區區點勘再四,正一千七百六十八字,删三百二十二字,增三百八十八字,皆考據所引經史傳記儀禮諸書,以本文參訂改定,其疑未能明者,姑缺之,非敢臆改,如金根也。尚恨膚學護聞,研覈不精,掃塵復生,亦未敢保其盡善與否,後有邢子才,正自不免一笑云。丁未歲抄,後學湘中李仁伯字恕甫謹識。"

今雖佚去,不能不知也。

各卷末尾題後有刊記文字:

卷二十六至卷一百,每卷有"撫州路臨安書院新刊,湘中李仁伯校正"兩行。

卷一百後有"直學吳用珍監刊"一行。

卷一百七後有"臨川學教諭晏仲容,直學連元壽點對訖"兩行。

另,卷十九至卷二十一,卷六十一至卷六十五,卷八十一至卷八十五,凡十三卷係後人寫補。

卷二十六至卷二十八,卷三十三尾題後有刊記曰:"撫州路臨汝書院新刊、山長湘東李仁伯校正。"

卷三十一、卷三十二、卷三十四至卷四十五、卷五十至卷五十二、卷七十一、卷七十二尾題後有刊記曰:"撫州路臨汝書院新刊、山長湘中李仁伯校正。"

卷四十二尾題後有刊記曰:"撫州路臨汝書院新刊、山長李仁伯校正。"

卷四十六至卷四十九、卷五十三至卷五十五

尾題後有刊記曰："撫州臨汝書院新刊、山長李仁伯校正。"

卷五十六至卷六十、卷六十四、六十五至卷六十七、卷七十、卷七十二、卷七十四、卷七十五、卷七十八、卷八十八、卷九十至卷九十二、卷九十四至卷九十六、卷九十八尾題後有刊記曰："撫州臨汝書院刊、湘中李仁伯校正。"

卷七十七尾題後有刊記曰："撫州臨汝書院刊、山長李仁伯校正刊。"

卷七十九尾題後有刊記曰："撫州臨汝書院刊、湘中李仁伯校正、直學吳國珍監刊。"

卷八十尾題後有刊記曰："撫州臨汝書院刊，湘中李仁伯校正。"

卷九十三尾題之後有四周單邊雙行木記曰："撫州臨汝書院刊、湘中李仁伯校正。"

卷一百七尾題後有刊記曰："臨川縣學教諭晏仲容、直學連元壽照對訖。"

卷中自卷一百七十一至卷一百七十三，凡三卷，係用樂安縣學刊本配補。

卷十九至卷二十一、卷六十一至卷六十五、卷八十一至卷八十五，係後人寫補。

卷中有"季振宜藏書"、"季振宜印"、"滄葦"、"御史之章"、"袁又愷藏書"、"袁廷檮印"、"五硯主人"、"蘇州袁氏五硯樓藏金石圖書"、"江左"、"春草堂"、"古吳王氏"、"笠澤金氏安素堂書印"、"用拙主人"、"濮陽李廷相雙檜堂書畫私印"、"歸安陸樹聲藏書之記"等印記。

陸心源《儀顧堂題跋》卷四著錄此本。其釋文曰："是書北宋時有鹽官縣雕本，至元而板已亡。臨川路總管楊錦山乃命諸學刊成。見李仁甫跋。"并曰："鹽官本每葉二十行，每行二十八字。當即此本所從出。"

通典二百卷　首一卷

（唐）杜佑撰

明嘉靖年間（1522—1566 年）李元陽校刊本

宮內廳書陵部　內閣文庫　尊經閣文庫

小如舟屋文庫　天理圖書館　東洋文庫

東京大學總合圖書館藏本

【按】每半葉有界十行，行十八字。小字雙行。白口，四周單邊。

卷首題"唐京兆杜佑君卿纂，明御史後學李元陽仁甫校刊"。前有唐左補闕李翰《序》。次有《天文圖》、《地輿圖》、《歷代傳繼圖》，并五帝至宋代世次紀年十五圖。次有《唐書·杜佑傳》，及增入宋儒議論姓氏自歐陽修至葉適共二十一家，次有校刻官員姓名。

此本每卷附宋儒議論。

宮內廳藏此同一刊本三部。一部原係謝在杭等舊藏，卷中有"張子儀印"，"謝在杭藏書印"等印記，共四十九冊。一部原係江戶時代德山藩舊藏，爲德山藩三代主毛利元次廣收"天下秘籍"之一種，東山天皇寶永三年（1706 年）《御書物目錄》著錄此本，有明萬曆年間補刊，卷中有"喜曾"，"德藩藏書印"等印記，明治二十九年（1896 年）男爵毛利元功獻贈宮內省，共五十冊。一部卷中有後人寫補，共五十冊。

內閣文庫藏此同一刊本四部。一部原係昌平坂學問所舊藏，共五十冊。一部原係楓山官庫舊藏，共五十冊。一部六十冊。一部八十冊。

尊經閣文庫藏此同一刊本兩部。皆係江戶時代加賀藩主前田綱紀等舊藏，一部四十冊，一部五十冊。

小如舟屋藏本，原係小川如舟等舊藏。卷一百八十至卷一百八十六係後人寫補，卷中有"柳蓉春經眼印"，"兩朝徵士"，"博古齋考藏善本書籍"等印記，共五十冊。

天理圖書館藏本，共八十冊。

東洋文庫藏本，共五十冊。

東京大學總合圖書館藏本，卷中有後人寫補，共五十一冊。

通典二百卷　首一卷

（唐）杜佑撰

明嘉靖十八年（1539 年）廣州府儒學刊本

蓬左文庫　東京大學東洋文化研究所　　御

茶之水圖書館藏本

【按】每半葉有界十一行，行二十字左右。白口，四周單邊。

卷首題"明文林郎巡按廣東監察御史連江王德溢懋中校"，并"奉議大夫廣東提督學校僉事秀水吳鵬萬里同校"。前有唐左補闕李翰《序》，并明嘉靖十八年己亥（1539年）方獻夫《序》。

蓬左文庫藏本　共四十六册。

御茶之水圖書館藏本，原係德富蘇峰成簣堂等舊藏，卷中有"講堂"、"甲斐藏書之印"、"時習館圖書之印"（陰刻）等印記。第一册內封有明治四十一年二月德富氏手識文。此本爲後印本，實存四十卷，共十四册。

通典二百卷　首一卷

（唐）杜佑撰

明嘉靖年間（1522—1566年）刊本　共四十册

東京大學東洋文化研究所　御茶之水圖書館藏本

【按】每半葉有界十行。白口，四周雙邊。版心下部有刻工姓名。

御茶之水圖書館藏本，原係島田翰雙桂樓等舊藏，後歸德富蘇峰成簣堂，卷中有"島田翰讀書記"、"島田翰雙桂樓收藏"等印記。

通典（殘本）一百九十九卷

（唐）杜佑撰

明嘉靖十一年至十二年（1532—1533年）寫本　共九十九册

築波大學附屬圖書館藏本　原盛岡藩主作人館文庫等舊藏

【按】卷第一至卷第十九，用淡青色紙十四行書寫。卷第二十至卷第二百，用淡紅色紙十一行書寫。首有目錄，墨寫十行。版心上部墨寫卷數，并記書寫之年。內半頁左外側有書寫月日及書寫者名，如王蘭、吳啓、馬瑞等。卷第二十至卷第一百三十八、卷第一百四十一至卷第一百九十五，係明嘉靖十一年寫。卷第一百三十八至卷第一百四十、卷第一百九十五第十五頁至卷第二百，係明嘉靖十二年寫。

卷中抄錄原本刊記。卷第二十六至卷第四十九、卷第五十四、卷第五十五、卷第五十七至卷第五十九、卷第六十二、卷第六十四、卷第七十七、卷第八十一、卷第八十二、卷第八十八至卷第九十二、卷第九十五至卷第九十七、卷第九十九，凡上述各卷之末，皆有"撫州路臨汝學院新刊，山長湘東李仁伯校正"一行。卷第四十三并抄錄"至正十五年國子分學置"一行。卷第一百末抄錄"大德丁未歲後學湘中李仁伯中恕識，直學吳國珍監刊"。卷第一百三十八末抄錄"至正十五年國子分學置"一行。

卷中有"作人館文庫"等印記。

通典二百卷　首一卷

（唐）杜佑撰

明刊本　共四十册

東洋文庫藏本　原藤田豐八等舊藏

通典二百卷　首一卷

（唐）杜佑撰

明刊本　共六十册

京都大學人文科學研究所東洋學文獻中心陽明文庫藏本

【按】陽明文庫藏本，原係江户時代近衛家凞等舊藏。卷中有後人寫補。

通典二百卷　首一卷

（唐）杜佑撰

明刊本　共四十册

東北大學附屬圖書館藏本　原狩野亨吉等舊藏

通典二百卷　首一卷

（唐）杜佑撰

明刊本

東京大學東洋文化研究所藏本　原大木幹

一等舊藏

通典二百卷　首一卷

（唐）杜佑撰
明刊本
內閣文庫藏本

【按】內閣文庫藏此明刊本三部。一部原係河本立軒舊藏，共五十册。一部共四十册。一部共四十八册。

通典二百卷　首一卷

（唐）杜佑撰
明刊本　共五十册
大倉文化財團藏本　原沈似蘭等舊藏

【按】每半葉有界十行，行二十三字左右。白口。卷中有“通達司”，“沈似蘭”，“敬齋”，“吴興沈子”等印記。

增入諸儒議論杜氏通典詳節四十二卷

（唐）杜佑原本　《詳節》不著編纂者姓名
元前至元丙戌（1286 年）刊本　共十二册
靜嘉堂文庫藏本　原陸心源十萬卷樓等舊藏

【按】每半葉有界十四行，行二十三字。注文雙行小字，行同正文。黑口，左右雙邊（18.4cm×12.4cm）。版心記大小字數。

前有唐左補闕李翰《序》，次有《杜氏通典篇第題旨》，次有《增入諸儒議論姓氏》，次有《增入諸儒議論杜氏通典詳節綱目》，次有《新纂杜氏通典詳印圖譜》。

卷中避宋諱，凡“敬、竟、殷、匡、洈、恒、貞、徵、桓、構”等，皆爲字不成。文中語涉宋朝，則上空一格。則此本係覆刊宋本而成。

在《增入諸儒議論杜氏通典詳節綱目》末後空四行，有雙行“刊記”，文曰：“至元丙戌重新繡梓。”

卷中有“大司寇章”、“石林”、“淡泉”、“蔣氏家藏”、“濃就似印”、“亞白”、“樸村”、“鄭端煴印”、“歸安陸樹聲藏書之印”等印記。一説此

本係元大德年間（1297—1307 年）刊本。

（新刊）增入諸儒議論杜氏通典詳節四十二卷

（唐）杜佑原本　李翰編纂
元至元丙戌（1286 年）刊本　共八册
內閣文庫藏本

（新刊）增入諸儒議論杜氏通典詳節四十二卷

不著編纂者姓名
元至元丙戌（1286 年）刊本　共十二册
東京大學東洋文化研究所藏本　原大木幹一等舊藏

（新入）諸儒議論杜氏通典詳節四十二卷

不著編纂者姓名
元至元丙戌（1286 年）刊本　共十六册
龍谷大學附屬圖書館藏本

文獻通考三百四十八卷

（元）馬端臨編著
元刊元印本　李待問　黃丕烈　陳鱣　許告　李兆洛　錢天樹　李錫疇手識本　共一百二十册
靜嘉堂文庫藏本　原錢馨室　陸心源皕宋樓等舊藏

【按】每半葉有界十三行，行二十六字。注文雙行小字，行同正文。小黑口，左右雙邊（25.4cm×18.4cm）。版心記字數，間有刻工姓名。如王德明、王祥觀、王子仁、王元亨、王續卿、王古、王六、王正、王文、王森、朱長二、朱元、朱仁、朱明、周福二、周東山、周顯、周鼎、周明、周秀、翁子和、虞保山、胡君仲、胡秀卿、胡君、元吉、古賢、古之、倪平山、徐壽、徐良、徐明、徐阿狗、徐德俊、小唐三、葉德榮、張君用、張廣祖、張顯、張四、張虎、張成、張用、陳文、陳福、陳義、陳敬、陳士通、陳子仁、陳大用、趙德明、趙海、趙秀、楊三、楊保、袁子寧、應華、可原、可川、蔣茂之、沈子英、葉德輝、高顯祖、黃四崇、薛子良、詹仲亨、鄭子和、屠明道、繆太

亨、繆謙、傅茂、湯景仁、梁士元、林伯福、林茂實、林茂叔、于平、以方、何建、何宗、何慶、何庚、子華、子明、子堅、高顯、山番、章宇、章才、章德、智祥、曹新、青之、正之、世通、任實、仁甫、杭宗、雇恭、施道、華甫、許成、虞保、虞壽、阮寧、陶中、陶瑞、文甫、李真、茂之等。

卷首題書"文獻通考三百四十八卷"，次行題書"鄱陽馬端臨貴與著"。

前有元至大戊申（1308年）鄱陽公門下士李謙思《序》，次有《進文獻通考表》，次有元延祐六年（1319年）四月日弘文輔道粹德真人王壽衍《采進表》，次有"抄白"，係"元至治二年（1322年）饒州路達魯花赤總管府准江浙行中書省付轉行公文"，次有馬端臨《自序》，自署"鄱陽馬端臨貴與著"，次有《文獻通考目録》，《目録》後有至元又五年（1339年）余謙《跋文》，又有（後）至元又五年（1339年）三月朔江浙等處儒學提舉余謙《叙記》。

此本首册附有副葉，係明清兩代名家題識，凡七則。

一則係1621年李待問手識文，其文曰："《文獻通考》原刻希覯。（此本）《目録》後余謙八分書跋。他本所無。不特以近本之訛謬重元刊也。此部尚是舊印本，未經後人補修者，宜珍護之。天啓元年（1621年）秋李待問讀一過因誌。"文後有"待問"朱文方印。

二則係黃丕烈手簡，其文曰："《文獻通考》原刻本雖見'小讀書堆'所藏，内缺二十餘卷，鈔配之本，餘別無見也。承示之本，的是元末明初印本，且是汲古舊物，上有錢叔寶印可知，向爲收藏家珍重。書宋刊文□附去一函，餘再面□，即敬芙川世兄□祉！丕烈手啓。"

三則係1822年陳鑾手識借書文，其文曰："道光己丑（1822年）三月向芙川大兄借讀。江夏陳鑾。"文後有"陳鑾"白文方印。

四則係許告手識文，其文曰："噫！此清河氏愛日廬中無上之秘籍耶！毗陵太史致嘅於月霄之書一時星散，而余甚慶芙川之得寶也。高陽許告。"文後有"廷誥"朱文方印、"東邨退叟"

白文方印。

五則係1834年李兆洛手識文，其文曰："《玉海》元刊本尚可得，而《文獻通考》絶少。當世通行禮部本，訛舛極多。慎獨齋本差佳，亦不免脱佚。如此本者，安可見也。聞向藏愛日精廬，月霄翁深秘惜之。今幸而得歸芙川，此書尚爲得主。月霄在，未及一窺所藏。比予往來琴川，書已星散，而月霄亦歸道山矣。閱此不勝零落山邱之感。李兆落識于冬讀書齋。時道光甲午七月。"文後有"兆洛之印"白文方印與朱文方印。

六則係嘉興錢天樹手識文，其文曰："馬貴與《通考》及鄭夾漈《通志》雖皆成於宋末，當時未曾刊刻，至元初始雕版以行。《玉海》、《文類》并此書皆有粹德真人王壽衍《進表》，仁宗批答聖旨，稱'真人'而不名，元時崇尚道流若此，從古僅見。然壽衍能留心吾儒典籍，在彼教中所未易者。此本的係當時初刻，甚爲罕有，以後復刻紛紛，終不能出此其上也。芙川儲藏雖富，是書位置亦當在甲乙間耳。嘉興錢天樹識。"文後有"錢天樹印"白文方印。

七則係1846年季錫疇手識文，其文曰："此《通考》第一刻本，近已罕覯。《玉海》元刊本，嘗屢見之，此則訪諸藏書家，但云未有。芙川兄出示，略事繙閱，古色古香，愛不忍釋，惜精力已衰，不獲竟誦一過，爲之張（原文原字——編著者）然耳。道光丙午夏六月　古婁季錫疇記。"文後有"季範卿"朱文方印。

卷中有"錢氏藏"、"錢穀"、"叔寶"、"錢天樹印"、"天樹印信"、"子嘉"、"夢廬借觀"、"琴川張氏小琅玕□□藏書"、"小嬋嬛福地秘笈"、"平生減産爲收書三十年來萬卷餘寄語兒孫勤雒誦莫令棄擲飽蟫魚蕘友氏識"、"張蓉鏡印"、"蓉鏡私印"、"虞山張蓉鏡鑑藏"、"蓉鏡珍藏"、"芙川珍賞"、"芙川張蓉鏡心賞"、"蓉鏡新賞"、"芙川鑑定"、"希世寶"、"廷瑞私印"、"方浴司馬"、"軍曲偯之印"、"鉏菜翁"、"焯"、"曹溶玩秘"、"長□令印"、"水月真人"、"大吉羊宜用"、"蔡純楠圖書記"、"汲古閣"、"泰峰"、"郁松年印"、"歸安陸樹聲叔桐父印"、"歸安陸樹聲所見金石書畫記"、"歸安陸樹聲藏書之記"等印記。

陸心源《儀顧堂續跋》卷七著錄此本并曰："自壽衍進書之後,泰定元年江浙行省始刊版于杭州之西湖書院,尚有訛缺。至元初,余謙爲江浙儒學提舉,乃命貴與之婿楊元,就其子馬志仁家借本,與西湖山長方員同校,俾葉森董工,始成完書。其後有明司禮監刊,禮部刊,及建寧慎獨齋刊。轉輾翻摹,不無訛舛。此則其祖本也。"

卷中有"錢"朱文方印"、"叔寶"朱文方印、"錢氏藏"朱文方印、"天樹印信"白文方印、"可嘉"朱文方印等。

【附錄】據瑞溪周鳳《臥雲日件錄》中"享德三年(1454年)十月十五日"記載,是日和尚讀解《東坡詩注》中"龜茲板"一語,便引《太平廣記》、《文獻通考》以爲解。

據《商舶載來書目》記載,中御門天皇寶永七年(1710年)中國商船"不字號"載《文獻通考》一部二帙抵日本。

又據《渡書物備忘錄》記載,桃園天皇寬延四年(1751年)中國商船向日本輸入《文獻通考》三部。一部係八帙八十本,二部係十帙百本。

《改濟書籍目錄》記載,光格天皇文化元年(1804年)中國商船載《文獻通考》一部抵日本。

江戶時代《漢籍發賣投標記錄》記載,仁孝天皇弘化二年(1845年)中國商船"巳二番"載《文獻通考》一部抵日本。投標價爲鐵屋二百三十四五分,松之屋二百六十匁,安田屋三百五十六匁一分。同年,"巳六番"亦載《文獻通考》一部抵日本,投標價爲永見屋二百八十九匁,永井屋二百七十六匁,鐵屋三百八十七匁。

又據《書籍元帳》記載,仁孝天皇弘化二年(1845年)從中國輸入《文獻通考》一部匁,售價三百五十六匁一分。同書載孝明天皇嘉永四年(1851年)輸入《正續文獻通考》一部。嘉永六年(1853年)又輸入《文獻通考》一部,售

價一六十五匁。

文獻通考(殘本)六卷

(元)馬端臨編著
元刊本　共一册
東京大學總合圖書館藏本
【按】是書全本三百四十八卷。此本今存卷二百二十二至卷二百二十七,凡六卷。

文獻通考(殘本)三百二十六卷

(元)馬端臨編著
元刊明修本　共一百二册
宮內廳書陵部藏本　原豐後佐伯藩主毛利氏等舊藏
【按】每半葉有界十三行,行二十六字。細黑口,左右雙邊(26cm×18.4cm)。版心記大小字數,并有刻工姓名。修補葉版心有如"成化十年國子監刊"、"弘治元年國子監刊"等字樣。

卷首有李謙思《序》(前半缺佚),次有馬端臨《自序》,次有元至治二年(1322年)六月抄白,次有《目錄》,次有元至元又五年(1339年)余謙《刊記》。

此本卷二十六至卷三十八,卷三百四十至卷三百四十八,凡二十二卷缺。卷中間有後人寫補。

此本係仁孝天皇文政年間(1818—1829年)由出雲守毛利高翰獻贈幕府,明治年間初期,歸內閣文庫。明治二十四年(1891年)移送宮內省圖書寮(即今宮內廳書陵部)。

《御書籍來歷志》著錄此本。

卷中有"佐伯侯毛利高標字培松藏書畫之印"、"二泉精舍藏書"、"秘閣圖書之章"等印記。

文獻通考三百四十八卷

(元)馬端臨編著
明正德十四年(1519年)慎獨齋刊本
東京大學總合圖書館　米澤市立圖書館藏本

【按】每半葉有界十二行,行二十五字。

卷前有元至大戊申(1308 年)李謙思《序》,次有元延祐六年(1319 年)王壽衍《進書表》,次有元至治二年(1322 年)饒州路總管刊印"統考指揮",次有馬端臨《自序》,次有《目錄》,次有元至元又五年(1339 年)余謙《叙記》。李思謙序後有刊記一行曰:"皇明己卯歲(1519年)慎獨齋刊行。"《目錄》後又有刊記一行曰:"皇明正德戊寅(1518 年)慎獨精舍刊行。"卷末亦有刊記一行曰:"皇明正德己卯歲慎獨齋刊行。"

東京大學總合圖書館藏此同一刊本兩部,一部原係岡千仞岡文庫等舊藏,卷中有後人寫補,共一百二册。一部原係渡邊信青洲文庫等舊藏,此本今存卷第二百二十二至卷第二百二十七,共一册。

米澤市藏本,原係江户時代米澤藩主家舊藏,共八十册。

文獻通考三百四十八卷

(元)馬端臨編著

明正德十四年(1519 年)慎獨齋刊十六年校正本

京都大學人文科學研究所東洋學文獻中心藏本

【按】每半葉有界十二行,行二十五字。

卷前有元至大戊申(1308 年)李謙思《序》,次有元延祐六年(1319 年)王壽衍《進書表》,次有元至治二年(1322 年)饒州路總管刊印"統考指揮",次有馬端臨《自序》,次有《目錄》,次有元至元又五年(1339 年)余謙《叙記》。李思謙《序》後有刊記一行曰:"皇明己卯歲(1519年)慎獨齋刊行"。《目錄》後又有刊記一行曰:"皇明正德戊寅(1518 年)慎獨精舍刊行"。卷末亦有刊記一行曰:"皇明正德己卯歲慎獨齋刊行"。末行刊記前,有後嵌入新木記曰:"正德十六年(1521 年)十一月内蒙建寧府知府張邵武府同知鄒用校正過,計改差訛一萬一千二百二十一字,書户劉洪改刊"。

京都大學藏本,原係葉德輝舊藏,共八十册。

文獻通考三百四十八卷

(元)馬端臨編著

明嘉靖三年(1524 年)内府刊本

宮内廳書陵部　内閣文庫　蓬左文庫　陽明文庫　東京大學　京都大學文學部　東北大學教養學部　東洋大學附屬圖書館哲學堂文庫　滋賀大學附屬圖書館　尊經閣文庫　御茶之水圖書館藏本

【按】每半葉有界十行,行二十字。

卷前有明嘉靖三年(1524 年)五月初一日明世宗《御製重刊序》,次有元至大戊申(1308年)李謙思《序》,次有元延祐六年(1319 年)王壽衍《進書表》,次有元至治二年(1322 年)饒州路總管刊印"統考指揮",次有馬端臨《自序》,次有《目錄》,次有元至元又五年(1339年)余謙《叙記》。

此本板寬字大,寫刻極工。

宮内廳藏此同一刊本兩部。一部九十六册,一部一百二十册。

内閣文庫藏本,原係富岡鐵齋等舊藏,共一百册。

蓬左文庫藏本,係明正天皇寬永十七年(1640 年)購入,原係江户時代尾張藩主舊藏,卷中有"尾陽内庫"印記,共一百册。

陽明文庫藏此同一刊本兩部,皆原係江户時代近衛家熙等舊藏。一部共一百册,一部共一百二十册。

東京大學藏此同一刊本兩部。一部存總合圖書館,一部存東洋文化研究所(原係大木幹一舊藏),各皆一百册。

京都大學文學部藏本,共一百二十册。

東北大學教養學部藏本,共一百二十册。

東洋大學附屬圖書館藏本,原係井上円了舊藏。此本扉葉題署《文獻通考全書》,共一百二十册。

滋賀大學附屬圖書館藏本,共一百二十册。

尊經閣文庫藏本,原係江户時代加賀藩主前

田綱紀等舊藏,共一百册。

御茶之水圖書館藏本,原係德富蘇峰成簣堂等舊藏,初刊初印,白綿紙本。此本封面係用朝鮮産白色紋樣紙。墨書外題亦爲朝鮮人士手筆。原爲一百册,今缺第三十六册、第三十七册、第四十册,實存九十七册。

【附録】桃園天皇寶曆四年(1754年),《舶來書籍大意書》(第三册)記《文獻通考》曰:"宋馬端臨所著。自上古迄于唐天寶之典章經制,依備杜氏《通典》。此書于天寶之前,則依《通典》而悉加之詳。天寶以後迄于宋寧宗,則補《通典》之缺。凡叙事則參本經史,而以歷代《會要》諸家傳記論其事。又依當時臣僚之奏疏,近代諸家之論評,稽諸先儒之論辯,以定史傳紀錄之疑,并後附己見。全書分天文、地理、禮樂、兵刑、財用、貢賦、官職、選舉、學校、經籍、郊祀、封建、户口、征役等二十四門類,三百四十八卷。此爲嘉靖三年之刊本。"

文獻通考三百四十八卷

(元)馬端臨編著　　(明)馮天馭校

明嘉靖年間(1522—1566年)馮天馭校刊本

宮内廳書陵部　內閣文庫　東京大學東洋文化研究所　東洋文庫　關西大學綜合圖書館內藤文庫　御茶之水圖書館藏本

【按】每半葉有界十三行,行二十四字。白口,左右雙邊(19.2cm×13.6cm)。版心中間有留存宋代刻工姓名。

首題"文獻通考　宋鄱陽馬端臨貴與著　明蘄陽馮天馭應房校刊。"

宮内廳書陵部藏本,共八十册。

內閣文庫藏本,共八十册。

東京大學藏此同一刊本兩部。一部今存綜合圖書館,原係江户時代紀州德川家南葵文庫等舊藏,其中卷第五十九至卷第六十二係用明萬曆三年(1575年),萬曆四年(1576年)與明崇禎三年(1631年)、崇禎四年(1632年)刊本配補,共九十九册。一部存東洋文化研究所,原係大木幹一等舊藏,卷中有寫補。

東洋文庫藏本,原係藤田豐八等舊藏,此本卷第九十六至卷第一百四、卷第一百八、卷第一百九、卷第一百五十二至卷第一百五十七、卷第一百六十四至卷第一百八十,凡缺三十四卷。

關西大學藏本,原係内藤湖南舊藏,此本今僅存卷一百三十一至卷一百三十四,卷一百九十九至卷二百五,卷二百四十四至卷二百四十八,凡十七卷,共三册。

御茶之水圖書館藏本,原係德富蘇峰成簣堂等舊藏,此本封面係用朝鮮産白色紋樣紙,書帙外題崇德富蘇峰手筆,共一百册。

文獻通考三百四十八卷

(元)馬端臨編著

明萬曆年間(1573—1620年)刊本

内閣文庫　東京大學藏本

【按】每半葉有界十行,行二十字。注文小字雙行。白口,四周單邊(21.4cm×14.3cm)。

内閣文庫藏此同一刊本三部。一部原係江户時代林羅山等舊藏,卷中有"江雲渭樹"印記,共一百二十册。一部一百册。一部係清代修補,共一百二十册。

東京大學藏此同一刊本五部。其中四部今存總合圖書館,一部原係森林太郎鷗外文庫等舊藏,存卷第一百八十三至卷第二百二十六、卷第二百二十八至卷第二百五十一,共十七册;一部原係江户時代紀州德川家南葵文庫等舊藏,今缺逸卷第四十七至卷第四十九,實存三百四十五卷,共九十三册;一部原係廣東籌賑日災總會寄贈本,共一百册;一部原係渡邊信青洲文庫等舊藏,後人修補本,共一百册。另一部今存文學部漢籍中心,此本卷第十二至卷第十四缺,實存三百四十五册,有清康熙三年(1664年)梅墅石渠閣補刊頁,共一百十九册。

文獻通考三百四十八卷

(元)馬端臨編著　　(明)馮天馭校

明崇禎四年(1631年)重校馮天馭刊本

内閣文庫　東北大學附屬圖書館藏本

【按】内閣文庫藏此同一刊本兩部。一部原係昌平坂學問所舊藏,共一百册。一部共八十册。

東北大學藏本,原係狩野亨吉等舊藏,共四十册。

文獻通考三百四十八卷

(元)馬端臨編著

明刊本　共七十七册

宫内廳書陵部藏本

文獻通考三百四十八卷

(元)馬端臨編著

明刊本　共八册

宫内廳書陵部藏本

文獻通考經籍考七十六卷

(元)馬端臨編著

明弘治九年(1496年)序黄仲昭據國子監本重刊本　共二十七册

東洋文庫藏本

文獻通考纂二十三卷

(明)胡震亨輯　彭宗孟等校

明崇禎十六年(1643年)朱氏刊本

東京大學東洋文化研究所藏本　原大木幹一等舊藏

【附録】據《商舶載來書目》記載,櫻町天皇元文元年(1736年)中國商船"不字號"載《文獻通考纂》一部抵日本。

桃園天皇寶曆四年(1754年)《舶來書籍大意書》著録是書并曰:"明胡震亨所纂。馬氏原本依《通典》之備,嫠然續成。然初學者病其重復漶漫,故從田賦、錢幣迄于物異、輿地,分二十三門,裁輯其精要而爲二十三卷。崇禎十六年刊本。"

又《持渡書改目録寫》記載,光格天皇天明六年(1786年)中國商船"寅十番"號載《文獻通考纂》一部抵日本。記曰:"宋馬貴與著,明胡震亨纂。古本,有磨損,無脱紙。"

《書籍元帳》又記孝明天皇嘉永二年(1849年)"酉二番"船載《文獻通考纂》一部抵日本。同天皇嘉永六年(1853年)"子二番"船載《文獻通考纂》一部抵日本。

續文獻通考二百五十四卷

(明)王圻編撰

明萬曆年間(1573—1620年)鹿泉曹時聘等松江府刊本

宫内廳書陵部　内閣文庫　東洋文庫　尊經閣文庫　静嘉堂文庫　陽明文庫　東京大學　京都大學　東京都立日比谷圖書館藏本

【按】前有明萬曆三十一年(1603年)《序》。

宫内廳藏此同一刊本三部。一部原係江户時代德山藩主毛利氏家舊藏,爲德山藩三代主毛利元次廣收"天下秘籍"之一種,東山天皇寶永三年(1706年)毛利元次撰《御書物目録》著録此本,明治二十九年(1896年)男爵毛利元功獻贈宫内省,卷中有補寫,共一百二十册。一部共六十册。一部共一百册。

内閣文庫藏此同一刊本五部。一部共五十册,一部共一百册,一部原係江户時代林羅山家舊藏,卷中有"江雲渭樹"印記,共八十一册,一部共六十四册,一部共八十册。

東洋文庫藏本,共八十册。

尊經閣文庫藏本,原係江户時代加賀藩主前田綱紀等舊藏,共一百三十册。

陽明文庫藏本,原係江户時代近衛家凞等舊藏,共一百册。

東京大學藏此同一刊本五部。其中三部今存總合圖書館,兩部原係廣東籌賑日災總會寄贈本,一部共六十册,一部四十册;另兩部今存東洋文化研究所,其中一部原係大木幹一舊藏。

京都大學藏此同一刊本四部。一部存文學部東洋史學研究室,共六十五册。兩部存人文科學研究所東洋學文獻中心，一部共五十六冊，一部共一百冊。一部存文學部中國語言文學研究室，此本原係阿波國文庫舊藏，卷中有寫補，共一百六十五冊。

東京都立日比谷圖書館藏本，原係田中慶太郎（救堂）等舊藏，共九十六冊。

【附録】《商舶載來書目》記載，中御門天皇享保十年（1725 年）中國商船"曾字號"載《續文獻通考》一部十帙抵日本。

《外船齎來書目》記載，中御門天皇享保二十年（1735 年）中國商船"二十番"載《續文獻通考》一部十二帙抵日本。

續文獻通考二百五十四卷

（明）王圻編撰

明刊本　共一百二十册

宮内廳書陵部藏本

西漢會要七十卷

（宋）徐天麟撰

宋嘉定四年（1211 年）刊本　共十册

東京大學總合圖書館藏本

【按】每半葉十一行，行二十字。注文雙行，行同正文。細黑口，左右雙邊。版心上記大小字數，下記刻工姓名，如李生、吳才、虞安、余仁、魯、思、慶、劉、應祥等。

卷首題名"宋從事郎前撫州州學教授臣徐天麟上進"。

此本版式闊大，印面清晰。現存該校法學部。

大唐郊祀録十卷

（唐）王涇撰

舊寫本　共二册

静嘉堂文庫藏本　原陸心源等舊藏

【按】陸心源《儀顧堂續跋》卷七著録此本，并曰：

"題朝散郎前行河南府密縣尉太常禮院修撰臣王涇上。前有涇《進表》。《新唐書·

藝文志》：王涇《大唐郊祀録》十卷，貞元九年上。《崇文總目》、《書録解題》、《文獻通考》、《文淵閣書目》皆著于録。《四庫》未收，阮文達亦未進呈。其書考次歷代郊廟享祀，及唐代因革故事。一至三郊祀凡例，四至七曰祀禮，八曰祭祀，九、十曰饗禮。遇有異同，隨文注釋。所引唐以前諸儒説禮諸書，今皆不傳，尤足以資考證。涇里貫未詳，憲宗元和元年爲太常博士。"

五代會要三十卷

（宋）王溥撰

舊鈔影寫宋刊本

静嘉堂文庫藏本　原王昶　陸心源等舊藏

【按】卷首題"推忠協謀佐理功臣、光録大夫、守司空兼門下侍郎、同中書門下平章事、修國史、上柱國、太原郡開國公食邑一千户食實封四百户臣王溥纂"；前爲總目。每卷有目連屬本文。卷末有校勘官前將仕郎試秘書郎守奉州天水縣令宋璋一行。又有宋慶曆六年（1046 年）四月望日樞密院直學士尚書吏部員外郎知益州事充利益路兵馬鈐轄文彦博跋文。又有宋乾道七年（1171 年）三月旦日左宣教郎權發遣徽州軍州兼管内勸農事施元之跋文。

是書自宋至清凡三刊。文彦博刊于蜀，施元之復刊于徽。至清乾隆中又有活字本，即聚珍本。元明之際，并無別本。陸心源《儀顧堂集》卷十六著録此本。

卷中有"青浦王昶字曰德"白文方印，"述庵別號蘭泉"朱文方印等印記。

【附録】《商舶載來書目》記載，光格天皇天明六年（1786 年）中國商船"古字號"載《五代會要》一部二帙抵日本。

大元聖政國朝典章六十卷

不著撰者姓名

舊寫本　錢大昕手識本　共三十册

静嘉堂文庫藏本　原吳企晋　錢大昕　馬玉堂　陸心源等舊藏

【按】卷首有元大德七年（1303 年）中書省札。

後附《大元聖政典章新集至治條例》二十三卷,有元至治二年（1322 年）六月梓行咨。

卷末有錢大昕手識文。文曰:"此書題曰《大元聖政國朝典章》,凡六十卷。首詔令,次聖政,次朝綱,次臺綱,次六部。書成於至治之初,故稱英宗爲今上皇帝也。其後又有至治二年新集條例三百餘頁,仍冠以《大元聖政典章》之名。前後體例俱準舊式,而不分卷第。余初至都門,聞一故家有此書,往假讀之,秘不肯示。後十年,吾友吴企晋以家藏鈔本見贈。紙墨精好,如獲百朋。追憶往事,不勝獨孤東屏之嘆。竹汀居士錢大昕記。"

大明會典一百八十卷

(明)徐溥等奉敕編撰　李東陽等重校

明正德四年（1509 年）司禮監刊本

尊經閣文庫　靜嘉堂文庫　東京大學東洋文化研究所　御茶之水圖書館　大垣市立圖書館藏本

【按】每半葉有界十行,行二十字。黑口,四周雙邊。

是書明弘治十年（1497 年）奉旨修纂,弘治十五年（1502 年）始成。明正德四年敕命重校付梓。

卷首有"司禮監命工刻梓"一行,其下有"正德四年十一月十九日"題著。

尊經閣文庫藏本,原係江户時代加賀藩主前田綱紀等舊藏,共五十冊。

靜嘉堂文庫藏本,原係陸心源守先閣等舊藏,共三十六冊。

東京大學藏本,卷五十,卷七十六至卷一百十三,凡三十九卷缺。

御茶之水圖書館藏此同一刊本兩部,一部原係前田家尊經閣文庫舊藏,封面係紺色日本古紙,共四十冊。一部原係明人鄭曉等舊藏,初刊初印,白綿紙本,卷中有"淡泉"、"大司寇章"朱文印記。《目錄》前有德富蘇峰手記,卷中還

夾有一葉德富氏寫於大正乙卯年（1915 年）的手識文。此本原爲一百冊,今缺第三十一冊、第四十冊至第四十二冊、第四十四冊至第四十九冊、第五十三冊、第五十七冊至第六十冊、第六十三冊、第六十五冊、第六十七冊至七十冊、第七十三冊、第七十六冊、第八十一冊、第八十四冊、第九十冊、第九十四冊、第九十八冊至第一百冊,實存六十九冊。

大垣市藏本,卷五十四至卷五十七、卷一百七十二至卷一百七十八,凡十一卷缺,共五十七冊。

【附錄】《商舶載來書目》記載,東山天皇寶永七年（1710 年）中國商船"多字號"載《大明會典》一部二十四冊抵日本。《外船載來書目》記載,中御門天皇正德四年（1714 年）輸入《大明會典》一部四帙二十四冊。又,桃園天皇寬延四年（1751 年）《持渡書物備忘錄》記《大明會典》二部各六帙六十冊當年抵日本。《長崎官府貿易外船賫來書目》記,桃園天皇寶曆九年（1759 年）中國商船"七番號"載《大明會典》二部共十二帙抵日本。

大明會典一百八十卷

(明)徐溥等奉敕編撰　李東陽等重校

明正德六年（1511 年）序刊本

内閣文庫　東京大學東洋文化研究所　日光輪王寺藏本

【按】每半葉有界十行,行二十字。黑口,四周雙邊。

卷首有御製序二篇,明正德四年（1509 年）李東陽進箋并參校職官名。并有明正德六年（1511 年）《序》。

内閣文庫藏本　原係楓山官庫舊藏,共四十一冊。

東京大學藏此同一刊本兩部。一部今存總合圖書館,共八十冊;一部原係大木幹一等舊藏,卷六至卷九,卷十六至卷十八,卷四十二至卷四十四,卷五十三至卷五十七,卷七十七至卷八十,卷九十七至卷一百五,卷一百三十三

至卷一百三十六,卷一百五十八至卷一百六十,凡三十五卷缺。

輪王寺藏本,原係天海上人舊藏,共五十册。

(重修)大明會典二百二十八卷

(明)李東陽總裁 毛紀等編纂 申時行等增定

明萬曆十五年(1587年)内府刊本

宮内廳書陵部 内閣文庫 東洋文庫 東京大學東洋文化研究所 京都大學文學部東北大學附屬圖書館藏本

【按】每半葉有界十行,行二十字。黑口,四周雙邊。

卷首有明弘治十五年(1502年)孝宗御製《序》,次有正德四年(1509年)武宗御製《序》,次有萬曆十五年(1587年)神宗御製《序》,次有弘治、正德、嘉靖、萬曆四朝詔諭。又有《纂輯引用書目》,又開報文册衙門,又弘治間《凡例》,又嘉靖間續纂《凡例》,又萬曆四年張居正等請敕禮部編輯事例送館札子,又萬曆間重修《凡例》,又萬曆十五年申時行、許國、王錫爵等進書表文,又重修諸臣名銜。

宮内廳藏本,《目録》及卷一至卷八係後人寫補。卷首有"廣運之寶"大方印,每册首有"秘閣圖書之章"等印記。共七十册。

内閣文庫藏此同一刊本三部。一部共一百二十四册,一部共一百册,一部共八十册。

東洋文庫藏本,共一百二十册。

東京大學藏本,原係仁井田陞氏舊藏,今僅存卷三十三、卷三十四,凡二卷。

京都大學藏本,共六十册。

東北大學藏本,共八十册。

【附録】桃園天皇寶曆四年(1754年)《舶來書籍大意書》著録《大明會典》一部十帙八十册。其釋文曰:"是書承明英宗之志,詔孝宗儒臣纂修,至神宗時重修。以官職制度爲綱,以事物名數儀等級爲目。萬曆十五年欽定刊本。"

光格天皇文化七年(1810年)《唐船持渡書物目録留》記當年中國商船"未二番號"載《御製大明會典》一部四帙抵日本。

大明會典(殘本)二百一十九卷

(明)李東陽總裁 毛紀等編纂 申時行等增定

明天啓元年(1621年)江西按察使張京元刊本

東京大學東洋文化研究所藏本 原大木幹一等舊藏

【按】是書係明天啓元年江西按察使張京元等據萬曆重修本重刊,全二百二十八卷。此本卷第一至卷第九,凡九卷缺。

大明會典二百二十八卷

(明)李東陽總裁 毛紀等編纂 申時行等增定

明刊本

内閣文庫藏本

【按】内閣文庫藏此同一刊本兩部。一部原係昌平坂學問所舊藏,今首缺,共十二册。一部共五十册。

大明會典抄略(不分卷)

(明)佘夢鯉編輯

明萬曆三十三年(1605年)羅定州刊本 共十三册

關西大學綜合圖書館泊園文庫藏本 原藤田南陽家舊藏

國朝典彙二百卷 首一卷

(明)徐學聚撰

明萬曆年間(1573—1620年)刊本

宮内廳書陵部 尊經閣文庫 陽明文庫 東京大學東洋文化研究所 京都大學文學部藏本

【按】卷首有蔡毅中、米萬鍾、韓敬等序。

宮内廳書陵部藏本,原係江户時代德山藩主毛利氏家舊藏,爲德山藩三代主毛利元次廣收

“天下秘籍”之一種,東山天皇寶永三年(1706
年)毛利元次撰《御書物目録》著録此本,明治
二十九年(1896年)男爵毛利元功獻贈宮内
省。卷五十五係後人寫補,卷中有“德藩藏書”
等印記。共八十一册。

尊經閣文庫藏本,原係江户時代加賀藩主前
田綱紀等舊藏,共五十二册。

陽明文庫藏本,原係江户時代近衛家凞等舊
藏,共七十册。

東京大學藏本,今存卷第一百三十至卷第一
百四十六。

京都大學藏本,共四十八册。

【附録】《商舶載來書目》記載,中御門天皇享
保六年(1721年)中國商船“古字號”載《國朝
典彙》一部六帙抵日本。《長崎官府貿易外船
賫來書目》記載,桃園天皇寶曆九年輸入《國朝
典彙》一部六帙。

國朝典彙二百卷　首一卷

(明)徐學聚撰　馮琦等訂正

明天啓四年(1624年)馮氏刊本

内閣文庫　蓬左文庫　東京大學總合圖書
館藏本

【按】内閣文庫藏本,共三十八册。

蓬左文庫藏本,係明正天皇寬永十年(1633
年)購入本。原係江户時代尾張藩主家舊藏,
卷中有“尾陽内庫”印記。共八十册。

東京大學總合圖書館藏本,共三十六册。

國朝典彙二百卷　首一卷

(明)徐學聚編撰　馮琦等校　吴國琦重訂

明崇禎七年(1634年)序刊本

内閣文庫　東洋文庫藏本

【按】内閣文庫藏此同一刊本兩部。一部原
係昌平坂學問所舊藏,共六十四册。一部原係
楓山官庫舊藏,共六十册。

東洋文庫藏本,共六十四册。

文移選要二卷

(明)張希皋編纂

明刊本　共二册

關西大學綜合圖書館内藤文庫藏本　原内
藤湖南等舊藏

【按】每半葉有界十二行,行二十四字。白
口,四周單邊(22.3cm×13.5cm)。

卷首題“新鍥文移選要,金陵書坊唐錦池唐
惠疇重梓”。前有明萬曆二十八年(1600年)
張希皋序。此序每半葉無界七行,行書體。帙
外題“文移選要　明板”。

此本係明代中央諸官司往復文章例文集。

三朝要典二十四卷

(明)顧秉謙等總裁　徐紹吉等纂修

明天啓六年(1626年)序經廠刊本　共十二
册

内閣文庫　尊經閣文庫　蓬左文庫　陽明
文庫藏本

【按】卷首有明熹宗朱由校御製《序》,并天啓
六年(1626年)正月十五日、二十三日、三月二
十七日、五月二十五日,凡諭旨四道,《凡例》六
則,纂修諸臣職名,《進三朝要典表》等。

此本依天啓五年(1625年)禮科給事中楊所
修之奏請,編纂挺擊、紅丸、移宮三案。六年正
月開館,以閣臣顧秉謙、黃立極、馮銓爲總裁,
侍郎施鳳來、楊景辰、詹事孟紹虞、曾楚卿爲
副,徐紹吉、謝啓光、余煌、朱繼祚、華琪芳、吴
孔嘉、吴士元、楊世芳爲編纂。

内閣文庫藏此同一刊本兩部。一部原係楓
山官庫舊藏,共十二册。一部原係昌平坂學問
所舊藏,共五册。

尊經閣文庫藏本,原係江户時代加賀藩主前
田綱紀等舊藏,共十三册。

蓬左文庫藏本,係明正天皇寬永六年(1629
年)購入本,原係江户時代尾張藩主家舊藏,卷
中有“尾陽内庫”印記,共八册。

陽明文庫藏本,原係江户時代近衛家凞等舊

藏,共八册。

【附録】《商舶載來書目》記載,後櫻町天皇明和二年(1765 年)中國商船"佐字號"載《三朝要典》一部抵日本。

皇明憲章類編四十二卷

(明)勞堪編撰

明萬曆年間(1573—1620 年)刊本

宮内廳書陵部　内閣文庫　尊經閣文庫
蓬左文庫　關西大學綜合圖書館泊園文庫
京都大學文學部　御茶之水圖書館藏本

【按】每半葉有界九行,行二十二字。印張係白棉紙。

卷首題"皇明憲章類編　賜進士出身中奉大夫浙江布政使司左布政使臣勞堪編"。前有萬曆六年徐栻《序》,都察院左副都御史龐尚鵬《序》等。

宮内廳書陵部藏本,原係江户時代德山藩主毛利氏家舊藏,爲德山藩三代主毛利元次廣收"天下秘籍"之一種,東山天皇寶永三年(1706 年)毛利元次撰《御書物目録》著錄此本,明治二十九年(1896 年)男爵毛利元功獻贈宮内省。每册首有"德藩藏書"印記,又第一册至第十册每册首有"中原出納"印記,尾有"出納職忠"印記。共二十册。

内閣文庫藏此同一刊本兩部。一部原係楓山官庫舊藏,共二十八册。一部原係昌平坂學問所舊藏,卷三十一至卷四十二缺,共十二册。

尊經閣文庫藏本,原係江户時代加賀藩主前田綱紀等舊藏,共二十册。

蓬左文庫藏本,係明正天皇寬永九年(1632 年)從中國購入本,原係江户時代尾張藩主家舊藏,卷中有"尾陽内庫"印記。共二十册。

關西大學泊園文庫藏本,原係藤澤東畡、藤澤南陽、藤澤黃鵠、藤澤黃坡三世四代泊園書院舊藏,共二十四册。

京都大學藏本,共二十册。

御茶之水圖書館藏本,原係德富蘇峰成簣堂等舊藏,此本書帙内有日本孝明天皇安政二年

(1855 年)湯島菅公墨書,文曰"廟前書肆求之大高氏藏"。共二十册。

【附録】《商舶載來書目》記載,後櫻町天皇明和元年(1764 年)中國商船"計字號"載《憲章類編》一部四帙抵日本。

皇明泳化類編一百三十六卷　續編十七卷

(明)鄧球編撰

明萬曆年間(1573—1620 年)刊本

内閣文庫　尊經閣文庫　蓬左文庫　日光輪王寺　大倉文化財團藏本

【按】每半葉有界十一行,行二十二字。白口,四周雙邊。

卷首有明隆慶二年(1568 年)鄧球《皇明泳化類編序》。是書《正編》二十集,《續編》八集。

内閣文庫藏本,原係江户時代林氏大學頭家舊藏,共四十九册。

尊經閣文庫藏本,原係江户時代加賀藩主前田綱紀等舊藏,共五十册。

蓬左文庫藏本,共四十八册。

日光輪王寺藏本,原係天海大和尚舊藏,卷中有明人朱藍筆斷句圈點。卷五十四封面内側有手識文"榜眼十人探花七人"。卷中還有"生今遵古"等印記,共四十八册。

大倉文化財團藏本,共六十四册。

皇明泳化類編一百三十六卷　續編十七卷

(明)鄧球編撰

明萬曆年間(1573—1620 年)刊本　共四十九册

東京大學總合圖書館藏本　原江户時代紀州德川家南葵文庫等舊藏

【按】有明萬曆五年(1577 年)跋。

卷中有後人修補。

皇明條法事類纂五十卷

題(明)戴金奉敕編撰

明代末期寫本　共六十四册

東京大學總合圖書館藏本

皇明經世實用編二十八卷

(明)馮應京輯

明萬曆八年(1580年)序刊本　共三十二冊

京都大學文學部藏本

皇明經世實用編二十八卷

(明)馮應京輯

明刊本　共二十四冊

京都大學文學部藏本

皇明經世實用編二十八卷

(明)馮應京編輯　戴任校

明萬曆三十二年(1604年)序刊本

内閣文庫　尊經閣文庫　陽明文庫藏本

【按】内閣文庫藏此同一刊本兩部。一部原係昌平坂學問所舊藏,共十册。一部原係楓山官庫舊藏,附續集二卷,共十四册。

尊經閣文庫藏本,原係江户時代加賀藩主前田綱紀等舊藏,共十四册。

陽明文庫藏本,原係江户時代近衛家凞等舊藏,共二十四册。

皇明經世要略五卷

明人編撰不署姓名

明萬曆年間(1573—1620年)刊本　共八册

御茶之水圖書館藏本　原島原候　德富蘇峰成簣堂等舊藏

【按】前有明萬曆四十年(1612年)序。此本封面題簽係日人忠房手筆,書帙外題係德富蘇峰手筆。卷中有"尚舍源忠房"、"文庫"等印記。

皇明世法録九十二卷

(明)陳仁錫編撰

明崇禎年間(1628—1644年)刊本

宫内廳書陵部　内閣文庫　尊經閣文庫　東洋文庫　蓬左文庫　静嘉堂文庫　陽明文庫　東京大學　京都大學文學部　東北大學

附屬圖書館　廣島市立淺野圖書館藏本

【按】每半葉有界十行,行二十字,注文小字雙行。白口,四周單邊(21cm×13.9cm)。

前有陳仁錫《序》等,又有《目録》二卷。

是書分爲十類,類爲五目,目下又設若干節。十類細目如次:維皇建極,懸象設教,法祖垂憲,裕國恤民,制兵敕法,濬河利漕,衝邊嚴備,沿海置防,奬順伐畔,崇文拔武。

宫内廳書陵部藏本,原係江户時代德山藩主家舊藏,爲德山藩三代主毛利元次廣收"天下秘籍"之一種,東山天皇寶永三年(1706年)毛利元次撰《御書物目録》著録此本,明治二十九年(1896年)男爵毛利元功獻贈宫内省。共七十二册。

内閣文庫藏此同一刊本三部。一部原係楓山官庫舊藏,共六十册。一部原係江户時代林氏大學頭家舊藏,共五十九册。一部原係松平定信舊藏,共四十八册。

尊經閣文庫藏本,原係江户時代加賀藩主前田綱紀等舊藏,共八十册。

東洋文庫藏本,共七十二册。

蓬左文庫藏本,係明正天皇寬永十四年(1637年)購入本,原係江户時代尾張藩主家舊藏,卷中有"尾陽内庫"印記。共八十册。

静嘉堂文庫藏本,共五十册。

陽明文庫藏本,原係江户時代近衛家凞等舊藏,共五十册。

東京大學藏此同一刊本兩部,一部存文學部漢籍中心,卷第十四至卷第十七、卷第二十八至卷第三十一、卷第四十六、卷第四十八、卷第八十八、卷第八十九,凡十二卷缺。一部存東洋文化研究所,原係大木幹一等舊藏,卷中有寫補。

京都大學藏本,共五十册。

東北大學藏本,共四十八册。

廣島市立淺野圖書館藏本,共八十册。

【附録】《商舶載來書目》記載,桃園天皇寶曆九年(1759年)中國商船"久字號"載《皇明世法録》六帙抵日本。同年《長崎官府貿易外船

賷來目録》記中國商船"十二番"亦載《皇明世
法録》一部抵日本。《商舶載來書目》又記光格
天皇享和元年（1801年）中國商船"多字號"載
《大明世法録》一部八帙抵日本。

皇明制書（皇明詔令）十三卷　附録一卷

不著編著人姓名
明嘉靖年間（1522—1566年）鎮江府丹徒縣
刊本　共六冊
蓬左文庫　東京大學東洋文化研究所藏本
【按】此本編入下列篇章：
《大明令》一卷、《洪武禮制》一卷、《諸司職
掌》三卷、《孝慈録》一卷、《禮儀定制》一卷、《教
民榜文》一卷、《稽古定制》一卷、《憲綱事類》一
卷、《吏部條例》一卷、《軍政條例》一卷、《問刑
條例》一卷、《節行事例》一卷。
蓬左文庫藏本，原係德川義直等舊藏，卷中
有"尾陽内庫"印記。共六冊。
東京大學藏此同刊本兩部。一部存《諸司職
掌》三卷；一部原係大木幹一等舊藏，今存七
卷。
【附録】《商舶載來書目》記載，中御門天皇享
保十一年（1726年）中國商船"久字號"載《皇
明制書》一部十冊抵日本。

皇明制書（皇明詔令）十二卷

不著編著人姓名
明刊本　共四冊
内閣文庫藏本　原楓山官庫舊藏
【按】此本編入下列篇章：
《皇明祖訓》一卷、《孝慈録》一卷、《律令》一
卷、《御製大誥》一卷、《大誥續編》一卷、《御製
大誥》三編一卷、《大誥武臣》一卷、《敕諭武臣》
一卷、《洪武禮制》一卷、《教民榜文》一卷、《稽
古定制》一卷、《禮儀定式》一卷。

皇明制書（皇明詔令）十四卷

（明）張鹵編輯
明萬曆年間（1573—1620年）刊本

尊經閣文庫　陽明文庫藏本
【按】此本編入下列篇章：
《大明令》一卷、《學校格式》一卷、《御制大
誥》一卷、《孝慈録》一卷、《諸司職掌》一卷、《大
明律》一卷、《洪武禮制》一卷、《憲綱事類》一
卷、《禮儀定式》一卷、《稽古定制》一卷、《教民
榜文》一卷、《大明官制》一卷、《資世通訓》一
卷、《節行事例》一卷。
尊經閣文庫藏本，原係江户時代加賀藩主前
田綱紀等舊藏，共十九冊。
陽明文庫藏本，原係江户時代近衛家熙等舊
藏，共三冊。

皇明制書（皇明詔令）二十卷

（明）張鹵編輯
明萬曆七年（1579年）大名府刊本　共二十
二冊
東洋文庫　東京大學東洋文化研究所藏本
【按】東洋文庫藏本，共二十二冊。
東京大學藏本，原係大木幹一等舊藏。卷第
一、卷第二、卷第四、卷第五、卷第九至卷第十
三、卷第十五、卷第十七、卷第十八、卷第二十，
凡十三卷皆係後人寫補。卷第十三又缺第一
至第七十四頁。

皇明經濟文輯二十三卷

（明）陳其愫點輯　姚明彦閲訂
明天啓年間（1621—1627年）刊本
京都大學文學部　關西大學綜合圖書館内
藤文庫藏本
【按】每半葉有界八行，行十八字。白口，四
周單邊（20cm×14cm）。
卷首題"餘杭陳其愫點輯，同社姚明彦閲
訂。"
京都大學藏本，共八冊。
關西大學藏本，原係内藤湖南等舊藏，今存
卷四至卷七，卷十，卷十一，卷十四，卷十五，卷
十八至卷二十一，凡十二卷。此本有伯健付箋
《皇明經濟文輯殘本》

【附録】孝明天皇嘉永四年（1851 年）《書籍元帳》記載當年輸入《皇明經濟文輯》十一册，此係新本，價一匁。

皇明經濟文録三十九卷

（明）萬表編

明嘉靖三十三年（1551 年）序刊本　共二十五册

東北大學附屬圖書館藏本

史考九卷

（明）謝肇淛撰　徐㷉校

明萬曆四十七年（1620 年）序刊本　共三册

內閣文庫藏本　原楓山官庫舊藏

太常因革禮八十三卷

（宋）歐陽修等奉敕編撰

舊寫本　共六册

静嘉堂文庫藏本　原陸心源等舊藏

【按】是書全一百卷。卷首題："宋推忠協謀佐理功臣光禄大夫行尚書吏部侍郎參知政事上柱國樂安郡開國公食邑三千三百户食實封八百户臣歐陽修等奉敕編。"前有歐陽修等上進《序》，後有宋淳熙十五年（1188 年）正月李壁《序》。

張金吾跋此本曰："宋太祖始命劉温叟等，約唐貞觀顯慶《開元禮》爲《開寶通禮》。更太宗、真宗隨事損益。天聖中，禮官王皞等論次其事，名曰《禮閣新編》。其後，賈昌朝等復加編定，名曰《太常禮》。嘉祐中，修以二書不能兼收博采，未足以示後世，且二書之外，存於簡牘尚多，付之胥吏，日以殘脱，乃建編纂禮書之議。仁宗允其請。嘉祐六年，命蘇洵、姚闢置局修纂。治平二年書成，賜名《太常因革禮》。分八類，曰總例，曰吉禮，曰嘉禮，曰軍禮，曰凶禮，曰廢禮，曰新禮，曰廟禮，凡一百卷。始自建隆迄于嘉祐，以《開寶通禮》爲主，參以《禮閣新編》、《太常新禮》、《禮院儀注》、《禮院例册》、《慶曆祀儀》及《實録》、《會要》、《封禪記》、《滷

簿記》等書。四朝典禮，燦然具備。是故《政和五禮新儀》以前所不可無之書也。伏讀《四庫全書總目》云，北宋一代典章，如《開寶禮》、《太常因革禮》、《禮閣新儀》，今俱不傳云云。則是書之佚久矣。此本傳自蕭山陸氏，蓋從舊抄本傳録者。缺卷五十一至卷六十七，凡十七卷。"

陸心源《儀顧堂續跋》卷七著録此本。其跋文曰："缺卷五十一至卷六十七。《四庫》未收，阮文達始進呈。昭德《郡齋讀書志》曰，《太常因革禮》，姚闢、蘇洵撰。嘉祐中，歐陽修言禮院文書放軼，請禮官編修。六年用張洞奏，以命闢、洵。至治平二年乃成，詔賜以名。李清臣云，開寶以後三輯禮書，推其要歸，嘉祐尤悉。然繁簡失中，訛闕不補，豈有拘而不得騁乎？何擅釀之甚也。其言與《序》合。阮氏以爲《讀書志》、《書録解題》不載，誤矣！淳熙十五年，錢大虛守眉州，盡刻蘇氏書于學宮。此即從淳熙本傳録者。惜所缺十七卷，與書中缺文，無可校補耳。"

太常因革禮（殘本）八十三卷

（宋）歐陽修等奉敕編撰

舊寫本　共六册

宮內廳書陵部藏本

【按】是書全一百卷，此本今卷五十一至卷六十七凡十七卷缺。

太常因革禮（殘本）八十三卷

（宋）歐陽修等奉敕編撰

清嘉慶二十五年（1820 年）顧廣圻手寫本　共五册

大倉文化財團藏本　原顧廣圻　文瑞樓等舊藏

【按】此本係清嘉慶二十五年（1820 年）顧廣圻從秦敦夫藏舊寫本重行鈔寫。原藏本缺卷五十一至卷六十七。卷中有顧廣圻手識文，并朱墨校語。

卷中有"塤葉山房"、"文瑞樓"、"任城孫氏"等印記。

政和五禮新儀（殘本）二百卷

（宋）鄭居中等奉敕編撰
舊寫本　徐洪釐手識本　共十一册
静嘉堂文庫藏本　原曝書亭　陸心源等舊藏

【按】卷首有宋政和新元（1111年）三月一日宋徽宗御製《序》。次有尚書省累次所上札子，并議禮局知樞密院事鄭居中等札子，諸臣銜名。末則題"特進知樞密院事滎陽郡開國公食邑四千七百户實封八百户臣鄭居中"。

前有宋崇寧、大觀、政和御筆指揮若干件。又有《政和御製冠禮》十卷，蓋當時頒此爲格式，故以弁首。

是書全二百二十卷。此本卷七十四、卷八十八至卷九十、卷一百八至卷一百十二、卷一百廿八至卷一百卅七、卷二百，凡二十卷缺。

卷末有徐洪釐手識文曰，此又爲曝書亭舊物。卷中有"徐洪釐印"，"蟄庵"等印記。

政和五禮新儀（殘本）二百十卷

（宋）鄭居中等奉敕編撰
舊寫本　共十一册
宫内廳書陵部藏本

【按】卷首有宋政和新元（1111年）三月一日宋徽宗御製《序》等。前有《政和御製冠禮》六卷。

是書全二百二十卷。此本卷一百二十八至卷一百三十七，凡十卷缺。

慶元條法事類（殘本）三十四卷　附開禧重修尚書吏部侍郎右選格二卷

宋人不著姓名
舊寫本　共三十册
静嘉堂文庫藏本　原陸心源等舊藏

【按】是書全八十卷。此本卷一、卷二、卷三、卷十八至卷二十七、卷三十三至卷三十五、卷三十八至卷四十六、卷五十三至卷七十三，凡四十六卷缺。

陸心源《儀顧堂題跋》卷四著録此本并曰：

"《四庫》未收，阮文達亦未進呈……按陳直齋《書録解題》云，《嘉泰條法事類》八十卷，宰相天台謝深甫子肅等表上，初吏部七司有《條法總類》。淳熙新書即成，孝宗詔仿七司體，分門修纂，别爲一書，以'事類'爲名。至是以慶元新書修定頒降，則此書即謝深甫所修。以奉詔時言之，則曰慶元；以成書日言之，則曰嘉泰，非二書也。《宋史·寧宗本紀》慶元四年九月，頒《慶元重修勅令格式》。嘉泰二年八月，謝深甫上《慶元條法事類》。三年七月，頒行。則當時本名《慶元條法事類》。曰嘉泰者，直齋所獨也。書雖殘缺，可以補史志之缺者尚多……《寧宗紀》慶元二年十一月，重修吏部七司法。開禧元年六月，陳自强等上，二年頒行。《開禧重修尚書吏部右選格》者，疑即自强所上也。陳氏《書録》有《吏部條法事類》五十卷，今不傳。此二卷其僅存者歟。"

大金集禮四十卷

金人不著姓名
舊寫本　黄堯圃　錢大昕手識本　共六册
静嘉堂文庫藏本　原馬玉堂　陸心源等舊藏

【按】卷前後無序跋，不著撰人姓名。據黄虞稷《千頃堂書目》記，此書爲金明昌六年（1195年）禮部尚書張瑋等所進。

是書分類排纂，具有條理。自尊號册謚以及祠祀朝會，燕饗諸儀，燦然悉備。

此本有清嘉慶元年（1796年）黄堯圃手識文。文曰：

"《大金集禮》，世鮮善本。惟錢遵王《讀書敏求記》載此書，以爲尚是金人抄本。惜未知流落何所。偶與余友張秋塘談及此書，秋塘云，數年前余從騎龍巷顧氏得之，而歸於馬鋪橋周香嚴矣。香嚴與余相友善，有秘書，彼此俱易觀。惟請觀此書，則以朽腐不可觸手爲辭，余亦以家無别本可校，不敢固請。今春觀書於華陽橋顧聽玉家，適得是本，遂攜向香嚴處，請其書比較之。紙墨皆古，惜朽腐處殘缺不可盡讀。末有何義門先生跋，亦自敘其得書之由。而書之爲金抄與否，義門卒不能定也。余略爲翻閱，覺卷第脫誤，彼此相同。似余書即從錢本所出，然行款不同，第一卷中反多貞元云云四頁，欲徵信而反滋疑。香嚴與余唯有相視而笑已耳。適錢少詹辛楣先生借閱，藉以折衷。遇疑處皆書諸紙條貼其上，足見前輩好學深思，不務涉獵，實爲後生龜鑒。歸架日，追敘得書顛末，并著辛楣校閱，以傳信於後云。嘉慶元年六月中澣二日，書於士禮居。棘人黃丕烈。"

卷首又有錢大昕手識文。文曰：

"《大金集禮》四十卷，周漪塘、黃蕘圃兩家抄本，皆云卷十二至卷十七有闕文，又卷廿六卅三元闕。今檢第十第十一兩卷，係夏至祭方丘之儀。篇中有云如圓丘儀，則此兩卷之前已闕圓丘儀矣。其目錄次序，恐未足信。此書雖無序文，不知纂輯年月，要必成於大定之世，故於雍字稱御名，而不及明昌以後事。獨補闕一葉，有明昌、承安、泰和及世宗廟號，蓋後人取它書攙入，非《集禮》元文也。嘉定錢大昕。"

卷中有"馬玉堂印"白文方印、"笏齋"朱文方印、"鷗寄室王氏考藏"朱文方印等印記。

【附錄】《商舶載來書目》記載，光格天皇天明六年（1786年）中國商船"多字號"載《大金集禮》一部二帙抵日本。

大金集禮四十卷

金人不著姓名
舊寫本　共十二冊
宮內廳書陵部藏本　原豐後佐伯藩主毛利氏家等舊藏
【按】此本不題撰人姓名，前後無序跋。
卷首有"佐伯侯毛利高標字培松藏書畫之印"印記。每冊首又有"秘閣圖書之印"印記。

此本係仁孝天皇文政年間（1818—1829年）出雲守毛利高翰獻于幕府，明治年間初期，歸內閣文庫。明治二十四年（1891年）移送宮內省圖書寮（即今宮內廳書陵部）。

大明集禮五十三卷

（明）徐一夔等奉敕編撰
明嘉靖年間（1522—1566年）河南布政司刊本
宮內廳書陵部　尊經閣文庫藏本
【按】是書明洪武年間徐一夔等奉敕編纂，嘉靖年間重修，增爲五十三卷。此本係嘉靖年間河南布政司刊本。卷前有明世宗御製《序》。卷尾有河南巡撫吳山、巡按葉照、左布政司于湛、右布政司劉棟等列銜。
宮內廳書陵部藏本，共四十八冊。
尊經閣文庫藏本，原係江戶時代加賀藩主前田綱紀等舊藏，共三十六冊。
【附錄】《商舶載來書目》記載，後櫻町天皇明和二年（1765年）中國商船"多字號"載《大明集禮》一部八帙抵日本。

大明集禮五十三卷

（明）徐一夔等奉敕編撰
明嘉靖九年（1530年）序經廠刊本
宮內廳書陵部　內閣文庫　蓬左文庫　東洋文庫　築波大學附屬圖書館藏本
【按】每半葉有界九行，行十七字。四周雙邊（30.5cm×20.6cm）。每頁下皆有"儒士某某寫"。
卷首有明嘉靖九年（1530年）六月望日明世宗御製《序》。《序》曰："《大明集禮》，我高祖高皇帝之所製，所謂吉凶軍賓嘉五禮也。吉禮者，以祀典及朝會；凶禮也，喪葬之類；軍也，賓也，嘉也，各寓以戎事、朝聘、婚姻等類，莫不詳備，允爲萬世法程。昨歲禮部請刻布中外，俾人有所知見，乃命內閣發秘藏，令其刊布，以彰一代之制。"
宮內廳書陵部藏本，共四十八冊。

內閣文庫藏此同一刊本兩部。一部原係昌平坂學問所舊藏,共八十册。一部原係楓山官庫舊藏,共三十六册。

蓬左文庫藏本,共四十九册。

東洋文庫藏本,共四十册。

築波大學藏本,卷中有"真實齋圖書記"等印記,共四十册。

大禮集議四卷　附一卷

(明)席書等編輯

明嘉靖四年(1525年)刊本　共四册

內閣文庫　東洋文庫　尊經閣文庫藏本

【按】1521年明武宗朱厚照卒,其弟朱厚熜入承皇統,是爲明世宗,年號嘉靖,尊其父興獻王於太廟,于是有大禮之爭議。嘉靖四年,翰林學士方獻夫集錄諸臣奏議,嘉靖帝命禮部尚書席書爲之纂要,名之曰《大禮集議》。

【附錄】《商舶載來書目》記載,中御門天皇正德二年(1712年)中國商船"多字號"載《大禮集議》一部抵日本。

明倫大典二十四卷

(明)楊一清等奉敕撰

明嘉靖七年(1528年)經廠刊本

內閣文庫　尊經閣文庫　京都大學人文科學研究所東洋學文獻中心藏本

【按】每半葉有界八行,行十八字。

卷首有明嘉靖七年(1528年)明世宗御製《序》。又有楊一清等《進表》,并有《後序》。又有張璁《後序》,翟鑾《後序》,桂萼《後序》,方獻夫《後序》。

內閣文庫藏本,共十四册。

尊經閣文庫藏此同一刊本兩部。一部共八册,一部有附錄御著《大狩龍飛錄》二卷,共十二册。

京都大學藏本,共八册。

【附錄】《商舶載來書目》記載,後櫻町天皇明和二年(1765年)中國商船"女字號"載《明倫大典》一部一帙抵日本。又,光格天皇文化元年(1804年)《改濟書籍目錄》記載,是年中國商船"子六番"號載《明倫大典》一部二帙抵日本,售價三十匁。《持渡書籍目錄》記光格天皇文化二年中國商船"丑七番"號載《明倫大典》一部抵日本。《書籍元帳》又記仁孝天皇天保十二年(1841年)中國商船"丑三番"號載《明倫大典》一部十二册抵日本,售價二十三匁。

(鼎鐫)洪武禮制儀注

明人不著撰者姓名

明刊本　共一册

尊經閣文庫藏本　原江戶時代加賀藩主前田綱紀等舊藏

皇明典禮志二十卷

(明)郭正域撰

明萬曆四十一年(1613年)跋刊本

內閣文庫　尊經閣文庫藏本

【按】每半葉有界十行,行二十字。

卷首有明萬曆三十八年(1610年)彭端吾《序》,并郭正域《自序》。

內閣文庫藏本,共三册。

尊經閣文庫藏本,原係江戶時代加賀藩主前田綱紀等舊藏,共八册。

【附錄】《商舶載來書目》記載,後櫻町天皇明和二年(1765年)中國商船"久字號"載《皇明典禮志》一部抵日本。

王國典禮八卷

(明)朱勤美輯

明萬曆四十三年(1615年)序刊本　共十六册

東洋文庫藏本

謚法通考十八卷

(明)王圻撰　趙可懷校

明萬曆二十四年(1596年)趙可懷刊本

宮內廳書陵部　內閣文庫　尊經閣文庫　靜嘉堂文庫藏本

【按】每半葉有界九行，行二十字。

卷前題"雲間王圻編輯，巴郡趙可懷校正，平湖孫城泰、郪中朱一龍、龍江王應麟、西陵吳化參閱"。卷首有明萬曆二十四年趙可懷《序》。

宮內廳書陵部藏本，卷前有"知止堂"、"王業浩印"等印記。每册首又有"秘閣圖書之章"等印記。共十六册。

內閣文庫藏本，共十二册。

尊經閣文庫藏本，原係江户時代加賀藩主前田綱紀等舊藏，共十八册。

靜嘉堂文庫藏本，共二十册。

【附録】《商舶載來書目》記載，東山天皇元禄十五年（1702 年）中國商船"志字號"載《謚法通考》一部十二册抵日本。

孔廟禮樂考六卷　首一卷

（明）瞿九思撰　董漢儒校
明萬曆三十五年（1607 年）序平陽史學遷刊本

宮內廳書陵部　蓬左文庫藏本

【按】宮內廳書陵部藏本，原係江户時代德山藩主毛利氏家舊藏，爲德山藩三代主毛利元次廣收"天下秘籍"之一種，東山天皇寶永三年（1706 年）毛利元次撰《御書物目録》著録此本，明治二十九年（1896 年）男爵毛利元功獻贈宮內省。共十二册。

蓬左文庫藏本，原係江户時代尾張藩主德川氏家舊藏，共五册。

孔廟禮樂考六卷　首一卷

（明）瞿九思撰　金忠士編校
明萬曆年間（1573—1620 年）刊本　共四册
內閣文庫　尊經閣文庫藏本

【按】前有明萬曆三十七年（1609 年）《序》。

文廟禮樂志八卷

（明）萬恭編撰
明萬曆年間（1573—1620 年）刊本　共二册
尊經閣文庫藏本　原江户時代加賀藩主前田綱紀等舊藏

文廟禮樂全書四卷

（明）王焕如編輯
明崇禎年間（1628—1644 年）刊本　共四册
尊經閣文庫藏本　原江户時代加賀藩主前田綱紀等舊藏

頖宮禮樂疏十卷

（明）李之藻撰　馮時來等校
明萬曆十六年（1588 年）婺源知縣馮時來刊本
內閣文庫　蓬左文庫　尊經閣文庫　東洋文庫藏本

【按】每半葉有界十行，行二十二字。

卷首題"浙西後學李之藻著、門人晋江馮時來校"。前有明萬曆四十六年（1618 年）董漢儒《序》，次有王納諫《序》，次有明萬曆四十六年林欲楫《序》，次有馮時來《序》。

內閣文庫藏此同一刊本兩部。一部原係高野山釋迦文院舊藏，共八册。一部原係楓山官庫舊藏，共八册。

蓬左文庫藏本，係明正天皇寬永五年（1628 年）購入本，原係江户時代尾張藩主家舊藏，卷中有"尾陽內庫"印記，共八册。

尊經閣文庫藏本，原係江户時代加賀藩主前田綱紀等舊藏，共十二册。

東洋文庫藏本，今存卷第一、卷第二，凡二卷，共二册。

【附録】桃園天皇寶曆四年（1754 年）《舶來書籍大意書》著録《頖宮禮樂疏》一部一帙十册。其釋文曰："是書李我存所著。孔子總天地人之三才，立極而垂教於萬世，故有頖宮之祀。其禮，漢之高帝過魯，則祀以太牢；其樂，宋文帝之太子設軒懸於釋奠而舞六佾。於是褒崇之典，代代有加，威擬王者。明之高帝登極之初，用太牢親祀於國學，詔定釋奠之禮舞六佾，而以大成之樂器頒於天下之學府。州縣之學，其式悉如府學。肅帝又從更定，而其典不刊。兩雍遺典外,惟府庠之禮樂漸具,州縣之禮樂未全,而樂書藏於太常,無由考其流布。太常之辨,只鏗鏘舞蹈,有未能言其義者,無由考其盛典,遂以闕如。于是上察天章,下考地靈;研一切象緯禆家之微,抉奧究心,修復文廟之樂舞,選儒童而肄習,相詳訂聲容器數而成一書。首列前代之崇祀故實并明朝列祖厘正之詔旨,次列諸封號、述贊、廟貌、服章、席饗、灌獻、歌工、舞列,并堂、配享、從祀位置。提綱分目,輯遺搜缺,凡禮節、禮物、禮器、樂音、樂律,皆爲話、爲圖、爲譜、爲辨,凡飲射之隸于學宮者,皆爲圖注,而著文十卷。門人馮時來等梓行,明萬曆十六年刊。”

同年,《商舶載來書目》記載,中國商船“波字號”載《頖宮禮樂疏》一部抵日本。

皇明鄉會試二三場程文選(殘本)三十八卷

(明)陳仁錫輯

明崇禎六年(1633年)刊本

東京大學東洋文化研究所藏本

【按】是書輯鄉試文選凡三種,全五十卷。細目如次:

《皇明論程文選》全八卷,此本缺卷第八。

《皇明表程文選》全十三卷,此本缺卷第四。

《皇明策程文選》全二十九卷,此本缺卷第六至卷第九、卷第十四至卷第十九。

故唐律疏議六卷

(唐)長孫無忌等奉敕撰

元至正十一年(1351年)崇化余志安勤有堂刊本 共四冊

宮內廳書陵部藏本 原姑蘇吳岫 豐後佐伯藩主毛利氏家舊藏

【按】每半葉有界十二行,行二十一字左右。黑口,四周雙邊(19cm×12.7cm)。

唐太宗詔房玄齡等增損隋律,降大辟爲流者九十二,流爲徒者七十一,而大旨多仍其舊。高宗即位,又命長孫無忌等偕律學之士,撰爲“議疏”頒行之,此即《唐律疏議》三十卷。此本

於三十卷中,僅取其《名例》六卷刊印,亦屬希見。

卷首有《唐律釋文序》。序後有“至正辛卯孟春重校”校記一行,次有“崇化余志安刊于勤有堂”木記一行。次有《目錄》,次有唐永徽四年(653年)十一月十九日長孫無忌等《進書表》。每卷末附江西行省檢校官王元亮所撰釋文。終卷末有元泰定二年(1325年)乙丑秋七月眉山劉有慶《序》。

此本係仁孝天皇文政年間(1818—1829年)由出雲守毛利高翰獻贈幕府,明治年間初期,歸內閣文庫。明治二十四年(1891年)移送宮內省圖書寮(即今宮內廳書陵部)。

卷中有“佐伯侯毛利高標字培松藏書畫之印”印記。每冊首有“紅葉山本”、“大學校圖書之印”、“秘閣圖書之章”等印記。第一冊與第四冊首尾又有“姑蘇吳岫家藏印記”。

森立之《經籍訪古志》卷三著錄楓山官庫藏元刊本《唐律疏議》即此本。然森氏題此本爲三十卷,則未細審讀矣。《御書籍來歷志》董康《書舶庸譚》卷三亦著錄此本。

【附錄】江戶時代《官板書籍解題略》上著錄《唐律疏議》三十卷十五冊。其釋文曰:“唐太尉揚州都督趙國公長孫無忌等奉敕撰。《風俗通》云,《皋陶謨》中有《虞律》,又《尚書大傳》稱夏刑三千,周刑二千五百,此爲造律之始。其後,魏之李悝著《法經》六篇,商鞅受之以相秦。漢之蕭何益三篇而爲九篇,叔孫通增爲十八篇,而張湯等爲《宮律》二十七篇,趙禹等爲《朝律》六篇,合而爲六十篇。馬融、鄭康成皆爲之章句。魏世刪漢律,約定爲十九篇,晋增損爲二十篇,南北朝間相互更改。隋文帝開皇三年敕蘇威、牛宏等,更制新律,除定死罪以下千餘條,整而爲文五百餘條,篇目凡十二。一曰名例,二曰衛禁,三曰職制,四曰戶婚,五曰厩庫,六曰擅興,七曰賊盜,八曰鬪訟,九曰詐僞,十曰雜律,十一曰捕亡,十二曰斷獄。唐太宗詔房玄齡等增損隋律,下大辟爲流者九十二,流爲徒者七十一,仍襲其大旨。高宗即位,乃命

長孫無忌與律學之士撰'議疏'而行之。宋之世則采用此書之制，元時斷獄亦每每據之。明洪武初，曾命儒臣與刑官同講唐律，又命劉維謙等詳定明律，其篇目一依唐律爲準。此書係元泰定間江西儒學提舉柳贇校勘，卷末附江西行省檢校官王元亭釋文一卷。"

中御門天皇享保年間（1716—1735 年）伊賀守忠周據元刊本《故唐律疏議》書寫三十卷，進獻贈江户幕府。此本有荻生觀（物觀）校定和訓點。卷末有如下識文："舊本頗多脱誤，今得水府善本補之正之者，傍注水字。水府本猶有脱誤，今特補之正之者，傍注今字。"此寫本今存於宮内廳爲"御物"。

江户時代有《唐律疏義》三十卷并《釋文纂例》一卷寫本一種。此本共十三册，原係山田以文等舊藏，現存静嘉堂文庫。

光格天皇文化二年（1805 年）昌平學官版刊印《故唐律疏議》三十卷，九行二十字，封面題"官板唐律疏議"。文化三年又刊《唐律釋文》三十卷附首一卷，題"奉訓大夫江西等處行中書省檢校官王元亮長卿重編"。此本後有文化六年（1809 年）江户須原屋茂兵衛重印本及江户出雲寺萬次郎重印本、江户千鍾房重印本等。

據江户時代《漢籍發賣投標記録》，孝明天皇安政六年（1859 年）《唐律疏議》一部，價爲十三匁九分、十六匁九分、二十一匁。

楊守敬《日本訪書志》卷五著録日本刊本《唐律疏議》三十卷，其識文曰：

"首有雍正乙卯刑部尚書勵廷儀《序》，以孫氏岱南閣所刊元余志安本較之，有柳贇《序》而無賈冶子釋文，亦無王元亮纂例諸表，而顧千里所舉卷三、卷十七、卷二十六、卷二十八所載釋文删除不盡者，此本亦同，而《目録》前多出議刊官職名氏一頁，有龍興路儒學某某與柳贇《序》云刊於龍興者合，則是此本即是泰定初刊本，故《疏議》與纂例、釋文別行，而余志安乃合刊之。唯柳《序》稱廉訪使師公而議刊。廉訪使乃是朵州秃，豈

師唱於前而朵爲後任歟？此本雖不能無誤，而足以訂正余本者不下數百字。孫氏當日竟未見此本，亦一缺事也。又余收得日本人校本一通，以孫氏刊本硃識其上，其所出《疏議》多與此合，而所校釋文異同尤多，則不知竟出何本，豈泰定所刊釋文，日本別有傳録歟！"

楊氏釋文後，附和刊本多出之"議刊唐律疏議官職名氏"一頁，兹録於次：

　　廉訪司官：
中奉大夫江西湖東道肅政廉訪使朵（州秃）；
奉政大夫江西湖東道肅政廉訪使司事岳（出謀）；
管勾承發架閣庫照磨程（志通）；
　　　儒學提舉司官：
文林郎江西等處儒學提舉柳（贇）；
承事郎江西等處儒學副提舉高（若鳳）；
龍興路儒學教授李（鼎孫）；
　　　學正李（時）董正刊成。"

楊氏又按，"余志安元本，楓山官庫亦有之"。此本即今宮内廳藏本。

故唐律疏議（殘本）四卷　附釋文纂例四卷

（唐）長孫無忌等奉敕撰　《釋文》（元）王元亮撰

元至正十一年（1351 年）崇化余志安勤有堂刊本　共四册

東京大學東洋文化研究所藏本　原大木幹一等舊藏

【按】此本與宮内廳藏本同爲元至正十一年刊本，行款題式皆同。惟此本係三十卷本之殘本，今存卷第一至卷第四。

唐律疏議（故唐律疏議）三十卷

（唐）長孫無忌等奉敕撰
古影寫元刊本　共七册
静嘉堂文庫藏本　原陸心源十萬卷樓等舊藏

唐律疏議三十卷　附釋文三十卷并圖二卷

（唐）長孫無忌等奉敕撰　《釋文》（元）王元亮撰

清乾隆五十四年（1789 年）盧文弨校寫本共十册

大倉文化財團藏本

【按】此本係盧文弨於清乾隆五十四年與五十五年依宋本、元本校寫。卷中有盧氏朱黄藍筆校語及校書識文，并有墨筆校語附箋。

卷中有"江東羅氏"等印記。

大明律三十卷　律解附例四卷

（明）劉惟謙等奉敕撰　胡瓊集解

明正德年間（1506—1521 年）刊本

尊經閣文庫　蓬左文庫藏本

【按】每半葉有界十行，行二十二字左右，注文雙行。白口，四周單邊。

卷首有明太祖洪武三十年（1397 年）御製《序》。《序》曰："朕有天下，仿古爲治。明禮以導民，定律以繩頑，刊著爲令，行之久矣。奈何犯者相繼，由是出五刑酷法以治之，欲民畏而不犯；作《大誥》昭示民間，使知所趨避，又有年矣。然法在有司，民不周知，特敕六部都察院官，將《大誥》内條目撮其要略，附載於律，使知遵守。"次有劉惟謙明洪武七年（1374 年）《進書表》。《表》稱"惟謙以洪武六年十一月受詔，明年二月書成，篇目一準之於唐。曰名例，曰衛禁，曰職制，曰户婚，曰厩庫，曰擅興，曰賊盗，曰鬬訟，曰詐僞，曰雜犯，曰捕亡，曰斷獄。采用已頒舊律二百八十八條，續律百二十八條，舊令改律三十六條，因事制律三十一律，掇唐律以補遺一百二十三條，合六百有六，分爲三十卷。"

每卷首行題"大明律卷第（幾）"，次行題"巡按浙江監察御史臣胡瓊集解"，第三行題"巡按河南監察御史臣胡　增附"。

《目録》頁首行題"大明律目録"，每半葉九行，分上下兩段書寫。

尊經閣文庫藏本，原係江户時代加賀藩主前田綱紀等舊藏，共八册。

蓬左文庫藏本，卷中有"御本"印記，原係江户幕府舊藏，爲駿河御讓本。共四册。

【附録】據《商舶載來書目》記載，中御門天皇正德二年（1712 年）中國商船"多字號"載《大明律》一部八册抵日本。

中御門天皇享保八年（1723 年）江户宋會三四郎等刻刊《大明律》三十卷《條例》三卷，由日人荻生觀（溪北）點。此本後有京都風月莊左衛門重印本，又有京都出雲寺松柏堂重印本及大阪河内屋和助等重印本。孝明天皇安政三年（1856 年）此本由大阪河内屋修板重印。

此外，櫻町天皇延享三年（1746 年）刊印《大明令》，由大藏永綏等校。

大明律（殘本）二十七卷

（明）永樂年間中書省御史台官官修

明萬曆二十一年（1593 年）刊本　共五册

天理圖書館古義堂藏本　原伊藤東涯家舊藏

【按】是書全三十卷。伊藤東涯於此本封面題識"全六册，内脱第二册自一至三吏律全"。卷中有伊藤東涯手識文。

大明律（殘本）二十二卷

（明）永樂年間中書省御史台官官撰　應朝卿增校

明萬曆三十七年（1609 年）董漢儒等校刊本

東京大學東洋文化研究所藏本　原大木幹一等舊藏

【按】是書全三十卷，此本今卷第五至卷第十二缺，實存二十二卷。

大明律集解附例三十卷

（明）劉維謙等奉敕撰　袁貞吉等集注

明萬曆年間（1573—1620 年）刊本

尊經閣文庫　東洋文庫　東京大學東洋文化研究所藏本

【按】尊經閣文庫藏本,原係江戸時代加賀藩主前田綱紀等舊藏,共二十二册。

東洋文庫藏本,共十五册。

東京大學藏本,原係大木幹一等舊藏,卷第七至卷第十,第十四至卷第十七缺,實存二十二卷。

大明律例三十卷

(明)劉惟謙等奉敕撰

明嘉靖年間(1522—1566年)刊本　共十册

尊經閣文庫藏本

【附録】據《商舶載來書目》記載,中御門天皇享保十一年(1726年)中國商船"多字號"載《大明律例》一部六册抵日本。又,孝明天皇嘉永四年(1851年)《書籍元帳》記,輸入《大明律例》一部八册,售價七匁。

大明律例三十卷

(明)劉惟謙等奉敕撰

明萬曆年間(1573—1620年)刊本　共十六册

尊經閣文庫藏本　原江戸時代加賀藩主前田綱紀等舊藏

大明律附例三十卷　首一卷

(明)王樵私箋　王肯堂集釋

明萬曆四十年(1612年)刊本

宮内廳書陵部　内閣文庫　東京大學東洋文化研究所　關西大學綜合圖書館内藤文庫藏本

【按】每半葉有界十行,行二十字。白口,四周單邊(20.7cm×13.7cm)。

卷首題"南京都察院右都御史刑部右侍郎大理卿王樵私箋,男南京禮部精膳司郎中前翰林院檢討肯堂集釋"。前有明洪武三十年(1397年)《御製大明律序》,明萬曆四十年(1612年)王肯堂《律例箋釋自序》,明萬曆十三年(1585年)舒化、耿定向《進新刻大明律例附例題稿》。

宮内廳藏本,原係江戸時代德山藩主毛利氏家舊藏,爲德山藩三代主毛利元次廣收"天下秘籍"之一種,東山天皇寶永三年(1706年)毛利元次撰《御書物目録》著録此本,明治二十九年(1896年)男爵毛利元功獻贈宮内省。此本附《慎刑説》一卷,共十六册。

内閣文庫藏本,原係昌平坂學問所舊藏,共十二册。

東京大學藏本,附《慎刑説》一卷,原係大木幹一等舊藏。

關西大學藏本,附《慎刑説》一卷。原係内藤湖南等舊藏,卷中有"内藤乾藏書"印記,并有伯健手識文曰"乙亥(昭和十年,即1935年)一月購,伯健"。此本封面題"王宇恭先生著　律例箋釋　本衙藏板"。共十册。

【附録】據《商舶載來書目》記載,東山天皇元禄十二年(1699年)中國商船"古字號"載《肯堂箋釋》一部十册抵日本。是書又載中御門天皇正德元年(1711年)中國商船"多字號"載《大明律附例》一部十六册抵日本。

大明律附例注解三十卷

(明)姚思仁撰

明萬曆年間(1573—1620年)刊本

内閣文庫　尊經閣文庫藏本

【附録】據《商舶載來書目》記載,中御門天皇享保十年(1725年)中國商船"多字號"載《大明律附例注解》一部一帙抵日本。

大明律例添釋旁注三十卷

(明)徐昌祚撰

明萬曆年間(1573—1620年)刊本

内閣文庫　尊經閣文庫藏本

【按】内閣文庫藏此同一刊本兩部。一部原係昌平坂學問所舊藏,共二十册。一部原係楓山官庫舊藏,共四册。

尊經閣文庫藏本,原係江戸時代加賀藩主前田綱紀等舊藏,共四册。

【附録】據《商舶載來書目》記載,中御門天皇正德二年(1712年)中國商船"多字號"載《大明律例添釋旁注》一部四册抵日本。

大明律解附例三十卷　首一卷

(明)鄭如璧等撰
明萬曆二十二年(1594年)刊本　共十册
内閣文庫藏本　原楓山官庫舊藏

大明律例釋義三十卷

(明)應檟撰
明嘉靖年間(1522—1566年)刊本　共五册
尊經閣文庫藏本　原江户時代加賀藩主前
田綱紀等舊藏
【附錄】據《商舶載來書目》記載,中御門天皇
正德二年(1712年)中國商船"多字號"載《大
明律例釋義》一部八册抵日本。

大明律例附疏三十卷　圖一卷

(明)舒化等編　宋堯武等校
明萬曆十三年(1585年)巡按江西監察御史
孫旬刊本
東京大學東洋文化研究所　日光輪王寺藏
本
【按】每半葉有界九行,行二十字。中字單
行,小字雙行。白口,四周雙邊。
卷首有明洪武三十年(1397年)明太祖《御
製大明律序》,次有明洪武七年(1374年)劉惟
謙等《進大明律表》,次有明洪武十八年(1385
年)《御制大誥序》、《頒行大誥第七十四》,次有
洪武十九年(1386年)《御制大誥續編序》,次
有同年《御制大誥三編序》,次有明萬曆十三年
(1585年)巡按江西監察御史孫旬《案驗》,次
有同年舒化等《重修問刑條例題稿》,并同人等
《進新刻大明律附例題稿》及部分原題簽存。
東京大學藏本,原係大木幹一等舊藏,卷第
一缺,實存二十九卷。
輪王寺藏本,原係天海大和尚舊藏,共十册。

大明律例附解十二卷　目錄總圖一卷　附一卷

(明)顧應祥等編撰

明嘉靖年間(1522—1566年)□江書院刊本
内閣文庫　蓬左文庫藏本
【按】前有明嘉靖二十九年(1550年)《序》。
内閣文庫藏本,原係清人顧嗣立、中國赴日
華人馮六、日本昌平坂學問所等舊藏。卷末有
附紙三葉,係仁孝天皇文政十三年(1830年)
日本長崎港唐通事馮六之後人馮璞向昌平學
獻書時的題識文,文曰:"《明律附解》一函六本
一十二卷,謹進呈。臣璞竊按,洪武元年太祖
命中書省御史台等官修大明令,頒行天下。六
年,刑部尚書劉惟謙及宋濂等,更定律文,增損
劑量,七年書成,奏進。有《御制大誥》三篇《大
誥武臣》一道。世宗復命刑部尚書顧應祥等重
修條例,附錄舊例。嘉靖二十有九年書成,奏
進。是爲《大明例附解》,爲卷一十有二,爲條
四百六十。比附《律條金科一誠賦》《爲政規模
節要論》,附寫本格式,新奏準時,估折鈔則例
斷指南補遺附焉。此本係清顧嗣立舊藏,印記
儼存,更無容疑。臣璞家世世寶秘,不敢失墜
也。臣璞祖馮六,山西省潞安府始平縣人。朱
明衰際,航海來崎爲民。縣官始命爲譯司,世
掌象胥職焉。沐恩日久,至今二百二十餘年
矣。臣璞不肖叨承乏象胥,今兹服事東都,學
業荒蕪,未足以稱國家辟召之命,夙夜震恐,惟
懼□祖先世業也。今幸祖先舊物得藏於金櫃
玉堂,永與天地不泯,豈□臣璞之榮哉! 實先
臣有望焉,臣璞誠懼誠□不勝感戴之至,因謹
書其由以進。文政十三年庚寅七月,臣馮璞薰
沐頓首謹識。"文後有"馮璞"白文方印。此本
係白棉紙,卷中有"顧嗣立印"、"俠君"、"香□
草堂顧氏藏書印"、"昌平坂學問所"等印記。
關於馮六事,《東照宮御實記》"慶長九年"條有
記載,文曰:"于長崎始設譯官。其時有歸化明
人馮六,善習邦語,于是始命其役。"關於馮六
任職日本長崎唐通事經緯,本書編著者著有
《中日古代文學關係史稿》,其第八章言之較爲
詳盡。
楊守敬《日本訪書志》卷六著錄此本曰:"《大
明律例附解》十二卷,邘江書院刊本。首載洪

武七年劉惟謙《表》，次洪武十八年《御制大誥》，次十九年《大誥續編三編》，次二十年《大誥武臣序》，次嘉靖二十九年十二月二日刑部尚書顧應祥等《重修問刑條例題稿》，據《洪武律》，并爲十二卷，而加疏解者，自弘治十三年至嘉靖二十九年《問刑條例》皆附載入，亦可以考見有明一代刑法之制矣。"共六册。

　　蓬左文庫藏本，原係江户時代尾張藩主家等舊藏，共十册。

　　【附録】據《商舶載來書目》記載，中御門天皇正德二年（1712 年）中國商船"多字號"載《大明律例附解》一部十二册抵日本。

大明律例附解十二卷　附録不分卷

　　（明）嘉靖二十九年官撰
　　明末龍岡龔邦録刊本　共十二册
　　關西大學綜合圖書館内藤文庫藏本　原内藤湖南等舊藏

　　【按】每半葉有界九行，行十九字左右。白口，左右雙邊（20.5cm×13.5cm）。

　　卷首有明洪武三十年（1397 年）《御制大明律序》，明洪武二十八年（1395 年）《進大明律表》，明洪武十九年（1380 年）《御制大誥續編序》，同年《御制大誥三編序》。又，《御制大誥武臣序》係用原稿紙九頁抄寫。

　　卷中有"内藤乾藏書"、"田安府藝堂印"、"田藩文庫"等印記。帙背有伯健手識文曰"昭和十三年（1938 年）四月購，伯健"。

大明律例附解十六卷

　　明嘉靖二十九年官撰
　　明隆慶二年（1568 年）池陽秋浦杜氏象山書舍重刊本　共十六册
　　京都大學人文科學研究所東洋學文獻中心藏本

大明律附解三十卷

　　（明）陳遇文編輯
　　明萬曆年間（1573—1620 年）刊本

尊經閣文庫藏本　原江户時代加賀藩主前田綱紀等舊藏

大明律解八卷

　　（明）陳遇文編輯
　　明萬曆年間（1573—1620 年）刊本　共八册
　　尊經閣文庫藏本　原江户時代加賀藩主前田綱紀等舊藏

大明律集説附例九卷　圖一卷

　　（明）馮孜編
　　明萬曆十九年（1591 年）序博州劉氏刊本共十一册
　　東京大學東洋文化研究所仁井田文庫藏本　原仁井田陞舊藏

大明律例注釋祥刑冰鑒三十卷　首一卷

　　（明）董裕撰
　　明萬曆二十七年（1599 年）嘉賓堂刊本
　　内閣文庫　尊經閣文庫藏本

　　【按】内閣文庫藏本，原係楓山官庫舊藏，共八册。

　　尊經閣文庫藏本，原係江户時代加賀藩主前田綱紀等舊藏，共五册。

　　【附録】據《商舶載來書目》記載，中御門天皇享保八年（1723 年）中國商船"多字號"載《大明律例注釋祥刑冰鑒》一部一帙抵日本。

(刻精注)大明律例致君奇術十一卷　附刻宋提刑洗冤録一卷

　　（明）朱敬循撰　《洗冤録》（宋）宋慈撰
　　明萬曆年間（1573—1620 年）閩潭城余氏萃慶堂刊本
　　内閣文庫　尊經閣文庫　東京大學東洋文化研究所藏本

　　【按】内閣文庫藏本，原係楓山官庫舊藏，共六册。

　　尊經閣文庫藏本，原係江户時代加賀藩主前田綱紀等舊藏，共八册。

東京大學藏本,原係仁井田陞等舊藏,共六册。

【附録】據《商舶載來書目》記載,光格天皇寬政五年(1793 年)中國商船"世字號"載《洗冤録》一部一帙抵日本。寬政十二年(1800 年)同船又載《洗冤録集證匯纂》一部一帙抵日本。又,《外船賷來書目》記同年中國商船"申二番"號載《洗冤録集證匯纂》十部抵日本。孝明天皇嘉永二年(1849 年)《書籍元帳》記,輸入《洗冤録》五部各六册,售價各二匁。

(新刻)大明律例臨民寶鏡十卷　首三卷　尾三卷　目一卷

(明)蘇茂相撰　郭萬春注
明崇禎年間(1628—1644 年)張鍾福刊本
宮内廳書陵部　内閣文庫　尊經閣文庫藏本
【按】前有明崇禎五年(1632 年)《序》。
宮内廳藏本,原係江户時代德山藩主毛利氏家舊藏,爲德山藩三代主毛利元次廣收"天下秘籍"之一種,東山天皇寶永三年(1706 年)毛利元次撰《御書物目録》著録此本,明治二十九年(1896 年)男爵毛利元功獻贈宮内省。共十二册。
内閣文庫藏此同一刊本兩部。一部原係昌平坂學問所舊藏,共八册。一部原係楓山官庫舊藏,共十二册。
尊經閣文庫藏本,原係江户時代加賀藩主前田綱紀等舊藏,共十册。

(刻御制新頒)大明律例注釋招擬析獄指南十八卷　附卷一卷　附圖一卷　首卷一卷　圖卷一卷　重修問刑條例題稿一卷

編著者明人不著姓名
明萬曆十七年(1589 年)葉氏作德堂刊本
蓬左文庫　陽明文庫藏本　東京大學文學部漢籍中心藏本
【按】此本版面分上下兩欄。上欄每半葉有界十四行,行七字。白口,四周單邊(4.7cm

×12.1cm)。下欄每半葉有界十行,行二十字。細黑口,間有白口,四周單邊(16.2cm ×12.1cm)。注文皆小字雙行。
蓬左文庫藏本,原係明正天皇寬永十二年(1635 年)種村蕭推寺進獻尾張藩主家,藏於尾陽内庫。卷中有"尾陽内庫"印記。附卷、附圖、首卷、圖卷、題稿皆缺。共七册。
陽明文庫藏本,原係江户時代近衛家熙等舊藏,共二十册。
東京大學藏本,卷第四缺,且卷第三有缺頁。共二十册。

(鍥御制新頒)大明律例注釋招擬析獄指南(殘本)十七卷　首圖一卷

明人不著姓名
明末刊本　共十四册
慶應義塾大學附屬圖書館藏本　原小田切萬壽之助等舊藏
【按】每半葉有界而行數不定,每行約二十字左右,注文小字雙行。白口,左右雙邊(21.9cm ×11.9cm)。
是書全十八卷。此本卷一缺,實存十七卷。
是書用問答之體,爲官吏運用《大明律》作實務之詳盡説明。書中多采用江蘇地方以漕運、錢糧爲主的古文書。

(鼎鐫)大明律例法司增補刑書據會十二卷　首三卷　附巡方總約一卷　洪武禮制儀注一卷

(明)彭應弼編撰
明刊本
内閣文庫藏本
【按】内閣文庫藏此同一刊本四部。一部原係江户時代林羅山家舊藏,卷中有"江雲渭樹"印記,共十册。一部原係野間山竹、山本北山等舊藏,共七册。一部附《洗冤録》一卷,共八册。一部原係楓山官庫舊藏,附《洗冤録》一卷,共八册。

（鐫）大明龍頭便讀傍訓律法全書十一卷　首一
卷

　　（明）貢舉撰
　　明萬曆年間（1573—1620 年）劉氏安正堂刊
本
　　内閣文庫　尊經閣文庫　東京大學東洋文
化研究所藏本
　　【按】内閣文庫藏本，原係楓山官庫舊藏，共
八册。
　　尊經閣文庫藏本，原係江户時代加賀藩主前
田綱紀等舊藏，共八册。
　　東京大學藏本，原係仁井田陞等舊藏，共八
册。

（新刻官板）律例臨民寶鏡十三卷　首三卷　末
三卷

　　（明）貢舉撰
　　明萬曆年間（1573—1620 年）閩中劉朝琯安
正書院刊本　共十四册
　　東京大學東洋文化研究所仁井田文庫藏本
原仁井田陞舊藏

（新刊）便讀律例附例龍頭主意詳覽八卷

　　（明）貢舉撰
　　明刊本　共六册
　　尊經閣文庫藏本　原江户時代加賀藩主前
田綱紀等舊藏

（新刻御頒新例）三台明律招判正宗十三卷　首
一卷

　　（明）舒化等編撰
　　明萬曆三十四（1606 年）余文台刊本　共十
册
　　内閣文庫藏本　原楓山官庫舊藏
　　【附錄】《商舶載來書目》記載，中御門天皇正
德二年（1712 年），中國商船“志字號”載《新刻
三台明律招判正宗》一部八册抵日本。同書又
記，中御門天皇享保十二年（1727 年），中國商

船“佐字號”載《三台明律正宗》一部抵日本。
同書又記，光格天皇年間（1781—1817 年），中
國商船“多字號”載《大明律三台招判正宗》一
部抵日本。

（新刻御頒新例）三台明律招判正宗十三卷　首
一卷

　　（明）葉仅　余員等同撰
　　明萬曆四十六（1618 年）建邑余氏雙峰堂刊
本　共十册
　　東京大學東洋文化研究所藏本　原仁井田
陞等舊藏
　　【按】此本卷第十二係《洗冤錄》，宋人宋慈編
著。卷第十三係《無冤錄》，編著者闕名。

（新刻御頒）新例三台明律招判正宗十一卷　（附
新刻聖朝頒降）新例宋提刑洗冤錄一卷　（新
刻聖朝）新例宋提刑無冤錄三卷

　　（明）余員等輯
　　明萬曆年間（1573—1620 年）刊本　共八册
　　尊經閣文庫藏本　原江户時代加賀藩主前
田綱紀等舊藏

（新刻）明律統宗為政便覽十八卷　附宋提刑洗
冤錄一卷　宋提刑無冤錄三卷

　　（明）陳孫賢編輯
　　明刊本　共八册
　　尊經閣文庫藏本　原江户時代加賀藩主前
田綱紀等舊藏

（鼎鐫六科奏准御製新頒分類釋注）刑台法律十
八卷

　　（明）蕭近高編輯
　　明萬曆年間（1573—1620 年）刊本　共六册
　　尊經閣文庫藏本　原江户時代加賀藩主前
田綱紀等舊藏

（鍥六科准奏御制新頒）一王令典法律十八卷

　　明人不著姓名

明刊本　共十册

尊經閣文庫藏本　原江户時代加賀藩主前田綱紀等舊藏

(欽頒辨疑律例)昭代王章六卷

(明)熊鳴岐編撰

明刊本　共四册

宮内廳書陵部藏本　原黄長賓等舊藏

【按】卷首有若行甫序,次有明太祖御製《序》。

每册首有"祕閣圖書之章"及"黄長賓"等印記。

(鼎鍥欽頒辨疑律例)昭代王章(殘本)一卷

(明)熊鳴岐撰

明刊本　共一册

東京大學東洋文化研究所藏本　原大木幹一等舊藏

【按】是書全六卷。此本今存卷首部分。

(新鍥)翰林標律判學詳釋二卷

(明)焦竑編輯

明萬曆二十四年(1596年)喬山堂刊本　共一册

内閣文庫藏本　原楓山官庫舊藏

刑書據會十八卷

明人不著姓名

明萬曆年間(1573—1620年)彙輯刊本　共八册

蓬左文庫藏本　原尾張藩主家舊藏

【按】是書係下列四書之匯編,細目如次:

《鼎鍥大明律例法司增補刑書據會》十二卷,首三卷。不著撰人名。

《巡方總約》一卷,明萬曆二十二年敕定。

《鼎鍥洪武禮制儀注》一卷,明洪武二十一年敕定。

《鼎鍥洗冤録頒降新例》一卷,不著撰人姓名。

此本係明正天皇寬永十二年(1635年)從中國購入,原係尾張藩主家舊藏,卷中有"尾陽内庫"印記。

(新鍥)蕭曹遺筆四卷

(明)竹林浪叟編輯

明萬曆二十三(1595年)東吴白雪精舍刊本　共二册

蓬左文庫　東京大學東洋文化研究所藏本

【按】蓬左文庫藏本,原係明正天皇寬永十二年(1635年)種村蕭推寺進獻尾張藩主家本,卷中有"尾陽内庫"印記。

東京大學藏本,原係大木幹一等舊藏。

(新鐫訂補釋注)蕭曹遺筆四卷

(明)徐昌祚編輯

明崇禎年間(1628—1644年)刊本　共二册

尊經閣文庫藏本　原江户時代加賀藩主前田綱紀等舊藏

(重刻)律條告示活套二卷

明人不著姓名

明刊本　共一册

東京大學東洋文化研究所藏本　原大木幹一等舊藏

(合刻)名公斷案法林灼見四卷　首一卷

(明)清虚子(湖海山人)編輯

明天啓元年(1621年)閩建書林高陽生刊本　共四册

蓬左文庫藏本　原尾張藩主家舊藏

【按】卷首有明天啓元年桂月湖海山人《序》。

此本係明正天皇寬永十一年(1634年)從中國購入本,原係尾張藩主家舊藏,卷中有"尾陽内庫"印記。

讀律瑣言三十卷

(明)雷夢麟撰

明嘉靖三十六年(1557年)刊本

尊經閣文庫　京都大學法學部藏本

【按】尊經閣文庫藏本,原係江户時代加賀藩主前田綱紀等舊藏,共二十三册。

京都大學藏本,共十二册。

法家秘授智囊書二卷

明人不著姓名

明刊本　共二册

尊經閣文庫藏本　原江户時代加賀藩主前田綱紀等舊藏

【附録】《商舶載來書目》記載,桃園天皇寶曆十年(1760年)中國商船"智字號"載《智囊書》一部一帙抵日本。

(刻)法林昭天燭五卷

明人不著姓名

明刊本　共二册

尊經閣文庫藏本　原江户時代加賀藩主前田綱紀等舊藏

問刑條例七卷

明人不著姓名

明萬曆年間(1573—1620年)刊本　共三册

尊經閣文庫藏本　原江户時代加賀藩主前田綱紀等舊藏

條例備考二十四卷

明人不著姓名

明嘉靖年間(1522—1566年)刊本　共二十四册

内閣文庫藏本　原江户時代林氏大學頭家舊藏

增修條例備考　附問刑條例七卷

(明)翁汝遇等編輯

明萬曆年間(1573—1620年)刊本　共二十六册

尊經閣文庫藏本　原江户時代加賀藩主前田綱紀等舊藏

五邊典則(殘本)十二卷

(明)徐日久撰

明刊本　共十二册

東京大學總合圖書館藏本

【按】是書全二十四卷。此本存卷第十三至卷第二十四。

軍政條例類考六卷

明人不著姓名

明嘉靖年間(1522—1566年)刊本　共六册

尊經閣文庫藏本　原江户時代加賀藩主前田綱紀等舊藏

軍制條例七卷

(明)譚綸等編輯

明萬曆二年(1574年)刊本　共四册

内閣文庫藏本　原楓山官庫舊藏

撫吴檄略八卷

(明)黄希憲編輯

明刊本　共八册

内閣文庫藏本　原楓山官庫舊藏

東吴水利考十卷

(明)王圻撰

明天啓元年(1621年)序松江府刊本

東京大學東洋文化研究所　東北大學附屬圖書館藏本

【按】東北大學藏本今存卷一、卷二,凡二卷。共一册。

(重刊)救荒活民補遺書二卷

(宋)董煟編撰　(元)張光大新增　(明)朱熊補遺

明正統八年(1443年)刊本　共二册

内閣文庫藏本　原楓山官庫等舊藏

【附録】《昌平坂御官版書目》著録《救荒活民補遺書》二册。又,《官版書籍解題略》上著録

《救荒活民補遺書》三卷二册。其釋文曰："宋董煟撰，明朱熊補遺。煟字季興，鄱陽人。紹熙五年進士，嘗知瑞安縣。熊字維古，江陰人。此書上卷考古證今，中卷條陳救荒年之策，下卷備述本朝名臣賢士論議施行之法戒。著者悉當時之利弊，實補《宋史》之闕。"仁孝天皇天保七年（1836 年）昌平學刊印《救荒活民補遺書》二卷。

康濟譜二十五卷

（明）潘游龍撰　金復明等參評

明崇禎年間（1628—1644 年）刊本　共十二册

內閣文庫　東京大學東洋文化研究所藏本

【按】前有明崇禎十四年（1641 年）序。

內閣文庫藏此同一刊本兩部。一部原係昌平坂學問所舊藏，一部原係楓山官庫舊藏。各皆十二册。

東京大學藏此同一刊本兩部。一部存總合圖書館，原係市村瓚次郎買入本覺廬文庫等舊藏，共十册。一部存東洋文化研究所，原係大木幹一等舊藏，卷中有寫補。

【附録】《商舶載來書目》記載，中御門天皇正德二年（1712 年）中國商船"加字號"載《康濟譜》一部一帙抵日本。

《書籍元帳》記載，孝明天皇嘉永二年（1849 年）中國商船"酉三番"載《康濟譜》一部四帙抵日本，售價八十三匁。

鹽政志十卷

（明）朱廷立等撰

明嘉靖年間（1522—1566 年）刊本　共四册

內閣文庫　尊經閣文庫藏本

【按】每半葉有界八行，行十七字。

卷首題"河南道監察御史通山朱廷立，兩淮運司運使辰陽史紳、同知蓋屋劉璣，揚州府儒學教授仁和陳克昌、生員馬新民、金獻可、桑蔓、江都縣儒學生員崔鍵、王延祀同修"。

前有周琅《序》，又有明嘉靖八年（1529 年）

唐龍《序》。後有陳克昌《跋》文。

【附録】據《書籍元帳》記載，仁孝天皇弘化五年（1848 年）中國商船"未二番"載《鹽政志》一部四册抵日本，售價十匁。

通漕類編九卷

（明）王在晉撰

明萬曆年間（1573—1620 年）刊本

內閣文庫　尊經閣文庫　東洋文庫藏本

【按】前有明萬曆四十二年（1614 年）《序》。

內閣文庫藏此同一刊本兩部。一部原係楓山官庫舊藏，共六册。一部共四册。

尊經閣文庫藏本，原係江户時代加賀藩主前田綱紀等舊藏，共四册。

東洋文庫藏本，共六册。

(新刻)皇明經史要略五卷

（明）黃仁溥撰

明萬曆四十年（1612 年）潭陽黃氏刊本　共六册

內閣文庫　蓬左文庫藏本

【按】蓬左文庫藏本，係明正天皇寬永十三年（1638 年）從中國購入，原係尾張藩主家舊藏，卷中有"尾陽內庫"印記。

陸福安實政錄(不分卷)

（明）楊道安等校

明刊本　共一册

內閣文庫藏本　原楓山官庫舊藏

古今治平略三十三卷

（明）朱鍵撰　朱徽訂

明崇禎十二年（1639 年）豫章傅冠序刊本

內閣文庫　蓬左文庫　東京大學東洋文化研究所藏本

【按】內閣文庫藏本，附《蒼崖子》一卷。原係楓山官庫舊藏，共三十册。

蓬左文庫藏本，共二十册。

東京大學藏本，原係大木幹一等舊藏。

【附録】桃園天皇寶曆四年（1754 年）《舶來書籍大意書》著録《古今治平略》一部四帙四十册。其釋文稱是書"分田賦、户役、國計、農政、屯田、水利、儲糧、漕運、錢幣、鹽課、雜征、賑恤、治河、官制、銓選、考課、貢舉、薦辟、學校、律吕、曆法、天文、地理、兵制、邊兵、邊防、馭夷、彌盗凡二十八部。每部又以三代漢魏六朝唐宋元明等分目比類，連義折中，簡要稽古，詳覆商今，歷盛衰，備興廢，鑒法救時，故取名治平，爲三十三卷"。

據《商舶載來書目》記載，桃園天皇寶曆十一年（1761 年）中國商船"古字號"載《古今治平略》一部四帙抵日本。

據《書籍元帳》記載，仁孝天皇天保十二年（1841 年）中國商船"丑二番"載《古今治平略》一部二帙抵日本，售價十匁。孝明天皇嘉永二年（1849 年）中國商船"酉二番"載《治平略》一部抵日本，售價與 1841 年同。

全邊略記十二卷

（明）方孔炤撰
明崇禎元年（1628 年）序刊本　共十二册
内閣文庫藏本　原豐後佐伯藩主毛利氏家楓山官庫舊藏
【按】卷首有明崇禎元年（1628 年）著者方孔炤《自序》及《再序》。
全書詳述明末邊境諸地治安狀況，分薊門、大同、宣府、陝西延綏、甘肅、蜀滇、兩廣、海、遼東、内地諸略，卷第十二係邊事年表及地圖。

全浙兵制考三卷　日本風土記五卷

（明）侯繼高編撰
明萬曆年間（1573—1620 年）刊本　共五册
内閣文庫藏本　原豐後佐伯藩主毛利氏家舊藏

船政新書四卷

（明）倪涷編
明天啓年間（1621—1627 年）刊本　共八册

尊經閣文庫藏本　原江户時代加賀藩主前田綱紀等舊藏

欽定兩浙均平録

明官撰
明嘉靖年間（1522—1566 年）刊本　共十二册
尊經閣文庫藏本　原江户時代加賀藩主前田綱紀等舊藏

皇明邊政紀略十八卷

（明）鄭延柞編輯
明天啓年間（1621—1627 年）刊本　共八册
尊經閣文庫藏本　原江户時代加賀藩主前田綱紀等舊藏

邊政考十二卷

（明）張雨編撰
明嘉靖二十六年（1547 年）跋刊本　共六册
東洋文庫藏本　原藤田豐八等舊藏

五編典則二十四卷

（明）徐日久撰　施邦曜　張變校
明崇禎三年（1630 年）序刊本　共二十四册
東京大學文學部漢籍中心藏本
【按】每半葉有界九行，行十八字。白口，四周雙邊（20.5cm×13.1cm）。
是書全二十四卷。此本卷第十三至卷第二十四，凡十二卷缺。又，卷第一至卷第三有缺頁。

兩浙學政

明官撰
明萬曆三十八年（1610 年）刊本　共一册
内閣文庫藏本　原楓山官庫舊藏

八閩學政

明官撰
明萬曆年間（1573—1620 年）刊本　共三册

尊經閣文庫藏本　原江戶時代加賀藩主前田綱紀等舊藏

馬政史四卷

（明）陳講等撰
明嘉靖二十八年（1549年）序刊本　共二冊
東洋文庫藏本

兩浙海防類考續編十卷

（明）范淶編輯
明萬曆三十年（1602年）刊本　共十冊
東洋文庫藏本　原藤田豐八等舊藏

海防纂要十三卷

（明）王在晉撰
明萬曆四十一年（1613年）序刊本　共十二冊
東洋文庫藏本

康熙十五年魚鱗清冊（恭呂　問道　朝　湯　坐字圩魚鱗清冊）一卷

清康熙十六年（1677年）寫定本　共一冊
築波大學附屬圖書館藏本　原東亞研究所等舊藏
【按】全卷七十葉，袋裝。紙面 28.1cm×26.4cm。版心題"康熙拾五年奉旨丈量銷圩魚鱗清冊"。
卷中有"東亞研究所第六調查會學術部委員會"，"吳郡文獻展覽會審定孤本之一"等印記。

雍正七年地籍簿

清雍正七年（1729年）寫定本　共八冊
築波大學附屬圖書館藏本　原東亞研究所等舊藏
【按】全八冊。寫錄字體不一。紙面 23.8cm×20.5cm。此本細目如次：
第一冊：
東安縣濟南屯頭地投充莊頭魏升地畝四至弓數檔子（雍正柒年　月日立）。

東安縣所管岔河村居住帶地投充莊頭蘇大顯地畝四至弓數檔子（雍正柒年　月日立）。
第二冊：
郭縣所管高家營千家務二處繩子地壯丁地畝弓數檔子（雍正柒年　月日立）。
第三冊：
豐潤縣北□國寺帶地投充莊頭郭靖地畝四至弓數檔子（雍正柒年　月日立）。
豐潤縣西南羅門莊帶地投充莊頭何進福地畝四至弓數檔子（雍正柒年　月日立）。
第四冊：
灤州耿家莊帶地投充莊頭耿黑子地畝四至弓數檔子（雍正柒年　月日立）。
灤州西□兒屯帶地投充莊頭董近地畝四至弓數檔子（雍正柒年　月日立）。
灤州西□兒屯帶地投充莊頭董仁地畝四至弓數檔子（雍正柒年　月日立）。
第五冊：
東安縣馬頭村帶地投充莊頭魏煌地畝四至弓數檔子（雍正柒年　月日立）。
東安縣馬頭村帶地投充莊頭魏弘章地畝四至弓數檔子（雍正柒年　月日立）。
第六冊：
豐潤縣西南羅門莊帶地投充莊頭史廷用地畝四至弓數檔子（雍正柒年　月日立）。
豐潤縣地畝四至座落弓數檔子　劉升貴（雍正柒年　月日立）。
第七冊：
武清縣朱家莊居住帶地投充莊頭張應成地畝四至弓數檔子（雍正柒年　月日立）。
蘇州南李家莊帶地投充莊頭謝遜地畝四至弓數檔子（雍正柒年肆月　日立）。
三河縣西南雙地屯帶地投充莊頭張國棟地畝四至檔子（雍正柒年肆月　日立）。
第八冊（錢糧人地畝冊）：
順義縣三號河東北務村　錢糧人　王玉民。
順義縣六號北務村　錢糧人　佟升。
順義縣六號北務村　錢糧人　王成吉。
順義縣五號河東北務村　錢糧人　韓強。

（十二）史　評　類

史通二十卷

（唐）劉知幾撰

明人影寫宋刊本　　共二册

静嘉堂文庫藏本　　原陸心源等舊藏

【按】每半葉有界九行，行十八字。

首行上題“史通”，下題“劉子玄”，中題“内篇”或“外篇”。每卷有目連屬篇目。目後有清人手識文曰：“右定凡三十六篇，并前序及志第七篇，共三十八篇。”

陸心源《儀顧堂題跋》卷五著録此本，并曰：

“以明陸文裕本、國朝浦起龍《通釋》本互校。浦本多與影宋本合，陸本校正固多，而妄删誤改者亦不少。盧抱經所稱影宋本，與此本同出一源，其善處盧氏已盡録于《群書拾補》中。是書明刊以陸本爲最先，張之象又翻陸本，西江郭延年據張本重刊而加評，王維儉又據郭本而加注，國朝黄叔琳又據王本删訂重刊。浦起龍《通釋》本雖不言所自，而與此本皆合，則當見影宋本矣。惟卷十七諸晋史篇寄出外戚傳下，宋本有‘按外戚傳’四字，浦本亦奪，而注云‘凡例語止此’。此下疑有闕文，似所見宋本亦不全。其云一本作某者，大抵指陸張郭王諸本而言，間有從它本，而以宋本爲别一本者。惜外篇卷十四《惑經篇》，削‘尋春秋所書實乖斯義’九字。卷三《五行志篇》、卷七《直言篇》、卷十八《雜説下》于原注皆有所删削，不及此本之善。”

【附録】光格天皇寬政六年（1794 年）《寅二番南京船書籍目録》記載，是年該船載《史通》五部抵日本。

史通二十卷

（唐）劉知幾撰

明刊本

宮内廳書陵部　　内閣文庫　　尊經閣文庫築波大學附屬圖書館藏本

【按】每半葉有界十行，行二十字。四周雙邊。

宮内廳書陵部藏本，原係江户時代德山藩主家舊藏。東山天皇寶永三年（1706 年）德山藩第三代藩主毛利元次編撰《御書物目録》著録此本，明治二十九年（1896 年）男爵毛利元功獻贈宮内省。共八册。

内閣文庫藏本，原係楓山官庫舊藏，共六册。

尊經閣文庫藏本，原係江户時代加賀藩主前田綱紀等舊藏，共八册。

築波大學藏本，原係江户時代篆刻家小島必端舊藏。卷中有朱點朱引，并有“必端堂圖書記”、“有道館”等印記。

史通評釋二十卷　　首一卷

（唐）劉知幾撰　　（明）李維禎評　郭延年評釋

明刊本

東洋文庫　　茨城大學菅文庫藏本

【按】卷首題“唐劉子玄知幾撰，明李本寧維禎評，附郭孔延延年評釋”。前有李維禎《序》，并有郭延年《序》。

東洋文庫藏此同一刊本兩部。一部原係藤田豐八等舊藏，共六册。一部共十册。

茨城大學藏本，原人見竹洞　菅政友等舊藏，共五册。

史通訓故二十卷

（明）王惟儉訓故

明萬曆三十九年（1611 年）序刊本　　共四册

宮内廳書陵部　　内閣文庫　　大谷大學圖書館藏本

【按】宮內廳書陵部藏本，原係江戶時代德山藩主家舊藏。東山天皇寶永三年（1706 年）德山藩第三代藩主毛利元次編撰《御書物目錄》著錄此本，明治二十九年（1896 年）男爵毛利元功獻贈宮內省圖書寮（即今宮內廳書陵部）。

內閣文庫藏本，原係楓山官庫舊藏。

大谷大學藏本，原係神田喜一郎（鬯盦）舊藏，昭和五十九年（1984 年）神田氏家族將此本獻贈大谷大學。

史通注二十卷

（明）陳繼儒注

明刊本

內閣文庫　大谷大學圖書館藏本

【按】內閣文庫藏本，原係江戶時代林氏大學頭家舊藏，共四冊。

大谷大學藏本，原係神田喜一郎（鬯盦）舊藏，昭和五十九年（1984 年）神田氏家族將此本獻贈大谷大學，共十二冊。

史通通釋二十卷

（清）浦起龍通釋

清初刊本　陳仲魚手識本　共六冊

靜嘉堂文庫藏本

【按】此本有清乾隆四十九年（1784 年）陳仲魚手識文。其文曰：

　　　“少喜讀《史通》，苦無善本。既得浦二田《通釋》，以謂精審絕勝諸刻，惟厭其多綴評語，近于村學究習氣耳。復從同郡盧弓父學士假得校本，蓋從何義門以朱文游家藏印本寫本細校，而弓父學士手臨于北平皇氏刊本者，嘆其盡善。又假學士所校《通釋》本，合而訂之，始知《通釋》妄改妄删處，正復不少。嗟乎！讀書難，而校書更難。微學士之功，幾何不爲其所欺邪！至唐時書籍，今已大半失傳，《通釋》有未詳者，亦固其所。學士已補考出數條，間有鄙見，亦附載諸書眉目。猶有未知者，俟續考焉。乾隆四十九年春日　陳鱣識。”

卷首有仲魚圖象印記。

【附錄】《商舶載來書目》記載，光格天皇天明二年（1782 年）中國商船“志字號”載《史通通釋》一部抵日本。

東萊先生音注唐鑑二十四卷

（宋）范祖禹撰　呂祖謙注　（明）徐□校正

明弘治十年（1497 年）刊本　共八冊

靜嘉堂文庫藏本　原陸心源十萬卷樓舊藏

【按】每半葉有界九行，行十八字。注文雙行，行同正文。黑口，四周雙邊。

卷首題“宋承議郎行秘書省著作佐郎騎都尉賜緋魚袋臣范祖禹撰，朝奉郎行秘書省著作佐郎兼國史院編修官兼權禮部郎官臣呂祖謙注”。卷前有范祖禹《自序》、《進唐鑑表》，并有宋元祐元年（1086 年）《上太皇太后表》。卷一後有題署，文曰“大明弘治十年六月　日　賜進士出身奉訓大夫刑部員外郎徐□校正，前纂修儒士朱□重校，繕書秀才陳立甫”。

【附錄】靈元天皇寬文九年（1669 年）小松太郎兵衛刊印《東萊先生音注唐鑑》二十四卷。此本後有京都風月莊左衛門、大阪河內屋卯助等重印本。此本於孝明天皇萬延元年（1860 年）修版重印，後有大阪河內屋勘助等重印本。

仁孝天皇天保十年（1839 年）昌平坂學問所刊印《東萊先生音注唐鑑》二十四卷。

孝明天皇嘉永三年（1850 年）木活字刊印《唐鑑》二十四卷。

孝明天皇嘉永六年（1853 年）昌平坂學問所又刊印《東萊先生音注唐鑑》二十四卷。此本後有江戶出雲寺萬次郎重印本。

永嘉先生三國六朝五代紀年總辨二十八卷　目錄四卷

（宋）朱黼撰

毛氏汲古閣影寫宋刊本　共十二冊

靜嘉堂文庫藏本

【按】每半葉有界十四行，行二十三字。

卷前有宋開禧丁卯（1207 年）三月吳丞然

《序》。又有三國兩晋南北朝譜系圖五幅,地理攻守諸圖五幅,僭僞圖一幅。

此書起自三國,終於五代,其間不列晋唐二朝。曹丕、朱温等皆削其紀年,以從正統。

傅增湘《藏園群書經眼録》卷六著録此本。其釋文曰:"此書摹寫工妙,已自足珍,況又爲乙部之佚典乎!"

讀史管見八十卷　目一卷

(宋)胡寅撰

宋刊本　共二十四册

静嘉堂文庫藏本　原陸心源皕宋樓等舊藏

【按】每半葉有界十二行,行二十二字或二十三字。版心記字數。

卷首題"宋徽猷閣直學士左朝請郎提舉江州太平觀保定縣開國男食邑七百户賜紫金魚袋胡寅明仲撰"。前有宋淳熙壬寅(1182年)孫胡大正《序》。《目録》後有刊印木記四行。文曰:"淳熙壬寅中夏既望,刊修于州治之中和堂,奉議郎簽書平海軍節度判官廳公事兼南外宗正簿賜緋魚袋胡大正敬識。"

卷中避宋諱,凡"殷、匡、貞、恒、桓、構、慎、瑗"等皆缺筆。

陸心源《儀顧堂題跋》卷五著録此本。其釋文曰:"據大正《序》,淳熙以前無刊本,至大正官温陵,始刊于州治之中和堂,乃此書初刊本也。其後嘉定十一年,其孫某守衡陽,刊于郡齋,并爲三十卷。與《書録解題》合,有猶子大壯《序》,明季有重刊本,即《四庫》附存其目之本也。姚《牧庵集》有此書《序》,謂宋時江南宣郡有刊版,入元,版歸興文署,學官劉安重刊之。牧庵嘗得致堂手稿數紙,今摹諸卷首。是此書在宋凡三刊,元人又重刊之,其爲當時所重可知。惟嘉定本與此本,卷帙懸殊,未知有無删削,惜架上無三十卷本,無從互校耳。"

【附録】《商舶載來書目》載,光格天皇天明三年(1783年),中國商船"登字號"載《讀史管見》一部二帙抵日本。

光格天皇天明六年(1786年)《寅十番船持渡書改目録寫》記載,是年該船輸入《讀史管見》一部二帙十六册,并注明:"宋胡寅著。古本,有蟲蝕破損處,脱紙一頁。"

致堂先生讀史管見八十卷

(宋)胡寅撰

宋淳熙九年(1182年)刊本　共八册

小汀氏藏本　原金澤文庫　福井氏崇蘭館等舊藏

【按】前有宋淳熙壬寅(1182年)孫胡大正《序》。《目録》後有胡大正雙邊木記"刊行語"。

卷中有後人寫補。其中卷第四十一至卷第五十爲明治時代寫補(卷第四十一中有數葉則係原版殘葉)。

卷中有"金澤文庫"印記,模印清爽端正。此本係日本中世時代金澤文庫外流出漢籍之一種。

致堂讀史管見(殘本)二十八卷

(宋)胡寅撰

宋嘉定十一年(1218年)刊明修補本　共十四册

御茶之水圖書館藏本　原德富蘇峰成簣堂舊藏

【按】每半葉有界十二行,行二十三字。左右雙邊。明代修補葉版心上部有補刊紀年,如"成化十一年補刊"等。

是書係宋嘉定十一年由胡氏裔孫據八十卷本并合而爲三十卷之新本。此本卷二十七、卷二十八,凡二卷缺。又卷十一末及卷十二係後人寫補。

讀史管見三十卷　目二卷

(宋)胡寅撰　(明)張溥校閲

明崇禎年間(1628—1644年)刊本

内閣文庫　尊經閣文庫　静嘉堂文庫　東北大學附屬圖書館藏本

【按】前有明崇禎八年(1635年)《序》。

内閣文庫藏此同一刊本兩部。一部原係昌

平坂學問所舊藏,共二十册。一部原係楓山官庫舊藏,共三十二册。

尊經閣文庫藏本,原係江户時代加賀藩主前田綱紀等舊藏,共十六册。

静嘉堂文庫藏此同一刊本兩部。一部原係宫島藤吉寺舊藏,共十六册;一部原係島田篁邨等舊藏,此本有清康熙年間修補,共三十二册。

東北大學藏本,原係狩野亨吉等舊藏,共十二册。

舊聞證誤四卷

(宋)李心傳撰

文淵閣傳鈔本　勞季言手校本　共一册

静嘉堂文庫藏本　原陸心源十萬卷樓等舊藏

【按】是書自明以來佚失已久,館臣從《永樂大典》輯集一百四十餘條,析爲四卷。此本卷數與《大典》本同,然陸心源《儀顧堂題跋》卷五著錄此本,與《大典》本多有所比較。其釋文曰:

"《舊聞證誤》四卷,《永樂大典》傳鈔本。心傳此書,每條皆注所引書名,《大典》本多缺。愚按,卷一'縣吏受郡事而下之縣'者條,出程大昌《演繁露》卷十二(泰之,大昌字也);'錢若水爲樞密使'條,出王鞏《聞見近錄》;'張忠定爲御史中丞'條,出王闢之《澠水燕譚錄》;'祖宗時雖有磨勘法'條,系證王明清《揮麈後錄》之誤,其前當補《揮麈後錄》一條;'真宗既與契丹和親'一條,出温公《涑水記聞》;'劉子儀在南陽'條,出洪遵《翰苑遺事》。

卷二'陳恭公當國'條,以證誤趙所記差誤語推之,當出趙子崧《朝野遺事》,《容齋四筆》同;'進退宰相其帖例草儀'條,出《東軒筆錄》卷十八;'治平四年十一月知諫院楊繪'條,出李燾《長編》;'熙寧六年北人遣蕭禧來議地界'及'地界事久不決'二條,出韓莊敏《遺事》,見《大典》本《長編》二百二十

二;'元豐初蔡確排王珪罷相'條,出邵伯温《聞見前錄》卷十三;'詔議漢王典禮'條,出《東都事略·王珪傳》;'近歲前執正官到闕止繫御仙花帶'條,出《石林燕語》;'韓魏公父諫議大夫國華'條,出馬永卿《嬾真子》卷五。

卷三'按紹聖間鄭公肅'條,係證《揮麈餘話》之誤,當補錄《揮麈餘話》一條;'章惇初貶謫元祐臣寮用白帖子行事'條'以邵子文指此而云'句推之,當出邵子文《辨誣》;'李孝廣崇寧間爲成都漕'條,出《揮麈後錄》十一;'李端叔爲(樞)密院編修官'條,出《揮麈後錄》卷六;'宣和元年九月乙卯范致虛以母憂罷'條,出《東都事略》十一;'國朝宗子自附葬山陵之外'條,出程大昌《演繁露》;'熙寧法宗子出仕者'條,以'建炎元年某知鎮江府'語推之,當出趙子崧《朝野遺事》;'方務德守荆南'條,出《揮麈三錄》卷三;'按孟富文以辛寅九月自户部尚書'條,系證《揮麈三錄》卷十一之誤,其前應補《揮麈三錄》一條。

卷四'李端叔作范忠宣遺表'條,出《揮麈後錄》卷六;'紹興戊午夏熙州野外灤水有龍'條,出洪皓《松漠紀聞》;'吳才老舒州人'條,出《揮麈三錄》;'魯國大長主避兵南來卜居台州'條,出《揮麈前錄》卷三;'白樂天聞白行簡'及'禁中鐘鼓院'二條,出《演繁露》卷十五;'學士院具員文臣'條,以蔣所記誤語推之,當出蔣魏公《逸史》;'台州筆吏楊滌'條,出《揮麈前錄》卷三。

以上各條,《大典》本皆缺書名,今爲考證如右。"

資治通鑒問疑(不分卷)

(宋)劉羲仲編
明刊本　共一册
内閣文庫藏本　原昌平坂學問所舊藏

史學提要三卷

(宋)黄繼善撰

元刊本　共一册

宫内廳書陵部藏本　原豐後佐伯藩主毛利氏家舊藏

【按】每半葉有界十一行，行二十二字左右。注文雙行小字。行同正文。黑口，四周雙邊，間有左右雙邊（19cm×12cm）。版心著錄"史要（幾）卷"。

是書將起自上古至于宋末之史實要點，編爲四字一句之韵文，如起首曰"天地未分，惟一氣耳；一氣混沌，形如鷄子"等等。卷一自上古至戰國；卷二自秦至南北朝；卷三自隋至宋。

此本原係江户時代豐後佐伯藩主毛利氏家舊藏，卷中有"佐伯侯毛利高標字培松藏書畫之印"等。仁孝天皇文政年間（1818—1829年）出雲守毛利高翰獻贈德川幕府，明治年間初期，歸内閣文庫。《御書籍來歷志》著錄此本。

卷中尚有"臣柳"、"柳林人"、"秘閣圖書之章"等印記。

董康《書舶庸譚》卷六著錄此本。

小學史斷四卷

（宋）南宫靖一纂述　（明）晏璧續著

明成化十三年（1477年）序刊本　共二册

築波大學附屬圖書館藏本　原朝鮮尹春年日本養安院等舊藏

【按】每半葉有界九行，行二十字。四周單邊（23.7cm×13.7cm）。版心著錄"史斷"，并以"元、亨、利、貞"著錄卷幾，下記字數。

卷前有《序》，《序》末署"成化十有三年龍集丁酉夏四月既望"。

是書上起周平王，下迄五代。盧陵晏彦文續著宋元二代。

卷中有"尹春年贈尹希定"印記。尹春年係高麗李朝時代人，生於李朝中宗十一年（1514年），卒於李朝明宗二十二年（1567年），號滄洲，以《學音稿》稱名於世。

卷中又有"養安院藏書"印記，并有壺形"養安"印記。此係日本桃山——江户時代著名醫家曲直瀨正琳（1565—1611年）藏書樓號。

【附錄】據《商舶載來書目》記載，東山天皇元禄十五年（1702年）中國商船"世字號"載《小學史斷》一部二册抵日本。

仁孝天皇天保十五年（1844年）《漢籍發賣投標記錄》記載，《小學史斷》一部一帙六册標價，長岡家十二匁，永見屋十二匁三分，安田屋十五匁三分。

小學史斷二卷　資治通鑑總要總論一卷

（宋）南宫靖一纂述　（明）晏璧續撰　《通鑑總論》（宋）潘榮撰

明刊本　共三册

内閣文庫藏本　原楓山官庫舊藏

【按】卷前有宋端平丙申（1236年）暢月長至日南宫靖一《自序》。《序》曰："經以載道，史以載事；事不離道，道不外事。孔子作《春秋》，實倡斯旨。遷固而下，載事而已。本朝伊洛大儒與門人論史，始發明此意。范氏《唐鑒》出於程門者爲多，朱文公《綱目》而後，古今之大經大法，燦然如指諸掌。余讀史撫卷而嘆，因與兒輩論之，取先儒之説，與先史之文，其合於道者收焉，離於道者削焉，區區一得之説，亦竊附其間，題之曰《小學史斷》。"

此本并附陽節潘榮《通鑒總論》。

小學史斷四卷　前編一卷　後編一卷

（宋）南宫靖一纂述　（明）徐師曾補

明嘉靖年間（1522—1566年）嘉興府知府趙瀛文刊本　共六册

静嘉堂文庫藏本　原陸心源十萬卷樓等舊藏

【按】卷前有宋端平丙申（1236年）暢月南宫靖一《自序》，并有明嘉靖甲寅（1554年）徐師曾《序》。

小學史斷二卷

（宋）南宫靖一纂述

明刊本　共一册

内閣文庫藏本　原江户時代林氏大學頭家

舊藏

小學史斷二卷

（宋）南宮靖一纂述
古寫本　共一册
静嘉堂文庫藏本　原陸心源十萬卷樓等舊藏

經幄管見四卷

（宋）曹彥約撰
文瀾閣傳寫本　共一册
静嘉堂文庫藏本　原陸心源十萬卷樓等舊藏

十七史纂古今通要十七卷

（元）胡一桂編纂
明永樂二十二年（1424 年）熊氏刊本　共六册
内閣文庫藏本　原豐後佐伯藩主毛利氏家野間三竹等舊藏
【按】卷前有元大德壬寅（1302 年）胡一桂《自序》，并有同年江南行台監察御史汪良臣《序》。汪《序》曰"司馬公作《資治通鑒》，復作《稽古録》。朱文公稱其言如桑麻谷粟，又曰可備經筵官僚進讀。小兒讀六經了，好令接讀，録要之書不可少。如此，今良臣於是書亦欲竊比朱子之言耳"云云。

史義拾遺（楊鐵崖文集）二卷

（元）楊維禎撰
明弘治十五年（1502 年）序淑雲樓刊本
内閣文庫　蓬左文庫　京都大學人文科學研究所東洋學文獻中心藏本
【按】每半葉有界九行。白棉紙印本。
内閣文庫藏本，原係楓山官庫舊藏，共一册。
蓬左文庫藏本，係後水尾天皇元和年間（1615—1624 年）從中國購入。原係江户時代尾張藩主家舊藏，卷中有"尾陽内庫"印記。
京都大學藏本，共二册。

歷代通略四卷

（元）陳櫟撰
明刊本　共二册
静嘉堂文庫藏本　原陸心源十萬卷樓等舊藏

世史積疑二卷

舊題（元）李士實撰
明人寫本　共二册
静嘉堂文庫藏本

敬鄉録十四卷

（元）吳師道撰
文瀾閣傳寫本　共二册
静嘉堂文庫藏本　原陸心源十萬卷樓等舊藏

史懷十七卷

（明）鍾惺撰　蔣勵志　蔣勵修編
明刊本
宮内廳書陵部　内閣文庫　尊經閣文庫藏本
【按】宮内廳藏本，原係江户時代德山藩第三代主毛利元次廣收"天下秘籍"之一種，東山天皇寶永三年（1706 年）毛利元次編撰《御書物目録》著録此本，明治二十九年（1896 年）男爵毛利元功獻贈宮内省。共六册。
内閣文庫藏此同一刊本兩部。一部原係楓山官庫舊藏，共六册。一部共四册。
尊經閣文庫藏本，共四册。

史懷十七卷　晉史懷三卷

（明）鍾惺撰　陶珽評
明刊本　共五册
内閣文庫藏本　原江户時代林氏大學頭家舊藏

史質一百卷

(明)王洙編撰

明嘉靖年間(1522—1566 年)刊本　共二十冊

尊經閣文庫藏本　原江户時代加賀藩主前田綱紀等舊藏

【按】楊守敬《日本訪書志》卷六著録明刊本《史質》一百卷。其釋文曰:

　　"明王洙撰,有嘉靖庚戌秦鳴夏《序》,蓋爲删《宋史》而作。其書多立名目,自我作古。如不稱本紀而稱天王,以爲法《春秋》,迂固之甚。既有直臣、忠義、卓行等傳,又有君子傳;既有權奸、佞幸等傳,又有小人傳。甚至分烈女、烈娥、烈婦、節婦、義姑、貞妾、義婦爲七門。既立《江南降臣傳》,而何以又不入徐鉉? 既立《小校傳》,而何以又遺施全? 以《道統傳》殿於十五志之後,而録邵康節於朱子門人中,此何殊瞑目道黑白乎! 末一卷爲觀心亭記敬一箴圜丘詔書,直不知有史法,以此訾議《宋史》,可乎? 秦鳴夏《序》稱其蚤遁邱園,未位通顯,然則鄉僻村夫而欲筆削一代,遂至災及棗梨,本不足辨,因此書《四庫存目》中未載之,恐此間有以逸書相詫者,故駁之如此。"

史衡(初集)六卷

(明)楊汝章撰　楊臺章編

明天啓七年(1633 年)序刊本　共四冊

内閣文庫藏本　原楓山官庫舊藏

史測(不分卷)

(明)謝肇淛撰

明萬曆年間(1573—1620 年)刊本　共一冊

尊經閣文庫藏本　原江户時代加賀藩主前田綱紀等舊藏

史鉞二十卷

(明)晏璧撰

明嘉靖二十七年(1548 年)序刊藍印本　共四冊

内閣文庫　尊經閣文庫藏本

【按】尊經閣文庫藏本,原係江户時代加賀藩主前田綱紀等舊藏。

史書十卷

(明)姚允明撰

明崇禎年間(1628—1644 年)刊本　共十冊

内閣文庫　尊經閣文庫藏本

【按】尊經閣文庫藏本,原係江户時代加賀藩主前田綱紀等舊藏。

讀史漫録十四卷

(明)于慎行撰　郭應寵編輯

明萬曆四十二年(1611 年)福東郭氏校刊本

宮内廳書陵部　内閣文庫　東洋文庫　尊經閣文庫　東京大學東洋文化研究所藏本

【按】宮内廳書陵部藏本,原係江户時代德山藩第三代主毛利元次廣收"天下秘籍"之一種,東山天皇寶永三年(1706 年)毛利元次編撰《御書物目録》著録此本,明治二十九年(1896 年)男爵毛利元功獻贈宮内省圖書寮(即今宮内廳書陵部),共五冊。

内閣文庫藏本,原係昌平坂學問所舊藏,共六冊。

東洋文庫藏此同刊本兩,各皆六冊。

尊經閣文庫藏本,原係江户時代加賀藩主前田綱紀等舊藏,共十二冊。

東京大學藏本,原係大木幹一等舊藏。

(寶顏堂增訂)讀書鏡十卷

(明)陳繼儒撰　包衡等評

明萬曆年間(1573—1620 年)刊本　共四冊

尊經閣文庫藏本　早稻田大學圖書館藏本

【按】卷前有陳繼儒《自序》,明萬曆二十八年(1600 年)沈師昌《序》,并范應宮《序》。

尊經閣文庫藏本,原係江户時代加賀藩主前田綱紀等舊藏,共四冊。

早稻田大學圖書館藏本,共三册。

讀書鏡十卷

(明)陳繼儒撰　色衡評

明萬曆年間(1573—1620年)瀋發堂刊本
共一册

龍谷大學大宫文庫藏本　原寫字臺文庫等
舊藏

【按】前有明萬曆三十四年(1606年)《序》。

(蘭曹)讀史日記四卷

(明)熊尚文撰

明萬曆年間(1573—1620年)刊本　共四册

尊經閣文庫藏本　原江户時代加賀藩主前
田綱紀等舊藏

(徐聲遠)讀史論二卷

(明)徐應雷撰

明萬曆三十九年(1611年)序刊本　共二册

東京都立圖書館藏本　原諸橋轍次等舊藏

凝芬室詹言二卷

(明)林安撰

明刊本

內閣文庫　尊經閣文庫藏本

【按】內閣文庫藏本,原係豐後佐伯藩主毛利
氏家舊藏,仁孝天皇文政年間(1818—1829年)
出雲守毛利高翰獻贈幕府。明治初期,歸內閣
文庫。卷中有"佐伯侯毛利高標字培松藏書畫
之印"等印記,共一册。

尊經閣文庫藏本,原係江户時代加賀藩主前
田綱紀等舊藏,共二册。

楊先生樂泌山房讀史評四卷

(明)楊廷筠撰

明天啓年間(1621—1627年)刊本

內閣文庫　尊經閣文庫藏本

【按】內閣文庫藏本,原係楓山官庫舊藏,共
四册。

尊經閣文庫藏本,原係江户時代加賀藩主前
田綱紀等舊藏,共二册。

讀史管窺二卷　讀經管窺一卷　讀子管窺一卷

(明)楊檟撰

明崇禎九年(1636年)序刊本　共四册

內閣文庫藏本　原木村兼葭堂等舊藏

尚論編二十卷

(明)鄒泉撰　陳瓚等校

明萬曆十五年(1587年)序刊本

內閣文庫　尊經閣文庫藏本

【按】內閣文庫藏本,原係楓山官庫舊藏,共
六册。

尊經閣文庫藏本,原係江户時代加賀藩主前
田綱紀等舊藏,共十册。

【附錄】《商舶載來書目》記載,中御門天皇享
保十七年(1732年)中國商船"志字號"載《尚
論編》一部抵日本。

尚友齋論古(不分卷)

(明)徐一楘撰

明天啓四年(1624年)序刊本　共四册

內閣文庫藏本　原楓山官庫舊藏

(新鐫評釋)六史癖嗜六卷

(明)鄭維□撰

明萬曆年間(1573—1620年)刊本　共四册

尊經閣文庫藏本　原江户時代加賀藩主前
田綱紀等舊藏

(霞綺閣校訂)史綱評要三十六卷

(明)題李贄撰

明萬曆年間(1573—1620年)刊本　共十二
册

尊經閣文庫藏本　原江户時代加賀藩主前
田綱紀等舊藏

史綱要領十六卷

（明）姚舜牧删定
明萬曆年間（1573—1620年）刊本
宮内廳書陵部　尊經閣文庫藏本
【按】宮内廳書陵部藏本，共八册。
尊經閣文庫藏本，原係江户時代加賀藩主前田綱紀等舊藏，共六册。

（新刊）資治通鑑漢唐綱目經史品藻十二卷　宋元綱目經史品藻（殘本）三卷

（明）戴憬撰
明嘉靖十五年（1536年）清江堂刊本　共十一册
内閣文庫藏本　原江户時代林羅山家舊藏

史談補五卷

（明）楊一奇撰　陳簡補
明萬曆年間（1573—1620年）刊本　共四册
尊經閣文庫藏本　原江户時代加賀藩主前田綱紀等舊藏
【按】每半葉有界九行，行十八字。
卷前有明萬曆二十五年（1597年）陳簡《序》，劉廷謨《序》，後有田大年《跋》。

菊徑漫談十四卷

（明）石磐撰
明萬曆年間（1573—1620年）刊本　共三册
尊經閣文庫藏本　原江户時代加賀藩主前田綱紀等舊藏

（范氏）後漢書批評一百卷

（明）顧起元編纂
明萬曆四十七年（1619年）序刊本　共十二册
内閣文庫藏本　原昌平坂學問所舊藏

宋史闡幽二卷

（明）許浩撰

明弘治九年（1496年）刊本　共一册
内閣文庫藏本　原吉田意庵　昌平坂學問所舊藏

唐宋名賢歷代確論一百卷

不著編撰人姓名
明弘治年間（1488—1505年）刊本　共二十册
尊經閣文庫藏本　原江户時代加賀藩主前田綱紀等舊藏

歷代名賢確論十卷

不著編撰人姓名
明弘治年間（1488—1505年）刊本　共二十四册
静嘉堂文庫藏本　原陸心源十萬卷樓等舊藏

帝鑑圖説二卷

（明）張居正撰
明萬曆元年（1573年）純忠堂刊本
宮内廳書陵部　東北大學附屬圖書館藏本
【按】每半葉有界九行，行十九字。
卷前有明萬曆元年（1573年）陸樹聲《序》，明隆慶六年（1572年）張居正、吕調陽《進表》，後有明萬曆元年（1573年）王希烈《後序》。
宮内廳書陵部藏本，共二册。
東北大學附屬圖書館藏本，共六册。
【附録】據《商舶載來書目》記載，中御門天皇正德元年（1711年）中國商船"天字號"載《帝鑑圖説》一部抵日本。
後水尾天皇慶長十一年（1606年）有活字刊印本《帝鑑圖説》六卷。此本有繪頁，首題"明張居正撰"。
江户時代另有《倭字帝鑑圖説》十二卷。東山天皇元禄十五年（1702年）彌生吉且《倭板書籍考》卷之四"史傳雜記"著録此書，并曰："大明張居正作，以倭字訓釋。張居正，名臣也。此書舉古之明主黯主之故事，爲治道之鑑。以事出圖,若《蒙求》樣,其故事皆四字爲標題。傳曰此書爲上穆宗皇帝而作也。"

孝明天皇安政五年(1858年)昌平坂學問所刊印《帝鑑圖説》六卷。此本題"明張居正、吕調陽奉敕撰"。此本後有重印本。

帝鑑圖説二卷

(明)張居正撰

明刊本　共十二册

宫内廳書陵部藏本　原德山藩主毛利氏家舊藏

【按】此本原係江户時代德山藩第三代主毛利元次廣收"天下秘籍"之一種,東山天皇寶永三年(1706年)毛利元次編撰《御書物目録》著録此本,明治二十九年(1896年)男爵毛利元功獻贈宫内省圖書寮(即今宫内廳書陵部)。

歷代史論十四卷

(明)張溥撰

明刊本

内閣文庫藏本

【按】是書分二編。一編四卷,二編十卷。

内閣文庫藏此同一刊本兩部。一部原係昌平坂學問所舊藏,此本一編卷一、卷二缺佚。共十册。一部原係楓山官庫舊藏,二編十卷全缺。共二册。

【附録】《商舶載來書目》記載,桃園天皇寶曆十年(1760年),中國商船"禮字號"載《歷代史論》一部二册抵日本。

古今人物論三十六卷

(明)鄭賢編撰

明萬曆三十六年(1608年)潭陽余彰德刊本

宫内廳書陵部　内閣文庫　尊經閣文庫　蓬左文庫　静嘉堂文庫　築波大學附屬圖書館　米澤市立圖書館　東北大學附屬圖書館　狩野文庫藏本

【按】每半葉有界十行,行二十四字。白口,四周單邊(22.4cm×14.5cm)。版心著録"人物

論"三字,并刻卷數、頁數。

卷前有明萬曆戊申(1608年)春日友弟方萬策《序》。

宫内廳藏本,原係江户時代德山藩第三代藩主毛利元次廣收"天下秘籍"之一種,東山天皇寶永三年(1706年)毛利元次撰《御書物目録》著録此本,明治二十九年(1896年)男爵毛利元功獻贈宫内省。共十册。

内閣文庫藏此同一刊本兩部。一部原係楓山官庫舊藏,共二十二册。一部共二十册。

尊經閣文庫藏本,原係江户時代加賀藩主前田綱紀等舊藏,共十五册。

蓬左文庫藏本,共二十册。

静嘉堂文庫藏本,共二十册。

築波大學藏本,原係松平定信舊藏,卷中有松平定信藏書印如"桑名文庫"、"白河文庫"、"立教館文庫"印記,共十八册。

米澤市立圖書館藏本,原係横山恒舊藏,後歸米澤藩主興讓館。此本卷第十四、卷第十五、卷第二十二,凡三卷缺佚。卷中有"宫昌"、"松木藏書"、"文之"、"直壁齋"等印記。共十八册。

東北大學附屬圖書館藏本,原係狩野亨吉舊藏,共十四册。

【附録】桃園天皇寶曆四年(1754年)《舶來書籍大意書》著録《古今人物論》一部二帙十六册。其釋文曰:"此書自三皇至元代,從君臣世次提記姓名,集采自西漢至於明代諸儒論議品騭,繫於各人,後附評語,爲三十六卷。"又據《商舶載來書目》記載,同年,中國商船"古字號"載《古今人物論》一部二帙抵日本。

據《書籍元帳》記載,仁孝天皇弘化二年(1845年),中國商船"辰字號"載《古今人物論》一部抵日本,安田屋吉太郎接收。

仁孝天皇弘化二年(1845年)《漢籍投標發賣記録》記載《古今人物論》一部標價,鐵屋十七匁,松之屋二十匁,安田屋二十五匁二分。

古今人鑒二十二卷

（明）黃國翰等編撰

明崇禎十三年（1640 年）序刊本　共六册

内閣文庫藏本　原昌平坂學問所舊藏

【附錄】《外船書籍元帳》記載，仁孝天皇弘化四年（1847 年），中國商船"午三番"載《古今人鑒》一部抵日本，并注明此本係"學問所御用，價十五匁"。

（新刊舉業總論歷代君臣）史學珠囊六卷

（明）劉朝陽撰

明隆慶三年（1569 年）張天祐刊本　共二册

内閣文庫藏本

評史心見十二卷

（明）郭大有撰

明萬曆十五年（1587 年）刊本　共六册

内閣文庫藏本　原昌平坂學問所舊藏

【附錄】江户時代初期有《評史心見鈔》二册。此本係據明萬曆丁亥（1587 年）刊本鈔出，爲

江户幕府初期儒學巨擘林羅山之遺物，後歸石川丈山，終屬伊藤仁齋家。今存天理圖書館古義堂文庫。

學史十三卷

（明）邵寶撰

明嘉靖年間（1522—1566 年）刊本

静嘉堂文庫　尊經閣文庫藏本

【按】卷前有明嘉靖戊子（1528 年）蘇熟虞山陳察《序》，後有張繼芳跋。

静嘉堂文庫藏本，原係陸心源十萬卷樓等舊藏，共二册。

尊經閣文庫藏本，原係江户時代加賀藩主前田綱紀等舊藏，共四册。

（新鍥評釋）歷代將鑑博議八卷

（元）郭世臣撰

明萬曆年間（1573—1620 年）刊本　共四册

尊經閣文庫藏本　原江户時代加賀藩主前田綱紀等舊藏